westermann

Rolf-Günther Nolden, Peter Körner

Industriebetriebslehre

Management betrieblicher Prozesse

18. Auflage

Ausbildung, Recht, Betrieb, Unternehmen — ERSTER ABSCHNITT

Betriebliche Leistungsprozesse — ZWEITER ABSCHNITT

Produktionsmanagement — DRITTER ABSCHNITT

Materialmanagement — VIERTER ABSCHNITT

Personalmanagement — FÜNFTER ABSCHNITT

Absatzmanagement — SECHSTER ABSCHNITT

Investitions- und Finanzmanagement — SIEBTER ABSCHNITT

Bestellnummer 05184

Aus Gründen der besseren Lesbarkeit wird bei geschlechtsspezifischen Bezeichnungen in der Regel nur die männliche Form gewählt.

Informationen zu diesem Buch

Industriebetriebslehre – Management betrieblicher Prozesse behandelt die grundlegenden **Geschäftsprozesse** im Industriebetrieb. Es deckt alle betriebswirtschaftlichen Problemstellungen ab (ohne Rechnungswesen; keine volkswirtschaftlichen Inhalte) und **eignet sich deshalb auch für den BWL-Unterricht an zahlreichen Schulformen**.

Als fiktive Modellunternehmen haben wir *MGB Maltmann Getriebebau e. K., Essen,* und *Metallweb e. K., Dortmund*, gewählt. **Für MGB ist eine Website eingerichtet, die Sie im Internet aufrufen können.**

Wir bedanken uns bei Frau Christiane Großer (Lauf an der Pegnitz), Herrn Hans-G. Körner (Köln), Herrn Dr. Michael Otté (Velbert) und Herrn Heinz-Werner Seyler (Kaiserslautern), die uns wichtige Anregungen gegeben haben.

Das Buch soll zum **Erwerb von Handlungskompetenz** beitragen. Es ermöglicht einen vielfältigen Einsatz: als Sachbuch für Unterricht und Selbststudium, als Übungsbuch für Klausuren und Prüfungsvorbereitung, als Nachschlagewerk (aufgrund des umfangreichen Sachwortverzeichnisses) und als Arbeitsbuch für den kompetenzorientierten Unterricht. Wir haben eine verständliche Sprache und eine gut gegliederte Darstellung gewählt, sodass die Lernenden den Lehrstoff unter Lehranleitung oder auch selbstständig erarbeiten können. Bei zahlreichen fallorientierten Arbeitsaufträgen haben wir Wert auf die Einbeziehung moderner Arbeits-, Kommunikations- und Präsentationsmethoden und des Internets als Rechercheinstruments gelegt.

Web

Als wichtige Ergänzung zu diesem Lehrbuch halten wir eine Vielzahl von **BuchPlusWeb-Materialien** für Sie bereit. **Laden Sie deshalb vor der Arbeit mit dem Buch den gesamten Inhalt von Buch-PlusWeb auf Ihren Computer.** Die Dateinamen der Materialien sind unter den jeweiligen Buch-PlusWeb-Icons angegeben. Sie sind nach den Buchseiten geordnet (Ausnahme: der Ordner *Arbeitsmethoden*) und deshalb ohne Schwierigkeit aufrufbar.

Um den Erwerb von Handlungskompetenz zu fördern, bieten wir als Ergänzung zum Lehrbuch einen Band mit Lernsituationen zu zahlreichen Themen der BWL an (Bestell-Nr. 05660).

Lehrern und Ausbildern bieten wir die ausführlichen Lösungen zu den Arbeitsaufträgen als Download (Bestell-Nr. 05186) an.

Hinweise zu Materialien für Schülerinnen und Schüler sowie für Lehrerinnen und Lehrer finden Sie auf Seite 748.

Wir wünschen Ihnen eine erfolgreiche Arbeit mit dem Lehrbuch und den Materialien.

Autoren und Verlag

westermann GRUPPE

Druck und Bindung: Westermann Druck GmbH, Georg-Westermann-Allee 66, 38104 Braunschweig

ISBN 978-3-427-**05184**-8

Inhaltsverzeichnis

ERSTER ABSCHNITT

Ausbildung, Recht, Betrieb, Unternehmen

Rahmenlehrplan: LERNFELD 1
In Ausbildung und Beruf orientieren

ZWEITER ABSCHNITT

Betriebliche Leistungsprozesse

Rahmenlehrplan: LERNFELD 2
Marktorientierte Geschäftsprozesse eines Industriebetriebes erfassen

VIERTER ABSCHNITT

Materialmanagement

Rahmenlehrplan: LERNFELD 6
Beschaffungsprozesse planen, steuern und kontrollieren

FÜNFTER ABSCHNITT

Personalmanagement

Rahmenlehrplan: LERNFELD 7
Personalwirtschaftliche Aufgaben wahrnehmen

SECHSTER ABSCHNITT

Absatzmanagement

Rahmenlehrplan: LERNFELD 10
Absatzprozesse planen, steuern und kontrollieren

SIEBTER ABSCHNITT

Investitions- und Finanzmanagement

Rahmenlehrplan: LERNFELD 11
Investitions- und Finanzierungsprozesse planen

ERSTER ABSCHNITT

Rahmenlehrplan: LERNFELD 1
In Ausbildung und Beruf orientieren

Ausbildung, Recht, Betrieb, Unternehmen

1 Notwendigkeit von Ausbildung

Jeder siebte junge Mensch im Alter zwischen 19 und 30 Jahren hat keine Ausbildung und befindet sich weder in einer Lehre oder in einem anderen Bildungsgang. Eine Auswertung des Essener Bildungsforschers Klemm ergab, dass in den letzten Jahren rund 1,7 Millionen Menschen dieser Altersgruppe keine berufliche Qualifizierung hatten. Mit 14,4 % liegt damit der Anteil der Ungelernten in dieser Altersgruppe weitaus höher, als dies bislang in offiziellen Statistiken geschätzt worden war. Knapp drei Viertel davon hatten lediglich einen Hauptschulabschluss oder gar keinen Schulabschluss. Frauen sind stärker betroffen als Männer. Bei ihnen liegt die Quote der Ungelernten bei etwa 17 %, in den vergleichbaren Geburtsjahrgängen der Männer „nur" bei etwa 12 %.

Jugendliche ohne Ausbildung haben offensichtlich schlechte Berufsaussichten!

- Unsere Industriegesellschaft ändert sich rasch, in den Betrieben setzen sich überall neue Techniken durch.
- Zukunftssichere Arbeitsplätze stellen hohe Anforderungen an die Qualifikation.
- Die Zahl der Arbeitsplätze mit geringen Anforderungen nimmt ab.
- Die neuen Techniken verlangen fast durchweg den Umgang mit Computern.
- Fachübergreifende Qualifikationen werden immer wichtiger. Die herkömmlichen Grenzen zwischen den Ausbildungsberufen werden verwischt.

Qualifikation wird heutzutage vor allem als Handlungskompetenz verstanden, als Fähigkeit zu problemgerechtem Handeln[1].

Handlungskompetenz verlangt in erster Linie **Fachkompetenz**, also fachliches Wissen und Können. Aber diese reicht nicht aus. Vielmehr sind sog. **Schlüsselqualifikationen** erforderlich, die selbst kein Fachwissen darstellen, sondern den kompetenten Umgang mit fachlichem Wissen ermöglichen. Dabei stehen gleichberechtigt nebeneinander:

- **personale Kompetenz**
  = Fähigkeit, Anforderungen, Einschränkungen und Chancen zu erfassen sowie sich entsprechend zu motivieren, zu lernen und sich zu entwickeln
- **soziale Kompetenz**
  = Fähigkeit, in vielfältiger Form mit anderen zusammenzuarbeiten (v. a. im Team)
- **Methodenkompetenz**
  = Fähigkeit, geeignete Methoden (Verfahren, Vorgehensweisen) zur Lösung von Sachproblemen einzusetzen

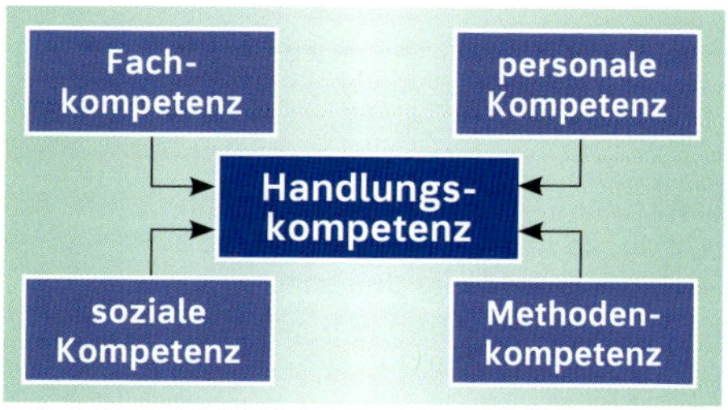

[1] Siehe hierzu auch S. 404.

Nur die Bereitschaft zu lebenslangem Lernen wird in der Zukunft zu dieser vielfachen Kompetenz führen. Nur sie verschafft dem Beschäftigten einen sicheren Arbeitsplatz und dem Unternehmen einen attraktiven Mitarbeiter. Damit wird auch die berufliche Erstausbildung für die Unternehmen und die Beschäftigten immer wichtiger.

Web

M 10 In Ergänzung zum Fachwissen geben wir Ihnen deshalb in der Online-Ergänzung BuchPlusWeb zu diesem Buch auch eine detaillierte Einführung in wichtige *Arbeitsmethoden*, die für betriebswirtschaftliche Zwecke eingesetzt werden. Es handelt sich um

- Präsentationstechniken,
- Visualisierungstechniken,
- Internetrecherchen,
- Methoden systematischer Ideenentwicklung,
- Techniken zur Entscheidungsvorbereitung,
- Methoden der Gruppenarbeit,
- Protokollerstellung,
- Rollenspiel,
- Aufbau von Geschäftsbriefen.

Präsentation an einem interaktiven Whiteboard

Diese Methoden werden auch für die Bearbeitung einer Reihe von Arbeitsaufträgen benötigt, die wir Ihnen anbieten.

Wichtig für die betriebliche Arbeit ist auch der fachmännische Umgang mit Standard-Bürosoftware (Textverarbeitungs-, Tabellenkalkulations- und Datenbankprogramme). Er ist jedoch Gegenstand des Faches „Datenverarbeitung“ und wird hier nicht vermittelt.

Methodenkompetenz hilft, betriebliche Handlungsstrukturen zu erkennen, Informationen systematisch zu sammeln und zu verarbeiten, zweckgeeignete Arbeitsmethoden auszuwählen und anzuwenden. Industriekaufleute sollten deshalb mit den grundlegenden Arbeitsmethoden vertraut sein.

2 Ausbildungsverhältnis

2.1 Duale Ausbildung

Die Berufsausbildung für den Ausbildungsberuf Industriekaufmann wird in Deutschland an zwei Lernorten durchgeführt: Ausbildungsbetrieb und Berufsschule. Man bezeichnet sie deshalb als duale (zweigleisige) Ausbildung.

Lernorte der beruflichen Ausbildung		
Ausbildungsbetrieb		**Berufsschule**
• Berufsausbildungsvertrag • Ausbildungsordnungen • Berufsbildungsgesetz	**Grundlagen der Ausbildung**	• Schulpflicht • Lehrpläne • Schulgesetze der Länder
• Heranführung der Jugendlichen an die Arbeit • Eingliederung in das soziale System des Betriebes; Vermittlung von praktischen Kenntnissen und Fähigkeiten • Einübung beruflicher Fertigkeiten	**Aufgaben**	• Vermittlung von theoretischen Fachkenntnissen und von Berufswissen • Erweiterung und Vertiefung der Allgemeinbildung • Erziehung zum kritischen und verantwortungsbewussten demokratischen Bürger
Kaufmannsgehilfenprüfung vor der Industrie- und Handelskammer	**Abschluss**	Abschlusszeugnis der Berufsschule

ERSTER ABSCHNITT

2.2 Lernort Berufsschule

Berufsschulpflichtig sind in Deutschland alle Jugendlichen nach dem Ende der allgemeinen Schulpflicht bzw. nach dem 10. Vollzeitpflichtschuljahr. Die Schulgesetze der einzelnen Bundesländer enthalten die gesetzlichen Grundlagen.

Beispiel: Nordrhein-Westfalen

Die Berufsschulpflicht dauert so lange, wie ein Berufsausbildungsverhältnis besteht, das vor Vollendung des 21. Lebensjahres begonnen wurde. Bei einem Ausbildungsbeginn nach dem 21. Lebensjahr ist der/die Auszubildende zum Berufsschulbesuch berechtigt.
Jugendliche ohne Berufsausbildungsverhältnis besuchen die Berufsschule bis zum Ablauf des Schuljahres, in dem sie das 18. Lebensjahr vollenden.

Der Unterricht wird als Teilzeitunterricht (ganzjährig an einem oder zwei Tagen pro Woche) oder als Blockunterricht (mehrere zusammenhängende Unterrichtswochen in jedem Schuljahr) erteilt. Er gliedert sich in den berufsübergreifenden Bereich (Deutsch, Politik, Sport, ggf. Religion) und den berufsbezogenen Bereich. Gegenstand des berufsbezogenen Bereichs sind beim Ausbildungsberuf Industriekaufmann/-frau gemäß Rahmenlehrplan die *Prozesse in dem Unternehmen und der Wirtschaft*.

Web M 11

2.3 Lernort Betrieb

Wer für seinen Betrieb Auszubildende einstellt (Ausbildender), kann die Ausbildung selbst übernehmen oder Ausbilder bestellen. Das Berufsbildungsgesetz (BBiG) sagt hierzu:

www.gesetze-im-internet.de/bbig_2005/

§ 28 BBiG Eignung von Ausbildenden und Ausbildern oder Ausbilderinnen

(1) Auszubildende darf nur einstellen, wer persönlich geeignet ist. Auszubildende darf nur ausbilden, wer persönlich und fachlich geeignet ist.

(2) Wer fachlich nicht geeignet ist oder wer nicht selbst ausbildet, darf Auszubildende nur dann einstellen, wenn er persönlich und fachlich geeignete Ausbilder oder Ausbilderinnen bestellt, die die Ausbildungsinhalte in der Ausbildungsstätte unmittelbar, verantwortlich und in wesentlichem Umfang vermitteln.

§ 27 BBiG (Eignung der Ausbildungsstätte)

(1) Auszubildende dürfen nur eingestellt und ausgebildet werden, wenn
1. die Ausbildungsstätte nach Art und Einrichtung für die Berufsausbildung geeignet ist,
2. die Zahl der Auszubildenden in einem angemessenen Verhältnis zur Zahl der Ausbildungsplätze oder zur Zahl der beschäftigten Fachkräfte steht, es sei denn, dass andernfalls die Berufsausbildung nicht gefährdet wird.

(2) Eine Ausbildungsstätte, in der die erforderlichen Kenntnisse und Fähigkeiten nicht in vollem Umfang vermittelt werden können, gilt als geeignet, wenn diese durch Ausbildungsmaßnahmen außerhalb der Ausbildungsstätte vermittelt werden.

- **Persönlich nicht geeignet** ist insbesondere, wer Kinder und Jugendliche nicht beschäftigen darf oder wiederholt oder schwer gegen das Berufsbildungsgesetz oder gegen die aufgrund dieses Gesetzes erlassenen Bestimmungen verstoßen hat (§ 29 BBiG).
- **Fachlich nicht geeignet** ist, wer die erforderlichen beruflichen und berufs- und arbeitspädagogischen Fertigkeiten, Kenntnisse und Fähigkeiten nicht besitzt (§ 30 Abs. 1 BBiG).

Fehlen die Eintragungsvoraussetzungen, so lehnt die zuständige Stelle (für Industriekaufleute die Industrie- und Handelskammer) die Eintragung des Berufsausbildungsvertrags in das Verzeichnis der Berufsausbildungsverhältnisse ab (§ 35 Abs. 2 BBiG).
Die Ausbildung kann zu einem Teil (bis zu einem Viertel der Ausbildungsdauer) auch im Ausland durchgeführt werden (§ 2 Abs. 3 BBiG).

2.4 Ausbildungsordnung

Grundlage für eine geordnete Berufsausbildung sind die vom zuständigen Bundesminister (z. B. für Wirtschaft und Technologie) im Einvernehmen mit dem Bundesminister

für Bildung und Forschung anerkannten Ausbildungsberufe und die dafür erlassenen Ausbildungsordnungen. Jugendliche unter 18 Jahre dürfen nur in einem anerkannten Ausbildungsberuf ausgebildet werden (Ausnahme: Die Berufsausbildung bereitet auf den Besuch weiterführender Bildungsgänge vor (§ 4 BBiG).
In anerkannten Ausbildungsberufen darf nur nach den dazu erlassenen Ausbildungsordnungen ausgebildet werden (§ 4 Abs. 2 BBiG). Nach § 5 Abs. 1 BBiG enthalten sie mindestens:

- **Bezeichnung des Ausbildungsberufes**
- **Ausbildungsdauer** (mindestens 2, höchstens 3 Jahre)
- **Ausbildungsberufsbild:** Fertigkeiten und Kenntnisse, die vermittelt werden sollen
- **Ausbildungsrahmenplan:** Sachliche und zeitliche Gliederung der Vermittlung der Fertigkeiten, Kenntnisse und Fähigkeiten.
- **Prüfungsanforderungen**

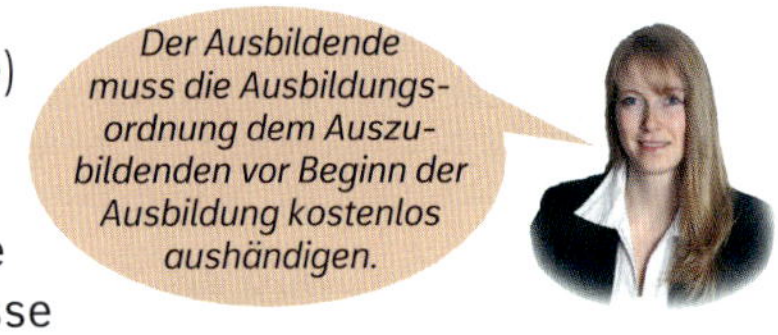

IHK Nord Westfalen

2.5 Zuständige Stellen

Für alle Ausbildungsberufe gibt es zuständige Stellen, die die Berufsausbildung überwachen. Dies sind die Kammern (z. B. Handwerkskammern, Industrie- und Handelskammern). Das Berufsbildungsgesetz weist den Kammern einen umfangreichen Katalog von Aufgaben zu:

- Führung eines Verzeichnisses aller Berufsausbildungsverhältnisse,
- Überwachung der Eignung von Ausbildungsstätten,
- Regelung und Überwachung der Berufsausbildung, Beratung der Betriebe und Auszubildenden,
- Bildung von Prüfungsausschüssen, Durchführung der Prüfung,
- berufliche Fortbildung und Umschulung.

2.6 Berufsausbildungsvertrag

Eine Berufsausbildung kann nur begonnen werden, wenn ein Berufsausbildungsvertrag geschlossen worden ist (§ 10 BBiG). Dies kann formlos geschehen, jedoch hat der Ausbildende zum Schutz des Auszubildenden unverzüglich nach Vertragsabschluss, spätestens aber vor dem Ausbildungsbeginn, den wesentlichen Inhalt des Vertrags schriftlich niederzulegen. Jeder Partei ist eine Vertragsniederschrift auszuhändigen (§ 11 BBiG).

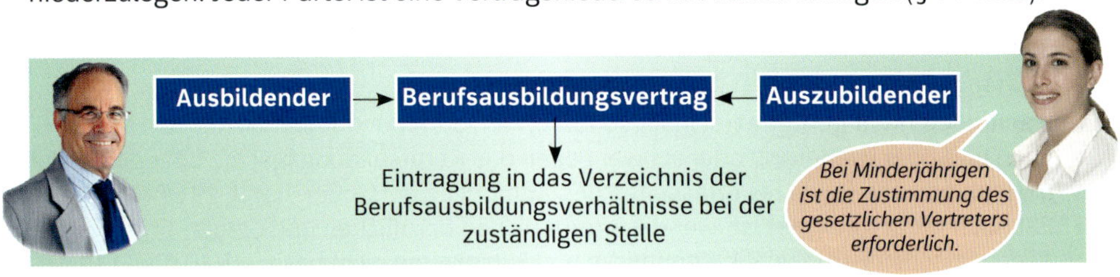

Nach § 11 BBiG sind in die **Niederschrift des Ausbildungsvertrags** mindestens aufzunehmen:

- Art, sachliche und zeitliche Gliederung, Ziel der Ausbildung,
- Beginn und Dauer der Berufsausbildung,
- Ausbildungsmaßnahmen außerhalb der Ausbildungsstätte,
- Dauer der regelmäßigen täglichen Ausbildungszeit,

- Dauer der Probezeit,
- Zahlung und Höhe der Vergütung,
- Dauer des Urlaubs,
- Voraussetzungen für eine Kündigung,
- ein allgemeiner Hinweis auf die Tarifverträge, Betriebs- oder Dienstvereinbarungen, die auf das Berufsausbildungsverhältnis anzuwenden sind,
- die Form des Ausbildungsnachweises nach § 13 (siehe nachstehende Übersicht).

Pflichten der Ausbildenden (§§ 14, 15, 17 BBiG)	Pflichten der Auszubildenden (§ 13 BBiG)
• dafür sorgen, dass die dem Ziel entsprechenden Kenntnisse und Fertigkeiten vermittelt werden • planmäßig, zeitgemäß und sachlich gegliedert ausbilden • selbst ausbilden oder einen geeigneten Ausbilder benennen • kostenlos Ausbildungsmittel bereitstellen • zum Besuch der Berufsschule anhalten und freistellen • charakterlich fördern und sittlich und körperlich nicht gefährden • nur Verrichtungen übertragen, die dem Ausbildungszweck dienen und den körperlichen Kräften angemessen sind • zum Führen von schriftlichen Ausbildungsnachweisen anhalten und diese durchsehen • die Eintragung des Ausbildungsvertrages bei der Kammer unverzüglich nach Vertragsabschluss beantragen • den Auszubildenden zu Zwischen- und Abschlussprüfungen anmelden und dafür freistellen • Überstunden besonders vergüten oder durch Freizeit ausgleichen	• im Rahmen der Berufsausbildung übertragene Aufgaben sorgfältig ausführen • an Berufsschulunterricht, an Prüfungen und an Ausbildungsmaßnahmen außerhalb der Ausbildungsstätte teilnehmen • Weisungen im Rahmen der Berufsausbildung befolgen • die Betriebsordnung beachten • Werkzeuge, Einrichtungen pfleglich behandeln und nur für übertragene Arbeiten verwenden • über Betriebs- und Geschäftsgeheimnisse Stillschweigen bewahren • den Ausbildungsnachweis ordnungsgemäß führen und vorlegen • von Fehlzeiten begründet und unverzüglich Nachricht geben; bei Krankheit und Unfall ärztliche Bescheinigung vorlegen 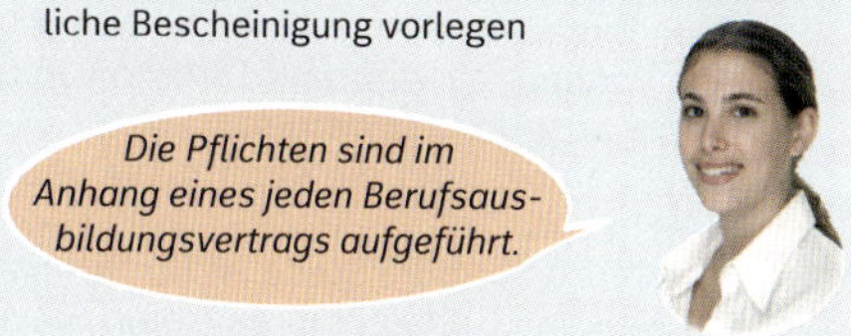

Die **Ausbildungsdauer** wird durch die jeweilige Ausbildungsordnung vorgeschrieben. Sie beträgt für Industriekaufleute drei Jahre. Die Berufsausbildung beginnt mit einer Probezeit von mindestens einem Monat und höchstens vier Monaten (§ 20 BBiG).

2.7 Beendigung des Ausbildungsverhältnisses

Während der Probezeit (ein bis vier Monate) kann jede Partei den Ausbildungsvertrag ohne Angabe von Gründen schriftlich kündigen (§ 22 Abs. 1 BBiG).

Nach der Probezeit kann das Ausbildungsverhältnis nur schriftlich gekündigt werden
- von den Auszubildenden mit einer Kündigungsfrist von vier Wochen, wenn sie die Berufsausbildung aufgeben oder sich für eine andere Berufstätigkeit ausbilden lassen wollen;
- fristlos aus wichtigem Grund (§ 22 Abs. 2 BBiG).

Beispiele: Wichtige Kündigungsgründe:
- Diebstahl
- mutwillige Zerstörung
- Tätlichkeiten
- Beleidigung
- unentschuldigtes Fernbleiben von Betrieb und Berufsschule (nach erfolgter Abmahnung)

Ohne Kündigung endet das Ausbildungsverhältnis mit dem Ablauf der Ausbildungszeit; bei vorherigem Bestehen der *Abschlussprüfung* endet es mit Bekanntgabe des Prüfungsergebnisses (§ 21 Abs. 1 und 2 BBiG). Web M 13

Zur **Berufsabschlussprüfung ist zuzulassen**, wer
- die Ausbildungszeit spätestens zwei Monate nach dem Prüfungstermin zurückgelegt hat,
- an den vorgeschriebenen Zwischenprüfungen teilgenommen hat,
- die vorgeschriebenen schriftlichen Ausbildungsnachweise geführt hat.

Die Abschlussprüfung kann bei Nichtbestehen zweimal wiederholt werden. Das Ausbildungsverhältnis verlängert sich auf Verlangen des Auszubildenden jeweils bis zur nächstmöglichen Wiederholungsprüfung, höchstens um ein Jahr (§ 21 Abs. 3 BBiG).

Um jede Unsicherheit über eine **Weiterbeschäftigung** der Auszubildenden nach dem Abschluss der Berufsausbildung auszuschalten, werden die Vertragsparteien vor dem Abschluss gegenseitig erklären, ob nach der Beendigung ein Arbeitsverhältnis begründet werden soll oder nicht. Eine Vereinbarung, die die Auszubildenden verpflichtet, in einem Arbeitsverhältnis weiterzuarbeiten, darf aber erst innerhalb der letzten sechs Monate des Berufsausbildungsverhältnisses erfolgen (§ 12 Abs. 1 BBiG).

Wird der/die Auszubildende ohne besondere Vereinbarung weiterbeschäftigt, so wird hierdurch ein Arbeitsverhältnis auf unbestimmte Zeit begründet (§ 24 BBiG).

Web

M 14

Der Ausbildende stellt den Auszubildenden bei Beendigung des Berufsausbildungsverhältnisses ein schriftliches *Ausbildungszeugnis* aus. Es muss Angaben enthalten über Art, Dauer und Ziel der Berufsausbildung sowie über die erworbenen Fertigkeiten, Kenntnisse und Fähigkeiten der Auszubildenden, auf Verlangen der Auszubildenden auch Angaben über Verhalten und Leistung (§ 16 BBiG).

Arbeitsaufträge

1. **Sie werden als Industriekaufmann/-kauffrau ausgebildet.**
   a) Handelt es sich um einen anerkannten Ausbildungsberuf? Nennen Sie die gesetzliche Grundlage.
   b) Wie können Sie während Ihrer Berufsausbildung jederzeit feststellen, ob Sie vorschriftsmäßig ausgebildet werden?
   c) Berichten Sie über die Kenntnisse und Fertigkeiten, die Ihr Ausbildungsbetrieb Ihnen vermitteln soll.
   d) Welche zuständige Stelle ist für Ihren Ausbildungsberuf eingerichtet?
   e) Bei welchen Gelegenheiten treten Sie anlässlich Ihrer Berufsausbildung mit der zuständigen Stelle in Kontakt?

2. **Im Berufsausbildungsvertrag sind die Rechte und Pflichten der Vertragspartner aufgeführt.**
   a) Erläutern Sie die Pflichten des Ausbildenden und berichten Sie darüber, wie Ihr Ausbildungsbetrieb vorgeht, um diese Verpflichtungen zu erfüllen.
   b) Erläutern Sie andererseits Ihre eigenen Pflichten und führen Sie Beispiele an.

3. **Laut § 17 BBiG muss der Ausbildende den Auszubildenden eine angemessene Vergütung gewähren.**
   Informieren Sie sich anhand Ihrer Vertragsniederschrift und machen Sie Angaben über
   - die Höhe der Vergütung im Zeitablauf der Ausbildung,
   - die Vergütung von Überstunden,
   - den Zeitpunkt der Zahlung,
   - die Fortzahlung der Vergütung bei Krankheit.

4. **Der Auszubildende Werner Klein erscheint am Montag nicht im Betrieb. Als der Ausbilder ihn am Dienstag nach dem Grund für seine Abwesenheit fragt, antwortet er, er sei am Wochenende „versumpft".**
   a) Welche Maßnahmen kann der Ausbildende ergreifen?
   b) Kann der Ausbildende die gleichen Maßnahmen ergreifen, wenn Klein an einem heißen Sommertag nicht zum Berufsschulunterricht, sondern ins Schwimmbad geht?

5. **Liegen in den folgenden Fällen Verstöße gegen die Bestimmungen des Berufsbildungsgesetzes vor?**
   a) Der Auszubildende Hans Schmeinck wird von seinem Ausbilder aufgefordert, zum Arbeitsende die benutzten Akten abzulegen und den Arbeitsplatz aufzuräumen.
   b) Edith Oder wird in einer Großwäscherei zur Bürokauffrau ausgebildet. Wegen Ausfalls mehrerer Arbeitskräfte (Krankheit, Urlaub) muss sie 4 Wochen lang einen Bügelautomaten bedienen.
   c) Ingrid Prüll wird in einem Industrieunternehmen ausgebildet. Im Verkauf erlangt sie Kenntnisse über die Kalkulation der Produkte. Ihrem Freund, Einkäufer bei einem Kunden des Unternehmens, teilt sie verschiedene Verrechnungspreise und Zuschlagsprozentsätze mit.

d) Erich Bartel stellt 2 Monate vor der Berufsabschlussprüfung fest, dass er noch nichts in seinen Ausbildungsnachweis eingetragen hat. Er erstellt rasch einige Aufsätze über Fachthemen, die in der Berufsschule behandelt wurden, und trägt sie ein. Als der das Heft seinem Ausbilder vorlegt, weigert sich dieser, es abzuzeichnen.
e) Der Ausbildende Peters ist mit der Leistung des Auszubildenden Kramer zufrieden. Auch Kramer arbeitet gern bei Peters. Ein Jahr vor der Berufsabschlussprüfung legt Peters ihm deshalb einen unbefristeten Arbeitsvertrag vor.

3 Jugendarbeitsschutz

Eva Köster, 17 Jahre, wird zur Industriekauffrau ausgebildet. Ihr Ausbilder verlangt, dass sie von Montag bis Donnerstag jeweils acht Stunden und am Samstag 4 Stunden arbeitet. Am Freitag hat sie sieben Unterrichtsstunden in der Berufsschule und muss anschließend noch zwei Stunden in den Betrieb. Dieses Jahr soll sie drei Wochen Urlaub erhalten. „Das reicht völlig“, meint der Ausbilder.

Erfüllen diese Maßnahmen die gesetzlichen Vorschriften?

Jugendliche besitzen nur eine begrenzte Leistungsfähigkeit, weil ihre körperliche und geistig-seelische Entwicklung noch nicht abgeschlossen ist. Deshalb schützt das Jugendarbeitsschutzgesetz alle, die noch keine 18 Jahre alt sind und einer Beschäftigung als Arbeitnehmer (auch als Auszubildende) nachgehen.

Das Mindestalter für eine Beschäftigung beträgt 15 Jahre. Wer nicht mehr der Vollzeitschulpflicht unterliegt, aber noch nicht 15 Jahre alt ist, darf nur 7 Stunden am Tag und 35 Stunden in der Woche oder in der Berufsausbildung beschäftigt werden.

Die Einhaltung des Gesetzes wird je nach Bundesland vom Gewerbeaufsichtsamt bzw. den jeweils zuständigen Behörden für Arbeitsschutz überwacht.

Jugendarbeitsschutzgesetz (JArbSchG; www.gesetze-im-internet.de/jarbschg/)

Arbeitszeit (§§ 8, 15)

- Täglich höchstens 8 Stunden an 5 Tagen pro Woche.
- Ausnahme: 8,5 Stunden täglich, wenn an anderen Tagen der Wochen ein Ausgleich erfolgt. Tarifverträge können weitere Ausnahmen festlegen.

Berufsschule (§ 9)

- Der Arbeitgeber muss Jugendliche zur Teilnahme am Berufsschulunterricht freistellen.
- Beschäftigungsverbot:
  - vor einem vor 09:00 Uhr beginnenden Unterricht.
  - nach einem Berufsschultag in der Woche mit mehr als 5 Unterrichtsstunden. Dies gilt nicht für einen zweiten Unterrichtstag;
  - in Berufsschulwochen mit planmäßigem Blockunterricht von mindestens 25 Stunden an mindestens 5 Tagen.
- Der Berufsschulbesuch wird auf die Ausbildungs- bzw. Arbeitszeit angerechnet und vergütet.
- Die Vorschriften zur Berufsschule gelten auch für volljährige Auzubildende.

Prüfungen; außerbetriebliche Ausbildungsmaßnahmen (§ 10)

- Der Arbeitgeber hat den Jugendlichen für die Teilnahme an Prüfungen sowie für die Teilnahme an außerbetrieblichen Lehrgängen und Maßnahmen freizustellen.
- Jugendliche sind an dem Tag unmittelbar vor der schriftlichen Abschlussprüfung freizustellen.

Ruhepausen (§ 11)

- Bei 4,5–6 Arbeitsstunden mindestens 30 Minuten.
- Bei mehr als 6 Arbeitsstunden mindestens 60 Minuten.
- Mindestdauer einer Pause: 15 Minuten; erste Pause nach spätestens 4,5 Stunden

Schichtzeit (§ 12)

- Die Schichtzeit darf bei Jugendlichen 10 Stunden nicht überschreiten (Ausnahmen: Bergbau 8 Stunden; Gaststättengewerbe, Landwirtschaft, Tierhaltung, Bau- und Montagestellen 11 Stunden)

Freizeit (§ 13)

- Mindestens 12 Stunden täglich.

Nachtruhe (§ 14)

- Beschäftigungsverbot von 20:00 bis 06:00 Uhr. (Ausnahmen: Gaststättengewerbe, Landwirtschaft, Bäckereien und Konditoreien)

Samstage (§ 16), Sonntage (§ 17), Feiertage (§ 18)

- Beschäftigungsverbot an Samstagen, Sonn- und Feiertagen, aber zahlreiche Ausnahmen.
- 2 Samstage im Monat sollen, 2 Sonntage müssen beschäftigungsfrei bleiben.

Urlaub (§ 19)

- Jugendliche unter 16 Jahren erhalten 30 Werktage Urlaub.
- Jugendliche unter 17 Jahren erhalten 27 Werktage Urlaub.
- Jugendliche unter 18 Jahren erhalten 25 Werktage Urlaub.

Beschäftigungsverbote (§ 22)

- Jugendliche dürfen nicht beschäftigt werden:
  - mit Arbeiten, die ihre Leistungsfähigkeit übersteigen (z. B. Akkord- oder Fließbandarbeit),
  - mit gefährlichen Arbeiten.

Ärztliche Untersuchung (§ 32)

- Untersuchungspflicht: Erstuntersuchung innerhalb von 14 Monaten vor Beginn der Beschäftigung; Nachuntersuchung in den letzten drei Monaten des ersten Beschäftigungsjahrs. Recht auf Untersuchung nach Ablauf jedes weiteren Jahres.

Arbeitsaufträge

1. **Das Jugendarbeitsschutzgesetz gewährt Jugendlichen unter 18 Jahren einen besonderen Schutz im Arbeitsleben.**
   Versuchen Sie, einige durch die körperliche Entwicklung bedingte Eigenschaften von Jugendlichen anzugeben, die besondere Arbeitsschutzvorschriften notwendig machen. Informieren Sie sich, wenn nötig, bei geeigneten Ämtern.
2. **Peter Harbert ist 17 Jahre, Erika Köhnen 19 Jahre, Franz Schumann 24 Jahre alt. Alle sind Auszubildende im 2. Ausbildungsjahr.**
   Beurteilen Sie, ob die folgenden Aussagen hinsichtlich des Jugendarbeitsschutzgesetzes richtig sind.
   a) Peter Harbert muss 25 Arbeitstage Urlaub erhalten.
   b) Erika Köhnen unterliegt nicht mehr den Bestimmungen des Jugendarbeitsschutzgesetzes.
   c) Franz Schumann hat dienstags 6 Stunden Berufsschulunterricht. Er ist an diesem Tag von der Arbeit freizustellen.
   d) Erika Köhnen darf, wenn der gültige Tarifvertrag dies zulässt, auch samstags beschäftigt werden.
   e) Peter Harbert soll heute bis 21:00 Uhr arbeiten. Im Ausnahmefall ist dies erlaubt.
   f) Für Harbert und Köhnen beginnt der Berufsschulunterricht donnerstags um 09:30 Uhr. Der Weg von der Ausbildungsstätte zur Schule beträgt etwa 15 Minuten. Der Ausbildende kann verlangen, dass die Auszubildenden bis 09:10 Uhr im Betrieb arbeiten.
   g) Die einzige Pause im Ausbildungsbetrieb ist die Mittagspause von 45 Minuten Dauer. Diese Zeitspanne ist für alle drei Auszubildenden ausreichend.
3. **Die 16-jährige Gabriele besucht mittwochs von 09:00 bis 15:00 Uhr die Berufsschule. Wegen Personalmangel muss sie anschließend bis 19:00 Uhr in den Betrieb.**
   Beurteilen Sie diesen Fall.

ERSTER ABSCHNITT

4 Jugend- und Auszubildendenvertretung (JAV)

Damit Jugendliche und Auszubildende im Betrieb ihre Interessen und Rechte geltend machen können, sieht das Betriebsverfassungsgesetz (*www.gesetze-im-internet.de/betrvg/*) die Bildung von Jugend- und Auszubildendenvertretungen vor.

Voraussetzungen:

- Der Betrieb muss mindestens 5 Arbeitnehmer unter 18 Jahren oder Auszubildende unter 25 Jahren beschäftigen (§ 60 BetrVG).
- Es muss ein Betriebrat existieren. Nur über diesen wird die JAV tätig.

Betriebsverfassung heißt die Gesamtheit der Vorschriften, die die Beziehungen des Arbeitgebers zu den Arbeitnehmern und deren Vertretungen (insbes. Betriebsrat) regeln und nicht unmittelbar das Arbeitsverhältnis betreffen. Hintergrund: Die Idee der Mitbestimmung der Arbeitnehmer in sozialen, personellen und wirtschaftlichen Angelegenheiten.

Näheres zum Betriebsrat finden Sie auf S. 506 ff.

Jugend- und Auszubildendenvertretung

- beantragt Maßnahmen beim Betriebsrat, die den Jugendlichen dienen
- überwacht die Einhaltung der Rechtsnormen zugunsten der Jugendlichen
- leitet Anregungen Jugendlicher an den Betriebsrat weiter und wirkt auf Erledigung hin

Wählbar: Arbeitnehmer unter 25 Jahre

hat Stimmrecht in Jugendfragen → **Betriebsrat**

Wahlberechtigte	JA-Vertreter
5 – 20	1
21 – 50	3
51 – 200	5
201 – 300	7

Arbeitnehmer unter 18 Jahre und Auszubildende unter 25 Jahre → wählen zwischen 01.10. und 30.11. für 2 Jahre

beruft ein → **Jugend- und Auszubildendenversammlung**

Wahlberechtigte	JA-Vertreter
301 – 600	9
601 – 1 000	11
mehr als 1 000	13

Die JAV kann zu allen Betriebsratssitzungen einen Vertreter entsenden.

An Tagesordnungspunkten, die besonders jugendliche Arbeitnehmer betreffen, kann die gesamte JAV teilnehmen.

Wenn Betriebsratsbeschlüsse überwiegend jugendliche Arbeitnehmer betreffen, haben die JA-Vertreter Stimmrecht. Wenn sie meinen, dass durch einen Beschluss wichtige Interessen der Jugendlichen beeinträchtigt werden, ist auf ihren Antrag der Beschluss für eine Woche auszusetzen, damit eine Verständigung gesucht werden kann.

Die JAV kann vor oder nach jeder Betriebsversammlung im Einvernehmen mit dem Betriebsrat **Jugend- und Auszubildendenversammlungen** einberufen. In Betrieben mit mehr als 50 Jugendlichen/Auszubildenden kann sie **Sprechstunden** während der Arbeitszeit abhalten, auf denen ihre Tätigkeitsberichte und sozialpolitische Themen diskutiert werden können.

Mitglieder der JAV können nur aus wichtigem Grund gekündigt werden, und zwar bis zu einem Jahr nach Ablauf ihres Mandats. Die Kündigung bedarf der Zustimmung des Betriebsrats.

Arbeitsaufträge

1. **Paul Manger, Auszubildender (Industriekaufmann) bei der Duisburger Metalltuche AG, interessiert sich für die Arbeit des Betriebsrates. Da im Betrieb bisher noch keine Jugend- und Auszubildendenvertretung (JAV) existiert, möchte er eine gründen. Dazu beantwortet der Betriebsratsvorsitzende ihm anhand des Betriebsverfassungsgesetzes folgende Fragen.**
   a) **An welche Bedingungen ist die Gründung einer JAV geknüpft?**
   b) **Wie viele Mitglieder hat die JAV, wenn das Unternehmen 70 wahlberechtigte Auszubildende und 8 jugendliche Arbeitnehmer hat?**
   c) **Wie alt muss ein wählbarer JAV-Kandidat sein?**
   d) **Welche Aufgaben hat eine JAV?**
   e) **Welche Formen der Zusammenarbeit zwischen Betriebsrat und JAV gibt es?**
   f) **Wie läuft die JAV-Wahl ab?**
   g) **Muss ein Mitglied der JAV nach Beendigung der Ausbildung in ein Arbeitsverhältnis übernommen werden?**
   h) **Was ist eine Konzern-JAV? Wann kann sie eingerichtet werden?**
   Beantworten auch Sie mithilfe einer Internetrecherche diese Fragen und tragen Sie die Antworten im Rahmen einer Präsentation vor.

2. **Der Vorstand der Duisburger Metalltuche AG hat Personalabbaumaßnahmen beschlossen. Nur im Zweigwerk Leipzig werden noch zwei Industriekaufleute benötigt. Der Auszubildende Manger, der zum Zeitpunkt seiner Berufsabschlussprüfung Mitglied der Jugendvertretung ist, verlangt, ihn in Duisburg in ein Arbeitsverhältnis zu übernehmen. Die Duisburger Metalltuche AG verweigert dies. Im nachfolgenden Rechtsstreit vor dem Arbeitsgericht begründet sie dies mit dem angeführten Personalabbau. Die Beschäftigung von Herrn Manger könne ihr nicht zugemutet werden, da kein Arbeitsplatz zur Verfügung stehe.**
   Debattieren Sie in zwei Gruppen (Pro und Kontra) darüber, ob die Firma Herrn Manger übernehmen muss. (Anmerkung: Ihr Lehrer hält das Urteil des Arbeitsgerichts für Sie bereit.)

5 Industriebetriebe in der Gesamtwirtschaft

5.1 Gesamtwirtschaftlicher Leistungsprozess

Haben Sie schon einmal darüber nachgedacht, wie viele Betriebe an der Produktion und am Verkauf eines Bleistifts beteiligt sind?

Gewinnungsbetriebe fördern Grafit und Weichton für die Bleistiftminen. Forstbetriebe liefern Zedernholz, Farbenhersteller den Lack. Zum Teil kaufen auch Großhändler diese Werkstoffe und liefern sie an die Bleistifthersteller.
Die Bleistifthersteller brennen Ton und Grafit zu einem Faden und baden ihn in Fetten und Wachsen. Aus dem Zedernholz fertigen sie den Schaft, führen den Faden ein, lackieren den Schaft, spitzen die Stifte an und verpacken sie.
Großhändler kaufen große Mengen auf und beliefern in kleineren Mengen den Einzelhandel. Dort kauft sie der Verwender.

Fertigungs- und Handelsbetriebe benötigen die Dienste weiterer Betriebe:
- Spediteure und Frachtführer übernehmen die nötigen Transporte.
- Banken leiten Zahlungen weiter und gewähren Kredite.
- Post und Telefonunternehmen befördern Nachrichten.
- Versicherungen sichern die anfallenden Risiken ab.

Die Aufgabe der Betriebe ist die Produktion von Gütern, die in Haushalten ge- und verbraucht werden (Konsumgüter) oder von anderen Betrieben in der Produktion eingesetzt werden (Produktionsgüter).

Sachgüter sind körperliche Güter aus festen, flüssigen oder gasförmigen Stoffen. Die wenigsten Sachgüter werden von der Natur verwendungsreif zur Verfügung gestellt. Vielmehr durchlaufen sie mehrere Produktionsstufen. **Dienstleistungen** sind immaterielle Güter: Handlungen, durch die ein nichtkörperlicher Wert oder Nutzen entsteht.

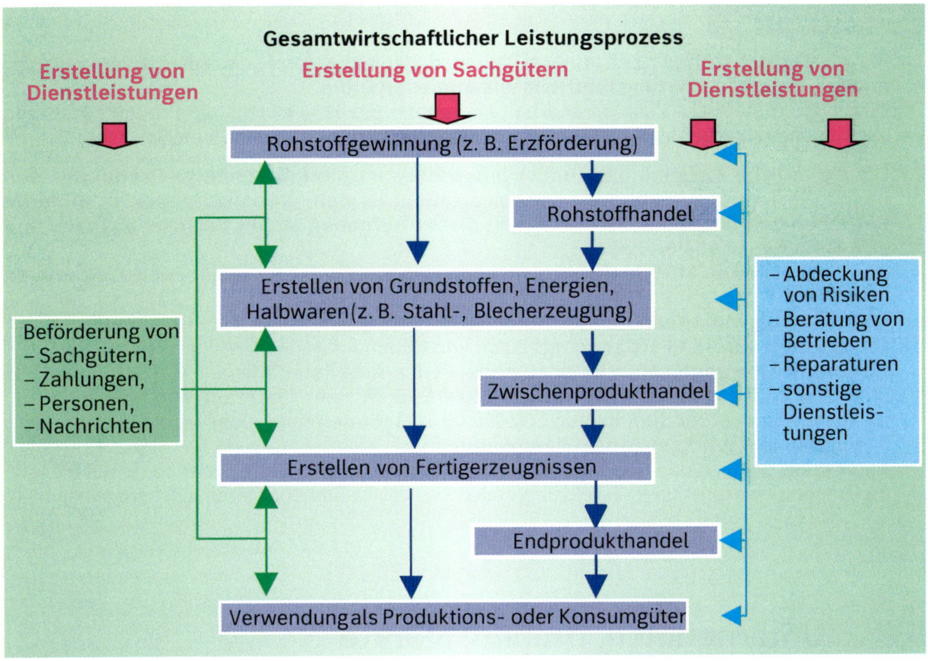

Sachleistungsbetriebe erstellen Sachgüter

- **Industriebetriebe** betreiben die Produktion fabrikmäßig. Eine Fabrik ist ein Betrieb mit Maschinenausstattung, starker Arbeitsteilung, hohem Kapitaleinsatz und Trennung von Produktion und Verwaltung.
- **Andere** sind Landwirtschafts-, Forstwirtschafts-, Fischereibetriebe (teils auch mit industriellen Fertigungsmethoden: Groß-Farmen, Fabrikschiffe) sowie Handwerksbetriebe (Be-, Verarbeitungs- und Reparaturbetriebe. Im Gegensatz zum Industriebetrieb geringe Größe, individuelle Arbeit für bekannte Auftraggeber und manuelle Fertigung.)

Dienstleistungsbetriebe erstellen Dienstleistungen

- **Handelsbetriebe** (Groß- und Einzelhandel) übernehmen den Absatz von Produkten zum Verbraucher oder Verwender.
- **Banken** besorgen Zahlungen, nehmen Einlagen an und geben Kredite.
- **Versicherungen** decken Risiken ab.
- **Verkehrsbetriebe** besorgen Transporte.
- **Kommunikationsbetriebe** (Rundfunk, Fernsehen, Verlage, Post u. a.) beschaffen Informationen und schaffen Verbindungen (Brief, Telefon, Fax, E-Mail, Videokonferenz u. a.).
- **Andere**, z. B. Beratungs-, Bildungs-, Gesundheits-, Gastgewerbe-, Kultur-, Reinigungs-, Pflege-, Werbe-, Softwarebetriebe, Verbände.

Gewinnungsbetriebe bauen Naturschätze ab: Öl, Gas, Kohle, Erze, Salze usw.

Verarbeitungsbetriebe beziehen Werkstoffe und stellen daraus Produkte her:

- **Grundstoffindustrie:** stellt unbearbeitete Produkte her (z. B. Eisen, Stahl, Kalk, Energien)
- **Produktionsgüterindustrie:** fertigt Halbwaren (mit erheblicher Stoffumwandlung; z. B. Bleche, Tuche) und Einbauteile (für den Einbau in andere Erzeugnisse; z. B. Lichtmaschinen)
- **Investitionsgüterindustrie:** fertigt Güter der Produktionsausrüstung (z. B. Maschinen, Fahrzeuge, Schiffe, Elektrotechnik, Elektronik)
- **Konsumgüterindustrie:** fertigt Güter für Verbraucher (z. B. Bekleidung, Lederwaren, Haushaltsartikel, Möbel, Porzellan, Nahrungs- und Genussmittel)

Veredelungsbetriebe sind grundsätzlich Verarbeitungsbetriebe. Ihr Ziel ist aber nicht die Stoffumwandlung, sondern eine technische Veränderung (Form und/oder Qualitätsverbesserung), die für eine zweckmäßigere Weiterverarbeitung oder einen individuell verfeinerten Geschmack bedeutungsvoll ist (z. B. Papier-, Glas-, Textil-, Kunststoff-, Stahl-, Holzveredelung).

Arbeitsaufträge

1. **Bis aus den Rohstoffen der Natur ein Pkw wird, der in die Hand seines Benutzers gelangt, müssen viele Sachleistungsbetriebe zusammenarbeiten.**
   Beschreiben Sie diese Zusammenarbeit und geben Sie auch jeweils die Produktionsstufen (Gewinnung, Verarbeitung, Handel) an, zu denen die betreffenden Betriebe gehören.

2. **Die eigentliche Aufgabe des Industriebetriebes ist die fabrikmäßige Produktion von Sachgütern. Er kann sie umso besser erfüllen, je mehr Nebenaufgaben er anderen Betrieben überlässt, die die Erledigung dieser Aufgaben als ihr Sachziel ansehen und sich darauf spezialisiert haben.**
   Das Unternehmen MGB Maltmann Getriebebau e. K. muss zu gegebenen Zeitpunkten die folgenden Aufgaben lösen:
   (1) Zustellung von Angeboten an Kunden;
   (2) Transport von 15 t Fertigerzeugnissen von Köln nach München;
   (3) Absicherung gegen Maschinenausfälle, Feuer, Arbeitsunfälle;
   (4) Übermittlung einer Zahlung von 20 000,00 EUR an einen Lieferanten in Mainz;
   (5) Beschaffung einer Summe von 500 000,00 EUR für den Kauf einer Maschine;
   (6) Verkauf von Werkzeugen an Handwerker.
   Nehmen Sie Stellung dazu, ob MGB diese Aufgaben selbst durchführen oder ob sie auf die Hilfe anderer Betriebe zurückgreifen soll. Begründen Sie, welche Betriebe hierfür ggf. infrage kommen.

5.2 Unternehmen, Umfeld, Märkte

5.2.1 Unternehmen und Betrieb

Ich bin Rüdiger Maltmann, Inhaber von MGB Maltmann Getriebebau e. K. Ich treffe alle grundlegenden Entscheidungen über Produktion, Einkauf, Vertrieb, Investitionen und Finanzierung. Beim Amtsgericht ist mein Unternehmen im Handelsregister eingetragen.

Die Produkte von MGB: Schieberad- und Schneckenradgetriebe. Diese werden im Stammsitz in Essen und in einem weiteren Produktionsbetrieb in Augsburg gefertigt. Mit den Gewinnen von MGB habe ich übrigens soeben ein zweites Unternehmen gekauft: Metallweb e. K. mit Sitz in Dortmund.

MGB ist ein **Unternehmen** (oder: eine Unternehmung). So bezeichnet man rechtlich selbstständige Wirtschaftseinheiten, die gewinnbringend Güter produzieren. Rechtlich unselbstständige Produktionsstätten im Unternehmen heißen **Betriebe**.

Rechtlich selbstständige Wirtschaftseinheit
Rechtliche Selbstständigkeit bedeutet:
- behördliche Meldung unter eigenem Namen
- Handeln ohne staatliche Fremdbestimmung
- rechtlich wirksames Handeln (z. B. Vertragsabschlüsse)

Rechtlich unselbstständige Produktionsstätten im Unternehmen

Anmerkung:
Oft wird nicht sauber zwischen den Begriffen *Betrieb* und *Unternehmen* getrennt. Man sagt *Betrieb* und meint *Unternehmen*. Dies gilt sogar für die Fachsprache. So heißt die Wissenschaft von der Unternehmensführung *Betriebs*wirtschaftslehre. Und das Steuerrecht spricht von *Einkommen aus Gewerbe**betrieb***, meint aber Einkommen aus gewerblichen Unternehmen. Achten Sie also beim Lesen von Texten darauf, was wirklich gemeint ist.

Wir nutzen **MGB** und **Metallweb** an verschiedenen Stellen dieses Buches als **Modellunternehmen**. Einzelheiten über MGB finden Sie auf seiner Website, die Sie im Internet aufrufen können. Die Adresse lautet: *www.maltgetriebe.de*.

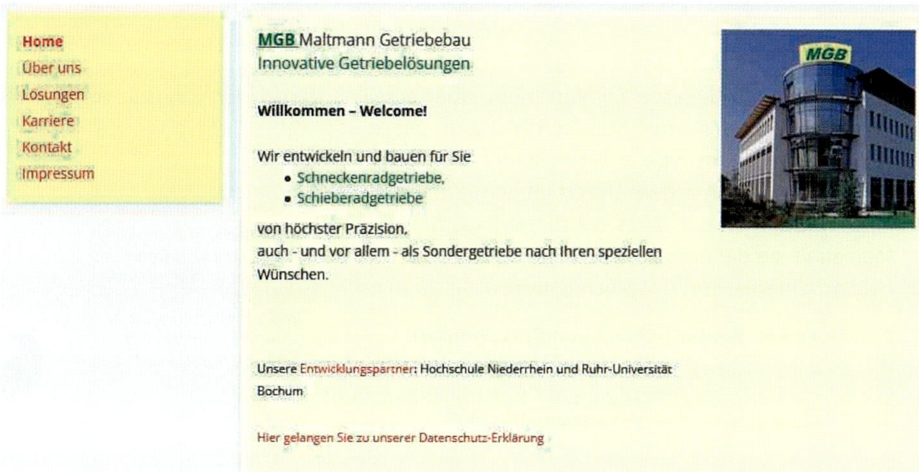

5.2.2 Umfeld des Unternehmens

Die Welt außerhalb des Unternehmens ist das Umfeld des Unternehmens. Die Märkte sind ein wichtiger Teil davon. Es ist zweckmäßig, zwischen dem Unternehmen selbst und seinem nahen und fernen Umfeld zu unterscheiden.

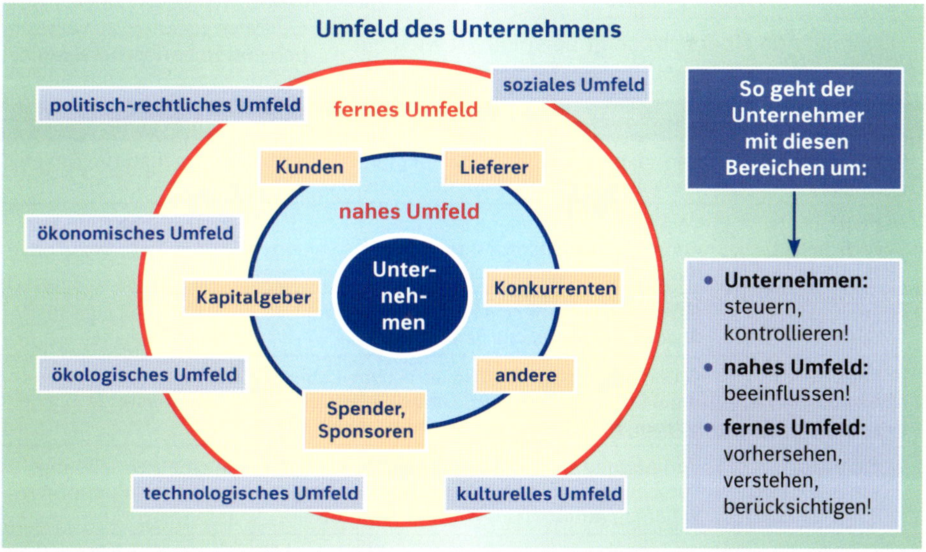

- **Unternehmen**
  Zum Unternehmen selbst gehören die Arbeitskräfte, Produktionsmittel, Vorräte an Stoffen und Produkten, ihre Prozesse, Verfahren sowie seine Organisation.

Die Unternehmensleitung kann dieses „innere Umfeld" **steuern und kontrollieren**.

- **Nahes Umfeld**
  Das nahe Umfeld umfasst in erster Linie die Kunden, Lieferanten und direkten Konkurrenten, aber auch Kapitalgeber, Vermieter, Sponsoren u. a. m. Diese Gruppen verfolgen eigene Interessen, Ansprüche und Ziele gegenüber dem Unternehmen (z. B. hohe Zinsen, Vertragstreue, faires Wettbewerbsverhalten). Man zählt sie deshalb zu den sog. externen Stakeholdern (Interessen-, Anspruchsgruppen; vgl. S. 87).

Externe Stakeholder können nicht kontrolliert werden. Das Unternehmen versucht vielmehr, sie durch geeignete Maßnahmen in seinem Sinn zu **beeinflussen**.

Hinweis: Stakeholder gibt es auch im Unternehmen (v. a. Arbeitnehmer und angestellte Manager) und im fernen Umfeld (z. B. Gewerkschaften, Öffentlichkeit, Staat, Behörden).

Beispiele: Beeinflussung von Stakeholdern
- Kundenverhalten (z. B. beeinflussbar durch Werbung)
- Konkurrenzverhalten (z. B. beeinflussbar durch Absprachen, eigene Preisgestaltung)

Durch Stakeholderanalysen ermittelt das Unternehmen die relevanten Stakeholder und ihre Interessen.

Auf der Basis solcher Analysen plant es den angemessenen Umgang mit den Stakeholdern. So können Harmonien zwischen Unternehmens- und Stakeholderzielen gefördert und entsprechende Konflikte vermieden werden.

- **Fernes Umfeld**
  Zum fernen Umfeld zählt man vor allem folgende Bereiche: ökonomisches, politisch-rechtliches, soziales, kulturelles, technologisches und ökologisches Umfeld.
  Die folgende Übersicht zeigt beispielhaft wichtige Merkmale dieser Umfeldbereiche.

Diese Bereiche können in der Regel nicht oder kaum beeinflusst werden. Das Unternehmen sollte jedoch versuchen, sie **vorherzusehen, zu verstehen und zu berücksichtigen**.

Fernes Umfeld	Merkmale des Umfeldbereichs
• ökonomisches Umfeld	Inlandsprodukt, Nationaleinkommen, Wirtschaftswachstum, Zinsen, Preisniveau, Lohnniveau, Globalisierung, Käuferverhalten u. a. m.
• politisch-rechtliches Umfeld	Vom Staat vorgegebene Merkmale: freiheitlich demokratische Grundordnung, Wirtschaftsordnung, Gesetze, Steuern und Abgaben, Sozialordnung, Subventionen, Rechtsordnung, Behörden u. a. m.
• soziales Umfeld	Bevölkerungsmerkmale (z. B. Einwohnerzahl, Altersaufbau, Bildungsstand/Ausbildung, ausgeübte Berufe); Parteien, Verbände, Gewerkschaften u. a. m.
• kulturelles Umfeld	Grundwerte (z. B. religiöse, ethische), Lebensgewohnheiten, Verhaltensregeln (Gebote, Verbote, Tabus, Feiertage), Verhaltensmuster (z. B. Ehrlichkeit, Bestechlichkeit, Zuverlässigkeit) u. a. m.
• technologisches Umfeld	Vorhandene Infrastruktur (Verkehrswege, Energieleitungen, Bildungs-, Forschungs-, Kommunikationseinrichtungen u. a. m.), Verfahren, Innovationen, Automation, Wissenschaft u. a. m.
• ökologisches Umfeld	Merkmale der natürlichen Umwelt (z. B. Bodenqualität, Anbauboden, Standortboden, Rohstoffe, Wälder, Flüsse, Seen, Tier- und Pflanzenwelt, Klima), Umweltbelastung, Umweltschutzmaßnahmen u. a. m.

Die Umfeldmerkmale können im Zeitablauf unterschiedliche Werte (sog. Merkmalsausprägungen) annehmen.

Beispiele: Merkmalsausprägungen

Merkmal	Merkmalsausprägung
Preisniveau	100 %, 110 %, 125 % eines Vergleichsjahres
durchschnittliche Lebenserwartung	70, 75, 79, 82 Jahre
Männer ohne Berufsabschluss	12 %, 13 %, 14 % der Erwerbstätigen

ERSTER ABSCHNITT

Je nach der Entwicklung der Merkmalsausprägungen ergeben sich für das Unternehmen **Rahmenbedingungen**. Günstige Rahmenbedingungen begründen Chancen, ungünstige Risiken.

Oft benutzt man die englischen Begriffe: Opportunities *(Gelegenheiten) = günstige Rahmenbedingungen,* ***Threats*** *(Bedrohungen) = ungünstige Rahmenbedingungen.*

Beispiele: Rahmenbedingungen, Chancen und Risiken

- Steigende Preise bei konstanten Einkommen senken die Kaufkraft der Bevölkerung. Damit steigt für Konsumgüterhersteller das Risiko, gesetzte Absatzziele zu verfehlen.
- Ein steigendes Ausbildungsniveau fördert die Beschaffung qualifizierter Arbeitskräfte. Für alle Unternehmen steigt die Chance, höhere Qualitätsziele zu setzen und zu erreichen.
- Zunehmende Rohstoffknappheit gefährdet und verteuert die Beschaffung. Damit steigt für Weiterverarbeiter das Risiko, die Produktions- und Absatzziele zu verfehlen.
- Die Klimaerwärmung gefährdet die Landwirtschaft und fördert Hersteller von Umwelttechnik.

Durch Umfeldanalysen untersucht das Unternehmen relevante Merkmale seines Umfeldes. So kann es
- **günstige und ungünstige Rahmenbedingungen aufspüren,**
- **Mittel und Wege finden, um Gelegenheiten zu nutzen und Gefahren abzuwehren.**

Web

Umfeldanalysen sind Bestandteile eines umfassenden Chancen- und Risikomanagements. M 23_1

Arbeitsaufträge

1. **In der Betriebswirtschaftslehre bezeichnet man die Unternehmen als selbstständige Wirtschaftseinheiten.**
   a) Unternehmen, die Sie alle kennen, sind z. B. Volkswagen, Siemens oder SAP. Welche Güter produzieren sie?
   b) Nennen Sie wichtige Merkmale, an denen man die Selbstständigkeit dieser Unternehmen festmachen kann.
   c) Kann man die Produktionseinheiten in sozialistischen Staaten (z. B. Nordkorea, ehemalige DDR) als Unternehmen bezeichnen? Und wie beurteilen Sie China unter diesem Aspekt?
   d) Ist die Betriebswirtschaftslehre tatsächlich die Lehre von den Betrieben?

2. **Das Umfeld des Unternehmens besteht aus Teilfeldern: ökonomisches, politisch-rechtliches, soziales, kulturelles, technologisches und ökologisches Umfeld.**
   a) Die Deutsche Fahrradwerke GmbH will ein neues Produkt entwickeln, und zwar ein dreirädriges Lasten-E-Bike. Ihre Lerngruppe sei mit der Unternehmensplanung befasst.
   b) Bilden Sie sechs Gruppen. Jede Gruppe wählt einen Gruppensprecher. Jede Gruppe beschäftigt sich mit einem Teilumfeld des Unternehmens. Web
   c) Drucken Sie den Bearbeitungsbogen Umfeldanalyse aus oder bearbeiten Sie ihn am Bildschirm. M 23_2
   d) Notieren Sie in Ihrer Gruppe auf dem Bogen Merkmale und Entwicklungen Ihres Teilumfelds, die für das neue Produkt Bedeutung haben können.
   e) Schreiben Sie auf, in welche Richtung sich diese Merkmale vermutlich entwickeln werden.
   f) Geben Sie an, ob Sie die Entwicklung als günstig oder ungünstig einschätzen.
   g) Stellen Sie fest, welche Chancen oder Risiken diese Entwicklung befördern kann.
   h) Die Gruppensprecher präsentieren auf geeignete Weise (z. B. per Plakat, Folie, Beamer) die Ergebnisse ihrer Gruppe. Web
   (Hinweis: Zur Erstellung einer Präsentation siehe die Datei 1 Präsentationstechniken.) M 23_3

5.2.3 Märkte des Unternehmens

Die Gabor AG war bis in die 80er-Jahre des 20. Jahrhunderts ein bedeutender Hersteller von Registrierkassen. Eine Falscheinschätzung des Marktes führte zum Konkurs (heute: Insolvenzverfahren): Man hatte jahrzehntelang mit Erfolg mechanische Registrierkassen gebaut. Zuletzt hatte man einen Magnetbandspeicher eingebaut, der die Weiterverarbeitung der Rechnungsbeträge durch die EDV ermöglichte. Die Konkurrenz aber war weiter: Sie brachte Geräte auf rein elektronischer Basis heraus. Vorteile: 1. Die Kassen arbeiteten fast geräuschlos. 2. Neben der Eingabe über die Tastatur war die Datenabtastung durch Scanner möglich. Sofort ging die Nachfrage nach Gabor-Kassen schlagartig um 90 % zurück. Man hatte einfach den Markt verschlafen.

Beschaffungs- und Absatzmärkte

Jedes Unternehmen bietet bestimmte Leistungen an. Wer Bedarf hat, fragt davon nach.

Das Zusammentreffen von Angebot und Nachfrage heißt Markt. Jedes Gut braucht seinen Markt, um Absatz zu finden. Aus der Sicht des Unternehmens unterscheidet man Beschaffungsmärkte und Absatzmärkte.

Auf den **Beschaffungsmärkten** versorgt sich das Unternehmen mit den benötigten Materialien, Maschinen, Werkzeugen, Arbeitskräften, Dienstleistungen und Finanzmitteln. Alle Mengenänderungen (z. B. durch Rohstoffverknappung), Preis- und Qualitätsänderungen sowie Ausfälle und Hinzutreten von Lieferanten haben Auswirkungen auf seine eigene Leistungserstellung.

Auf den **Absatzmärkten** bietet das Unternehmen in Konkurrenz mit anderen Anbietern seine Leistungen an.

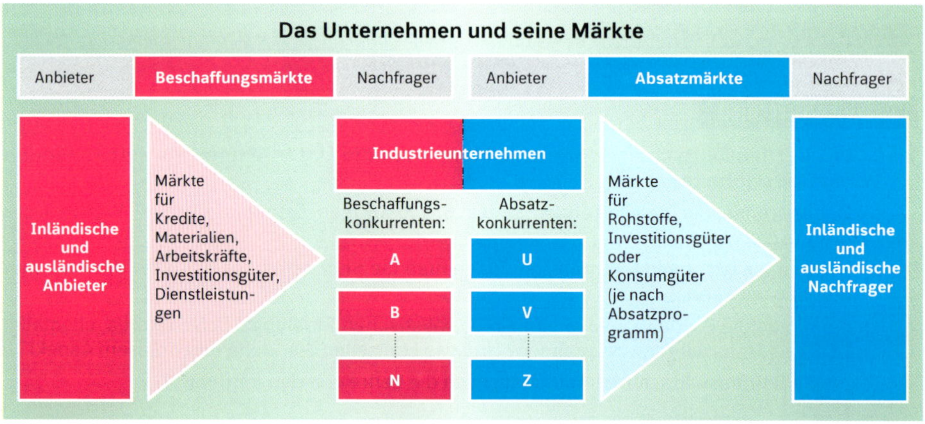

In den letzten Jahrzehnten hat sich die Lage auf den Absatzmärkten in zweierlei Hinsicht stark zuungunsten der Anbieter verändert:

- Aus Verkäufermärkten wurden Käufermärkte.
- Aus nationalen Märkten wurden globalisierte Märkte.

Marktveranstaltung: Fachmesse
(Foto: © Messe Frankfurt/Petra Welzel)

Käufer- und Verkäufermärkte

In der Zeit des Wirtschaftsaufschwungs in den Nachkriegsjahren hatte der Anbieter wegen großen Gütermangels eine starke Stellung gegenüber dem Kunden und brauchte sich auch bei ungünstigem Preis, geringer Qualität und schlechtem Service keine Absatzsorgen zu machen. Es lagen sogenannte **Verkäufermärkte** vor.

Heutzutage stehen die Anbieter einem gesättigten, mit einer Fülle von Gütern aller Art versehenen Verbraucher gegenüber. Der Verbraucher ist meist sehr qualitäts- und preisbewusst, er verlangt hohe Lieferbereitschaft und zugleich eine große Auswahlmöglichkeit aus einem variantenreichen, aktuellen Produktionsprogramm. Dabei unterliegt die Nachfrage einem raschen Wandel.

Es ist deshalb nötig, das **Unternehmen vom Absatzmarkt her zu steuern**: Man muss systematisch Absatzmöglichkeiten aufspüren und dann Produktion, Beschaffung, Personalplanung, Finanzierung und Organisation konsequent auf die bestmögliche Befriedigung der Kundenbedürfnisse ausrichten.

Die **grundlegende Fragestellung** in diesem Zusammenhang lautet:
„Wie kann der Betrieb sich unentbehrlich machen und den Kunden an sich binden?"

Die **Antwort** lautet: „Der Betrieb muss das Leben des Kunden ‚mitleben': Er muss sich in die Lage des Kunden versetzen, seine Probleme erkennen und Lösungen anbieten."

Globalisierte Märkte

Die Märkte sind heute weltweit ausgedehnt (Globalisierung). Ursachen sind der Abbau von Handelshindernissen (Liberalisierung), schnellere Transportsysteme (Flugzeuge) und verbesserte Kommunikationstechniken (Satelliten, Internet). Die Unternehmen können deshalb heute weltweit agieren, in Konkurrenz treten, Standorte wählen und Arbeitskräfte beschäftigen oder entlassen.

Globalisierung

Globalisierung bedeutet gesamtwirtschaftlich die Tendenz zu zunehmend weltweiten Verflechtungen von Wirtschaft, Politik und Kultur, verbunden mit weitreichenden Änderungen der traditionellen Rahmenbedingungen.

Globalisierung bedeutet betriebswirtschaftlich eine strategische Ausrichtung global tätiger Unternehmen („Global Player"). Diese nehmen an, dass die Märkte sich weltweit ausdehnen und dadurch weltweit standardisierte Produkte entstehen (z. B. Computer, Kopierer, Halbleiter, Flugzeuge). Indem sie diese Produkte anbieten, eröffnen sich ihnen globale Absatzchancen. Sie stehen in weltweitem Wettbewerb mit anderen globalen Unternehmen. Durch ein Großangebot standardisierter Güter und weltweite Ausnutzung von Standortvorteilen erzielen sie Wettbewerbsvorteile.

Sie exportieren nicht nur in alle Welt, sondern haben weltweit eigene Produktions-, Handels-, Dienstleistungs- und Finanzstandorte und/oder sind vernetzt mit Sub- und Partnerunternehmen.

Die Siemens AG z. B. hat in etwa 190 Ländern 400 Produktionsstätten und 170 000 Mitarbeiter. Im Ausland verdient sie mehr Geld als in Deutschland.

Die Unternehmen wählen die **Standorte** mit den **größtmöglichen Standortvorteilen**. Dazu gehören:

- die optimale räumliche Nähe zum Kunden,
- die gewünschte Verfügbarkeit von Rohstoffen,
- das passende Arbeitskräftepotenzial,
- die niedrigsten Kosten (Löhne, Steuern, Sozialkosten, Umweltkosten),
- die niedrigsten staatlichen Auflagen (z. B. zum Arbeits- oder Umweltschutz),
- die gewünschte Nähe zu Forschungseinrichtungen.

Die Globalisierung wirkt sich auch auf die Arbeits- und Finanzmärkte aus:

- Die **Arbeitsmärkte** werden weltweit ausgeweitet:
  - Die Produktion wandert in Billiglohnländer.
  - Die modernen Kommunikationssysteme ermöglichen eine weltweite Kommunikation zwischen den Arbeitsplätzen. Arbeitsplätze und Produktion lassen sich räumlich trennen. Dies gilt auch für Planungs-, Entwicklungs-, Kontroll-, Verwaltungs- und Engineering-Arbeiten. Viele dieser Arbeiten können ausgegliedert und als Aufträge an die preisgünstigsten Anbieter auf der Welt vergeben werden.
- Die **Finanzmärkte** zeigen den Fortschritt der Globalisierung am stärksten:
  - Währungen werden schrankenlos und online in beliebige andere Währungen getauscht (täglich etwa 1,5 Billionen US-Dollar. Dabei dienen 60 % dieses Verkehrs der reinen Spekulation: Ankauf zu niedrigen Kursen und Spekulation auf Kursanstieg, um wieder zu verkaufen).
  - Aktien, Investmentanteile und Obligationen werden rund um die Uhr an den Börsen der Welt erworben und wieder abgestoßen.
  - Hinzu kommt die Fremd- und Eigenkapitalbeschaffung der Unternehmen, sei es durch Kreditaufnahme oder Herausgabe von Aktien auf den internationalen Märkten.

Konsequenzen für das Management

Bei Vorliegen von Käufermärkten und globalisierten Märkten lassen sich die Anforderungen an das Management der Unternehmen wie folgt grob kennzeichnen:

- Kundenprobleme schnell erkennen!
- Schnell reagieren und Problemlösungen anbieten!
- Höchste Qualität (d. h.: exakt die vom Kunden gewünschte Qualität) bieten!

Es besteht also ein Zeitproblem und ein Qualitätsproblem. Dementsprechend sind ein optimiertes Zeitmanagement und ein optimiertes Qualitätsmanagement gefordert. Wer beides besitzt, schnell und flexibel reagieren kann und zugleich höchste Qualität bietet, erzielt Wettbewerbsvorteile.

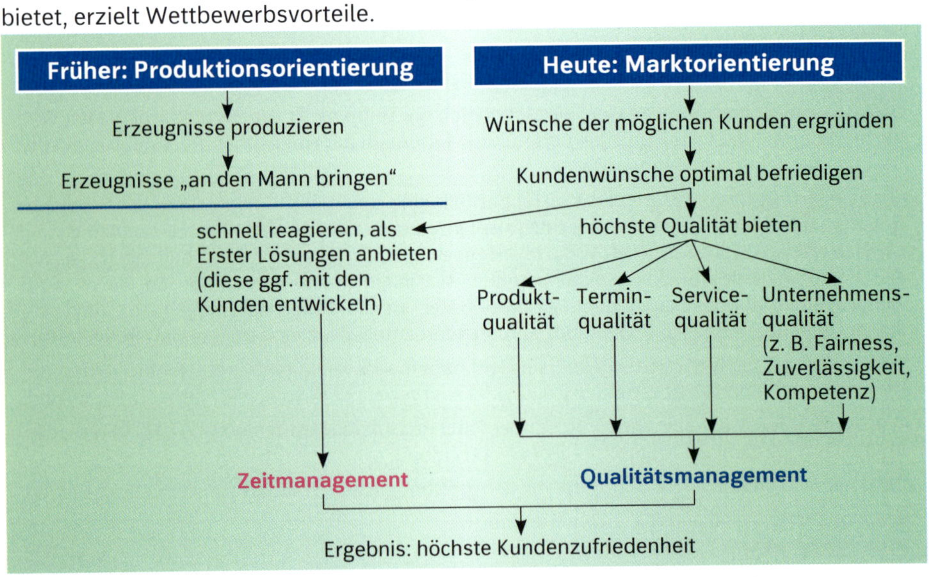

Gegenüber seinen Lieferanten ist der Betrieb selbst Kunde. Um den genannten Qualitätsanforderungen entsprechen zu können, erwartet er auch von ihnen höchste Qualität, bewertet sie, erarbeitet mit ihnen gemeinsam Lösungen für die Belieferung, veranlasst sie zu optimaler Anpassung an seine Ansprüche. Er arbeitet nur mit den besten Lieferanten zusammen und geht mit ihnen aus Gründen der Sicherheit ggf. langfristige Bindungen ein.

ERSTER ABSCHNITT

Arbeitsaufträge

1. **Veränderungen auf einem Markt ziehen stets Veränderungen auf anderen Märkten nach sich.**
   Beschreiben Sie, welche Auswirkungen eine nachhaltige Verknappung des Rohöls auf verschiedene Gütermärkte haben könnte.

2. **Vergegenwärtigen Sie sich den Markt für Personenkraftwagen.**
   Welche Auswirkungen haben die Güter-, Nachfrage- und Konkurrenzverhältnisse auf den Absatzmärkten der Pkw-Hersteller auf die Planung, das Marktverhalten und die Produktionsverhältnisse der Pkw-Hersteller?

3. **Unternehmen und Globalisierung**
   (1) Der bekannte Sportartikelhersteller PUMA hat seine Aktivitäten auf die Kernkompetenzen Produktentwicklung, Marketing und Qualitätskontrolle konzentriert. Die gesamte Fertigung und Logistik (Güterbewegungen) erfolgen durch vierzehn asiatische, osteuropäische und britische Partnerunternehmen. Das Unternehmen benötigt deshalb nur wenige hundert Mitarbeiter, erzielt aber einen Milliardenumsatz.
   (2) Chefentwickler Riedel reicht Geschäftsführer Schotte einen unförmigen Kopfhörer, verbindet ihn mit der Audiohardware und drückt ein paar Tasten, woraufhin Schotte einen Sound hört wie nie zuvor: Flugzeuge fliegen um seinen Kopf; dann wähnt er sich mitten in einem riesigen Symphonieorchester, dann auf dem Spielfeld der Münchener Allianz-Arena. „Wahnsinn", sagt er, „aber wer schreibt uns die Software dazu?" „Am besten eine indische Entwicklungsfirma", meint Riedel. „Die haben genug Spezialisten." Schotte: „Erweitern wir lieber für zwei Jahre unser eigenes Entwicklungsteam um drei Leute!" Riedel: „Zwei Jahre! Dann ist uns die Konkurrenz voraus! Außerdem: Jeder Entwickler kostet 150 000,00 EUR im Jahr. Die Inder bilden binnen 14 Tagen ein Entwicklungsteam; in einem halben Jahr ist die Software fertig. Und die Kosten betragen höchstens 50 000,00 EUR."
   a) Erläutern Sie, inwiefern die Unternehmen in diesen Beispielen von der Globalisierung betroffen sind.
   b) Welche Unternehmensbereiche sind jeweils von der Globalisierung betroffen?
   c) Welche Vorteile bringt die Globalisierung den Unternehmen?
   d) Welche Nachteile für die deutsche Wirtschaft werden anhand der Beispiele deutlich?

6 Rechtliche Grundlagen

6.1 Rechtsnormen und Rechtsordnung

- Bei Juwelier Reiche wurde eingebrochen. Nach zwei Wochen wird ein Tatverdächtiger gefasst. Der Staatsanwalt erhebt Anklage: Durch Gerichtsurteil und Bestrafung soll Recht ergehen.
- Nach der Reparatur bei Auto Boss versagen die Bremsen an Herrn Kolbs Wagen von Neuem. Kolb verlangt kostenlose Nachbesserung, Boss will nur gegen erneute Bezahlung reparieren. Kolb lässt in einer anderen Werkstatt reparieren und verklagt Boss auf Kostenerstattung.

Wir leben in einer staatlichen Ordnung. Rechtsvorschriften regeln unser Leben.

Rechtsvorschriften (Rechtsnormen) sind Anforderungen, die ein äußeres Verhalten (Tun, Unterlassen, Dulden) vorschreiben. Der Staat kann ggf. die Einhaltung erzwingen.

Normen sind Verhaltensregeln. Sie sollen dafür sorgen, dass man sich entsprechend herrschenden Wertvorstellungen verhält. (Wertvorstellungen zeigen an, was für gut oder schlecht gehalten wird.) Vgl. S. 83.

Rechtsnormen

Gewohnheitsrecht

entsteht durch langdauernde Gewohnheit, wenn Menschen die Überzeugung haben, ihr Tun sei rechtens.
Es bildet sich heutzutage vor allem durch:

- **Gerichtsbrauch** (Rechtsprechung, die sich allgemein durchsetzt),
- **Verkehrssitte** (tatsächliche Übung im Verkehr zwischen Vertragspartnern, ggf. örtlich verschieden),
- **Handelsbrauch** (Gewohnheiten unter Kaufleuten).

Gesetztes Recht

entsteht durch ausdrückliche staatliche Festsetzung (heutzutage in schriftlicher Form)
Wichtige Normen des gesetzten Rechts sind:

- **Gesetze** (von der Volksvertretung erlassene Regelungen, die für alle in gleicher Weise gelten),
- **Rechtsverordnungen** (allgemein verbindliche Anordnungen der Regierung aufgrund einer Ermächtigung im Gesetz; dienen der detaillierten Ausgestaltung des Gesetzes und dürfen weder die Ermächtigung überschreiten noch dem Gesetz widersprechen),
- **Satzungen** (allgemein verbindliche Vorschriften von Selbstverwaltungskörperschaften wie Gemeinden, Kreisen, Universitäten zur Regelung ihrer eigenen Angelegenheiten)[1].

Web

M 28_1 **Die Gesamtheit der rechtlichen Regelungen ist die Rechtsordnung – der Jurist sagt: das objektive Recht. Teilbereiche sind: öffentliches Recht und Privatrecht.**

Öffentliches Recht

regelt die Rechtsbeziehungen des Einzelnen zu den Trägern staatlicher Gewalt und das Verhältnis dieser Träger zueinander. Es wird vom **Grundsatz der Über- und Unterordnung** beherrscht:

- Der Staat kann dem Bürger durch Gebote einseitig Pflichten auferlegen und seine Rechte durch Verbote beschränken. Öffentliches Recht ist **„zwingendes Recht"**.
- Verstöße gegen Gebote und Verbote verfolgt der Staat durch seine Gerichte. Gegebenenfalls verhängt er Strafen.

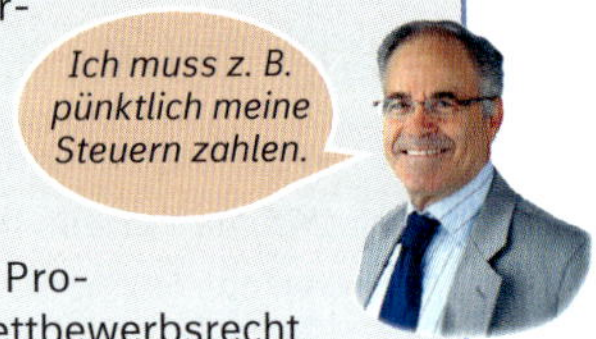

Das öffentliche Recht umfasst v. a.: Staats-, Verwaltungs-, Straf-, Prozess-, Kirchen-, Völker-, Steuer-, Sozial- und Sozialversicherungs-, Wettbewerbsrecht sowie Teile des Arbeitsrechts (Arbeitsschutz- und Mitbestimmungsrecht).

Privatrecht

regelt die Rechtsbeziehungen der Bürger untereinander. Es wird vom **Grundsatz der Gleichordnung** beherrscht:

- Die Beteiligten stehen sich gleichberechtigt gegenüber und können ihre Beziehungen abweichend von den gesetzlichen Regelungen vielfach frei gestalten: Privates Recht ist weitgehend **„nachgiebiges Recht"**. Das Gesetz bestimmt z. B., dass der Käufer die Transportkosten für zugesandte Waren tragen muss. In der Praxis übernimmt der Verkäufer häufig diese Kosten.

- Privatrechtliche Verhältnisse zielen nicht auf Strafen ab, sondern auf die Erfüllung von Verträgen, die Unterlassung schädigender Handlungen und Schadensersatz für angerichtete Schäden. Bei der Durchsetzung dieser Ansprüche können die Gerichte in Anspruch genommen werden.

Web

Das Privatrecht umfasst v. a.:

- M 28_2 **Bürgerliches Recht (Zivilrecht)**, d. h. die Vorschriften des Bürgerlichen Gesetzbuchs (BGB; *www.gesetze-im-internet.de/bgb/*). Sie enthalten die grundlegenden Regeln des Privatrechts.
- M 28_3 **Handelsrecht**, d. h. die Vorschriften des Handelsgesetzbuchs (HGB; *www.gesetze-im-internet.de/hgb/*), die die Rechtsbeziehungen der Kaufleute regeln, und des Gesellschafts-, Wechsel-, Scheck- und Wertpapierrechts.
- **Urheberrecht**. Dieses begründet Ansprüche an Geisteswerken.
- **Patentrecht**. Dieses begründet Ansprüche aus Erfindungen.
- **Privatversicherungsrecht**.

[1] Auch Vereine, Kapitalgesellschaften und Genossenschaften regeln ihre Angelegenheiten durch Satzungen.

Hinweis: Europäisches Gemeinschaftsrecht

Das in Deutschland geltende Recht ist heute weitgehend durch das Gemeinschaftsrecht der Europäischen Union (EU-Verordnungen und EU-Richtlinien) bestimmt. Dieses hat Vorrang vor jedem nationalen Recht.

- **EU-Verordnungen** gelten in den Mitgliedsländern unmittelbar.
- **EU-Richtlinien** sind Mindestvorschriften, die in den Mitgliedsländern durch Gesetzesanpassung in nationales Recht umgesetzt werden müssen. Geschieht dies nicht fristgerecht, müssen die Gerichte ihren Urteilen die EU-Richtlinie zugrunde legen.

Rechtsordnung	
öffentliches Recht	**privates Recht**
• Über-, Unterordnung • zwingendes Recht (Gebote, Verbote, Strafen)	• Gleichordnung • nachgiebiges Recht (freie, individuelle Gestaltung, Vertragserfüllung, Schadensersatz)

Arbeitsaufträge

1. **In den beiden folgenden Texten werden Aussagen über bestimmte Rechtsnormen gemacht.**
   (1) Das Gewerbesteuergesetz ist ein Bundesgesetz über die Gewerbesteuer, die von Gewerbebetrieben zu zahlen ist. Die Gewerbesteuerdurchführungsverordnung regelt die Einzelheiten der Gewerbesteuererhebung bis hin zum sog. Steuermessbetrag. Dieser stellt sozusagen einen Grundbetrag für die Steuer dar. Die Gemeinden, denen die Steuer zufließt, legen den Hebesatz fest. Dieser gibt an, wie viel Prozent des Steuermessbetrags als Gewerbesteuer erhoben wird (z. B. 400 %).
   (2) In § 346 HGB wird ausdrücklich bestimmt, dass unter Kaufleuten auf die Handelsbräuche Rücksicht zu nehmen ist. So besteht unter Kaufleuten abweichend vom sonstigen Recht in bestimmtem Umfang ein Brauch, wonach Schweigen auf ein erhaltenes Schreiben als Zustimmung zu dem in dem Schreiben Gesagten gilt.
   a) Was versteht man unter Rechtsnormen?
   b) Welche Arten von Rechtsnormen werden in den beiden Texten angesprochen und zu welchen Obergruppen gehören sie?
   c) Welche der Rechtsnormen wurden vom Parlament verabschiedet, welche von der Regierung erlassen?

2. **Die beiden Einführungsbeispiele auf Seite 27 (Einbruch, Reparatur) betreffen einmal das öffentliche Recht, zum andern das Privatrecht.**
   Referieren Sie über wesentliche Merkmale des öffentlichen und des privaten Rechts anhand dieser Beispiele.

3. **Rechtsbedeutsame Vorgänge und Tatbestände sind entweder dem Bereich des öffentlichen Rechts oder dem Bereich des Privatrechts zuzuordnen.**
   Ordnen Sie die folgenden Sachverhalte richtig zu.
   a) Die Bundesrepublik Deutschland schließt mit der Volksrepublik China einen Vertrag über gegenseitigen Kulturaustausch.
   b) (1) Frau Schröder errichtet ein Testament, in dem sie den Hamsterzuchtverein Kleckshausen als Alleinerben einsetzt.
   (2) Frau Schröders Sohn Werner ficht nach dem Tod seiner Mutter das Testament an.
   c) Lebensmittelgroßhändler Mümmel benötigt eine ausgebildete Bürokauffrau. Er schließt einen unbefristeten Arbeitsvertrag mit Elke Geistreich.
   d) Herr Schmalhans erhält vom Finanzamt seinen Einkommensteuerbescheid mit der Aufforderung, eine verbleibende Steuerschuld von 3 500,00 EUR nachzuzahlen.
   e) Ein Tourist wird bei der Einreise beim Kokainschmuggel gefasst und später zu einer Freiheitsstrafe verurteilt.

6.2 Rechtssubjekte

Rechtsvorschriften richten sich an Personen. Personen sind Rechtssubjekte, d. h. Träger von Rechten und Pflichten. Das Recht unterscheidet natürliche und juristische Personen.

M 30

6.2.1 Natürliche Personen

Sehen Sie sich auch die Präsentation Natürliche Personen an.

Web

Natürliche Personen sind Menschen. Sie sind rechtsfähig und – unter genau bestimmten Umständen – geschäftsfähig.

Rechtsfähigkeit	Geschäftsfähigkeit
ist die Fähigkeit, Träger von Rechten (genau: subjektiven Rechten) und Pflichten zu sein.	ist die Fähigkeit, rechtsgültig seinen Willen zu erklären und Rechtsgeschäfte zu tätigen.

Die Rechts- und Geschäftsfähigkeit von Menschen hängt grundsätzlich von ihrem Alter ab.

Einfluss des Alters auf Rechts- und Geschäftsfähigkeit nach BGB

Vollendung der Geburt

Mit der Vollendung der Geburt sind alle Menschen rechtsfähig (§ 1 BGB).

Beispiel:
Ein neugeborenes Kind kann Eigentümer eines Mietshauses sein.

unter 7 Jahren

Menschen unter 7 Jahren sind **geschäftsunfähig** (§ 104 BGB).
Die Willenserklärungen von Geschäftsunfähigen sind nichtig.

Beispiel:
Das Kind kann sein Haus nicht verkaufen.

zwischen 7 und 18 Jahren

Menschen zwischen 7 und 18 Jahren sind **beschränkt geschäftsfähig**. Ihre Handlungen sind nur mit Zustimmung des gesetzlichen Vertreters rechtswirksam. Die vorherige Zustimmung heißt Einwilligung, die nachträgliche heißt Genehmigung (§§ 106–108 BGB).

Beispiele:
Ein Zwölfjähriger kauft mit der Erlaubnis seiner Mutter einen DVD-Player.
Ein Sechzehnjähriger kauft ein Mofa. Sein Vater, der davon nichts wusste, erklärt nachträglich sein Einverständnis (ausdrücklich oder durch Schweigen).

(1) Rechtsgeschäfte von Personen zwischen 7 und 18 Jahren sind voll wirksam, wenn
- sie mit dem **Taschengeld** erfüllt werden (genauer: mit Mitteln, die ihnen vom gesetzlichen Vertreter oder mit dessen Zustimmung von einem Dritten zur freien Verfügung oder eigens für den betreffenden Zweck überlassen wurden) (§ 110 BGB);
- sie ihnen **nur rechtliche Vorteile** bringen (z. B. Schenkungen ohne Auflagen) (§ 107 BGB).

(2) Minderjährige können auch mit Zustimmung des gesetzlichen Vertreters ein **Arbeits-, Dienst- oder Ausbildungsverhältnis** eingehen. Für alle Rechtsgeschäfte aus einem Arbeits- oder Dienstverhältnis (nicht aus einem Ausbildungsverhältnis) gelten sie als voll geschäftsfähig. Sie können z. B. selbstständig ein Bankkonto einrichten, ja sogar ihr Arbeitsverhältnis kündigen und ein ähnliches eingehen (§ 113 BGB).

(3) Das Gleiche gilt für Rechtsgeschäfte aus dem **selbstständigen Betrieb eines Erwerbsgeschäfts**. Ein solches kann der Minderjährige mit Ermächtigung des gesetzlichen Vertreters und der Genehmigung des Familiengerichts (Abteilung des Amtsgerichts) betreiben (§ 112 BGB). (Ein Vater könnte z. B. wegen Krankheit sein Geschäft auf seinen minderjährigen Sohn übertragen.)

ab 18 Jahren

Menschen ab 18 Jahren sind voll **geschäftsfähig**.

Beispiel:
Ein Achtzehnjähriger nimmt bei einer Bank einen Kredit auf.

Kann ein Volljähriger aufgrund psychischer Krankheit oder körperlicher, geistiger oder seelischer Behinderung seine Angelegenheiten ganz oder teilweise nicht besorgen, kann das Betreuungsgericht (Abteilung des Amtsgerichts) einen **Betreuer** bestellen. Dies hebt die Geschäftsfähigkeit nicht auf. Im Einzelfall kann das Gericht aber die Teilnahme des Betreuten am Rechtsverkehr einschränken (§ 1896 ff. BGB). Dauernd Geisteskranke hingegen sind geschäftsunfähig (§ 104 BGB).

6.2.2 Juristische Personen

Bestimmte rechtliche Gebilde (juristische Personen; §§ 21–89 BGB) sind ebenfalls **rechts- und geschäftsfähig**. Sie können wie Menschen Eigentum erwerben, klagen und verklagt werden. Die Wahrnehmung der Rechte erfolgt durch ihre **Organe**.

Juristische Personen

Juristische Personen des privaten Rechts

- verfolgen private Interessen
- erlangen Rechtsfähigkeit durch Eintragung in ein öffentliches Register

Körperschaften

dauernde, organisierte, vom Mitgliederbestand unabhängige Vereinigungen von Personen zur Erreichung eines gemeinsamen Zwecks

z. B.
- eingetragener Verein
- Aktiengesellschaft
- Kommanditgesellschaft auf Aktien
- Gesellschaft mit beschränkter Haftung
- eingetragene Genossenschaft

Stiftungen

Vermögensmassen, deren Verwendungszweck in einem privatrechtlichen Stiftungsgeschäft bestimmt worden ist

z. B.
- Stiftung Volkswagen
- Hertie Stiftung
- Robert Bosch Stiftung
- Stiftung Warentest

Juristische Personen des öffentlichen Rechts

- verfolgen öffentliche Aufgaben
- erlangen Rechtsfähigkeit durch Gesetz oder staatlichen Hoheitsakt

Körperschaften

öffentliche Einrichtungen, die Mitglieder haben (teils zwangsweise, teils freiwillig organisiert)

z. B.
- **Gebietskörperschaften**
  Bund, Länder, Städte, Gemeinden
- **Personalkörperschaften**
  Religionsgemeinschaften, Kammern, Hochschulen, Krankenkassen

Anstalten

selbstständige Einrichtungen der Verwaltung mit der Befugnis der Selbstverwaltung

z. B.
- Rundfunkanstalten
- Bundesanstalten

Stiftungen

selbstständige Vermögensmassen einer öffentlich-rechtlichen juristischen Person zu einem bestimmten Zweck

z. B.
- Deutsches Krebsforschungszentrum,
- Berliner Philharmoniker

*Von diesen Anstalten zu unterscheiden sind **nicht rechtsfähige Anstalten**: z. B. Schulen, Museen der Städte, Polizeibehörden.*

Zum Merken:
- **Körperschaften haben Mitglieder.**
- **Anstalten haben Benutzer.**
- **Stiftungen haben Nutznießer.**

Arbeitsaufträge

1. **Am Stammtisch wird über Rechtsfragen philosophiert. Walter Säusel krakeelt, sein Schwager sei eine juristische Person. Er sei nämlich Richter am Landgericht und als solcher – im Gegensatz zu den „normalen" Menschen – rechtsfähig. Er dürfe aber kein Unternehmen gründen, sei also leider – wieder im Gegensatz zu „normalen" Menschen – nicht geschäftsfähig.**
   Walters Stammtischbruder Pitt Kluge schüttelt nur noch den Kopf über solchen Unsinn. Dann stellt er die Fehler richtig. Geben Sie seine Argumentation wieder.
2. **Gegeben seien die folgenden Personen:**
   (1) eine Aktiengesellschaft
   (2) ein ungeborenes Kind
   (3) eine hundertdreijährige Frau
   (4) ein vierjähriger Junge
   (5) ein ins Vereinsregister eingetragener Fußballklub
   (6) ein achtzehnjähriger Auszubildender
   a) Sind diese Personen rechtsfähig?
   b) Sind diese Personen nicht, beschränkt oder voll geschäftsfähig?
3. **Bei der Eröffnung des Testaments des verstorbenen Herrn Selig ergibt sich, dass er seine sechsjährige Nichte Klara zur Alleinerbin eingesetzt hat. Das Erbe besteht aus 6 500,00 EUR Bargeld, Wertpapieren mit einem Kurswert von 7 600,00 EUR und einem bebauten Grundstück mit einem geschätzten Marktwert von 310 000,00 EUR, belastet mit einer Hypothek von 60 000,00 EUR.**
   a) Ist Klara als Sechsjährige überhaupt erbfähig?
   b) Klara erklärt, dass sie die Erbschaft annehmen will. Ist diese Erklärung rechtswirksam?
   c) Wie muss sich die Annahme der Erbschaft vollziehen, wenn sie rechtswirksam sein soll?
   d) Klaras Eltern als ihre gesetzlichen Vertreter legen mit Einverständnis des Vormundschaftsgerichts das Bargeld auf einem Sparkonto an. Die Zinsen aus dem Sparkonto und den Wertpapieren verwenden sie für den Schuldendienst des Hypothekendarlehens. Einen Zinsüber-

schuss belassen sie auf dem Sparkonto. Als Klara 15 Jahre alt wird, beträgt das Restdarlehen noch 44 000,00 EUR. Klara beschließt, das Restdarlehen sofort vollständig zu tilgen. Klaras Eltern sind dagegen. Kann Klara ihren Willen durchsetzen?

4. **Gegeben seien die folgenden Fälle:**
   (1) Ein Sechsjähriger will am Kiosk für 20 Cent Bonbons kaufen.
   (2) Ein Siebenjähriger hat das Gleiche vor.
   (3) Ein Siebzehnjähriger will im Reisebüro eine Flugreise nach Las Vegas für 4 700,00 EUR buchen.
   (4) Ein Geisteskranker will ein Fahrrad kaufen.
   (5) Ein Dreizehnjähriger will zwei Geschenke annehmen: 800,00 EUR Bargeld und einen Dackel.
   (6) Ein Sechzehnjähriger will seinen Arbeitsvertrag kündigen.
   (7) Ein siebzehnjähriger Auszubildender will bei der Sparkasse ein Girokonto eröffnen.
   (8) Ein siebzehnjähriger Auszubildender will sein Ausbildungsverhältnis kündigen.
   (9) Ein Achtzehnjähriger will selbstständig einen Kredit über 75 000,00 EUR zum Kauf eines Motorboots aufnehmen.
   (10) Der Vorstand eines eingetragenen Vereins will ein Vereinslokal kaufen.
   Die jeweiligen Geschäftspartner kennen die genannten Personen persönlich und sind über ihre Verhältnisse (z. B. ihr Alter) informiert.
   Sind die oben dargestellten Willenserklärungen unter diesen Umständen rechtswirksam? (In dem einen oder anderen Fall ist die Rechtswirksamkeit von bestimmten Voraussetzungen abhängig, die Sie näher erläutern müssen.)

6.3 Rechtsobjekte

6.3.1 Sachen und Rechte

Rechtsobjekte **sind die Gegenstände des Rechtsverkehrs. Es handelt sich dabei um Sachen und Rechte.**

Sachen und Rechte sind der Rechtsmacht der Rechtssubjekte (Personen) unterworfen. Die Rechte von Personen werden deshalb genauer als ***subjektive Rechte*** **bezeichnet.**

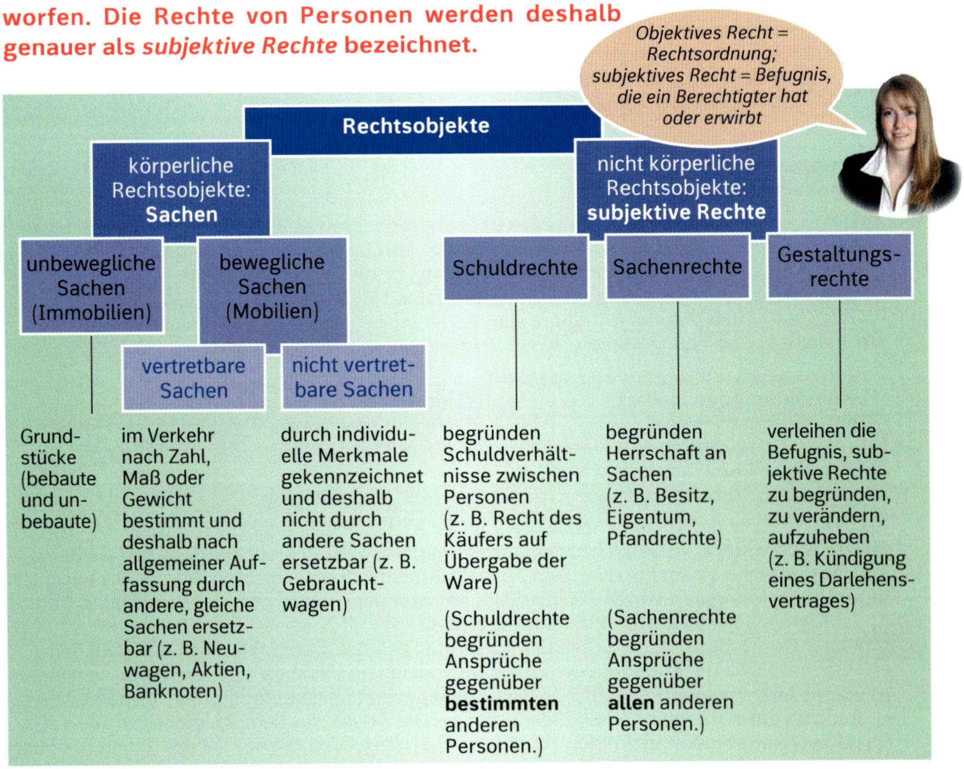

6.3.2 Eigentum und Besitz

Die wichtigsten und in der Praxis am häufigsten vorkommenden Rechte an Sachen sind Eigentum und Besitz.

- ***Eigentum* (§ 903 ff. BGB) ist die rechtliche Herrschaft über eine Sache.**
- ***Besitz* (§ 854 ff. BGB) ist die tatsächliche Herrschaft über eine Sache**

Beispiel: Eigentum und Besitz

Herr Pratz ist Eigentümer eines Hauses mit Einliegerwohnung. Am 1. Februar 20.. vermietet er die Wohnung an Herrn Lehmann. Eigentümer ist nach wie vor Herr Pratz, Besitzer hingegen ist nun Herr Lehmann: Er hat die tatsächliche Herrschaft über die Wohnung.

Der Eigentümer kann folgende **Besitzverhältnisse** zu seiner Sache haben:

- **Unmittelbarer Besitz:** Der Eigentümer hat die Sache. Er kann seine Herrschaft über die Sache auch durch einen anderen in abhängiger Stellung (z. B. Chauffeur) ausüben. Dieser heißt dann Besitzdiener.
- **Mittelbarer Besitz:** Der Eigentümer hat die Sache verliehen, vermietet, verpachtet usw. (freiwillige Besitzaufgabe). Der Mieter usw. ist unmittelbarer Besitzer. Er darf nur im Umfang der Abmachungen mit dem Eigentümer über die Sache verfügen (z. B. eine Wohnung nicht weitervermieten).
- **Nichtbesitz:** Dem Eigentümer ist die Sache abhanden gekommen (Verlust, Diebstahl usw. = unfreiwillige Besitzaufgabe). Der Dieb oder Finder, der die Sache nicht abliefert, ist bösgläubiger Besitzer. Er kann niemals Eigentümer werden, denn der Eigentümer verliert sein Recht nur bei freiwilliger Aufgabe.

Der rechtmäßige Besitzer kann sich gegen jeden mit angemessener Gewalt wehren, der ihm den Besitz unberechtigt entziehen will. Dies ist sein **Selbsthilferecht**. Gegen jede Störung oder Verletzung seines Besitzes kann er klagen.

Der Eigentümer kann mit seiner Sache tun, was er will.

Beispiele: Rechte des Eigentümers

Herr Meier hat eine Autovermietung.

Schutz des Eigentums: Er darf seine Autos verkaufen, verleihen, vermieten, verschenken.

Verletzung der Rechte Dritter: Er darf nicht ohne Erlaubnis das Nachbargrundstück befahren.

Verletzung der Rechte Dritter (Recht des Mieters auf Besitz): Er darf einen Wagen, der für eine Woche vermietet wurde, nicht nach zwei Tagen zurückholen.

Verstoß gegen gesetzliche Bestimmungen: Er darf seine Autos nicht unversichert vermieten.

Recht auf Besitz: Er kann nach Ablauf der Mietzeit seinen Wagen zurückverlangen.

Selbsthilferecht: Er kann sich gegen einen Dieb mit Gewalt wehren, sofern er keine unverhältmäßigen Mittel anwendet (z. B. schwere Körperverletzung).

Schönes Wochenende mit unseren Fahrzeugen garantiert!

Wochenende inkl. 750 km.

129,00 EUR pro Wochenende

Die Übertragung von Eigentum und Besitz wird auf Seite 363 behandelt.

Arbeitsaufträge

1. **In einem Aufsatz lesen Sie unter anderem folgende Sätze:**
   (1) Rechtssubjekte und Rechtsobjekte sind Träger von Rechten und Pflichten.
   (2) Häuser sind bewegliche Sachen, da man sie auf- und wieder abbauen kann.

(3) Nagelneue 100-Euro-Scheine sind vertretbare Sachen, gebrauchte dagegen nicht.
(4) Da ein Buch eine Sache ist, ist das Recht auf Rückgabe eines verliehenen Buches ein Sachenrecht.
(5) Wenn Herr Jansen von Frau Schöne ein Moped kauft, so schuldet Frau Schöne ihm die Übergabe, durch die er Besitzer des Fahrzeugs wird. Das Besitzrecht ist folglich ein Schuldrecht.

Nehmen Sie Stellung zum Inhalt dieser Sätze und korrigieren Sie die Fehler.

2. **Herr Decker nimmt bei der Bank einen Kredit auf und übergibt zur Sicherheit ein wertvolles Schmuckstück als Pfand, welches die Bank im Fall ausbleibender Zinszahlung und Tilgung versteigern lassen kann.**
   Handelt es sich um ein Schuldrecht oder ein Sachenrecht
   a) bei dem Pfandrecht der Bank an dem Schmuckstück?
   b) bei der Darlehens- und Zinsforderung der Bank?

3. **Ein Rundfunk- und Fernsehgroßhändler überlässt einem Kaufinteressenten am 1. August für eine Woche ein Fernsehgerät zum Ausprobieren. Als er es am 8. August wieder abholen will, teilt ihm der Wohnungsnachbar mit, der Mann sei für 6 Monate ins Ausland verreist. Beim Gespräch erfährt der Großhändler, dass sein „Kunde" das Gerät am 4. August an den Nachbarn verkauft hat, der glaubte, es gehöre dem „Kunden". Nun will der Nachbar es nicht herausgeben.**
   a) Wer ist am 2. August Eigentümer, wer Besitzer des Gerätes?
   b) Wer ist am 5. August Eigentümer und Besitzer?
   c) Muss der Nachbar das Gerät herausgeben?

4. **Gegeben sind die folgenden Tatbestände:**
   (1) Herr Schöne hat ein Haus geerbt, das er seit zwei Jahren bewohnt.
   (2) Herr Schöne vermietet sein Haus an Familie Bender.
   (3) Frau Fies findet eine Geldbörse mit 600,00 EUR und dem Ausweis von Frau Bölle. Zunächst legt sie die Börse zu Haus in die Schublade. Nach einer Woche stellt sie fest, dass sie knapp bei Kasse ist, und verbraucht das Geld.
   (4) Herr Herborn lässt seine Ferienwohnung durch die Agentur Zaster verwalten.
   Kennzeichnen Sie die aufgeführten Personen durch die Begriffe unmittelbarer Besitzer, mittelbarer Besitzer, Nichtbesitzer, bösgläubiger Besitzer, Besitzdiener.

5. **Frau Weber trägt eine Uhr am Handgelenk. Frau Tücke sieht sie und behauptet, sie gehöre ihr.**
   Wer muss im Prozessfall den Nachweis über das Eigentumsrecht führen?

6.4 Rechtsgeschäfte

6.4.1 Die Begriffe Willenserklärung und Rechtsgeschäft

Ist diese Willenserklärung wohl rechtswirksam?

Geschäftsfähige Personen nehmen durch Willenserklärungen am Rechtsleben teil. Durch Willenserklärungen entstehen Rechtsgeschäfte.

Rechtsgeschäfte sind dadurch gekennzeichnet, dass durch die Willenserklärungen ein bestimmter Erfolg, eine verbindliche Rechtswirkung, erzielt werden soll.

Beispiel:

Ein Fall ...

Fabrikant Krüger will seinem Prokuristen Sause einen Geschäftswagen stellen. Den kauft er bei Autohändler Schröder zur Lieferung binnen 10 Tagen. Inzwischen verunglückt Sause tödlich. Krüger will nun den Wagen nicht mehr. Er behauptet, er habe sich beim Vertragsabschluss geirrt. Schröder erkennt dies nicht an und verklagt ihn auf Abnahme und Zahlung.

... und seine Beurteilung

Schröder und Krüger haben beide rechtsverbindliche Willenserklärungen abgegeben: Es soll ein Wagen geliefert und der Kaufpreis gezahlt werden. Somit ist ein Rechtsgeschäft zustande gekommen. Folglich treten die Rechtssubjekte Schröder und Krüger in verbindliche Rechtsbeziehungen zueinander und zu dem betroffenen Rechtsobjekt. Krüger kann nicht die Abnahme ablehnen, weil sein ursprünglicher Beweggrund entfällt. Andererseits hat er das Recht darauf, dass Schröder ihm das Eigentum und den Besitz am Wagen vereinbarungsgemäß verschafft.

Willenserklärungen können empfangsbedürftig oder nicht empfangsbedürftig sein.

Beispiele:

- Ein Testament gilt auch dann, wenn die eingesetzten Erben keine Kenntnis davon haben. Ein Testament ist folglich eine nicht empfangsbedürftige Willenserklärung.
- Eine Kündigung gilt erst dann, wenn sie dem Empfänger zugegangen ist. Eine Kündigung ist folglich eine empfangsbedürftige Willenserklärung.

6.4.2 Einseitige und mehrseitige Rechtsgeschäfte

Man unterscheidet **einseitige** und **mehrseitige Rechtsgeschäfte**.

Wir bieten Ihnen an: Stahlblech → Wir bestellen: Stahlblech

Rechtsgeschäfte

Einseitige Rechtsgeschäfte

Für die Rechtswirksamkeit genügt die Willenserklärung einer Person. Beispiele:

- Testamentserrichtung
- Mahnung
- Kündigung

Mehrseitige Rechtsgeschäfte (Verträge)

Für die Rechtswirksamkeit sind die übereinstimmenden, zielgerichteten Willenserklärungen zweier bzw. mehrerer Personen nötig.

einseitig verpflichtend

Nur ein Vertragspartner verpflichtet sich zu einer Leistung. Beispiele:

- Abtretung einer Forderung
- Übernahme einer Bürgschaft
- Schenkungsversprechen

mehrseitig verpflichtend

Alle Vertragspartner verpflichten sich zu einer Leistung. Beispiele:

- Kaufvertrag
- Leihvertrag
- Mietvertrag
- Arbeitsvertrag
- Werkvertrag
- Kreditvertrag

Was Verträge angeht, herrscht weitgehend Vertragsfreiheit:

- **Die Parteien können den *Inhalt der Verträge frei bestimmen*, ohne an die gesetzlichen Vertragstypen gebunden zu sein.**
- **Jedermann kann *frei darüber entscheiden*, ob er einen ihm angebotenen Vertrag abschließen will oder nicht.**

Um Missverständnisse und Streitigkeiten zu vermeiden, legen die Vertragspartner den Vertragsinhalt oft bis ins Einzelne fest.

Wer einen gültigen Vertrag geschlossen hat, ist verpflichtet, Leistungen genau entsprechend den getroffenen Vereinbarungen zu erbringen. Er schuldet dem Vertragspartner die Leistungen. Verträge sind deshalb Rechtsgeschäfte, die als **Verpflichtungsgeschäfte** bezeichnet werden. Durch sie entstehen **Schuldverhältnisse**. Diese werden im BGB, 2. Buch: *Schuldrecht* behandelt.

Die Vertragserfüllung ist nach deutschem Recht ein eigenes Rechtsgeschäft: das **Erfüllungsgeschäft**. Bei Verträgen über Sachen geht es z. B. darum, die Eigentums- und Besitzrechte an den Sachen zu verändern. Eigentum und Besitz sind sog. Sachenrechte. Sie werden im BGB, 3. Buch: *Sachenrecht* behandelt. Der Übergang von Eigentum und Besitz im Rahmen des Erfüllungsgeschäftes ist jedoch Gegenstand vom BGB Buch 2, Abschnitt 4: *Erlöschen der Schuldverhältnisse*.

Verträge

sind	bewirken
Verpflichtungsgeschäfte	**Erfüllungsgeschäfte**
Verpflichtungsgeschäfte begründen Schuldverhältnisse	Erfüllungsgeschäfte verändern Rechte an Sachen

Beispiel: Verpflichtungs- und Erfüllungsgeschäft

Herr Krelle beauftragt Maler Pinsel, sein Porträt zu malen. Es kommt zu einem sog. Werkvertrag (Verpflichtungsgeschäft): Pinsel verpflichtet sich zur Lieferung des Bildes, Krelle zur Abnahme und Bezahlung. Nach Fertigstellung sind sich beide einig, dass Krelle Eigentümer und Besitzer des Bildes werden soll. Deshalb übergibt Pinsel es ihm und Krelle zahlt (Erfüllungsgeschäft).

6.4.3 Bürgerliche Rechtsgeschäfte und Handelsgeschäfte

Die Rechtsgeschäfte von Nichtkaufleuten sind bürgerliche Rechtsgeschäfte. Für sie gelten die Vorschriften des BGB. Alle Geschäfte eines Kaufmanns[1], die er für sein Gewerbe tätigt, sind Handelsgeschäfte (§ 343 HGB). Für sie gelten vorrangig die Vorschriften des HGB (Spezialrecht für Kaufleute), wenn der Sachverhalt dort geregelt ist.

Nur wenn sich aus den Umständen oder einer Erklärung des Kaufmanns eindeutig ergibt, dass er ein Geschäft für seinen Privathaushalt tätigt, gilt es als bürgerliches Rechtsgeschäft (§ 344 HGB).

Das HGB regelt die Rechtsverhältnisse teilweise anders als das BGB. Es trägt damit der Tatsache Rechnung, dass der Handelsverkehr eine größere Flexibilität als der bürgerliche Rechtsverkehr erfordert, dass man vom Kaufmann aber auch höhere Sorgfalt erwarten darf.

Zweiseitige Handelsgeschäfte sind Rechtsgeschäfte zwischen Kaufleuten, **einseitige Handelsgeschäfte** solche zwischen Kaufmann und Nichtkaufmann. Bei einseitigen Handelsgeschäften gelten für beide Seiten die Vorschriften des HGB, wenn im HGB nicht ausdrücklich Ausnahmen bestimmt sind (§ 345 HGB) oder das BGB nicht zwingende Vorschriften enthält (v. a.: Rücktritt, Widerruf, Rückgaberecht bei Verbraucherverträgen [§§ 346 ff. BGB], „Haustür-", Fernabsatz-, Teilzahlungsgeschäfte [§§ 312b, 312c, 507 BGB]).

BGB – www.gesetze-im-internet.de/bgb/

HGB – www.gesetze-im-internet.de/hgb/

Rechtsgeschäfte

Geschäfte zwischen **Nichtkaufleuten**:	Geschäfte zwischen **Kaufleuten**:	Geschäfte zwischen **Kaufmann** und **Nichtkaufmann**:
bürgerliche Rechtsgeschäfte	**zweiseitige Handelsgeschäfte**	**einseitige Handelsgeschäfte**
Anzuwenden ist: BGB	Anzuwenden sind: 1. HGB (Vorrang), 2. BGB	Anzuwenden sind: 1. HGB (Vorrang), 2. BGB

[1] Vgl. S. 48.

6.4.4 Abschluss eines Vertrags

Bei Dachdecker Schiefer klingelt das Telefon.

„Hier Pech. Der Sturm hat mir zehn Ziegel vom Dach geweht. Bitte bringen Sie mir die wieder an!"

„Okay. Mach ich. Morgen früh um acht bin ich da."

Wenige Worte. Und doch ist hier ein Vertrag zustande gekommen. Er verpflichtet Schiefer zu einer Leistung (Reparatur) und Pech zur Gegenleistung (Zahlung).

Verträge sind mehrseitige – meist zweiseitige – Rechtsgeschäfte. Sie kommen durch inhaltlich übereinstimmende Willenserklärungen zustande: Antrag und Annahme.

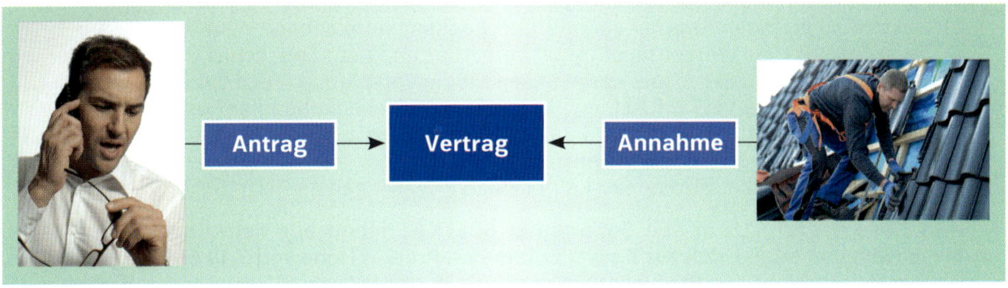

- Ein Antrag muss immer an eine bestimmte Person gerichtet sein.
- Der Vertrag kommt zustande, wenn die Annahme des Antrags ohne irgendwelche Abänderungen erfolgt.
- Unter Anwesenden muss die Annahme sofort, unter Abwesenden in einer angemessenen Frist erfolgen.
- Ist der Vertrag zustande gekommen, sind die Parteien an ihre Willenserklärung gebunden. Sie sind zur Leistung und Gegenleistung verpflichtet. (Ausnahme: Bei der Schenkung gibt es keine Gegenleistung.)
- Grundsätzlich können die Willenserklärungen in beliebiger Form abgegeben werden. Es gibt jedoch Ausnahmen davon (vgl. S. 38 f.).
- Natürlich können nur Geschäftsfähige Verträge schließen.

Web

Sehen Sie sich auch die Präsentation *Vertragsabschluss* an. *M 37*

Arbeitsaufträge

1. **Gegeben sind die folgenden Begriffe:**
   (1) einseitiges Rechtsgeschäft mit empfangsbedürftiger Willenserklärung
   (2) einseitiges Rechtsgeschäft mit nicht empfangsbedürftiger Willenserklärung
   (3) mehrseitiges Rechtsgeschäft, einseitig verpflichtend
   (4) mehrseitiges Rechtsgeschäft, mehrseitig verpflichtend
   (5) bürgerliches Rechtsgeschäft
   (6) einseitiges Handelsgeschäft
   (7) zweiseitiges Handelsgeschäft
   (8) Verpflichtungsgeschäft
   (9) Erfüllungsgeschäft
   Geben Sie an, welche dieser Begriffe auf die folgenden Rechtsgeschäfte zutreffen.
   a) Frau Umsicht setzt ihr Testament auf.
   b) Herr Pfeiffer legt Einspruch gegen seinen Einkommensteuerbescheid ein.

c) Der Verkäufer übergibt dem Käufer eines Lkw Fahrzeugbrief, Fahrzeugschein, Fahrzeug und Schlüssel.
d) Spediteur Sause schließt mit der Handel GmbH einen Mietvertrag über die Anmietung einer Lagerhalle.
e) Ein Großhändler kauft fünf Büroschränke, davon vier beim Kaufhaus und einen gebrauchten bei seiner Ehefrau.
f) Die genannte Ehefrau verkauft ihren privaten Pkw an einen Angestellten ihres Mannes.
g) Wohnungseigentümer Leenen zahlt seinem ehemaligen Mieter Franzen per Banküberweisung die geleistete Mietkaution zurück.
h) Der als Bürokaufmann eingestellte Werner Breit kündigt seinen Arbeitsvertrag.

2. **Für bestimmte Rechtsgeschäfte sind vorrangig die Vorschriften des HGB (vor denen des BGB) anzuwenden.**
   Geben Sie an, welche Rechtsvorschriften vorrangig für folgende Geschäfte gelten.
   a) Elektrogroßhändler Blitz verkauft Kabel an Elektroeinzelhändler Stromer.
   b) Elektroeinzelhändler Stromer verkauft Steckdosen an Hausmann Werker.
   c) Da in Fall (b) Herr Werker nicht in der vereinbarten Frist zahlt, schickt Herr Stromer ihm eine Mahnung und berechnet darin Zinsen für die Verspätung (Verzugszinsen).
   d) Hausmann Werker verkauft seinen Pkw an Gebrauchtwagenhändler Rostig.
   e) Gebrauchtwagenhändler Rostig kauft bei einem Stadtbummel bei Elektroeinzelhändler Stromer eine Lampe für sein Wohnzimmer.
   f) Elektroeinzelhändler Stromer verkauft seinen Privatwagen an Herrn Schlupp.

3. **Herr Rose begibt sich in den Supermarkt BESTKA, nimmt aus dem Regal eine Flasche Moselwein und begibt sich zur Kasse. Er legt den Preis in Höhe von 3,40 EUR abgezählt hin. Die Kassiererin tippt den Preis ein, nimmt das Geld, übergibt den Kassenbon und schiebt die Flasche in die Warenablage der Kasse. Herr Rose nimmt die Flasche und verlässt das Geschäft.**
   Verträge stellen Verpflichtungsgeschäfte dar. Sie führen zu Erfüllungsgeschäften. Untersuchen Sie, wo hier diese beiden Arten von Rechtsgeschäften zu finden sind.

4. **Maler Klecksel macht Frau Schwierig am 06.01. ein schriftliches Angebot: „Streichen Ihres Wohnzimmers mit weißer Dispersionsfarbe. Preis 500,00 EUR." Frau Schwierig antwortet am 29.01.: „Ich nehme Ihr Angebot zum Preis von 400,00 EUR an."**
   Ist hier ein Vertrag zustande gekommen? Nehmen Sie ausführlich Stellung.

6.4.5 Form der Willenserklärungen

Willenserklärungen können in beliebiger Form abgegeben werden **(Formfreiheit)**, z. B.

- **in Textform:** schriftlich (i. d. R. unterschrieben); als Fax; in elektronischer Form, z. B. als E-Mail (ggf. „unterschrieben" mit einer sog. qualifizierten elektronischen Signatur, d. h. eine durch eine mathematische Funktion eindeutig verschlüsselte Datei) oder als verschlüsselter digitaler Brief,
- **mündlich** (auch fernmündlich),
- **stillschweigend**, d. h. durch schlüssiges (konkludentes) Handeln (z. B.: Lieferant sendet bestellte Ware zu).

Für bestimmte Willenserklärungen ist die Form vorgeschrieben **(Formzwang)**:

Vorgeschriebene Formen für Willenserklärungen

Schriftform mit handschriftlicher Unterschrift oder stattdessen elektronische Form mit qualifizierter elektronischer Signatur (§§ 126 f. BGB)

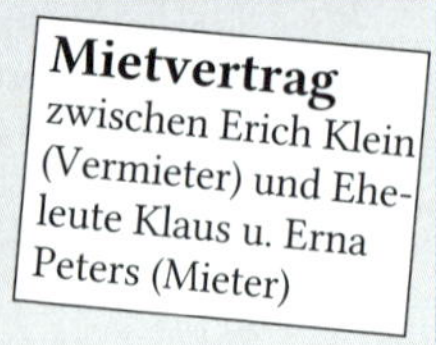

z. B. Bürgschaftserklärungen von Nichtkaufleuten; Mietverträge über Wohnungen oder Grundstücke mit einer Dauer von über 1 Jahr; Abzahlungsgeschäfte; Verbraucherkredite; Schuldversprechen und -anerkenntnisse; Forderungsabtretungen. (Elektronische Signatur nicht durchgehend zulässig, z. B. nicht für Bürgschaftserklärungen.)

Öffentliche Beglaubigung (§ 129 BGB)

Die Echtheit der Unterschrift (nicht die Richtigkeit des Inhalts) unter einem Schriftstück wird von einem Notar beglaubigt, z. B. bei Anmeldungen und Anträgen zu öffentlichen Registern (Handels-, Genossenschaftsregister, Grundbuch). Im Rechtsverkehr mit öffentlichen Registern erfolgen öffentliche Beglaubigungen nur in elektronischer Form.

Öffentliche Beurkundung (§ 128 BGB)

Der Notar errichtet selbst eine Urkunde und bestätigt Inhalt und Unterschriften, z. B. bei Grundstückskaufverträgen, Schenkungsversprechen, Veräußerung von Erbschaften oder Erbteilen, Verträgen von Eheleuten über die Regelung ihrer vermögensrechtlichen Verhältnisse.

6.4.6 Nichtigkeit von Rechtsgeschäften

Ein nichtiges Rechtsgeschäft ist von Anfang an unwirksam.

Nichtigkeitsgründe

- **Nichteinhalten der gesetzlich vorgeschriebenen Form** (§ 125 BGB)
- **Verstoß gegen ein gesetzliches Verbot** (§ 134 BGB), z. B. Rauschgifthandel, Schwarzarbeit
- **Sittenwidrigkeit (Verstoß gegen die guten Sitten)** (§ 138 BGB), z. B. Wucherzinsen; Ausnutzen von Notlagen, Unerfahrenheit, Leichtsinn
- **Abgabe einer Willenserklärung**
  - **durch Geschäftsunfähige** (§ 105 Abs. 1 BGB),
  - **bei Bewusstlosigkeit** (§ 105 Abs. 2 BGB),
  - **zum Scherz oder Schein** (§§ 117, 118 BGB)

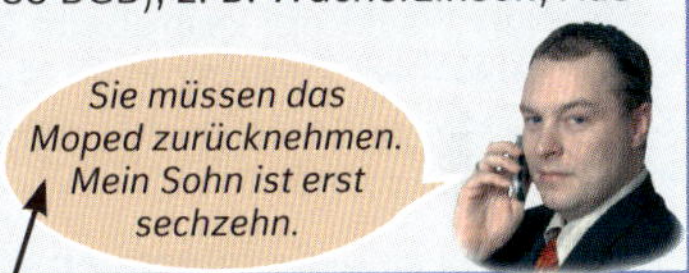

Zustimmungspflichtige Rechtsgeschäfte von beschränkt Geschäftsfähigen sind schwebend unwirksam, können aber durch die nachträgliche Genehmigung des gesetzlichen Vertreters wirksam werden.

6.4.7 Anfechtbarkeit von Willenserklärungen

Willenserklärungen können angefochten werden, wenn sie nicht dem Willen des Abgebenden entsprechen. Sie sind gültig, werden aber **durch die Anfechtung rückwirkend unwirksam** (§ 142 BGB).

Anfechtungsgründe

Arglistige Täuschung (§ 123 BGB)

Ein Mechaniker wird z. B. aufgrund gefälschter Zeugnisse eingestellt.

Widerrechtliche Drohung (§ 123 BGB)

Ein Angestellter droht z. B. seinem Chef mit einer Anzeige wegen gesetzeswidriger Chemikalienbeseitigung, wenn sein Gehalt nicht erhöht wird.

Anfechtungsfrist: 1 Jahr seit Kenntnis der Täuschung bzw. Aufhören der Zwangslage, längstens 10 Jahre (§ 124 BGB)

Hat der Getäuschte oder Bedrohte einen Schaden erlitten, so ist der Partner schadensersatzpflichtig (§ 823 BGB).

Irrtum

- **in der Erklärung** (§ 119 Abs. 1 BGB): Man schreibt z. B. irrtümlich 12,00 EUR statt 120,00 EUR ins Angebot.
- **in der Übermittlung** (§ 120 BGB): Eine E-Mail wird z. B. nicht vollständig übermittelt. Es fehlen wesentliche Angaben.
- **in wesentlichen Eigenschaften der Person oder Sache** (§ 119 Abs. 2 BGB): Der neu eingestellte, angeblich gut ausgebildete Kfz-Mechaniker ist seiner Aufgabe nicht im Geringsten gewachsen.

Anfechtungsfrist: unverzüglich (ohne schuldhafte Verzögerung) nach Entdeckung des Irrtums, längstens 10 Jahre (§ 121 BGB)

Wenn der Partner den Anfechtungsgrund nicht kennt oder kennen muss, so muss der Anfechtende ihm den Schaden ersetzen, den er im Vertrauen auf die Gültigkeit des Rechtsgeschäfts erleidet (§ 122 BGB). Das Gleiche gilt für die Nichtigkeit von Scherzgeschäften.

Unachtsamkeit, Nachlässigkeit und Irrtümer im Beweggrund bewirken **keine Anfechtbarkeit**.

Beispiele:

- Der Kunde liest die Allgemeinen Geschäftsbedingungen des Lieferanten auf der Rückseite eines Angebotes nicht genau durch, obwohl im Angebotstext darauf hingewiesen wird.
- In der Hoffnung auf einen Kursanstieg kauft Herr Huber Aktien. Die Kurse fallen jedoch.
- Ein Betrieb gibt aufgrund eines Kalkulationsfehlers ein Angebot ab, das die Kosten nicht deckt.

Arbeitsaufträge

1. **Gegeben sind die folgenden Rechtsgeschäfte:**

   a) **Herr Leichtfuß verbürgt sich gegenüber der Haushaltskreditbank für die Bankschulden seiner Tochter.**

   b) **Frau Sesshaft kauft von Herrn Leichtfuß ein Mietshaus.**

   c) **Frau Sesshaft einigt sich wegen einer Kreditaufnahme mit ihrer Bank, eine Grundschuld auf das Mietshaus ins Grundbuch einzutragen.**

   d) **Herr Leichtfuß kauft die gesamte Ernte des Weinguts Klaus Zuckerwasser auf.**

   e) **Herr Flachkopf kauft beim Möbelgeschäft Holzstich seine Wohnungseinrichtung und vereinbart Zahlung in 48 Monatsraten.**

   Geben Sie an, in welcher Form diese Rechtsgeschäfte abgeschlossen werden müssen.

2. **Gegeben sind die folgenden Vorgänge:**

   (1) **Hersteller Hastig hat dem Großhändler Rührig ein Angebot zu 3 300,00 EUR gemacht. Anschließend stellt er fest, dass er sich bei der Preisberechnung zu seinen Ungunsten um 980,00 EUR verkalkuliert hat. Rührig hat inzwischen das Angebot angenommen und sofort die Ware für 4 800,00 EUR weiterverkauft, was für ihn einen Gewinn 1 200,00 EUR bedeutet.**

   (2) **Franz Blöder hat von einem Hehler 20 000,00 US-Dollar Falschgeld für 2 000,00 EUR „gekauft". Anschließend reklamiert er, weil der Preis ihm doch reichlich überhöht erscheint.**

   (3) **Der Getränkehändler Weinseel verkauft einem Kunden eine Flasche Bordeaux zum Preis von 13,00 EUR. Da er durch die Frage einer Verkäuferin abgelenkt wird, packt er dem Kunden eine daneben stehende Flasche alten Burgunder zu 26,00 EUR ein. Als der Kunde im Begriff ist, den Laden zu verlassen, bemerkt Weinseel seinen Irrtum.**

   (4) **Peter Sause sitzt seit drei Stunden mit seinen Freunden Eberhard Durstig und Alex Fusel in der Kneipe. Nach einigen Körnchen und Bierchen ist er allmählich „sternhagelvoll". Seine Zunge wird immer lockerer. Als Freund Eberhard seine goldene Uhr bewundert, die 380,00 EUR gekostet hat, meint er: „Die gebe ich dir für'n Appel un'n Ei." Am nächsten Abend – Sause ist wieder bei Verstand – erscheint Durstig, legt einen Apfel und ein Ei auf den Tisch und will die Uhr abholen. Sause erinnert sich an nichts, aber Fusel bezeugt seine Worte.**

   (5) **Irma Ladußе kauft von Eddi Windig einen Gebrauchtwagen der Marke Fauweh Paßa für 17 000,00 EUR. Sie hat sich schriftlich bestätigen lassen, dass der Wagen unfallfrei ist. Am nächsten Tag erfährt sie nach dem Volltanken von ihrem Tankwart, dass dieser vor drei Wochen das eingedrückte Heck des Wagens repariert hat.**

   a) Welche der genannten Rechtsgeschäfte sind nichtig, welche anfechtbar? Begründen Sie jeweils die Nichtigkeit bzw. Anfechtbarkeit.

   b) Geben Sie bei den anfechtbaren Geschäften an, binnen welcher Frist die Anfechtung erfolgen muss.

   c) Nehmen Sie gegebenenfalls zur Problematik des Schadensersatzes Stellung.

6.5 Überblick über wichtige Vertragsarten

Vertragsarten	Inhalt	Partner	Gesetz
	Überlassungsverträge		
Mietvertrag	Gebrauchsüberlassung einer Sache gegen Entgelt	Mieter und Vermieter	§§ 535–580a BGB
Darlehensvertrag	entgeltliche oder unentgeltliche Kreditgewährung auf Zeit mit Rückzahlungsverpflichtung	Darlehensgeber u. -nehmer	§§ 488–515 BGB
Leihvertrag	Überlassung von Sachen zum Gebrauch ohne Entgelt	Verleiher und Entleiher	§§ 598–606 BGB
Pachtvertrag	entgeltliche Überlassung von Sachen und Rechten zum Gebrauch und Genuss der Früchte	Verpächter, Pächter	§§ 581–597 BGB
	Betätigungsverträge		
Berufsausbildungsvertrag	Berufsausbildung mit Vergütung	Ausbildender, Auszubildender	Berufsbildungsgesetz
Dienstvertrag	Leistung von Diensten gegen Entgelt	Dienstberechtigter, Dienstverpflichteter	§§ 611–630 BGB
speziell: **Arbeitsvertrag**	Leistung von Diensten als Arbeitnehmer	Arbeitgeber, Arbeitnehmer	§§ 611–630 BGB § 59 ff. HGB § 105 ff. GewO
Werkvertrag	Herstellung oder Veränderung einer Sache oder Herbeiführung eines anderen Erfolgs durch Arbeit oder Dienstleistung	Unternehmer, Besteller	§§ 631–650 BGB
Werklieferungsvertrag	Herstellung und Lieferung beweglicher Sachen auf Bestellung	Unternehmer, Besteller	§ 650 BGB
Gesellschaftsvertrag	vertragliche Vereinigung von Personen zur Erfüllung eines gemeinsamen Zwecks	Gesellschafter	§§ 705–740 BGB §§105–236 HGB
Geschäftsbesorgungsvertrag	entgeltliche Geschäftsbesorgung (z. B. Kontoführung)	z. B. Kreditinstitut, Kunde	§ 675 BGB
	Veräußerungsverträge		
Kaufvertrag	Veräußerung von Sachen oder Rechten gegen Entgelt	Verkäufer, Käufer	§§ 433–479 BGB §§ 373–381 HGB
Schenkung	unentgeltliche Veräußerung von Sachen oder Rechten	Schenker, Beschenkter	§§ 516–534 BGB
	Weitere Verträge		
Versicherungsvertrag	Ersatz eines Vermögensschadens (Schadensversicherung) bzw. Zahlung eines vereinbarten Kapitals oder einer Rente nach Eintritt des Versicherungsfalls gegen vorherige Prämienzahlung	Versicherer, Versicherungsnehmer	VVG (Gesetz über den Versicherungsvertrag)

7 Unternehmensgründung, Kaufleute, Rechtsformen

7.1 Geschäftsidee und Unternehmensgründung[1]

Existenzgründerseminar der IHK

An drei Samstagen bietet die IHK ein Seminar für Existenzgründer an: **Von der Geschäftsidee zum eigenen Unternehmen!** Behandelt werden die Themen Businessplan, Finanzierung, Formalitäten, Steuern, Risikoabsicherung, Marketing, Einkauf, Absatz, Personalführung. Die Kosten von 100,00 EUR übernimmt die Kreditanstalt für Wiederaufbau, die Existenzgründungen fördert.

Sich selbstständig machen bedeutet, ein Unternehmen zu gründen und Unternehmer zu werden. § 2 Abs. 1 Umsatzsteuergesetz definiert z. B.: „Unternehmer ist, wer eine gewerbliche oder berufliche Tätigkeit selbstständig ausübt."

Eine unerlässliche Voraussetzung jeder Unternehmensgründung ist eine überzeugende Geschäftsidee.

Das ist eine Idee, die Gewinn versprechende Leistungen betrifft. Sie beantwortet sozusagen die Frage: „Womit kann ich mein Geld verdienen?". Es kann sich um neuartige Leistungen handeln; ein Muss ist dies jedoch nicht. Wichtig ist nur, dass ein ausreichender Markt besteht. Auch ein bestehendes Unternehmen muss ständig für die Fortentwicklung der Geschäftsidee und für neue Geschäftsideen aufgeschlossen sein.

Die Umsetzung der Geschäftsidee bietet Chancen. Sie unterliegt aber stets auch Risiken – bis hin zum Scheitern. Deshalb sollte jeder Unternehmensgründer seine Schritte gründlich planen:

- Dazu gehört zunächst, dass der Gründer sich vorab über alle wichtigen **Gründungsvoraussetzungen** informiert (siehe die Checkliste auf S. 43).
  Gründerseminare (z. B. bei der IHK) bieten entsprechende Schulungen.
- In einer **Bestandsanalyse** stellt er die nötigen und die vorhandenen Qualifikationen und Mittel gegenüber und stellt den Fehlbedarf fest.
- In einem **Standortplan**, **Qualifizierungsplan**, **Investitionsplan** und **Finanzierungsplan** hält er fest, wie die fehlenden Mittel beschafft werden sollen.
- Er erstellt einen **Businessplan (Unternehmens-, Geschäftskonzept, Geschäftsplan)**. Dieser beinhaltet alle wichtigen Daten, die zur Vorlage bei Banken, der Agentur für Arbeit und anderen staatlichen Förderstellen benötigt werden. Besonders wichtig ist dabei eine ausführliche Gewinn- und Liquiditätsprognose für die ersten drei Jahre.
- Sind alle Hürden genommen und ist die Finanzierung gesichert, kann die **Anmeldung des Unternehmens** erfolgen.

[1] Wenn Sie das Thema Unternehmensgründung interessiert, finden Sie ausführliche Informationen im Internet unter *www.existenzgruender.de* (hrsg. vom Bundeswirtschaftsministerium). Wenn Sie dort als Suchbegriff **Lernprogramm** eingeben, gelangen Sie zum Lernprogramm *Existenzgründung*.

Checkliste Gründungsvoraussetzungen

Persönliche Voraussetzungen

- Bin ich ein Unternehmertyp: eigenständig, ideenreich, entschlussfreudig, risikobereit, flexibel, fortschrittlich, stressresistent, konfliktstark, organisationsfreudig, verantwortungsbereit, kooperativ?
- Besitze ich
  - Geschäftsfähigkeit,
  - Kompetenz (fachlich, kaufmännisch, Branchenerfahrung, Prüfungen)?

Betriebswirtschaftliche Voraussetzungen

- Habe ich eine zündende Geschäftsidee, die andere überzeugt?
- Welche Stärken und Schwächen hat sie?
- Wie grenzt sie sich von der Konkurrenz ab?
- Welche Chancen bestehen? Wie kann ich sie nutzen?
- Welche Risiken bestehen? Wie kann ich sie begrenzen?
- Benötige ich Partner?
- Soll ich ein neues Unternehmen gründen, ein bestehendes übernehmen oder mich an einem anderen beteiligen?

Sachliche Voraussetzungen

- Welche Anforderungen sind an den Standort zu stellen und wo finde ich einen Standort?
- Kann ich benötigte(s) Personal, Betriebsmittel, Material beschaffen?
- Wie viel Kapital benötige ich und wie kann ich es beschaffen?

Rechtliche Voraussetzungen

- Welche Rechtsform soll gewählt werden?
- Welche Genehmigungen und Auflagen sind zu beachten?
- Welche Anmeldungen sind vorzunehmen?
- Welche Formalitäten sind zu beachten?

Planungsschema Unternehmensgründung

Geschäftsidee/-konzept

↓

Benötigt werden

↓

Qualifikationen	Standort	Personal, Betriebsmittel, Material	Finanzmittel

↓

Bestandsanalyse

↓

Qualifizierungsplan	Standortplan	Investitionsplan	Finanzierungsplan

↓

Businessplan

↓

Anmeldung des Unternehmens

Ähnliche Prozesse fallen im Leben des Unternehmens immer wieder an, z. B. bei der Eröffnung von Filialen oder Niederlassungen, der Gründung von Tochterunternehmen, der Übernahme eines Unternehmens, bei der Entwicklung neuer Geschäftsideen oder Produkte und bei der Planung größerer Investitionen.

ERSTER ABSCHNITT

Arbeitsauftrag

Erika Maltmann ist die Nichte von Rüdiger Maltmann, dem Eigentümer von MGB (Maltmann Getriebebau e. K.; siehe S. 20). Sie hat eine Ausbildung zur Industriekauffrau absolviert und nebenbei Kenntnisse über Webentwicklung und Internetprogrammierung erworben. Wie ihr Onkel hat sie den Wunsch, sich selbstständig zu machen, allerdings zunächst in kleinem Rahmen. Für ihr Unternehmen reicht ihr Arbeitszimmer im elterlichen Haus. Sie weiß: Viele Kleinunternehmen haben Probleme mit ihrer Werbung. Anzeigen in Zeitungen sind für sie zu teuer. Im Internet ließe sich die Werbung effektiver und preiswerter gestalten. Deshalb hat sie folgende Geschäftsidee:
Internetwerbung für Kleinunternehmen: Gestaltung, Durchführung, Kontrolle des Werbeerfolgs.
Details: Entwicklung eines Online-Marketing-Systems für die Kunden in Form eines „Baukastens“, aus dem die Kunden auswählen können. Dabei soll wegen der begrenzten Budgets der Kunden auf Kostenkontrolle geachtet werden. Es soll gewährleistet werden, dass der Kunde einen erfolgreichen Internetauftritt mit hoher Resonanz erhält.

Web

Versetzen Sie sich in die Lage Erika Maltmanns und erledigen Sie folgende Aufgaben:

M 44_1 a) Bearbeiten Sie die *Checkliste Gründungsvoraussetzungen* (siehe S. 43).

M 44_2 b) Wenden Sie das Planungsschema Unternehmensgründung (S. 43) auf die Unternehmensgründung von Erika Maltmann an. Benutzen Sie dazu das Formular *Planung einer Existenzgründung*.

c) Erläutern Sie Erika Maltmann, warum sie vor Beginn der Geschäftstätigkeit unbedingt ein Existenzgründerseminar besuchen sollte.

M 44_3 d) Der Businessplan ist das Kernelement einer Unternehmensgründung. Erika Maltmann arbeitet hierzu eine *Checkliste Businessplan* ab. Sehen Sie sich diese Liste an.
Bilden Sie in Ihrer Lerngruppe neun Teams.
- Jedes Team bearbeitet eines der Themen der Checkliste und formuliert kurz die Inhalte, die Erika Maltmann in ihren Businessplan aufnehmen sollte. Erstellen Sie hierfür selbst ein Formular.
- Präsentieren Sie die Ergebnisse im Plenum.
- Erstellen Sie den Businessplan unter Verwendung Ihrer Ergebnisse. Suchen Sie hierfür Musterbeispiele im Internet.

7.2 Bedeutung der passenden Rechtsform

Die Kettenbau GmbH ist ein Industrieunternehmen. GmbH bedeutet Gesellschaft mit beschränkter Haftung und ist die Rechtsform des Unternehmens. Sie verschafft den Eigentümern einen wesentlichen Vorteil: Sie müssen für die Schulden des Unternehmens nicht mit ihrem privaten Vermögen einstehen. Entsprechendes findet man auch bei der Rechtsform der Aktiengesellschaft (AG), nicht aber bei der Offenen Handelsgesellschaft (OHG) und auch nicht beim Einzelunternehmen.

Es gibt zahlreiche weitere Unterschiede zwischen den Rechtsformen. Jede Rechtsform hat folglich besondere Merkmale, die im Einzelfall zum Vorteil oder zum Nachteil gereichen können. Die Wahl der passenden Rechtsform ist deshalb eine wichtige unternehmerische Entscheidung.

Unternehmen können in unterschiedlichen Rechtsformen betrieben werden.

- **Die Rechtsform ist der gesetzlich beschriebene Rahmen, in dem sich das Unternehmen entfalten darf. Sie ist sozusagen seine rechtliche Verfassung.**
- **Man unterscheidet das Einzelunternehmen und verschiedene Arten von Gesellschaftsunternehmen.**

Das Problem der Rechtsformwahl stellt sich vor allem bei
- Unternehmensgründung,
- Unternehmensfortführung (wegen Krankheit, Alter, Tod des Unternehmers),
- Aufnahme von Familienmitgliedern in das Unternehmen,
- der Zuführung von Eigenkapital,
- Unternehmenszusammenschlüssen und -übernahmen.

Das **Einzelunternehmen** wird von einer einzelnen natürlichen Person betrieben.

Gesellschaftsunternehmen entstehen gewöhnlich durch den vertraglichen Zusammenschluss von mindestens zwei natürlichen oder juristischen Personen zur Erreichung eines gemeinsamen Zwecks. Bei Kaufleuten ist dies z. B. der gemeinsame Betrieb eines Handelsgewerbes.

Ausnahmen stellen die sog. „Ein-Mann-GmbH“ und die „Ein-Mann-AG“ dar. Sie haben die Rechtsform eines Gesellschaftsunternehmens, aber trotzdem nur einen Eigentümer.

Die Rechtsform hat vor allem Einfluss auf	
• die Haftung,	**Haftung** = Pflicht, für Schulden und verursachte Schäden einzustehen. Sie erfolgt – je nach der gewählten Rechtsform – nur mit dem Betriebsvermögen oder mit dem Gesamtvermögen.
• die Handlungsbefugnis,	Die **Handlungsbefugnis** bezieht sich auf – die **Geschäftsführung** (nach **innen** gerichtet: Sie ist das Recht, **in** der Unternehmung zu handeln) und – die **Vertretung** (nach **außen** gerichtet: Sie ist das Recht, gegenüber Dritten rechtswirksame Willenserklärungen abzugeben, z.B. Verträge zu schließen).
• die Kapitalbeschaffung,	Einzelunternehmer können ggf. weniger Eigenkapital aufbringen als mehrere Gesellschafter.
• die Verteilung von Gewinn und Verlust,	Bei Gesellschaftsunternehmen werden Gewinne und Verluste auf die Gesellschafter verteilt.
• die Besteuerung,	Einkommensteuer, Körperschaftsteuer und Gewerbesteuer. Die Besteuerung ist je nach Rechtsform unterschiedlich.
• die Prüfungs- und Offenlegungspflicht,	Bei bestimmten Rechtsformen muss der Jahresabschluss unabhängig geprüft und/oder im Handelsregister offengelegt werden.
• die Mitbestimmung der Arbeitnehmer.	Bei bestimmten Rechtsformen entsenden die Arbeitnehmer Vertreter in ein überwachendes Organ (Aufsichtsrat).

Deshalb ist es enorm wichtig, die für die jeweiligen Unternehmensverhältnisse optimale Rechtsform zu wählen.

7.3 Einzelunternehmen

7.3.1 Merkmale, Vor- und Nachteile

Das Einzelunternehmen ist ein Unternehmen im Eigentum einer einzelnen natürlichen Person.

Die meisten deutschen Unternehmen sind Einzelunternehmen. Dabei handelt es sich überwiegend um Kleinbetriebe und mittelständische Betriebe mit weniger als fünf Beschäftigten.

Merkmale des Einzeluntenehmens

Gründung

- Erfolgt durch Anmeldung des Gewerbes. Besondere Kosten entstehen nicht. ← **Vorteil bei der Gründung**
- Eine bestimmte Form (z. B. Beurkundung durch einen Notar) ist nicht vorgeschrieben. ← **Vorteil bei der Gründung**
- Wenn ein Handelsgewerbe vorliegt, ist der Eigentümer Kaufmann. Eintragung ins Handelsregister ist dann Pflicht.

Eigenkapital

- Ein Mindestkapital ist nicht erforderlich. ← **Vorteil**
- Der Eigentümer bringt das Eigenkapital allein auf. ← **Nachteil** (begrenzte Finanzierung)

Handlungsbefugnis

Der Eigentümer nimmt im Unternehmen alle gewöhnlichen und außergewöhnlichen Geschäfte allein vor. Nach außen gibt er allein rechtswirksam alle Willenserklärungen ab, die das Unternehmen berechtigen oder verpflichten (z. B. Vertragsabschlüsse). ← **Vorteil** (Aber Gefahr: keine Abstimmung)

Gewinn und Verlust

- Dem Eigentümer steht der gesamte Gewinn allein zu. ← **Vorteil**
- Er trägt auch den gesamten Verlust allein. ← **Nachteil**

Haftung für die Schulden des Unternehmens

Der Eigentümer haftet für die Schulden des Unternehmens unberschränkt, d. h.: Er haftet nicht nur mit dem Betriebsvermögen, sondern auch mit seinem gesamten Privatvermögen. ← **Nachteil**

Besteuerung

- Gewerbesteuer (GewSt.) vom Gewerbeertrag. 24 500,00 EUR sind steuerfrei. ← **Nachteil**
- Der Gewinn ist Einkommen des Eigentümers. Er wird in seiner gesamten Höhe tariflich mit Einkommensteuer (ESt.) belegt. Die Gewerbesteuer wird in Höhe des 3,8-Fachen des Gewerbesteuermessbetrags auf die ESt. angerechnet. ← **Vorteil**

Prüfungs- und Offenlegungspflicht

Nur, wenn zwei der folgenden Merkmale erfüllt sind: Bilanzsumme > 65 Mio. EUR, Umsatzerlöse > 130 Mio. EUR, Zahl der Arbeitnehmer > 5 000 (Publizitätsgesetz). Vorschriften siehe AG (vgl. Seite 71). ← **Vorteil**

Mitbestimmung der Arbeitnehmer

Kein Aufsichtsrat, keine Mitbestimmung ← **Vorteil**

Beispiel: Berechnung der Gewerbesteuer (stark vereinfacht)

	Gewinn laut Steuerbilanz	100 077,35 EUR	
+	bestimmte Hinzurechnungen (hier nicht berücksichtigt)	0,00 EUR	
–	bestimmte Kürzungen (hier nicht berücksichtigt)	0,00 EUR	
=	**Gewerbeertrag (auf volle 100,00 EUR abgerundet)**	100 000,00 EUR	
–	Freibetrag (nur für Einzelunternehmen und Personengesellschaften)	24 500,00 EUR	
=	Verbleibender Betrag	75 500,00 EUR	
	Davon 3,5 % (Steuermesszahl)	2 642,50 EUR	**(Steuermessbetrag)**
	Hebesatz z. B. 400 % (wird von der Gemeinde am Sitz des Unternehmens festgesetzt)		
	Steuermessbetrag · Hebesatz = 2 642,50 · 400 %	10 570,00 EUR	**(Gewerbesteuer)**

Arbeitsauftrag

Gegeben seien drei Einzelunternehmen. Sie sind mit folgenden Geschäftsbezeichnungen bei den zuständigen Behörden gemeldet:

(1) Brennstoffhandel Angelika Arendt e. K.

(2) Getränkekiosk Schnelle Ecke, Inhaber Angela Conti

(3) Peter Meurers Elektrohandwerk

a) Wer ist jeweils zur Führung der Geschäfte und zur Vertretung des Unternehmens gegenüber Behörden und Geschäftspartnern berechtigt?

Der Brennstoffhandel Angelika Arendt hat Lieferantenverbindlichkeiten von 200000,00 EUR und Bankverbindlichkeiten von 70000,00 EUR. Das Betriebsvermögen beträgt 180000,00 EUR, das Privatvermögen von Frau Arendt 110000,00 EUR.

b) In welcher Höhe haftet Frau Arendt für die Schulden ihres Gewerbes?

c) Nennen Sie Vor- und Nachteile, die für die drei Einzelunternehmen typisch sind.

Frau Conti ist eigentlich froh, dass sie in ihrem Kiosk alles allein entscheiden kann. Manchmal allerdings kommen ihr doch Bedenken.

d) Welche Bedenken könnten dies sein?

Herr Meurers hat im laufenden Jahre einen steuerlichen Gewinn von 62374,00 EUR erzielt, der – gerundet – zugleich seinen Gewerbeertrag darstellt. In seiner Einkommensteuererklärung kann er noch Spenden von 500,00 EUR und sog. Vorsorgeaufwendungen von 21000,00 EUR abziehen.

e) Berechnen Sie die Höhe der Gewerbesteuer, wenn die Gemeindesatzung einen Hebesatz von 405 % zugrunde legt.

Zu versteuerndes Einkommen	ESt.
62 374,00 EUR	18 036,00 EUR
62 300,00 EUR	18 005,00 EUR
40 874,00 EUR	9 337,00 EUR

f) Berechnen Sie die Einkommensteuerschuld unter Zugrundelegung der abgebildeten ESt.-Tabelle. Beachten Sie dabei: Die Gewerbesteuer wird in Höhe des 3,8-fachen Gewerbesteuermessbetrages auf die Einkommensteuerschuld angerechnet.

7.3.2 Gewerbe und Kaufmann

Viele Einzelunternehmer und Gesellschaftsunternehmen üben ein Gewerbe aus.

Gewerbe sind alle selbstständigen Tätigkeiten, die auf Dauer ausgeübt werden und auf Gewinn ausgerichtet sind (§ 15 Abs. 2 EStG).

Wer ein Gewerbe ausüben will, muss voll geschäftsfähig sein.

Die Gewerbeordnung (GewO; *www.gesetze-im-internet.de/gewo*) enthält die grundlegenden Rechtsvorschriften. Sie findet jedoch keine Anwendung (§ 6 GewO) auf

- Land-, Forstwirtschaft, Fischerei,
- Bergbau (Ausnahme: ausdrückliche Bestimmungen),
- freie Berufe (wissenschaftliche und künstlerische Berufe wie Arzt, Anwalt, Architekt, Schauspieler u. a. m.),
- Unterricht und Kindererziehung gegen Entgelt.

Die Gewerbeordnung gestattet jedermann den Betrieb eines Gewerbes (**Gewerbefreiheit**, § 1 GewO). Zugleich legt sie Ausnahmen und Beschränkungen fest.

Jedes Gewerbe unterliegt der Gewerbesteuer.

Man unterscheidet Handwerks- und Handelsgewerbe.

Gewerbe: rechtliche Voraussetzungen

§ 14 GewO: Jedes Gewerbe ist bei der zuständigen Behörde (z. B. beim Gewerbeamt) der Gemeinde anzumelden, in der der Betrieb eröffnet wird (zugleich Anmeldung beim Finanzamt), außerdem bei Berufsgenossenschaft, zuständiger Kammer und ggf. Amtsgericht).

Die Anmeldung berechtigt noch nicht zum Beginn des Gewerbebetriebes, wenn noch eine Eintragung in die Handwerksrolle oder sonstige Erlaubnis notwendig ist:

- 41 Handwerke sind nach Anlage A zur HwO zulassungspflichtig (z. B. Dachdecker, Elektriker, Zimmerer, Friseur, Fleischer, Schornsteinfeger).
- Eine sonstige Erlaubnis wird z. B. aus Arbeits- und Umweltschutzgründen für den Betrieb bestimmter Anlagen benötigt.
- Bei bestimmten Gewerben werden Sach- und Warenkundeprüfungen vorausgesetzt (z. B. Fleischer, Bäcker, Gastronomie).

ERSTER ABSCHNITT

ERSTER ABSCHNITT

- **Handwerksgewerbe:**

  Handwerksgewerbe sind kleine und mittlere Betriebe, die sich mit Reparaturen sowie mit der handwerklichen Be- oder Verarbeitung von Stoffen befassen.

  Handwerksgewerbe unterliegen der Handwerksordnung (HwO). Dort sind z. B. die Bedingungen für die selbstständige Ausübung eines Handwerks festgelegt.

Handwerksgewerbe: Bäcker

- **Handelsgewerbe:**

  Als Handelsgewerbe gilt jeder Gewerbebetrieb, der nach Art und Umfang einen in kaufmännischer Weise eingerichteten Geschäftsbetrieb erfordert (§ 1 Abs. 2 HGB).

  Wann genau ein Gewerbe einen in kaufmännischer Weise eingerichteten Geschäftsbetrieb erfordert, lässt sich nicht pauschal beantworten. Anhaltspunkte, die dafür sprechen, sind z. B.:
  - die Beschäftigung kaufmännischer Angestellter (wie Verkäufer oder Buchhalter),
  - eine vorhandene Lohn- und Gehaltsbuchhaltung,
  - eine vorhandene Kontokorrentbuchhaltung (sie erfasst die Ein- und Verkäufe),
  - die Notwendigkeit komplizierter Abrechnungen gegenüber Kunden.

Handelsgewerbe: Supermarkt

Auch **größere Handwerksbetriebe** sind deshalb i. d. R. zugleich **Handelsgewerbe**.

Wer ein Handelsgewerbe betreibt, ist Kaufmann (§ 1 Abs. 1 HGB).

Das HGB nennt einen solchen Kaufmann genauer **Istkaufmann**. Seine Kaufmannseigenschaft beginnt mit der Geschäftsaufnahme. Sie hat weitreichende Konsequenzen:

- Der Kaufmann muss sein Unternehmen beim Amtsgericht in das Handelsregister eintragen lassen.
- Für ihn gelten uneingeschränkt die Vorschriften des Handelsgesetzbuchs (HGB).
- Er muss sein Unternehmen unter einer Firma (einem kaufmännischen Namen) führen.
- Er muss eine Buchführung nach den Vorschriften des HGB einrichten und Bilanzen erstellen. Ausnahme: Jahresumsatz ≤ 600 000,00 EUR, Jahresgewinn ≤ 60 000,00 EUR.
- Er kann anderen Personen Prokura erteilen.
- Er kann kaufmännisches Personal nach den Vorschriften des HGB beschäftigen.
- Er kann mit anderen Kaufleuten eine Offene Handels-gesellschaft oder eine Kommanditgesellschaft gründen.

Die Prokura ist eine umfangreiche geschäftliche Vollmacht. Sie ist in § 48 ff. HGB geregelt.

7.3.3 Kleingewerbetreibende, Kannkaufleute

Kleingewerbetreibende, die die Kaufmannseigenschaft ablehnen, müssen im Zweifelsfall nachweisen, dass ihr Unternehmen keinen kaufmännischen Geschäftsbetrieb erfordert. Für sie gilt ausschließlich das BGB. Sie können sich jedoch, wenn es ihnen nützlich erscheint, ins Handelsregister eintragen lassen (§ 2 HGB). Dann werden sie Kaufleute mit allen Rechten und Pflichten. Im Streitfall gelten sie nicht mehr als Kleingewerbetreibende (§ 5 HGB). Das HGB nennt sie **Kannkaufleute**. Eine spätere Löschung im Handelsregister ist möglich, wenn das Unternehmen zu diesem Zeitpunkt keinen kaufmännischen Geschäftsbetrieb erfordert.

Beispiel: Kann- und Istkaufmann

Herr Gerber erstellt in seinem Arbeitszimmer für Unternehmen Programme. Er hat diese Tätigkeit als Gewerbe angemeldet. Personal hat er nicht. Er ist nicht automatisch Kaufmann, **kann** sich aber als Kannkaufmann ins Handelsregister eintragen lassen.
Das Unternehmen wächst, das Arbeitszimmer wird zu klein. Gerber mietet Räume, stellt zwei Programmierer und eine Sekretärin ein und nimmt Kredite für die Geschäftsausstattung auf. Die Umsätze steigen stark an. Jetzt ist Gerber automatisch Kaufmann (Istkaufmann). Als solcher **muss** er sein Unternehmen ins Handelsregister eintragen lassen.

Auch **Land- und Forstwirte** werden **Kannkaufleute**, wenn sie ihren Betrieb oder einen Nebenbetrieb (z. B. ein Sägewerk) ins Handelsregister eintragen lassen. Eine Löschung der Eintragung ist nur für den Nebenbetrieb möglich, wenn er ein Kleingewerbe ist (§ 3 HGB).

Arbeitsauftrag

Gegeben seien fünf Unternehmen. Sie sind mit folgenden Geschäftsbezeichnungen gemeldet:
(1) Brennstoffhandel Angelika Arendt e. K.
(2) Bobby Schneller Landwirtschaft und Milcherzeugung
(3) Getränkekiosk Schnelle Ecke, Inhaber Angela Conti
(4) Peter Meurers Elektrohandwerk
(5) Dr. Gunnar Zimmer, Rechtsanwalt

a) Welche der Unternehmen sind gewerbliche Unternehmen? Was sind die anderen?
b) Welche der Unternehmen sind Handelsgewerbe?
c) Welche der Geschäftsinhaber sind Kaufleute? Welche können es werden? Geben Sie an, wie.
d) Wann beginnt die Kaufmannseigenschaft in den genannten Fällen?
e) Woran kann man sofort erkennen, dass ein Unternehmen ein Handelsgewerbe ist?
f) Welche Rechte haben Kaufleute, die andere Einzelunternehmer nicht haben? Welche Pflichten haben sie andererseits?
g) Wer ist in allen Fällen zur Führung der Geschäfte und zur Vertretung des Unternehmens gegenüber Behörden und Geschäftspartnern berechtigt?
h) Wie haften die Inhaber für Schulden ihres Unternehmens und für verschuldete Schäden?

7.4 Gründe für die Bildung von Gesellschaftsunternehmen

Die Gründung eines Gesellschaftsunternehmens wird notwendig, wenn das Eigenkapital einer Person für die geplante Betriebsgröße nicht ausreicht oder wenn die unternehmerische Mitarbeit mehrerer Personen erforderlich ist.

Ich bin ein Ingenieur und will eine Motorenfabrik gründen. Dafür kann ich allein aber weder genug Eigenkapital aufbringen noch Kredit beschaffen. Auch benötige ich kaufmännisch ausgebildete Partner. Folglich denke ich an die Gründung eines Gesellschaftsunternehmens.

Häufige Gründe für die Gründung von Gesellschaftsunternehmen oder auch für die Umwandlung von Einzelunternehmen in Gesellschaftsunternehmen sind:

- Notwendigkeit neuer Unternehmensleiter wegen Krankheit, Alter, Tod des Unternehmers;
- Notwendigkeit neuer Fachleute oder Führungskräfte;
- Aufnahme von Familienmitgliedern (Sohn, Tochter);
- Kapitalzuführung durch neue Gesellschafter;
- Vergrößerung der Kreditbasis durch Vergrößerung des haftenden Eigenkapitals;
- Risikoverteilung auf mehrere Gesellschafter;
- Beschränkung der Haftung auf das eingebrachte Kapital (bei GmbH und AG);
- Vergrößerung der Marktmacht durch Zusammenschluss mehrerer Unternehmen.

7.5 Arten und Grundmerkmale von Gesellschaftsunternehmen

Die Gesellschaftsunternehmen nach deutschem Privatrecht sind zwei Gruppen zuzuordnen: den Gesellschaften oder den Vereinen.

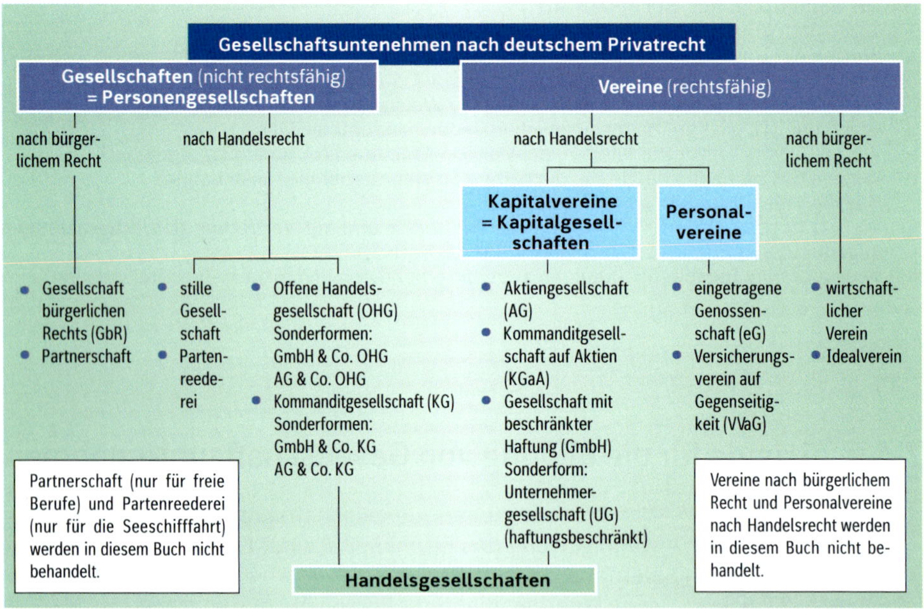

Wichtiger Hinweis:

Laut Urteil des Europäischen Gerichtshofs von 2003 dürfen Unternehmen sich im eigenen Land auch der Rechtsformen anderer EU-Länder bedienen. Daraufhin wurden z. B. viele Unternehmen von Deutschen in Großbritannien als Limited Company gegründet und eingetragen. Ihre Geschäftstätigkeit in Deutschland unterliegt deutschem Recht (z. B. Buchführung, Jahresabschluss). In diesem Buch werden nur Rechtsformen nach deutschem Recht behandelt.

Gesellschaften	Vereine
sind **Zusammenschlüsse mit festen Mitgliedern** (Gesellschaften). Deshalb endet die Gesellschaft z. B., wenn ein Gesellschafter kündigt oder stirbt. **Grundform: Gesellschaft des bürgerlichen Rechts (GbR)** (§§ 705–740 BGB).	sind **Zusammenschlüsse mit wechselnden Mitgliedern**: Mitglieder treten aus und ein, der Verein besteht fort. **Grundformen: Idealverein** (§ 21 BGB), nicht auf wirtschaftliche Zwecke ausgerichtet (z.B. Gesangsverein); **wirtschaftlicher Verein** (§ 22 BGB), auf wirtschaftliche Zwecke ausgerichtet.
Von der GbR sind alle anderen Gesellschaften abgeleitet. In diesem Buch werden die GbR und die Gesellschaften nach Handelsrecht behandelt: OHG, KG, stille Gesellschaft.	Vom Verein nach BGB sind die handelsrechtlichen Personalvereine und Kapitalvereine abgeleitet. In diesem Buch werden die Kapitalvereine behandelt: AG, KGaA, GmbH, UG.
Die eigentlichen Gesellschaften werden meist als **Personengesellschaften** bezeichnet. Dies geschieht, um sie deutlich von den Kapitalgesellschaften zu unterscheiden.	Die Kapitalvereine werden meist als **Kapitalgesellschaften** bezeichnet. Dies ist sachlich falsch, hat sich aber sprachlich durchgesetzt.
Gesellschaften sind **keine juristischen Personen**. **Deshalb handeln die Gesellschafter für die Gesellschaft.** Allerdings haben nur Gesellschafter, die mit ihrem gesamten Vermögen für die Schulden der Gesellschaft haften (sog. Vollhafter), die Handlungsbefugnis (Geschäftsführungs- und Handlungsbefugnis) • **Geschäftsführungsbefugnis.** Sie betrifft das Innenverhältnis des Unternehmens: Wer die Geschäfte führt, darf alle Handlungen vornehmen, die der gewöhnliche Betrieb mit sich bringt. • **Vertretungsbefugnis.** Sie betrifft das Außenverhältnis des Unternehmens: Der Befugte darf Dritten gegenüber rechtswirksame Willenserklärungen abgeben, durch die das Unternehmen berechtigt oder verpflichtet wird.	Vereine sind **juristische Personen**, wenn sie in das zuständige Register (Vereins-, Handels-, Genossenschaftsregister) eingetragen sind. **Deshalb handeln alle Vereine durch selbstständige Organe** (Beispiel AG: Vorstand, Aufsichtsrat, Hauptversammlung der Aktionäre). Die Mitglieder des leitenden Organs (AG: Vorstand, GmbH: Geschäftsführer) haben die Geschäftsführungsbefugnis und die Vertretungsbefugnis (siehe links). Die Eigentümer des Unternehmens sind Teilhafter (sie haften nicht mit ihrem Privatvermögen). Sie haben deshalb nur Handlungsbefugnis, wenn sie zum Vorstand/Geschäftsführer bestimmt sind. Ausnahme: Bei der KGaA gibt es Vollhafter. Sie haben deshalb automatisch die Geschäftsführungs- und Vertretungsbefugnis.

7.6 Kaufmannseigenschaft der Gesellschaftsunternehmen

OHG, KG, GmbH, UG, AG und KGaA werden als Handelsgesellschaften bezeichnet. Sie sind kraft Gesetzes Kaufleute (§ 6 Abs. 1 HGB) und ins Handelsregister einzutragen.

> § 6 Abs. 1 HGB: Die in betreff der Kaufleute gegebenen Vorschriften finden auch auf die Handelsgesellschaften Anwendung.

- **Der Betrieb einer OHG und einer KG setzt ein Handelsgewerbe voraus.** Deshalb können z. B. Freiberufler für ihre Tätigkeit keine OHG oder KG gründen. Kleingewerbetreibende hingegen, die sich zusammenschließen, haben ein Wahlrecht: Sie können eine GbR gründen oder ihre Gesellschaft als OHG oder KG ins Handelsregister eintragen lassen. Als OHG/KG ist sie Kannkaufmann.

Bei OHG und KG sind sowohl die Gesellschaft als auch ihre vollhaftenden Gesellschafter (Vollhafter) Kaufleute. Dabei sind die OHG und die KG keine juristischen Personen. Jedoch gibt ihnen das Recht gewisse Eigenschaften einer juristischen Person. So können sie z. B. Eigentum erwerben, Verbindlichkeiten eingehen, klagen und verklagt werden.

- **Der Betrieb einer Kapitalgesellschaft (GmbH, UG, AG, KGaA) setzt kein Handelsgewerbe nach § 1 Abs. 2 HGB voraus (§ 6 Abs. 2 HGB).** So kann z. B. ein Ärztehaus als AG betrieben werden. Kapitalgesellschaften sind sozusagen Kaufleute aufgrund ihrer Rechtsform. Sie heißen deshalb **Formkaufleute**. Ihre Gesellschafter müssen keine Kaufleute sein (z. B. Ärzte).

> § 6 Abs. 2 HGB: Die Rechte und Pflichten eines Vereins, dem das Gesetz ohne Rücksicht auf den Gegenstand des Unternehmens die Eigenschaften eines Kaufmanns beilegt, bleiben unberührt, auch wenn die Voraussetzungen des § 1 Abs. 2 nicht vorliegen.

Kaufleute

Istkaufleute	Kannkaufleute	Formkaufleute
• selbstständige Gewerbetreibende, deren Betrieb nach Art und Umfang einen in kaufmännischer Weise eingerichteten Geschäftsbetrieb erfordert • OHG und KG	• Kleingewerbetreibende bei freiwilliger Eintragung ins Handelsregister • Land- und Forstwirte bei freiwilliger Eintragung ins Handelsregister	Unternehmen in den Rechtsformen AG, KGaA, GmbH, UG Hinweis: Auch die Personalvereine eG und VVaG sind Formkaufleute

7.7 Gesellschaftsvertrag

Bei der Gründung eines Gesellschaftsunternehmens regeln die Gesellschafter ihre Rechte und Pflichten in einem **Gesellschaftsvertrag**. Darin sollten zumindest Abmachungen enthalten sein über

- die Höhe der Kapitalbeteiligung (Einlagen),
- die Verteilung von Gewinn und Verlust,
- die Berechtigung zur Geschäftsführung und zur Vertretung der Gesellschaft,
- die Haftung der Gesellschafter,
- die Dauer der Gesellschaft bzw. die Auflösung und Kündigung.

Soweit die Gesetze nicht zwingende Vorschriften enthalten, sind die Gesellschafter in ihren Vereinbarungen frei. **Zwingende Vorschriften** beziehen sich u. a. auf die **Haftung**, die **Geschäftsführungsbefugnis** und die **Vertretungsbefugnis**.

Arbeitsaufträge

1. **Folgende Vereinigungen sind gegeben:**
   GbR, stille Gesellschaft, OHG, KG, AG, GmbH, KGaA, eG, e. V.

   a) Was bedeuten die Abkürzungen?
   b Welche dieser Vereinigungen sind juristische Personen?
   c) Welche dieser Vereinigungen haben selbst die Kaufmannseigenschaft?
   d) Welche dieser Vereinigungen unterliegen dem Handelsrecht?
   e) Welche dieser Vereinigungen sind Personengesellschaften?
   f) Welche dieser Vereinigungen sind Kapitalgesellschaften?
   g) Welche dieser Vereinigungen sind Handelsgesellschaften?

h) Welche dieser Vereinigungen sind selbst dann Kaufleute, wenn sie kein Handelsgewerbe betreiben? Wie nennt das HGB diese Kaufleute?
i) Bei welchen Vereinigungen existieren vollhaftende Gesellschafter? Was bedeutet „volle Haftung“?
j) Erläutern Sie die Haftungsverhältnisse bei den übrigen Vereinigungen.
k) Welche Gesellschafter haben automatisch das Recht, die Geschäfte zu führen und die betreffende Vereinigung nach außen zu vertreten?

2. Das Amtsgericht in Köln erhält am 13. Mai 20.. folgenden Antrag (Auszug):

Umwandlung

Durch Aufnahme von Herrn Franz Schneider, geb. 17. Sept. 1965, Kaufmann, Poststr. 8, 51143 Köln, als vollhaftenden Gesellschafter wandeln wir mit Wirkung vom 15. Mai 20.. das Einzelunternehmen Emil Schneider - bisheriger Inhaber: Emil Schneider, Kaufmann, Immermannstr. 19, 51143 Köln - in eine Offene Handelsgesellschaft mit der Firma

Emil Schneider & Co. OHG um.

Der Sitz der Gesellschaft bleibt in 51143 Köln, Immermannstr. 19. Geschäftsgegenstand ist weiterhin die Fertigung von Maschinenschrauben.

Wir beantragen die Eintragung ins Handelsregister.

a) Welche Gründe könnten den Inhaber veranlasst haben, sein Einzelunternehmen in ein Gesellschaftsunternehmen umzuwandeln?
b) Welche Vorteile könnte er erzielen, welche Nachteile müsste er gegebenenfalls in Kauf nehmen?
c) Wandelt er sein Unternehmen in eine Personengesellschaft oder in eine Kapitalgesellschaft um?
d) Was bedeutet dies im Hinblick auf die Haftung, die Geschäftsführungsbefugnis und die Vertretungsbefugnis?

7.8 Firma der Kaufleute

Alle Unternehmen mit Kaufmannseigenschaft führen eine Firma. Das ist der Name,
- **unter dem die Kaufleute ihre Geschäfte betreiben,**
- **mit dem sie unterschreiben,**
- **unter dem sie auch vor Gericht klagen und verklagt werden (§ 17 HGB).**

Die Firma darf nicht verwechselt werden mit einem Markennamen oder einer gebräuchlichen Bezeichnung des Unternehmens und sonstigen Geschäftsnamen, die zu Reklamezwecken oder von Kleingewerbetreibenden benutzt werden.

Beispiele:

Firma:	Volkswagenwerk AG
gebräuchliche Unternehmensbezeichnung:	VW
Markenname:	NIVEA
Geschäftsname zu Reklamezwecken:	Hotel zur Sonne
Geschäftsname von Kleingewerbetreibenden:	Reudenbachs fahrende Werkstatt

Die Firma besteht aus dem **Firmenkern** (Hauptbestandteil) und eventuellen **Firmenzusätzen** zur Kennzeichnung von Zweigniederlassungen, zur Offenlegung der Rechtsform und zur Kennzeichnung des Gegenstands des Unternehmens.

Arten der Firma

Personenfirma	Sachfirma	Fantasiefirma
enthält mindestens einen Namen, der auf den oder die Inhaber hinweist	ist dem Gegenstand des Unternehmens entnommen	ist nicht dem Gegenstand des Unternehmens entnommen
Beispiele: Frederic Basten e. K. Adam Opel AG	**Beispiele:** Motoren- und Getriebebau GmbH Metallbau OHG	**Beispiele:** Pepsosprit GmbH Plitschplatsch KG

Das Unternehmen kann sich nach Belieben für eine Personen-, Sach- oder Fantasiefirma oder auch für eine Mischform entscheiden. Die Firma muss jedoch einen Zusatz enthalten, der die Rechtsform erkennen lässt und damit auch die Haftungsverhältnisse gegenüber Dritten darlegt.

Erlaubte Rechtsformenzusätze

- eingetragener Kaufmann, eingetragene Kauffrau (e. Kfm., e. Kffr., e. K.)
- Offene Handelsgesellschaft (oHG, OHG)
- Kommanditgesellschaft (KG)
- Aktiengesellschaft (AG)
- Kommanditgesellschaft auf Aktien (KGaA)
- Gesellschaft mit beschränkter Haftung (GmbH)
- eingetragene Genossenschaft (eG)
- SE (lat.: Societas Europaea, Europäische Gesellschaft, Rechtsform für Aktiengesellschaften in der Europäischen Union)
- UG Unternehmergesellschaft (haftungsbeschränkt)

Die Zusätze können ausgeschrieben sein oder die Form einer allgemein verständlichen Abkürzung haben.

Außerdem muss die Firma folgenden **Firmengrundsätzen** entsprechen:

Firmengrundsätze

Unterscheidungskraft/ Kennzeichnungswirkung	Firmeneinheit	Firmenöffentlichkeit	Firmenwahrheit	Firmenbeständigkeit

Unterscheidungskraft, Kennzeichnungswirkung

Die Firma muss zur Kennzeichnung des Kaufmanns geeignet sein und Unterscheidungskraft besitzen (§ 18 HGB). Jede neue Firma muss sich deshalb von allen an demselben Ort oder derselben Gemeinde bereits eingetragenen Firmen deutlich unterscheiden, ggf. durch einen Firmenzusatz (§ 30 HGB).

Einen umfassenderen Schutz gewährt § 37 HGB: Wer unbefugt eine Firma gebraucht, kann auf Unterlassung in Anspruch genommen werden. Das Registergericht erhebt ein Ordnungsgeld. Gegebenenfalls besteht ein Schadensersatzanspruch.

Firmeneinheit

Ein und dasselbe Unternehmen darf nur unter der einen, im Handelsregister eingetragenen Firma geführt werden.

Firmenöffentlichkeit

Der Kaufmann muss seine Firma und den Ort seines Geschäftes ins Handelsregister eintragen lassen (§ 29 HGB).

Firmenwahrheit

- Bei der Gründung des Unternehmens muss eine Personenfirma mit dem bürgerlichen Namen des Inhabers/der Gesellschafter übereinstimmen, eine Sachfirma den tatsächlichen Verhältnissen entsprechen.
- Die angegebenen Gesellschaftsverhältnisse müssen stimmen.
- Die Firma darf keine Angaben enthalten, die über die geschäftlichen Verhältnisse irreführen können, welche für die angesprochenen Verkehrskreise wesentlich sind.

Beispiel: Wer nur an Endverbraucher verkauft, darf nicht die Angabe „Großhandel“ aufnehmen.

Firmenbeständigkeit

Der Erwerber oder Erbe eines Unternehmens kann mit Genehmigung des bisherigen Inhabers den alten Firmennamen fortführen (sogar eine Personenfirma). Mit dieser zulässigen „Firmenunwahrheit“ berücksichtigt der Gesetzgeber, dass ein eingeführter Firmenname einen Wert darstellt und einen Kundenstamm verbürgt. Die Zustimmung zur Fortführung der Firma muss deshalb oft mit teurem Geld erkauft werden. Eine Veräußerung lediglich der Firma ohne das Unternehmen ist nicht zulässig. Die alte Firma kann auch mit einem Zusatz fortgeführt werden (z. B. „Peter Franken e. K.“ oder „Peter Franken Nachf. e. K.“ oder „Peter Franken, Inh. Erwin Ebert e. K.“)

Wer ein Unternehmen unter der alten Firma fortführt, haftet Dritten gegenüber für die Geschäftsschulden des bisherigen Inhabers. Ausnahme: Eine abweichende Vereinbarung wird ins Handelsregister eingetragen oder vom Erwerber oder Veräußerer dem Gläubiger mitgeteilt. Das Gleiche gilt für die neuen Gesellschafter, wenn eine Einzelunternehmung in eine OHG oder KG umgewandelt wird (sogar dann, wenn die Firma nicht fortgeführt wird!). Andererseits gehen die Geschäftsforderungen auf den Erwerber über. Der alte Inhaber selbst haftet seinen Gläubigern noch fünf Jahre für seine Schulden. (Vgl. §§ 25–28 HGB.)

Arbeitsauftrag

Die drei Kaufleute Gernot Haber, Erich Orloff und Rolf Schöne überlegen, ob sie eine Schraubenfabrik als OHG, KG oder GmbH gründen sollen.

a) Erfinden Sie für jede dieser Rechtsformen verschiedene mögliche Firmennamen.
b) Unterscheiden Sie bei den von Ihnen genannten Firmenbezeichnungen Firmenkern und Firmenzusätze.
c) Erläutern Sie anhand der genannten Firmenbezeichnungen die Grundsätze der Firmenwahrheit, der Firmeneinheit und der Firmenöffentlichkeit.
d) Die drei Herren einigen sich darauf, das Unternehmen unter der Firma Haber OHG zu führen. Bei der Anmeldung zum Handelsregister erfahren sie, dass bereits ein Unternehmen mit der gleichen Firma eingetragen ist.
   - Welche Konsequenzen ergeben sich hieraus?
   - Wie können die Firmengründer die Schwierigkeiten umgehen?

7.9 Handelsregister

7.9.1 Begriff des Registers; Eintragungen

Das örtlich zuständige Amtsgericht führt für seinen Bezirk ein amtliches Verzeichnis aller Kaufleute: das elektronische Handelsregister (§ 8 HGB). Dieses umfasst

- **die Abteilung A (Einzelunternehmen, Personengesellschaften),**
- **die Abteilung B (Kapitalgesellschaften).**

Außerdem führt das zuständige Amtsgericht das Genossenschaftsregister für Genossenschaften und das Partnerschaftsregister für Partnerschaften.

Diese Register werden als öffentliche Verzeichnisse elektronisch unter der Domäne *www.handelsregister.de* geführt und sind dort einsehbar. Dies bedeutet:

- Das Gericht macht Eintragungen und Änderungen in einem elektronischen Informations- und Kommunikationssystem bekannt.
- Die Einsichtnahme in die Register sowie in die dazu eingereichten Dokumente ist jedem zu Informationszwecken gestattet.
- Von den Eintragungen, Änderungen und den eingereichten Dokumenten kann gegen eine Gebühr ein Ausdruck verlangt werden. Auf Antrag werden die Auszüge durch eine qualifizierte elektronische Signatur beglaubigt.

Die folgenden Beispiele zeigen, welche Sachverhalte eingetragen werden.

Beispiel: Auszug aus dem elektronischen Handelsregister Abteilung A

Handelsregister A des Amtsgerichts Vilshofen	Abteilung A Wiedergabe des aktuellen Registerinhalts Abruf vom 23.04.20.. 12:12	Nummer der Firma: **HRA 7093**
– Ausdruck –	Seite 1 von 1	

1. **Anzahl der bisherigen Eintragungen:**
   1
2. a) **Firma:**
   Förder- und Lagertechnik GmbH & Co. Kommanditgesellschaft
   b) **Sitz, Niederlassung, Zweigniederlassungen:**
   Vilsendorf
3. a) **Allgemeine Vertretungsregelung:**
   –
   b) **Inhaber, persönlich haftende Gesellschafter, Geschäftsführer, Vorstand:**
   Förder- und Lagertechnik Gesellschaft mit beschränkter Haftung, Vilsendorf
4. **Prokura:**
   –
5. a) **Rechtsform; Beginn und Satzung:**
   Kommanditgesellschaft; Beginn 21. Mai 1999
   b) **sonstige Rechtsverhältnisse:**
   –
   c) **Kommanditisten:**
   Jürgen Schuster, * 24.08.1963, Bünde, Einlage: 5 000,00 EUR
   Birgit Schuster, geb. Keßler, * 17.05.1972, Bünde, Einlage: 5 000,00 EUR
6. **Tag der letzten Eintragung:**
   21.05.20..

Unter *5. b) sonstige Rechtsverhältnisse* werden auch Insolvenzverfahren und Liquidation (Auflösung des Unternehmens) eingetragen. Eintragungen, die unterstrichen sind, gelten als gelöscht.

Beispiel: Auszug aus dem elektronischen Handelsregister Abteilung B

Handelsregister B des Amtsgerichts Vilshofen	Abteilung B Wiedergabe des aktuellen Registerinhalts Abruf vom 23.04.20.. 12:12	Nummer der Firma: **HRB 3174**
– Ausdruck –	Seite 1 von 1	

1. **Anzahl der bisherigen Eintragungen:**
   1

2. a) **Firma:**
   Förder- und Lagertechnik Gesellschaft mit beschränkter Haftung

   b) **Sitz, Niederlassung, Zweigniederlassungen:**
   Vilsendorf

   c) **Gegenstand des Unternehmens:**
   Die Ermittlung, der Erwerb und Verkauf von Fördersystemen aller Art, insbesondere von Aufzügen, Förderbändern und Lagersystemen (Regale) sowie die Montage der vorstehenden Anlagen und Durchführung des Reparaturservice.
   Die Gesellschaft ist berechtigt, Zweigniederlassungen zu errichten, andere Unternehmen gleicher oder ähnlicher Art zu übernehmen, zu vertreten oder sich an solchen Unternehmen zu beteiligen sowie deren Geschäftsführung unter Übernahme der unbeschränkten Haftung zu übernehmen.

3. **Grund- oder Stammkapital:**
   50 000,00 EUR

4. a) **Allgemeine Vertretungsregelung:**
   Ist nur ein Geschäftsführer bestellt, so vertritt dieser die Gesellschaft allein. Sind mehrere Geschäftsführer bestellt, so wird die Gesellschaft durch zwei Geschäftsführer gemeinsam oder durch einen Geschäftsführer gemeinsam mit einem Prokuristen vertreten.

   b) **Vorstand, Leitungsorgan, geschäftsführende Direktoren, persönlich haftende Gesellschafter, Geschäftsführer, Vertretungsberechtigte und besondere Befugnis:**
   Geschäftsführer Jürgen Schuster, * 10.10.1961, Bünde

5. **Prokura:**
   –

6. a) **Rechtsform; Beginn, Satzung oder Gesellschaftsvertrag:**
   Gesellschaft mit beschränkter Haftung; Gesellschaftsvertrag vom 15.01.1999

   b) **sonstige Rechtsverhältnisse:**
   –

7. **Tag der letzten Eintragung:**
   31.01.20..

Anmeldungen zur Eintragung in das Handelsregister sind elektronisch einzureichen.

- Ist für das Dokument die Schriftform vorgeschrieben, genügt die Übermittlung einer elektronischen Aufzeichnung.
- Ist ein notariell beurkundetes Dokument oder eine beglaubigte Abschrift einzureichen, so übermittelt ein Notar das Dokument mit einer elektronisch beglaubigten Signatur.

Das Gericht prüft, ob der Antrag zur Eintragung und die einzutragenden Rechtsverhältnisse rechtlich begründet sind. Es kann Ordnungsstrafen verhängen, um die Anmeldung einer eintragungspflichtigen Tatsache zu erzwingen (z. B. Einreichung des aktuellen Jahresabschlusses). Eintragungspflichtig sind auch alle Änderungen der eingetragenen Tatsachen. Die Unterschriften der zeichnungsberechtigten Personen werden bei Gericht elektronisch hinterlegt.

Die Eintragungen unter www.handelsregister.de werden zugleich im **elektronischen Bundesanzeiger** (www.e-bundesanzeiger.de) und im **elektronischen Unternehmensregister** (www.unternehmensregister.de) bekannt gemacht. Anträge an das zuständige Registergericht auf Erstellung von beglaubigten oder unbeglaubigten Auszügen können nicht nur über das Handelsregister, sondern auch über das Unternehmensregister an das Gericht gestellt werden.

7.9.2 Elektronisches Unternehmensregister

Das Unternehmensregister gibt unter der Domäne www.unternehmensregister.de Auskunft über rechtlich relevante Unternehmensdaten. Auf dieser Plattform werden alle wichtigen veröffentlichungspflichtigen Daten über Unternehmen in Deutschland zentral zusammengeführt. Sie sind für Interessenten ohne Registrierung im Internet zugänglich.

Das Register bietet folgende Informationen:

- Auskünfte über das elektronische Handels-, Genossenschafts- und Partnerschaftsregister mit Informationen über die Registereintragungen sowie über die eingereichten Dokumente (z. B. Jahresabschlüsse),
- Bekanntmachungen der Handels-, Genossenschafts- und Partnerschaftsregister,
- Veröffentlichungen aus dem elektronischen Bundesanzeiger (z. B. Pflichtbekanntmachungen, Termine von Hauptversammlungen),
- unternehmensrelevante Mitteilungen von Kapitalgesellschaften, deren Aktien an einer Wertpapierbörse gehandelt werden,
- Bekanntmachungen der Insolvenzgerichte.

7.9.3 Bedeutung der Handelsregistereintragungen

Das Handelsregister gibt allen am Geschäftsleben Beteiligten (Unternehmen, Kunden, Lieferanten, Kreditgebern u. a.) wichtige Informationen und erzeugt damit eine **gewisse Rechtssicherheit**.

Zu unterscheiden sind Eintragungen mit rechtserzeugender (konstitutiver) und solche mit rechtsbekundender (deklaratorischer) Wirkung.

Handelsregistereintragungen

Rechtserzeugende (konstitutive) Eintragungen

Die eingetragenen Tatsachen werden erst durch die Eintragung (Löschung) selbst wirksam. Vorher hatten sie noch keine Gültigkeit.
Dies gilt insbesondere für

- die Gültigkeit der Firma,
- die Kaufmannseigenschaft der Kann- und Formkaufleute,
- die Eintragung von Kleingewerbetreibenden als OHG oder KG.

Rechtsbekundende (deklaratorische) Eintragungen

Die Eintragung (Löschung) bezeugt nur einen Sachverhalt, der auch schon vor der Eintragung (Löschung) rechtsgültig war. Dies gilt insbesondere für

- die Kaufmannseigenschaft der Istkaufleute,
- die Erteilung und Entziehung der Prokura.

Die Rechtssicherheit, die das Handelsregister verleiht, besteht bezüglich folgender Tatsachen:

- Solange eine eintragungs- oder löschungspflichtige Tatsache nicht eingetragen und bekannt gemacht ist, kann sie von dem eintragungspflichtigen Unternehmer einem Dritten nicht entgegengehalten werden. Ausnahme: Er beweist, dass der Dritte sie kannte (§ 15 Abs. 1 HGB, sog. **negative Publizität**).
  Das Gleiche gilt, wenn eine solche Tatsache unrichtig eingetragen und bekannt gemacht wurde (§ 15 Abs. 3 HGB).
- Ist die Tatsache eingetragen und bekannt gemacht worden, so muss ein Dritter sie gegen sich gelten lassen, selbst wenn er sie nicht kennt (§ 15 Abs. 2 HGB; sog. **positive Publizität**).
  Eine Ausnahme besteht nur bei Rechtshandlungen, die innerhalb von 15 Tagen nach der Bekanntmachung vorgenommen werden, sofern der Dritte beweist, dass er die Tatsache weder kannte noch kennen musste.

Wichtig: Immer prüfen, ob beantragte Eintragungen richtig erfolgt sind!

Der Beweis ist praktisch kaum zu führen: Die Gerichte erwarten, dass man die Registereintragungen verfolgt.

Auf die Aussage und das Schweigen des Handelsregisters kann und muss vertraut werden, wenn man guten Glaubens ist, d. h. wenn man den von der Eintragung abweichenden Sachverhalt nicht kennt (sog. beschränkter öffentlicher Glauben des Handelsregisters).

Anders z. B. das Grundbuch: Es genießt vollen öffentlichen Glauben.

Das Unternehmensregister genießt im Gegensatz zum Handelsregister keinen öffentlichen Glauben.

Beispiel: Publizität des Handelsregisters

Kaufmann Pelzer hat eine Geldforderung gegenüber Herrn Schröder. Pelzer übereignet am 15. April sein Geschäft mit allen Bilanzwerten an Herrn Lehmann. Damit tritt er auch seine Forderung an Lehmann ab. Die Übereignung wird am 18. April ins Handelsregister eingetragen.

Fall 1: Schröder zahlt am 17. April an Pelzer, da er von dem Geschäftsübergang nichts weiß. Am 25. April verlangt Lehmann seinerseits Zahlung. Schröder muss nicht zahlen, denn die eintragungspflichtige Tatsache des Geschäftsübergangs war am 17. April nicht eingetragen (Schweigen des Registers).

Fall 2: Wie Fall 1, aber Schröder weiß durch Rundschreiben von dem Geschäftsübergang. Nun kann er bei einer Zahlung an Pelzer nicht mehr auf das Schweigen des Registers vertrauen. Lehmann kann ihm gegenüber auf Zahlung bestehen.

Fall 3: Schröder zahlt in Unkenntnis der Geschäftsübergabe am 20. April an Pelzer. Nun kann Lehmann seinerseits Zahlung verlangen, weil infolge der Handelsregistereintragung die Abtretung der Forderung als bekannt gilt (Aussage des Registers).

Fall 4: Schröder weist seine Bank am 14. April an, am 19. April an Pelzer zu zahlen. Er verreist anschließend für 10 Tage ins Ausland. Lehmann kann nicht seinerseits Zahlung verlangen, denn die Eintragung musste Schröder nicht bekannt sein.

Arbeitsaufträge

1. **Die Firma Esser KG ist eine renommierte Werkzeuggroßhandlung in Essen, die auch für verschiedene Werkzeughersteller als Handelsvertreter oder Kommissionär tätig ist. Vor wenigen Tagen ist der Geschäftsführer der Eisenbard GmbH in Bielefeld an sie herangetreten. Die Eisenbard GmbH stellt Präzisionsmessinstrumente her und sucht einen neuen Absatzmittler für das westliche Ruhrgebiet, weil ihr bisheriger Vertreter seinen Vertrag gekündigt hat. Die Esser KG zeigt Interesse. Zunächst ist beiden Unternehmen daran gelegen, sich über den möglichen Geschäftspartner zu informieren.**
   a) Ist das Handelsregister/Genossenschaftsregister geeignet, zur Informationsbeschaffung beizutragen?
   b) Wo werden die zuständigen Register geführt?
   c) In welchem Register (und ggf. in welcher Abteilung) befinden sich die gesuchten Eintragungen?
   d) Welche Informationen können die Eisenbard GmbH und die Esser KG finden?
   e) Können beide Unternehmen davon ausgehen, dass die gefundenen Informationen ihre Richtigkeit haben?

2. **Vier Tage nach der Eröffnung eines Brennstoffhandels ließ Angelika Arendt ihre Firma ins Handelsregister eintragen. 3 Jahre später ließ sie ihren Angestellten Erwin Schneider als Prokuristen eintragen.**
   a) Haben die genannten Eintragungen konstitutive oder deklaratorische Bedeutung?
   b) Erläutern Sie die Begriffe „konstitutiv“ und „deklaratorisch“.
   c) Nennen Sie andere Eintragungen mit konstitutivem bzw. deklaratorischem Charakter.
   d) Als Herr Schneider nach 6 Jahren aus dem Unternehmen ausscheidet, lässt Frau Arendt die Prokura löschen. Wie kann sie dabei vorgehen?
   e) Ein Geschäftspartner, der sich über die Firma von Frau Arendt erkundigen will, sieht, dass die Prokuraeintragung betreffend Herrn Schneider unterstrichen ist. Was schließt er hieraus?

3. **Dem Prokuristen Ferdinand Fiesling wurde am 20. April vom Firmeninhaber Peter Patron die Prokura durch mündliche Erklärung entzogen. Die Löschung im Handelsregister erfolgte auf Antrag von Herrn Patron am 22. April. Am 21. April bestellte Herr Fiesling bei der Firma Egon Reinert e. K. noch schnell für 20 000,00 EUR Seife, die für die eigene Firma völlig nutzlos war, zur sofortigen Lieferung. Der Lkw mit der Seife traf noch am selben Tag ein. Herr Patron, völlig außer sich, lehnte die Annahme ab. Reinert bestand jedoch auf Abnahme, da ein rechtsgültiger Kaufvertrag zustande kommen sei.**
   a) Wer ist im Recht, Reinert oder Patron?
   b) Wie beurteilen Sie den Sachverhalt, wenn Fiesling bei seinem Telefonat mit der Verkaufsabteilung von Reinert durchblicken ließ, dass ihm zwar die Prokura entzogen worden sei, dass er jedoch vor der Löschung im Handelsregister noch schnell dieses „wichtige“ Geschäft tätigen müsse?

7.10 Personengesellschaften

7.10.1 Gesellschaft bürgerlichen Rechts (GbR)

Und wie verhält es sich in folgenden Fällen?

- Eine Schulklasse vereinbart eine Klassenfahrt nach München.
- Zwei Unternehmen führen gemeinsam ein Brückenbauprojekt durch.
- Vier Lehrer mieten gemeinsam zwei Räume zwecks Hausaufgabenbetreuung an.
- Zwei Kleingewerbetreibende betreiben gemeinsam einen Kiosk.

Auch auf diese vier Fälle sind die BGB-Vorschriften über die Gesellschaft anzuwenden.

Die GbR ist eine vertragliche Vereinigung von mindestens zwei Gesellschaftern zur Erreichung eines gemeinsamen Zwecks.

Die Gesellschafter können z. B. natürliche oder juristische Personen oder auch Handelsgesellschaften sein (z. B. eine OHG als Gesellschafterin einer GbR).

Handwerker und Kleingewerbetreibende können für ihre Tätigkeit eine GbR bilden, solange das Unternehmen keinen kaufmännisch eingerichteten Geschäftsbetrieb erfordert. Tritt dieser Fall ein, wird die GbR automatisch in eine OHG umgewandelt und muss ins Handelsregister eingetragen werden.

Kaufleute können für den gemeinsamen Betrieb ihres Handelsgewerbes keine GbR, sondern nur Gesellschaften nach Handelsrecht gründen. Sie gehen aber durchaus mit anderen Unternehmen sog. Gelegenheitsgesellschaften als GbR ein. Üblich sind:

- **Arbeitsgemeinschaften** (z. B. gemeinsame Erstellung eines Bauvorhabens),
- **Interessengemeinschaften** (Kooperation in Teilbereichen, z. B. gemeinsame Forschung und Entwicklung, Werbung, Nutzung von EDV-Anlagen, Öffentlichkeitsarbeit, Durchführung von Marktuntersuchungen, Ausbeutung von Rohstoffvorkommen).

Merkmale der GbR gemäß *§§ 705–740 BGB*

Den Gesetzestext finden Sie unter *www.gesetze-im-internet.de/bgb*.

Gründung

- Durch Gesellschaftsvertrag; keine bestimmte Form vorgeschrieben. Schriftform vorteilhaft.
- Keine Eintragung ins Handelsregister, keine Firma.
- GbR beginnt bei Geschäftsaufnahme.

Eigenkapital

- Kein Mindestkapital. Einlagenhöhe gemäß Vertrag. Auch Sacheinlagen, Rechtswerte (z. B. Patente) und Dienste möglich; ohne Vereinbarung gleiche Beiträge aller Gesellschafter.
- Einlagen werden gemeinsames Vermögen („Vermögen zur gesamten Hand"). Keine Einzelverfügung mehr über den eigenen Anteil möglich!

Geschäftsführung und Vertretung

Mangels anderer Abmachung sind alle Gesellschafter gemeinsam zur Geschäftsführung und Vertretung berechtigt und verpflichtet. Wer vertraglich ausgeschlossen ist, kann trotzdem beabsichtigten Geschäften widersprechen; sie müssen dann unterbleiben. Er hat auch ein umfassendes Kontrollrecht (z. B. Einsicht in alle Bücher und Unterlagen).

Gewinn- und Verlustverteilung

Erfolgt nach Auflösung der Gesellschaft. Bei dauernder Gesellschaft am Schluss des Geschäftsjahres. Mangels anderer Abmachung gleiche Anteile an Gewinn und Verlust unabhängig von der Höhe der Einlagen.

Haftung für die Schulden der Gesellschaft

Jeder Gesellschafter haftet für die Schulden der Gesellschaft

- **unbeschränkt** (mit seinem gesamten Vermögen),
- **gesamtschuldnerisch** (für die gesamten Schulden der Gesellschaft; also Mithaftung für alle Gesellschafter),
- **unmittelbar** (der Gläubiger kann seine Forderung unmittelbar an ihn richten).

Besteuerung

- Der Gewinnanteil ist Einkommen des Gesellschafters. Ist der Gesellschafter z. B. eine natürliche Person, wird er in seiner gesamten Höhe tariflich mit Einkommensteuer (ESt.) belegt.
- Gewerbesteuer (GewSt.) fällt nicht an.

Pflicht zur Offenlegung und Prüfung des Jahresabschlusses

Nur, wenn zwei der folgenden Merkmale erfüllt sind: Bilanzsumme > 65 Mio. EUR, Umsatzerlöse > 130 Mio. EUR, Zahl der Arbeitnehmer > 5 000 (Publizitätsgesetz). Vorschriften siehe AG (siehe S. 71). Diese Merkmale treffen in der Praxis selten zu. (Hinweis: Buchführungs- und Bilanzierungspflicht besteht nur, wenn Jahresumsatz > 500 000,00 EUR oder Jahresgewinn > 50 000,00 EUR. Darunter: Gewinnermittlung durch Einnahmenüberschussrechnung. Siehe § 141 Abgabenordnung (AO; *www.gesetze-im-internet.de/ao_1977/*).

Mitbestimmung der Arbeitnehmer

Kein Aufsichtsrat, keine Mitbestimmung

Auflösung der Gesellschaft

- Durch Zeitablauf, Erreichen oder Unmöglichwerden des vereinbarten Zwecks; gerichtliche Entscheidung aus wichtigem Grund (z. B. grobe Pflichtverletzung eines Gesellschafters); Beschluss der Gesellschafter; Tod eines Gesellschafters, Eröffnung des Insolvenzverfahrens oder Kündigung eines Gesellschafters. Kündigung mangels anderer Abmachung jederzeit ohne Frist möglich; aber nicht „zur Unzeit" (Zeitpunkt, an dem die Interessen der Mitgesellschafter verletzt werden).
- Nach Begleichung der Schulden werden die Einlagen zurückerstattet und der Gewinn/Verlust verteilt.

7.10.2 Offene Handelsgesellschaft (OHG)

Gesellschaftsvertrag

zwischen Emil Schuster, Kaufmann, Hermesstr. 16, 40233 Düsseldorf, und Ernst Obermann, Kaufmann, Grabengasse 37, 40213 Düsseldorf.

Es wird vereinbart:

1. Wir errichten unter der Firma
   „Schuster & Obermann – Schraubenfabrikation OHG "
   eine Offene Handelsgesellschaft mit Sitz in Düsseldorf, Stahlstr. 2 – 5.
2. Der Zweck der Gesellschaft ist die Fabrikation von Maschinenschrauben.
3. Die Gesellschaft beginnt am 1. April 20..
4. Herr Schuster bringt eine Einlage von 2 865 000,00 EUR gemäß beiliegendem Inventarverzeichnis ein.

   Herr Obermann bringt eine Einlage von 754 000,00 EUR gemäß beiliegendem Inventarverzeichnis ein. Er leistet außerdem bis zum 1. Juni 20.. eine Bareinlage von 700 000,00 EUR auf das Konto 471 112 bei der Stadtsparkasse Düsseldorf.
5. Zur Geschäftsführung und Vertretung sind die Gesellschafter einzeln ermächtigt.
6. Vom Jahresgewinn werden 50 % im Verhältnis der zum jeweiligen Zeitpunkt bestehenden Kapitaleinlagen verteilt. Der Rest wird zu gleichen Teilen aufgeteilt. Die gleiche Regelung gilt für einen Verlust.
7. Jeder Gesellschafter darf monatlich einen Betrag von 5 000,00 EUR als Vorschuss auf seinen Gewinnanteil entnehmen. Weitere Gewinnentnahmen sind zulässig, wenn die Gesamtentnahme 50 % des Gewinnanteils nicht übersteigt.
8. Kündigt ein Gesellschafter, so kann der andere Gesellschafter das Geschäft mit allen Aktiva und Passiva übernehmen. Er muss dem ausscheidenden Gesellschafter den Kapitalanteil auszahlen, der sich aus der Auseinandersetzungsbilanz zum Tag der Auflösung ergibt. Von diesem Betrag sind 20 % sofort und anschließend nach jedem weiteren Jahr 20 % zuzüglich 5 % Zinsen fällig.

Düsseldorf, 15. März 20..

Emil Schuster *Ernst Obermann*

(Emil Schuster) (Ernst Obermann)

Obwohl keine bestimmte Form vorgeschrieben ist, wird der OHG-Vertrag in der Praxis natürlich stets schriftlich geschlossen.

Die OHG ist eine vertragliche Vereinigung von mindestens zwei vollhaftenden Gesellschaftern, um gemeinsam ein Handelsgewerbe unter einer Firma zu betreiben.

Gesellschafter können natürliche oder juristische Personen oder auch Handelsgesellschaften sein (z. B. Kalk GmbH, Pratz & Knack OHG; Kalk GmbH & Co. OHG).

Merkmale der OHG gemäß *§§ 105–160 HGB*

Den Gesetzestext finden Sie unter *www.gesetze-im-internet.de/hgb*.

Gründung

- Durch Gesellschaftsvertrag; keine bestimmte Form vorgeschrieben. Schriftform vorteilhaft.
- Eintragung ins Handelsregister unter einer Firma (Personen-, Sach-, Fantasiefirma mit dem Zusatz „Offene Handelsgesellschaft" oder „OHG").
- OHG beginnt bei Geschäftsaufnahme; bei Kleingewerbetreibenden mit der Eintragung ins Handelsregister.

Eigenkapital

- Kein Mindestkapital. Einlagenhöhe gemäß Vertrag. Auch Sacheinlagen, Rechtswerte (z. B. Patente) und Dienste möglich; ohne Vereinbarung gleiche Beiträge aller Gesellschafter.
- Einlagen werden gemeinsames Vermögen („Vermögen zur gesamten Hand"). Keine Einzelverfügung mehr über den eigenen Anteil möglich! Aber Buchung auf getrennten Konten.

Geschäftsführung

- **Einzelgeschäftsführungsbefugnis:** Jeder Gesellschafter ist allein zur Geschäftsführung berechtigt (und verpflichtet! Das HGB verlangt Mitarbeit!). Dies gilt aber nur für Handlungen, die der Betrieb gewöhnlich mit sich bringt, und wenn kein anderer geschäftsführender Gesellschafter widerspricht. Außergewöhnliche Geschäfte bedürfen der Zustimmung aller Gesellschafter (die Bestellung von Prokuristen aller geschäftsführenden Gesellschafter).
- Vertraglich können Gesellschafter von der Geschäftsführung ausgeschlossen werden. Sie haben dann aber ein umfassendes Kontrollrecht (z. B. Einsicht in alle Bücher und Unterlagen).
- Vertraglich kann auch vereinbart werden, dass die geschäftsführenden Gesellschafter nur zusammen handeln können (Gesamtgeschäftsführungsbefugnis).

Vertretung

- **Einzelvertretungsbefugis:** unbegrenzt, keine Trennung von gewöhnlichen und außergewöhnlichen Geschäften. Vom einzelnen Gesellschafter geschlossene Verträge binden.
- Andere Regelungen sind möglich (z. B. **Gesamtvertretung** gemeinsam durch alle Gesellschafter oder Ausschluss Einzelner von der Vertretungsmacht), erfordern aber Eintragung ins Handelsregister.

Gewinn- und Verlustverteilung

- Bei ausreichendem Gewinn erhält jeder Gesellschafter zunächst 4 % auf seinen Kapitalanteil. Der Gewinnrest wird nach Köpfen aufgeteilt. Der Gesellschaftsvertrag sieht oft andere Regelungen vor.

Beispiel: Gewinnverteilung (Jahresgewinn = 79 000,00 EUR)

Gesellschafter	Kapital (EUR)	4 % vom Kapitalanteil (EUR)	Rest nach Köpfen (EUR)	Gewinnanteil (EUR)
A	100 000,00	4 000,00	21 000,00	25 000,00
B	80 000,00	3 200,00	21 000,00	24 200,00
C	220 000,00	8 800,00	21 000,00	29 800,00
Summe	400 000,00	16 000,00	63 000,00	79 000,00

- Der Gewinnanteil wird dem einzelnen Kapitalkonto gutgeschrieben. Er mehrt die Einlage.
- Jährliche Privatentnahmen sind jederzeit bis zu 4 % des Kapitalanteils möglich (auch bei Verlust). Ein 4 % übersteigender Gewinnanteil kann ebenfalls entnommen werden.
- Ein Jahresverlust wird (anders als der Gewinn) nach Köpfen aufgeteilt. Jedem Kapitalkonto wird sein Verlustanteil belastet. Die Gesellschaftsverträge sehen oft andere Verteilungen vor.

Haftung für die Schulden der Gesellschaft

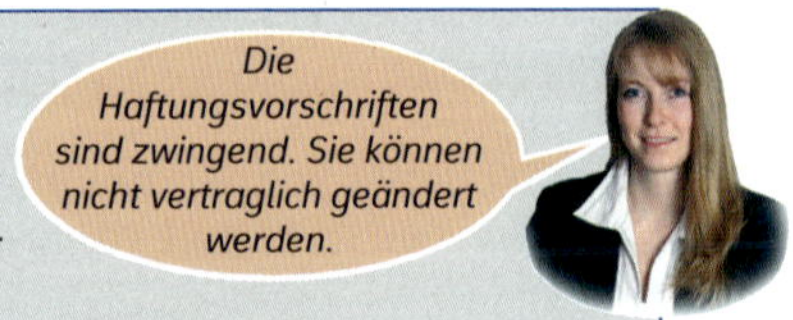

Jeder Gesellschafter haftet für die Schulden der Gesellschaft

- **unbeschränkt** mit seinem gesamten Vermögen,
- **gesamtschuldnerisch** für die gesamten Schulden der Gesellschaft; also Mithaftung für alle Gesellschafter,
- **unmittelbar** (der Gläubiger kann seine Forderung an die Gesellschaft, aber auch unmittelbar an einen oder mehrere Gesellschafter richten). Betroffene Gesellschafter haben gegenüber den anderen einen Ausgleichsanspruch.
- Wer in eine bestehende OHG eintritt, haftet gegenüber Dritten auch für bestehende Schulden.
- Wer austritt, haftet noch 5 Jahre für die beim Austritt vorhandenen Schulden.

Besteuerung

- Der Gewinnanteil ist Einkommen des Gesellschafters. Ist der Gesellschafter z. B. eine natürliche Person, wird sein Gewinnanteil in seiner gesamten Höhe tariflich mit Einkommensteuer (ESt.) belegt.
- Die Gewerbesteuer wird wie auf Seite 46 berechnet und im Verhältnis der Einlagen auf die Kapitalkonten verteilt.

Pflicht zur Offenlegung und Prüfung des Jahresabschlusses

Nur,wenn zwei der folgenden Merkmale erfüllt sind: Bilanzsumme > 65 Mio. EUR, Umsatzerlöse > 130 Mio. EUR, Zahl der Arbeitnehmer > 5000 (Publizitätsgesetz). Vorschriften siehe AG (vgl. Seite 71).

Mitbestimmung der Arbeitnehmer

Kein Aufsichtsrat, keine Mitbestimmung

Auflösung der Gesellschaft

- durch Zeitablauf; Beschluss der Gesellschafter; gerichtliche Entscheidung aus wichtigem Grund (z. B. grobe Pflichtverletzung eines Gesellschafters); Eröffnung des Insolvenzverfahrens. Das Gesellschaftsvermögen wird in Geld umgesetzt; Schulden werden bezahlt; ein verbleibender Erlös wird im Verhältnis der Kapitalanteile aufgeteilt.
- Tod oder Kündigung eines Gesellschafters lösen die OHG nicht auf. Kündigungsfrist: mangels anderer Abmachungsechs Monate zum Ende des Geschäftsjahres. Der Gesellschafter bzw. seine Erben sind mit den Anteilen abzufinden, die sie bei Auflösung der OHG erhalten würden.

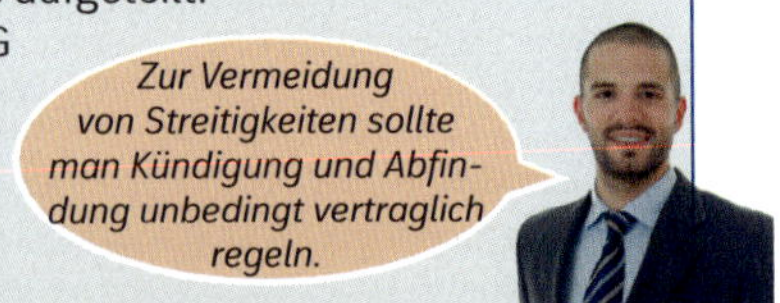

Konkurrenzverbot (Wettbewerbsverbot)

Kein Gesellschafterdarf ohne Einwilligung der anderen in derselben Branche eigene Geschäfte machen oder sich als persönlich haftender Gesellschafter beteiligen. Tut er es dennoch, die Mitgesellschafter ein Schadensersatzrecht gegen ihn. Sie können ihn aus der OHG ausschließen.

Die OHG wurde aus der GbR abgeleitet und weist große Ähnlichkeiten mit ihr auf. Sie berücksichtigt jedoch die Belange gewerblicher Unternehmen besser:

- Einzelgeschäftsführungs- und Einzelvertretungsbefugnis,
- Berücksichtigung der Kapitaleinlage bei der Gewinnverteilung,
- Nichtauflösung der Gesellschaft bei Tod und Kündigung.

Die OHG erfordert den vollen Einsatz der Gesellschafter und ein großes Vertrauen untereinander. Sie ist leicht zu gründen, weil ein Mindestkapital nicht vorgeschrieben ist. Die Vollhaftung der Gesellschafter fördert ihre Kreditwürdigkeit. Sie ist aus diesen Gründen für kleinere und mittlere Unternehmen besonders geeignet.

7.10.3 Kommanditgesellschaft (KG)

Der alte Einzelunternehmer Franz Weiß hat drei Kinder: Ein Sohn ist Prokurist im Geschäft, ein Sohn ist Arzt mit eigener Praxis, eine Tochter ist Geologin. Weiß möchte das Unternehmen an seine Kinder vererben. Die Umwandlung in eine OHG wäre jedoch ungünstig: Der Mediziner und die Geologin sind geschäftsunkundig und möchten auch nicht mit ihrem ganzen Vermögen für ein Geschäft haften, das sie nicht führen können. Hier bietet sich die Rechtsform der KG an.

Die KG ist wie die OHG eine Gesellschaft, die unter gemeinsamer Firma ein Handelsgewerbe betreibt. Mindestens ein Gesellschafter ist Vollhafter (Komplementär) – wie bei der OHG – und mindestens ein Gesellschafter Teilhafter (Kommanditist). Teilhafter haften für die Schulden der KG nur mit der Haftsumme, einem festen Einlagenbetrag, der ins Handelsregister eingetragen wird.

Gesellschafter können z. B. natürliche oder juristische Personen oder auch Handelsgesellschaften sein (z. B. Mauer GmbH & Klein KG; Mauer GmbH & Co. KG).

Merkmale der KG gemäß *§§ 161–177a HGB*

Den Gesetzestext finden Sie unter *www.gesetze-im-internet.de/hgb.*

Gründung

Wie die OHG. Die Firma muss den Zusatz „Kommanditgesellschaft" oder „KG" enthalten. Sie darf auch Namen von Teilhaftern enthalten.

Eigenkapital

Wie die OHG. Die Kommanditeinlagen (die Pflichteinlagen der Teilhafter) sind Festbeträge (konstantes Kapital). Im Zweifel entsprechen sie der im Handelsregister eingetragenen Haftsumme. Sie können aber auch davon abweichen. (Jede Änderung der Haftsumme ist ebenfalls einzutragen.)

Geschäftsführung und Vertretung

- **Vollhafter (Komplementäre):** Recht auf Geschäftsführung und Vertretung wie bei der OHG.
- **Teilhafter (Kommanditisten):**
  - Kein Recht auf Geschäftsführung und Vertretung (zwingende Vorschrift!). Keine Pflicht zur Mitarbeit. Teilhafter können aber Prokuristen werden. Entgegen § 52 HGB kann ihnen die Prokura dann nur aus wichtigem Grund entzogen werden.
  - Widerspruchsrecht bei außergewöhnlichen Geschäften und Informationsrecht (am Jahresende Recht auf Abschrift der Bilanz und auf Prüfung der Bücher).

Gewinn- und Verlustverteilung

- Bei ausreichendem Gewinn erhält jeder Gesellschafter zunächst 4 % auf seinen Kapitalanteil. Der Gewinnrest wird „in angemessenem Verhältnis" zwischen Voll- und Teilhaftern verteilt.
- Ein Verlust wird ebenfalls „in angemessenem Verhältnis" verteilt (Teilhafter: nur bis zur Höhe ihrer Einlage).

Um Streitigkeiten zu vermeiden, sollten im Gesellschaftsvertrag genaue Abmachungen erfolgen. Teilhafter haben kein Recht auf Privatentnahmen. Nicht entnommene Gewinne wachsen der Kommanditeinlage auch nicht zu, sondern sind Verbindlichkeiten (Schulden) der KG.

Haftung für die Schulden der Gesellschaft

- **Vollhafter:** Wie bei der OHG.
- **Teilhafter:** auf den Teil der Einlage beschränkt, der im Handelsregister als Haftsumme eingetragen ist; gesamtschuldnerisch; unmittelbar nur mit dem Teil der Haftsumme, der ggf. noch noch nicht eingezahlt ist.

Besteuerung

Wie bei der OHG.

Pflicht zur Offenlegung und Prüfung des Jahresabschlusses

Wie bei der OHG.

ERSTER ABSCHNITT

Mitbestimmung der Arbeitnehmer
Kein Aufsichtsrat, keine Mitbestimmung.

Auflösung der Gesellschaft
Wie bei der OHG. Besonderheit: Beim Tod eines Teilhafters treten seine Erben an seine Stelle.

Konkurrenzverbot (Wettbewerbsverbot)
Vollhafter: wie bei der OHG.
Teilhafter: kein Konkurrenzverbot. Aber Treuepflicht: Sie dürfen nichts unternehmen, was die KG direkt schädigt.

Vollhaftern ermöglicht die Aufnahme von Kommanditisten die Finanzierung mit Eigenkapital, ohne dem Geldgeber Einfluss auf die Leitung einzuräumen und ohne den Betrieb mit festen Zinsen zu belasten.

Für den **Kommanditisten** kann es angenehm sein, sich an der Gesellschaft zu beteiligen, ohne Arbeitskraft einzusetzen und voll zu haften. Andererseits ist jedoch das Risiko ziemlich groß. Deshalb sind erhebliche Gewinnerwartungen notwendig, um Kommanditeinlagen zu erhalten.

Die KG eignet sich deshalb ihrer Struktur nach besonders für **Familiengesellschaften**. Ein Vater nimmt z. B. ein Kind als vollberechtigten Partner auf; die übrigen Kinder werden Kommanditisten.

7.10.4 Stille Gesellschaft

Die Firma Friedhelm Bach e. K. braucht dringend eine „Finanzspritze". Zwar laufen die Geschäfte gut, aber gerade deshalb müsste der Geschäftsumfangerweitert werden. Herr Bach könnte einen Kredit oder einen Gesellschafter aufnehmen. Er überlegt:

Nachteile des Kredits:	Vorteile eines Gesellschafters:
• Er kostet Zinsen. • Er haftet nicht. • Er muss zurückgezahlt werden.	• Er nimmt am Verlust teil. • Er haftet. • Er verlangt keine Rückzahlung der Einlage.
Vorteile eines Kredits	**Nachteile eines Gesellschafters:**
• Er bewirkt keine Mitbestimmung anderer Personen. • Die Zinsen sind Aufwendungen und wirken steuermindernd.	• Er will über die Geschäfte der Gesellschaft mitbestimmen. • Er nimmt am unversteuerten Gewinn teil.

Aber Herr Bach findet noch einen anderen Weg, der einen gewissen Kompromiss zwischen den Vor- und Nachteilen darstellt: Sein Freund Dieter Spranger bietet sich als stiller Teilhaber an.

Einzelkaufleute und Handelsgesellschaften können stille Gesellschafter aufnehmen.

Die stille Gesellschaft (§§ 230–236 HGB[1]) trägt ihren Namen, weil sie nach außen gar nicht zu erkennen ist. Sie ist sozusagen eine **Innengesellschaft**:
Der Namen des stillen Gesellschafters und seine Einlage werden nicht ins Handelsregister eingetragen; die Firma bleibt unverändert,

- die stille Einlage geht in das Vermögen des Geschäftsinhabers über,
- der stille Gesellschafter hat keine Geschäftsführungs- und Vertretungsbefugnis, kein Widerspruchsrecht, kein Recht auf Privatentnahmen, kein Konkurrenzverbot,
- er kann lediglich die Jahresbilanz anhand der Geschäftsbücher prüfen,
- er haftet für die Schulden der Gesellschaft nur mit seiner Einlage,
- er ist „angemessen" (Gesellschaftsvertrag!) am Gewinn und Verlust zu beteiligen.

[1] Den Gesetzestext finden Sie unter www.gesetze-im-internet.de/hgb.

- Eine Verlustbeteiligung kann ausgeschlossen werden.
- Im Insolvenzverfahren kann der Teil der Einlage, der den Verlustanteil übersteigt, als Forderung geltend gemacht werden. So wird die Einlage eine Art Darlehen mit Gewinnbeteiligung.
- Die Kündigung erfolgt wie bei der OHG. Der Tod des stillen Gesellschafters löst die Gesellschaft nicht auf; die Einlage wird vererbt.

Die stille Gesellschaft ist keine Handelsgesellschaft, sondern eine „unvollkommene Gesellschaft", weil nur der tätige Teilhaber ein Handelsgewerbe betreibt.

Arbeitsaufträge

1. **Der Umsatz des Einzelunternehmers Axel Feist hat sich so vergrößert, dass der Inhaber es für zweckmäßig hält, den Betrieb zu erweitern. Sein technischer Mitarbeiter, Herr**

I. Herr Feist nimmt Herrn Düren als Gesellschafter in sein Unternehmen auf. Die hierdurch entstandene OHG wird unter der Firmenbezeichnung „Axel Feist" weitergeführt.

II. Herr Feist bringt in die OHG seinen Betrieb ein, und zwar so, wie er bis zum 31. Dez. 09 geführt wurde. Der Einbringung wird die berichtigte Bilanz zum 31. Dez. 09 zugrunde gelegt. Das darin ausgewiesene Eigenkapital beträgt 480 000,00 EUR. Herr Düren bringt sein Grundstück Jahnstr. 12 ein. Der Wert wird mit 178 000,00 EUR festgelegt. Außerdem leistet Herr Düren eine Bareinlage von 132 000,00 EUR. Er haftet nicht für die bisherigen Verbindlichkeiten der Firma „Axel Feist".

III. Die OHG beginnt am 1. Jan. 10. Sie soll zunächst bis zum 31. Dez. 20 bestehen. Das Gesellschaftsverhältnis verlängert sich anschließend jeweils um 1 Jahr, wenn es nicht von einem der beiden Gesellschafter mit neunmonatiger Frist gekündigt wird.

IV. Kündigt ein Gesellschafter, so ist der andere berechtigt, das Unternehmen zu übernehmen und unter der bisherigen Firma weiterzuführen.

V. Für die Gewinn- und Verlustverteilung sowie für die Verzinsung der Privatentnahmen und ausstehenden Einlagen gelten die gesetzlichen Bestimmungen.

a) Ist die vorgesehene Firma der Gesellschaft zulässig?
b) Welche Form erfordert dieser Gesellschaftsvertrag? Welche Form ist zweckmäßig?
c) Hat die Eintragung ins Handelsregister hier deklaratorische oder konstitutive Bedeutung?
d) Herr Düren ist kaufmännisch nicht vorgebildet. Machen Sie ihm den Unterschied zwischen der beschränkten und der unbeschränkten Haftung klar.
e) Geben Sie weitere Erläuterungen zur Haftung der beiden Gesellschafter.
f) Kann Herr Düren im Gesellschaftsvertrag die Haftung für die bei seinem Eintritt in die Gesellschaft bestehenden Verbindlichkeiten ausschließen? Nehmen Sie hierzu Stellung.
g) Das eingebrachte Grundstück geht in das Gesellschaftsvermögen ein. Welche rechtlichen Konsequenzen ergeben sich daraus für Herrn Düren?
h) Warum soll das Geschäft beim Ausscheiden eines Gesellschafters von dem anderen übernommen werden?
i) Herr Düren, der von Buchführung nichts versteht, überlässt Herrn Feist die Aufstellung der Bilanz zum Ende des ersten Geschäftsjahrs. Haftet er trotzdem für die Richtigkeit der Bilanz?
j) Im Jahre 10 werden folgende Privatentnahmen vorgenommen:
Herr Feist 1 500,00 EUR, Herr Düren 800,00 EUR, jeweils am Monatsende.
Der Jahresgewinn für das Jahr 10 beträgt laut Gewinn- und Verlustrechnung 105 000,00 EUR. Stellen Sie die Gewinnverteilungstabelle für das Jahr 10 auf.
k) Welche weiteren Punkte sollten nach Ihrer Ansicht noch im Gesellschaftsvertrag eingehend geregelt werden?

2. **Herr Feist und Herr Düren (siehe Arbeitsauftrag 1) nehmen nach Ablauf von zwei Jahren noch einen stillen Gesellschafter in ihre OHG auf. Er bringt 100 000,00 EUR ein.**
   a) Welche Gründe könnten dazu führen, dass dieses Kapital nicht über einen Bankkredit beschafft wird?
   b) Ist der stille Gesellschafter am Vermögenszuwachs der Gesellschaft beteiligt?

3. **Sieben Jahre nach der Gründung der OHG verstirbt Herr Feist (siehe Arbeitsauftrag 1). Die Gesellschafter hatten im Gesellschaftsvertrag unter anderem festgelegt, dass beim Tode eines Gesellschafters dessen Erben Kommanditisten werden sollen. Bei Herrn Feist sind dies seine Ehefrau und seine beiden Söhne.**
   a) Erläutern Sie den Sinn der genannten Bestimmung.
   b) Erläutern Sie, welche Änderungen sich durch den Tod von Herrn Feist ergeben
      - in der Haftung für die Verbindlichkeiten des Unternehmens,
      - im Recht auf Geschäftsführung und Vertretung,
      - bei der Gewinnverteilung.

4. **Auf Seite 62 ist der Gesellschaftsvertrag einer OHG abgebildet. Die Gesellschafter nehmen zum 01.01.20.. Gabi Berner als Kommanditistin mit einer Pflichteinlage von 500 000,00 EUR – davon 300 000,00 EUR Haftsumme – auf. Als Gewinnanteil werden 8 % auf die Einlage vereinbart. Für den Fall der Kündigung der Kommanditistin sollen entsprechende Regelungen wie bisher gelten.**
   a) Setzen Sie den Gesellschaftsvertrag der KG auf.
   b) Welche Meldungen sind hinsichtlich der KG vorzunehmen?

7.11 Kapitalgesellschaften (Kapitalvereine)

7.11.1 Aktiengesellschaft (AG)

Die AG ist eine Handelsgesellschaft, deren Grundkapital in Aktien zerlegt ist. Sie ist juristische Person und haftet gegenüber Dritten nur mit ihrem Vermögen. Jeder Aktionär haftet also nur in Höhe seiner Aktienbeteiligung.

Wollen Sie Miteigentümer bei Gerber werden? Dann geben Sie Ihrer Bank einen Kaufauftrag über Aktien. Sie wird diese an der Börse für Sie kaufen. Am nächsten Tag gehört Ihnen vielleicht schon ein kleiner Teil von einem großen Unternehmen.

Web
M 68

ISIN DE0006541235 Stück 1

Gerber Motorenwerke

Nr. 675934

Der Inhaber dieser Stammaktie ist mit Einem EURO an der Gerber Motorenwerke Aktiengesellschaft, Essen, nach Maßgabe der Satzung als Aktionär beteiligt.

Eine Aktie

Essen, im April 2001

Gerber Motorenwerke Aktiengesellschaft

Der Aufsichtsrat — Dr. Peters

Der Vorstand — Fischer

Wolf
Kontrollunterschrift

Aktie

Allerdings: Diese Stammaktie mit einem Nennwert von 1,00 EUR wird zurzeit zu einem Kurs von 12,40 EUR gehandelt.

Die AG ist die wichtigste Rechtsform für das **Großunternehmen**. Sie nahm ihren Aufschwung im 19. Jahrhundert, als in der Zeit der großen Industrialisierung wenige Personen das notwendige Kapital für die großen Schifffahrts-, Eisenbahn-, Industrieunternehmen, Versicherungen usw. nicht mehr aufbringen konnten. Man sammelte deshalb über die Banken von vielen (oft zigtausend) Personen Kapital und gab ihnen dafür Anteilsscheine (Aktien, siehe auch Datei *Aktienarten*) an dem zu gründenden Unternehmen. Jeder Aktionär (Aktieneigentümer) ist folglich Miteigentümer seiner AG.

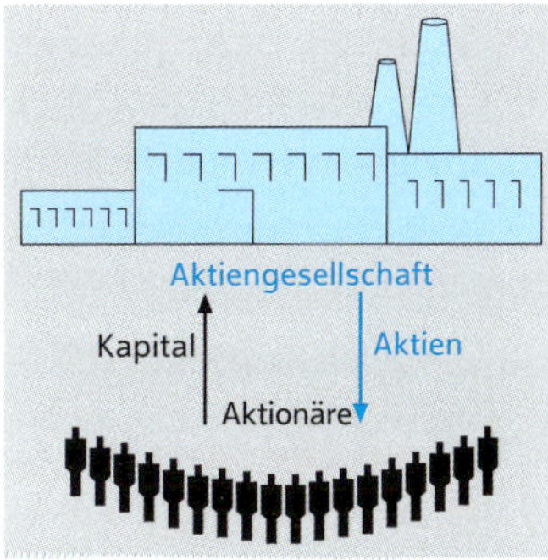

Web
M 69

Bei der Gründung der AG ist das **Grundkapital** festzulegen. Dieses ist ein fester Betrag; es ist also konstantes Kapital – wie eine Kommanditeinlage. Es muss mindestens 50 000,00 EUR betragen. Jede Aktie ist ein fester Bruchteil des Grundkapitals. Der Bruchteilswert darf 1,00 EUR nicht unterschreiten. (Bei einem Grundkapital von 50 000,00 EUR können folglich höchstens 50 000 Aktien ausgegeben werden.)

Der Aktionär kann seine Aktien verkaufen. Spezielle Märkte für den Aktienhandel sind die Effektenbörsen (Wertpapierbörsen). Dort bilden sich durch Angebot und Nachfrage Preise (sog. Kurse). Die Aktien von etwa 1 150 der rund 15 400 deutschen AGs sind zum Handel an Börsen zugelassen (börsennotierte AGs). Der Inhaber börsennotierter Aktien kann sich durch Verkauf also jederzeit Liquidität verschaffen.

Hinweis: Aktien sind Wertpapiere. Sie werden heutzutage nicht mehr als Urkunden (siehe Abb. oben) ausgegeben und sind nur noch Eigentumsrechte.

Die AG handelt durch **Organe**:

- **Hauptversammlung (HV):** Versammlung der Aktionäre. Sie wählt die Aktionärsvertreter des Aufsichtsrats nach den Mitbestimmungsregeln (siehe Übersicht „Merkmale der AG"); fasst grundsätzliche Beschlüsse (v. a. Verteilung des Bilanzgewinns, Satzungsänderungen – z. B. Erhöhung und Herabsetzung des Grundkapitals, Auflösung der AG, Bestellung von Prüfern, Entlastung von Vorstand und AR). Die Aktionäre üben ihr Stimmrecht gemäß ihrem Aktienanteil aus (je Aktie eine Stimme).

Wichtige Aktienmehrheiten:

- **75 % = qualifizierte Mehrheit** (erforderlich für Grundlagenbeschlüsse, Satzungsänderungen, Auflösung der AG)
- **50 % + 1 Aktie = einfache Mehrheit** (erforderlich für alle anderen Beschlüsse)
- **25 % + 1 Aktie = Sperrminorität** (erforderlich zur Verhinderung von unerwünschten Grundlagenbeschlüssen)

- **Aufsichtsrat[1] (AR):** Für vier Jahre gewählt. Er bestellt, überwacht und entlässt (nur aus wichtigem Grund!) den Vorstand; beschließt über die Feststellung (Billigung) des Jahresabschlusses; beruft eine außerordentliche HV ein. Zusammensetzung siehe Übersicht „Merkmale der AG".

[1] Aufsichtsräte sind nicht angestellt, sondern selbstständig tätig. Eine Person darf höchstens zehn Aufsichtsratsmandate ausüben.

- **Vorstand:** Für fünf Jahre bestellt; Angestellte/-r der AG; mindestens eine Person, bei AGs mit mehr als 3 Mio. EUR Grundkapital mindestens zwei Personen. Er leitet die AG; berichtet an den AR; erstellt den Jahresabschluss; beruft einmal im Jahr die ordentliche HV ein; beantragt das Insolvenzverfahren.

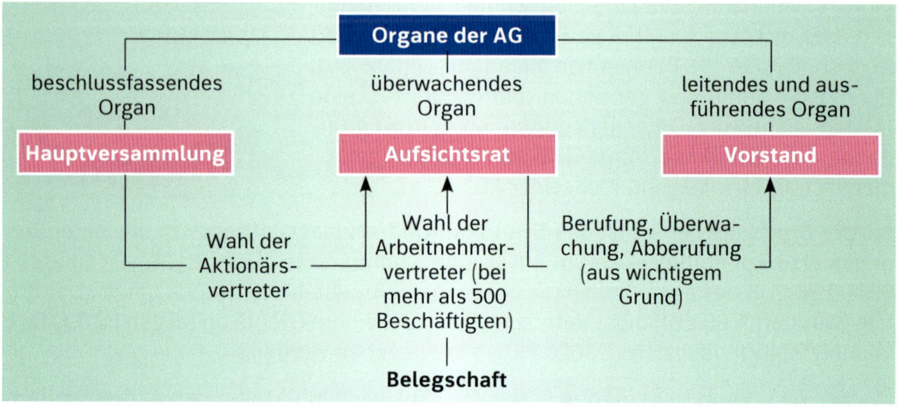

Merkmale der AG gemäß *Aktiengesetz (AktG)*

Den Gesetzestext finden Sie unter *www.gesetze-im-internet.de/aktg*.

Gründung

1. Aufstellung einer notariell beurkundeten Satzung durch die Gründer (eine oder mehrere Personen). **Firma:** Personen-, Sach- oder Fantasiefirma mit dem Zusatz „Aktiengesellschaft" oder „AG".
2. Die Gründer „übernehmen" alle Aktien (= Verpflichtung zur Einzahlung). Sie bestellen notariell beurkundet den ersten Aufsichtsrat und einen Abschlussprüfer für das erste Geschäftsjahr. Eine Gründungsprüfung ist z. B. bei Sachgründung (Einbringung von Sachwerten als Grundkapital) und Interessenkonflikten nötig. Der Aufsichtsrat bestellt den ersten Vorstand.
3. Alle Gründer, Vorstands- und Aufsichtsratsmitglieder melden die AG zum Handelsregister an. Durch die Eintragung entsteht die AG als juristische Person. Die Eintragung wird bekannt gemacht, die Aktienurkunden werden ausgegeben. Voraussetzung für die Anmeldung: Alle Sacheinlagen müssen voll, die Geldeinlagen zu mindestens 25 % jedes Aktienbruchteils geleistet sein.

Eigenkapital

Das gesamte Eigenkapital setzt sich zusammen aus

- **Grundkapital** (in der Bilanz „gezeichnetes Kapital" genannt; ist konstantes Kapital)
- **Kapitalrücklage** (besteht aus Zuzahlungen; Aktien werden z. B. meist zu einem höheren Betrag als ihrem Bruchteilswert ausgegeben. Die Differenz (Agio) wird Kapitalrücklage.)
- **Gewinnrücklagen** (Teile des Jahresüberschusses, die in das Eigenkapital eingestellt wurden: gesetzliche Rücklage[1] und freie Rücklagen)
- **Jahresüberschuss/-fehlbetrag**
- **Gewinn-/Verlustvortrag** (Gewinnrest/Verlust zur Verrechnung mit dem Ergebnis des Folgejahres)

Geschäftsführung und Vertretung

Vorstand: führt die Geschäfte in eigener Verantwortung (unabhängig von Weisungen der Aktionäre) und vertritt die AG nach außen unbeschränkbar. Wenn die Satzung nichts anderes vorsieht, liegt Gesamtgeschäftsführungsbefugnis vor. Sie kann z. B. durch Satzung oder HV beschränkt werden.

Gewinn- und Verlustverteilung

Bestimmt die Satzung nichts anderes, kann der Vorstand nach Einstellung der gesetzlichen Rücklage bis 50 % vom Rest des Jahresüberschusses in andere Gewinnrücklagen einstellen. Die HV kann weitere Rücklagen bilden. Der Rest wird als Dividende im Verhältnis der Aktienanteile ausgeschüttet. Verluste werden aus den Rücklagen gedeckt. Übersteigt der Verlust das Eigenkapital, liegt Überschuldung vor. Der Vorstand muss Insolvenz anmelden.

---

[1] Gesetzlich vorgeschriebene Mindestrücklage: 5 % des Jahresüberschusses, gemindert um einen Verlustvortrag aus dem Vorjahr, sind so lange einzustellen, bis die gesetzliche Rücklage und die Kapitalrücklage zusammen 10 % des Grundkapitals ausmachen.

Haftung für die Schulden der Gesellschaft

Die Haftung ist auf das Vermögen der AG beschränkt.

Besteuerung

- **Körperschaftsteuer:** 15 % vom Jahresüberschuss (Gewinn)
- **Kapitalertragsteuer** (Art der Einkommensteuer): 25 % vom ausgeschütteten Gewinn (Dividende)
- **Gewerbesteuer:** Vom Gewerbeertrag.

Pflicht zur Offenlegung und Prüfung des Jahresabschlusses

Jahresabschluss und Lagebericht sind im Bundesanzeiger zu veröffentlichen und zum Handelsregister einzureichen. Für kleine und mittelgroße AGs ist die Publizitätspflicht eingeschränkt. Abschlussprüfung fällt an (nicht bei kleinen AGs). Vorschriften hierzu: siehe Text unter der Tabelle.

Web M 71

Mitbestimmung der Arbeitnehmer

Bei über 500 Beschäftigten durch Arbeitnehmervertreter (AV) im *Aufsichtsrat*.

- **Drittelbeteiligungsgesetz** (bis 2 000 Arbeitnehmer): 1/3 der Aufsichtsratsmitglieder sind AV;
- **Mitbestimmungsgesetz:** Die Hälfte der Mitglieder sind AV. Der Vorsitzende ist Aktionärsvertreter. Er hat bei Stimmengleichheit im 2. Wahlgang ein doppeltes Stimmrecht;
- **Montanmitbestimmungsgesetz** (Bergbau- und Eisen-/Stahl-AGs mit mehr als 1 000 Arbeitnehmern): Die Hälfte der Mitglieder sind AV. Sie sind völlig gleichberechtigt.

Auflösung der Gesellschaft

Durch Ablauf der satzungsmäßigen Vertragsdauer; durch HV-Beschluss mit ¾-Mehrheit; durch Liquidation nach Abschluss eines Insolvenzverfahrens; durch Eröffnung des Insolvenzverfahrens.

Konkurrenzverbot (Wettbewerbsverbot)

Besteht für die Vorstandsmitglieder während ihrer Tätigkeit. Nicht für die Aktionäre.

Vorschriften zur Offenlegung und Prüfung des Jahresabschlusses:

§§ 267 und 267a HGB teilen die Kapitalgesellschaften – und damit die AGs – in Größenklassen ein: in kleinste, kleine, mittelgroße und große Gesellschaften. Die Zuordnung zu einer Größenklasse ist maßgeblich für den Umfang des Jahresabschlusses, die Pflicht zur Abschlussprüfung und das Ausmaß der Offenlegung.

Börsennotierte AGs gelten stets als große Gesellschaften (§ 267 Abs. HGB), ebenso Kreditinstitute (§ 340a HGB) und Versicherungen (§ 341a HGB), unabhängig von ihrer Rechtsform. Ansonsten gilt folgende Zuordnung, wenn in zwei aufeinanderfolgenden Jahren zwei der Merkmale *Bilanzsumme, Umsatzerlöse, Arbeitnehmer* vorliegen.

Größenklassen von Kapitalgesellschaften und gleichgestellten Gesellschaften (§ 267 HGB[1])				
Merkmale	**Kleinstgesellschaft**	**Kleine Gesellschaft**	**Mittelgroße Ges.**	**Große Gesellschaft**
Bilanzsumme	bis 350 000 EUR	bis 6 Mio. EUR	bis 20 Mio. EUR	über 20 Mio. EUR
Umsatzerlöse	bis 700 000 EUR	bis 12 Mio. EUR	bis 40 Mio. EUR	über 40 Mio. EUR
Arbeitnehmerzahl	bis 10	bis 50	bis 250	über 250
Erstellung (§ 264 HGB)				
Umfang	Bilanz, GuV-Rechn. (beide verkürzt)	Bilanz, GuV-Rechn. (bd. verkürzt), Anhang	Bilanz, GuV-Rechnung, Anhang, Lagebericht	
Prüfung (§ 316 HGB)				
Umfang	keine Prüfung		Bilanz, GuV-Rechnung, Anhang, Lagebericht	
Offenlegung (Publizitätspflicht) (§ 325 ff. HGB)				
Umfang	Bilanz, Anhang (verkürzt)		Bilanz, GuV.-Rechn. (bd. verkürzt), Anhang, Lagebericht	Bilanz, GuV.-Rechn., Anhang, Lagebericht
Form	Einreichung zum elektronischen Bundesanzeiger			
Frist	Unverzüglich nach Vorlage an die Gesellschafter, spätestens 12 Monate nach dem Abschlusstag (kapitalmarktorientierte Gesellschaften: 4 Monate)			

1 *www.gesetze-im-internet.de/hgb*; gleichgestellt sind vor allem die GmbH & Co. KG (vgl. S. 78) und die eG (§ 336 HGB).

Finanzierungsvorteile:
Die AG ist nach wie vor die typische Rechtsform für Großunternehmen. Die Aktien sind in der Regel klein gestückelt, das Haftungsrisiko des Aktionärs ist beschränkt. Börsennotierte Aktien können jederzeit ge- und verkauft werden. Dies sichert den großen AGs einen großen Anlegerkreis.

Die Hauptversammlung kann bei Kapitalbedarf eine **Erhöhung des Grundkapitals** beschließen. Durch Ausgabe neuer Aktien können dann von interessierten Anlegern Millionen, ja sogar Milliarden Euro eingesammelt werden.

Darüber hinaus können AGs **Anleihen** auflegen und so einfach große Mengen Fremdkapital erhalten. Dies geschieht oft im Umfang von mehreren 100 Mio. EUR.

Kosten:
Diesen Finanzierungsvorteilen stehen **hohe Kosten** gegenüber: für die Herausgabe der Aktien, für notarielle Beurkundungen, für Gründungs- und Abschlussprüfungen, für Aufsichtsräte, für die Einberufung und Durchführung von Hauptversammlungen, für die Offenlegung des Jahresabschlusses, ggf. für Börsenzulassungen und für die Erfüllung von Börsenpflichten.

Neben der AG nach deutschem Recht gibt es die **Europäische Aktiengesellschaft** (Societas Europaea, SE) nach EU-Recht. Sie bringt Vorteile für Gesellschaften mit mehreren Standorten in Europa.

7.11.2 Gesellschaft mit beschränkter Haftung (GmbH)

Die Bäcker Anita Steiger und Karl Rosenthal und der Kaufmann Matthias Hansen wollen eine Großbäckerei für Vollkorn-Backwaren gründen. Eines der zu lösenden Probleme ist die Wahl der optimalen Rechtsform. Einerseits wollen alle drei die Geschäfte führen. Dies wäre bei der OHG möglich. Andererseits wollen sie aber nicht mit ihrem gesamten Vermögen für die Schulden der Gesellschaft haften. Denn dies könnte im Fall der Zahlungsunfähigkeit ihre gesamte Existenz ruinieren. Sie denken deshalb an die Gründung einer GmbH, obwohl sie wissen, dass die eingeschränkte Haftung bei dieser Rechtsform mit zusätzlichen Kosten und Pflichten erkauft werden muss.

Die GmbH ist eine Handelsgesellschaft, deren Stammkapital in Stammeinlagen zerlegt ist. Sie ist juristische Person und haftet gegenüber Dritten nur mit ihrem Vermögen. Jeder Gesellschafter haftet also nur in Höhe seiner Einlage.

Die GmbH weist neben der beschränkten Haftung Ähnlichkeiten mit der AG auf:

- Die GmbH hat eine **Satzung**.
- Das **Stammkapital** ist konstant (wie Grundkapital); Mindestbetrag 25 000,00 EUR.
- Den Aktien der AG entsprechen **Stammeinlagen** der GmbH-Gesellschafter. Sie bestimmen den Umfang ihres Geschäftsanteils. Sie sind kein fester Bruchteil des Stammkapitals, sondern ihre Höhe kann frei vereinbart werden. Mindestbetrag: 1,00 EUR. Verbriefung in Urkunden, Veräußerung und Vererbung sind möglich. Veräußerung: durch Abtretung in notariell beurkundeter Form. Zur Erschwerung des Gesellschafterwechsels bindet die Satzung die Abtretung oft an die Genehmigung durch die GmbH.
- Die GmbH hat ähnliche **Organe** wie die AG. Ein Aufsichtsrat ist jedoch nur bei mehr als 500 Beschäftigten vorgeschrieben. Für seine Zusammensetzung gelten dann die Mitbestimmungsgesetze (siehe Seite 71).

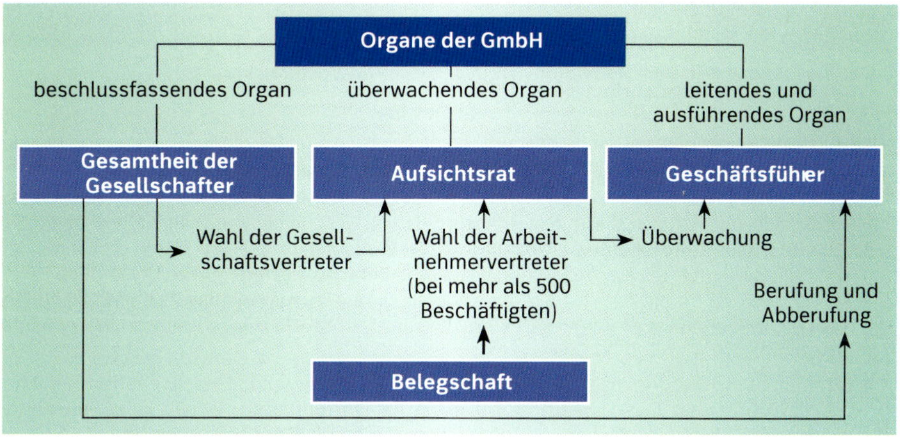

- **Gesamtheit der Gesellschafter:**
  GmbH-Gesellschafter haben eine wesentlich stärkere Stellung als Aktionäre. Sie können selbst ihre Aufgaben in der Satzung festlegen. Unterlassen sie dies, so nennt § 46 GmbHG insbesondere folgende Aufgaben:
  - Feststellung des Jahresabschlusses und Verwendung des Ergebnisses,
  - Teilung sowie Einziehung von Geschäftsanteilen,
  - Bestellung, Entlastung, Abberufung von Geschäftsführern,
  - Maßregeln zur Prüfung und Überwachung der Geschäftsführer,
  - Bestellung von Prokuristen und Generalhandlungsbevollmächtigten,
  - Geltendmachung von Ersatzansprüchen gegen Geschäftsführer/Mitgesellschafter,
  - Vertretung der GmbH in Prozessen gegen die Geschäftsführer.

  Beschlussfassung: in Gesellschafterversammlungen. Jeder Euro eines Geschäftsanteils gewährt eine Stimme.

- **Aufsichtsrat:**
  Für vier Jahre gewählt. Seine Aufgaben können weitgehend in der Satzung festgelegt werden. Ist dies nicht der Fall, so hat er im Wesentlichen folgende Aufgaben:
  - Er kann jederzeit von den Geschäftsführern einen Bericht über die Angelegenheiten der Gesellschaft verlangen.
  - Er kann die Bücher prüfen.
  - Er prüft den Jahresabschluss und Lagebericht.

- **Geschäftsführer:**
  Kleinere GmbHs: Die Gesellschafter bestellen sich i. d. R. selbst zu Geschäftsführern (sog. Personal-GmbH). Sie sind dann zugleich Unternehmer und Angestellte (und beziehen ein Gehalt).
  Größere GmbHs: Sie sind oft „Töchter" anderer Unternehmen. Die Muttergesellschaft setzt dann Nicht-Gesellschafter als Geschäftsführer ein (Kapital-GmbH).
  Bestellung der Geschäftsführer (mindestens eine Person) durch Satzung oder Gesellschafterbeschluss. Abberufung jederzeit möglich. Sie leiten die GmbH nach den Weisungen der Gesellschafter, stellen den Jahresabschluss auf und beantragen das Insolvenzverfahren. Sie haften der GmbH als Gesamtschuldner für Schäden aufgrund von Pflichtverletzungen.

Merkmale der GmbH gemäß *GmbH-Gesetz (GmbHG)*

Den Gesetzestext finden Sie unter *www.gesetze-im-internet.de/gmbhg*.

Gründung

1. Aufstellung einer notariell beurkundeten Satzung durch die Gründer (eine oder mehrere Personen). Firma: Personen-, Sach- oder Fantasiefirma mit dem Zusatz „Gesellschaft mit beschränkter Haftung" oder "GmbH". Hat die GmbH nur einen Gesellschafter, liegt eine Ein-Mann-GmbH vor.
2. Die Gründer übernehmen alle Stammeinlagen; bestellen Geschäftsführer. Keine Gründungsprüfung.
3. Alle Geschäftsführer melden die GmbH zum Handelsregister an. Erst durch die Eintragung entsteht die GmbH als Kaufmann und juristische Person. Eintragung wird bekannt gemacht. Voraussetzung für die Anmeldung: Jede Stammeinlage zu mindestens 25% eingezahlt (soweit nicht Sacheinlagen vereinbart sind). Gesamtbetrag aller eingebrachten Stammeinlagen mindestens 12 500,00 EUR.
4. Vereinfachte Gründung möglich, wenn die GmbH höchstens drei Gesellschafter und einen Geschäftsführer hat. Das Musterprotokoll in der Anlage zum GmbH-Gesetz ist zu verwenden. Weitere vom Gesetz abweichene Bestimmungen dürfen nicht getroffen werden.

Eigenkapital

Das gesamte Eigenkapital setzt sich zusammen aus

- **Stammkapital** (in der Bilanz „gezeichnetes Kapital" genannt; ist konstantes Kapital)
- **Kapitalrücklage**
- **Gewinnrücklagen** (keine gesetzliche Rücklage!)
- **Jahresüberschuss/-fehlbetrag**
- **Gewinn-/Verlustvortrag**

Die Satzung kann eine betragsmäßig beschränkte oder unbeschränkte **Nachschusspflicht** (Nachzahlungspflicht) vorsehen. (Vorsicht bei Eintritt in eine bestehende GmbH!) Die Nachschüsse gehen in die Kapitalrücklage ein. Von der unbeschränkten Nachschusspflicht kann ein Gesellschafter sich nur befreien, indem er auf seinen Geschäftsanteil zugunsten der GmbH verzichtet (Abandonrecht).
Wie bei der AG kann das gezeichnete Kapital durch **Kapitalerhöhung** geändert werden. Dafür sind von den bisherigen oder neuen Gesellschaftern zusätzliche Stammeinlagen zu leisten.

Geschäftsführung und Vertretung

Die Geschäftsführer führen die Geschäfte; anders als der Vorstand der AG nicht in eigener Verantwortung, sondern im Rahmen von Recht und Satzung nach den Weisungen der Gesellschafter. Wenn die Satzung nichts anderes vorsieht, handelt es sich um Gesamtgeschäftsführungsbefugnis. Es ist zweckmäßig, den Umfang ihrer Aufgaben im Dienstvertrag genau festzulegen.
Die Geschäftsführer vertreten die GmbH nach außen unbeschränkbar. Im Innenverhältnis sind Beschränkungen durch Satzung oder Gesellschafterbeschlüsse möglich.

Gewinn- und Verlustverteilung

Die Gesellschafter können Teile des Jahresüberschusses in die Gewinnrücklagen einstellen. Gewinn- und Verlustrückstellungen werden verrechnet. Der Rest wird im Verhältnis der Geschäftsanteile ausgeschüttet. Verluste werden aus den Rücklagen gedeckt. Übersteigt der Verlust das Eigenkapital, liegt Überschuldung vor. Die Geschäftsführer müssen dann Insolvenz anmelden.

Haftung für die Schulden der Gesellschaft

Die Haftung ist auf das Vermögen der GmbH beschränkt.

Besteuerung

- **Körperschaftsteuer:** 15 % vom Jahresüberschuss (Gewinn)
- **Kapitalertragsteuer** (Art der Einkommensteuer): 25 % vom ausgeschütteten Gewinn
- **Gewerbesteuer:** Vom Gewerbeertrag.

Pflicht zur Offenlegung und Prüfung des Jahresabschlusses

Der Jahresabschluss und ein Lagebericht sind im Bundesanzeiger zu veröffentlichen und zum Handelsregister einzureichen. Für kleine und mittelgroße GmbHs ist die Publizitätspflicht eingeschränkt. Abschlussprüfung fällt an (nicht für kleine GmbHs). Vorschriften wie bei der AG (siehe S. 71).

Mitbestimmung der Arbeitnehmer (AN)

Bei über 500 Beschäftigten durch Arbeitnehmervertreter (AV) im *Aufsichtsrat*

M 75

Web

- **Drittelbeteiligungsgesetz** (bis 2 000 AN): ⅓ der Aufsichtsratsmitglieder sind AV;
- **Mitbestimmungsgesetz** (mehr als 2 000 AN): Die Hälfte der Mitglieder sind AV. Der Vorsitzende ist Gesellschaftervertreter. Er hat bei Stimmengleichheit im 2. Wahlgang ein doppeltes Stimmrecht;
- **Montanmitbestimmungsgesetz** (Bergbau- und Eisen-/Stahl-GmbHs mit mehr als 1 000 AN): Die Hälfte der Mitglieder sind AV. Sie sind völlig gleichberechtigt.

Auflösung der Gesellschaft

Durch Ablauf der satzungsmäßigen Vertragsdauer; durch Gesellschafterbeschluss mit ¾-Mehrheit heit; durch Liquidation nach Abschluss eines Insolvenzverfahrens; durch Eröffnung des Insolvenzverfahrens.

Konkurrenzverbot (Wettbewerbsverbot)

- **Geschäftsführer:** Ergibt sich aus der Treuepflicht von Arbeitnehmern.
- **Gesellschafter:** Keine Regelung im GmbHG. Wird in der Regel vertraglich vereinbart.

Man trifft die GmbH häufig als Familien-GmbH oder als Ein-Mann-GmbH an. Aber auch sonst ist sie die häufigste Rechtsform für mittelständische Unternehmen, denn:

- Die Gründung ist mit wenig Kapital möglich.
- Die Haftung ist auf das Gesellschaftsvermögen beschränkt.
- Die Gesellschafter haben sehr weitgehende Handlungsfreiheit.
- Die Gründungs- und Verwaltungskosten sind niedriger als bei der AG.
- Die Gesellschaft endet nicht beim Tod oder Ausscheiden einzelner Gesellschafter.

Wer eine GmbH gründet, sollte sich allerdings folgender **Risiken** bewusst sein:

- Die GmbH ist wegen der Haftungsbeschränkung vergleichsweise wenig kreditwürdig.
- Die Banken sichern sich bei Krediten an eine GmbH regelmäßig ab, indem sie mit den Gesellschaftern zusätzlich deren persönliche Haftung vereinbaren.
- In bestimmten Fällen sieht die Rechtsprechung eine **Durchgriffshaftung** auf das Gesamtvermögen des/der Gesellschafter(s) vor:
  - wenn die Gesellschafter die GmbH mit zu wenig Kapital ausstatten (Unterkapitalisierung) oder ihr zu viel Kapital entziehen (z. B. durch hohe Gewinnausschüttung),
  - wenn der Gesellschafter einer Ein-Mann-GmbH als Geschäftsführer Pflichtverletzungen begeht (z. B. eine Insolvenz nicht rechtzeitig anmeldet).

Für die GmbH gelten die gleichen größenklassenabhängigen Prüfungs- und Offenlegungspflichten wie für die AG (siehe Seite 71).

Zur Erleichterung von Existenzgründungen hat der Gesetzgeber 2008 eine Sonderform der GmbH geschaffen: die **haftungsbeschränkte Unternehmergesellschaft** (oft auch „Mini-GmbH“) genannt. Sie gestattet Unternehmensgründungen mit kleinsten Kapitalbeträgen unter Ausschluss der persönlichen Haftung.

Untemehmergesellschaft (haftungsbeschränkt) *(§ 5a GmbHG)*

Firma

Die Firma muss die Bezeichnung **Unternehmergesellschaft (haftungsbeschränkt)** oder **UG (haftungsbeschränkt)** führen.

Kapital

Das Stammkapital muss mindestens 1,00 EUR je Gesellschafter betragen.

Gründung

Für die Gründung ist zwingend ein Musterprotokoll aus dem Anhang des GmbH-Gesetzes zu ververwenden. Es gibt zwei Gründungsvarianten:

- Gründung einer Einpersonengesellschaft,
- Gründung einer Gesellschaft mit bis zu drei Gesellschaftern mit einem Geschäftsführer.

Der Gesellschaftsvertrag muss notariell beurkundet werden. Die Anmeldung beim Handelsregister erfolgt durch den Notar. Die Eintragung beim Handelsregister erfolgt unverzüglich, auch wenn eine notwendige gewerberechtliche Genehmigung fehlt. Wird sie nicht binnen drei Monaten nachgereicht, ist die Eintragung vom Gericht zu löschen.

Durch die Verwendung des standardisierten Musterprotokolls sind die Gründungskosten erheblich niedriger als bei einer „normalen" GmbH. Die Anmeldung beim Handelsregister darf erst erfolgen, wenn das Stammkapital in voller Höhe eingezahlt ist. Sacheinlagen sind ausgeschlossen. Das Musterprotokoll sieht vor, dass die Gründer die Gründungskosten selbst tragen müssen, wenn diese das Kapital der Gesellschaft übersteigen.

Rücklagenbildung

Es ist eine gesetzliche Rücklage zu bilden, in die jährlich ein Viertel des um einen Verlustvortrag aus dem Vorjahr geminderten Jahresüberschusses einzustellen ist. Wenn die Rücklage in Stammkapital umgewandelt wird und dieses den Betrag von 25 000,00 EUR erreicht hat, entfällt die Pflicht zur Bildung weiterer Rücklagen. Der Firmenzusatz „UG haftungsbeschränkt" darf (nicht: muss) dann in „GmbH" geändert werden.

Steuerberater (Erstellung der Eröffnungsbilanz)	ca. 100,00 EUR
Notargebühren:	ca. 140,00 EUR
Gewerbeanmeldung:	30,00 EUR
Handelsregisteranmeldung:	150,00 EUR
	420,00 EUR
Firmenkonto:	5,00 EUR – 10,00 EUR monatlich
IHK-Beitrag:	120,00 EUR – 240,00 EUR pro Jahr

Wesentliche Nachteile der UG (haftungsbeschränkt) aufgrund des extrem niedrigen Eigenkapitals:

- Die Geschäftspartner verlangen auch bei kleinen Rechnungsbeträgen oft Vorkasse.
- Selbst bei niedrigen Schulden besteht ständig die Gefahr der Überschuldung. (Bei Überschuldung ist das Insolvenzverfahren zu beantragen.)

7.11.3 Kommanditgesellschaft auf Aktien

(§§ 278–289 AktG)

Die KGaA ist eine Kombination von Kommanditgesellschaft und Aktiengesellschaft. Mindestens ein *Komplementär* haftet gegenüber Dritten unbeschränkt. Anstelle der Kommanditisten gibt es *Kommanditaktionäre*. Sie sind an dem in Aktien zerlegten Grundkapital beteiligt, ohne persönlich für die Schulden der KGaA zu haften.

Für das Rechtsverhältnis der Komplementäre gelten die HGB-Vorschriften über die KG, im Übrigen die Vorschriften des Aktiengesetzes. Die Komplementäre haben kraft Gesetzes die Geschäftsführungs- und Vertretungsbefugnis. Anders als der Vorstand der AG werden sie nicht vom Aufsichtsrat bestellt und ggf. abberufen.

Die KGaA war früher sehr selten; sie nimmt jedoch allmählich zu. 2017 gab es in Deutschland mindestens 322 KGaAs. Die Rechtsform eignet sich vor allem für Familienunternehmen, die über die Ausgabe von Aktien einen großen Kapitalbedarf decken wollen. Die Familienmitglieder werden Vollhafter und behalten damit den entscheidenden Einfluss. Alternative: Eine GmbH oder AG, deren Gesellschafter/Aktionäre die Familienmitglieder sind, wird Vollhafter. So lässt sich sogar die persönliche Haftung ausschließen.

Die DAX-Unternehmen Henkel, Merck, Fresenius und Fresenius Medical Care sind KGaAs.

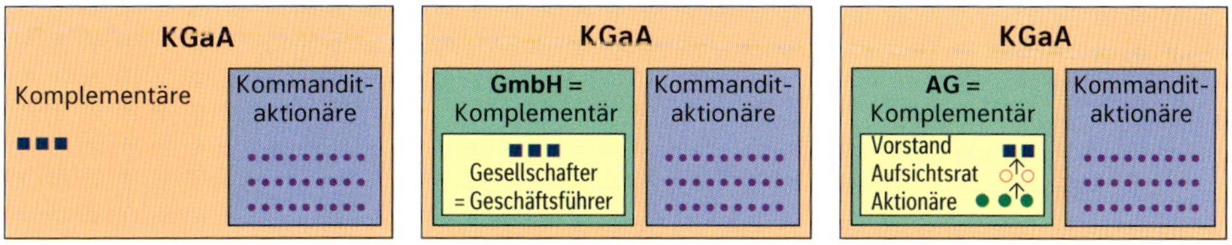

7.12 GmbH & Co. KG

Die Pumpenfabrik Quack GmbH & Co. KG ist eine Kommanditgesellschaft. Ihr Komplementär ist die Quack GmbH. Einziger Gesellschafter und zugleich Geschäftsführer der Quack GmbH ist Hubert Quack. Die rechtliche Konstruktion der GmbH & Co. KG gestattet es ihm, allein die Geschäfte zu führen und die Gesellschaft nach außen zu vertreten, ohne andererseits mit seinem privaten Vermögen für die Schulden der KG haften zu müssen. Hubert Quack ist zugleich Kommanditist. Kommanditisten sind auch seine Brüder Andreas und Hans, die lediglich ihr väterliches Erbteil im Unternehmen angelegt haben, ansonsten jedoch eine Anwaltspraxis betreiben. Sie haben kein Recht auf Geschäftsführung und Vertretung.

Bekanntlich kann auch eine juristische Person, z. B. eine GmbH oder eine AG, voll haftender Gesellschafter der KG sein. Wie das Beispiel zeigt, lassen sich so uneingeschränkte Geschäftsführung und beschränkte Haftung miteinander verbinden. Deshalb wird insbesondere die Rechtsform der GmbH & Co. KG häufig gewählt.

Beispiel: GmbH & Co. KG

Quack GmbH & Co. KG, Eigenkapital 315 000,00 EUR

Komplementär: Quack GmbH	Kommanditisten	
Stammkapital: 25 000,00 EUR; Rücklagen 40 000,00 EUR	- Hubert Quack:	250 000,00 EUR
Gesellschafter/Geschäftsführer: Hubert Quack	- Andreas Quack:	250 000,00 EUR
	- Hans Quack:	250 000,00 EUR

Das Beispiel zeigt eine Konstruktion, die der KGaA mit GmbH-Komplementär entspricht. Während die KGaA jedoch für Großunternehmen geeignet ist, wird die GmbH & Co. KG gern für kleine und mittlere Familienunternehmen gewählt.

Dabei lässt sich die **Arbeitnehmermitbestimmung** im Aufsichtsrat ausschalten: Man hält die Arbeitnehmerzahl der GmbH unter 500; dann ist kein Aufsichtsrat zu bilden.

Einschränkung: Wenn die GmbH & Co. KG mehr als 2000 Arbeitnehmer hat und die Mehrheit der Kommanditanteile zugleich die Mehrheit der GmbH-Anteile besitzt, werden die Arbeitnehmer der GmbH zugerechnet, und es ist ein Aufsichtsrat nach dem Mitbestimmungsgesetz zu bilden.

Hat allerdings die GmbH selbst mehr als 500 Arbeitnehmer, so unterbleibt die Zurechnung, und es ist nur ein Aufsichtsrat nach Betriebsverfassungsgesetz zu bilden.

Die **Prüfungs- und Offenlegungspflichten** für Kapitalgesellschaften (siehe S. 71) gelten auch für die GmbH & Co. KG, wenn die GmbH ihr einziger vollhaftender Gesellschafter ist (§ 264a HGB).

Arbeitsaufträge

1. **Auf Seite 68 finden Sie eine Karikatur zur Umwandlung eines Handwerksbetriebs in eine AG und zu einem beabsichtigten Börsengang.**
   a) Ist die angesprochene Umwandlung grundsätzlich möglich? Erläutern Sie die Voraussetzungen, an die sie geknüpft ist.
   b) Beurteilen Sie, ob die AG im vorliegenden Fall die geeignete Rechtsform ist.
   c) Informieren Sie sich im Internet über den Sachverhalt Börsenzulassung und beurteilen Sie die Chancen für eine solche Zulassung im vorliegenden Fall.

2. **Auf Seite 68 ist auch eine Aktie der Gerber Motorenwerke AG abgebildet. Nehmen wir an, Anita Kreuter habe ihrem Sohn Rainer nach bestandener Berufsabschlussprüfung 100 dieser Aktien geschenkt.**
   a) Wie kann R. Kreuter das Eigentum an den Aktien auf eine andere Person übertragen?
   b) Laut dem Text der Aktie handelt es sich um eine Stammaktie. Erläutern Sie diesen Begriff sowie die Rechte, die der Eigentümer der Aktie hat.
   c) Mit welchem Wert ist R. Kreuter insgesamt an der AG beteiligt?
   d) Wie wird die Summe aller Beteiligungswerte bezeichnet? Ist sie das Eigenkapital der AG?
   e) Die Gerber-Aktien sind an mehreren deutschen Börsen zum Handel zugelassen. An jeder Börse bilden sich aus Angebot und Nachfrage täglich Preise (Aktienkurse). In den Internetauftritten von Fachzeitungen und Banken kann man die Kursbildung laufend verfolgen (siehe z. B. *www.ing.de* unter *Investieren/Börsen+Märkte/Aktienindizes*). Zu welchem Kurs hätte R. Kreuter seine Aktien am 25. März (24. März) verkaufen können?

	25.03.	24.03.	52 Wo hoch	52 Wo tief
FBP Holding*	160,00 G	161,00 G	175,10	157,48
GarantSchuh VA°	70,50 b	71,20 b	74,00	68,45
Gerber*	12,40 b	12,35 b	13,29	12,10
Gesco*	17,55 G	17,50 G	24,08	16,00
Henkel St°	61,50 G	61,76 G	81,30	52,66

Erläuterungen: * Kurs in EUR f. Nennw. von 1,00 EUR/ ° Kurs in EUR f. nennwertlose Aktie/ b bezahlt. Unlimitierte und zum festgestellten Kurs limitierte Kaufaufträge voll erfüllt./ G Geld. Nur Nachfrage, kein Umsatz

   f) Wie erklären Sie es, dass der Börsenkurs erheblich vom Nennwert der Aktie abweicht?
   g) Die Kroll GmbH hat an Gerber eine Forderung von 10 000,00 EUR. Kann sie diese bei Zahlungsunfähigkeit von Gerber bei R. Kreuter eintreiben?

Rainer Kreuter findet in seiner Post die folgende Einladung zur Hauptversammlung (Auszug):

> ## Gerber Motorenwerke, Essen
>
> **Einladung zur Teilnahme an der Hauptversammlung**
> Wir laden Sie als Aktionär zu unserer diesjährigen ordentlichen Hauptversammlung ein für Dienstag, 2. April 20.., 10:00 Uhr
> in der Grugahalle, Norbertstr., 45131 Essen.
>
> **Tagesordnung**
> 1. Vorlage des Jahresabschlusses und des Lageberichts,
> 2. Beschlussfassung über die Verwendung des Bilanzgewinns,
> 3. Entlastung des Aufsichtsrats,
> 4. Entlastung des Vorstands,
> 5. Satzungsänderungen,
> 6. Wahl des Abschlussprüfers für das Geschäftsjahr 20..
>
> ...
> Essen, 27.03.20..
>
> Gerber Motorenwerke AG
> Der Vorstand

h) Wer beruft die HV ein?

i) Welche Rechte hat R. Kreuter in der HV?

j) Die HV wird vom Aufsichtsratsvorsitzenden (nicht vom Vorstandsvorsitzenden) geleitet. Begründen Sie dies und gehen Sie dabei genauer auf die Aufgaben von Vorstand und Aufsichtsrat allgemein ein. Erläutern Sie in diesem Zusammenhang auch die Bedeutung der Tagesordnungspunkte 1., 3. und 4.

k) Gemäß Tagesordnungspunkt 2. beschließt die HV über die Verwendung des Bilanzgewinns. Ist damit der Jahresüberschuss gemeint? Erläutern Sie dies genauer.

l) In welchem Umfang unterliegen Jahresabschluss und Lagebericht der Prüfungs- und Offenlegungspflicht?

3. **Thomas Münzer ist Einzelunternehmer. Er hat einen EDV-Handel mit vier Angestellten. Die Auftragslage ist gut. Die Angestellten bieten Münzer an, sich mit einer Einlage am Unternehmen zu beteiligen. Er überlegt nun, ob er die Rechtsform GmbH oder GmbH & Co. KG wählen soll.**

   a) Welche Gründe könnten Herrn Münzer veranlassen, die Rechtsformen GmbH bzw. GmbH & Co. KG der OHG bzw. der KG vorzuziehen?

   b) Warum wird Herr Münzer die Rechtsformen der AG und der KGaA von vornherein ausschließen? Nehmen Sie in diesem Zusammenhang auch Stellung zu der Aussage: „Die GmbH ist die AG des kleinen Mannes."

   c) Welche Rechtsform – GmbH oder GmbH & Co. KG – wird Münzer vorziehen,
   wenn er weiterhin allein entscheiden will;
   wenn er die Entscheidungsbefugnis mit seinen kompetenten Mitarbeitern teilen will?

   d) Wie müsste Herr Münzer bei der Umwandlung in eine GmbH im Einzelnen vorgehen?

4. **Die Computerexperten Beate Pink (Stammeinlage 180000,00 EUR), Adam Riese (300000,00 EUR), Albert Hahn (240000,00 EUR) sowie die Datex AG (750000,00 EUR) sind Gesellschafter der Riese Computer-Vertrieb GmbH. Die Stammeinlagen sind voll eingebracht. Die GmbH beschäftigt 480 Mitarbeiter. Die Bilanzsumme beträgt 5900000,00 EUR. Die Umsatzerlöse belaufen sich auf 52 Mio. EUR. Die Satzung bestimmt unter anderem:**
   Pink, Riese und Hahn sind ausschließlich Geschäftsführer der GmbH. Nachschüsse können mit einer 3/4-Mehrheit der Stimmen der Gesellschafter eingefordert werden. Die Veräußerung von Geschäftsanteilen sowie die Aufnahme neuer Gesellschafter erfordert eine 3/4-Mehrheit der Stimmen der Gesellschafter.

   a) Es liegt eine verhältnismäßig großes Unternehmen vor. Stellen Sie begründete Überlegungen darüber an, welcher Anlass zur Gründung der GmbH geführt haben könnte und warum das Unternehmen nicht als AG gegründet wurde.

b) Erläutern Sie die Möglichkeiten der GmbH, zusätzliches Eigenkapital zu beschaffen.

c) Kann die Datex AG als Mehrheitsgesellschafter einen Geschäftsführer abberufen oder einen neuen Geschäftsführer bestellen?

d) Wie wird ein Gewinn von 2 100 000,00 EUR auf die Gesellschafter aufgeteilt?

e) In welchem Umfang ist die GmbH publizitätspflichtig?

f) Es ist mittelfristig notwendig, 30 neue Mitarbeiter einzustellen. Die Gesellschafter sehen darin einen Anlass, die GmbH in eine GmbH & Co. KG umzuwandeln. Begründen Sie dieses Vorgehen. Machen Sie Vorschläge zum (aus der Sicht der Gesellschafter) zweckmäßigen Größenverhältnis der KG und der GmbH als ihrer Komplementärin.

ZWEITER ABSCHNITT

Rahmenlehrplan: LERNFELD 2
Marktorientierte Geschäftsprozesse eines Industriebetriebes erfassen

Betriebliche Leistungsprozesse

1 Zielsystem des Industrieunternehmens

Sie wissen schon: Ich bin Rüdiger Maltmann, Eigentümer von MGB Maltmann Getriebebau e. K. Als vollhaftender Unternehmer bestimme ich die Ziele meines Unternehmens. Dabei sind natürlich die Formalziele Gewinn und Liquidität immer vorrangig, denn beide brauchen wir zum Überleben. Nachhaltig hohe Gewinne haben wir sogar als Leitsatz in unserem Leitbild festgeschrieben. Um sie zu erreichen, müssen wir vor allem innovative Produkte mit Spitzenqualität liefern. Das entspricht den Ansprüchen unserer wichtigsten Stakeholder: unserer Kunden. Wir verlangen das Gleiche von unseren Lieferanten.

Apropos Stakeholder: Lieferanten, Banken, Kunden, Staat und Öffentlichkeit und auch unsere Mitarbeiter stellen Ansprüche an uns, die oft in Konflikt mit unseren eigenen Zielen stehen. Denken Sie z. B. an Umweltstandards und Lohnforderungen. Wir müssen einfach versuchen, die Stakeholderinteressen so zu nutzen, dass wir Wettbewerbsvorteile erzielen. Je besser uns dies gelingt, umso mehr entpuppen sich Zielkonflikte letztlich sogar als Zielharmonien.

1.1 Einflussgrößen der Zielfindung

Unternehmen benötigen Ziele.

- **Ziele sind Orientierungsgrößen. Sie geben die Richtung vor und steuern das Handeln.**
- **Ziele beschreiben künftige, von den Entscheidungsträgern angestrebte Zustände.**
- **Ziele sind Messgrößen für den Erfolg der Entscheidungsträger: Der Erfolg wird an der Zielerreichung gemessen.**

Beispiel: Unternehmensgewinn als formuliertes Ziel
„Für das Geschäftsjahr 3 strebt die Geschäftsleitung von MGB einen Gewinn von 4,3 Mio. EUR an."

Die Formulierung der Unternehmensziele ist die Aufgabe der Unternehmensleitung. Kommt sie dieser Aufgabe nicht nach, ist ökonomisches Handeln unmöglich. Dann geht sie alle Teilaufgaben im Unternehmen richtungs- und orientierungslos an. Web

Bei der Zielfindung spielen drei *Einflussgrößen* eine wichtige Rolle: **Unternehmensethik**, **Unternehmenskultur** und **Anspruchsgruppen (Stakeholder)**. M 81

1.1.1 Unternehmensethik: die moralische Basis

Die Basis der deutschen und europäischen Wirtschaftsordnung ist die Marktwirtschaft. Sie hat eine ethische (sittliche) Grundlage: Sie gründet auf der Idee, dass der Mensch sein **Eigeninteresse** verfolgen soll. Deshalb planen die Unternehmen und die privaten Haushalte ihr Handeln in eigener Verantwortung, setzen sich selbst Ziele und suchen sie zu verwirklichen. Der **Wettbewerb** sorgt dafür, dass die beste Leistung sich durchsetzt. Die bestmögliche Versorgung der menschlichen Gesellschaft ist das Ergebnis.

Allerdings hat unternehmerisches Handeln stets Auswirkungen auf Wirtschaft, Sozialgefüge und Umwelt. Deshalb erfordert es ein hohes **Verantwortungsbewusstsein**. Die Öffentlichkeit ist kritisch und verlangt von den Unternehmen die **Berücksichtigung ethischer Grundsätze** bei der Festlegung ihrer Leitsätze und Ziele. Der Staat seinerseits verlangt die Einhaltung fairer Wettbewerbsregeln und setzt durch seine Sozial- und Arbeitsgesetzgebung unsozialem Unternehmerhandeln Grenzen.

Beispiel: Unternehmensethik – Anspruch und Wirklichkeit

Näherinnen in Bangladesch

1. Der Textilhersteller Bestextil GmbH hat sich ein Unternehmensleitbild gegeben (siehe S. 84). Dieses nennt Fairness gegenüber Lieferern, Kunden und Arbeitnehmern als Unternehmensgrundsatz.
2. Die Bestextil GmbH behindert seit zehn Jahren die Bildung eines Betriebsrats[1]. Sie lässt ihre Hosen in Bangladesch bei einem Betrieb nähen, der seine Arbeiterinnen zwölf Stunden täglich zu Hungerlöhnen beschäftigt. Und im letzten Jahr wurden ihr von der Kartellbehörde unerlaubte Preisabsprachen mit fünf Wettbewerbern nachgewiesen.
3. Als die Produktionsverhältnisse in Bangladesch durch ein Fernsehmagazin bekannt gemacht wurden, erhielt Bestextil zahllose Beschimpfungen (sog. „Shitstorm") auf Facebook. Die Nachfrage nach den Produkten brach um 15 % ein.

1.1.2 Unternehmenskultur: Identitätsstiftung

Jede Firmenleitung träumt davon, dass alle an einem Strang ziehen. Bei MGB hatte man viel getan, um die Belegschaft dahin zu bringen: leistungsgerechte Entlohnung, gute Sozialleistungen, gute Arbeitsbedingungen und mehr. Und doch gab es Probleme. Die meisten Mitarbeiter waren eifersüchtig auf ihre eigenen Vorteile bedacht, gaben erworbene Kenntnisse ungern weiter („Wissen ist Macht"), interessierten sich für den eigenen Erfolg, aber nicht für den des Ganzen. Viele sahen ihre Arbeit als notwendiges Übel für den Broterwerb und den Betrieb als Gegner, der ihnen die Freizeit stahl. Kurzum: Es fehlte offensichtlich die positive Identifikation des Einzelnen mit der Firma, ein „Wir-Bewusstsein", das die Ziele des Unternehmens zu Zielen der Mitarbeiter machte und Kräfte mobilisierte. Die Geschäftsleitung erkannte, dass Kräfte brachlagen, die mit zunehmendem Wettbewerb benötigt wurden. Diese Erkenntnis veranlasste die Geschäftsleitung, sich eingehend mit dem Problem der Unternehmenskultur zu befassen.

- **Jede dauerhafte menschliche Gemeinschaft entwickelt gemeinsame Wertvorstellungen, Verhaltensregeln (Normen) und Kennzeichen (Symbole). Sie bilden die Kultur der Gemeinschaft.**
- **Auch Unternehmen haben eine Kultur.**

[1] Organ der innerbetrieblichen Mitbestimmung, von den Arbeitnehmern gewählt. Hat Mitbestimmungsrecht in sozialen Angelegenheiten, Widerspruchsrecht bei personellen Einzelmaßnahmen, ansonsten Informationsrechte. Soll Interessenausgleich und vertrauensvolle Zusammenarbeit zwischen Arbeitgeber und Arbeitnehmern bewirken. (Einzelheiten siehe S. 508 ff.)

„Fortschrittlichkeit“, „hohe Qualität“, „Kompetenz“, „Zweckgemeinschaft“, „Fairness“ könnten Beispiele für unternehmensbezogene Wertvorstellungen sein.

Ebenen der Unternehmenskultur

unsichtbare Ebene

Wertvorstellungen
Wertvorstellungen zeigen an, was für wünschenswert oder nicht wünschenswert gehalten wird.

Beispiel MGB: Den Markt mit technisch hochwertigen Getrieben beliefern!

teilweise sichtbare Ebene

Verhaltensregeln (Normen)
Verhaltensregeln sollen dafür sorgen, dass sich die Gemeinschaft gemäß den Wertvorstellungen verhält. Sie haben den Charakter von Grundsätzen, Leitsätzen, Richtlinien, Regeln, Befehlen, Geboten, Verboten. Bei Erfolg verfestigen sich die Regeln zu Denk- und Verhaltensmustern.

Beispiel MGB: Faires Wettbewerbsverhalten zeigen!

sichtbare Ebene

Netzwerk der Kennzeichen (Symbole)
Eine Kultur wird nach außen sichtbar durch ihre Kennzeichen. Das sind **Taten**, **Worte** und **Erscheinung**. Diese Elemente sind ihre Erkennungszeichen. Bei Unternehmen spricht man von **Verhalten** (behaviour), **Kommunikation** (communication) und **Erscheinungsbild** (design).

Beispiel MGB:	Taten, Verhalten:	Es werden marktgerechte Preise gesetzt.
	Worte, Kommunikation:	Es wird sachliche Werbung betrieben.
	Erscheinungsbild:	Es wird ein einheitliches Markenzeichen verwendet.

Eine bewusst angestrebte Unternehmenskultur – sozusagen eine Sollkultur – nennt man eine Unternehmensphilosophie.

Eine wirksame Unternehmensphilosophie erlangt insbesondere vor dem Hintergrund folgender Probleme Bedeutung, vor die sich die Unternehmen heutzutage gestellt sehen:

Unternehmensprobleme

Verschärfter Wettbewerb

Die Lebenszeiten von Produkten werden immer kürzer. Die Verbraucher sind mit Gütern gesättigt. Die Märkte öffnen sich, die Unternehmen treten weltweit in Konkurrenz miteinander (sog. Globalisierung der Märkte).
Folge: *wachsender Konkurrenzdruck*
Die Informationsflut wächst und führt bei den Verbrauchern zu „Werbefrust“.
Folge: *Das Unternehmen kann sich zunehmend schlechter Gehör verschaffen.*

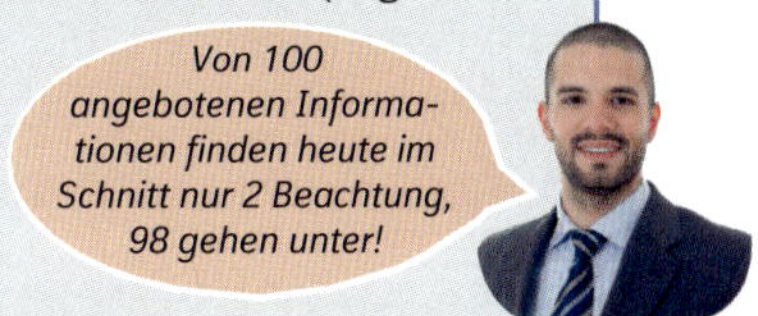

Kritische Öffentlichkeit

Die Öffentlichkeit beobachtet die Unternehmen kritischer. Sie sieht sie nicht nur als Güterproduzenten, sondern als Machtgebilde, deren Handeln sich ökonomisch, ökologisch und sozial auswirkt.
Folge: *wachsende ethische (sittliche) Anforderungen. Verlangen, sich mit den Konsequenzen des Handelns auseinanderzusetzen und Verantwortung zu übernehmen.*

Fehlender Zusammenhalt, Auseinanderdriften der Unternehmen

Die Unternehmen wachsen, diversifizieren, arbeiten weltweit. Spezialisierung, Komplexität, Unüberschaubarkeit, Anonymität nehmen zu. Echte integrierende Unternehmerpersönlichkeiten fehlen.
Folge: *wachsendes Eigenleben, Eigenprofilierung von Bereichen und Abteilungen (interne Macht- und Verteilungskämpfe)*

Emanzipierte Mitarbeiter

Die Mitarbeiter verfolgen verstärkt Ziele auf den höheren Ebenen der Bedürfnispyramide (Selbstverwirklichung; siehe S. 405) und streben nach Einsicht in den Sinn ihrer Tätigkeit. Die organisatorische Wirklichkeit entspricht dem vielfach nicht.
Folge: *sinkende Identifikation der Mitarbeiter mit ihrem Unternehmen.*

Web

Man ist heute der Ansicht:
Ein Unternehmen kann solche Probleme nur bewältigen, wenn es ihm gelingt, eine zeitgemäße Unternehmensphilosophie zu entwickeln (siehe Infomaterial Entwicklung einer Unternehmensphilosophie).

M 84

Die wesentlichen Leitsätze einer solchen Unternehmensphilosophie hält man in einem Unternehmensleitbild fest.

Beispiel: Unternehmensleitbild

Leitbild der Bestextil GmbH

Wir wollen die Bedürfnisse bezüglich der Kleidung der europäischen Verbraucher durch ein Angebot guter Qualität zu attraktiven Preise bestmöglich bedienen.
Wir wollen günstiger als unsere Konkurrenten anbieten, dabei jedoch die Regeln eines fairen Wettbewerbs einhalten.
Wir streben nachhaltig hohe Gewinne an, um die Substanz unseres Unternehmens zu sichern und befriedigendes Wachstum auf dem europäischen Markt zu gewährleisten.
Unsere Mitarbeiter sind die Basis unseres Erfolgs. Deshalb sind uns die faire Behandlung unserer Mitarbeiter sowie die Förderung ihrer Motivation und ihres Leistungswillens wichtig. Dies gilt auch für die Mitarbeiter unserer Lieferanten.
Wir wollen in jeder Hinsicht das Prinzip der Nachhaltigkeit beachten. Dies gilt insbesondere auch für unser Verhalten gegenüber der natürlichen Umwelt sowie für unsere Beziehungen zu unseren Kunden und Lieferanten.

Hinweis: Das Leitbild von MGB finden Sie auf der Website *www.maltgetriebe.de*.

Das Unternehmensleitbild enthält die grundlegendsten Ziele des Unternehmens (Grundziele). Diese sind sehr allgemein formuliert. Ihre positiven Aussagen ermöglichen es den Mitarbeitern jedoch, sich mit ihrem Unternehmen zu identifizieren. Aus dem Leitbild sind konkretere Richtlinien abzuleiten (auch bereichs- und aufgabenbezogen). Diese können den Mitarbeitern als Handlungsrichtschnur dienen.

Die Unternehmensphilosophie wirkt wie folgt:

- **Sie präzisiert die festgelegten Wertvorstellungen und Normen des Unternehmens, verdeutlicht den Mitarbeitern seine „Weltanschauung", sein Selbstverständnis.**
- **Sie ist die Grundlage für die Formulierung aller Ziele des Unternehmens.**
- **Sie hilft, Zielkonflikte zu lösen.**

Wichtig ist auch: Unternehmensverhalten (Corporate Behaviour), Unternehmenskommunikation (Corporate Communication) und Erscheinungsbild des Unternehmens (Corporate

Design) müssen schlüssig auf die Unternehmensphilosophie abgestimmt werden.

Die Abstimmung von Verhalten, Kommunikation und Erscheinungsbild mit der Unternehmensphilosophie macht das Unternehmen zu einer unverwechselbaren Persönlichkeit. Man sagt auch: Das Unternehmen erhält eine Unternehmensidentität (Corporate Identity).

Dem Unternehmen darf aber keine künstliche Identität von außen verpasst werden, z. B. durch Berater und Agenturen. Sie würde als unecht entlarvt werden. Das Unternehmen sollte vielmehr seinem Wesen treu bleiben und seine wahre Identität entwickeln. Eine Lösung der weiter oben angesprochenen Unternehmensprobleme ließe sich dann etwa wie folgt angehen:

Verhalten: Alle gelebten Beziehungen
- innen (z. B. Führungs-, Arbeitsverhalten),
- außen (z. B. Verhandlungen, Abschlüsse, Vorgehen bei Beschwerden und Reklamationen)

Kommunikation: Die Sprache im Unternehmen (z. B. Information, Umgangston, benutzte Begriffe) und die Kommunikationsbeziehungen nach draußen, die geeignet sind, die Einstellung gegenüber dem Unternehmen positiv zu beeinflussen (z. B. Imagewerbung, Public Relations, Sponsoring, Verkaufsförderung)

Erscheinungsbild: Einheitliches Erscheinungsbild nach innen und außen, d. h.: einheitliches
- Produktdesign,
- Grafikdesign (z. B. Firmenzeichen/Logo, Markenzeichen, Hausfarbe, Hausschrift auf Papieren, Fahrzeugen, Gebäuden, Dienstkleidung)
- Architekturdesign (z. B. bei Gebäuden, Messeständen)

- Wettbewerb: Die gesamte Unternehmenspersönlichkeit als Wettbewerbselement nutzen! Neue Wege der Werbung gehen, die das Unternehmen selbst mehr in den Vordergrund stellen!
- Öffentlichkeit: Vertrauenswürdige, gesellschaftlich akzeptierte Unternehmensidentität aufbauen!
- Zusammenhalt: Koordination durch Einschwören auf gemeinsame Idee, Vision.
- Mitarbeiter: Selbstverständnis finden! Dem Mitarbeiter klarmachen, wofür man steht, welches die Aufgaben und Zwecke des Unternehmens und damit des einzelnen Arbeitsplatzes sind!

Eine erfolgreiche Corporate-Identity-Strategie erzeugt ein **Unternehmensimage**, das weitgehend mit Unternehmenswirklichkeit und -ideal übereinstimmt. Einem solchen Image werden positive Wirkungen zugesprochen:

Interne Wirkungen

Bei den Mitarbeitern wird ein ganzheitliches, geschlossenes, akzeptiertes Unternehmensbild erzeugt. Der Sinn ihrer Tätigkeit im Gesamtzusammenhang wird ihnen deutlich. Betriebliche Strukturen und Prozesse werden transparenter. Mögliche Folgen:
- „Wir-Bewusstsein", Identifizierung mit dem Unternehmen
- höhere Arbeitszufriedenheit, Motivation, Leistung
- bessere Zielausrichtung
- vergrößerte Entscheidungsspielräume und Leistungssteigerungen durch einheitliches Vorgehen und einheitliche Gestaltung

Externe Wirkungen

Nach außen eindeutiges, unverwechselbares, widerspruchsfreies und zuverlässiges Bild des Unternehmens. Mögliche Folgen:
- Bessere Erkennbarkeit des Unternehmens in der Informationsflut
- Vertrauensbildung beim Partner
- höhere Attraktivität des Güterangebots
- bessere Unterscheidbarkeit von der Konkurrenz
- ggf. stärkere Kundenbindung an Marke und Hersteller
- ggf. günstigere Konditionen bei Lieferanten
- höhere Erfolgserwartungen bei Kapitalgebern
- größere Popularität und Verständnisbereitschaft in der Öffentlichkeit

Arbeitsaufträge

1. **Die folgende Skizze macht Aussagen über die Corporate Identity (CI).**

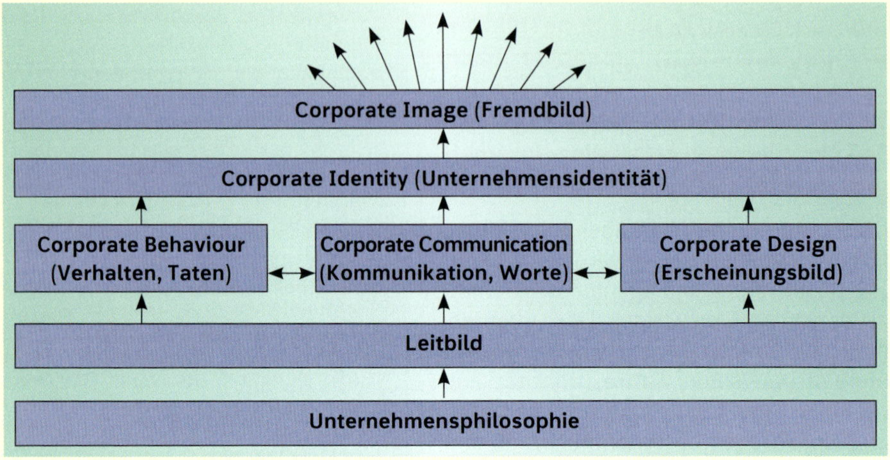

   a) Erläutern Sie die dargestellte Entwicklung der CI.
   b) In welcher Beziehung steht die CI zum Unternehmensimage?
   c) Für welche Probleme bietet die CI-Strategie Lösungsansätze?
   d) Inwiefern ist die CI auch ein wesentliches Element der Personalführung?
   e) Welche Bedeutung hat in diesem Zusammenhang das Unternehmensleitbild?
   f) Erläutern Sie den Zusammenhang zwischen Markenzeichen (z. B. dem Mercedes-Stern) und CI.

2. **„Unternehmenskulturbegründete Verhaltensregeln für die tägliche Aufgabenerfüllung sind von großer Bedeutung".**
   a) Begründen Sie diese Aussage.
   b) Wie sollte man bei der Formulierung solcher Regeln vorgehen, damit sie von den Mitarbeitern maximal akzeptiert werden?
   c) Formulieren Sie Regeln für das Verhalten am Telefon.

3. **„Unternehmenskultur ohne Unternehmensethik ist nicht vorstellbar."**
   a) Begründen Sie diese Aussage.
   b) Betrachten Sie das Unternehmensleitbild der Bestextil GmbH (siehe S. 84) und die Aussagen zu diesem Unternehmen im Beispiel auf Seite 82. Gewinnen Sie den Eindruck, dass das tatsächliche Handeln der Unternehmensleitung den Ansprüchen des Leitbildes entspricht? Welche Gründe könnten dem tatsächlichen Handeln zugrunde liegen?
   c) Welche Gefahren können für das Unternehmen entstehen, wenn Leitbild und Wirklichkeit nicht übereinstimmen?

1.1.3 Anspruchsgruppen: unterschiedliche Wünsche

Was wir von MGB erwarten ...

z. B. Onur Ataer, Arbeitnehmerin:
„Für mich sind ein sicherer Arbeitsplatz, eine interessante Tätigkeit und gerechte Entlohnung am wichtigsten."

z. B. Bernd Schneller, Bankdirektor:
„Für uns als Kapitalgeber steht die Sicherheit unserer Kredite und eine gute Verzinsung im Vordergrund".

z. B. Gernot Kluge, Kunde:
„Ich erwarte fehlerfreie Produkte von hoher und aktueller Qualität, günstige Preise und einwandfreie Serviceleistungen."

Die Aktivitäten eines Unternehmens wirken sich auf bestimmte interne und externe Personengruppen unmittelbar oder mittelbar aus. Umgekehrt benötigt das Unternehmen weitgehend die Unterstützung dieser Gruppen für sein Überleben.

- **Interne Gruppen:** Eigentümer (Shareholder [= Anteilseigner]), Manager (Führungspersonal), Arbeitnehmer
- **Externe Gruppen:** Fremdkapitalgeber (v. a. Banken), Kunden, Lieferanten, Konkurrenten, Behörden, Verbände, Parteien, Gewerkschaften, die allgemeine Öffentlichkeit und andere (z. B. Sponsoren, Spender)

Man bezeichnet diese Gruppen als **Anspruchsgruppen (Interessengruppen, Stakeholder)**. Denn sie alle haben gewisse Ansprüche – also eigene Ziele –, die sie gegenüber dem Unternehmen geltend machen. So beeinflussen sie die Unternehmensziele direkt oder indirekt. Sie können sie unterstützen, damit konkurrieren oder sich auch gegen sie richten.

Vgl. hierzu auch S. 22.

Anspruchsgruppen	Wichtige Ansprüche/Ziele	
Interne Anspruchsgruppen		
Eigentümer	**Ökonomische Ziele:**	hoher Gewinn; Kapitalsicherung; Selbstständigkeit; Einflussnahme, Selbstverwirklichung; wirtschaftliche Macht; ggf. aber auch mehr Interesse an hohen Gewinnentnahmen als an Kapitalsicherung
Manager	**Ökonomische und persönliche Ziele:**	grundsätzlich wie Eigentümer; ggf. persönliche Motive (z.B. Selbstverwirklichung, Prestige, Einkommen) stärker als bei Eigentümern
Arbeitnehmer	**Soziale Ziele:**	gerechte Entlohnung; gute Arbeitsbedingungen; sicherer Arbeitsplatz; soziale Absicherung; soziale Anerkennung; Mitbestimmung
Externe Anspruchsgruppen		
Fremdkapitalgeber	**Finanzziele:**	Kapitalsicherheit (Vertragstreue); hohe Verzinsung
Kunden	**Preisziele:** **Qualitätsziele:**	niedrige Absatzpreise hohe Leistungs-, Mengen-, Servicequalität; Vertragstreue; Anpassungsfähigkeit
Lieferer	**Preisziele:** **Qualitätsziele:**	hohe Bezugspreise Zahlungsfähig- und -willigkeit; günstige Lieferbedingungen; langfristige Geschäftsbeziehungen; Vertragstreue
Konkurrenten	**Wettbewerbsziele:**	Einhaltung der Wettbewerbsregeln; ggf. Kooperation
Behörden	**Hoheitsziele:**	Gesetzestreue; Steuerzahlung
Verbände, Parteien, Sponsoren	**Einflussziele:**	Einflussnahme auf das Unternehmen
Gewerkschaften	**Soziale Ziele:**	Vertretung der Arbeitnehmerinteressen
Öffentlichkeit	**Ethische Ziele:** **Ökologische Ziele:**	soziale Verantwortung; Einhaltung ethischer Grundsätze Umweltverantwortung (z.B. Ressourcenschonung, Emissionsvermeidung, Abfallvermeidung)

Eine grundlegende Frage ist: Wessen Ziele sollen für das Unternehmen maßgeblich und verbindlich sein? Zwei Ansätze geben unterschiedliche Antworten.

- **Shareholder-Ansatz:** Ausschließlich die Eigentümerziele sind für das Unternehmen maßgeblich, denn die Eigentümer stellen das Kapital und tragen allein das Risiko seines Verlustes. Deshalb verfolgen sie ökonomische Ziele. An erster Stelle stehen die Sicherung und die Mehrung des Eigenkapitals.

- **Stakeholder-Ansatz:** Die Ziele der Stakeholder müssen in die Unternehmensziele eingehen. Dies betrifft insbesondere
  - **soziale Ziele** (= Arbeitnehmerziele); Begründung: Der Unternehmenserfolg entsteht durch das Zusammenwirken von Kapital **und** Arbeit.
  - **ökologische Ziele** (= Umweltziele der Öffentlichkeit); Begründung: Die Öffentlichkeit hat Anspruch auf eine intakte Umwelt.

1.2 Shareholder-Ziele: Vorrang ökonomischer Ziele

Ausschnitt aus einem Interview der Zeitschrift *Industriekurier* mit R. Maltmann, Inhaber von MGB Maltmann Gebtriebebau e. K., Essen

IK: Herr Maltmann, ist es richtig, dass Sie für das laufende Geschäftsjahr wieder mit einem hohen Gewinn rechnen können?

M: Ja, das stimmt. Wir rechnen damit, dass wir nicht nur unsere Kosten decken können, sondern dass noch ein ausreichender Gewinn bleibt für dringend nötige Investitionen und eine angemessene Kapitalverzinsung.

IK: Worauf führen Sie diese positive Entwicklung zurück?

M: Nun, im Rahmen der Formalziele haben wir eine Kostensenkung um 5 % angestrebt und durch systematische Rationalisierung auch erreicht. Wir arbeiten jetzt viel produktiver und wirtschaftlicher als noch vor drei Jahren. Auch an den Sachzielen haben wir gearbeitet: Wir haben Schneckenradgetriebe für mehrere neue Anwendungsbereiche in der Medizintechnik entwickelt. Unsere Kunden haben das honoriert: Wir konnten unseren Marktanteil um 10 % steigern. Nicht zu vergessen: Unsere an Spitzenleistung und fairem Wettbewerb orientierte Unternehmensphilosophie. Unsere Mitarbeiter haben sie wirklich verinnerlicht und arbeiten äußerst motiviert.

IK: Sicherlich hat sich dies alles auf Ihre Liquidität und auf die Sicherung der Arbeitsplätze positiv ausgewirkt.

M: Das kann ich ohne jede Einschränkung bejahen.

1.2.1 Formalziele

Unternehmer können wirtschaftsfremde Ziele verfolgen, etwa nach Ansehen, Einfluss und Macht streben. Palastartige Verwaltungsgebäude legen z. B. Zeugnis von solchem Streben ab. Im Vordergrund unternehmerischen Handelns steht allerdings **Wirtschaftlichkeit**.

Wirtschaftlich (ökonomisch) zu handeln ist jeder bemüht, der über Werte verfügt. Denn er will diese Werte nicht verlieren, sondern mehren. Deshalb handelt er nach dem sog. ökonomischen Prinzip. Das **ökonomische Prinzip** kommt in zwei Formen vor:

- **Maximalprinzip:** Erziele mit vorgegebenem Werteinsatz ein maximales Ergebnis!
- **Minimalprinzip:** Erziele ein vorgegebenes Ergebnis mit minimalem Werteinsatz!

Beispiele: Wirtschaftlichkeit nach dem ökonomischen Prinzip

- **Maximalprinzip:** Aufgrund einer Rationalisierungsmaßnahme erstellt MGB mit einem Einsatz von 100 000,00 EUR Produkte im Wert von 200 000,00 EUR statt 170 000,00 EUR.
- **Minimalprinzip:** Aufgrund einer Rationalisierungsmaßnahme erstellt MGB Produkte im Wert von 500 000,00 EUR mit einem Einsatz von 270 000,00 EUR statt 300 000,00 EUR.

Der Werteinsatz des Unternehmers ist sein Kapital – genauer: sein Eigenkapital. Er will, dass es wächst. Ein erwirtschafteter Eigenkapitalzuwachs heißt **Unternehmensgewinn**. Nur wenn ein Unternehmen dauerhaft Gewinn erzielt, sind seine Substanz sowie die Lebensgrundlage des Unternehmers und der Beschäftigten gesichert.

Unternehmensgewinn = Erträge – Aufwendungen;
Betriebsgewinn = Leistungen - Kosten

Wie entsteht der Unternehmensgewinn?

Beim Geschäftsbetrieb entstehen ständig Wertabflüsse (**Aufwendungen**) und Wertzuflüsse (**Erträge**). Aufwendungen mindern, Erträge mehren das Eigenkapital. Erträge – Aufwendungen = Unternehmensgewinn. Die wichtigsten Wertabflüsse fallen für den eigentlichen Betriebszweck, die Produktion, an (v. a. für Material-, Maschinen-, Arbeitseinsatz). Sie heißen **Kosten**. Wertzuflüsse, die unter Kosteneinsatz entstehen, sind **Leistungen** – v. a. die Verkaufserlöse (Umsätze). Leistungen – Kosten = Betriebsgewinn.

Ein möglichst hoher Unternehmensgewinn gilt langfristig als oberstes Unternehmensziel (sog. Ziel der Gewinnmaximierung). Er mehrt den „Shareholder Value", den Wert des Unternehmerkapitals.

Das Gewinnziel ist ein Formalziel.

Formalziele sind Grundsätze, nach denen sich das unternehmerische Handeln richtet. Sie beziehen sich auf Geldgrößen.

Dem **Oberziel** „Gewinn" sind andere Formalziele als **Unterziele** zugeordnet:

- **Aufwandsminimierung** (möglichst niedrige Aufwendungen)
- **Erlös-(Umsatz-)Maximierung** (möglichst hohe Erlöse)

Ein ebenso wichtiges Formalziel wie der Gewinn ist die ständige Liquidität (Zahlungsfähigkeit). Nur wer liquide (flüssig) ist, kann die fälligen Schulden begleichen. Nachhaltige Zahlungsunfähigkeit bedroht die Existenz des Unternehmens.

Zwischen Gewinn- und Liquiditätsziel besteht ein **Zielkonflikt**:

Das Gewinnstreben verlangt die produktive Investition (Anlage) flüssiger Mittel. Angelegte Mittel können aber nicht mehr für fällige Zahlungen verwendet werden. Das Gleiche gilt auch umgekehrt.

Von einem **Zielkonflikt** spricht man, wenn das Verfolgen eines Zieles das Erreichen eines anderen Zieles gefährdet.
Gegenteil: **Zielharmonie**. Das Verfolgen eines Zieles unterstützt das Erreichen eines anderen Zieles.

Beispiel: Zielkonflikt

MGB erhält einen Großauftrag zum Bau von Getrieben. In der Vorkalkulation hat man einen Gewinn von 140 000,00 EUR errechnet. Allerdings müssen sofort Materialien für 100 000,00 EUR eingekauft werden. Es werden also 100 000,00 EUR flüssige Mittel in Materialvorräte investiert. Dieses Vorgehen ist im Sinne des Gewinnziels notwendig.

Allerdings entsteht ein Konflikt mit dem Liquiditätsziel: Das Bankkonto weist zwar momentan ein ausreichendes Guthaben von 130 000,00 EUR auf. Jedoch ist in der kommenden Woche ein Bankdarlehen von 70 000,00 EUR zur Rückzahlung fällig. Wegen des Materialeinkaufs verfügt MGB bei Fälligkeit nicht mehr über genug Liquidität, um die Schuld zu tilgen.

Ausweg: Vor der Annahme des Kundenauftrags hat sich MGB von seinen Lieferanten eine Zahlungsfrist von drei Monaten zusichern lassen. Innerhalb dieser Frist werden planmäßig viele Kundenzahlungen eingehen, die die Liquidität sichern.

1.2.2 Sachziele

Sachziele betreffen die Leistungen des Unternehmens. Sie beziehen sich nicht auf Geldgrößen, sondern auf Mengengrößen.
Oberstes Sachziel ist die Erstellung nachfragewirksamer Leistungen (Produkte, Dienstleistungen). Nur diese ermöglicht Gewinnerzielung.

Beispiel: Oberstes Sachziel von MGB

Das oberste Sachziel von MGB Maltmann Getriebebau e. K. ist der Bau von Schieberad- und Schneckenradgetrieben.

An den obersten Sachzielen lässt sich erkennen, in welchen Branchen die Unternehmen tätig sind (siehe S. 19).

Wie für Formalziele werden auch für die Sachziele **Unterziele** abgeleitet.

Beispiel: Unterziele von Sachzielen

Bei MGB besteht schon seit langem das Unterziel „Bau von Schieberadgetrieben für elektromechanische Werkzeuge". In diesem Bereich ist das Unternehmen Zulieferer eines Bohrmaschinenherstellers.

Aufgrund einer neu entwickelten Handbohrmaschine musste im letzten Jahr auch ein neues Zweiganggetriebe mit Rückwärtsgang konstruiert werden. Dessen Herstellung ist zurzeit das konkrete **Sachziel der Abteilung „Getriebe Produktion"**. Auch die Fertigungsmenge, die Produktqualität und das Fertigungsverfahren müssen der Fertigungsabteilung als Ziele vorgegeben werden.

Das **Sachziel der Abteilung „Materialmanagement"** ist die ordnungsgemäße Bereitstellung aller Materialien für die Fertigung.

Sachziele der Abteilung „Absatzmanagement" sind ordnungsgemäßer Verkauf und Lieferung.

1.3 Berücksichtigung von Stakeholder-Zielen

1.3.1 Zielkonflikte

Die Stakeholder-Ziele haben ihre kulturelle und gesellschaftliche Berechtigung. Sie basieren auf den Wertvorstellungen der Gesellschaft. Dazu gehören einerseits Werte wie Gesetzestreue, Vertragstreue, Fairness, Qualität, soziale Verpflichtung und Umweltschutz, andererseits aber auch Wettbewerb.

Die Käufer entscheiden sich bei Wettbewerb in der Regel für den Verkäufer, der die beste Leistung bietet (z. B. die gewünschte Qualität zum niedrigsten Preis). Folglich strebt der Verkäufer möglichst niedrige Aufwendungen an. Seine Arbeitnehmer hingegen streben nach bestmöglichen Arbeitsbedingungen und hohen Löhnen. Dies erhöht die Aufwendungen. Deshalb bestehen **zwischen den Stakeholder-Zielen und den ökonomischen Zielen der Shareholder** grundsätzlich **Zielkonflikte**.

Ungelöste Konflikte können schlimme Folgen haben. Wenn die Konkurrenz weniger Aufwendungen hat, kann sie günstiger anbieten und zieht die Nachfrage auf sich. Gewinneinbrüche, Verluste und sogar dauerhafte Zahlungsunfähigkeit können die Folge sein. Dann wäre das Unternehmen am Ende.

1.3.2 Lösungsansätze

- **Vertragsansprüche:** Ansprüche von Fremdkapitalgebern, Kunden, Lieferanten und Öffentlichkeit, die auf Verträgen (z. B. Kaufverträgen, Kreditverträgen) oder auf hoheitlichen Rechten (z. B. Steuern und Abgaben) beruhen, sind vom Unternehmen unbedingt im Rahmen seiner Liquiditätsziele, Qualitätsziele und Terminziele zu berücksichtigen. Nichtbeachtung führt zwangsläufig zu Schadensersatzforderungen und Liquiditätsproblemen.
- **Preis- und Qualitätsziele der Kunden:** Auch diese Ziele muss sich das Unternehmen bedingungslos aneignen. Denn es kann im Wettbewerb mit seinen Konkurrenten nur bestehen, wenn es ihm gelingt, die Kundenbedürfnisse bestmöglich zu befriedigen.
- **Soziale Ziele der Arbeitnehmer:** Ihre Verwirklichung wird weitgehend dem Gesetzgeber zugewiesen. Dieser sorgt durch zwingende Rechtsvorschriften bei Arbeitsverträgen und auf dem Gebiet von Arbeitsschutz, Sozialversicherung und Mitbestimmung für die Einhaltung von Mindeststandards. Da diese Vorschriften allgemein gelten, entstehen dem einzelnen Unternehmen im Wettbewerb keine Nachteile. Das Gleiche gilt, wenn die Arbeitgeberverbände für ganze Branchen Tarifverträge mit den Gewerkschaften zur Regelung von Arbeitsentgelten und Arbeitsbedingungen schließen. Anders stellt sich die Situation jedoch dar, wenn ausländische Konkurrenten weniger strengen

Vorschriften unterliegen und dadurch Wettbewerbsvorteile erlangen. Denn weltweite Regelungen bestehen hier nicht.

Das Unternehmen kann den Konflikt ggf. auflösen, indem es seine Mitarbeiter z. B. durch gerechte Entlohnung, optimale Arbeitsbedingungen, ein angenehmes Betriebsklima und eine gute Aufstiegsförderung zu Bestleistungen motiviert. Dies kann die Erträge steigern, die Aufwendungen senken und die Wettbewerbsfähigkeit erhöhen.

- **Ökologische Ziele der Öffentlichkeit:** Grundsätzlich gilt hier das Gleiche wie für die sozialen Ziele. Der Staat zwingt die Unternehmen durch Umweltvorschriften zu einem Mindestmaß an umweltfreundlichem Handeln. Fortschrittliche Unternehmen tun jedoch mehr. Sie richten ihre gesamte Organisation umweltfreundlich aus (sog. Umweltmanagement), lassen sich dies offiziell bestätigen (zertifizieren) und setzen sich selbst zunehmend strengere Umweltziele. In einer auf Umweltschutz bedachten Öffentlichkeit verschaffen sie sich so Ansehen, Wettbewerbs- und Kostenvorteile.

Umweltzertifikat

Arbeitsaufträge

1. **Zielplanung bei einem Automobilhersteller**

Ergebnisse des Vorjahres (Produkte, Kosten, Vertrieb, Kundenzufriedenheit):
- Die neuen Modelle entwickelten sich plangemäß: Der Mundo wurde zum „Auto des Jahres", der Packer zum „Van of the Year" gewählt, der Fundus erzielte Rekordverkäufe. Der Produktentwicklungsplan sieht 45 neue Produkte in den nächsten fünf Jahren vor.
- Die Kosten je Einheit wurden deutlich reduziert, die Einkaufspreise enorm gesenkt.
- Im Vertrieb wurden die Auftragsbearbeitungszeiten um zehn Tage verkürzt. Bei der Einhaltung der Lieferfristen besteht noch Optimierungsbedarf.
- Die Kundenzufriedenheit wurde gesteigert: Messungen zeigen höhere Fahrzeugqualität und niedrigere Fehlerquoten an; Fundus: Nr. 1 in der TÜV-Zuverlässigkeitsstatistik!

Ziele für das nächste Jahr (abgeleitet aus der Analyse des Vorjahres):
- Imageverbesserung der einzelnen Marken
- Gewinnsteigerung (4 % gegenüber Vorjahr)
- Kostensenkung (5 % gegenüber Vorjahr)
- Verbesserung der Kostenkontrolle
- Einhaltung der Liefertermine
- Aufbau eines Kundenbeziehungsmanagements (CRM, vgl. S. 523)

Zielplanungsprozess: Umsetzung der allgemeinen Ziele in konkrete Ziele
In diesem Prozess werden die Geschäftsziele kommuniziert, Hintergrund, Ausrichtung, Vorteile verdeutlicht. Schritte:
1. Entwicklung eines Punkteplans (Scorecard) für das Führungsteam
2. Daraus Ableitung weiterer Punktepläne für die einzelnen Funktionen und Produkte
3. Weitere Ableitungen, bis die Punktepläne alle Mitarbeiter erreicht haben

a) Unternehmensziele sind Orientierungsgrößen. Erläutern Sie dies anhand der oben formulierten Ziele des Automobilherstellers.

b) Ziele lassen sich nach vielen Gesichtspunkten einteilen. So unterscheidet man z. B.
(1) Grundziele, strategische Ziele, taktische Ziele, operative Ziele;
(2) Formalziele, Sachziele;
(3) ökonomische Ziele, Machtziele, ökologische Ziele, soziale Ziele;
(4) Shareholder-Ziele, Stakeholder-Ziele
(5) Oberziele, Unterziele.
Welche dieser Zielarten lassen sich bei dem Automobilhersteller erkennen?

2. **Werden mehrere Ziele angestrebt, so lassen sich oft Zielkonflikte erkennen.**
a) Was versteht man unter Zielharmonie und was unter Zielkonflikten?
b) Beurteilen Sie, ob sich zwischen dem ökonomischen Ziel „Gewinnmaximierung" einerseits und (1) dem ökologischen Ziel „Umweltschutz", (2) dem sozialen Ziel „Arbeitsplatzsicherung" andererseits Zielharmonie oder Zielkonflikte bestehen.

3. Das Unternehmen soll nicht nur die Interessen der Shareholder, sondern die Interessen aller Stakeholder berücksichtigen.

a) Erläutern Sie die Begriffe Shareholder und Stakeholder.

b) Begründen Sie die Behauptung am Beispiel der Arbeitnehmer (interne Gruppe) und der Lieferanten (externe Gruppe).

2 Managementprozesse

2.1 Entscheidungs- und Führungsprozess

- **MGB** fertigt Getriebe in Essen. Da die Nachfrage ständig steigt, entschied die Geschäftsleitung vor mehreren Jahren, ein Zweigwerk in Augsburg zu errichten.
- Die Preise von **MGB** sind Nettopreise, zahlbar binnen 30 Tagen. Dem Verkaufsleiter gelingt es, einen Kunden zu interessieren, der einmalig Produkte für 200 000 EUR abnehmen könnte. Er trifft die Entscheidung, dass dieser Kunde einen Rabatt von 10 % und ein Zahlungsziel von 60 Tagen erhält.
- Im Werk ist eine Maschine ausgefallen. Der Meister entscheidet, dass der Arbeiter während der Reparatur an der Maschine eines erkrankten Kollegen arbeitet.

Bei der Zielverfolgung ist das Unternehmen ständig mit Problemen konfrontiert.

In Problemsituationen müssen Entscheidungen getroffen werden. Hierfür ist das Management zuständig.

Das Top-Management trifft die wichtigsten Entscheidungen (sie betreffen das Gesamtunternehmen). Andere Entscheidungen delegiert (überträgt) es an untergeordnete Führungsebenen.

Jede Führungskraft ist dafür verantwortlich, dass die getroffenen Entscheidungen von ihren Mitarbeitern umgesetzt werden.

Web M 92 Deshalb ist der Prozess von Entscheidungsfindung und -umsetzung zugleich ein *Führungsprozess*. Die Führungskräfte müssen dabei Führungsaufgaben wahrnehmen.

Management bedeutet:

1. **Führungspersonal** (Top-, Upper-, Middle-, Lower-Management = oberste, obere, mittlere, untere Führungsebene); z. B.:
   T.-M. → Geschäftsleitung
   U.-M. → Bereichs-, Spartenleitung
   M.-M. → Abteilungsleitung
   L.-M. → Gruppen-, Teamleitung
2. alle **Aufgaben der Führung** des Unternehmens (siehe unten) und wichtiger Teilbereiche (z. B. Produktions-, Personal-, Qualitäts-, Risiko-, Umweltmanagement).

Entscheidungsprozess als Führungsprozess

Phasen des Entscheidungsprozesses		Führungsaufgaben	
• Anregungsphase	↔	• Probleme aufdecken	Das bedeutet: die Initiative ergreifen
• Suchphase	↔		
– Zielformulierungsphase	↔	• Ziele setzen	
– Planungsphase	↔	• Mittel und Wege planen	
• Entscheidungsphase	↔	• Entscheidungen treffen	
• Durchsetzungs-(Anordnungs-)Phase	↔	• Entscheidungen umsetzen/durchsetzen	
• Kontrollphase	↔	• kontrollieren	

Die Führungsaufgaben sind teils sachbezogen, teils personenbezogen:

Führung

sachbezogener Aspekt der Führung	personenbezogener Aspekt der Führung
Der Führende muss optimale Entscheidungen hinsichtlich der betrieblichen Sachprobleme treffen. Aufgaben: • **Initiativaufgabe** • **Entscheidungsaufgabe** Notwendig: Wissen, Ideenreichtum, Entschlusskraft	Der Führende muss für die zielgerechte Umsetzung der Sachentscheidungen durch die Mitarbeiter sorgen. Aufgaben: • **Durchsetzungsaufgabe** • **Kontrollaufgabe** Notwendig: Beherrschung der Kunst der Menschenführung

2.2 Beschreibung der Führungsaufgaben

Initiativaufgabe

Initiativ tätig sein bedeutet: Prozesse in Gang setzen (Probleme aufdecken, Ziele setzen, Mittel und Wege planen).

Nach ihrem zeitlichen Rahmen unterscheidet man mehrere **Zielebenen**:

- **Grundziele** → Leitideen, über Jahrzehnte gültig,
- **strategische Ziele** → langfristige Ziele, etwa 5 bis 10 Jahre gültig,
- **taktische (strukturelle) Ziele** → mittelfristige Ziele, maximal 5 Jahre gültig,
- **operative Ziele** → Periodenziele, 1 bis maximal 2 Jahre gültig.

Beispiel: Zielebenen bei einem Automobilhersteller

Grundziel:	Produktion innovativer Automobile von höchster Qualität
strategisches Ziel:	Entwicklung von Autos mit Wasserstoff-, Elektro-, Hybridmotoren
taktisches Ziel:	Entwicklung des Minivans Supra mit Hybridmotor (3-Liter-Auto)
operative Ziele:	1. Produktion von 100 000 Stück des Typs Susa im kommenden Jahr 1 2. Gewinn von 100 Mio. EUR in Jahr 1 aus Verkauf von Produkt Susa

Alle Ziele sollen drei grundlegende Aufgaben erfüllen (vgl. S. 81):

- **Steuerungsaufgabe:** Ziele sind Orientierungs- und Steuerungsgrößen.
- **Koordinierungsaufgabe:** Alles Handeln ist auf die Zielerfüllung auszurichten.
- **Bewertungsaufgabe:** Alles Handeln ist an den Zielen zu messen.

Ziele können diese Aufgaben nur erfüllen, wenn sie „SMART" sind.

SMART = Mindestanforderungen an Ziele		
S	Spezifisch	Eindeutige, präzise Formulierung des Zielinhalts (z. B. Steigerung des Umsatzes)
M	Messbar	Messbare (zumindest nachprüfbare) Angabe des angestrebten Ausmaßes (z. B. 10 %)
A	Akzeptabel	Akzeptierung durch den Zielverantwortlichen, Identifizierung mit dem Ziel
R	Realistisch	Erreichbarkeit für den Zielverantwortlichen
T	Terminiert	Angabe des Zielzeitraums/des Zeitpunkts der Zielerreichung (z. B. Ende 2021)

Weitere Anforderungen

- Angabe des Zielverantwortlichen (z. B. Verkaufsleiter) und des Zielorts (z. B. Deutschland)
- Verständlich, steuerbar, abgestimmt, möglichst widerspruchsfrei (keine Zielkonflikte)!

SMARTe Ziele sind zugleich operationale (messbare) Ziele: Sie sind so formuliert, dass Art und Ausmaß der Zielerreichung eindeutig bestimmt werden können.

Beispiel: SMARTes (operationales) Umsatzziel

„Im ersten Halbjahr 20.. soll der Handlungsreisende Erler im Absatzgebiet Norddeutschland mit dem Verkauf von Schneckenradgetrieben eine Umsatzsteigerung von 10 % gegenüber dem Vorhalbjahr erzielen. Das Ziel ist mit Herrn Erler vereinbart und als erreichbar anerkannt."

Weit in der Zukunft liegende Ziele (strategische Ziele) sind durch ein offenes Problemfeld gekennzeichnet. Die Sachzielsuche stehen im Vordergrund, präzise Formalziele können noch nicht formuliert, die SMART-Anforderungen nicht erfüllt werden. Operative Ziele hingegen basieren auf vorhandenen Produkten und/oder Verfahren sowie Marktverhältnissen. Hier lassen sich die Oberziele auf dem Weg einer mehrstufigen Planung operationalisieren.

Von der Mehrzahl der Unternehmen wird das **Gegenstromverfahren** bevorzugt. Dabei erfolgt die Planung zuerst von oben nach unten, vom Top- zum Lower-Management, ggf. bis zum Mitarbeiter („top-down"):

1. **Oberziele** formulieren!
2. **Grobe Lösungen** (Mittel und Wege) zur Verwirklichung dieser Ziele erarbeiten!
3. Gefundene Mittel zu **Zwischenzielen** machen (sog. Mittel-Ziel-Transformation)!
4. **Konkretere Mittel** zur Verwirklichung der Zwischenziele erarbeiten!
5. Dieses Vorgehen bis zu den **Unterzielen** fortsetzen!

Planung

- **Planung ist vorausschauendes gedankliches Handeln.**
- Das Ergebnis von Planung sind **Pläne**.
- Pläne sind Entwürfe über Mittel und Wege zur Erreichung von Zielen. Sie legen das tatsächliche spätere Handeln fest.
- Gemäß den Zielebenen unterscheidet man:
  - **Grundsatzplanung**
    Ergebnisse: Leitbilder, Unternehmensgrundsätze
  - **strategische Planung**
    Ergebnisse: Strategien
  - **strukturelle (taktische) Planung**
    Ergebnisse: Struktur- und Kapazitätspläne
  - **operative Planung**
    Ergebnisse: Detailpläne (Budgets) auf der Basis vorhandener Kapazitäten

Dann korrigieren die unteren Ebenen ungünstige/fehlerhafte Vorgaben und geben die Korrekturen nach oben zurück („bottom-up").

An diesen Prozessen sind Controller (siehe S. 97) koordinierend beteiligt. Sie müssen u. a. dafür sorgen, dass die Ziele abgestimmt werden (Zielkonflikte verhindern, gesetzte Prioritäten einhalten, ggf. Kompromisse finden).

Web

Zweckmäßig ist eine **rollierende Planung**. Diese entwickelt alle Ziel- und Planungsebenen jährlich um ein Jahr weiter in die Zukunft.

M 94 Die *operative Planung* erfolgt für alle Teilbereiche des Unternehmens. Die **Basis ist der Absatzplan**. Er hält die Absatzprodukte sowie die geplanten Absatzmengen und Umsätze fest. Von diesen Größen hängt alles andere ab: was und wie viel zu produzieren und zu beschaffen ist, welche Finanzmittel benötigt werden und wie hoch der Gewinn voraussichtlich sein wird. Wichtig ist dabei die Festlegung von **Budgets** für alle Abteilungen. Das sind finanzielle Zielwerte/Vorgabewerte (z. B. Mindestumsätze, Höchstausgaben), die einzuhalten sind.

Wenn **Engpässe** bestehen (z. B. Rohstoffknappheit, Personalmangel, fehlende Finanzmittel), muss sich die Absatzplanung kurzfristig danach richten.

Langfristig sind Engpässe zu beseitigen und der Umgebung anzugleichen.

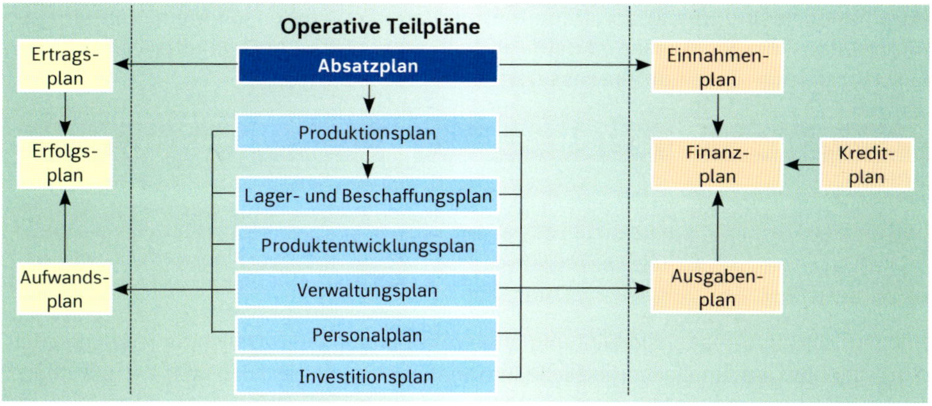

Entscheidungsaufgabe

***Entscheiden* bedeutet: Zwischen mehreren alternativen Möglichkeiten (z. B. Planvorschlägen) auswählen.**

Das Top-Management verabschiedet z. B. das Zielsystem und gibt den Managementebenen und Mitarbeitern die Ziele vor. (Dies geschieht vorzugsweise im Weg einer Zielvereinbarung. Zweck: Identifikation der Mitarbeiter mit „ihren“ Zielen).

In ihrem abgegrenzten Verantwortungsbereich muss jede Führungsperson die notwendigen Entscheidungen treffen.

Durchsetzungsaufgabe (Anordnungsaufgabe)

***Durchsetzen* bedeutet: Die Mitarbeiter veranlassen, die getroffenen Entscheidungen auszuführen.**

Die Durchsetzung erfolgt auf den festgelegten **Befehlswegen**. Eine funktionierende Organisation ist deshalb wichtig. Der Führende muss sich ihrer problemlos bedienen können. Er muss fähig zur **Motivation** (Ansporngebung), **Delegation** (Übertragung untergeordneter Entscheidungen) und **Koordination** (Ausrichtung auf das Ziel) sein.

Kontrollaufgabe

***Kontrollieren* bedeutet: Sollwerte und Istwerte vergleichen.**

Wer anordnet, muss auch die Ergebnisse kontrollieren. Dazu benötigt er **Rückmeldungen** seiner Mitarbeiter. Auch die **Meldewege** sind durch die Organisation festgelegt. Die Kontrolle ermittelt, ob und in welchem Maß die Ziele (**Sollwerte**) erreicht wurden (**Istwerte**). Die festgestellten Werte lösen neue Entscheidungsprozesse aus: Entweder bestätigen sie das bisherige Vorgehen oder sie sind die Basis für Korrekturen.

Auch die Ziele sind im Zeitablauf auf Korrekturbedarf hin zu überprüfen. Gegebenenfalls sind Korrekturen vornehmen.

2.3 Entscheidungsprozess als Informationsprozess

Wer Entscheidungen treffen muss, benötigt dafür Informationen.

Eine Information ist eine Nachricht, die dem Empfänger wichtiges, zweckbestimmtes Wissen vermittelt.

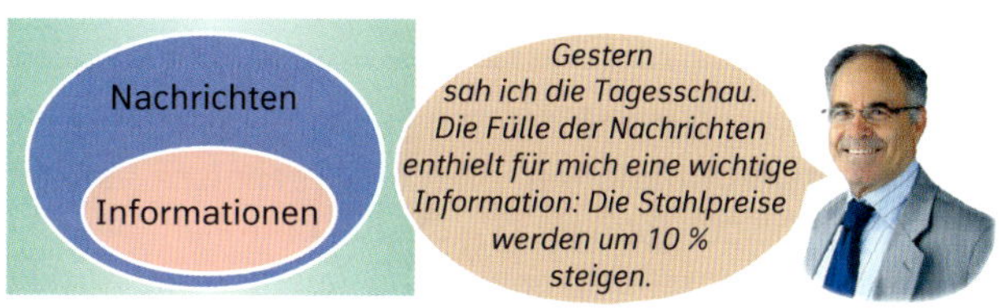

Informationen sind Idealgüter. Neue Informationen entstehen in einem mehrstufigen Informationsprozess. Dieser ist dem Produktionsprozess der Realgüter vergleichbar. Er stellt zugleich einen Lernprozess dar:

Realgüterproduktion		Idealgüterproduktion		Lernprozess
				Unwissenheit
Materialbeschaffung	⟷	Informationsaufnahme	⟷	Aufnahme des Informationsgehalts
Materiallagerung	⟷	Informationsspeicherung	⟷	Aufbewahren des Informationsgehalts
Fertigung	⟷	Informationsverarbeitung	⟷	Verknüpfung mit anderen Informationen
Absatz	⟷	Informationsabgabe	⟷	Wissensverwertung (z. B. Entscheidung)

ZWEITER ABSCHNITT

Insofern sind Informationsgewinnung und -verarbeitung unerlässlich für jede Entscheidungsfindung. Je schneller verlässliche Informationen vorliegen (z. B. über Technik, Märkte, Trends) und mit bereits bekannten Informationen verknüpft werden können, umso schneller kann man reagieren und ggf. Vorteile gegenüber Konkurrenten erlangen.

Jede Phase des Entscheidungsprozesses ist zugleich eine Phase des Informationsprozesses:

Entscheidungsprozess als Informationsprozess

Phasen des Entscheidungsprozesses	Art der Informationen	Phasen des Informationsprozesses
Anregungsphase	Ursacheninformationen	Aufnahme und Speicherung von Informationen
Problem entdecken; seine Ursachen erforschen		
Suchphase: • Zielformulierungsphase • Planungsphase	 Zielinformationen Fakten- und Mittelinformationen	
Ziele entwickeln und formulieren; Mittel und Wege zur Verwirklichung suchen		
Entscheidungsphase	Auswahlinformationen	Verarbeitung von Informationen
Informationen verarbeiten; sich für eine Alternative/Kombination entscheiden		
Durchsetzungsphase	Steuerungsinformationen	Weitergabe von Informationen
Anweisende und unterrichtende Informationen an die Ausführenden		
Kontrollphase	Rückinformationen	Rückgabe von Informationen
Ergebnisse zurückmelden; Soll-Ist-Vergleich; Ziele/Maßnahmen korrigieren		

Die Informationen im Entscheidungsprozess betreffen Güter (Sachgüter und Dienstleistungen) und Werte:

Güter:		**Werte:**
geplante und realisierte		geplante und realisierte
• Materialarten und -mengen	⟷	• Materialaufwendungen
• Arbeitsstunden	⟷	• Arbeitsaufwendungen
• Produktarten und -mengen	⟷	• Erträge
• Absatzmengen	⟷	• Umsätze (Erlöse)
		• Gewinne

Web

M 96

Die Plangrößen (Sollwerte) steuern alle betrieblichen Arbeitsprozesse. Sie sind **Steuerungsinformationen**. Über die Ergebnisse (Istwerte) erfolgen **Rückmeldungen** an die Entscheidungsträger. Sie lösen Kontrollen, neue Entscheidungsprozesse und Plankorrekturen aus (Rückkopplung). Steuerung und Rückkopplung bilden einen sog. Regelkreis.

Managementprozess als Regelkreis und Informationsprozess

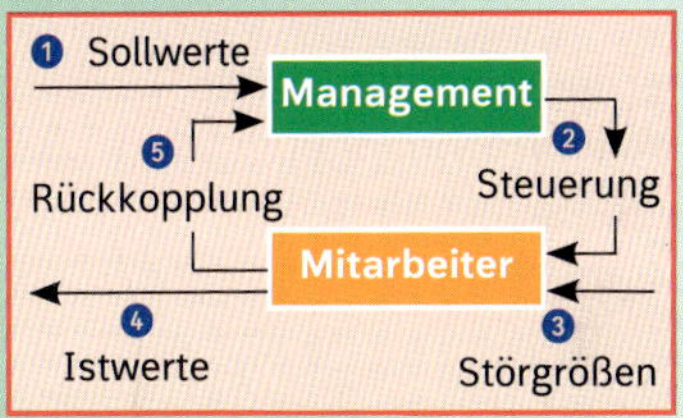

❶ Die Unternehmensleitung (Management) deckt Probleme auf, setzt Ziele, plant Lösungen und trifft Entscheidungen. Das Resultat sind **Sollwerte** (anzustrebende Ergebnisse). Sie enthalten **Zielinformationen**.

❷ Das Management veranlasst die Mitarbeiter, die geplanten Maßnahmen durchzuführen. Dies erfordert eine bestmögliche **Steuerung** der durchzuführenden Handlungen. Sie erfolgt durch **Steuerungsinformationen** (Anweisungen und Unterrichtungen).

❸ ❹ Die Mitarbeiter setzen die Ziel- und Steuerungsinformationen in zielgerichtete Handlungen um und kommen zu Ergebnissen **(Istwerte)**, die möglichst den Sollwerten entsprechen sollen. Durch die Einwirkung von **Störgrößen** (z. B. Marktentwicklungen, Informationsmängel) kommt es jedoch oft zu Abweichungen. Deshalb ist eine Kontrolle der Ergebnisse unerlässlich.

❺ Kontrolle bedeutet: Soll- und Istwerte vergleichen, Abweichungen feststellen und auswerten. Wer anordnet, muss auch kontrollieren! Deshalb müssen dem Management **Rückinformationen** (Rückmeldungen über die erreichten Ergebnisse) übermittelt werden. Sie lösen neue Entscheidungsprozesse aus: Entweder bestätigen sie das bisherige Vorgehen oder sie lösen Ziel- und/oder Maßnahmenkorrekturen aus. Die Kontrolle bewirkt folglich eine **Rückkopplung** (engl.: feedback) von Istwerten und Sollwerten.

- **Steuerung = Maßnahmen, die nachgeordnete Stellen zur Durchführung zielgerichteter Handlungen veranlassen. Hierfür sind Steuerungsinformationen nötig.**
- **Kontrolle = Vergleich und Rückkopplung von Ist- und Sollwerten zwecks neuer Zielausrichtung. Hierfür sind Rückinformationen nötig.**

*Merke: Steuerung + Rückkopplung = **Regelung**. Von daher die Bezeichnung Regelkreis.*

2.4 Controlling

Die Regelkreise im Unternehmen müssen möglichst reibungslos funktionieren. Deshalb sieht die Organisation größerer Betriebe **Koordinationsstellen** für die Planung und Kontrolle sowie die damit verbundenen Informationsprozesse vor. Die Stelleninhaber heißen Controller, ihre Tätigkeit heißt Controlling. Sie tragen die Verantwortung dafür, dass systematisch geplant und kontrolliert wird. Weiterhin treffen und koordinieren sie alle Vorkehrungen, die der wirksamen Durchführung von Planungen und Kontrollen dienen.

Controller müssen dafür Sorge tragen,
- dass alle Ziele operationalisiert und somit ausführbar und messbar festgelegt werden,
- dass für alle Bereiche alternative Planvorschläge (mit den erwarteten Ergebnissen) entwickelt und ausgewählt werden,
- dass die Einhaltung der Pläne im laufenden Betrieb überwacht wird,
- dass bei Abweichungen Maßnahmen zur Gegensteuerung oder Plankorrektur getroffen werden.

Um die Suche und Auswahl **optimaler** Alternativen zu sichern, müssen Controller Machtmissbrauch, Gruppenegoismus, Informationsunterdrückung

to control (engl.) = steuern, regeln

Strategisches Controlling
bezieht sich auf langfristige, strategische Unternehmenskonzepte; überprüft sie auf ihre Richtung, Plausibilität und innere Logik hin und untersucht ihre Chancen, Risiken, Stärken und Schwächen.

Operatives Controlling
- bezieht sich auf kurzfristige und laufende Planungen und Prozesse;
- umfasst unternehmens-, bereichs- und abteilungsweites sowie produktbezogenes Controlling,
- wertet die Zahlen des betrieblichen Rechnungswesens aus und verdichtet sie zu sog. Kennzahlen (oder Kennziffern);
- beurteilt die Betriebsprozesse anhand der Kennzahlen;
- erstellt Soll-Ist-Vergleiche, untersucht Abweichungen und macht Korrekturvorschläge.

sowie das Unterlaufen und Manipulieren von Plänen verhindern. Deshalb befassen sie sich in der Praxis intensiv mit der Auswertung des betrieblichen Rechnungswesens und mit Management-Informationssystemen.

Web

Als **Controllinginstrumente** lassen sich zahlreiche Plan- und Istgrößen sowie Rechnungen (z. B. Bilanzen, Kalkulationen, Umsatzstatistiken, Kostenrechnungen) nutzen. Zwei Instrumente seien besonders erwähnt: Budgetierung und Kennzahlen. Beispiele hierzu finden Sie im Infomaterial Controlling.

M 98

- **Budgetierung**

Ein Budget ist ein Teilplan mit Vorgabewerten (Mindest- oder Höchstwerten), die vom Budgetverantwortlichen einzuhalten sind.

Beispiele: Ausgabenbudget, Kostenbudget. Innerhalb der Budgetgrenzen kann der Verantwortliche frei entscheiden. Insofern ist Budgetierung ein Mittel dezentraler Steuerung. Sie dient
- der Planung der Unternehmensentwicklung,
- der Erkennung von Engpässen und der Abstimmung von Teilplänen,
- der Motivation der Verantwortlichen zur Übererfüllung des Solls (ggf. Belohnung!),
- der Kontrolle von Planabweichungen durch den Soll-Ist-Vergleich.

- **Kennzahlen**

Kennzahlen sollen Aufschluss über die Lage des Unternehmens geben. Sie geben quantitativ messbare Sachverhalte in aussagekräftig verdichteter Form an.

Arten von Kennzahlen		
Grundzahlen	absolute Größen	z. B. Bilanzsumme, Jahresgewinn, Monatsumsatz
Verhältniszahlen:	**aufeinander bezogene Größen**	
1. Gliederungszahlen	Anteile an Gesamtgrößen	z. B. Lohnkostenanteil = Lohnkosten/Gesamtkosten
2. Beziehungszahlen	verschiedenartige Größen mit sachlicher Beziehung zueinander	z. B. Stückkosten = Kosten/Stück Wirtschaftlichkeit = Ertrag/Aufwand
3. Messzahlen	Verhältnis gleichartiger Größen	z. B. Umsatz Mai/Umsatz April
4. Indexzahlen	Beziehung von Messzahlen auf eine gleichartige Basisgröße	z. B. Preisindex = $\text{Preise}_{\text{Jahr x}}$ / $\text{Preise}_{\text{Jahr 1}}$ (Jahr 1 = Basisjahr)

Kennzahlen lassen sich z. B. für Zeit- oder Branchenvergleiche nutzen. Man kann den einzelnen Sachverhalt wie auch die Entwicklung auf ihre Ursachen hin untersuchen. Kennzahlen können als Sollgrößen vorgegeben, im Soll-Ist-Vergleich untersucht und somit als Grundlage für Korrekturen genutzt werden.

2.5 Informationsmanagement

Bei MGB Maltmann Getriebebau e. K. wird das gesamte Betriebsgeschehen in der EDV abgebildet. In einem integrierten System kann das Management Daten beliebig verknüpfen, um das Unternehmen zu steuern.
Ein ERP-System unterstützt jeden Arbeitsschritt von der Kundengewinnung über die Auftragsabwicklung bis hin zur zeitnahen Auslieferung und Abrechnung der Produkte. Es erfasst die Aufträge, prüft automatisch Preise und Bestand und gibt bei Bedarf online eine Bestellung an die Fertigung weiter. Die Geschäftsfälle werden bis hin zur Kommissionierung (Zusammenstellung der Versandartikel nach Kundenaufträgen) und Versandvorbereitung unterstützt.
Die Datenbank liefert exakte Informationen über Auftragsstand und Vertrieb. Das Management kann sofort erkennen, wenn Planungsgrößen über- oder unterschritten werden, und auf Veränderungen schnell reagieren.

Anwendungsmodule für Einkauf und Lagerung sowie für die Fertigungssteuerung mit der Überwachung der Herstellaufträge unterstützen die strikt vertriebsorientierte Auftragsabwicklung. Jeder Kundenauftrag führt automatisch zu einer Bestandsprüfung und -ermittlung. Rohstoffe werden nur für Produkte bestellt, die auch wirklich verkauft werden.
Auch das Rechnungswesen ist integriert. Es ermöglicht ein allgemeines Informations- und Planungssystem und umfasst eine detaillierte Prozesskostenrechnung. „Wir können nur wettbewerbsfähig sein, wenn jeder Mitarbeiter begreift und nachvollziehen kann, dass seine Arbeit Ertrag bringen muss“, sagt Rüdiger Maltmann, der Inhaber von MGB.

Das Informationsmanagement muss jeden Aufgaben- und Entscheidungsträger optimal mit Informationen versorgen: mit dem richtigen Inhalt zur richtigen Zeit am richtigen Ort in der richtigen Form.

Dazu müssen die Aufnahme, die Speicherung, die Verarbeitung und die Abgabe von Informationen jederzeit und überall reibungslos ablaufen. Andernfalls besteht die Gefahr, dass Entscheidungen nicht oder falsch getroffen und Aufgaben nicht oder falsch erfüllt werden. Wichtige Aufgaben des Informationsmanagements sind deshalb:

- die Verwaltung der Informationen (z. B. Zuordnung eindeutiger Informationswege und Speicherplätze, lückenlose Erfassung aller Informationen, Sicherung der Informationen),
- die Gestaltung der Informationsflüsse entsprechend den betrieblichen Prozessen,
- die Bereitstellung der benötigten Zugriffsmethoden und Suchmechanismen,
- die Dokumentation der Verantwortlichkeiten.

Mithilfe der modernen **Informationstechnik** (IT) können viele Informationen heute bequem in Form von **Daten** bereitgestellt werden.

Daten sind in der IT Informationen in Form von Zeichen, die maschinell verarbeitet werden können (z. B. Schriftzeichen, Zahlen).

Beispiel: Anfallende Daten

- Bei jedem Kundenauftrag fallen in der Absatzabteilung Daten an
  - über den Kunden: Kundennummer, Firma, Adresse, eingeräumte Preisnachlässe, Umsatzhöhe, ...
  - über die Artikel: Artikelnummer, Bezeichnung, Mengeneinheit, Preis, Lagerbestand, ...
  - über den Kundenauftrag: Auftragsnummer, Kundennummer, Artikelnummer, Bestellmenge, Bestelldatum, ...
- Bei einem Materialeinkauf fallen in der Beschaffungsabteilung entsprechende Daten über den Lieferanten, das Material, den Lieferantenauftrag an.

Die Daten werden in die EDV eingegeben und in **Datenbanken** – großen Informationsspeichern – abgelegt. Ein Datenbankverwaltungssystem ordnet sie und stellt sie in gewünschter Form wieder zur Verfügung.

Die Daten können durch unterschiedliche Programme erfasst und für unterschiedliche Zwecke verarbeitet werden. Typisch dafür sind **ERP-Programme** (ERP = Enterprise Resource Planning). Das sind Softwaresysteme, die die betriebswirtschaftlichen Prozesse in Produktion, Absatz, Beschaffung, Logistik, Finanz- und Personalwesen bereichsübergreifend steuern und auswerten. Sie verarbeiten die Daten einer Datenbank in Dateien (Tabellen). Eine Datei umfasst eine Anzahl gleich aufgebauter Datensätze.

Beispiel: Datensatz eines Kunden mit Auftragsdaten

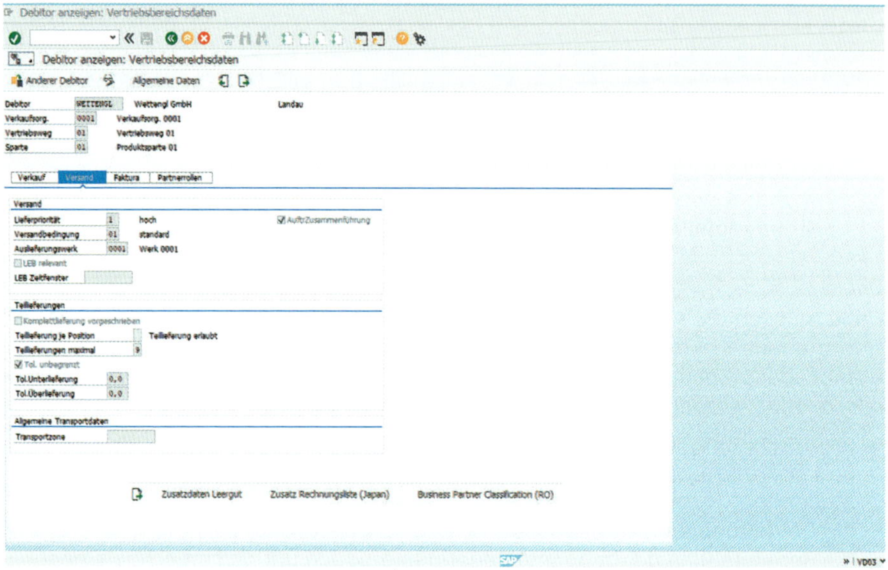

Datenbanken und ERP-Systeme stehen allen berechtigten Benutzern zur Verfügung. So entsteht ein datenbankgesteuertes Informationssystem für das gesamte Unternehmen.

Beispiel: Nutzen eines ERP-Systems

- Die bei den Kundenaufträgen anfallenden Daten können mit dem ERP-Programm verarbeitet werden,
  - um die Aufträge zu buchen,
  - um Rechnungen und Mahnungen zu erstellen,
  - um Absatz- und Umsatzstatistiken zu drucken ...
- Die Mitarbeiter können diese Daten benutzen,
  - um Erkenntnisse zu gewinnen:
    ob ein Artikel sich gut oder schlecht verkauft,
    ob es sich um einen bedeutenden Kunden handelt,
    ob der Kunde kreditwürdig ist,
    ob ein Vertreter ausreichenden Umsatz bringt ...
  - um Entscheidungen zu treffen:
    ob ein Fertigungsauftrag an die Produktionsabteilung ergehen soll,
    ob ein Artikel aus dem Sortiment genommen werden soll,
    ob eine Werbemaßnahme angebracht ist,
    ob Preiszugeständnisse nötig sind ...

ERP-Systeme umfassen Module (selbstständige Programmteile) für betriebswirtschaftliche Funktionen (Aufgabenbereiche). Das System SAP ERP hat z. B. Module, die den Funktionen Logistik, Rechnungswesen und Personalwirtschaft zugeordnet sind:

ERP-System SAP ERP

Logistik	Rechnungswesen	Personalwirtschaft
• Materialwirtschaft (mit Bestellwesen) und Vertrieb • Produktionsplanung und -steuerung sowie Qualitätsmanagement	• Finanzwesen (Debitoren-, Kreditoren-, Haupt-, Anlagenbuchhaltung) • Controlling und Kostenrechnung	• Personalmanagement, -beschaffung, -zeitwirtschaft, -entwicklung, -kostenplanung

Weiterhin nutzen die Industriebetriebe

- Standard-Bürosoftware (Textverarbeitungs-, Tabellenkalkulations-, Datenbank-, Präsentationsprogramme; z. B. Microsoft *Office* und die freie Software *OpenOffice.org*),
- Internetbrowser (z. B. Microsoft *Internet Explorer*, Mozilla *Firefox*, Google *Chrome*)

und

- SCM-Systeme (SC = Supply Chain, Versorgungskette; SCM = Supply Chain Management) für systemübergreifende Anwendungen mit Lieferanten und Kunden,
- CRM-Systeme (CR = Customer Relationship, Kundenbeziehung; CRM = Customer Relationship Management) zur Abstimmung aller kundenbezogenen Prozesse.

Die Daten aus allen Informationssystemen können wiederum ausgewertet und verknüpft werden. Damit entsteht ein umfassendes **Management-Informationssystem (Führungs-Informationssystem)**. Dieses kann von der Unternehmensleitung für die Gesamtplanung und die Vorbereitung ihrer Entscheidungen benutzt werden. Das Management-Informationssystem umfasst folglich ein Informationsnetz, welches die durchgängige Nutzung von einmal gewonnenen Datenbeständen ohne erneute Erfassung zulässt. Man spricht hier von **vernetzten Lösungen** (oder: verketteten Lösungen).

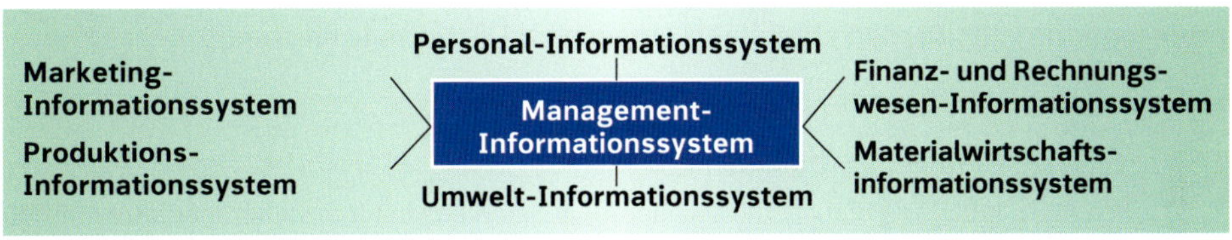

2.6 Bedeutung von Internet und Intranet

Die zentrale Datenbank befindet sich auf einem Server. Mit diesem sind alle Mitarbeiter-PCs (Clients) verbunden, und über ihn sind sie auch untereinander verbunden. So entsteht ein internes Netzwerk, in dem jeder Mitarbeiter auf benötigte Daten zugreifen kann.

Über die Internetadresse des Unternehmens sind auch Zugriffe von außen möglich, und zwar weltweit von jedem beliebigen Computer aus. Umgekehrt kann das Unternehmen weltweit auf fremde Computer und Netzwerke zugreifen. Der jeweilige Internetnutzer gibt auf seinem Rechner die gewünschte Internetadresse ein. Die Startseite (Homepage) des Adressaten erscheint auf dem Bildschirm. Über das Anklicken von Verweisen (Links) öffnen sich weitere Dokumente mit Informationen. Natürlich ist der Zugriff nur auf freie Datenbestände möglich. Wer als interner oder externer Nutzer auf geschützte Daten zugreifen will, muss sich mittels Passwort ausweisen.

Internettechnologie. Sog. **Protokolle** ermöglichen die Kommunikation der im Internet zusammengeschlossenen Netzwerke. Sie regeln Codierung und Versand von Zeichen: **TCP** (Transmission Control Protocol) teilt eine Versandnachricht in kleine Paketeinheiten, **IP** (Internet Protocol) besorgt den Versand zum Zielort. **Router** (Verknüpfungsrechner) bestimmen den schnellsten Weg. Typische Nachrichten sind E-Mails oder Aufträge zum Stöbern im Netz.

Die firmeninternen Netzwerke sind heute vielfach als **Intranets** ausgestattet. Diese wenden ihrerseits die Internettechnologie an. Damit wird jeder an das Intranet angeschlossene Computer auch von außen ansprechbar. Die Kommunikation wird schneller, weil Umcodierungen entfallen. Der Übergang zum Internet wird fließend. Sicherungssysteme („Firewalls") wehren unautorisierte Angriffe von außen auf das Intranet ab.

Ein Intranet verbindet nicht nur die Computer eines Betriebes, sondern vernetzt alle Betriebe, Filialen, Mitarbeiter eines Unternehmens, und dies ggf. weltweit.

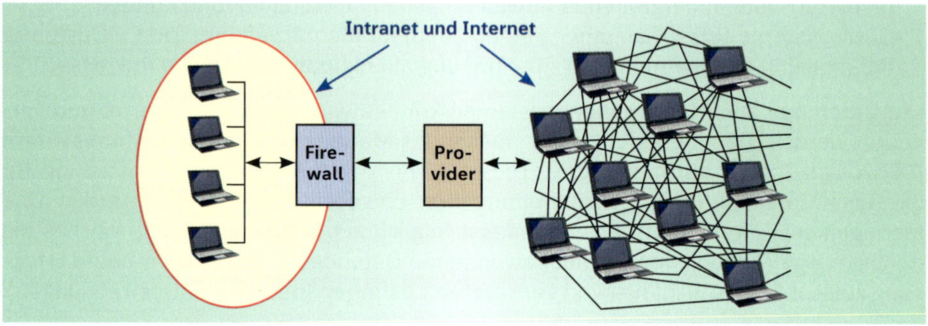

Inter- und Intranet werden kombiniert eingesetzt. Die Vorteile sind enorm:

- Schnellerer Zugriff, mehr Flexibilität

> **Beispiel: Lieferketten-Datenbank**
>
> **Problem:** Jeden Tag braucht die Daimler AG in Sindelfingen für bestimmte Autotüren 2 000 Lederverkleidungen. Früher übermittelte der Werksleiter die Bestellung per Fax an den Lieferanten. Dieser faxte wiederum Bestelldaten an seinen Unterlieferanten. Nach sechs Wochen war die Bestellliste endlich beim zuständigen Ledergerber. Zu spät für ein Unternehmen wie Daimler!
>
> **Lösung:** Daimler entwickelte eine Online-Lieferketten-Datenbank. Alle Lieferanten geben täglich ihre Bestände, Kapazitäten und ihren Bedarf darin ein. Bei dieser Übertragung fließen die Daten aus den Intranets der Lieferanten über das Internet in das Intranet bei Daimler und dort in die Lieferketten-Datenbank.
>
> **Vorteil:** Alle Beteiligten können viel schneller auf Bedarfsänderungen reagieren. Lieferschwierigkeiten werden online angezeigt. Die Folge: Reduzierung der Lagerbestände.

- Breitere Informationsbasis

  Die Mitarbeiter können z. B. in Online-Katalogen von Anbietern blättern und Internetsuchmaschinen nutzen. So entsteht eine breitere Basis für Entscheidungen.

- Zeit- und Kostenersparnis

> **Beispiel: Rohstoff-Auktion im Internet**
>
> Daimler veranstaltete eine Internetauktion für Rohstoffeinkäufe (eine Versteigerung der Aufträge an den günstigsten Bieter). So wurden binnen vier Tagen alle Rohstoffe für zwei komplette Fahrzeugreihen bestellt. Gesamtwert: 3,5 Mrd. EUR. Traditionelle Bestellungen hätten erfahrungsgemäß etwa drei Monate gedauert. Ersparnis: mehrere Millionen Euro.

- Neue Kooperationsformen

> **Beispiele: Neue Kooperationsformen**
>
> - Austausch von Informationen über E-Mails innerhalb und außerhalb des Unternehmens
> - Gemeinsame Entwicklung eines neuen Bauteils in virtuellen Räumen durch Ingenieure des Käufers und des Verkäufers
> - Austausch von Wissen im Rahmen von Diskussionsforen oder Videokonferenzen

Arbeitsaufträge

1. Ein Entscheidungsprozess bei der Top-Dress GmbH, Produzent von Damenbekleidung

Bei der Top-Dress GmbH werden monatlich die Zahlen der Buchführung vom Controlling statistisch ausgewertet. Dabei stellt sich heraus, dass der Gewinn im laufenden Jahr um etwa 40 % hinter den Erwartungen zurückzubleiben droht.

Eine Untersuchung ergibt, dass der Gewinnrückgang auf die Geschäftsaufgabe einer größeren Anzahl von Boutiquen zurückzuführen ist, die nun als Kunden ausfallen. Trotz Bemühungen um neue Kunden kann dieser Ausfall nicht wettgemacht werden.

In einer Direktionsbesprechung wird folgendes Ziel formuliert:

„Maßnahmen ergreifen, um den Gewinn um 50 % zu steigern."

Die Planungsabteilung wird beauftragt, entsprechende Pläne auszuarbeiten und vorzulegen. Sie sammelt Informationen über Kunden, Konkurrenten, die Aufnahmefähigkeit des Marktes, Produktions-, Einkaufs- und Finanzierungsmöglichkeiten und arbeitet zwei alternative Pläne aus. Sie zeigt auch Konsequenzen und Grenzen dieser Pläne auf.

Alternative 1:
Preiserhöhung und Sicherung des Zahlungseingangs durch neue Zahlungsbedingungen. Diese Maßnahmen würden kurzfristig greifen. Sie würden keine zusätzlichen Ausgaben und Kosten verursachen. Der Erfolg ist andererseits verhältnismäßig ungewiss, da Kunden abspringen können und die Gewinnung neuer Kunden erschwert wird.

Alternative 2:
Ausweitung der Produktion auf Standardbekleidung. Dies bedeutet ein Vordringen auf einen neuen Markt mit entsprechenden Absatzmöglichkeiten. Andererseits ist ein Erfolg erst längerfristig zu erwarten, da zusätzliche Ausgaben und Kosten durch die notwendige Vergrößerung der Produktionsflächen und die Beschaffung neuer Maschinen entstehen.

Die Geschäftsleitung studiert Inhalt und Auswirkungen der beiden Pläne. Sie entscheidet sich schließlich zugunsten von Alternative 2. Die leitenden Mitarbeiter in der Finanzierung, Beschaffung und Produktion werden angewiesen, die notwendigen Maßnahmen hinsichtlich Mittelbeschaffung, Einkauf und Produktionssicherung vorzunehmen. Nach Ausführung der einzelnen Schritte werden die Ergebnisse sofort an die Geschäftsleitung zurückgemeldet. Diese mitlaufende Kontrolle ermöglicht es, die tatsächlichen Werte (Istwerte) mit den geplanten Werten (Sollwerten) zu vergleichen und bei Abweichungen Korrekturmaßnahmen einzuleiten.

Erläutern Sie den beschriebenen Entscheidungsprozess
a) als Führungsprozess,
b) als Informationsprozess.

2. Die Walzwerke AG hat einen Großauftrag für den Bau von Walzwerken erhalten.

Erläutern Sie die Führungs- und Entscheidungsprozesse, die sich aus dieser Problemstellung ergeben.

3. Sehen Sie sich noch einmal Arbeitsauftrag 1 auf S. 91 an.
Oberziele sind nicht operational. Deshalb müssen daraus Unterziele abgeleitet werden.
a) Wo lässt sich dieses Vorgehen auch bei dem Automobilhersteller erkennen?
b) Leiten Sie eine „Zielhierarchie" (Rangordnung) aus den beim Automobilhersteller genannten Zielen „Kostensenkung" und „Einhaltung der Liefertermine" ab, an deren Ende operationale Ziele stehen.

4. Aus der Kybernetik[1] stammt das Modell des Regelkreises. Dessen wesentliche Elemente sind der Regler und die Regelstrecke. Der Regler soll das Handeln der Regelstrecke in Richtung auf ein vorgegebenes Ziel (Sollwert) steuern. Er berechnet dazu geeignete Maßnahmen und gibt die nötigen Informationen an die Regelstrecke weiter, welche dementsprechend handelt. Störgrößen können bewirken, dass das Ergebnis (Istwert) vom Sollwert abweicht. Istwerte und Abweichungen werden deshalb an den Regler zurückgemeldet (sog. Rückkopplung), damit der Regler neue Maßnahmen berechnen kann. Aus Steuerung und Rückkopplung zusammen ergibt sich ein Prozess, der als Regelung bezeichnet wird.

[1] griech.: Steuermannskunst. Heute: Wissenschaft, die modellhaft die Steuerung und Regelung von natürlichen und künstlichen Systemen (z. B. Organismen und Organisationen) untersucht.

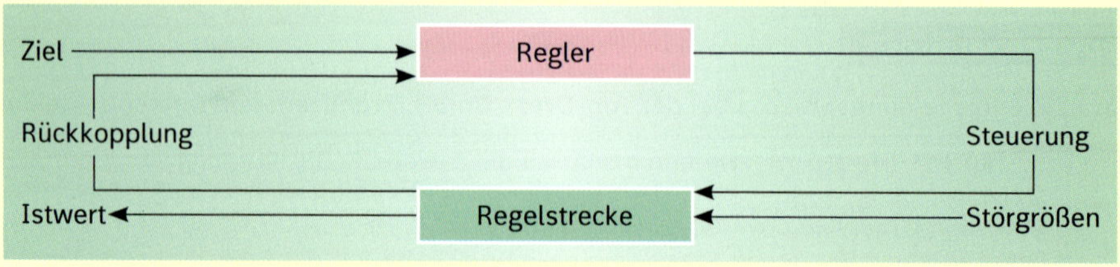

a) Erläutern Sie den Regelkreis am Beispiel einer Heizung. (Thermostat = Regler, Brenner = Regelstrecke)
b) Erklären Sie den betrieblichen Entscheidungs- und Führungsprozess als Regelkreis.
c) Erläutern Sie, wie das Controlling diesen Regelkreis beeinflusst und unterstützt.
d) Regelkreise sind auf allen Führungsebenen – von der Geschäftsleitung bis hinab zum Meister und Gruppenleiter – zu finden. Formulieren Sie ein Beispiel aus Ihrem eigenen Betrieb.

5. In größeren Unternehmen sind Controller mit Steuerungs, Kontroll- und Informationsprozessen befasst.

a) Beschreiben Sie, was Controlling ist und welche Aufgaben es erfüllt. Gehen Sie auch darauf ein, wo der Controller mit dem betrieblichen Rechnungswesen zusammenarbeiten muss.
b) Mit welchen Abteilungen des Unternehmens muss ein Controller außerdem zusammenarbeiten? Worin besteht die Kooperation?
c) Bei kleineren Unternehmen kann es sein, dass keine Controllingstellen eingerichtet werden. Wer könnte dann sinnvollerweise Controllingaufgaben übernehmen? Begründen Sie Ihre Aussage.

6. So funktioniert (vereinfacht dargestellt) ein Management-Informationssystem:

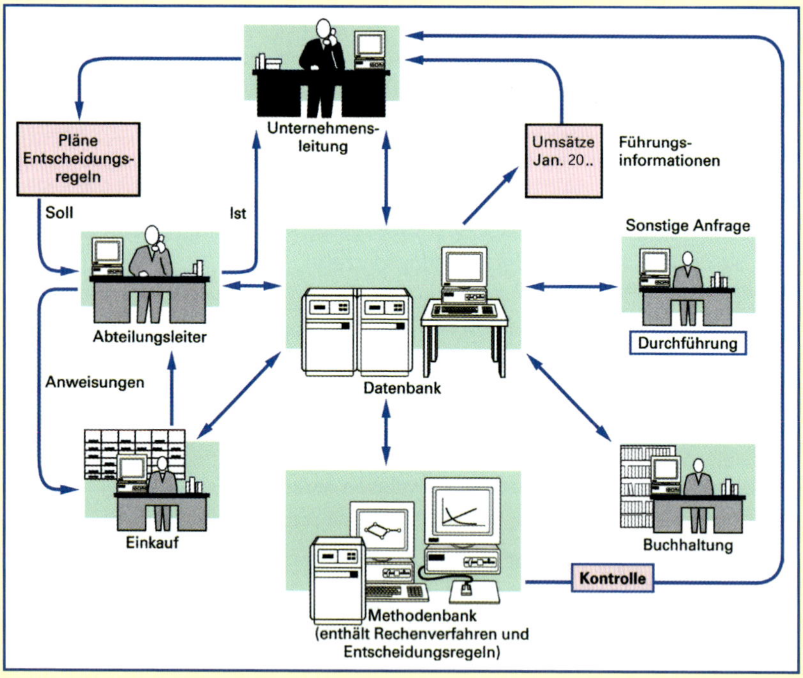

Erläutern Sie, was die Grafik aussagen will.

7. Ein Staubsaugerhersteller will durch geeignete Maßnahmen mit einem neuen Gerät einen Marktanteil von 10 % erzielen.

- Nennen Sie hierfür benötigte Informationen.
- Beschreiben Sie zwangsläufige Informationsmängel.
- Zeigen Sie die möglichen Konsequenzen auf.

3 Funktionen, Flüsse, Wertschöpfung

3.1 Grundlegende Teilaufgaben (Funktionen)

Im Unternehmen wirken soziale Elemente (**Arbeitskräfte**) und technische Elemente (**Betriebsmittel**) zusammen, um unter Einsatz von **Materialien** gemeinsame Ziele (Leistungserstellung, Gewinn) zu erreichen. Deshalb bezeichnet man das Unternehmen als ein **zielgerichtetes soziotechnisches System**.

Die Leistungserstellung (Produktion und Absatz bestimmter Güter) ist die Gesamtaufgabe des Unternehmens. Sie besteht aus zahlreichen Teilaufgaben. Jeder Aufgabenträger (Mensch, Maschine) muss genau bestimmte Teilaufgaben erfüllen.

Das folgende Modell zeigt die grundlegenden Teilaufgaben (Funktionen) des Unternehmens: Leitung, Beschaffung, Lagerung, Fertigung, Absatz, Verwaltung und Finanzierung.

Leistungsfaktoren (Produktionsfaktoren)

Arbeitskräfte, Betriebsmittel und Materialien nennt man die betriebswirtschaftlichen Leistungs- oder Produktionsfaktoren.

- **Betriebsmittel** sind die Gegenstände, mit denen Leistungen erstellt werden: Anlagen, Vorrichtungen, Werkzeuge.
- **Materialien** sind die Gegenstände, die verarbeitet, bearbeitet oder eingearbeitet werden oder für das Funktionieren der Betriebsmittel (z. B. als Schmierstoffe) eingesetzt werden.
- **Ausführende Arbeitskräfte** erstellen mit Betriebsmitteln aus Materialien Leistungen. Sie erhalten Anweisungen von leitenden Arbeitskräften.
- **Leitende Arbeitskräfte** (Management) kombinieren die anderen Leistungsfaktoren miteinander. Sie planen, entscheiden, geben Anweisungen, kontrollieren und organisieren.

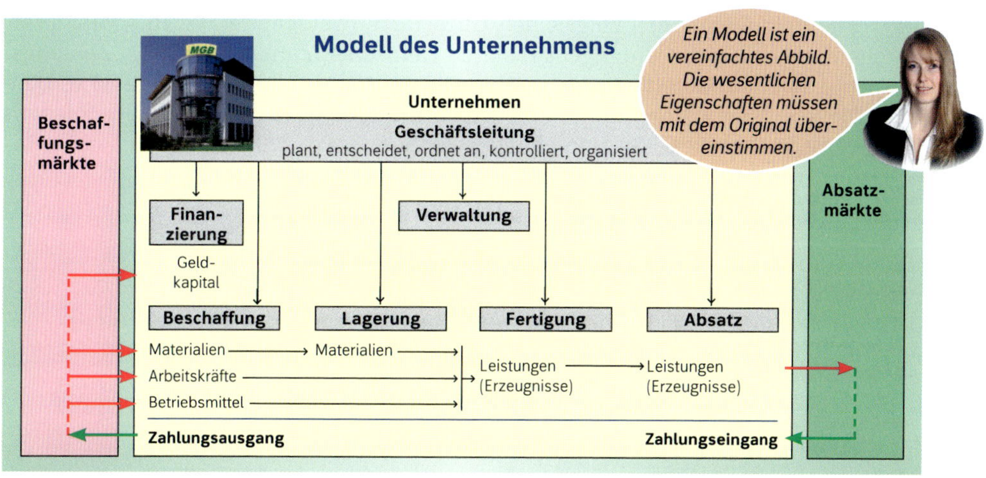

Betriebliche Aufgaben (Funktionen)

Leitung

Es ist die Aufgabe der Geschäftsleitung, die Betriebsprozesse in Gang zu setzen und zu halten. Die Geschäftsleitung hat die Anordnungs-, Entscheidungs- und Kontrollbefugnis (**Führungsfunktion**); ihr obliegt die Gesamtplanung (**Planungsfunktion**); sie gibt dem Unternehmen eine dauerhafte Struktur (**Organisationsfunktion**).

Unabdingbare Aufgaben der Geschäftsleitung (das Gesamtunternehmen betreffend):

- Festlegung der Unternehmensziele und der Unternehmenspolitik,
- Koordinierung der großen betrieblichen Teilbereiche,
- Beseitigung außergewöhnlicher Störungen im laufenden Betriebsprozess,
- Maßnahmen von großer Bedeutung (z. B. Beteiligung an anderen Unternehmen, Stilllegungen),
- Besetzung der obersten Führungsstellen.

Beschaffung

Arbeitskräfte, Betriebsmittel, Materialien und Geldkapital müssen beschafft werden. Im engeren Sinn bezeichnet man mit Beschaffung die Versorgung mit Materialien.

Lagerung

Die beschafften Materialien können oft nicht sofort verarbeitet, sondern müssen erst gelagert werden; ebenso müssen halbfertige Produkte zwischengelagert und fertige Produkte vor dem Verkauf gelagert werden.

Fertigung

In der Fertigung wirken beim Sachleistungsbetrieb Arbeitskräfte, Betriebsmittel und Materialien zusammen, um die Materialien zu Erzeugnissen zu verarbeiten.

Absatz

Die erstellten Leistungen müssen verkauft werden. Vom Absatz lebt das Unternehmen: Nur er bringt die Mittel herein, von denen die Ausgaben bestritten werden können.

Verwaltung

Verwaltungstätigkeiten sollen die Funktionsfähigkeit des Unternehmens sichern. Dazu gehören z. B. die rechnerische Erfassung des Betriebsgeschehens (Rechnungswesen), die Aufbewahrung des Schriftguts, die Personalbetreuung, die technische Instandhaltung der Gebäude.

Finanzierung

Beschaffung, Lagerung, Fertigung, Absatz, Geschäftsleitung und Verwaltung verursachen Aufwendungen und Ausgaben. Die Beschaffung des notwendigen Kapitals heißt Finanzierung. Kapital fließt durch Einlagen der Eigentümer, Kredite der Banken und Geschäftsfreunde und durch den Verkauf der Betriebsleistungen (Erlöse) in das Unternehmen.

Das Unternehmensmodell zeigt einen **Güterfluss** (Geldkapital, Leistungsfaktoren, Erzeugnisse) und einen entgegengesetzten **Geldfluss** (Zahlungseingang, Zahlungsausgang). Mit dem Güterfluss ist ein **Wertefluss (Wertschöpfungsprozess)** verbunden. Diese Flüsse werden durch einen **Informationsfluss** gesteuert. Der folgende Abschnitt erläutert diese Zusammenhänge genauer.

3.2 Verknüpfung der Funktionsbereiche

MGB erhält einen Kundenauftrag (= Bestellung) über die Lieferung von 200 Schieberadgetrieben zum Preis von insgesamt 97 000,00 EUR. Dieser Auftrag setzt einen **Kundenauftragsbearbeitungsprozess** in Gang. Es folgen aufeinander:

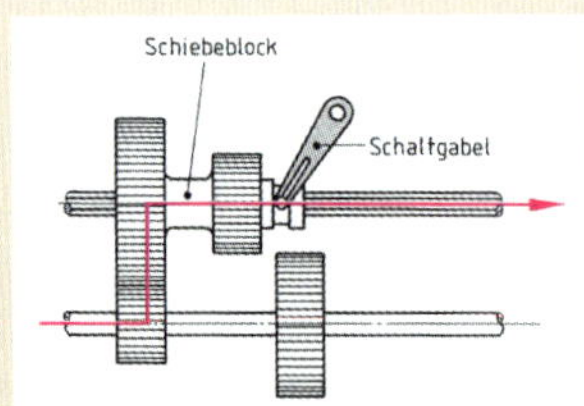

Schieberadgetriebe

- Erfassung der Auftragsdaten;
- Verfügbarkeitsprüfung der Getriebe;
- Bestellungsannahme;
- bei Nichtverfügbarkeit: Fertigungsauftrag;
- Prüfung der Materialverfügbarkeit; ggf. Materialanforderung an den Einkauf;
- Bestellung bei Lieferanten, Erfassung der Liefertermine; Terminüberwachung; Materialeingang;
- Festlegung der Fertigungstermine;
- Belegung der Maschinen; Arbeitsverteilung; Fertigung; Fertigmeldung;
- Versandanzeige an den Kunden; Versand; Rechnungserstellung.
- Außerdem ist die Eingangsrechnung zu prüfen, zu buchen, zur Zahlung anzuweisen und zu bezahlen; die Zahlung ist zu buchen.
- Entsprechendes gilt für die Ausgangsrechnung.

Die verschiedenen Funktionsbereiche arbeiten bei der Leistungserstellung zusammen. Dies lässt sich leicht am Beispiel der Bearbeitung eines Kundenauftrags zeigen:

- Der **Absatz** nimmt die Bestellung entgegen, prüft sie und bestätigt sie dem Kunden; er besorgt den Waren- und Rechnungsversand.

ZWEITER ABSCHNITT

- Die **Fertigung** prüft die Materialverfügbarkeit, belegt die Maschinen und fertigt die Produkte, sofern sie nicht schon auf Lager liegen.
- Das **Lager** hält das Material bereit und nimmt kurzfristig die gefertigten Güter auf.
- Die **Beschaffung** bestellt nicht vorhandenes Material, überwacht die Liefertermine und den Materialeingang.
- Die **Verwaltung** – genauer: das Rechnungswesen – bucht die anfallenden Rechnungen und die Zahlungen.

Bei genauerer Betrachtung stellt man fest, dass bei der Auftragsbearbeitung **Informationen, Güter, Werte** und **Geld** bewegt werden und dass somit **vier Flüsse** durch die Bereiche strömen.

3.2.1 Informationsfluss

Bei der Auftragsbearbeitung werden Informationen erstellt, verarbeitet und weitergegeben. Die Auftragsbearbeitung versieht ihre Adressaten – die Funktionsträger in den Bereichen Absatz, Fertigung, Lagerung, Beschaffung und Verwaltung sowie die Lieferanten und den Kunden – mit zweckorientiertem Wissen, also mit Wissen, das sie für die Erfüllung ihrer Aufgaben benötigen.

Der Informationsfluss hat – sehr grob dargestellt – in etwa den folgenden Verlauf. Zur Vereinfachung verzichten wir auf die Einbeziehung des Lagerbereichs.

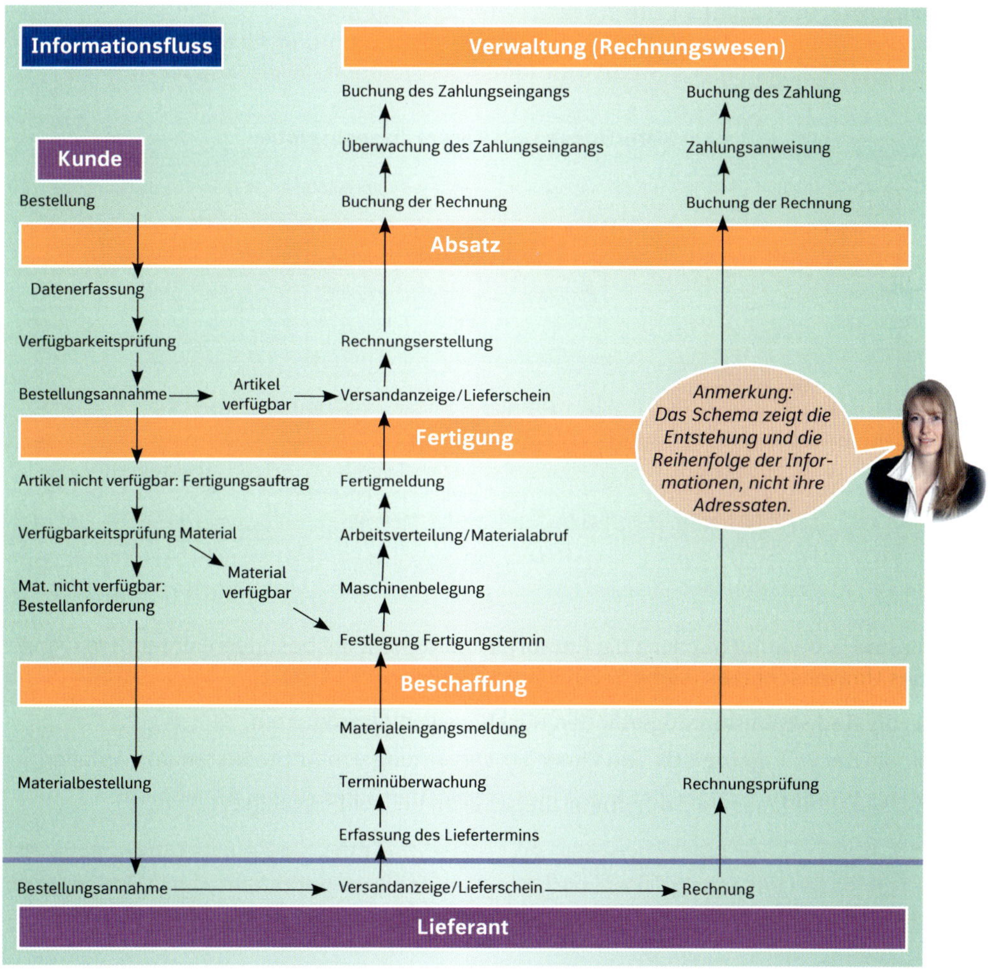

3.2.2 Güterfluss

Die Auftragsbearbeitung führt zu einem Güterfluss: Die bestellten Materialien werden angeliefert, geprüft und zwischengelagert. An den festgelegten Terminen werden sie abgerufen. Zunächst werden Halberzeugnisse (Einzelteile, dann Baugruppen) gefertigt und schließlich zum Fertigerzeugnis montiert. Engpässe können es erforderlich machen, Teile und/oder Baugruppen vor der Weiterverarbeitung kurzfristig zwischenzulagern. Auch die Fertigerzeugnisse werden ggf. bis zum Liefertermin gelagert. Dann werden sie kommissioniert (kundenauftragsgemäß zusammengestellt) und versandt.

Das Wort „Logistik" stammt aus der Militärsprache. Es bezeichnet dort ursprünglich die Versorgung der Front mit allem Notwendigen.

Die optimale Gestaltung aller Güterbewegungen ist Aufgabe der betrieblichen Logistik.

Wichtige Optimierungsprobleme sind z. B. Kommissionierung, Verpackung, Verladung, Auswahl von Transportmitteln und Frachtführern, Abhol- und Zustelltermine, umweltfreundliche Transporte und niedrige Kosten.

Früher waren solche Güterbewegungen wenig beachtete Hilfsvorgänge. Erst seit den 1970er-Jahren hat man erkannt, dass sie, günstig gestaltet, riesige Sparpotenziale bieten.

Nach den Phasen des Güterflusses unterscheidet man:
- **Versorgungslogistik: Beschaffungs-, Produktions- und Absatzlogistik**
- **Entsorgungslogistik: Redistributions-, Recyclings-, Wiedereinsatzlogistik**

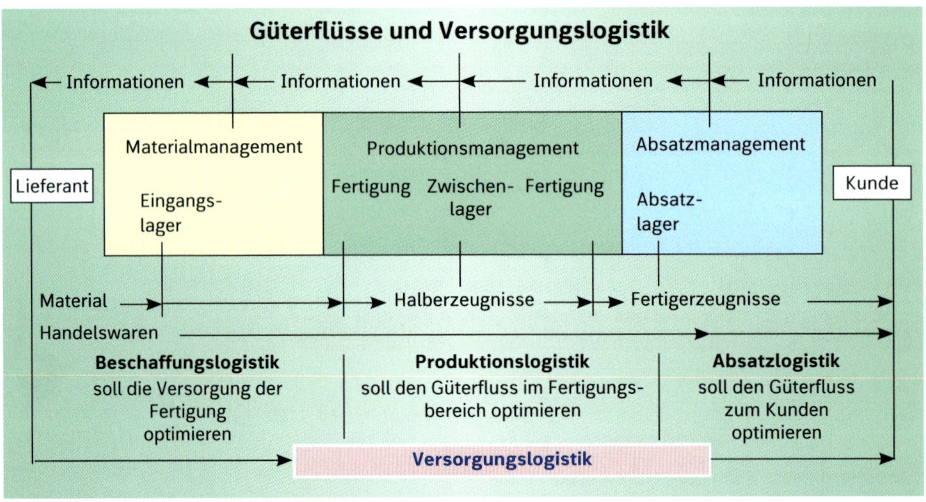

Größte Bedeutung hat auch die **Entsorgungslogistik**, insbesondere unter dem Aspekt des Umweltschutzes (siehe S. 301). Sie optimiert

- als **Redistributionslogistik** den Rückfluss von Altprodukten,
- als **Recyclingslogistik** den Fluss der Verwertung von Altprodukten und Abfällen,
- als **Wiedereinsatzlogistik** den Fluss recycelter Güter zu den Abnehmern.

Die Betrachtung der Teilströme darf nicht den Blick dafür verstellen, dass die Logistik den gesamten Güter- und Informationsfluss optimieren muss. Im Zentrum steht die logistische Kette „Zulieferer – Produzent – Abnehmer" (Supply-Chain).

Der Industriebetrieb geht mit qualifizierten Spediteuren als Logistikdienstleistern feste vertragliche **Logistikpartnerschaften** ein, denn der Speditionsbetrieb als Verkehrsspezialist kann den außerbetrieblichen Güterfluss besser optimieren als der Industriebetrieb.

Integrierte Logistiksysteme sollen die Gesamtoptimierung der Güterflüsse bewirken. Sie sind wesentliche Elemente von sog. SCM-Systemen (SCM = Supply Chain Management). Notwendige Voraussetzungen sind:

- gründliche Planung sämtlicher Güterbewegungsprozesse und ihrer Hilfstätigkeiten,
- Bindung an feste Partner (Lieferanten, Logistikdienstleister, evtl. auch Kunden),
- vernetzte Informationssysteme (Online-Verbindungen: innerbetrieblich funktionsübergreifend, mit den Partnern betriebsübergreifend).

Die Systeme sind kundenorientiert. Sie nehmen die Kundeninformationen auf, leiten sie innerbetrieblich ohne Verzögerung weiter, lösen die notwendigen Fertigungs- und Einkaufsplanungen aus, veranlassen – durch Abstimmung mit Lieferant und Logistikdienstleister – die terminlich und örtlich richtige Bereitstellung des Materials, sorgen für den reibungslosen Material-, Produkt- und Entsorgungsfluss (von Materialrückständen, Verpackungen, Altprodukten) im Betrieb und – durch Abstimmung mit Logistikdienstleister und Kunden – für die reibungslose Versorgung des Kunden.

Wesentliche Ziele des integrierten Logistiksystems sind:
- **genaue Ausrichtung auf den Kunden und die Nachfrage,**
- **Flexibilität und Zuverlässigkeit bei Kundenbelieferung, Fertigung, Materialversorgung,**
- **Kostensenkung bei Fertigung, Lagerung, Logistiktätigkeiten.**

3.2.3 Wertefluss; Wertschöpfungsprozess

MGB hat den Verkaufspreis der 200 Schieberadgetriebe – stark vereinfacht – wie folgt kalkuliert (berechnet):

Materialeinsatz	20 000,00 EUR
+ Aufwendungen für Beschaffung, Lagerung, Fertigung, Absatz, Verwaltung	68 000,00 EUR
+ Gewinnzuschlag	9 000,00 EUR
= Verkaufspreis	97 000,00 EUR

Diese Güterbewegungen werden mengenmäßig erfasst (z. B. Eingang von 200 kg Stanzblech) und wertmäßig erfasst (z. B. 200 kg Stanzblech zu 13,00 EUR/kg = 2600,00 EUR).

Deshalb entspricht dem Güterfluss zugleich ein **Wertefluss**.

Die genaue Erfassung aller Wertzuflüsse und -abflüsse ist Aufgabe des betrieblichen Rechnungswesens.

Mit dem Güterfluss entstehen Werte. Bei Produktverkauf werden sie realisiert. Der Wertefluss kennzeichnet deshalb zugleich einen Wertschöpfungsprozess.

Beispiel: Wertefluss als Wertschöpfungsprozess

Es liegt ein Kundenauftrag zur Lieferung von 200 Getrieben vor.

1. Für die Produktion werden für 20000,00 EUR Materialien eingekauft.
   Eingekaufte, nicht im eigenen Betrieb erzeugte Werte sind **Vorleistungen** fremder Unternehmen.

2. Die Materialien werden bei der Produktion eingesetzt und verbraucht. Folglich entsteht ein **Wertabfluss** in Höhe von 20 000,00 EUR. — 20 000,00
3. Bei der Auftragsbearbeitung kommt es im Beschaffungs-, Produktions-, Verwaltungs- und Absatzbereich zu weiteren Wertabflüssen. Zu verrechnen sind: Arbeitslöhne und Gehälter, Mieten für die Raumnutzung, Verrechnungsbeträge für den Einsatz von Computern, Maschinen, Werkzeugen, Büroausstattung u. a. m. Die Summe dieser Wertabflüsse beträgt 68 000,00 EUR. Wertabflüsse werden bekanntlich als Aufwendungen erfasst (siehe S. 88). — 68 000,00

   Gesamte Aufwendungen: — **88 000,00**
4. Durch die Produktion entstehen neue Werte. Alle Aufwendungen werden den Erzeugnissen zugerechnet und steigern ihren Wert – zumindest rechnerisch.
5. Die Produkte werden für 485,00 EUR/Stück verkauft. Erst beim Verkauf der Produkte wird der gesamte Wertzufluss realisiert. Es entsteht ein **Umsatz** in Höhe von 200 Stück x 485,00 EUR = 97 000,00 EUR. Wertzuflüsse werden bekanntlich als Erträge erfasst (siehe S. 88).

   Gesamter Ertrag: — **97 000,00**

Die insgesamt **im Unternehmen** enstandenen Werte werden als **Wertschöpfung** des Unternehmens bezeichnet.
Infolge der realisierten Wertschöpfung erzielt das Unternehmen einen **Gewinn**. Er ist die Differenz von Erträgen und Aufwendungen und somit der **Nettowertzufluss**.

Erträge (hier: Umsatz)	97 000,00
– Vorleistungen	20 000,00
= **Wertschöpfung**	**77 000,00**

Erträge	97 000,00
– Aufwendungen	88 000,00
= **Gewinn**	**9 000,00**

Der Wertschöpfungsprozess lässt sich anschaulich wie folgt darstellen:

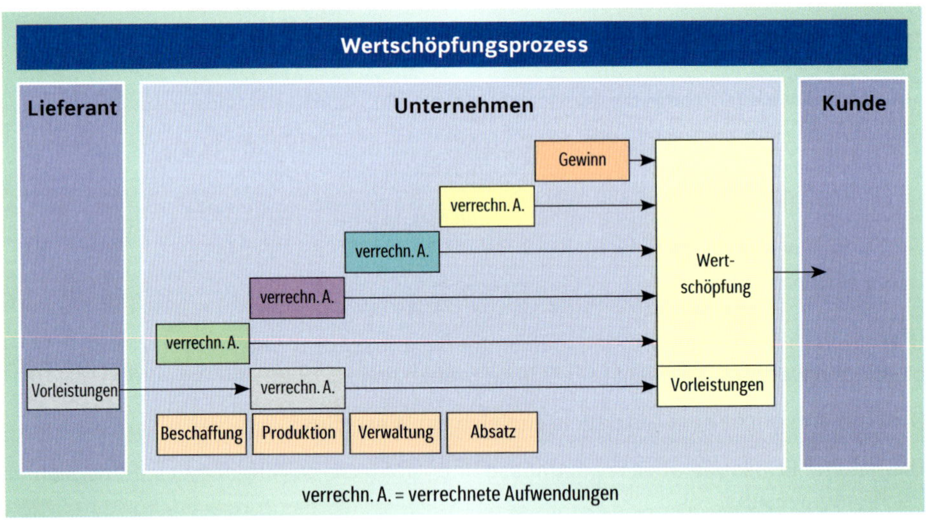

Nützliche Wertzuflüsse sind nur die durch Umsatz realisierten Werte. Die in unverkauften Produkten verrechneten Aufwendungen sind rein rechnerische Wertzuflüsse und für das Unternehmen nutzlos. Ohne Umsatz erzielt es keinen Gewinn. Deshalb ist zu beachten:

Der Wertschöpfungsprozess ist unbedingt kunden- und nutzenorientiert zu sehen.

Alle Aufwendungen sind nur sinnvoll, wenn das Produkt dem Kunden Nutzen bringt. Nur dieser Nutzen veranlasst ihn zum Kauf. Folglich ist der Kunde der Bezugspunkt des Wertschöpfungsprozesses: Sein Wunsch löst den Prozess aus; die Wunscherfüllung beendet ihn. Deshalb sollte ein Produkt z. B. keine Eigenschaften aufweisen, die der Kunde für sich als nutzlos ansieht. Sie verursachen nur zusätzliche Aufwendungen und verteuern die Produkte. Der Kunde ist nicht bereit, den überhöhten Produktpreis zu zahlen.

Auch Produktqualität, Termineinhaltung, Service, Kompetenz müssen sich auf Käufermärkten am Wunsch möglichst jedes einzelnen Kunden orientieren. Nur dann erzielt das Unternehmen Verkaufsgewinne. Der Gewinn markiert die letzte Stufe der Wertschöpfung.

3.2.4 Geldfluss

Der Wertefluss ist mit einem **Geldfluss** verbunden: Materialeinkäufe führen zu **Zahlungsausgängen** an die Lieferanten. Die meisten Aufwendungen – nicht alle! – sind ebenfalls mit Zahlungsausgängen verbunden (z. B. Lohn-, Miet-, Zinszahlungen). Diese Zahlungen entziehen dem Unternehmen flüssige Mittel. Umgekehrt führen die Umsätze zu **Zahlungseingängen**. Das Unternehmen muss auf ausreichend hohe und pünktliche Zahlungseingänge achten. Andernfalls gefährdet es seine eigene Liquidität (Zahlungsfähigkeit).

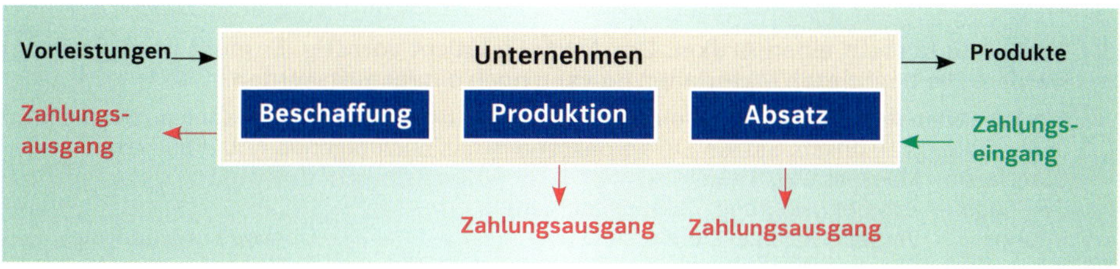

Arbeitsaufträge

1. **Auf den vorausgehenden Seiten finden Sie vier Grafiken zum Informationsfluss, zum Güterfluss, zur Wertschöpfung und zum Geldfluss.**
   Fertigen Sie eine schriftliche Beschreibung der Grafiken an.

2. **Bei der ABC GmbH geht folgende Bestellung (Auszug) der Gebr. Engels KG ein:**

Ihr Zeichen/Schreiben vom	Unser Zeichen/Schreiben vom	Durchwahl	Essen,
Pe/Kr – 03.04.20..	Si/Ga – 31.03.20..	0201 3765 – 312	05.04.20..

Bestellung

gemäß Ihrem Angebot vom 03.04.20..

Pos.	Best.Nr.	Bezeichnung	Menge	Einzelpreis	Gesamtpreis
1	506	Schreibtischstuhl Vega	500	60,00 EUR	30 000,00 EUR zzgl. USt

Lieferung frei Haus einschl. Verpackung; 200 Stück sofort, 300 Stück binnen 90 Tagen

Die nicht sofort lieferbaren Stühle müssen noch gefertigt werden.
Für die Gesamtmenge fallen an: Material- und Leistungseinkäufe 8 000,00 EUR sowie Einsatz dieser Werte in der Fertigung; weiterer Aufwand 17 000,00 EUR (Beschaffung 1 000,00 EUR, Fertigung 13 000,00 EUR, Absatz 2 000,00 EUR, Verwaltung 1 000,00 EUR).

a) Erläutern Sie die Zusammenarbeit der Funktionsbereiche bei der Bearbeitung der Bestellung.
b) Nennen Sie wichtige Informationen, die für die Auftragsbearbeitung erstellt werden müssen.
c) Jeder Funktionsbereich erstellt Informationen, die für andere Bereiche bestimmt sind. Tragen Sie derartige Informationen in eine Matrix nach folgendem Muster ein.

an ... / von ...	Absatz	Fertigung	Beschaffung	Verwaltung
Absatz				
Fertigung				
Beschaffung				
Verwaltung				

d) „Der Informationsfluss steuert den Güterfluss." Erläutern Sie diese Aussage anhand des vorliegenden Falles.
e) Der Informationsfluss löst auch einen Wertefluss und einen Geldfluss aus. Erläutern Sie dies anhand der vorliegenden Auftragsbearbeitung.
f) Inwiefern ist der Wertefluss zugleich ein Wertschöpfungsprozess?
g) Wie viel Euro beträgt die Wertschöpfung
- jeweils im Beschaffungs-, Fertigungs-, Absatz- und Verwaltungsbereich?
- insgesamt?

h) Wie viel Euro und wie viel Prozent der gesamten Wertschöpfung entfallen auf den Gewinn?
i) Erläutern Sie anhand des vorliegenden Falles folgende Begriffe:
Vorleistungen, Aufwendungen, Erträge, Absatz, Umsatz, Gewinn.

3. Ein Kunde bestellt einen Artikel. Der Artikel ist nicht vorrätig. Er muss noch gefertigt werden. Die benötigten Materialien müssen noch eingekauft werden.

Die folgenden Angaben kennzeichnen die Güter-, Geld- und Informationsflüsse, die die Kundenbestellung auslösen. Setzen Sie sie passend in das nachfolgende Ablaufbild ein.

Güterfluss: Material (2x), Artikel (2x)
Geldfluss: Zahlungsausgang, Zahlungseingang
Infofluss: Versandanzeige/Lieferschein (2x)
Einlagerungsauftrag
Kundenrechnung, Kopie Kundenrechnung
Lieferantenrechnung, Kopie Lieferantenrechnung
Kopie Materialeingangsschein
Lagerabruf (Entnahmeliste)
Bestellanforderung
Überweisungsauftrag
Zahlungseingangsbeleg
Fertigungsauftrag
Lieferantenbestellung
Fertigmeldung
Kundenbestellung
Fertigungsauftrag

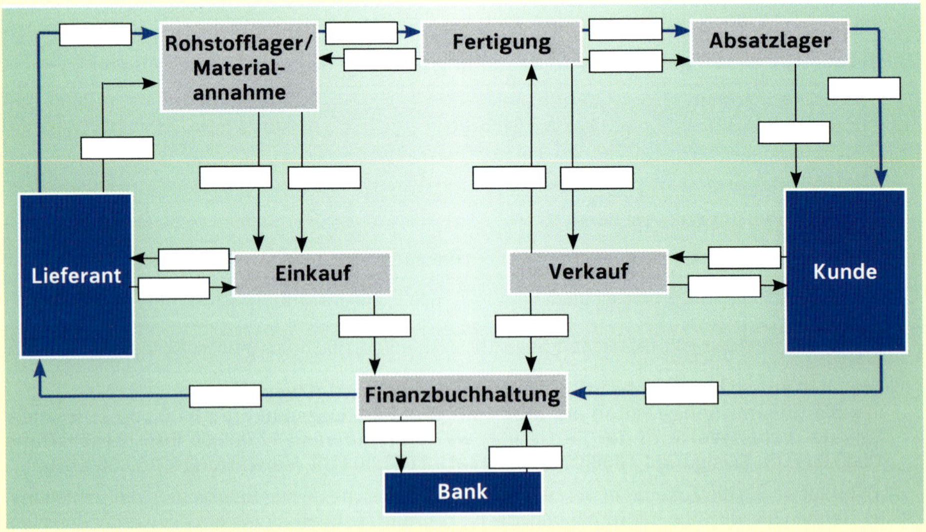

4 Traditionelle Betriebsorganisation

Man stelle sich einmal vor, den 250 Beschäftigten von MGB würde eines Morgens mitgeteilt, alle Abteilungen seien aufgelöst, jeder Mitarbeiter könne sich die Arbeit aussuchen, die ihm am meisten zusage, und Anweisungen brauche niemand mehr entgegenzunehmen. Vielmehr solle jeder nach bestem Können und in freiwilliger Abstimmung mit den anderen Betriebsangehörigen seine Kräfte kreativ für die Betriebsziele einsetzen ...
Das absolute Chaos wäre dann wohl vorprogrammiert. Ohne eine fest gefügte Ordnung wäre MGB einem in seine Einzelteile zerlegten menschlichen Körper vergleichbar, bei dem kein Organ mehr erkennen kann, welche Aufgabe ihm zugedacht ist.

Jeder Aufgabenträger muss bestimmte Teilaufgaben erfüllen. Dies erfordert **Organisation**. Organisation ist eine dauerhafte, zielorientierte Ordnung der Aufgabenträger und Arbeitsprozesse.

- **Die zielorientierte Ordnung der Aufgabenträger ist die *Aufbauorganisation*.**
- **Die zielorientierte Ordnung der Arbeitsprozesse(-abläufe) ist die *Ablauforganisation*.**

4.1 Aufbauorganisation

4.1.1 Stellen und Abteilungen

Die Aufbauorganisation entsteht in den Schritten **Aufgabenanalyse** (Aufgabengliederung) und **Aufgabensynthese**.

- **Aufgabenanalyse:** Man zerlegt die komplexe Gesamtaufgabe in kleine, übersichtliche Teilaufgaben.
- **Aufgabensynthese:** Man bündelt die Teilaufgaben zu begrenzten Arbeitsgebieten, den **Stellen**.
  Stellen mit verwandten Aufgaben werden zu größeren Einheiten, den **Abteilungen**, gebündelt.

Die Leitungsstelle in einer Abteilung heißt **Instanz**.

Der Umfang einer Stelle soll **dem durchschnittlichen Leistungsvermögen eines gedachten Aufgabenträgers** entsprechen. Eine Stelle ist – mit Ausnahmen – also nicht auf eine bestimmte existierende Person zugeschnitten.

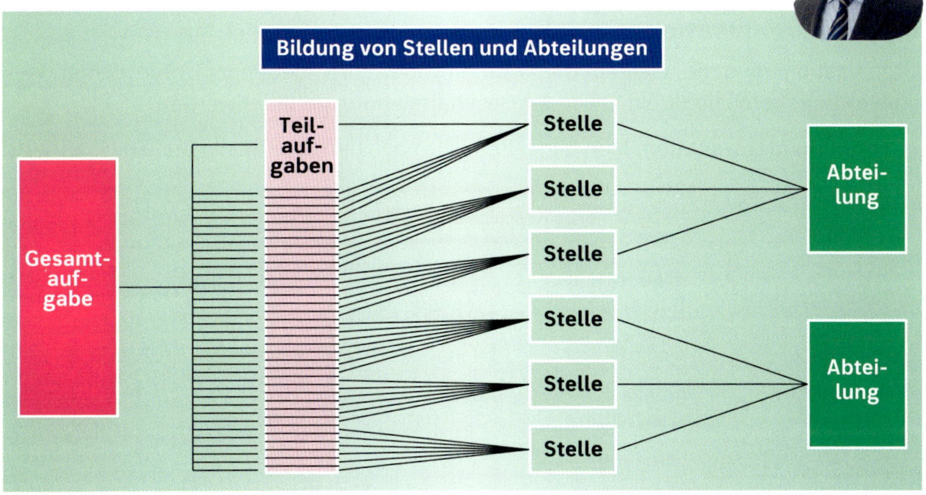

Beispiel: Stelle

Stelle eines Einkäufers für Fertigteile

Aufgabenträger können Menschen oder Maschinen sein. Man unterscheidet dabei: Einpersonenstellen, Mehrpersonenstellen, Mensch-Maschinen-Stellen und Maschinenstellen.

Weisungssysteme

Stellen erhalten Anweisungen von vorgesetzten Stellen und geben Anweisungen an nachgeordnete Stellen. So entsteht ein Weisungssystem. Die entsprechenden Stellen heißen Linienstellen. Man unterscheidet:

- **Einliniensystem**
  Alle Stellen erhalten nur von einer übergeordneten Stelle Anweisungen.
- **Mehrliniensystem**
  Alle (oder bestimmte) Stellen erhalten von mehr als einer übergeordneten Stelle Anweisungen. Dieses System hat sich in der Praxis nicht durchgesetzt.
- **Stabliniensystem**
  Liniensystem mit Stabsstellen (oder sogar Stabsabteilungen). Das sind Stellen, die einer Linieninstanz zugeordnet sind. Sie sollen die Instanz durch informierende, planende oder beratende Tätigkeit entlasten. Stabsstellen haben kein Entscheidungs- und Weisungsrecht.

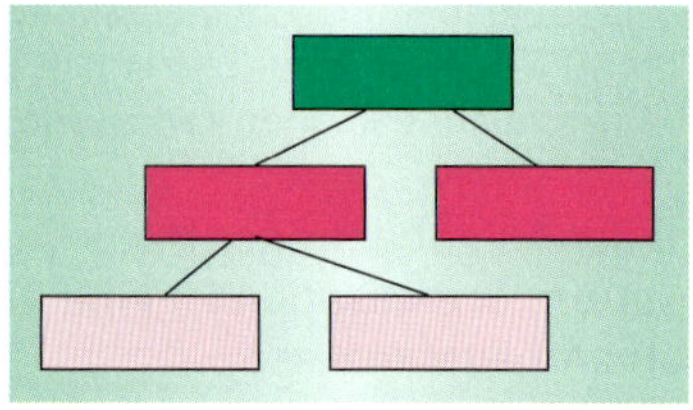
Einliniensystem

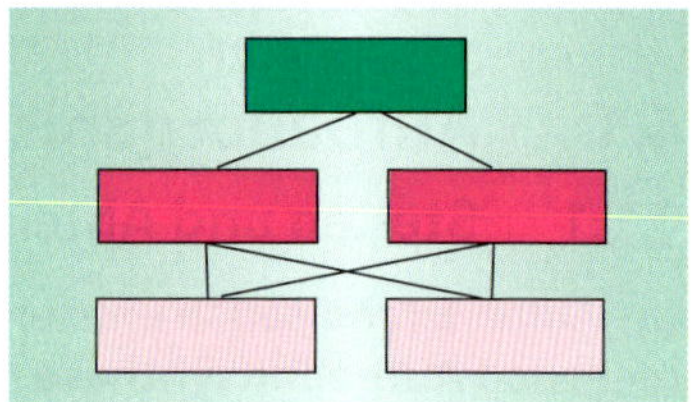
Mehrliniensystem

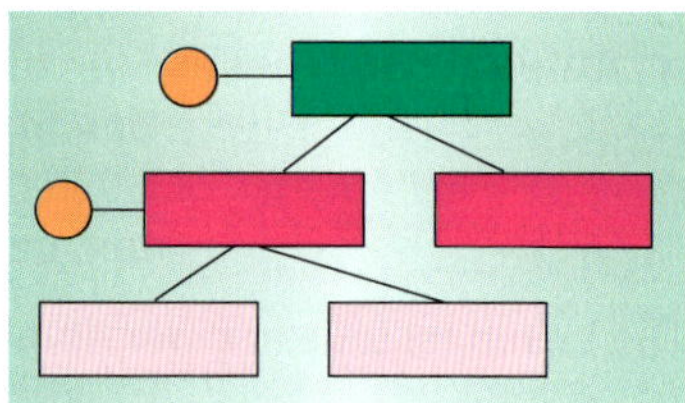
Stabliniensystem

Eine gewisse Ähnlichkeit mit Stabsstellen haben **Fachinstanzen (Zentralstellen)**. Diese bearbeiten Fragen, die alle Linienstellen gemeinsam betreffen. Sie sind der Geschäftsleitung zugeordnet und haben ein begrenztes Weisungsrecht gegenüber der Linie. Typisch sind Stellen wie Gesamtplanung, Organisation und Personalwesen.

4.1.2 Organisationsmodelle

Organisationsmodelle spiegeln die Kriterien wider, nach denen im Unternehmen Verantwortungsbereiche direkt unter der Geschäftsleitung gebildet werden.

- **Funktionsorganisation:** Man bildet Bereiche nach den Grundfunktionen des Betriebs.

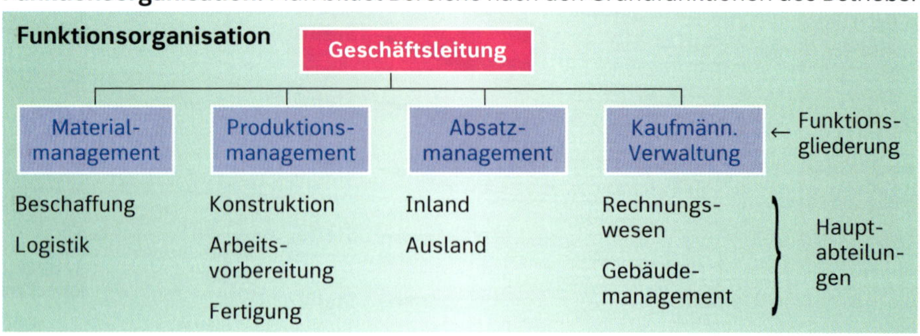

Die Funktionsorganisation ist bei kleineren und mittleren Unternehmen sowie bei Unternehmen mit einem einheitlichen Produktionsprogramm vorherrschend.

- **Spartenorganisation:** Man bildet Bereiche nach den Produktgruppen (Sparten).

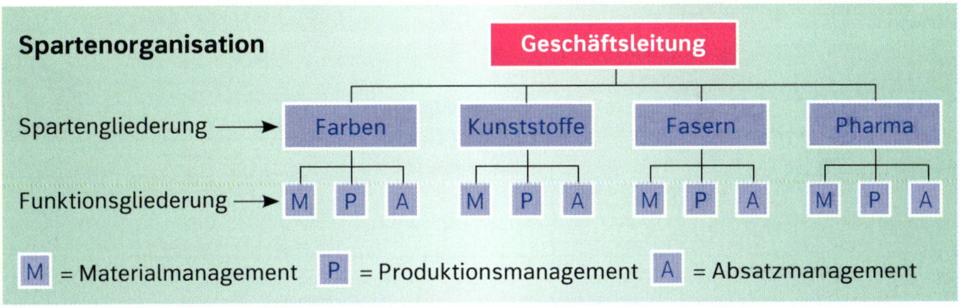

Die Spartenorganisation ist für Unternehmen mit unterschiedlichen Produktgruppen vorteilhaft. Verantwortungs- und Entscheidungsbefugnisse für die Produktgruppen können in hohem Maße auf die Spartenleiter übertragen werden. Die Sparten werden so zu relativ selbstständigen Einheiten, u. a. dadurch, dass die Spartenleiter ihre Geschäfte innerhalb eines vorgegebenen Handlungsspielraums selbst planen. Gegebenenfalls wird für jede Sparte sogar ein eigener Gewinn ermittelt und für die Beurteilung und Steuerung der Sparte herangezogen. Dann spricht man von einem **Profit-Center**.

- **Matrixorganisation:** Kombination von Funktions- und Spartenorganisation. Funktions- und produktorientierte Instanzen stehen gleichberechtigt nebeneinander. Sie sollen kooperieren und so zu gründlicher durchdachten Problemlösungen beitragen. Wegen zwangsläufiger Konflikte zwischen den Instanzen findet man das System in Reinform jedoch sehr selten vor.

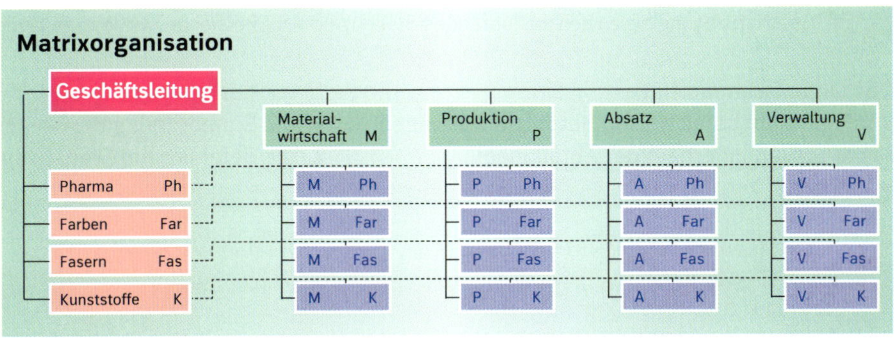

4.1.3 Organisationsschaubild (Organigramm)

Das Organisationsschaubild hält den organisatorischen Aufbau des Betriebes fest.

Beispiel: Organigramm

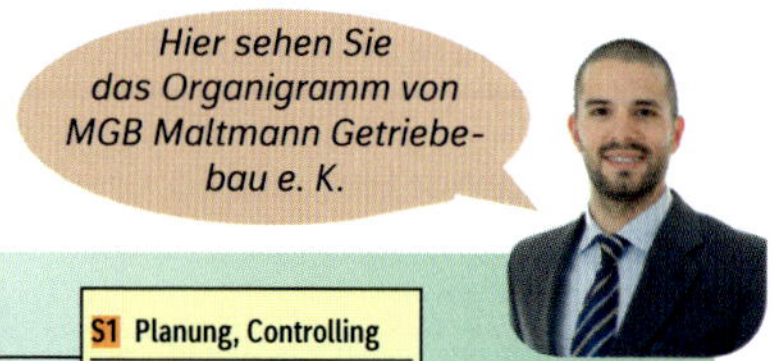

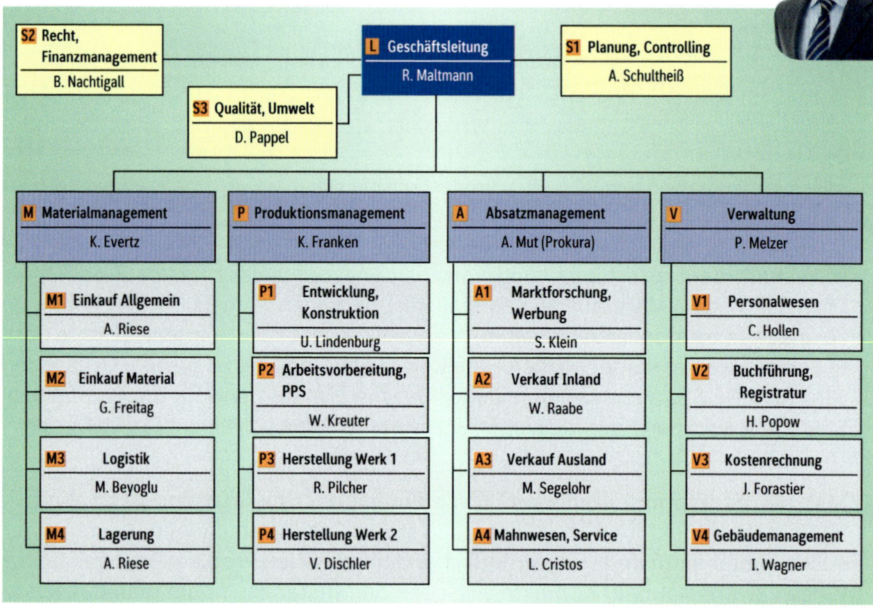

Die Verbindungslinien zeigen die Befehls- und Dienstwege an: eindeutige Weisungswege von der Geschäftsleitung bis zu den ausführenden Stellen und entsprechende Meldewege zurück.

Das Organigramm zeigt:

- die Betriebsbereiche und Betriebsabteilungen,
- die Stellen innerhalb der Abteilungen,
- die Instanzen,
- die Rangordnung der Stellen,
- die Befehls- und Dienstwege.

Arbeitsaufträge

1. **Durch aufmerksame Betrachtung des obigen Schaubildes erhält man bereits einen gewissen Einblick in den Aufbau des Unternehmens und seine Aufgabenerfüllung.**
   a) Welche Grundfunktionen müssen in diesem Unternehmen erledigt werden, um bedarfsgerechte Güter an die Abnehmer liefern zu können?
   b) Geben Sie an, welche Stellen und Abteilungen für die Durchführung dieser Aufgaben jeweils verantwortlich sind.

c) Welche Stellen sind mit Leitungsaufgaben befasst? Geben Sie eine detailliertere Beschreibung dieser Aufgaben.

d) Welche Stellen befassen sich mit material-, produktions-, absatz-, personal-, finanzwirtschaftlichen Aufgaben?

e) Erläutern Sie, ob es sich um eine Funktions- oder eine Spartenorganisation handelt.

f) Welche Stellen würden Sie als Linienstellen, welche als Stabsstellen bezeichnen?

2. Die Müller Küchen GmbH produziert Bad- und Küchenmöbel. Ihr Organigramm zeigt folgendes Bild:

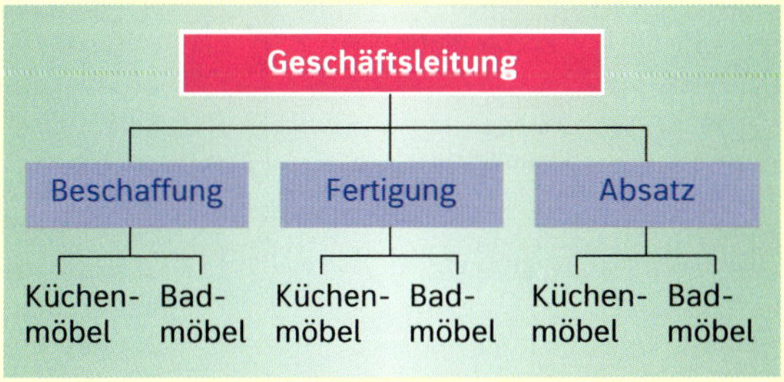

a) Erläutern Sie die Begriffe Funktionsorganisation und Spartenorganisation.

b) Nennen Sie jeweils mindestens drei Vorteile der Funktionsorganisation und der Spartenorganisation.

c) Die Unternehmensberatung Kienspan ist der Ansicht, dass die dargestellte Funktionsorganisation für die Müller Küchen GmbH nicht vorteilhaft ist. Begründen Sie diese Behauptung und entwickeln Sie aus dem obigen Organigramm ein Organigramm der Spartenorganisation.

d) Kienspan würde das neue Aufbaukonzept als Profit-Center-System anlegen. Welche Gründe könnte die Unternehmensberatung dafür anführen?

3. Die Aufbauorganisation legt u. a. die Über- und Unterordnung der Stellen fest. Dabei kann festgelegt werden, dass Linienstellen Anweisungen von nur einer übergeordneten Stelle empfangen (sog. Einliniensystem) oder von mehr als einer Stelle (sog. Mehrliniensystem).

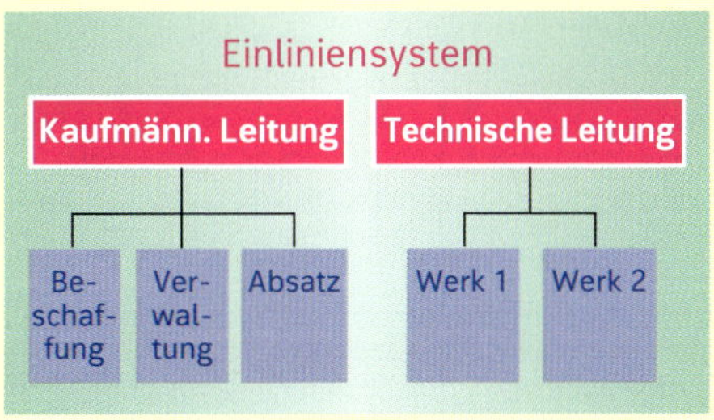

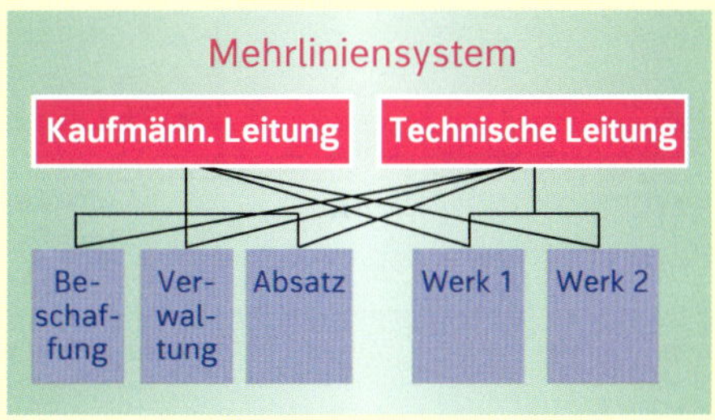

a) Nennen Sie je drei Vorteile der beiden Weisungssysteme.

b) In der Praxis hat sich das Mehrliniensystem nicht durchsetzen können. Versuchen Sie dies zu begründen.

4.2 Ablauforganisation

Die *Ablauforganisation* ordnet die Ablauf- und Bewegungsprozesse in Raum und Zeit im Sinne der Betriebsziele. Dabei verfolgt sie als Ziele

- **die optimale Auslastung der Arbeitskräfte und Betriebsmittel;**
- **die optimale Durchlaufzeit für die Bearbeitungsobjekte.**

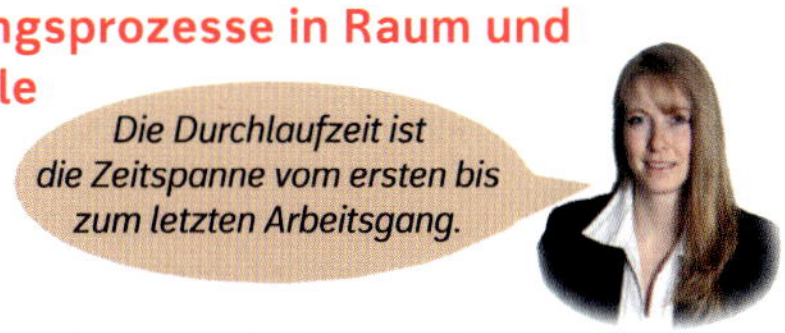

Die Ablauforganisation entsteht in den Schritten Arbeitsanalyse (Arbeitsgliederung) und Arbeitssynthese (Arbeitsverbindung). Wir stellen dies hier an einem Beispiel aus dem Fertigungsbereich von MGB Maltmann Getriebebau e. K. dar.

4.2.1 Arbeitsanalyse

Die Arbeitsanalyse gliedert Teilaufgaben in Vorgänge, Teilvorgänge, Vorgangsstufen und Vorgangselemente[1] und ordnet sie den Bearbeitungsobjekten zu. Das Ergebnis ist ein sog. **Arbeitskatalog**.

Beispiel: **Arbeitskatalog**

Teilaufgabe: Gehäusemontage			
Objekte	**Verrichtungen**	**Objekte**	**Verrichtungen**
Gehäusewand	– aufsetzen – ausrichten – anpressen	Bodendichtung	– auflegen – andrücken – einpressen
Gehäuseboden	– planlegen – festspannen – verschrauben	Deckeldichtung	– auflegen – andrücken – einpressen
Gehäusedeckel	– auflegen – ausrichten – anpressen – verschrauben	Gehäuse	– ausspannen – abheben – einlagern

4.2.2 Arbeitssynthese

Die Arbeitssynthese organisiert den Prozess der Aufgabenerfüllung.

Der Prozess der Aufgabenerfüllung wird vollzogen:	Die Arbeitssynthese legt folglich fest:	Dieser Bereich der Arbeitssynthese heißt:
in der Zeit	• Zeitfolge • Zeitdauer • Zeitabgleich	Arbeitsvereinigung (zeitliche Synthese)
von Arbeitssubjekten	• Zuordnung zu einem Einzelnen • Gruppenzuordnung	Arbeitsverteilung (personale Synthese)
im Raum	• Anordnung der Arbeitsplätze • Bestimmung der Arbeitswege • zweckmäßige Ausstattung mit Arbeitsmitteln	Raumgestaltung (räumliche Synthese)

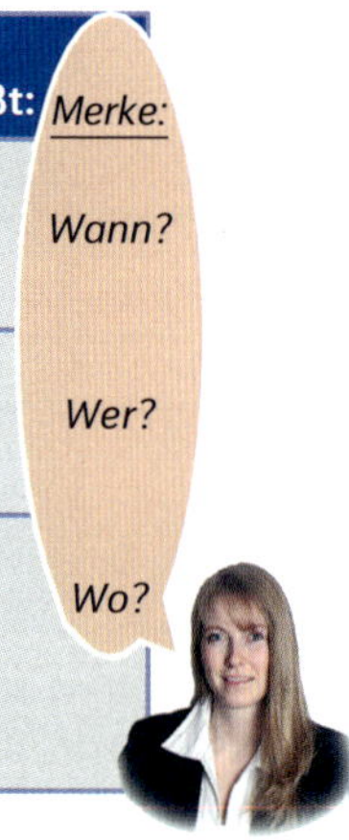

Beispiel: **Gehäusemontage**

Arbeitsvereinigung

Die Arbeitsverrichtungen werden in ihrer zeitlichen Reihenfolge angeordnet (Festlegung der Zeitfolge). Die Dauer der einzelnen Verrichtungen wird festgelegt (z. B. Gehäuseboden verschrauben = 5). Nun folgt der Zeitabgleich:

Es soll angenommen werden, die tägliche Arbeitszeit betrage 8 Stunden (= 480 Minuten) und pro Tag sollen 96 Gehäuse hergestellt werden. Dann wird alle 5 Minuten eine Einheit fertiggestellt. Dieser Zeitraum ist die sogenannte **Taktzeit**. Sie umfasst Bearbeitungszeit und Wartezeit. Wartezeiten verursachen Kosten, bringen aber keinen Ertrag. Deshalb wird man Verrichtungen so miteinander kombinieren, dass die Summe der kombinierten Zeiten in keinem Fall die Taktzeit überschreitet, aber die Wartezeiten minimiert werden. Die Einkreisungen im folgenden Schema geben die Zeiten der kombinierten Arbeitsvorgänge wieder, die fetten Zahlen ihre Summen.

[1] Vgl. S. 216 und 480.

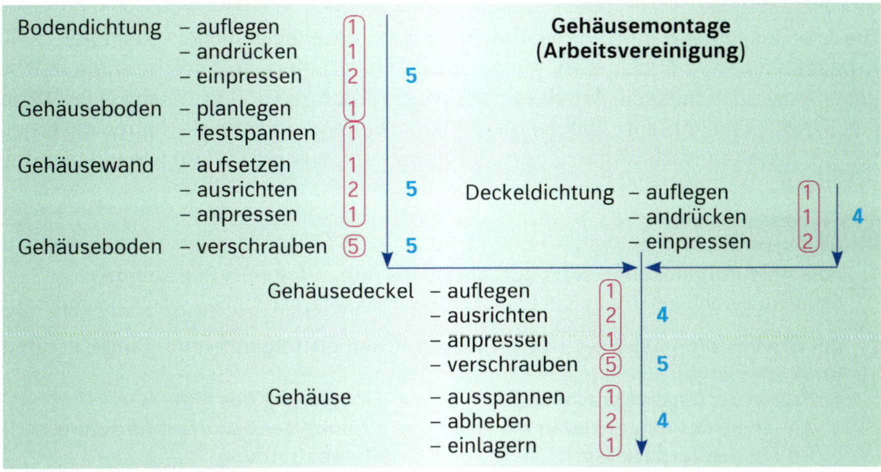

Arbeitsverteilung

Die eingetragenen Zeiten sind so errechnet, dass ein Arbeiter die entsprechende Verrichtung bei normalem Leistungsvermögen bewältigen kann, ohne überfordert zu werden.

Die kombinierten Arbeitsgangfolgen sollen jeweils einem Arbeiter zugeordnet werden. Bei 7 Folgen sind also 7 Arbeiter notwendig. Sie sollen eine **Arbeitsgruppe**[1] bilden, die ihre Arbeitsverteilung autonom organisiert. Sie kann selbst bestimmen, wer zu welcher Zeit welche Arbeiten übernimmt. Die Arbeitsplätze werden untereinander ausgetauscht, um Monotonie zu vermeiden. Gegenseitiges Aushelfen ist erwünscht und möglich, da zwei Arbeitsgangfolgen die Taktzeit nicht ausfüllen.

Die Arbeitsverteilung soll auf diese Weise die optimale Auslastung der Arbeitskräfte und Betriebsmittel gewährleisten.

Raumgestaltung

Die Raumgestaltung versucht die Arbeitsplätze so anzuordnen, zu gestalten und mit Arbeitsmitteln auszustatten, dass die Durchlaufwege und Durchlaufzeiten minimiert werden.

In unserem Beispiel werden die Arbeitsplätze zu diesem Zweck nach dem Prinzip der **Gruppenfertigung**[2] organisiert:

Die 7 Arbeitsplätze werden mit den notwendigen Hilfsmitteln und Maschinen in einer räumlich zusammenhängenden Fertigungsgruppe zusammengefasst. Ein Transportband befördert die Arbeitsobjekte von einem Arbeitsplatz zum nächsten. Jeder Arbeitsplatz verfügt über ein Lager der dort benötigten Teile.

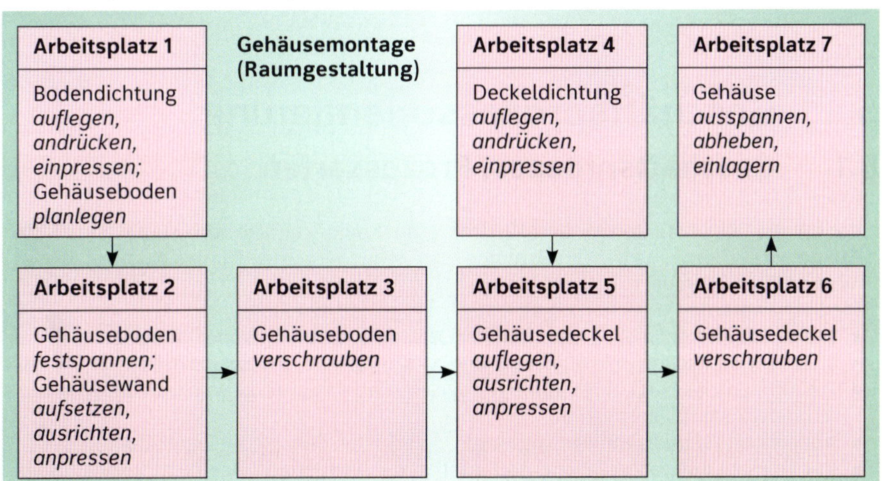

[1] Vgl. S. 288 und 292. [2] Vgl. S. 218.

Die Arbeitssynthese führt in der Praxis zu ganz unterschiedlichen Lösungen, z. B. bei Arbeitsabläufen, die sich stets gleichförmig wiederholen, und solchen, die individuell gestaltet werden müssen. **Arbeitsablaufbeschreibungen** und **grafische Darstellungen** – z. B. Netzpläne, Ablauf-, Balken- und Prozesskettendiagramme[1] – halten die Ergebnisse fest. **Arbeitsanweisungen** legen verbindlich fest, **wer was wann wie wo** bearbeitet.

Arbeitsaufträge

1. **„Die Ablauforganisation setzt dort an, wo die Aufbauorganisation aufhört."**
   Erläutern Sie anhand dieses Satzes den Unterschied zwischen Aufbau- und Ablauforganisation.

2. **Bei einem Materialeinkauf sind im Wesentlichen die folgenden Vorgänge zu erledigen (nicht geordnet!).**
   - **Prüfen der Eingangsrechnung**
   - **Annahme des eingehenden Materials**
   - **Prüfen der Verpackung**
   - **Überprüfung des Lagerbestands**
   - **Überweisung des Rechnungsbetrags**
   - **Feststellung des Materialbedarfs**
   - **Buchung der Eingangsrechnung**
   - **Erstellung einer Bedarfsanforderung**
   - **Einlagerung des Materials**
   - **Prüfung der Bedarfsanforderung**
   - **Materialprüfung**
   - **Eingabe der Bestelldaten**
   - **Vergleich des eingegangenen Materials mit der Bestellung**
   - **Drucken der Bestellung**

   Diese Vorgänge werden in folgenden Abteilungen erledigt:
   Lager, Einkauf, Warenannahme, Materialprüfung, Rechnungsprüfung, Buchhaltung.
   a) Erstellen Sie ein Schema nach dem unten stehenden Muster.
   b) Legen Sie die richtige Zeitfolge für die genannten Tätigkeiten fest.
   c) Nehmen Sie die Arbeitsverteilung (Zuordnung zu einer Abteilung) durch Eintragung von Kreuzen vor.

   Hinweis:
   Benutzen Sie für die Lösung ggf. die Ausführungen auf den Seiten 340 ff. des Lehrbuchs.

Abteilungen / Arbeitsablauf				*z. B. Lager*			
	A	B	C	D	E	F	G	H
1. z. B. *Einlagerung des Materials*					x			
2.								

5 Geschäftsprozessorientierung

5.1 Geschäftsprozess, Prozessarten

Vor einigen Jahren stellten wir bei MGB trotz guter Konjunkturlage von Quartal zu Quartal einen Rückgang der Umsätze und der Gewinne fest, den wir uns anfangs nicht erklären konnten.
Die Suche nach den Ursachen ergab zunächst folgende Resultate:
- Die Kunden waren in aller Regel von der Qualität unserer Produkte überzeugt.
- Trotzdem wechselten viele Stammkunden zur Konkurrenz, und zwar zunehmend.
- Des Öfteren mussten Kundenaufträge abgelehnt werden, weil die von den Kunden gewünschten Lieferfristen zu kurz waren.
- Andererseits wurden von uns zugesagte Lieferfristen öfter nicht eingehalten.
- Wir konnten auf nachträgliche Änderungen der Kundenaufträge nicht flexibel reagieren, mussten z. B. teilweise die Lieferfristen um 70 % der Zeit strecken.

[1] Begriffe siehe Sachwortverzeichnis.

Genauere Untersuchungen ergaben, dass die Arbeitsabläufe innerhalb der Abteilungen bestens organisiert waren und reibungslos abliefen. Allerdings mussten die Sachbearbeiter auch für kleinere Entscheidungen immer die Genehmigung der Abteilungsleiter einholen – was die Prozesse erheblich verzögerte. Außerdem gab es immer wieder Verzögerungen an den Schnittstellen der Abteilungen, also bei der Übergabe der Auftragsbearbeitung von einer Abteilung an die nächste. Notwendige Informationen wurden nicht schnell genug weitergeleitet. So kam es z. B. häufig zu Störungen, weil Änderungen der Kundenaufträge nicht richtig oder verspätet an die Fertigung und an die Lieferanten weitergegeben wurden. Unzufriedene Lieferanten und Kunden waren die Folge.

Um Abhilfe zu schaffen, beauftragten wir eine Unternehmensberatungsgesellschaft. Diese erstellte genaue Analysen aller wesentlichen Prozesse. Anschließend schlug sie uns eine Neugestaltung der Geschäftsprozesse und die Einführung eines Geschäftsprozessmanagements vor.

Eine kundenorientierte Leistungserstellung erfordert ein reibungsloses Funktionieren der Arbeitsabläufe. Dafür müssen die Tätigkeiten in den Geschäftsprozessen verzögerungsfrei verkettet werden.

Ein Geschäftsprozess ist eine logische Folge zusammengehörender, wiederholbarer Wertschöpfungstätigkeiten. Er ist der Weg, auf dem ein Ergebnis mit Kundennutzen erreicht werden soll.

Beispiel: Kundenauftragsbearbeitungprozess

Der Kundenauftragsbearbeitungsprozess ist ein wichtiger Geschäftsprozess. Er besteht aus einer Folge von Tätigkeiten. Diese sollen zur Erfüllung des Kundenwunschs führen und somit Werte für den Kunden schaffen. Er beginnt mit der Erfassung der Auftragsdaten, führt zur Lieferung und endet mit der Buchung des Zahlungseingangs.

Geschäftsprozesse bestehen aus **Subprozessen (Teilprozessen)**.

Beispiel: Subprozesse

Einige Subprozesse des Kundenauftragsbearbeitungsprozesses sind z. B.:

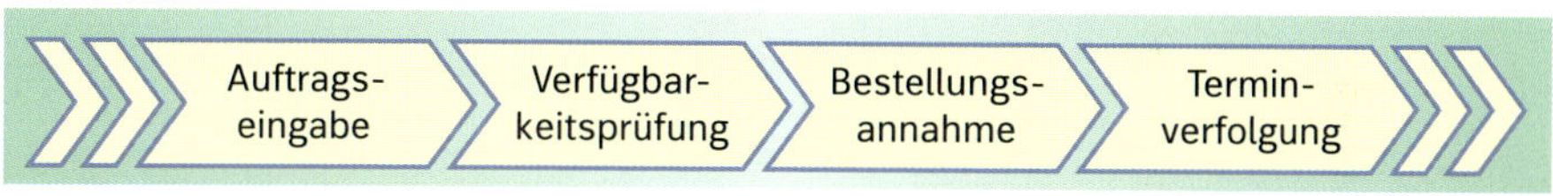

Die Wertschöpfung vollzieht sich durch die Abwicklung der Geschäftsprozesse. Man unterscheidet Kernprozesse, Supportprozesse und Managementprozesse.

- **Kernprozesse**

  Prozesse, mit denen die Hauptleistung – die Wertschöpfung – erbracht wird, heißen Kernprozesse (Schlüsselprozesse).

  Kernprozesse sind auf externe Kunden, also Käufer der Unternehmensleistungen, bezogen. Sie sind teils kundennah, teils kundenfern.

Grundlegende Kernprozesse in Industrieunternehmen

Bezeichnung	Inhalt	Anfang – Ende	
Innovationsprozess	Ideenfindung für Innovationen (Neuerungen, neue Produkte)	Vom Kundenbedürfnis bis zur Produktidee	kundenferne Kernprozesse
Produktplanungsprozess	Ideenbewertung, Ideenauswahl, ggf. auch Festmachen von Nachfrageranforderungen	Von Produktidee bis Ideenauswahl, ggf. auch bis Lastenheft (Inhalt: Produktanforderungen)	
Produktentwicklungsprozess	Entwicklung der Produkte	Vom Lastenheft bis zum fertigungsreifen Produkt	

Grundlegende Kernprozesse in Industrieunternehmen

Bezeichnung	Inhalt	Anfang – Ende	
Vertriebsprozess	Vermarktung der Produkte	Von der Kundengewinnung bis zum Kundenauftrag	kundennahe Kernprozesse
Kundenauftragsbearbeitungsprozess	Fertigung und Lieferung der Produkte	Vom Kundenauftrag bis zum Rechnungsausgleich	(ditto)
Serviceprozess	Dienstleistungen für Kunden	Vom Kundenproblem bis zur Problemlösung	(ditto)

- **Supportprozesse**

Die Kernprozesse werden von Supportprozessen (Hilfsprozessen) unterstützt.

Supportprozesse sind für den Unternehmenserfolg notwendig, tragen aber nicht direkt zur Steigerung des Kundennutzens bei. Ihre Auftraggeber sind interne Kunden.

Beispiel: Beschaffungsprozesse

Materialien müssen beschafft werden, um die Produktion zu ermöglichen. Beschaffungsprozesse werden durch Bedarfsanforderungen der Produktion ausgelöst, wenn die Lagerbestände nicht mehr ausreichen.

Grundlegende Supportprozesse

Bezeichnung	Inhalt
Prozesse des/der ...	
... Personalmanagements	Personalplanung, -beschaffung, -entwicklung, -betreuung
... Ressourcenmanagements	Planung, Beschaffung, Bereitstellung, Instandhaltung, Kontrolle von Material, Betriebsmitteln und Finanzmitteln
... Information/Kommunikation	Planung, Beschaffung, Bereitstellung, Instandhaltung, Kontrolle von Informations- und Kommunikationsressourcen
... Qualitätsmanagements	Qualitätsplanung, -lenkung, -förderung
... Rechnungswesens/Controllings	Buchführung, Bilanzierung, Kosten- und Leistungsrechnung, Statistik, Planungsrechnung, Koordination von Steuerung und Kontrolle

- **Managementprozesse**

Das Management ist die Unternehmensführung. Seine Aufgabe ist es, Probleme, Chancen und Risiken für das Unternehmen rechtzeitig zu erkennen, weitsichtig Unternehmensziele zu setzen, zielorientierte Lösungswege (Strategien) zu planen, zielorientierte Entscheidungen zu treffen und durchzusetzen sowie die Ergebnisse auf ihren Erfolg (Zielerreichung) hin zu überprüfen.

In ihrem zeitlichen Ablauf ergeben diese Führungsaufgaben Managementprozesse (Führungsprozesse).

Managementprozesse

Probleme aufdecken	Ziele setzen	Mittel und Wege planen	Entscheidungen treffen	Entscheidungen umsetzen/durchsetzen	Ergebnisse kontrollieren

Durch Managementprozesse werden Kern- und Supportprozesse erst geschaffen, zielgerecht gestaltet, gesteuert und kontrolliert.

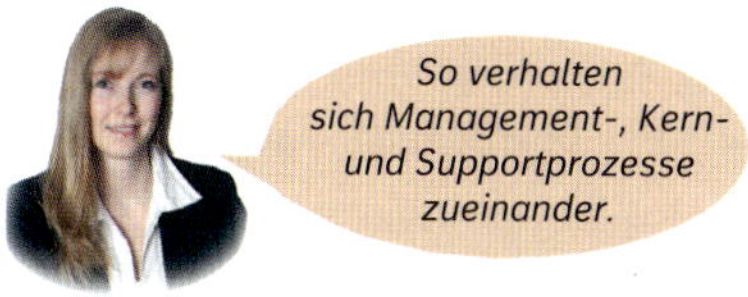

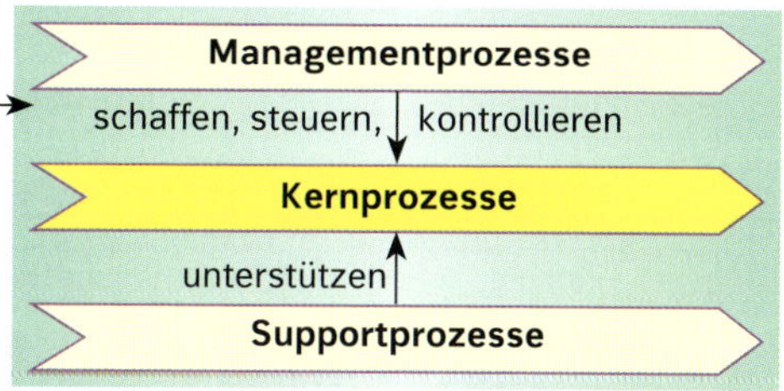

5.2 Prozessorganisation

Die traditionelle Organisation ist einer zügigen Abwicklung der Geschäftsprozesse eher hinderlich. Die Betriebsbereiche bestehen – besonders in Großunternehmen – aus einer Vielzahl von Haupt- und Unterabteilungen sowie Stellen mit einer starren Struktur:

- In der traditionellen Organisation hat jeder Stelleninhaber einen eigenen fest abgegrenzten Arbeits- und Verantwortungsbereich.
- Er erledigt in diesem engen Rahmen nur kleine Teilvorgänge und kann den Gesamtzusammenhang des Geschäftsprozesses oft nicht erfassen.
- Für Entscheidungen muss er außerdem häufig den Vorgesetzten einschalten.
- Optimierungen der Arbeitsabläufe beschränken sich im Wesentlichen auf die Abläufe innerhalb der Stelle bzw. Abteilung.
- In der Folge kommt es zu Zeit- und Mengenverlusten, ggf. auch zu Qualitätsverlusten.

Dies kann sehr nachteilig sein bei einer Entwicklung, die durch gesättigte Käufermärkte, kurze Produktlebenszeiten und Wettbewerb auf globalen Märkten geprägt ist.

Wer schnell und flexibel reagieren kann (Zeitmanagement!) und zugleich höchste Qualität bietet (Qualitätsmanagement!), erzielt bekanntlich Wettbewerbsvorteile (vgl. S. 26 ff.). Optimale Geschäftsprozesse sind für beides die beste Voraussetzung.

Um dem zunehmenden Druck zu begegnen, untersuchen Unternehmen heutzutage alle ihre Bereiche und Abläufe auf Schwachstellen. Nicht, um sie zu reparieren oder zu verbessern, sondern um sie von Grund auf geschäftsprozessorientiert neu zu gestalten (sog. **Business Process Reengineering**).

Die moderne Organisation ist geschäftsprozessorientiert. Ihr vorrangiges Ziel ist die Optimierung der Geschäftsprozesse über Stellen- und Abteilungsgrenzen hinweg. Abteilungen und Stellen haben sich den Geschäftsprozessen unterzuordnen.

Man nimmt den Abteilungsleitern Verantwortlichkeiten weg und überträgt sie auf **Prozessverantwortliche**. Die Prozessverantwortlichen leiten **Prozessteams**, die aus Fachleuten aller beteiligten Bereiche bestehen. Die Teams führen die Prozesse selbstständig durch. So wird das langwierige Weiterreichen von Abteilung zu Abteilung, von Mitarbeiter zu Mitarbeiter stark reduziert.

Vorteile der Geschäftsprozessorientierung
- bereichsübergreifende Betrachtung
- absolute Zielorientierung
- Betonung der Teamarbeit
- ausgeprägtes Kosten-Nutzen-Denken
- Ausrichtung der Prozesse am Kunden

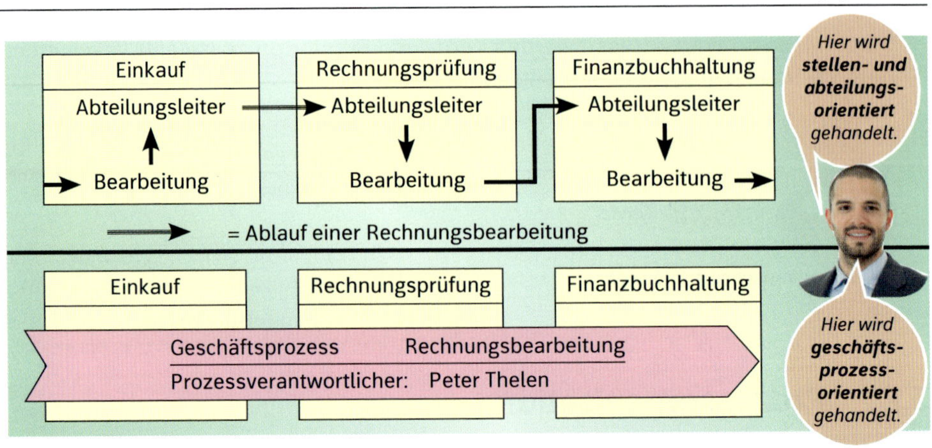

Die Einbindung der Prozessverantwortlichen in die Aufbauorganisation muss sich nach den besonderen Gegebenheiten jedes einzelnen Unternehmens richten. Im Extremfall werden die funktionsorientierten Abteilungen ganz aufgelöst und durch Geschäftsprozesse ersetzt. In der Praxis findet man jedoch Kompromisslösungen vor (siehe nebenstehende Grafik). Für kleinere Unternehmen reicht in der Regel nach wie vor die Funktionsorganisation aus. Großunternehmen tendieren eher zu Prozessteams und Matrixorganisationen mit gleichberechtigten funktionalen und prozessorientierten Einheiten.

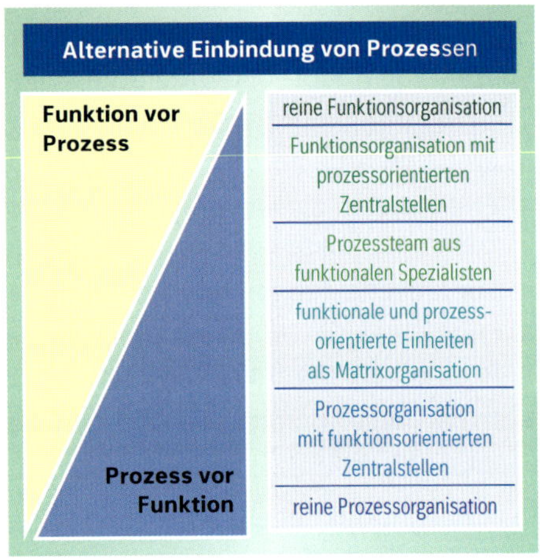

5.3 Supply-Chain-Management

Der Wertschöpfungsprozess des Industriebetriebs ist ein Teilprozess in einer Wertschöpfungskette, an der Vor- und Nachproduzenten, Groß- und Einzelhandelsbetriebe beteiligt sind. Jeder Betrieb versorgt den nachfolgenden mit seinen Leistungen. Es liegt also eine Versorgungskette (logistische Kette, Supply-Chain) vor. Im Extremfall beginnt sie mit der Rohstoffgewinnung und endet mit der Entsorgung des Endprodukts.

Beispiel: Typische Lebensmittel-Supply-Chain
Rohstoffprodukte aus der Landwirtschaft → Fertigung von Lebensmitteln im Industriebetrieb → Großhandelsvertrieb → Einzelhandelsvertrieb → Konsum

Die Supply-Chain berührt die Sachgüter- (Stoffe, Produkte), Informations-, Auftragsbearbeitungs- und Zahlungsflüsse zwischen den beteiligten Betrieben. Für die Betriebe entstehen wesentliche Vorteile, wenn es ihnen gelingt, die entsprechenden Prozesse mittels eines vernetzten Informationssystems betriebsübergreifend zu integrieren.

Das Supply-Chain-Management (SCM) hat die Aufgabe, ausgehend vom eigenen Unternehmen betriebsübergreifend integrierte Prozesse aufzubauen und zu verwalten.

Durch den Online-Austausch planungsrelevanter Daten gelingt zugleich eine

Wichtige Ziele von SCM

- Niedrigere Transport- und Lagerkosten
- Besserer Güterfluss (kürzere Lieferzeiten, Vermeidung zwischenbetrieblicher Liegezeiten)
- Vermeidung von Fehlmengen („Out-of-Stock")
- Verbesserung der Termintreue
- Verbesserter Informationsaustausch über Störungen; damit größere Flexibilität

Abstimmung der Beschaffungs-, Produktions- und Vertriebsplanungen. Diese bewirkt, dass die Unternehmen auf Störungen unmittelbar reagieren und ihre Planung ändern können.

Vergleichen Sie hierzu die Ausführungen zur Logistik auf S. 108 f. (Anmerkung: Logistik beschränkt sich im Gegensatz zu SCM auf die Optimierung der Güter- und Informationsströme.)

Beispiel: Planungsabstimmung

Der Zulieferer A kann wegen Maschinenausfalls kurzfristig Teile nicht liefern. Aufgrund sofortigen Datenaustauschs kann Abnehmer B sofort die Reihenfolge seiner Produktionsaufträge ändern.

5.4 Analyse, Gestaltung und Darstellung von Geschäftsprozessen

Bei MGB verfügen alle Betriebsabteilungen über ein Einkaufsbudget. Das ist ein zugeteilter Betrag, der für Einkäufe für die Abteilung verwendet werden darf, z. B. für den Einkauf von Büromaterial oder Anlagegegenständen.

Folgender Fall liegt vor: Die Abteilung Rechnungswesen benötigt einen Ersatz-PC. Dies löst einen Einkaufsprozess aus. Dieser lässt sich in Subprozesse einteilen. Einer der Subprozesse ist z. B.: *„Budgetüberprüfung anlässlich einer Bestellanforderung“*. Er lässt sich wie folgt beschreiben:

Der Abteilungsleiter richtet eine Bestellanforderung an den Einkauf. Der Einkaufssachbearbeiter prüft anhand des Budgetplans, ob das Budget der Abteilung Rechnungswesen noch ausreicht. Reicht es nicht aus, ist eine Erhöhung bei der Finanzabteilung zu beantragen. In jedem Fall wird der anfordernden Stelle das Ergebnis der Prüfung mitgeteilt.

Der Subprozess soll analysiert, gestaltet und anschaulich dargestellt werden. Anfang: vorliegende Bestellanforderung; Ende: Mitteilung des Prüfungsergebnisses.

Wenn eine Folge von Tätigkeiten als Geschäftsprozess identifiziert (erkannt) worden ist, muss der Prozess analysiert, gestaltet und anschaulich dargestellt werden.

5.4.1 Prozessanalyse

Bei der Prozessanalyse ist es vorteilhaft, die Abläufe aus viererlei Sicht zu betrachten:

- **Organisationssicht:** Sie untersucht, welche Stellen/Abteilungen an den betrachteten Abläufen beteiligt sind.

Beispiel Organisationssicht:
Am Subprozess *Budgetüberwachung* sind beteiligt:
Einkaufsabteilung, Finanzabteilung, anfordernde Stelle (hier: Rechnungswesen)

- **Funktionssicht:** Sie untersucht, welche Vorgänge im Prozess vorkommen und wie sie zusammenhängen.

Beispiel Funktionssicht:
Anfallende Vorgänge:
Budgetprüfung, Erhöhungsantrag bei unzureichendem Budget, Mitteilung an die anfordernde Stelle

- **Datensicht:** Sie untersucht, welche Informationen bei den Vorgängen benötigt und durch sie erzeugt werden.

Beispiel Datensicht:
Benötigte Informationen:
Bestellanforderung, Budgetplan
Erzeugte Informationen:
Anforderung an Finanzabteilung, Mitteilung an anfordernde Stelle

- **Steuerungssicht:** Sie untersucht die Beziehungen zwischen den Funktionen, Organisationseinheiten und Daten. Folgende Fragestellungen sind wichtig.

- Welche Ereignisse lösen welche Funktionen aus?
- Welche Ereignisse werden durch welche Funktionen erzeugt?
- Welche Daten werden bei welchen Funktionen verarbeitet?
- Welche Funktionen werden von welchem Mitarbeiter bzw. von welcher organisatorischen Einheit ausgeführt?

5.4.2 Prozessgestaltung

Die Gestaltung von Geschäftsprozessen sollte in folgenden Schritten erfolgen:

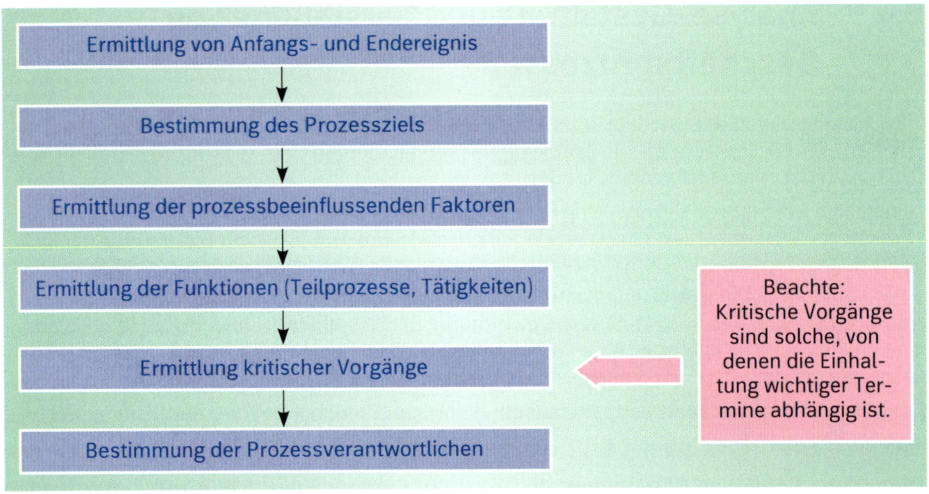

Beispiel: Gestaltung Subprozess *Budgetüberprüfung anlässlich einer Bestellanforderung*

1. Anfangsereignis	Bestellanforderung liegt vor
2. Endereignis	Bestellanforderung genehmigt
3. Prozessziel	Sicherung der Liquidität
4. prozessbeeinflussende Faktoren	- Existenz einer Finanzdatenbank - Möglichkeit des direkten Zugriffs auf die Datenbank
5. Funktionen	- Budgetprüfung - ggf. Beantragung einer Budgeterhöhung - Mitteilung des Prüfergebnisses
6. kritische Vorgänge	keine
7. Prozessverantwortlicher	Einkaufssachbearbeiter Klages

5.4.3 Prozessdarstellung

Geschäftsprozesse lassen sich vielfach darstellen, z. B. durch Ablaufbeschreibungen oder Ablaufdiagramme (vgl. S. 480 f.). Vorzugsweise jedoch benutzt man sog. **ereignisgesteuerte Prozesskettendiagramme (EPK)**. Sie berücksichtigen alle vier oben genannten Sichten.

Die wichtigsten Elemente eines EPKs sind Ereignisse und Funktionen. Ereignisse lösen Funktionen aus und Funktionen führen wieder zu Ereignissen.

Beispiel: **EPK; Subprozess Budgetüberprüfung anlässlich einer Bestellanforderung**

Symbole:

❶ **Ereignis** = Zustand; löst eine Funktion aus oder ist Ergebnis einer Funktion

❷ **Funktion** = Handlung, Aktivität

❸ **Organisationseinheit** = ausführende Stelle(n), Person(en)

❹ **Informationsobjekt** = Datenträger

❺ **Operator.** Mögliche Operatoren sind:
- ∧-**Operator** = Und-Verknüpfung; wird für Verzweigungen benötigt: Alle Äste der Verzweigung werden durchlaufen.
- ∨-**Operator** = Oder-Verknüpfung: Entweder ein bestimmter Ast oder alle Äste werden durchlaufen.
- **XOR-Operator** = ausschließende Oder-Verknüpfung: Von 2 Ästen wird entweder der eine oder der andere durchlaufen.

---------➤ = zeitlich-logische Abhängigkeit zwischen Ereignissen und Funktionen

———➤ = Informations- oder Materialfluss

——— = Zuordnung von Organisationseinheiten zu Funktionen oder Ereignissen

Weiteres mögliches Symbol:

[ ] = schriftliches Dokument

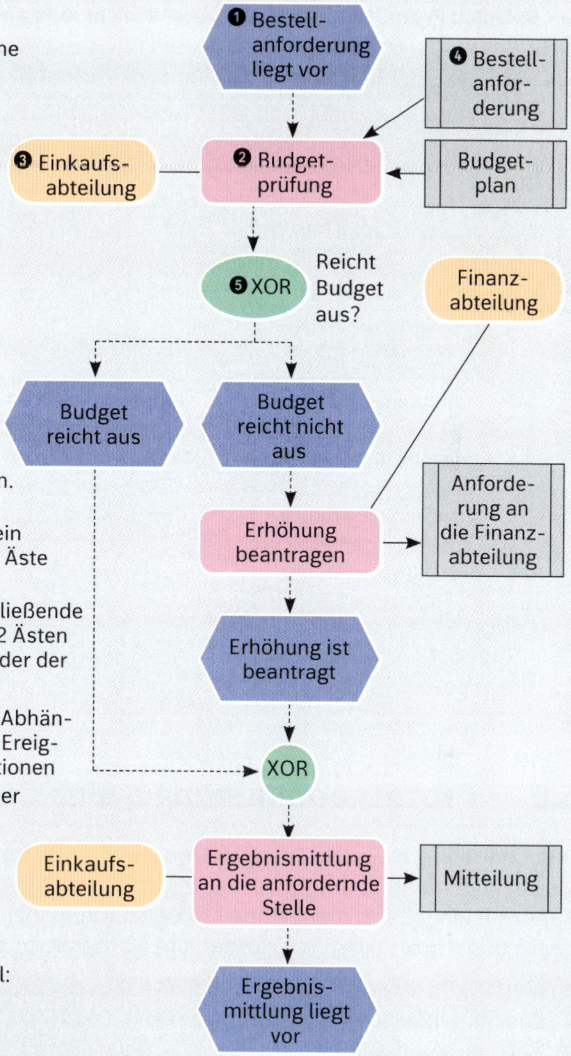

Sehen Sie sich auch die Präsentationen EPK, Budgetüberprüfung und Symbole im EPK an.

Web M 127_1 M 127_2

ZWEITER ABSCHNITT

5.5 Prozesslandkarte

Ein Geschäftsprozess ist kein isoliertes Gebilde. Vielmehr ist er mehr oder weniger stark mit anderen Geschäftsprozessen verbunden. Die Gesamtheit der **Geschäftsprozesse** bildet – geografisch ausgedrückt – sozusagen eine „Geschäftsprozesslandschaft“. Man veranschaulicht sie zweckmäßigerweise mithilfe einer sog. Prozesslandkarte.

Eine Prozesslandkarte ist eine nicht genormte grafische Übersicht über alle Prozesse mit ihren Beziehungen zu anderen Prozessen.

Die Prozesslandkarte macht die Prozessverbindungen in der Organisationsstruktur des Unternehmens (ggf. auch der Supply-Chain) transparent. Sie eröffnet weiterhin die Möglichkeit, die Geschäftsprozesslandschaften mehrerer Unternehmen zu vergleichen und dann zu optimieren.

Beispiel: Prozesslandkarte mit Detailansicht Auftragsbearbeitungsprozess

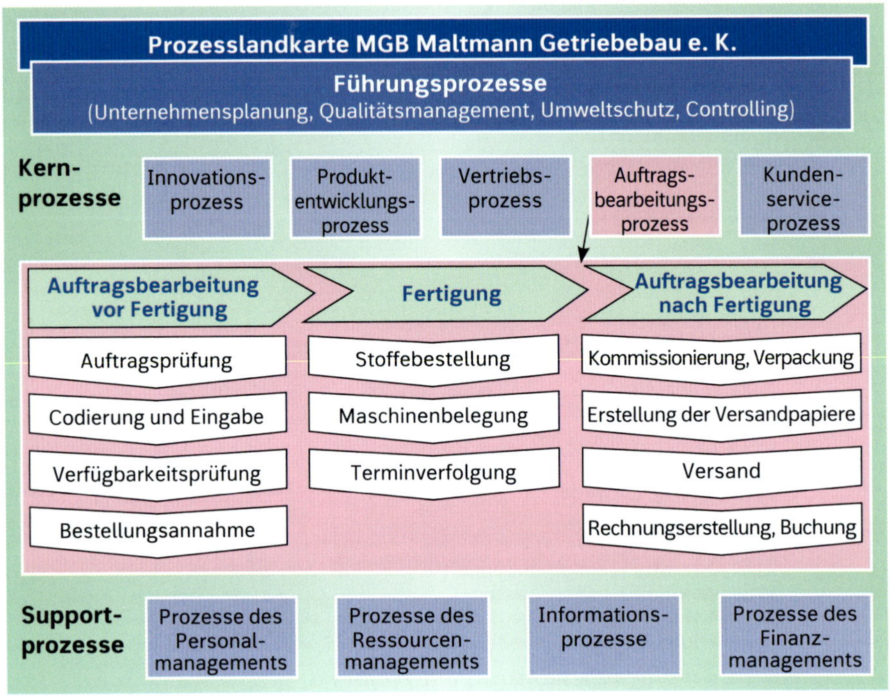

5.6 Prozessoptimierung – eine Controllingaufgabe

Das Controlling muss die Geschäftsprozesse permanent kontrollieren und Soll-Ist-Vergleiche durchführen, um Verbesserungsansätze zu finden. Wichtige Ansätze sind z. B. Kapazitätsengpässe, mangelnde Kundenzufriedenheit, Qualitätsmängel, zeitliche Engpässe und Prozesskosten. Erforderliche Verbesserungsmaßnahmen können z. B. sein:

- Entfernung unbedeutender Teilprozesse,
- Zusammenfassung von Teilprozessen,
- Aufspaltung komplexer Prozesse in Teilprozesse,
- Übertragung von Teilprozessen auf andere Unternehmen (Prozessauslagerung),
- Einführung von Selbstkontrollen durch die Prozessverantwortlichen,
- Verbesserung der Arbeitsbedingungen im Prozess,
- Optimierung der Betriebsmittelausstattung für einen Geschäftsprozess,
- Minimierung der Durchlaufzeiten.

Analysemethoden für die Prozessoptimierung

- **Benchmarking:** Siehe nächstes Kapitel
- **Workflowanalyse:** (Workflow = arbeitsteiliger Teilprozess) Der Prozessablauf wird auf oft auftretende Fehler hin untersucht, um diese dann abzustellen (Bsp.: Doppelarbeit, überflüssige Tätigkeiten). Grundlegende Fragestellung: Warum erledigen wir bestimmte Funktionen auf diese Weise?
- **Schwachstellenanalyse:** Aufgrund vorliegender Mängel werden Prozesse auf ihre Schwachstellen hin untersucht. Bsp.: Zu lange Bearbeitungszeit von Beschwerden

Prozessoptimierung und Prozesscontrolling		
Phase	**Vorgang**	**Methode**
1 Vision des Managements	• Strategische Entscheidung für Prozessoptimierung • Bestimmung der Gründe für die Veränderung • Entwicklung einer Vision (Zukunftsvorstellung) • Entwicklung von Zielsetzungen aus der Vision • Erstellung einer Machbarkeitsstudie	
2 Beauftragung des Steuerungsteams	• Bildung eines Steuerungsteams • Umsetzung der Managementidee durch das Team • Aufklärungsarbeit (z. B. Seminare) • Festlegung von Planungsteams • Unterrichtung der Mitarbeiter über das Vorhaben	Benchmarking zur Projekt-vorbereitung (vgl. S. 131)
3 Istanalyse und Grobplanung	• Durchführung einer Prozessanalyse (Planungsteam) • Ermittlung von Zielkriterien zur Prozessverbesserung • Ermittlung der Planungsgrundlagen • Bewertung kritischer Prozesse • Analyse der Schwachstellen • Entwickeln von Lösungskonzepten	Schwachstellen-analyse
4 Planung einzelner Geschäftsprozesse	• Darstellung Prozessschritte und Informationsfluss • Auswahl rechnergestützter Beschreibungshilfsmittel • Bildung von Alternativen u. Festlegung Sollkonzept	EPK Prozesslandkarte
5 Umsetzung der Sollkonzeption	• Umsetzung durch Fachteams • Klären offener Fragen • Betreuung der Umsetzung durch Planungsteam • Anstoß zur ständigen Prozessverbesserung in kleinen Schritten (sog. Kaizen)	Kaizen (vgl. S. 131, 292)
6 Erfolgskontrolle	• Ergebnis- und Prozessbewertung • Durchführung von Audits (neutrale Prüfungen) • Verfolgen der Zielerreichung • Betreuung der Teams (Coaching)	Audit Benchmarking zur Projekt-vorbereitung

Vgl. Klaus Thaler: Supply-Chain-Management, Fortis FH-Verlag, Köln 2007, S. 239.

ZWEITER ABSCHNITT

Arbeitsaufträge

1. **Die Walzwerke AG hat einen Großauftrag für die Lieferung eines Walzwerkes (Auftragswert: 300 Mio. EUR) erhalten.**
   Nennen Sie die wichtigsten Arbeitsabläufe, die durch die Erledigung dieses Auftrags in Gang gesetzt werden können.

2. **„top+ ist Siemens' Weg zu Business Excellence. Alle Abläufe werden fortlaufend mit dem Ziel verbessert, schneller als bisher mit wettbewerbsfähigen Produkten auf dem Markt zu sein. Ganz oben steht in diesem Konzept die Zufriedenheit der Kunden. Ihre Wünsche sollen schneller, besser und kostengünstiger als bei jedem anderen Anbieter erfüllt werden."**

   Quelle: Schneider, Ursula; Böcker, Hans: Lerneinheit – Wie funktioniert die Industrie? Siemens AG, München 1995, S. 39.

   a) Noch vor wenigen Jahrzehnten dachte in den Betrieben niemand an Optimierungsprogramme wie bei Siemens. Was hat sich in der Wirtschaft geändert, sodass sie lebensnotwendig wurden?
   b) Andere Großunternehmen haben ähnliche Programme entwickelt – unter anderem Namen, aber mit ähnlichen Inhalten. Erläutern Sie die Grundgedanken derartiger Programme genauer.

3. **Im Einkauf eines Unternehmens liegt eine Bestellanforderung vor. Diese wird geprüft und freigegeben. Man ermittelt mögliche Lieferanten und versendet Anfragen. Bereits bestehende Lieferanten erhalten die Anfrage als E-Mail, neue Lieferanten erhalten eine förmliche Anfrage. Für die eingegangenen Angebote wird ein Angebotsvergleich erstellt, um das günstigste Angebot zu ermitteln. Anschließend erteilt der Einkaufssachbearbeiter eine briefliche Bestellung.**

---

[1] engl.: zeitoptimierte Prozesse

a) Erklären Sie die Begriffe Geschäftsprozess, Prozessverantwortlicher und Prozessmanagement anhand dieses Falles.
b) Erstellen Sie ein ereignisgesteuertes Prozesskettendiagramm, das den Geschäftsprozess von der Freigabe der Bestellanforderung bis zum Versand des Bestellschreibens abbildet.
c) Begründen Sie die permanente Kontrolle eines Geschäftsprozesses.

4. **Voraussetzung für funktionierende Geschäftsprozesse ist ein wirksames Geschäftsprozessmanagement. „Business Process Reengineering" ist ein Konzept, das dem Management Grundlagen für die Beurteilung von Geschäftsprozessen liefert.**
Erklären Sie den Begriff Business Process Reengineering und die Aufgaben dieses Konzeptes. Recherchieren Sie hierfür im Internet über bekannte Suchmaschinen.

5. **Der Subprozess „Einstellung eines Auszubildenden" unterscheidet sich von Ausbildungsbetrieb zu Ausbildungsbetrieb ein wenig.**
Erstellen Sie ein entsprechendes ereignisgesteuertes Prozesskettendiagramm für Ihren Ausbildungsbetrieb. Anfangsereignis: Stellenanzeige in der Zeitung; Endereignis: Ausbildungsvertrag

6. **Geschäftsprozesse sind mit benachbarten Geschäftsprozessen verknüpft.**
a) Welchen Sinn hat unter diesem Aspekt die Erstellung einer Geschäftsprozesslandschaft?
b) Erläutern Sie (1) die Prozesslandkarte auf Seite 128, (2) die folgende Prozesslandkarte, (3) die Zusammenhänge zwischen beiden Landkarten.

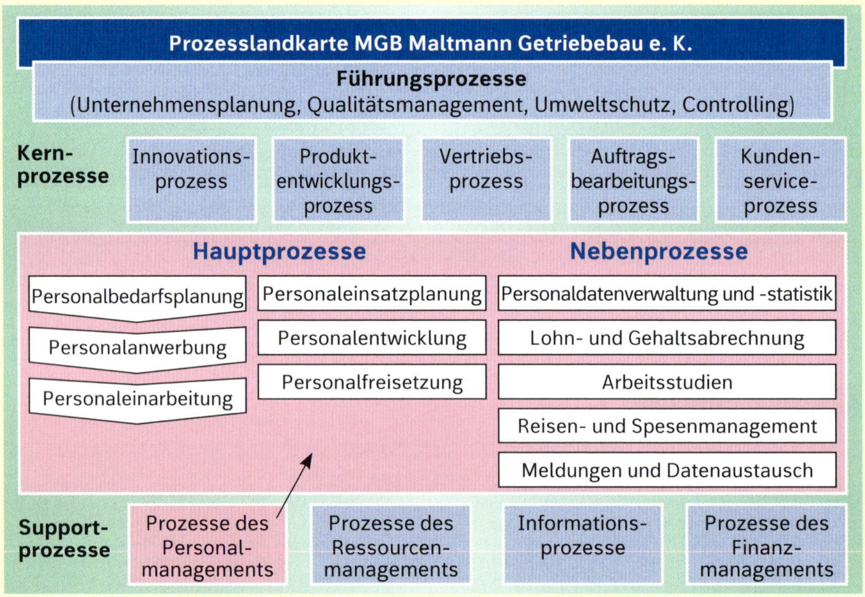

5.7 Benchmarking – eine Methode der Geschäftsprozessoptimierung

Bei MGB beschweren sich zunehmend Kunden, weil ihre Reklamationen nicht zügig bearbeitet werden. Die Controlling-Abteilung stellt fest: Die Bearbeitung dauert in der Tat bis zu 10 Wochen. Der errechnete Durchschnitt: 5 Wochen. Von diesem Ergebnis aufgeschreckt, gibt die Geschäftsleitung eine Benchmarking-Analyse für den Geschäftsprozess *Reklamationsbearbeitung* in Auftrag. Das Motto von Benchmarking ist: „Test the Best". Damit ist gemeint: Vergleiche dich selbst mit dem besten Konkurrenten!

5.7.1 Begriff und Arten des Benchmarkings

Unternehmen, die im globalen Wettbewerb überleben wollen, müssen ständig besser werden. Bessere Geschäftsprozesse und Produkte sind gefragt. Wie aber kommt man zu diesem Ziel? Ein Weg, der heutzutage häufig gewählt wird, ist Benchmarking.

Benchmarking ist eine spezielle Form des Betriebsvergleichs, und zwar ein methodischer Vergleich mit Vergleichspartnern, die man anhand von Benchmarks als die Besten erkannt hat.

Verglichen werden Prozesse (Prozess-Benchmarking) oder Produkte (Produkt-Benchmarking).

Ein **Benchmark** ist ein Leistungswert, an dem andere gemessen werden können.

Beispiele: Benchmarks

- für die Produktqualität: die Reklamationsquote
- für den Prozess der Reklamationsbearbeitung: die Bearbeitungsdauer
- für die Qualität eines Bestückungsprozesses: die Ausschussrate[1]

Vier Wege, um besser zu werden

- **Benchmarking:** Siehe links!
- **Kaizen:** Ständiges Nachdenken über das Verbessern von Prozessen in kleinen Schritten, wozu alle Mitarbeiter aufgerufen sind
- **Total-Quality-Management:** Ein Führungssystem, das Kundenzufriedenheit durch höchste Qualität von Unternehmen, Produkten und Tätigkeiten anstrebt
- **Business-Process-Reengineering:** Radikale Neugestaltung von Geschäftsprozessen

„Genaueres hierzu erfahren Sie auf den S. 291 ff."

Ziel von Benchmarking: Unterschiede und ihre Ursachen finden, analysieren und Verbesserungen entwickeln; so Schwachstellen beseitigen!

Benchmarking-Arten

Internes Benchmarking

- **unternehmensbezogen:** Vergleich innerhalb des eigenen Unternehmens (z. B. Vergleich der Arbeitsprozesse von Abteilungen)
- **konzernbezogen:** Vergleich zwischen Betrieben/Unternehmen innerhalb des Konzerns[2]

Externes Benchmarking

- **konkurrenzbezogen:** Vergleich mit direkten Konkurrenzunternehmen
- **branchenbezogen:** Vergleich mit anderen Unternehmen aus der gleichen Branche[3]
- **branchenunabhängig:** Vergleich mit Unternehmen anderer Branchen

Beim **unternehmensbezogenen** Benchmarking sind Datenzugriff und Durchführung einfach. Andererseits sind die Verbesserungserfolge meist gering, da die zusammengehörenden Einheiten tendenziell gleich organisiert sind. Das **konzernbezogene** Benchmarking kann erfolgversprechender sein, insbesondere nach Firmenkäufen und -zusammenschlüssen.

Für das **konkurrenzbezogene** Benchmarking ist es oft schwierig, Vergleichspartner zu finden: An Konkurrenten rückt man ungern Informationen heraus. Findet man Partner, kann man als Ergebnis höchstens mit ihnen gleichziehen. In der Zwischenzeit entwickelt sich der Konkurrent aber schon weiter. Die Grenzen zum **branchenbezogenen** Benchmarking sind fließend. Letzteres liefert oft gute Ergebnisse beim Prozessvergleich. **Branchenunabhängiges** Benchmarking birgt die größten Innovationspotenziale. Die Unternehmen sind eher zu einem offenen Informationsaustausch bereit. Immer ist es jedoch nötig, die Übertragungsmöglichkeiten gründlich herauszuarbeiten.

1 Ausschuss sind fehlerhafte Produkte, die nicht nachbearbeitet werden können.
2 Zusammenschluss rechtlich selbstständiger, aber wirtschaftlich unselbstständiger Unternehmen unter einheitlicher Leitung
3 Sammelbegriff für alle Unternehmen, die eine gleiche Gattung Leistungen herstellen

5.7.2 Prozess eines Benchmarking-Projekts[1]

Phase 1 – Zielsetzungsphase
- Informationsermittlung (Konkurrenzsituation, Prozessstärken und -schwächen, Finanzmittel für Benchmarking)
- Auswahl des Benchmarking-Objekts
- Projektorganisation (Arbeitsplan, Team ...)

Phase 2 – Interne Analyse
- Analyse des Benchmarking-Objekts
- Reduktion auf die leistungsbestimmenden Bestandteile
- Ausarbeitung der Messgrößen
- Definition der Vergleichskriterien (zur Auswahl geeigneter Partner)
- Erstellung eines Fragebogens zum Informationsaustausch

Phase 3 – Vergleich
- Auswahl geeigneter Benchmarking-Partner
- Kontaktaufnahme und Abstimmung mit den Partnern
- Durchführung des Vergleichs (Partnerbesuch, Abarbeiten des Fragenkatalogs, Erfragen von Hintergrundinformationen)
- Auswertung der gewonnenen Informationen

Phase 4 – Maßnahmen
- Entwicklung und Bewertung der Maßnahmen
- endgültiger Maßnahmenkatalog

Phase 5 – Umsetzung
- Umsetzungsplanung (Zeiten, Kosten, einzusetzende Mittel)
- Umsetzung (Beginn von Verbesserungsprojekten)
- Überprüfung der Zielerreichung und Projektabschluss

Beispiel: Branchenunabhängiges Benchmarking[2] in der Lebensmittel- und Elektronikbranche

Ausgangslage: Beim Bestückungsprozess eines Pralinenherstellers wurden Probleme festgestellt:
- zu hohe Rüstzeiten (Zeiten für das Umrüsten der Maschinen auf andere Produkte),
- zu hohe Ausschussraten durch Beschädigung der Pralinen,
- fehlerhafte Bestückung durch falsche Kommissionierung (Zusammenstellung),
- hoher Anteil manueller Nachbearbeitung

Zielsetzung: Verbesserung des Bestückungsprozesses

Vorgehen: Auswahl eines geeigneten Benchmarking-Partners durch klassifizierendes Benchmarking: Die vorhandenen Unternehmensmerkmale in der Unternehmensdatenbank des Deutschen Benchmarking-Zentrums ermöglichten die Auswahl geeigneter Benchmarking-Partner. Auf der Basis dieser Daten wurde untersucht, ob die Prozesse in den ausgewählten Unternehmen ähnlich und besser als die eigenen waren. Dazu bildete man Geschäftsprozessprofile anhand klassifizierender Merkmale. So stellte man übereinstimmende Merkmale mit der Bestückung von Leiterplatten in der Elektronikindustrie fest:

Pralinenhersteller		Leiterplattenhersteller
kleine, empfindliche Teile	↔	kleine, empfindliche Teile
Hygienebestimmungen	↔	Reinheitsbestimmungen
automatische Bestückung	↔	automatische Bestückung
große Stückzahlen	↔	große Stückzahlen

Die ähnlichen Prozesse wurden anhand der Benchmarking-Zielsetzung, Kennzahlen und anderen Informationen verglichen und bewertet. Ergebnis: eine Rangliste bewerteter Geschäftsprozesse mit ihren entscheidenden Größen.

So wurden in der Elektronikbranche Lösungen für den Pralinenhersteller gefunden und übertragen.

---

[1] Projekt = umfangreiches Vorhaben zur Lösung eines neuartigen, komplexen Problems. Hat im Gegensatz zum Prozess immer mit einem einmaligen Fall zu tun (z. B. Entwicklung eines Produkts). Das Vorgehen kann jedoch bei unterschiedlichen Projekten ähnlich sein und sich als Geschäftsprozess darstellen lassen (z. B. Produktentwicklungsprozess). Eine Kurzdarstellung des Projektmanagements finden Sie im Anschluss an dieses Kapitel.

[2] Vgl. Gunnar Siebert/Stefan Kempf: Benchmarking. Leitfaden für die Praxis, Hanser Verlag, München 1998, S. 99 f.

Umgesetzte Maßnahmen:
- Feste Rüstung für ein bestimmtes Produktionsprogramm
  Resultate: Vermeidung von Bestückungsfehlern aufgrund falscher Kommissionierung; starke Senkung der Rüstzeiten für das Produktionsprogramm
- Anwendung von Software-Programmen der Wegeoptimierung
  Resultat: Verbesserung der Bestückungszeiten
- Einführung eines neuen Handhabungsverfahrens
  Resultat: Keine Beschädigung der Produkte

Arbeitsaufträge

1. **Unternehmen stehen ständig unter Druck, sich verbessern zu müssen. Moderne Instrumente hierfür sind z. B. Benchmarking, Kaizen, Total Quality Management und Business Process Reengineering.**
   a) Informieren Sie sich genauer über die vier Instrumente.
   b) Beschreiben Sie die Instrumente (Ziele, Anwendungsgebiete, Vorgehensweise).
2. **Im Einführungsbeispiel auf Seite 130 beabsichtigt die Geschäftsleitung, eine Benchmarking-Analyse durchzuführen.**
   a) Handelt es sich hier um Produkt-Benchmarking oder Prozess-Benchmarking?
   b) Die Geschäftsleitung muss entscheiden, ob ein internes oder externes Benchmarking durchgeführt werden soll. Erstellen Sie einen Vorschlag an die Geschäftsleitung. Berücksichtigen Sie u. a. dabei die anfallenden Kosten.
   c) Formulieren Sie Ziele für das Projekt.
   d) Erstellen Sie einen Ablaufplan für das Projekt.
   e) Welche Teilphasen dieses Projekts werden im eigenen Betrieb ausgeführt?
   f) Ist es sinnvoll, in der Zielsetzungsphase nach einem Benchmarking-Partner zu suchen?

6 Projektmanagement (Kurzüberblick)

Benchmarking wird typischerweise als Projekt durchgeführt.

Ein Projekt ist ein umfangreiches Vorhaben zur Lösung eines neuartigen und komplexen Problems. Das Vorhaben ist stets sachlich und zeitlich begrenzt. Aufgrund seines Umfangs wird es i. d. R. durch ein funktionsübergreifendes Projektteam gelöst. Aufgabe des Projektmanagements ist die Vorbereitung, Planung, Steuerung, Überwachung und Dokumentation des Projekts.

Beispiele: Projekte
Entwicklung eines neuen Produkts; Suche und Wahl eines Standorts; Neugestaltung eines Geschäftsprozesses; Wahl einer neuen Rechtsform; Bau eines Auslieferungslagers; ...

Projekte sind wichtige Elemente der betrieblichen Planung. Oft werden sie aus Unternehmensstrategien abgeleitet und dienen ihrer konkreten Umsetzung.

Beispiel: Umsetzung einer Strategie
Strategisches Ziel: Erreichen eines Marktanteils von 40 % auf dem osteuropäischen Markt
Strategie: Aufbau von Produktionsstandorten in Osteuropa
Projekt: Suche und Wahl eines Standorts

Projekte werden üblicherweise in folgenden Phasen abgewickelt.

Projektphasen

Vorstudie → Projektdefinition → Projektplanung → Projektdurchführung und -steuerung → Projektabschluss

Vorstudie (bei größeren Projekten)

- **Prüfung der Machbarkeit** (Projektziel möglich? Know-how und Finanzmittel vorhanden?)
- **Prüfung der Wirtschaftlichkeit** (Nutzen > Aufwand?)
- **Risikoeinschätzung** (Folgen des Scheiterns tragbar?)
  Ergebnis: Bewilligung oder Ablehnung des Projekts

Projektdefinition

- **Istanalyse:** aktuelle Situation; bestehende Schwachstellen
- **Erstellung Anforderungskatalog:** Auflistung aller Ansprüche des Auftraggebers
- **Zielformulierung:** Sachziel (Ergebnis des Projekts); Terminziel (einzuhaltender Termin); Budgetziel (einzuhaltende Kostensumme); Teilziele
- **Erstellung des Projektauftrags** (Inhalt: Projektbezeichnung; Auftraggeber; Auftragnehmer; Poblemstellung; Projektziele [mit Anforderungskatalog; Präzisierung in einem sog. Lastenheft]; Termine, Meilensteine; Budget; Projektteam; Unterschriften)

*Ein Teilziel mit Termin heißt **Meilenstein**. Meilensteine kennzeichnen den Abschluss einer Projektphase.*

Projektplanung

- **Strukturplan:** Bildung von Aktivitäten; Zusammenfassung zu „Arbeitspaketen"; gegliederte Zusammenstellung der Arbeitspakete
- **Ablauf- und Terminplan:** zeitliche Ordnung der Arbeitspakete; Start- und Endtermine von Projektphasen, Arbeitspaketen, Meilensteinen
- **Kapazitätsplan:** verfügbare(s) Personal, Sachmittel, Räume
- **Kostenplan:** gegliederte Kostenaufstellung

Projektdurchführung und -steuerung (durch Projektleiter)

- **Initiierung von Aktivitäten:** Zuordnung der Arbeitspakete; Koordination; Entscheidungen
- **Verlaufskontrolle:** Projektstatus; Leistungsfortschritt; Termineinhaltung; Kosten
- **Steuerung der Projektentwicklung:** Abweichungskontrolle, Korrekturen

Projektabschluss

- **Abschlusspräsentation** für und **Abnahme** durch den Auftraggeber
- **Erfahrungssicherung:** Projektauswertung; Nachkalkulation; Abweichungsanalyse; Speicherung in Wissens-Datenbank
- **Projektauflösung:** Abschlussbesprechung und -bericht; Teamauflösung

Eine Projektdokumentation begleitet alle Phasen. Sie erfasst die Projektdokumente.

Arbeitsauftrag

Ihre Klasse plant einen Wandertag an der Ahr zum Innovationspark Rheinland. Folgende Elemente des Projekts sollen in einem Projekthandbuch dokumentiert werden.

a) Definieren Sie das Projektziel. Formulieren Sie die Anforderungen in einem Lastenheft.
b) Erstellen Sie eine Projektplanung mit Struktur-, Ablauf- und Terminplan.
   Beachten Sie zwei Planungsaspekte: den Wandertag selbst (Hin-, Rückfahrt, Wanderweg, Einkehr und Platzreservierung) sowie Vorbereitung und nachträgliche Auswertung (Zeitplanung für den organisatorischen Vorlauf, Überprüfung der Zielerreichung, Abweichungsanalyse).
c) Legen Sie einen oder mehrere Meilensteine fest.
d) Ordnen Sie in einem Kapazitätsplan den Arbeitspaketen Personen und Sachmittel zu.
e) Erstellen Sie einen Kostenplan für das Projekt.

7 Management von Querschnittsaufgaben

Die Papierfabrik Strepp GmbH fertigt und vertreibt Papier für Windeln. Zur Verbesserung der Wettbewerbsposition will die Geschäftsführung die Umsetzung des Umweltschutzgedankens im Betrieb fördern. Dazu gehören: Ersatz des Rohstoffs Holz durch Altpapier; Einsatz umweltfreundlicher Fertigungsverfahren; Durchführung von Marketingkampagnen; Verankerung des Umweltschutzes in der Betriebsorganisation durch Einstellung eines Umweltmanagers. Letzterer soll den Umweltschutz in allen Unternehmensbereichen verantwortlich durchsetzen.

Das Umweltmanagement gehört zu den typischen Querschnittsaufgaben. Das sind Aufgaben, deren Inhalt und Umfang sich über **alle** Funktionen im Wertschöpfungsprozess (Beschaffung, Fertigung, Absatz) erstrecken und in sie hineinwirken.

Wichtige Querschnittsaufgaben sind Personal-, Finanz-, Produkt-, Qualitäts- und Umweltmanagement, Logistik, Rechnungswesen und Controlling.

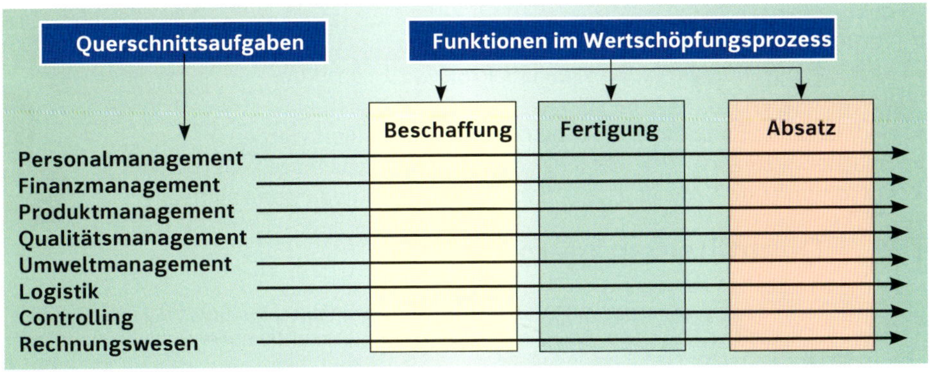

Personal- und Finanzmanagement werden in diesem Buch in eigenen Abschnitten behandelt. Grundlegendes zu Logistik und Controlling wurde schon gesagt. Es wird in den folgenden Buchabschnitten vertieft. Das Rechnungswesen ist Gegenstand eines eigenen Lehrfachs.

7.1 Produktmanagement

Die Musikproduktionsfirma Sony stellt neben anderen Produkten der Unterhaltungsindustrie Musik-CDs her. Das bedeutet: komponieren, texten, im Studio aufnehmen, in CD-Werken pressen, promoten und verkaufen. Und das jedes Jahr für mehrere tausend CDs und Hunderte deutsche und ausländische Künstler. Wer kümmert sich in diesem Wirrwarr speziell um die CD „Tribute to Rock `n` Roll" von Johnny B? Wer koordiniert alle Prozesse von der Produktidee bis zur Auslieferung?

In großen Industriebetrieben werden viele verschiedene Produkte nebeneinander produziert. Jede Abteilung ist mit der Gesamtheit der durchlaufenden Objekte befasst und außerdem auf ihre speziellen Verrichtungen konzentriert: Der Einkauf versucht z. B. die Beschaffungskosten für alle Rohstoffe zu minimieren; die Fertigung strebt möglichst kurze Durchlaufzeiten für alle Erzeugnisse an; der Verkauf will den Gesamtumsatz maximieren. So läuft man Gefahr, dass die Belange des einzelnen Produkts, seine Eigentümlichkeiten bei Beschaffung, Fertigung und Absatz nicht optimal berücksichtigt werden. Viele Betriebe versuchen, dieses Dilemma durch den Einsatz von Produktmanagern zu lösen. Sie sind für die Belange eines einzelnen Produkts zuständig.

Der Produktmanager koordiniert alle Prozesse, die sein Produkt durchläuft. Seine Tätigkeit ist weit gespannt: Sie beginnt gegebenenfalls schon bei der Produktidee und endet erst mit der Entsorgung des Produkts.

Die folgende Aufstellung gibt einen Überblick über Prozesse, bei denen der Produktmanager für sein Produkt tätig werden kann:

- Marktforschung (z. B.: Was wünscht sich der Absatzmarkt?)
- Produktfindung (z. B.: Wie lautet die Produktidee?)
- Kostenplanung (z. B.: Wie teuer darf das Produkt sein?)
- Produktentwicklung und Design (z. B.: Wie soll das neue Produkt aussehen?)
- Werkstoffauswahl (z. B.: Welche Rohstoffe sollen verwendet werden?)

- Fertigungstechnik (z. B.: Welche Fertigungsverfahren sollen angewendet werden?)
- Qualitätssicherung (z. B.: Werden die festgelegten Qualitätsanforderungen erfüllt?)
- Technische Dokumentation (z. B.: Ist die Gebrauchsanweisung verständlich?)
- Werbung (z. B.: Welche Werbemedien sind für das Produkt geeignet?)
- Vertrieb (z. B.: Welcher Absatzweg ist geeignet?)
- Verkaufspsychologie (z. B.: Welcher Preis wird vom Kunden akzeptiert?)
- Service (z. B.: Soll das Produkt beim Kunden installiert werden?)
- Ersatzteilversorgung (z. B.: Wie lange sollen Ersatzteile bereitgehalten werden?)
- Entsorgung und Recycling (z. B.: Ist eine Rücknahmegarantie sinnvoll?)

Diese Aufzählung ist nicht vollständig! Je nach Betrieb und Produkt kann die Tätigkeit des Produktmanagers mehr oder weniger umfangreich sein. Sie kann gegebenenfalls auch mehrere Produkte oder eine Produktgruppe umfassen.

7.2 Qualitätsmanagement (QM)

Bei einer Ausbildungsmaßnahme von MGB Maltmann Getriebebau e. K. wurde die Frage gestellt: **Sind 99 % Qualität viel?** Die spontane Antwort: 99 % Qualität sind ein hoher Qualitätsstandard. Umso mehr überraschte die folgende Aufstellung: **99 % Qualität heißt:**

- 4 Tage im Jahr keine Zeitung
- $^1/_4$ Stunde am Tag kein Strom
- 7 Stunden im Monat kein Wasser
- Jedes hundertste Baby im Krankenhaus wird fallen gelassen

Früher verstand man unter Qualität die Funktionstüchtigkeit der Produkte. Mit dem Wandel von Verkäufermärkten zu Käufermärkten änderte sich auch der Qualitätsbegriff. Das Deutsche Institut für Normung definiert Qualität in der Norm DIN EN ISO 9000:2015-11 wie folgt:

Qualität ist „der Grad, in dem ein Satz inhärenter (= innewohnender und objektiv messbarer) Merkmale eines Objekts Anforderungen erfüllt." Kurz gesagt: Qualität liegt vor, wenn Ansprüche und Leistungen übereinstimmen.

- **Qualität wird heute kundenorientiert verstanden:**
  Leistungen haben die richtige Qualität, wenn sie genau die vom Kunden gewünschten Eigenschaften aufweisen und in höchstem Maße gebrauchstauglich sind.
- **Qualität wird auch umfassend verstanden:**
  Der Kunde verlangt außer Produktqualität auch Terminqualität, Beratungsqualität, Servicequalität sowie Unternehmensqualität (Fairness, Zuverlässigkeit, Kompetenz, ...).

Qualität

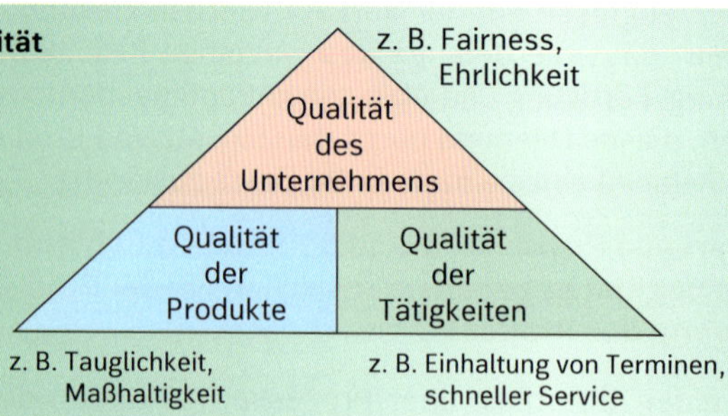

Die Leistungen haben die richtige Qualität, wenn sie die Ansprüche, Bedürfnisse und Erwartungen der Kunden erfüllen.

Beispiel: Umfassende Qualität

Jede Stelle, jede Abteilung im Betrieb nimmt direkt oder indirekt Einfluss auf die Kundenzufriedenheit. So beeinflusst ein Call-Center die Kundenzufriedenheit durch geschickte Informationsaufnahme und -weitergabe ebenso wie die Geschäftsleitung durch entsprechende qualitätsorientierte Unternehmensstrategien.

- **Qualität verlangt ständiges Bemühen um Verbesserung:**
  Heute besser sein als gestern, morgen besser als heute!

Qualität in diesem Sinn ist Aufgabe der Unternehmensführung. Sie erfordert ein **Qualitätsmanagement**, das in die Unternehmensstrategien eingebunden werden muss.

Ein gutes Qualitätsmanagement leistet vor allem:
- Formulierung einer Qualitätspolitik (Absichten und Verpflichtung zur Qualität)
- Vorgabe von Qualitätszielen
- Einrichtung und Erhaltung des Systems der Qualitätssicherung
- Bereitstellen von Arbeitsmitteln zur Qualitätssicherung
- Festlegung der Verantwortlichkeiten
- Einbezug der wichtigsten Partner des Betriebes (Lieferant, Mitarbeiter und Kunde)
- den systematischen Umgang mit Chancen, Risiken, Wissen (Risiko-, Wissensmanagement)
- Gesamtdokumentation in einem webbasierten Managementhandbuch

Die Normenreihe DIN EN ISO[1] 9000 dokumentiert Grundsätze für QM-Maßnahmen:
- **ISO 9000:** Erläuterung von Grundlagen und Definition der QM-Begriffe.
- **ISO 9001:** Mindestanforderungen an ein QM-System. Dazu gehört vor allem, dass die Qualität bei allen Prozessen ständig mitlaufend überprüft wird und Abweichungen sofort erkannt werden. Auf diese Weise ist eine Endkontrolle ggf. nicht mehr nötig. ISO 9001 ist auch die Grundlage für die Erteilung von Zertifikaten.
- **ISO 9004:** Leitfaden mit Empfehlungen zur Verbesserung von QM-Systemen in Richtung auf ein Total Quality Management (TQM).
  Siehe hierzu S. 293 ff.

Norm = technische Beschreibung, die jedermann zugänglich und mit Wissenschaft, Technik und Praxis abgestimmt ist. In Deutschland vom Deutschen Institut für Normung (DIN) herausgegeben (Europa: Comité Européen de Normalisation; international: International Organization for Standardization).

Die Unternehmen können die Einrichtung eines Qualitätsmanagements nach ISO 9001 durch ein **Qualitätsaudit** prüfen lassen und ein **Qualitätszertifikat** erwerben. Der Andrang ist groß, denn mehr und mehr Kunden fordern von ihren Lieferern den Qualitätsnachweis. Außerdem verspricht man sich von dem Zertifikat:
- Werbewirkung und Wettbewerbsvorteile,
- Verbesserung der Produktivität,
- Absicherung gegen Haftungsrisiken.

Das Qualitätsaudit
- ist eine systematische Prüfung durch einen amtlich zugelassenen neutralen Auditor (z. B. vom TÜV);
- bewertet das Qualitätsmanagement auf seine Wirksamkeit und Wirtschaftlichkeit;
- wird durchgeführt in Form von
  - Beobachtung der Umsetzung des QM-Systems vor Ort,
  - Interviews mit den Prozessverantwortlichen.

Beispiel: Bestandteile eines QM-Zertifikats

Prüfungsnorm: DIN EN ISO 9001: 2015
Zertifikat-Registriernummer: z. B. 012004543
Zertifikatsinhaber: z. B. Maltmann Getriebebau e. K., Essen
Geltungsbereich: z. B. Entwicklung, Konstruktion und Fertigung von Getrieben
Audit-Berichtsnummer: z. B. 4564
Text: z. B.: Durch das Audit wurde der Nachweis erbracht, dass die Anforderungen von ISO 9001: 2015 erfüllt sind.
Fälligkeitsdatum für Folgeaudits: z. B. 16.05.2024
Gültigkeit des Zertifikats: z. B. 17.05.2021 bis 16.05.2024

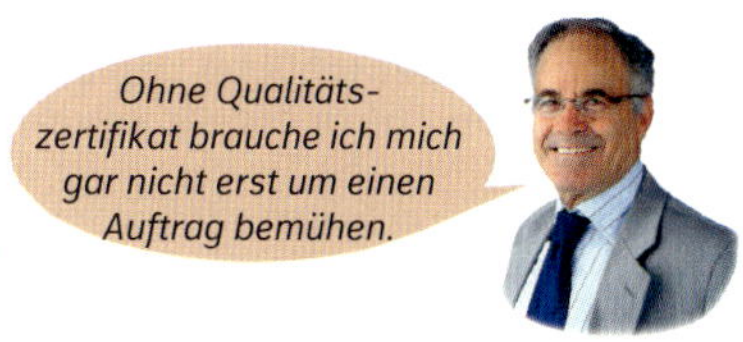

Das Zertifikat berechtigt das Unternehmen, zu Werbezwecken ein **Qualitätslogo** auf seinen Geschäftsbriefen anzubringen.

Mehr zu *Qualitätssicherung* und *Qualitätsmanagement* siehe S. 263 f. und 293 ff.

---
[1] DIN EN ISO = deutsche Norm (DIN), in die eine europäische (EN) und eine internationale Norm (ISO) übernommen wurde.

Arbeitsaufträge

1. **Aus einer Stellenanzeige:**

> **Wir suchen mehrere Produktmanager** als Moderatoren an den Schnittstellen zwischen den einzelnen Abteilungen des Unternehmens und dem durch Kundenanforderungen, Entwicklungstrends und Zukunftsperspektiven bestimmten hoch innovativen Markt. Sie sind dafür verantwortlich, dass in Ihrem Produktbereich zum richtigen Zeitpunkt die richtigen Produkte entwickelt werden.
> Ihre Erfahrungen liegen in einem der nachfolgenden Bereiche:
> **Steuergeräte-Entwicklung** einschließlich der zugehörigen Prozesse und Technologien,
> **Hardware** (Messtechnik, analoge und digitale Signalverarbeitung),
> **Software** (PC-basierte Programme für Mess- und Versuchstechnik und digitale Signalverarbeitung).

Herr Schneidewind bewirbt sich als Produktmanager für Software. Nennen Sie wichtige Prozesse, für die er zukünftig zuständig sein wird.

2. **Das Qualitätsmanagement wird heute als eine grundlegende Führungsaufgabe jedes Unternehmens gesehen. Es ist durch folgende Merkmale gekennzeichnet: Qualitätspolitik – Qualitätsziele – Qualitätssicherung – Qualitätspartnerschaft – organisatorische Eingliederung – Qualitätsmanagementhandbuch.**
   a) Erklären Sie diese Merkmale.
   b) In aller Regel enthält bereits das Leitbild eines Unternehmens Aussagen über die Qualitätspolitik. Welche diesbezüglichen Aussagen macht das Leitbild Ihres Ausbildungsbetriebes?
   c) Erläutern Sie Zusammenhänge zwischen „Kundenzufriedenheit", „kontinuierlichem Qualitätsverbesserungsprozess" und Qualitätspolitik.
   d) Das Qualitätsmanagement sollte in der Organisation verankert sein. Machen Sie hierzu zwei Vorschläge.

3. **Das Qualitätsmanagement der Firma ABZO Chemie AG dokumentiert das gesamte Qualitätswesen des Unternehmens.**
   Welche der folgenden Themenbereiche gehören in das Handbuch, welche nicht?
   Messung, Analyse und Verbesserung – Lohnpolitik – Produkt- und Dienstleistungsrealisierung – Einkaufsprozess – Qualitätspolitik – Überblick über die Geschäftsprozesse – Organisation und Verantwortung – Geschäftsprozessmanagementsystem – Finanzplan – Qualitätsmanagementsystem – Verantwortung der Leitung – Management von Ressourcen – Umfeld des Unternehmens.

Zusätzlich noch drei Arbeitsaufträge zur Logistik:

4. **Die Logistik gewinnt in den Unternehmen immer mehr an Bedeutung. Um diesen Trend erfolgreich fortzusetzen, sollten nach Meinung vieler Experten folgende Strategien eingesetzt werden:**
   - **Prozessorientierung in der Wertschöpfungskette,**
   - **Fusionen sowie Kooperation in Netzwerken,**
   - **Einsatz spezieller Logistikdienstleister (z. B. Spediteure).**

   a) Versuchen Sie genauer zu erläutern, was mit diesen Strategien gemeint ist.
   b) Nehmen Sie zu der Expertenmeinung kritisch Stellung.

5. **Die betriebliche Logistik befasst sich mit Transport-, Lager- und Informationsvorgängen. Diese Vorgänge verursachen Kosten von zum Teil beträchtlicher Höhe.**
   a) Nennen Sie die wesentlichen in der Wertschöpfungskette anfallenden Transport-, Lager- und Informationsvorgänge.
   b) Welche Kosten fallen bei diesen Vorgängen an?
   c) Nennen Sie das Oberziel der Logistik. Leiten Sie daraus Unterziele ab. Ein Teil dieser Unterziele soll auf die von Ihnen genannten Kosten Bezug nehmen.

6. **„Ein Unternehmen soll sich auf seine Kernkompetenzen konzentrieren!" Diese Forderung gibt die heute in Fachkreisen vorherrschende Meinung wieder. Eine Konsequenz ist, dass viele Unternehmen Prozesse, die nicht Kernprozesse sind, ausgliedern und von anderen Unternehmen ausführen lassen. Im Fachjargon der Logistik spricht man von „Outsourcing".**
   a) Welche Vorteile könnte man sich von Outsourcing versprechen?
   b) Zum Logistikbereich eines Unternehmens gehört auch der Fahrdienst für das Management. Er muss ständig verfügbar sein – eine teure Angelegenheit! Wie lassen sich hier durch Outsourcing die Kosten senken?

7.3 Umweltmanagement

7.3.1 Umweltkosten als externe Kosten

Industrieunternehmen verursachen viele Umweltbelastungen in allen Phasen von Produktion und Konsum:

- bei der **Rohstoffgewinnung** (z. B. Abbau nicht erneuerbarer Rohstoffe; Absenkung des Grundwasserspiegels durch Braunkohletagebau; Meeresverschmutzung durch Rohölgewinnung aus dem Meer);
- beim **Transport** (Luftverschmutzung; Energieverbrauch; Aufheizung der Atmosphäre);
- bei der **Produktion** (z. B. Schadstoffausstoß, Produktionsabfälle);
- bei der **Lagerung** (z. B. Wassergefährdung durch gefährliche Stoffe);
- beim **Güterkonsum** (z. B. Abfälle; Freisetzung gesundheitsgefährdender Stoffe wie Formaldehyd, Lösungsmittel);
- bei der **Entsorgung** (z. B. Luftverschmutzung durch Müllverbrennung).

Das Umweltverhalten der Unternehmen ist weitgehend durch Kostenaspekte bestimmt:

Kosten unter Umweltgesichtspunkten

Interne Kosten

Die meisten nachgefragten Güter sind nicht unbegrenzt vorhanden (sog. „knappe" Güter). Wer sie abgibt, kann deshalb einen bestimmten Preis verlangen. Dies gilt auch für die Leistungsfaktoren Arbeitskräfte, Betriebsmittel und Material. Das Unternehmen muss sie kaufen und die Kosten für ihre Nutzung tragen. Kosten, die das Unternehmen tragen muss, heißen interne Kosten. Das Unternehmen erfasst sie möglichst genau und ist bestrebt, sie zu minimieren.

Externe Kosten

Einige wenige Güter – man denke an die Umweltgüter Luft, Grundwasser, Meer, fließende Gewässer – sind nicht teilbar. Sie sind „freie Güter": Jeder kann sie nutzen, ohne einen Preis zu zahlen. Die Unternehmen nutzen sie durch Einleitung von Schadstoffen als Lagerraum für ihre Abfälle. Die Schadstoffe zerfressen Material, vergiften Lebewesen, Wasser und Luft. Die Kosten für Schadensbegrenzung und -beseitigung tragen die Geschädigten oder die Gesellschaft (Staat). Für die verursachenden Unternehmen sind dies externe Kosten.

Im Wettbewerb kann es sich kein Unternehmen leisten, seinen Gewinn zu gefährden. Es wird deshalb freiwillig keine externen Kosten zur Vermeidung von Umweltbelastungen auf sich nehmen. So entstehen Umweltkonflikte.

Unternehmerische Umweltkonflikte entstehen, wenn ein umweltbewusstes Verhalten zu Nachteilen für das Unternehmen führt.

Die Unternehmen sind mit einer umweltdienlichen Konfliktlösung überfordert. Deshalb muss der Staat als Gesetzgeber eingreifen.

7.3.2 Staatliche Maßnahmen

Die staatliche Umweltpolitik verfolgt wichtige Umweltschutzziele:

- **Vorsorgeprinzip:** Vorbeugendes Verhalten soll Umweltschäden von vornherein verhindern.

z. B. vorbeugender Gewässerschutz durch betriebliche Kläranlagen

ZWEITER ABSCHNITT

- **Verursacherprinzip:** Verursacher von Umweltbelastungen sollen möglichst die Kosten für die Schadensbeseitigung tragen.
  → z. B. Abwassergebühren bei Einleitung von Abwässern
- **Nachhaltige Entwicklung (sustainable development):**
  - Erneuerbare Rohstoffe (z. B. Holz) sollen nur so stark abgebaut werden, wie sie nachwachsen.
  - Nicht erneuerbare Rohstoffe (z. B. Rohöl, Erze) sollen schonend abgebaut werden, sodass für künftige Generationen kein Mangel entsteht.
- **Kreislaufwirtschaft:** Konsequentes Recycling von Materialrückständen, ausgedienten Produkten und Verpackungen soll einen Rohstoffkreislauf bewirken.
  → Recyclingformen: **Wiederverwendung** (Upcycling, Mehrfachverwendung; z. B. Pfandflasche); **Weiterverwendung** (Downcycling, Andersverwendung; z. B. Marmeladenglas als Trinkglas); **Wiedergewinnung** (Aufbereitung; z. B. Kupfer aus Spulen); **Weiterverwertung** (für andere Zwecke; z. B. Karton aus Altpapier)
- **Umweltfreundliche Produkte** sollen bei Transport, Lagerung, Ge- und Verbrauch und Entsorgung Umweltschäden minimieren.
  → z. B. chlorfrei gebleichtes Papier
- **Umweltfreundliche Produktionstechniken, Entsorgung, Dienstleistungsgestaltung** sollen die Umwelt entlasten.
  → z. B. niedriger Energieverbrauch, Brauchwasserrückführung, Sonderabfallentsorgung, Schienen- statt Straßentransport

Eine Fülle von Maßnahmen soll diese Ziele durchsetzen:

Staatliche Umweltmaßnahmen

Appelle, Verhandlungen

Appelle zu umweltbewusstem Verhalten sollen die öffentliche Meinung beeinflussen. Verhandlungen mit Unternehmen und ihren Verbänden sollen zu freiwilligen Selbstverpflichtungen führen.

Subventionen

Unternehmen erhalten Subventionen (Staatshilfen) für Maßnahmen, die die Umweltlage verbessern und Belastungsfaktoren verringern.

Genehmigungen

Neue Produktionsanlagen benötigen vor der Erteilung der Betriebsgenehmigung eine **Umweltverträglichkeitsprüfung** (Gesetz über die Umweltverträglichkeitsprüfung dient der Durchsetzung des Vorsorgeprinzips). Sie soll die Einhaltung aller Rechtsvorschriften sicherstellen. Unterlagen über erwartete Umweltbelastungen und geplante Umweltschutzmaßnahmen sind einzureichen. Die Öffentlichkeit wird informiert. Interessenvertreter können versuchen, die Genehmigung zu verhindern. Andererseits können sachliche Argumente zu Verbesserungen führen. Nach erteilter Genehmigung ist die Einhaltung aller Auflagen sicherzustellen. Widrigenfalls droht der Entzug der Genehmigung. Dies kann die Existenz des Unternehmens gefährden.

Steuern und Abgaben

Die Verursacher hoher Umweltbelastungen sollen durch Steuern (Öko-, Energiesteuern) und Abgaben zu einer Verringerung der Belastungen veranlasst werden.

Rechtsvorschriften

Umweltverwaltungsrecht: Vorschriften, die zwingend ein umweltfreundliches Verhalten vorschreiben. Sie betreffen die Bereiche Naturschutz und Landschaftspflege, Immissionsschutz (Luftreinhaltung, Lärmbekämpfung), Abfallvermeidung, -recycling und -entsorgung, Gewässerschutz, Energieeinsparung, Strahlenschutz, Schutz vor gefährlichen Stoffen, Gentechnik.

Beispiele: Umweltverwaltungsrecht

- **Bundesnaturschutzgesetz:** Schutz von Artenvielfalt und natürlichen Lebensräumen
- **Bundes-Bodenschutzgesetz:** Nachhaltige Sicherung und Wiederherstellung der Bodenfunktionen (ggf. durch Sanierung)
- **Immissionsschutzgesetze von Bund und Ländern; Technische Anleitung zur Reinhaltung der Luft:** Schutz von Personen und ihrer Grundstücke vor rechtswidrigen Einwirkungen durch Luftverunreinigung, Geräusche und Erschütterungen
- **Schallschutz-Verordnung; Fluglärm-Schutzgesetz; Technische Anleitungsverordnung Lärm:** Maßnahmen zur Verhinderung und Verminderung von Lärmemissionen; Grenzwerte
- **Abwasserabgabengesetz; Wasserhaushaltsgesetz:** Bestimmung der Schädlichkeit der Restverschmutzung von Wasser. Benutzung und Schutz der oberirdischen Gewässer, des Grundwassers und der Küstengewässer.
- **Kreislaufwirtschafts- und Abfallgesetz:** Bestimmungen zur Minderung und Beseitigung von Abfällen. Abfälle sind in erster Linie zu vermeiden; nicht vermeidbare Abfälle sind vorrangig zu recyceln; nur Restabfälle sind ordnungsgemäß zu entsorgen.
- **Verpackungsgesetz:** Verpflichtung des Herstellers/Vertreibers zur kostenlosen Rücknahme von Verpackungen; Festlegung und Erzielung hoher Recyclingsquoten.
- **Waschmittelgesetz; Benzinbleigesetz:** Zulässige Zusammensetzung und Anwendung der Waschmittel. Höchstzulässiger Gehalt an Bleiverbindungen und anderen Metallen in Benzin und Diesel.

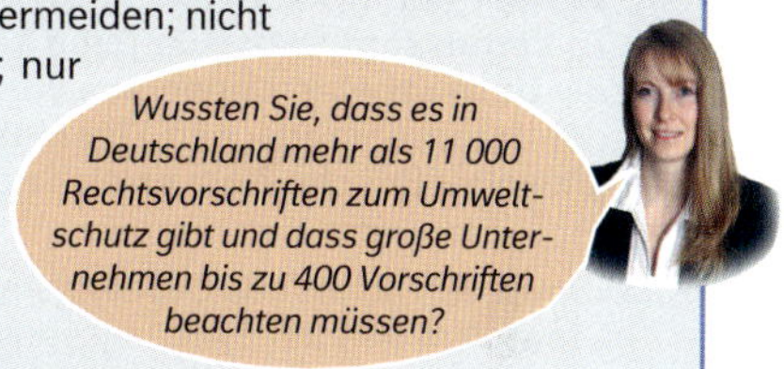

Umweltprivatrecht: Haftungsregelungen

- **für Personen- und Sachschäden**
  - Jedes Unternehmen haftet dem Geschädigten laut **§ 823 BGB** für nachweislich verschuldete Schäden (sog. Verschuldenshaftung) und muss Schadensersatz leisten. Nachteil: Oft gelingt dem Geschädigten nicht der Beweis von Schadensursache und Verschulden.
  - Bei Verstößen gegen das **Wasserhaushaltsgesetz** muss der Geschädigte nur die Ursache beweisen, nicht das Verschulden (sog. Gefährdungshaftung).
  - Für bestimmte im **Umwelthaftungsgesetz** genannte Anlagen wird die Beweislast sogar umgekehrt: Es wird gesetzlich vermutet, dass eingetretene Schäden durch die Anlagen entstanden sind. Der Betreiber müsste vorschriftsmäßigen Betrieb und Kontrolle beweisen. Beweist der Geschädigte, dass der Schaden trotz ordnungsgemäßem Betrieb entstand, haftet der Betreiber auch ohne Verschulden.
- **für Umweltschäden selbst**
  Unternehmen und Selbstständige haften laut **Umweltschadensgesetz** für eine verschuldete Schädigung von Arten und natürlichen Lebensräumen. Bei 13 potenziell gefährlichen Tätigkeiten (z. B. Gefahrguttransport, Herstellung gefährlicher Stoffe) haften diese ohne Verschulden (= Gefährdungshaftung). Sie haften zusätzlich für die Schädigung von Gewässern und Boden. Der ursprüngliche Zustand ist wiederherzustellen. Der Verursacher muss die Kosten dafür tragen. Das Gesetz ist anzuwenden, wenn nicht schon andere Gesetze greifen und eine strengere Haftung vorsehen.

Umweltstrafrecht: Strafen für Umweltdelikte

Verstöße gegen Umweltvorschriften werden als **Ordnungswidrigkeiten** mit Geldbuße geahndet, „**Straftaten** gegen die Umwelt“ mit höheren Geldstrafen und Freiheitsstrafen (§§ 324–330d StGB).

Strafbar ist schon Handeln oder Unterlassen, das zu Umweltschäden führen kann (Gefährdungsdelikte). Treten tatsächlich Schäden ein (Erfolgsdelikte), ist die Strafe höher. Vor allem die Geschäftsführer tragen das strafrechtliche Risiko. Sie müssen den Betrieb so organisieren, dass Schäden nicht entstehen können (Mitarbeiterauswahl, Arbeitsanweisungen, Kontrollen, Nichtduldung von Schwachstellen, ...). Solche Maßnahmen sind Teile eines umfassenden **Risiko-Managements**.

Arbeitsaufträge

1. **Das Kreislaufwirtschafts- und Abfallgesetz schreibt vor:**
   (1) Abfälle sind in erster Linie zu vermeiden.
   (2) Nicht vermeidbare Abfälle sind vorrangig wieder zu verwerten.
   (3) Nur die verbleibenden Restabfälle sind ordnungsgemäß auf Deponien zu lagern, ggf. in Müllverbrennungsanlagen zu verbrennen. Für die Lagerung/Verbrennung sind Gebühren zu zahlen.
   a) Welche Umweltschutzprinzipien/-ziele kommen in diesen Vorschriften zum Ausdruck?
   b) Nennen Sie entsprechende Beispiele der Abfallbehandlung aus Ihrem Ausbildungsbetrieb.

2. **Das deutsche Ordnungsrecht gab seit den 70er-Jahren des 20. Jahrhunderts wichtige Anstöße für den betrieblichen Umweltschutz. Es stieß aber schon in den 1990er-Jahren an seine Grenzen. Viele Vorschriften hemmten innovative Umweltinvestitionen, anstatt sie zu fördern. Sie begünstigten teure „End-of-Pipe-Techniken", die die Umwelt nicht als Ganzes entlasteten, sondern nur die Probleme zwischen den Umweltmedien Luft, Wasser und Boden verschoben. Um das Verhältnis zwischen Aufwand und Ergebnis zu verbessern, mussten neue Technologien und Produkte entwickelt werden, durch die Umweltbelastungen von vornherein vermieden wurden. Dies ging nur, wenn man der unternehmerischen Eigeninitiative mehr Raum gab. So konnte man ehrgeizigere umweltpolitische Ziele erreichen; und dies sogar mit weniger finanziellem Aufwand.**

   a) Inwiefern liefert das Ordnungsrecht Anstöße für den betrieblichen Umweltschutz?
   b) Inwiefern können Ordnungsvorschriften innovations- und investitionshemmend wirken?
   c) Was könnte nach Ihrer Ansicht mit End-of-Pipe-Techniken gemeint sein?
   d) Unternehmer treffen ihre Entscheidungen grundsätzlich nach Kosten-Nutzen-Gesichtspunkten. Sind nach Ihrer Ansicht staatliche Maßnahmen wie Subventionen, Umweltabgaben, Energiesteuern, Einführung der Gefährdungshaftung geeignet, die Unternehmerentscheidungen zugunsten des Umweltschutzes zu steuern?

3. **Fortschrittliche Unternehmen tun gut daran, dynamischen Umweltschutz zu betreiben.**
   a) Was ist unter dynamischem Umweltschutz zu verstehen?
   b) Welche ökonomische Bedeutung hat in diesem Zusammenhang das Umweltmanagement für das Unternehmen?

4. **Auf einem bislang unbebauten Grundstück neben dem Einfamilienhaus von Studienrätin A errichtet Möbelfabrikant B ebenfalls ein Einfamilienhaus, das er ausschließlich mit Holzresten aus seiner Fabrik beheizt. Kurze Zeit darauf erkrankt Frau A so schwer, dass sie in den Ruhestand versetzt werden muss. Sie führt ihre Erkrankung darauf zurück, dass das von Herrn A verbrannte Holz mit Chemikalien verunreinigt ist. Sie will Schadensersatz erstreiten.**
   a) Auf welche Rechtsbestimmung kann Frau A sich berufen?
   b) Beurteilen Sie die Chancen von Frau A, tatsächlich Schadensersatz zu erhalten.

5. **Eine chemische Fabrik liegt an einem Fluss. Eines Tages versagt – unbemerkt von dem zuständigen Mitarbeiter – ein Gerät, sodass Lauge über einen vergessenen Schacht in den Fluss gelangt. 200 Meter flussabwärts betreibt die Gemeinde ein Wasserwerk. Nach Anzeige durch einen Anwohner lässt sie am nächsten Tag Wasserproben durch ein Institut untersuchen. Die Analyse ergibt eine erhöhte Konzentration von Chloriden und Phosphaten. Die Gemeinde will Ersatz für die Kosten des Gutachtens in Höhe von 3 000,00 EUR.**
   a) Welche Beweislasten muss die Gemeinde tragen, welche nicht?
   b) In welchem Umfang haften der Geschäftsführer und der zuständige Mitarbeiter des Betriebes?

6. **Kurze Zeit nach Inbetriebnahme einer neuen Anlage durch ein Unternehmen treten an den Gebäuden in der Nachbarschaft Schäden auf. Die Anlage gehört zu jenen Anlagen, die im Anhang 1 zu § 1 Umwelthaftungsgesetz aufgezählt sind. Der Geschädigte verlangt Schadensersatz.**
   a) Beurteilen Sie die Beweislast in diesem Fall.
   b) Kann der Geschädigte auch dann Schadensersatz beanspruchen, wenn sich herausstellt, dass die Anlage völlig ordnungsgemäß betrieben wurde?

---
[1] Innovation = Neuerung; Investition = Anlage von Geldkapital im Unternehmen

7.3.3 Dynamischer Umweltschutz unter wirtschaftlichem Aspekt

Wir befinden uns im Jahr 2021
Wir, MGB, sind ein mittelständisches Unternehmen, das seine Vorteile in den letzten Jahren gezielt nutzen konnte: Wir sind flexibel, nah am Markt und reagieren schnell auf den Wandel der Märkte und des Umfelds. Beispiel: das Öko-Audit nach EMAS. Wir haben die Chancen, die dieses *Eco-Management and Audit Scheme* eröffnet, erkannt und gezielt genutzt.

Die Erfolgsbilanz unseres Öko-Audits
Wir haben unsere Umwelt entlastet und dadurch die Position unseres Unternehmens entscheidend verbessert:
- Unsere Kunden geben unseren Produkten und Diensten den Vorzug,
- Behörden und Politiker, Öffentlichkeit und Nachbarn schätzen unsere Glaubwürdigkeit,
- wir haben unsere Stellung gegenüber der Konkurrenz gefestigt,
- wir haben weniger Schwierigkeiten bei der Abwicklung von Genehmigungsverfahren.

Wir haben unsere Kosten gesenkt:
- durch die Einrichtung eines wirksamen Umweltmanagements,
- durch effizienten Einsatz unserer Ressourcen,
- durch niedrige Steuern und Abgaben aufgrund gesunkener Emissionswerte,
- durch Verbesserung unserer Kreditwürdigkeit bei Finanzierungen,
- durch günstigere Versicherungsprämien aufgrund unseres verbesserten Risikomanagements.

Wirksamer Umweltschutz bedeutet: Haushalte und Unternehmen müssen von sich aus immer neu die größtmöglichen Anstrengungen zur Vermeidung von Umweltschäden unternehmen.

Rechtsvorschriften sind dann nur Minimalanforderungen. Sie schaffen den notwendigen Ordnungsrahmen, motivieren aber nicht zum „Bessermachen“. Sie können ja nur Grenzwerte festlegen, die nicht überschritten werden dürfen.

- Die Umweltschutzvorschriften werden zunehmend schärfer.
- Die Abgaben für umweltschädliches Verhalten (z. B. Abwassergebühren) und die Kosten für die Vermeidung/Beseitigung von Umweltschäden steigen. Aus externen Kosten werden also zunehmend interne Kosten.
- Staatliche Subventionen für umweltfreundliche Investitionen verschaffen Kostenvorteile.
- Schärfere Haftungsvorschriften (Gefährdungshaftung) vergrößern das Kostenrisiko in der Folge von Störfällen und chronischen Belastungen.
- Die Endverbraucher achten zunehmend auf umweltfreundliche Produkte. Die Umweltfreundlichkeit eines Produkts ist heute ein gängiges Verkaufsargument und oft schon unverzichtbare Voraussetzung für den Marktzugang.
- Gewerbliche Käufer verlangen von ihren Zulieferern umweltfreundliche Materialien und Fertigungsverfahren.
- Betriebe, die keine umweltfreundlichen Produkte und Verfahren entwickeln, koppeln sich vom technischen Fortschritt ab. Sie entziehen sich auf längere Sicht selbst die Lebensgrundlage. Sie können nicht gegen die wachsamere Konkurrenz bestehen.

Fortschrittliche Unternehmen haben erkannt: Betrieblicher Umweltschutz muss dynamisch sein. Sie ersetzen staatliche Gängelung mittels Rechtsvorschriften durch eigenverantwortliches maximales Handeln. Sie machen ökologisches Verhalten zum Bestandteil einer umweltorientierten Unternehmensführung (Umweltmanagement).

7.3.4 Umweltorientierte Unternehmensführung

Umweltorientierte Unternehmensführung (Umweltmanagement)

- richtet eine Umweltdatenbank und ein Umwelt-Informationssystem ein,
- berücksichtigt den Umweltschutz bei allen Betriebsprozessen und bei allen betrieblichen Funktionen (siehe die unten stehende Übersicht),
- verankert den Umweltschutz auch in der Organisation des Betriebes und legt alle Kompetenzen, Aufgaben und Tätigkeiten in einem Umweltschutzhandbuch fest,
- dokumentiert ihre Umweltschutzbemühungen auch gegenüber der Öffentlichkeit, z. B. durch die Erstellung und Veröffentlichung von Ökobilanzen[1] und durch die Teilnahme am Öko-Audit der Europäischen Union[2].

Umweltorientierte Unternehmensführung (Umweltmanagement)

Informationsbeschaffung

- Zusammenarbeit mit Öko-Instituten und Öko-Verbänden
- Anschluss an eine Öko-Datenbank oder Errichtung einer solchen
- Erstellung von Öko-Bilanzen

Beschaffung

- Beschaffung umweltfreundlicher und reichlich vorhandener Rohstoffe
- Nutzung von Recycling-Möglichkeiten
- umweltbewusste Auswahl der Lieferanten
- Nutzung umweltschonender Verkehrskonzepte

Produktion

- Durchführung ökologischer Produktanalysen
- Einstellung der Produktion umweltschädlicher Erzeugnisse
- Entwicklung umweltfreundlicher Erzeugnisse/recyclingfähiger Erzeugnisse
- Einführung umweltfreundlicher Produktionsverfahren
- umweltfreundliche Entsorgung von umweltschädlichen Abfällen und Stoffen

Absatz

- umweltbezogene Aktionen in der Öffentlichkeit
- umweltbezogene Verkäufer-, Händler- und Verbraucherinformationen
- umweltbezogene Preissetzungen
- Verwendung von Umweltzeichen („Blauer Engel", „Euroblume" für umweltfreundliche Produkte, „grüner Punkt" für recyclingfähige Produkte und Verpackungen)
- Nutzung umweltschonender Verkehrskonzepte

Blauer Engel

Finanzierung und Investition

- Nutzung von Subventionen zur Finanzierung umweltfreundlicher Investitionen

Euroblume

Organisation

- Einrichtung von Stellen für betriebliche Umweltschutzbeauftragte
- Einrichtung von Umweltschutz-Projektgruppen
- Einrichtung eines Umweltschutz-Ausschusses
- Einrichtung einer Sammelstelle für Umweltschutz-Vorschläge

---

[1] Siehe S. 145 f.

[2] Siehe S. 146 f.

7.3.5 Umweltschutzbeauftragte

Betriebe, deren Produktion die Umwelt beeinflussen kann, müssen Beauftragte für besondere Belange des Umweltschutzes bestellen.

Das Umweltrecht fordert die Betriebsbeauftragten für Abfall, für Gewässerschutz und Immissionsschutz sowie den Störfall-, den Gefahrgut- und den Tierschutzbeauftragten. Nach dem Gentechnik-Gesetz muss bei Vorliegen bestimmter Voraussetzungen auch ein Beauftragter für biologische Sicherheit bestellt werden.

Die Beauftragten üben ihre Aufgaben vielfach nebenamtlich aus. Häufig sind es Betriebsleiter, die alle technischen Details vor Ort kennen. Sie haben i. d. R. keine öffentlich-rechtlichen Befugnisse, sondern sind Element der innerbetrieblichen Eigenüberwachung.

Aufgaben der Umweltschutzbeauftragten
Kontrollfunktion Der Beauftragte muss darauf achten, dass die umweltrechtlichen Bestimmungen im Betrieb eingehalten werden.
Initiativfunktion Der Beauftragte hat in seinem jeweiligen Fachgebiet darauf hinzuwirken, dass umweltschonende Verfahren und Produkte eingesetzt werden.
Anhörungsrecht Der Beauftragte muss vor Investitionsentscheidungen von der Unternehmensleitung angehört werden.
Informationsfunktion Der Beauftragte soll die Betriebsangehörigen über die betriebliche Umweltsituation informieren.
Berichtsfunktion Der Beauftragte hat einen Jahresbericht zu erstellen.

In vielen Unternehmen werden unabhängig von gesetzlichen Verpflichtungen Umweltschutzbeauftragte bestellt – Ausdruck der Philosophie, den Umweltschutz von vornherein in die unternehmerische Strategie einzubinden. In den größeren Unternehmen rankt sich um die gesetzlichen Umweltschutzbeauftragten oft ein Netz von Spezialisten, die für das Umweltschutz-Know-how[1] der Unternehmen stehen.

Beispiel: Umweltschutzbeauftragte

Die Immissionsschutz-, Abwasser- und Abfallbeauftragten tragen Verantwortung für Einzelanlagen. Sie berichten dem Betriebsbeauftragten für Umweltschutz auf der Werks- oder Betriebsebene, der die Geschäftsführung informiert. Auf der Konzernebene gibt es sogar zentrale Referate für Umweltschutz und technische Sicherheit.

7.3.6 Ökobilanz (Umweltbilanz)

Die Ökobilanz ist eine Übersicht über alle Stoff- und Energiemengen, die im Laufe eines Jahres in den Betrieb eingehen (Input) und den Betrieb verlassen (Output). Sie liefert grundlegende Informationen über die Auswirkungen der betrieblichen Tätigkeiten auf die Umwelt und damit für Entscheidungen hinsichtlich Beschaffung, Produktion und Absatz.

[1] engl.: know-how = wissen, wie; geistig technische Spezialkenntnisse und Erfahrungen (z. B. über Fertigungsverfahren), die nicht rechtlich geschützt werden können und deshalb oft strenger Geheimhaltung unterliegen

4-Stufen-Methode für Ökobilanzen

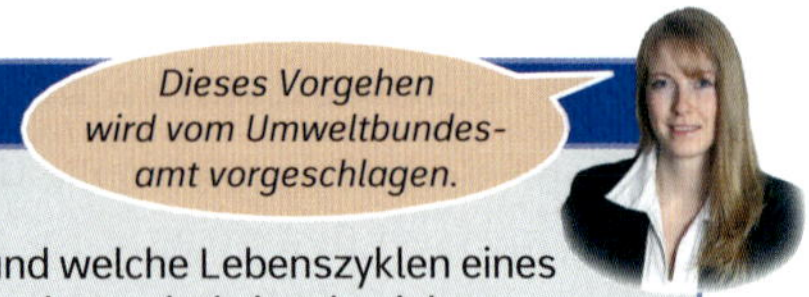

(1) Bilanzierungsziel

Entscheidung, welche Größen für einen Produktionsprozess und welche Lebenszyklen eines Produktes berücksichtigt werden sollen. Energie- und Verkehrsdaten sind einzubeziehen.

(2) Sachbilanz (Beispiel siehe unten)

Umfasst alle Elemente des Produktionsprozesses und des Produkt-Lebenszyklus, von der Gewinnung der Rohstoffe über den Gebrauch des Produkts bis hin zur Abfallbehandlung und Abfallentsorgung.

(3) Wirkungsbilanz

Die Daten der Sachbilanz werden auf ihre möglichen Umweltwirkungen, z. B. Klimaveränderungen, Abbau der Ozonschicht, Belastungen der Gewässer hin überprüft.

(4) Bilanzbewertung

Die Ergebnisse von Sach- und Wirkungsbilanz werden zu einer Gesamtbewertung zusammengefasst. Diese komplexe Aufgabe kann laut Umweltbundesamt noch nicht geleistet werden.

Beispiel: **Ökobilanz eines Unternehmens der Textilbranche**

Input	**2020**	**Output**	**2020**
1. Rohstoffe (kg)	2 992 575	**1. Produkte (kg)**	
2. Halb- und Fertigwaren (kg)	1 954 433	Beinbekleidung	4 432 403
3. Hilfsstoffe (kg)		Oberbekleidung	339 823
Farbstoffe	60 310	**2. Verpackungen (kg)**	
Chemikalien	1 071 012	Transportverpackung	735 196
Produktverpackungen	1 824 532	Produktverpackung	1 806 171
Produktzutaten	85 553	**3. Abfälle (kg)**	
4. Betriebsstoffe (kg)	1 325 893	Sonderabfälle	83 687
5. Energie (kWh)		Wertstoffe	1 472 895
Gas	13 870 996	Restmüll	171 040
Strom	26 663 766	**4. Energieabgabe**	101 635 998
Heizöl	36 214 053	**5. Abwasser**	
Fernwärme	8 102 143	Menge (cbm)	284 662
Treibstoff	14 585 040	Schwermetall (kg)	30
6. Wasser (cbm)		**6. Abluft**	
Stadtwasser	237 996	Menge (cbm)	23 715 924
Rohwasser (Brunnen/See)	135 622	Belastung (kg)	120 042 786
Luft (cbm)	84 556 546		
Bestand:			
Boden (qm)		**Anlagen (Stück)**	
versiegelt	56 329	Produktionsmaschinen	3 974
überbaut	118 611	Büro-/Kommunikations-maschinen	3 399
grün	412 613	Fuhrpark	279
Gebäude (qm)	158 058	technische Anlagen	302

7.3.7 Öko-Audit (Umweltbetriebsprüfung)

Die Europäische Gemeinschaft (jetzt: Europäische Union) hat 1993 eine Verordnung über die freiwillige Beteiligung gewerblicher Unternehmen an einem Gemeinschaftssystem für das Umweltmanagement und die Umweltbetriebsprüfung erlassen (früher: **EG-Öko-Audit-Verordnung;** jetzt: **EMAS** [Eco-Management and Audit Scheme]). Die Verordnung wurde 2001 weiterentwickelt (EMAS II) und in Deutschland durch das **Umweltauditgesetz** umgesetzt. 2010 ist wiederum eine Novelle (EMAS III) in Kraft getreten.

EMAS will die Unternehmen über den Markt dazu drängen, sich selbst konkrete Umweltziele – über das gesetzlich Geforderte hinaus – zu setzen, Maßnahmen zu ihrer Verwirklichung zu treffen und ein Umweltmanagement zu schaffen. Die Prüfung erfolgt durch Audits. Die erfolgreiche Teilnahme wird über die IHK in ein Register eingetragen (*www.emas-register.de*) und berechtigt zur Führung eines EMAS-Logos.

EMAS beinhaltet die Anforderungen der internationalen Norm ISO 14001 (Umweltmanagementsysteme). Zusätzlich fordert EMAS

- die Prüfung durch einen externen, staatlich zugelassenen Umweltgutachter,
- die Veröffentlichung einer Umwelterklärung (Organisationsbeschreibung, Umweltpolitik, Umweltaspekte, Umweltprogramm, Umweltleistung, Rechtsvorschriften),
- eine kontinuierliche Verbesserung der Umweltleistungen,
- eine Verpflichtung zur Einhaltung aller umweltrechtlichen Vorschriften.

Die Registrierung nach EMAS beschränkte sich bis 2009 auf die EU. Jetzt ist auch eine weltweite Registrierung möglich. EMAS als anspruchsvollstes System verursacht den Unternehmen Kosten (z. B. wegen jährlicher externer Überprüfungen). Entlastungen an anderer Stelle, die die EU-Kommission angekündigt hatte, sind bisher ausgeblieben. Deshalb lassen sich die meisten Unternehmen in Deutschland und in der EU bisher nur nach der weniger anspruchsvollen Norm ISO 14001 zertifizieren. Mit EMAS III will die EU den Trend umkehren. Sie erleichtert z. B. den Zugang für kleine und mittlere Unternehmen (2-jährliche Aktualisierungen) und lässt – wie oben gesagt – auch Organisationen mit Sitz außerhalb der EU zur Registrierung zu.

Das EMAS-Logo darf z. B. verwendet werden:

- auf Umwelterklärungen,
- auf Broschüren, Berichten, Informationsdokumenten,
- auf dem Briefkopf,
- für die Imagewerbung (nicht für Produktwerbung und auf Produkten!).

Arbeitsaufträge

1. **Die Teilnahme am Öko-Audit der Europäischen Union führt zu hohen Kosten für den Betrieb: Honorare für externe Berater, Gebühren für die zugelassenen Gutachter, Gebühren für die Teilnahmeerklärung, Kosten für neu einzustellende Audit-Mitarbeiter, für die Schulung und Weiterbildung der Mitarbeiter, für die Öffentlichkeitsarbeit. Unter diesem Aspekt ergibt sich die Frage, ob sich die Teilnahme lohnt. Diese Frage steht auch heute vielfach in Verbindung mit dem Problem von Öko-Risiken.**
   a) Nennen Sie möglichst viele Öko-Risiken.
   b) Inwiefern ist das Öko-Audit geeignet, Öko-Risiken zu bewältigen?
   c) Welche zusätzlichen Vorteile kann das Öko-Audit bewirken?

2. **Erklärung von MGB Maltmann Getriebebau e. K. zum Öko-Audit:**

   „Die Umweltschutzleitlinien (Umweltpolitik), das Umweltprogramm, das Umweltmanagementsystem und die Umwelt-Betriebsprüfungsverfahren von MGB Maltmann Getriebebau e. K., entsprechen den Anforderungen des Umweltauditgesetzes und der Norm DIN EN ISO 14001 ‚Umweltmanagementsysteme'. Die Daten und Angaben dieser Umwelterklärung geben ein angemessenes und richtiges Bild der Umweltrelevanz aller Tätigkeiten am Standort wieder. Daher wird diese Umwelterklärung für gültig erklärt."

   a) Welchen Inhalt hat die Norm DIN EN ISO 14001? Informieren Sie sich hierüber im Internet.
   b) Hat Ihr Ausbildungsbetrieb ebenfalls eine Erklärung zum Öko-Audit abgegeben? Wenn ja, wie lautet sie?
   c) Berichten Sie darüber, welche Inhalte der Norm DIN EN ISO 14001 Ihr Ausbildungsbetrieb erfüllt.

Rahmenlehrplan: LERNFELD 5
Leistungserstellungsprozesse planen, steuern und kontrollieren

DRITTER ABSCHNITT

Produktionsmanagement

Ford Saarlouis – ein Beispiel für moderne Produktionsstrukturen
Automobilfirmen müssen sich ständig verbessern. Ford z. B. hat in Deutschland große Anstrengungen unternommen, um den Fertigungsprozess zu optimieren. So wurde bei Saarlouis ein Industriepark nach dem Prinzip der „schlanken Produktion" (Lean Production) gebaut. Er setzt sich aus dem Hauptwerk und zahlreichen Zulieferbetrieben zusammen.

Das Hauptwerk
Das Hauptwerk besteht aus Press-, Karosserie-, Lackier- und Montagewerk.

- **Das Presswerk**
  Rund 230 000 Tonnen Metallband werden jährlich verarbeitet, aus 1 000 Tonnen Stahlblech täglich 300 000 Teile gefertigt. Bis zu seiner endgültigen Form durchläuft das Blech in mehreren Arbeitsschritten 17 vollautomatische und zwei Handpressen. Es wird gezogen, gelocht, gestanzt oder abgekantet. Zum Einsatz kommen ein- oder mehrarmige Roboter. Präzision wird groß geschrieben. Vor der Weitergabe an die Karosseriefertigung wird jedes fertig gepresste Teil strengsten Qualitätskontrollen unterzogen.
  Blechabfälle werden zum Recyceln (Wiedereinschmelzung in Stahlwerke) transportiert.

- **Das Karosseriewerk**
  Hier sind 98 % der Fertigung automatisiert. 479 Roboter verschweißen die geformten Bleche zu Rohkarossen. Das garantiert höchste Qualität, kurze Fertigungszeiten und höchste Fahrsicherheit. Ein FOCUS-Pkw besteht aus zirka 500 Blechteilen. Ein Ultraschall-Prüfverfahren kontrolliert die Schweißqualität. Die Fertigung der Rohkarossen umfasst fünf wesentliche Segmente:

  Fertigung der Bodengruppe. Die Teile der Bodengruppe (Vorderwagen, vorderes und hinteres Bodenblech) werden in einer Geometriestation genau gespannt, anschließend präzise verschweißt und in der Messmaschine vermessen.

  Fertigung der Seitenwände auf die gleiche Weise.

  Zusammenbau der Basiselemente zu einer vollständigen Rohkarosse. Dazu werden die Teile geklammert, mittels Lasertechnik vermessen und dann verschweißt.

  Fertigung der Anbauteile. Türen, Heckklappe, Kotflügel, Motorhaube werden halbautomatisch mit der Karosserie verschraubt. Die Maßhaltigkeit wird durch spezielle Software garantiert.

  Versiegelung der Kanten. Die Bördelkanten an Türen, Heckklappe usw. werden zum Schutz vor Korrosion vollautomatisch versiegelt. Auch hier erfolgt eine Qualitätskontrolle.
  Teile, die nicht im eigenen Presswerk gefertigt werden, werden im Rundverkehr über einen Transporttunnel direkt an den Bedarfsort geliefert.

- **Das Lackierwerk**
  Spülbad: Die Rohkarosserie wird von Fetten und Metallspänen befreit. Die anschließende Phosphatierung sorgt für optimale Lackhaftung und zusätzlichen Korrosionsschutz. Dann wird in einem dreiminütigen Elektrotauchbad die erste Lackschicht aufgetragen.
  Blechüberlappungen, Verbindungsflansche usw. werden zusätzlich versiegelt. Gegen Rost werden Steinschlagschutz-Materialen aufgetragen. Dämmmaterial dient zur Geräuschreduzierung.
  Eigentliche Lackierung: Der Staub wird abgeblasen. Deck- und Klarlacke werden durch Spritzlackierer und Spritzautomaten aufgetragen. Ein Wachsautomat beschichtet alle Hohlräume mit umweltverträglichem Wachs.

- **Das Montagewerk – die visuelle Fabrik**
  Das Montagewerk wirkt aufgeräumt und klar organisiert. Hier wird nach Bedarf gefertigt. An den Fertigungslinien stehen Materialien für wenige Stunden. Eine Reihe von Teilen wird vormontiert

von den Zulieferfirmen des Industrieparks auf einem vollautomatischen Transportsystem direkt am Verbauort angeliefert. Lichttafeln (Control-Boards) unterrichten die Mitarbeiter kontinuierlich. Über Tastatur kann der Mitarbeiter von seiner Arbeitsstation über seine Probleme aufmerksam machen. Anhand von Qualitätsprozessblättern werden der Arbeitsablauf und die benötigten Werkzeuge beschrieben. Die Arbeitsgruppen tauschen ihre Arbeitsstellen nach dem Rotationsprinzip. Rund 3 000 Teile werden nach und nach einmontiert. Erste Station ist der **Sequenzstapel**. Die Türen werden ausgehängt; sie gehen auf eine „Extra-Reise“, die Türenstraße.

Innen- und Außenausstattung der Karosse: Arbeitsschritte: Verkabelung des Autos; Einbau der Dachverkleidung, Heizung, Teppiche, Scheinwerfer; Verklebung der Scheiben; Einbau der Sitze; Einbau der Türen

Integration von Motor und Fahrwerk: Der Einbau der Teile erfolgt von unten. Der Pkw erhält die nötigen Betriebsstoffe. Kein Fahrzeug verlässt die Montagehalle ohne gründlichen Check.

Die Zulieferbetriebe – ein innovatives Logistikkonzept

Das Hauptwerk – das Herz des Industrieparks – wird um den Lieferpark ergänzt. Auf einer Fläche von 200 000 m^2 arbeiten zahlreiche Zulieferbetriebe an Fertigung und Vormontage von Komponenten für das Hauptwerk: ACÜ, Benteler, Grupo Antolin, Lear Cooperation, LMS, Losito, Michels, RESA, SEKURIT, TENNECO Automobile VISTEON. Schweißuntergruppen, Dachverkleidungen, Kabelstränge, Instrumententafel, Teppiche, Kühl-Module, Tür- und Seitenverkleidungen, Motor, Getriebe, Achsen usw. kommen „von nebenan“. Die Schweißuntergruppen werden per Trailor durch einen Transporttunnel direkt ins Karosseriewerk geliefert. Die anderen Teile kommen mittels Elektrohängebahn über eine Verbindungsbrücke an. Alle werden just in time in richtiger Reihenfolge („in sequence“) an 16 Liftstationen geliefert. Sechs Tage im Voraus erhalten die Lieferanten des Parks die geplanten Fertigungszahlen. Sie sind dazu über ein Datennetz verbunden. Der Feinabruf für die Komponenten des Tages erfolgt, sobald ein Fahrzeug aus der Lackiererei in das Montagewerk einläuft. Die direkte Verbindung zwischen Hauptwerk und Zulieferbetrieben eröffnet zahlreiche Chancen:

- gemeinsame Planung und Entwicklung
- optimale Organisation der Fertigungsprozesse
- geringere Fertigungskosten
- geringerer Verpackungsaufwand
- kürzere Transportwege
- Wegfall innerbetrieblicher Lagerhaftung
- Entlastung der Umwelt
- kein Qualitätsverlust durch lange Transportwege – bessere Qualität
- schnellere Reaktionszeiten
- bessere Kommunikation zwischen Hauptwerk und Zulieferer

DRITTER ABSCHNITT

1 Aufgaben und Ziele des Produktionsmanagements

1.1 Produktionsziele

Das Produktionsmanagement ist der Führungsbereich, der mit der Produktion (Fertigung) der Erzeugnisse (Produkte) befasst ist.

Die Fertigung ist im modernen Industriebetrieb maschinisiert und automatisiert. Deshalb muss das Produktionsmanagement wie kein anderer Managementbereich nicht nur mit betriebswirtschaftlichen, sondern auch mit technischen Problemen umgehen können.

Bei der Frage, welche Produktionsziele das Produktionsmanagement setzen muss, legen wir die Einteilung in Shareholder-Ziele (ökonomische Ziele) und Stakeholder-Ziele (soziale Ziele und Umweltziele) zugrunde. Weiterhin ist zu beachten, dass die Produktionsziele vorrangig durch die Absatzziele (Marktziele) bestimmt werden. Um eine Zielkontrolle zu ermöglichen, müssen die Ziele möglichst operationalisiert werden.

Ziele des Produktionsmanagements

Ökonomische Ziele

Sachziele

- Erstellung bedarfsgerechter Leistungen
  - in der benötigten Art und Qualität (Ziel: Produktqualität)
  - in der benötigten Menge (Ziel: Mengenqualität)
  - zum Bedarfszeitpunkt (Ziel: Terminqualität)
  - mit den gewünschten Nebenleistungen (Ziel: Servicequalität)
- kurze Durchlaufzeiten
- hohe Kapazitätsauslastung
- hohe Mengenergiebigkeit (Produktivität)
- Optimierung der Prozesse
- hohe Anpassungsfähigkeit von Maschinen und Personal an Änderungen (Ziel: Flexibilität)

Formalziele

- Minimierung der Kosten (Personalkosten, Materialkosten, Betriebsmittelkosten)
- Minimierung der Transportkosten
- Minimierung der Zwischenlagerkosten
- Maximierung der Wirtschaftlichkeit (Verhältnis von Kosten und Leistungswerten)

Soziale Ziele

- gerechte Entlohnung
- angenehmes Arbeitsklima
- optimale Arbeitsbedingungen (Arbeitsplatz, -ablauf, -zeit, -umgebung, Freiheitsgrade, Verantwortung, Unfallverhütung)

Ökologische Ziele

- umweltverträgliche Materialien
- Vermeidung von Rückständen
- umweltverträgliche Rückstandsentsorgung
- umweltverträgliche Produkte
- umweltverträgliche Fertigungsverfahren

Lesen Sie nach auf S. 89 ff.

Typische Zielkonflikte

- **Konflikte zwischen ökonomischen Zielen einerseits und sozialen Zielen sowie Umweltzielen andererseits**
  Hier gelten sinngemäß die Ausführungen im zweiten Abschnitt des Buches.
- **Konflikte zwischen Absatzzielen und Produktionszielen**
  Auf Käufermärkten hat die Verfolgung der Absatzziele aus Wettbewerbsgründen Vorrang vor den Produktionszielen. Beispiel: Die Termineinhaltung für einen wichtigen Kundenauftrag verhindert die maximale Kapazitätsauslastung bestimmter Werkstätten. Um solche Konflikte zu minimieren, muss das Unternehmen für schnelle Prozesse und hohe Flexibilität sorgen.

1.2 Aufgaben des Produktionsmanagements

Die mit der Produktion zusammenhängenden Aufgaben vollziehen sich – wie jedes wichtige betriebliche Geschehen – in drei Phasen:

Produktionsplanung → Produktionsdurchführung → Produktionskontrolle

In jeder Phase sind bestimmte Teilaufgaben zu erfüllen:

Teilaufgaben des Produktionsmanagements

Produktionsplanung

- Produktionsprogrammplanung (betrifft Art und Menge der Erzeugnisse)
- Fertigungsanlagen- und -verfahrensplanung
- Fertigungsplanung (Vollzugsplanung)

Produktionsdurchführung

- Fertigungssteuerung (unmittelbare Vorbereitung, Steuerung und Überwachung der Fertigung)
- Be- und Verarbeitung der Werkstoffe

Produktionskontrolle

- technische Kontrolle (Qualitätskontrolle)
- betriebswirtschaftliche Kontrolle (Nachkalkulation, Kostenrechnung)

Wichtige Managementaufgaben in diesem Zusammenhang sind:

- **Produktionsprogramm-Management** → Festlegung des Produktionsprogramms
- **Produktentstehungsmanagement** → Produktforschung, -entwicklung, -gestaltung
- **Verfahrensmanagement** → Anlagenplanung und Fertigungsverfahren
- **Fertigungsprozessmanagement** → Planung und Steuerung der Fertigung
- **Kostenmanagement** → Kostenplanung, -kontrolle, -analyse
- **Qualitätsmanagement** → Sicherung der Einhaltung von Produkt-, Mengen-, Terminqualität
- **Umweltmanagement** → Sicherung der Umweltverträglichkeit von Materialien, Produkten, Fertigungsverfahren
- **Produktionscontrolling** → Sicherung von Zielsetzung, Planung, Kontrolle

2 Produktionsprogramm-Management

2.1 Absatz-, Produkt- und Produktionsprogramm

Das Produktionsprogramm (Fertigungsprogramm) umfasst die Art und Menge der Produkte, die in einem bestimmten Zeitraum gefertigt werden. Sein wichtigster Teil ist das Produktprogramm.

Ständige Absatzmarktforschung einerseits und naturwissenschaftlich-technische Forschung andererseits sind erforderlich, um absatzträchtige Produkte zu entwickeln.

Das Produktionsprogramm wird aus dem Absatzprogramm abgeleitet, ist aber nicht damit identisch: Zum Absatzprogramm gehören auch nicht selbst produzierte Handelswaren (z. B. Zubehör) und Dienstleistungen (z. B. Wartung) und zum Produktionsprogramm gehören auch selbsterstellte Werkzeuge und Vorrichtungen für den Einsatz im eigenen Betrieb (sog. Eigenleistungen).

Das Produktprogramm umfasst die absatzbestimmten Erzeugnisse des Produktionsprogramms.

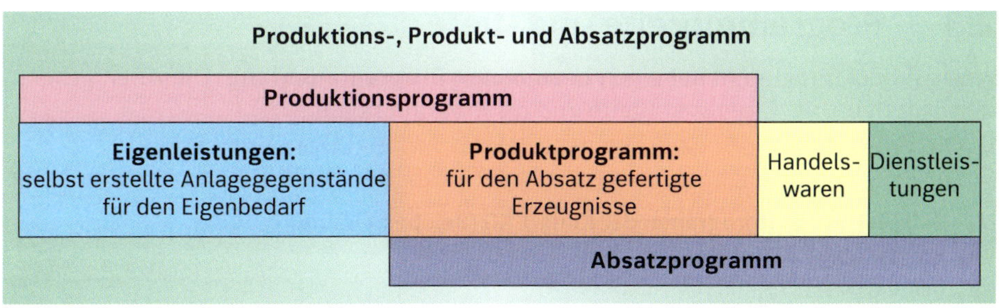

2.2 Bestimmungsgrößen des Produktprogramms

Das Produktprogramm als wichtigster Teil des Produktionsprogramms muss immer wieder neu geplant und den Marktverhältnissen angepasst werden. Viele Größen üben dabei ihren Einfluss aus.

Wichtige Bestimmungsgrößen des Produktprogramms

Produktfelder

Produktfelder sind die Bereiche, in denen ein Unternehmen tätig sein will (z. B. Elektroindustrie, Fahrzeugbau, Maschinenbau). Sie werden vor der Betriebsgründung abgesteckt und langfristig angepasst.

Marktchancen

Der Betrieb wird nur Produkte in sein Programm aufnehmen, von denen er sich aufgrund von Marktforschungen einen ausreichenden Umsatz (Erlös) verspricht.

Kosten

Der Betrieb wird nur Produkte in sein Programm aufnehmen, die mit vertretbaren Kosten gefertigt werden können.

Materialien

Können nicht alle Materialien in der benötigten Menge beschafft werden, so ist die Fertigung bestimmter Erzeugnisse nicht möglich.

Finanzierungsmöglichkeiten

Viele Produkte benötigen teure Anlagen und/oder eine kostspielige Forschung und Entwicklung. Sie können nur ins Programm aufgenommen werden, wenn das nötige Eigen- und Fremdkapital aufgebracht werden kann. Oft ist dies nur Großbetrieben möglich.

Stand der Technik

Die fortschreitende Technik führt zum Veralten bestehender und zur Entwicklung neuer Produkte. Aufgrund des fast überall gegebenen harten Wettbewerbs wird der Betrieb bestrebt sein, die jeweils modernsten Produkte zu fertigen.

Eigene Forschung, Know-how

Der Betrieb wird bestrebt sein, eigene Produktforschung zu betreiben und ein umfangreiches Produktwissen zu erwerben. Sein Ziel ist die Fertigung möglichst exklusiver Produkte, die geringer Konkurrenz ausgesetzt sind und hohe Nachfrage und Umsätze erzielen.

Gesetzliche und soziale Einflüsse

Der Gesetzgeber verbietet die Fertigung von Produkten, die Mensch und Umwelt schädigen, oder knüpft sie an bestimmte Auflagen. Auch die Nachfrager werden gegenüber derartigen Produkten zunehmend sensibel.

Vertretbarkeit der Güter

Vertretbare Güter sind solche, die nach allgemeiner Auffassung durch gleichartige Güter ersetzbar sind (z. B. DVDs, PCs, Konserven, ...). Bei solchen Gütern ermittelt man sorgfältig die Marktchancen und produziert dann oft – nicht immer! – ohne konkret vorliegende Kundenaufträge die Produkte auf Lager (Lagerfertigung). Bei nicht vertretbaren Gütern (z. B. Spezialmaschinen, Schiffen) hingegen produziert man i. d. R. nur auf Bestellung (Auftragseinzelfertigung). Das momentane Produktprogramm entspricht dann der Summe der Kundenaufträge.

In der Praxis benutzt man oft den Begriff „Produktionsprogramm" auch dann, wenn man eigentlich das Produktprogramm meint.

2.3 Programmbreite und -tiefe

Jedes Produktprogramm hat einen bestimmten **Programmumfang**. Dieser ist gekennzeichnet durch die Programmbreite und die Programmtiefe.

- **Die Programmbreite ist durch die Zahl der Produktarten bestimmt.**
- **Die Programmtiefe ist durch die Zahl der Varianten der Produktarten bestimmt.**

Web

M 152

Beispiel: Produktprogramm der Kunert AG (Beinbekleidung)

Siehe auch die Datei *Programmbreite und -tiefe*.

Sparte Feinbereich	Sparte Grobstrickbereich
Produktarten:	**Produktarten:**
Feinstrümpfe, Feinstrumpfhosen	Socken, Söckchen, Kniestrümpfe, Leggins

Varianten: verschiedene Qualitäten, Größen, Farben, Muster

wenige Produktarten: enges Programm	viele Produktarten: breites Programm
wenige Varianten:	flaches Programm
viele Varianten:	tiefes Programm

Der Programmumfang wird bestimmt von

Absatz-überlegungen	**Kosten-überlegungen**	**technischen Gegebenheiten**
Ein umfangreiches Programm	*Ein umfangreiches Programm*	*Ein breites Programm kann bewirkt werden durch*
• verringert die Abhängigkeit von einem einzelnen Produkt, • genießt die Vorliebe der Kunden, • kann bewirken, dass sich die einzelnen Produkte ergänzen (Komplementärgüter) oder behindern (Substitutionsgüter) ❶.	• verhindert tendenziell Spezialisierungsvorteile ❷, • erhöht die Kosten für die Umrüstung von Maschinen, • hemmt oft eine optimale Materialausnutzung.	• die zwangsläufige Miterzeugung von Kuppelprodukten ❸, • die Verwertung von Rückständen, • Möglichkeiten der Nutzung brachliegender Kapazitäten.

❶ **Komplementärgüter** sind z. B. Auto und Benzin, Messer und Gabel, Tisch und Stuhl. Wer das eine Produkt absetzt, hat auch gute Chancen für den Absatz des anderen.
Substitutionsgüter dagegen können sich gegenseitig ersetzen (z. B. Butter und Margarine, Glas und Kunststoff). Sie nehmen sich deswegen oft gegenseitig Absatz weg.

❷ **Produktspezialisierung** bedeutet Konzentration auf bestimmte Produkte. Sie bewirkt ein enges Produktionsprogramm, bringt aber häufig Kostenvorteile durch geringere Entwicklungskosten, größere Produktserien, evtl. Massenproduktion, kleinere Materialläger, Ausnutzung optimaler Bestellmengen, weniger häufige Umrüstung von Maschinen.

❸ **Kuppelprodukte** fallen im selben Produktionsprozess zwangsläufig nebeneinander an (z. B. bei der Rohölverarbeitung u. a.: Gas, Rohbenzin, Rohpetroleum, Dieselöl, Schmieröl). Der Gesamterlös muss dann die Produktionskosten decken.

In der Praxis hat sich eine intelligente Begrenzung des Programmumfangs als günstig und gewinnsteigernd erwiesen. Produktspezialisierung bringt Kostenvorteile; die Anwendung von Typung und Baukastensystemen bewirkt zugleich die Befriedigung individueller Kundenbedürfnisse.

2.4 Fertigungstiefe – „Make or Buy"

Oft entstehen Produkte und Entwicklungsarbeit noch von A bis Z im eigenen Betrieb. Dafür werden neue Systeme entworfen, Spezialmaschinen und -werkzeuge beschafft, Strukturen und Ausrüstungen geändert. Entsprechend hoch ist die finanzielle Belastung. Dabei haben externe Anbieter oft mehr Know-how, bieten gezielte Lösungen an, sind besser, präziser, schneller und technisch auf dem neuesten Stand. Sie bieten ggf. weitere Vorteile: niedrigere Stückkosten, Wegfall von Entwicklungs- und Lagerkosten, von Kapitalbindung für Investitionen, von Zinskosten für investiertes Kapital, von Risiko bei Entwicklungsrückschlägen oder Produktionsrückgang, von Personal- und Raumkosten sowie Just-in-time-Lieferung (Lieferung exakt zum Bedarfszeitpunkt).

Von der Programmtiefe ist die Fertigungstiefe (Wertschöpfungstiefe) zu unterscheiden. Sie bezeichnet den prozentualen Anteil der eigenen Wertschöpfung am Produktionswert der gefertigten Produkte.

$$\text{Fertigungstiefe} = \frac{\text{eigene Wertschöpfung}}{\text{Produktionswert}} \cdot 100$$

Immer mehr Industriebetriebe stellen benötigte Teile und Halberzeugnisse nicht selbst her („make"), sondern kaufen sie von Zulieferern ein („buy"). Sie betreiben Outsourcing (Fremdvergabe). Die Fertigungstiefe zeigt abnehmende Tendenz.

Beispiel: Abnehmende Fertigungstiefe durch Outsourcing

Grundsätzlich könnten die Automobilhersteller eigene Erzbergwerke, Hütten-, Stahl- und Walzwerke besitzen, um ihre Rohstoffe und Bleche zu produzieren. Entsprechend könnten sie auch Reifen, Sitze, Scheinwerfer, Tacho, Lichtmaschine usw. selbst erzeugen. In der Praxis aber beziehen sie zunehmend Teile von ihren Zulieferbetrieben, die i. d. R. zu Systemlieferanten geworden sind. Die Fertigungstiefe beträgt in modernen Werken nur noch 20 %.

Eigenfertigung setzt voraus:

- die Beherrschung der notwendigen **Fertigungstechnik** (Sicherung der Produktqualität!), → Jeder Betrieb verfügt nur in seinen Kernbereichen über das notwendige Know-how.
- die Bereitstellung der notwendigen **Kapazitäten** (Fertigungs- und Lagerraum, Maschinen, Personal), → Solche Kapazitäten stehen immer nur begrenzt zu Verfügung.
- die **Finanzierbarkeit** dieser Kapazitäten (Eigenkapital, Kredite), → Große Kapazitäten erfordern stets enorm viel Kapital.
- **Kostenvorteile** bei der Fertigung gegenüber Fremdbezug. → Diese Kostenvorteile sind meist nur in den Kernbereichen gegeben.

Deshalb bietet sich Fremdbezug seit jeher an bei

- **kompletten Einbauteilen.** Sie können von spezialisierten Betrieben (mit besserem Know-how) kostengünstiger und/oder in besserer Qualität bezogen werden (z. B. Tachometer, Scheinwerfer, Reifen, Sitze, Bordcomputer).
- **Grundstoffen, Hilfs- und Betriebsstoffen.** Selbst Weltkonzerne, die Endprodukte fertigen, überlassen aus den gleichen Gründen die Förderung von Rohstoffen (z. B. Erze, Öl, Salze, Holz) und ihre Umwandlung in Grundstoffe (z. B. Stahl, Mineralöl, Holzplatten) sowie die Produktion von Hilfs- und Betriebsstoffen (z. B. Klebstoffe, Schrauben, Schmiermittel) spezialisierten Betrieben.
- **Energien, Maschinen, Werkzeuge.** Nur für Spezialwerkzeuge, die auf dem Markt nicht erhältlich sind, wird bisweilen eine eigene Werkzeugmacherei unterhalten.
- **Handelswaren.** Handelswaren ergänzen die eigene Produktpalette. Für ihre Fertigung fehlt in der Regel bereits das notwendige Know-how.

Sind Know-how und Kapazitäten vorhanden, so liegen die variablen (mengenabhängigen) Herstellkosten (vgl. S. 190; z. B. Fertigungsmaterial und Fertigungslöhne) oft unter den Fremdbezugspreisen. Die Eigenfertigung erscheint insofern günstiger.

Beispiel: Vergleich Eigenfertigung oder Fremdbezug bei vorhandenen Kapazitäten

Bei dem Motorradhersteller Herakles AG ist die Abteilung Auspufffertigung mit einer Fertigung von 980 Stück pro Monat zu 70 % ausgelastet. Die Produktion eines neuen Modells erhöht die Auslastung um 300 Stück auf über 90 %. Pro Stück fallen Fertigungslöhne von 55,00 EUR, Fertigungsmaterialkosten von 35,00 EUR und weitere variable Herstellkosten von 10,00 EUR an. Summe: 100,00 EUR. Der Auspuff kann von einem zuverlässigen Lieferanten auch für 113,00 EUR bezogen werden. Die Eigenfertigung erscheint kostengünstiger.

Trotz solcher Kostenvorteile verlagern immer mehr Hersteller sogar in ihren Kernbereichen die Fertigung wichtiger Produktkomponenten auf Zulieferer. Sie schließen ganze Fertigungsanlagen und Betriebsteile und sparen so neben Fertigungslöhnen und Fertigungsmaterialkosten auch die Abschreibungen (Kosten für Abnutzung), Zins-, Wartungs-,

Reparatur-, Sozialversicherungskosten u. a. m. ein (sog. „fixe“ [festliegende, mengenunabhängige] Kosten; vgl. S. 189). Damit wird der Fremdbezug letztlich kostengünstiger.

Beispiel: Kosten bei Aufgabe der Abteilung Auspufffertigung

Längerfristig erwartete Absatzmenge: 1 500 Stück/Monat.
Monatliche fixe Kosten der Abteilung Auspufffertigung: 100 000,00 EUR.
Variable Herstellkosten pro Einheit: 100,00 EUR.
Fremdbezugskosten pro Einheit: 113,00 EUR.

Soll unter diesen Bedingungen die Auspufffertigung aufgegeben werden?

Bei der **„kritischen Menge x“** sind die Kosten von Eigenfertigung und Fremdbezug gleich:

$$100\,000 + 100x = 113x$$
$$100\,000 = (113 - 100)x$$
$$x = \frac{100\,000}{113 - 100} = 7\,692{,}3077$$

$$\text{kritische Menge} = \frac{\text{fixe Kosten}}{\text{Bezugskosten/Stück} - \text{variable Herstellkosten/Stück}}$$

Eine eigene Auspufffertigung ist erst ab 7 693 Einheiten kostengünstiger als Fremdbezug.

Die Reduzierung der Fertigungstiefe macht allerdings eine kompromisslose Sicherung der Lieferqualität (Produkt- und Servicequalität, Termintreue) erforderlich. Sie erfolgt z. B. durch langfristige Bindungen an feste Lieferanten, Rahmenverträge und ggf. Vernetzung der Informationssysteme.

DRITTER ABSCHNITT

2.5 Programmplanung

2.5.1 Stufen des Planungsprozesses

Das Produktionsprogramm ist nach Art und Menge der Produkte zu planen und festzulegen. Nach dem Planungszeitraum unterscheidet man lang-, mittel- und kurzfristige Planung.

Stufen der Produktionsprogrammplanung

Langfristige (strategische) Planung
Die langfristige Planung ist eine Perspektivplanung, die je nach Art des Betriebes bis zu zehn Jahre in die Zukunft reichen kann. Sie legt vor allem Produktfelder fest und bestimmt Produktvorstellungen, die langfristig entwickelt werden sollen. Die Festlegung der Geschäftsfelder erfolgt im Rahmen einer grundlegenden Unternehmens- und Marketingstrategie (vgl. S. 545).

Mittelfristige (strukturelle oder taktische) Planung
Im Rahmen der mittelfristigen Planung werden konkrete Produkte entwickelt. Die wahrscheinliche Fertigungsmenge auf der Basis von erwarteten Kundenaufträgen oder (bei Fertigung für den anonymen Markt) von Absatzprognosen wird ermittelt. Sie ergibt den voraussichtlichen Primärbedarf. Die notwendigen Kapazitäten werden bereitgestellt.

Kurzfristige (operative) Planung
Die kurzfristige Planung legt fest, welche konkreten Endproduktmengen in den einzelnen Perioden des unmittelbar bevorstehenden Planungszeitraums produziert werden sollen. Dabei wird davon ausgegangen, dass der Bestand an Betriebsmitteln und Arbeitskräften fest vorgegeben ist.

2.5.2 Planung der Fertigungsmenge bei der operativen Planung

Ein Teil der Industrieunternehmen produziert nur, wenn Kundenaufträge vorliegen (**Auftragsfertigung**). Handelt es sich jeweils um individuelle Produkte, von denen nur ein Stück/wenige Stücke zu liefern sind (sog. Auftragseinzelfertigung; z. B. Spezialmaschinen), existiert eine eigentliche Mengenplanung nicht. Vielmehr sind die Aufträge möglichst so einzuordnen, dass die betrieblichen Kapazität ausgelastet, die Durchlaufzeit der Aufträge minimiert, die Lieferfristen eingehalten werden.

Andere Unternehmen fertigen auch ohne vorliegende Aufträge für den anonymen Markt (z. B. Kühlschränke). Sie prognostizieren die Absatzmenge durch Marktforschung möglichst genau und produzieren auf Lager (**Lagerfertigung**). Die Fertigungsmenge richtet sich an den Absatzerwartungen aus. Ein Problem ist die **Anpassung an Absatzschwankungen**. Hier liegt die Aufgabe der **Beschäftigungsglättung**. Sie soll unterschiedliche Kapazitätsbeanspruchungen der Produktionsstätten mit der Nachfrageentwicklung abstimmen. Entsprechendes gilt auch bei Auftragsfertigern mit Serienfertigung (z. B. Automobilzulieferern).

1. Möglichkeit: Fertigung synchron zum Absatz

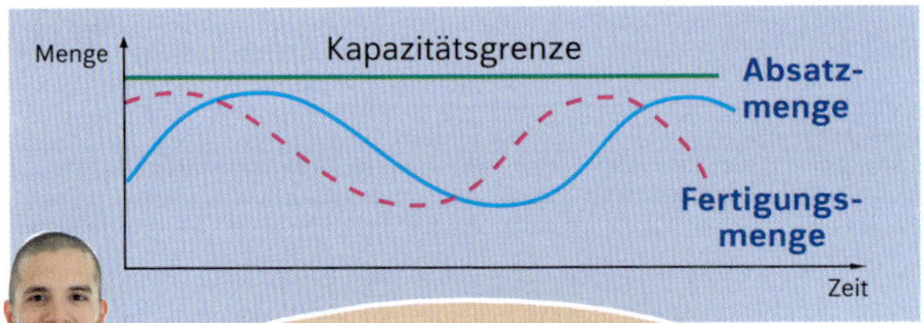

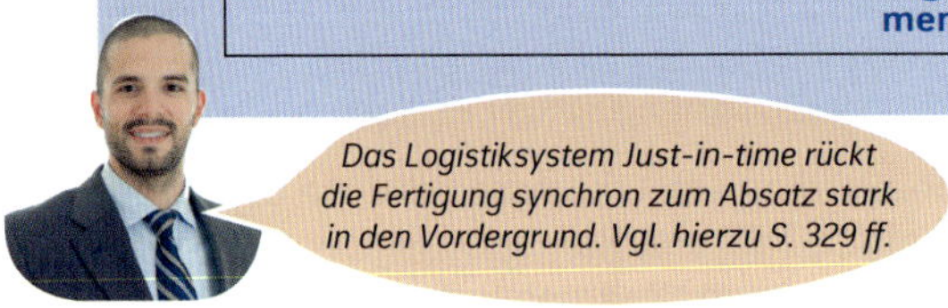

Vorteil: Niedrige Lagerkosten, da die Produkte zeitnah abgesetzt werden

Nachteil: Stark schwankende Kapazitätsauslastung; Produktion muss schnell auf- und abgebaut werden können, sonst kann die Nachfrage nicht befriedigt werden bzw. entstehen hohe Fixkosten für die Leerkapazität.

2. Möglichkeit: Gleichmäßige Kapazitätsauslastung

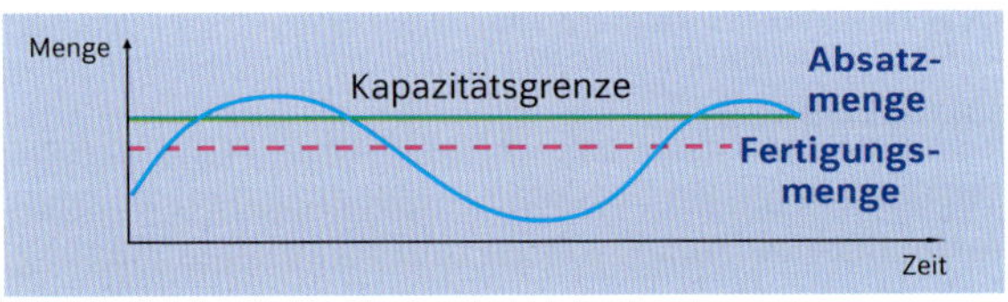

Vorteil: Geringe Fixkosten für überschüssige Kapazität, Produktionsmengen ausreichend

Nachteil: Lagerkosten der Fertigerzeugnisse höher

3. Möglichkeit: Stufenweise Anpassung

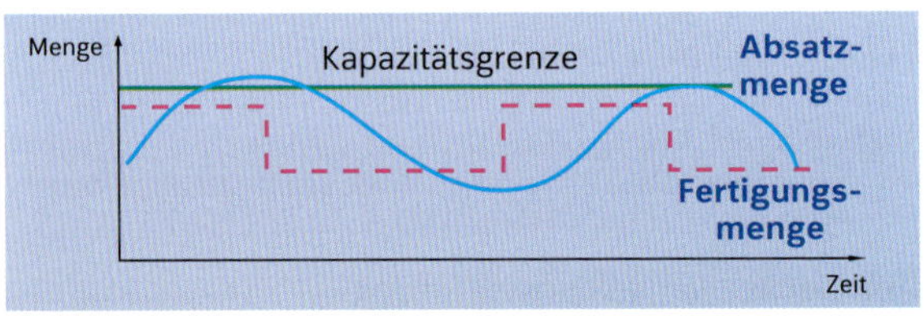

Unter der Voraussetzung, dass die Fertigung stufenweise auf- und abgebaut werden kann, sucht dieses Verfahren die genannten Vorteile zu nutzen und die Nachteile zu vermeiden.

Können mehrere Produkte auf denselben Anlagen gefertigt werden, ergibt sich die Frage, welche Produkte ins Fertigungsprogramm aufgenommen werden sollen.

- Bei ausreichender Kapazität wird man alle das Betriebsergebnis verbessernden Produkte in der Menge fertigen, die der Markt aufnimmt.
- Bei nicht ausreichender Kapazität und/oder begrenzter Aufnahmefähigkeit des Marktes wird man zuerst die Produkte aufnehmen, die das Betriebsergebnis am meisten verbessern.

Arbeitsaufträge

1. **Die Planung des Produktionsprogramms ist eine wichtige Teilaufgabe des Produktionsmanagements.**
   a) Lässt sich das Produktionsprogramm mit dem Absatzprogramm gleichsetzen?
   b) Stellen Sie die Teilaufgaben des Produktionsmanagements in ihrem zeitlichen Ablauf als Prozess dar und berücksichtigen Sie dabei die gestufte Planung des Produktionsprogramms.
   c) Bedeuten Fertigungsprogrammtiefe und Fertigungstiefe das Gleiche?
   d) Nimmt die Fertigungstiefe in der Industrie heutzutage eher zu oder ab? Erläutern Sie die Gründe und die sich ergebenden Notwendigkeiten.

2. Die folgende Aufzählung nennt eine Reihe betrieblicher Ziele:

- **Minimierung der Beschaffungskosten**
- **Minimierung der Fertigungskosten**
- **Minimierung der Durchlaufzeiten**
- **Maximierung des Umsatzes**
- **Minimierung der Lagerkosten**
- **Sicherung der Liquidität (Zahlungsfähigkeit)**
- **Maximierung der Kapazitätsauslastung**
- **Optimierung der Arbeitsbedingungen**
- **Minimierung der Rüstkosten**
- **Maximierung der Ausbringungsmenge**
- **Minimierung der Lieferfristen**
- **Maximierung der Absatzmengen**

a) Ordnen Sie diese Ziele den Betriebsbereichen Materialmanagement, Produktionsmanagement, Absatzmanagement, Personalmanagement und Finanzmanagement zu.
b) Geben Sie an, welche Ziele aus dem Bereich Produktionsmanagement miteinander und/oder mit anderen Zielen in Konflikt stehen.

3. Auf einer Produktionsanlage können monatlich 1 000 Stück gefertigt werden. Monatliche fixe Kosten = 20 000,00 EUR. Material- und Lohnkosten pro Stück = 200,00 EUR. Bezugskosten pro Stück bei Fremdbezug = 250,00 EUR.

a) Ist Eigenfertigung oder Fremdbezug günstiger bei einer Menge von 300, 600, 1 000 Stück?
b) Von welcher Menge an wird der Fremdbezug günstiger als die Eigenfertigung?

4. Der bekannte Sportartikelhersteller PUMA hat sich voll auf die „Kernkompetenzen“ Produktentwicklung, Absatz und Qualitätskontrolle konzentriert. Fertigung und Logistik erfolgen durch 14 asiatische, osteuropäische und britische Partnerunternehmen. PUMA benötigt deshalb nur wenige hundert Mitarbeiter, erzielt aber einen Milliardenumsatz.

a) Hat PUMA eine hohe oder niedrige Fertigungstiefe?
b) Erläutern Sie die typischen Vorteile von Outsourcing anhand des Beispiels PUMA.
c) Welche Gefahren entstehen für das Unternehmen? Wie kann es Ihnen begegnen?

3 Materialien für die Fertigung

3.1 Materialarten

Materialien sind Gegenstände, die verarbeitet, bearbeitet oder eingebaut werden (Produktmaterialien) oder für das Funktionieren der Betriebsmittel eingesetzt werden (Betriebsmaterialien).

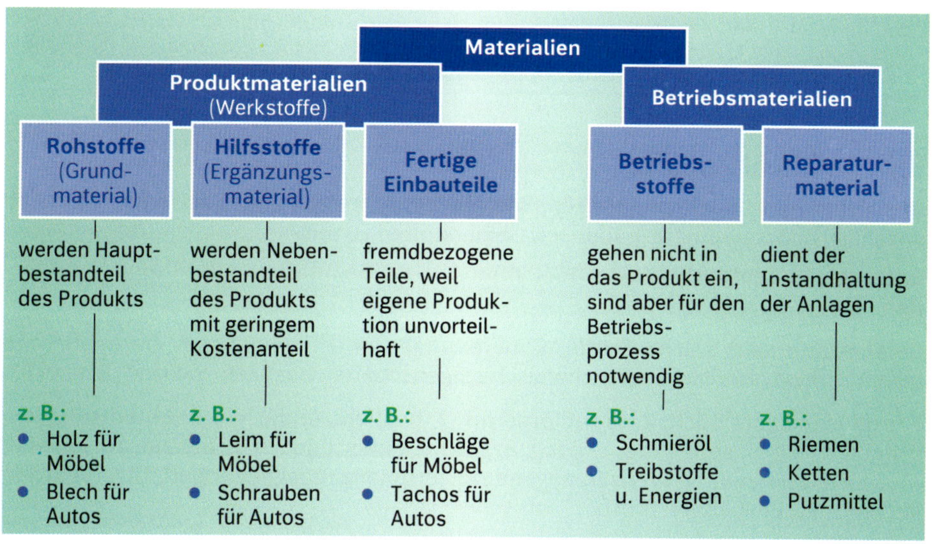

Materialarten (Erläuterungen)

Rohstoffe (Grundmaterial)

Rohstoffe bestimmen als Hauptbestandteile den materiellen Grundcharakter des Produkts. Sie können unmittelbar der Natur entnommen sein (z. B. Schafwolle, Zuckerrüben, Eisenerz) oder als Halberzeugnisse (z. B. Profilstahl, Garn, Tuch) von Vorleistungsbetrieben stammen. (Insofern ist die Bezeichnung *Grundmaterial* zweckmäßiger.) Meist können sie für die Fertigung verschiedener Produkte verwendet werden.
Für die Kalkulation (Preisberchnung) des Fertigerzeugnisses ist wichtig: Ihre Verbrauchsmenge kann meist für jeden einzelnen Auftrag genau vorherbestimmt und vorgegeben, ihre Entnahme aus dem Lager durch Materialentnahmescheine gesteuert und überwacht werden. Ihr Verbrauchswert stellt deshalb sog. Einzelkosten dar (vgl. S. 184). dar.

Hilfsstoffe (Ergänzungsmaterial)

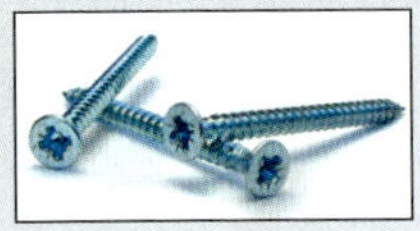

Als Nebenbestandteile des Produkts haben sie lediglich ergänzenden Charakter. Ihre Verbrauchsmenge wird nicht auftragsweise vergeben, sondern nach Bedarf dem Lager entnommen. Ihr Verbrauchswert stellt in der Kalkulation sog. Gemeinkosten dar (vgl. S. 184). Er wird lediglich durch einen prozentualen Zuschlag (Erfahrungswert) auf die Einzelkosten erfasst. Dieses Vorgehen beeinträchtigt die Genauigkeit der Kostenrechnung und Kalkulation. Es bewirkt auch leicht Verschwendung. Deshalb sollte man auch „nebensächliches" Material, wann immer möglich, auftragsweise vorgeben.

Fertige Einbauteile

Soweit diese Teile durch Montage in das Erzeugnis eingehen, sind sie eigentlich Grund- oder Ergänzungsmaterial, das nicht be- oder verarbeitet, sondern „eingearbeitet" wird. Häufig sind es Normteile (z. B. Schrauben, Muttern, Beilagscheiben, Stifte, Bolzen, Schmiergefäße). Oder es sind Spezialteile aus Zulieferbetrieben (z. B. Vergaser, elektrische/elektronische Ausrüstung und Servo-Teile in der Kfz-Industrie), deren Herstellung im eigenen Betrieb technisch nicht möglich oder deren Fremdbezug wirtschaftlicher ist. Auch Handelswaren sind fremdbezogene Teile. Zwar werden sie nicht eingebaut, dienen aber doch der Schaffung marktfähiger Leistungen (z. B. als Zubehör).

Betriebsstoffe und Reparaturmaterial

Diese Stoffe dienen der Durchführung der Erzeugung einschließlich der Krafterzeugung. Sie werden nicht Bestandteil der Erzeugnisse und stehen nicht in Beziehung zu einem bestimmten Erzeugnis. Insofern wird ihr Wert in der Kostenrechnung/Kalkulation als Materialgemeinkosten durch prozentuale Zuschläge auf die Einzelkosten erfasst. Maßgebend ist stets der Verbrauchszweck, niemals die Stoffeigenschaft. So kann z. B. Schmieröl außer Betriebsstoff (zum Ölen der Maschinen) sein: Ergänzungsmaterial (Ölfüllung im Produkt Motor), Grundmaterial (bei auftragsweiser Zurechnung) oder auch Handelsware.

3.2 Gefahrstoffe

Chemiebetriebe, Munitionsfabriken, Betriebe der Atomindustrie, Gaswerke, aber auch unzählige andere Betriebe haben mit Gefahrstoffen zu tun.

Gefahrstoffe (gefährliche Stoffe) können Leben, Gesundheit oder Umwelt gefährden.

Gefahrstoffe sind solche Stoffe, Zubereitungen und Erzeugnisse, die bestimmte gefährliche physikalische oder chemische Eigenschaften besitzen. Sie sind demnach:

1. explosionsgefährlich, 2. brandfördernd, 3. hochentzündlich, 4. leichtentzündlich, 5. entzündlich, 6. sehr giftig, 7. giftig, 8. gesundheitsschädlich, 9. ätzend, 10. reizend, 11. sensibilisierend, 12. krebserzeugend, 13. fortpflanzungsgefährdend, 14. erbgutverändernd, 15. umweltgefährlich.

DRITTER ABSCHNITT

Die **Verordnung zum Schutz vor gefährlichen Stoffen (Gefahrstoffverordnung – GefStoffV)** führt diese Stoffe auf und regelt umfassend die Schutzmaßnahmen für Beschäftigte bei Tätigkeiten mit Gefahrstoffen. Wer Gefahrstoffe herstellt, lagert oder in den Verkehr bringt, ist gemäß GesStoffV an folgende Vorschriften gebunden:

- Wer Gefahrstoffe in den Verkehr bringt (Hersteller, Importeur), muss sie vorschriftsgemäß einstufen, verpacken und kennzeichnen.
- Er muss den Abnehmern ein Sicherheitsdatenblatt übergeben.
- Für eine genannte Anzahl von Stoffen bestehen Herstellungs- und Anwendungsverbote (z. B. Asbest).
- Arbeitnehmer dürfen gefährlichen krebserzeugenden Stoffen nicht ausgesetzt werden.
- Der Arbeitgeber muss alle vorgeschriebenen Maßnahmen zum Schutz des menschlichen Lebens, der Gesundheit und der Umwelt und zur Gefahrenabwehr treffen und Schutzausrüstungen stellen.
- Es sind Luftmessungen durchzuführen und vorgeschriebene Grenzwerte einzuhalten.
- Der Arbeitgeber muss in einer Betriebsanweisung auf die Gefahren durch den Umgang mit Gefahrstoffen hinweisen und die Arbeitnehmer unterweisen.
- Gefahrstoffe sind so aufzubewahren und zu lagern, dass die menschliche Gesundheit und die Umwelt nicht gefährdet werden.
- Für die mit Gefahrstoffen Beschäftigten sind Vorsorgeuntersuchungen vorgeschrieben.

Wichtige Rechtsvorschriften:
- Chemikaliengesetz
- Gefahrstoffverordnung
- Gefahrgutgesetz
- Gefahrgutverordnungen (für Gefahrguttransporte)
- Atomgesetz
- Sprengstoffgesetz
- Arzneimittelgesetz
- Kriegswaffenkontrollgesetz
- Gefahrgutbeauftragten-Verordnung
- verschiedene Umweltgesetze (siehe S. 141)

Die EU hat das „**G**lobal **H**armonisierte **S**ystem für die Einstufung und Kennzeichnung von Chemikalien“ der UN als europäische **GHS-Verordnung** umgesetzt. Diese Verordnung unterteilt physikalisch-chemische Gefahren, toxische Gefahren und Umweltgefahren jeweils in Gefahrenklassen und diese in Gefahrenkategorien. Gefahrstoffe sind dementsprechend einzustufen und zu kennzeichnen.

Salzsäure ca. 32 %

Gefahr

Verursacht schwere Verätzungen der Haut und schwere Augenschäden.
Kann die Atemwege reizen.

Dämpfe nicht einatmen.
Bei Verschlucken: Mund ausspülen. Kein Erbrechen herbeiführen.
Bei Kontakt mit der Haut (oder dem Haar): Alle beschmutzten, getränkten Kleidungsstücke sofort ausziehen. Haut mit Wasser abwaschen/duschen.
Bei Kontakt mit den Augen: Einige Minuten lang behutsam mit Wasser spülen. Vorhandene Kontaktlinsen nach Möglichkeit entfernen. Weiter spülen.
Unter Verschluss aufbewahren.

Kennzeichnungselemente:

Stoffbezeichnung

Signalwort: „Gefahr“ für Kategorien mit größeren Gefahren, „Achtung“ für Kategorien mit weniger großen Gefahren.

Gefahrenhinweise: (H-Hinweise, hazard statements) beschreiben Art und ggf. Schweregrad der Gefährdung.

Gefahrenpiktogramme (siehe unten)

Sicherheitshinweise (P-Hinweise, precautionary statements) beschreiben empfohlene Sicherheitsmaßnahmen.

Gefahrenpiktogramme:

Bezeichnung:	Explodierende Bombe	Flamme	Flamme über Kreis	Gasflasche	Ätzwirkung
Bedeutung:	Explosionsgefährliche Stoffe	Entzündliche Stoffe	Brandfördernde Stoffe	Gase unter Druck	Ätzende Stoffe

Bezeichnung:	Totenkopf mit gekreuzten Knochen	Ausrufezeichen	Gesundheitsgefahr	Umwelt
Bedeutung:	Giftige Stoffe	Reizende Stoffe	Gesundheitsgefährdende Stoffe	Umweltgefährliche Stoffe

Darüber hinaus schreibt die **Gefahrgutbeauftragten-Verordnung (GbV)** vor:

Unternehmen, die gefährliche Güter versenden, verpacken, befördern oder zur Beförderung übergeben, müssen einen Gefahrgutbeauftragten (der Unternehmer selbst oder ein Angestellter) bestellen, wenn vorhersehbar oder abschätzbar ist, dass innerhalb eines Jahres mehr als 50 t gefährlicher Güter umgeschlagen werden. Er soll den ordnungsgemäßen Umgang mit Gefahrgütern überwachen. Seine Sachkunde erwirbt er durch eine Schulung bei der IHK. Nach jeweils fünf Jahren muss er einen Fortbildungskurs besuchen.

Arbeitsaufträge

1. **Zufällig beobachtet ein Meister, wie der Arbeiter Eilrich eine Flüssigkeit aus einem Topf in eine Limonadenflasche füllt und sie oben auf ein Regal stellt. Auf die Frage des Meisters, was die Flasche enthalte, antwortet Eilrich: „Schwefelsäure".**
   a) Gegen welche Bestimmung hat Eilrich verstoßen?
   b) In welche Art von Behälter darf die Säure nur abgefüllt werden?
   c) Wie muss der Behälter gekennzeichnet sein?

2. **Sie finden einen Behälter, auf dem eine Flamme abgebildet ist.**
   Was bedeutet dieses Symbol?

3. **Der Gefahrgutbeauftragte soll**
   - **schriftliche Aufzeichnungen führen,**
   - **genaue Angaben machen über Zeitpunkte der Überwachung, überwachte Personen und überwachte Geschäftsvorgänge,**
   - **die Namen der beauftragten Personen auflisten und Auskunft erteilen über deren Schulung,**
   - **Mängel unverzüglich anzeigen,**
   - **innerhalb eines halben Jahres nach Ablauf des Geschäftsjahres einen Jahresbericht vorlegen (Angaben über Art und Menge der Gefahrgüter, Beförderungsart, verwendete Verpackungen, Fahrzeuge, eingesetztes Personal, Anlagen und Einrichtungen zum Gefahrgutumschlag, Schulungen und besondere Ereignisse [Unfälle]).**

   a) Warum schreibt der Staat Gefahrgutbeauftragte vor?
   b) Benötigt jeder Betrieb einen Gefahrgutbeauftragten?
   c) Kann jeder Arbeitnehmer ohne weiteres als Gefahrgutbeauftragter eingesetzt werden?
   d) Wie erwirbt der Gefahrgutbeauftragte die notwendigen Kenntnisse?

4 Umweltmanagement in der Produktion

Strategische Partnerschaft im Papierrecycling

Kunden des Kopiererproduzenten Rexox können ihre Papierabfälle kostenlos entsorgen lassen. Der Geschäftsbereich Papier & Zubehör hat mit dem Entsorger Trienen GmbH eine Recycling-Partnerschaft vereinbart. Fehldrucke, Fehlkopien und Schnittreste der Kunden werden in Containern nach Sorten getrennt. Trienen liefert die Abfälle an Papierfabriken. Diese bereiten das Papier auf und führen es dem Stoffkreislauf wieder zu. Das Konzept dient dem Umweltschutz: Recyclingpapier schont natürliche Ressourcen wie Holz, Energie und Wasser.

Trienen lieferte der Papierindustrie im letzten Geschäftsjahr rund 850 000 t sortiertes Altpapier. In seinen Sortieranlagen wird Material aus kommunalen Sammlungen, aus dem Dualen System, aus Gewerbe und Industrie verarbeitet.

Rexox vermarktet Papiere und Zubehör ausgerichtet auf die Bedürfnisse digitaler Dokumentenerstellung. Zum Programm zählen gestrichene, ungestrichene und selbstdurchschreibende Papiere sowie Inkjet-Tintenpatronen und Laser-Toner-Cartridges.

Der Absatzmarkt verlangt umweltfreundliche Produkte. Die Fertigung muss deshalb solche Produkte konstruieren und bauen. Dies setzt auch die Verwendung umweltfreundlicher Materialien mit der Anwendung umweltfreundlicher Fertigungsverfahren voraus.

4.1 Umweltfreundliche Materialien

An die verwendeten Materialien sind insbesondere folgende Anforderungen zu stellen:

Umweltverträglichkeit der Materialien

Nachhaltigkeit

- Alle Materialien sollen möglichst so eingesetzt werden, dass die anfallenden Materialrückstände und die entstehenden Produkte recycelbar sind.
- Für die Fertigung sollen möglichst Materialien eingesetzt werden, die durch Recycling gewonnen wurden.
- Ansonsten sollen als Materialien möglichst erneuerbare Primärrohstoffe verwendet werden. Sie sollen nur in dem Umfang verbraucht werden, wie sie nachwachsen.
- Nicht erneuerbare Primärrohstoffe sollen im Sinne des „Sustainable Development" sparsam verwendet werden.

> *Merke: **Primärrohstoffe** sind in der Natur entnommen. **Sekundärrohstoffe** entstehen durch Recycling.*

Umweltfreundlichkeit bei Prozessen

Es sollen Materialien verwendet werden, die bei Gewinnung, Verarbeitung, Transport, Lagerung, Gebrauch sowie bei der Entsorgung der daraus entstandenen Produkte die Umwelt nicht belasten.

Umweltfreundliche Verpackung

Die Verpackung der Materialien soll auf das Notwendige reduziert werden. Im Übrigen gelten für sie die gleichen Anforderungen wie für die Materialien selbst.

4.2 Verantwortung für Rückstände

In Betrieb und Haushalt fallen Rückstände an:

- **Produktionsrückstände** sind unerwünschte, unvermeidbare Abfallprodukte, die neben den beabsichtigten Produkten anfallen (z. B. Materialreste, Ausschussprodukte, Stäube, verunreinigtes Wasser, Emissionen: Abgase, Abwärme, Abstrahlungen, Erschütterungen). Auch ausgemusterte Maschinen, Geräte und Werkzeuge sind Rückstände.
- **Konsumrückstände** sind ausgemusterte Produkte und Verpackungen, Emissionen und die durch den Güterverbrauch entstehenden Abfälle.

Rückstände können verwertbar (Wertstoffe, Sekundärrohstoffe) oder nicht verwertbar (Abfälle) sein.

Das **Kreislaufwirtschafts- und Abfallgesetz (KrWG)** schreibt vor: Wer Güter produziert, vermarktet oder konsumiert, ist für die Vermeidung, Verwertung und umweltverträgliche Beseitigung der Rückstände grundsätzlich selbst verantwortlich. Dabei gilt die folgende Rangordnung.

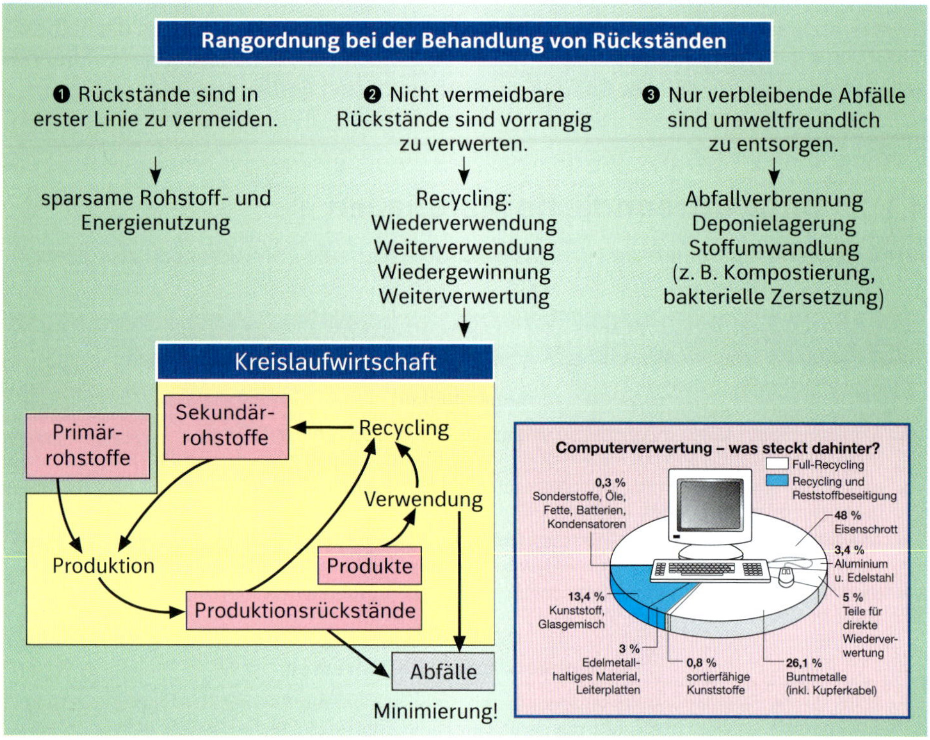

Recycling soll bewirken:

- langfristige Sicherung der Versorgung mit Primärrohstoffen,
- Energieeinsparung durch Sekundärrohstoffe,
- Entlastung der Umwelt von Abfällen.

Beispiele: Recycling

- **Wiederverwendung:** Tonerauffangbehälter für Kopiergeräte werden bei den Kunden eingesammelt und an den Tonerhersteller zur erneuten Befüllung zurückgegeben.
- **Wiedergewinnung:** Aus Altglas wird einschmelzbares Granulat hergestellt. Je sortenreiner das Glas aufbereitet ist und je sorgfältiger die Störstoffe entfernt sind, desto besser lässt sich das Material wieder für die Neuglasproduktion nutzen.
- **Wiedergewinnung:** Aus Kunststoff wird wieder Kunststoff. Folien, Becher, Eimer oder sonstige Kunststoffgebinde werden vorbehandelt, aufgeschmolzen und regranuliert. Das Regranulat wird wie Neumaterial zur Herstellung von Kunststoffprodukten eingesetzt.
- **Weiterverwertung:** Teppichboden wird zu Fäden versponnen. Hauptbestandteil des neuen Fadens ist Polyamid. Er ist in Textilfasern wiederzufinden.
- **Weiterverwertung:** Alt-PCs werden von den Industrieunternehmen in Sammelbehältern zur Verfügung gestellt. Noch nutzbare Bauteile werden gezielt demontiert, Kunststoffteile werden einer stofflichen Verwertung zugeführt usw.

Problematisch wird Recycling, wenn Energieverbrauch und Umweltbelastung beim Sammeln (Zunahme des Verkehrs!), Sortieren und Wiederaufbereiten höher sind als bei der Primärrohstoffgewinnung. Ökobilanzen zur Klärung dieser Frage liegen noch nicht vor.

Die Zeit ist abzusehen, dass Herstellerbetriebe gebrauchte Produkte zurücknehmen müssen. Das **Kreislaufwirtschafts- und Abfallgesetz**, das **Verpackungsgesetz**, das **Altfahrzeuggesetz** und das **Elektro- und Elektronikgerätegesetz** enthalten bereits zwingende Rücknahmevorschriften.

Beispiele: Altfahrzeuge und Altgeräte

- **Altfahrzeuge:** Wer sein altes Fahrzeug endgültig stilllegen möchte, muss seiner Zulassungsstelle einen Verwertungsnachweis vorlegen. Dieser sagt aus, dass das Altauto nach dem Stand der Technik recycelt und verwertet wird. Der Fahrzeughalter kann wählen, ob er sein Altauto bei einem Kfz-Betrieb oder einem Verwerterbetrieb abgibt.
- **Altgeräte:** Große Händler müssen sperrige Altgeräte (z. B. Kühlschränke, Waschmaschinen, Fernseher) beim Kauf eines gleichwertigen Geräts kostenlos zurücknehmen, Kleingeräte (z. B. Rasierer, Handys) auch ohne Neukauf. Kommunale Recyclinghöfe nehmen Altgeräte kostenlos an.

Die Rücknahmeverpflichtungen zeigen schon allgemeine Wirkung: Die Hersteller beginnen ihre Produkte von Anbeginn an so zu konzipieren, dass sie möglichst vollständig wiederverwertet werden können.

Beispiel: Recyclingquoten

- Seit 2015 müssen aufgrund der EU-Altfahrzeugrichtlinie 85 % der Kfz-Teile wiederverwendet oder recycelt und 95 % insgesamt verwertet werden.
- Elektroschrott: In der EU sollen 85 % der Altgeräte eingesammelt und bis zu 80 % davon wiederverwertet werden.

4.3 Umweltfreundliche Produkte

Umweltfreundliche Produkte werden von Anfang an geplant. Deshalb müssen die Gesichtspunkte der Umweltqualität für alle Lebensphasen des Produkts schon bei der Produktentwicklung und der Konstruktion sorgfältig berücksichtigt werden.

Lebensphasen und Umweltqualität des Produkts

Fertigungsphase →	Nutzungsphase →	Entsorgungsphase
↓ Fertigungsqualität	↓ Nutzungsqualität	↓ Entsorgungsqualität
• Verwendung von Sekundärrohstoffen • Verwendung nachwachsender und nachhaltiger Primärrohstoffe • sparsamer Materialeinsatz (z. B. miniaturisierte Bauteile) • sparsame Verpackung	• Robustheit, Langlebigkeit, Stabilität, Haltbarkeit • Reparaturfreundlichkeit • Schadstofffreiheit • Gesundheitsunbedenklichkeit • ggf. Aufrüstbarkeit • Kompatibilität mit anderen Produkten • niedriger Energieverbrauch • keine Energieverluste • keine Emissionen • optimale Produktinformation für den Verwender	• Kennzeichnung der Bauteile mit den Entsorgungseigenschaften • Mehrfachverwendbarkeit • lösbare Verbindungen • demontagegerechte Verbindungen • recycelbare Materialien, geringer Anteil an Abfallstoffen • Vermeidung von Verbundmaterialien • ggf. thermisch verwertbare, kompostierbare, biologisch abbaubare Stoffe

Ein gutes Design kann die Umweltqualität des Produkts wesentlich unterstützen, ohne dass das Produkt blass oder langweilig wirken muss.

In der Praxis existieren zahlreiche Konzepte und Richtlinien zur umweltfreundlichen Produktgestaltung, z. B. ein Prüfschema des Umweltbundesamtes und die VDI-Richtlinie[1] 2243 *(Recyclingorientierte Produktentwicklung)*.

[1] VDI = Verein Deutscher Ingenieure

4.4 Umweltqualität der Fertigungsverfahren

„Sanfte“ Fertigungsverfahren sind in dreifacher Weise umweltfreundlich. Sie sind

- **materialsparend** → minimale Materialrückstände, keine Ausschussproduktion
- **energiesparend** → minimaler Verbrauch an Strom, Wasser, Gas, Benzin
- **emissionsarm** → minimale Belastung von Boden, Wasser, Luft durch Emissionen (z. B. Absaug-, Filter-, Klär-, Brauchwasserrückführungs-, Entschwefelungs-, Lärmschutzanlagen)

Die einschlägigen Rechtsvorschriften (z. B. Bundesimmissionsschutzgesetz, Umwelthaftungsgesetz) sind zu beachten. Durch Herausgabe von Ökobilanzen und Teilnahme an EU-Öko-Audits kann das Unternehmen vorbildliches Umweltverhalten nachweisen.

Arbeitsaufträge

1. **Die Papierindustrie lebt von dem regenerativen Rohstoff Holz. Die Papierfabrik Nordthal GmbH verwendet als SC-Papier-Produzent ausschließlich total chlorfrei gebleichten Zellstoff zur Herstellung von absolut chlorfrei gebleichtem Papier (SC = super kalandriert; Naturpapier ohne zusätzliche Beschichtung. Chlor ist ein giftiges Gas, das die Atmungsorgane angreift. Es verseucht vor allem das Wasser bei der Altpapieraufbereitung.) Speziell für die Materialwirtschaft ist von Bedeutung: Die Nordthal setzt immer mehr Altpapier ein und verwendet immer mehr inländisches Holz – überwiegend aus einem Umkreis von 200 km. Wo immer möglich, wird mit der Bahn angeliefert. Das für die Papiererzeugung benötigte Faser- und Schleifholz – ohnehin minderwertiges Holz – soll vornehmlich aus Durchforstungen kommen. Es wird auch Schwachholz aus der Sägeindustrie, das nicht für die Bau- und Möbelproduktion geeignet ist, eingesetzt. Das Unternehmen, das selbst keinen Wald besitzt, legt Wert auf Lieferanten, die Holz aus nachhaltiger Waldbewirtschaftung liefern. Es lehnt artenarme Monokulturen ab. Das Holz darf nicht aus geschützten, wertvollen Biotopen und nicht aus übel zugerichteten Urwäldern stammen. Beim Einkauf wird darauf geachtet, dass die geforderten Umweltschutzmaßnahmen eingehalten werden. Im Gebirge wird Seilkrantechnik eingesetzt, im Flachland sind es Traktoren und wendige Kleinschlepper mit Niederdruckreifen.**
   a) Was versteht man unter regenerativen Rohstoffen?
   b) Nennen Sie alle Umweltprobleme, die in dem obigen Text hinsichtlich der Nutzung des regenerativen Rohstoffes Holz angesprochen werden.
   c) Erläutern Sie möglichst eingehend die Maßnahmen, die die Nordthal zur Lösung dieser Probleme ergreift.

2. **Das Einführungsbeispiel auf Seite 160 beschreibt eine „strategische Partnerschaft im Papierrecycling“.**
   a) Wer sind die „strategischen Partner“?
   b) • Welche Art Rückstände fallen an?
      • Wer trägt laut Kreislaufwirtschaftsgesetz die Verantwortung für die Rückstände?
      • Welche Art Recycling findet statt?
   c) Erläutern Sie, worin die **strategische** Eigenschaft der Partnerschaft besteht und warum gerade diese Form der Kooperation für den Rückstandsverantwortlichen notwendig ist.

3. **Es ist anzunehmen, dass auch Ihr Ausbildungsbetrieb eine maximale Umweltqualität von Produkten und Fertigungsverfahren anstrebt.**
   Wählen Sie ein Produkt aus dem Fertigungsprogramm Ihres Betriebs aus. Untersuchen Sie das Produkt hinsichtlich der Aspekte Fertigungs-, Nutzungs-, und Entsorgungsqualität. Arbeiten Sie bereits erzielte Erfolge heraus und zeigen Sie Möglichkeiten für weitere Verbesserungen auf.
   In einem zweiten Schritt untersuchen Sie die Fertigungsverfahren für das ausgewählte Produkt auf ihre Umweltfreundlichkeit hin.
   (Holen Sie sich ggf. Unterstützung bei den Mitgliedern des Umweltschutzmanagements und verwenden Sie Unterlagen wie Umweltbericht und Umweltbilanz.)
   Erstellen Sie einen schriftlichen Bericht und erstellen Sie eine computergestützte Präsentation der Ergebnisse.

5 Produktentstehungsmanagement

Automobilhersteller betreiben ständig **Forschung**, z. B. hinsichtlich neuer Materialien, Treibstoffe, Motoren. Nur so können sie **Produktinnovationen** entwickeln. Die Entwicklung soll zu **Produktgestaltung** führen, die dem Kundenbedarf entspricht und der Konkurrenz standhält.

Bis zur Markteinführung verursacht ein neuer Wagen nur Kosten und erbringt keinen Gewinn. Setzt er sich am Markt durch, steigt mit dem Absatz der Gewinn rasch. In der Reifephase steigen beide langsamer. Ist der Markt gesättigt, steigen sie nicht mehr. Natürlich schläft die Konkurrenz nicht. Sie produziert inzwischen verbesserte Fahrzeuge. Mit jährlichen **Produktverbesserungen** versucht man den Gewinn zu halten. Wenn aber die Konkurrenz wirklich neuartige, überlegene (z. B. sichere, umweltfreundliche, preiswerte) Autos auf den Markt bringt, sinkt der Gewinn rasch (Degenerationsphase). Spätestens jetzt muss man wieder gewinnträchtige Produktinnovationen vorweisen können und das alte Produkt vom Markt nehmen (**Produktelimination**).

5.1 Produktlebenszyklus

Web

Alle Produkte haben nur eine begrenzte Lebensdauer. Der Produktlebenszyklus[1] zeigt die typischen Lebensphasen. (Siehe auch die Präsentation *Produktlebenszyklen*.)

M 165

DRITTER ABSCHNITT

Produktlebenszyklen

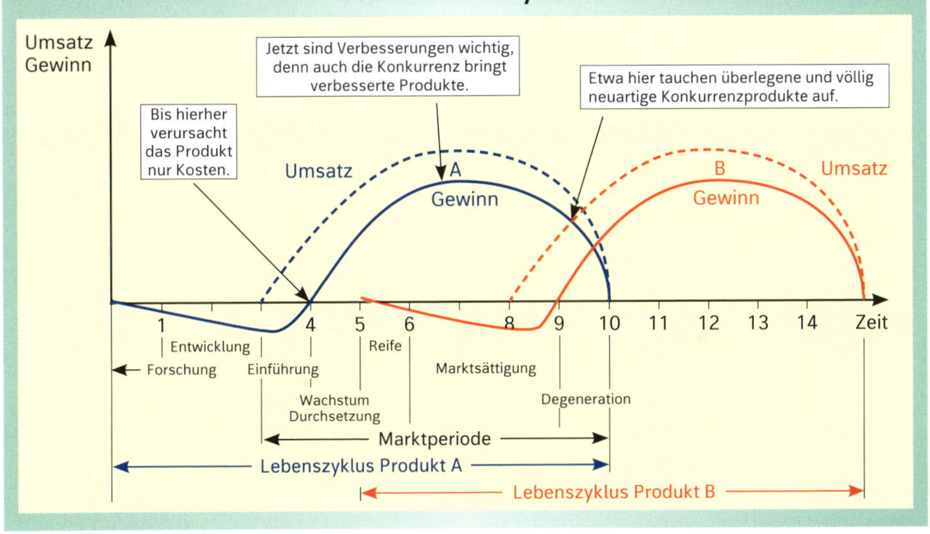

- In der **Forschungs- und Entwicklungsphase erzeugt** das Produkt keine Umsätze, sondern nur Kosten – und damit Verluste.
- Auch in der **Markteinführungsphase** entstehen Verluste, denn die Kosten für Werbung/Absatzförderung sind noch hoch, die Absatzmengen klein. Ein Produkt, das jetzt scheitert, ist ein **Flop**.
- Die **Wachstumsphase** beginnt mit der Überwindung der Marktwiderstände. Umsatz und Gewinn steigen stark. Bei kurzlebigen Produkten (z. B. Saison-, Scherzartikeln) brechen sie rasch wieder ab. Hohe Gewinne sind dann nötig, um schnell die Kosten zu decken.
- Die **Reifephase** kennzeichnet eine weitere, aber weniger starke Marktausdehnung. Die Zahl der Neukunden nimmt ab.

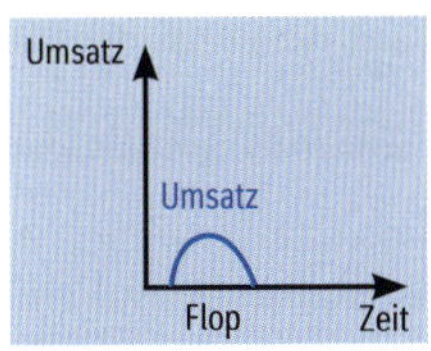

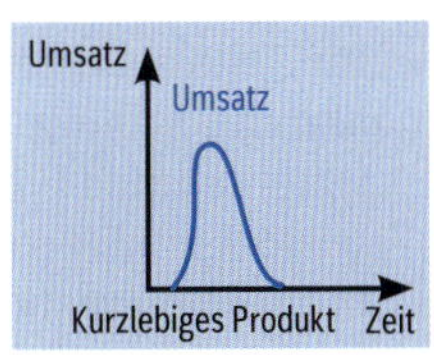

[1] Zyklus = periodisch ablaufendes Geschehen

- In der **Phase der Marktsättigung** tauchen verbesserte Konkurrenzprodukte auf. Sie ziehen Käufer ab. Durch Produktverbesserungen versucht das Unternehmen gegenzusteuern. Ziel: ein **Relaunch** (Verlängerung des Zyklus).
- In der **Degenerationsphase** tauchen neuartige, überlegene Konkurrenzprodukte auf. Die Käufer wandern nun in starkem Umfang ab. Sonderangebote können kurzfristig den Umsatz noch einmal steigern. Dann muss das Produkt aufgegeben werden.

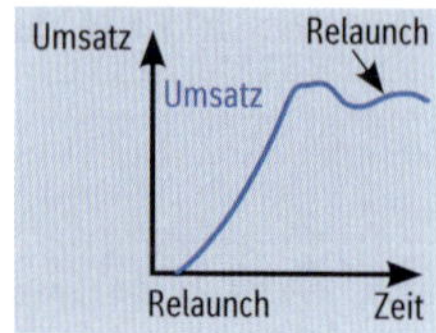

Die begrenzte Lebensdauer der Produkte zwingt zu ständigem Bemühen um **Produktinnovationen** und – weil neue Produkte oft auch neue Fertigungsverfahren erfordern – um **Verfahrensinnovationen**.

Dabei ist es wichtig, den Produktentstehungsprozess so kurz wie möglich zu halten, um einen Innovationsvorsprung vor der Konkurrenz zu gewinnen. Dieser Vorsprung verschafft – zumindest vorübergehend – eine Monopolstellung. Das Unternehmen kann höhere Preise durchsetzen, die Innovationskosten schneller wieder hereinholen und einen einträglichen Gewinn erwirtschaften.

DRITTER ABSCHNITT

Der Entstehungsprozess von Produktinnovationen lässt sich grob wie folgt darstellen:

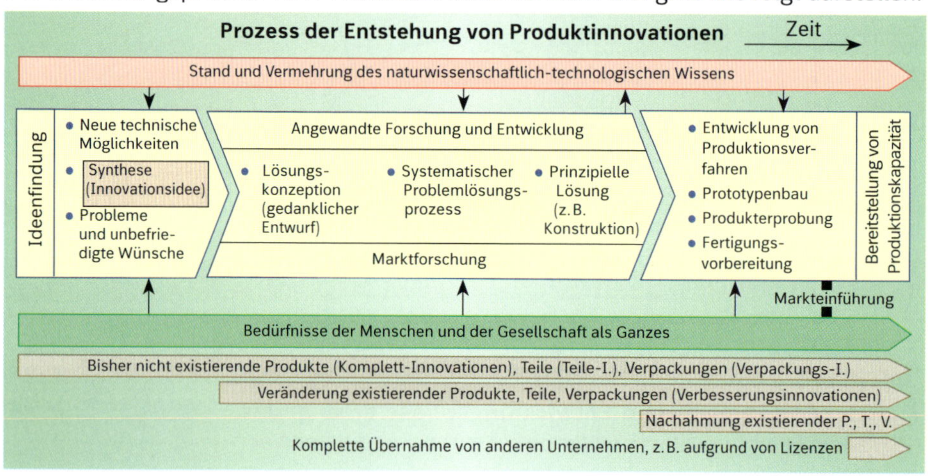

Die Grafik zeigt u. a.:

- Im Zeitablauf vermehrt sich das naturwissenschaftlich-technologische Wissen. Neue technische Möglichkeiten können vom Unternehmen als Innovationsauslöser genutzt werden (sog. **Technology-Push-Strategie** – Strategie des Technologieschubs).
- Im Zeitablauf ändern sich die Bedürfnisse von Mensch und Gesellschaft. Durch Marktforschung – z. B. Markt- und Umfeldanalysen (vgl. S. 23, 531, 539) – kann das Unternehmen Probleme und unbefriedigte Wünsche erkennen und als Innovationsauslöser nutzen (**Market-Pull-Strategie** – Strategie des Marktsogs).
- Produktinnovationen müssen durchaus nicht immer Komplettinnovationen sein. Auch Teile-, Verpackungs-, Verbesserungs- und Nachahmungsinnovationen sowie Komplettübernahmen mit Lizenz können zum Erfolg führen. Dies umso mehr, als sie den Innovationsprozess enorm verkürzen können.

Die Prozesse der Produktentstehung sind kundenferne Kernprozesse (vgl. S. 121).

5.2 Innovationsprozess (Ideenfindung)

Industrielle Hersteller sind ständig auf der Suche nach innovativen Produktideen. Deshalb stammen viele Ideen von ihnen selbst. Aber auch ihre (gewerblichen) Kunden liefern oft Ideen und suchen sich dann Hersteller für die Produktentwicklung.

Betriebsinterne Ideenquellen	Betriebsexterne Ideenquellen
• Tätigkeit der F&E-Abteilung • Mitarbeiterteams zur Ideenfindung • Personalvorschläge (Vorschlagswesen fördern!) • Kunden- und Außendienstberichte • Anregungen der Marktforschungsabteilung • Anregungen der Werbeabteilung	• Kundenanfragen • Kunden-, Absatzmittlerbefragungen • wissenschaftliche Veröffentlichungen • Verbandsmitteilungen • Rechtsvorschriften • erworbene Lizenzen • Konkurrenzangebot (Messen, Ausstellungen!)

Innovationen setzen oft erhebliche Anstrengungen von **Forschung und Entwicklung (F&E)** voraus. Beide – das zeigt der Produktlebenszyklus – verursachen nur Kosten, keinen Umsatz. Deshalb müssen sie früh einsetzen. Nur so können die Kosten aus den Gewinnen der bestehenden Erzeugnisse bestritten werden.

DRITTER ABSCHNITT

Forschungen sind wissenschaftliche Anstrengungen zum Erwerb neuer Erkenntnisse.

- **Technische Grundlagenforschung** dient der Vermehrung des Grundwissens. Sie ist nicht auf einen Verwertungszweck gerichtet. Nur Großunternehmen haben – neben Hochschulen und wissenschaftlichen Institutionen – hierfür die finanziellen Mittel.
- **Angewandte Forschung** bezieht sich auf konkrete Anwendungsmöglichkeiten. Sie ist typisch für Unternehmen.
- **Marktforschung** betrifft die Beschaffung von Informationen über Märkte und Absatzmöglichkeiten (Einzelheiten siehe S. 531 ff.).

Entwicklung ist die erstmalige Umsetzung von Erkenntnissen zur Findung von Produkten und Verfahren. (Siehe auch die Präsentation *Forschung und Entwicklung*.) Web M 167_1

F&E ist teuer. Deshalb betreiben viele Unternehmen eine vertragliche F&E-Kooperation mit Hochschulen (siehe *www.maltgetriebe.de*) und anderen Unternehmen. Selbst Konkurrenten kooperieren (z. B. Ford und VW). Vorteile: Kostenersparnis, Vermeidung von Doppelentwicklungen, größere Forschungskapazität, Nutzung fremden Know-hows.

Bei der systematischen Ideensuche ist die Arbeit in **Projektteams** vorteilhaft. Sie gibt der unterschiedlichen Denkfähigkeit und Kreativität der Mitglieder Raum. Dabei werden gerne Methoden systematischer Ideenentwicklung angewendet. Dazu gehören z. B.:

- die Funktionsanalyse,
- morphologische Verfahren,
- Brainstorming-Verfahren,
- Synektik.

Das Infoblatt *Methoden systematischer Ideenentwicklung* liefert Ihnen Einzelheiten zu diesen Methoden.

Funktionsanalyse
Die Tätigkeiten des Verwenders werden in Schritte (Funktionen) zerlegt. Dann werden Produktlösungen ermittelt, die die Funktionen optimal erfüllen.

Morphologische Verfahren
Man schreibt bestimmende Problemmerkmale auf, dann zeigt man in einem Schema alle möglichen Lösungen auf, bewertet sie und verfolgt die günstigsten weiter.

Brainstorming
Die Mitglieder einer Gruppe äußern spontan beliebige Einfälle – auch absurd anmutende – zu einem Problem. Dann erfolgt die Auswertung.

Synektik
Gruppenmitglieder zeigen zu einem Problem Entsprechungen in andersartigen Bereichen auf. Einige werden zum Problem in Beziehung gebracht. Dann erfolgen spontane Lösungsvorschläge. Sie werden auf Realisierbarkeit geprüft.

Web M 167_2

5.3 Produktplanungsprozess

Hinweis:
Produktplanung und Produktentwicklung sind in der Praxis uneinheitlich. Die hier aufgeführten Prozesse können deshalb auch anders ablaufen. So erfolgt z. B. die Machbarkeitsprüfung oft nach der Erstellung des Lastenheftes – insbesondere bei Produkten, die im Kundenauftrag entwickelt werden.

Je nach Branche braucht man viele – bis zu 200 – Ideen für ein Erfolg versprechendes Produkt. Deshalb müssen Innovationsideen bewertet und ausgewählt werden.

- Die **Bewertung und Auswahl** erfolgt oft durch Gruppen in mehreren Entscheidungsphasen. In Gate Meetings („Gatter-Treffen") wird entschieden, welches Gatter („Aus", „Weiter", „Warten") sich für eine Idee hinsichtlich der nächsten Phase öffnen soll. Dabei kommen zahlreiche Instrumente zur Anwendung: Nutzwertanalysen (siehe S. 337, 339), Checklisten u. a. m.
- Zunächst führt man **Machbarkeitsprüfungen** durch. Sie untersuchen, ob die Ideen realisierbar sind, und zwar:
  - **technisch** (Technik vorhanden? Technik beschaffbar?),
  - **fachlich** (Know-how vorhanden? Know-how beschaffbar?),
  - **organisatorisch** (Fertigungsorganisation geeignet?),
  - **wirtschaftlich** (finanzierbar? Material beschaffbar? Termine einhaltbar? Kosten vertretbar?),
  - **rechtlich** (mit bestehenden Rechtsvorschriften vereinbar?),
  - **ökologisch** (unbedenklich?).

  Nicht realisierbare Ideen werden nicht weiterverfolgt (Gatter „Aus").
- Die sog. **K-Checkliste** (wegen der Anfangsbuchstaben so genannt) nennt wichtige Merkmale für die Bewertung und Auswahl der verbleibenden realisierbaren Ideen: Kundenpotenzial, Kundennutzen (besonders hoch bei kreativen Ideen), Konkurrenzvorteil, Konkurrenzreaktion, Kommunikation (z. B. Informationsvorsprünge), Klima (gesellschaftliche Sensibilisierung), Kosten, Kompetenz, Kapitalbedarf.
- Wichtig ist auch die Abschätzung verlustbringender Risiken (Gefahren) durch **Risiko-Analysen**. Sie erfolgt immer wieder begleitend zur Produktplanung und -entwicklung.

Bei der Ideenbewertung kommt es in der Praxis immer wieder zu zwei Fehlern:
- **Ablehnungsfehler:** Eine gute Idee wird zu Unrecht abgelehnt.
  Folge: Gelegenheit verpasst.
- **Annahmefehler:** Eine schlechte Idee wird zu Unrecht akzeptiert.
  Folge: Verschwendung von Ressourcen.

Ein berühmter Ablehnungsfehler: 1877 lehnte in den USA die Telegraph Company – der Betreiber des größten Telegrafennetzes – das Angebot des Telefonerfinders G. Bell zum Kauf seines Telefonpatents ab.

Deshalb sind vor der endgültigen Ablehnung/Annahme einer Idee folgende Kontrollfragen nützlich:
- „Wir sind dabei, die Idee abzulehnen. Was passiert, wenn ein Konkurrent sie realisiert?"
- „Wir sind dabei, die Idee anzunehmen. Warum hat noch kein Konkurrent sie realisiert?"

5.4 Produktentwicklungsprozess

Ein Projekt ist ein umfangreiches Verfahren zur Lösung eines neuartigen und komplexen Problems.

Die Produktentwicklung stellt ein umfangreiches Projekt dar, das nur mit einem guten Projektmanagement gelöst werden kann (vgl. S. 133).

Bei technischen Produkten verläuft die Produktentwicklung zweckmäßigerweise in vier Phasen:

Aufgabe klären → konzipieren → entwerfen → ausarbeiten

- **Aufgabe klären**
  Insbesondere sind die Anforderungen an das Produkt (technische, wirtschaftliche, ggf. auch gesellschaftliche und ökologische Anforderungen) genau zu formulieren. Hierzu dienen das Lastenheft (die Anforderungsliste) und das Pflichtenheft.

Lastenheft (Was? Wofür?) ↓	Das Lastenheft wird vor dem Projektbeginn vom Auftraggeber oder in Zusammenarbeit mit ihm erstellt. Es kann sich um einen internen Auftraggeber (z. B. die Geschäftsleitung) oder um einen externen Auftraggeber (einen Kunden) handeln. Im Lastenheft sind alle Forderungen des Auftraggebers an die Lieferungen und Leistungen des Auftragnehmers einschließlich aller Rahmenbedingungen zu beschreiben.
Pflichtenheft (Wie? Womit?)	Das Pflichtenheft beschreibt, wie die Anforderungen des Lastenheftes umgesetzt werden sollen. Es wird im Laufe des Projekts vom Auftragnehmer (Entwicklungsteam) erstellt.

- **Konzipieren**
  Die Gesamtfunktion des Produkts (z. B.: Geschirr spülen) wird in Teilfunktionen zerlegt (z. B.: Geschirr lagern, Wasser erhitzen, Spülmittel zuführen). Für sie sucht man prinzipielle Lösungen. Auch hier können die oben erwähnten Methoden systematischer Ideenentwicklung sinnvoll eingesetzt werden. Es entsteht ein gedanklicher Entwurf.

- **Entwerfen**
  In einem systematischen Problemlösungsprozess wird zuerst ein grob-, dann ein feinmaßstäblicher Entwurf erstellt, ggf. in Zusammenarbeit mit Produktdesignern. Damit werden einfache Modelle des Produkts hergestellt. Maßstäbliche Modelle dienen zur Bewertung der äußeren Erscheinung, Funktionsmodelle zum Beweis der Produktfunktion.

- **Ausarbeiten**
  - Die maßgebenden Module sowie das Gesamtprodukt werden konstruiert (Einzelheiten siehe Kapitel 1.2). Dies erfordert immer wieder neue Abstimmung.
  - Produktionsverfahren und Fertigungsunterlagen werden erstellt.
  - Bei Serienprodukten (siehe S. 200 f.) werden Prototypen gebaut (voll funktionsfähige erste Erprobungsausführungen) und hinsichtlich aller gestellten Anforderungen getestet. Anhand der Fehlerprotokolle wird das Produkt überarbeitet und das Pflichtenheft angepasst.
  - Die Serienfertigung wird vorbereitet. Mithilfe einer Nullserie (Vorserie) prüft man, ob alle Hilfsmittel serientauglich sind. Die Nullserie ist nicht für den Verkauf bestimmt.

Arbeitsaufträge

1. **Forschung und Entwicklung in einem Industrieunternehmen**

   Um innovative Produkte und Systeme auf dem Weltmarkt wettbewerbsfähig anbieten zu können, müssen wir rechtzeitig über die Schlüsselkomponenten verfügen und deren Fertigungstechnik beherrschen. Insgesamt 4,29 Mrd. EUR haben wir im Geschäftsjahr 2013 für Forschung und Entwicklung als Investition in die Zukunft aufgewendet (im Vorjahr 4,24); rund 29 800 (Vorjahr: 29 500) Mitarbeiter sind weltweit mit dieser Aufgabe befasst.

   Eine Analyse unserer Geschäftsfelder ergab, dass ihre technische Weiterentwicklung im Wesentlichen durch den Fortschritt in 12 Technologien bestimmt ist, hinter denen sich rund 60 technologische Handlungsfelder verbergen (z. B. „Simulation Technologies“). Diese „Kerntechnologien“ werden meist von mehreren Geschäftsfeldern und Bereichen gebraucht und sind untereinander vielfältig verknüpft. Sie werden mindestens für das nächste Jahrzehnt die wichtigste Quelle für Innovationen im Unternehmen bleiben.

Im Spannungsfeld des „technology push" und „market pull" sind die Kerntechnologien in Anpassung an das Geschäft einer ständigen Überprüfung unterworfen. Der Einsatz für die Kerntechnologien wird von der Zentralabteilung „Corporate Technology" aktualisiert, was je nach Markt- und Technologieentwicklung auch zur Neueinrichtung oder zur Beendigung einer Kerntechnologie führen kann.

a) Aus welchen Gründen wird in diesem Unternehmen Forschungs- und Entwicklungsarbeit betrieben?
b) Ist die Tendenz zu Forschung und Entwicklung eher zunehmend oder abnehmend?
c) Versuchen Sie zu erläutern, was unter „technology push" und „market pull" zu verstehen ist und welche Bedeutung sie für die Siemens-Forschung haben.
d) Sowohl der Staat (Universitäten, Forschungsinstitute) als auch Großunternehmen betreiben Grundlagenforschung. Staatliche Forschung will ganz allgemein das menschliche Wissen erweitern. Gilt dies auch für die industrielle Grundlagenforschung bei Siemens?

2. Ein Druckerhersteller will einen neuen Tintenstrahldrucker entwickeln und die Produkteigenschaften mittels einer morphologischen Matrix festlegen.

Gehäuseform	quadratisch				
Gehäusematerial	Blech				
Gehäusefarbe	grau				
Einzugsschacht	Einzelblatteinzug				
Anschluss	USB				
Tinte	schwarz				
Patronenvolumen	20 ml				
Druckgeschwindigkeit	2 Blatt/Min.				
Service	kein Service				
Zusatzfunktion	Scanner				

Ergänzen Sie die Matrix und wählen Sie dann in jeder Zeile ein Merkmal aus.

3. Bei der Firma Systemmöbel GmbH wurde aufgrund von Marktuntersuchungen und Berichten des Außendienstes ein Bedarf an wirbelsäulenschonenden Gesundheitsstühlen (Kniestühlen) für Bürotätigkeiten festgestellt. Für qualitativ hochwertige Stühle erscheint bei einer Preisobergrenze von 250,00 EUR ein jährlicher Absatz von 2 500 Stück möglich. Das Bauprinzip der Stühle ist bekannt (siehe Skizze), und Systemmöbel liegt auch eine Reihe gesicherter Forschungsergebnisse hinsichtlich der Vorteile für die Körperhaltung vor. Die Geschäftsleitung beschließt deshalb die Entwicklung und Produktion unter Berücksichtigung innovativer Aspekte.

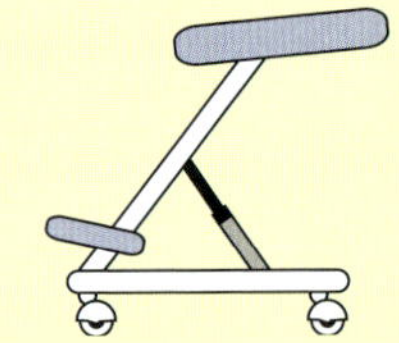

a) Organisieren Sie eine Brainstorming-Gruppe und versuchen Sie möglichst viele Vorschläge zur Gestaltung der Stühle zu sammeln.
b) Bei der Produktplanung und -entwicklung sollten u. a. beachtet werden:
   - technische Anforderungen an das Produkt,
   - wirtschaftliche Anforderungen an das Produkt,
   - gesellschaftliche Anforderungen an das Produkt,
   - ökologische Anforderungen an das Produkt.

   Ordnen Sie jedem der vier Bereiche konkrete Anforderungen an das Produkt zu, die Ihrer Meinung nach zu erfüllen sind, um dem Produkt zum Markterfolg zu verhelfen.

5.5 Konstruktion und Stücklistenerstellung

5.5.1 Aufgaben der Konstruktion

Konstruktion ist die fertigungsgerechte und funktionsfähige Gestaltung der Produkte.

Dabei sind von vornherein zahlreiche Anforderungen zu berücksichtigen:

- **Kundenanforderungen** (z. B. hinsichtlich Materialqualität, gewünschter Funktionen, Bedienungs-, Wartungs-, Reparatur-, Entsorgungsfreundlichkeit, Wertbeständigkeit),
- **Umweltanforderungen** (hinsichtlich Fertigungs-, Nutzungs- und Entsorgungsqualität der Produkte; vgl. S. 163),
- **Betriebsanforderungen** (hinsichtlich der fertigungsgerechten Produktgestaltung, der Beschaffbarkeit der Materialien, der Einhaltung der Kostenvorgaben).

Deshalb muss sich der Konstrukteur optimal mit den Mitarbeitern aus Absatz, Produktion, Einkauf, Umweltmanagement, Finanzierung und Rechnungswesen abstimmen.

Die Konstruktionsaufgaben umfassen:

- Ermittlung der Hauptdimensionen des Erzeugnisses,
- Ermittlung der einzelnen Funktionsabläufe und der beteiligten Elemente,
- konstruktive Gestaltung der Baugruppen und Einzelteile (fremdbezogene Teile sind zu berücksichtigen),
- Werkstoffauswahl,
- Bestimmung von Toleranzen (so groß wie möglich – so klein wie nötig),
- Formgebung (zweckmäßig, einfach, leicht herstellbar, geschmackvoll),
- Erstellung von Fertigungsunterlagen (Konstruktionszeichnungen, Stücklisten, Fertigungspläne, Steuerprogramme),
- Herausgabe von Bau- und Betriebsvorschriften,
- Erstellung von Bedienungsanleitungen.

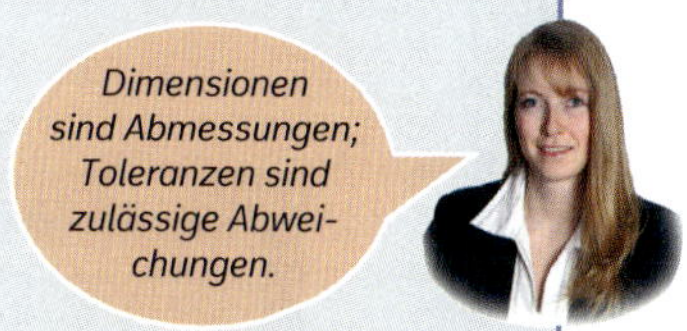

Phasen des Konstruktionsprozesses

Konzeptphase
- Untersuchung der Aufgabenstellung
- Erarbeitung alternativer Lösungen
- Bewertung der Lösungen

Gestaltungsphase
- konkrete Ausarbeitung des Lösungskonzepts
- maßstäblicher Entwurf, ggf. Modell
- Bewertung der Lösung

Detaillierungsphase
- Ausarbeitung und Darstellung der Einzelteile
- Erstellung von Fertigungsunterlagen (Zeichnungen, Stücklisten, Fertigungspläne, Steuerprogramme)

In **Chemiebetrieben** findet keine Konstruktion statt, sondern es werden **Rezepturen** für die chemischen Produkte erstellt. Zuständig ist das **Betriebslabor**.

Heutzutage ist die computergestützte Konstruktion (**Computer Aided Design**) die Regel. Dabei dient der Bildschirm als elektronisches Zeichenbrett, CAD-Systeme werden vorwiegend für die **Detaillierungsphase** herangezogen. Dabei ist es möglich, in einer Datenbank bereits gespeicherte Grundelemente (z. B. Linien, Flächen, Körper) und Teilkonstruktionen abzurufen, zu variieren und zu neuen Konstruktionen zusammenzusetzen.

Dies ist u. a. dann vorteilhaft, wenn aufgrund von Kundenaufträgen nur bestimmte Änderungen an bestehenden Produkten notwendig werden.

Mit CAD können nicht nur Konstruktionszeichnungen erstellt werden. Die im CAD-Rechner vorhandenen Informationen über die Gestalt von Werkstücken werden vielmehr auch dazu verwendet, Steuerprogramme für numerisch gesteuerte Maschinen zu erstellen.

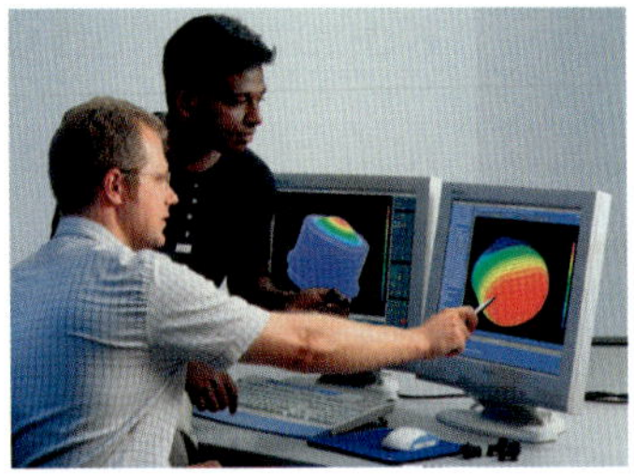

Beispiel: Programmieren und Fertigen eines Frästeils

Entwicklung und Konstruktion eines Frästeils mit CAD-Systemen

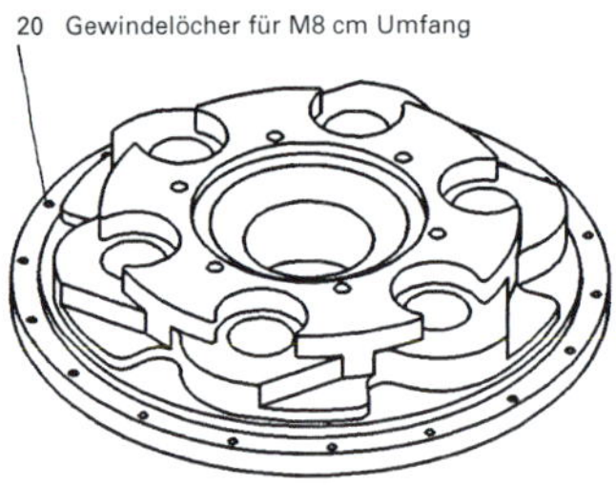

Handskizze als Entwurf

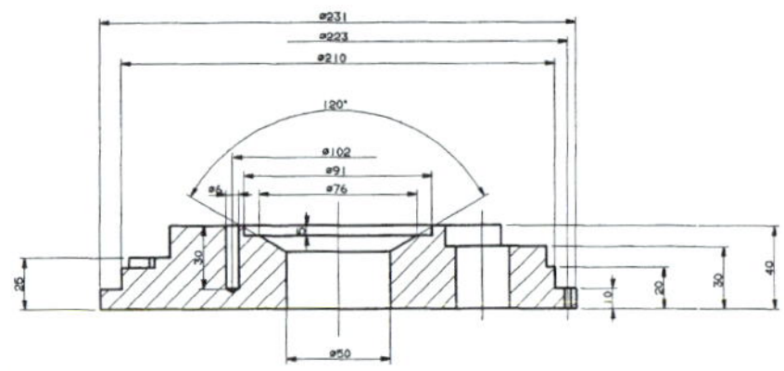

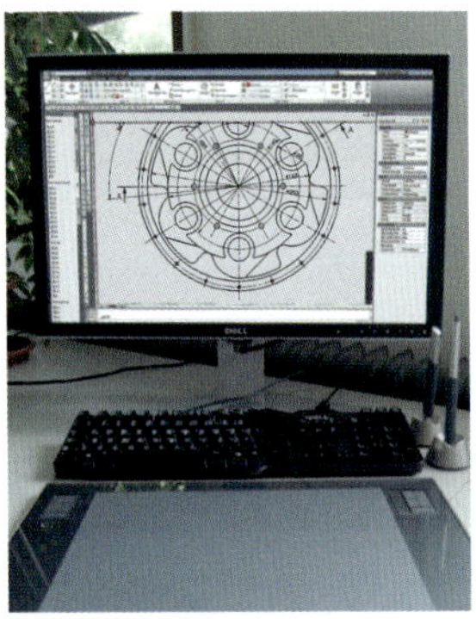

Konstruktion am Bildschirm

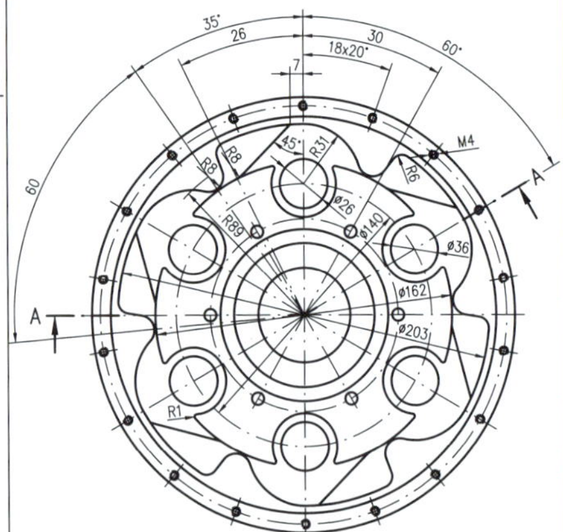

Technische Zeichnung nach CAD-Konstruktion

Entwicklung eines Fräsprogramms mit anschließender Probefertigung

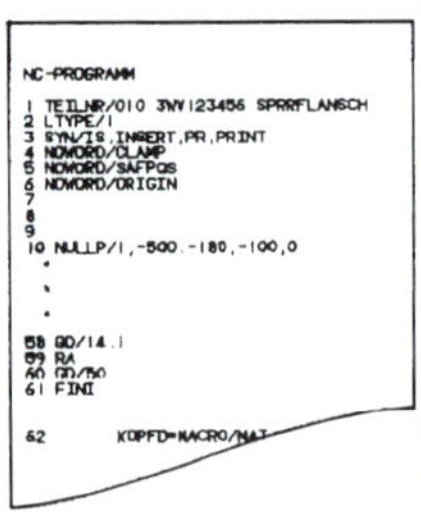

Programm

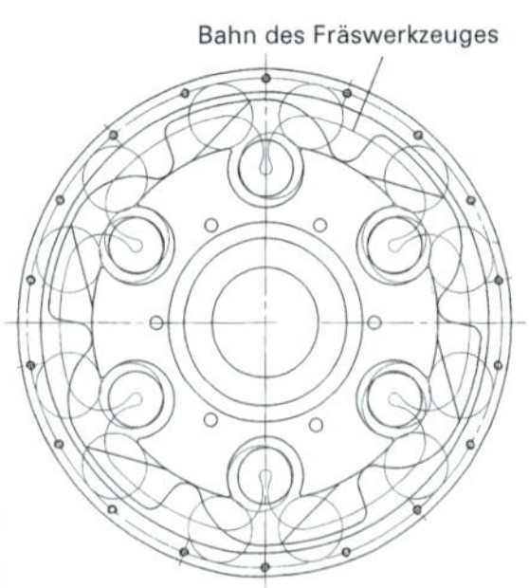

Simulation der Fräserbahn

Bearbeitung an einem Bearbeitungszentrum

5.5.2 Konstruktionszeichnungen

Zeichnungen des Produkts sind wichtige Ergebnisse der Konstruktionsarbeit.

	Konstruktionszeichnungen
Produkt (Bohrprisma) →	**Gesamtzeichnung** Sie zeigt maßstäblich das Produkt im gesamten Aufbau, seine Zusammensetzung aus Baugruppen und baugruppenunabhängigen Teilen sowie deren Lage zueinander.
Baugruppe (Spindel komplett) →	**Gruppenzeichnung** Sie zeigt maßstäblich die räumliche Lage und die Form der zu einer Baugruppe zusammengefassten Teile.
Einzelteil (Spindel) →	**Teilezeichnung** Sie zeigt maßstäblich ein oder mehrere Werkstücke ohne räumliche Zuordnung zu anderen Teilen.
Anordnung der Teile →	**„Explosionszeichnung"** (nach DIN 199 **„Anordnungsplan"** genannt) Besondere Art der Gruppen- oder Gesamtzeichnung. Sie zeigt die Gegenstände räumlich zueinander, nicht unbedingt in allen Details und maßstäblich, sodass sich ihre Anordnung erkennen lässt. Sie wird vor allem für Montage, Demontage, Ersatzteilbeschaffung sowie Dokumentationszwecke benötigt.

Beispiel: **Konstruktionszeichnungen**

(1) Gesamtzeichnung

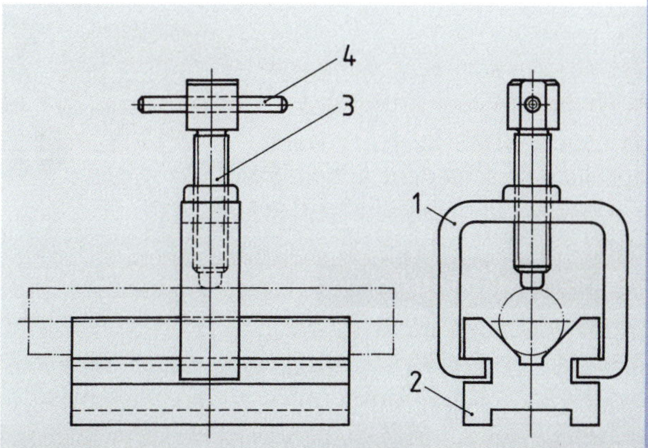

Pos.	Menge	Einh.	Benennung	Sachnummer / Norm-Kurzbezeichnung	Bemerkung
4	1	St.	Zylinderstift	ISO 2338-A-6×50-St	DIN EN 22338
3	1	St.	Spindel	02.001	
2	1	St.	Spannprisma	02.001	gehärtet
1	1	St.	Spannbügel	02.001	
1	2	3	4	5	6

Allgemein-Toleranzen ISO 2768-m | Oberfläche DIN ISO 1302 | Maßstab 1:1 | Gewicht

	Datum	Name
Bearb.	23.5. ..	Marku
Gepr.		
Norm		

Bohrprisma

H.Stam GmbH | 02.000 | Blatt 1 | 3 Bl.

ust. | Änderung | Datum | Name | Ursprung | Ersatz für | Ersatz durch

Zu den Normenabkürzungen:
Normen sind anerkannte Regeln (Vereinheitlichungen, Methoden) der Technik; sie sind mit Wissenschaft und Praxis abgestimmt, jedermann zugänglich und durch besondere Normenverfahren festgelegt.

DIN Deutsche Norm des Deutschen Instituts für Normung e.V. (Berlin)

ISO Internationale Norm der Internationalen Organisation für Normung (Genf)

EN Europäische Norm des Europäischen Komitees für Normung (CEN; Brüssel)

DIN ISO Internationale Norm, die auch als deutsche Norm gültig ist

DIN EN Europäische Norm, die auch als deutsche Norm gültig ist

Auf der Zeichnung befindet sich ein Schriftfeld.

Hier macht der Konstrukteur u. a. eine Aufstellung über die Teile, die die Zeichnung enthält: die **Stückliste.**

DRITTER ABSCHNITT

(2) Explosionszeichnung

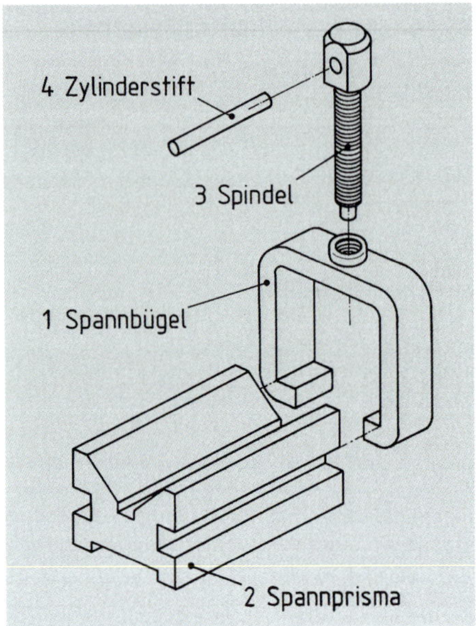

Explosionszeichnungen lassen sich besonders rationell mit CAD erstellen. Die Gegenstände werden dreidimensional in den Computer eingegeben. Sie können in beliebigem Maßstab auf dem Bildschirm gezeigt, dort zueinander verschoben, evtl. gedreht und aus jeder Perspektive betrachtet werden.

5.5.3 Stücklisten

Auf der Zeichnung erstellt der Konstrukteur eine Stückliste[1] der Teile, die die Zeichnung enthält. Diese Aufstellungen werden für das Gesamtprodukt zusammengezogen zur Konstruktionsstückliste.

Die *Konstruktionsstückliste* ist eine Zusammenstellung aller Baugruppen, Einzelteile und Werkstoffe eines Produkts.

Mithilfe von Standardprogrammen des PPS-Systems[2] werden aus der Konstruktionsstückliste verschiedene andere Stücklistentypen für unterschiedliche Zwecke abgeleitet und anschließend gespeichert.

Stücklisten

nach dem Aufbau → **Aufbaustücklisten**

- Mengenübersichtsstücklisten
- Strukturstücklisten
  - einfache Strukturstücklisten
  - Baukastenstücklisten
- Variantenstücklisten

nach dem Verwendungszweck → **Arbeitsstücklisten**

- Bereitstellungsstücklisten (Material-, Dispositionsstücklisten)
- Fertigungsstücklisten
- Kalkulationsstücklisten
- Montagestücklisten

- **Aufbaustücklisten**

Mengenübersichtsstücklisten zeigen alle Baugruppen und Einzelteile, die direkt oder indirekt in das Erzeugnis eingehen (zusammenziehende, mehrstufige Stücklisten). Sie reichen zur Ermittlung des Bruttobedarfs für das Produkt aus.

[1] In Chemiebetrieben findet man statt der Stücklisten Rezepturen.
[2] Einzelheiten zum Begriff „PPS-System“ siehe S. 208.

Bruttobedarf = Teilpositionsmengen · Produktmenge

Mengenübersichtsstücklisten zeigen jedoch nicht, welche Teile auf welcher Fertigungsstufe in welche Baugruppe eingehen. Sie ermöglichen es deshalb nicht, die für die einzelnen Fertigungsstufen erforderlichen Produktionsaufträge stufenweise separat zu planen.

Strukturstücklisten zeigen die Aufgliederung von Erzeugnissen nach konstruktiv zusammengehörenden Baugruppen:
- **einfache Strukturstücklisten** enthalten sämtliche Baugruppen und Teile des Erzeugnisses in ihrem fertigungstechnischen Zusammenhang (mehrstufige Stücklisten).
- **Baukastenstücklisten** stellen den Aufbau immer nur bis zur nächstniederen Stufe dar (einstufige Stücklisten). Der Gesamtaufbau ist deshalb nur durch das Zusammenfügen aller Baukastenstücklisten zu erkennen. Vorteil von Baukastenstücklisten: Die Zusammensetzung von mehrfach verwendeten Baugruppen muss nur einmal dargestellt werden.

Variantenstücklisten werden für Enderzeugnisse mit Varianten aufgestellt. Solche Erzeugnisse haben einen hohen Anteil an gleichen Bauteilen in allen Varianten. Für sie wird eine Gleichteilestückliste (auch Rumpfstückliste genannt) erstellt. Hinzu kommen individuelle Variantenstücklisten für die restlichen Teile.

Die folgenden Beispiele können Sie auch anschaulich anhand der Präsentation *Stücklisten* nachvollziehen.

Web M 175

DRITTER ABSCHNITT

Beispiel 1: Mengenübersichts-, einfache Struktur-, Baukastenstückliste

Ein Produkt P1 habe die folgende Erzeugnisstruktur (Fertigungsstufen 4 bis 0; G = Baugruppe; E = Einzelteil). 2E1 bedeutet z. B.: 2 Stück von Einzelteil E1.

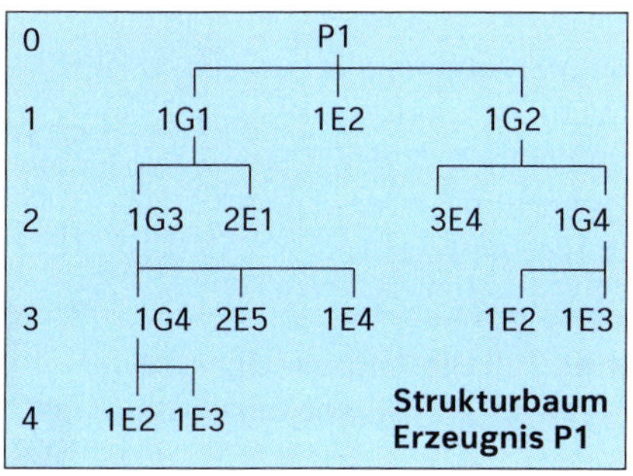

Strukturbaum Erzeugnis P1

Mengenübersichtsstückliste:

Teile-Nr.	Stückzahl
G1	1
G2	1
G3	1
G4	2
E1	2
E2	3
E3	2
E4	4
E5	2

einfache Strukturstückliste:

Fertigungsstufe	Teile-Nr.	Stückzahl
1	G1	1
2	G3	1
3	G4	1
4	E2	1
4	E3	1
3	E5	2
3	E4	1
2	E1	2
1	G2	1
2	G4	1
3	E2	1
3	E3	1
2	E4	3
1	E2	1

Baukastenstücklisten:

P1	Teile-Nr.	Stückzahl
	G1	1
	G2	1
	E2	1

G1	Teile-Nr.	Stückzahl
	G3	1
	E1	2

G2	Teile-Nr.	Stückzahl
	G4	1
	E4	3

G3	Teile-Nr.	Stückzahl
	G4	1
	E4	1
	E5	2

G4	Teile-Nr.	Stückzahl
	E2	1
	E3	1

Beispiel 2: Variantenstücklisten

Die Produktvarianten P2 und P3 haben die folgende Erzeugnisstruktur.

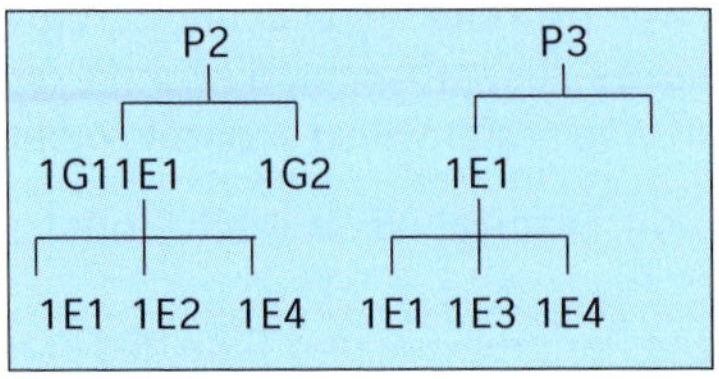

Mehrfachstückliste:

Teile Nr.	Stückzahl Variante P2	Variante P3
G1	1	–
G2	–	1
E1	2	2
E2	1	–
E3	–	1
E4	1	1

Gleichteile-stückliste P2–P3

Teile-Nr.	Stück-zahl
E1	2
E4	1

Varianten-stückliste P2

Teile-Nr.	Stück-zahl
G1	1
E2	1

Varianten-stückliste P3

Teile-Nr.	Stück-zahl
G2	1
E3	1

- **Arbeitsstücklisten**

Bereitstellungs- (Material-, Dispositions-)Stücklisten dienen der Ermittlung des Materialbedarfs. Für den Bruttobedarf ermittelt reichen Mengenübersichtsstücklisten, für den Nettobedarf (vgl. S. 238 f.) sind Strukturstücklisten nötig.

Fertigungsstücklisten sind Strukturstücklisten, die für die Fertigungsteile aufgestellt werden. Sie sind nach dem Fertigungs- und Materialfluss aufgebaut und enthalten notwendige Angaben für die Fertigung (z. B. Auftragsnummer, Produktmenge, Anfangs- und Endtermin).

Kalkulationsstücklisten sind Fertigungsstücklisten mit besonderen Feldern für Vor- und Nachkalkulation (z. B. Preise, Zeiten).

Montagestücklisten enthalten besondere Felder für die Kostenstellen der Montage.

5.5.4 Teileverwendungsnachweis

Stücklisten sind so dargestellt, dass sie für ein Erzeugnis alle Gruppen und Einzelteile evtl. bis hinunter zum Rohmaterial enthalten. Für Änderungen, Disposition und Normung will man ggf. auch wissen, in welchen Baugruppen und Enderzeugnissen ein bestimmtes Teil enthalten ist. Hier hilft der Teileverwendungsnachweis weiter.

Im Teileverwendungsnachweis sind für jedes Teil die Enderzeugnisse oder Baugruppen aufgeführt, in denen das jeweilige Teil enthalten ist.

Verwendungsnachweise sind Stücklisten mit umgekehrtem Aufbau.

Beispiel: Teilverwendungsnachweise (siehe obiges Beispiel 2)

Mengenübersichts-verwendungsnachweis

Einzelteil E1	
kommt vor in	**Gesamt-menge**
G1	1
G2	1
P2	2
P3	2

Strukturverwendungsnachweis

Einzelteil E1			
Stufen		**kommt vor in**	**Menge**
0	**1**		
	x	G1	1
x		P2	2
	x	G2	1
x		P3	2

Zusammenfassung der Aufgaben der Stückliste

1. **Arbeitsvorbereitung:** zusammen mit den Zeichnungen Unterlage für die Ablaufplanung (Arbeitsgänge und Montageablauf) und Fertigungssteuerung (Prüfung der Verfügbarkeit von Rohmaterialien, Einzelteilen und Gruppen)
2. **Lager:** Stückliste als Information zur Bereitstellung der Rohmaterialien und Teile
3. **Montage:** Stückliste als Montageanleitung
4. **Einkauf:** Stückliste als Grundlage zur Material- und Teilebeschaffung
5. **Rechnungswesen:** Stückliste als Grundlage für Vor- und Nachkalkulation
6. **Kundendienst:** Stückliste als Ersatzteilliste

Arbeitsaufträge

1. **Ihr Chef hat eine Idee. Er beabsichtigt eine Haushaltsmaschine auf den Markt zu bringen, die Kartoffeln wäscht, schält, zerteilt und frittiert. Er beauftragt den Leiter der Konstruktionsabteilung, sich entsprechende Gedanken über Konzeption, Gestaltung und Detaillierung einer solchen Maschine zu machen.**
   a) Erläutern Sie die Punkte, die in den einzelnen Phasen bedacht werden müssen.
   b) In welcher Weise kann der Computer bei der Konstruktion herangezogen werden?
   c) Welcher Hilfsmittel bedarf es, um Daten ein- und auszugeben?
   d) Inwiefern sind CAD-Programme auch als Hilfsmittel für die anschließende Fertigung geeignet?
   e) Mit welchen anderen Abteilungen muss die Konstruktionsabteilung stets eng zusammenarbeiten? Begründen Sie Ihre Aussage.
   f) Im Rahmen der Konstruktion gewinnt das Internet als großer Datenpool an Bedeutung. Welche Aufgaben könnte das Internet erfüllen?

2. **Die Konstruktionsabteilung hat das folgende Erzeugnis konstruiert.**

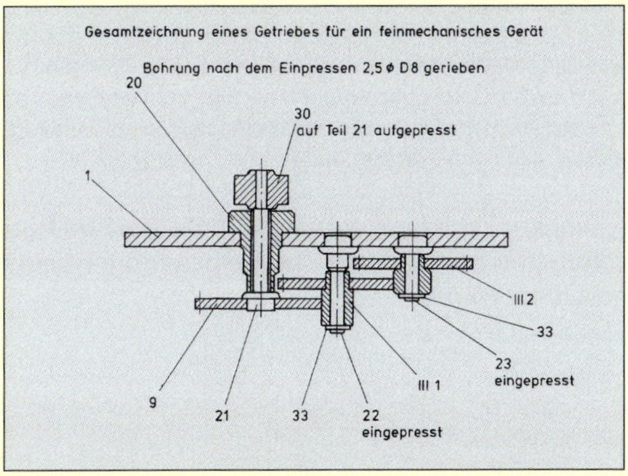

   a) Welche Einzelaufgaben gehören zu der konstruktiven Gestaltung dieses Erzeugnisses?
   b) Welche Arten von Zeichnungen müssen erstellt werden?
   c) Zu dem Getriebe gehört die unten stehende Konstruktionsstückliste:
      – Welche anderen Stücklisten werden üblicherweise aus der Konstruktionsstückliste entwickelt?
      – Wodurch unterscheiden sich diese Stücklisten von der Konstruktionsstückliste?
   d) Für welche Arbeiten wird die Stückliste als Unterlage benutzt?

Konstruktionsstückliste

Lfd. Nr.	Stück	Benennung	Teilenummer	Material	Fertigungshinweise
1	1	Große Platine	456051001000	Ms 58-2,0	
9	1	Zahnrad	091062002002	Ms 58-1,2	55 Zähne, m = 0,3 Ev.
20	1	Lagerbuchse	456014002000	Ms 58-8,0∞	
21	1	Lagerwelle	456022004000	NR-5,0∞	
22	1	Lagerbolzen	456022005000	NR-5,0∞	
23	1	Lagerbolzen	456022006000	NR-5,0∞	
30	1	Ritzel	456009003001	Ns-7,0∞	20 Zähne, m = 0,3 Ev.
33	2	Sicherungsscheiben	1,5 DIN 6799	F.-St.	

3. Ein Produkt hat folgende Erzeugnisstruktur (Strukturbaum)

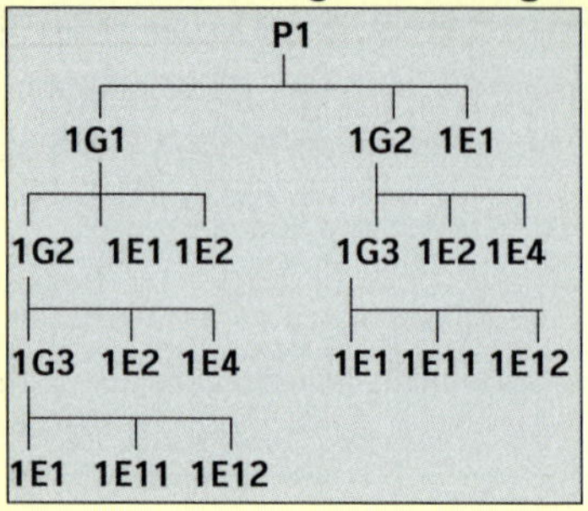

Erstellen Sie
a) die Mengenübersichtsstückliste,
b) die einfache Strukturstückliste,
c) die Baukastenstücklisten,
d) Mengenübersichtsteileverwendungsnachweise für E1 und E4,
e) Strukturteileverwendungsnachweise für E1 und E4

4. Nur gutes Aussehen reicht bei vielen Gegenständen des täglichen Bedarfs schon lange nicht mehr aus. Auch der richtige „Sound" ist entscheidend, und dabei kommt es nicht immer darauf an, dass ein Gegenstand leise ist: Ein zu leiser Motor würde einen Ferrrari-Fahrer unruhig machen und bei einem Staubsauger, der zu leise ist, kommen schnell Zweifel an der Saugkraft auf. „Akustikdesign" nennt sich der Berufszweig, der sich mit den richtigen Geräuschen beschäftigt.

Recherchieren Sie im Internet:
a) Welche Einzelaufgaben hat der Akustikdesigner bei der Konstruktion?
b) Nennen Sie weitere Einsatzgebiete (Beispiele) für einen Akustikdesigner.
c) Warum spielen Geräusche gerade bei der Produktentwicklung und Konstruktion eine immer wichtigere Rolle?

5.6 Gewerbliche Schutzrechte

Firmeninhaber Hansen entwickelt eine besondere Fräsmaschine. Sowohl in das Produktdesign[1] als auch in die Entwicklung des Fräsmechanismus hat er viel Geld investiert. Er stellt sein Produkt erstmals während einer Fachmesse vor. Die Maschine findet dort großen Anklang. Ein halbes Jahr später eröffnet ihm aber ein Abnehmer, dass ihm eine gleichartige Maschine zu einem wesentlich günstigeren Preis angeboten wurde. All der Aufwand, den Hansen in das neue Produkt investiert hat, erscheint umsonst. An die Anmeldung von Schutzrechten hat Hansen nicht gedacht.

Erzeugnisse, Formen und Marken können durch **Eintragung beim Deutschen Patent- und Markenamt** (DPMA) in **München** unter Androhung von Freiheits- oder Geldstrafen vor unbefugter Verwendung geschützt werden.

5.6.1 Patent

§ 1 Abs. 1 Patentgesetz: Patente werden für Erfindungen auf allen Gebieten der Technik erteilt, sofern sie neu sind, auf einer erfinderischen Tätigkeit beruhen und gewerblich anwendbar sind.

§ 9: Das Patent hat die Wirkung, dass allein der Patentinhaber befugt ist, die patentierte Erfindung ... zu benutzen.

§ 16: Das Patent dauert zwanzig Jahre, die mit dem Tag beginnen, der auf die Anmeldung der Erfindung folgt.

Patentfähige Erfindungen können **Erzeugnisse** oder **Verfahren** sein (§ 1 Abs. 2 PatG).

[1] Festlegung der Erscheinungsform eines Erzeugnisses in Qualität, Form, Verpackung und Markierung, abhängig von der Produktart

Verfahren der Patenterteilung	
Anmeldung Gebühr: 60,00 EUR	Der schriftlichen Anmeldung sind eine genaue Beschreibung der Erfindung und Zeichnungen beizufügen.
Vorprüfung	Das Patentamt prüft, ob alle Formvorschriften eingehalten wurden und ob *offensichtlich* sachliche Voraussetzungen nicht erfüllt sind. (EDV-Programme und Produkt-Design sind z. B. nicht patentfähig.)
Offenlegung	Veröffentlichung der Anmeldung und Möglichkeit der Einsichtnahme in die Unterlagen beim Patentamt für jedermann.
Prüfungsantrag Gebühr: 350,00 EUR	Der Anmelder hat bis zu 7 Jahre Zeit, die Hauptprüfung zu beantragen.
Prüfung	Das Patentamt prüft die gewerbliche Anwendbarkeit und die Neuheit. Neuheit liegt nur dann vor, wenn die Erfindung nicht zum Stand der Technik gehört. Das ist der Fall, wenn sie vor dem Tag der Anmeldung beim Patentamt nirgendwo auf der Welt in irgendeiner Weise (durch schriftliche oder mündliche Beschreibung, Benutzung oder sonst wie) der Öffentlichkeit zugänglich gemacht wurde. Wegen der Prüfung dauert das Verfahren Jahre. Deshalb kann eine Zusatzanmeldung als Gebrauchsmuster sinnvoll sein.
Patenterteilung	• Für den Erfinder oder seinen Rechtsnachfolger entsteht die Patentwirkung: Der Patentinhaber allein darf das Patent selbst benutzen (z.B. einen erfundenen Gegenstand herstellen, anbieten, gebrauchen, besitzen, einführen; ein erfundenes Verfahren anwenden oder anbieten und ein damit unmittelbar hergestelltes Erzeugnis anbieten, gebrauchen, besitzen, ...). • Er kann das Patent auch verkaufen oder verpachten. • Er kann das Patent anderen auch gegen Gebühr für einen bestimmten Zeitraum zur Verwertung überlassen **(Lizenz)**.
Veröffentlichung und Eintragung	Die Patenterteilung wird im **Patentblatt** veröffentlicht. Das Patent wird in die Patentrolle beim Patentamt eingetragen. Die Schutzdauer beträgt 20 Jahre ab dem Tag nach der Anmeldung.

Für das Patent sind Gebühren zu zahlen: Anmeldegebühr, Prüfungsantragsgebühr und ab dem 3. Jahr (70,00 EUR) jährlich steigende Jahresgebühren (20. Jahr: 1 940,00 EUR).

Das deutsche Patent hat nur nationale Wirkung. Schutzrechte für andere Staaten müssen bei deren Patentbehörden beantragt werden. Ein **Europa-Patent** für zurzeit 35 Vertragsstaaten und zwei sog. Erstreckungsstaaten kann beim **Europäischen Patentamt (EPA)**, ebenfalls mit Sitz in München, beantragt werden[1]. Die Gebühren sind beträchtlich höher. Sie hängen u. a. von der Zahl der Staaten ab, für die das Patent erteilt werden soll. Für mehr als drei Staaten kommt das Verfahren nach einer Faustregel des EPA billiger als Einzelpatente.

Die meisten Erfindungen werden in den Betrieben von den mit Forschung und Entwicklung befassten Beschäftigten getätigt. Sie unterliegen den Vorschriften **des Gesetzes über Arbeitnehmererfindungen**:

- **Diensterfindungen** entstehen aus der Tätigkeit des Arbeitnehmers im Betrieb oder beruhen maßgeblich auf Erfahrungen oder Arbeiten des Betriebs. Sie können vom Arbeitgeber in Anspruch genommen werden. Dem Arbeitnehmer steht eine angemessene Vergütung zu.
- **Freie Erfindungen** sind alle anderen Arbeitnehmererfindungen während der Dauer des Arbeitsverhältnisses. Fallen sie in den Arbeitsbereich des Betriebs, sind sie dem Arbeitgeber zunächst zu angemessenen Bedingungen anzubieten.

5.6.2 Gebrauchsmuster

§ 1 Abs. 1 Gebrauchsmustergesetz: Als Gebrauchsmuster werden Erfindungen geschützt, die neu sind, auf einem erfinderischen Schritt beruhen und gewerblich anwendbar sind.

[1] **Vertragsstaaten:** Albanien, Belgien, Bulgarien, Dänemark, Deutschland, Estland, Finnland, Frankreich, Griechenland, Großbritannien, Irland, Island, Italien, Kroatien, Lettland, Liechtenstein, Litauen, Luxemburg, Malta, Mazedonien, Monaco, Niederlande, Norwegen, Österreich, Polen, Portugal, Rumänien, San Marino, Schweden, Schweiz, Serbien, Slowakei, Slowenien, Spanien, Tschechien, Türkei, Ungarn, Zypern. **Erstreckungsstaaten:** Bosnien, Montenegro. **Validierungsstaaten:** Kambodscha, Marokko, Moldawien, Tunesien (Stand: Mai 2021). Auf Erstreckungsstaaten erstrecken sich europäische Patente, in Validierungsstaaten wird ihre Gültigkeit nach Landesrecht bestätigt.

Das Gebrauchsmuster ist dem Patent sehr ähnlich. Es betrifft im Wesentlichen die gleichen Objekte, allerdings keine Verfahren (§ 2 GebrMG). Die Ansprüche an die Erfindungshöhe sind genauso hoch wie beim Patent.

Die Anmeldung und die Schutzwirkung entsprechen denen des Patents. Die **Schutzdauer** beträgt aber nur 3 Jahre. Sie kann gegen Gebührenzahlung um 3, dann zweimal um 2 Jahre auf maximal 10 Jahre verlängert werden. Schutz: nur in Deutschland – kein Europaschutz!

Hinsichtlich der Neuheit wird nur verlangt, dass die Erfindung noch nicht schriftlich beschrieben oder **im Inland** öffentlich benutzt wurde. Die Neuheit wird auch nicht sachlich geprüft, sondern es erfolgt nur eine Registrierung! Das Registrierungsverfahren – und damit das Erzielen der Schutzwirkung – dauert nur wenige Wochen. Eine Prüfung erfolgt erst, wenn jemand einen Löschungsantrag gegen ein eingetragenes Gebrauchsmuster stellt oder es zu einem Gerichtsverfahren wegen Verletzung des Gebrauchsmusterschutzes kommt. Gebrauchsmuster werden vom DPMA in die **Rolle für Gebrauchsmuster** eingetragen.

5.6.3 Eingetragenes Design

Unter *Design* versteht man die ästhetische Formgebung. Im Sinne des Designgesetzes ist es die zwei- oder dreidimensionale Erscheinungsform eines Erzeugnisses oder Erzeugnisteils. Diese ergibt sich insbesondere aus den Merkmalen der Linien, Konturen, Farben, Gestalt, Oberflächenstruktur, Werkstoffe (§ 1 DesignG).

Möbeldesign

Beispiele: Design
Stoffmuster; Tapetenmuster; Formgebung von Verpackungen, Flaschen, Gläsern, Maschinen, Möbeln

§ 2 Abs. 1 DesignG: Als eingetragenes Design wird ein Design geschützt, das neu ist und Eigenart hat.
§ 7 Abs. 1 DesignG: Das Recht auf das eingetragene Design steht dem Entwerfer ... zu.
§ 38 Abs. 1 DesignG: Das eingetragene Design gewährt seinem Rechtsinhaber das ausschließliche Recht, es zu benutzen und Dritten zu verbieten, es ohne seine Zustimmung zu benutzen.

Ein Design ist neu gemäß § 2 DesignG, wenn vor dem Anmeldetag kein identisches Design offenbart wurde. Es hat Eigenart, wenn es einen anderen Gesamteindruck als schon offenbarte Designs hervorruft.

Der Schutz erfordert die Anmeldung beim Deutschen Patent- und Markenamt und die Eintragung in das **Register für eingetragene Designs**. Die Anmeldung muss u. a. eine zur Bekanntmachung geeignete Wiedergabe des Designs enthalten. In einer Sammelanmeldung können bis zu hundert Designs zugleich angemeldet werden. Das Patentamt prüft weder die Berechtigung des Anmelders noch die Richtigkeit der in der Anmeldung gemachten Angaben. Wie beim Gebrauchsmuster erfolgt nur eine Registrierung. **Schutzdauer:** jeweils fünf Jahre, maximal 25 (durch Gebührenzahlung). Die unberechtigte Nutzung des eingetragenen Designs ist strafbar.

Gegen Zahlung einer Festgebühr (300,00 EUR) kann beim DPMA die Löschung von zu Unrecht eingetragenen Designs beantragt werden. Das Amt führt ein Nichtigkeitsverfahren durch. Dies erspart ein langwieriges, ggf. teures und unsicheres Gerichtsverfahren.

Über das DPMA kann auch ein EU-weiter Designschutz beim Amt der EU für geistiges Eigentum (EUIPO) in Alicante (Spanien) oder ein Schutz beim Internationalen Büro der Weltorganisation für geistiges Eigentum (WIPO) in Genf (Schweiz) für dessen Mitgliedsländer beantragt werden.

5.6.4 Geschützte Marken

Unter einer Marke versteht man bestimmte Elemente, die zur Identifikation eines Produkts/einer Dienstleistung und zur Abhebung von Konkurrenten dienen: Markenname,

Markenzeichen, Markensymbol oder eine Kombination davon. Grundsätzlich kann alles als Marke dienen, was sich grafisch darstellen lässt. Vielfach wird auch das Firmenzeichen (Logo) zur Kennzeichnung der Marke benutzt.

> **§ 1 Markengesetz:** Nach diesem Gesetz werden geschützt: 1. Marken, ...

Beispiele: Marken

Persil · SCHWARTAU · ARAL · NIVEA · BRAUN

Solche Marken sind allgemein bekannt. Der Abnehmer verbindet damit eine bestimmte Qualität. Dem Betrieb verschafft sie ein bestimmtes Image. Die Marke ist deshalb in der Lage, mehrere Funktionen zu erfüllen:

Funktionen der Marke
Herkunfts- und Unterscheidungsfunktion Die Marke zeigt die Herkunft der Ware aus einem bestimmten Geschäftsbetrieb und unterscheidet sie von anderen Marken.
Gewährfunktion Die Marke verbürgt eine gleichbleibende Qualität.
Werbefunktion Bekanntheit der Marke und damit verbundene Qualitätsvorstellungen machen die Marke zu einem wichtigen Werbeelement.
Wertfunktion Aus den genannten Gründen stellt die Marke für das Unternehmen einen schutzbedürftigen Wert dar. Das alleinige Recht, die Marke zu führen, steigert den Wert.

Nur der Inhaber einer Marke darf diese benutzen. Er kann sie auch verkaufen oder Markenlizenzen erteilen. Dritte dürfen auch kein identisches oder ähnliches Zeichen benutzen.

Grundsätzlich wird der Markenschutz für Deutschland durch Anmeldung beim DPMA und Eintragung ins **Markenregister** erworben. Die Schutzdauer beginnt mit dem Tag der Anmeldung und läuft 10 Jahre. Sie kann stets wieder um jeweils 10 Jahre verlängert werden. Auf der Basis der deutschen Marke kann man bei der WIPO Schutz für andere Länder beantragen.

Schutz genießt aber auch ein Zeichen, das

1. im geschäftlichen Verkehr benutzt wird und innerhalb der beteiligten Verkehrskreise als Marke Verkehrsgeltung erworben hat,
2. als Marke notorisch (offenkundig und allseitig) bekannt ist.

Allerdings müssten in diesen beiden Fällen Beweise geführt werden. Der Schutz einer eingetragenen Marke hingegen ist eindeutig.

Arbeitsaufträge

1. **Das Recht an Erzeugnissen kann gegen die unbefugte Verwendung durch Dritte geschützt werden.**
   a) **Der Mediziner Dr. Schmelzer hat eine faustgroße künstliche Niere erfunden, die in den Körper eingepflanzt werden kann.**
   b) **Die Firma Herbert Pfiff hat ein Bohrergewinde für Steinbohrer entwickelt, welches die herkömmliche Bohrgeschwindigkeit verdoppelt.**

c) **Die Getränkefirma Edith Durst GmbH hat für ihre Saftflaschen eine neue Form entwickeln lassen, die an eine Karaffe erinnert.**

Welche Möglichkeiten haben die genannten Unternehmen bzw. Personen, die unbefugte Verwertung ihrer Arbeitsergebnisse durch Dritte zu verhindern?

2. **In dem Eingangsbeispiel auf Seite 178 wird die Entwicklung einer neuen Fräsmaschine angesprochen.**
   a) Welche Schutzrechte hätte Unternehmer Hansen erwerben können?
   b) Durch welche Rechtsvorschriften wird dieser Schutz begründet?
   c) Worin hätte der Schutz bestanden?
   d) Wie lange hätte der Schutz bestanden? Hätte er verlängert werden können?
   e) Erläutern Sie, wie Hansen hätte vorgehen müssen, um den Schutz zu erzielen.
   f) Auf welchen geografischen Raum erstreckt sich jeweils der Schutz?

3. **NIVEA ist eine seit vielen Jahrzehnten bekannte Marke.**
   a) Erläutern Sie den Begriff der Marke.
   b) Beschreiben Sie die Elemente der Marke NIVEA.
   c) Warum ist die Herstellerfirma an einem Schutz der Marke interessiert?
   d) Wie kann die Herstellerfirma den Schutz der Marke erwirken?
   e) Nennen Sie mindestens 5 Beispiele dafür, wie ein Konkurrent gegen den Markenschutz verstoßen könnte.
   f) Inwiefern ist es möglich, dass der Markenschutz für NIVEA schon seit vielen Jahrzehnten besteht?

6 Kostenmanagement

6.1 Kostenbegriff

Die Möbelfabrik Kaufmanns KG fertigt Schränke, Tische und Stühle und verkauft sie. Wie jeder andere Betrieb muss sie dafür Arbeitskräfte, Betriebsmittel (vor allem Maschinen) und verschiedene Materialien einsetzen. Außerdem benötigt sie Dienstleistungen anderer Betriebe: der Banken (für den Zahlungsverkehr und Kreditaufnahme), der Spediteure und Transportbetriebe (für den Transport von Material und Fertigprodukten), der Versicherungen (zur Abdeckung von Risiken) und andere mehr.

Bei der Leistungserstellung fallen Kosten an.
Kosten dürfen nicht mit Ausgaben und Aufwendungen verwechselt werden.

- ***Ausgaben*** **entstehen, wenn das Unternehmen Zahlungen tätigt oder Verbindlichkeiten (Geldschulden) eingeht.**
- ***Aufwendungen*** **sind alle Werte, die in einem Geschäftsjahr verzehrt werden und so das Eigenkapital mindern. Dies schließt auch betriebsfremde Zwecke ein (z. B. Spekulationsverluste).**
- ***Kosten*** **sind nur Werte, die in einem Geschäftsjahr zur Erstellung von Leistungen [Eigenleistungen und Absatzleistungen (Produkte, Handelswaren, Dienstleistungen)] eingesetzt werden.**

Nicht alle Kosten mindern das Eigenkapital. Beispiel: Kosten werden auch für die Arbeit des Unternehmers als Geschäftsführer angesetzt. Die Kosten müssen den erstellten Leistungen richtig zugerechnet werden. Deshalb werden die Leistungen als **Kostenträger** bezeichnet.

Arbeitsaufträge

1. **In der Maschinenfabrik Wilhelm Willemsen GmbH arbeitet die Auszubildende Agnes Horsten im Rechnungswesen. Der Buchhalter gibt ihr Belege zur Bearbeitung.**
   (1) Spende des Betriebes an das Rote Kreuz, 1 000,00 EUR
   (2) Rohstoffe werden in der Fertigung verbraucht, 2 500,00 EUR
   (3) Barverkauf eines Pkw für 2 000,00 EUR, der noch einen Wert von 3 000,00 EUR hat
   (4) Überweisung von Kfz-Steuer, 4 000,00 EUR

a) Helfen Sie der Auszubildenden, indem Sie feststellen, in welcher Höhe Aufwendungen, Ausgaben und Kosten anfallen.
b) Erläutern Sie ihr die Begriffe.
c) Bilden Sie je ein Beispiel für
   - Ausgaben, die weder Aufwand noch Kosten sind,
   - Ausgaben, die zugleich Aufwendungen und Kosten sind,
   - Ausgaben, die zugleich Aufwendungen, aber keine Kosten sind.

6.2 Kostenarten

6.2.1 Kostenarten nach den eingesetzten Gütern

Kosten entstehen durch den Einsatz von Gütern. Bei der Kostenerfassung setzt man deshalb zunächst bei diesen Gütern an und unterscheidet folgende Kostenarten:

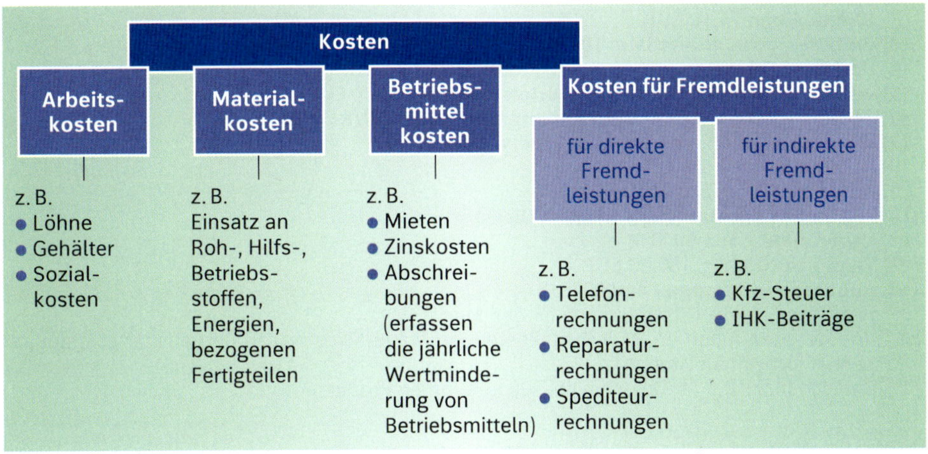

Für die Kostenerfassung sind möglichst Belege heranzuziehen, z. B. Lohnscheine, Gehaltslisten, Materialentnahmescheine, Zähleranzeigen, Einkaufs- und Reparaturrechnungen. Die eingesetzte Menge wird festgestellt und bewertet. Da beim Material schwankende Einkaufspreise die Kalkulation erschweren, ersetzt man sie oft durch Verrechnungspreise (Durchschnittswerte, die die erwartete Preisentwicklung mit berücksichtigen).

Beispiel: **Kostenerfassung**

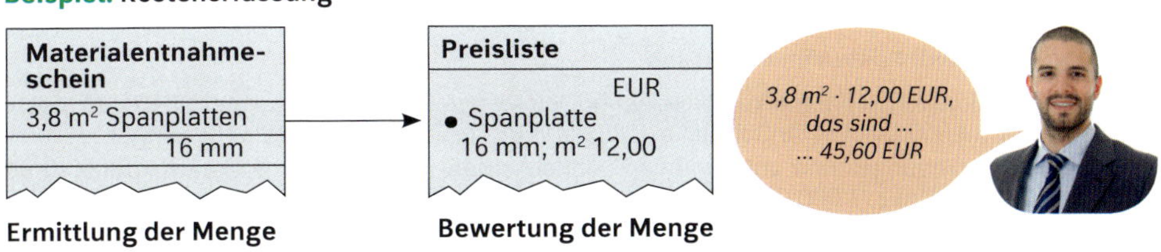

6.2.2 Kostenarten nach dem Umfang der Zurechnungsgröße

- ***Gesamtkosten*** **sind die Kosten für die Gesamtmenge einer Leistungsart (sog. Ausbringungsmenge) im Abrechnungszeitraum.**
- ***Stückkosten*** **(Durchschnittskosten) sind die Kosten einer Mengeneinheit.**

$$\text{Stückkosten} = \frac{\text{Gesamtkosten}}{\text{Ausbringungsmenge}}$$

Beispiel: Stückkosten

Für die Erstellung von 100 000 Gummimanschetten für Pkw wurden in einem Jahr eingesetzt:

50 000 kg Kautschuk zu	6,00 EUR/kg	300 000,00 EUR
3 000 Arbeitsstunden zu	10,00 EUR/Std.	30 000,00 EUR
3 000 Maschinenstunden zu	30,00 EUR/Std.	90 000,00 EUR
Für Maschinenreparaturen und Wartungen wurden gezahlt:		2 500,00 EUR
Die Gesamtkosten für 100 000 Manschetten betrugen:		422 500,00 EUR
Die Stückkosten für 1 Manschette betrugen:		4,23 EUR

Arbeitsauftrag

Verschiedenen Belegen sind für den Monat März folgende Angaben zu entnehmen:

(1) Strom: Verbrauch laut Zähler 12 450 kWh à 0,15 EUR
(2) Fertigungslöhne laut Lohnscheinen: 450 Stunden, Stundenlohn 13,70 EUR; 450 Stunden, Stundenlohn 14,10 EUR
(3) Gehälter laut Gehaltsliste: 18 250,00 EUR
(4) Sozialversicherung, Arbeitgeberanteil: 6 010,00 EUR
(5) vermögenswirksame Arbeitgeberleistungen: 572,00 EUR
(6) 14 500 kg Schnellstahl, Verrechnungspreis 22,50 EUR/kg
(7) 420 m^2 Zinkblech, Verrechnungspreis 14,40 EUR/m^2
(8) 34 l Schmieröl à 5,30 EUR/l
(9) 68 m^3 Wasser à 0,60 EUR/m^3
(10) 700 Elektronik-Bauteile à 250,00 EUR
(11) Lagermiete 2 450,00 EUR
(12) Telefonrechnung: 150,13 EUR
(13) Reparaturrechnungen 440,00 EUR

a) Berechnen Sie die Gesamtkosten für den Monat März.
b) Wie viel Euro fallen an: an Arbeitskosten, an Materialkosten, an Betriebsmittelkosten, an Kosten für Fremdleistungen?
c) Berechnen Sie die Stückkosten bei 700 gefertigten Produkten.

6.2.3 Kostenarten nach der Zurechenbarkeit auf die Betriebsleistungen

Alle Kosten müssen **verursachungsgerecht** auf die Kostenträger verteilt werden. Dies ist leicht, wenn der Betrieb nur eine Produktart herstellt. Dann sind ja alle Kosten durch diese Produktart verursacht. Bei mehreren Produktarten wird die Zuordnung schwieriger.

Beispiel: Kosten im Monat Juli

- Fertigungsmaterialkosten aufgrund von Materialentnahmescheinen: 26 875,00 EUR; davon 14 000,00 EUR für Schränke, 6 200,00 EUR für Tische, 6 675,00 EUR für Stühle
- Fertigungslöhne aufgrund von Lohnscheinen: 23 600,00 EUR; davon 11 000,00 EUR für Schränke, 7 000,00 EUR für Tische, 5 600,00 EUR für Stühle
- Restliche Kosten: 61 000,00 EUR, davon Angestelltengehälter aufgrund von Gehaltslisten: 17 000,00 EUR

Fertigungsmaterialkosten und **Fertigungslöhne** lassen sich den einzelnen Kostenträgern belegbar verursachungsgerecht zuordnen. Sie heißen deshalb **Einzelkosten**.

Anders die Gehälter: Das Gehalt eines Meisters betrifft alle Kostenträger seiner Werkstatt, das eines Buchhalters ggf. sogar alle Kostenträger gemeinsam. Diese Kostenträger müssen derartige Kosten darum auch gemeinsam tragen. Sie heißen deshalb **Gemeinkosten**.

DRITTER ABSCHNITT

Kosten nach der Zurechenbarkeit auf die Kostenträger

Einzelkosten

- Fertigungsmaterialkosten
- Fertigungslöhne
- Sondereinzelkosten (durch spezielle Aufträge verursacht)

Gemeinkosten

alle anderen Kosten

Man könnte die Gemeinkosten jedem Kostenträger durch einen einheitlichen Prozentzuschlag auf die Einzelkosten zurechnen.

Beispiel: Einheitlicher Gemeinkostenzuschlag (Beträge in EUR)

	gesamt		Schränke	Tische	Stühle
Einzelkosten	50 475,00		25 000,00	13 200,00	12 275,00
Gemeinkosten	61 000,00	≙ 120,8519 % der Einzelkosten →	30 212,98	15 952,45	14 834,57

Dieses Vorgehen ist aber zu ungenau: Jeder Kostenträger nimmt die Orte der Kostenentstehung, die sog. **Kostenstellen** (Abteilungen, Arbeitsplätze), unterschiedlich in Anspruch. Konkret: Wenn Schränke die Drechslerei nicht durchlaufen, dürfen sie auch nicht mit deren Gemeinkosten belastet werden. Deshalb verteilt man die Gemeinkosten mithilfe einer Verteilungsrechnung, des sog. **Betriebsabrechnungsbogens** (BAB), auf die Kostenstellen. Die Gemeinkosten einer Kostenstelle werden den Kostenträgern dann in dem Maß belastet, in dem sie die Kostenstelle in Anspruch genommen haben. Als Maß der Beanspruchung werden die Einzelkosten gewählt.

Man bildet, entsprechend den betrieblichen Funktionen, zumindest die **Kostenstellen Material (Einkauf, Lager), Fertigung, Verwaltung, Vertrieb**. Folglich unterscheidet man Material-, Fertigungs-, Verwaltungs- und Vertriebsgemeinkosten. (In der Praxis bildet oft jede einzelne Maschine/Anlage eine eigene Kostenstelle.)

Beispiel: BAB Juli 20..

Gemeinkosten	EUR	Verteilungsgrundlage	Material EUR	Fertigung EUR	Verwaltung EUR	Vertrieb EUR
Hilfsstoffe	13 000,00	Entnahmescheine	0,00	10 300,00	0,00	2 700,00
Energie	3 000,00	Zähler (kWh)	600,00	2 000,00	200,00	200,00
Reparaturen	5 000,00	Rechnungen	600,00	3 200,00	800,00	400,00
Gehälter	17 000,00	Gehaltslisten	1 000,00	5 000,00	8 000,00	3 000,00
Sozialabgaben (Gehaltsbereich)	3 000,00	Gehaltslisten	200,00	1 000,00	1 500,00	300,00
Abschreibungen	17 000,00	Anlagendatei	1 500,00	6 000,00	7 000,00	2 500,00
Raumkosten	3 000,00	Anlagendatei	400,00	2 000,00	200,00	400,00
Summe Gemeinkosten	**61 000,00**		**① 4 300,00**	**② 29 500,00**	**17 700,00**	**9 500,00**
Fertigungsmaterial			③ 26 875,00			
Fertigungslöhne				④ 23 600,00		
Herstellkosten (Summe ① bis ④)			84 275,00			

Nun werden folgende Gemeinkostenzuschlagssätze berechnet:

$$\textbf{Materialgemeinkostenzuschlagssatz (in \%)} = \frac{\text{Materialgemeinkosten}}{\text{Fertigungsmaterialkosten}} \cdot 100; \quad \frac{4\,300}{26\,875} \cdot 100 = 16\,\%$$

$$\textbf{Fertigungsgemeinkostenzuschlagssatz (in \%)} = \frac{\text{Fertigungsgemeinkosten}}{\text{Fertigungslöhne}} \cdot 100; \quad \frac{29\,500}{23\,600} \cdot 100 = 125\,\%$$

$$\textbf{Verwaltungsgemeinkostenzuschlagssatz (in \%)} = \frac{\text{Verwaltungsgemeinkosten}}{\text{Herstellkosten}} \cdot 100; \quad \frac{17\,700}{84\,275} \cdot 100 = 21\,\%$$

$$\textbf{Vertriebsgemeinkostenzuschlagssatz (in \%)}^{1} = \frac{\text{Vertriebsgemeinkosten}}{\text{Herstellkosten}} \cdot 100; \quad \frac{9\,500}{84\,275} \cdot 100 = 11{,}27\,\%$$

Auf einem **Kostenträgerzeitblatt** werden alle Kosten addiert. Dann werden die Gemeinkosten auf die Kostenträger verteilt. Dazu verwendet man für die Kostenträger die gleichen Zuschlagssätze wie für die unverteilten Kosten.

Beispiel: Kostenträgerzeitblatt

Kostenträgerzeitblatt Juli 20..

Kostenbezeichnung	EUR	Zuschlag	Kostenträger Schränke	Kostenträger Tische	Kostenträger Stühle
Fertigungsmaterial	26875,00		14000,00	6200,00	6675,00
+ Materialgemeinkosten	4300,00	≙ 16,00 % →	2240,00	992,00	1068,00
Materialkosten (1)	31175,00		16240,00	7192,00	7743,00
Fertigungslöhne	23600,00		11000,00	7000,00	5600,00
+ Fertigungsgemeinkosten	29500,00	≙ 125,00 % →	13750,00	8750,00	7000,00
Fertigungskosten (2)	53100,00		24750,00	15750,00	12600,00
Herstellkosten (1) + (2)	84275,00		40990,00	22942,00	20343,00
+ Verwaltungsgemeinkosten	17700,00	≙ 21,00 % →	8609,00	4818,43	4272,57
+ Vertriebsgemeinkosten	9500,00	≙ 11,27 % →	4620,65	2586,16	2293,19
Selbstkosten	111475,00		54219,65	30346,59	26908,76

Wesentliche Fehler können entstehen, wenn in Wirklichkeit

- die Höhe der Material- und Fertigungsgemeinkosten nicht von der Höhe der entsprechenden Einzelkosten abhängt,
- die Höhe der Verwaltungs- und Vertriebsgemeinkosten nicht von der Höhe der Herstellkosten abhängt,
- diese Abhängigkeiten nicht bei allen Kostenträgern zumindest ungefähr im gleichen Verhältnis gegeben sind.

So ist z. B. bei automatischen Anlagen der Anteil der Fertigungslöhne an den gesamten Fertigungskosten sehr niedrig. Dies führt zu überhöhten Fertigungsgemeinkostenzuschlägen – mit hohem Fehlerrisiko! Denn: Viele Gemeinkosten (Abschreibungen, Zinsen, Raum-, Werkzeug-, Energie- und Reparaturkosten) sind vom Maschineneinsatz, nicht von den Fertigungslöhnen abhängig. Deshalb spaltet man für entsprechende Anlagen die Gemeinkosten auf und geht dann unterschiedlich vor:

[1] Eigentlich müssen die Vertriebsgemeinkosten auf die Herstellkosten der verkauften, nicht der produzierten Erzeugnisse bezogen werden. Zur Vereinfachung wird hier angenommen, dass genau alle produzierten Erzeugnisse verkauft wurden.

maschinenabhängige Fertigungsgemeinkosten	Restfertigungsgemeinkosten (fertigungslohnabhängig)
• Abschreibungen • Raumkosten • Zinskosten • Energiekosten • Wartungs-, Reinigungs-, Reparaturkosten • Werkzeugkosten	• Hilfslöhne (nicht produktbezogen) • Gehälter • Soziale Aufwendungen • Heizungskosten • Andere Fertigungsgemeinkosten
Berechnung der Maschinenkosten pro Stunde Laufzeit: Maschinenstundensatz (MSS)	**Berechnung eines (Rest-)Fertigungsgemeinkostenzuschlagssatzes (RKZ):**
$\text{MSS} = \frac{\text{maschinenabhängige Fertigungsgemeinkosten}}{\text{Laufstunden der Maschinen}}$	$\text{RKZ} = \frac{\text{Restfertigungsgemeinkosten}}{\text{Fertigungslöhne}} \cdot 100$

Beispiel: Maschinenstundensatz, Restgemeinkosten, Kostenträgerzeitblatt

Juli 20..: Fertigungsgemeinkosten 29 500,00 EUR, davon maschinenabhängig 20 000,00 EUR, Rest 9 500,00 EUR; 178 Maschinenlaufstunden, davon 50 für Schränke, 70 für Tische, 58 für Stühle; Fertigungslöhne 23 600,00 EUR

Berechnung des Maschinenstundensatzes:

$$\text{MSS} = \frac{20\,000{,}00 \text{ EUR}}{178 \text{ Std.}} = 112{,}36 \text{ EUR/Std.}$$

Berechnung des Restgemeinkostenzuschlagssatzes:

$$\text{RKZ} = \frac{9\,500{,}00 \text{ EUR}}{23\,600{,}00 \text{ EUR}} \cdot 100 = 40{,}2542\ \%$$

Kostenträgerzeitblatt Juli 20..

Kostenbezeichnung	EUR	Zuschlag/ Stundensatz	Kostenträger Schränke	Tische	Stühle
Fertigungsmaterial	26875,00		14000,00	6200,00	6675,00
+ Materialgemeinkosten	4300,00	≙ 16,00 % →	2240,00	992,00	1068,00
Materialkosten (1)	31175,00		16240,00	7192,00	7743,00
Maschinenkosten	20000,00	112,36 EUR →	5617,98	7865,17	6516,86
+ Fertigungslöhne	23600,00		11000,00	7000,00	5600,00
+ Fertigungsgemeinkosten	9500,00	≙ 40,2542 % →	4427,96	2817,79	2254,24
Fertigungskosten (2)	53100,00		21045,94	17682,96	14371,10
Herstellkosten (1) + (2)	84275,00		37285,94	24874,96	22114,10
+ Verwaltungsgemeinkosten	17700,00	≙ 21,00 % →	7831,04	5224,41	4644,55
+ Vertriebsgemeinkosten	9500,00	≙ 11,27 % →	4203,10	2804,06	2492,84
Selbstkosten	111475,00		49320,08	32903,43	29251,49

Arbeitsaufträge

1. **Bei der Handmaschinenfabrik Skerath GmbH ergeben sich für September folgende Kosten:**
   Fertigungsmaterial: 390 000,00 EUR
   Hilfsstoffe: 72 000,00 EUR
   davon laut Entnahmescheinen: Material 2 000,00 EUR, Fertigung 70 000,00 EUR
   Strom: 17 220,00 EUR für 137 760 kWh, davon laut Zählerablesung: Material 39 360 kWh
   Fertigung: 59 040 kWh, Verwaltung 19 600 kWh, Vertrieb 19 760 kWh
   Reparaturen: 7 600,00 EUR
   davon laut Rechnungen: Material 400,00 EUR, Fertigung 5 000,00 EUR
   Verwaltung 1 000,00 EUR, Vertrieb 1 200,00 EUR
   Fertigungslöhne einschließlich Sozialkosten: 247 000,00 EUR
   Gehälter und Sozialkosten: 236 000,00 EUR, davon laut Gehaltslisten: Material 20 000,00 EUR
   Fertigung 31 000,00 EUR, Verwaltung 105 000,00 EUR, Vertrieb 80 000,00 EUR
   Versicherungsprämien: 10 200,00 EUR, davon laut Anlagendatei: Material 1 200,00 EUR

DRITTER ABSCHNITT

Fertigung 6 000,00 EUR, Verwaltung 2 400,00 EUR, Vertrieb 600,00 EUR
Abschreibungen: 54 000,00 EUR, laut Anlagendatei zu verteilen im Verhältnis 2:4:2:2

a) Ermitteln Sie die Einzel- und Gemeinkosten.
b) Erläutern Sie, wie die Gemeinkosten sinnvoll auf die Kostenträger verteilt werden können.
c) Welche Probleme treten bei dieser Verteilung auf?
d) Erstellen Sie den BAB mithilfe eines Tabellenkalkulationsprogramms.

2. **Aus einem BAB der Handmaschinenfabrik Skerat GmbH ergeben sich folgende Summen: Gemeinkosten: Material 60 000,00 EUR, Fertigung 348 000,00 EUR (davon maschinenabhängig: 200 000,00 EUR), Verwaltung 144 000,00 EUR, Vertrieb 96 000,00 EUR.**

Einzelkosten	Stichsägen	Kreissägen	Bohrmaschinen
Fertigungsmaterial	350 000,00 EUR	370 000,00 EUR	480 000,00 EUR
Fertigungslöhne	50 000,00 EUR	55 000,00 EUR	87 000,00 EUR
Maschinenstunden:	50	60	70

Erstellen Sie ein Kostenträgerzeitblatt mithilfe eines Tabellenkalkulationsprogramms.

3. **Die Selbstkosten der Kostenträger weichen in den beiden Kostenträgerzeitblättern auf Seite 186 und Seite 187 erheblich voneinander ab.**
Begründen Sie die Abweichungen.

6.2.4 Kostenarten nach der Abhängigkeit vom Beschäftigungsgrad

Ausbringungsmenge und Kapazität

Die Ausbringungsmenge (= Produktionsertrag) ist das Ergebnis eines Produktionsprozesses in einem bestimmten Zeitabschnitt, d. h. eine bestimmte Menge von Erzeugnissen.

Die *quantitative Kapazität*[1] ist die Ausbringungsmenge, die in einem Zeitabschnitt auf einer Anlage maximal gefertigt werden kann. Man sagt auch: Sie ist das mengenmäßige Leistungsvermögen der Anlage in dem Zeitabschnitt (z. B. Stunde).

Bei einer verfeinerten Betrachtung unterscheidet man folgende Arten der **quantitativen Kapazität**:

technische Kapazität *z. B. 1 100 Stück*	Oberstes Leistungsvermögen einer Anlage bei Höchstbelastung (Spitzengeschwindigkeit, längstmögliche Beanspruchung, keine Pausen)
Maximalkapazität (Kannleistung) *z. B. 1 000 Stück*	Leistungsvermögen unter Berücksichtigung aller begrenzenden Einflüsse (z. B. Rüstzeiten, Unterbrechungszeiten, Nichteinsatzzeiten)
Optimalkapazität (wirtschaftliche Kapazität, Betriebsoptimum) *z. B. 900 Stück*	Ausbringungsmenge mit den niedrigsten Kosten pro Stück (z. B. wegen Einhaltung der optimalen Geschwindigkeit und der optimalen Beanspruchungszeit)
genutzte Kapazität (Beschäftigung, Kapazitätsausnutzung) *(z. B. 800 Stück)*	Tatsächliche Ausbringungsmenge in einer gegebenen Zeitspanne (Istproduktion, Istertrag, Istleistung)
Mindestkapazität *z. B. 300 Stück*	Manche Maschinen und Anlagen (z. B. Hochöfen) haben eine Mindestkapazität. Dies ist z. B. der Fall, wenn aus technischen Gründen eine Mindestdrehzahl nicht unterschritten werden kann.

Bitte denken Sie nach: Die kostenminimale Kapazität ist nicht unbedingt die gewinnmaximale Kapazität.

[1] Davon zu unterscheiden ist die **qualitative Kapazität**. Sie ist der Leistungsfächer einer Anlage, d. h. ihre Fähigkeit, Leistungen einer bestimmten Art zu erbringen.
Ein Präzisionsbohrwerk erzielt bedeutend bessere, genauere Leistungen als eine Bohrmaschine einfacher Bauart. Es hat eine höhere qualitative Kapazität. Allerdings sind auch die Kosten einer solchen Maschine bedeutend höher. Dies bedingt, dass sie nur für die Präzisionsarbeiten eingesetzt werden soll, für die sie konstruiert worden ist und die von den Käufern der betrieblichen Leistungen mit einem entsprechenden Preis honoriert werden. Ein anderer Einsatz würde nur unnötigen Verschleiß des teuren Geräts sowie gegebenenfalls Terminschwierigkeiten und damit vermeidbare Kosten bewirken.

Die Gesamtkapazität des Betriebes hängt von den Einzelkapazitäten seiner Anlagen ab. Erstellt er eine einzige Leistungsart (sog. Einproduktbetrieb) in Stufen auf verschiedenen Anlagen, so bestimmt die Anlage mit der kleinsten Kapazität (Engpass) die Gesamtkapazität. Bei Mehrproduktbetrieben ist eine allgemein gültige Aussage über die Gesamtkapazität schwieriger. Werden die verschiedenen Leistungsarten in getrennten Prozessen auf gesonderten Anlagen erstellt, hat jeder Bereich seine eigene Teilkapazität. Andernfalls (z. B. bei Einzelfertigung) sind die verschiedensten Betriebsmittelkombinationen möglich. Die Gesamtkapazität lässt sich nicht eindeutig ermitteln.

Beschäftigungsgrad und Kosten

Für Zwecke des Produktionscontrollings bezieht man die Ausbringungsmenge prozentual auf die Maximalkapazität. Das Ergebnis heißt „Beschäftigungsgrad“ (oder „Kapazitätsausnutzungsgrad“). Der Beschäftigungsgrad gibt an, wie stark eine Anlage mengenmäßig ausgelastet ist.

$$\text{Beschäftigungsgrad} = \frac{\text{Ausbringungsmenge}}{\text{Maximalkapazität}} \cdot 100$$

Beispiel: Beschäftigungsgrad

Das Unternehmen Michael Block kann täglich 20 Anhängerkupplungen für Wohnwagen herstellen. Entsprechend der Kundennachfrage werden tatsächlich 15 Kupplungen gefertigt.

$$\text{Beschäftigungsgrad} = \frac{15}{20} \cdot 100 = 75\ (\%)$$

Ändert sich die Ausbringungsmenge (bzw. der Beschäftigungsgrad), so kann sich dies in den Gesamtkosten der betreffenden Menge unterschiedlich niederschlagen.

Fixe Kosten

Ein Teil der Gesamtkosten ändert sich nicht mit der Ausbringungsmenge (bzw. dem Beschäftigungsgrad). Diese Kosten heißen *fixe* Kosten.

Den fixen Gesamtkosten entsprechen degressiv[1] fallende fixe Stückkosten.

Die fixen Gesamtkosten verlaufen konstant, die fixen Stückkosten hingegen degressiv fallend. Dies rührt daher, dass der gleichbleibende Fixkostenbetrag auf die Ausbringungsmenge bezogen wird. Je größer diese wird, desto niedriger werden die Kosten pro Stück.

Beispiel: Fixkosten

fixe Gesamtkosten (EUR)	Ausbringungsmenge in Stück	Ausbringungsmenge in %	degressiv fallende fixe Stückkosten (EUR)
1 000,00	50	25	20,00
1 000,00	100	50	10,00
1 000,00	150	75	6,67
1 000,00	200	100	5,00

[1] lat.: degressiv = in abnehmendem Maße

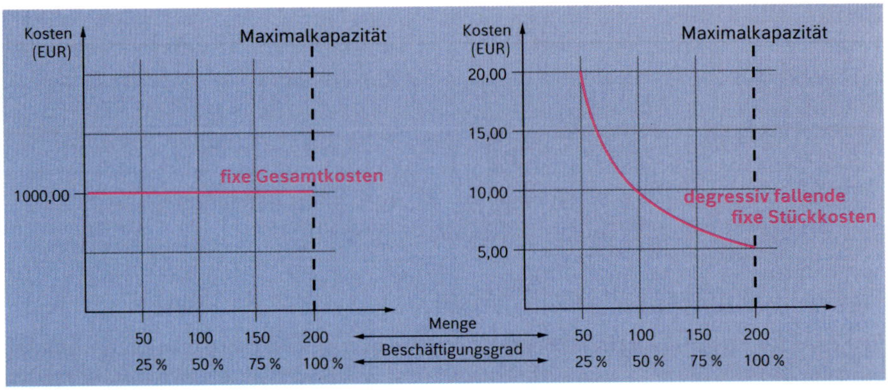

Fixkostenarten

Kosten der Betriebsbereitschaft

Unausgelastete Anlagen verursachen Kosten in Form von Mieten, Versicherungen, Zinsen, Abschreibungen, Wartung. Wird die überschüssige Kapazität trotz Minderauslastung vorgehalten, so geschieht dies, um sich möglichst schnell Absatzerhöhungen anpassen zu können.

Kosten aufgrund befristeter rechtlicher Bindungen

Durch Arbeitsverträge und Kündigungsfristen liegen die Personalkosten immer für die Dauer der Kündigungsfrist fest. Auch für andere Verträge (z. B. Mietverträge) existieren solche Fristen.

Kosten aufgrund der Unteilbarkeit von Produktionsfaktoren

Benötigt beispielsweise ein Betrieb für die Produktion von 2 000 Produkteinheiten 2 Maschinen und sinkt die Nachfrage auf 1 500 Einheiten, so werden rechnerisch nur $1^1/_2$ Maschinen benötigt. Es ist jedoch nicht möglich, eine Maschine zu halbieren.

Langfristig können alle Kosten abgebaut werden, und sei es durch Auflösung des Unternehmens.

Merke: Fixe Kosten bestehen immer nur für einen bestimmten Zeitraum.

Variable Kosten

Ein Teil der Gesamtkosten ändert sich mit der Ausbringungsmenge (bzw. dem Beschäftigungsgrad). Diese Kosten heißen *variable Kosten*.

Die variablen Kosten können sich im gleichen Verhältnis wie die Ausbringungsmenge ändern, aber auch stärker oder schwächer. Dementsprechend unterscheidet man:

- **variable Gesamtkosten**
  - proportionale variable Kosten →
  - überproportionale variable Kosten →
  - unterproportionale variable Kosten →
- **variable Stückkosten**
  - konstante variable Stückkosten
  - progressiv steigende variable Stückkosten
  - degressiv fallende variable Stückkosten

Beispiel: Variable Gesamt- und Stückkosten

Ausbringungsmenge in Stück	Ausbringungsmenge in %	proportionale variable Kosten (EUR)	konstante variable Stückkosten (EUR)	überproportionale variable Kosten (EUR)	progr. steig. variable Stückkosten (EUR)	unterproportionale variable Kosten (EUR)	degr. fall. variable Stückkosten (EUR)
100	25	500,00	5,00	500,00	5,00	500,00	5,00
200	50	1 000,00	5,00	1 050,00	5,25	800,00	4,00
300	75	1 500,00	5,00	1 800,00	6,00	1 000,00	3,33
400	100	2 000,00	5,00	2 800,00	7,00	1 100,00	2,75

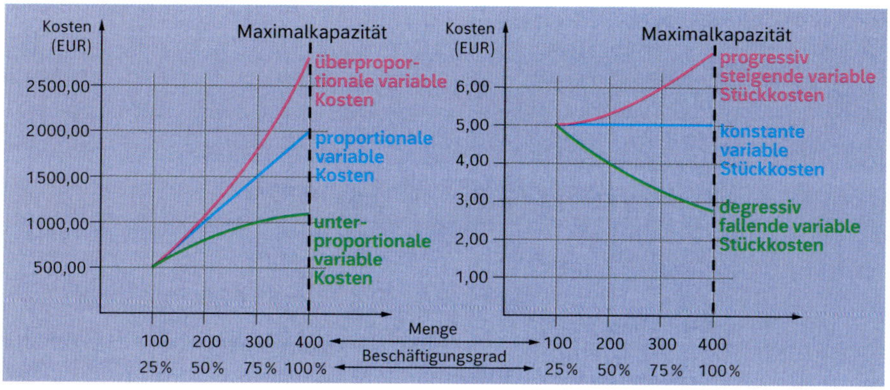

Gesetz der Massenproduktion und Optimalkapazität

Jeder Betrieb und jede Anlage hat fixe **und** variable Kosten. Es gilt also:

Gesamtkosten = fixe Kosten + variable Kosten

Die **Gesamtkosten** und Stückkosten hängen von der Ausbringungsmenge ab.

Kostenverläufe bei proportionalen variablen Kosten

Beispiel: Kostenverläufe bei proportionalen variablen Kosten

Auf einer Anlage werden Anhängerkupplungen gefertigt. Die Anlage hat fixe Kosten von 25 300,00 EUR jährlich. Die Kupplungen haben pro Stück einen Materialwert von 50,00 EUR und verursachen Arbeitslöhne von 40,00 EUR; also entstehen variable Kosten von 90,00 EUR pro Stück. Die Maximalkapazität liegt bei 1 000 Stück pro Jahr.

produzierte Menge pro Jahr (in Stück)	fixe Kosten (EUR)	variable Kosten (EUR)	Gesamtkosten (EUR)	Stückkosten (EUR)
1	25 300,00	90,00	25 390,00	25 390,00
10	25 300,00	900,00	26 200,00	2 620,00
100	25 300,00	9 000,00	34 300,00	343,00
230	25 300,00	20 700,00	46 000,00	200,00
1 000	25 300,00	90 000,00	115 300,00	115,30

Die Gesamtkosten haben den Verlauf einer steigenden Geraden. Sie sind die Summe aus fixen und variablen Kosten.

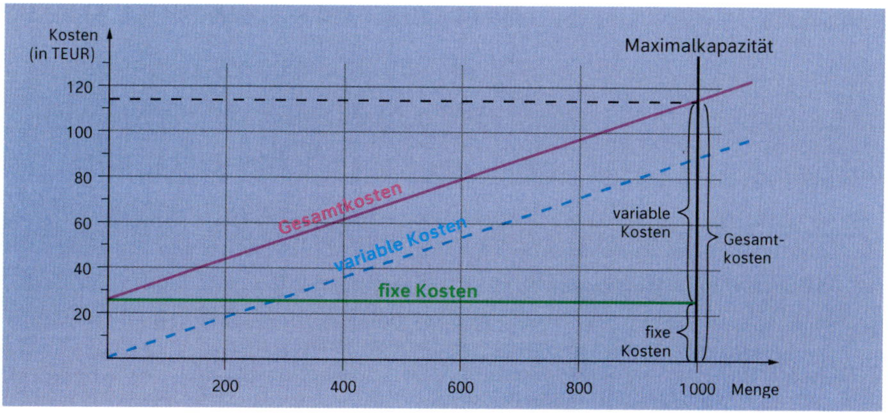

DRITTER ABSCHNITT

Die Stückkosten verlaufen degressiv fallend.

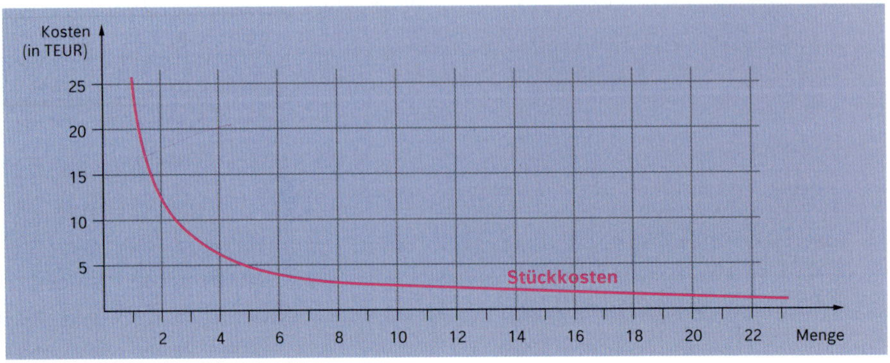

Enthalten die Gesamtkosten proportionale variable Kosten, so sinken mit wachsender Ausbringungsmenge die Stückkosten degressiv fallend (sog. *Gesetz der Massenproduktion*). Grund: Die variablen Stückkosten sind konstant; die fixen Kosten verteilen sich auf eine größere Stückzahl (Fixkostendegression).

$$\text{Stückkosten} = \frac{\text{fixe Kosten}}{\text{Ausbringungsmenge}} + \text{variable Stückkosten}$$

Das Gesetz der Massenproduktion als Formel.

Beispiel: Stückkosten bei einer Jahresproduktion von 1 000 Kupplungen

$$\text{Stückkosten} = \frac{25\,300{,}00 \text{ EUR}}{1\,000 \text{ Stück}} + 90{,}00 \text{ EUR} = 115{,}30 \text{ EUR}$$

Für die Optimalkapazität gilt:

Bei proportionalen variablen Kosten liegt die Optimalkapazität bei einem Beschäftigungsgrad von 100 %. Sie entspricht der Maximalkapazität.

Kostenverläufe bei unter- und überproportionalen variablen Kosten

Bei unterproportionalen variablen Kosten tritt zur Fixkostendegression die Degression der variablen Stückkosten. Die gesamten Stückkosten sinken deshalb bis zur Kapazitätsgrenze stärker als bei proportionalen variablen Kosten. Die Optimalkapazität entspricht ebenfalls der Maximalkapazität.

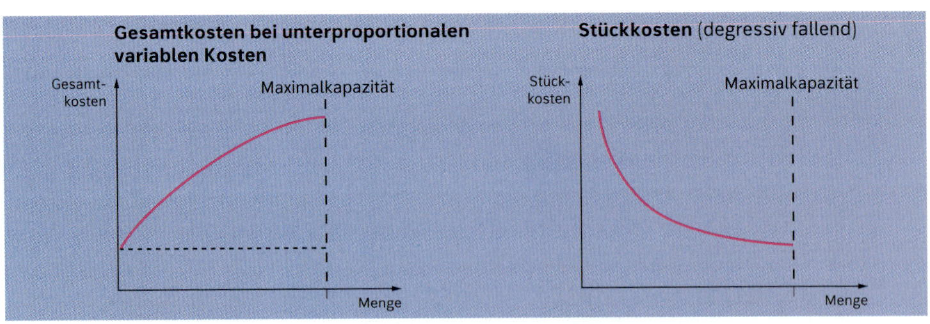

Bei **überproportionalen variablen Kosten** sind zwei Phasen zu unterscheiden:

- **Phase 1:** Die variablen Stückkosten steigen, aber die Fixkostendegression überwiegt. Folglich sinken die gesamten Stückkosten degressiv.
- **Phase 2:** Die Progression der variablen Stückkosten überwiegt die Fixkostendegression. Folglich steigen die gesamten Stückkosten progressiv.

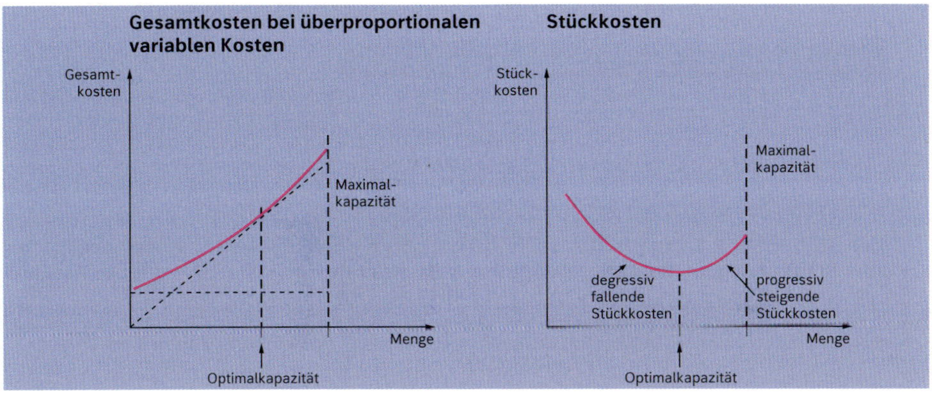

Bei überproportionalen variablen Kosten wird die Optimalkapazität im Tiefpunkt der Stückkostenkurve erreicht. Sie liegt ggf. bei einem Beschäftigungsgrad unter 100 %.

Web

Beim Ersatz von Anlagen ändern sich die Kosten. Siehe hierzu: *Abhängigkeit der Kosten von der Anlagengröße*.

M 193

DRITTER ABSCHNITT

Arbeitsaufträge

1. **Eine Anlage hat folgende quantitative Kapazitäten:**
   technische Kapazität 18 000 Stück/Std., Maximalkapazität 17 500 Stück/Std., Optimalkapazität 16 000 Stück/Std., Minimalkapazität 5 000 Stück/Std.
   a) Wodurch unterscheidet sich die quantitative Kapazität von der qualitativen Kapazität?
   b) Wie viel Prozent beträgt der Beschäftigungsgrad bei einer Ausbringungsmenge von 14 875 Stück?
   c) Ist die Anlage optimal ausgelastet?
   d) Welcher Gesamtkostenverlauf (proportional, progressiv, degressiv steigend) könnte den obigen Angaben zugrunde liegen?
   e) Bei welchen Kostenverläufen ist die Optimalkapazität gleich der Maximalkapazität?

2. **In einem Betrieb fallen unter anderem folgende Kosten an:**
   Zinskosten für Anlagen, Materialkosten für bezogene Fertigteile, Löhne für Akkordarbeiter, Raummiete, Versicherungsgebühren, Grundsteuer, Abschreibungen, Verpackungskosten für die hergestellten Produkte, Gehälter der Werkstattmeister, Sozialversicherungskosten.
   Welche dieser Kosten sind variabel, welche (zumindest zeitweise) fix?

3. **Der Wirtschaftswissenschaftler Karl Bücher hat das sog. „Gesetz der Massenproduktion" formuliert:**

$$\text{Stückkosten} = \frac{\text{fixe Kosten}}{\text{Ausbringungsmenge}} + \text{variable Kosten je Stück}; \; k = \frac{K_f}{m} + k_v$$

   Erläutern Sie diese Formel und die ihr zugrunde liegenden Kostenbedingungen.

4. **Ein Fotokopierautomat kostet 600,00 EUR Monatsmiete. 100 000 Blatt kosten 1 500,00 EUR. Für jede Kopie sind 0,03 EUR zu zahlen. Die Bedienungskraft erhält ein Monatsgehalt von 1 300,00 EUR und verursacht Lohnnebenkosten (Arbeitgeberanteil zur Sozialversicherung, vermögenswirksame Leistung, Gratifikationen, Urlaubsgeld usw.) von 700,00 EUR.**
   Wie viel kostet eine Kopie bei monatlich 20 000, 50 000, 100 000, 200 000 Kopien?

5. **Ein Plastikgefäßhersteller hat die Wahl zwischen zwei Produktionsanlagen (I und II):**
   I: Fixe Kosten monatlich 5 000,00 EUR, variable Kosten pro Stück 0,50 EUR
   II: Fixe Kosten monatlich 10 000,00 EUR, variable Kosten pro Stück 0,30 EUR
   a) Zeichnen Sie die Kostenkurven für beide Maschinen in ein gemeinsames Koordinatensystem.
   b) Stellen Sie fest, bei welcher Produktionsmenge der Einsatz der Anlage II kostengünstiger wird (sog. „kritische Menge").
   c) Welche Anlage würden Sie beschaffen, wenn Sie mit einem monatlichen Absatz von zunächst 20 000 Stück Plastikgefäßen (Absatzpreis maximal 0,55 EUR) rechnen, der auf längere Sicht auf 40 000 Stück gesteigert werden kann, wenn man gleichzeitig den Preis auf 0,40 EUR senkt?

6. **In einem Industriebetrieb entwickelten sich die variablen Kosten wie folgt:**

Fertigungsmenge in Stück	Variable Kosten in EUR
100	12 000,00
200	35 000,00
300	70 000,00
400	100 000,00
500	150 000,00

Zeichnen Sie die Kurve der variablen Kosten mithilfe eines Tabellenkalkulationsprogramms. Welcher Kostenverlauf liegt vor?

7. **Eine Möbelfabrik kann die Basisschränke für ihre Küchenserien in Polen beschaffen oder selbst fertigen. Eigenfertigung: fixe Kosten/Jahr: 2 000,00 EUR; variable Herstellkosten je Basiselement: 100,00 EUR; Fremdbezug; Basiselement 220,00 EUR.**
   a) Ermitteln Sie die kritische Menge, von der an die Eigenfertigung günstiger wird.
   b) Nennen Sie weitere Gesichtspunkte, die auch für die Entscheidung wichtig sind.

6.3 Zusammenhang von Kosten und Erlösen: Deckungsbeitrag

Die Anhängerkupplungen werden (vom Hersteller) bisher für 200,00 EUR pro Stück verkauft. Nach einem halben Jahr sind 230 Kupplungen verkauft und die Nachfrage steigt ständig. Man hofft, bis zum Ende des Geschäftsjahres 500 bis 550 Stück absetzen zu können. Doch schon macht sich Konkurrenz bemerkbar. Andere Anbieter bringen Anhängerkupplungen für 160,00 EUR auf den Markt. Man bemerkt sofort einen Umsatzrückgang. Wenn man seine Kunden nicht verlieren will, muss man ebenfalls den Preis senken. Wie weit kann man maximal heruntergehen?

Web M 194

Die folgende Tabelle zeigt die Erlös- und Kostensituation bei steigender Verkaufsmenge:

Den Inhalt dieses Kapitels können Sie auch anhand der Präsentation Deckungsbeitrag nachvollziehen.

Beispiel: Kosten, Erlöse und Gewinn bei steigender Verkaufsmenge

Verkaufsmenge (Stück)							**das letzte Stück zu 160,00 EUR**
	1	2	10	100	230	231	231
Verkaufserlöse (EUR)	200,00	400,00	2 000,00	20 000,00	46 000,00	46 200,00	46 160,00
variable Kosten (EUR)	90,00	180,00	900,00	9 000,00	20 700,00	20 790,00	20 790,00
gedeckte Fixkosten (EUR)	110,00	220,00	1100,00	11000,00	25300,00	25410,00	25370,00
gesamte Fixkosten (EUR)	25 300,00	25 300,00	25 300,00	25 300,00	25 300,00	25 300,00	25 300,00
noch zu deckende Fixkosten/Verlust (EUR)	25 190,00	25 080,00	24 200,00	14 300,00	0,00		
Betriebsgewinn (EUR)					0,00	110,00	70,00

Die Differenz zwischen den Verkaufserlösen und den variablen Kosten trägt zur Abdeckung der fixen Kosten bei. Diese Differenz heißt daher *Deckungsbeitrag*. Man unterscheidet den *Deckungsbeitrag je Stück* und den *Gesamtdeckungsbeitrag*.

Gesamtdeckungsbeitrag = Gesamterlös – gesamte variable Kosten
Deckungsbeitrag je Stück = Stückerlös – variable Stückkosten

Beispiel: Stück- u. Gesamtdeckungsbeitrag

Stückerlös:	200,00 EUR	Verkaufsmenge:	100 Stück
variable Stückkosten:	90,00 EUR	Gesamterlös:	20 000,00 EUR
		gesamte variable Kosten:	9 000,00 EUR
Deckungsbeitrag je Stück:	110,00 EUR	Gesamtdeckungsbeitrag:	11 000,00 EUR

Solange der Stückerlös größer als die variablen Stückkosten ist, entsteht ein positiver Deckungsbeitrag je Stück. Mit steigender Absatzmenge trägt er in wachsendem Umfang zur Deckung der fixen Kosten bei und garantiert ab einer kostendeckenden Absatzmenge – der **Gewinnschwelle** – einen Stückgewinn in Höhe des Deckungsbeitrages je Stück. Ziel des Unternehmens ist deshalb ein hoher Deckungsbeitrag je Stück, um schnell die Gewinnschwelle zu erreichen.

Für die Gewinnschwelle benutzt man auch oft das englische Wort „Break-Even-Point".

Die Überlegungen zum Deckungsbeitrag zeigen:

$$\text{Gewinnschwelle} = \frac{\text{fixe Gesamtkosten}}{\text{Deckungsbeitrag je Stück}}$$

Beispiel: Gewinnschwelle (Anhängerkupplungen)

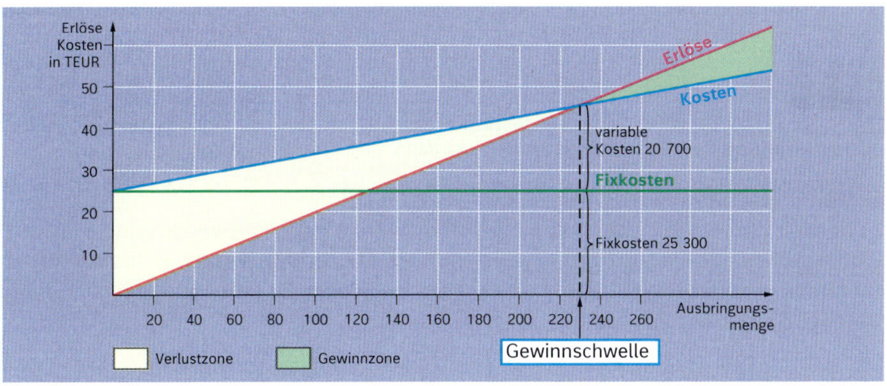

- Der Anbieter kann bei einer bereits abgesetzten Menge von 230 Stück auf einen Preis von 160,00 EUR zurückgehen, da die fixen Kosten bereits voll abgedeckt sind. Bei diesem Preis erzielt jedes Stück einen Deckungsbeitrag von 60,00 EUR, der zugleich Gewinn ist.

	vor der Preissenkung	nach der Preissenkung
Erlös/Stück	200,00 EUR	160,00 EUR
– variable Kosten/Stück	90,00 EUR	90,00 EUR
Deckungsbeitrag/Stück	110,00 EUR	70,00 EUR

- Von der Gewinnschwelle an hat der Gewinn je Stück stets die Höhe des positiven Stückdeckungsbeitrages. Der Gesamtgewinn steigt bei steigender Ausbringungsmenge immer mehr an. Der maximale Gewinn wird bei Erreichen der Kapazitätsgrenze erzielt.

  Für unser Beispiel bedeutet dies: Der Anbieter könnte mit dem Preis im Konkurrenzkampf bis auf die Höhe der variablen Stückkosten hinuntergehen, ohne einen Verlust zu erzielen.

- Kann der Anbieter im nächsten Jahr nur einen durchschnittlichen Preis von 160,00 EUR erzielen, so wären seine fixen Kosten bei einer Absatzmenge von 230 Stück nur zu einem geringen Anteil gedeckt. Ein Gewinn wäre nur möglich, wenn es ihm gelänge,
  - entweder die Absatzmenge beträchtlich zu steigern
  - oder die variablen Kosten zu senken (Rationalisierung, günstigerer Einkauf)
  - oder die fixen Kosten zu senken (Rationalisierung).

  Die variablen Kosten können deshalb nur kurzfristig die Preisuntergrenze sein[1].

Aufgabe: Berechnen Sie die Gewinnschwelle!

[1] Vgl. S. 582.

1. **kurzfristige Preisuntergrenze** = variable Stückkosten
2. **langfristige Preisuntergrenze** = gesamte Stückkosten (Selbstkosten)

Die Deckungsbeitragsrechnung ist Lösungsansatz für zahlreiche kurzfristige Probleme.

Beispiele:

1. Annahme zusätzlicher Aufträge

Der Hersteller kann Lieferant eines Betriebes werden, welcher 200 Kupplungen pro Jahr zum Preis von 140,00 EUR abnehmen würde. Man stellt bisher 500 Stück im Jahr her, die Kapazität ist jedoch auf 1 000 Stück ausgelegt. Bei Annahme des Zusatzauftrags entstehen keine zusätzlichen Fixkosten, wohl aber wird die Kapazität besser ausgelastet. Der Auftrag bringt einen zusätzlichen Deckungsbeitrag von 50,00 EUR (140,00 EUR minus 90,00 EUR) je Stück, also insgesamt einen Zusatzgewinn von 10 000,00 EUR.

2. Kurzfristige Fertigungsprogramm- (oder Sortiments-) Planung (oder Maschinenbelegung)

Ein Unternehmen fertigt auf einer Anlage 3 Produkte mit gleicher Fertigungszeit. Die Kapazität ist auf 1 000 Stück ausgelegt. Vom Markt werden aber nur 900 Stück aufgenommen. Je Produkt sind zwischen 200 und 400 Stück anzubieten. In welcher Reihenfolge sind die Erzeugnisse zu produzieren?

Produktgruppe	Erlös je Stück (EUR)	variable Kosten je Stück (EUR)	Deckungsbeitrag (EUR)
I	200,00	100,00	100,00
II	300,00	150,00	150,00
III	150,00	80,00	70,00

Aufgrund der Deckungsbeiträge lautet die Reihenfolge: II, I, III. Dies bedeutet: Von II ist zunächst die gesamte Nachfrage zu befriedigen (400 Stück), dann von I (300 Stück) und schließlich von III (200 Stück).

In der Praxis sind die Fertigungszeiten meist nicht gleich. Produkte mit kürzerer Fertigungszeit können je Zeiteinheit in größerer Menge gefertigt werden und erzielen evtl. einen höheren Deckungsbeitrag je Zeiteinheit. Dieser sog. **relative Deckungsbeitrag** bestimmt nun die Entscheidung. Dies gilt auch, wenn die unterschiedlichen Zeiten nur für eine einzelne Engpassstufe gelten.

Beispiel: Relativer Deckungsbeitrag

Es werden 3 Produktgruppen geführt. Engpass: Montageabteilung

Produktgruppe	Erlös je Stück (EUR)	Variable Kosten je Stück (EUR)	Deckungsbeitrag je Stück (EUR)	Montagezeit je Stück (Min.)	montierte Einheiten je Stunde	relativer Deckungsbeitrag (EUR)
I	200,00	100,00	100,00	30	2	200,00
II	300,00	150,00	150,00	60	1	150,00
III	150,00	80,00	70,00	20	3	210,00

Der relative Deckungsbeitrag ist hier der auf eine Stunde umgerechnete Deckungsbeitrag. Die Produkte sind in der Reihenfolge III, I, II zu fertigen. Wie viel von den letzten Gruppen gefertigt werden kann, hängt von den freien Kapazitäten in der Montageabteilung ab.

Wenn mehrere Produktionsengpässe bestehen, löst man das Problem anhand der linearen Optimierung, einer mathematischen Methode der modernen Verfahrensplanung (Operations-Research).

Arbeitsaufträge

1. **Auf einer Anlage können in der Stunde maximal 120 Stück gefertigt werden. Zurzeit werden im Durchschnitt 100 Stück produziert. Die Anlage läuft 320 Stunden im Monat. Die fixen Kosten der Anlage betragen im Monat 10 000,00 EUR. Der Materialverbrauch beträgt pro Stück 1,00 EUR, der Arbeitslohn pro Stück 0,30 EUR. Das Stück wird zu 1,90 EUR verkauft.**
   a) Wie viel Prozent beträgt der Beschäftigungsgrad?
   b) Liegen unterproportionale, proportionale oder überproportionale variable Kosten vor?
   c) Wie viel Euro betragen die variablen Kosten einer Monatsproduktion?
   d) Wie viel Euro betragen die Gesamtkosten einer Monatsproduktion?
   e) Wie viel Euro betragen die Stückkosten?
   f) Wie viel Euro betragen die Stückkosten bei einem Beschäftigungsgrad von 70 % (100 %)?
   g) Erläutern Sie anhand dieser Aufgabe die Fixkostendegression (Gesetz der Massenproduktion).
   h) Wie viel Euro beträgt der Monatsgewinn bei einer Stundenproduktion von 100 Stück?
   i) Wie viel Euro betragen die kurzfristige und die langfristige Preisuntergrenze bei den drei genannten Beschäftigungsgraden?
   j) Kann ein Zusatzauftrag über 3 000 Stück zum Stückpreis von 1,40 EUR angenommen werden? Um wie viel Euro verändert er das Monatsergebnis?

2. **Ein Industrieunternehmen kann auf einer Anlage alternativ die Produkte I, II, III, IV fertigen. Jedes Produkt benötigt die gleiche Fertigungszeit. Die Kapazität beträgt 2 000 Stück insgesamt.**

Produkt	Stückerlös (EUR)	variable Stückkosten (EUR)	maximal absetzbare Menge (Stück)
I	180,00	100,00	2 000
II	300,00	160,00	1 000
III	350,00	170,00	500
IV	250,00	140,00	1 000

   In welcher Reihenfolge und Stückzahl sollten die Produkte gefertigt werden?

3. **Vier Erzeugnisse durchlaufen bei ihrer Fertigung eine Abteilung, deren Kapazität einen Engpass darstellt. Ein fünftes Produkt durchläuft diese Abteilung nicht.**

Erzeugnis	**A**	**B**	**C**	**D**	**E**
Stückerlös (EUR)	**100,00**	**200,00**	**300,00**	**150,00**	**250,00**
variable Stückkosten (EUR)	**50,00**	**110,00**	**160,00**	**90,00**	**100,00**
Fertigungszeit im Engpassbereich (Min.)	**30**	**40**	**20**	**10**	**0**

   In welcher Reihenfolge sind die Produkte zu fertigen, wenn als vordringliches Ziel die Maximierung des Deckungsbeitrages angesehen wird?

4. **Die ABZO AG bietet vier chemische Produkte P1, P2, P3 und P4 in jeweils drei Produktgruppen an. Die Kunden werden nach ihrem Vorjahresumsatz einer Preisgruppe zugeordnet.**

Produkt	Preisgruppe 1		Preisgruppe 2		Preisgruppe 3	
	Verkaufspreis (EUR)	geschätzte Absatzmenge (Stück)	Verkaufspreis (EUR)	geschätzte Absatzmenge (Stück)	Verkaufspreis (EUR)	geschätzte Absatzmenge (Stück)
P1	33,00	300	44,00	260	49,00	200
P2	110,00	250	120,00	220	128,00	180
P3	125,00	220	155,00	200	188,00	150
P4	67,00	120	78,00	100	93,00	90

   Alle Produkte durchlaufen zwei Maschinen.

Produkt	variable Kosten (EUR)	Bearbeitungszeit Maschine 1 (Min.)	Bearbeitungszeit Maschine 2 (Min.)
P1	20,00	7	3
P2	85,00	9	6
P3	87,00	20	10
P4	34,00	12	8

DRITTER ABSCHNITT

Die fixen Kosten belaufen sich auf 20 000,00 EUR.
Berechnen Sie unter Verwendung eines Tabellenkalkulationsprogramms
a) die geschätzten Gesamtumsätze für jedes Produkt und jede Preisgruppe,
b) die absoluten Deckungsbeiträge für alle Produkte und Preisgruppen,
c) den Gesamtgewinn.

7 Verfahrensmanagement

7.1 Bestimmungsgrößen der Fertigungsverfahren

Jede Produktion erfordert bestimmte Fertigungsverfahren. Ein Fertigungsverfahren ist eine Art der Güterherstellung, eine festgelegte Vorgehensweise.

Den Ingenieur interessieren die **technischen Fertigungsverfahren**, d. h. die Art und Weise der Rohstoffbe- und -verarbeitung. Man unterscheidet dabei
- physikalische Prozesse (Grundverfahren nach DIN 8580: urformen, umformen, trennen, fügen, beschichten, Stoffeigenschaft ändern),
- chemische Prozesse (z. B. destillieren, raffinieren, legieren),
- biologische Prozesse (z. B. gerben, gären, mälzen).

Der Betriebswirt hingegen untersucht bevorzugt **Verfahren**, die mit der **Wirtschaftlichkeit** der Prozesse zu tun haben und diese fördern.

Man unterscheidet Verfahren nach ...	Unterscheidendes Merkmal
... dem Fertigungstyp	die Menge gleichartiger Erzeugnisse, die nacheinander hergestellt werden
... dem Maschinisierungsgrad	der Anteil menschlicher Arbeitskraft
... der Fertigungsorganisation	die Anordnung der Betriebsmittel

Wichtige Bestimmungsgrößen für Fertigungsverfahren

Werkstoff

Jeder Werkstoff erfordert ein adäquates technisches Be- bzw. Verarbeitungsverfahren. So wird Rohkäse natürlich anders als Metall oder Farbstoff verarbeitet.

Fertigprodukt

Auch jede einzelne Produktart verlangt ein adäquates technisches Herstellungsverfahren. So wird Weichkäse anders als eine Karusselldrehmaschine oder als ein Handy hergestellt.

Nachfrage

Man unterscheidet zwischen Lagerfertigung und Auftragsfertigung.
- Ein Teil der Unternehmen produziert ohne vorliegende Kundenaufträge für den anonymen Markt. Dies ist bei gleichartigen Gütern möglich (z. B. Kühlschränken, Nahrungsmitteln, Haushaltswaren). Man ermittelt die Nachfragemenge möglichst genau durch Marktforschung, produziert Massen, größere Auflagen (Serien) oder Sorten auf Lager (**Lagerfertigung**) und verkauft sie ab. Produziert wird heute oft auf automatischen Fertigungsanlagen und/oder am Fließband.
- Bei **Auftragsfertigung** produziert man nur für konkret vorliegende Kundenaufträge. Oft sind es individuelle Produkte (z. B. eine Spezialmaschine, eine Luxusacht). Alle Produkte unterscheiden sich, werden einzeln konstruiert und gefertigt. Dies schließt z. B. eine Fertigung am Fließband aus. Stattdessen fertigt und montiert man die Teile in Werkstätten und auf Baustellen.
  Auftragsfertigung kann allerdings auch für feste Kunden aufgrund langfristiger vertraglicher Bindungen (Rahmenlieferverträge) erfolgen. Ein typisches Beispiel sind Automobilzulieferer. Sie liefern große Mengen gleichartiger Erzeugnisse (z. B. Autositze, Lichtmaschinen) an die Kfz-Hersteller. Deshalb kommt es bei ihnen ebenfalls oft zu Lagerfertigung, zu automatisierten Produktionsverfahren und zur Fließbandfertigung.

Betriebsgröße

Großbetriebe sind anders mit Personal und Betriebsmitteln ausgestattet als Kleinbetriebe. Sie produzieren z. B. oft größere Mengen und können deshalb mehr auf große Fertigungsanlagen und auf Fließbandfertigung zurückgreifen.

Faktorpreise

Ändern sich die Preise der Leistungsfaktoren (Produktionsfaktoren), so sucht der Betrieb die kostengünstigste Kombination der Leistungsfaktoren (sog. Minimalkostenkombination). Deshalb besteht seit Langem die Tendenz, teure Arbeitskräfte durch Maschinen zu ersetzen.

Technischer Fortschritt

Auch der technische Fortschritt wirkt auf die Fertigungsverfahren ein:

- Produktinnovationen erfordern ggf. neue Fertigungsverfahren (Verfahrensinnovationen).
- Der technische Fortschritt führt zum Ersatz menschlicher Arbeitskraft durch Maschinen.
- Der technische Fortschritt führt zu immer höheren Graden der Automation.
- Der technische Fortschritt erschafft stets von neuem produktivere und flexiblere Fertigungsanlagen.

Soziale, rechtliche und ökologische Einflüsse

- Kostengünstige Verfahren (z. B. das Fließband, schwere Handarbeit) können schädlich für den Menschen sein (z. B. Monotonie, einseitige Belastung). Man sucht deshalb humanere Verfahren.
- Die Gesetzgebung verbietet Fertigungsverfahren, die zu Unfällen oder gesundheitlichen Beeinträchtigungen führen oder die Umwelt gefährden.
- Fertigungsverfahren sollten in dreifacher Hinsicht umweltfreundlich sein und zur Nachhaltigkeit beitragen:
  - materialsparend (minimale Materialrückstände, keine Ausschussproduktion),
  - energiesparend (minimaler Verbrauch an Strom, Wasser, Gas, Kraftstoff),
  - emissionsarm (minimale Belastung von Boden, Wasser, Luft durch Emissionen; z. B. aufgrund von Absaug-, Filter-, Klär-, Brauchwasserrückführungs-, Entschwefelungs- und Lärmschutzanlagen).

7.2 Fertigungsverfahren nach dem Fertigungstyp

7.2.1 Fertigungstypen – Überblick

Fertigungstypen werden unterschieden nach der Menge gleichartiger Erzeugnisse, die nacheinander hergestellt werden.

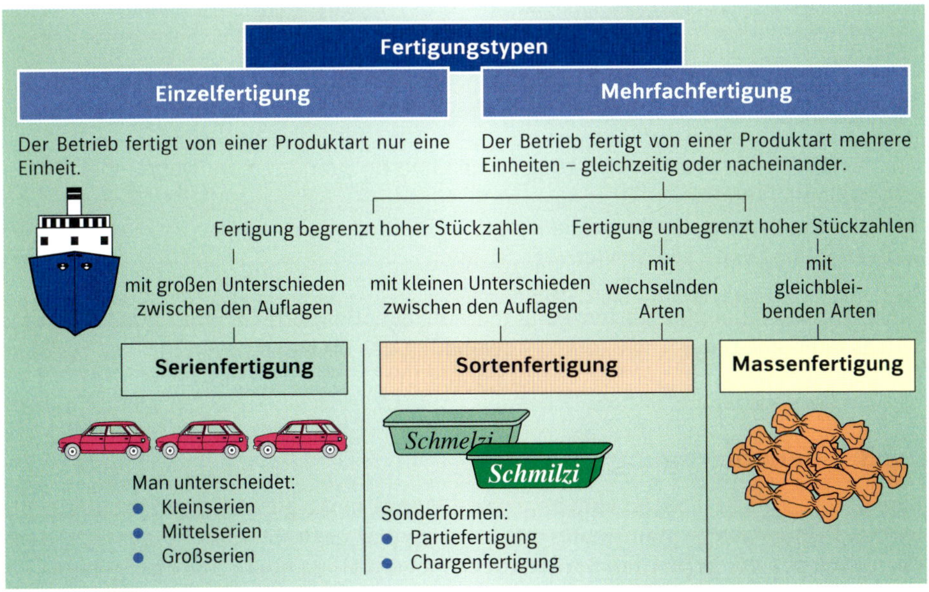

7.2.2 Einzelfertigung

Bei Einzelfertigung fertigt der Betrieb von einer Produktart nur eine Einheit.

Einzelgefertigtes Hochleistungsfahrrad

- Es handelt sich um **Auftragsfertigung** („make to order“) nach individuellen Kundenwünschen. Typische Produkte sind z. B. Schiffe, Gebäude, Brücken, Schwermaschinen, Spezialmaschinen, Spezialanfertigungen.
- Es existiert **kein festes Produktionssprogramm**. Vielmehr setzt sich das „Programm“ aus der Summe der Einzelaufträge zusammen. Meist werden mehrere Aufträge gleichzeitig bearbeitet.
- Eine **intensive Kundenbearbeitung** ist nötig.
- Es wird eine Vielzahl an flexibel einsetzbaren Maschinen **(„Universalmaschinen“)** benötigt, damit sich der Betrieb auf stets neuartige Aufträge umstellen kann. Die Maschinen müssen schnell auf neue Aufträge umgerüstet werden können.
- Das **Personal** muss **gut ausgebildet** und anpassungsfähig sein.
- Die Teilebearbeitung erfolgt in der Regel in sog. **Werkstätten** (z. B. Bohrerei, Dreherei, Fräserei). Die Maschinen einer Werkstatt sind auf bestimmte Verrichtungen spezialisiert (bohren, drehen, fräsen, ...). Die Montage erfolgt in einer Montageabteilung. Bestimmte Produkte werden vollständig auf einer **Baustelle** (z. B. Werft) hergestellt.

- Als Beschaffungskonzept für die Materialbeschaffung kommt vorwiegend die **Einzelbeschaffung** zur Anwendung.

Vorteile der Einzelfertigung

- Der Einsatz von Universalmaschinen und gut ausgebildeten Mitarbeitern gestattet die Erfüllung individueller und spezieller Kundenwünsche.
- Desgleichen ermöglichen sie eine flexible Anpassung an Nachfrageänderungen.
- Anspruchsvolle Aufgabenstellungen bewirken verantwortungsbewusste und motivierte Mitarbeiter.

Nachteile der Einzelfertigung

- Relativ lange Fertigungs- und Lieferzeiten, da „schnelle“ Verfahren (Fließbänder) nicht eingesetzt werden können und Materialien einzeln beschafft werden müssen.
- Aus den gleichen Gründen entstehen relativ hohe Kosten pro Stück.
- Jeder Auftrag erfordert eine aufwendige Konstruktion und Preiskalkulation.

Um die Nachteile der Einzelfertigung zu minimieren, wendet man, wenn möglich, folgende Maßnahmen an:
- Einsatz automatischer Maschinen (vgl. S. 205 f.),
- Verwendung von Teilefamilien (vgl. S. 285),
- Verwendung genormter Teile (vgl. S. 284),
- auftragsunabhängige Vorfertigung mit auftragsorientierter Endfertigung/Montage („assemble to order“), z. B. durch Anwendung des Baukastensystems (vgl. S. 285),
- Zusammenfassung gleicher Vorgänge aus unterschiedlichen Aufträgen zu Losen (Auflagen, Serien).

7.2.3 Serienfertigung

Eine Serie (Auflage, Los) ist eine begrenzte Menge eines gleichartigen Produkts. Sie wird auf einer Anlage gleichzeitig oder unmittelbar nacheinander hergestellt. Nach Fertigstellung der geplanten Serienstückzahl wird eine andere Serie aufgelegt.

- Serienprodukte sind oft – aber nicht immer! – kompliziertere Montageprodukte. Bei der Entwicklung von Montageprodukten wird vor der Markteinführung zunächst ein Prototyp, dann eine Nullserie gebaut (vgl. S. 169).
- Serienprodukte werden teilweise im Kundenauftrag gefertigt (z. B. die Produkte von Automobilzulieferern), teilweise für den anonymen Markt (z. B. die Autos selbst).
- Die Produkte zweier Serien unterscheiden sich stark. Die Anlage muss deshalb für eine neue Serie mit hohen Kosten und großem Zeitaufwand umgerüstet werden.
- Man unterscheidet **Klein-, Mittel- und Großserien**. Eine zahlenmäßige Abgrenzung ist produktabhängig. Viele technische Produkte (Fahrzeuge, Büromaschinen, elektronische Geräte usw.) werden in Großserien gefertigt.
- Großserienprodukte werden oft so lange produziert, wie sie mit Gewinn verkauft werden können.
- Bei der marktorientierten Fertigung von Großserien war in der Vergangenheit die **Lagerfertigung** die Regel. Mit dem Vordringen von Logistik, Management-Informationssystemen und flexibler Automatisierung (vgl. S. 205 f.) ist aber bei vielen Betrieben eine stärkere Bindung der Fertigung an die tatsächlichen Auftragseingänge möglich geworden.

Serienartikel Pkw

- Großserienfertigung ist in der Regel als Fließfertigung (siehe S. 216 f.) oder als Gruppenfertigung (siehe S. 218 f.), Kleinserienfertigung oft auch als Werkstättenfertigung (wie die Einzelfertigung) organisiert.

Vorteile der Serienfertigung

- hohe Produktivität (große Stückzahlen)
- kurze Durchlaufzeiten
- kostengünstige Beschaffung (Mengenrabatte)
- ggf. minimale Lagerkosten (bei fertigungssynchroner Beschaffung)
- hohe Maschinenauslastung
- relativ niedrige Lohnkosten (angelernte Arbeit)
- niedrige Stückkosten
- einmalige Kalkulation

Nachteile der Serienfertigung

- keine individuelle Produktion wie bei Einzelfertigung
- hoher Kapitalbedarf aufgrund teurer Spezialmaschinen
- hohe Fixkosten
- keine flexible Anpassung an Marktveränderungen
- Anpassungen kostspielig

7.2.4 Massenfertigung

Bei der *Massenfertigung* werden unbegrenzt hohe Mengen eines Produkts produziert.

Massenartikel sind oft relativ unkomplizierte Produkte, die für den anonymen Markt auf Lager gefertigt werden (z. B. Zigaretten, Dragees, Elektrizität, chemische Artikel).

Massenartikel Waschmittel

Die Produktion erfolgt meist auf einzelnen oder auf fließbandmäßig hintereinandergeschalteten Spezialmaschinen (Transferstraßen). Vielfach sind dies heutzutage **Automaten**. Wenn Großserien in so großen Mengen hergestellt werden, dass die Stückzahlbegrenzung praktisch entfällt, liegt auch hier Massenfertigung vor. Die Übergänge sind fließend.

Warum werden große Mengen kostengünstig produziert?

Weil sich die fixen Produktionskosten auf die große Menge verteilen („Fixkostendegression“).

Beispiel: Tischproduktion.
Variable Kosten (Material, Arbeit) je Tisch = 200,00 EUR; fixe Kosten/Monat = 10 000,00 EUR.
Kosten eines Tisches (EUR) bei einer Fertigung von

1 St.:	200,00 + 10 000,00	= 10 200,00
100 St.:	200,00 + 10 000,00/100	= 300,00
10 000 St.:	200,00 + 10 000,00/10 000	= 201,00

Die Lagerfertigung der Produkte erfordert **keine Produktionsumstellungen**. Deshalb können die Maschinen optimal ausgelastet werden.

Die **Vor- und Nachteile** der Massenfertigung entsprechen denen der Serienfertigung.

7.2.5 Sortenfertigung

Eigenschaften der Sortenfertigung

Sortenartikel **sind Varianten des gleichen Grundprodukts. Sie unterscheiden sich nur bezüglich einzelner Merkmale.**

Sortenartikel Haushaltsreiniger

Solche Merkmale können z. B. sein:

- Maße (Schuhe verschiedener Größen aus gleichem Leder),
- Material (Kleidung gleichen Schnitts aus verschiedenen Stoffen),
- Materialzusätze (z. B. bei Bier- und Käsesorten).

Bei Fertigung unbegrenzter Mengen ist die Sortenfertigung ein Sonderfall der Massenfertigung, bei begrenzten Mengen ein Sonderfall der Serienfertigung.

Die Sorten werden parallel auf verschiedenen Anlagen oder nacheinander auf den gleichen Anlagen gefertigt. Im letztgenannten Fall werden sie oft – insbesondere bei unbegrenzten Mengen – in ständigem Wechsel produziert. So kann die Kundennachfrage nach jeder Sorte einigermaßen gleichmäßig bedient werden.

Durch den Sortenwechsel kommt es auch bei unbegrenzter Gesamtmenge zu begrenzten Fertigungsmengen (Serien, Auflagen, Losen). Anders als bei Serienfertigung erfordert die Umstellung wegen der Ähnlichkeit der Artikel allerdings nur geringfügige Umrüstungen. Für den Zeitpunkt der Umstellung ist oft die optimale Losgröße entscheidend (siehe unten).

Beispiel: Bei der Schmelzkäseproduktion ist als Umrüstungsmaßnahme die Kesselreinigung erforderlich.

Viele Werkzeuge, Schreibgeräte, Bleche, Schrauben, Kleidungsstücke, Drähte, Ziegel, konservierte Nahrungsmittel werden z. B. in Sortenfertigung hergestellt. Meist ist **Lagerfertigung** für den anonymen Markt gegeben. Sie ist als Fließ- und Gruppenfertigung organisiert.

Vorteile der Sortenfertigung

- hohe Produktivität (große Stückzahlen)
- kurze Durchlaufzeiten
- ggf. kostengünstige Beschaffung (Mengenrabatte)
- ggf. minimale Lagerkosten von Materialien (nur bei fertigungssynchroner Beschaffung)
- hohe Maschinenauslastung
- relativ niedrige Lohnkosten (angelernte Arbeit)
- niedrige Stückkosten
- einmalige Kalkulation

Nachteile der Sortenfertigung

- keine Sonderanfertigungen
- hoher Kapitalbedarf aufgrund teurer Spezialmaschinen
- hohe Fixkosten (z. B. Fixkosten je Rüstvorgang)
- ggf. hohe Lagerkosten (bei großen Losgrößen)

Partie- und Chargenfertigung sind Sonderformen der Sortenfertigung. Die Produktvarianten entstehen hier aber ungewollt durch den Produktionsprozess:

- Eine **Partie** ist eine in sich einheitliche Rohstoffmenge. Sie unterscheidet sich von jeder anderen Partie in ihren Eigenschaften. Amerikanische Baumwolle hat z. B. eine andere Faserlänge und Reißfestigkeit als ägyptische. Folglich unterscheiden sich auch die Produkte.
- Eine **Charge** ist die Füllmenge für einen Produktionsvorgang (z. B. die Beschickungsmenge eines Hochofens, eines Backofens, eines Töpferbrennofens, einer Branntwein-

destillieranlage). Die Bedingungen des Produktionsprozesses werden in solchen Fällen nicht vollständig beherrscht. Dies führt zu verschiedenen Produktausfällen, wie hellem oder dunklerem Brot.

Optimale Losgröße

Im Rahmen der Beschaffung soll die optimale Bestellmenge (s. S. 320) die Summe von Beschaffungs- und Lagerkosten minimieren. Ein fast identisches Problem existiert auch bei der Sortenfertigung. Hier geht es um die Ermittlung der optimalen Losgröße.

Web

Wenn die Artikel einer Sorte auf einer Anlage in großen Stückzahlen hintereinander gefertigt, aber erst nach und nach abgesetzt werden, entstehen bis zum Verkauf Lagerkosten. M 203
Diese lassen sich nur reduzieren, wenn man kleinere Lose (Serien, Auflagen) fertigt und die Sorte wechselt. Allerdings muss die Anlage für jedes neue Los umgerüstet – neu eingerichtet – werden (z. B. reinigen, Werkzeuge, Vorrichtungen, Förderzeuge, Prüfmittel wechseln, Proben fertigen). Dabei entstehen mehr oder weniger hohe Rüstkosten.

- Die **Rüstkosten (Loswechselkosten)** fallen für jedes Los (Serie, Auflage) in gleicher Höhe an, unabhängig von der Losgröße. Sie sind **auflagenfixe Kosten**.
- Die **Lagerkosten** hingegen ändern sich mit der Losgröße: Bei großen Losen sind sie hoch, bei kleinen niedrig. Sie sind **auflagenvariable Kosten**.

Die optimale Losgröße ist die Fertigungsmenge, bei der die Summe aus Rüstkosten und Lagerkosten ein Minimum erreicht.

DRITTER ABSCHNITT

Beispiel: Optimale Losgröße

Eine Fabrik produziert auf denselben Maschinen zehn Sorten Maschinenschrauben, von jeder Sorte 10 000 Stück im Jahr. Der Absatz ist gleichmäßig über das Jahr verteilt.

Die Herstellkosten je Stück betragen 4,00 EUR. In Höhe der Herstellkosten ist Kapital gebunden, wenn Schrauben gelagert werden müssen.

Die Lagerung von je 1 000 Schrauben verursacht 200,00 EUR Lagerkosten (einschl. Lagerzinsen) im Jahr (= 0,20 EUR/Stück). Bezieht man die Lagerkosten pro Stück prozentual auf die Kapitalbindung (hier: die Herstellkosten), erhält man den sog. Lagerkostensatz (genauer: Zins- und Lagerkostensatz). Der Lagerkostensatz beträgt folglich (0,20 EUR / 4,00 EUR) · 100 = 5 %.

Pro Sortenwechsel entstehen Rüstkosten von 100,00 EUR.

Von jeder Schraubenart ist mindestens **ein** Los von 10 000 Stück zu fertigen. Diese Menge kann auch auf mehrere Lose verteilt werden kann. Die Tabelle berechnet die optimale Losgröße.

Lose	Losgröße	Rüstkosten/ Los (EUR)	gesamte Rüstkosten (EUR)	durchschnittl. Lagermenge	durchschnittl. Lagerkosten (EUR)	Gesamtkosten (EUR)
(1)	(2)	(3)	(4) = (1) · (3)	(5) = (2) / 2	(6) = (5) · 0,2 = (5) · 4,00 · 5 %	(7) = (4) + (6)
1	10 000	100,00	100,00	5 000	1 000,00	1 100,00
2	5 000	100,00	200,00	2 500	500,00	700,00
→ **3**	**3 333**	**100,00**	**300,00**	**1 667**	**333,40**	**633,40**
4	2 500	100,00	400,00	1 250	250,00	650,00
5	2 000	100,00	500,00	1 000	200,00	700,00

Optimale Losgröße laut Tabelle: 3 333 Stück (drei Lose; Gesamtkosten 633,40 EUR).

Formel für die optimale Losgröße:

$$\text{Opt. Losgröße} = \sqrt{\frac{200 \cdot \text{Jahresabsatzmenge} \cdot \text{Rüstkosten}}{\text{Herstellkosten/Stück} \cdot \text{Lagerkostensatz}}} = \sqrt{\frac{200 \cdot 10\,000 \cdot 100}{4 \cdot 5}} = 3\,162{,}28$$

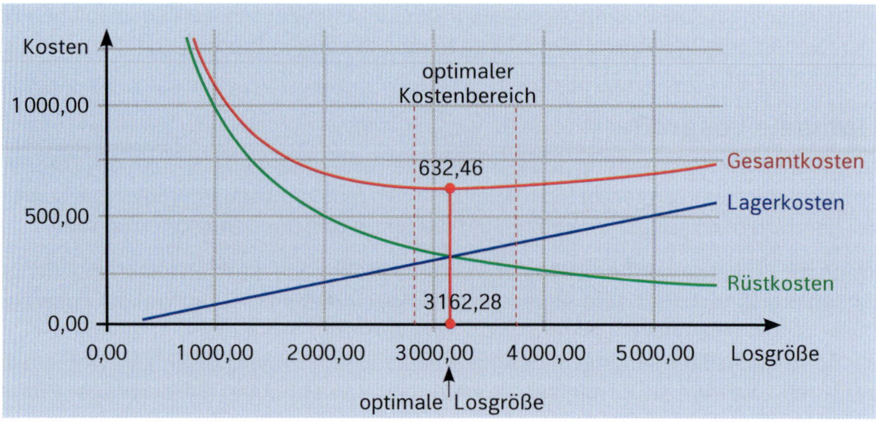

Anmerkung zur Formel:
Das mathematische Ergebnis von 3 162,28 Stück ist praktisch nicht verwendbar. Es bedeutet 3,16 Lose (nicht ganzzahlig!). Die optimale Losgröße muss in der Praxis jedoch nicht exakt berechnet werden, denn die Gesamtkostenkurve verläuft in der Umgebung des Minimums flach. Abweichungen von –10 % bis +20 % erhöhen die Kosten kaum.

Die optimale Losgröße ist nur ein Modell, das sehr starke Einschränkungen voraussetzt:

- Es wird ein gleichmäßiger Lagerabgang (= Abverkauf) angenommen.
- Jahresabsatzmenge, Rüst- und Herstellkosten, Zins- und Lagerkosten pro Stück sind konstant.
- Die Produktionsmengen sind beliebig teilbar.
- Es gibt keine Mindest- und Höchstmengen (z. B. begrenzte Lagerkapazitäten).

Diese Voraussetzungen liegen in der Praxis nicht vor. Viele Unternehmen verzichten daher bewusst auf die Ermittlung der optimalen Losgröße. Sie geben von vornherein nur den Bedarf für einen erfahrungsgemäß günstigen Zeitraum – z. B. einen Monat – in die Fertigung.

Auch bei **Einzelfertigung** stellt sich das Problem der Losgröße:

Häufig kommen gleiche Teile in ansonsten unterschiedlichen Kundenaufträgen vor. Die Fertigung dieser Teile versucht man dann in wirtschaftlichen Fertigungslosen zusammenzufassen, um Rüstkosten zu sparen (vgl. S. 237).

7.2.6 Mass Customization

Der technische Fortschritt führt dazu, dass unter anderem die Grenzen zwischen herkömmlichen Verfahren allmählich verwischt werden. So können die Hersteller heutzutage ohne wesentliche Zusatzkosten Serien- und Massenartikel liefern, die in ausgewählten Merkmalen individuell nach den Kundenwünschen gestaltet sind. Das Ergebnis ist Mass Customization, also „kundenindividuelle Massenfertigung“ (oder auch „kundenindividuelle Serien-, Sortenfertigung“).

Für die Individualisierung eignen sich insbesondere
- Designelemente (z. B. die Farbe des Handys),
- Passform (z. B. die Anpassung von Schuhen an die Fußform),
- Produktbausteine (z. B. der Stoff von Autositzen, das Material von Armaturenbrettern).

Für den Hersteller kommt es darauf an, wenige, aber aus Kundensicht für die Individualisierung entscheidende Produktmerkmale herauszufinden. Gelingt ihm dies, gewinnt er Vorteile gegenüber den Konkurrenten.

Gegebenenfalls kann der Hersteller sogar zur Auftragsfertigung übergehen, seine Lagerbestände beträchtlich verringern und so Kosten einsparen.

Viele Hersteller stellen einen **Produktkonfigurator** auf ihrer Website zur Verfügung, mit dessen Hilfe der Kunde die gewünschten Produkteigenschaften selbst zusammenstellen kann. Siehe z. B. *www.volkswagen.de/de/modelle-und-konfigurator.html* und die folgenden Seiten. (Stand Jan. 2021)

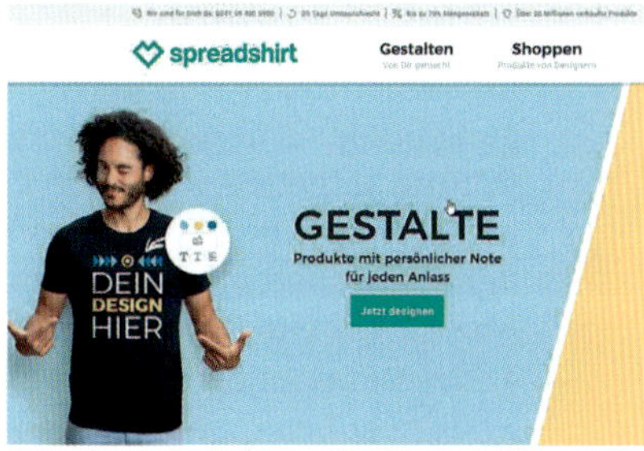

7.3 Fertigungsverfahren nach dem Grad der Maschinisierung

7.3.1 Manuelle, maschinelle, automatische Fertigung

Manuelle Fertigung (Handarbeit) findet man heute v. a. im Handwerk. Allerdings werden moderne Handmaschinen eingesetzt: Bohrmaschine, Schwingschleifer, Stichsäge usw. In der Industrie gibt es sie noch bei Montage- und Präzisionsarbeiten. Handarbeit ist lohnintensiv. Das bedeutet: Der Anteil der Lohnkosten an den Gesamtkosten ist hoch.

Die maschinelle Fertigung ist viel produktiver als die manuelle. Die Arbeitskraft erstellt in der gleichen Zeit mehr Leistungen. Mit zunehmender Maschinisierung nimmt der Anteil der Lohnkosten ab, der Anteil der Betriebsmittelkosten steigt. Man sagt: Der Betrieb wird anlagenintensiver. Wegen der höheren Produktivität sinken trotzdem die Gesamtkosten.

Dabei setzen sich automatische Verfahren immer mehr durch. Automaten übernehmen ganze Arbeitsprozesse (z. B. vollautomatische Walzstraßen, Flaschenabfüllanlagen, EDV-Anlagen). Sie ersetzen vor allem wiederholbare Tätigkeiten. Die Automation führt zur höchsten Produktivität. Automatisierte Betriebe sind in höchstem Maße anlagenintensiv.

Automatische Fertigung ist heute verbunden mit „Computer Aided Manufacturing“ und „Computer Integrated Manufacturing“.

7.3.2 Computer Aided Manufacturing (CAM)

CNC-Maschinen

***Computer-Aided Manufacturing (CAM)* ist Fertigung durch computergesteuerte Maschinen (CNC-Maschinen). Der Computer wird vom Bediener frei programmiert. Programmspeicherung, -änderung und -optimierung erfolgen an der Maschine.**

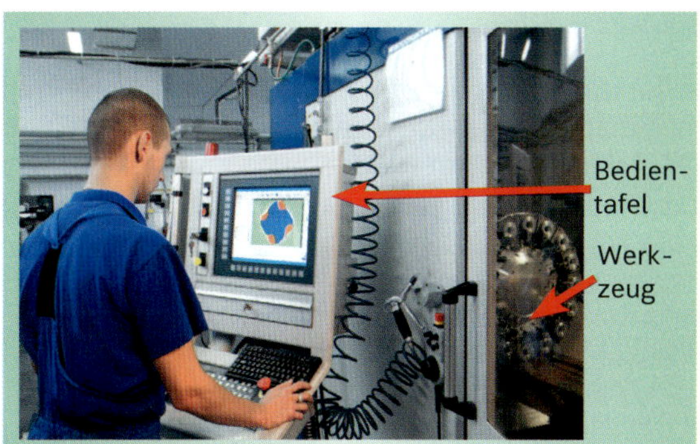

CNC-Maschine (CNC = Computer Numerical Control)

Der Bediener übernimmt die Konstruktionsdaten und gibt die Arbeitsplandaten ein (z. B. Vorfahrwege, Vorschub, Spindeldrehzahl, Werkzeug, Kühlmittel u. a. m.). Vor der Abarbeitung des Programms erfolgen **Testläufe**.

Die Computersteuerung gestattet es, eine Bearbeitung zu speichern und immer wieder abzurufen. Die Maschine übernimmt die Bedienung selbst. Dies bedeutet eine große körperliche Entlastung.

Industrieroboter

Industrieroboter sind universell einsetzbare Automaten. Sie werden v. a. für die Fertigung großer Stückzahlen eingesetzt. Dabei ist der Arbeitsprozess in sinnvolle Arbeitsschritte aufgeteilt. An jedem Platz werden nur bestimmte Aufgaben gelöst. Der Arbeiter muss oft gleiche Bewegungen ausführen. Soll ein Roboter diese übernehmen, muss er den Menschen imitieren können. Meist wird ein menschlicher Arm imitiert: Auf- und Ab-, Links- und Rechts-, Raus- und Rein-, Schwenk- und Drehbewegungen.

- Die Bewegungen werden durch Bewegungsachsen ermöglicht. Sie sind hinsichtlich Bewegungsfolgen, -wegen und -winkeln frei programmierbar.
- Roboter haben Greifer, Werkzeuge, Messgeräte oder andere Fertigungsmittel.
- Roboter können mittels Sensoren (Messwertaufnehmern) sehen, fühlen und hören. Kameras ersetzen die Augen, Ultraschall das Ohr und Flächensensoren die Fingerspitzen.

Aufbau eines Robotersystems

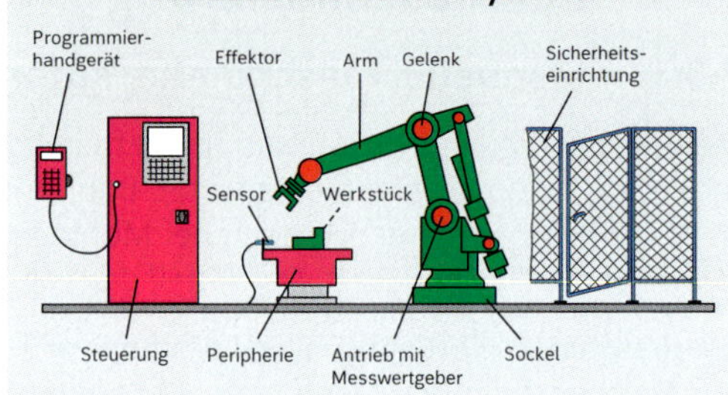

Beispiel: Sensoren

Roboter ohne Sensoren greifen ins Leere, wenn ein Werkstück nicht programmgemäß liegt. Sensoren erfassen die Abweichungen. Sie veranlassen eine Korrektur der Roboterbewegung.

Bearbeitungszentren (BAZ)

In Bearbeitungszentren sind CNC-Maschine und Industrieroboter miteinander verbunden. Dabei werden das Herstellungsverfahren, die Werkzeugwahl, der Werkzeugwechsel sowie der Fertigungsablauf durch ein Werkstückprogramm gesteuert. Das Bearbeitungszentrum kann unterschiedliche Tätigkeiten (z. B. Bohren, Fräsen, Schleifen) durchführen.

Flexible Fertigungssysteme

Ein flexibles Fertigungssystem verzahnt mehrere Bearbeitungszentren (vgl. S. 219).

- Die Verbindung erfolgt durch ein automatisches, elektronisch gesteuertes Transportsystem. Dieses befördert die Werkzeuge und Werkstücke zu den einzelnen Maschinen.
- Ein zentrales Steuerungssystem steuert alle Transportvorgänge und Bearbeitungen.
- Alle Arbeiten – außer Überwachung, Wartung, Fehlerbeseitigung – laufen automatisch ab.
- Unterschiedliche Werkstücke können in beliebiger Reihenfolge eingeplant werden.
- Die Werkstücke können durch ein Wechseln unterschiedlicher Werkzeuge unterschiedlich bearbeitet werden.

Mit flexiblen Fertigungssystemen können verschiedene Varianten des gleichen Produkttyps, verschiedene Typen ähnlicher Produkte oder sogar verschiedene Produkte hergestellt werden. Dies eröffnet z. B. völlig neue Möglichkeiten für die Sortenfertigung.

Flexible Fertigungssysteme sind die Vorstufe zur vollautomatischen „menschenleeren Fabrik". Sie verbessern u. a. die Arbeitsbedingungen, weil gefährliche, monotone und körperlich schwere Tätigkeiten von Maschinen erledigt werden.

Vorteile von CAM

- Erfassung und schnelle Verarbeitung großer Datenmengen, fehlerfreie Weiterverwendung einmal eingegebener Daten;
- Automatisierung der Einzel- und Kleinserienfertigung;
- flexible Fertigung, hohe Anpassungsfähigkeit an Nachfrageänderungen (z. B. Voraussetzung für Just-in-time);
- exakte Terminplanung (ebenfalls Voraussetzung für Just-in-time);
- fehlerfreie Fertigung durch mitlaufende Fertigungskontrolle.

7.3.3 Computer Integrated Manufacturing (CIM)

Der Kunde von heute verlangt ein vielfältiges Produktangebot, kurze Entwicklungs- und Produktionszeiten, beste Qualität sowie sichere und kurze Lieferzeiten.

Früher versuchte man solche Anforderungen durch Rationalisierung und Automatisierung in den einzelnen Betriebsabteilungen zu erfüllen. Diese isolierten Lösungen führten aber nicht zum Erfolg, denn es fehlte die material- und informationstechnische Verknüpfung aller Abläufe. Die Suche nach der umfassenden, integrierten Gesamtlösung führte zum Computer Integrated Manufacturing.

Computer-Integrated Manufacturing (CIM) **bedeutet computerintegrierte Fertigung. Dabei sind alle Fertigungs- und Materialbereiche untereinander und mit der Verwaltung durch ein Computersystem verbunden. Eine zentrale Datenbank ist angeschlossen. Jeder Berechtigte kann Daten aus dem System abrufen und verwerten.**

CIM liegt folglich ein **vernetztes Informationssystem** zugrunde. Dieses ermöglicht die durchgängige Nutzung von einmal gewonnenen Daten ohne erneute Erfassung. Es ist Bestandteil des umfassenden Management-Informationssystems (vgl. S. 101).

Alle Prozesse vom Kundenauftrag über die Konstruktion, Materialeinkauf, Planung, Steuerung und Kontrolle der Fertigung bis zur Auslieferung, Fakturierung und ggf. Mahnung werden mithilfe eines komplexen Computerprogramms geplant, gesteuert und überwacht.

Vernetzte Lösungen eröffnen folgende Möglichkeiten:

Stärkung der Marktstellung	Senkung der Kosten
• durch bessere Berücksichtigung von Kundenwünschen aufgrund flexibler Produktion • durch größere Termintreue • durch prompte Bereitstellung von Serviceleistungen • durch höhere Produktqualität	• durch kürzere Rüstzeiten der Anlagen • durch kürzere Durchlaufzeiten der Produkte • durch bessere Kapazitätsauslastung • durch geringere Kapitalbindung (z. B. aufgrund niedrigerer Lagerbestände) • durch fehlerfreie Fertigungsunterlagen • durch Senkung von Ausschuss und Nacharbeit

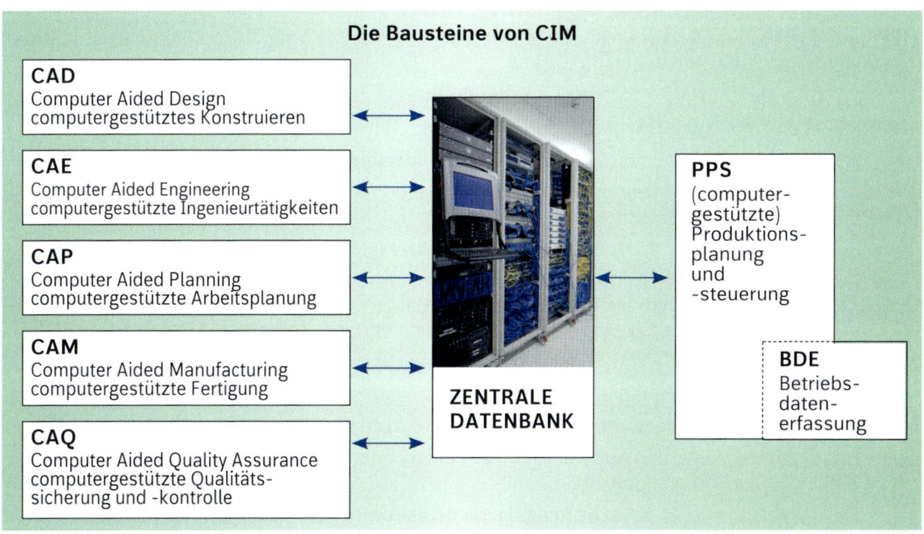

CAD ist bekanntlich computergestütztes Konstruieren.

CAE ist eng mit CAD verbunden. Es kann auf dem Computer den Fertigungsvorgang in allen Einzelheiten simulieren und z. B. auftretende Verschleiß- und Produktionsfehler ermitteln. So werden am Bildschirm Festigkeits-, Wärme-, Zähigkeits- und Strömungsuntersuchungen, Wege- und Verteilungsanalysen durchgeführt.

CAP erstellt Arbeitsvorgaben, insbesondere Arbeitsvorgänge und Arbeitspläne.

CAM als computergestützte Fertigung wurde bereits ausführlich erläutert.

CAQ computergestützte Qualitätssicherung und Qualitätskontrolle. Dazu gehören die Erstellung von Prüfplänen und die Durchführung rechnergesteuerter Mess- und Prüfverfahren. Gegenstand von CAQ sind Mengen-, Termin- und Qualitätsprüfungen.

PPS steht für Produktionsplanung und -steuerung (Planung und Steuerung des Fertigungsvollzugs durch die Abteilung Arbeitsvorbereitung (vgl. Organigramm, S. 116). Sie erfolgt mithilfe einer PPS-Software. Diese ist Bestandteil der ERP-Software.

BDE erfasst Daten, die beim Fertigungsprozess anfallen: Maschinen-, Auftrags-, Lager-, Personaldaten, Daten zum Auftragsfortschritt (Auftragserledigung). Es leitet sie an das PPS-System weiter. Bei computergesteuerten Maschinen erfolgt die Erfassung automatisch. BDE macht den Stand der Fertigung durchsichtig und ermöglicht schnelle Korrekturen.

Aufgaben eines PPS-Systems

Grunddatenverwaltung

PPS verwaltet:

- **Materialstammdaten (Teilestammdaten)** = Daten über das Material (vgl. S. 306)
- **Erzeugnisstrukturdaten** = Konstruktionsdaten entsprechend dem Strukturbaum (vgl. S. 175)
- **Auftragsdaten** über Auftragszugänge, -änderungen, -löschungen und über den Materialbedarf
- **Arbeitsplandaten** über Arbeitsgänge, Zeitvorgaben, Arbeitswerte zur Arbeitsplanerstellung
- **Betriebsmitteldaten** = Kapazitäts-, Instandhaltungs-, technische Daten der Fertigungsanlagen

Bedarfsermittlung

PPS ermittelt den Brutto- und Nettomaterialbedarf (vgl. S. 238 f.).

Lagerbestandsführung

PPS ermittelt die Arten der Lagerbestände, v. a. den verfügbaren Lagerbestand (vgl. S. 323).

Bestellwesen

PPS erledigt: Lieferantenauswahl, Bestellerfassung und -verwaltung, Bestellüberwachung, Wareneingangsprüfung, Rechnungsprüfung.

Vorkalkulation

PPS kalkuliert den Listenpreis (Katalogpreis) bzw. den Angebotspreis (für Kundenaufträge).

Durchlaufterminierung

PPS ermittelt die Durchlaufzeiten (Zeiten vom Beginn des ersten bis zum Ende des letzten Fertigungsvorgangs) für die einzelnen Fertigungsaufträge (vgl. S. 231).

Kapazitätsplanung

Die Kapazität – genauer: Maximalkapazität oder Kannleistung – ist die Menge, die in einem Zeitabschnitt (z. B. einem Monat) auf einer Anlage maximal gefertigt werden kann.
PPS ermittelt die bestehende Kapazitätsauslastung und die noch freien Kapazitäten (vgl. S. 247 f.).

Maschinenbelegung

PPS legt anhand der freien Kapazitäten die Bearbeitungsreihenfolge fest (vgl. S. 248 f.).

Verfügbarkeitsprüfung und Auftragsfreigabe

PPS prüft, ob Werkzeuge und Materialien für die anstehenden Aufträge verfügbar sind. Dann gibt es die Aufträge zur Fertigung frei (vgl. S. 252).

Auftragsfortschrittskontrolle

PPS erstellt Informationen über den Stand und Fortschritt der Bearbeitung während der Fertigung.

Arbeitsaufträge

1. **Die industrielle Fertigung kennt unterschiedliche Fertigungstypen.**

   Welcher Fertigungstyp liegt vor bei
   a) einer Maschinenfabrik, die Großwalzwerke produziert,
   b) einem Automobilwerk,
   c) einer Schuhfabrik,
   d) einer Brotfabrik,
   e) einer Zigarettenfabrik,
   f) einer Brauerei,
   g) einem Hochofen?

   Stellen Sie jeweils fest, ob die Produktion auf Lager oder in Kundenauftrag durchgeführt wird. Geben Sie auch an, in welchen Fällen der Vorteil der Massenproduktion, also Kostensenkung durch große Stückzahlen, zum Tragen kommt.

2. **Der technische Fortschritt führt dazu, dass unter anderem die Grenzen herkömmlicher Verfahren allmählich verwischt werden. Ein typisches Beispiel: Mass Customization, meist übersetzt mit „individualisierte Massenfertigung". Zutreffender wäre wohl: individualisierte Serien- oder Sortenfertigung. Die folgende Abbildung zeigt die Grundmerkmale:**

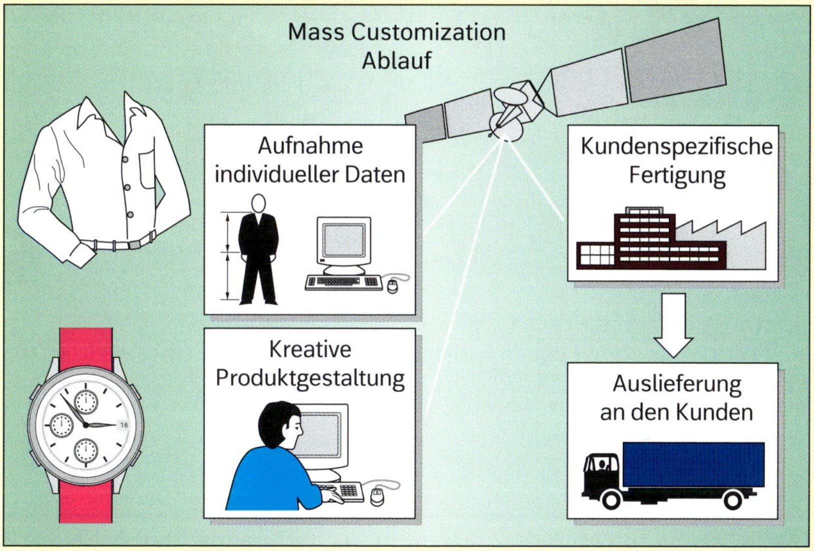

   a) Versuchen Sie, die Idee von Mass Customization anhand der Abbildung zu erklären. Wenn nötig, suchen Sie im Internet nach genaueren Informationen.

   b) Bilden Sie mehrere Arbeitsgruppen. Jede Gruppe wählt ein Produkt, das ihr für Mass Customization geeignet erscheint, erarbeitet die Grundzüge der Auftragsabwicklung, Fertigung, Beschaffungs- und Absatzlogistik und präsentiert die Ergebnisse. Dabei sollen auch die Vorteile von Mass Customization herausgestellt werden.

3. **Gegeben sind die Begriffe**
   Los, Auflage, Rüstzeit, auflagenfixe Kosten, auflagenvariable Kosten, optimale Losgröße.
   Erläutern Sie diese Begriffe.

4. **Die Fertigungskosten für eine Serie von 120 Stück betragen 4 800,00 EUR. Der Lohnanteil je Stück beträgt 35,00 EUR.**
   a) Wie viel Euro betragen die Rüstkosten, die verrechnet werden müssen?
   b) Wie viel Euro betragen die Rüstkosten je Stück, wenn die Losgröße auf 250 Stück erhöht wird?

5. **Es werden 5 Sorten produziert. Der Jahresabsatz beträgt jeweils 12 000 Stück. Er verläuft gleichmäßig. Herstellkosten pro Stück 10,00 EUR; Rüstkosten 500,00 EUR; Zins- und Lagerkosten 100,00 EUR pro 100 Stück und pro Jahr.**
   Berechnen Sie die optimale Losgröße unter Verwendung eines Tabellenkalkulationsprogramms.

DRITTER ABSCHNITT

6. Die industrielle Produktion hat sich zunehmend in folgenden Stufen entwickelt:

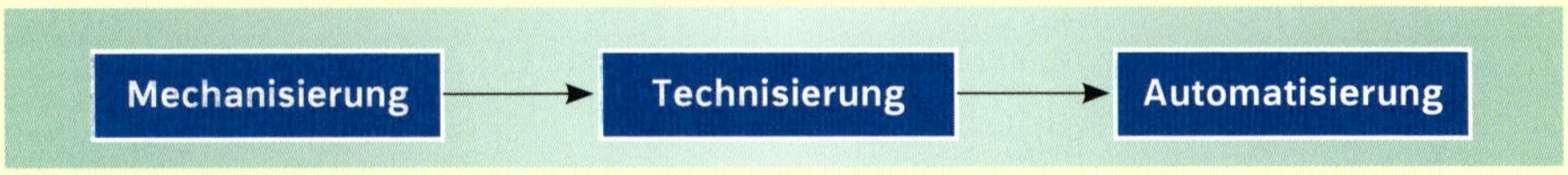

a) Welche Auswirkungen hat diese Form der Rationalisierung (= zweckmäßige Gestaltung von Arbeitsgängen) auf den Einsatz des Produktionsfaktors Arbeit?

b) Wie wird die Kostensituation des Betriebes beeinflusst?

7. Die folgende Karikatur vergleicht – überspitzt – die Arbeit an einer manuell bedienten Maschine und an einer CNC-Maschine.

a) Erläutern Sie die Aussage der Karikatur.

b) Die Arbeit an einer CNC-Maschine besteht natürlich nicht aus Untätigkeit. Welche Tätigkeiten und Fähigkeiten sind erforderlich?

c) Erläutern Sie die numerische Steuerung als wesentlichen Bestandteil von CAM.

8. Die moderne Fabrik

Die Fabrik, wie sie sich heutzutage präsentiert, war vor zwanzig Jahren noch eine Zukunftsvision. Fertigung, Fertigungsgeschwindigkeit, Flexibilität, Zuverlässigkeit und Qualität haben ein Niveau erreicht, das in der vorhergehenden Generation nicht realisierbar war.

Die heutige Fabrik ist rechnerintegriert und flexibel automatisiert. Der Fertigungsablauf ist kontinuierlich, material- und informationstechnisch verknüpft sowie papierfrei. Vielfältige Produkte können in kleinen Losen oder in beliebiger Reihenfolge wirtschaftlich gefertigt werden. Die Vorbereitungszeiten für die Einführung neuer Produkte sind gegenüber früher stark verkürzt. Zwischenlagerbestände sind minimiert, eine Endlagerung von Produkten zur Anpassung an Nachfrageschwankungen ist vielfach nicht erforderlich.

Die Rahmenbedingungen wirtschaftlicher Fertigung haben sich gegenüber früher verändert. Der Kapitalbedarf für Anlageinvestitionen ist gestiegen; ebenso der Fixkostenanteil an den Gesamtkosten. Der Anteil der variablen Kosten hat sich verringert. Softwareentwicklung, Programmierung und die Fähigkeit zu schnellen Reparaturen erfordern hohe Investitionen. Mit den höheren Investitionskosten gehen Produktivitätssteigerungen, Qualitätsverbesserungen, bessere Umstellfähigkeit, niedrigere Lohnanteile, niedrigere Kosten für gebundenes Kapital (in Material, Halb- und Fertigprodukten), weniger Ausschuss und Nacharbeit und schnellere Reaktion einher. Die höhere Gesamtinvestition erfordert eine Umlage auf eine größere Zahl von Produkten. Flexible Produktionsmittel ermöglichen ein breiteres Produktionsspektrum als die konventionelle Fertigung und machen die genannten Bedingungen erfüllbar.

Wegen flexibler Automatisierung sind die Stückkosten nicht mehr so stark von der Produktionsmenge, sondern mehr von der Bearbeitungszeit von Teilen und Produkten abhängig. Die Kosten bei Einzel- und Kleinserienfertigung nähern sich den Durchschnittskosten bei Massenfertigung. Die moderne Fabrik kann deshalb die Zahl ihrer Produkte und Produktvarianten ohne übermäßige Mehrkosten erweitern.

Die Lebenszyklen der Produkte sind kürzer, Neukonstruktionen häufiger geworden. Die geänderten Produktionsbedingungen führen dazu, dass der Abnehmer zunehmend individuell gestaltete Produkte und zunehmend hohe Qualität einfordert.

a) Die moderne Fabrik ist rechnerintegriert. Erläutern Sie, was dies bedeutet, und nehmen Sie dazu das Schaubild auf Seite 207 zu Hilfe.
b) Die moderne Fabrik ist flexibel automatisiert. Was bedeutet dies?
c) Erläutern Sie das Verhältnis von fixen und variablen Kosten in der modernen Fabrik. Begründen Sie diesen Zusammenhang.
d) Es wird behauptet, dass die moderne Fabrik große Fertigungsmengen benötigt, dass aber trotzdem Einzel- und Kleinserienfertigung vorliegt. Klären Sie diesen „Widerspruch" auf.

9. **Das PPS-System ist mit anderen Elementen des CIM-Systems verbunden.**
a) Erstellen Sie eine Grafik, die die Beziehungen zwischen den CIM-Elementen CAD, CAE, CAP, CAM, CAQ, PPS und BDE aufzeigt.
b) Welche Aufgaben erfüllt ein PPS-System?
c) Erfassen Sie die Grunddaten eines PPS-Systems in einer Mindmap.
(Hinweis: Zumindest bei a) und c) wird Gruppenarbeit empfohlen.)

7.4 Fertigungsverfahren nach der Fertigungsorganisation

7.4.1 Organisationstypen der Fertigung – Überblick

Nach dem Layout (der räumlichen Anordnung) der Betriebsmittel und Arbeitsplätze und nach der Gestaltung der Wege von Material und Halberzeugnissen durch den Fertigungsprozess unterscheidet man verschiedene **Organisationstypen der Fertigung**:

Organisationstypen der Fertigung

bei beweglichen Produkten				bei unbeweglichen Produkten
Werkstattfertigung	**Werkstättenfertigung**	**Reihen- und Fließfertigung**	**Gruppenfertigung**	**Baustellenfertigung**
Fertigung am Einzelarbeitsplatz in einer Werkstatt. Üblich im Handwerk, nicht in der Industrie	räumliche Zusammenfassung artgleicher Arbeitsplätze und Betriebsmittel zu Werkstätten	Anordnung der Arbeitsplätze und Betriebsmittel nach dem Fertigungsablauf der Erzeugnisse	vollständige Fertigung oder Montage von Teilen oder Produkten auf räumlich zusammengefassten Betriebsmitteln	Fertigung auf einer ortsgebundenen Baustelle, zu der Arbeitskräfte, Betriebsmittel und Material gebracht werden

7.4.2 Werkstättenfertigung

Herr M. ist Zerspanungsmechaniker bei der Schürmann GmbH, einer Werkzeugmaschinenfabrik, die Spitzen-, Plan-, Karussell-, Revolverdrehmaschinen und Bohrmaschinen auf Bestellung produziert. Kaum eine Maschine gleicht der anderen, jede muss eigens nach den Wünschen des Kunden konstruiert werden. Die Einzelteile werden in verschiedenen Werkstätten (Dreherei, Fräserei, Bohrerei, Schlosserei, Stanzerei, Schleiferei usw.) gefertigt und in den Montagehallen zusammengebaut. In der Dreherei befinden sich 12 Drehmaschinen. Die hier bearbeiteten Werkstücke werden anschließend in einer anderen Abteilung (Bohrerei oder Schleiferei) weiterbearbeitet.

Verrichtungszentralisation

Eine *Werkstatt im industriellen Sinn* ist ein Ort, an dem Betriebsmittel mit gleichartigen Verrichtungen zu einer Gruppe zusammengefasst werden *(Verrichtungszentralisation)*.

- An unterschiedlichen Objekten (Werkstücken) werden stets gleichartige Verrichtungen durchgeführt (z. B. Bohrungen).
- Die Werkstücke werden von einer Werkstatt zur nächsten transportiert.
- Werkstättenfertigung findet sich bei Einzel- und Kleinserienfertigung.

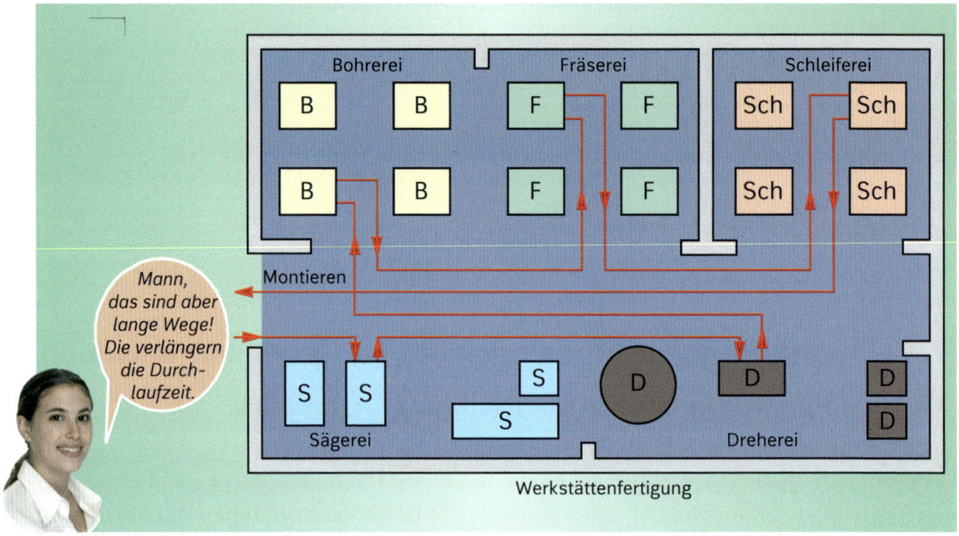

Werkstättenfertigung

Werkstättenfertigung ist angebracht, wenn der Betrieb auf stets andersartige Kundenaufträge abgestellt ist. Die entsprechenden Betriebe bearbeiten meist eine Vielzahl von Kundenaufträgen gleichzeitig. Die Maschinen sind von vornherein für verschiedenartige Bearbeitungen konstruiert (Universalmaschinen). Die Arbeitskräfte sind für diese Arbeiten gründlich ausgebildet (Facharbeiter).

Problem der Maschinenbelegung

Die Maschinenbelegung ist das Hauptproblem der kurzfristigen Terminplanung bei Werkstättenfertigung. Sie beinhaltet die Festlegung, welche Aufträge endgültig auf welcher Maschine bearbeitet werden sollen.

Beispiel: Maschinenbelegung

Auf 3 Maschinen (M) müssen täglich 4 verschiedene Arbeiten ausgeführt werden:

Arbeit 1:	2 Std. M 1 → 2,5 Std. M 3 → 1,5 Std. M 2
Arbeit 2:	4 Std. M 1 → 1 Std. M 3
Arbeit 3:	2 Std. M 2 → 0,5 Std. M 3
Arbeit 4:	3 Std. M 2 → 1 Std. M 1 → 1 Std. M 3

1. Lösungsansatz:

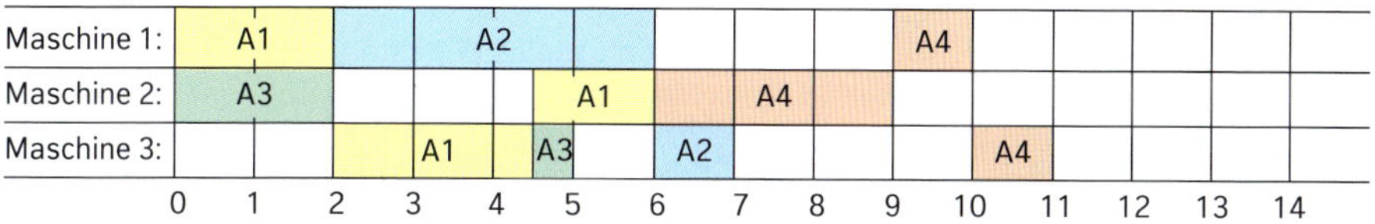

Der Plan weist lange Durchlaufzeiten auf. Die Durchlaufzeit ist die Zeitspanne zwischen dem Beginn des ersten und dem Abschluss des letzten Bearbeitungsvorganges. Durch Wartezeiten entstehen unfreiwillige Läger (sog. „organisatorische" Läger). Die Maschinenbelegung lässt sich wesentlich verbessern, indem man Arbeit 3 und 4 nach vorn schiebt:

2. Lösungsansatz:

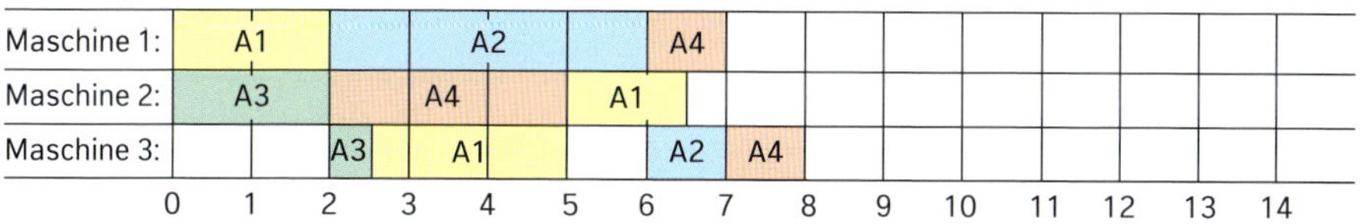

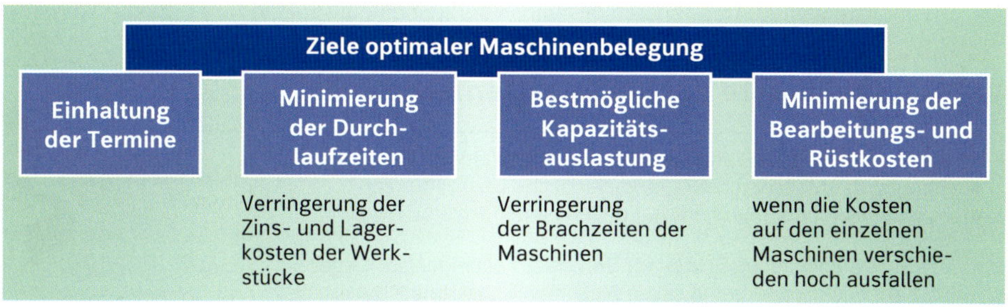

Bei Werkstättenfertigung wirft eine optimale Maschinenbelegung Probleme auf:

- Maschinen bleiben längere Zeit ungenutzt, weil der Produktionsfluss sie nicht rechtzeitig mit Aufträgen versorgt (siehe obiges Beispiel, Maschine 3). Es treten Maschinenleerkosten auf.
- Maschinen können von mehreren Aufträgen gleichzeitig beansprucht und so längere Zeit blockiert werden. Dann entstehen Stauzeiten und Kosten für die Werkstücke, die noch nicht bearbeitet werden können. (Siehe obiges Beispiel; Arbeit 4 kann nach Maschine 2 nicht sofort auf Maschine 1 weiter bearbeitet werden. Dies verlängert die Durchlaufzeit dieses Werkstückes.)

Man hat noch keinen Weg gefunden, dieses **„Dilemma der Ablaufplanung"** allgemeingültig zu lösen. In der Praxis konzentriert man sich auf die Engpässe, die ja die Durchlaufzeit wesentlich beeinflussen. **Entscheidungsgrundlagen** können z. B. sein:

- **Dringlichkeit der Aufträge:**
  Die eiligsten Aufträge werden zuerst bearbeitet.
- **Minimierung der Rüstkosten:**
  Serienteile, Familienteile laufen zuerst durch.

> Man spricht hier von Prioritätsregeln. Weitere Prioritätsregeln siehe S. 236.

- **Maximierung des Deckungsbeitrages:**
  Produkte mit dem höchsten Deckungsbeitrag werden zuerst bearbeitet. Bei unterschiedlichen Fertigungszeiten ist bekanntlich der relative Deckungsbeitrag maßgebend (vgl. S. 196).

Beispiel: Deckungsbeitrag (DB)

Sechs Aufträge mit gleicher Bearbeitungszeit müssen 4 Werkstätten durchlaufen, für die insgesamt 40 000,00 EUR monatliche Fixkosten entstehen.

Auftrag	Auftragserlös (EUR)	variable Kosten (EUR)	Deckungsbeitrag (EUR)
1	30 000,00	16 000,00	14 000,00
2	40 000,00	17 000,00	23 000,00
3	25 000,00	9 000,00	16 000,00
4	35 000,00	13 000,00	22 000,00
5	50 000,00	29 000,00	21 000,00
6	47 000,00	20 000,00	27 000,00

Auftrag 1 erzielt einen Deckungsbeitrag von 14 000,00 EUR. Das bedeutet: Der Erlös aus dem Auftrag deckt über die variablen Kosten von 16 000,00 EUR auch 14 000,00 Fixkosten (von insgesamt 40 000,00 EUR) ab. Es verbleiben 26 000,00 EUR, die noch abzudecken sind, bevor die Gewinnzone erreicht wird. Je höher der Deckungsbeitrag eines Auftrags ist, desto schneller kommt der Betrieb in die Gewinnzone.
Die vorliegenden Aufträge sollten deshalb in der Reihenfolge 6, 2, 4, 5, 3, 1 erledigt werden.

Vor- und Nachteile der Werkstättenfertigung

- Eignung der Arbeitskräfte für unterschiedliche Bearbeitungen
- Eignung der Maschinen für unterschiedliche Bearbeitungen
- Maschinenschäden und Erkrankungen wirken sich nur begrenzt aus.
- niedrigere Investitionskosten für Universalmaschinen (im Gegensatz zur Fließfertigung mit vielen einzelnen Spezialmaschinen)
- hohe Anpassungsfähigkeit an Marktveränderungen und neuartige Aufträge (Marktflexibilität)

Andererseits fallen bei der Werkstättenfertigung sofort die langen Transportwege auf. Sie verlängern die Durchlaufzeiten, machen teure Transporteinrichtungen erforderlich (z. B. Kräne, Elektrokarren, Hubroller, Gabelstapler) und erschweren die Aufgabe der Produktionslogistik.

- lange Transportwege, teure Transportmittel
- ständig teure Umrüstungen der Maschinen
- lange Materialliegezeiten
- lange Durchlaufzeiten wegen langer Transportwege und ständiger Umrüstungen
- keine Eignung für kostensparende Großserien
- Jeder Auftrag erfordert eine aufwendige Preiskalkulation.
- Jeder Auftrag erfordert eine gut durchdachte Fertigungssteuerung.
- hohe Lohnkosten für Facharbeiter
- Überblick über die Gesamtheit der Fertigungsabläufe schwierig; zahlreiches, teures Führungspersonal (Meister, Vorarbeiter) für dezentralisierte Entscheidungen nötig
- Probleme in der Auslastung der Werkstätten:
  - Die Maschinen können von mehreren Aufträgen gleichzeitig beansprucht werden.
  - Die Maschinen können mit Aufträgen unversorgt bleiben.
- Die Steuerung des Betriebsprozesses von seinem Ende her nach dem Pull-Prinzip ist nicht möglich (vgl. S. 256).

Die Transportwege können verkürzt werden, wenn die meisten Produktarten die Produktionsstellen in gleicher Reihenfolge durchlaufen. Dann ist es zweckmäßig, die Anordnung der Werkstätten dem Materialfluss anzupassen: Es kommt zu einer **ablaufgebundenen Werkstattanordnung**.

7.4.3 Reihen- und Fließfertigung

Der Amerikaner Frederick Winslow Taylor (1856–1915) gilt als der Vater der Rationalisierung. Er zerlegte Arbeitsgänge in ihre Bestandteile und fand dabei die günstigste Bewegungs- und Grifffolge heraus.
Tayler fand heraus: Eine enorme Zeitersparnis und eine entsprechende Produktionssteigerung lassen sich erreichen, wenn unnötige Bewegungen ausgeschaltet, langsame Bewegungen durch schnelle und unökonomische Handgriffe durch ökonomische ersetzt werden.
Die Umsetzung in die Praxis heißt Taylorismus. Die Arbeit wird in kleinste Einheiten zerlegt. Diese erfordern keine Denkvorgänge und können schnell wiederholt werden. Das Ziel: höchste Produktivität (Ergiebigkeit).
Das Fließband gilt als der Ursprung der arbeitszerlegten Produktion. 1873 wurde es in den Schlachthäusern von Chicago und Cincinnati eingeführt. 40 Jahre später stellte Henry Ford (1863–1947) die Produktion seiner Autos in Detroit auf Fließbandfertigung um. Ergebnis: Die Montagezeit verringerte sich je Auto von zwölf auf eineinhalb Stunden.

Die Nachteile der Werkstättenfertigung lassen sich vermeiden, wenn man die Maschinen in der Reihenfolge der Arbeitsvorgänge anordnen kann.

Objektzentralisation

Wenn die Betriebsmittel und Arbeitsplätze in der Reihenfolge der auszuführenden Arbeitsvorgänge angeordnet sind, liegt *Fertigung nach dem Flussprinzip* vor. An jedem Arbeitsplatz nimmt man eine andere Verrichtung am gleichen Bearbeitungsobjekt vor *(Objektzentralisation)*.

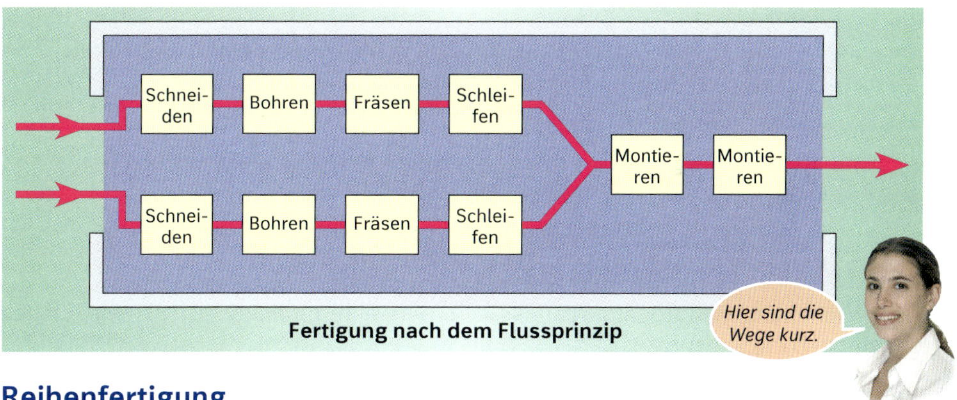

Fertigung nach dem Flussprinzip

Reihenfertigung

Bei Reihenfertigung (Straßenfertigung) sind die anfallenden Arbeitsverrichtungen zeitlich nicht genau aufeinander abgestimmt (z. B. wegen großer Produktvariation, häufigem Typenwechsel, unvertretbar hohen Investitionskosten). Zum Ausgleich sind zwischen den Arbeitsplätzen Teileläger (sog. Zwischenpuffer) erforderlich.

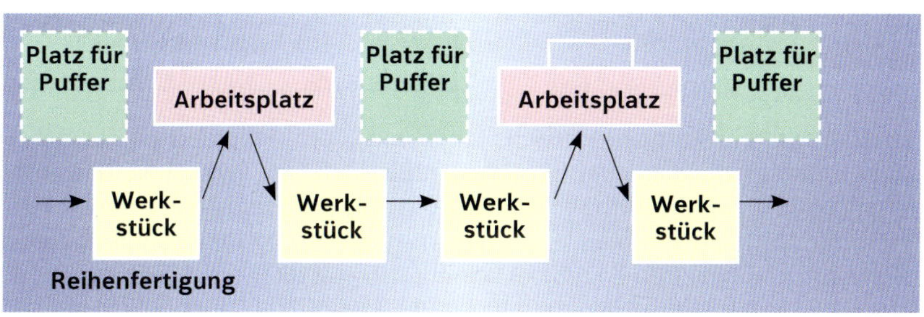

Reihenfertigung

Fließfertigung

Bei Fließfertigung ist eine exakte zeitliche Abstimmung erreicht: Die Werkstücke passieren in einer für alle Arbeitsverrichtungen gleichen **Taktzeit** mittels eines Fördersystems (z. B. Fließband) gleichmäßig oder auch ruckweise die einzelnen Arbeitsplätze. Bei automatisierten Arbeitsplätzen liegt eine Transferstraße vor.

Fließfertigung

Die Fertigung ist in eine große Anzahl von kleinen, unselbstständigen Verrichtungen zerlegt (Arbeitszerlegung). Dies geschieht in **Arbeitsgliederungsplänen**.

Beispiel: **Arbeitsgliederungsplan (Ausschnitt)**

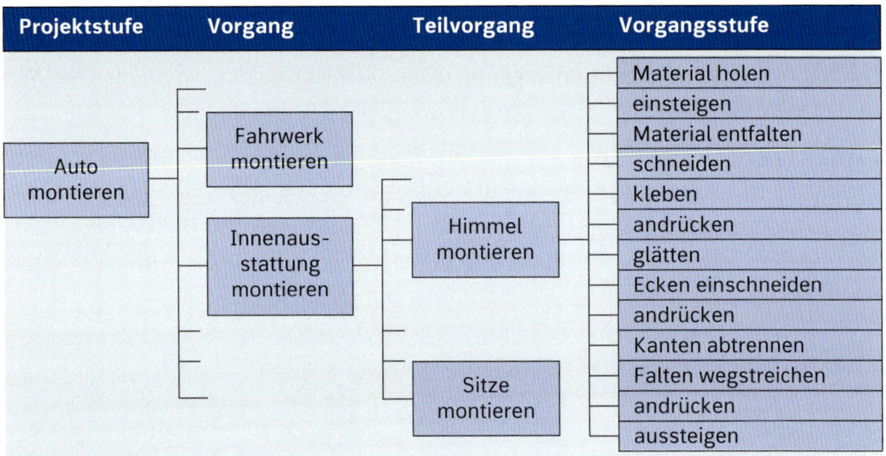

Die Vorgangsstufen können noch weiter in **Vorgangselemente** gegliedert werden.
Beispiel: kleben → hinlangen, greifen, heben, anlegen

Taktzeit und Fließbandabgleich

Ein gleichmäßiger Materialdurchfluss erfordert eine einheitliche Taktzeit für den gesamten Fertigungsprozess.

- **Die Taktzeit ist diejenige Zeit, in der jeweils eine Mengeneinheit fertiggestellt wird. Sie hängt von der geplanten Ausbringungsmenge ab.**
- **Die Taktzeit ist zugleich die Zeitspanne vom Beginn eines Arbeitsgangs bis zum Beginn des folgenden gleichartigen Arbeitsvorgangs.**

Beispiel: **Taktzeit**

Arbeitszeit pro Tag: 8 Std. = 480 Minuten
Sollmenge pro Tag: 48 Stück
Die Taktzeit beträgt 10 Minuten pro Stück

$$\text{Taktzeit} = \frac{480}{48} = 10$$

Bearbeitungszeit
+ Wartezeit des Arbeiters
= Taktzeit

Durch Wartezeiten entstehen organisatorische Läger, die Kosten verursachen. Die Arbeiter sind nicht beschäftigt, müssen aber bezahlt werden. Man wird versuchen, das Fertigungssoll mit möglichst wenigen Arbeitern zu erreichen. Zu diesem Zweck nimmt man den sog. **Fließbandabgleich** vor: Man kombiniert die Arbeitsvorgänge so miteinander, dass die Summe der kombinierten Zeiten bei keinem Arbeiter die Taktzeit überschreitet, aber die Wartezeiten minimiert werden. Damit wird die Arbeiterzahl ebenfalls minimiert.

Beispiel: Fließbandabgleich

Auf einer Fertigungsstraße soll ein bestimmtes Produkt hergestellt werden. Dabei sind 9 Arbeitsgänge zu vollziehen (die Vorgänge A bis I). Die Arbeitsgangfolgen sind wie folgt festgelegt:

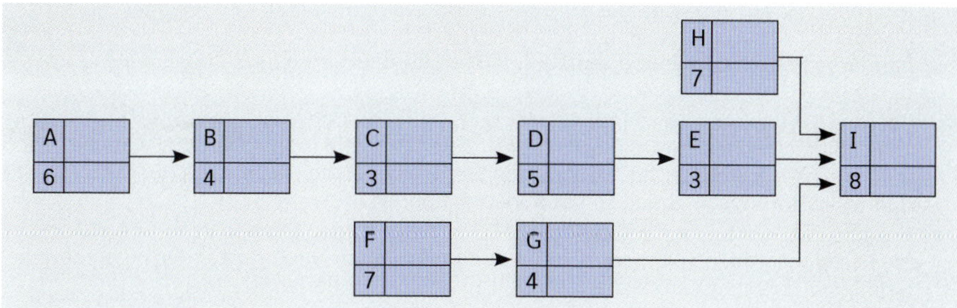

Wie kann ein möglichst gleichmäßiger Materialdurchfluss mit minimalen Wartezeiten und minimalem Personaleinsatz erreicht werden?

Dies ist das Problem des **optimalen Fließbandabgleichs**. Optimale Lösung:

Zusammenfassung	Bearbeitungszeit (Min.)	Wartezeit (Min.)	Zahl der Arbeiter
A und B	6 + 4 = 10	0	1
C und F	3 + 7 = 10	0	1
D und G	5 + 4 = 9	1	1
E und H	3 + 7 = 10	0	1
I	8	2	1
	47	3	5

Durchlaufzeit: 50 Min., minimale Wartezeit: 3 Min., minimale Arbeiterzahl: 5

Wichtig für eine funktionierende Fließfertigung ist ein Arbeitsplan, der Art und Reihenfolge der Verrichtungen, Stückzeiten und Taktzeiten umfasst (sog. Fließarbeitsplan).

Vor- und Nachteile der Fließfertigung

Die Anordnung der Maschinen nach der Reihenfolge der Arbeitsgänge ist nur bei der Großserien-, Sorten- und Massenproduktion angebracht. Es müssen stets gleichartige Werkstücke durchlaufen. Varianten des gleichen Grundprodukts sind jedoch mit der Fließfertigung verträglich. Sie erfordern oft nur automatisierte Werkzeugwechsel.

Liegen diese Voraussetzungen vor, so kann die Fließfertigung große Vorteile bringen:

- Es können schnelle Spezialmaschinen – auch Bearbeitungszentren, Automaten, Roboter eingesetzt werden.
- Es können billige, angelernte Arbeitskräfte eingesetzt werden. Sie führen nur wenige Verrichtungen aus, sind darauf spezialisiert und arbeiten folglich schnell und fehlerfrei.
- Der Produktionsausstoß ist groß; die Fixkostendegression wird voll wirksam, die Stückkosten sind niedrig und folglich auch die Absatzreise (Konkurrenzvorteil).
- Eine intensive Fertigungsplanung wird nur einmal vor Beginn einer Serie notwendig. Die Fertigungssteuerung beschränkt sich auf die rechtzeitige Materialbestellung und auf die Störungen des Arbeitsablaufs.
- Da gleichartige Produkte erstellt werden, entfällt die aufwendige Preiskalkulation für jede einzelne Kundenbestellung.
- Der Betriebsprozess kann nach dem JIT-Prinzip von seinem Ende her gesteuert werden.

- Die Arbeit ist monoton, die geistige Beanspruchung gering, die körperliche Beanspruchung einseitig. Arbeitsunlust, „Krankfeiern“, bisweilen Sabotage, körperliche und seelische Erkrankungen sind häufig, ebenso Kündigungen der Arbeitnehmer. Hohe Kosten sind die Folge. Man hat deshalb versucht, die Arbeitsprozesse weitgehend zu automatisieren. Wo dies nicht möglich war, wurde die Fließbandarbeit durch eine Reihe von Maßnahmen humanisiert oder durch die Arbeit in Gruppen ersetzt.
- Bei Ausfall einzelner Maschinen oder Arbeitskräfte steht ggf. der gesamte Produktionsprozess still. Teure Reparaturkolonnen und „Springer“, die jede Arbeit übernehmen können, müssen stets bereitstehen. Heutzutage werden die Arbeitskräfte auch intensiv geschult, damit sie Störungen schnell selbst beheben können.
- Die gesamte Fertigungsanlage besteht aus teuren Spezialmaschinen, die sich nicht für die Fertigung gänzlich anderer Produkte eignen. Durch Nachfrageänderungen können die getätigten Investitionen deshalb schnell zu Fehlinvestitionen werden.

7.4.4 Gruppenfertigung

Die Gruppenfertigung ist eine Organisationsform, die Elemente der Werkstättenfertigung und der Fließfertigung kombiniert:

- Für eine festgelegte Anzahl von Fertigungsvorgängen sind bestimmte Maschinen notwendig.
- Diese Maschinen werden in einer räumlich zusammenhängenden Fertigungsgruppe (Werkstatt) zusammengefasst.
- Die Maschinen werden in der Werkstatt nach dem Flussprinzip geordnet.

Die Gruppenfertigung kombiniert Teilabläufe nach dem Flussprinzip. Dadurch entstehen sog. Fertigungsinseln oder Fließinseln.

Man will so die Vorteile der Fließfertigung für diese Teilabläufe ausnutzen.

Viele Betriebe haben z. B. ein umfangreiches Produktionsprogramm und verhältnismäßig kleine Serien. Dabei werden weiterhin bestimmte Einzelteile für alle oder für viele Teile des Produktionsprogramms benötigt. Unter diesen Umständen ist eine Fließfertigung für den gesamten Fertigungsprozess nicht möglich, aber für die genannten Einzelteile lohnt sich die Einrichtung von Fließinseln. Andere Verrichtungen hingegen werden in getrennten Werkstätten vorgenommen.

Fertigungsinsel eines EMS-Dienstleisters

Gegebenenfalls gelingt es sogar, aus gleichen Bestandteilen (Bausteinen) unterschiedliche Produkte zusammenzubauen (Baukastensystem) oder erst von einem bestimmten Fertigungsstadium an eine gesonderte Bearbeitung in einzelnen Werkstätten durchzuführen.

Beispiel: Gruppenfertigung

Eine Stanze, eine Entgratmaschine, eine Bohrmaschine und eine Biegemaschine bilden eine Fließinsel für die Fertigung eines Formteils, das für viele Produkte eines umfangreichen Fertigungsprogramms benötigt wird.

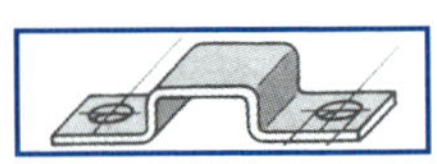

Vorteile der Gruppenfertigung	
gegenüber der Werkstättenfertigung • kürzere Transportwege • schnellerer Fertigungsdurchlauf • geringere Kosten für Zwischenläger • größere Übersichtlichkeit des Produktionsprozesses	**gegenüber der Fließ- und Reihenfertigung** • größere Anpassungsfähigkeit • vielseitigere Beschäftigung der Arbeitskräfte (weniger Monotonie, besserer Kontakt, eventuell sogar Austausch von Arbeitern) • geringere Störanfälligkeit

Die Fertigungsinseln bieten die Möglichkeit für Rationalisierungsmaßnahmen, die mit Bemühungen um eine „Humanisierung der Arbeit" verbunden sind: Arbeitserweiterung, Arbeitsplatzwechsel, Arbeitsanreicherung und Gruppenarbeit (Teamarbeit).

Sie können auch mit automatischen Maschinen bestückt sein (z. B. CNC-Maschinen, Robotern). Auf diese Weise entstehen flexible Fertigungsinseln.

Flexible Fertigungsinseln werden in der Mittel- und Großserienfertigung zur automatischen Komplettbearbeitung mehrerer Einzelteile für eine Baugruppe eingesetzt. Sie bestehen aus

- **Bearbeitungsmaschinen,**
- **einem Werkstücktransportsystem,**
- **einem Werkzeugtransportsystem,**
- **der Systemsteuerung.**

DRITTER ABSCHNITT

Beispiel: Flexible Fertigungsinsel

Die flexible Fertigungsinsel besteht aus

- 6 Bearbeitungszentren,
- einer Waschmaschine,
- einer Entgratmaschine,
- einer rechnergeführten Werkzeugversorgung
- einer automatischen Werkstückversorgung,
- einer Messmaschine,
- einer Systemsteuerung.

Die Fertigungsinsel wird zur Fertigung von 20 unterschiedlichen Motorenteilen eingesetzt. Es sind 180 verschiedene Werkzeuge erforderlich.

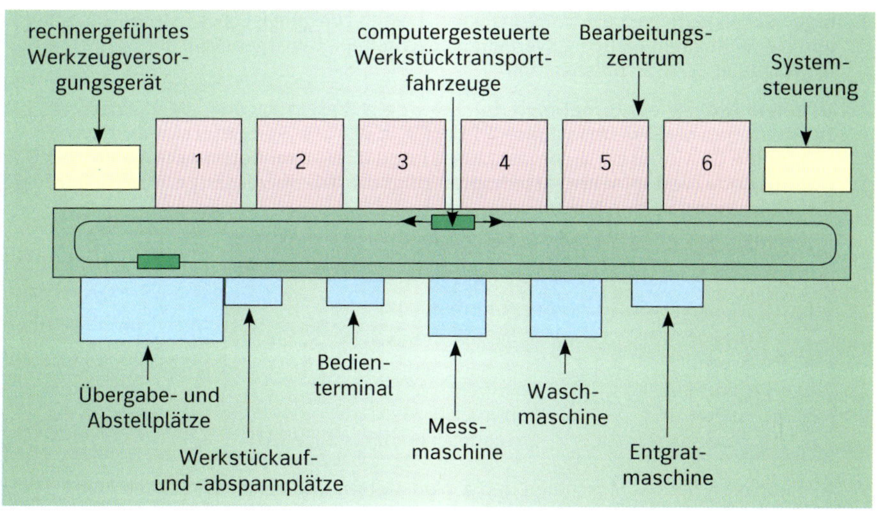

7.4.5 Baustellenfertigung

Bei der *Baustellenfertigung* wird das Produkt an innerbetrieblichen oder außerbetrieblichen Baustellen produziert. Es ist ortsgebunden, unbeweglich; Arbeitskräfte, Betriebsmittel und Werkstoffe müssen zur Baustelle transportiert werden (Raumzentralisation).

Baustellenfertigung betrifft in erster Linie die Erstellung von Großprojekten im Hoch- und Tiefbau, von Brücken und Schiffen. Der Arbeitsablauf lässt sich nur in zeitlicher Hinsicht organisieren. Dazu werden Bauablaufpläne erstellt.

Für die Einrichtung der Baustelle und den Transport der Produktionsfaktoren entstehen hohe Kosten. Man bemüht sich deshalb, die Fertigung der Teile in Fabriken zu verlegen (Fertigteil-Bauweise, Normteile), sodass die Arbeit auf der Baustelle sich möglichst auf die Montage reduziert. Dabei spielt handwerkliches Können vielfach noch eine größere Rolle als bei den anderen Organisationsformen.

Wenn möglich, versucht man auch hier die Vorteile der Serienfertigung zu nutzen (z. B. Erstellung gleichartiger Häuser in größeren Bauabschnitten).

Sonderfall: die Fertigung nach dem **Wanderprinzip**. Der Arbeitsgegenstand ist auch ortsgebunden, doch muss die Baustelle mit dem Arbeitsfortschritt abschnittsweise verlegt werden (Straßen-, Kanal- und Gleisbau, Kabelverlegungen, Bau von Pipelines).

Straßenbaustelle

Arbeitsaufträge

1. **Es seien folgende Fertigungen gegeben:**
   1) Bau von Überseefrachtschiffen auf der Werft
   2) Abfüllen von Getränkeflaschen
   3) Herstellung von Herrenkonfektion
   4) Montage von Fernsehgeräten

   Bilden Sie vier Arbeitsgruppen, eine für jede Fertigung. Jede Arbeitsgruppe soll die Fertigungsorganisation festlegen, die für ihren Fall am besten geeignet ist, ihre Entscheidung begründen und die wichtigsten Fertigungsvorgänge beschreiben. Die Ergebnisse der Gruppenarbeit sind in geeigneter Form zu präsentieren.

2. **In einem Industrieunternehmen durchläuft ein Werkstück vier Werkstätten W1 bis W4. In W1 stehen drei Fräsmaschinen F1 bis F3, in W2 drei Spitzendrehmaschinen S1 bis S3, in W3 eine Gewindeschneidemaschine G1 und in W4 drei Bohrmaschinen B1 bis B3. Der folgende (vereinfachte) Arbeitsplan zeigt die Arbeitsvorgänge, ihre Reihenfolge und ihre Zuordnung zu den Maschinen:**

Nr.	Vorgang	Maschine
1	fräsen	Fräsmaschine (F2)
2	drehen	Spitzendrehmaschine (S3)
3	fräsen	Fräsmaschine (F3)
4	bohren	Bohrmaschine (B1)
5	reiben	Bohrmaschine (B2)
6	Gewinde schneiden	Gewindeschneidmaschine (G1)

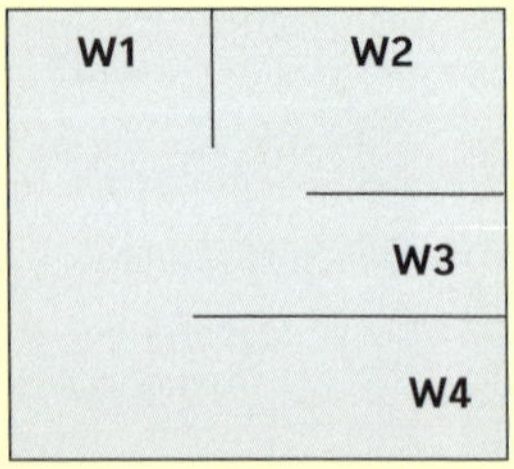

   a) Platzieren Sie die Maschinen in die Werkstätten und zeichnen Sie den Fluss des Werkstücks durch die Werkstätten.
   b) Organisieren Sie die Arbeitsvorgänge nach dem Flussprinzip und fertigen Sie auch hierfür eine Zeichnung an.

3. **Ein Betrieb (Einzelfertigung) arbeitet in der 5-Tage-Woche mit 8 Stunden pro Tag. Überstunden sind möglich, wenn auch nicht erwünscht, weil sie erhöhte Kosten verursachen (25 % Lohnzuschlag). Es stehen die Maschinen M1, M2, M3, M4, M5 zur Verfügung. In der 36. Woche müssen aus Termingründen folgende Arbeitsvorgänge unbedingt ausgeführt werden (Zeitangaben in Stunden):**

Auftrag 1: 20 M2 → 5 M4 → 3 M5 → 7 M1
Auftrag 2: 15 M1 → 2 M3 → 3 M5
Auftrag 3: 15 M3 → 5 M2
Auftrag 4: 10 M5 → 10 M1 → 5 M4
Auftrag 5: 20 M1 → 4 M2 → 2 M3 → 17 M4
Auftrag 6: 15 M4 → 5 M5 → 5 M3 → 11 M2

a) Nehmen Sie eine möglichst optimale Maschinenbelegung vor.
b) Welche Möglichkeiten bleiben, wenn die Reihenfolge der Arbeiten es unmöglich machen sollte, dass alle Aufträge in der Woche ausgeführt werden können?
c) Erläutern Sie die Probleme, die hier im Hinblick auf die Durchlaufzeiten und die Maschinenauslastung zu Tage treten, und ihre wirtschaftlichen Auswirkungen.
d) Je nach der gewählten Bearbeitungsreihenfolge entstehen für bestimmte Aufträge offensichtlich immer Wartezeiten. Nennen Sie Gründe, die es rechtfertigen, bestimmte Aufträge vorzuziehen.
e) Für welche Fertigungsorganisation sind die beschriebenen Probleme typisch und bei welcher sind sie optimal gelöst? Welche Nachteile hat dafür die letztgenannte Organisationsform?

DRITTER ABSCHNITT

4. **Das Fließband ist zum einen durch eine konsequente Arbeitszerlegung, zum anderen durch eine einheitliche Taktzeit gekennzeichnet.**

a) Was versteht man unter Arbeitszerlegung und Taktzeit?
b) An einem 8-Stunden-Tag sollen an einem Fließband 96 Einheiten produziert werden. Berechnen Sie die Taktzeit.
c) Die einheitliche Austaktung eines Fließbandes ist in der Praxis recht schwierig. Begründen Sie dies und erläutern Sie, inwiefern die Arbeitszerlegung hier eine bedeutsame Hilfestellung leistet.
d) Welche wirtschaftlichen Vorteile bewirken Arbeitszerlegung und einheitliche Taktzeit? Welche negativen Auswirkungen haben sie andererseits für den arbeitenden Menschen?

5. **Auf einer Fertigungsstraße sollen die dargestellten Arbeitsvorgänge vollzogen werden (Zeitangaben in Dezimalminuten). Die Arbeitszeit pro Tag beträgt 13 Stunden. Es sollen 100 Teile pro Tag fertiggestellt werden.**

Stellen Sie einen optimalen Fließbandabgleich her.

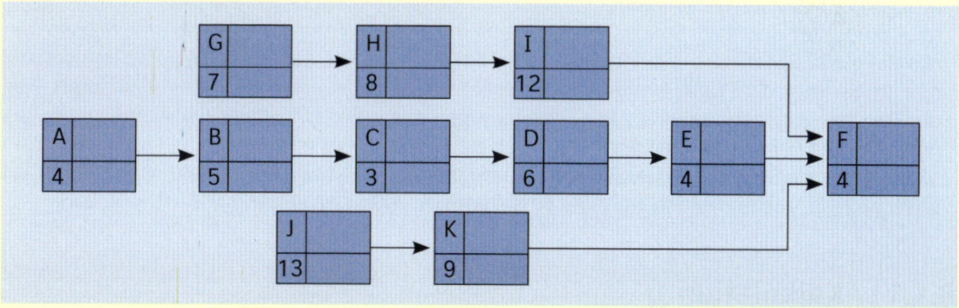

6. Die Fließfertigung eines Unternehmens hat folgende Struktur:

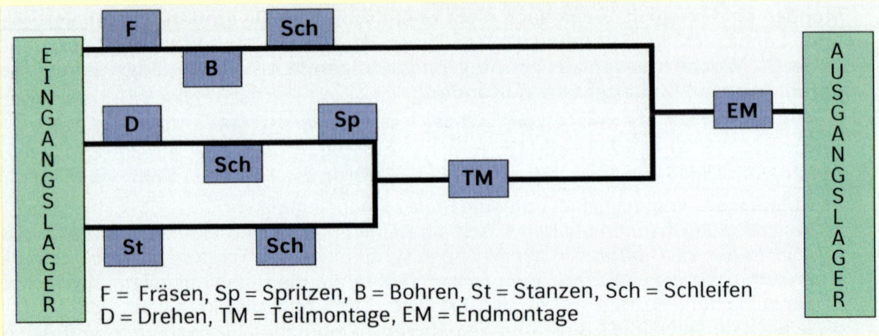

Im Rahmen von Rationalisierungsmaßnahmen soll die Fließfertigung durch Gruppenfertigung ersetzt werden. Zeichnen Sie Ihren Vorschlag für die neue Fertigungsorganisation.

8 Fertigungsprozessmanagement – Auftragsbearbeitungsprozesse in der Fertigung

8.1 Kalkulation und Auftragswesen

MGB Maltmann Getriebebau e. K. hat eine Anfrage bezüglich der Lieferung von 200 Schieberadgetrieben erhalten. Die Überprüfung der gewünschten Lieferfristen, der Lagerbestände, der freien Produktionskapazität und der Finanzierung ergibt, dass ein eventueller Auftrag ausgeführt werden kann. MGB erstellt deshalb ein Angebot.
MGB produziert einerseits Sonderanfertigungen im Kundenauftrag (Einzelstücke, Kleinserien), andererseits große Serien (u. a. Standardprodukte). Im letzteren Fall kann MGB seine Kosten vorausplanen. Im Rahmen der Plankostenrechnung sind u. a. die Kosten und der Listenverkaufspreis – der in der Preisliste angegebene Preis – der Schieberadgetriebe je Produkteinheit kalkuliert worden. (Unternehmen ohne Plankostenrechnung kalkulieren ggf. auf der Basis von Normalkosten.) Die Rabatt- und Skontosätze sind Maximalsätze. Sie können von den Sätzen abweichen, die dem einzelnen Kunden tatsächlich angeboten werden. Bei einer Bestellung von 200 Stück gewährt MGB 10 % Rabatt.

8.1.1 Kalkulation

In der Plankalkulation wird mithilfe des PPS-Systems der Listenverkaufspreis für eine Produkteinheit errechnet. Das System bezieht die notwendigen Daten aus dem zentralen Datenbanksystem. Zunächst ermittelt man die Selbstkosten. Dabei geht man nach dem Rechenschema der Kostenträgerzeitrechnung vor[1]. Anschließend kalkuliert man den notwendigen Gewinn. Weiterhin sind Skonto und Rabatt für den Kunden in die Rechnung einzubeziehen.

[1] Vgl. S. 187.

Beispiel: Plankalkulation Schieberadgetriebe

- Materialeinzelkosten (Verbrauch an Fertigungsmaterial gemäß Stückliste): 100,00 EUR
- Fertigungseinzelkosten (Fertigungslöhne gemäß Zeitangaben in den Arbeitsplänen[1] und gemäß den Lohnsätzen der Arbeiter): 55,00 EUR
- Maschinenkosten entsprechend errechneter Maschinenstundensätze und Maschinenlaufzeiten: 155,00 EUR
- Es wird ein Gewinnzuschlag von 10 % auf die Selbstkosten verrechnet.
- Die Kunden erhalten bei Barzahlung 3 % Skonto.
- Den Kunden werden maximal 15 % Rabatt eingeräumt.

(1)	Fertigungsmaterial	100 %		100,00 EUR		
(2)	+ Materialgemeinkosten	20 %		20,00 EUR		
(3)	= Materialkosten	120 %		120,00 EUR		120,00 EUR
(4)	+ Maschinenkosten				155,00 EUR	
(5)	+ Fertigungslöhne	100 %		55,00 EUR		
(6)	+ Fertigungsgemeinkosten	45 %		24,75 EUR		
		145 %		79,75 EUR	79,75 EUR	
(7)	= Fertigungskosten				234,75 EUR	234,75 EUR
(8)	Herstellkosten	100 %				354,75 EUR
(9)	+ Verwaltungsgemeinkosten	15 %				53,21 EUR
(10)	+ Vertriebsgemeinkosten	9 %				31,93 EUR
(11)	= Selbstkosten	124 %	100 %			439,89 EUR
(12)	+ Gewinnzuschlag		10 %			43,99 EUR
(13)	= Barverkaufspreis	97 %	110 %			483,88 EUR
(14)	+ Kundenskonto (vom ZVP)	3 %				14,97 EUR
(15)	= Zielverkaufspreis	100 %	85 %			498,85 EUR
(16)	+ Kundenrabatt (vom LVP)		15 %			88,03 EUR
(17)	= Listenverkaufspreis		100 %			586,88 EUR

Barverkaufspreis und Gewinn bei einer Bestellung von 200 Stück mit 10 % Rabatt:

Listenverkaufspreis	200 · 586,88 EUR	117 376,00 EUR
– 10 % Rabatt		11 737,60 EUR
= erzielter Zielverkaufspreis		105 638,40 EUR
– 3 % Skonto		3 169,15 EUR
= erzielter Barverkaufspreis		102 469,25 EUR
– Selbstkosten	200 · 439,89 EUR	87 978,00 EUR
= erzielter Gewinn		14 491,25 EUR

Bei **Auftragseinzelfertigung** (Einzel- und Kleinserienfertigung) ist eine Kalkulation mit Plankosten praktisch kaum durchführbar. Nur für den einzelnen Auftrag wird eine **Vorkalkulation** erstellt. Aufgrund der unterschiedlichen, oft komplizierten Produktstrukturen ist dies oft schwierig und risikoreich. Bevor ein Angebot abgegeben werden kann, müssen ggf. Preis- und Mengenanfragen an eigene Lieferanten gerichtet und die notwendigen Bearbeitungen in den eigenen Werkstätten durchdacht werden. Häufig lässt dies sich nur aufgrund von Erfahrungen mit früheren ähnlichen Aufträgen durchführen.

Nach der Fertigstellung von Produkten, die speziell im Kundenauftrag gefertigt wurden, nimmt man bei größeren Aufträgen eine **Nachkalkulation** vor. Dazu werden die tatsächlich angefallenen Verbrauchswerte an Material, Löhnen und Maschinenstunden sowie die tatsächlich angefallenen Gemeinkosten ermittelt und kalkuliert. So erhält man die tatsächlichen Selbstkosten. Die Differenz zwischen dem erzielten Barverkaufspreis und den Selbstkosten stellt den erzielten Gewinn dar.

[1] Vgl. S. 228.

8.1.2 Betriebliches Auftragswesen

Durch die Kundenbestellung wird das Angebot angenommen. Aus der Kundenbestellung geht nun der **Kundenauftrag** hervor.

Ein *Auftrag* ist die innerbetriebliche Aufforderung einer dazu befugten Stelle an andere Stellen, eine bestimmte Aufgabe durchzuführen.

Der Kundenauftrag zieht je nach Situation weitere innerbetriebliche Aufträge nach sich:

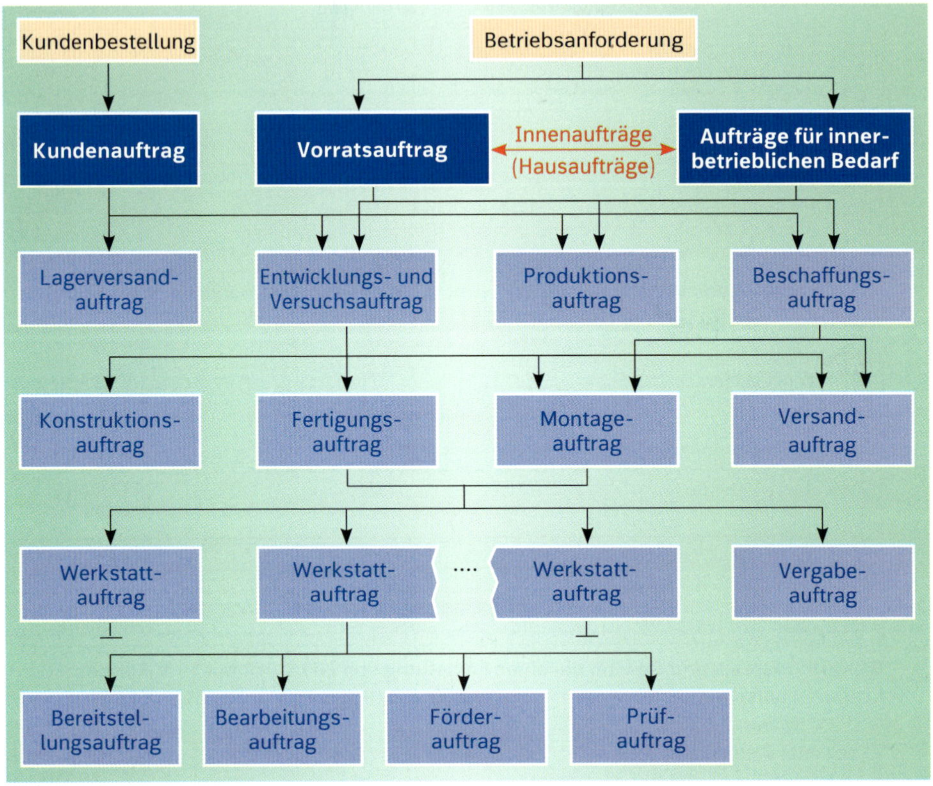

Bei **Lagerfertigung** steht nicht die Kundenbestellung am Anfang, sondern eine **Betriebsanforderung** (z. B. der Geschäftsleitung). Diese führt zu einem

- **Vorratsauftrag** (Auftrag, Produkte für einen geschätzten Kundenbedarf auf Lager zu produzieren, ggf. auch vorher zu entwickeln und zu konstruieren) oder zu
- **Aufträgen für innerbetrieblichen Bedarf** (z. B. Aufträge zum Bau und zur Instandhaltung von Maschinen, Werkzeugen, Fertigungshilfsmitteln für den eigenen Betrieb).

Diese Aufträge sind **Innenaufträge (Hausaufträge)**: Sie werden nicht vom Kunden initiiert. Der Kundenauftrag löst ggf. nur noch die Lieferung vom Lager aus (Lagerversandauftrag).

Um den Kundenauftrag sachgerecht bearbeiten zu können, wird im Verkauf eine **Auftragsvorbereitung** vorgenommen. Hierzu gehören außer den oben bereits erwähnten Tätigkeiten vor allem[1]:

- Überprüfung der Bestellung auf Vollständigkeit und Fehler anhand einer Prüfliste,
- Vergabe einer Auftragsnummer,
- Ergänzung des Auftrags durch betriebseigene Bezeichnungen und Nummern (z. B. Standardbezeichnungen und verwechslungssichere Nummern,
- Anlegen einer Kundenauftragsmappe.

[1] Vgl. S. 236 und 611.

Arbeitsaufträge

1. **Die Möbelfabrik Kaumanns KG erhält eine Anfrage über 150 Packtische, die nach Kundenvorgabe zu fertigen sind. Der Verkauf will dem Kunden ein Angebot mit 20 % Rabatt und 3 % Skonto machen. Es werden verrechnet:**

Materialgemeinkostenzuschlag	20 %	Vertriebsgemeinkostenzuschlag	10 %
Fertigungsgemeinkostenzuschlag	55 %	Gewinnzuschlag	12 %
Verwaltungsgemeinkostenzuschlag	15 %		

Die Einzelkosten und Maschinenkosten ergeben sich aufgrund folgender Angaben:

Materialliste (gemäß Stückliste)

Bezeichnung	Menge	Abmessung in cm	Einzelpreis in EUR	Gesamtpreis in EUR
Tischbein	4	78	2,40/m	?
Querverbindung	2	100	2,40/m	?
Längsverbindung	2	200	2,40/m	?
Tischplatte	1	200 x 100 x 3	35,00/m²	?
Schraube	8	3 x 0,5	0,10/Stück	?

Arbeitsvorgänge laut Arbeitsplan

Arbeitsfolge	Arbeitsplatz	Arbeitsvorgang	Rüstzeit in Min.	Zeit je Einheit in Min.	Stückzahl	Vorgabezeit in Min.	Lohnsatz je 60 Min. in EUR
10	21	Tischbein zuschneiden	7	2,0	?	?	21,00
20	21	Längsverbindung zuschneiden	7	2,1	?	?	21,00
30	21	Querverbindung zuschneiden	7	2,1	?	?	21,00
40	26	Gestell schweißen	9	9,5	?	?	22,00
50	30	Gestell grundieren	3	2,2	?	?	21,00
60	40	Gestell lackieren	3	4,2	?	?	21,00
70	50	Montage	6	3,2	?	?	21,00

Maschinenkosten

Arbeitsplatz	Arbeitsvorgang	Belegungszeit in Min.	Maschinenstundensatz in EUR
21	10, 20, 30	?	110,00
26	40	?	160,00
30	50	?	70,00
40	60	?	70,00
50	70	?	90,00

Lösen Sie a) bis d) mithilfe eines Tabellenkalkulationsprogramms.

a) Ermitteln Sie die Materialeinzelkosten für den Auftrag.
b) Ermitteln Sie die Fertigungseinzelkosten für den Auftrag.
c) Ermitteln Sie die Maschinenkosten.
d) Ermitteln Sie den Bar-, Ziel- und Angebotspreis für das Angebot.
e) Es könnte sein, dass der Kunde seine Bestellung von weiteren Preiszugeständnissen abhängig macht. Wären solche Preiszugeständnisse vertretbar? (Gehen Sie bei Ihren Überlegungen davon aus, dass von den Gemeinkosten 60 % fixe Kosten und 40 % variable Kosten sind.)
f) Ergibt sich der Fertigungsauftrag im vorliegenden Fall aus einem Außenauftrag (Kundenauftrag) oder einem Innenauftrag (Lagerauftrag)?

2. **Die Maschinenfabrik Wilhelm Willemsen GmbH in Kempen soll in einer Vorkalkulation die Selbstkosten für ein Spezialwerkzeug berechnen. Aus dem Rechnungswesen werden folgende Daten geliefert: Fertigungsmaterial 100,00 EUR, Fertigungslöhne Dreherei 50,00 EUR, Fertigungslöhne Schleiferei 40,00 EUR. Es gelten folgende Zuschlagssätze:**

Materialgemeinkostenzuschlag	**30 %**
Fertigungsgemeinkostenzuschlag Dreherei	**100 %**
Fertigungsgemeinkostenzuschlag Schleiferei	**120 %**
Verwaltungsgemeinkostenzuschlag	**8 %**
Vertriebsgemeinkostenzuschlag	**8 %**

a) Wie erhält man die Zuschlagssätze für die Vorkalkulation?
b) Berechnen Sie den Selbstkostenpreis des Werkzeugs.
c) Für ein Angebot an einen Kunden werden 12 % Gewinnzuschlag kalkuliert. Auf welchen Betrag lautet der Angebotspreis bei sofortiger Zahlung?

Benutzen Sie für b) und c) ein Tabellenkalkulationsprogramm.

8.2 Prozesse der Fertigungsplanung

Die Fertigung der bestellten Schieberadgetriebe (siehe S. 222) ist für MGB keine neue Aufgabe. Die Getriebe befinden sich schon seit drei Jahren im Produktionsprogramm. Sie werden nicht ständig produziert, sondern in bestimmten Zeitabständen wird eine Serie von 500 Stück aufgelegt. Ab und zu bestellt ein Kunde eine größere Menge. Auch in diesem Fall wird ein Fertigungsauftrag erteilt. Als die Getriebe in das Produktionsprogramm aufgenommen wurden, musste der Fertigungsablauf genau geplant werden. Er umfasste vor allem die Ermittlung der Arbeitsgänge und Arbeitsgangfolgen sowie der Durchlaufzeit und des Bedarfs an Personal, Betriebsmitteln und Material.

8.2.1 Aufgaben der Fertigungsplanung

Eine rationale Fertigung verlangt eine gründliche Planung. Diese betrifft:

- die Planung des Arbeitsablaufs (Arbeitsvorgänge und Zeiten),
- die Planung des Bedarfs an Betriebsmitteln, Personal und Material,
- die Dokumentation der Planungsergebnisse.

Aufgaben der Fertigungsplanung

Arbeitsablauf planen

Erstellung von
- Fertigungsplan
- Arbeitsplan
- Zeitplan

Bedarf planen

Erstellung von
- Betriebsmittelbedarfsplan
- Personalbedarfsplan
- Materialbedarfsplan

8.2.2 Abgrenzung von Fertigungsplanung und Fertigungssteuerung

Die Fertigungsplanung legt auf der Grundlage der Konstruktionsunterlagen Regelungen fest, die vor der Erteilung der innerbetrieblichen Fertigungsaufträge getroffen werden.

Diese Regelungen betreffen den Fertigungsablauf und den Bedarf an Betriebsmitteln, Personal und Material. Sie sind jedoch noch nicht auf bestimmte Kundenaufträge/Vorratsaufträge und Termine bezogen! Genau hier setzt die Fertigungssteuerung an:

Die Fertigungssteuerung bezieht sich unmittelbar auf den Ablauf des Fertigungsprozesses. Sie bereitet ihn für konkrete Fertigungsaufträge vor, lenkt und überwacht ihn.

Dabei ist die Fertigungssteuerung einerseits auf den einzelnen Auftrag bzw. die einzelne Position des Fertigungsprogramms, andererseits zugleich auf die Steuerung aller Aufträge durch den gesamten Fertigungsfluss abgestellt.

Je nachdem, ob Einzel- und Kleinserienfertigung oder Großserien-, Massen- und Sortenfertigung vorliegt, haben Fertigungsplanung und Fertigungssteuerung ein unterschiedliches Gewicht:

Schwerpunkte von Fertigungsplanung und Fertigungssteuerung	
bei Großserien-, Massen-, Sortenfertigung:	**bei Einzel- und Kleinserienfertigung:**
• Aufträge meist ähnlich oder gleich	• Kundenaufträge, im Extremfall immer verschieden (andere konstruktive, bearbeitungsmäßige, materialmäßige Schwerpunkte)

bei Großserien-, Massen-, Sortenfertigung:	bei Einzel- und Kleinserienfertigung:
• Die **Fertigungsplanung** plant eingehend und detailliert den Produktionsablauf und versucht, ihn dem Flussprinzip anzunähern. Ein Fließarbeitsplan hält alle Verrichtungen in der richtigen Reihenfolge fest. Die Zeiten der Arbeitsvorgänge werden berechnet, die Taktzeiten festgelegt und aufeinander abgestimmt.	• Die **Fertigungsplanung** kann nur den organisatorischen Rahmen unter Verzicht auf detaillierte Planungsunterlagen schaffen.
• Die **Fertigungssteuerung** konzentriert sich auf rechtzeitige Materialbereitstellung, personelle Besetzung der Arbeitsplätze, Überwachung der Bestände an Material und Erzeugnissen sowie auf Störungen des Ablaufes.	• Die **Fertigungssteuerung** muss immer neu die Probleme der Materialdisposition, Termindisposition, Auftragsumwandlung, Maschinenbelegung, Bereitstellungsdisposition, Arbeitsverteilung und Arbeitsüberwachung lösen.

Eine eindeutige Abgrenzung von Fertigungsplanung und -steuerung ist nicht möglich. Darum ist in der Praxis meist eine besondere Abteilung, die **Arbeitsvorbereitung**, mit den Aufgaben sowohl der Fertigungsplanung als auch der Fertigungssteuerung betraut. Sie bedient sich für die Erfüllung dieser Aufgabe heutzutage computergestützter Systeme (CAP, PPS, BDE; vgl. S. 208).

Web

Sehen Sie sich auch die Übersicht *Prozesse in der Fertigung* an.

M 227

DRITTER ABSCHNITT

8.2.3 Ablaufplanung

Erstellung des Fertigungsplans

Aus Zeichnungen und Stücklisten wird der Fertigungsplan entwickelt. Er enthält die Baugruppen des Produkts mit den zu fertigenden Teilen.

Beispiel: Konstruktionsstückliste und Fertigungsplan

C:\Konstruktionsstückliste Nr.: 03

Schieberadgetriebe							Baugruppe/Zeichn.- Nr. 3-4205	
Gr.	Lfd. Nr.	St. je Einheit	Gegenstand	*)	Zeichn.-Nr. oder Modell-Nr.	Werkstoff	Rohmaße	Rohgewicht kg/Stück
0	1	1	Gehäuse		3–4205/1	Ge 12. 91	2018	12,000
0	2	1	Deckel		3–4205/2	Ge 12. 91	1019	4,500
II	3	6	Sechskantschraube M			St 37	DIN 931	
0	4	1	Welle		3–4205/3	C 45 G	Ø 35; 135	0,550
0	5	1	Welle		3–4205/4	St 50. 11	Ø 25; 180	0,600
0	6	1	Stirnrad 28 Z	X	3–4205/5	St 60. 11	Ø 65; 22	0,540
0	7	1	Stirnrad 36 Z	X	3–4205/6	St 60. 11	Ø 75; 22	0,730
0	8	1	Stirnrad 24 Z	X	3–4205/7	St 60. 11	Ø 60; 22	0,445
0	9	1	Stirnrad 32 Z	X	3–4205/8	St 60. 11	Ø 65; 22	0,540
I	10	1	Ö lstutzen M 16			St 37		
0	11	2	Buchse		3–4205/9	G Bz 9	2022	0,255
0	12	2	Buchse		3–4205/10	G Bz 9	2023	0,285
I	13	2	Verschraubung M 18			St 37. 12		
0	14	1	Kegelzahnrad		3–4205/11	St 60. 11	Ø 65; 50	1,350
I	15	1	Riemenscheibe 140 Ø	X		Ge 12. 91		
0	16	1	Nutenscheibe		3–4205/12	St 50. 11	Ø 70; 20	0,700
II	17	5	Zylinderschraube M			St 37	3020	
0	18	1	Gabel mit Griff	X	3–4205/13	Ge 12. 91	2020	2,560
0	19	1	Indexbolzen		3–4205/14	St 37. 12	Ø 8; 40	0,018
I	20	1	Druckfeder 10 Ø ; 30		3–4205/15	Federst.	Ø 1,5; 200	
II	21	2	Kugellager 6404				DIN 625	
II	22	2	Kugellager 6405				DIN 625	
I	23	4	Dichtungsring Fi 6			Filz		
I	24	1	Passfeder A 5x5; 25			Keilstahl	DIN 6885	
II	25	1	Passfeder A 5x5; 20			Keilstahl	DIN 6885	
II	26	2	Kugellager EL 5				DIN 625	
I	27	2	Halsschraube M 8x12; 6			St 37		
II	28	4	Zylinderstift 6 m 6x24			St 60	DIN 7 geh.	

0 = Fertigungsteil
I = Bezugsteil
II = Normteil

*) kommt in mehreren Typen vor (Baukastenteil)

	Datum	Name
bearbeitet	15.01.20..	Schneider
geprüft	18.01.20..	Müller

Liste besteht aus 3 Blatt

Blatt-Nr. 1

C:\Fertigungsplan Nr.: 30

Schieberadgetriebe

Nr.	Fertigungs-gruppe	Einzelteile	Arbeits-plan-Nr.	Zeichnungs-Nr	Stück-liste-Nr.	Bemerkung
300	Gehäuse	Gehäusekasten	3000	3-4205/1	03/1	
		Gehäusedeckel	3001	3-4205/2	03/2	
301	Getriebe-	Welle	3010	3-4205/3	03/4	
	Einbausatz	Welle	3011	3-4205/4	03/5	
		Stirnrad 28 Z	3012	3-4205/5	03/6	
		Stirnrad 36 Z	3013	3-4205/6	03/7	
		Stirnrad 24 Z	3014	3-4205/7	03/8	
		Stirnrad 32 Z	3015	3-4205/8	03/9	
		Buchse	3016	3-4205/9	03/11	
		Buchse	3017	3-4205/10	03/12	
		Kegelzahnrad	3018	3-4205/11	03/14	
		Nutenscheibe	3019	3-4205/12	03/16	
302	Zuhaltung	Gabel mit Griff	3020	3-4205/13	03/18	
		Indexbolzen	3021	3-4205/14	03/19	

DRITTER ABSCHNITT

Erstellung des Arbeitsplans

Für jedes Fertigungsteil, jede Baugruppe und das Produkt hält man nun in einem gesonderten Arbeitsplan das technische Fertigungsverfahren (Fertigungsablauf) genau fest.

Der Arbeitsplan enthält die Folge der Arbeitsvorgänge für ein Erzeugnis, eine Baugruppe oder ein Einzelteil. Er enthält auch die nötigen Informationen über:

- **das Werkstück,**
- **das Ausgangsmaterial,**
- **die Betriebsmittel (Kostenstellen),**
- **die Vorrichtungen und Werkzeuge,**
- **die Lohngruppen,**
- **die Rüstzeiten und Vorgabezeiten je Einheit.**

Beispiel: Arbeitsplan

C:\Arbeitsplan Nr.: 3000

Gegenstand	Auftrags-(Kommissions-)Nr.	Arbeitsplan Nr.
Gehäusekasten 03/1		3000

Zeichnungs-Nr.	Baumuster-Type	Teil-Nr.	Los-Nr.	Losgröße
4-420571	6045-006.039	3000		

Menge	Einh.	Werkstoff	Abmessung oder Modell-Nr.
1	Stück	Ge 12.91	2018

Betriebs-mittel, Kosten-stelle	Arb.-folge	Arbeitsvorgang	Unter-weisungs-karte Nr.	Vorrichtung, Werkzeug	Lohn-gruppe	Zeitvorgabe t_r	t_e
1130	010	richten	30000		04	8,00	1,00
0310	020	Auflagefläche winklig fräsen	30001	Fräsvorr. 3	06	10,00	1,20
0260	030	bohren Ø 5,8	30002	Bohrvorr. 7	05	8,00	0,50
0260	040	bohren 4 x Ø 4,8; 2 x Ø 2,8; 2 x Ø 3,8; 9 x Ø 2,5; Ø 4	30003	Bohrvorr. 9	05	8,00	8,10
0260	050	reiben 2 x Ø 4; 2 x Ø 3	30004		06	8,00	1,90
0280	060	Gewinde schneiden 10 x M3	30005	Gew. vorr. 7	06	8,00	4,40
0260	070	reiben 4 x Ø 5	30006	Reibvorr. 17	06	8,00	2,20
0310	080	Fläche winklig fräsen	30007	Fräsvorr. 12	06	10,00	1,50
1130	090	entgraten	30008		03	5,00	1,20

t_r = Rüstzeit, t_e = Zeit je Einheit (in Dezimalminuten [1 Std. = 100 Min.])

Der Inhalt des Arbeitsplans im Einzelnen:

- **Allgemeine Angaben:** Sie kennzeichnen den Arbeitsplan und das Werkstück.
- **Arbeitsvorgänge:** Es sollen die Bezeichnungen verwendet werden, die vom Deutschen Institut für Normung in der Norm DIN 8580 (Einteilung der Fertigungsverfahren) festgelegt worden sind[1].
- **Material:** Das Material wird hinsichtlich Werkstoff, Form und Rohabmessung endgültig vom Arbeitsplaner festgelegt. Hilfsmittel hierfür sind die Zeichnungen und Stücklisten. Den Materialstammdaten des PPS-Systems können außerdem technische Hinweise sowie Hinweise auf Lagerbestände, Lagerabmessungen und Materialkosten entnommen werden.
- **Betriebsmittel:** Jedem Arbeitsvorgang wird das entsprechende Betriebsmittel zugeordnet. Die Betriebsmitteldaten werden ebenfalls dem PPS-System entnommen: fertigungstechnische Daten (z. B. Arbeitsbereich, Leistung) und wirtschaftliche Daten (Maschinenstundenkosten bei Normalauslastung). Die kostengünstigste Maschine ist auszuwählen. Dabei muss eventuell die geplante Ausbringungsmenge beachtet werden. Eine kleine Menge kann wahrscheinlich auf einer einfachen Maschine wirtschaftlicher gefertigt werden, eine große Serie auf einem Automaten. Nicht vorhandene Maschinen müssen beschafft werden. Es besteht aber auch die Möglichkeit, Lohnaufträge an andere Betriebe zu vergeben, wenn die eigene Kapazität qualitativ oder quantitativ nicht ausreicht.
- **Fertigungshilfsmittel[2]:** Werkzeuge, Vorrichtungen, Lehren und Förderzeuge sollen so ausgesucht werden, dass die Kosten des Produktionsprozesses minimiert werden. Universalvorrichtungen lohnen sich bei Einzel- und Kleinserienfertigung, weil sie für unterschiedliche Probleme immer wieder verwendet werden können. Spezialvorrichtungen sind auf ganz bestimmte Arbeitsgänge zugeschnitten und lohnen sich folglich nur bei größeren Serien.
- **Arbeitswerte:** Die Arbeitswerte sind Ausdruck der Anforderungen, die der Arbeitsvorgang an den Ausführenden stellt. Gemäß diesen Anforderungen ist der Arbeitsvorgang im PPS-System fest einer Lohngruppe zugeordnet. Somit ist der Arbeitswert eine bestimmende Größe für die Höhe des Entgelts. Grundlage für die Einteilung sind sogenannte Arbeitswertstudien[3].
- **Die Zeitdaten:** Das PPS-System enthält die Vorgabezeit je Einheit sowie die Rüstzeiten für bekannte Tätigkeiten. Man erhält die Werte durch Arbeitszeitstudien[4].

Die genannten Daten werden den Arbeitsvorgängen teils automatisch durch das PPS-System zugeordnet (z. B. die Arbeitswerte), teils wählt der Arbeitsplaner sie über Dialogfenster, die das PPS-System anbietet, am Bildschirm aus.

Bei numerisch gesteuerten Maschinen kann der Arbeitsplan ggf. durch ein CAD-erstelltes Steuerprogramm ersetzt werden, das alle Schalt-, Weg- und Werkzeuginformationen sowie die technologischen Angaben, Vorschub-, Drehzahlwerte usw. als Maschinenbefehle enthält.

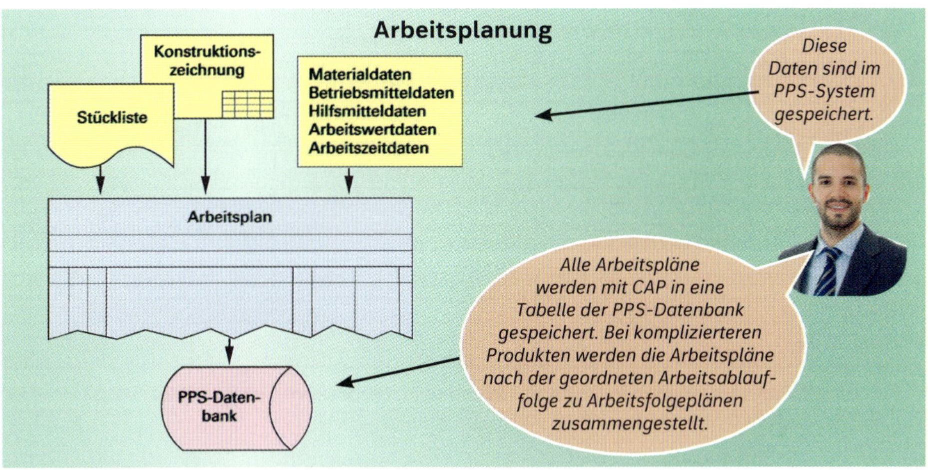

[1] Vgl. Infomaterial M 198. [2] Vgl. S. 234. [3] Vgl. S. 486 ff. [4] Vgl. S. 482 ff.

Der behandelte Arbeitsplan ist ein sog. **Basisarbeitsplan**. Er ist vorerst noch auftragsunabhängig, d. h., er enthält keine Daten eines konkreten Fertigungsauftrags. Diese Daten werden erst bei der Maschinenbelegung hinzugefügt. Dadurch entsteht ein **Auftragsarbeitsplan**.

Arbeitsaufträge

1. **Auf den vorausgehenden Seiten sind abgedruckt: eine Konstruktionsstückliste (Seite 227), ein Fertigungsplan (Seite 228), ein Arbeitsplan (Seite 228). Bilden Sie mehrere Gruppen, die die folgenden Aufgaben lösen.**
   a) Erläutern Sie den Zweck und den Aufbau des Fertigungsplans.
   b) Erläutern Sie, wie der Fertigungsplan aus der Stückliste abgeleitet wurde.
   c) Erläutern Sie den Zweck und den Aufbau des Arbeitsplans.
   d) Erstellen Sie ein ereignisgesteuertes Prozesskettendiagramm, das aufzeigt, wie der Arbeitsplan aus Stückliste und Fertigungsplan abgeleitet wurde.
   e) Der Arbeitsplan enthält Informationen über den Werkstoff, die benötigten Maschinen, Werkzeuge und Vorrichtungen sowie über die Lohngruppe der Arbeitnehmer und die Zeitvorgaben. Woher entnimmt der Arbeitsplaner diese Informationen?
   f) Der Arbeitsplan berücksichtigt auch die benötigten Fertigungshilfsmittel.
   - Welche Arten von Hilfsmitteln sind zu unterscheiden?
   - Wann lohnt sich der Einsatz von Universal- bzw. Spezialvorrichtungen?

   Präsentieren Sie die Ergebnisse Ihrer Gruppenarbeit mithilfe einer Präsentationssoftware.

2. **Arbeitspläne sehen in den einzelnen Betrieben vom Aufbau des Formulars her unterschiedlich aus.**
   a) Beschaffen Sie sich einen Arbeitsplan aus Ihrem Ausbildungsbetrieb und untersuchen Sie ihn auf eventuelle zusätzliche oder andere Angaben.
   b) Erläutern Sie, wie dieser Arbeitsplan aus Stückliste und Fertigungsplan abgeleitet wurde.

3. **Der Arbeitsplaner stellt fest, dass ein Arbeitsvorgang auf den Maschinen 8261, 8270 oder 8271 durchgeführt werden kann:**

Maschinen-Nummer	Rüstkosten (EUR)	Fertigungskosten pro Stück (ohne Rüstkosten) (EUR)
8261	200,00	0,25
8270	60,00	0,30
8271	10,00	0,40

   a) Auf welcher Maschine sollte ein Auftrag über 100 Stück gefertigt werden?
   b) Auf welcher Maschine sollte ein Auftrag über 1 000 Stück gefertigt werden?
   c) Bei welcher Auftragsmenge sind die Gesamtkosten für die Maschinen 8261 und 8270 gleich?

4. **Basisarbeitsplan für die Montage eines Einbaudownlights**

Arbeitsplan					
Montage eines Einbaudownlights			Arbeitsplannummer: **3434**		
Kundennummer:			**Baustelle:** Köln, Meierstr. 8		
Zeichnungs-Nr.:					
Menge:	**Einheit:**	**Werkstoff:**	**Modell-Nr.:**		
Nummer des Arbeitsgangs	**Arbeitsvorgang**	**Werkzeug**	**Rüstzeit (Min.)**	**Zeit je Einheit (Min.)**	**Lohngruppe**
010	Ausschnitt für Leuchte erstellen	Fräse	4	1,5	1
020	Grundelement einsetzen und befestigen	Schraubendreher	3,5	3	1
020	Anschluss Zuleitung	Schraubendreher, Abmantler, Abisolierzange	1	5	3
040	Einsetzen des Reflektors	Schraubendreher	1	1	1
050	Bestücken der Leuchte		0,5	0,5	1
060	Montage Blendschutzraster		1	1	2

   a) Ist der Basisarbeitsplan in Ordnung? Wenn nein, verbessern Sie die Fehler.
   b) Wie viel Zeit benötigt der Einbau von 10 Downlights?

DRITTER ABSCHNITT

Erstellung der Zeitpläne (Fristenpläne)

Die Planung des Arbeitsablaufs erfordert auch:

- die **Ermittlung des Zeitaufwands** für jeden Arbeitsabschnitt,
- die **Ermittlung der Durchlaufzeit** der Erzeugnisteile und des gesamten Erzeugnisses.

Für die Zeitplanung gilt:

- Die benötigten Zeitvorgaben werden durch Arbeitszeitstudien[1] ermittelt. Sie werden im PPS-System gespeichert und teilweise (Rüstzeit, Ausführungszeit je Einheit) auch im Arbeitsplan festgehalten.
- Die ermittelten Zeiten beziehen sich **nicht** auf konkrete Aufträge und deren Termine. Sie geben nur eine Übersicht über die Zeitvorgaben jeder Fertigungsstufe und ihrer Lage zueinander. Sie berücksichtigen nicht die Dringlichkeit von Aufträgen sowie die Belegung und Vorbelastung von Betriebsmitteln und Werkstätten. Hier liegt der Unterschied zur Terminplanung/Termindisposition[2]. Diese ist auf konkrete Aufträge ausgerichtet.
- Die Zeitplanung legt den Zeitaufwand im Detail fest. Dies erleichtert wesentlich die anschließende Terminplanung/Termindisposition. Das gilt auch, wenn die theoretischen Werte den später tatsächlich benötigten Durchlaufzeiten nicht genau entsprechen.
- Die ermittelten Werte dienen u. a. der Lohnabrechnung und Kostenrechnung.

DRITTER ABSCHNITT

Die Durchlaufzeit ist die Zeitspanne, die zwischen dem Beginn des ersten Arbeitsganges und dem Ende des letzten Arbeitsganges verstreicht.

Die Durchlaufzeit kann für ein Stück, aber auch für jede beliebige andere Stückzahl ermittelt werden (z. B. für eine optimale Losgröße oder einen Fertigungsauftrag).

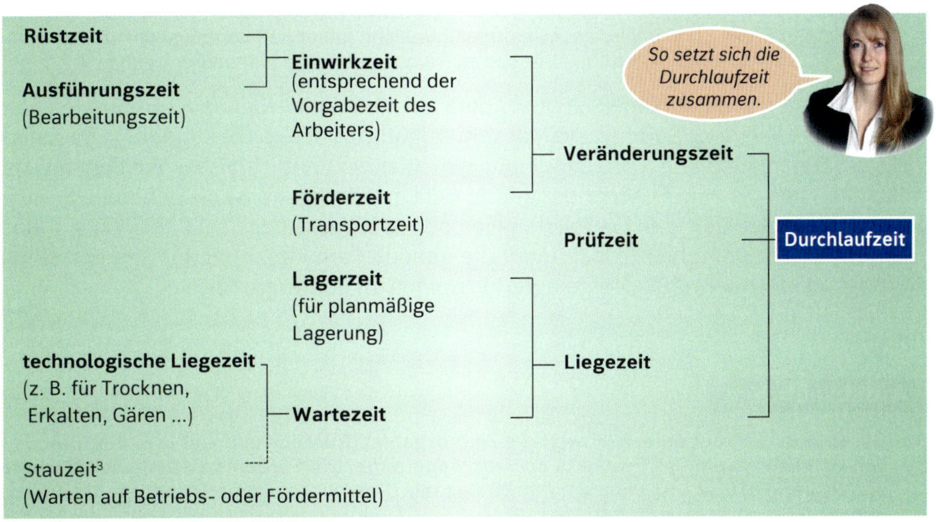

Zeitpläne (oder Fristenpläne) in Form von Balkendiagrammen sind ein gebräuchliches – weil sehr anschauliches – Mittel zur Darstellung der Durchlaufzeiten von Teilen, Gruppen

---

[1] Vgl. S. 482 ff.

[2] Vgl. S. 243 ff. Die Terminfestlegung ist typisch für die Schwierigkeiten bei der Abgrenzung von Fertigungsplanung und Fertigungssteuerung: Bei Auftragsfertigung ist sie eine Dispositionsaufgabe (Termin**disposition**) im Rahmen der Fertigungssteuerung. Bei Lagerfertigung werden die Fertigungstermine unabhängig von vorliegenden Kundenaufträgen im Voraus festgelegt. Daher ist die Terminfestlegung hier eine planerische Aufgabe (Termin**planung**) im Rahmen der Fertigungsplanung.

[3] Wird bei der Zeitplanung i. d. R. nicht berücksichtigt, sondern erst bei der Terminplanung.

und Produkten. Sie stellen jeden Vorgang durch einen Balken dar. Seine Länge entspricht der geplanten Zeit (Vorgabezeit, Sollzeit) des Vorgangs.

Beispiel: Zeitplan ■ = Einwirkzeit ■ = Transport- und Liegezeit

Gehäusekasten 03/1	Arbeitsplan Nr. 3000	Losgröße: 100 Stück
	Arbeitsvorgang	Durchlaufzeit
010	richten	160
020	fräsen	190
030	bohren	118
040	bohren	878
050	reiben	258
060	Gewinde schneiden	508
070	reiben	288
080	fräsen	240
090	entgraten	185
	Gesamtdurchlaufzeit	2825

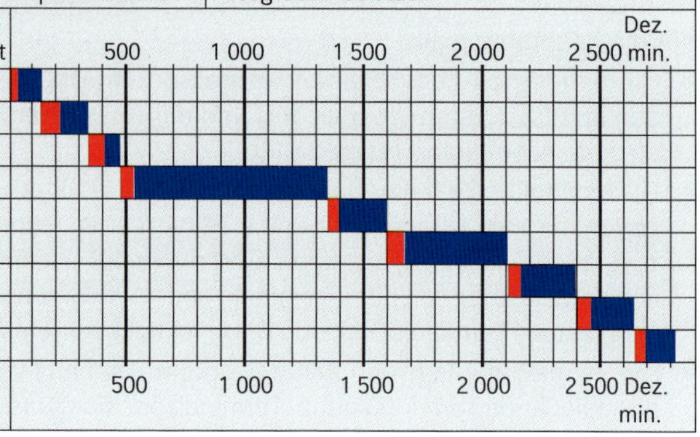

Durch unproduktive Zeiten liegen Teile fest. Es entstehen organisatorische Läger. Sie verursachen Zins- und Lagerkosten. Eine Minimierung der Durchlaufzeiten bedeutet deshalb gleichzeitig die Minimierung der organisatorischen Läger. Dazu muss man versuchen, ein möglichst starkes Überlappen der Vorgänge zu erreichen.

Beispiel: Minimierung der Durchlaufzeit

In dem abgebildeten Zeitplan wird mit Vorgang 050 erst begonnen, nachdem die vollständige Losgröße von 100 Stück in Vorgang 040 abgearbeitet wurde. Würde man bereits nach 50 Stück mit Vorgang 050 beginnen, so würden sämtliche folgenden Vorgänge um 409 Minuten nach vorn verschoben. Allerdings tritt dadurch ein zusätzlicher Transportvorgang hinzu.

Die Aufstellung von Zeitplänen ist besonders bei Mehrfachfertigung zu empfehlen. Vor allem bei Großserien-, Sorten- und Massenfertigung lohnt sich die sorgfältige Minimierung der Durchlaufzeiten. Die Zeitplanung geht hier bekanntlich bis zur Festlegung von Taktzeiten und bis zum Fließbandabgleich. Bei Einzelfertigung ist die generelle Ermittlung der Durchlaufzeit z. B. für Teilefamilien oder Baukastenteile sehr sinnvoll. Für das Gesamtprodukt steht hier jedoch mehr die genaue Terminplanung für den einzelnen Auftrag mit kalendermäßig festgelegten Terminen im Vordergrund.

Arbeitsaufträge

1. **Der Arbeitsplan auf Seite 228 zeigt die Zeitvorgaben (Rüstzeit und Zeit je Einheit) für das Teil *Gehäusekasten* des Produkts *Schieberadgetriebe*. Die Förder- und Liegezeit betrage vor Vorgang 010 52 Dez.min., vor 080 80 Dez.min., ansonsten vor jedem Vorgang 60 Dez. min.**
   Berechnen Sie die Durchlaufzeit für 1 Stück, 50 Stück und 100 Stück nach folgendem Schema:

Vorgang	Förder- und Liegezeit	Rüstzeit	Ausführungszeit für 1 Stück	Ausführungszeit für 50 Stück	Ausführungszeit für 100 Stück
010 020 ...					
Summe:					
Durchlaufzeit:					

(Benutzen Sie ein Tabellenkalkulationsprogramm.)

2. Ein Betrieb fertigt fünf Getriebewellen. Die Teile durchlaufen zuerst die Dreherei, anschließend die Fräserei entsprechend dem folgenden Balkendiagramm.

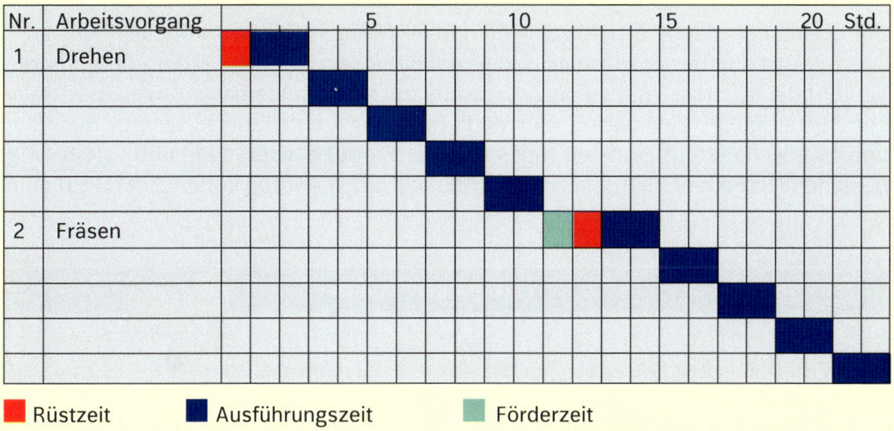

a) Ermitteln Sie die Liegezeit in der Dreherei.
b) Ermitteln Sie die Gesamtdurchlaufzeit.
c) Beurteilen Sie, ob mit dem folgenden Vorschlag die Durchlaufzeit verkürzt werden kann: Jede Welle soll sofort nach ihrer Bearbeitung in der Dreherei in die Fräserei transportiert und dort so früh wie möglich bearbeitet werden.
   - Fertigen Sie hierfür einen neuen Fristenplan an.
   - Ermitteln Sie die neue Gesamtdurchlaufzeit.
   - Nennen Sie weitere Vorteile dieser überlappenden Fertigung.
   - Nennen Sie andererseits Nachteile.

3. Ein rascher Materialdurchlauf ist ein wesentliches Ziel der Zeitplanung. In bestimmten Fällen steht dieses Ziel jedoch in Konflikt mit dem ebenfalls wichtigen Ziel einer möglichst vollständigen Kapazitätsauslastung.
a) Begründen Sie beide Zielsetzungen.
b) Wann widersprechen sich die beiden Ziele?

4. Für die Bestimmung der Durchlaufzeit eines Auftrages liegen folgende Zeiten vor:

Rüstzeit	**150 Sekunden**	**Prüfzeit**	**120 Sekunden**
Ausführungszeit	**350 Sekunden**	**Lagerzeit**	**120 Sekunden**
Förderzeit	**20 Sekunden**	**Wartezeit**	**60 Sekunden**

a) Berechnen Sie die Liegezeit, die Veränderungszeit und Durchlaufzeit je Einheit.
b) Berechnen Sie die Durchlaufzeit für die Fertigung von 100 Einheiten.
c) Berechnen Sie die Durchlaufzeit für die 100 Einheiten, wenn der Auftrag aus innerbetrieblichen Gründen in vier gleiche Teileinheiten zerlegt wird.

8.2.4 Bedarfsplanung

Das Produkt Schieberadgetriebe wurde – wie schon auf S. 226 gesagt – vor drei Jahren ins Produktionsprogramm von MGB aufgenommen. Es passte genau in das bisherige Produktfeld und wies keine wesentlichen konstruktiven Unterschiede zu drei anderen Produkten aus dem bestehenden Produktionsprogramm auf. So konnte es vom vorhandenen Personal auf den vorhandenen Maschinen gefertigt werden und bot vor allem die Möglichkeit, die bestehenden Produktionskapazitäten besser auszulasten. Nur einige Fertigungshilfsmittel mussten neu bereitgestellt werden.

Für die Fertigung besteht **Bedarf an Betriebsmitteln, Arbeitskräften und Materialien**. Er ist nach Art, Menge und Zeit zu planen.

Bedarf
= benötigte Arten in den benötigten Mengen zum Bedarfszeitpunkt

Betriebsmittelbedarf

Betriebsmittel sind vor allem Maschinen und Fertigungssysteme.

Der notwendige Bestand an Maschinen und Fertigungssystemen wird langfristig geplant. Diese Betriebsmittel sind deshalb nur bei der Betriebsgründung, bei der Aufnahme neuartiger Produkte in das Produktionsprogramm, bei Kapazitätserweiterungen, bei Änderungen der Fertigungsorganisation oder Modernisierungs- und Rationalisierungsmaßnahmen neu zu beschaffen. Ansonsten muss sich die Produktionsplanung und -steuerung am bestehenden Betriebsmittelpark ausrichten und jeden Auftrag entsprechend einbauen.

Zu den Betriebsmitteln gehören weiterhin die Fertigungshilfsmittel.

Fertigungshilfsmittel

Werkzeuge
Gegenstände zur Bearbeitung von Werkstücken, entweder für manuelle Benutzung oder zum Einspannen in Maschinen (z. B. Bohrer, Fräser)

Vorrichtungen
Hilfsmittel für Maschinen und Werkzeuge, um Werkstücke vorteilhaft und/oder sicher bearbeiten zu können (z. B. Spann-, Bohr-, Fräs-, Messvorrichtungen)

Lehren
Prüfmittel, die das Maß und/oder die Form des zu prüfenden Werkstücks verkörpern

Förderzeuge
Gegenstände, die dem Transport der Materialien, Werkstücke, Werkzeuge und anderer Objekte dienen

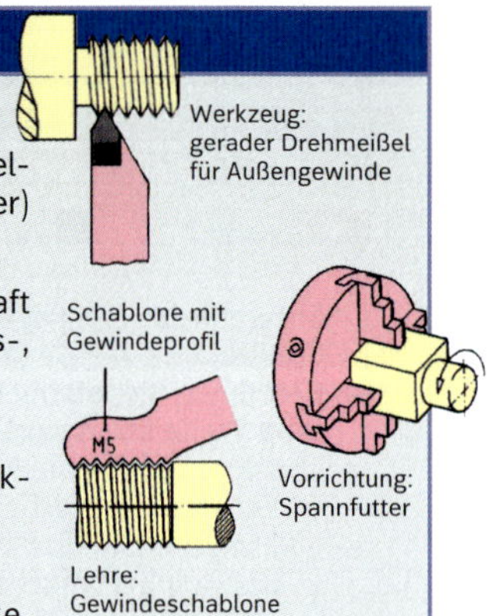

Personalbedarf

Wie der Betriebsmittelbedarf, so wird auch der Personalbedarf grundsätzlich langfristig geplant. Insofern ist eine auf die Besetzung von Stellen gerichtete Personalplanung ebenfalls nur bei Fertigungsaufnahme, -erweiterung und -umstellung erforderlich. Dann ist Personal in der benötigten Menge (quantitativer Personalbedarf) und mit der benötigten Qualifikation (qualitativer Personalbedarf) bereitzustellen. Der Bedarf wird im Stellenplan festgehalten[1]. Er ist in der Regel auch an den Bestand und die Veränderungen von Betriebsmitteln gebunden. Betriebsmittel- und Personalbedarfsplanung werden darum meistens gemeinsam vorgenommen.
Kurzfristig ist der Personalbestand hingegen eine feste Größe. Neue Aufträge müssen sich folglich hinsichtlich Fertigungsmenge und Lieferfristen an Personalbestand und verfügbare Arbeitszeit anpassen. Bei Überlastung ist ggf. ein Ausgleich durch Überstunden oder Vergabe von Lohnaufträgen an andere Betriebe möglich.

Materialbedarf

Der Bedarf an Materialien ergibt sich entweder aus dem Fertigungsprogramm (der Produktpalette) des Betriebes im betreffenden Planungszeitraum oder aus vorliegenden Kundenaufträgen.
Das Ergebnis der Konstruktion sind bekanntlich **Zeichnungen** des Produkts sowie **Stücklisten**. Die Stücklisten führen alle Baugruppen, Einzelteile und Materialien auf, aus denen das Produkt besteht.

[1] Auf S. 418 ff. finden Sie weitere Einzelheiten zur Personalplanung.

Dementsprechend sind folgende **Bedarfsarten** zu unterscheiden:

		Beispiele: Bedarfsarten
• **Primärbedarf**	→ die verkaufsfähigen Produkte, Ersatzteile und Handelswaren	→ Drehmaschinen
• **Sekundärbedarf**	→ – die Baugruppen des Produkts	→ Getriebe in der Drehmaschine
	– die Einzelteile der Baugruppen	→ Welle im Getriebe
	– die Rohstoffe, aus denen die Einzelteile gefertigt werden	→ Gussstahl
• **Tertiärbedarf**	→ der Bedarf an Hilfs- und Betriebsstoffen	→ Schmierfett
• **Zusatzbedarf**	→ entsteht zusätzlich zum Sekundärbedarf	→ Zusatzbedarf wegen Ausschuss, Schwund, Ungenauigkeiten

Die Bedarfsmengen an Materialien und Teilen werden entweder anhand von Verbrauchswerten der Vergangenheit **pauschal** ermittelt (sog. **verbrauchsgesteuerte Bedarfsermittlung**), oder er wird für ein mengenmäßig bestimmtes Produktionsprogramm exakt festgelegt (sog. **plangesteuerte Bedarfsermittlung**).

Bei einem nach Art und Menge längerfristig festgelegten Fertigungsprogramm ist die Materialbedarfsplanung eher der Fertigungsplanung zuzurechnen, bei einem kurzfristigen Fertigungsprogramm und Auftragseinzelfertigung der Fertigungssteuerung (Materialdisposition).

Arbeitsaufträge

1. **Ein Betrieb soll drei Produkte P1, P2 und P3 fertigen, die aus den folgenden Baugruppen (G) und Teilen (E) zusammengesetzt sind. Produkte und Baugruppen setzen sich wie folgt zusammen:**

P1	P2	P3	G1	G2	G3	G4
1G1 1G2 1E1 1E2	1G1 1G2 1G3	1G1 1G4 3E1 2E4	2E4 1E5	1G1 1E1 1E3 1E4	1E4 1E6 1E8	2E2 1E4 1E7

   a) Erläutern Sie anhand dieses Beispiels die Begriffe Primärbedarf und Sekundärbedarf.
   b) Warum sind Tertiär- und Ergänzungsbedarf nicht in den Strukturbäumen zu finden?

2. **Die Motoren GmbH hat einen neuartigen Fahrrad-Hilfsmotor entwickelt, der die Tretleistung des Fahrers nicht ersetzen, sondern unterstützen soll. Es sollen vor allem die Fahrgeschwindigkeit erhöht und das Fahren an Steigungen und bei Gegenwind erleichtert werden.**

   Die Konstruktionsarbeiten für den Motor sind abgeschlossen. Mit mehreren Fahrradherstellern wurden langfristige Verträge geschlossen, die einen Absatz von monatlich 900 Motoren sichern. Für eine Produktion von täglich etwa 40 Motoren müssen neue Kapazitäten bereitgestellt werden.

   Geben Sie in Grundzügen die notwendigen Überlegungen wieder, die sich auf die Bedarfsplanung für Betriebsmittel, Personal und Material für den beschriebenen Fall beziehen.
   (Bilden Sie ggf. drei arbeitsteilige Gruppen. Jede Gruppe erstellt einen Bericht für eine Bedarfsart und trägt ihn vor.)

8.3 Prozesse der Fertigungssteuerung

Die Bestellung der 200 Schieberadgetriebe (siehe S. 222) ist von MGB wie folgt auszuführen: 100 Stück sind sofort zu liefern (Sofortauftrag). Die Sofortlieferung ist möglich, weil aufgrund früherer Fertigungsaufträge noch 110 Stück auf Lager liegen. Für die restlichen 100 Stück wurde eine Lieferfrist von 4 Monaten vereinbart (Terminauftrag). Da die Erfahrung zeigt, dass mit weiteren Kundenbestellungen zu rechnen ist, müssen ein optimaler Fertigungsauftrag entwickelt und die nötigen Maßnahmen zur Steuerung der Fertigung ergriffen werden.

Die Fertigungssteuerung bereitet den Fertigungsprozess für konkrete Fertigungsaufträge vor, lenkt und überwacht ihn.

Sie ist in Betrieben mit Massen- und Großserienfertigung von untergeordneter Bedeutung und tritt hinter eine eingehende Fertigungsplanung zurück. In Betrieben mit Einzelfertigung hingegen ist eine allgemeine Planung des Produktionsprozesses kaum möglich, da sich Kundenaufträge nach Produktart und -qualität stark unterscheiden. Hier ist die Fertigungssteuerung sehr ausgeprägt. Sie erfolgt meist nach vorher festgelegten Prioritätsregeln. Diese legen die Reihenfolge der Aufgaben nach ihrer Dringlichkeit fest.

Beispiele: Prioritätsregeln bei Auftragseinzelfertigung

- Auftragseingang: Aufträge, die zuerst eingehen, werden zuerst bearbeitet.
- Liefertermin: Aufträge, die zuerst ausgeliefert werden, werden zuerst bearbeitet.
- Kundenumsatz: Umsatzstarke Aufträge werden zuerst bearbeitet.
- Deckungsbeitrag: Aufträge mit dem höchsten relativen Deckungsbeitrag werden zuerst bearbeitet (vgl. S. 196).
- Rüstkosten: Gleichartige Aufträge werden zusammengefasst, um die Rüstkosten zu minimieren.

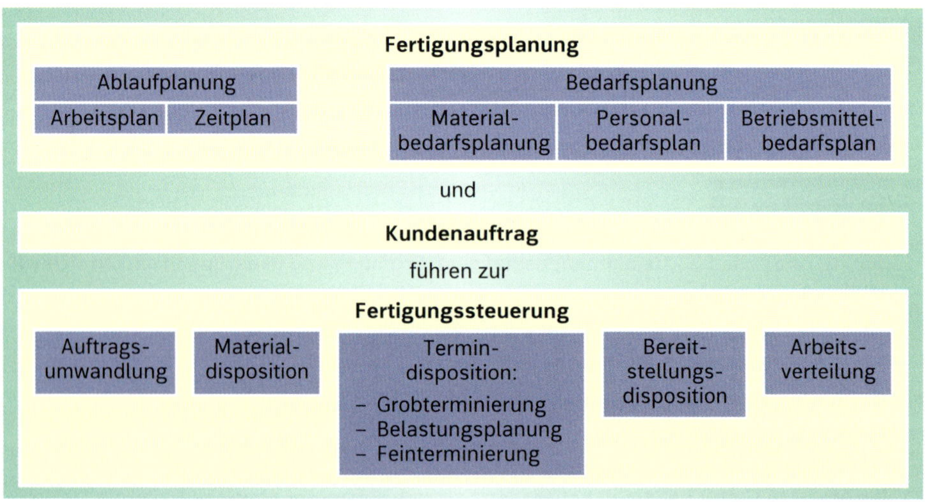

8.3.1 Auftragsumwandlung

Jeder eingegangene Kundenauftrag erhält im Verkauf eine Auftragsnummer und wird in einer Kundenauftragsmappe abgelegt (vgl. S. 611). Dann gelangt er zur Arbeitsvorbereitung. Dort wird die Stückliste überprüft, um festzustellen, welche Teile gefertigt und welche Materialien beschafft werden müssen. Für die Fertigungsteile sind Fertigungsaufträge (Fertigungslose) abzuleiten. Dabei ist zu beachten:

- Es können weitere Kunden- oder Innenaufträge für das gleiche Produkt mit unterschiedlichen Lieferterminen vorliegen.
- Es können weiterhin Aufträge für andere Produkte vorliegen, die gleiche Fertigungsteile enthalten.

Für jeden dieser Aufträge könnte man die notwendigen Fertigungsaufträge getrennt ableiten. Stattdessen kann aber auch eine Zusammenfassung zu größeren Fertigungsaufträgen sinnvoll sein.

Beispiel: Losbildung

Der oben angeführte Terminauftrag über 100 Getriebe verlangt die Fertigung von mindestens 90 Getrieben (10 Stück liegen noch auf Lager). Sie umfasst laut Konstruktionsstückliste die Herstellung eines Stirnrads 28 Z. Man könnte also hierfür ein Fertigungslos von 90 Stück bilden. Allerdings sind weitere Kundenbestellungen zu erwarten. Außerdem kommt das Teil auch in einem anderen Getriebe vor, von dem eine Bestellung über 200 Stück vorliegt. Insofern wäre auch ein größeres Fertigungslos, z. B. 290 Stück, vielleicht auch 500 Stück, sinnvoll.

Bei derartigen Zusammenfassungen spricht man von einer **Auftragsumwandlung**.

Vorteil: Reduzierung von Rüstkosten durch Zusammenfassung von Aufträgen

Nachteil: Lagerkosten für nicht sofort benötigte Teile. Deshalb kann umgekehrt auch die Aufteilung eines Kundenauftrags in kleinere Teillose sinnvoll sein.

Um die Summe von Lager- und Rüstkosten zu minimieren, versucht man in der Praxis, **optimale Losgrößen** zu bilden[1].

DRITTER ABSCHNITT

Arbeitsaufträge

1. **Bei der Auftragsumwandlung ist das Problem der optimalen Losgröße zu lösen.**
   a) Was versteht man unter einem Fertigungslos?
   b) Wie entwickeln sich bei wachsenden Losgrößen einerseits die Rüstkosten und andererseits die Lagerkosten? Kennzeichnen Sie dementsprechend die Kurven in der Grafik.
   c) Erläutern Sie anhand der Grafik die Kostenentwicklung bei wachsenden Losgrößen und geben Sie (ungefähr) die Stückzahl für die optimale Losgröße an.

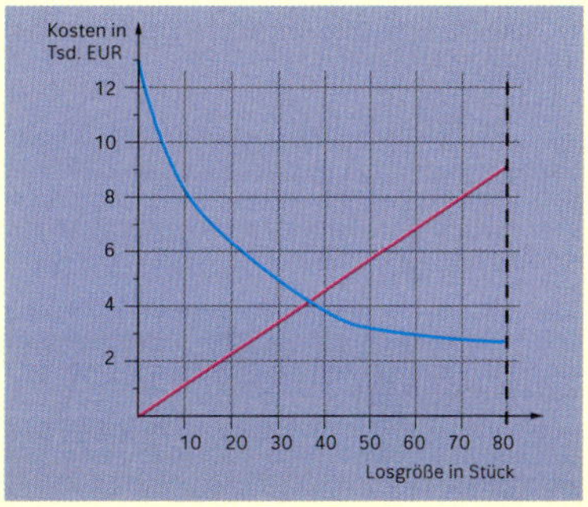

2. **Ein Industrieunternehmen mit verschiedenen Produkten führt die Optimierung der Losgröße gemäß unten stehender Tabelle durch.**
   a) Vervollständigen Sie unter Berücksichtigung proportional verlaufender Rüst- und Lagerkosten die Tabelle und ermitteln Sie die optimale Losgröße.

Anzahl der Lose	Losgröße (Stück)	Rüstkosten (EUR)	Lagerhaltungskosten (EUR)	Gesamtkosten (EUR)
10	24 000	10 000,00	60 000,00	
20	12 000			
40				

   b) Nennen Sie zwei Gründe, die ein Industrieunternehmen veranlassen können, von der optimalen Losgröße abzuweichen.

3. **Für Fertigungsteile nimmt die Arbeitsvorbereitung häufig eine Auftragsumwandlung vor.** Stellen Sie die Auftragsumwandlung mithilfe eines ereignisgesteuerten Prozessketten-Diagramms dar. (Anfangsereignis: vorliegender Nettobedarf; Endereignis: gespeicherter Auftrag)

[1] Vgl. S. 203 f.

8.3.2 Materialdisposition

Plangesteuerte Bedarfsermittlung

Bei der plangesteuerten Bedarfsermittlung[1] stellt man den Bedarf nach Art, Menge und Termin für ein mengenmäßig bestimmtes Produktionsprogramm oder vorliegende Kundenaufträge exakt fest. Ausgangsbasis sind die Konstruktionszeichnungen und Stücklisten.

■ Bruttobedarfsrechnung

Die Stücklisten sind im PPS-System gespeichert. Jede Stückliste führt die einzelnen Baugruppen und Teile eines Produkts auf. Gleiche Teile können an unterschiedlichen Stellen und in unterschiedlichen Baugruppen enthalten sein. Es ist festzustellen, wie oft jedes Teil insgesamt vorkommt. Dazu geht das PPS-System wie folgt vor:

Stücklistenauflösung: Die Stückliste wird in die Baugruppen und die darin enthaltenen Teile aufgelöst (zerlegt). Zweck: Feststellung des Sekundärbedarfs.

- Gleiche Teile werden addiert und mit der Fertigungsmenge des Produkts multipliziert.
- Das Vorgehen wird für alle Teile des Produkts wiederholt.
- Ergebnis: Sekundärbedarf an allen Teilen für ein Produkt.
- Der entsprechende Bedarf aller betroffenen Stücklisten wird addiert.
- Gegebenenfalls wird ein notwendiger Zusatzbedarf hinzuaddiert.
- Ergebnis: der Gesamtbedarf **(Bruttobedarf)** an allen Teilen für alle Produkte

Beispiel: Bruttobedarfsrechnung

Auszüge aus den Stücklisten zweier Produkte. Von Produkt 1 werden 100 Stück gefertigt, von Produkt 2 200 Stück. Wie viel Stück beträgt der Bedarf an dem Teil Sechskantschraube?

Pos.	Menge	Einh.	Benennung
1	2	Stck	Federring
2	2	Stck	Sechskantschraube
3	1	Stck	Gehäuseoberteil

Pos.	Menge	Einh.	Benennung
1	2	Stck	Stirnrad
2	2	Stck	Kugellager
3	6	Stck	Sechskantschraube

■ Nettobedarfsrechnung

Der Bruttobedarf wird um Lagerreserven und um erwartete Zugänge (aus der Fertigung und aus ausstehenden Bestellungen) korrigiert. Das Ergebnis ist der **Nettobedarf**. Dieser ist auf die verschiedenen Perioden (z. B. Wochen) zu verteilen, in denen er nach dem Fertigungsprogramm anfällt.

[1] Man findet auch folgende Bezeichnungen: programmgesteuerte, bedarfsgesteuerte, deterministische (vorausbestimmende) Bedarfsermittlung.

Beispiel: Nettobedarfsrechnung

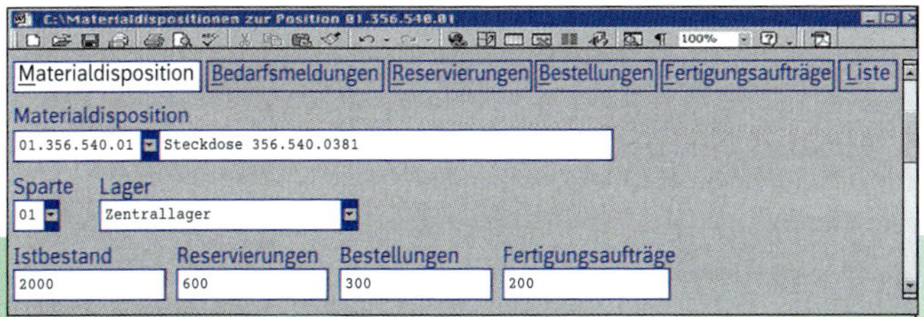

		Periode 1	Periode 2	Periode 3
Sekundärbedarf **Steckdose 356 540 0381**		800	500	1 200
+ Zusatzbedarf für Ersatzteile		200	100	200
+ Zusatzbedarf für Ausschuss		50	30	70
= Bruttobedarf		1 050	630	1 470
Lager-Istbestand	2 000			
– Mindestbestand	– 200			
– Reservierungen	– 600			
= sicher verfügbarer Lagerbestand	1 200			
+ erwartete Zugänge aus Fertigungsaufträgen	200			
+ erwartete Zugänge aus Bestellungen	300			
= Lagerreserve (wahrscheinlich verfügbarer Lagerbestand)	1 700	– 1050	– 350	– 300
= **Nettobedarf**		0	280	1 170
Vorlaufverschiebung		280 ←	1170 ←	

Die Berechnung des Nettobedarfs setzt eine lückenlose Lagerbestandsführung durch das PPS-System voraus, die alle Lagerbewegungen erfasst.

■ Vorlaufverschiebung

Das obige Beispiel für eine Nettobedarfsberechnung enthält eine Vorlaufverschiebung um eine Periode. Dies hat folgenden Hintergrund:

Der Bedarf muss mengenmäßig und zeitlich festgelegt werden. Maßgebend ist der geplante Fertigstellungstermin des Produkts (Zeitpunkt des Primärbedarfs). Gehen Sekundärteile/-materialien in übergeordnete Teile oder Baugruppen ein, müssen sie früher zur Verfügung stehen: Ihr Bedarfszeitpunkt verschiebt sich um die sog. Vorlaufzeit in Richtung Gegenwart (Vorlaufverschiebung). Die Vorlaufzeit einer untergeordneten Einheit entspricht der Durchlaufzeit der jeweils übergeordneten Einheit.

Beispiel: Verschiebung um die Vorlaufzeit

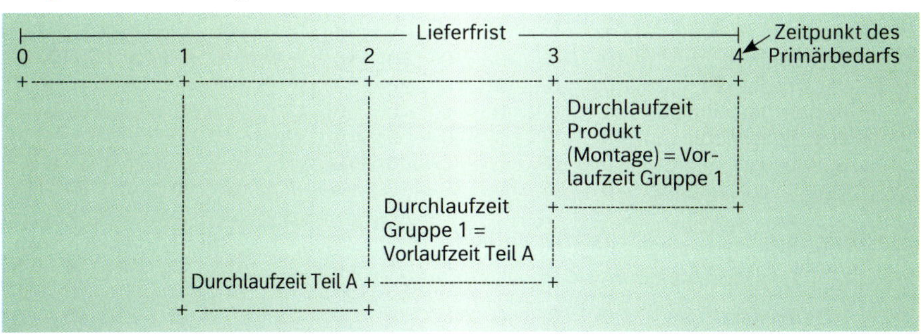

■ Dispositionsstufenverfahren

Bisher wurden die Grundzüge der Bedarfsberechnung erläutert. Wir wollen sie noch um das **Dispositionsstufenverfahren** ergänzen. Dies ist das in der Praxis gängigste Verfahren für die Bedarfsberechnung bei einer Erzeugnisstruktur mit mehreren Fertigungsstufen.

Beispiel: Dispositionsstufenverfahren

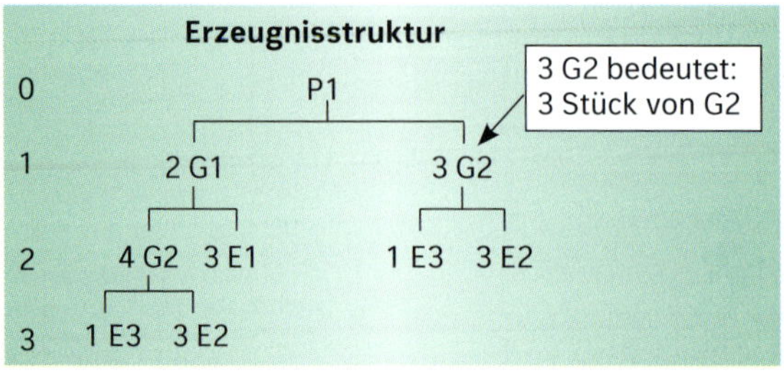

Vorlaufverschiebung	
P1:	0 Tage
G1:	1 Tag
G2:	1 Tag
E1:	1 Tag
E2:	1 Tag
E3:	1 Tag

Lagerbestand	
P1:	0 Stück
G1:	20 Stück
G2:	300 Stück
E1:	40 Stück
E2:	500 Stück
E3:	200 Stück

Von Erzeugnis P1 sollen geliefert werden:
40 Stück in Periode 5,
55 Stück in Periode 6.

Bestehende Bestellungen: 1 130 Stück von E3; erwarteter Eingang in Periode 2
Bestehende Reservierungen: 40 Stück von E2

1. **Bestimmung der Dispositionsstufen**
   Die Dispositionsstufe eines Teils ist die zahlenmäßig höchste Fertigungsstufe, auf der dieses Teil auftritt. Für das vorliegende Problem sollen die Dispositionsstufen wie folgt bestimmt sein:

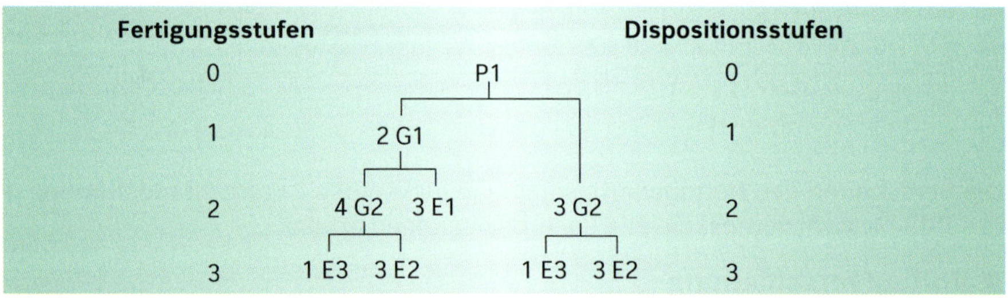

2. Bestimmung des Nettobedarfs unter Berücksichtigung der Vorlaufverschiebung:

Stufe 0:	**Produkt P1; Vorlauf 0 Tage**					
Periode	**1**	**2**	**3**	**4**	**5**	**6**
Bruttobedarf	0	0	0	0	40	55
– Lagerbestand	0	0	0	0	0	0
– besteh. Bestellungen	0	0	0	0	0	0
+ best. Reservierungen	0	0	0	0	0	0
= Nettobedarf	0	0	0	0	40	55
Vorlaufverschiebung	0	0	0	0	40	55

Stufe 1:	**Teil G1; Vorlauf 1 Tag**											
Periode	**1**	**2**	**3**	**4**	**5**	**6**						
Bruttobedarf	0	0	0	0	80	110						
– Lagerbestand	0	0	0	0	20	0						
– besteh. Bestellungen	0	0	0	0	0	0						
+ best. Reservierungen	0	0	0	0	0	0						
= Nettobedarf	0	0	0	0	60	110						
Vorlaufverschiebung	0	0	0	60	110	0	0	0	0	60	110	0

Stufe 2:	**Teil G2; Vorlauf 1 Tag**						**Teil E1; Vorlauf 1 Tag**					
Periode	**1**	**2**	**3**	**4**	**5**	**6**	**1**	**2**	**3**	**4**	**5**	**6**
Bruttobedarf	0	0	0	240	560	165	0	0	0	180	330	0
– Lagerbestand	0	0	0	240	60	0	0	0	0	40	0	0
– besteh. Bestellungen	0	0	0	0	0	0	0	0	0	0	0	0
+ best. Reservierungen	0	0	0	0	0	0	0	0	0	0	0	0
= Nettobedarf	0	0	0	0	500	165	0	0	0	140	330	0
Vorlaufverschiebung	0	0	0	500	165	0	0	0	140	330	0	0
→							0	0	0	500	165	0

Stufe 3:	**Teil E3; Vorlauf 1 Tag**						**Teil E2; Vorlauf 1 Tag**					
Periode	**1**	**2**	**3**	**4**	**5**	**6**	**1**	**2**	**3**	**4**	**5**	**6**
Bruttobedarf	0	0	0	500	165	0	0	0	0	1 500	495	0
– Lagerbestand	0	0	0	200	0	0	0	0	0	500	0	0
– besteh. Bestellungen	0	0	0	300	165	0	0	0	0	0	0	0
+ best. Reservierungen	0	0	0	0	0	0	0	0	0	40	0	0
= Nettobedarf	0	0	0	0	0	0	0	0	0	1 040	495	0
Vorlaufverschiebung	0	0	0	0	0	0	0	0	1 040	495	0	0

Verbrauchsgesteuerte Bedarfsermittlung

Bei der verbrauchsgesteuerten Bedarfsermittlung[1] legt man den zukünftigen Bedarf auf der Basis von Verbrauchswerten der Vergangenheit fest.

Das PPS-System entnimmt diese Werte den Absatz- und Verbrauchsstatistiken des Betriebs. Es berechnet den Bedarf aus dem Trend (Entwicklungstendenz) der Werte. Auch Saisoneinflüsse (höherer oder niedrigerer Verbrauch zu bestimmten Jahreszeiten) können berücksichtigt werden.

Ein häufig angewandtes Verfahren ist die Ermittlung des Trends als **gleitender Durchschnitt** aus jeweils mehreren aufeinanderfolgenden Werten.

Beispiel: Verbrauchsgesteuerte Ermittlung des Bedarfs für den folgenden Monat

Die nebenstehende Verbrauchsstatistik zeigt den Monatsverbrauch eines Teils in den Monaten Januar bis Juni. Jeder zukünftige Monatsbedarf soll als Durchschnitt der jeweils letzten drei Monatsverbrauchswerte berechnet werden (gleitender Durchschnitt).

Verbrauchsstatistik Ölstutzen M16

Monat	tatsächlicher Verbrauch	berechneter Bedarf	
Januar	210		
Februar	189		
März	190		
April	199	197	$\frac{210 + 189 + 190}{3}$
Mai	192	193	$\frac{189 + 190 + 199}{3}$
Juni	200	194	$\frac{199 + 192 + 200}{3}$
Juli		197	
August			

Wahl zwischen plan- und verbrauchsgesteuerter Bedarfsermittlung

Die verbrauchsgesteuerte Bedarfsermittlung ist ein relativ einfaches, oberflächliches und deshalb kostengünstiges Verfahren. Sie führt aber zwangsläufig zu ungenauen Ergebnissen.

Die plangesteuerte Bedarfsermittlung ist genau, aber aufwendig und relativ teuer. Sie erfordert die Brutto- und Nettobedarfsrechnung sowie die Ermittlung der Vorlaufverschiebung. Sämtliche Stücklisten, Durchlaufzeiten und Liefertermine müssen vorliegen; der Rechenaufwand ist hoch.

Die Wahl des Verfahrens richtet sich deshalb im Prinzip nach folgenden Überlegungen.

[1] Auch stochastische (zufallsabhängige) Bedarfsermittlung genannt

Wahl zwischen plan- und verbrauchsgesteuerter Bedarfsermittlung

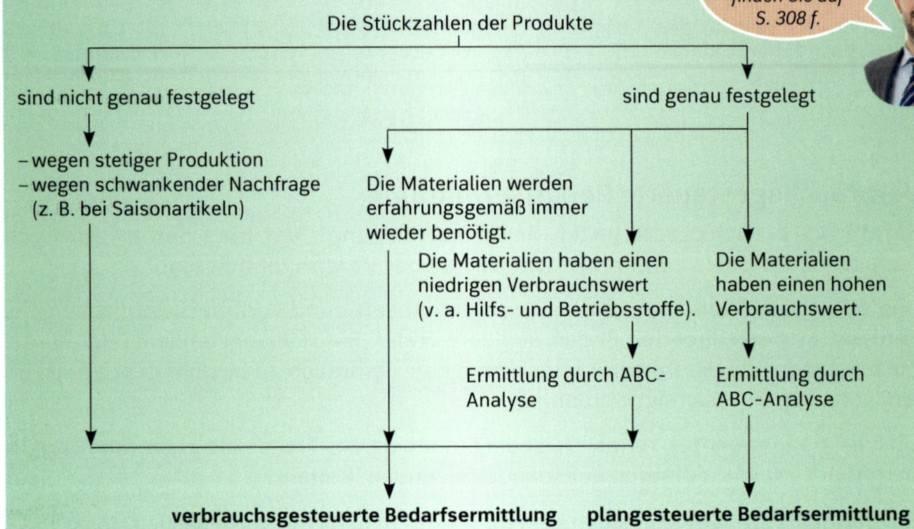

DRITTER ABSCHNITT

Web M 242

Weitere Einzelheiten siehe Infomaterial *Wahl Bedarfsermittlungsverfahren*.

8.3.3 Auftragsverwaltung

Die entstandenen Fertigungsaufträge (Fertigungslose) müssen permanent angepasst und verwaltet werden, da im Fertigungsablauf immer wieder neue Daten dazukommen. Die Auftragsverwaltung umfasst im Einzelnen:

- Speicherung der Auftragsdaten in das PPS-System,
- Bereitstellung aller Daten für verschiedene Zwecke der Fertigungssteuerung,
- Grundlage für die Erstellung aller Auftragspapiere,
- Fortschreibung der Auftragsfortschritte nach der Auftragsfreigabe,
- Auskunft über den Fertigungstand eines bestimmten Auftrages am Fertigungsleitstand[1].

Daten des Fertigungsauftrages

- Auftragsnummer (zur Auftragsidentifizierung)
- Sachnummer (Kurzbezeichnung des zu fertigenden Erzeugnisses)
- Fertigstellungstermin des Produktes
- Externe Priorität (kennzeichnet die Bedeutung oder Dringlichkeit des Auftrags)
- Abhängigkeitsdaten (vorhergehende und nachfolgende Aufträge, weitere Aufträge)
- Auftragsmenge (ggf. nach Bestimmung der optimalen Losgröße)

Arbeitsaufträge

1. **Betrachten Sie noch einmal die Erzeugnisbäume in Arbeitsauftrag 1 auf Seite 235. Von Produkt P1 und P2 sind je 50 Stück, von P3 80 Stück zu fertigen.**
   a) Stellen Sie Mengenübersichtsstücklisten auf und ermitteln Sie den Bruttobedarf an Teil 4.
   b) Erläutern Sie anhand dieses Beispiels den Begriff *plangesteuerte Bedarfsermittlung*.
2. **In den Kalenderwochen 1, 2 und 3 besteht an dem Teil Verschraubung M2 ein Sekundärbedarf von 500, 600 und 700 Stück. Hinzu kommen 15 % Zusatzbedarf für Ersatzteile. Der Lagerbestand beträgt momentan 1 500 Stück. Davon sind 400 Stück reserviert und 150 Stück**

[1] Vgl. S. 252.

Mindestbestand. Aus Fertigungsaufträgen sind in Woche 2 und 3 jeweils 200 Stück, aus ausstehenden Bestellungen in Woche 1 und 2 jeweils 100 Stück zu erwarten. M2 wird in die Baugruppe G1 montiert, für deren Fertigung eine Durchlaufzeit von 1 Woche benötigt wird.
Berechnen sie den Nettobedarf jeder Woche unter Berücksichtigung der Vorlaufverschiebung.

3. **Ein Erzeugnis hat den folgenden Strukturbaum (Erzeugnisstruktur):**

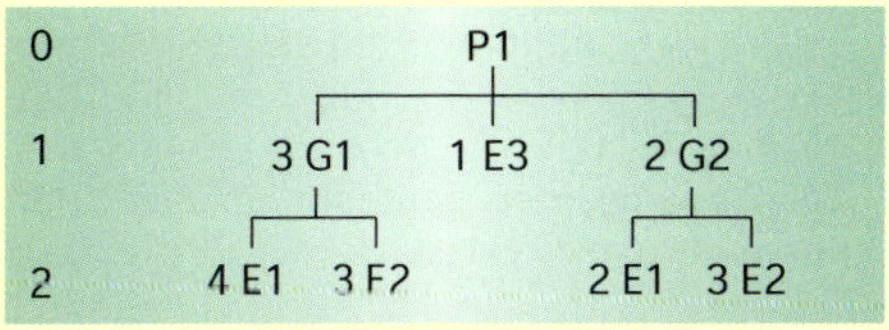

Vorlaufverschiebung	
P1:	0 Tage
G1:	1 Tag
G2:	1 Tag
E1:	2 Tage
E2:	1 Tag
E3:	1 Tag

Lagerbestand	
P1:	20 Stück
G1:	0 Stück
G2:	30 Stück
E1:	20 Stück
E2:	0 Stück
E3:	10 Stück

Von Erzeugnis P1 sollen geliefert werden: 100 Stück in Periode 4, 200 Stück in Periode 6. Bestehende Bestellungen: 100 Stück von E3; erwarteter Eingang in Periode 3. Bestehende Reservierungen: 50 Stück von E1.
Stellen Sie den Brutto- und Nettobedarf an allen Teilen und Baugruppen fest.

4. **Lesen Sie schon jetzt den Abschnitt 2.2.4 ABC-Analyse ... auf Seite 308 des Lehrbuchs und lösen Sie den Arbeitsauftrag 4 auf Seite 313. Lösen Sie anschließend folgende Aufgaben:**
   a) Die Stückzahlen der Produkte, für die die Materialien benötigt werden, seien genau festgelegt. Für welche Materialien schlagen Sie eine verbrauchsgesteuerte, für welche eine plangesteuerte Bedarfsermittlung vor?
   b) Die Monatsverbräuche von M13 betrugen im Jahr 20..: 80, 83, 78, 81, 87, 84, 85, 85, 88, 82, 81, 86 Stück. Der Bedarf soll verbrauchsgesteuert als gleitender Durchschnitt der jeweils letzten 6 Monate ermittelt werden. Berechnen Sie den voraussichtlichen Bedarf für den Januar des folgenden Jahres.
   c) Der tatsächliche Januarverbrauch beträgt 85 Stück. Berechnen Sie den Februarbedarf.

8.3.4 Termindisposition

Die Termindisposition ordnet die einzelnen Vorgänge der Auftragsbearbeitung kalendermäßig ein. Sie legt die Anfangstermine und Endtermine unter Berücksichtigung der Vorgangsdauer fest. Dabei ist es natürlich hilfreich, wenn schon ein Zeitplan besteht (siehe S. 231).

Ziele der Termindisposition

rascher Materialdurchlauf	hohe und gleichmäßige Kapazitätsauslastung	kurze Lieferfristen	sichere Termineinhaltung
Vermeidung unwirtschaftlicher Liegezeiten	Vermeidung von Leerkosten für Maschinen und Personal	schnelle Befriedigung der Kundenbedürfnisse	Einhaltung vertraglich festgelegter Liefertermine

Die Termindisposition umfasst drei Bereiche:

- eine grobe und vorläufige Terminermittlung: **Grob-(oder Durchlauf-)Terminierung**
- die Überprüfung der Werkstättenauslastung: **Belastungs-(Kapazitäts-)Planung**
- die endgültige Terminermittlung: **Feinterminierung, Maschinenbelegung**

Grobterminierung (Durchlaufterminierung)

Die Grobterminierung ist insbesondere nötig,

- um den frühestmöglichen Liefertermin zu berechnen,
- um bei festem Liefertermin den spätestmöglichen Starttermin zu erkennen.

Man unterscheidet Vorwärts- und Rückwärtsterminierung.

Vorwärtsterminierung (progressive Terminierung)	Rückwärtsterminierung (retrograde Terminierung)
Die Terminierung erfolgt „von links nach rechts“, vom Starttermin zum Endtermin. Die Vorgänge werden mit ihren frühestmöglichen Startterminen eingesetzt. Man erkennt den frühestmöglichen Endtermin jedes Vorgangs und des gesamten Auftrags. Vorteil: geringerer Zeitdruck, daher größere Sicherheit Nachteil: längere unwirtschaftliche Liegezeiten, daher höhere Kapitalbindung, höhere Zinskosten	Die Terminierung erfolgt „von rechts nach links“, vom Endtermin zum Starttermin. Die Vorgänge werden dabei mit ihren spätestmöglichen Endterminen eingesetzt. Man erkennt den spätestmöglichen Starttermin jedes Vorgangs. Vorteil: Vermeidung von Liegezeiten, daher geringere Kapitalbindung, niedrigere Zinskosten Nachteil: hoher Termindruck, daher höhere Störanfälligkeit

Für die Grobterminierung benutzt man Balkendiagramme und Netzpläne.

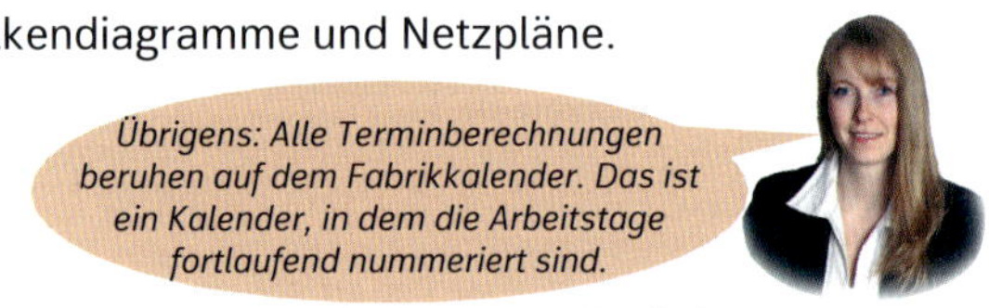

■ Balkendiagramm

Beispiel: **Terminplan**

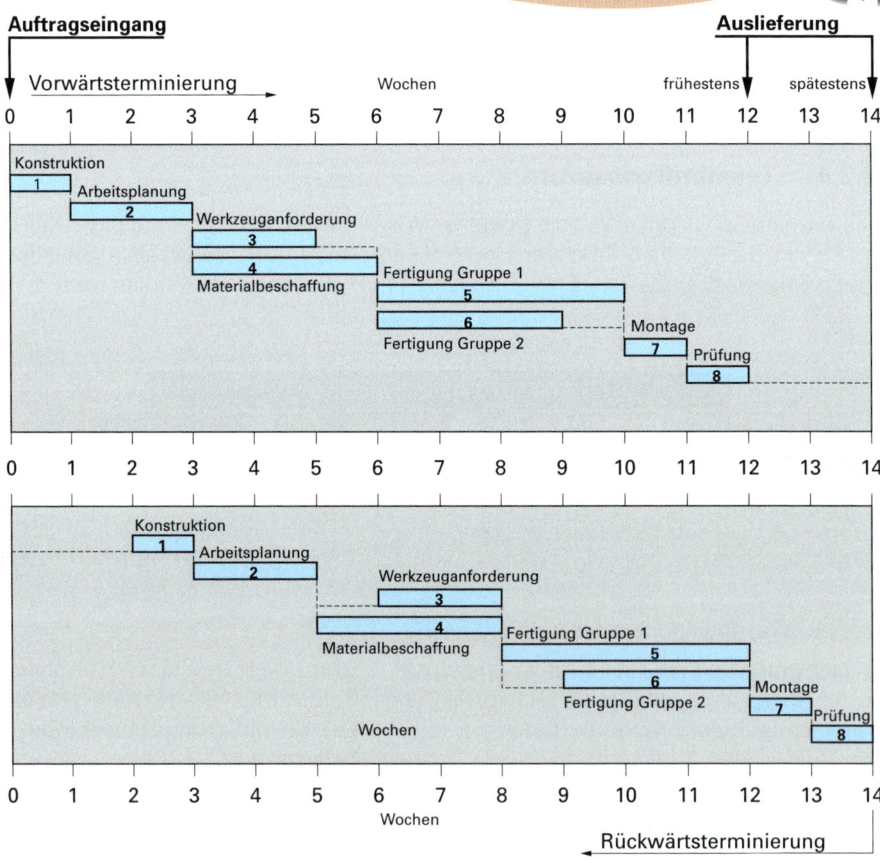

Die Vorwärtsterminierung zeigt die frühesten Anfangszeitpunkte (FAZ) und Endzeitpunkte (FEZ).

Die Rückwärtsterminierung zeigt die spätesten Anfangszeitpunkte (SAZ) und Endzeitpunkte (SEZ).

Die Gegenüberstellung lässt bei den einzelnen Vorgängen unterschiedliche Zeitreserven (Puffer) erkennen:

(1) **Gesamter Puffer eines bestimmten Vorgangs:**
Spätester Anfangszeitpunkt des Vorgangs minus frühester Anfangszeitpunkt. Oder:

Spätester Endzeitpunkt minus frühester Endzeitpunkt.

> **Beispiel: Gesamter Puffer**
>
> Der gesamte Puffer von Vorgang 8 beträgt 2 Wochen.
> Der gesamte Puffer von Vorgang 3 beträgt 3 Wochen.

(2) **Freier Puffer eines bestimmten Vorgangs:**
Frühester Anfangszeitpunkt eines folgenden Vorgangs minus frühester Endzeitpunkt des bestimmten Vorgangs.

> **Beispiel: Freier Puffer**
>
> Der freie Puffer von Vorgang 3 beträgt z. B. eine Woche, der von Vorgang 4 beträgt 0 Wochen.

Im vorliegenden Beispiel hat auch der letzte Vorgang (8) einen Gesamtpuffer (2 Wochen). In einem solchen Fall haben alle anderen Vorgänge mindestens diesen gesamten Puffer. Hätte Vorgang 8 keinen Gesamtpuffer (keinen Auslieferungsspielraum), so hätten die Vorgänge 1, 2, 4, 5 und 7 auch keinen Gesamtpuffer mehr. Sie würden sog. **kritische Vorgänge**. Ihre Verzögerung würde eine unerlaubte Verzögerung des Gesamtprojekts bewirken.

Netzplan

Bei der Erstellung von Großprojekten sind Balkendiagramme ungeeignet. Sie lassen nicht einwandfrei erkennen, dass bestimmte Vorgänge von bestimmten anderen Vorgängen abhängig sind. Auch weckt das Balkendiagramm den Eindruck eines kontinuierlichen Ablaufs. In der Praxis kommt es aber auf die Einhaltung von Terminen – Anfangs- und Endterminen – an. Dem tragen Netzpläne besser Rechnung.

Der Netzplan verfolgt folgende **Ziele**:

- Verschaffung eines strukturierten Überblicks über das zu planende Objekt,
- Abbildung der aufeinanderfolgenden Vorgänge,
- genaue Zeitangaben für alle Arbeitsteile,
- Verschaffung eines Überblicks über die zeitlichen Abhängigkeiten,
- Ermittlung des längsten, zeitaufwendigsten Weges,
- Voraussehbarkeit von Störungen, die das Projekt zeitlich gefährden,
- Möglichkeit rechtzeitiger Gegenmaßnahmen.

> **Beispiel: Erstellung eines Netzplans nach MPM (Metra Potential Method):**
>
> Eine alte Fertigungsanlage soll durch eine neue ersetzt werden. Die hierfür nötigen Vorgänge werden in einer Vorgangsliste festgehalten. Die Dauer der Vorgänge wird notiert. Bei jedem Vorgang gibt man an, welche anderen Vorgänge ihm unmittelbar vorausgehen (von welchen Vorgängen er unmittelbar abhängig ist).

Bezeichnung	Art	Dauer (in Tagen)	nachfolgende Vorgänge
A	Angebotseinholung, Vergleich Bestellung	25	D, E, H
B	Demontage der alten Anlage	8	C
C	Entfernung des alten Fundaments	5	F
D	Konstruktion des neuen Fundaments	9	F
E	Lieferzeit für die neue Anlage	21	G
F	Errichtung des neuen Fundaments	9	G
G	Installation der neuen Anlage	6	I
H	Personalausbildung	15	J
I	elektrische Anschlüsse	2	J
J	Probelauf	1	K
K	Abnahme, Inbetriebnahme	2	–

Schritt 1: Erstellung des Netzplans

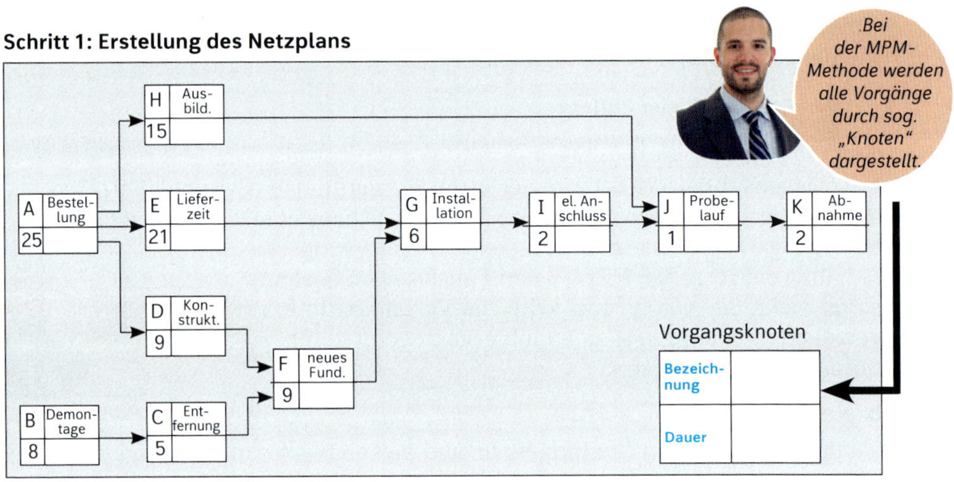

Schritt 2: Vorwärtsrechnung (rote Eintragungen im Netzplan)

Die Vorwärtsterminierung zeigt die frühesten Anfangszeitpunkte (FAZ) und Endzeitpunkte (FEZ). Berechnung:

FEZ = FAZ + Dauer

Schritt 3: Rückwärtsrechnung (grüne Eintragungen im Netzplan)

Die Rückwärtsterminierung zeigt die spätesten Anfangszeitpunkte (SAZ) und Endzeitpunkte (SEZ). Berechnung:

SAZ = SEZ – Dauer

Die Gegenüberstellung von Vor- und Rückwärtsrechnung lässt bei den einzelnen Vorgängen Zeitreserven (Puffer) erkennen.

Schritt 4: Berechnung des Gesamtpuffers eines Vorgangs

Betrachten wir Vorgang B: Er kann auch am Termin 24 beginnen. Folglich hat er einen Puffer von 24 Tagen. Wird B am Termin 24 begonnen, dann ist er am Termin 32 erledigt. Der Beginn von C verzögert sich entsprechend, sein Puffer fällt weg. Folglich gilt die Pufferzeit von 24 Tagen für beide Vorgänge „insgesamt“. Man bezeichnet sie deshalb als Gesamtpuffer.

Gesamtpuffer = SAZ – FAZ (oder: Gesamtpuffer = SEZ – FEZ)

Schritt 5: Berechnung des freien Puffers eines Vorgangs

Wir vergleichen nun den frühesten Endzeitpunkt von C mit dem frühesten Anfangszeitpunkt des Nachfolgers F: Der FEZ von C liegt um 21 Tage vor dem FAZ von F. Diese Zeitreserve heißt freier Puffer.

Freier Puffer = FAZ (Nachfolger) – FEZ

Schritt 6: Feststellung des kritischen Weges

Als kritischen Weg bezeichnet man die Vorgangsfolge, die dem längsten Weg vom ersten bis zum letzten Vorgangsknoten entspricht. Bei den kritischen Vorgängen haben alle Gesamtpuffer und freien Puffer den Wert Null.

Verzögert sich auch nur einer dieser Vorgänge, so verzögert sich auch der Endtermin des gesamten Projektes. Man muss dann nach geeigneten Problemlösungen suchen, z. B. Überstunden oder Vergabe als Lohnauftrag an einen Fremdbetrieb. In der Praxis hat sich gezeigt, dass etwa ein Fünftel aller Vorgänge kritisch ist.

Fertiger Netzplan:

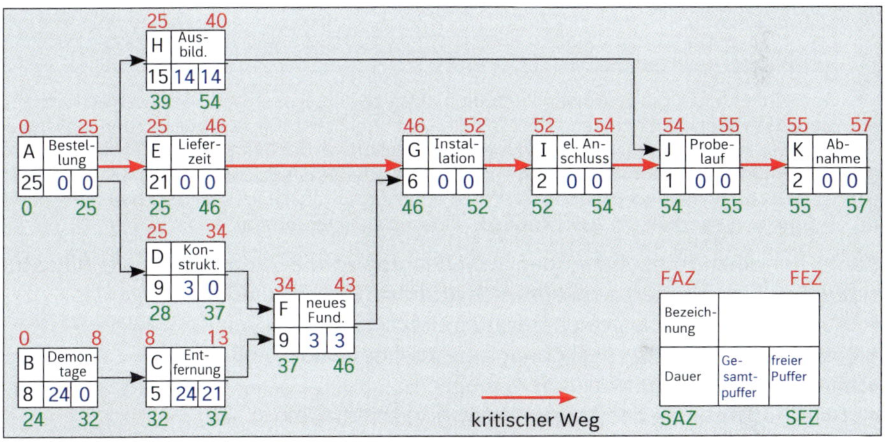

Belastungsplanung (Kapazitätsplanung)

Bei Annahme einer Bestellung kann nur geschätzt werden, welche Kapazitäten für die Erledigung zur Verfügung stehen. In dem Umfang, in dem sich mit fortschreitender Terminplanung verfeinerte Zeitdaten einstellen – die Arbeitsgänge und Vorgabezeiten werden ermittelt –, lässt sich genauer ermitteln, in welchem Maß die Maschinen und Arbeitsplätze durch die Aufträge belastet sind, ob noch leere Kapazitäten zur Verfügung stehen oder ob Überstunden notwendig werden. Kenntnis der Maschinenbelastung ist umgekehrt Voraussetzung für eine genaue Terminplanung.

Alle Aufträge, für die bereits Maschinenbelegungen erfolgt sind, sind in der PPS-Datenbank gespeichert. Aus diesen Daten sowie den Betriebsmitteldaten kann das PPS-System jederzeit die bestehende Belastung jedes Arbeitsplatzes ermitteln und anzeigen. So sind z. B. folgende wichtige Abfragen möglich:

- Wie sieht die Belastung eines bestimmten Arbeitsplatzes in einer gewünschten (frei wählbaren) Periode aus?
- Welche Arbeitsvorgänge werden für einen Produktionsvorgang benötigt?
- Welche Arbeitsvorgänge belasten einen bestimmten Arbeitsplatz?
- Welche freien Kapazitäten stehen zur Verfügung?

Beispiel: Belastungsübersicht

Arbeitsvorbereitung			**Belastungsübersicht**				
Abteilung: Werkzeugbau					Woche: 6		Jahr: 20..
			Stunden				
	Drehen	Hobeln	Bohren	Fräsen	Schleifen	Montage	Summe
Masch.plätze	7	6	10	10	10	12	
Personen	7	6	10	10	10	12	
Std./Woche	40	40	40	40	40	40	
Gesamtkapaz.	280	240	400	400	400	480	
Auftrags-Nr.							
24701	39	45	30	60	60	80	314
14812	29	30	20	20	40	20	159
24931	48	35	10	35	20	35	183
24936	60	40	10	40	40	75	265
25021	57	45	50	90	80	100	422
15011	34	25	50	30	30	30	199
25011	13	5	0	0	5	15	38
25012	0	0	0	0	5	30	35
25018	0	10	0	0	20	40	70
Summe/Platz	280	235	170	275	300	425	1 685
Gesamtkapaz.	280	240	400	400	400	480	2 200
freie Kapaz.	0	+5	+230	+125	+100	+75	+515

Es ergibt sich hier die ungünstige Situation, dass zwar insgesamt 515 Stunden an Kapazität frei sind, dass aber die einzelnen Arbeitsplätze sehr ungleichmäßig belastet werden. So ist die Bohrerei nur zu 42,5 % ausgelastet, während die Dreherei in der betrachteten Terminperiode durch die vorhandenen Aufträge voll ausgelastet ist. Ihre Belastungsschranke (Kapazitätsobergrenze) ist erreicht. Sollten noch weitere Aufträge anfallen, so muss die Arbeitsvorbereitung geeignete Maßnahmen treffen, um zwingende Termine nicht zu gefährden.

Sollte bei einem einzubauenden Arbeitsvorgang die Auftragszeit die Belastungsschranke überschreiten, so bieten sich grundsätzlich folgende Lösungen an:

- Ausweichen auf eine geeignete andere Maschine,
- Vergabe des Auftrags als Lohnauftrag an einen anderen Betrieb,
- Einbau von Überstunden (sofern möglich),
- zeitliche Streckung des Auftrags (teilweise Übernahme in die nächste Periode),
- Übernahme des gesamten Auftrags in die nächste Periode,
- Änderung der Maschinenbelegung und zeitliche Streckung eines anderen Auftrags,
- eine Kombination der genannten Maßnahmen.

Feinterminierung (Maschinenbelegung, Einlastung der Aufträge)

Feinterminierung bedeutet, die Arbeitsvorgänge eines Fertigungsauftrags für einen bestimmten Ausführungstermin einem bestimmten Arbeitsplatz zuzuordnen. Vor allem ist streng darauf zu achten, dass die Termine der kritischen Vorgänge eingehalten werden.

Die Maschinenbelegung und die folgenden Arbeiten heißen **Werkstattsteuerung**. Diese ist elektronischen **Fertigungsleitständen** zugeordnet, die mit dem PPS-System verbunden sind.

Die für die Auftragsterminierung notwendigen Daten der Arbeitspläne und Fertigungsaufträge sind in der PPS-Datenbank gespeichert: Arbeitsplatz-, Arbeitsgang-, Artikel-, Stücklisten- und Produktionsdaten. Damit kann das PPS-System die Vorgabezeit (den Zeitbedarf pro Arbeitsvorgang) ermitteln:

Vorgabezeit = Rüstzeit + Zeit je Einheit · Stückzahl

Beispiel: Terminierung Arbeitsvorgang „richten" für Gehäusekasten zum Schieberadgetriebe (vgl. S. 228)

Arbeitsplan

Los-Nr.	Losgröße
3000	100 Stück

Stück	Werkstoff	Abmessung oder Modell-Nr.
	Ge 12.91	2018

Betriebsmittel, Kostenstelle	Arb.-folge	Arbeitsvorgang	Unterweisungskarte Nr.	Werkzeug Vorrichtung	Lohngruppe	Zeitvorgabe t_r	t_e
1130	010	richten	30000		04	8,00	1,00
0310	020	Auflagefläche winklig fräsen	30001	Fräsvorr.3	06	10,00	1,20
0260	030	bohren ø 5,8	30002	Bohrvorr.7	05	8,00	0,50

Arbeitsplatz Richterei — Rüstzeit — Zeit je Einheit

Vorgabezeit für Arbeitsvorgang 010 = 8 Dez.Min. + 1 Dez.Min. · 100 Stück = 108 Dez.Min.

Arbeitsvorgang 010 betrifft Kostenstelle 1130. Das PPS-System sucht sie auf und zeigt unter anderem ihre Belastung an:

Am 29.10., 30.10., 31.10., 03.11. und 04.11. stehen freie Kapazitäten von jeweils 24 Stunden (3-Schicht-Betrieb!) zur Verfügung.
Der Disponent kann die benötigten 108 Dezimalminuten z. B. zum Termin 03.11. einlasten. Er könnte aber auch einen anderen Auftrag eingeben. Auf diese Weise entscheidet er über die Maschinenbelegung.

Sie wissen: Insbesondere bei Engpässen sind bei der Maschinenbelegung die festgelegten Prioritätsregeln zu beachten. Siehe hierzu S. 213 und 236.

Kapazitätsübersicht Arbeitsplatz 1130

		Datum	Bedarf für AG			Angebot	frei	Auslastung	%
01	Mi	29.10.12	0:00,00	▲▼	♂	24:00,00	24:00,00		0,00
02	Do	30.10.12	0:00,00	▲▼	♂	24:00,00	24:00,00		0,00
03	Fr	31.10.12	0:00,00	▲▼	♂	24:00,00	24:00,00		0,00
04	Sa	01.11.12	0:00,00	▲▼	♂	0:00,00	0:00,00		0,00
05	So	02.11.12	0:00,00	▲▼	♂	0:00,00	0:00,00		0,00
06	Mo	03.11.12	1:08,00	▲▼	♂	24:00,00	22:92,00		4,50
07	Di	04.11.12	0:00,00	▲▼	♂	24:00,00	24:00,00		0,00

Bedarf für Arbeitsvorgang 1:08,00 Rest 0:00,00
Auslastungsfaktor 100,00 %

Restkapazität des Arbeitsplatzes nach Einlastung

Noch einzulastende Restzeit

Mit der Einlastung sind Start und Ende des Arbeitsvorgangs festgelegt. Unter Berücksichtigung der Übergangszeit zum nächsten Arbeitsvorgang ergibt sich auch dessen Starttermin. So lassen sich nacheinander alle Termine für den Fertigungsauftrag einlasten. Das PPS-System ermittelt die Pufferzeit und schreibt sie in die Fertigungsauftrags-Datenbank.
Reicht bei einem Arbeitsvorgang die verfügbare Kapazität nicht aus, muss eine der im Abschnitt „Belastungsplanung" genannten Lösungsmöglichkeiten (oder eine Kombination) gewählt werden. Zuletzt versieht der Disponent den Arbeitsplan mit den Daten des Fertigungsauftrags. Das sind vor allem: Auftragsnummer, Losnummer, Losgröße, Start- und Endtermine. Der bisher auftragsunabgängige Arbeitsplan (sog. **Basisarbeitsplan**) wird so zu einem auftragsbezogenen Arbeitsplan (**Auftragsarbeitsplan**). Der Disponent speichert ihn in der PPS-Datenbank ab.

Auch die **Maschinenbelegung** wird in der Form von Balkendiagrammen übersichtlich dargestellt. Die Arbeitsvorgänge werden dabei als Balken den Maschinen zugeordnet. Die Länge der Balken entspricht der Vorgangsdauer. Start- und Endtermine, Terminüberschreitungen, Belegungszeit der Betriebsmittel, Engpässe und Leerkapazitäten sind rasch und genau erkennbar. Sie zeigen Ansatzpunkte auf für eine optimale Maschinenbelegung, die

- die Maschinenleerkosten minimiert,
- die Durchlaufzeiten minimiert,
- dringende Aufträge bevorzugt,
- deckungsbeitragsmaximale Aufträge bevorzugt,
- die Rüstkosten minimiert.

Diese Aspekte wurden bereits auf S. 213 behandelt!

DRITTER ABSCHNITT

Beispiel: Maschinenbelegung

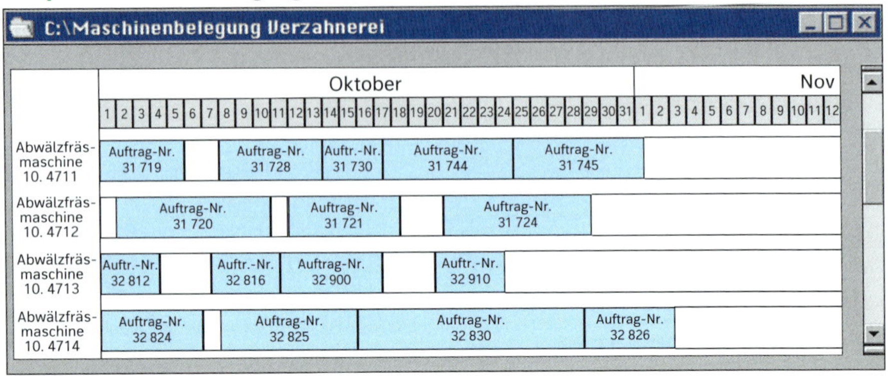

Arbeitsaufträge

1. Die beiden folgenden Skizzen zeigen zwei verschiedene Arten von Terminplänen.

①

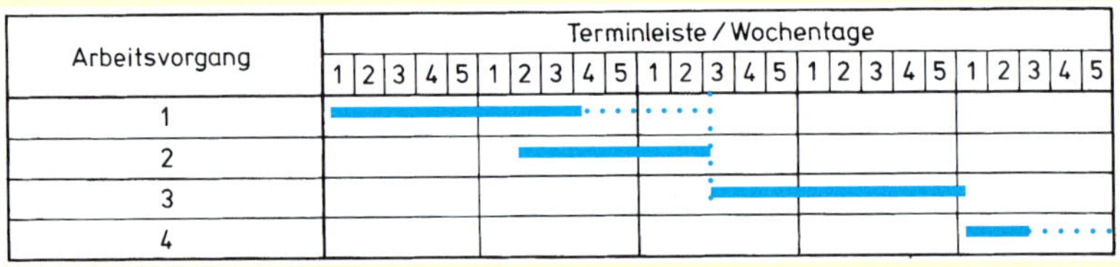

②

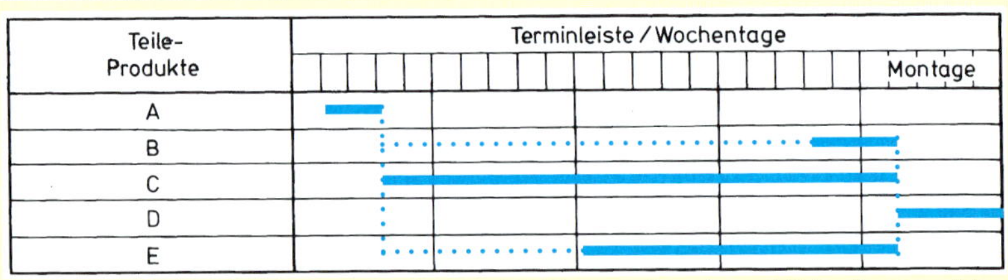

a) Fertigen Sie den jeweils fehlenden Terminplan für Vorwärts- bzw. Rückwärtsterminierung an.
b) Bestimmen Sie die FAZ, FEZ, SEZ und SAZ.
c) Bestimmen Sie die Pufferzeiten.

2. Für das Produkt P1 liegen folgende Erzeugnisstruktur und Arbeitszeiten vor:

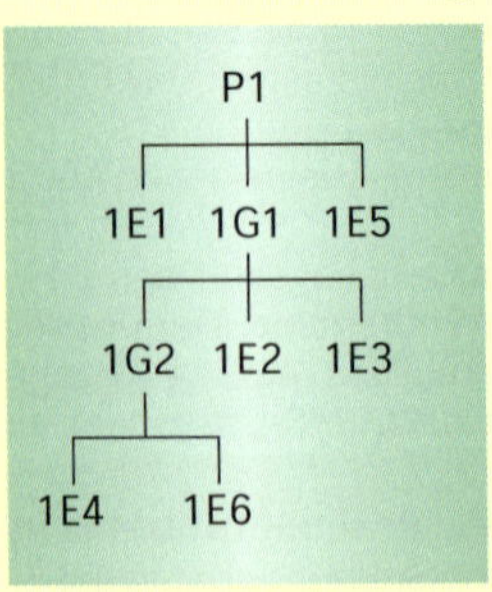

Elemente	Stunden
P1	20
G1	30
G2	30
E1	10
E2	20
E3	60
E4	30
E5	40
E6	50

a) Erstellen Sie zwei Terminpläne (Vorwärts- und Rückwärtsterminierung) in Form von Balkendiagrammen.
b) Bestimmen Sie FAZ, FEZ, SEZ, SAZ und die Pufferzeiten.

3. Ein Erzeugnis P1 wird nach dem folgenden Strukturbaum gefertigt. Die Einzelteile E1, E2, E3 und E4 werden mit den angegebenen Zeiten (Stunden) auf den Maschinen M1 und M4 in der dargestellten Reihenfolge erstellt. Endmontage: 1 Stunde

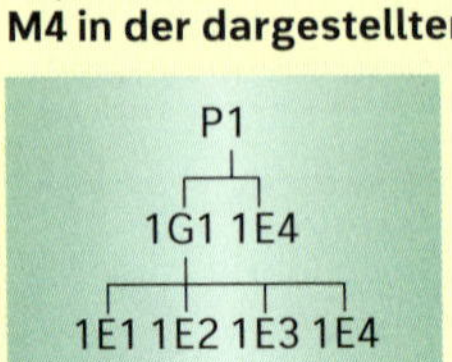

	M1	M2	M3	M4
E1	0,8	1,2	0,4	1,2
E2	0,4	1,2		0,4
E3	0,4	0,6	1,2	1,6
E4	1,2		1,6	

a) Ein Kunde bestellt 150 Stück. Ermitteln Sie die benötigte Stückzahl von E1, E2, E3, E4.
b) Ermitteln Sie mithilfe eines Balkendiagramms den frühestmöglichen Fertigstellungstermin.

4. **In der Praxis geht man bei der Grobterminierung oft wie folgt vor:**
   - **Man überprüft, ob ein Engpassbereich vorliegt.**
   - **Man legt die Termine für den Engpassbereich fest.**
   - **Anschließend plant man durch Rückwärtsterminierung die Termine für die vorgelagerten Produktionsstufen.**
   - **Schließlich plant man durch Vorwärtsterminierung die Termine der dem Engpass nachgelagerten Produktionsstufen.**

   Begründen Sie diese Vorgehensweise.

5. **Nehmen wir an, Sie wären Angestellter in der Stabsabteilung „Planung“ Ihrer Firma.**
   Suchen Sie Argumente, um Ihren Vorgesetzten davon zu überzeugen, dass man bei der Durchführung größerer Projekte die Methoden der Netzplantechnik anwenden sollte.

6. **Ein Maschinenprojekt besteht aus den Baugruppen A und B.**
   Baugruppe A setzt sich aus den Teilen A1, A2 und A3 zusammen.
   Baugruppe B setzt sich aus den Teilen B1 und B2 zusammen.
   Zunächst ist die Arbeitsplanung durchzuführen: 60 Tage. Anschließend erfolgt die Fertigung (Zeitangaben in Tagen):
   A1: Fräsen 12, Bohren 10, Gewindeschneiden 12, Fräsen 8, Feinbohren 12, Schleifen 16
   A2: Drehen 10, Fräsen 10, Wärmebehandlung 20, Schleifen 16
   A3: Drehen 16, Fräsen 10, Schleifen 12
   Montage Baugruppe A: 30
   B1: Hobeln 20, Bohren 12, Gewindeschneiden 10, Schleifen 12
   B2: Fräsen 16, Bohren 10, Härten 12
   Montage Baugruppe B: 20
   Endmontage beider Baugruppen: 30
   a) Stellen Sie eine Vorgangsliste auf.
   b) Zeichnen Sie den Netzplan.
   c) Ermitteln Sie früheste und späteste Termine, kritischen Weg und Pufferzeiten.

7. **Für die Fertigungsaufträge A1 bis A7 wurden die folgenden spätesten Anfangszeitpunkte (SAZ) berechnet:**

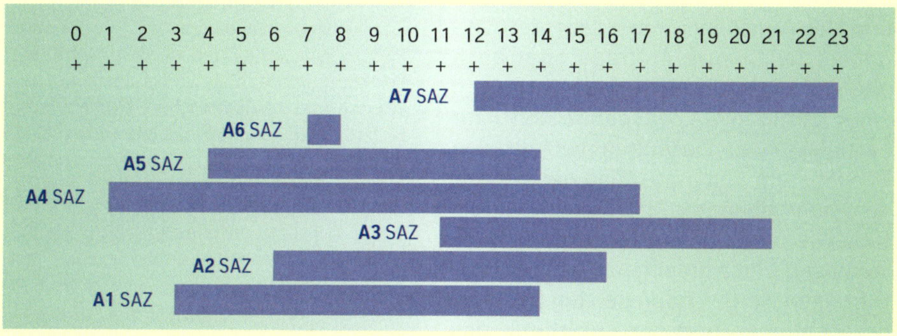

Die Aufträge müssen u. a. auf den Maschinen B bis F bearbeitet werden. Die Reihenfolge der Bearbeitung und die Arbeitszeiten in Stunden liegen wie folgt fest:

Reihenfolge:	1.	2.	3.	4.	5.
A1	3B	10C	2D	7E	7F
A2	2F	4C	3E	4D	
A3	5B	2D	4F		
A4	6C	4D	8E	4B	
A5	6E	7F	5B	4C	3D
A6	1B				
A7	6C	7D	2F		

Die Maschinen B bis F sind schon wie folgt belastet (in Std.). Die eingelasteten Aufträge sind dringlich und zuerst zu bearbeiten.

Maschine	Belastungs-schranke	bestehende Belastung
B	70	63
C	70	50
D	70	60
E	63	45
F	63	54

a) Nennen Sie in der Reihenfolge ihrer Dringlichkeit diejenigen Fertigungsaufträge, die in den ersten 10 Tagen begonnen werden müssen.
b) Zeichnen Sie einen Maschinenbelegungsplan. Tragen Sie die bestehende Belastung ein. Tragen Sie anschließend von den Aufträgen A1 bis A7 diejenigen ein, die unter Berücksichtigung ihrer Dringlichkeit *vollständig* bearbeitet werden können.

8. Ein Textilunternehmen hat sich auf die Herstellung von hochwertigen Herrenabendanzügen spezialisiert, wobei über die einzelnen Modelle folgende Daten vorliegen:

Modell	Preis (EUR)	Nachfrage (St.)	Zeit/Stck. d. Engpassfaktors (Min.)	Variable Kosten/Stck. (EUR)	Absoluter Deckungsbeitrag (EUR)	Relativer Deckungsbeitrag (EUR)
A	350,00	700	150	125,00		
B	450,00	900	160	170,00		
C	540,00	600	150	240,00		
D	660,00	450	200	300,00		

Mit 4 800 Stunden ist die Kapazität des Engpassfaktors ausgelastet; die Fixkosten betragen insgesamt 350 000,00 EUR.
Ermitteln Sie
a) die jeweiligen absoluten Deckungsbeiträge,
b) die jeweiligen relativen Deckungsbeiträge,
c) die Reihenfolge der Modelle,
d) die Stückzahlen der Modelle, die zum gewinnmaximalen Produktionsprogramm führen,
e) den maximalen Gewinn.

9. Im Rahmen termingebundener Abstimmung der Produktion kann es kurzfristig zu Kapazitätsengpässen kommen.
Erläutern Sie Möglichkeiten, Engpässe zu beseitigen.

8.3.5 Auftragsfreigabe und Bereitstellungsdisposition

Durch Eingabe der Materialnummer und der Auftragsnummer gibt der Disponent bestimmte Aufträge oder auch alle Aufträge, deren Anfangstermin in einer bestimmten Zeitspanne liegt, zur Fertigung frei. Daraufhin verfügt das PPS-System automatisch in der Materialstammtabelle der PPS-Datenbank die Reservierung der für den Auftrag notwendigen Einsatzmengen. Dises Reservierungen werden dann bei den Bedarfsberechnungen und der Ermittlung des verfügbaren Bestandes berücksichtigt.

8.3.6 Arbeitsverteilung

Die Arbeitsverteilung ist die Weiterleitung der Arbeitsaufträge an die Arbeitsplätze (die Vergabe der **Werkstattaufträge**). Dabei spielt der **Fertigungsleitstand** die bestimmende Rolle. Er legt die endgültige Maschinenbelegung fest und erstellt verschiedene Auftragspapiere und eine Auftragsverteilerliste, in der die einzelnen Arbeiten mit gewissen Terminspannen vorgegeben sind.

Die Auftragspapiere dienen dazu, den Arbeitsprozess in Gang zu setzen, ihn zu begleiten und zu überwachen.

Fertigungsleitstand

Der Fertigungsleitstand ist ein PC, der mit dem PPS-System verbunden ist. Er gestattet es, die Fertigung unmittelbar vom Bildschirm aus zu steuern und zu überwachen. Dadurch werden Betriebsmittel- und Personaleinsatz und die Subprozesse der Fertigung weitestgehend optimiert.

Am Bildschirm lassen sich unmittelbar ablesen:
- die Kapazitätsauslastung von einzelnen Maschinen, Arbeitsgruppen und Fertigungsbereichen,
- die Gesamtdurchlaufzeit der Aufträge,
- der Auftragsstand der Arbeitsfolgen (Auftragsfortschritt),
- die Verfügbarkeit von Material und Werkzeugen.

Einzelaufgaben:
- Erstellung von Alternativen zu bestehenden Arbeitsplänen,
- Änderung der Maschinenbelegung bei Über- und Unterkapazitäten,
- Feststellung des vorhandenen Auftragsvolumens („Auftragsbergs“),
- Setzen von Prioritäten für kritische Aufträge,
- Beseitigung von Fertigungsengpässen durch Vergabe von Lohnaufträgen,
- Vergabe der Werkstattaufträge, Ausdruck der Auftragspapiere und der Arbeitsverteilerliste.

Wenn der Betrieb über ein Betriebsdatenerfassungssystem verfügt, können diese Papiere durch Computerinformationen ergänzt und zum Teil ersetzt werden. Der Leitstand des Fertigungssystems/der Werkstatt oder sogar die einzelnen Arbeitsplätze sind mit Bildschirmen ausgestattet. Der Werkstattleiter/Disponent kann alle benötigten Auftragsdaten unmittelbar abrufen, den Auftragsfortschritt kontrollieren und ggf. auf Störungen reagieren. Die Fertigmeldung wird über den Leitstand an das PPS-System zurückgegeben. Der Auftrag wird aus dem Bestand gelöscht.

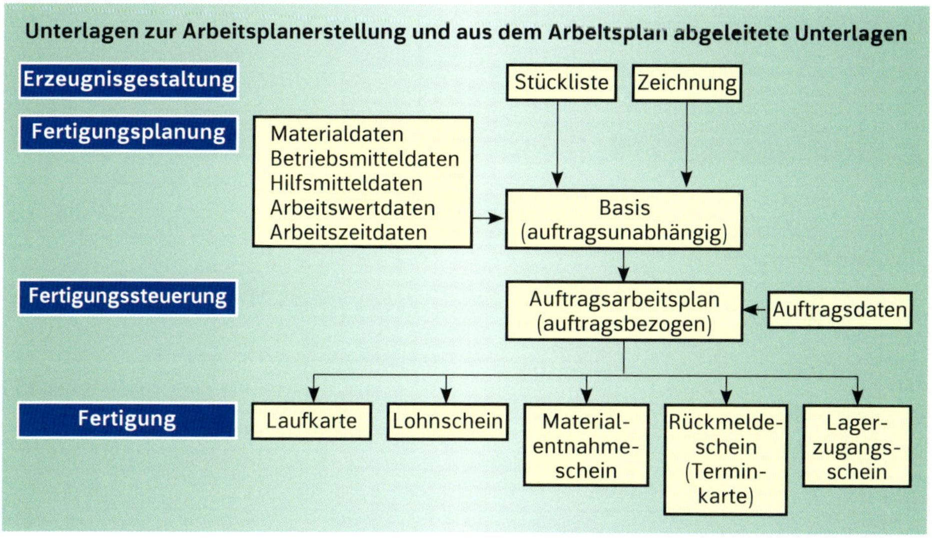

Auftragspapiere

Laufkarte

Mit den Auftragsdaten versehener Arbeitsplan. Enthält alle Auftragsdaten. Begleitet das Werkstück durch den gesamten Fertigungsprozess, weist den Weg für innerbetriebliche Transporte, lässt anhand von Erledigungs-, Prüf-, Ausschussvermerken immer den Bearbeitungsstand erkennen.

Materialentnahmeschein

Weist das benötigte Material nach und dient zu seiner Entnahme

Lohnschein

Enthält den einzelnen Arbeitsgang. Arbeitsanweisung für den Arbeiter. Enthält Felder für die Lohnberechnung, in die der Arbeiter seine Eintragungen macht.

Rückmeldeschein (Terminkarte)

Geht nach Erledigung eines Arbeitsgangs sofort an Leitstand zurück. Dann kann sofort der nächste Arbeitsgang veranlasst werden. Erledigungsvermerk wird in PPS-Datenbank eingegeben. Leitstand kann jederzeit am Bildschirm Auftragsfortschrittsübersicht sehen und ausdrucken.

Lagerzugangsschein

Geht mit dem fertigen Teil nach Abschluss aller Arbeitsgänge ins Lager. Somit Auftrag ausgeführt.

Beispiel: Auftragspapiere

Laufkarte

Gegenstand			Auftrags-(Kommissions-) Nr.	Arbeitsplan Nr.
Gehäusekasten 03			12.243/127	3000

Zeichnungs-Nr.	Baumuster-Type	Teil-Nr.	Los-Nr.	Losgröße
3-4205/1	6045-006.039	3000	3	100

Menge	Einh.	Werkstoff	Abmessung oder Modell-Nr.	Ausstelltag	Starttermin	Endtermin
1	Stück	Ge 12.91	2018	171	175	182

Betriebsmittel, Kostenstelle	Arb.-folge	Arbeitsvorgang	Unterweisungskarte Nr.	Vorrichtung, Werkzeug	L.-Gr.-Fakt.	Zeitvorgabe t_r	Zeitvorgabe t_e	Kontrollvermerk	Ausschuss Fabr.	Ausschuss Mat.	Gute Stücke
1130	010	richten	30000		04	8,00	1,00				
0310	020	Auflagefläche winklig fräsen	30001	Fräsvorr. 3	06	10,00	1,20				
0260	030	bohren Ø 5,8	30002	Bohrvorr. 7	05	8,00	0,50				
0260	040	bohren 4 x Ø 4,8; 2 x Ø 2,8;	30003	Bohrvorr. 9	05	8,00	8,10				
		2 x Ø 3,8; 9 x Ø 2,5;									
		Ø 4									
0260	050	reiben 2 x Ø 4; 2 x Ø 3	30004		06	8,00	1,90				
0280	060	Gewinde schneiden 10 x M3	30005	Gew. vorr. 7	05	8,00	4,40				

Lohnschein

Gegenstand			Auftrags-(Kommissions-) Nr.	Arbeitsplan Nr.
Gehäusekasten 03			12.243/127	3000

Zeichnungs-Nr.	Baumuster-Type	Teil-Nr.	Los-Nr.	Losgröße
3-4205/1	6045-006.039	3000	3	100

Menge	Einh.	Werkstoff	Abmessung oder Modell-Nr.	Ausstelltag	Termin
1	Stück	Ge 12.91	2018	171	175

Betriebsmittel, Kostenstelle	Arb.-folge	Arbeitsvorgang	Unterweisungskarte Nr.	Betriebsmittel Werkzeug-Vorr.	L.-Gr.-Fakt.	Zeitvorgabe t_r	Zeitvorgabe t_e	Gesamtminuten	Lohnbetrag EUR	Lohnbetrag ct
0260	030	bohren Ø 5,8	30002	Bohrvorr. 7	05	8,00	0,50			

Name des Arbeiters	Stamm-Kontroll-Nr.	Arbeitsbeginn	Kontrolle	Ausschuss Fabr.	Ausschuss Mat.	Gut-Stück	Abschlag Minuten	Gegenzeichnung Meister	Gegenzeichnung Lohnbüro
		Arbeitsende							
		Arbeitsbeginn							
		Arbeitsende							

Materialentnahmeschein

Gegenstand			Auftrags-(Kommissions-) Nr.	Arbeitsplan Nr.
Gehäusekasten 03			12.243/127	3000

Zeichnungs-Nr.	Baumuster-Type	Teil-Nr.	Los-Nr.	Losgröße
3-4205/1	6045-006.039	3000	3	100

Menge	Einh.	Werkstoff	Abmessung oder Modell-Nr.	Ausstelltag	Termin
1	Stück	Ge 12.91	2018	171	175

ausgegeben am	Quittung des Empfängers Name Datum	Kostenst.-Abt.	ausgegebene Menge	Einh.	Einheitspreis EUR	Einheitspreis ct	Gesamtpreis EUR	Gesamtpreis ct
Lagerdatei gebucht								

Rückmeldeschein

Gegenstand			Auftrags-(Kommissions-) Nr.	Arbeitsplan Nr.
Gehäusekasten 03			12.243/127	3000

Zeichnungs-Nr.	Baumuster-Type	Teil-Nr.	Los-Nr.	Losgröße
3-4205/1	6045-006.039	3000	3	100

Menge	Einh.	Werkstoff	Abmessung oder Modell-Nr.	Ausstelltag	Termin
1	Stück	Ge 12.91	2018	171	175

Betriebsmittel, Kostenst.	Arb.-folge	Arbeitsvorgang	Unterweisungskarte Nr.	Vorrichtung, Werkzeug	L-Gr. Fakt.	Zeitvorgabe t_r	Zeitvorgabe t_e	Arbeitsbeginn Soll	Arbeitsbeginn Ist	Arbeitsende Soll	Arbeitsende Ist
0260	030	bohren Ø 5,8	30002	Bohrvorr.7	05	8,00	0,50	175		176	

Lagerzugangsschein

Gegenstand Gehäusekasten 03			Auftrags-(Kommissions-) Nr. 12.243/127		Arbeitsplan Nr. 3000
Zeichnungs-Nr. 3-4205/1	Baumuster-Type 6045-006.039	Teil-Nr. 3000		Los-Nr. 3	Losgröße 100
Menge 1	Einh. Stück			Ausstelltag 171	Termin (Soll) 182

Arbeitsaufträge

1. **Das Produkt P wird aus den Gruppen A und B montiert. Jeder Fertigungsauftrag wird erfasst, freigegeben, durchgeführt und fertig gemeldet (verbunden mit einem Lagerzugang). Jeder dieser Vorgänge hat Auswirkungen auf die Lagerbestände (Zunahme, Abnahme, keine Änderung).**
   Stellen Sie selbst eine Matrix wie die folgende auf. Tragen Sie die richtigen Auswirkungen ein.

	Erfassung	Freigabe	Durchführung	Fertigmeldung
tatsächlicher Bestand von P				
reservierter Bestand von A und B				
verfügbarer Bestand von P				

2. **Auf Seite 254 und oben sind Auftragspapiere abgebildet.**
   a) Wer stellt die Auftragspapiere aus und wer erhält sie?
   b) Welchem Zweck dient die Laufkarte?
   c) Vergleichen Sie die Laufkarte mit dem Arbeitsplan auf Seite 229. Erläutern Sie Gemeinsamkeiten und Unterschiede.
   d) Welchen Zwecken dienen die anderen Auftragspapiere?
   e) Aus welcher Unterlage werden alle Auftragspapiere abgeleitet?
3. **Wegen der Verschiedenartigkeit der Aufträge ist eine gut funktionierende Fertigungssteuerung von größter Bedeutung. Sie besteht aus einer geordneten Folge von Aktivitäten.**
   a) Nennen Sie diese Aktivitäten in der Reihenfolge ihres Ablaufs.
   b) Stellen Sie den Geschäftsprozess der Fertigungssteuerung mithilfe eines ereignisgesteuerten Prozesskettendiagramms dar.

8.4 Prozesssteuerung – „Push" oder „Pull"?

Taiichi Ohno war in den 1950er-Jahren Produktionsleiter im Stammwerk des japanischen Autoherstellers Toyota. Er hatte eine Idee, die sich wie folgt beschreiben lässt:
„Es müsste doch möglich sein, den Materialfluss in der Produktion nach dem Supermarkt-Prinzip zu organisieren, das heißt, ein Verbraucher entnimmt aus dem Regal eine Ware bestimmter Spezifikation und Menge; die Lücke wird bemerkt und wieder aufgefüllt."
Mit dieser Idee legte Ohno den Grundstein für die operative Produktionssteuerung bei Toyota. Ein System, das heute bei allen Automobilherstellern und vielen anderen Industriebetrieben eingeführt ist.

8.4.1 Push-Prinzip (Schiebeprinzip)

Die Prozesssteuerung, die wir bisher behandelt haben, funktioniert wie folgt:

- **Eine zentrale Stelle (z. B. die Arbeitsvorbereitung) plant aufgrund des tatsächlichen oder erwarteten Kundenbedarfs die Produkt-, Gruppen-, Teile- und Materialmengen sowie Fertigungs- und Beschaffungstermine bis in die Einzelheiten.**
- **Sie bildet entsprechende Fertigungsaufträge und gibt sie der Produktion vor.**
- **Mit geeigneten Steuerungsmaßnahmen werden dann die Aufträge möglichst störungsfrei und termingerecht durch den Produktionsprozess „geschoben".**

Die Steuerung erfolgt heutzutage mithilfe von PPS-Systemen und anderen CIM-Instrumenten. In Betrieben, die im Kundenauftrag produzieren (typisch: Einzelfertigung, evtl. Kleinserien, Werkstättenfertigung), kommt die Werkstattsteuerung durch Fertigungsleitstände hinzu.

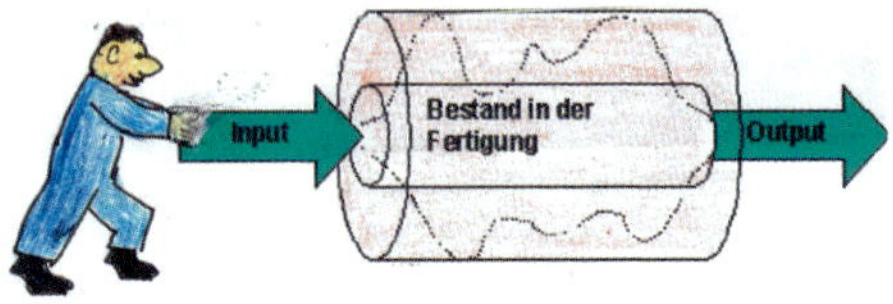

Das System bedeutet zwangsläufig einen hohen – und deshalb teuren – Planungs- und Koordinationsaufwand. Für die genannten Betriebe hat man jedoch bisher keine günstigere Steuerungsform für die Produktionsprozesse gefunden.

Dies ist anders bei Betrieben, die Massenfertigung betreiben oder größere Mengen unverändert (ggf. aber auch Varianten und Sorten) herstellen. Die hohen Planungskosten verführten hier in der Vergangenheit dazu, eine möglichst gleichmäßige und hohe Kapazitätsauslastung anzustreben, durch hohe Stückzahlen die Produktionskosten zu senken, auf Lager zu fertigen und die Produkte nach und nach abzuverkaufen. Man produzierte „drauflos“, sicherte die Produktionsbereitschaft durch große Materialläger und nahm bei Nachfrageschwankungen gewisse Absatzläger in Kauf.

Auf diese Weise entstanden hohe Lagerkosten. Das System ist unter den genannten Umständen relativ träge und kann sich schlecht anpassen, wenn die Nachfrage mengenmäßig schwankt. Und wenn sie sich ändert, bleibt man ggf. auf hohen Produktbeständen sitzen. Zugleich kann man die geänderte Nachfrage nicht bedienen. Diese Gefahren sind für die Verhältnisse auf den heutigen Käufermärkten typisch.

8.4.2 Pull-Prinzip (Ziehprinzip)

Das Pull-Prinzip bietet Möglichkeiten, die genannten Nachteile zu vermeiden, indem es den Produktionsprozess vom Ende her steuert:

- **Entsprechend dem momentanen Kundenbedarf wird der kurzfristige Produktionsplan nur für die letzte Produktionsstufe, die Endmontage, aufgestellt.**
- **Diese ruft bei der vorgelagerten Vormontage die benötigten Teile ab.**
- **Die Vormontage tut das Gleiche bei der ihr vorgelagerten Fertigungsstelle.**
- **Dieser Prozess setzt sich bis zum Einkauf (und ggf. im Betrieb des Lieferanten) fort.**
- **Er wird nicht vom Beginn her „angeschoben“, sondern vom Ende her „gezogen“.**

Produziert und geliefert wird folglich immer nur das, was von den jeweils nachfolgenden Stellen benötigt und abgerufen wird. Produktion und Einkauf passen sich den Bedarfsschwankungen an, Lagerbestände werden auf allen Stufen zwar nicht vollständig, aber doch weitgehend vermieden.

Die Steuerung der Fertigungs- und Logistikprozesse erfolgt nicht durch eine zentrale Stelle, sondern dezentral durch den Abruf der jeweiligen Bedarfsstelle.

Das bekannteste Beispiel für das Pull-Prinzip ist das von Taiichi Ohno entwickelte Kanban-System. Kanbans sind Steuerkarten (jap. Kanban = Karte, Zettel), die für die Prozesssteuerung benutzt werden.

Produktionskanbans dienen als Fertigungsauftrag, Transportkanbans als Bestellung und Transportauftrag. Die Kanbans sind an genormten Behältern mit vorgegebenen Materialmengen angebracht. Sie enthalten alle nötigen Informationen für die Produktion und den Materialfluss (v. a. Teilebezeichnung, Menge, Adressen von Lieferstellen, Pufferlager, Verbrauchsstelle). Die gefüllten Behälter werden an Pufferlager geliefert, die ihrerseits die Verbrauchsstellen beliefern. Die Pufferlager befinden sich also zwischen Liefer- und Verbrauchsstelle. Das folgende Beispiel zeigt, wie das System funktioniert:

Häufig benutzte Bezeichnungen:

Quelle
(= Lieferstelle)

Senke
(= Verbrauchsstelle)

Supermarkt
(= Pufferlager)

Beispiel: Prozesssteuerung durch Kanban

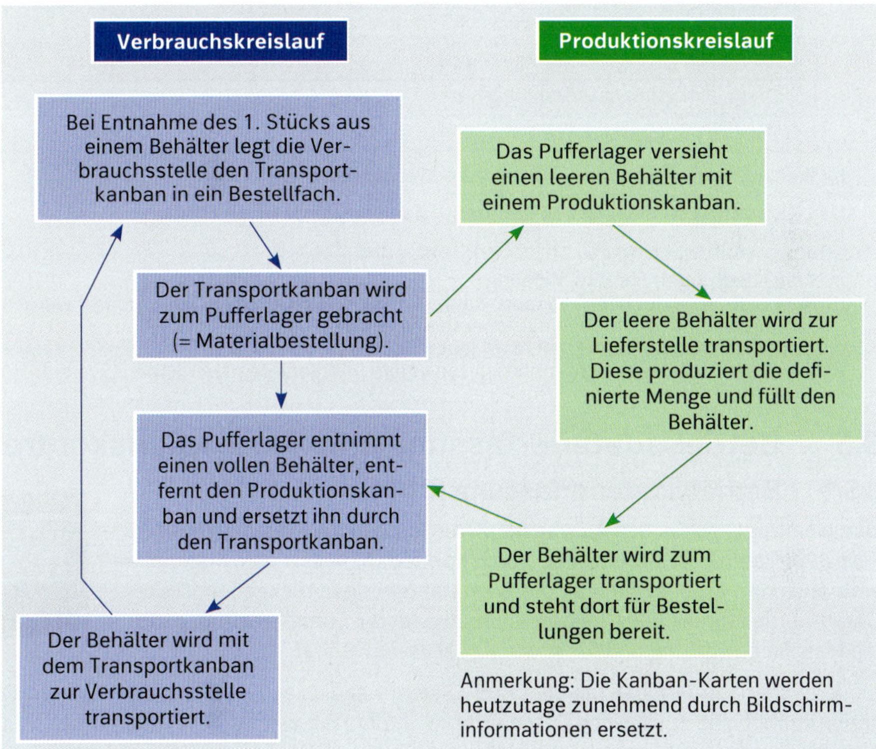

Jede Fertigungsstufe hängt direkt von ihrer vorgelagerten Stufe ab. Deshalb ist eine prozessbegleitende Qualitätskontrolle durch die Mitarbeiter selbst unerlässlich (vgl. S. 262 und 331). Ziel ist die sog. Null-Fehler-Produktion.

Die Arbeitsplätze sind oft so eingerichtet, dass sie auch Varianten bearbeiten können. Dann entspricht die Losgröße der Kanban-Behältermenge oder einem Vielfachen davon.

Das Kanban-System eignet sich nicht für jede Produktion. **Wichtige Voraussetzungen** sind:

- Fließfertigung mit strenger Taktung,
- konstante Losgrößen mit kurzen und konstanten Rüstzeiten (kein Anstreben optimaler Losgrößen, sondern Vermeidung von Lagerbeständen!),
- relativ geringe Schwankungen des Bedarfs,
- möglichst kontinuierliche Produktion,
- relativ wenige Varianten.

DRITTER ABSCHNITT

Arbeitsaufträge

1. **Die Prozesssteuerung in der Fertigung kann in Industrieunternehmen nach dem Push-Prinzip oder nach dem Pull-Prinzip erfolgen.**
   a) Im Folgenden werden verschiedene Merkmale genannt. Treffen sie auf das Push-Prinzip, auf das Pull-Prinzip, auf beide oder auf keines zu?

Merkmale	Pull-Prinzip	Push-Prinzip
Fertigung möglichst großer Lose		
dezentrale Steuerung der Prozesse		
strikte Einhaltung der Bearbeitungsreihenfolge		
möglichst lange Durchlaufzeiten		
Prozesssteuerung vom Ende her		
im Vergleich geringere Lagerbestände		
im Vergleich größere Störanfälligkeit		
Gefahr von Engpässen		

   b) Welche Nachteile hat das Push-Prinzip, welche das Pull-Prinzip?

2. **Das Kanban-System ist das bekannteste Beispiel für das Pull-Prinzip.**
   Beantworten Sie dazu folgende Fragen:
   a) Es wird behauptet, das Kanban-System sei ein Supermarkt-System. Stimmt diese Behauptung? Begründen Sie Ihre Meinung.
   b) Man unterscheidet den Transport-Kanban und den Produktions-Kanban. Wie werden diese Kanbans als Steuerungsinstrumente eingesetzt?
   c) Eignet sich das Kanban-System für jeden Betrieb?
   d) Welche Vorteile verspricht man sich von einem funktionierenden Kanban-System?

8.5 Betriebsdatenerfassung und Produktionskontrolle

8.5.1 Betriebsdatenerfassung (BDE)

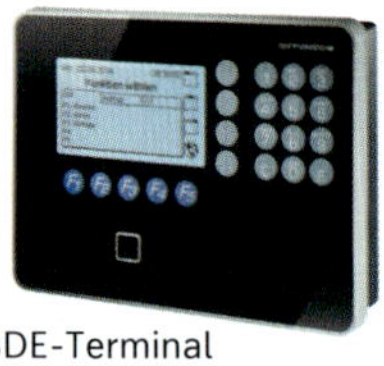
BDE-Terminal

Durch Eintragungen in den Auftragspapieren können die Mitarbeiter in der Fertigung Daten über Arbeitserledigung, Kontrollen, Ausschuss, Materialverbrauch und Arbeitszeiten an die Werkstattleitung zurückgeben. Diese Daten werden für die Lagerbestandsführung, für die Lohnberechnung, für die Maschinenwartung und für Kontrollzwecke verwendet.

Moderne Betriebe verfügen mit dem PPS-System zugleich auch über ein BDE-System. Damit können zahlreiche zusätzliche Daten erfasst werden. Sie werden teils automatisch von den Maschinen aufgezeichnet, teils vom Mitarbeiter über ein BDE-Terminal (Datenerfassungsgerät am Arbeitsplatz) an den Fertigungsleitstand gemeldet.

BDE-Daten	
Auftragserledigungsdaten	Arbeitsgangbeginn und -ende; Rüst-, Ausführungs-, Stauzeiten
Produktdaten	Erstellte Mengen, fehlerfreie und fehlerhafte Mengen
Maschinendaten	Lauf-, Stand-, Warte-, Störzeiten
Werkzeugdaten	Werkzeugart, Entnahme-, Einsatz-, Standzeit, Werkzeugschäden
Materialdaten	Entnahme- und Rückgabemengen und -zeiten; Materialfehler
Förderdaten	Förderarten, Förderzeiten, Störzeiten
Qualitätsdaten	Prüf- und Messergebnisse; Fehlermeldungen; Korrekturvorschläge
Instandhaltungsdaten	Art, Beginn und Ende von Instandhaltungsmaßnahmen
Arbeitsdaten	Anwesenheitszeit (Anfang, Ende), Rüst-, Verrichtungs-, Überwachungs-, Erholungszeit; Wartungszeit
Kostendaten	Kostenart, -stelle, -träger

Die Betriebsdatenerfassung erfasst die bei der Auftragserledigung anfallenden Daten. Dies ermöglicht die Feststellung von Fehlern und Störungen sowie schnelle Korrekturmaßnahmen. Folglich ist BDE die Basis der Produktionskontrolle.

Neben der reinen Erfassung der Daten leistet das BDE-System auch ihre Aufbereitung sowie die Ausgabe aussagekräftiger Informationen in Form von Listen, Tabellen und Diagrammen.

Beispiel 1: Auftragsauswertung

Anzeige: Auftragsauswertung

Auftragsauswertung Einzelprotokoll

	Auftrags-Nr.	Bezeichnung	AFO	Bezeichnung	Arb.Std.	Vorg.Zeit	Abw.	Abw. %	-40 -20 0 20 40	Pers.Kst.	Gemeinkst.	Fertig.-Kst.
▶	000001360	Fußgestell	010	Zuschneiden	817,02	750,40	-66,62	-8,88		43.506,19	61.276,25	104.782,44
			020	Abkanten	283,05	300,25	17,20	5,73		14.612,95	21.228,75	35.841,70
			030	Schweißen	415,35	450,00	34,65	7,70		14.617,19	17.652,38	32.269,56
			040	Lackieren	191,95	300,40	108,45	36,10		6.321,60	8.637,75	14.959,35
	Summe				1707,37	1801,05	93,68	5,20		79.057,92	108.795,13	187.853,05
	Ges.Summe				1707,37	1801,05	93,68	5,20		79.057,92	108.795,13	187.853,05

AFO = Arbeitsfolge, Arb.Std. = Arbeitsstunden, Vorg.Zeit = Vorgabezeit, Abw. = Abweichung, Pers.Kst. = Personalkosten

Beispiel 2: Werkstattauslastung

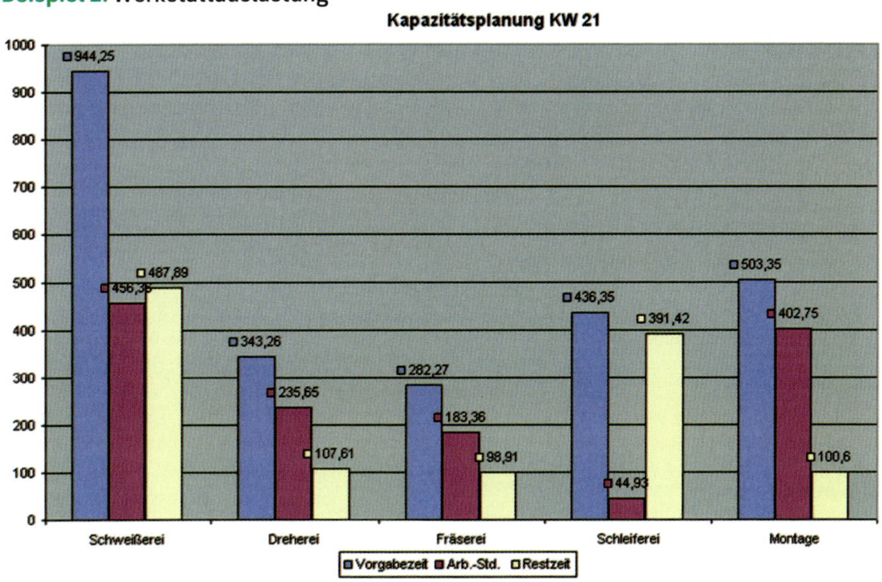

8.5.2 Produktionskontrolle

Durch die Produktionskontrolle (Fertigungskontrolle) soll festgestellt werden, ob und in welchem Ausmaß die vorgegebenen Ziele erreicht wurden. Dies erfordert

- den Vergleich der Rückmeldedaten mit den Vorgabedaten (Soll-Ist-Vergleich),
- die Analyse der Abweichungsursachen.

Die Kontrollergebnisse lösen ggf. Entscheidungen zur Korrektur der Fehler aus.

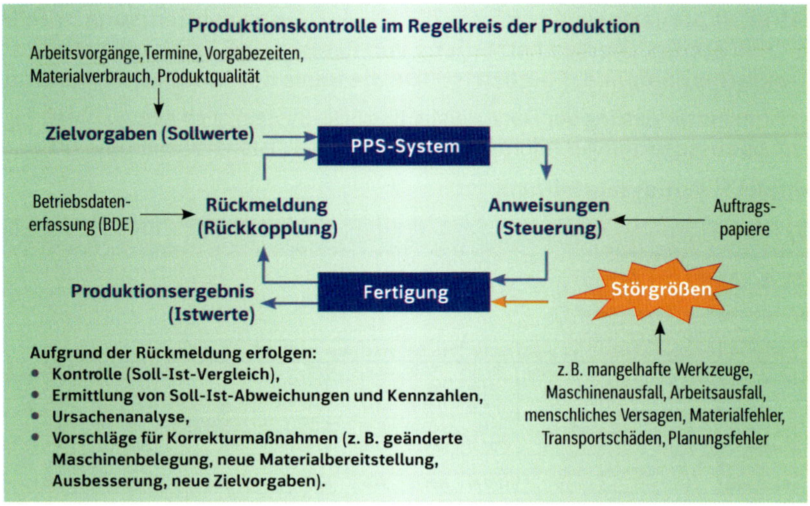

Die Produktionskontrolle ersteckt sich insbesondere auf die Mengen-, Termin-, Auslastungs-, Kosten- und Qualitätskontrolle.

Bereiche der Produktionskontrolle

Qualitätskontrolle

Mitlaufende Kontrolle/Endkontrolle der gefertigten Teile und Produkte anhand von Abnahme- und Prüfvorschriften. Ziele: Gefahrenabwehr, Kostenvermeidung, Sicherung der Kundenzufriedenheit.

Mengen- und Terminkontrolle

Auf jeder Fertigungsstufe sind die geplanten Fertigungsmengen und die kritischen Termine unbedingt einzuhalten, damit das Gesamtprojekt nicht gefährdet wird. Die Einhaltung von Mengen und Terminen ist ebenfalls ein Qualitätsmerkmal der Auftragserfüllung. Außerdem ist sie nötig, damit die geplanten Kosten nicht überschritten werden.

Auslastungskontrolle

CNC-Maschinen und Automaten können ihre Belastung aufzeichnen und über das BDE-System melden. Ansonsten vergleicht man in kürzeren Abständen die tatsächliche Maschinenbelegung mit den Belegungsplänen. Die Kapazitätsauslastung wirkt sich auch auf die Höhe der Kosten aus.

Kostenkontrolle

Die Kostenkontrolle vergleicht Ist- und Sollverbrauchswerte an Material, Löhnen, Maschinenstunden. Die Verbrauchsabweichungen werden ermittelt, analysiert und ausgewertet.
Materialverluste z. B. entstehen durch Ausfall, Ausschuss, Abfälle.

- **Ausfall** = nachbesserungsfähige Produkte; Folge: Nachbearbeitungskosten
- **Ausschuss** = nicht nachbesserungsfähige Produkte; Folge: Unverkäuflichkeit, Fehlerkosten
- **Abfälle** = Fertigungsreste, meist von geringerer Qualität. Abfallbeseitigung ist teuer

Negative Kostenabweichungen ergeben sich folglich oft aufgrund von Qualitätsmängeln. Deshalb ist größter Wert auf Qualitätssicherung und Qualitätskontrolle zu legen.
Die Kostenkontrolle ist die Grundlage für die Ermittlung der **Wirtschaftlichkeit** der Produktion.

8.5.3 Einzelheiten zur Qualitätskontrolle in der Produktion

Prüfplanung

Die Norm DIN EN ISO 9000 definiert den Begriff der Qualität. Sinngemäß kann man wie folgt formulieren:

Qualität gibt an, in welchem Ausmaß die messbaren Eigenschaften einer Einheit den vorher festgelegten Anforderungen entsprechen.

Die „Erfordernisse" werden dabei heute kundenorientiert interpretiert: Es sind die vom Kunden gewünschten Eigenschaften. Diese Merkmale muss ein Produkt aufweisen. In diesem Sinne soll es höchste Gebrauchstauglichkeit haben.

Die **Qualitätskontrolle** ist nur Teil eines umfassenden Qualitätssicherungs-Systems. Sie ist **der Prozess, der die Erfüllung der Qualitätsforderung nachweisen soll**. Sie umfasst drei Schwerpunkte[1]:

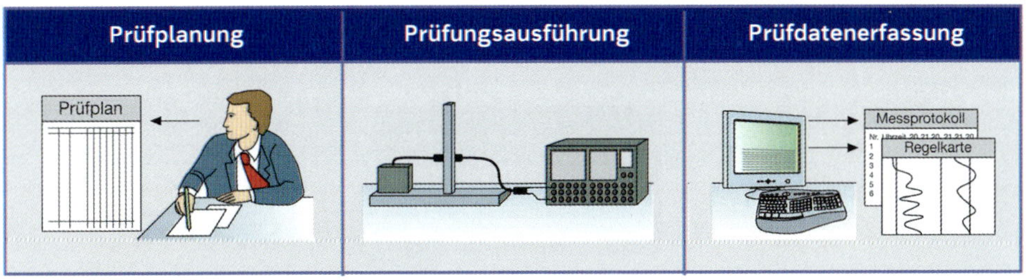

Der Prüfplan muss festlegen: Prüfmerkmale, Prüfumfang (z. B. Stichprobe), Prüfmittel, Prüfmethode, Prüfzeitpunkt, Prüfer, Prüfort, Dokumentation der Prüfdaten (z. B. Messprotokoll).

Beispiel: Prüfmerkmale, Prüfplan

Allgemeine Beschaffenheit	– Entsprechung mit der Zeichnung – vorgegebene Werkstoffe – Oberflächenausführung
Maßhaltigkeit	Einhaltung der Toleranzen, z. B. bei Längen, Winkeln, Durchmessern
Eigenschaften	physikalische oder chemische
Tauglichkeit	Ausübung bestimmter Funktionen
Normen	Einhaltung der ISO-, DIN-, Betriebsnormen
Vorschriftsmäßigkeit	TÜV-, VDE-, Bauvorschriften usw.

	Prüfplan				Dok.-Nr.: Q-313895-2/95 Blatt: 1 von 1	
	Ident-Nr.: Benennung:	275 Gewindering			Zeichnungs-Nr.: 558200002 Prüfplan-Nr.: 99	
lfd. Nr.	**Prüfmerkmal**	**Prüfmittel**	**Prüf-umfang**	**Prüf-methode**	**Prüf-zeitpunkt**	**Prüf-dokumentation**
1	Länge L1	Messschieber	n = 2	1/V	5 h	Regelkarte
2	Länge L2	Messschieber	n = 2	1/V	5 h	Regelkarte
3	Durchmesser	Messschraube	n = 10	1/V	5 h	Regelkarte
4	Rundheit	Rundheitsmessgerät	n = 2	3/V	5 h	Regelkarte
5	Gewinde	Gewindelehrdorn	n = 5	1/V	3 h	Regelkarte
6	Oberflächengüte	Oberflächentaster	n = 5	3/V	3 h	Regelkarte
7	Materialhärte	Härteprüfgerät	n = 1	3/V	100 Stück	Messprotokoll
8						
	Prüfmethode	1 = Werker-Selbstprüfung 2 = Prüfung durch Qualitätssicherung 3 = Prüfung durch Messraum 4 = Prüfung durch Labor			V = variabel (quantitativ ermitteln) A = attribut (qualitativ ermitteln) n = Anzahl der Teile aus dem Gesamtlos (Stichprobe)	
Erstellt:		Greßler				
Datum:		14. Feb. 20..				
Freigabe:		Göppel				
Änderungsstand:						
Verteiler:		Greßler	Göppel	Schmid	Maier	

Quelle: Ulrich Greßler; Rainer Göppel Qualitätsmanagement. Eine Einführung, Bildungsverlag EINS, Troisdorf 2010, S. 15.

[1] Vgl. Ulrich Greßler/Rainer Göppel: Qualitätsmanagement. Eine Einführung, Bildungsverlag EINS, Troisdorf 2010, S. 12.

Arten der Qualitätskontrolle

Man unterscheidet verschiedene Arten der Qualitätskontrolle:

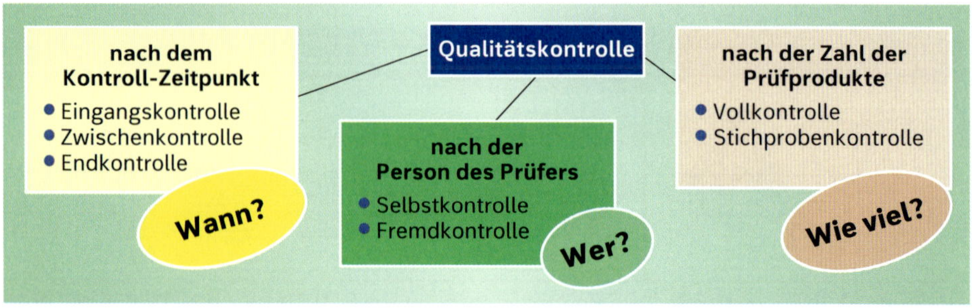

Kontrollart	Beschreibung
Eingangskontrolle	erfolgt bei Zulieferteilen
Zwischenkontrolle	erfolgt bei Bauteilen und Baugruppen
Endkontrolle	erfolgt bei der Endabnahme des Fertigfabrikates
Je früher die Kontrolle einsetzt, desto wirkungsvoller und kostengünstiger ist sie. Überschlägig gilt die **Zehner-Regel**: Wird ein Fehler erst in der folgenden Stufe entdeckt, verursacht er zehnfache Kosten. Oft können Fehler bei ausschließlicher Endkontrolle nicht mehr aufgedeckt werden. Aber die Endkontrolle ist oft unerlässlich, um das fehlerfreie Zusammenwirken der Teile zu prüfen.	
Selbstkontrolle	erfolgt durch die Bearbeiter selbst (anhand Kontrollliste); ist bei vielen Zwischenkontrollen möglich; z. B. mitlaufende Kontrolle bei JIT (vgl. S. 331)
Fremdkontrolle	erfolgt durch das Qualitätswesen; Endkontrolle ist stets Fremdkontrolle
Vollkontrolle	Alle Produkte eines Loses werden anhand der Qualitätsmerkmale geprüft (100 %-Kontrolle). Anwendung meist bei funktionskritischen Teilen technischer Produkte, ebenso bei automatischer Kontrolle (Flaschen). Mehrfache Vollkontrolle durch verschiedene Prüfgruppen bei sicherheitsempfindlichen Produkten (Flugzeug, Raumfahrzeug, Reaktor). Manche Betriebe prüfen jeden Artikel, weil die Kunden die höheren Kosten zu zahlen bereit sind oder weil der Ausschuss bei der Weiterverarbeitung verringert würde.
Stichprobenkontrolle	Man wählt nach dem Zufallsverfahren einen bestimmten Prozentsatz (eine Stichprobe) des Loses für die Kontrolle aus. (Zufallsverfahren bedeutet: Jedes Stück muss die gleiche Chance haben, ausgewählt zu werden.) Aus dem Fehleranteil in der Stichprobe schließt man auf den Fehleranteil im Gesamtlos. Die Stichprobenkontrolle ist bisweilen produktbedingt. Pralinen z. B. können nicht lückenlos geprüft werden.

Stichproben werden z. B. beim Einsatz von **Regelkarten** entnommen. Diese Karten eignen sich vor allem für die Überwachung der Großserienfertigung. Ziel: Durch rechtzeitiges Eingreifen in den Prozess soll ein Überschreiten der Toleranzgrenzen verhindert werden! Die Regelkarten enthalten noch innerhalb der Toleranzgrenzen obere und untere Warn- und Eingriffsgrenzen. Diese werden mit mathematisch-statistischen Verfahren berechnet. In festen Zeitabständen entnimmt man Stichproben aus dem Prozess, misst das festgelegte Prüfmerkmal (z. B. Länge, Stärke, Gewicht) und trägt den Messmittelwert in die Regelkarte ein. Nun sind drei Möglichkeiten zu unterscheiden:

1	Die Werte liegen zwischen den Warngrenzen	→ **Prozess verläuft einwandfrei**
2	Die Werte liegen zwischen den Warn- und Eingriffsgrenzen	→ **Prozess genauer beobachten (z. B. das Prüfintervall verkleinern)!**
3	Die Werte überschreiten die Eingriffsgrenzen	→ **Eingreifen! Fehlerquelle beseitigen!**

Beispiel: Qualitätskontrolle mit Regelkarten

Sollwert = 21,5; untere Toleranzgrenze = 18; obere Toleranzgrenze = 25
Zulässige Fehlerquote = 63 ppm (63 Einheiten von 1 Mio. hergestellten Einheiten)
Für eine Fehlerquote von 63 ppm gilt:

untere Warngrenze (UWG)	= 20,80	obere Warngrenze (OWG)	22,20
untere Eingriffsgrenze (UEG)	= 20,58	obere Eingriffsgrenze (OEG)	22,42

Eintragung der Einzelmesswerte und der Messmittelwerte:

Stichprobe		Qualitätskontrolle							Entscheidung
Nr.	Uhrzeit	Einzelmesswerte						Messmittelwerte	
1	08:00	20	21	21	22	21	22	21,2	in Ordnung
2	08:30	21	21	22	21	22	21	21,3	in Ordnung
3	09:00	22	23	22	21	23	23	22,3	beobachten!
4	09:30	23	21	22	23	23	23	22,5	eingreifen!
5	10:00	20	21	20	21	21	21	20,7	beobachten!
6	10:30	22	22	22	21	22	21	21,7	in Ordnung

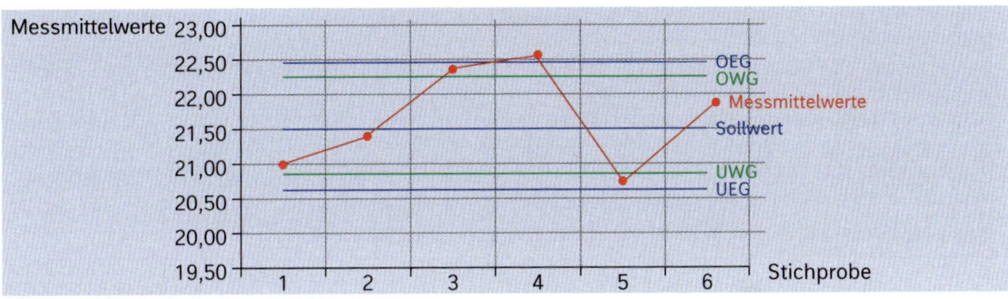

Qualitätssicherung

Die Qualitätssicherung umfasst alle Tätigkeiten, die die Erfüllung der Qualitätsanforderungen durch Ausschalten von Störgrößen gewährleisten sollen.

Sie gilt als Führungsaufgabe und schlägt sich in einer qualitätsorientierten Unternehmensführung (Qualitätsmanagement) nieder.

Qualität entsteht durch das Zusammenwirken von Faktoren, die man merkwirksam die „7 M" nennt. Ihr mangelhaftes Funktionieren macht sie zu Störgrößen (Fehlerquellen).

Die 7 M-Störgrößen[1]

- Mensch → Qualifikation, Verantwortungsgefühl, Kondition
- Maschine → Steifigkeit, Positionsgenauigkeit, Rundlauf, Geradheit, Verschleißzustand, Schneidengeometrie; Maß, Form oder Toleranz des Werkzeuges
- Material → Abmessungen, Formabweichungen, Festigkeit, Spannungen, Gefüge
- Management → falsche Qualitätspolitik, falsche Qualitätsziele
- Methode → Arbeitsfolge, Fertigungsverfahren, Prüfmethode
- Mitwelt → Temperatur, Feuchte, Licht, Gase, Schwingungen
- Messbarkeit → Messunsicherheit

↓ **Qualität**

Untersuchungen zeigten: Betriebsprobleme haben zu 20 % technische und organisatorische, aber zu 80 % menschliche Ursachen!

[1] Vgl. Ulrich Greßler/Rainer Göppel: Qualitätsmanagement. Eine Einführung. Bildungsverlag EINS, Troisdorf 2010, S. 20.

Qualitätssicherung (ohne Qualitätskontrolle)

Qualitätsplanung

Alle Planungstätigkeiten vor Produktionsbeginn, um die Qualität eines Produktes zu sichern.
Dazu gehören vor allem:

- Feststellung aller Anforderungen an das Produkt im Lastenheft;
- Festlegung aller Qualitätsmerkmale und Toleranzen;
- systematische Suche nach möglichen Fehlerquellen bei konstruktiver Gestaltung, Material, Fertigungsverfahren (z. B. einwandfreie Einstelldaten der Maschinen).
  Wichtige Analyse-Instrumente sind z. B.:
  - das CAQ-System,
  - Fehlersammellisten (zur Ermittlung von Fehlerhäufigkeiten für bestimmte Fehlerarten) und Säulendiagramme (zur Darstellung der Fehlerhäufigkeit),
  - ereignisgesteuerte Prozesskettendiagramme,
  - Benchmarking, Workflowanalysen, Schwachstellenanalysen, z. B. in der Form von Fehler-Möglichkeits- und Einfluss-Analysen (s. S. 267) und Ishikawa-Diagrammen (siehe Infomaterial *Visualisierungstechniken*);
- Festlegung von Maßnahmen zur Fehlervermeidung (siehe z.B. Infomaterial *Vereinbarung über Qualitätssicherung*);
- Festlegung von Verantwortlichkeiten für qualitätssichernde Maßnahmen;
- systematische Speicherung und Bereitstellung des Wissens über Qualitätssicherung.

Web
M 264_1
M 264_2

Qualitätslenkung (Qualitätsregelung)

Die Arbeitstechniken und Tätigkeiten zur Überwachung des Arbeitsprozesses und zur Beseitigung von Fehlerquellen.

- Prüfpläne, Prüfanweisungen, Prüfmethoden, Prüfmittel, Prüfdokumentation;
- Analyse der durch die Fertigungskontrolle festgestellten Fehler;
- Erfassung und Beseitigung maßgeblicher Fehlerquellen (Störgrößen).

Qualitätsförderung

Maßnahmen, die die Mitarbeiter zu qualitätsförderndem Eigenhandeln motivieren.

- Vertrauen, Schulung, Beteiligung an Zielen und Entscheidungen sowie Teamarbeit (= wichtige Elemente der Motivationsförderung);
- Kaizen (fortgesetztes Nachdenken über Verbesserungen im Team; auch KVP = Kontinuierlicher Verbesserungsprozess genannt; vgl. S. 292 f.);
- Qualitätszirkel (regelmäßige Treffen kleiner Mitarbeitergruppen zwecks Problemlösungen);
- Qualitätsprämien (Zahlungen für Ausschussminderungen).

Qualitätsförderung ist Herausforderung zur stetigen Verbesserung.

DRITTER ABSCHNITT

Qualitätssicherung wird erst wirksam, wenn sie sich an **Qualitätsstandards** ausrichtet. Denn: Qualitätsstandards machen die Ergebnisse von Qualitätskontrollen nachprüfbar und vergleichbar.

Standards
sind Regeln (Vereinheitlichungen, Methoden), die weithin anerkannt sind und meist auch angewandt werden. Sie sind ein Oberbegriff für Regeln, die sich ungeplant aus Erfahrung und Praxis entwickeln, und für Normen (vgl. S. 284). Sie können sogar in Gesetzen festgehalten sein.

Qualitätsstandards

Herstellerspezifische Standards	Industriestandards	(Inter)nationale Normen	Gesetze
Ein Hersteller entwickelt Regeln für eine Problemstellung. Viele Anwender folgen ihm aufgrund mehrjähriger positiver Erfahrungen mit diesen Regeln.	Viele Hersteller und Anwender erkennen es als nützlich, für eine Problemstellung bestimmte Regeln einzuhalten. Ein Normungsverfahren wurde nicht durchgeführt.	Regeln für eine Problemstellung; jedermann zugänglich, mit Wissenschaft und Praxis abgestimmt; besonderes Normenverfahren wurde von zuständigen Organisationen durchgeführt.	Verbindliche Festlegung wichtiger Normen in nationalen Gesetzen oder internationalen Vorschriften (z. B. EU-Verordnungen und Richtlinien).
freiwillig ⟵	⟷	⟷	⟶ **verbindlich**

Ein standardisiertes Verfahren liegt z. B. dem Einsatz von **Regelkarten** zugrunde (vgl. S. 263 f.).

Qualitätskosten

Qualitätskosten entstehen als Fehlerverhütungs-, Prüf- und Fehlerkosten.

Qualitätskosten

Fehlerverhütungskosten
entstehen für die vorbeugenden Maßnahmen der Qualitätsplanung,-regelung, -förderung.

Prüfkosten
entstehen durch den Prüfvorgang (für Prüfgeräte, -werkzeuge, -materialien, -personal). Sie entstehen auch, wenn der Prüfvorgang Zerstörung erfordert (z. B. Prüfung von Sicherheitsgurten auf Festigkeit).

Fehlerkosten
entstehen durch die mangelhafte Qualität:

- für **Ausfall** (nachbesserungsfähige Produkte. Folge: Nachbearbeitungskosten)
- für **Ausschuss** (nicht nachbesserungsfähige Produkte. Folgen: unverkäufliches Produkt; Verlust von Material, Maschinennutzung, Arbeitseinsatz; ggf. teure Ausschussbeseitigung)
- für **Gewährleistung und Garantie** (nach Produktauslieferung; Reparaturkosten, Preisnachlass, Rücknahme, Schadensersatz)
- für **Haftung** (nach Produkthaftungsgesetz bei Folgeschäden an Personen oder Sachen aufgrund fehlerhafter Produkte)

Wie intensiv soll Qualitätssicherung unter Kostengesichtspunkten sein? Es gilt:

Sicherungs-intensität	Fehler-quote	Fehler-kosten	Sicherungs-kosten
stark	klein	niedrig	hoch
schwach	groß	hoch	niedrig

Fehlerkosten und Sicherungskosten entwickeln sich bei variierender Sicherungsintensität gegenläufig.

Es ist die Sicherungsintensität zu wählen, bei der die Summe aus Fehlerkosten und Sicherungskosten am kleinsten ist.

Beispiel: Optimale Sicherungsintensität

Fehlerquote	Fehlerkosten (EUR)	Sicherungskosten (EUR)	Gesamtkosten (EUR)
0 %	0,00	100,00	100,00
1 %	15,00	70,00	85,00
2 %	30,00	50,00	80,00
3 %	45,00	35,00	80,00
4 %	60,00	25,00	85,00
5 %	75,00	20,00	95,00

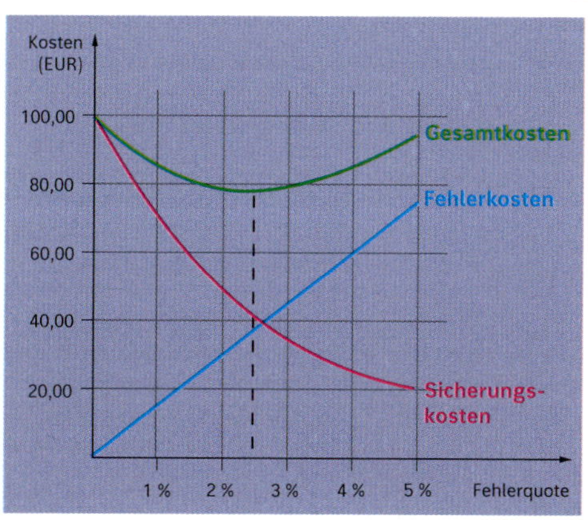

Allerdings hat dieses Modell heutzutage oft nur noch theoretischen Wert: Aufgrund zunehmender Qualitätsforderungen der Kunden und harter Konkurrenz sind die Betriebe gezwungen, maximale vorbeugende Qualitätssicherungsmaßnahmen durchzuführen. Man strebt also eine **Null-Fehler-Produktion** an.
Die Null-Fehler-Produktion verursacht höhere vorbeugende Qualitätssicherungskosten, aber die Prüf- und Fehlerkosten sinken i. d. R. stärker. Insgesamt ergibt sich ein kostensenkender Effekt.

Arbeitsaufträge

1. **Die vom Fertigungsleitstand ausgegebenen Auftragspapiere dienen unter anderem der Produktionskontrolle.**
   Erläutern Sie die unterschiedlichen Kontrollmöglichkeiten.

2. **Auch für Ihren Ausbildungsbetrieb gilt: Die Produkterstellung geht stets mit einer Qualitätskontrolle einher.**
   Erstellen Sie mithilfe einer Präsentationssoftware eine Präsentation, die folgende Probleme berücksichtigt:
   a) Gründe für das Interesse an der Qualitätskontrolle
   b) Merkmale der Produktkontrolle (Wählen Sie ein geeignetes Produkt aus.)
   c) Prozess der Qualitätskontrolle (Planung, Ausführung, Datenerfassung)
   d) Ansätze zur Senkung der durch die Qualitätskontrolle entstehenden Kosten

3. **Unterschiedliche Sicherungsintensitäten sollen zu folgenden Fehlerquoten, Fehlerkosten und Sicherungskosten führen.**

Fehlerquote	Fehlerkosten (EUR)	Sicherungskosten (EUR)
0 %	0,00	400,00
1 %	25,00	300,00
2 %	50,00	225,00
3 %	75,00	169,00
4 %	100,00	127,00
5 %	125,00	95,00

   a) Bei welcher Fehlerquote liegt die kostenminimale Sicherungsintensität?
   b) Stellen Sie Sicherungs-, Fehler- und Gesamtkosten grafisch dar (Koordinatenkreuz).

4. **Qualitätssicherung für automatische Montage**

In der automatischen Montage kommt es darauf an, dass jedes Teil funktioniert. Fällt ein noch so kleines Einzelteil aus, kann das den Stillstand der gesamten Anlage bedeuten. Das hat dazu geführt, dass beispielsweise sogar die Hersteller von Kleinschrauben (bis Durchmesser 6 mm) gezwungen sind, dem Abnehmer eine 100 %-Qualität zu garantieren.

Die Qualität dieser Produkte wird mit dem „Reinheitsgrad“ (Verhältnis von Liefermenge zu den darin befindlichen unbrauchbaren Teilen) gemessen. So können bestehende Automatisierungshemmnisse für Schraubverbindungen spürbar vermieden werden.

Mit steigendem Automatisierungsgrad einer Montageanlage nimmt deren Empfindlichkeit, d. h. die Störungsanfälligkeit, ebenso die Störungsdauer zu. Wenn miteinander verkettete Schraubeinheiten oder Mehrspindelautomaten verwendet werden, dann vervielfachen sich die Verfügbarkeiten der einzelnen Schraubeinheiten zu einer Gesamtverfügbarkeit.

Verfügbarkeit ist das Verhältnis von effektiver Laufzeit zur Betriebszeit einer Montageanlage. Ist der Reinheitsgrad eines Lieferloses bekannt, lassen sich die durch die unbrauchbaren Schrauben verursachten Störungen berechnen.

Allerdings sind schlechte Schrauben nicht die einzige Störquelle bei Schraubautomaten. Störungen, die durch ungünstige Produktgestaltung oder unzureichende Anpassung von Schraubstation und Schrauben verursacht werden, sind häufiger und meist auch schwerwiegender: Durch schlechte Reinheitsgrade verursachte Minderungen der Verfügbarkeit von Schraubautomaten sind aber meist auffälliger und auch leichter zu beheben und darum fast immer der erste Ansatzpunkt für Verbesserungen.

Für die Schraubenhersteller ist es daher wichtig, bereits bei der Produktkonstruktion die Interessen der automatisierten Montage mitzubedenken und gemeinsam mit dem Automatenhersteller oder der Betriebsmittelplanung des Schraubenanwenders beratend mitzuwirken.

Der Produktkonstrukteur, der Schraubenhersteller und der Automatenhersteller bzw. die Betriebsmittelplanung entwickeln zunächst gemeinsam ein Lastenheft, das der Produktfunktion und der automatengerechten Montage gleichermaßen gerecht wird. Das Ergebnis des Dreiergespräches sollte möglichst eine anwendungsbezogene Zeichnung sein.

Nach dieser Zeichnung wird der Schraubenhersteller in individuellen Fertigungen unter besonders wirksamen Qualitätssicherungsverfahren die Schrauben herstellen und am Ende des Produktionsprozesses eine automatische 100 %-Kontrolle der besonders anfälligen Merkmale durchführen.

Der Schraubenanwender verarbeitet das Lieferlos und stellt Menge und Art der möglicherweise noch vorhandenen fehlerhaften Teile oder Fremdteile fest.

Die Fremd- und Fehlerteile stellt der Schraubenanwender dem Hersteller zu, damit dieser sich auf deren Vermeidung bei Folgeaufträgen einstellen kann. Der Schraubenhersteller ordnet dann die zur Verfügung gestellten Fehler- und Fremdteile nach vier verschiedenen Kategorien und zieht daraus Konsequenzen zur Vermeidung dieser Fehler. Die Zeichnung wird dann entsprechend ergänzt und der Schraubenanwender darüber informiert.

a) Aus welchen Umständen ergibt sich in diesem Beispiel die Notwendigkeit der Qualitätskontrolle?
b) Zu welchem Zeitpunkt setzt die Qualitätssicherung (die auch die Qualitätskontrolle umfasst) bereits ein?
c) Die gelieferten Schrauben sind Markenartikel und teurer als vergleichbare Schrauben für manuelle Verarbeitung.
   - Wo liegt die Ursache für den höheren Preis?
   - Wie lassen sich die höheren Kosten für den Verwendungsbetrieb rechtfertigen?

5. Sie sehen hier einen Ausschnitt aus einer Fehler-Möglichkeits- und Einfluss-Analyse (FMEA)

FEHLER-MÖGLICHKEITS- UND EINFLUSS-ANALYSE

Konstruktions-FMEA ☒ Prozess-FMEA ☐

Systeme/Merkmale	Potenzielle Fehler	Potenzielle Folgen des Fehlers	Potenzielle Fehlerursachen	DERZEITIGER ZUSTAND Vorgesehene Prüfmaßnahmen	Auftreten	Bedeutung	Entdeckung	Risiko-Prioritätszahl (RPZ)	Empfohlene Abstellmaßnahmen	Verantwortlichkeit
Fahrrad-Sattelstütze	Materialermüdung	Bruch der Stütze Sturz des Fahrers	Scharfe Biegekanten an Aufnahmetasche		5	8	5	200[1]	Kantenrundung vorsehen	Produktentwicklung

Wahrscheinlichkeit des Auftretens (Fehler kann vorkommen)
- unwahrscheinlich = 1
- sehr gering = 2 – 3
- gering = 4 – 6
- mäßig = 7 – 8
- hoch = 9 – 10

Bedeutung (Auswirkungen auf den Kunden)
- kaum wahrnehmbare Auswirkungen = 1
- unbedeutender Fehler, geringe Belästigung des Kunden = 2 – 3
- mäßig schwerer Fehler = 4 – 6
- schwerer Fehler, Verärgerung des Kunden = 7 – 8

Wahrscheinlichkeit der Entdeckung (vor Auslieferung an Kunden)
- hoch = 1
- mäßig = 2 – 5
- gering = 6 – 8
- sehr gering = 9
- unwahrscheinlich = 10

Priorität (RPZ)
- hoch = 1 000
- mittel = 125
- keine = 1

1) 5 · 8 · 5 = 200

Quelle: Fritz Koch, Jürgen Lehberger, Georg Pyzalla:, Technologie, Bildungsverlag EINS, Troisdorf 2010, S. 171.

a) Wozu dient eine FMEA?
b) Erläutern Sie den Inhalt der abgebildeten FMEA.
c) Erstellen Sie selbst eine kurze FMEA für die Konstruktion der Messerbefestigung eines Rasenmähers.

Möglicher Fehler: Lösen des Messers während des Rasenmäherbetriebs

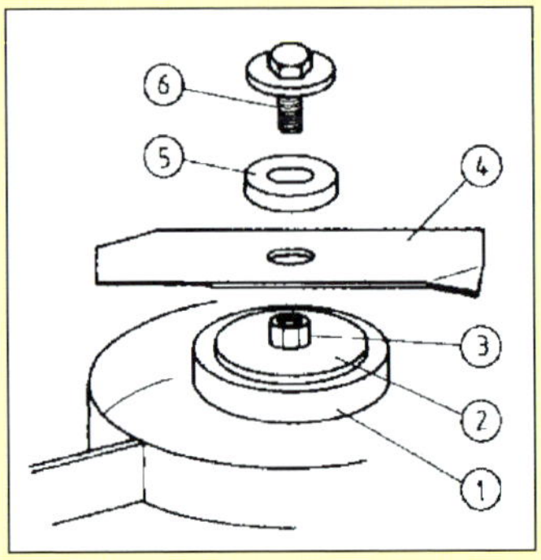

6. Die BÄDER AG fertigt Fliesen für Wohnraum, Küche, Bad und Außenbereich. Die Badfliesen Adlon werden bisher in zwei Brennöfen gefertigt. Die Sollstärke der Fliesen beträgt 9 mm. Die Qualität der Fertigungsprozesse soll wie folgt bestimmt werden: Bei jeder Beschickung der Brennöfen werden je 10 gebrannte Fliesen entnommen und die mittlere Fliesenstärke (arithmetisches Mittel) sowie die Streuung der Einzelwerte um den Mittelwert berechnet. Als Maß der Streuung wird die Standardabweichung gewählt.

Ergebnisse der ersten Beschickung (mm):
Ofen 1: 8,8; 9,0; 9,1; 8,9; 9,2; 8,9; 8,8; 9,1; 9,2; 9,0
Ofen 2: 8,6; 9,3; 9,0; 9,4; 8,9; 9,0; 9,4; 9,4; 8,7; 8,8

a) Informieren Sie sich im Internet über die Bedeutung des arithmetischen Mittels und der Standardabweichung für die Qualitätskontrolle.

b) Berechnen Sie das arithmetische Mittel (x) und die Standardabweichung gemäß folgendem Schema. Benutzen Sie ggf. ein Tabellenkalkulationsprogramm.

Messung Nr.	Stärke in mm	Mittlere absolute Abweichung in mm	Mittlere quadratische Abweichung
i	x_i	$\lvert x_i - x \rvert$	$\lvert x_i - x \rvert^2$
1			
2			
...			
10			
Summe			
Arithmetisches Mittel = Summe : 10			
Mittlere absolute Abweichung = Summe : 10			
Mittlere quadratische Abweichung = Summe : 10			
Standardabweichung = Wurzel aus mittlerer quadratischer Abweichung			

c) Welcher Brennofen liefert nach den vorliegenden Ergebnissen eine höhere Qualität? Begründen Sie Ihre Aussage.

d) Reichen die berechneten Ergebnisse für die Beurteilung der Qualität aus? Begründen Sie Ihre Antwort und machen Sie einen Vorschlag, wie die Bäder AG weiter vorgehen soll, um zu signifikanten Ergebnissen zu gelangen.

8.6 Produktionscontrolling

8.6.1 Aufgaben des Produktionscontrollings

Die Kontrolle ist bekanntlich wesentlicher, aber nicht alleiniger Bestandteil des umfassenderen Controllings.

- Das **strategische Produktionscontrolling** wirkt bei der Festlegung grundlegender Produktionsziele und entsprechender Optimierungsmaßnahmen mit: Maßnahmen zur Maximierung von Produktivität und Wirtschaftlichkeit, zur Optimierung von Kapazität und Termineinhaltung, zur Minimierung von Fertigungszeiten und Kosten. Als Instrumente seien beispielhaft genannt:
  - Potenzialanalysen (betreffen die Verfügbarkeit der längerfristig bereitstehenden „Potenzialfaktoren" Betriebsmittel und Arbeitskräfte[1]),
  - zielführende Kostenrechnungssysteme (Plankosten-, Prozesskosten-, Zielkosten-, Deckungsbeitragsrechnung),
  - Investitionsplanung und Investitionsrechnungen (s. S. 665 ff., 671 ff.).
- Das **operative Produktionscontrolling** wirkt bei der Setzung operationaler Ziele mit, entwickelt Sollwerte, Kennzahlen zur Beurteilung der Zielerreichung und Maßnahmen für unzulässige Istabweichungen.

Das Ziel des Produktionscontrollings ist die Senkung der Produktionskosten und die Steigerung der Wirtschaftlichkeit.

8.6.2 Kostenplanung und Kostenkontrolle

Bei Betrieben mit Massen-, Großserien-, Sortenfertigung liegen folgende Größen für längere Zeit fest:

- das Produktprogramm (Arten, Mengen),
- die Fertigungsverfahren,
- die Fertigungskapazitäten.

Deshalb lassen sich die Kosten für eine Planperiode vorausplanen. Diesem Zweck dient die **Plankostenrechnung**.

Hinweis:
Bei **Einzelfertigung** ist eine Kostenvorausplanung nicht möglich. Nur die Kosten jedes einzelnen Auftrags können durch eine eigene, oft komplizierte Vorkalkulation ermittelt werden. Nach Auftragserledigung erfasst man durch eine Nachkalkulation Istkosten und Kostenabweichungen. Durch Gegenüberstellung von Auftragserlös und Istkosten ermittelt man den Gewinn für den Auftrag.

Aufgrund der BDE-Daten kann eine Kostenkontrolle erfolgen.

Wichtig für die Kostenplanung ist die sog. **Kostenspaltung**. Sie trennt fixe und variable Kosten.

Beispiel: Kostenplanung und Kostenkontrolle

1. Ein Betrieb plant seine Kosten für das folgende Halbjahr.
   - Geplante fixe Herstellkosten = 100 000,00 EUR,
   - Kapazitätsgrenze = 4 000 Stück,
   - Variable Herstellkosten bei 100 % Kapazitätsauslastung = 150 000,00 EUR,
   - Geplante Kapazitätsauslastung = 75 % = 3 000 Stück.

   Welche Kosten sind bei dieser Auslastung einzuplanen?
   Kosten (100 %) = 100 000,00 + 150 000,00 = 250 000,00
   Kosten (75 %) = 100 000,00 + 0,75 · 150 000,00 = 212 500,00 = **Plankosten**

[1] Gegensatz: „Repetierfaktor" Material (wird ständig verbraucht und muss dementsprechend neu beschafft werden).

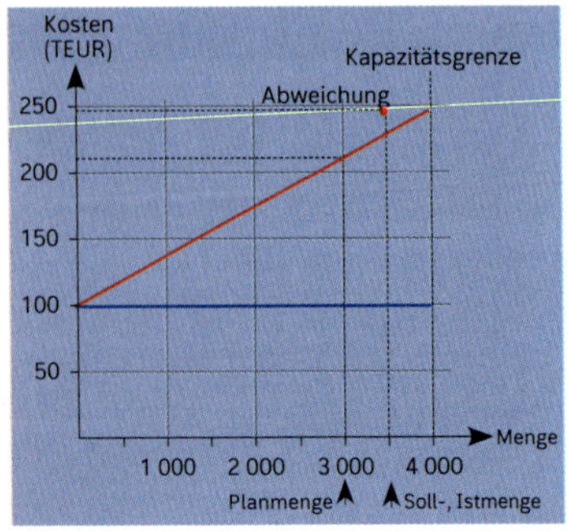

2. Nach Ablauf des Halbjahrs belaufen sich die **Istkosten** auf 245 000,00 EUR. Man stellt fest, dass
   - 3 600 Stück produziert wurden (= 90 % Auslastung),
   - die Materialpreise unabweisbar um 4 000,00 EUR gestiegen sind.

   Welche Kosten dürfen aufgrund der höheren Produktionsmenge entstehen (Sollkosten)?
   Sollkosten (90 %)
   = 100 000,00 + 0,9 ·150 000,00
   = 235 000,0 0 (EUR)

3. **Gesamte Kostenabweichung**
   = 245 000,00 – 235 000,00 = 10 000,00 (EUR).
   Davon sind
   - 4 000,00 EUR durch die Preissteigerung bedingt (sog. **Preisabweichung**),
   - 6 000,00 EUR durch ungeplanten Mehrverbrauch an Material oder Mehreinsatz an Arbeit und Betriebsmitteln bedingt (sog. **Verbrauchsabweichung**).

   Für welche Abweichungen ist die Produktionsleitung verantwortlich?
   Nur für die Verbrauchsabweichung.

   Welche Maßnahmen sind zu ergreifen?
   Genaue Untersuchung der Ursachen (betriebsmittel-, arbeits-, material-, organisations-, vorgabenbedingte Störungen) sowie Suche nach Verbesserungen.

Verbrauchsabweichungen zeigen, dass Ressourcen verschwendet werden. Die Produktion erreicht nicht den gewünschten Grad an Wirtschaftlichkeit.

8.6.3 Korrekturmaßnahmen

Die Art der Korrekturmaßnahmen hängt von der Art der Störungen ab. Die Störungen lassen sich bestimmten Gruppen zuordnen. Die folgende Tabelle nennt wesentliche Zusammenhänge, erhebt jedoch keinen Anspruch auf Vollständigkeit.

Gruppen	Ursachen	Korrekturmaßnahmen
Betriebsmittel-bedingte Störungen	• Unzureichende qualitative Kapazität • Kapazitätsengpass • Maschinenausfall	• Maschinenwechsel; Neuanschaffung; Fremdvergabe • Längerfristig: Investition Kurzfristig: Fremdvergabe • 14-täglicher Wartungsdienst durch eine Wartungsfirma; zwei Stunden je Woche Instandhaltung der Maschinen durch die eigenen Mitarbeiter
Arbeitsbedingte Störungen	• Unzureichende Kompetenz • Undisponiertheit • Mangelnde Motivation • Fehlzeiten	• Neueinstellung; Fortbildung • Andere Arbeitszeiten • Akkordlohn, Prämienlohn • Prämienlohn, Gleitzeitsystem
Materialbedingte Störungen	• Materialfehler • Falsche Materialauswahl • Materialverwechslung	• Bessere Eingangskontrolle • Stichprobenartige Tests im eigenen Labor • Einführung Vier-Augenprinzip
Organisations-bedingte Störungen	• Ungeeignete Fertigungsverfahren	• Wechsel der Fertigungsverfahren; Fließ- statt Reihenfertigung; Gruppen- statt Reihenfertigung
Vorgabenbedingte Störungen	• Fehlerhafte Ziele • Planungsfehler • Fehlerhafte Anweisungen/Unterlagen	• Zielanpassung • Anpassung der Planung • Anweisungen korrigieren; neues Informationssystem

Gegebenenfalls sind nur Nachbearbeitungen erforderlich. Oft ist es jedoch nötig, die Störungsursachen zu beseitigen. Je nach deren Art kann dies z. B. dazu führen, dass Ausführungsprozesse, Sollgrößen, Planungen, ja sogar die ursprünglichen Zielsetzungen überarbeitet werden müssen.

8.6.4 Kennzahlen der Produktion

Das Controlling verdichtet im Produktionsbereich das anfallende Zahlenmaterial zu Kennzahlen, um damit Prozesse und Ergebnisse zu beurteilen. Die Kennzahlen sollen Aussagen darüber ermöglichen, in welchem Ausmaß die Bereichsziele (vgl. S. 150) erreicht werden.

Kennzahlen erlangen oft erst im Rahmen von Zeit-, Betriebs-, Branchen- und Soll-Ist-Vergleichen Aussagekraft.

Die Ziele des Produktionsbereichs lassen sich auf das Streben nach **Wirtschaftlichkeit** zurückführen, also auf das **ökonomische Prinzip**: Erziele mit gegebenem Einsatz ein größtmögliches Ergebnis (Maximalprinzip) oder ein gegebenes Ergebnis mit geringstmöglichem Einsatz (Minimalprinzip)! (Vgl. hierzu S. 88.)

Der Grad der Wirtschaftlichkeit wird durch die Kennzahlen **Ergiebigkeitsgrad** und **Sparsamkeitsgrad** gemessen. Der Wert des Ergiebigkeitsgrades sollte möglichst groß sein, der des Sparsamkeitsgrades möglichst klein.

$$\text{Ergiebigkeitsgrad} = \frac{\text{Ergebnis}}{\text{Einsatz}}$$

$$\text{Sparsamkeitsgrad} = \frac{\text{Einsatz}}{\text{Ergebnis}}$$

Beispiel: Ergiebigkeitsgrad und Sparsamkeitsgrad

MGB erstellt mit einem Einsatz von 100 000,00 EUR Leistungen im Wert von 160 000,00 EUR. Das Unternehmen führt Rationalisierungsmaßnahmen durch, um ...
- mit gleichem Einsatz Leistungen im Wert von 200 000,00 EUR zu erstellen.
  → **Maximalprinzip**
- die gleiche Leistung mit einem Einsatz von 80 000,00 EUR zu erzielen.
  → **Minimalprinzip**

Berechnung von Ergiebigkeitsgrad (E) und Sparsamkeitsgrad (S):

$$E = \frac{\text{Ergebnis (EUR)}}{\text{Einsatz (EUR)}} \qquad \frac{160\,000{,}00}{100\,000{,}00} = 1{,}6 \qquad \frac{200\,000{,}00}{100\,000{,}00} = 2{,}0$$

$$S = \frac{\text{Einsatz (EUR)}}{\text{Ergebnis (EUR)}} \qquad \frac{100\,000{,}00}{160\,000{,}00} = 0{,}6255 \qquad \frac{80\,000{,}00}{160\,000{,}00} = 0{,}5$$

Ergiebigkeitsgrad: Jeder Euro Einsatz erzielte vorher 1,6 EUR, nachher 2,0 EUR Leistungen.
Sparsamkeitsgrad: Jeder Euro Leistungen wurde vorher mit 0,625 EUR, nachher mit 0,5 EUR Einsatz erzielt.

Der Grad der Wirtschaftlichkeit wurde also gesteigert.

Produktivitätskennzahlen

Im Produktionsbereich geht es zunächst um den Einsatz bestimmter **Mengen** der Leistungsfaktoren (Produktionsfaktoren) Arbeitskraft, Betriebsmittel und Material sowie um das Ergebnis dieses Einsatzes, die **Ausbringungsmenge**.

- **Der Mengeneinsatz der Faktoren soll möglichst ergiebig (produktiv) erfolgen.**
- **Die Ausbringungsmenge soll möglichst sparsam erstellt werden.**

Die Kennzahl der **mengenmäßigen Ergiebigkeit** ist die **Produktivität**.

$$\text{Produktivität} = \frac{\text{Ausbringungsmenge}}{\text{Faktoreinsatzmengen}}$$

Die Faktoreinsatzmengen sind Arbeitsstunden, Maschinenstunden und Materialeinheiten (Stück, kg, Liter usw.). Diese unterschiedlichen Größen lassen sich nicht zusammenfassen. Deshalb bildet man die Teilproduktivitäten **Arbeits**-, **Anlagen**-, (Kapital-) und **Materialproduktivität** (Materialeffizienz).

Die Produktivitätskennzahlen geben an, wie viele Produkteinheiten je eingesetzte Arbeitsstunde, Maschinenstunde, Materialeinheit ausgebracht werden.

$$\text{Arbeitsproduktivität} = \frac{\text{Ausbringungsmenge}}{\text{Arbeitsstunden}}$$

$$\text{Anlagenproduktivität} = \frac{\text{Ausbringungsmenge}}{\text{Maschinenstunden}}$$

$$\text{Materialproduktivität} = \frac{\text{Ausbringungsmenge}}{\text{Materialeinheiten}}$$

Beispiel 1: Teilproduktivitäten

Die VTP-GmbH fertigt u. a. Tauchpumpen. Monatliche Einsatzmengen: 160 Arbeitsstunden, 160 Maschinenstunden, 3 200 kg Stahl. Monatliche Ausbringungsmenge: 800 Pumpen.

Nach einer Rationalisierungsmaßnahme (Kauf einer leistungsfähigeren Anlage) steigt die monatliche Ausbringungsmenge auf 1 120 Pumpen bei einem Einsatz von 4 480 kg Stahl.

	vor der Rationalisierung		nach der Rationalisierung	
Arbeitsproduktivität =	800 Stück/160 Std. =	5 Stück/Std.	1 120 Stück/160 Std. =	7 Stück/Std.
Maschinenproduktivität =	800 Stück/160 Std. =	5 Stück/Std.	1 120 Stück/160 Std. =	7 Stück/Std.
Materialproduktivität =	800 Stück/3 200 kg =	0,25 Stück/kg	1 120 Stück/4 480 kg =	0,25 Stück/kg

Je Arbeitsstunde und Maschinenstunde werden nach der Rationalisierungsmaßnahme zwei Stück zusätzlich produziert. Die Arbeits- und die Anlagenproduktivität steigen also jeweils um 40 %. Die Materialproduktivität ändert sich nicht.

Das Beispiel zeigt auch: Die Steigerung der Arbeitsproduktivität kann hier nicht dem Faktor Arbeitskraft zugerechnet werden. Vielmehr beruht sie auf dem Einsatz eines leistungsfähigeren Betriebsmittels.

> *Merke:*
> *Eine Teilproduktivitätskennzahl stellt einen Ursache-Wirkungs-Zusammenhang nur her, wenn die Mengenleistung der anderen Produktionsfaktoren unverändert bleibt.*

Die Kehrwerte der Produktivitäten heißen **Mengenkoeffizienten**. Sie messen die **mengenmäßige Sparsamkeit**. Der **Arbeitskoeffizient** z. B. bezeichnet die Anzahl der pro Produkteinheit eingesetzten Arbeitsstunden.

$$\text{Arbeitskoeffizient} = \frac{\text{Arbeitsstunden}}{\text{Ausbringungsmenge}}$$

Kennzahlen der mengenmäßigen Wirtschaftlichkeit

Im zweiten Schritt untersucht das Controlling die wirtschaftliche Verwendung der eingesetzten **Werte**. Dazu bewertet sie die eingesetzten Arbeits- und Maschinenstunden sowie Materialeinheiten mit ihren Kosten je Einheit (Faktorstückkosten):

$$\text{Wertmäßiger Einsatz} = \text{eingesetzte Faktoreinheiten} \cdot \text{Faktorstückkosten} = \text{Herstellkosten}$$

Die Bewertung bietet die Möglichkeit, die ungleichen Leistungsfaktoren zumindest wertmäßig zusammenzufassen. Der Ergiebigkeitsgrad ist jetzt eine Kostenproduktivität, der Sparsamkeitsgrad ein Kostenkoeffizient.

- **Die Kostenproduktivität gibt an, wie viel Produkteinheiten je eingesetztem Euro Herstellkosten erzeugt werden.**
- **Der Kostenkoeffizient bezeichnet die Stückherstellkosten.**
- **Kostenproduktivität und Stückherstellkosten werden auch als Kennzahlen der mengenmäßigen Wirtschaftlichkeit bezeichnet.**

$$\text{Kostenproduktivität} = \frac{\text{Ausbringungsmenge}}{\text{Herstellkosten}}$$

$$\text{Stückherstellkosten} = \frac{\text{Herstellkosten}}{\text{Ausbringungsmenge}}$$

Je höher die Kostenproduktivität ist und je niedriger die Stückherstellkosten sind, desto größer ist die mengenmäßige Wirtschaftlichkeit.

Beispiel 2 (Fortsetzung): Kostenproduktivität und Stückherstellkosten

Stückkosten: 1 Arbeitsstunde = 25,00 EUR, 1 Maschinenstunde = 60,00 EUR (alternativ 50,00 EUR nach der Rationalisierung), 1 kg Stahl = 0,50 EUR

	vor der Rationalisierung	nach der Rationalisierung
	160 Arbeitsstd. zu 25 EUR = 4 000 EUR 160 Masch.std. zu 60 EUR = 9 600 EUR 3 200 kg Stahl zu 0,50 EUR = 1 600 EUR 800 Stück Pumpen = 15 200 EUR	160 Arbeitsstd. zu 25 EUR = 4 000 EUR 4 000 EUR 160 Masch.std. zu 60 EUR = 9 600 EUR zu 50 EUR = 8 000 EUR 4 480 kg Stahl zu 0,50 EUR = 2 240 EUR 2 240 EUR 1 120 Stück Pumpen = 15 840 EUR 14 240 EUR
Kostenproduktivität =	800 Stück/15 200 EUR ≈ 0,053 Stück/EUR	1 120 Stück/15 840 EUR ≈ 0,07 Stück/EUR 1 120 Stück/14 240 EUR ≈ 0,079 Stück/EUR
Stückherstellkosten =	15 200 EUR/800 Stück = 19 EUR/Stück	15 840 EUR/1 120 Stück = 14,14 EUR/Stück 14 240 EUR/1 120 Stück = 12,71 EUR/Stück

Vor der Rationalisierung werden pro eingesetztem Euro Herstellkosten 0,053 Stück erstellt, nachher 0,07 Stück (0,079 Stück). Die Produktivität steigt also um ungefähr 32,1 % (49 %). Die entsprechenden Stückherstellkosten betragen 19,00 EUR und 14,14 EUR (12,71 EUR).

Kennzahlen der wertmäßigen Wirtschaftlichkeit

Die Leistungserstellung und -verwertung eines Unternehmens gilt als **wirtschaftlich**, wenn es einen **Betriebsgewinn erwirtschaftet**. Die Wirtschaftlichkeit steigt mit dem Betriebsgewinn.

Ausbringungsmenge · Marktpreis = Leistungen

	Leistungen
–	**Kosten**
=	**Betriebsgewinn**

Kennzahlen der wertmäßigen Wirtschaftlichkeit setzen Leistungen und Kosten zueinander in Beziehung.

$$\text{Ergiebigkeitsgrad} = \frac{\text{Leistungen}}{\text{Kosten}}$$

$$\text{Sparsamkeitsgrad} = \frac{\text{Kosten}}{\text{Leistungen}}$$

- **Der Ergiebigkeitsgrad (E) gibt an, wie viel Euro Leistungen je Euro Kosteneinsatz erzielt werden.**
- **Der Sparsamkeitsgrad (S) gibt an, wie viel Euro Kosten für einen Euro Leistungen aufgewendet werden müssen.**

Ist der Gewinn gleich null, haben Ergiebigkeits- und Sparsamkeitsgrad den Wert 1. Mit zunehmendem Gewinn/zunehmender Wirtschaftlichkeit wird der Ergiebigkeitsgrad größer, der Sparsamkeitsgrad kleiner.

Merke:

Gewinn	ES	
< 0	< 1	> 1
= 0	= 1	= 1
> 0	> 1	< 1

Beispiel 3 (Fortsetzung): Wertmäßige Wirtschaftlichkeit

Ausbringungsmenge = 800 Pumpen, Marktpreis = 30,00 EUR/Stück, Kosten = 19 000,00 EUR (davon Herstellkosten 15 200,00 EUR, Verwaltungskosten 1 800,00 EUR, Vertriebskosten 2 000,00 EUR).

Leistungen	800 · 30,00 EUR =		24 000,00 EUR
Herstellkosten		15 200,00 EUR	
Verwaltungs-/Vertriebskosten		3 800,00 EUR	
– Summe Kosten		19 000,00 EUR	19 000,00 EUR
= Betriebsgewinn			24 000,00 EUR

Ergiebigkeitsgrad = 24 000,00 EUR/19000,00 EUR ≈ **1,26**
Mit jedem Euro Kosten werden 1,26 EUR Leistungen erzielt.

Sparsamkeitsgrad = 19 000,00 EUR/24 000,00 EUR ≈ **0,79**
Für jeden Euro Leistungen werden 0,79 EUR Kosten aufgewendet.

Die Produktion kann sehr produktiv und trotzdem wertmäßig unwirtschaftlich sein. Dies ist der Fall, wenn die betrieblichen Leistungen die Kosten nicht decken. Die Ursachen dafür können fehlende Nachfrage oder zu niedrige Marktpreise sein.

Beispiel 4 (Fortsetzung): Einfluss des Marktpreises auf die wertmäßige Wirtschaftlichkeit

Aufgrund der in Beispiel 1 genannten Rationalisierungsmaßnahme steigt die Ausbringungsmenge auf 1 120 Stück. Die Herstellkosten sinken auf 14 240,00 EUR (siehe Beispiel 2). Wegen einer Konjunkturflaute fällt der Marktpreis gleichzeitig auf 16,00 EUR.

	Produktivitätssteigerung		**Marktpreissenkung**	
Leistungen	1120 · 30,00 =	33 600,00	1 120 · 16,00 =	17 920,00
Herstellkosten	14 240,00		14 240,00	
V/V-Kosten	3 800,00		3 800,00	
– Summe Kosten		–18040,00		–18040,00
= Gewinn		15560,00		–120,00
	Ergiebigkeitsgrad = 33600,00/18 040,00 ≈ **1,86**		Ergiebigkeitsgrad = 17920,00/18 040,00 ≈ **0,99**	

Der Ergiebigkeitsgrad müsste aufgrund der Rationalisierungsmaßnahme von 1,26 auf 1,86 steigen. Wegen des Preisverfalls sinkt er jedoch auf 0,99.

Das Unternehmen hat zweifellos alles getan, um wirtschaftlicher zu arbeiten: Die Kosten sind gesunken, die Ausbringungsmenge ist gestiegen. Aufgrund der gesunkenen Marktpreise macht sich jedoch der Kapitaleinsatz schlechter bezahlt; er „rentiert" sich weniger.

Das Beispiel zeigt: Rationalisierungsmaßnahmen können die Produktivität steigern und die Kosten senken. Damit verbessert sich die wertmäßige Wirtschaftlichkeit. Wenn jedoch der Absatzpreis der hergestellten Güter sinkt, sinkt auch der Gewinn. Damit verschlechtert sich die wertmäßige Wirtschaftlichkeit.

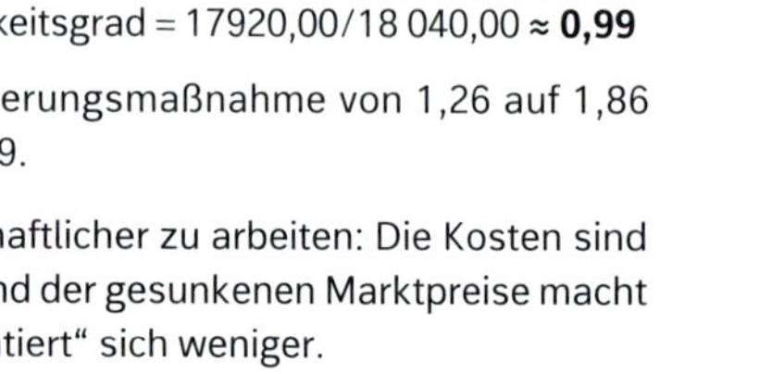

Umgekehrt können bestimmte Maßnahmen höchst unproduktiv sein. Der Gewinn kann infolge verbesserter Marktchancen aber trotzdem steigen und die wertmäßige Wirtschaftlichkeit sich verbessern.

Um zu beurteilen, wie sich Verbesserungsmaßnahmen im Produktionsbereich auswirken, sollte man deshalb den Marktpreis nicht berücksichtigen und Wirtschaftlichkeitsvergleiche anhand der produktivitätsbedingten **mengenmäßigen Wirtschaftlichkeit** anstellen.

Wenn das Unternehmen über eine Plankostenrechnung verfügt, kann man Verbrauchsabweichungen feststellen (vgl. S. 270). Je kleiner die Verbrauchsabweichungen sind, desto wirtschaftlicher ist die Fertigung. Der Grad der Wirtschaftlichkeit wird in diesem Fall durch die Gegenüberstellung von Istkosten und Sollkosten gemessen.

$$\text{Wirtschaftlichkeit} = \frac{\text{Istkosten}}{\text{Sollkosten}}$$

Beispiel 5 (Fortsetzung): Wirtschaftlichkeitskennzahl Istkosten/Sollkosten

Nach der genannten Rationalisierungsmaßnahme werden mithilfe der Plan-Kostenrechnung die monatlichen Sollkosten mit 13 800,00 EUR ermittelt. Die durchschnittliche monatliche Verbrauchsabweichung im Planungszeitraum beträgt +440,00 EUR.

Wirtschaftlichkeit = 14 240,00 EUR/13 800,00 EUR ≈ 1,03

Ob dieses Ergebnis tolerierbar ist, muss durch genauere Untersuchungen festgestellt werden. Es wird umso besser, je mehr sich die Kennzahl dem Wert 1 nähert.

Weitere wirtschaftlichkeitsbedeutsame Kennzahlen

Die Auslastung der Betriebsmittel, die Zusammensetzung der Kosten und die Qualität der Produktionsprozesse und Produktionsergebnisse wirken sich auf die Wirtschaftlichkeit aus und zeigen Ansätze für Verbesserungsmaßnahmen auf. Insofern sind z. B. folgende Kennzahlen von Bedeutung:

- **Beschäftigungsgrad**
  Der Beschäftigungsgrad (Kapazitätsausnutzungsgrad) gibt an, zu wie viel Prozent eine Anlage mengenmäßig ausgelastet ist. Optimal ist eine möglichst hohe Auslastung (nahe der Kapazitätsgrenze).

  $$\text{Beschäftigungsgrad} = \frac{\text{Ausbringungsmenge}}{\text{Maximalkapazität}} \cdot 100$$

  Beispiel: Beschäftigungsgrad

  (800 Stück/1000 Stück) · 100 = 80% Auslastung

- **Kostenartenintensität**
  Die Kostenartenintensität gibt den Prozentanteil einer Kostenart (z. B. Arbeits-, Betriebsmittel-, Material-, Energiekosten) an den Herstellkosten an. Ist der Intensitätswert einer Kostenart relativ hoch, lohnen sich Einsparungen bei dieser Kostenart besonders.

  $$\text{Kostenartenintensität} = \frac{\text{Betrag der Kostenarten}}{\text{Herstellkosten}} \cdot 100$$

- **Qualitätskennzahlen**
  Folgende Kennzahlen eignen sich für die Beurteilung der Qualität von Produktionsergebnissen und Prozessen:
  - **Ausschussquote.** Sie gibt den Prozentanteil des Ausschusses an der Fertigungsmenge an.

    $$\text{Ausschussquote} = \frac{\text{Ausschussmenge}}{\text{Fertigungsmenge}} \cdot 100$$

    Ähnliche Kennzahlen: **Ausfall-, Gutmengen-, Nacharbeitsquote**.
  - **Ausschussstrukturquote.** Prozentanteil einer Ausschussart am gesamten Ausschuss.

    $$\text{Ausschussstrukturquote} = \frac{\text{Ausschussmenge nach Ursache}}{\text{gesamte Ausschussmenge}} \cdot 100$$

- **Verlässlichkeit einer Anlage.** Zeitspanne zwischen jeweils zwei aufeinanderfolgenden Anlagenstillständen. Je kürzer sie ist, desto öfter steht die Anlage still und verursacht Reparaturkosten.

$$\text{Verlässlichkeit} = \text{Ausfalldatum} - \text{voriges Ausfalldatum}$$

- **Prozessgerecht ausgeführte Aufträge.**
Prozentanteil der zeitgerecht ausgeführten Aufträge.

$$\text{Anzahl p. a. A.} = \frac{\text{zeitgerecht ausgeführte Aufträge}}{\text{veranlasste Aufträge}} \cdot 100$$

Rentabilitätskennzahl

Die Wirtschaftlichkeitskennzahlen sagen nichts über die Wirtschaftlichkeit des Kapitaleinsatzes aus. Kapital ist wirtschaftlich eingesetzt, wenn es sich zufriedenstellend „verzinst". Man stellt dies anhand der Kennzahl *Rentabilität* fest.

Man erhält die Kennzahl *Rentabilität*, indem man den Gewinn prozentual auf das durchschnittlich eingesetzte Kapital bezieht.

Sie sagt aus, wie viel Euro Gewinn auf je 100,00 EUR Kapitaleinsatz entfallen.

$$\text{Rentabilität} = \frac{\text{Gewinn}}{\text{durchschnittlicher Kapitaleinsatz}} \cdot 100$$

DRITTER ABSCHNITT

Beispiel 6 (Fortsetzung): Rentabilität

Die Pumpenproduktionsanlage wurde für 100 000,00 EUR gekauft (durchschnittlich eingesetztes Kapital = 100 000,00 EUR / 2 = 50 000,00 EUR).

Die Rationalisierungsmaßnahme bewirkte weitere Ausgaben von 30 000,00 EUR (durchschnittlich eingesetztes Kapital = 130 000,00 EUR / 2 = 65 000,00 EUR).

Die Konjunktur hellt sich nach kurzer Zeit wieder auf, sodass die Pumpen zu einem Stückpreis von 27,00 EUR abgesetzt werden können.

Gewinn und Rentabilität stellen sich wie folgt dar:

	vor der Rationalisierung			nach der Rationalisierung		
Leistungen	800 · 30,00 =		24000,00	1120 · 27,00 =		30240,00
Herstellkosten		15200,00			14240,00	
V/V-Kosten		3800,00			3800,00	
– Summe Kosten			–19000,00			–18040,00
= Gewinn			5000,00			12200,00

$$\text{Rentabilität} = \frac{5000{,}00\ \text{EUR}}{50000{,}00\ \text{EUR}} \cdot 100 = 10\ \%$$

$$R = \frac{12200{,}00\ \text{EUR}}{65000{,}00\ \text{EUR}} \cdot 100 \approx 18{,}77\ \%$$

Auf je 100,00 EUR Kapitaleinsatz entfallen vor Rationalisierung und Konjunktureinflüssen 10,00 EUR Gewinn, danach 18,77 EUR. Dies ist eine Rentabilitätsverbesserung von 87,7 %.

Vergleich: Produktivität, Wirtschaftlichkeit, Rentabilität

Die **Produktivität** betrifft die **mengenmäßige Ergiebigkeit** der Produktionsfaktoren. Sie ist ein **technisches Problem**. Höhere Produktivität bedeutet aber nur dann höhere Wirtschaftlichkeit, wenn die Produktionskosten nicht im gleichen Umfang wie die Ausbringungsmenge steigen.

Die **Wirtschaftlichkeit** betrifft die **wertmäßige Ergiebigkeit** oder **Sparsamkeit.** Sie ist ein **kaufmännisches Problem**. Höhere Wirtschaftlichkeit bedeutet aber nur dann höhere Rentabilität, wenn die Kosteneinsparungen nicht durch Preisverfall, Absatzeinbrüche, Zinssteigerungen, Lohnerhöhungen und andere gewinnmindernde Tatbestände kompensiert werden.

Die **Rentabilität** betrifft die **Verzinsung des eingesetzten Kapitals**. Sie ist ein **unternehmerisches Problem**.

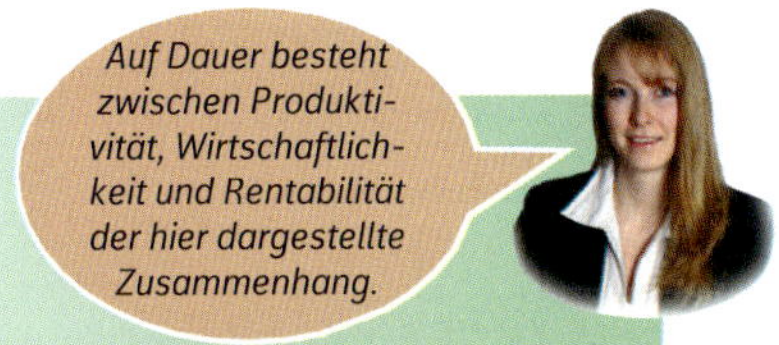

Rationalisierung, technischer Fortschritt

↓

Erhöhung der Produktivität – Durch Rationalisierung und technischen Fortschritt wird das mengenmäßige Produktionsergebnis steigen.

↓

Erhöhung der Wirtschaftlichkeit – Die Produktionssteigerung führt in der Regel zu einer Senkung der Kosten pro Stück und damit zu einer höheren Wirtschaftlichkeit.

↓

Erhöhung der Rentabilität – Wenn keine negativen Kräfte auf dem Absatzmarkt entgegenwirken, steigt im Normalfall auch die Rentabilität.

Arbeitsaufträge

1. **Ein Betrieb mit Serienfertigung plant seine Kosten für das folgende Vierteljahr:**
   Die fixen Herstellkosten belaufen sich auf 80 000,00 EUR.
   Maximale Ausbringungsmenge: 1 000 Stück.
   Variable Herstellkosten bei voller Kapazitätsauslastung: 100 000,00 EUR.
   Der Betrieb rechnet mit einer tatsächlichen Kapazitätsauslastung von 85 %.

   a) Welche Gesamtherstellkosten sind bei dieser Auslastung einzuplanen?
   b) Nach Ablauf des Vierteljahres stellt man fest, dass die Kosten sich tatsächlich auf 164 000,00 EUR belaufen. Untersuchungen ergeben, dass 800 Stück produziert wurden und dass die Materialpreise um 2 000,00 EUR gesunken sind.
      - Wie viel Euro betragt die gesamte Kostenabweichung?
      - Auf welchen Ursachen beruht die Kostenabweichung?
      - Für welche Abweichungen trägt die Produktionsleitung die Verantwortung?
      - Welche Maßnahmen sind zu ergreifen?

2. **In den folgenden Fällen werden technische und wirtschaftliche Störungen in der Papierproduktion der Kölner Mühle AG beschrieben. Es wurden noch keine Ursachen festgestellt und noch keine Korrekturmaßnahmen festgelegt.**

   (1) Bei einer Erstprobe stellt ein externes Labor fest, dass die Papierdicke ungleichmäßig ist.
   (2) Die Materialkosten sind zu hoch.
   (3) Das Rüsten der Papiermaschine dauert zu lange.
   (4) Die Papiermaschine stoppt ungewollt (Grund: Papierstillstand wegen Verschmutzung).
   (5) Die Papiermaschine lässt nur eine Breite von 2,50 m zu. Die Breite ist nicht veränderbar. Im Rahmen eines Kundenauftrages soll für einen guten Kunden Papier mit einer Auftragspapierbreite von 1,00 m erstellt werden.
   (6) Das erzeugte Faser-Wasser-Gemisch wird über ein Formationssieb gelenkt. Absauger saugen dabei das Wasser aus dem Gemisch. Trotzdem ist es zu nass.
   (7) Das erstellte Papier hat Flecken.
   (8) Das Papier reißt während der Produktion. Die Festigkeit ist mangelhaft.

   Erstellen Sie eine Tabelle wie auf Seite 270, ordnen Sie die Störungen Störungsgruppen zu und tragen Sie mögliche Ursachen sowie Korrekturmaßnahmen ein.
   (Informieren Sie sich ggf. über die Papierherstellung im Internet.)

3. **In einem Unternehmen werden auf den Anlagen F1, F2 und F3 in 3 Schichten je Tag die Keilriemen K1 (Klassischer Keilriemen DIN 2215/ISO 4184), K2 (Schmalkeilriemen DIN 7753/ISO 4184) und K3 (Hochleistungs-Schmalkeilriemen – flankenoffen, formgezahnt DIN 7753) hergestellt.**

Folgende Daten wurden für die Monate März und April zusammengestellt:

Anlagen	F1		F2		F3	
Produkte	K1		K2		K3	
Monate	März	April	März	April	März	April
Alter der Anlagen	4 Jahre		8 Jahre		2 Jahre	
Maximalkapazität/Schicht in Stück	220	220	300	300	400	400
Sollmenge in Stück (Optimalkapazität)	200	200	290	290	340	340
Ausbringungsmenge pro Schicht in Stück	152	192	254	254	390	370
Veranlasste Aufträge	10	11	10	9	30	30
davon nicht termingerecht ausgeführt	0	0	2	3	4	3
Ausschuss wegen Materialfehlern in Stück	1	1	2	2	3	3
Ausschuss wegen Maschinenfehlern in Stück	1	1	2	2	24	20
Stückkosten in EUR	4,00	3,30	5,00	5,00	6,60	6,00
davon Materialkosten	1,00	1,00	1,50	1,50	2,30	2,20
Arbeitskosten	0,80	0,80	1,20	1,20	1,00	1,00
Betriebsmittelkosten	2,20	1,50	2,30	2,30	3,30	2,80
Marktpreis pro Stück in EUR	6,00	6,00	8,00	8,00	10,00	10,00
Variable Stückkosten in % der Stückkosten	60	63,3	70	70	60	54

Web
M 278

a) Berechnen Sie folgende Kennzahlen. Benutzen Sie dazu das Material *Kennzahlen zu 3*.
   (1) durchschnittliches Anlagenalter in Jahren,
   (2) Anlagenproduktivität (Stück je Maschinenstunde),
   (3) Optimalkapazität (in Prozent der Maximalkapazität),
   (4) Beschäftigungsgrad,
   (5) Abweichung des Beschäftigungsgrads von der Optimalkapazität (in Prozentpunkten),
   (6) prozessgerecht ausgeführte Aufträge (in Prozent der veranlassten Aufträge),
   (7) Ausschussquote,
   (8) Ausschussstrukturquote: Ausschussanteil wegen Materialfehlern,
   (9) Ausschussstrukturquote: Ausschussanteil wegen Maschinenfehlern,
   (10) Materialintensität
   (11) Arbeitsintensität
   (12) Anlagenintensität
   (13) Gesamtdeckungsbeitrag pro Schicht

b) Berechnen Sie auch die Veränderung der Kennzahlen von März nach April.

c) Geben Sie mögliche Ursachen für die Veränderungen – insbesondere für den Ausschuss – an. Nennen Sie mögliche Korrekturmaßnahmen.

4. **Die Gummiwerke AG fertigte im Monat März mit 656 ihrer Beschäftigten 182 115 Reifen des Typs „Radiant Stahl", im April 185 090 Einheiten des gleichen Typs. Die geleisteten Arbeitsstunden beliefen sich im März auf 109 716, im April auf 104 796 Stunden. Der Einsatz aller anderen Betriebsmittel blieb unverändert (Wert 210 000,00 EUR).**
   a) Wie entwickelten sich Arbeitsproduktivitat und Kapitalproduktivität?
   b) Wie erklären Sie die Änderung der Kapitalproduktivität trotz gleichen Betriebsmitteleinsatzes?

5. **Die Gummiwerke AG stellte im Februar 15 900 und im März 16 100 Auto-Reifen der Marke „Steel 2" her. Es fielen folgende Kosten an:**
   Arbeitseinsatz je Monat: 20 000 Arbeitsstunden à 30,00 EUR,
   Materialkosten: 24,84 EUR je Reifen,
   Maschinenkosten je Monat: 450 000,00 EUR,
   Verwaltungs- und Vertriebskosten je Monat: 300 000,00 EUR.

Folgende Verkaufspreise wurden erzielt: Februar 123,00 EUR und März 119,00 EUR. Die Sollherstellkosten betrugen 89,50 EUR pro Stück.

a) Berechnen Sie die Arbeitsproduktivität.
b) Berechnen Sie die wertmäßige Wirtschaftlichkeit für jeden Monat nach der Formel: Wirtschaftlichkeit (Ergiebigkeitsgrad) = Leistungen / Kosten.
c) Welchen wesentlichen Nachteil hat die Anwendung dieser Formel im vorliegenden Fall?
d) Berechnen Sie die mengenmäßige Wirtschaftlichkeit in Form der Kostenproduktivität und der Stückherstellkosten.
e) Berechnen Sie die Wirtschaftlichkeit nach der Formel Istkosten / Sollkosten.
f) Beurteilen Sie die Entwicklung der Kennzahlen.

6. **Eine Reifenaufbaumaschine der Gummiwerke AG, die für 325 000,00 EUR gekauft wurde, stellt bei 4 600 Arbeitsstunden 78 320 Werkstücke her.**
Die Lohnkosten einschließlich der Nebenkosten betragen 20,80 EUR/Std. Es entstehen weitere Kosten von 32 500,00 EUR jährlich. Der Wert der gefertigten Stücke liegt bei 4,00 EUR je Werkstück.
Bisher konnten mit einer Maschine herkömmlicher Bauart lediglich 53 840 Stücke hergestellt werden. Der Anschaffungswert der Maschine lag bei 250 000,00 EUR. Die Lohnkosten waren die gleichen. Die weiteren Kosten beliefen sich auf 25 000,00 EUR jährlich.

a) Berechnen Sie den Anstieg der Arbeitsproduktivität.
b) Berechnen Sie den Anstieg der Kapitalproduktivität.
c) Berechnen Sie die Wirtschaftlichkeit nach einer hier anwendbaren Formel. Um wie viel ist sie gestiegen?
d) Berechnen Sie den Anstieg der Rentabilität.

DRITTER ABSCHNITT

9 Rationalisierungsprozesse

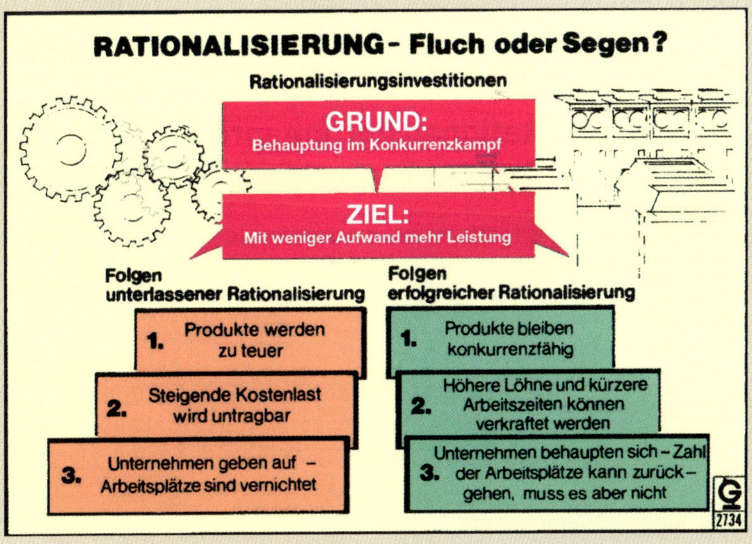

9.1 Begriff und Anlässe der Rationalisierung

Jeder Betrieb versucht, seine Leistungen mit bestmöglichen Mitteln und Methoden zu erstellen. Er gestaltet seine Organisation und die Arbeitsabläufe zielgerecht, setzt zweckmäßige Betriebsmittel und Fertigungsverfahren ein. Leider sind die gefundenen Lösungen immer nur eine gewisse Zeit optimal, denn die wirtschaftlichen, technischen und sozialen Bedingungen des Betriebes und seiner Umwelt ändern sich ständig. Anpassungsmaßnahmen werden nötig.

Beispiele: Rationalisierungsanlässe

- Die Technik schreitet voran (Entwicklung neuer Materialien, neuer Fertigungsverfahren, schnellerer, automatischer, flexiblerer, handlicherer, energiesparenderer Maschinen) und eröffnet Möglichkeiten der Kosteneinsparung und der Leistungssteigerung.
- Gesetze schreiben zunehmend umweltschonende Produkte und Verfahren vor.
- Die Abnehmer verlangen eine Produktqualität, die mit den bestehenden Verfahren und Betriebsmitteln nicht erreicht werden kann.
- Die Arbeitnehmer sind unzufrieden wegen monotoner oder anstrengender Arbeit.
- Bestimmte Abteilungen entwickeln sich zunehmend zu Engpässen.
- Es stellt sich heraus, dass bei Konkurrenzbetrieben Produkte schneller entwickelt, Entscheidungen schneller getroffen werden, Informationen schneller ausgetauscht werden.

Reagiert der Betrieb auf derartige Gegebenheiten nicht, so kann er letztlich nicht mehr produktiv und wirtschaftlich arbeiten.

Durch Rationalisierungsmaßnahmen versuchen die Unternehmen, ihre Leistungen zu verbessern und ihre Kosten zu senken. Damit steigt die Wirtschaftlichkeit der Fertigung.

Rationalisierung bezeichnet vernünftige Gestaltungsmaßnahmen mit dem Ziel, die Wirtschaftlichkeit (das Verhältnis von Kosten und Leistungen) zu verbessern.

Ein ungünstiges Verhältnis von Kosten und Leistungen zeugt von Qualitätsmängeln und Mittelverschwendung (bei Materialien, Produkten, Betriebsmitteln, Geschäftsprozessen, Arbeitsabläufen, Sicherheit, menschengerechter Arbeitsgestaltung, Termineinhaltung, Service u. a. m.). Wo immer Rationalisierungsmaßnahmen ansetzen, streben sie weniger Verschwendung und bessere Qualität an. Damit wird **Rationalisierung letztlich Bestandteil eines Total Quality Managements.**

In Deutschland hat der **REFA-Verband für Arbeitsgestaltung, Betriebsorganisation und Unternehmensentwicklung e. V.** wesentliche Untersuchungen zu Rationalisierungsproblemen vorgenommen.

9.2 Lösung von Rationalisierungsproblemen

REFA schlägt für Rationalisierungsvorhaben folgendes Vorgehen (Rationalisierungsprozess) vor:

REFA: 6-Stufen-Methode der Rationalisierung

Ziele setzen → Aufgabe abgrenzen → Ideale Lösungen suchen → Daten sammeln; praktikable Lösungen entwickeln → Optimale Lösung auswählen → Lösung einführen; Zielerreichung kontrollieren

Stufe 1: Ziele setzen Aus dem Oberziel der Rationalisierung (Produktivität und Wirtschaftlichkeit steigern!) müssen realisierbare Unterziele abgeleitet werden. Wichtige Rationalisierungsziele sind: Kosten-, Organisations-, Humanisierungs-, Terminziele.

Beispiele: Rationalisierungsziele

Kostenziele
- Selbstkostensenkung um 15 %
- Ausschussverringerung um 90 %
- Durchlaufzeitverkürzung um 30 %

Organisationsziele
- Beseitigung der Minimumsektoren
- Erhöhung des Beschäftigungsgrads auf 80 %
- Sicherung eines stetigen Materialflusses

Humanisierungsziele
- Verringerung der Arbeitsmonotonie
- Senkung der körperlichen Belastung
- Schaffung motivierender Kooperationsformen

Terminziele
Festlegung des Realisierungstermins der Rationalisierungsmaßnahmen

Dabei sind die Einflussgrößen des Sachverhalts zu untersuchen.

Beispiele: Einflussgrößen

- *Prozentanteil der einzelnen Kostenarten (Material-, Personal-, Betriebsmittel-, Verwaltungskosten)*
  Man wird dort ansetzen, wo die höchsten Einsparungen möglich sind.
- *Gegebener Rationalisierungsgrad und Stand der Technik*
  Dies erlaubt Rückschlüsse darauf, wo sich neue Verfahren einsetzen lassen.
- *Zukünftige Entwicklung des Absatz- und Beschaffungsmarktes*
  Diese Entwicklung erlaubt Rückschlüsse, bei welchen Erzeugnissen und Materialien sich Rationalisierungsmaßnahmen am ehesten lohnen.

Stufe 2: Aufgaben abgrenzen

Grobabgrenzung

- **Benennung des Rationalisierungsgegenstands** (z. B. ein Arbeitsablauf, Arbeitsplatz, Produkt)
- **Festlegung eines Mindestziels** (z. B. Herstellkostensenkung Baugruppe X um mindestens 15 %)

Feinabgrenzung (am besten durch spezielle Projektteams)

- **Festlegung der Systemgröße** (Angabe, ob sich die Maßnahme auf einen bestimmten Arbeitsplatz, eine Arbeitsplatzgruppe oder den ganzen Betrieb erstreckt)
- **Festlegung der Rationalisierungsansätze**
- **Festlegung der Minimalanforderungen, die die Rationalisierungsmaßnahme unbedingt beachten muss** (z. B. bestimmte Fertigungsmengen, bestimmte Produktqualität, begrenzter Umfang an Finanzmitteln, Zwang zur Nutzung bestimmter Betriebsmittel, Eignung des Arbeitsplatzes auch für Frauen). Für die Feinabgrenzung werden zweckmäßigerweise Projektteams gebildet.

Wichtige Ansatzpunkte der Rationalisierung

- **Menschlicher Anteil an der Arbeit** (z. B. zweckmäßige Bewegungsabläufe – etwa Grifffolgen – und Arbeitsmethoden; Abstimmung mit der Arbeitsumgebung)
- **Erzeugnisgestaltung** (z. B. konstruktive Vereinfachungen, Normung und Typung, Spezialisierung, Qualitätsverbesserung)
- **Automation** (z. B. CNC-Maschinen, Roboter, flexible Fertigungssysteme)
- **Arbeitsorganisation** (z. B. Bildung von Aufgabenbereichen, Gestaltung nach dem Fließprinzip)
- **Soziale Gestaltung** (z. B. Bildung von Arbeitsgruppen, Arbeitszeitgestaltung, Arbeitssicherheit)

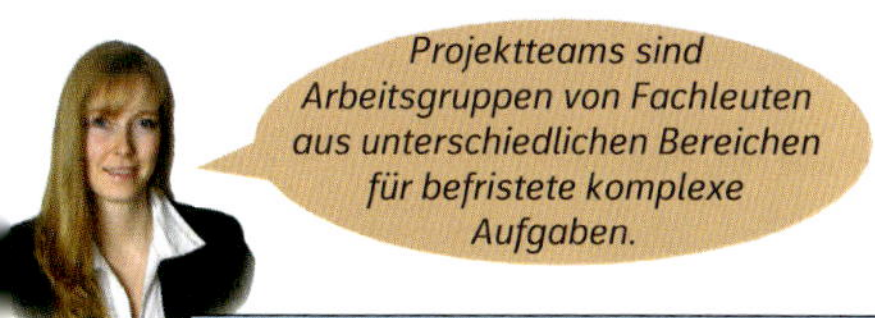

Stufe 3: Ideale Lösungen suchen

Auch hierzu sind Projektteams geeignet. Sie sollen zunächst ohne Rücksicht auf die Beschränkungen der Stufe 2 ungehemmt Ideallösungsvorschläge einbringen. Ideale Arbeitsformen: Brainstorming, Synectic.

Stufe 4: Daten sammeln und praktikable Lösungen entwickeln

Rationalisierungsansätze, zweckmäßige Systemgröße und Minimalanforderungen werden wieder eingeführt (Stufe 2). Die Ergebnisse von Stufe 3 werden an diesen Bedingungen ausgerichtet. Dabei sollten mindestens zwei Lösungen genau ausgearbeitet werden.

Stufe 5: Optimale Lösung auswählen

Es sollen nur Lösungen ausgewählt werden, die technisch sicher, wirtschaftlich, menschlich zumutbar und rechtlich zulässig sind.

Stufe 6: Lösung einführen und Zielerreichung kontrollieren

Die Entscheidung wird von der Geschäftsleitung gefällt. Sie berücksichtigt technische und psychologische Aspekte:

Technische Aspekte	Psychologische Aspekte
• Soll das neue System sofort voll oder erst allmählich eingeführt werden? • Soll es durch eigene Mitarbeiter oder externe Spezialisten eingeführt werden? • Wie können Ausfälle in der laufenden Produktion vermieden werden? • Wie soll die Rationalisierungsmaßnahme zeitlich ablaufen? • Wie werden die nötigen Arbeitskräfte geschult/angelernt?	• Sind die Mitarbeiter zu Änderungen bereit? • Sind die Mitarbeiter in die Entwicklung der Rationalisierungsmaßnahme mit einbezogen worden? • Sind die Mitarbeiter rechtzeitig informiert worden?

Die Einführungsphase muss laufend überwacht werden. Nur so lässt sich feststellen, ob die Rationalisierungsmaßnahme konsequent und wie geplant angewendet wird.

Anschließend ist die **Kontrolle** durchzuführen: Vergleich der Rationalisierungsergebnisse mit den Zielen. Werden die Ziele nicht planmäßig erreicht, sind die Ursachen zu suchen und Korrekturmaßnahmen einzuleiten.

Arbeitsauftrag

REFA schlägt vor, bei Rationalisierungen in sechs Stufen vorzugehen.

a) Nennen Sie diese Stufen und beschreiben Sie sie kurz in eigenen Worten.
b) Suchen Sie Möglichkeiten der Rationalisierung der betrieblichen Ausbildung. Gehen Sie dabei nach der REFA-Methode vor.
c) Entwickeln Sie Rationalisierungsmaßnahmen für Ihren derzeitigen Arbeitsplatz anhand der REFA-Methode.
d) Entwickeln Sie in Gruppenarbeit Rationalisierungsmaßnahmen für den Arbeitsplatz Ihres BWL-Lehrers.
e) Vergleichen Sie die REFA-Methode mit den Vorgehensweisen, die auf den Seiten 129, 132 und 312 des Lehrbuchs dargestellt werden.

9.3 Ansatzpunkt Automation

Fließband mit Handfertigung

Fließband mit Roboterfertigung

Bei Betriebsmitteln lässt sich eine stetige Entwicklung von Handarbeit zu Maschineneinsatz und Automation erkennen. Dabei werden bestehende Produktionsverfahren durch produktivere, kostengünstigere, qualitativ bessere Verfahren ersetzt.

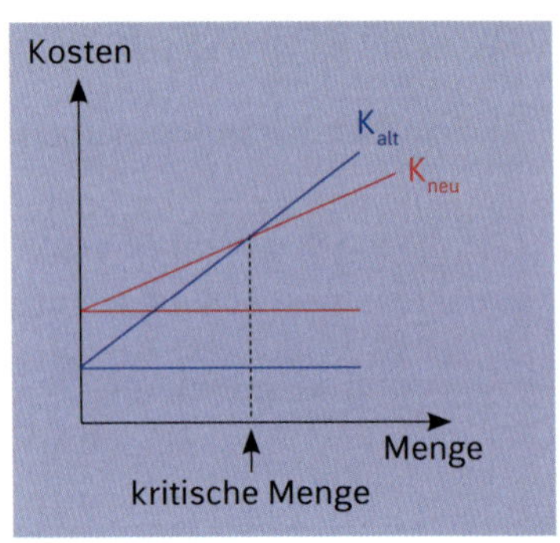

Neue, modernere, leistungsfähigere Anlagen verursachen meist höhere Fixkosten, aber niedrigere variable Kosten als ältere Anlagen. Im Schnittpunkt der Gesamtkostenkurven zweier Anlagen (K_{alt}, K_{neu}) liegt die „kritische Menge". Ab hier sind die Kosten der neuen Anlage niedriger. Ihr Einsatz lohnt sich.

Als Beispiele für Fertigungsautomation haben wir bereits **Computer Aided Manufacturing** und **Computer Integrated Manufacturing** behandelt.

9.4 Ansatzpunkt Arbeitsorganisation

9.4.1 Arbeitsteilung

Ausgangspunkt für eine rationale Arbeitsorganisation ist die Arbeitsteilung.

Arbeitsteilung bedeutet: Verteilung der Arbeiten in einem Leistungsprozess auf verschiedene Träger. Sie bedeutet Spezialisierung auf bestimmte Tätigkeiten.

Die Arbeitsteilung innerhalb des Betriebs umfasst zwei Aspekte: Aufgabengliederung und Arbeitszerlegung.

- **Aufgabengliederung**
  Die betriebliche Gesamtaufgabe wird in Teilaufgaben gegliedert. Diese werden Stellen zugeteilt. Die Aufgabengliederung spiegelt sich im Organigramm wider.
- **Arbeitszerlegung**
  Bei der Arbeitszerlegung wird die Arbeit in Teilarbeiten (Arbeitsvorgänge) zerlegt.

Arten der Arbeitszerlegung sind:

Mengenteilung
Mehrere Personen führen die gleiche Arbeit nebeneinander aus.

Artteilung
Mehrere Personen führen aufeinanderfolgende Arbeiten aus.

Beispiel: Mengen- und Artteilung

In einer Glasschleiferei bearbeiten 5 Glasschleifer nebeneinander Gläser.

Am Fließband führen Arbeiter aufeinanderfolgende Arbeiten an gleichartigen Objekten aus.

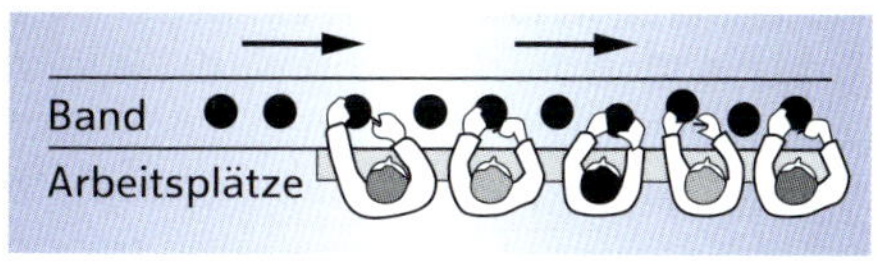

Arbeitsgliederungspläne zerlegen einen Arbeitsvorgang nacheinander in Teilvorgänge, Vorgangsstufen und Vorgangselemente[1]. Diese Aufteilung ist wichtig für die Bildung einheitlicher Taktzeiten bei der Fließfertigung, aber auch für die Gruppenfertigung (Fließinseln).

Arbeitsteilung	
Vorteile	**Nachteile**
Die Arbeitsteilung ermöglicht: • die Spezialisierung des Arbeiters. Durch Übung und Gewöhnung wird dessen Produktivität und/oder die Qualität seiner Leistung gesteigert. • den wirtschaftlichen Betriebsmitteleinsatz. Am gleichen Arbeitsplatz fallen stets gleiche Arbeitsvorgänge an. Dadurch ist der Einsatz von Spezialmaschinen möglich. • den Einsatz ungelernter bzw. angelernter Arbeitskräfte. Die sich immer wiederholenden Arbeitsvorgänge ermöglichen es, auf ungelernte Arbeitskräfte zurückzugreifen.	Die Arbeitsteilung bewirkt • Arbeitsmonotonie, • einseitige Belastung des Arbeiters. Dies kann führen zu • Unlust, • hoher Fluktuation, • willkürlichem Fernbleiben von der Arbeit, • höherem Krankenstand, • Sabotage, • höheren Kosten.

[1] Vgl. S. 216 und 480.

9.4.2 Arbeitsablauf

Die Ergebnisse von Aufgabengliederung und Arbeitszerlegung werden benutzt, um den Arbeitsablauf rational zu gestalten. Dazu werden eingehende Arbeitsablaufstudien durchgeführt. Sie entwickeln u. a. anschauliche grafische Darstellungen von Arbeitsabläufen (z. B. Grundrissdarstellungen, Prozessdarstellungen), die für die Optimierung der Arbeitsabläufe benutzt werden können.

Einzelheiten hierzu siehe S. 480 f.

9.5 Ansatzpunkt Erzeugnisgestaltung

9.5.1 Standardisierung

Standardisierung ist Vereinheitlichung. Für die Industrie sind vor allem die Normung, Typung, Baukastensysteme sowie Teilefamilien wichtig.

Standards sind weithin anerkannte und angewandte Regeln (Vereinheitlichungen, Methoden). Dazu gehören Normen sowie Regeln, die sich aus Erfahrung und Praxis entwickeln.

Normung

Normung bedeutet eine allgemein anerkannte Vereinheitlichung von Einzelteilen, einfachen Erzeugnissen und immateriellen Gegenständen auf der Grundlage von Normen.

Sie kaufen ein Türschloss. Sie wissen: Es passt in jede Tür, zu jeder Zarge und Klinke. Denn die entsprechenden Elemente sind genormt.

Normen entstehen durch ein besonderes Normenverfahren, das von der zuständigen Organisation durchgeführt wird. Sie sind mit Wissenschaft und Praxis abgestimmt und jedermann zugänglich. Arten sind: Dienstleistungs-, Gebrauchstauglichkeits-, Liefer-, Maß-, Planungs-, Sicherheits-, Stoff-, Verfahrens- und Verständigungsnormen.

Werksnormen	Nationale Normen	Internationale Normen
gelten nur im Bereich eines Unternehmens. Besser redet man von Werkstandards, weil i. d. R. kein Normungsverfahren durchgeführt wurde.	z. B. **DIN** (von **D**eutsches **I**nstitut für **N**ormung); **AFNOR** (von **A**gence **F**rançaise de **Nor**malisation)	**ISO**-Normen (von **I**nternational **O**rganization for **S**tandardization); **EN**-Normen (zuständig: CEN = Comité Européen de Normalisation)
z. B. einheitliche Vordrucke	z. B. einheitliche Papierformate (DIN A4 usw.)	z. B. genormte Containermaße (Norm: ISO 688)

DIN-Normen werden unter Mitwirkung der Öffentlichkeit vom Deutschen Institut für Normung herausgegeben.

Grundnormen gelten für unterschiedlichste Bereiche (z. B. einheitliche Maßeinheiten, Normdurchmesser); **Fachnormen** gelten für bestimmte Branchen (z. B. Elektrotechnik, Bauwesen).

- Normung bewirkt vielseitige Verwendbarkeit der Teile.
- Normung erleichtert Konstruktion, Kalkulation, Bestellung.
- Normung bewirkt Kosten- und Preissenkungen.
- Normung ermöglicht Massenfertigung.
- Normung vereinfacht und verbilligt die Lagerhaltung (Beschränkung auf wenige Arten).
- Normung verbessert die Qualität der Erzeugnisse (durch Spezialisierung) und des Kundendienstes (schnelle Ersatzlieferung, Austauschbarkeit der Teile).

Typung

Typung ist Vereinheitlichung von Endprodukten. Typen sind gleichartige Produkte, die sich in Einzelheiten unterscheiden können.

Beispiel: Typung
Pkw-Typ VW Golf: vereinheitlichtes Endprodukt mit unterschiedlichen Teilen (Lackierung, Motorstärke, Ausstattung)

- **Baureihen** sind verschiedene Größen des Typs (z. B. aufgrund von Motorstärken).
- **Varianten** sind unterschiedliche Ausführungen von Bauteilen (z. B. getönte Scheiben).

Normteile gehen i. d. R. als Einzelteile in das Enderzeugnis ein. Das der Typung unterworfene Erzeugnis spricht dagegen direkt den Verwender an.

Typung nutzt die Vorteile der Spezialisierung und trägt durch Baureihen und Varianten dennoch individuellen Kundenwünschen Rechnung. Ziel: Durch möglichst wenige Typen möglichst viele Kundenwünsche befriedigen.

Baukastensystem

Beim Baukastensystem bestehen die Produkte aus Bausteinen. Das sind Teile, die nach Baumusterplänen zu verschiedenartigen Erzeugnissen zusammengebaut werden können.

Beispiel: Baustein
Motor VX kann in die Modelle F1, F2, F3 eingebaut werden.

Bausteine übertragen den Gedanken der Normung auf kompliziertere Teile.
Vorteile des Baukastensystems:

- Nutzung der Vorteile der Fixkostendegression durch hohe Auflagen der Bausteine,
- erleichterte, kostengünstigere Wartung und Reparatur,
- schnellere Ersatzteilbeschaffung,
- Wiederverwendbarkeit der Bauteile,
- Möglichkeit von An- und Umbau oder Umstellung.

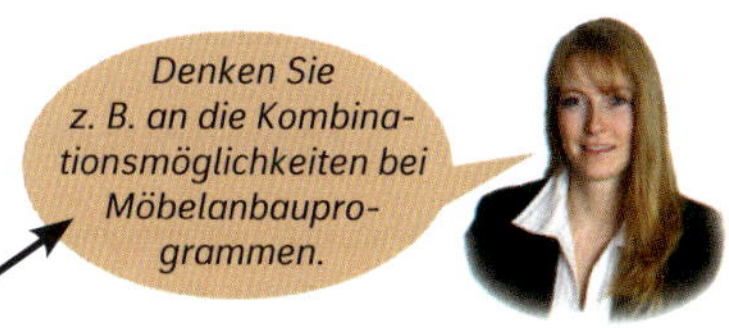

Teilefamilien

Fertigungstechnisch verwandte Teile ähnlicher Form bilden eine Teilefamilie. Sie können mit gleichem Werkzeug auf gleichen Maschinen gefertigt werden. Lediglich die Steuerung der Maschine wird verändert.

Beispiel: Teilefamilien
Bei Drehteilen kann man nach der groben Form (wellen-, hülsen-, scheibenförmig) Teileklassen bilden. Innerhalb dieser differenziert man nach weiteren Formmerkmalen und nach Abmessungen.

Listen-Nr.	Teilefamilien bei Drehteilen
NN 33-050	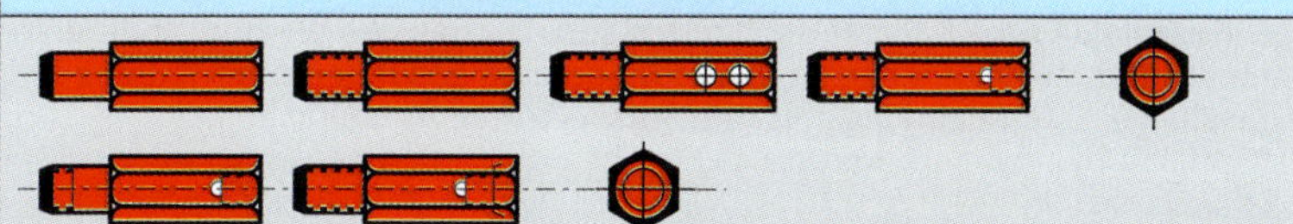
NN 33-054	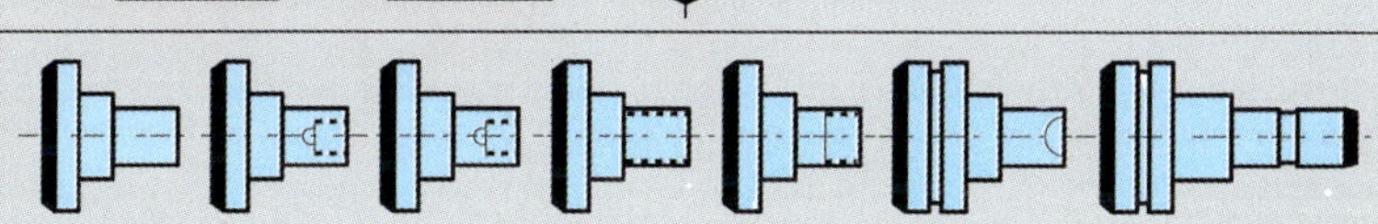

Die einzelnen Teilefamilien und ihre Objekte müssen klar durch *Teilefamilienschlüssel* gekennzeichnet sein. Das ist ein an der Form oder Fertigungstechnik orientiertes Zeichnungsnummernsystem.

9.5.2 Produktspezialisierung

Produktspezialisierung ist die Beschränkung des Fertigungsprogramms auf wenige Produktarten.

Beispiel: Produktspezialisierung
Ein Unternehmen stellt ausschließlich Zahnräder her.

Die **Vorteile** von Normung und Typung wirken sich bei Spezialisierung besonders aus:
- Steigerung von Erzeugnisqualität und Leistungsfähigkeit des Betriebs, da dem engen Produktkreis erhöhte Aufmerksamkeit gewidmet werden kann;
- Verringerung des Bedarfs an Werkzeugen, Maschinen, Vorrichtungen (stark wachsend mit der Zahl der Erzeugnisse);
- weniger Konkurrenz durch Absprachen mit Konkurrenzbetrieben.

Nachteil: Größeres Absatzrisiko; ein Ausweichen auf andere Artikel durch schnelle Umstellung der Produktion ist nicht möglich.

9.6 Ansatzpunkt „Menschlicher Anteil an der Arbeit"

9.6.1 Arbeitszeitstudien

Arbeitszeitstudien ermitteln die **Vorgabezeit**. Das ist die Zeit, die für die ordnungsgemäße Erledigung einer Aufgabe bei normaler Leistung der Arbeitskraft veranschlagt wird. Vielfach setzt sie die Ermittlung rationeller Bewegungsabläufe (z. B. Hinlangen, Greifen, Loslassen, ...) voraus. Sie wird in den Arbeitsplan eingetragen. Besonders wichtig ist sie auch für die Akkordarbeit (siehe S. 496).

9.6.2 Ergonomische Arbeitsgestaltung

Die Ergonomie ist die Wissenschaft von der Anpassung der Arbeit an den Menschen. Diese Anpassung bezieht sich zugleich auf
- die körpergerechte Gestaltung der Arbeitsplätze,
- die Gestaltung des Bewegungsablaufs,
- die Gestaltung der Arbeitszeit,
- die Gestaltung der Arbeitsumgebung.

Bereiche der ergonomischen Arbeitsgestaltung
Arbeitsplatz
Die Arbeitsmittel und der Arbeitsraum müssen den Körpermaßen angepasst werden. So ist im Sitzen eine gewisse Beinfreiheit erforderlich. Hebel und Maschinen sollen körpergerecht konstruiert und angeordnet sein.
Bewegungsablauf
Die manuelle Arbeitstechnik soll einerseits rationalisiert werden, andererseits sollen einzelne Körperteile nicht einseitig belastet und eine gesunde Körperhaltung angestrebt werden. Leistungs- und Reaktionsfähigkeit, Muskelkräfte, Aufmerksamkeit und Konzentration sollen nicht überbeansprucht werden.
Arbeitszeit
Arbeitsbeginn, Arbeitsdauer und Pausen sollen so gelegt werden, dass die Ermüdung gering, die Erholung groß ist[1].

[1] Vgl. S. 405.

Arbeitsumgebung

Schädliche oder belästigende Umgebungseinflüsse (Gase, Staub, Dampf, Hitze, Lärm, Feuchtigkeit, Gerüche usw.) sollen gemindert oder ganz beseitigt werden.
Psychologische Gesichtspunkte (z. B. angenehme Farben, Formen, Materialien) und soziologische Gesichtspunkte (z. B. Repräsentationsfähigkeit usw.) sollen berücksichtigt werden und eine angenehme Arbeitsatmosphäre schaffen.

Beispiele: Ergonomisch gestaltete Arbeitsplätze

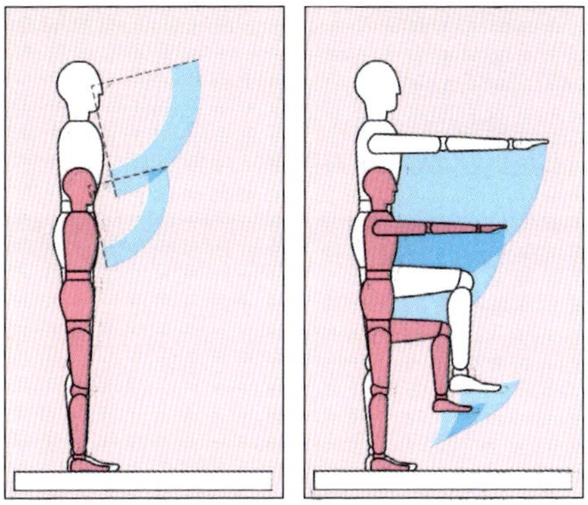

Das Blickfeld sowie der Arbeitsbereich für Arme und Beine sind je nach Körpergröße unterschiedlich; ein Arbeitsplatz soll angepasst werden.

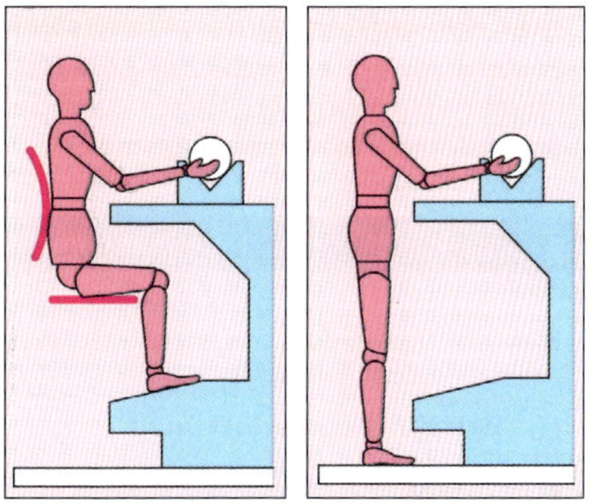

An einem gut gestalteten Arbeitsplatz soll der Mitarbeiter abwechselnd im Stehen und im Sitzen arbeiten können.

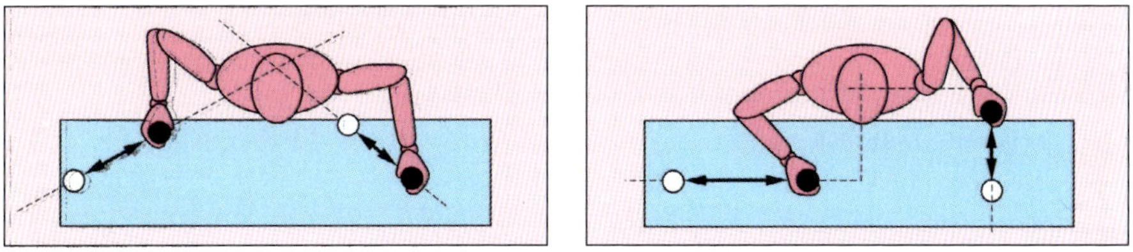

Hebel und ähnliche Bedienungselemente sollen so angeordnet sein, dass sie zur Körpermitte hin bewegt werden, weil dann die geringste Kraftanstrengung notwendig ist.

9.7 Ansatzpunkt „Soziale Gestaltung der Arbeit"

9.7.1 Humanisierung des Arbeitsinhalts

Moderne Zeiten – dieser Stummfilm ist Charlie Chaplins Satire auf die seelenlose Fließbandwelt des frühen 20. Jahrhunderts. Charlie, der tragische Held, erlebt, wie er zum Rädchen im Getriebe, zu einem Bestandteil der Maschinerie wird.
Charlie steht am Fließband. Er schraubt und schraubt. Immer weiter. Es kommt, was kommen muss. Er dreht durch. Mit seinem Schraubenschlüssel rennt er hinter der Sekretärin des Chefs her, gerät, immer weiter schraubend, auf die Straße. Dort will er bei einer vollbusigen Passantin weiterschrauben, was natürlich zu Problemen führt.

Fließbandarbeit ist technisch optimal, aber schädlich für den Menschen:

- Die konsequente Arbeitszerlegung lässt den Sinn der Arbeit nicht mehr erkennen, nimmt Freude und Leistungsbereitschaft, entfremdet den Menschen von seiner Arbeit.
- Durch ständig wiederholte Bewegungen entstehen Monotonie, Ermüdung, einseitige Belastung, Konzentrationsschwächen, Unlust, Organschäden.

Folgen: hoher Krankenstand, bisweilen Sabotage der Arbeit, Beschädigung von Produkten, hohe Kündigungsraten. Das alles mit entsprechenden Kosten für den Betrieb.

Durch eine humanere Arbeitsgestaltung wurde versucht, den Arbeitsinhalt stärker an die Fähigkeiten und Bedürfnisse der Arbeitenden anzupassen. Die Fließbandarbeit wurde neu gestaltet, teils sogar durch Gruppenarbeit ersetzt.

Unter *Humanisierung* der Arbeitswelt versteht man die menschengerechte und menschenwürdige Gestaltung der betrieblichen Arbeitsbedingungen.

Arbeitnehmerforderungen, anknüpfend an den Gedanken der Arbeitshumanisierung
- Arbeitsplatzsicherheit
- ausführbare, zumutbare, nicht schädliche Arbeitsaufgaben
- persönlichkeitsfördernde, interessante Tätigkeiten
- soziale Kontakte
- selbstständiges Arbeiten
- Lohngerechtigkeit
- Spielraum für eigene Entscheidungen

Maßnahmen der Arbeitshumanisierung

Arbeitserweiterung (Jobenlargement)

Mehrere hintereinandergeschaltete Arbeitsgänge werden zusammengefasst und einer Arbeitskraft zugewiesen.

Beispiel: Einzelarbeitsplatz

Der Mitarbeiter erledigt eine in sich abgeschlossene Arbeitsaufgabe. Er kann selbst Arbeitsleistung und -rhythmus bestimmen.

Arbeitsplatzwechsel (Jobrotation)

Die Beschäftigten nehmen innerhalb eines festgelegten Arbeitsabschnitts einen Tausch der Arbeitsplätze vor. So werden eintönige Arbeiten durch Abwechslung – durch unterschiedliche körperliche und seelische Belastungen – aufgelockert.

Beispiel: Umlauf-Prinzip

Das Werkstück wird durch „Ring-Transport" immer wieder zum Ausgangspunkt zurückbefördert. In festgelegtem Rhythmus werden die Arbeitsplätze wie abgebildet getauscht.

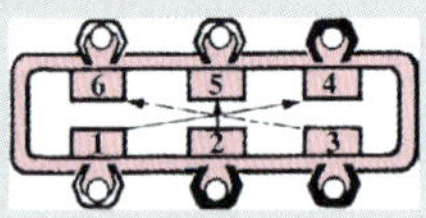

Arbeitsanreicherung (Jobenrichment)

Der Arbeitsinhalt wird mit Entscheidungs- und Gestaltungselementen angereichert. Diese können betreffen: Planung und Verteilung der Arbeit, Materialhandhabung und Qualitätskontrolle sowie die Koordination mit anderen Stellen. Dadurch entstehen höhere Freiheitsgrade und ein gewisses Maß an Selbstkontrolle in einem überschaubaren Verantwortungsbereich.

Gruppenarbeit (Teamarbeit, teilautonome Arbeitsgruppen)

Eine Gruppe von Arbeitern (5 bis 30 Personen) erhält eine gemeinsame mehrstufige Aufgabe zugewiesen, die sie in einer festen Zeit in eigener Regie erfüllen kann. Sie kann selbstständig die Arbeit unter die Gruppenmitglieder aufteilen, Montageteile abrufen und das Arbeitstempo bestimmen. Jeder in der Gruppe muss alle Handgriffe beherrschen. Die Gruppenarbeit umfasst Arbeitserweiterung, Arbeitsplatzwechsel und Arbeitsanreicherung. Darüber hinaus fördert sie die sozialen Kontakte.

9.7.2 Temporäre Arbeitsorganisation

Für befristete Aufgaben, größere Projekte (z. B. die Planung einer Anlage) ist die starre Aufbauorganisation des Betriebes oft hinderlich. Sie ist ja auf die betrieblichen Funktionen, nicht auf Prozesse ausgerichtet. Deshalb fasst man für derartige Aufgaben Fachleute aus den betroffenen Abteilungen unter einem Projektleiter zusammen.

Der Projektleiter ist für die Projektabwicklung verantwortlich. Er vertritt das Projektteam nach außen und ist mit weitreichenden Vollmachten ausgestattet. Dazu gehören die Mitwirkung bei der Auswahl der Mitarbeiter, ihre Anleitung, Beurteilung, ggf. auch Mitwirkung bei ihrer Entlohnung.

Projektgruppen organisieren erfahrungsgemäß ihre Arbeit weitgehend selbst. Dabei sind die Aufgabenstellung, die Anforderungen und die Verfügbarkeit der Gruppenmitglieder zu berücksichtigen.

Die interdisziplinäre Zusammenarbeit bedeutet für die Mitglieder eine neue Herausforderung. Sie umfasst z. B. die eigenverantwortliche Vertretung des Fachgebiets, fachübergreifendes Denken, Kooperation im Team sowie konsensorientierte Entscheidungsfindung. Deshalb sind Projektgruppen auch ein wesentliches Instrument zur Entwicklung künftiger Führungskräfte.

9.7.3 Telearbeit

Bei der Telearbeit hat der Mitarbeiter seinen Arbeitsplatz nicht mehr im Betrieb. Er arbeitet vielmehr an einem Computer, der an einem beliebigen Platz steht: in der Regel zu Hause (sog. Homeoffice), aber auch bei einem Kunden, auf einer Messe, sogar im Auto oder Flugzeug. Der Computer ist online mit dem Betriebscomputer verbunden und kommuniziert mit ihm. So wird der Arbeitsplatz durch die Telekommunikation ortsungebunden.

DRITTER ABSCHNITT

Vorteile der Telearbeit	Nachteile der Telearbeit
Bessere Vereinbarkeit von Beruf und Familie	Soziale Isolation des Mitarbeiters
Erhöhte Mitarbeitermotivation durch einen modernen, telekommunikativen Arbeitsplatz	Problem der Mitarbeiterführung
Ersparnis von Arbeitsplatzkosten wie Büroräumen	Probleme mit dem Datenschutz
Entlastung der Verkehrswege	Hoher organisatorischer Aufwand
Geringere Wegezeiten zum Arbeitsplatz	Hoher technischer Aufwand
Neue Teilzeitarbeitsplätze	Ungewohnte Kommunikationsmethode für die Beschäftigten
Flexible Gestaltung der Arbeitszeit	Fremdbestimmung des Mitarbeiters durch den PC

Web

Weitere Einzelheiten siehe Infomaterial *Telearbeit*.

M 289

Arbeitsaufträge

1. **Eine Fertigungsanlage hat fixe Kosten von 10 000,00 EUR im Vierteljahr. Außerdem verursacht jedes produzierte Stück Kosten von 100,00 EUR. Die Anlage soll durch eine modernere Anlage ersetzt werden. Deren Fixkosten betragen 13 000,00 EUR. Jedes produzierte Stück verursacht Kosten von 80,00 EUR. Zurzeit werden im Vierteljahr 140 Stück abgesetzt. Zukünftig rechnet man mit 200 Stück.**
   a) Welche Anlage erzeugt die genannten Mengen jeweils kostengünstiger?
   b) Berechnen Sie die kritische Menge, von der an die neue Anlage kostengünstiger arbeitet.

2. **Normung, Typung und Bausteine sind wichtige Maßnahmen der Vereinheitlichung.**
   a) Worin unterscheiden sich Normung und Typung?
   b) Papierformate sind genormt. Welche Rationalisierungsvorteile entstehen daraus?
   c) Erläutern Sie die Typung anhand des Erzeugnisprogramms Ihres Betriebes.
   d) Zeigen Sie, wie sich die Einführung des Baukastensystems
      (1) in der Bauindustrie,
      (2) in der Möbelindustrie,
      (3) in der Elektroindustrie auswirkt.

3. **„Die Spezialisierung stellt auch eine Gefahr für die Wirtschaft dar."**
   Erklären Sie diese Behauptung anhand passender Beispiele.

4. **„Wir wollen die Identifizierung des Arbeiters mit seinem Produkt langsam wieder aufbauen."**
   Erläutern Sie, was mit diesem Satz gemeint sein könnte.

5. **„Und nun passen Sie mal auf, was passiert, wenn ich das Ding hier einstecke!"**
   Was soll die abgebildete Karikatur→ aussagen?

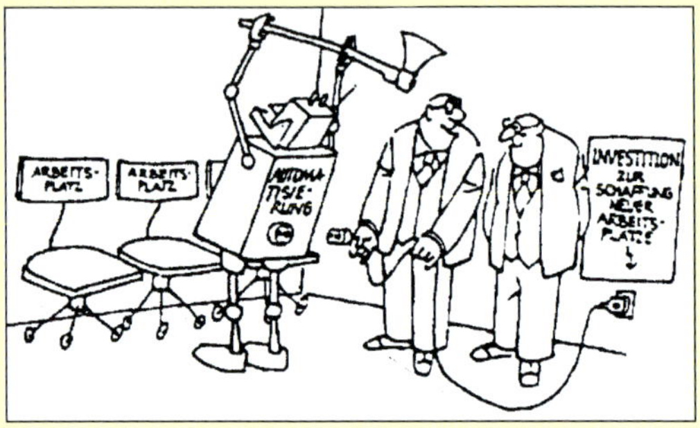

© Jupp Wolter (Künstler), Haus der Geschichte, Bonn

6. **Zum Schmunzeln – aber Humanisierung der Arbeit?**

   a) Warum erfordert die dargestellte Arbeitsorganisation Humanisierungsmaßnahmen?
   b) Erläutern Sie, wieso die dargestellte „Maßnahme" nicht das Geringste mit Arbeitshumanisierung zu tun hat.
   c) Beschreiben Sie Maßnahmen, die tatsächlich geeignet sind – und in der Praxis angewendet werden –, die Arbeit humaner zu gestalten.

7. **Die Montage eines Telefonendgerätes setzt sich aus folgenden drei Arbeitsvorgängen zusammen:**
   - **Montage des Handapparates,**
   - **Montage des Gehäuses,**
   - **Montage des Endgerätes.**

   Diese Arbeiten sind bisher je einem Mitarbeiter übertragen worden.
   a) Sie sollen die drei Mitarbeiter überzeugen, dass sie die Montage der Baugruppen innerhalb einer Gruppe gestalten sollen. Fertigen Sie ein Argumentationsschema an.
   b) Welche Maßnahmen müssen Sie durchführen, damit diese Mitarbeiter in der Lage sind, die Montage der Baugruppen in einer Fertigungsgruppe zu gestalten?
   c) Beschreiben Sie mögliche Konflikte, die in dieser Arbeitsgruppe entstehen können.
   d) Begründen Sie, warum es sich bei dieser Arbeitszusammenfassung noch nicht um eine Fertigungsinsel handeln kann.

8. **Bei modernen Formen der Arbeitsorganisation werden die Stufen der Unternehmenshierarchie abgebaut.**

   Erläutern Sie dies am Beispiel der temporären Arbeitsorganisation.

9. **Telearbeit ist eine besonders moderne Arbeitsorganisation, die die Arbeitswelt erheblich verändert.**
   a) Welche Tätigkeiten eines Fertigungsbetriebes sind besonders geeignet, in dieser Organisationsform erledigt zu werden?
   b) Welche Tätigkeiten sind auf keinen Fall geeignet, in Form von Telearbeit erledigt zu werden?

9.8 Ganzheitliche Rationalisierungskonzepte

9.8.1 Schlankes Unternehmen

Das Massachusetts Institute of Technology (MIT) veröffentlichte 1990 eine Studie, in der die japanische, amerikanische und europäische Automobilproduktion verglichen wurden. Der Vergleich fiel eindeutig zugunsten der Japaner aus. Hier einige Zahlen:

	Japan	Europa
• Entwicklungszeit für ein neues Pkw-Modell in Monaten	46,2	57,3
• Rückkehr zur normalen Fertigungsqualtität nach Modellwechsel nach ... Monaten	1,4	12
• Fertigungsstunden pro Fahrzeug	16,8	36,2
• Montagefehler pro 100 Fahrzeuge	60,0	97,0

Die Japaner waren produktiver, kostengünstiger, erzielten von vornherein eine höhere Qualität. Die MIT-Studie wies nach, dass das Erfolgsgeheimnis letztlich auf einer „Unternehmensphilosophie“ beruhte, die wesentliche Unterschiede zur europäischen (und amerikanischen) Konzeption aufwies.

Europäische „Philosophie“	Japanische „Philosophie“
Das Unternehmen ist eine Zweckgemeinschaft der Produktionsfaktoren. Der dispositive Faktor „denkt und lenkt“; ausführende Arbeitskräfte arbeiten mit technisch möglichst perfekten, durchrationalisierten Fertigungsanlagen. So sollen Massenproduktion und größtmögliche Senkung der Stückkosten ermöglicht werden. Vollendete Form: Computer Integrated Manufacturing.	Das Unternehmen ist eine Sinngemeinschaft der darin arbeitenden Menschen. Die Menschen sollen sie so begreifen, sich mit ihr identifizieren und gemeinsam ihre Kräfte optimal für das Wohlergehen des Unternehmens einsetzen. Der arbeitende Mensch ist das kostbarste Gut des Unternehmens. Er muss seine Kräfte optimal entfalten können.

Mit der japanischen Philosophie verbindet sich ein wesentlicher Grundgedanke:

Jede Art von Verschwendung muss vermieden werden.

Verschwendung äußert sich z. B. in:
- unnötigen Lagerbeständen,
- Ausschuss aufgrund mangelhafter Qualität,
- unausgenutzter quantitativer Kapazität,
- unausgenutzter qualitativer Kapazität,
- Fehlern aufgrund mangelnder Motivation und Identifikation mit den Unternehmenszielen.

Das Unternehmen muss diese Verschwendung „abspecken“, es muss schlank (MIT nennt es „lean“) werden. Das Ergebnis heißt für den Bereich der Fertigung z. B. **schlanke Produktion (Lean Production)**. Mit ihr wird das Unternehmen auch in hohem Maße wettbewerbsfähig.

Die Organisationsform der schlanken Produktion ist die Teamarbeit (Gruppenarbeit).

Es wurde erkannt, dass die Gruppe produktiver, flexibler und kreativer arbeiten kann als der Einzelne, weil sich die Kräfte der Teammitglieder gegenseitig ergänzen und fördern. Möglichst viele Beschäftigte (in japanischen Automobilwerken fast 70 %) sind deshalb in Arbeitsgruppen integriert.

Teamarbeit (Gruppenarbeit)
Verantwortlichkeit der Gruppe Die Gruppe übernimmt einen in sich abgerundeten Arbeitsprozess und ist dafür voll verantwortlich.
Vielseitige Qualifikation Damit die Mitarbeiter ihre Kräfte optimal entfalten können, werden sie bestens ausgebildet und vielseitig qualifiziert. Sie sind deshalb dynamisch. Sie kennen alle Arbeiten der Gruppe. Arbeitsplatzwechsel, Arbeitserweiterung und Arbeitsanreicherung sind deshalb selbstverständlich und erhöhen die Motivation.
Total Productive Maintenance (TPM) Aufgrund ihrer hohen Qualifikation sind die Mitarbeiter zur eigenverantwortlichen Instandhaltung der Betriebsmittel (TPM) befähigt. Sie können bei Maschinenstörungen selbst Analysen durchführen sowie Störungen und Defekte beseitigen. Maschinenleerkosten für Maschinenstillstand und Reparaturkosten sinken.
Abbau von Hierarchien Auf die Gruppe werden Aufgaben und Kompetenzen übertragen, die vorher übergeordneten, vor- und nachgelagerten Stellen vorbehalten waren. Die Gruppen werden in die Planung und Kontrolle einbezogen. Deshalb können solche Abteilungen wie Arbeitsvorbereitung, Logistik und Qualitätsüberwachung ausgedünnt werden. Die Entscheidungswege werden kürzer, Zeiten werden eingespart, Hierarchien und Kosten werden abgebaut. Das Management erhält eine neue Qualität: Es ist nicht – wie in der alten Organisation – Befehlserteiler, sondern soll die produzierenden Gruppen unterstützen.
Null-Fehler-Produktion Die Verantwortlichkeit für den Gruppenarbeitsprozess beinhaltet auch, dass jede Gruppe voll verantwortlich für die Leistungen ist, die sie der folgenden Gruppe übergibt. Sie muss alles tun, um Fehler von Anfang an zu vermeiden. Es wird also die Null-Fehler-Produktion angestrebt. Die Folge: niedrige Kosten für Qualitätskontrolle und Fehlerbeseitigung. (Hier liegt ein wichtiger Grund dafür, dass die japanischen Automobile von vornherein eine höhere Qualität als die der europäischen und amerikanischen Konkurrenz hatten. Letztere kalkulierte eine bestimmte Fehlerquote ein und beseitigte dann die Fehler mit hohen Kosten.)
„Kaizen": kontinuierliches Verbessern Um Fehlerfreiheit und eine ständige Qualitätssteigerung zu gewährleisten, soll die Gruppe kontinuierlich über Verbesserungen nachdenken und Verbesserungsvorschläge machen.

Alle genannten Merkmale fördern die **Identifikation** des Mitarbeiters mit seiner Arbeit und motivieren ihn. Die Gruppenleistung ist auch ein wichtiges Kriterium für die Lohnfindung.
Lean Production vernachlässigt keineswegs die **Technik**. Im Gegenteil: Automation und CIM werden gezielt integriert, um die Leistung und Qualität zu steigern.
Die Arbeitsgruppen stehen auch nicht konkurrierend und abgegrenzt nebeneinander, sondern überlappen sich und **kommunizieren** miteinander. Darüber hinaus wird das **Just-in-time-System** streng angewendet und sorgt dafür, dass **Kunden und Lieferanten** mit in die Struktur eingebunden werden. Man geht mit den Lieferanten feste Bindungen ein und verpflichtet sie, ebenfalls die volle Verantwortung für rechtzeitige Lieferung und Qualität zu übernehmen. Die eigene Eingangskontrolle kann damit weitgehend entfallen. Auf der anderen Seite sucht man ständigen Kontakt zu den Kunden, ja sogar die Zusammenarbeit mit ihnen.

Als wesentlicher Schlüssel für den Erfolg von Lean Production wird **Kaizen** angesehen, das kontinuierliche Verbessern der Prozesse, zu dem alle Teammitarbeiter ständig aufgerufen sind. Wichtig ist, dass ein durch Kaizen verbesserter Zustand als verbindlicher Standard festgeschrieben wird, damit auf diesem Standard neue Verbesserungen aufgebaut werden können.

Kaizen führt zu einem nie endenden Optimierungsprozess.

Für das Kaizen-Konzept sind die Produktionsmitarbeiter am wichtigsten, da sie das aktuelle Produkt herstellen. Das Management kann Kaizen nur einführen, durchsetzen, fördern und überwachen.

Verbesserungen kommen grundsätzlich auf zweierlei Art zustande:

Verbesserung

Innovation → große Schritte

- technologischer Durchbruch
- Investitionen (Geld ausgeben)
- ergebnisorientiertes Denken
- individuelle Arbeit
- technologieorientiert
- niedrige Mitarbeiterverbundenheit

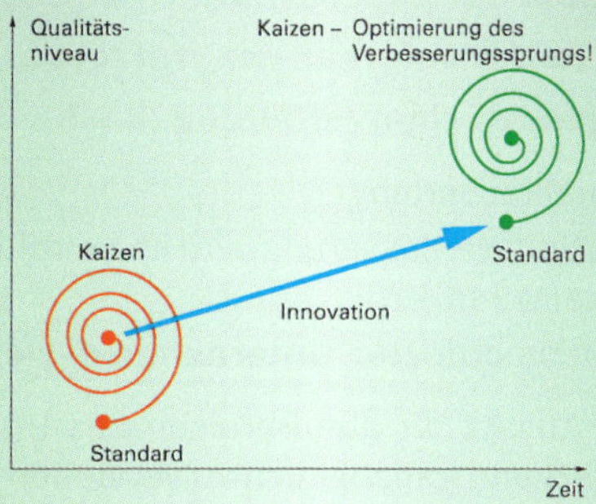

Kaizen → kleine Schritte

- konventionelles Wissen
- bestehende Ressourcen besser nutzen
- prozessorientiertes Denken
- Gruppenarbeit
- mitarbeiterorientiert
- hohe Mitarbeiterverbundenheit

Eine Ausweitung der Gedanken der Lean Production führt zum **Lean Management**, zur schlanken Unternehmensführung. Sie beinhaltet unter anderem den Abbau von Instanzen in der Verwaltung, die Bildung dezentralisierter Unternehmenseinheiten mit eigenverantwortlichen Kompetenzen und die Bildung effizienter Teams.

9.8.2 Umfassendes Qualitätsmanagement (Total Quality Management, TQM)

Wenn man TQM und Lean zum Vergleich gegenüberstellt, entdeckt man rasch, dass sie z. T. gleiche Elemente und gleiche Methoden verwenden und auch sonst recht viele Gemeinsamkeiten aufweisen. Vor allem wäre da zu nennen:

- die konsequent durchgeführte Delegation von Verantwortung,
- die Betonung der Eigenverantwortung (Ausschöpfung des Potenzials an Eigeninitiative und Kreativität),
- die Fokussierung auf die Motivierung und Identifikation der Mitarbeiter,
- die Prozessorientierung,
- der Einsatz der Teamarbeit.

Auch das Ziel beider Ansätze ist identisch: Zur langfristigen Sicherung der Existenz und Substanz des Unternehmens sollen die Ergebnisse messbar verbessert werden.
Allerdings verfolgt man dieses Ziel auf unterschiedlichen Wegen:

- Lean orientiert sich in erster Linie intern; es setzt bei der Organisation, Kosten und Effizienz an.
- TQM orientiert sich in erster Linie extern, indem es den Kundenbezug herausstellt.

Die Norm DIN ISO 9004 bezeichnet TQM als eine Führungsmethode mit folgenden Merkmalen:

- **TQM stellt die Qualität in den Mittelpunkt.**
- **TQM will zufriedene Kunden durch Qualität.**
- **TQM basiert auf der Mitwirkung aller Mitglieder.**
- **TQM strebt auf dieser Basis an:**
  - **langfristigen Geschäftserfolg,**
  - **Nutzen für die Mitglieder des Unternehmens,**
  - **Nutzen für die Mitglieder der Gesellschaft.**
- **TQM stellt Fehler jeglicher Art sofort an der Wurzel ab.**
- **TQM führt eine vorbeugende Fehlerverhütung durch.**

> Der Kunde steht bei uns im Mittelpunkt. Er bestimmt täglich unser Handeln.
> Wir wollen höchste Qualitätsansprüche erfüllen und streben beständig nach Verbesserung der Qualität.

Die große Bedeutung von Qualität verlangt:

- Stetiges Streben nach Qualitätsverbesserung wird im **Leitbild** der Unternehmung (der Unternehmensphilosophie) verankert.
- Qualität wird zu einem übergeordneten **Unternehmensziel** erklärt.

TQM ist ein ganzheitlicher Ansatz für alle Bereiche des Unternehmens. Der Qualitätsbegriff ist kundenorientiert und ganzheitlich zu verstehen (vgl. S. 136):

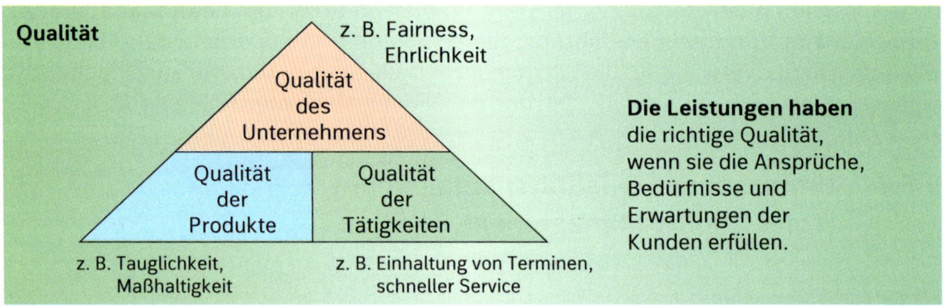

Auch der Kundenbegriff ist ganzheitlich zu verstehen:

Externe Kunden sind ...	Interne Kunden ...
• die (eventuellen) Käufer der Produkte, • Verwender und Benutzer, • staatliche und gesellschaftliche Einrichtungen, die Leistungen in Anspruch nehmen.	• alle Mitarbeiter, die Arbeitsergebnisse aus einer Vorstufe übernehmen und weiterverarbeiten.

So wird das gesamte Unternehmen zu einem Beziehungsgeflecht von Kunden und Lieferanten. Beide tragen Qualitätsverantwortung: Der Kunde formuliert eindeutig die Qualitätsanforderungen, der Lieferant liefert die verlangte Qualität. Dies bedingt eine intensive Kommunikation.

Auswirkung erfüllter Qualitätsansprüche

extern:
- Zufriedenheit externer Kunden
- steigende Kundenbindung (→ Stammkunden)
- gutes Unternehmensimage (→ Wettbewerbsvorteile, ggf. bessere Aussichten für Preiserhöhungen und Absatzsteigerungen)

intern:
- hohe Motivation interner Kunden
- ungestörte, ununterbrochene Arbeitsprozesse

Auswirkung unerfüllter Qualitätsansprüche

extern:
- Unzufriedenheit externer Kunden
- Kundenreklamationen
- Preisnachlässe, Produktrücknahmen (→ Umsatzausfall), Schadensersatz
- Kundenabwanderung
- schlechtes Unternehmensimage (→ Wettbewerbsnachteile)

intern:
- gestörte Prozesse
- Nachbearbeitungskosten
- Kosten für Ausschuss (unverkäufliche Produkte → Material-, Arbeits-, Maschinenzeitverlust)

TQM ist nicht nur ziel- und kundenorientiert, sondern auch prozess-, mitarbeiter-, veränderungs- und gesellschaftsorientiert:

Prozessorientierung
Jede sich wiederholende Folge von Tätigkeiten ist ein Prozess. Sie kann standardisiert und ständig verbessert werden. Der Prozess wird durch den Prozessverantwortlichen auf seine Wirksamkeit hin untersucht und optimiert.

Mitarbeiterorientierung
Jeder Mitarbeiter ist am Verbesserungsprozess beteiligt. Der Mitarbeiter ist das wertvollste Gut des Unternehmens. Er soll ganzheitlich denken und handeln und ständig besser qualifiziert werden.

Veränderungsorientierung
Traditionelle Abläufe werden auf ihren Nutzen für Kunden und Unternehmen hinterfragt und müssen ständig verbessert werden.

Gesellschaftsorientierung
Das Unternehmen steht in der Öffentlichkeit und muss sein Image pflegen. Seine Verantwortung umfasst auch das Umfeld, in dem es arbeitet. Gesellschaftliche Schwerpunkte können z. B. Umweltmanagement, Arbeitsplatzsicherheit oder Wohltätigkeit sein.

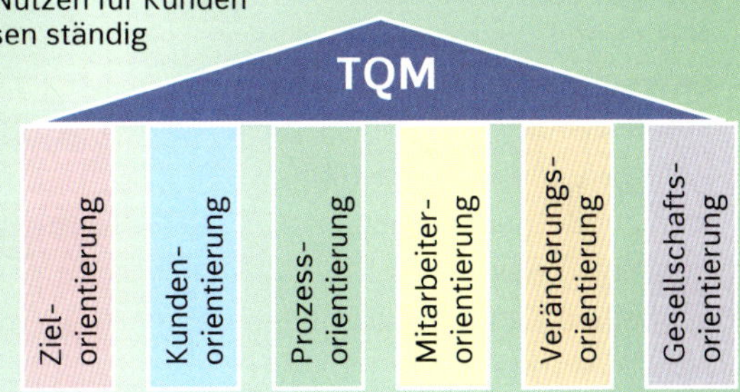

Teamarbeit, Kaizen, Null-Fehler-Produktion haben bei TQM das gleiche Gewicht wie bei Lean Production.

Für die Qualitätsanalyse existieren zahlreiche **TQM-Instrumente**. Hierzu gehören u. a.:
- das CAQ-System,
- Fehlersammellisten (zur Ermittlung von Fehlerhäufigkeiten für bestimmte Fehlerarten) und Säulendiagramme (zur Darstellung der Fehlerhäufigkeit),
- ereignisgesteuerte Prozesskettendiagramme,
- Benchmarking,
- Workflowanalysen,
- Schwachstellenanalysen (z. B. in der Form von Fehlermöglichkeits- und Einfluss-Analysen und von Ursache-Wirkungs-Diagrammen).

Beispiel: Ursache-Wirkungs-Diagramm (Ishikawa-Diagramm[1])

Das Diagramm beschreibt mögliche Problem-Ursachen. Als Oberbegriffe können die 7-M-Störgrößen, aber auch individuell problembezogene Größen gewählt werden. Den Oberbegriffen ordnet man detaillierte Ursachen zu, die anschließend weiter analysiert werden können. Das folgende Diagramm analysiert die Ursachen für häufige Lieferterminüberschreitungen[2].

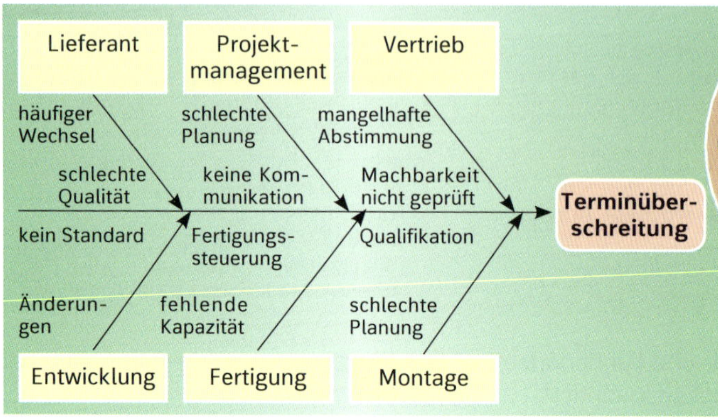

Betriebe mit TQM haben oft zahlreiche Vorteile gegenüber Konkurrenten[3]:

- bessere Produkte und Dienstleistungen,
- bessere Kapazitätsauslastung,
- bessere Materialausnutzung,
- weniger Kosten für Ausschuss und Nacharbeit,
- bessere Vermeidung von Stillstandszeiten,
- geringere Umweltbelastung,
- weniger Betriebsunfälle,
- besseres Image,
- schnellere Kundengewinnung,
- höhere Marktanteile,
- niedrigere Garantie- und Kulanzkosten,
- bessere innerbetriebliche Kommunikation,
- höhere Mitarbeitermotivation,
- höhere Rate an Verbesserungsvorschlägen.

Der wirtschaftliche Erfolg aufgrund der Qualitätsverbesserung durch TQM ist das Endglied einer „Reaktionskette"[3].

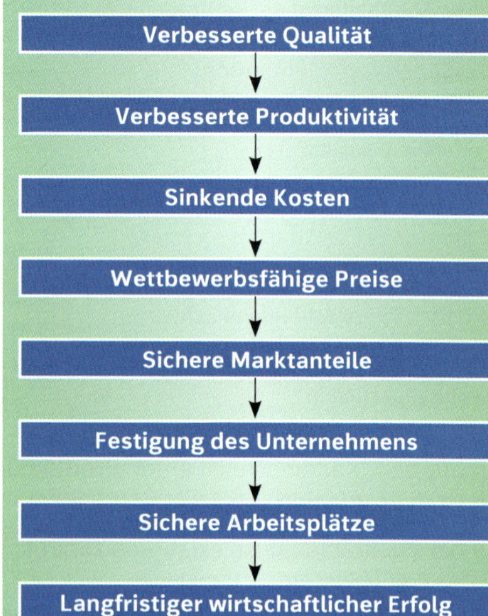

[1] Kaoru Ishikawa, jap. Chemiker (1915–1989)
[2] Vgl. Bernd Ebel: Qualitätsmanagement, Verlag Neue Wirtschafts-Briefe, Herne 2001.
[3] Vgl. ebendort.

Regeln für Mitarbeiter in einem Unternehmen mit TQM[1]

- Jeder Mitarbeiter kennt seine Ziele und die Ziele des Unternehmens.
- Er prüft Auftragsformulare, Dokumente und Druckvorlagen bei allen Arbeiten; er veranlasst kontinuierlich ihre Aktualisierung.
- Er prüft sorgfältig Verträge jeder Art.
- Er behandelt Kundeneigentum sorgfältig.
- Er weiß, was er wo kontrollieren muss.
- Auch Prüfmittel überprüft er kontinuierlich, damit keine Fehlmessungen erfolgen.
- Er sammelt die Prüfergebnisse permanent. Dazu füllt er Prüfmittelüberwachungskarten aus.
- Er lagert Ausschuss sofort in einem Sperrlager zwischen.
- Aus Fehlern lernt er: Er erkennt Fehlerursachen und erarbeitet neue Lösungen.
- Er identifiziert neue Materialien und Produkte eindeutig durch eine Nummerierung.
- Er kauft nur die Materialien ein, die genau den definierten Qualitätsanforderungen entsprechen. Liegen beim Einkauf Unklarheiten vor, so gibt er die beschafften Materialien an das eigene Labor zur Untersuchung.
- Er verpackt, lagert und versendet alle Produkte fachgerecht.
- Bei der Entwicklung von Produkten hält er klare Prozessanweisungen ein.
- Er prüft sich permanent selbst.
- Bei fehlendem Wissen ist er bereit, sich weiterzubilden.
- Der Mitarbeiter weiß: Der Kunde ist König.

Arbeitsaufträge

1. **Ein Bericht aus den 90er-Jahren des 20. Jahrhunderts:**
   Von Oktober 1990 bis zum Frühjahr 1992 produzierten 200 Mitarbeiter circa 10 000 Opel-Vectra-Modelle im Jahr. In diesem kleinen Produktionswerk wurden von Anfang an viele Lean-Elemente umgesetzt. Dadurch bildete die alte Mannschaft den Mitarbeiterstamm des nach modernstem Fabrik-Layout konstruierten neuen Werks. 2 000 Beschäftigte sollen hier künftig 150 000 Autos im Jahr bauen. Im Mittelpunkt der schlanken Produktion in Eisenach steht nicht die Automation, sondern die Mitarbeiter.
   a) Was versteht man unter der „schlanken Produktion“?
   b) Erläutern Sie die wichtigsten „Lean-Elemente“.
   c) Die schlanke Produktion hat sich als produktiver und kostengünstiger als die europäische Produktionsweise erwiesen. Nennen Sie die Vorteile und begründen Sie sie.

2. **Das sog. Kano-Modell**[2] **unterscheidet drei Arten von Kundenanforderungen:**
   - **Basisanforderungen sind vom Kunden unausgesprochene Anforderungen. Ihre Erfüllung sieht er als selbstverständlich an.**
   - **Leistungsanforderungen werden vom Kunden direkt genannt. Es sind Anforderungen, welche ihm besonders wichtig sind. Bei einem Wettbewerbsvergleich betrachtet der Kunde meist diese Leistungsanforderungen.**
   - **Begeisterungsanforderungen werden vom Kunden meist nicht genannt. Diese Begeisterungsanforderungen kennt der Kunde entweder nicht, weil sie technische Neuerungen betreffen, oder er erwartet die Erfüllung dieser Anforderungen in dem jeweiligen Produkt noch nicht.**

---

1 Vgl. QM-Präsentation, Weiterbildungsunterlagen der Heimbach GmbH & Co. KG, Düren.
2 Von Noriaki Kano, jap. Wirtschaftswissenschaftler

a) Nennen Sie Beispiele aus dem Automobilbereich für die drei Anforderungsarten.
b) Wie wirkt sich gemäß dem nebenstehend abgebildeten „Kano-Modell“ die Nichterfüllung und Erfüllung der Anforderungen auf die Kundenzufriedenheit aus?
c) Inwiefern können Erkenntnisse wie die des Kano-Modells Anlass für die Einführung von Total Quality Management sein?
d) Inwiefern ist es richtig, die Einführung von TQM (oder auch von Lean Production) als eine ganzheitliche Rationalisierungsmaßnahme zu bezeichnen?

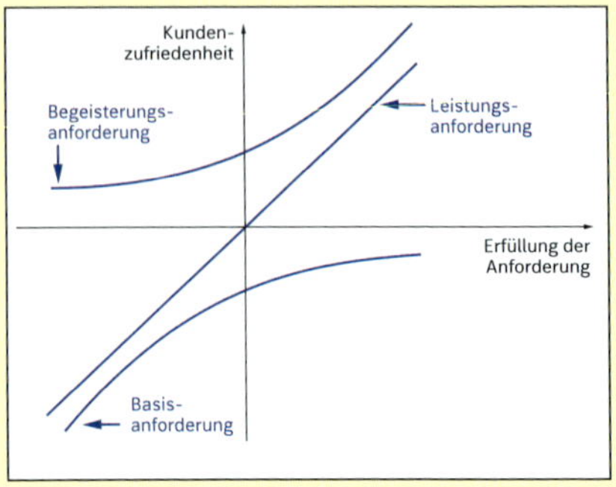

3. Die Fertigungskontrolle hat im Laufe eines Jahres je Schicht folgende Mengen Fehlerstücke festgestellt.

Schicht:	**1**	**2**	**3**	**4**	**5**	**6**
Fehlerstücke:	**43**	**45**	**23**	**32**	**46**	**34**

a) Erstellen Sie ein Säulendiagramm/Histogramm für die Fehlerstücke je Schicht in einem Jahr.
b) Nennen Sie Maßnahmen, wie die einzelnen Schichten weniger Fehler machen können.

4. Zahlreiche Kunden der Paul Gerhard GmbH beschweren sich über die schleppende Bearbeitung ihrer Reklamationen. Eine von der Geschäftsleitung in Auftrag gegebene Analyse bestätigt die lange Bearbeitungsdauer.

Erstellen Sie ein Ursache-Wirkungs-Diagramm zur Feststellung der Ursachen dieses Problems.

VIERTER ABSCHNITT

Rahmenlehrplan: LERNFELD 6
Beschaffungsprozesse planen, steuern und kontrollieren

Materialmanagement

1 Gegenstand des Materialmanagements

1.1 Aufgaben und Ziele

Das Unternehmen benötigt für seine Leistungserstellung die **Leistungsfaktoren (Produktionsfaktoren)** *leitende Arbeitskräfte, ausführende Arbeitskräfte, Betriebsmittel* und *Materialien*.

Die Besetzung hoher Führungsstellen ist Aufgabe der Geschäftsleitung, die Beschaffung anderer Arbeitskräfte Aufgabe des Personalmanagements. Auch die Beschaffung teurer Betriebsmittel ist der Geschäftsleitung vorbehalten. Diese nimmt zur Klärung der Finanzierungsprobleme das Finanzmanagement zu Hilfe.

Für alle Probleme, die die Versorgung der Verbrauchsstellen mit Materialien und Handelswaren betreffen, ist das Materialmanagement zuständig. Diese Prozesse des Ressourcenmanagements gehören zu den Supportprozessen.

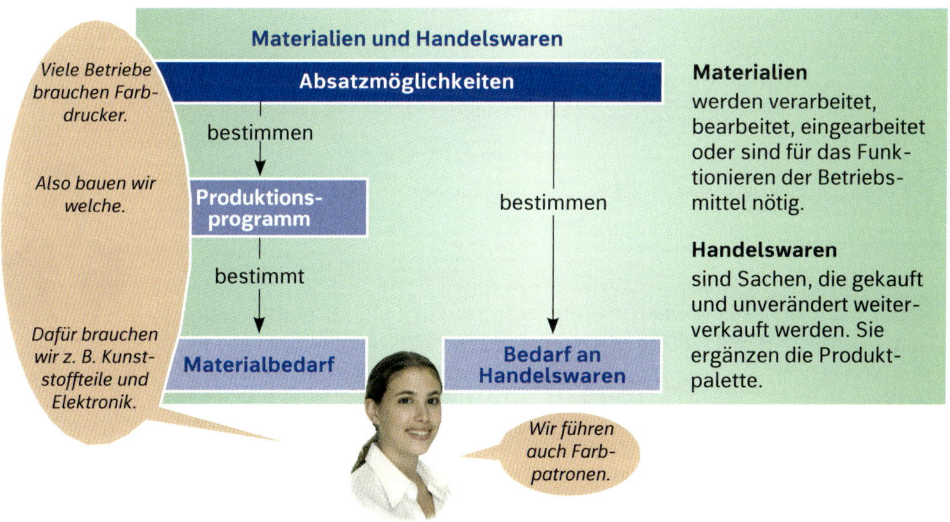

Die Aufgaben des Materialmanagements sind:

- **die Versorgung der Verbrauchsstellen von Produktion und Absatz mit Materialien und Handelswaren,**
- **die Zuführung der entstehenden Rückstände zu Verwertung und Entsorgung.**

Teilaufgaben sind:

- die **Beschaffung** von Materialien und Waren,
- die **Lagerung** der Materialien und Waren bis zur Verwertung,
- die **Beschaffungslogistik**.

Diese Aufgaben umfassen Planungs-, Durchführungs- und Kontrollprozesse.

> **Merke: Beschaffung ist mehr als Einkauf!**
>
> Die **Beschaffung** umfasst Planungs-, Entscheidungs-, Umsetzungs- und Kontrollaufgaben.
>
> Der **Einkauf** umfasst nur die Umsetzungsaufgaben: Anfragen erstellen, Angebote einholen, Kaufvertrag schließen, Bestellung abwickeln, vertragsmäßige Lieferung überwachen.

Die wichtigsten Ziele des Materialmanagements sind eine gesicherte Versorgung (Sachziel) und niedrige Kosten (Formalziel) unter Beachtung der Umweltfreundlichkeit (ökologisches Ziel).

Ziele des Materialmanagements

ökonomische Ziele

Sachziele

- **Versorgung der Verbrauchsstellen mit Material und Waren**
  - **in der benötigten Art und Qualität**
    Ziel: hohe Materialqualität
    Vorgehen: Bedarfsplanung
  - **in der benötigten Menge**
    Ziel: hohe Mengenqualität
    Vorgehen: Mengenplanung
  - **zum Bedarfszeitpunkt**
    Ziel: hohe Terminqualität
    Vorgehen: Zeitplanung
  - **zum gewünschten Preis**
    Ziel: hohe Preisqualität
    Vorgehen: Preisplanung
- **Auswahl günstiger Lieferanten**
  Ziel: hohe Liefer-/Servicequalität
  Vorgehen:
  Bezugsquellenermittlung, Lieferantenauswahlprozess

Formalziele

- **Minimierung der Kosten:** Material-, Waren-, Beschaffungs-, Lager-, Fehlmengenkosten (aufgrund fehlenden Materials), Abteilungskosten (z. B. für Einrichtungen und Verwaltung)
- **Minimierung der Kapitalbindung in Vorräten**
- **Beschaffungsflexibilität** (Anpassungsfähigkeit an Marktveränderungen hinsichtlich Materialart, Mengen, Terminen und Preisen)
- **Unterziele:**
  - Minimierung der Lieferzeiten
  - Vereinfachung des Materialflusses
  - Optimierung des Einkaufsprozesses
  - Optimierung der Lagerbestände

ethische und ökologische Ziele

- Beschaffung umweltverträglicher Materialien
- umweltverträgliche Transporte
- umweltverträgliche Lagerung
- Vermeidung von Rückständen
- umweltverträgliche Rückstandsentsorgung
- Einhaltung gesetzlicher Vorschriften
- nachhaltige und faire Beziehungen zu den Lieferern

Eingekaufte Vorräte „binden" Geldkapital. Dieses liegt bis zum Produktverkauf fest und kann bis dahin nicht mehr anderweitig gewinnbringend eingesetzt werden.

Bei der Planung der Strategien und Maßnahmen zur Zielerreichung ist auf Zielharmonien und Zielkonflikte zu achten. Diese können zwischen den genannten Bereichszielen, aber auch mit den Zielen anderer Bereiche (Produktion, Absatz, Finanzierung) bestehen.

Web

M 300

Beispiel: Zielharmonien und Zielkonflikte

Siehe Datei Zielbeziehungen.

Ziel: Minimierung der **Lagerkosten**
Um dieses Ziel zu erreichen, plant man den Einkauf kleiner Materialmengen. Dies bedeutet zugleich kleine Lagermengen und folglich niedrige Lagerkosten. Kleine Lagermengen bedeuten auch geringe **Kapitalbindung** (Zielharmonie). Aber: Jetzt muss man häufiger bestellen als beim Einkauf großer Mengen, verliert ggf. Rabatte und zahlt höhere Frachtraten. Die **Beschaffungskosten** steigen also (Zielkonflikt). Und sollte eine Lieferverzögerung eintreten, kann es zu **Fehlmengenkosten** kommen, weil die Produktion stillsteht und/oder Kunden nicht beliefert werden können (Zielkonflikt).
Lösung: Die Einkaufsmenge suchen, bei der die Summe der Kosten minimiert wird

1.2 Logistische Prozesse

1.2.1 Beschaffungslogistik

Die Ziele des Materialmanagements werden in hohem Maße über die **Beschaffungslogistik** umgesetzt.

Die Beschaffungslogistik betrifft die Planung, Steuerung und Kontrolle des Material- und Warenflusses vom Lieferanten bis zur Einlagerung (ggf. auch bis zur sofortigen Verwendung in der Fertigung).

Oft ist das Materialmanagement darüber hinaus auch mit der **Lager- und Produktionslogistik** befasst.

Wichtige **Logistikziele** sind

- die **Minimierung des Versorgungsrisikos** (pünktliche Lieferung!),
- die **Optimierung der Logistikkette** (Wegfall unnötiger Transporte, Prüfungen, Lagerungen; Minimierung von Kosten und Kapitalbindung).

Dafür gehen die Unternehmen mit qualifizierten Logistikdienstleistern, den Spediteuren, oft feste vertragliche **Logistikpartnerschaften** ein.

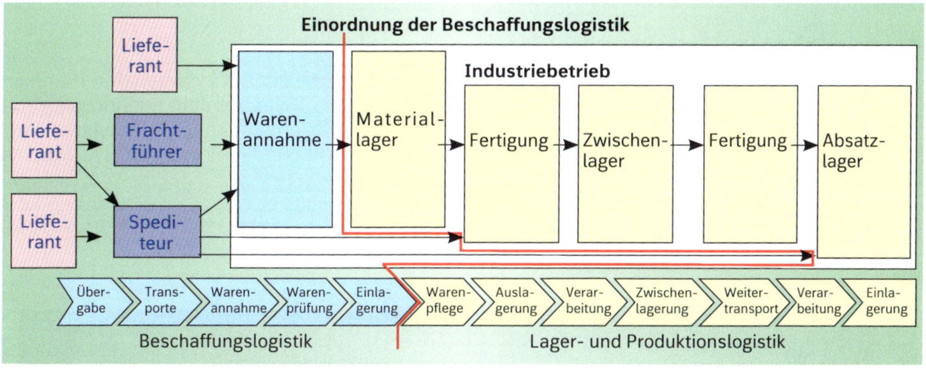

1.2.2 Entsorgungslogistik

Die Entsorgungslogistik plant, steuert und überwacht alle Güterflüsse bei Entsorgung und Recycling von Rückständen vom Anfallort der Rückstände bis zum Wiedereinsatzort der aufbereiteten Güter. Sie ergänzt die Versorgungslogistik zu einer Kreislauflogistik.

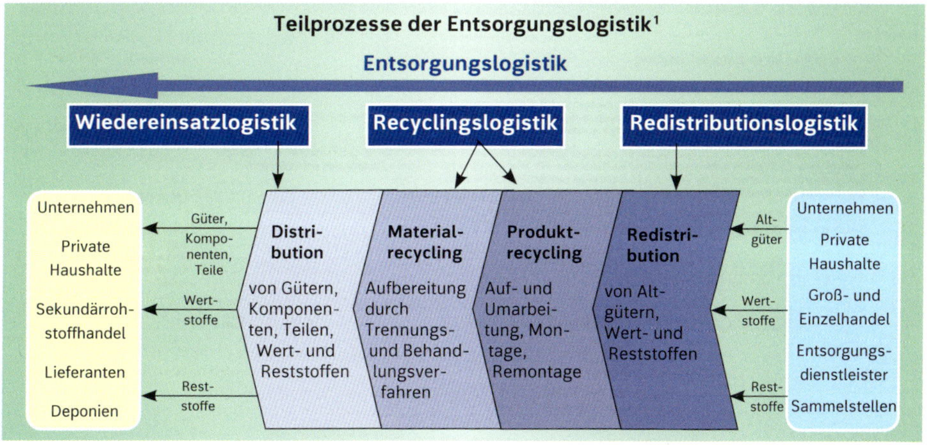

[1] Vgl. Gabler Lexikon Logistik, hrsg. von Peter Klaus/Winfried Krieger, 2. Auflage, Gabler Verlag, Wiesbaden 2000, S. 122.

Wie bei der Versorgungslogistik geht der Industriebetrieb enge vertragliche Bindungen mit Logistikdienstleistern ein. Neben Spediteuren sind dies Entsorgungsunternehmen, die als Spezialisten oft eigene Verteilungssysteme und Recyclingbetriebe unterhalten. Die Vernetzung der Computersysteme ermöglicht den notwendigen Informationsfluss. In Zusammenarbeit mit dem Logistikdienstleister sind zu planen:

- die recyclinggerechte Optimierung der Produktionsprozesse und Produkte,
- die Planung logistischer Kreisläufe zur Sicherung der Weiterverwertung oder Wiederverwendung von Altprodukten, die Entwicklung und Planung von Demontageprozessen und dazugehörigen Distributionswegen,
- der Einsatz der Fördertechnik mit (ggf. automatischer) Sortierung und Demontage von Werkstoffen und Bauteilen,
- die umweltfreundliche Gestaltung aller Transport- und Lagervorgänge (einschließlich Auswahl umweltfreundlicher Transportmittel [Bahn] und Minimierung der Transporte).

Viele Unternehmen bieten ihre Rückstände örtlichen oder überregionalen **Abfall- und Recyclingbörsen** im Internet zum Weiterverkauf an. Zurzeit können ge- und verkauft werden: Altautos, Aktenvernichtung, Bauabfälle, Elektronikschrott, Gewerbeabfälle, Organikabfälle, Sonderabfälle, Wertstoffe.

VIERTER ABSCHNITT

Beispiel: Abfallbörse, Recyclingbörse

Im Ausschreibungsformular der bundesweiten Recyclingbörse der IHKs können Unternehmen ihren Entsorgungsbedarf beschreiben. Die Börse stellt das Inserat online und interessierte Entsorger oder Verwerter können ein Angebot abgeben. Das entsorgende Unternehmen vergleicht die Angebote, entscheidet über die Vergabe und schließt den Entsorgungsvertrag mit der Börse ab.

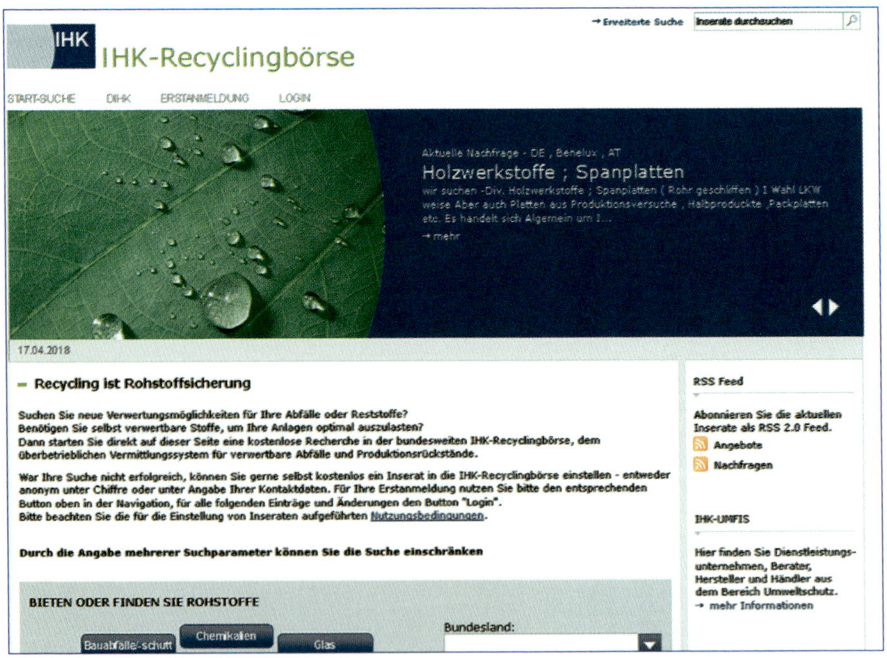

Arbeitsaufträge

1. **Der Betrieb muss für die Erstellung seiner Leistungen Einsatzmittel beschaffen.**
   a) Nennen Sie die Hauptgruppen der Beschaffungsobjekte sowie je zwei Beispiele.
   b) Was sind Produktmaterialien und Betriebsmaterialien? Wie werden sie eingeteilt? Nennen Sie auch hier jeweils ein Beispiel.
   c) Nennen Sie die Ziele der Materialwirtschaft. Bilden Sie in Ihrer Klasse Gruppen. Jede Gruppe erläutert detailliert ein Ziel.

2. **Die Verfolgung eines Ziels kann die Erreichung eines anderen Ziels unterstützen (Zielharmonie) oder gefährden (Zielkonflikt). Im Folgenden sind eine Reihe von Zielen des Materialmanagements und anderer Funktionsbereiche aufgeführt.**
   a) Das Materialmanagement will die Beschaffungskosten durch Ausnutzung hoher Rabatte, niedriger Frachttarife und niedriger Verpackungskosten minimieren. Mögliche Maßnahme: Einkauf großer Mengen an Material und Handelswaren.
   b) Das Materialmanagement will Fehlmengenkosten verhindern. Mögliche Maßnahme: Haltung großer Lagervorräte.
   c) Das Materialmanagement will die Lagerkosten minimieren. Mögliche Maßnahme: Minimierung der Lagervorräte.
   d) Das Materialmanagement will die Kapitalbindung in Vorräten minimieren. Mögliche Maßnahme: Minimierung der Lagervorräte.
   e) Das Produktionsmanagement will das Risiko unzureichender und ungleichmäßiger Auslastung der Fertigungsanlagen minimieren. Mögliche Maßnahme: Vorhaltung großer Materialvorräte.
   f) Das Absatzmanagement will die Lieferbereitschaft auch für den Fall unerwarteter oder unvermutet großer Bestellungen sichern. Mögliche Maßnahme: Hohe Bestände an Erzeugnissen und Handelswaren.
   g) Das Finanzmanagement strebt eine hohe Liquidität (und damit eine niedrige Kapitalbindung) an. Mögliche Maßnahme: Minimierung der Lagervorräte.

   Erläutern Sie, welche Auswirkungen die genannten Maßnahmen im Beschaffungs- und Lagerungsbereich haben und wo sich Zielharmonien und Zielkonflikte mit Zielen des Materialmanagements und anderen Zielen abzeichnen.

3. **Untersuchen Sie Ihren Ausbildungsbetrieb und fertigen Sie einen Bericht an.**
   a) Welche Bereiche oder Abteilungen sind mit materialwirtschaftlichen Prozessen befasst?
   b) Welche untergeordneten Abteilungen bzw. welche Subprozesse finden Sie vor?
   c) Befragen Sie die Mitarbeiter, welche logistischen Aufgaben sie erledigen, mit wem sie dabei Informationen austauschen und um welche Informationen es sich handelt.

4. **Frau Mex will ihren Pkw *cabrio*, Baujahr 1999, bei der Werkstatt *cabrio* Meyer GmbH reparieren lassen. Nach einem selbst verschuldeten Auffahrunfall ist der Wagen an der Frontseite stark beschädigt. Frau Mex hat keine Kasko-Versicherung. *cabrio* führt nur Reparaturen mit Neuteilen durch. Eine Werkstattdiagnose ergibt, dass eine solche Reparatur den Zeitwert des Autos übersteigt. Frau Mex nimmt deshalb von der Reparatur Abstand. Resultat: Sie ist vorerst für die Werkstatt als Kundin verloren.**

   Aus Berichten der Werkstätten erfährt die Zentrale des Autobauers, dass derartige Fälle in letzter Zeit häufiger vorkommen. Ein Projektteam wird beauftragt, Lösungen zu entwickeln. Den Teammitgliedern ist bewusst, dass die zu erarbeitende Lösung die Vorschriften des Kreislaufwirtschaftsgesetzes und des Altfahrzeug-Gesetzes berücksichtigen muss.
   a) Welchen Inhalt haben die angeführten Rechtsvorschriften?
   b) Informieren Sie sich im Internet, wie bestehende Automobilhersteller das oben angerissene Problem lösen.
   c) Entwerfen Sie (als Projektteam von ***cabrio***) die Grundzüge eines gesetzeskonformen Logistiksystems für Entsorgung und erneute Werkstattversorgung.

VIERTER ABSCHNITT

2 Beschaffungsmanagement

2.1 Einkaufsorganisation

Viele Unternehmen haben heutzutage Optimierungsbedarf hinsichtlich ihrer Einkaufsorganisation. Das ist das Ergebnis einer Befragung von 125 Industrieunternehmen zum Thema „Trends im Einkauf". 63 % gaben an, ihr Einkauf sei nicht optimal organisiert. Probleme bereiten vor allem:

- die Rechnungsprüfung (sie ist für 22 % aller Befragten ein Engpass),
- die Prozesskosten (aufgrund falscher Gestaltung der Einkaufsprozesse),
- die optimale Suche nach Materialien (sie ist bei 43 % der Befragten mangelhaft organisiert).

2.1.1 Externe (äußere) Einkaufsorganisation

Der Einkauf kann zentralisiert oder dezentralisiert sein.

- Bei **zentralem Einkauf** existiert eine Einkaufsabteilung, die die Beschaffungsgegenstände für die gesamte Unternehmung einkauft. Diese Organisation ist günstig bei Klein- und Mittelbetrieben. Es kommt auch vor, dass mehrere Klein- und Mittelbetriebe eine Einkaufsgesellschaft gründen, die den kompletten Einkauf für sie durchführt.
- Bei **dezentralem Einkauf** haben Zweigwerke oder Produktsparten eigene Einkaufsbereiche. Diese übernehmen das Einkaufscontrolling ihres Beschaffungsumfangs und berichten der Geschäftsführung über ihre Einkaufsdaten und Lieferantenbewertungen. Für ihre Lieferanten übernehmen sie die Verantwortung. Durch den Einsatz von Projekteinkäufern in den Projektteams unterstützen sie den Produktentstehungsprozess und gewährleisten, dass die Interessen und das Know-how des Einkaufs schon zu Beginn einer Neuentwicklung berücksichtigt werden.
- Bei großen Unternehmen steht über den dezentralen Einkaufsbereichen oft eine **zentrale Einkaufsleitung**. Sie koordiniert die Einkaufsstandorte, hat Richtlinienkompetenz für das Materialgruppenmanagement, legt Strategien – z. B. Beschaffungsstrategien (vgl. S. 317) –, Standards und Methoden der Einkaufsaktivitäten fest und schließt langfristige Lieferkontrakte.

2.1.2 Interne (innere) Einkaufsorganisation

Die Teilaufgaben der operativen (laufenden) Beschaffung werden verschiedenen Aufgabenträgern zugewiesen. Man unterscheidet Verrichtungs- und Objektzentralisation.

- Bei der **Verrichtungszentralisation** sind gleichartige Verrichtungen für alle Materialien auf eine Stelle konzentriert. Sie trennt zusammengehörende Prozesse und kommt deshalb in der Praxis kaum vor.
- Bei der **Objektzentralisation** ordnet man alle Einkaufstätigkeiten für eine Materialgruppe einer Stelle zu.

Beispiel: **Verrichtungszentralisation**

Stelle 1: Materialdisposition →
Stelle 2: Lieferungsüberwachung →
Stelle 3: Wareneingang und Warenprüfung →
Stelle 4: Rechnungsprüfung →
für alle Materialien

Beispiel: **Objektzentralisation**
zuständig für

Stelle 1: Materialgruppe 1 →
Stelle 2: Materialgruppe 2 →
Stelle 3: Materialgruppe 3 →
Stelle 4: Materialgruppe 4 →
hinsichtlich aller Verrichtungen

Bestimmte Verrichtungen, die für alle Gruppen gleich sind, können ausgegliedert werden. So werden eng an den Einkauf gebundene Aufgaben, wie z. B. Angebotseinholung und Lieferungsüberwachung, oft von einem Einkaufsassistenten wahrgenommen, der für mehrere Einkäufer tätig ist.

Arbeitsaufträge

1. **Ein Chemieunternehmen produziert Kunststoffe und Arzneimittel in zwei Werken (Bremen und Essen) sowie Farben und Chemiefasern in einem dritten Werk in Dortmund. Neben Werkstoffen müssen auch Maschinen sowie Büromaterialien eingekauft werden.**
   Entwerfen Sie eine zweckmäßige externe Beschaffungsorganisation.

2. **Die Einkaufsabteilung einer Maschinenfabrik ist wie folgt organisiert: Disposition (verantwortlich für Planung und Anordnung) und vier Einkaufsgruppen. Jede Einkaufsgruppe besteht aus 4 bis 5 Einkäufern, von denen jeder auf ein bestimmtes Einkaufsgebiet spezialisiert ist, z. B. Einkäufer 12: Schmiedestücke, Antriebselemente, Walzmaterial, Schweißkonstruktionen, Ölanlage, Hydraulikanlage, Kunststoffe.**
   a) Erläutern Sie die Zentralisationsformen dieser Organisation.
   b) Zeichnen Sie das Teilorganigramm.

3. **Die Einkaufsabteilung der ABZO Chemie AG ist wie folgt organisiert:**
   Leitung: Frau Haas. Einkaufsassistent: Herr Blau. Einkäufer: Frau Hufbauer, Herr Schmidt.
   Frau Haas koordiniert den Einkauf (national und international), hält die Kontakte zu den Profitcentern, ist zuständig für den Einkauf von A-Gütern[1], Investitionsgütern über 50 000,00 EUR und Energien (Gas – Strom) und für Rahmenverträge des Einkaufs.
   Herr Blau ist dem Einkaufsleiter direkt unterstellt. Er erfüllt allgemeine Korrespondenzaufgaben, verarbeitet die „Post", organisiert Reisen und Veranstaltungen, führt Angebotsvergleiche durch. Außerdem kauft er Büroartikel, Bücher und Zeitschriften selbstständig ein.
   Frau Hufbauer kauft Rohstoffe/Chemikalien (B- und C-Güter[1]) und das Labormaterial für die vier Betriebslabore ein.
   Herr Schmidt beschafft Investitionsgüter bis 50 000,00 EUR und ist für den Einkauf von DV-Material und Dienstleistungen zuständig. Weitere Aufgaben: Kfz-Leasing und Logistik.
   a) Zeichnen Sie das Teilorganigramm der Abteilung.
   b) Nach welchen Gesichtspunkten sind die Aufgaben der Stelleninhaber zentralisiert?
   c) Ist dem Prinzip der Geschäftsprozessorientierung Rechnung getragen?

VIERTER ABSCHNITT

2.2 Planungsbereiche und Informationsbeschaffung

2.2.1 Planungsbereiche

Bei MGB Maltmann Getriebebau e. K. wurde festgestellt, dass man für die Fertigung rund 10 000 verschiedene Materialien und Teile benötigt. Im letzten Jahr traten in der Produktion Störungen auf, weil ein Serieneinbauteil im Wert von 0,30 EUR nicht rechtzeitig nachbestellt worden war. Gleichzeitig fiel ein Zulieferer wegen Anmeldung des Insolvenzverfahrens aus. Es dauerte 2 Wochen, bis ein neuer Lieferant gefunden wurde. Die Organisationsabteilung nahm daraufhin eine Überprüfung der Arbeitsabläufe in der Einkaufsabteilung vor.
Bei der Untersuchung stellte sich heraus, dass bei dem einen Serieneinbauteil keine Anforderung des Lagers an den Einkauf vorgelegen hatte und dass im anderen Fall die Lieferantendatenbank nicht ausreichend ergänzt worden war. Informationsmängel hatten also die Probleme verursacht.

Der Prozess der Materialbeschaffung umfasst sechs grundlegende Planungsbereiche:

❶ Ermittlung des Materialbedarfs	❹ Entscheidungen über den Einkaufspreis
❷ Entscheidung über die Einkaufsmenge	❺ Ermittlung von Bezugsquellen
❸ Entscheidung über den Einkaufszeitpunkt	❻ Lieferantenauswahl

[1] Siehe ABC-Analyse, S. 308 ff.

Dieser Prozess setzt (wie jeder Planungs- und Entscheidungsprozess) die Gewinnung und Verarbeitung von Informationen voraus. Es handelt sich im Wesentlichen um **Bedarfsinformationen** und **Angebotsinformationen**.

Vergleichen Sie S. 96.

Informationen für die Planung und Durchführung des Einkaufs

Bedarfsinformationen (Informationen über Materialien) – werden benötigt für:

Bedarfsfestlegung	Mengenfestlegung	Zeitfestlegung	Preisfestlegung
Festlegung der Art, Qualität, Abmessungen, Einsatzmengen der Materialien im Einsatzzeitraum	Festlegung der notwendigen Beschaffungsmenge	Festlegung des günstigsten Beschaffungszeitpunktes	Festlegung akzeptabler Einkaufspreise
Frage: Was wird benötigt?	**Frage:** Wie viel ist einzukaufen?	**Frage:** Wann ist einzukaufen?	**Frage:** Welcher Preis ist vertretbar?

Angebotsinformationen (Informationen über Lieferanten) – werden benötigt für:

Ermittlung der Bezugsquellen	Auswahl der Lieferanten
Ausfindigmachung möglicher Lieferanten	Ausfindigmachung der Lieferanten mit den günstigsten Preisen und Konditionen
Frage: Wo kann man einkaufen?	**Frage:** Welches Angebot ist zu nehmen?

2.2.2 Datenbanken als Informationsbasis

Für die operativen Einkaufsprozesse können die benötigten Informationen dem betrieblichen Datenbanksystem entnommen werden, soweit sie dort gespeichert sind:

- Die **PPS-Datenbank** enthält Stammdaten über die Baugruppen, Einzelteile und sonstigen Materialien der Produkte sowie über die Erzeugnisstruktur (Strukturbaum).
- Die **Materialdatenbank** enthält die Materialstammdaten für jedes Material (z. B. Materialnummer, Materialbezeichnung, Mengeneinheit, Preisdaten, Bestandsdaten, Lieferantennummer, Verbrauchsmengen und -werte u. a. m.).

> **Datenorganisation**
>
> **Stammdaten** sind Grunddaten, die sich über einen gewissen Zeitraum nicht ändern.
>
> **Bewegungsdaten** beschreiben Änderungen von Zuständen.
>
> **Datensätze** sind Zusammenfassungen von Daten, die zu einem Objekt (z. B. Material, Lieferant) gehören und in einer Datei abgelegt sind.

Ein Materialstammsatz kann z. B. insgesamt folgende Daten enthalten:

> Materialnummer, Materialgruppe, Materialbezeichnung, Mengeneinheit, Gewicht/Volumen, Verpackungsart, letzter Einkaufspreis pro Mengeneinheit, durchschnittlicher Einkaufspreis pro Mengeneinheit, Verrechnungspreis, Lagerbestand (fortgeschrieben), Lagerwert (fortgeschrieben), Mindestbestand, Bestellbestand (Meldebestand), Höchstbestand, ABC-Zugehörigkeit), Wiederbeschaffungszeit, Lieferanten-Nummer, Bestellnummer, mengenabhängige Rabattsätze, artikelabhängige Preiszu- und -abschläge (z. B. andere Rabatte, Mindermengen-, Veredelungs-, Legierungszuschlag), Zu- und Abgänge im laufenden Jahr, letzter Zu- und Abgang (Datum), Verbrauchsmenge, Verbrauchswert

- Die **Lieferantendatenbank** enthält Stammdaten über die Lieferanten, ihre Materialien, Preise und Verkaufskonditionen.
- Die **Lieferantenauftragsdatenbank** enthält Bewegungsdaten über die Lieferantenaufträge (Zugang, Änderung und Löschung von Aufträgen).

Durch Verknüpfung von Material- und Lieferantenstammdaten entstehen zusätzliche Stammdaten, z. B. Einkaufsinfosätze, Orderbuchdaten und Quotierungen.

- **Einkaufsinfosätze** bestehen aus Material- und Lieferantenstammdaten, z. B. den Preisen eines Lieferanten für bestimmte Artikel.
- Das **Orderbuch** fixiert z. B.:
  - mögliche Lieferanten für einen bestimmten Artikel (sog. Artikellieferanten),
  - Festlieferanten für einen bestimmten Artikel und einen bestimmten Zeitraum,
  - gesperrte Lieferanten für einen bestimmten Artikel und einen bestimmten Zeitraum,
  - Rahmenverträge für einen bestimmten Artikel über einen bestimmten Zeitraum.
- Bei **Quotierungen** wird die Lieferung von Material anhand von festgelegten Quoten (Anteilen) auf die Lieferanten verteilt.

Durch zielgerichtete Analysen werden aus diesen Daten weitere Informationen gewonnen.

2.2.3 Beschaffungsmarktforschung

Beschaffungsmarktforschung ist die systematische Beschaffung und Verwertung von Informationen über die Beschaffungsmärkte des Unternehmens.

Ihre **Ziele** sind:
- Informationsgewinnung über den Markt (Schaffung von Markttransparenz),
- Sicherung optimaler Beschaffungsentscheidungen,
- Verbesserung der Beschaffungsprozesse und der Beschaffungsorganisation.

Man gewinnt die Daten durch **Primär- und Sekundärforschung**.

- Bei der Primärforschung werden eigene Erhebungen durchgeführt (z. B. Befragungen, Materialtests, Anfragen, Messebesuche, Betriebsbesichtigungen).
- Bei der Sekundärforschung wertet man vorhandene Quellen aus.

Informationsquellen bei Primärforschung

- Befragungen (schriftliche oder telefonische Erhebungen/ Anfragen bei Anbietern, Verbänden, Industrie- und Handelskammer, Verarbeitern...)
- Erfahrungsaustausch unter Einkäufern in Einkäufer-Clubs
- Tests (z. B. Probekäufe und anschließende innerbetriebliche Erprobung)
- Internetdatenbanken
- Anfragen, Ausschreibungen. Angebote
- Messebesuche
- Betriebsbesichtigungen
- Lieferantenauskunft
- Lieferantenaudit (Betriebsprüfung)

Informationsquellen bei Sekundärforschung

Interne Informationsquellen

- Lieferantendatenbank

Informationen

- der Konstruktionsabteilung über Material- und Konstruktions beschreibungen, Ersatzprodukte
- der Materialdisposition über Bedarfsmengen und Termine
- der Produktion über die Verarbeitbarkeit von Mate rialien
- des Verkaufs über Umsätze und Absatzplanung
- des Rechnungswesens über Kalkulationen und erfassten Materialschwund
- Einkaufsstatistiken
- Materialprüfberichte

Externe Informationsquellen

- Handbücher, Fachbücher
- Statistiken
- Börsen- und Marktberichte
- Preisnotierungen an Börsen und anderen Märkten
- Verbandsveröffentlichungen
- Wirtschaftszeitungen
- Geschäftsberichte
- Hauszeitschriften von Anbietern
- Kataloge, Prospekte, Werbemittel, Anzeigen
- Fachzeitschriften
- Wirtschaftsforschungsinstitute
- Lieferantensuchmaschinen
- Informationen der Industrie- und Handelskammen
- Internetdatenbanken
- Germany Trade & Invest
- Deutsche Außenhandelskammer
- Fachverbände

Web M 308

Oft ist es vorteilhaft, Marktanalysen von Marktforschungsinstituten vornehmen zu lassen, die auf solche Aufgaben spezialisiert sind.

Sehen Sie sich hierzu die Präsentation Beschaffungsmarktforschung – outgesourct an.

2.2.4 ABC-Analyse und XYZ-Analyse

MGB Maltmann Getriebebau e. K. benötigt für die Produktion etwa 10 000 Materialien. Teure und billige, häufig und selten eingesetzte. Ein Problem ist die Feststellung des mengenmäßigen Bedarfs an jedem Material. Eine **gründliche Planung** verursacht hohe Planungskosten (Zeitaufwand, Personaleinsatz, Rechnereinsatz, ...). Dafür sind die Ergebnisse recht exakt. Eine **oberflächliche Planung** ist billig, aber ungenau. Es ist leicht einzusehen, dass eine teure Planung sich lohnt, wenn unexakte Ergebnisse noch teurer zu stehen kommen. Konkret: Wird von Material E im Jahr für 1 Mio. EUR verbraucht, von Material F für 100,00 EUR, so macht ein Planungsfehler von 10 % bei E 100 000,00 EUR, bei F 10,00 EUR aus. Für E lohnt sich deshalb eine gründliche Bedarfsplanung, für F kaum. Man kann Kosten einsparen, wenn man die Materialien nach ihrem Wert in Gruppen einteilt. Dazu bedient man sich der ABC-Analyse.

Die ABC-Analyse ist eine Methode zur Schwerpunktbildung. Sie teilt Elemente nach ihrer Bedeutung für einen Sachverhalt in drei Gruppen (A, B, C) ein. A-Elemente: wichtig, B-Elemente: weniger wichtig, C-Elemente: am wenigsten wichtig.

Bei Materialien und Teilen ist der **Verbrauchswert** entscheidend für die A-B-C-Eingruppierung.

Arbeitsschritte:

1. Verbrauchswert berechnen: Verbrauchswert = Verbrauchsmenge · Wert pro Einheit
2. Materialien rangmäßig nach dem Verbrauchswert ordnen
3. Prozentanteil jedes Materials an der Gesamtverbrauchsmenge bestimmen
4. Prozentanteil jedes Materials am Gesamtverbrauchswert bestimmen
5. Prozentanteile kumulieren (schrittweise aufaddieren)
6. Gruppen bilden:
   Etwa 85 % kumulierter Verbrauchswert kennzeichnet die A-Materialien.

Etwa 10 % weiterer kumulierter Verbrauchswert kennzeichnet die B-Materialien.
Etwa 5 % restlicher kumulierter Verbrauchswert kennzeichnet die C-Materialien.
(Die prozentmäßige Abgrenzung richtet sich an den individuellen Betriebsanfoderungen aus).

Beispiel: ABC-Analyse (Zur Vereinfachung wird eine Anzahl von nur 10 Materialien angenommen.) M = Materialart, V = Verbrauchsmenge, P = Stückpreis in Euro, W = Verbrauchswert

M	V (Stück)	P	W ❶	M nach Rang ❷	V (in %) ❸		W (in %) ❹		ABC-Teile ❻
M1	6 000	4	24 000	M 2	3,89	❺	37,73	❺	
M2	1 000	200	200 000	M 8	+ 11,67		+ 28,30		A
M3	500	20	10 000	M 6	+ 3,89	= 19,45	+ 18,87	= 84,9	
M4	2 000	10	20 000	M 1	23,35		4,53		
M5	3 000	5	15 000	M 4	+ 7,78		+ 3,77		B
M6	1 000	100	100 000	M 5	+ 11,67	= 42,80	+ 2,83	= 11,13	
M7	200	5	1 000	M 3	1,95		1,89		
M8	3 000	50	150 000	M10	+ 31,13		+ 1,51		
M9	1 000	2	2 000	M 9	+ 3,89		+ 0,38		C
M10	8 000	1	8 000	M 7	+ 0,78	= 37,75	+ 0,19	3,97	
	25 700		530 000		100,00	100,00	100,00	100,00	

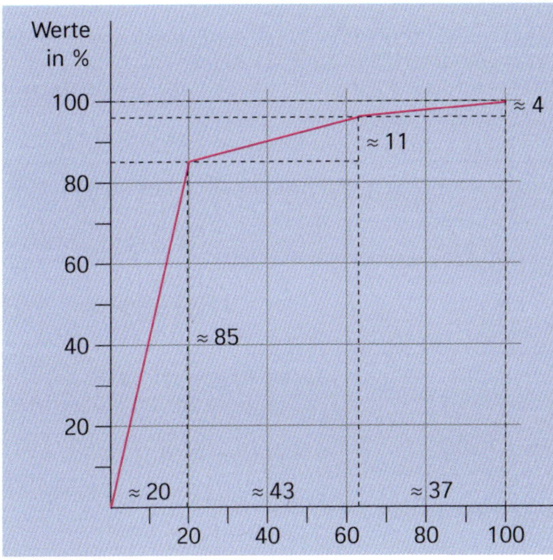

Wert-Mengen-Verhältnis
der A-Teile: $\frac{85}{20} = 4{,}25$ (groß)
der B-Teile: $\frac{11}{43} = 0{,}26$ (klein)
der C-Teile: $\frac{4}{37} = 0{,}11$ (sehr klein)

Zur Darstellung der Wert-Mengen-Verhältnisse benutzt man auch Balkendiagramme

Ergebnis:
Knapp 20 % der Materialien haben einen Verbrauchswert von bereits 85 %. Sie sind **A-Materialien**. Für sie kommt z. B. eine gründliche Bedarfsplanung infrage. **C-Materialien:** oberflächliche Planung. Oft handelt es sich um Hilfs- und Betriebsstoffe. Bei den **B-Materialien** ist zu prüfen, ob sie den A-Materialien oder den C-Materialien nahestehen.

Empfehlenswerte Maßnahmen

für A-Materialien:	**für C-Materialien:**
genaue Bedarfsplanung	nur Bedarfsschätzung
intensive Marktforschungsmaßnahmen	oberflächliche Marktbeobachtung
optimale Planung der Bestell- und Lagermengen	Abschätzung der Bestellmenge
Minimierung der Lagerbestände	Inkaufnahme größerer Bestände
Auswahl zuverlässiger Lieferanten	
langfristige Lieferverträge und	ggf. auch wechselnde Lieferanten
Abruf benötigter Mengen bei Bedarf	
genaue Kontrolle der Lagerbestände	Abbau von Kontrollen; Stichproben
genaue Kontrolle von Materialentnahmen	Abbau von Kontrollen; ggf. Selbstbedienung
genaue Überwachung der Materialqualität	Stichprobenüberwachung

Web

Die ABC-Analyse lässt sich für zahlreiche weitere Untersuchungen verwenden, z. B. für die Einteilung von Produkten, Profitcentern, Kostenbereichen, Absatzgebieten, Werbemedien, Lieferanten, Kunden, Mitarbeitern nach ihrer Bedeutung.

M 310 Die Beurteilung von Materialien kann noch verbessert werden durch XYZ-Analysen. Diese ziehen ein zusätzliches Einteilungsmerkmal heran: **die Genauigkeit, mit der sich der künftige Materialbedarf vorhersagen lässt.** Man leitet dieses Merkmal aus dem bisherigen Verbrauchsverlauf ab und teilt die Materialien nach der Vorhersagegenauigkeit in X-, Y- und Z-Materialien ein.

Verbrauchsverlauf	Vorhersagegenauigkeit	Güter
konstant	→ hoch	→ X-Güter
schwankend, aber trendmäßig	→ mittel	→ Y-Güter
völlig unregelmäßig	→ niedrig	→ Z-Güter

Mögliche Kombinationen:

	A	B	C
X	AX	BX	CX
Y	AY	BY	CY
Z	AZ	BZ	CZ

X-Materialien werden laufend und in gleicher Menge benötigt. Es ist folglich sicherzustellen, dass die Versorgung mit diesen Gütern auf keinen Fall stockt. Die größte Aufmerksamkeit ist den AX-Materialien zu schenken.

2.2.5 Wertanalyse

MGB Maltmann Getriebebau e. K. besitzt ein Multifunktionsgerät der Extraklasse, das vielfältige Druck-, Kopier-, Scanner- und Faxaufgaben erfüllen kann. Zu seiner Entlastung sollen für die Büros 10 Kopiergeräte angeschafft werden, die zugleich als PC-Drucker verwendet werden sollen. Dem Betrieb werden vier Geräte angeboten:

Alternativen	I	II	III	IV
Produktnamen	Copy 2000	Copycentre 11470 cx	MFAAC 9650	Laserystem 1220
Druckformat	A4	A4	A4	A4
Auflösung	800 x 800	1 200 x 1 200	600 x 600	1 200 x 1 200
Kopieren	Tintenstrahl	Tintenstrahl	Laser	Laser
Auflösung	300 x 300	300 x 300	200 x 400	200 x 400
Drucken	–	Tintenstrahl	Laser	Laser
Druckgeschwind.	–	6 Seiten/Min.	12 Seiten/Min.	14 Seiten/Min.
Farbscanner	–	1 200 x 1 200	1 200 x 1 200	–
Faxen	–	–	Laserfax	–
Preis	220,00 EUR	400,00 EUR	800,00 EUR	550,00 EUR
Papierkapazität	500 Blatt	250 Blatt	1 000 Blatt	500 Blatt

Welches Gerät sollte eingekauft werden?

Jedes Produkt, Teil, Material, Konzept (allgemein: jedes Verwendungsobjekt) muss die Funktionen (Aufgaben) erfüllen, die sein Abnehmer verlangt. Nur dann wird auch der gewünschte Nutzen erzielt.

__Abnehmer__ kann z. B. der Konstrukteur, der Einkäufer, der Produktionsleiter oder der Kunde des Betriebes sein. Besonders schlimm wird es natürlich, wenn der Kunde nicht zufrieden ist.

Funktionen können unterschiedliches Gewicht haben:

- **Hauptfunktionen** sind unverzichtbar. Erfüllt das Objekt sie nicht, wird es auf jeden Fall zurückgewiesen.
- **Nebenfunktionen** unterstützen oder ergänzen die Hauptfunktionen. Sie erhöhen den Nutzen, aber jede zusätzliche Funktion bedeutet i. d. R. auch höhere Kosten. Der Abnehmer sollte sich deshalb fragen, welche Funktionen so wichtig für ihn sind, dass er diese Kosten akzeptieren kann.
- **Unnötige Funktionen** sind ohne Bedeutung für den gewünschten Zweck und bringen folglich keinen Nutzen.

Beispiel: Kauf von Kopiergeräten (Fortsetzung des Einführungsbeispiels)

Hauptfunktionen:	Kopieren, Drucken
Nebenfunktionen:	Scannerfunktion, Laserdruck, große Papierkapazität
Unnötige Funktion:	Faxfunktion

Ein wichtiges Ziel des Betriebes ist es, den Nutzen der von ihm gekauften, produzierten und angebotenen Objekte zu maximieren und dabei die Kosten zu minimieren.

Die Wertanalyse ist ein allgemeines Verfahren zur Planung, Gestaltung und Verbesserung des „Wertes" (Nutzens) eines untersuchten Objekts. Sie setzt bei den Funktionen an, die das Objekt erfüllen soll. Ihre Ziele sind:

- **gewünschte Funktionen zu integrieren,**
- **unnötige Funktionen auszuschließen,**
- **für die gefundenen Funktionen möglichst kostengünstige Lösungen zu finden.**

Wertanalysen sind in allen Betriebsbereichen anwendbar, also bei Konstruktion, Fertigung, Beschaffung und Absatz „funktionstüchtiger" Objekte. Dabei muss für jedes Objekt, abhängig von den verfolgten Zwecken, untersucht werden, welche Funktionen es erfüllen soll (ob es z. B. „windschnittig", „schlagfest", „schnell", „geräuscharm", „elastisch", „tragfähig", „formschön", „recycelbar" sein soll).

Beispiel: Kauf von Kopiergeräten (Fortsetzung des Einführungsbeispiels)

Folgende Schritte sind für die Entscheidung über den Kopierereinkauf sinnvoll:

1. Der Verwendungszweck der Geräte wird genau festgelegt.
2. Die Hauptfunktionen der Geräte werden ermittelt.
3. Die Nebenfunktionen der Geräte werden ermittelt und mit Bewertungszahlen versehen.
4. Die unnötigen Funktionen werden ermittelt und ausgeschlossen.
5. Die Bewertungszahlen werden addiert.
6. Die Kosten der Kopierer werden ermittelt.
7. Die alternativen Geräte werden unter Berücksichtigung von Bewertung und Kosten verglichen.

Alternative Geräte	I	II	III	IV
Hauptfunktionen:				
Drucken	nein	ja	ja	ja
Kopieren		ja	ja	ja
Nebenfunktionen:				
Scannerfunktion		20	20	nein
Laserdruck		0	10	10
Papierkapazität		0	5	3
Unnötige Funktion:				
Faxfunktion		nein	0	nein
Summe		20	35	13
Kosten (in EUR)	220,00	400,00	800,00	550,00

Entscheidung:

Gerät II wird gewählt: Es erfüllt alle Hauptfunktionen. Die Punktzahl bei den Nebenfunktionen ist niedriger als bei Gerät III. Dieser Nachteil wird durch den günstigeren Anschaffungspreis mehr als ausgeglichen.

In der betrieblichen Praxis sind die Probleme in der Regel bedeutend komplexer und komplizierter. Wertanalysen sollten deshalb als gut vorbereitete Projekte durchgeführt werden.

Vorbereitung des Projekts
- Benennung eines Moderators, der die Wertanalyse und Teamarbeit steuert
- Definition der Aufgabenstellung
- Festlegung des Kostensenkungsziels
- Planung des Ablaufs
- Bestimmung der Teammitglieder

Ermitteln des Istzustandes
- Beschaffung von Informationen (Objekt-, Umfeld-, Kosten-, Konkurrenzobjektinformationen und Testberichte)
- Ermitteln der Istfunktionen (Haupt-, Neben- und unnötige Funktionen)
- Festlegung der Sollfunktionen
- Zuordnung der Kosten zu den Sollfunktionen

Prüfen des Istzustandes
- Bewertung der Funktionen
- Bestimmung der Nutzwerte
- Prüfung der Kosten
- Auswertung der gewonnenen Informationen

Entwickeln von Lösungen
- Ideenentwicklung durch systematische Suchmethoden (z. B. Brainstorming)
- Erstellen von Lösungsalternativen

Lösungsfestsetzung
- Festlegung der Kriterien zur Bewertung der Lösungsalternativen
- Lösungsideenbewertung
- Erstellen des Gesamtlösungskonzeptes mit Entscheidungen

Lösungsverwirklichung
- Detailrealisation mit Festlegung des Personal- und Kapazitätsbedarfs
- Zeitplanung
- Realisation und Controlling
- Erstellen eines Abschlussberichts über die Wertanalyse

Arbeitsaufträge

1. **Die Top-Dress GmbH sucht einen Lieferanten für Mischgewebe, mit dem sie langfristig feste Bindungen eingehen will. Deshalb muss der Lieferant nicht nur einwandfreie Produktqualität, sondern auch höchste Termin- und Servicequalität garantieren. Ein Team soll einen Fragebogen entwickeln. Dieser soll mehreren infrage kommenden Interessenten zugesandt werden, um die notwendigen Informationen zu erhalten. Lieferanten, die nicht bereit sind, die gestellten Fragen offen und wahrheitsgemäß zu beantworten, werden von vornherein nicht berücksichtigt.**
   a) Betreibt die Top-Dress GmbH im vorliegenden Fall
      - Marktanalyse oder Marktbeobachtung,
      - Primärforschung oder Sekundärforschung?

   b) Entwickeln Sie in Gruppenarbeit je fünf wichtige Merkmale, die Termin- und Servicequalität beschreiben.

   c) Erstellen Sie einen Fragebogen mit mehreren Fragen zu jedem Merkmal. Die Fragen sollen so formuliert werden, dass überprüft werden kann, in welchem Umfang der Lieferant den Merkmalen gerecht wird.

2. **Die Geschäftsleitung der ABZO Chemie AG möchte einen Überblick über die Arten betrieblicher Daten gewinnen, die in Zusammenhang mit den Geschäftsprozessen anfallen. Im Einkauf wird der Einkaufsassistent, Herr Krämer, beauftragt, die Datenarten für den Subprozess „Einkauf von A-Materialien“ zusammenzustellen. Als Methode wählt er das Mindmapping.**
   Erstellen Sie die Mindmap.

3. **Im Rohstofflager wird ein neues Lagerverwaltungssystem eingerichtet. Dazu müssen Materialstammsätze erstellt werden. Unter anderem liegen folgende Daten vor:**
   Materialnummer, Lieferantennummer, Mengeneinheit, Bestelldatum, Zeichnungsnummer, Stücklistennummer, Verpackungsart, Mindestbestand, Verrechnungspreis, Bankverbindung Lieferant X, Vertreternummer, ABC-Zugehörigkeit.
   Welche der aufgeführten Daten gehören in den Materialstammsatz?

4. **Ein Betrieb benötigt die folgenden Materialien. Es liegen die angegebenen Zahlen vor.**

Material	Verbrauch (Stück)	Wert pro Stück (EUR)	Material	Verbrauch (Stück)	Wert pro Stück (EUR)
M1	10 000	0,40	M11	4 000	0,30
M2	6 000	0,90	M12	1 000	10,00
M3	2 000	3,80	M13	1 000	1,20
M4	8 000	0,50	M14	1 000	3,10
M5	3 000	5,20	M15	9 000	0,10
M6	7 000	0,20	M16	5 000	2,40
M7	1 000	0,30	M17	5 000	0,40
M8	500	0,20	M18	500	1,00
M9	500	4,00	M19	500	2,00
M10	5 000	1,90	M20	6 000	0,15

   Ermitteln Sie anhand einer ABC-Analyse, für welche Materialien eine genaue Planung des Bedarfs ratsam ist. (Benutzen Sie, wenn möglich, ein Tabellenkalkulationsprogramm.)

5. **Die Materialien in Arbeitsauftrag 4 haben folgende Verbrauchsverläufe:**

konstant:	M1	M2	M5	M6	M10	M13	M16
trendmäßig:	M3	M8	M7	M9	M12	M15	
unregelmäßig:	M4	M11	M14	M17	M18	M19	M20

   a) Beurteilen Sie: Welchen Güterkombinationen ist nunmehr die größte Aufmerksamkeit zu schenken?
   b) Gilt noch uneingeschränkt die Aussage: „A-Güter erfordern grundsätzlich höhere Aufmerksamkeit als B-Güter"?
   c) Welcher Kombination sollte man mehr Aufmerksamkeit schenken: AZ oder BX?
   d) Die Materialien M1, M2 und M20 sind wie folgt eingruppiert:
   M1 ist ein AX-Gut
   M2 ist ein BX-Gut.
   M20 ist ein CZ-Gut.
   Erläutern Sie die Bezeichnungen und ziehen Sie Rückschlüsse auf die Behandlung der jeweiligen Materialien.

6. **Ein Betrieb hat in seiner Lieferantendatenbank 127 Lieferanten verzeichnet. Er will diese Lieferanten mithilfe einer ABC-Analyse in Gruppen einteilen.**
   a) Nennen Sie möglichst viele Zwecke, die der Betrieb mit der beabsichtigten Einteilung verfolgen könnte.
   b) Versuchen Sie, möglichst viele Merkmale aufzuzählen, die für die Beurteilung von Lieferern herangezogen werden können.
   c) Wählen Sie einen Zweck und fünf Merkmale aus, die für dieses Ziel nach Ihrer Meinung am wichtigsten sind. Versuchen Sie nun, eine Methode zu finden, die es erlaubt, alle fünf Merkmale zugleich für die Gruppenbildung heranzuziehen, und dabei das unterschiedliche Gewicht der Merkmale berücksichtigt. (Hinweis: Ähnliches Vorgehen wie bei der Wertanalyse)
   d) Welche Maßnahmen wären nach Ihrer Ansicht für A-Lieferanten sinnvoll?

7. **Die Konstruktionsabteilung benötigt für die Konstruktion eines Produkts ein Material, das höchsten Ansprüchen genügen soll. Das Material muss deshalb die Funktionen A und B erfüllen. Weitere nützliche, aber nicht unverzichtbare Funktionen sind C, D und E. C wird viermal, D doppelt so wertvoll wie E eingeschätzt.**
   Nachforschungen ergeben, dass sechs Werkstoffe auf dem Markt erhältlich sind, die ggf. infrage kommen. Sie erfüllen die folgenden Funktionen und kosten die angegebenen Beträge.

VIERTER ABSCHNITT

Werkstoff	erfüllte Funktionen	Anschaffungskosten (EUR)
I	A B C D E F	40,00
II	A B D E G	35,00
III	A B C E H	20,00
IV	A B C D F	15,00
V	A B C D E F G	45,00
VI	A C D E F G H	17,00

a) Stellen Sie fest, ob sich mithilfe dieser Angaben eine vereinfachte Wertanalyse entsprechend dem Beispiel auf Seite 311 durchführen lässt. Wenn ja, welche Schritte sind dann aufgrund der obigen Angaben bereits durchgeführt?

b) Führen Sie die Wertanalyse vollständig durch und fällen Sie eine Entscheidung.

c) Welche Entscheidung treffen Sie, wenn das Material
- nur gehobenen Ansprüchen genügen soll?
- nur niedrigen Ansprüchen genügen soll?

2.3 Strategische Entscheidungen der Beschaffungsplanung

Die Materialbeschaffung erfordert mehrere strategische Entscheidungen. Dazu gehören:

- **Entscheidungen über die Fertigungstiefe**
  Frage: Sollen die benötigten Teile und Baugruppen selbst gefertigt oder eingekauft werden?

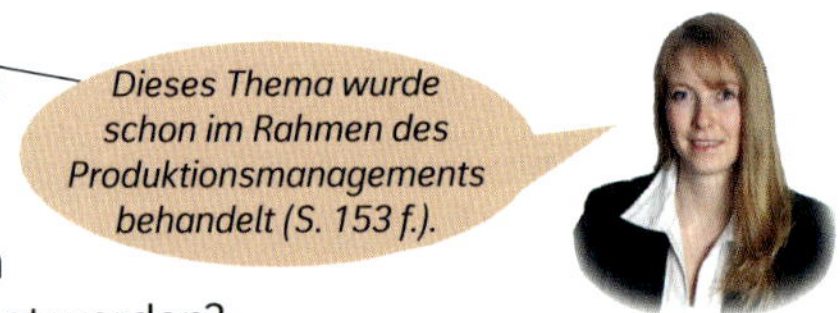

- **Entscheidungen über sog. Beschaffungsprinzipien**
  Frage: Soll stets nur zur Befriedigung des aktuellen Bedarfs eingekauft oder sollen Lagervorräte angelegt werden?
- **Strategische Entscheidungen über die Lieferantenauswahl**
  Fragen z. B.: Soll von wechselnden Lieferanten oder von Festlieferanten eingekauft werden? Regional oder weltweit? Teile oder vollständige Komponenten?

Mit solchen Entscheidungen legt sich das Unternehmen längerfristig fest – mit entsprechenden Risiken, Chancen, Kosten- und Erfolgswirkungen. Deshalb sind diese Entscheidungen vom Top-Management zu treffen.

2.3.1 Beschaffungsprinzipien

Die **NSB Werftbetriebe GmbH** baut Jachten. Ausschließlich im Kundenauftrag (sog. Auftragsfertigung) und nach den Wünschen des Kunden. Es liegt Einzelfertigung vor: Fast jedes Schiff ist ein Unikat. Viele der verwendeten Materialien und Teile werden nur für ein ganz bestimmtes Schiff benötigt. Sie werden jeweils eingekauft, wenn der entsprechende Bedarf vorliegt.
Die **Gadget GmbH & Co. KG** fertigt innovative Scherz-, Geschenk- und Spielartikel. Das Fertigungsprogramm muss stets von neuem in kurzen Abständen an den geänderten Kundenbedarf angepasst werden. Viele Materialien werden jedoch immer wieder benötigt und müssen oft sehr kurzfristig verfügbar sein. Man sichert den Bedarf durch den Einkauf größerer Mengen ab und versucht dabei, die Einkaufs- und Lagerkosten zu minimieren.
Die **KlipperCamp AG** baut Wohnwagen und Wohnmobile. Sie hat für den Zeitraum eines Jahres ein festes Fertigungsprogramm geplant. Die Fertigungsabläufe und -zeitpunkte sind für Halbjahresperioden genau festgelegt. Die benötigten Materialien und Teile werden von festen, vertraglich langfristig gebundenen Lieferanten jeweils genau zum Einsatztermin geliefert.

Nach der Ermittlung des Materialbedarfs muss das Materialmanagement die Deckung des Materialbedarfs sichern.

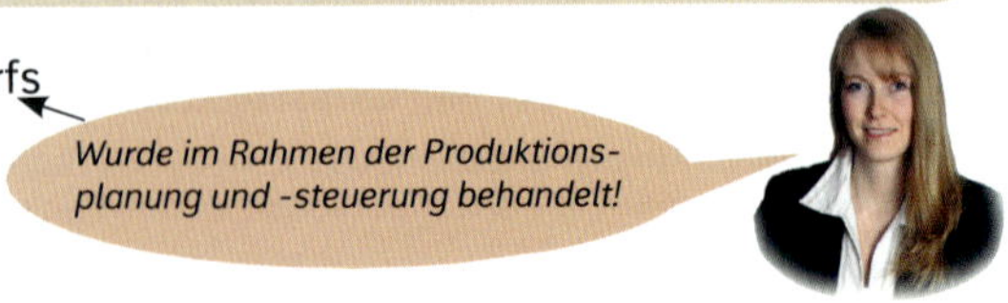

Aufgaben der Beschaffungsplanung	Ziele der Beschaffungsplanung
• Festsetzung des Beschaffungszeitpunkts • Festsetzung der Beschaffungsmenge • Planung der Beschaffungspreise • Ermittlung und Auswahl der Lieferanten	• Kostenminimierung (Preise, Beschaffungs-, Lagerkosten) • Minimierung des Versorgungsrisikos • Qualitätssicherung

Die Beschaffung vollzieht sich unter Berücksichtigung von drei grundlegenden Beschaffungsprinzipien: von Einzelbeschaffung, Vorratsbeschaffung und fertigungssynchroner Beschaffung. Die Entscheidung für eines der drei Prinzipien hängt stark von den angewendeten Fertigungsverfahren ab.

Einzelbeschaffung:

Das Material wird fallweise für einen bestimmten vorliegenden Auftrag eingekauft, geliefert und bereitgestellt.

Die Einzelbeschaffung ist typisch für die Auftragseinzelfertigung, kommt aber auch sonst bei seltenem Bedarf vor.

Beschaffungsplanung: Beschaffungsmenge und -zeitpunkt werden unmittelbar durch die Fertigungsplanung bestimmt. Die Beschaffungsplanung beschränkt sich auf die Lieferantenauswahl.
Versorgungsrisiko: relativ hoch
Lagerkosten: nur Zwischenlagerung, deshalb niedrige Lagerkosten
Beschaffungskosten: hoch: keine Vorteile großer Bezugsmengen (z. B. Rabatte, niedrige Frachtraten)
Kapitalbindung: niedrig, weil Lagerbestände fehlen.

Vorratsbeschaffung:

Ein Materialvorrat wird für einen Bedarf eingekauft und geliefert, der durch das festgelegte Fertigungsprogramm bestimmt ist. Aus dem Lagervorrat wird das Material für die Fertigung bereitgestellt.

Die Vorratsbeschaffung ist traditionell der Regelfall im Industriebetrieb. Der Vorrat sichert einerseits die Kontinuität der Fertigung und vergrößert andererseits den Handlungsspielraum auf den Beschaffungsmärkten. Aber: starke Tendenz zur fertigungssynchronen Beschaffung, wenn die notwendigen Voraussetzungen vorliegen.

Beschaffungsplanung: Beschaffungsmenge und -zeitpunkt werden in kurzen Zeitabständen wiederkehrend geplant, denn der auftretende Bedarf und die vorhandenen Lagervorräte müssen zeitlich und mengenmäßig abgeglichen werden.
Versorgungsrisiko: minimiert durch Vorratshaltung
Lagerkosten und Beschaffungskosten: Einkäufe sollen so erfolgen, dass Beschaffungs- und Lagerkosten in ihrer Summe minimiert werden.
Kapitalbindung: relativ hoch, abhängig vom Lagerbestand.

Fertigungssynchrone Beschaffung:

Das Material wird genau zum Zeitpunkt seines Einsatzes in der Fertigung angeliefert und bereitgestellt.

Voraussetzung: Massen- oder Serienfertigung mit großen Stückzahlen (z. B. typisch für die Autoindustrie). Diese gestattet eine Fertigungsplanung, die den zeitlichen Fertigungsablauf und die Materialeinsatzmengen genau vorbestimmt. Eine Materialbeschaffungsplanung wie bei der Vorratsbeschaffung wird somit überflüssig.

Wegen eines Lkw-Fahrer-Streiks 1995 in Frankreich gingen bei Ford in Deutschland nach zwei Tagen die Teile aus!

Beschaffungsplanung: Beschaffungsmenge und -zeitpunkt werden unmittelbar durch die Fertigungsplanung bestimmt. Logistische Planung (termingenaue Anlieferung!) steht im Vordergrund.
Lagerkosten: sehr niedrig (nur geringe Sicherheitsbestände)
Versorgungsrisiko: hohes Risiko von Lieferungsverzögerungen und -ausfällen. Man sichert sich u. a. durch feste, langfristige vertragliche Bindungen mit seinen Lieferanten ab.
Beschaffungskosten: Rahmen-Lieferverträge sichern den Lieferanten große Absatzmengen und den Abnehmern hohe Preisnachlässe. Transportkostenminimierung erfordert intelligente logistische Lösungen.
Kapitalbindung: niedrig, weil Lagerbestände fehlen.

Arbeitsaufträge

1. **„Vorratsbeschaffung und Einzelbeschaffung sind zwei entgegengesetzte Beschaffungsprinzipien, aber Materialbereitstellung ohne Vorratshaltung muss nicht gleichbedeutend mit Einzelbeschaffung sein."**
   Stimmt diese Behauptung? Erläutern Sie den Hintergrund.

2. **Jeder Betrieb verfolgt bei seinen Einkaufsaktivitäten immer auch folgende Ziele:**
   - Sicherung eines gleichmäßigen Fertigungsablaufs
   - Schnelle Belieferung von Kunden
   - Flexible Anpassung an Bedarfsanforderungen der Fertigung
   - Niedrige Lagerkosten
   - Geringe Kapitalbindung durch Vorräte
   - Günstige Einkaufspreise durch Einkauf großer Mengen
   - Erhaltung der Zahlungsmittelbestände (der Liquidität)
   - Niedriges Risiko aufgrund von Lagerbeständen
   - Niedrige Frachtkosten
   - Günstige Lieferungs- und Zahlungsbedingungen seitens der Lieferanten

   a) Vergleichen Sie Vorratsbeschaffung und Einzelbeschaffung im Hinblick auf diese Ziele. Welche Ziele harmonieren besser mit dem einen, welche mit dem anderen Beschaffungsprinzip?
   b) Erläutern Sie anhand der genannten Ziele den typischen Zielkonflikt der Materialwirtschaft.
   c) Es wird behauptet, der angedeutete Zielkonflikt sei bei der fertigungssynchronen Beschaffung bedeutend besser gelöst. Begründen Sie dies und führen Sie möglichst viele Vorteile dieses Beschaffungsprinzips an. Nennen Sie andererseits mögliche Schwachstellen.

2.3.2 Strategische Lieferantensuche und -auswahl

Notwendigkeit fester Bindungen

Der Lebensmittelhersteller Mars hatte mehr als 600 Lieferanten. 50 % aller Bestellungen entfielen auf 3 % der Lieferanten, die restlichen 50 % auf 97 % der Lieferanten. Bei Letzteren war das Verhältnis von Bestellwert und Bestellaufwand absolut unwirtschaftlich. Die Folgen:
- zu hoher Zeitaufwand im Einkauf,
- zu viel Arbeit in der Rechnungsprüfung,
- zu hohe Prozesskosten im gesamten Wertschöpfungsprozess Einkauf.

Eine Untersuchung ergab: Die Firma kaufte geringwertige Artikel bei zu vielen Lieferanten, die Disposition war schlecht geregelt. Häufig waren nicht einmal Artikel zu Warengruppen zusammengefasst. Daraufhin wurde ein neues Konzept erarbeitet: Jetzt sind nur noch zehn Lieferanten tätig, jeder für eine Warengruppe. Sie führen Bestandsführung und Bestellung selbst durch. Die Kosten in Einkauf, Logistik und Qualitätskontrolle sind enorm gesunken. Zum Beispiel wird nur ein Mitarbeiter für das Überprüfen von Lieferungen und Rechnungen benötigt.

Optimales Materialmanagement verlangt eine optimale Lieferantenauswahl. Dabei ist zu beachten, dass sich die Kunden-Lieferanten-Beziehungen des Industriebetriebs im Laufe der letzten Jahrzehnte stark gewandelt haben. Zum Beispiel neigt der moderne Betrieb aus Wettbewerbs- und Kostengründen stark zum Outsourcing wichtiger Funktionen. Zugleich muss er aber strikte Qualitätssicherung betreiben sowie seine Logistik und Supply Chain optimal gestalten. Dies ist nur möglich, wenn er feste Bindungen mit seinen Lieferanten eingeht, zumindest für die laufend benötigten Materialien. Lieferantensuche „von Fall zu Fall" und häufiger Lieferantenwechsel stören die Geschäftsprozesse. Sie kommen nur noch für einmalig oder sporadisch benötigte Güter infrage.

Insofern erfährt die **Lieferantensuche und -auswahl** eine Wandlung von einem operativen zu einem **strategischen Prozess**. In der Regel umfasst sie folgende Teilprozesse:

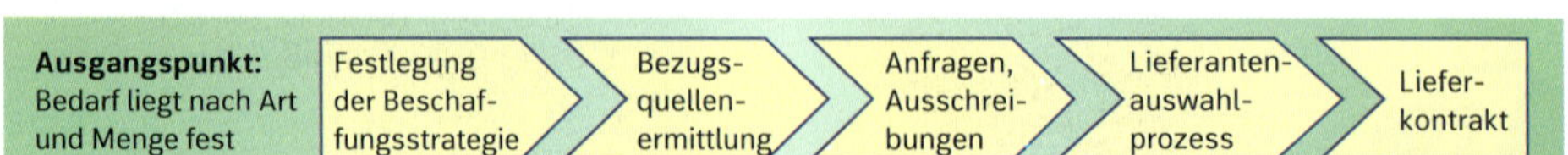

Beschaffungsstrategien (Lieferantenauswahlstrategien)

Mit der Entscheidung für eine Beschaffungsstrategie legt der Betrieb fest, in welche grundlegende Beziehung zu dem/den Lieferanten eines Materials er eintreten will. Die folgenden Strategien sind gegenwärtig von größter Bedeutung.

Bearbeiten Sie zu diesem Thema das Arbeitsblatt Beschaffungsstrategien.

Web M 317

Einquellenbeschaffung – Single Sourcing
Ein(e) Material(gruppe) wird von **einem** festen Lieferanten bezogen. Die Zusammenarbeit kann ausgedehnt werden, z. B. auf F&E, Qualitätssicherung, Disposition. Vertrauen und Offenheit zwischen Lieferant und Kunde sind von größter Bedeutung.

Mehrquellenbeschaffung – Multiple Sourcing
Ein(e) Material(gruppe) wird von zwei oder mehr festen Lieferanten bezogen. Dabei gilt grundsätzlich das Gleiche wie bei der Einquellenbeschaffung.

Modulare Beschaffung – Modular Sourcing
Module werden komplett von einem Zulieferer bezogen. Sein Know-how wird optimal genutzt. Die Strategie wird v. a. bei technisch komplexen Produkten (z. B. Autos) gewählt. Die Entwicklung geht in Richtung Systemlieferant (vgl. S. 331). **(Gegensatz: Einzelteilbeschaffung – Unit Sourcing)**

Globale Beschaffung – Global Sourcing
Das Internet macht sie möglich: die weltweite Lieferantensuche, die globale Beschaffung. Gründe: Kostensenkung aufgrund niedrigerer Lohnkosten im Ausland und/oder nationale Lieferengpässe. Natürliche Probleme sind: erhöhtes Qualitätsrisiko (besonders bei High-Tech-Produkten), erhöhtes Ausfallrisiko, erhöhtes logistisches Risiko, Währungsrisiko. Umso wichtiger ist deshalb auch hier der Aufbau fester und sicherer Lieferantenbindungen. **(Gegensatz: Local Sourcing – Lokale Beschaffung)**

Verbundbeschaffung
Hier gehen mehrere Hersteller vertraglich eine Einkaufskooperation (Zusammenarbeit) ein. Durch die Zusammenlegung ihrer Einkaufsvolumen erlangen sie mehr Marktmacht, Preiszugeständnisse und günstigere Einkaufskonditionen (Einkaufsbedingungen). **(Gegensatz: Einzelbeschaffung)**

VIERTER ABSCHNITT

Lieferantenermittlung (Bezugsquellenermittlung)

Der Einkauf muss geeignete Lieferanten ermitteln. Dabei zeigt die Praxis oft: Steht der Bedarf fest, fehlt die Zeit für gründliche Untersuchungen über Lieferquellen. Deshalb soll der Einkauf zumindest für A-Güter systematisch Beschaffungsmarktforschung betreiben.

Externe Informationsquellen sind vor allem:

- Datenbanksysteme der IHKs,
- Auskünfte der AHKs (deutsche Auslandshandelskammern),
- allgemeine Internetsuchmaschinen (z. B. www.google.de, www.fireball.de, https://ixquick.de),
- Lieferantensuchmaschinen, z. B.:
  - ABC der deutschen Wirtschaft (www.abconline.de)
  - Wer liefert was? (www.wlw.de)
  - Sachon-BDI-Einkaufsführer „Die deutsche Industrie" (www.diedeutscheindustrie.de)
  - Product Search (www.product-search.de)

Anfragen, Ausschreibung

Durch Anfragen (= Bitte um Angebot) erhält man genauere Kenntnis über die Produkte/Waren und die Leistungsfähigkeit der Lieferanten.

Beispiel: Anfrage von MGB Maltmann Getriebebau e. K.

Wir suchen im Rahmen unserer Fertigung von Getrieben für feinmechanische Geräte einen Festlieferanten von Präzisionszahnrädern, die in Zusammenarbeit mit uns zu entwickeln und nach unseren genauen Vorgaben herzustellen sind. Einzelheiten können Sie unserer Ausschreibung unter www.maltgetriebe.de entnehmen.
Wenn Sie an einer dauernden Zusammenarbeit interessiert sind und unseren Anforderungen entsprechen können, bitten wir um Ihr Angebot bis zum 15. Oktober 20..

Bei umfangreichem Bedarf und bei der Suche nach Festlieferanten erfolgt oft eine **Ausschreibung**. Darin beschreibt das nachfragende Unternehmen seinen Bedarf in allen Einzelheiten und bittet öffentlich um Angebote. Eventuell erfolgt die Ausschreibung in Form einer Internetauktion: Der Käufer schreibt sein Objekt im Internet aus. Interessenten geben dort ihr Angebot ab. Der Käufer wählt den günstigsten Anbieter aus.

Lieferantenauswahlprozess

Schlechte Materialqualität, unpünktliche Materiallieferungen, mangelhafter Lieferservice können sich katastrophal auf die Leistungen des Industriebetriebs auswirken. Deshalb ist eine zuverlässige **Lieferantenbeurteilung** unerlässlich.

Wichtige Beurteilungs- und Auswahlmerkmale

- **Finanzielle Merkmale**
  - Listen-/Angebotspreis, Rabatte
  - Lieferungsbedingungen (Beförderungs-, Verpackungs-, Versicherungskosten
  - Zahlungsbedingungen (Vorauszahlung, Teilzahlung, Zahlungsfristen, Skonto)
  - Einstandspreis (= der maßgebliche Preis!)

	Listen-/Angebotspreis
–	Rabatte
=	Zieleinkaufspreis
–	Skonto
=	Bareinkaufspreis
+	Bezugskosten
=	Einstandspreis

- **Materialqualität** (gemessen an den Anforderungen des Kunden)
  - gewünschte Funktionen (Tauglichkeit)
  - Einhaltung technischer Standards (Qualitätsstandards), Normen, gesetzlicher Vorschriften
  - Haltbarkeit
  - Umweltverträglichkeit
- **Lieferantenqualität**
  - Artqualität (Einhaltung der Art- und Qualitätsvereinbarungen, mängelfreie Lieferung)
  - Mengenqualität (lieferbare Menge, Einhaltung der Mengenvereinbarungen)
  - Terminqualität (Lieferzeit, Einhaltung der Terminzusagen)
  - Servicequalität (Kundendienstleistungen, Beratung)
  - Reklamationsverhalten (z. B. Garantien, Kulanz)
  - Warenrücknahme (z. B. zwecks Recycling oder Entsorgung)
  - Flexibilität (Anpassungsfähigkeit an geänderte Anforderungen)
  - Innovationsfähigkeit (Weiterentwicklung von Produkten und Leistungen)
  - Kooperationsbereitschaft (z. B. gemeinsame Materialentwicklung mit dem Kunden)

Die Beurteilung wird im Rahmen eines gründlichen Lieferantenauswahlprozesses vorgenommen:

Web M 318_1

Web M 318_2

Lieferantenauswahlprozess

Sehen Sie sich hierzu auch die Präsentation Strategische Lieferantenauswahl an.

Auswahlmerkmale entwickeln → Siehe oben.

Checkliste erstellen → Um sicherzustellen, dass alle als wichtig erachteten Auswahlmerkmale wirklich berücksichtigt werden, sollten Befragungen und Untersuchungen anhand einer Checkliste erfolgen.

Informationen beschaffen → Man erhält die nötigen Informationen
- durch Selbstauskunft des Lieferanten,
- durch Befragung von Kunden des
- Lieferanten und durch Einholen von Auskünften,
- durch Aufsuchen des Lieferanten und Vor-Ort-Untersuchung
- von Organisation, Produkten und Prozessen,
- durch den Nachweis von Audits (Betriebsprüfungen) unabhängiger
- Zertifizierungsorganisationen und Vorlage der Zertifizierungsurkunden.

Sehen Sie sich z. B. den beigefügten Lieferantenfragebogen an.

VIERTER ABSCHNITT

Nutzwertanalyse durchführen

Die Verantwortlichen von Zentraleinkauf, Produktion, Logistik und Absatz beraten gemeinsam über die abgegebenen Angebote. Sie vergleichen die Lieferanten mithilfe einer Nutzwertanalyse. Sie wird nach dem gleichen Prinzip wie die Nutzwertanalyse beim Angebotsvergleich durchgeführt (siehe S. 281).

ggf. Verhandlungen führen

Der Umfang, die Intensität und Dauer des Beurteilungs- und Auswahlprozesses hängen von der Bedeutung des beabsichtigten Geschäfts ab. Bei der Suche nach einem Systemlieferanten für wichtige Module z. B. wird man extrem sorgfältig vorgehen. Die endgültige Lieferantenauswahl erfolgt dann erst nach intensiven Verhandlungen, die alle Einzelheiten berücksichtigen.

Rahmenvertrag schließen

Der Auswahlprozess endet mit dem Abschluss eines detaillierten Vertragswerks, des Rahmenvertrags.

Arbeitsaufträge

1. **Der Rohstoffeinkauf der Müller Textil GmbH kauft seine Baumwolle ausschließlich beim Bremer Kontor Menrad AG ein (Einquellenversorgung oder Single Sourcing). Der Einkaufsleiter überlegt nun, die benötigte Baumwolle weltweit einzukaufen (Global Sourcing).**
   Diskutieren Sie die beiden Einkaufsmöglichkeiten in Form einer Debatte. (Debatte: Moderator; zwei Gruppen, die debattieren; Redner jeder Seite tragen Standpunkte vor; anschließend argumentative Auseinandersetzung mit den Standpunkten der Gegenseite).
2. **Für eine Nutzwertanalyse zweier Lieferanten liegen folgende Beurteilungsmerkmale, Gewichtungen und Noten vor:**

		Lieferant 1		Lieferant 2	
Merkmal	**Gewichtung**	**Note**	**Wert**	**Note**	**Wert**
Einstandspreis	9	10		9	
Qualität	8	9		9	
Garantie	5	4		5	
Lieferzeit	5	8		7	
Innovationsfähigkeit	3	9		6	
Vorlieferantenabhängigkeit	3	7		8	
Lieferungsbedingungen	4	8		7	
Zahlungsbedingungen	4	8		7	
Entsorgung	3	7		8	
Umweltfreundlichkeit	4	9		9	

   Führen Sie die Nutzwertanalyse zu Ende.
3. **Auf die Ausschreibung von MGB Maltmann Getriebebau e. K. (siehe Seite 317), die Lieferung von Präzisionszahnrädern betreffend, geben sieben Anbieter ihr Angebot ab. Die Anbieter sollen mithilfe einer Nutzwertanalyse verglichen werden.**
   Entwickeln Sie einen Vordruck für eine Nutzwertanalyse zur vergleichenden Beurteilung der Anbieter. Der Vordruck soll mindestens 15 Beurteilungskriterien enthalten. Erarbeiten Sie die Kriterien und ihre Gewichtungszahlen in drei parallelen Arbeitsgruppen. Diskutieren Sie anschließend Ihre Arbeitsergebnisse und einigen Sie sich auf eine gemeinsame Lösung.

2.4 Operative Entscheidungen der Beschaffungsplanung

2.4.1 Optimale Bestellmenge – ein Modell der Mengen- und Zeitdisposition bei Vorratsbeschaffung

Beschaffung und Lagerung verursachen Kosten, deren Höhe von der Einkaufsmenge abhängt. Um sie zu minimieren, sollte man die Einkaufsmenge genauer planen.

Vorteile großer Einkaufsmengen	Nachteile großer Einkaufsmengen
• Wer große Mengen kauft, erhält Rabatte. • Die Fracht- und Verpackungskosten sind für große Sendungen günstiger als für kleine. • Wenn man große Mengen kauft, muss man nicht so oft bestellen. Und jede Bestellung verursacht Kosten für Schreibarbeit, Papier, Porto, Ablage, Buchung, Materialkontrolle, Einlagerung, ...	• Wer große Mengen kauft, muss sie bis zum Verbrauch lagern. Auch die Lagerung verursacht hohe Kosten: für Lagerraum, Lagereinrichtung, Personal, Verwaltung, Materialpflege, Versicherung, Schwund, Zinsverluste, ...

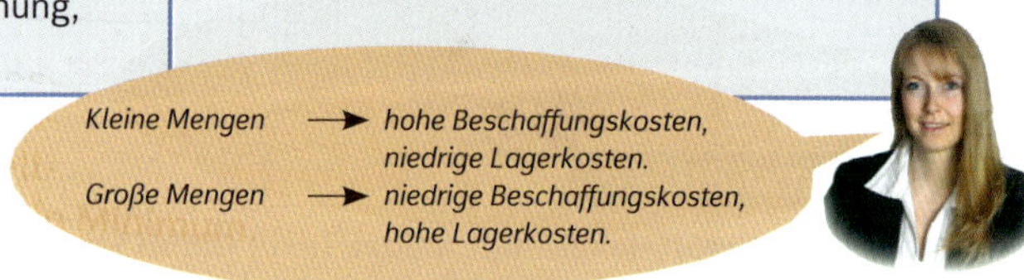

Beschaffungs- und Lagerkosten entwickeln sich gegenläufig. Bei der optimalen Bestellmenge erreicht ihre Summe ein Minimum.

Web

M 320

Beispiel: Optimale Bestellmenge (siehe auch die Präsentation *Optimale Bestellmenge*)

MGB Maltmann Getriebebau e. K. benötigt jährlich 1 800 Gussstücke mit einem Einstandspreis von je 100,00 EUR. Davon werden täglich gleichmäßig 5 Stück verbraucht.
Die Lagerkosten pro Stück (lk) betragen im Jahr 30,00 EUR. Sie enthalten auch die Zinsen für die Kapitalbindung (das durch die Lagerung gebundene Kapital). Die Kapitalbindung entspricht dem Einstandspreis. Bezieht man die Lagerkosten pro Stück prozentual auf die Kapitalbindung (den Einstandspreis), erhält man den sog. Lagerkostensatz (genauer: Zins- und Lagerkostensatz):
Lagerkostensatz = (Lagerkosten pro Stück/Einstandspreis) · 100 = (30/100) · 100 = 30 %
Um jederzeitige Verfügbarkeit zu gewährleisten, wird ein Mindestbestand (MB) von zehn Stück gehalten. Er verursacht Kosten von 10 · 30,00 EUR = 300,00 EUR.
Bei jedem Kauf fallen feste Bestellkosten von 20,00 EUR an.
Die folgende Tabelle zeigt die Kosten bei unterschiedlichen Bestellmengen:

Bestellmenge (B)	Zahl der Bestellungen pro Jahr	Kosten pro Bestellung (in EUR)	gesamte Bestellkosten (in EUR)	durchschnittlicher Lagerbestand (L)	durchschnittliche Lagerkosten (in EUR)	Gesamtkosten (in EUR)
				$\frac{B}{2}$ + EB	L · lk	
1800	1	20,00	20,00	910	27 300,00	27 320,00
900	2	20,00	40,00	460	13 800,00	13 840,00
450	4	20,00	80,00	235	7 050,00	7 130,00
225	8	20,00	160,00	122,5	3 675,00	3 835,00
100	18	20,00	360,00	60	1 800,00	2 160,00
60	30	20,00	600,00	40	1 200,00	1 800,00
50	36	20,00	720,00	35	1 050,00	1 770,00
40	45	20,00	900,00	30	900,00	1 800,00
30	60	20,00	1 200,00	25	750,00	1 950,00

(Hinweis: Der Mindestbestand kann auch unberücksichtigt bleiben. Dann sind lediglich die durchschnittlichen Lagerkosten sowie die Gesamtkosten **konstant** um 300,00 EUR kleiner.)
Bei 36 Bestellungen pro Jahr zu 50 Stück sind die Gesamtkosten am niedrigsten.
Die optimale Bestellmenge beträgt deshalb 50 Stück.
Wegen des gleichmäßigen Verbrauchs sind zugleich mit der optimalen Bestellmenge die Anzahl der Bestellungen (hier 36) und damit auch die Bestelltermine festgelegt. Die Mengendisposition ist also zugleich eine Zeitdisposition.

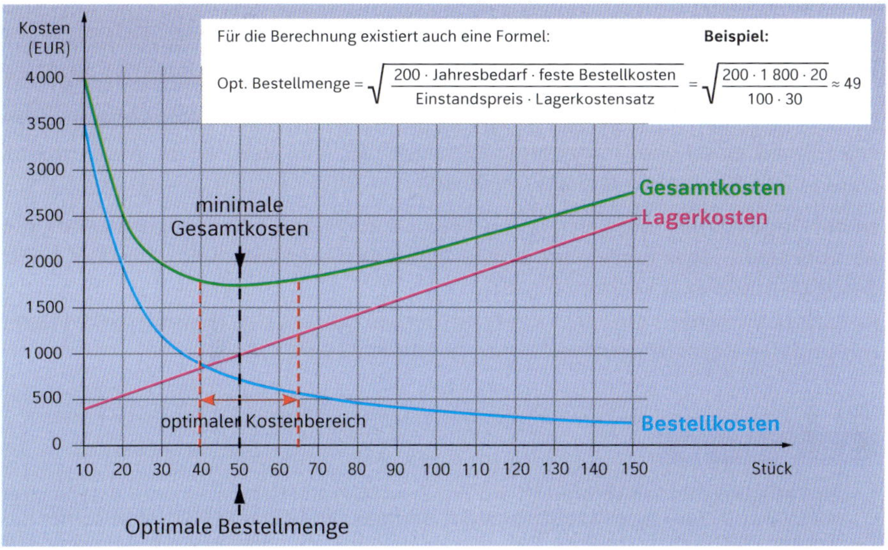

Anmerkungen zur Formel:

1. Der *Lagerkostensatz* ergibt sich wie folgt:
   LKS = (durchschnittliche Lagerkosten/durchschnittliche Kapitalbindung) · 100
   (Durchschnittliche Kapitalbindung = durchschnittlicher Lagerbestand · Einstandspreis pro Stück)
2. Das mathematische Ergebnis von 49 Stück ist praktisch nicht verwendbar. Es bedeutet 36,73469 Bestellungen (nicht ganzzahlig!). Die optimale Bestellmenge muss in der Praxis jedoch nicht exakt berechnet werden, denn die Gesamtkostenkurve verläuft in der Umgebung des Minimums sehr flach. Abweichungen von – 20 % bis + 30 % erhöhen die Kosten kaum.

Web M 321

Die optimale Bestellmenge ist nur ein Modell. Dieses ist von der Realität ziemlich weit entfernt, denn es enthält einschränkende Voraussetzungen:

- Es wird ein gleichmäßiger Lagerabgang (= Verbrauch der Teile) angenommen.
- Jahresbedarf, Preis, Bestellkosten sowie Zins- und Lagerkosten pro Stück sind konstant.
- Die Wiederbeschaffungszeit ist gleich null.
- Die Beschaffungsmengen sind beliebig teilbar.
- Es gibt keine Mindest- und Höchstmengen (z. B. unbegrenzte Lagerkapazität).

In der Praxis sind diese Voraussetzungen in der Regel nicht erfüllt:

- Rabatte und bestellmengenabhängige Transportkosten müssen einbezogen werden.
- Fixe Lagerkosten und beschränkte Lagerkapazitäten sind zu berücksichtigen.
- Meist liegt kein gleichmäßiger Lagerabgang vor.
- Kostenansätze und Verkaufsmengen ändern sich im Zeitablauf.

Außerdem kann man in der Praxis eine errechnete optimale Bestellmenge manchmal gar nicht realisieren, weil z. B.

- der Lieferant eine Mindestmenge vorgibt,
- die Ware nur in festen Verpackungseinheiten geliefert wird,
- die Artikel nur beschränkt lagerfähig sind,
- es sich um Saisonartikel handelt.

Die zu verarbeitenden Informationsmengen sind nicht nur weitaus größer als im Modell, sondern sie sind teilweise auch unsicher.

Fazit: Die Planung einer optimalen Bestellmenge begegnet in der Praxis **größten Schwierigkeiten**.

Will man alle Möglichkeiten und Änderungen berücksichtigen, so wird bei einer großen Zahl von Materialien die Planung der optimalen Bestellmenge weitaus höhere Kosten verursachen, als sie einzusparen hilft.

Die Planung einer optimalen Bestellmenge lohnt sich deshalb nur bei AX-Materialien.

Diese Materialien haben einen hohen Verbrauchswert, einen konstanten Verbrauchsverlauf und eine hohe Vorhersagegenauigkeit für den Verbrauch). Man ermittelt sie bekanntlich durch ABC- und XYZ-Analyse).

In der Regel behilft man sich in der Praxis mit flexiblen Bestellstrategien, die keine optimalen, aber hinreichend gute Lösungen ergeben. Sie heben die Annahme des gleichmäßigen Verbrauchs auf.
Bekannte Verfahren sind das Bestellpunktverfahren, das Bestellrhythmusverfahren und das Bestellterminverfahren (siehe S. 324 ff.).

Arbeitsaufträge

1. **Ein Fertigungsbetrieb verbraucht pro Tag etwa 50 Profileisen mit einem Einstandspreis von je 20,00 EUR. Die Lagerkosten pro Stück betragen im Jahr 1,00 EUR. Als eiserner Bestand wurden 300 Stück festgelegt. Bei jeder Bestellung fallen fixe Bestellkosten von 9,00 EUR an. Die Wiederbeschaffungszeit beträgt fünf Tage (Das Jahr wird mit 360 Tagen gerechnet).**
   a) Berechnen Sie den Meldebestand. Wann ist spätestens zu bestellen, wenn der eiserne Bestand bei normalem Lagerabgang am 28. März erreicht wird?
   b) Welche Stückzahl ist zu bestellen (optimale Bestellmenge)?
   Wie hoch ist folglich der Höchstbestand?
   (Ermitteln Sie die Lösung rechnerisch und zeichnerisch. Benutzen Sie auch ein Tabellenkalkulationsprogramm.)
2. **Dem Einkauf der AKO GmbH liegt ein Angebot für Multifunktionspapier vor:**
   Preis je Karton (5 Pakete à 500 Blatt) 12,00 EUR; ab 40 Kartons 10 % Mengenrabatt; Verpackungs- und Transportkostenpauschale 30,00 EUR
   Weitere betriebliche Daten: Monatsbedarf 50 000 Blatt, Mindestbestand 15 000 Blatt, feste Bestellkosten 20,00 EUR, Lagerkostensatz 10 %
   Beurteilen Sie, ob der Einkauf eines Monatsbedarfs oder eines Vierteljahresbedarfs vorzuziehen ist.

2.4.2 Flexible Bestellstrategien bei Vorratsbeschaffung

Bedeutung des Lagerbestands

Einkaufszeitpunkt und Einkaufsmenge können ggf. bestimmt sein durch
- **vorliegende Angebote** (z. B. bei Messen, Ernten, Saisonwechsel),
- **Preisentwicklungen** (z. B. Einkauf vor erwarteter Preiserhöhung),
- **begrenzte Lagerfähigkeit** der verwendeten Materialien und Handelswaren.

Meist werden Materialien jedoch beschafft, wenn ein **Bedarf** festgestellt wird und die Lagerreserve für die **Bedarfsdeckung** nicht ausreicht. Wenn die Lagerreserve verbraucht ist, können **Fehlmengenkosten** entstehen. Deshalb sind wichtige Lagerbestände immer als Kennzahlen im Auge zu behalten.

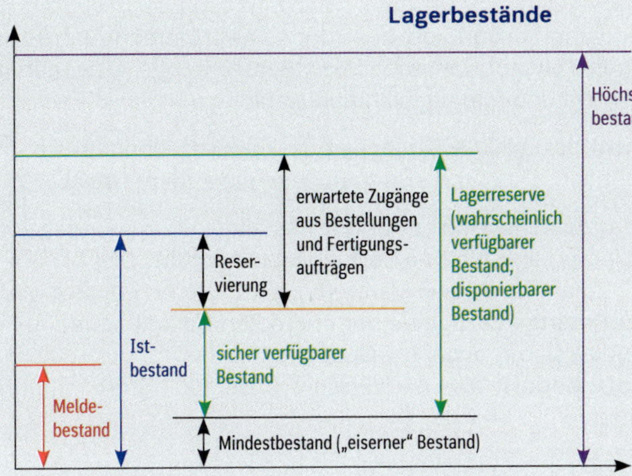

Lagerung verursacht Kosten. Deshalb wird ein **Höchstbestand** festgelegt. Er darf nicht überschritten werden.

Istbestand= tatsächlicher Bestand
Er soll niemals den Mindestbestand unterschreiten und den Höchstbestand überschreiten.

Um Fehlmengenkosten (für Produktionsstillstand, Ersatzlieferungen, Vertragsstrafen, Gewinnentgang) zu vermeiden, wird ein **Mindestbestand (eiserner Bestand)** festgelegt. Er darf nicht unterschritten werden.

Sinkt der Istbestand auf den **Meldebestand**, erfolgt eine Bedarfsmeldung an den Einkauf zwecks Nachbestellung.

  Istbestand
− Mindestbestand (eiserner Bestand)
− erfolgte Reservierungen (für die Fertigung)
= sicher verfügbarer Lagerbestand
\+ erwartete Zugänge aus Bestellungen und Fertigungsaufträgen
= Lagerreserve (wahrscheinlich verfügbarer Lagerbestand) (disponierbarer Lagerbestand)

Mindestbestände sollen unter normalen Umständen niemals angegriffen werden. Ihre Höhe richtet sich bei Fertigungsteilen nach der **Erstellungszeit**, bei Einkaufsteilen nach der **Wiederbeschaffungszeit**. Je länger sie ist, desto höher sollte der Mindestbestand sein.

Der Mindestbestand soll schützen bei
- *Lieferverzögerungen,*
- *Mehrverbrauch,*
- *falscher Bedarfsberechnung.*

  Vorlaufzeit (Bedarfsermittlung, Bestellvorbereitung, Bestellungserteilung)
\+ **Lieferzeit** (Bestellungsannahme, ggf. Fertigung und Versand durch den Lieferanten)
\+ **Nachlaufzeit** (Transport, Materialannahme, Materialkontrolle, Einlagerung)
= **Wiederbeschaffungszeit**

  Vorlaufzeit (Arbeitsvorbereitung)
\+ **Fertigungszeit**
\+ **Nachlaufzeit** (Fertigmeldung, Qualitätskontrolle)
= **Erstellungszeit**

Die Mindestlagerbestände müssen auch umso höher sein, je mehr man Fehlmengenkosten vermeiden will. Damit steigen jedoch die Lagerkosten. Es entsteht folglich ein **Zielkonflikt**. Diesen löst man in der Praxis oft zugunsten der Lagerkostenreduzierung:

In der betrieblichen Praxis zieht man oft die Minimierung der Lagerbestände vor und nimmt dafür höhere Fehlmengenkosten in Kauf.

Wenn die Produktnachfrage, die Fertigungsmengen oder das Angebot auf den Beschaffungsmärkten sich ändern, müssen die Kennzahlen ggf. neu festgesetzt werden. Hier liegt eine Aufgabe des Beschaffungscontrollings.

VIERTER ABSCHNITT

Bestellpunktverfahren

Die flexiblen Bestellstrategien gehen davon aus, dass der zu beschaffende Jahresbedarf geplant ist und feststeht. Für ihn gilt: Jahresbedarf = Bestellmenge x Bestellhäufigkeit. Der Bedarf tritt jedoch nicht unbedingt gleichmäßig auf.

Die Strategien setzen nun entweder die Bestellmenge oder die Bestellhäufigkeit (und damit den Bestellzeitpunkt) zunächst fest und ermitteln dann die andere Größe.

Beim Bestellpunktverfahren wird zunächst eine bestimmte Bestellmenge zugrundegelegt:
- entweder die Bestellmenge, die das Lager **bis zum Höchstbestand auffüllt**. Dies bietet sich v. a. bei den geringwertigen C-Gütern an, deren Bedarf verbrauchsgesteuert ermittelt wird.
- oder eine **konstante Bestellmenge** (z. B. eine der optimalen Bestellmenge nahekommende Menge). Dies bietet sich v. a. bei AX-Gütern an.
- oder auch ein **aktueller Nettobedarf**. Dies bietet sich v. a. bei AZ-Gütern mit unregelmäßigem Verbrauch an.

Den Bestellzeitpunkt ermittelt das Bestellpunktverfahren nun wie folgt:

Das ERP-System überprüft nach jeder Entnahme den Lagerbestand. Erreicht er einen festgelegten Meldebestand (Bestellpunkt), so erfolgt eine Bedarfsmeldung und Bestellung.

Der Meldebestand ist so hoch anzusetzen, dass der Mindestbestand bei normalem Verbrauch innerhalb der Wiederbeschaffungszeit nicht angegriffen wird.

Meldebestand = Mindestbestand + (durchschnittl. Tagesentnahme · Wiederbeschaffungszeit)

Beispiel: Bestellpunktverfahren

Jeden Tag werden im Durchschnitt fünf Ölsiebe eingebaut.
Als Mindestlagerbestand ist ein Zweitagesbedarf, also zehn Stück, festgelegt.
Es werden immer 45 Stück bestellt. Als Höchstbestand sind 55 Stück festgelegt (vorher 65).
Die Wiederbeschaffungszeit beträgt vier Tage.
Unter diesen Umständen ist neu zu bestellen, w enn noch 30 Stück (Meldebestand) auf Lager liegen. Denn während der Wiederbeschaffungszeit von vier Tagen sinkt der Bestand um (5 · 4) Stück = 20 Stück auf den Mindestbestand ab.
Am Ende der Wiederbeschafungszeit muss die neue Lieferung eingegangen und eingelagert sein und für die Fertigung bereitstehen.

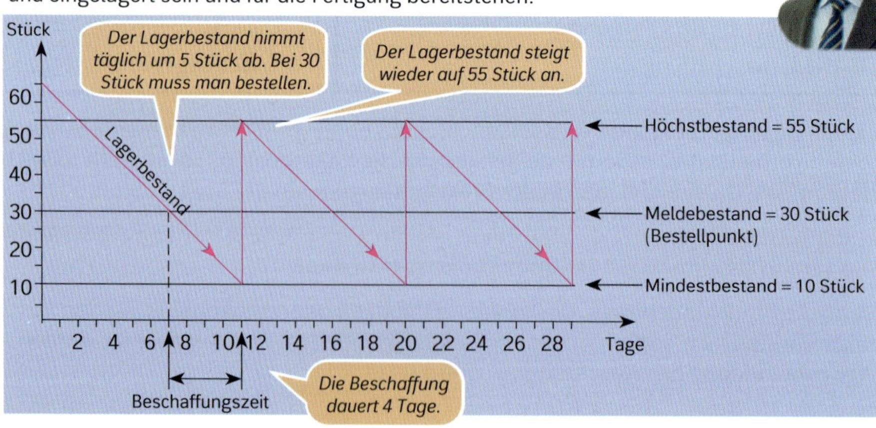

Das Beispiel zeigt einen gleichmäßigen Materialverbrauch. Dies ist aber nicht Voraussetzung. Bei ungleichmäßigem Verbrauch ergeben sich unregelmäßige „Sägezähne“.

Vorteile		Nachteile
• Relativ niedrige Mindestbestände möglich (Gefahr der Unterdeckung ist klein) • Relativ niedrige Lagerkosten und Kapitalbindung für Mindestbestände • Anwendung bei regelmäßigem und unregelmäßigem Bedarf sinnvoll	**Bestellpunktverfahren**	• Nur Erfassung von bewegten Gütern (Lagerhüter nicht feststellbar). • Sammelbestellungen zur Ausnutzung von Rabatten nicht möglich • Unregelmäßiger Bedarf erfordert oft Anpassung des Meldebestands (Verwaltungskosten!) • Bei seltenem Bedarf Gefahr überhöhter Bestände (Lagerkosten!)

Bestellrhythmusverfahren

Dieses Verfahren legt zunächst nicht die Bestellmenge, sondern die Bestellzeitpunkte fest.

Dazu wird der Lagerbestand vom ERP-System in festen Prüfintervallen – z. B. monatlich, vierzehntäglich, wöchentlich – überprüft.

Ob bestellt wird, kann von Bedingungen abhängig gemacht werden:

1. Bestellung auf jeden Fall, wenn Lagerentnahmen festgestellt wurden.
2. Bestellung nur, wenn der Lagerbestand eine festgelegte Menge (Bestellpunkt) erreicht oder unterschritten hat.

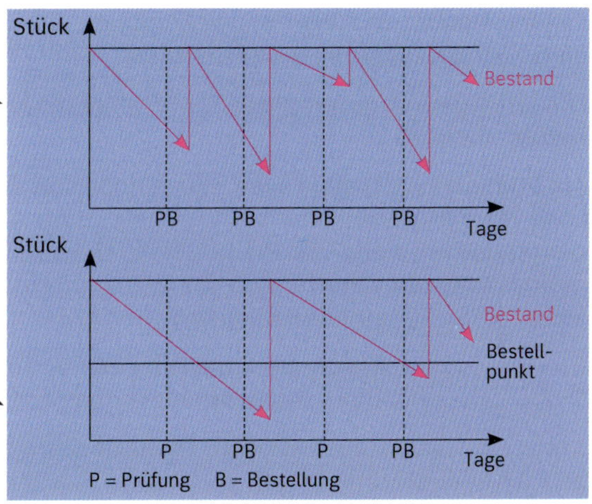

Als Bestellmenge wird meist die Menge gewählt, die das Lager wieder bis zum Höchstbestand auffüllt. Aber auch eine konstante Menge ist möglich.

Je länger die Prüfintervalle sind, desto größer ist die Gefahr von Fehlmengen. Deshalb sollten kurze Intervalle festgelegt werden.

Vorteil		Nachteile
• Systematische Erfassung **aller** Güter (ermöglicht z. B. Vorschläge für den Umgang mit wenig bewegten Teilen und Lagerhütern)	**Bestellrhythmusverfahren**	• Höhere Mindestbestände nötig, weil zur Lieferzeit das periodische Prüfintervall hinzukommt (Lagerkosten!) • Bei unregelmäßigem Verbrauch besteht Gefahr überhöhter oder unzureichender Bestände (Lagerkosten!) • Lange Intervalle → Gefahr der Unterdeckung; kurze Intervalle → höhere Verwaltungskosten

Wegen der Fehlmengengefahr ist die Anwendung des Verfahrens bei sehr ungleichmäßigem Bedarf nicht üblich.

Will man der Bestellung von Gütern mit hohem Verbrauchswert (A-Güter) feste Prüfintervalle zugrunde legen, so zieht man eine abgewandelte Form vor: das Bestellterminverfahren.

Bestellterminverfahren

Die Überprüfung des Lagerbestands erfolgt hier in festen Prüfintervallen, die den Planperioden entsprechen. Das Vorgehen entspricht insofern dem Bestellrhythmusverfahren. Dabei wird die **Lagerreichweite** (die Reichweite des wahrscheinlich verfügbaren Lagerbestands, der Lagerreserve) ermittelt. Sie ist durch die Isteindeckungszeit und die Solleindeckungszeit gekennzeichnet.

Die Isteindeckungszeit gibt an, wie lange die Lagerreserve den geplanten Bruttobedarf abdeckt.

Am Prüftermin zu Beginn einer Planperiode **soll** die Lagerreserve mindestens so hoch sein, dass sie den Bedarf während der Planperiode, eines normalen Wiederbeschaffungszeitraums und einer zusätzlichen Sicherheitszeit abdeckt.

Planperiode, Wiederbeschaffungszeit und Sicherheitszeit bilden die Solleindeckungszeit.

Stellt man am Prüftermin fest: Isteindeckungszeit ≤ Solleindeckungszeit, so ist eine Nachbestellung zu veranlassen.

Hinweise:
- Die **Sicherheitszeit** hat hier den gleichen Zweck wie ein Mindestbestand.
- Die **Planperiode** muss berücksichtigt werden, damit die *Isteindeckungszeit* nicht kleiner werden kann als *Wiederbeschaffungszeit + Sicherheitszeit* (vgl. die Grafik im Beispiel).

Der unter Berücksichtigung der Sicherheitszeit späteste **Bestelltermin** errechnet sich:

Bestelltermin = Prüfzeitpunkt + Isteindeckungszeit – Sicherheitszeit – Wiederbeschaffungszeit

Beispiel: Plangesteuerte Zeitdisposition

Eine Planperiode dauert sechs Tage. Sie entspricht dem Prüfintervall.

Der Bruttobedarf ist gemäß der Tabelle geplant. Die Grafik zeigt zusätzlich die geplanten Einsatzmengen und -termine innerhalb der Perioden (zugleich Prüfintervalle).

	Periode 1	Periode 2	Periode 3	Periode 4	Periode 5	Periode 6
Lagerbestand – Bruttobedarf	3 000 500	2 500 600	1 900 400	1 500 500	1 000 700	300 600
= Restbestand	2 500	1 900	1 500	1 000	300	– 300

Lagerreserve zu Beginn von Periode 3 (Prüftermin; Tag 112 des Fabrikkalenders): 1 900 Stück. Wiederbeschaffungszeit: 10 Tage, Sicherheitszeit 5 Tage.

Die Grafik zeigt: Der Bestand deckt ab Prüftermin 3 den Bedarf nur noch 20 Tage (Isteindeckungszeit). An Termin 132 des Fabrikkalenders muss neues Material zur Verfügung stehen (Isteindeckungstermin).

Isteindeckungszeit (= 20 Tage) < Solleindeckungszeit (= 10 Tage + 5 Tage + 6 Tage = 21 Tage). Folglich ist eine Bestellung zu veranlassen.

Bestelltermin = 112 + 20 – 5 – 10 = 117

Die Bestellung muss spätestens an Tag 117 des Fabrikkalenders erfolgen. Dann steht das Material wahrscheinlich an Tag 127 zur Verfügung (Sollliefertermin). 5 Tage Sicherheitszeit dienen als Puffer bei eventuellen Verzögerungen.

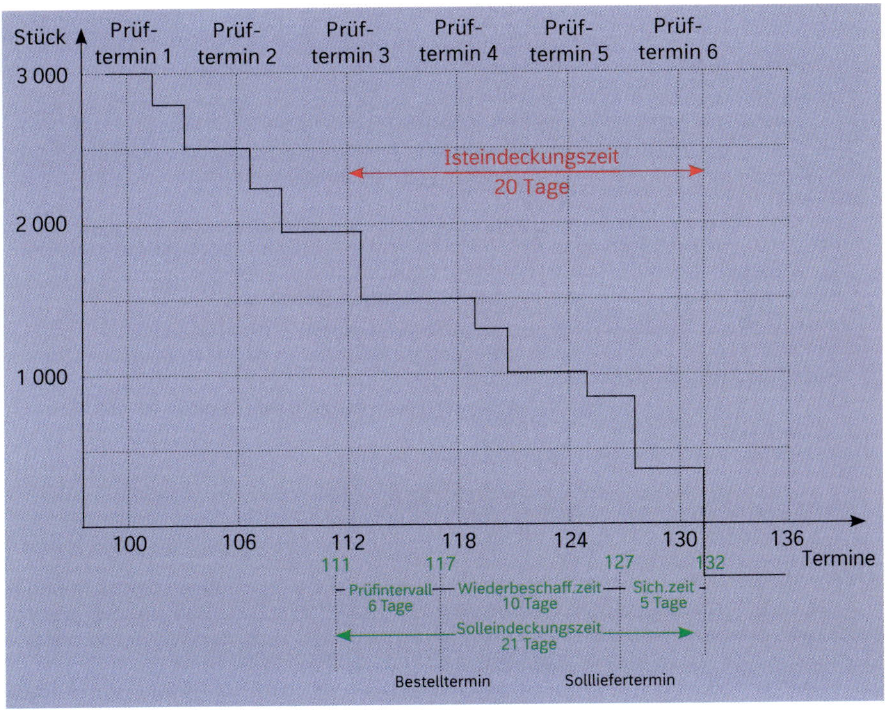

Arbeitsaufträge

1. **Tagesverbrauch 70 Stück, Wiederbeschaffungszeit 2 Wochen, Mindestbestand 210 Stück.**
   Berechnen Sie den Meldebestand.

2. **Ein Materialstammsatz enthält unter anderem folgende Daten:**

Lagerbestand:	**23**	**Meldebestand:**	**25**
Reservierter Bestand:	**20**	**ausstehende Bestellungen:**	**60**
Mindestbestand:	**14**		

   Einkäufer X behauptet, dass unter diesen Bedingungen schon längst eine Bestellung hätte vorgenommen werden müssen.
   Nehmen Sie Stellung dazu und erläutern Sie Herrn X, wann eine Bestellung erfolgen muss.

3. **Die Düsseldorfer Maschinenbau GmbH hat laufenden Bedarf an Rillenkugellagern. Der Bedarf wird verbrauchsgesteuert ermittelt. Der EDV sind folgende Lagerbewegungen der letzten Tage zu entnehmen:**

Rillenkugellager 16002 – DIN 625			Lager-Nr.: 2. 13. 45 Meldebestand: 100		Höchstbestand: 500 Mindestbestand: 30	
Tag	Monat	Beleg	Zugang	Abgang	Bestand	Empfangende Kostenstelle
4.	März	Übertrag			120	
5.	März	ME 2043		6	114	120
6.	März	ME 2098		8	106	110
7.	März	ME 3060		5	101	120
8.	März	ME 3100		5	96	110
9.	März	ME 3109		3	93	112

   a) An welchem Tag musste eine Bestellung vorgenommen werden? Geben Sie die Bestellmenge an. (Tagesbedarf durchschnittlich 5 Stück, Wiederbeschaffungszeit 14 Tage)
   b) Der Tagesbedarf verringert sich um 10 %. Der Meldebestand wird daraufhin angepasst. Berechnen Sie die prozentuale Änderung des Meldebestands.

4. **Die MAB Maschinenbau GmbH kann auf Vorratsbeschaffung nicht verzichten. Zu Rationalisierungszwecken untersucht sie zurzeit die Prozesse der Bestelldisposition. 75 % der Materialien sind C-Materialien und ihnen nahestehende B-Materialien. 60 % dieser Materialien haben einen sehr ungleichmäßigen Lagerabgang.**

   Alle Materialien werden bisher nach dem Bestellrhythmusverfahren disponiert. Prüfintervall: 10 Tage (gemäß Fabrikkalender); bei Lagerentnahmen erfolgt stets eine Auffüllung auf einen festgelegten Höchstbestand.
   a) Für welche der C-Materialien ist das Bestellrhythmusverfahren sinnvoll, für welche nicht? Welches ist der Grund?
   b) Bei Material F12 ist der Höchstbestand auf 130 Stück festgelegt. Täglich werden 3 Stück verbraucht. Muss bei jeder Bestandsprüfung bestellt werden?
   c) Die Wiederbeschaffungszeit beträgt für F12 6 Tage. Welche Menge könnte unter diesen Umständen sinnvoll als Mindestbestand, welche als Bestellpunkt festgelegt werden?

5. **Für das A-Teil G5 nimmt MGB Maltmann Getriebebau e. K. die Bestelldisposition plangesteuert vor. Der Mindestbestand beträgt 200 Stück. Die Wiederbeschaffungszeit beträgt 5 Tage, davon 1 Tag Vorlauf und 2 Tage Nachlauf. An Tag 80 des Fabrikkalenders ermittelt das PPS-System einen Lagerbestand von 2 500 Stück und eine ausstehende Bestellung von 1 000 Stück. Reservierungen liegen nicht vor. Jede Periode umfasst 8 Tage, desgleichen das Prüfintervall und die Sicherheitszeit.**

   Für Periode 1 – 3 nach dem Prüftag beträgt der Bruttobedarf je 400 Stück, für Periode 4 und 5 je 600 Stück, für die anschließenden Perioden je 500 Stück.
   a) Wie viel Stück beträgt die Lagerreserve am Tag 80?
   b) Ermitteln Sie die Isteindeckungszeit und den Isteindeckungstermin.
   c) Ermitteln Sie die Solleindeckungszeit und den Bestelltermin.
   d) Welcher Tag ist der späteste zulässige Liefertermin?

2.4.3 Logistische Planung bei fertigungssynchroner Beschaffung: Just-in-time-System

Im Werk Saarlouis des Autobauers Ford sind die Systemlieferanten direkt nebenan in einem „Lieferantenpark" angesiedelt. Sechs Tage vor der Montage erhalten sie die geplanten Fertigungszahlen für die Produktion der Komponenten. Erst wenn die Karosserie aus dem Lackierwerk ins Montagewerk einläuft, werden die Komponenten endgültig abgerufen und vollautomatisch zum sofortigen Einbau ans Band geliefert. Der Informationsaustausch zwischen Ford und seinen Zulieferern wird durch die Vernetzung der Computersysteme gewährleistet.

Hintergrund: Käufermärkte

Die Vorratsbeschaffung ist in der Industrie immer noch das grundlegende Beschaffungsprinzip. Wenn die Voraussetzungen vorliegen (vgl. S. 315), besteht jedoch eine Tendenz zur fertigungssynchronen Beschaffung. Die Ursache dafür sind Marktveränderungen:

Zur Zeit der **Verkäufermärkte** war der Absatz sicher. Man konnte große Mengen „drauflos produzieren" und die ständige Produktionsbereitschaft durch große Materialläger absichern.

Wo existiert fertigungssynchrone Beschaffung?
Die fertigungssynchrone Beschaffung ist im Automobilbau die Regel und von dort allgemein bekannt. Aber sie breitet sich inzwischen in allen Branchen aus, in denen große Serien gleichartiger Artikel produziert werden, so z. B. in der Elektro- und Elektronikindustrie, im Flugzeugbau, in der Lebensmittel-, Genussmittel-, Möbelindustrie sowie in Teilen der pharmazeutischen Industrie.

Heute herrschen **Käufermärkte** vor: Die Nachfrage ändert sich schnell; der Käufer verlangt eine variantenreiche Auswahl und hohe Lieferbereitschaft. Die alte „Produktionsphilosophie" erzeugt so gleich doppelte Gefahr:

- In Teilbereichen kann man auf hohen Beständen „sitzen bleiben".
- Gleichzeitig ist man in anderen Teilbereichen eventuell nicht lieferbereit.

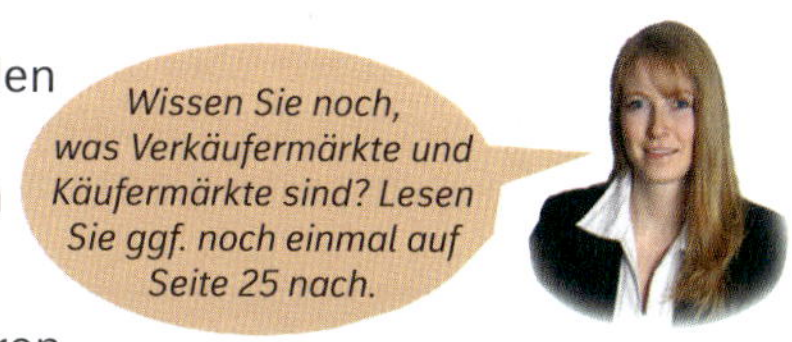

Man muss deshalb viel flexibler als früher reagieren.
Beim Festhalten am alten System würden die Lagerbestände und damit die Lagerkosten extrem wachsen. Darum verfolgt man das logistische Ziel, **Produkte und Material bedarfssynchron bereitzustellen und die Lagerbestände abzubauen**.

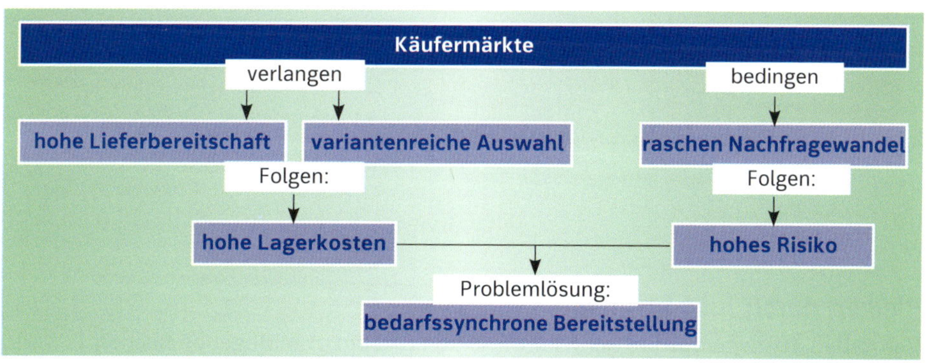

Just-in-time (JIT)

Die Minimierung der Lagervorräte und Lagerkosten ist heute vielfach Bestandteil eines Logistiksystems, das unter dem Namen „Just-in-time" bekannt wurde.

„Just in time" bedeutet: genau zur rechten Zeit. Gemeint ist: Alle Güter sollen genau zu dem Zeitpunkt bereitgestellt werden, wo Bedarf daran besteht.

Folglich wird der gesamte Betriebsprozess von seinem Ende her gesteuert: Vorgeschaltete Stufen dürfen immer nur das liefern, was von der jeweils folgenden Stufe benötigt und abgerufen wird. Dies gilt für Absatz, Fertigung und Beschaffung.

Steuerung des Betriebsprozesses durch JIT

Absatz

Der Absatzbereich richtet sich nach dem aktuellen Kundenbedarf (genauer: nach den Kundenbestellungen. Er „bestellt" deshalb seinerseits bei der Fertigung nur die benötigten Mengen und liefert sie kurzfristig ohne Zeitverzögerung (just in time) aus.

Folgen: Keine Produktion auf Vorrat; keine Kapitalbindung in Absatzlägern; keine Lagerkosten, kein Risiko unverkäuflicher Vorräte; hohe Termintreue.

Fertigung

Jede vorgeschaltete Produktionsstufe fertigt immer zeitpunktgenau (just in time) exakt die Mengen, die von der jeweils nachgeschalteten Stufe benötigt und abgerufen werden. Jede nachgeschaltete Stelle ruft immer genau den unmittelbaren Bedarf ab.

Folgen: Keine Kosten und Kapitalbindung für „organisatorische Läger" (Zwischenläger für Material, das nicht sofort weiterverarbeitet werden kann); kurze Durchlaufzeiten von Material und Produkten.

Beschaffung

Die Beschaffung bestellt beim Lieferanten genau die Mengen, die unmittelbar von der Fertigung abgerufen werden, und sorgt für die fertigungssynchrone Anlieferung (just in time).

Folgen: Minimierung von Kosten und Kapitalbindung für Beschaffungsläger. Man hält nur noch knappe Mindestbestände (eiserne Bestände) zur Absicherung gegen Lieferverzögerungen vor.

Die Intensität der Just-in-time-Belieferung ist unterschiedlich. Vielfach ist tägliche Anlieferung gängig. Vor allem bei der Automobilproduktion ist das Zeitfenster enger: Bleche kommen frühmorgens mit Ganzzügen, aber Montageteile werden von den Zulieferern oft exakt zum Verarbeitungszeitpunkt ans Band geliefert und dies auch noch **„just in sequence"** – genau in der benötigten Reihenfolge der Verarbeitung, z. B. zehn graue Autospiegel, dann zehn schwarze.

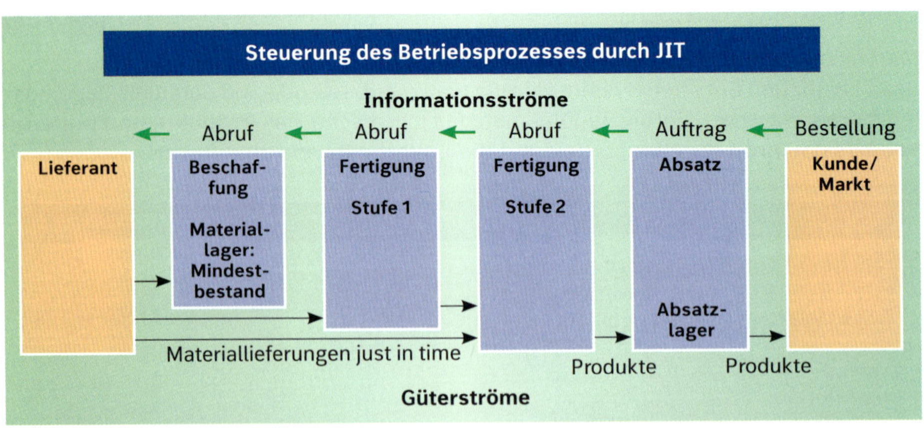

Risiken durch Just-in-time

Der Abbau der Lagervorräte bei JIT-Produktion erzeugt grundlegende Risiken:

- **Qualitätsrisiko**
  Schadhafte Lieferteile können nicht durch einwandfreie Lagerteile ersetzt werden.
- **Terminrisiko**
  Werden Teile nicht termingerecht angeliefert, steht ggf. die Produktion still und können eigene Liefertermine nicht eingehalten werden.
- **Kostenrisiko**
  Zwar werden die Lagerkosten minimiert, aber wegen der häufigen Bestellungen steigen die Bestellkosten und ggf. auch die Transportkosten.
- **Auslastungsrisiko**
  Sinkende Nachfrage bewirkt ggf. eine Minderauslastung der Anlagen zulasten des Gewinns.
- **Umweltrisiko**
  Die Zahl der Transporte nimmt stark zu. Die Lagerung wird sozusagen in großem Umfang „auf die Straße verlegt". Entsprechend steigen die Abnutzung der Straßen, Lärmbelästigung, Umweltverschmutzung und Gesundheitsgefahren. Wenn der Staat die Verursacher nicht in Haftung nimmt, trägt die Öffentlichkeit die Lasten und Kosten.

Lösungsansätze für Risiken

Die Lösung erfordert abgestimmte Maßnahmen von Materialwirtschaft, Qualitätsmanagement, Logistik, Fertigungssteuerung, EDV und Telekommunikation.

Vermeidung des Qualitätsrisikos
Das Qualitätsrisiko lässt sich nur durch höchste Qualität beseitigen. „Null-Fehler-Produktion" ist anzustreben. Voraussetzungen sind z. B. höchste Betriebsmittel- und Werkzeugqualität, Mitarbeiterschulung und -motivation, Lieferantenqualität.

Jedem Mitarbeiter und Lieferanten wird ein gesteigertes Verantwortungs- und Qualitätsbewusstsein vermittelt. Er weiß, dass die nachfolgende Stufe von seiner rechtzeitigen und einwandfreien Lieferung abhängt. Er nimmt mitlaufend Qualitätskontrollen vor.

Die Lieferanten werden durch langfristige Rahmenverträge gebunden. Sie entwickeln Materialien in enger Abstimmung mit dem Kunden und exakt nach seinen Wünschen. Sie garantieren die Produktqualität und nehmen Qualitätskontrollen vor.

Vermeidung des Terminrisikos
Die Vermeidung des Terminrisikos erfordert:

- einen extrem **schnellen Datenfluss** im Betrieb und mit Lieferern und Logistikdienstleistern (vernetzte Systeme). Er umfasst Steuerungsdaten (v. a. die geplanten Fertigungszahlen), Kontrolldaten und Prozessdaten (über den jeweiligen Stand von Lieferung und Produktion);
- **langfristige vertragliche Bindung (Rahmenverträge) mit Lieferern und Logistikdienstleistern** (Spediteuren) und Sicherung eines reibungslos funktionierenden Transport- und Lagersystems;
- gegenseitige **Abstimmung der Wirtschaftspläne** von Betrieb und Lieferern; feste Reservierung von Kapazitäten der Lieferer;
- ggf. die Vorhaltung von Pufferlägern.

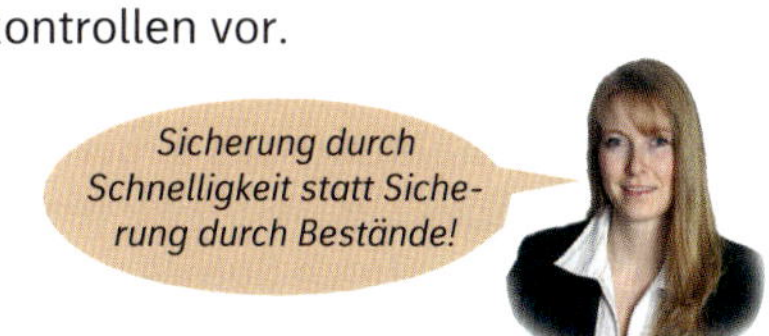

Systemlieferanten
Teilelieferanten werden durch Systemlieferanten abgelöst. Diese liefern – fertig montiert – ganze Baugruppen (Module oder Systeme genannt. Unterschied: Systeme zeichnen sich gegenüber Modulen durch eine hohe eigene Entwicklungsleistung des Lieferers aus).
Der Kleinwagen SMART wird z. B. aus 12 Systemen montiert. Sie werden von 12 Systemlieferanten geliefert, die ihre Produktionsstätten auf dem Gelände des Montagebetriebs haben. Wirkung: optimale Kommunikation und Lieferpünktlichkeit; weniger Lager- und Transportkosten.

Die Absicherung kann bis zum Aufkauf des Zulieferunternehmens gehen. Auf jeden Fall aber wächst die gegenseitige Abhängigkeit:

Der Betrieb dringt durch die Vernetzung der Computersysteme in die innerbetriebliche Organisation des Zulieferers ein. Er zwingt ihn ebenfalls zum JIT, weil der Lieferant ja zum spätestmöglichen Zeitpunkt liefern muss. Andererseits bestimmt der Lieferant durch seine Leistung die Wettbewerbsfähigkeit seines Abnehmers mit.

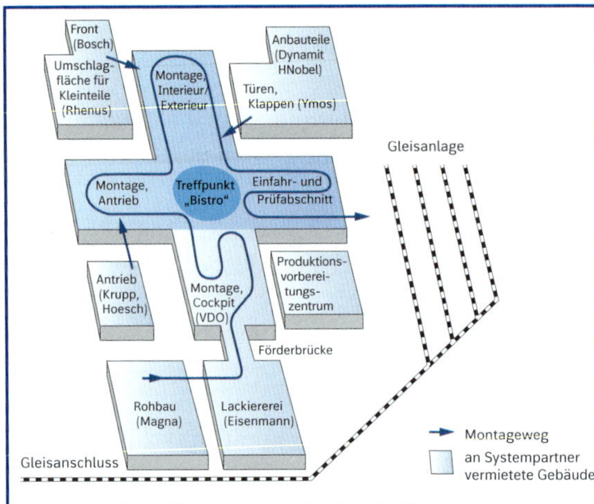

SMART-Werk, Hambach, Lothringen

Vermeidung des Kostenrisikos

- Die **Ansiedlung des Zulieferers auf dem Werksgelände** des Montagebetriebs vermeidet Transportkosten.
- Ist dies nicht möglich, kann ein Spediteur die Lieferungen aller Lieferanten in einem **zentralen Auslieferungslager** bündeln. Er kann dann die täglich benötigten Güter zu kostengünstigen Ladungen zusammenstellen und schnell ausliefern. Durch sein eigenes EDV-System kann er die Fertigstellungstermine der Lieferanten überwachen. Er sichert die Einhaltung der Liefertermine. Als Lagerfachmann übernimmt er alle notwendigen Lagerarbeiten (z. B. auch Materialpflege und Qualitätsprüfung).
- Im **Rahmenvertrag** mit dem Lieferanten versucht der Industriebetrieb durchzusetzen, dass der Lieferant bis zum Abruf des Materials vom Lager Wareneigentümer bleibt. Dann trägt der Lieferant die Kosten der Lagerung.

Vermeidung des Auslastungsrisikos

Der Gefahr der unzureichenden Auslastung können manche Betriebe durch eine flexible Fertigungsstruktur begegnen. Sie haben Anlagen, die jederzeit schnell auf die Fertigung anderer Produkte umgestellt werden können.

Ist dies nicht möglich, bleiben nur Feierschichten, Kurzarbeit und Entlassungen.

Vermeidung des Umweltrisikos

Auf das Umweltrisiko reagieren die Betriebe unterschiedlich:

- teils durch Berücksichtigung umweltfreundlicherer Transporteure (Bahn, Schiff),
- teils durch Wiedervergrößerung der Lagerhaltung (z. B. Abrücken von der punktgenauen Anlieferung und Öffnen eines „Zeitfensters“ von 48 Stunden),
- teils durch Verpflichtung des Lieferanten, sein Werk in der unmittelbaren Nachbarschaft des Abnehmers oder sogar auf dessen Gelände zu errichten,
- durch Optimierung der Lkws (Gewichtsreduzierung, raumsparende Beladung, Rücktransporte, Reduzierung des Luftwiderstands).

Ergebnisse eines funktionierenden JIT-Systems:

- **Die Flexibilität des Unternehmens wird verbessert: raschere Einstellung auf den Kundenbedarf, verbesserte Leistungsfähigkeit am Markt, bessere Termintreue, besserer Lieferservice.**
- **Das Risiko nicht absetzbarer Produktbestände sinkt.**
- **Die Durchlaufzeiten werden verkürzt, daher wird weniger Kapital gebunden.**
- **Lager- und Transportkosten werden eingespart.**

Arbeitsaufträge

1. **Der Wandel von Verkäufermärkten zu Käufermärkten verlangte immer mehr den Einsatz einer wirksamen Logistik.**

   Welche konkreten Gründe sprechen unter Berücksichtigung des Wandels vom Verkäufer- zum Käufermarkt für ein Logistiksystem?

2. **Unternehmen müssen immer neue Wege der Kostenersparnis finden. So berichtet die Zeitschrift „Der Spediteur", dass eine asiatische Firma überlegt, ob sie den Montagevorgang aus der Produktion in das zum Transport bestimmte Schiff verlegen soll. Dies wäre eine kreative Umsetzung des Just-in-time-Gedankens.**
   a) Was versteht man unter Just-in-time und welche Ziele hat es?
   b) Inwiefern kommt der Just-in-time-Gedanke in dem obigen Text zum Ausdruck?
   c) Welche Voraussetzungen müssen für die Einführung des Logistiksystems Just-in-time gegeben sein?

3. **Ein funktionierendes Just-in-time-System wirkt sich positiv auf die Produktivität und die Kostensituation eines Unternehmens aus. Beispielhaft dafür ist die Zusammenarbeit zwischen der Flugzeugbau AG Hamburg und der Spedition Hauer.**

   In der Nähe Hamburgs liegt das von Hauer errichtete zentrale Auslieferungslager, in dem alle für die Flugzeugbau AG Hamburg benötigten Teile lagern.

   Für Sendungen von Zulieferern wird bei der Anlieferung im zentralen Auslieferungslager ein Warenbegleitschein ausgestellt. Dieser gibt in Form eines Strichcodes Warenart und Lagerplatz an. Die Spedition Hauer prüft die Menge. Prüffachleute der Flugzeugbau AG prüfen die Qualität der angelieferten Waren.

   Abgerufen werden die Teile per Computer von den anfordernden Stellen über eine Standleitung zu Hauer. Der Computer bei Hauer stellt dann die Lieferung zusammen und sorgt auch für die entsprechenden Transportmöglichkeiten. Per Lkw werden die benötigten Teile zur Flugzeugbau AG gebracht und kommen sofort in die Produktion.

   Welche Vorteile ergeben sich
   a) für die Flugzeugbau AG Hamburg,
   b) für die Spedition Hauer,
   c) allgemein aus der Anwendung von Just-in-time?

4. **Bei den großen Automobilherstellern werden die Rohstoffe für die Produktion in den frühen Morgenstunden angeliefert und am gleichen Tag verarbeitet. Es werden vielfach nur eiserne Bestände als Lagerreserve gehalten.**

   Für eine Tagesproduktion von 1 000 Pkws werden 5 000 Reifen benötigt. Im Hochlager können 40 Reifen übereinander gelagert werden. Für einen Stapel werden einschließlich Verkehrsraum 1,5 m² benötigt. Bei einer Lagerhaltung für 5 Tage und Kosten von 100,00 EUR pro Quadratmeter und pro Monat errechnen sich die Lagerkosten wie folgt:

Anzahl der Reifen	**5 000**	**·**	**? Tage**	**=**	**? Reifen**	
Anzahl der Stapel	**?**	**:**	**40**	**=**	**? Stapel**	
Flächenbedarf	**?**	**·**	**1,5 m²**	**=**	**? m²**	
Lagerkosten	**? m²**	**·**	**? EUR**	**·**	**? Monate =**	**? EUR**

   Wird nur ein Sicherheitslager für einen Tag eingerichtet und werden Lagerraum und Einrichtungen entsprechend verkleinert, so sinken die Lagerkosten auf ? EUR.

   Berechnen Sie die fehlenden Zahlen in diesem Beispiel und stellen Sie fest, ob Just-in-time wirklich zur Einsparung von Lagerkosten führt.

2.4.4 Preisplanung

Material und Handelswaren sollen möglichst preisgünstig eingekauft werden. Deshalb gilt:

- **Den günstigsten Einkaufszeitpunkt suchen! (Viele Preise sinken und steigen im Zeitablauf.)**
- **Optimale Bestellmengen kaufen! (Man erzielt Rabatte, spart Transport-, Verpackungs-, Bestell- und Lagerkosten.)**
- **Skonto ausnutzen! (Skonto ist ein Preisnachlass für vorzeitige Zahlung.)**
- **Auf günstige Konditionen (Liefer- und Zahlungsbedingungen) achten!**

Allerdings sollte man nicht wegen jedes kurzfristigen Preisvorteils den Lieferanten wechseln. Dies gilt insbesondere bei langfristigen Lieferantenbeziehungen. Zu solchen Beziehungen kommt es z. B., weil viele Betriebe konstant höchste Materialqualität benötigen. Sie gehen deshalb feste Vertragsbindungen mit ihren Lieferanten ein. Der Lieferant entwickelt dann Teile in enger Abstimmung mit dem Käufer und exakt nach dessen Wünschen. Er garantiert die Produktqualität und nimmt entsprechende Qualitätskontrollen vor. Der Preis wird von den Vertragspartnern genau ausgehandelt und verbindlich vereinbart.

Die Erzielung günstiger Preise und Konditionen ist oft eine Machtfrage. Auf dem Verkäufermarkt ist der Verkäufer stark, auf dem Käufermarkt der Käufer. Großabnehmer sind im Vorteil. Sie können ihre Einkaufsbedingungen und Preisvorstellungen durchsetzen.

Meist plant man seinen Verkaufspreis schon bei der Produktentwicklung. Damit er nicht überschritten wird, werden auch für die Materialien Preisobergrenzen festgelegt. Der Einkauf ist daran gebunden und versucht, sie bei den Lieferanten durchzusetzen. Insbesondere A-Materialien erfordern eine möglichst exakte Preisplanung. Wenn möglich, versucht man durch **Preisstrukturanalysen** die Preiskalkulation (Preisberechnung) des Lieferanten nachzuvollziehen und festzustellen, ob Preissenkungsspielräume bestehen.

Der für den Einkauf maßgebliche Preis ist der Einstandspreis.

Beispiel: Kalkulationsschema zur Berechnung des Einstandspreises

❶	**Listeneinkaufspreis**	100 %		4 176,00 EUR
❷	– Lieferantenrabatte	25 %		– 1 044,00 EUR
❸	= **Zieleinkaufspreis**	75 %	100 %	= 3 132,00 EUR
❹	– Lieferantenskonto		3 %	– 93,96 EUR
❺	+ Einkaufskosten		2 %	+ 62,64 EUR
❻	= **Bareinkaufspreis**		99 %	= 3 100,68 EUR
❼	+ Bezugskosten			+ 365,00 EUR
❽	= **Einstandspreis**			= 3 465,68 EUR

Erläuterungen

❶ **Listeneinkaufspreis** = Preis laut Katalog oder Preisliste des Lieferers
❷ **Preisabschläge**, z. B. Mengenrabatt bei Bezug größerer Mengen
❸ Zahlbar innerhalb eines vereinbarten **Zahlungsziels** (Zahlungsfrist)
❹ **Barzahlungsrabatt** für vorzeitige Zahlung (meist binnen 10 Tagen)
❺ Vom Zieleinkaufspreis berechnete **Provision** für einen vom Käufer mit dem Einkauf beauftragten Einkaufskommissionär oder Makler. Es bleibt der ...
❻ ... **Bareinkaufspreis.**
❼ Mangels anders lautender Vereinbarungen mit dem Verkäufer muss der Käufer alle Kosten der Abnahme tragen (§ 448 BGB). In der Kalkulation nennt man sie **Bezugskosten.** Sie umfassen v. a. Verpackungs-, Umschlags- und Transportkosten (einschl. Transportversicherung) sowie – beim Einkauf im Ausland – die Eingangsabgaben (Zoll, Verbrauchsteuern, Einfuhrumsatzsteuer).
❽ Der **Einstandspreis (Bezugspreis)** enthält alle Kosten, die das Material/die Ware bis zum Eingang im Betrieb verursacht hat.

Web

M 334

Sehen Sie sich auch das Arbeitsblatt *Einstandspreis* an.

Arbeitsaufträge

1. **Listenpreis des Lieferanten 225,00 EUR;**
   Rabattstaffel: 10 Stück 10 % Rabatt, 20 Stück 15 % Rabatt, 50 Stück 20 % Rabatt
   Lieferung unfrei einschließlich Verpackung, ab 50 Stück Lieferung frei Haus, Zahlung binnen 30 Tagen netto oder binnen 10 Tagen mit 3 % Skonto.

Wie viel Euro beträgt der Einstandspreis pro Stück bei einer Bestellung
- von 5 Stück (20,00 EUR Fracht),
- von 50 Stück?

2. **Ein Industriebetrieb erhält von einem seiner Lieferanten, von dem er – über das Jahr verteilt – etwa 1 000 Stück eines Teiles in 5 Teillieferungen bezieht, folgende Mitteilung:**
   - **Die Listenpreise werden ab 1. Juni um 5 % erhöht.**
   - **Bei Abnahmemengen ab 100 Stück wird der Rabatt von 10 % auf 13 % erhöht.**

   a) Wie viel Prozent beträgt die tatsächliche Preissteigerung für den Käufer?
   b) Begründen Sie, ob im vorliegenden Fall ein Käufermarkt oder ein Verkäufermarkt vorliegt.
   c) Das Einkaufsteil wird für die Fertigung eines Niedrigpreisprodukts benötigt, dessen Absatzpreis äußerst scharf kalkuliert ist und wegen starker Konkurrenz keine Erhöhung erlaubt. Nennen Sie möglichst viele Maßnahmen, die der Kunde ergreifen könnte, um der Preiserhöhung zu entgehen.

3. **Ein Lieferant hat sein Produkt bisher zu einem Stückpreis von 125,00 EUR angeboten. Er teilt einem Kunden mit, dass er aufgrund gestiegener Kosten vom folgenden Monat an 150,00 EUR berechnen muss, und führt Lohnerhöhungen von 8 % sowie Materialpreissteigerungen von 12 % an.**

   Dem Kunden liegt eine veröffentlichte Gewinn- und Verlustrechnung des Lieferanten vor, der er folgende Daten entnimmt:

   Umsatzerlöse 110 000,00 EUR, Materialaufwand 50 000,00 EUR, Personalaufwand 20 000,00 EUR, sonstiger Aufwand 30 000,00 EUR.

   a) Wie viel Prozent beträgt die geforderte Preiserhöhung?
   b) Ermitteln Sie den prozentualen Anteil von Materialaufwand und Personalaufwand am Gesamtaufwand des Lieferanten.
   c) Überprüfen Sie, ob die Lohn- und Materialpreiserhöhungen eine Absatzpreiserhöhung im angeführten Ausmaß rechtfertigen.

2.4.5 Operative Lieferantensuche und -auswahl

Lieferantenermittlung (Bezugsquellenermittlung)

Ein Einkaufssachbearbeiter der Elektroinstall GmbH erhält von einer Bedarfsstelle – Lager, Arbeitsvorbereitung, Betriebsbüro usw. – eine Bestellanforderung über 10 000 m Kabel NYM 3 x 1,5. Liefertermin: 3 Wochen.

Zuordnen und bearbeiten Bestellanforderungen

Material Best. anf. S E F BArt	Pos. P. K.	Kurztext angeford. bestellte	Menge ME Menge ME	Liefertermin Freig.-Datum	EKG Anforderer Bedarfsnr.	Warengrp. Werk LWrk	LOrt. Dis
20720 92506631 N R 2 NB	00180	Kabel NYM 3 x 1,5	10 000 m	T 04.03.2002 12.02.2002	EKT	EH08 0570	0570 570

Die Elektroinstall GmbH hat für viele Materialien – v. a. AX- und BX-Materialien – Festlieferanten. Eine Bestellung dieser Materialien erfolgt immer beim Festlieferanten. Für Kabel NYM ist dies nicht der Fall. Das Unternehmen verzichtet auf Festlieferanten

- bei einfachen Teilen und Materialien, die am Markt problemlos und kurzfristig beschaffbar sind,
- bei einmalig oder sporadisch benötigten Teilen und Materialien.

Für die Bezugsquellenermittlung greift man zunächst auf die Lieferantendatenbank als interne Informationsquelle zurück.

Beispiel: Ermittlung von Bezugsquellen für Kabel NYM 3 x 1,5

Man gibt den Materialnamen oder die Materialnummer ein. Dann werden alle gespeicherten Lieferanten dieses Materials angezeigt. Es kann sich um mögliche Lieferanten (Artikellieferanten) oder um Festlieferanten handeln. (Leistungsfähige ERP-Systeme können nach Eingabe eines Lieferantennamens/einer Lieferantennummer auch alle gespeicherten Artikel des Lieferanten anzeigen.)

Lieferantenstamm: Material

Materialnummer: 643456 — Materialnamen: Kabel NYM 3 x 1,5

Lieferantennummer	Lieferant	PLZ	Ort
748	Meyer & Sohn	80995	München
721	Gabert OHG	51109	Köln
711	Olm KG	41561	Kaarst

Für jeden Lieferanten sind in der Regel auch die Preise, Lieferungs- und Zahlungsbedingungen gespeichert, sodass ggf. ohne Angebotseinholung unmittelbar eine Bestellung erfolgen kann.

Sind keine Lieferanten gespeichert, greift man auf die gleichen **externen Informationsquellen** wie bei der strategischen Lieferantensuche zurück. Allgemeine Internetsuchmaschinen und Lieferantensuchmaschinen sind hier an erster Stelle zu nennen.

Angebotseinholung

Durch Anfragen (= Bitte um Angebot) erhält man genauere Kenntnis über die Produkte/Waren und die Leistungsfähigkeit der Lieferanten.

Anfragen sind unverbindlich. Sie verpflichten zu nichts. Deshalb erfolgen sie bei problemlosen Waren oft telefonisch. Das geht schnell und Probleme lassen sich sofort besprechen. Kommt es auf Präzision und Vermeidung von Missverständnissen an, wählt man die Schriftform.

Mögliche Zwecke einer Anfrage

- Ermittlung günstiger Bezugsmöglichkeiten für einen konkreten Bedarf
- Marktforschung: allgemeine Überprüfung von Bezugsmöglichkeiten
- Vergleich mit bisherigen Lieferanten

Die **Zahl der Anfragen** – i. d. R. mindestens drei – richtet sich nach dem Bestellwert. Ausnahmen bilden z. B. Kleinaufträge, eiliger Bedarf sowie Material, das von weniger als drei zuverlässigen Lieferanten angeboten wird.

Beispiel: Anfrage

12.02.20..

Anfrage

Sehr geehrte Damen und Herren,

wir benötigen dringend 10 000 m Kabel NYM 3 x 1,5 zur Lieferung innerhalb der nächsten 3 Wochen.

Bitte übermitteln Sie uns innerhalb von 3 Tagen kostenfrei Ihr Angebot zur Lieferung frei Haus und Zahlung binnen 30 Tagen netto Kasse oder binnen 10 Tagen mit Skonto.

Mit freundlichen Grüßen

Electroinstall GmbH

Die Anfrage sollte unbedingt enthalten:

- genaue Warenbezeichnung (ggf. Zeichnung oder Muster beilegen!),
- voraussichtliche Bezugsmenge (wichtig für Lieferfähigkeit, Lieferzeit, Rabatte, Höhe von Transport- und Verpackungskosten; ggf. Staffelpreise[1] erfragen!),
- gewünschte Liefer- und Zahlungsbedingungen.

[1] Siehe Sachwortverzeichnis: Preisstaffelung

Die Angebote werden kostenfrei mit angemessener Fristsetzung erbeten. Sie werden durch Eingabe in die Lieferantendatenbank überwacht.

Bei umfangreichem Bedarf erfolgt ggf. eine **Ausschreibung**. Eventuell wird diese auch mit einer **Internetauktion** verbunden. Der Käufer schreibt sein Objekt im Internet aus. Interessenten geben dort ihr Angebot ab. Der Käufer wählt den günstigsten Anbieter aus.

Angebotsvergleich

Eingehende Angebote werden anhand festgelegter **Beurteilungsmerkmale** verglichen. Details hierzu finden Sie auf S. 318.

Unerlässliche Merkmale muss der Anbieter erfüllen, sonst scheidet er von vornherein aus. **Zusätzliche Kriterien** vergleicht man gern in Form einer **Nutzwertanalyse** (Punktebewertungsmodell, Scoring-Modell; siehe Kap. 5.5 im Text *Techniken zur Entscheidungsvorbereitung*). Dabei erhält jedes Merkmal eine Note. Diese multipliziert man mit einer Gewichtungszahl. Die Ergebnisse werden addiert.

Web
M 337

Den Zuschlag erhält der Lieferant mit der höchsten gewichteten Notensumme. Wenn alle anderen Merkmale in gleichem Maß erfüllt werden oder vernachlässigt werden können, ist der Einstandspreis entscheidend.

ERP-Systeme bieten in der Regel nur Lieferantenvergleiche anhand eines Faktors – des Einstandspreises – an. Man nennt sie deshalb Einfaktorenmodelle. Die anderen Faktoren müssen außerhalb des Systems verglichen werden.

VIERTER ABSCHNITT

Beispiel: Angebotsvergleich

Die Elektroinstall GmbH hat drei Angebote über Kabel NYM 3 x 1,5 eingeholt: von der Gabert OHG, der Mielenz GmbH & Co. KG und der Franz Weiler GmbH. Gabert scheidet von vornherein aus, weil sie als Lieferzeit acht Wochen angibt.

Angebot Mielenz:

13.02.20..

Angebot

Sehr geehrte Damen und Herren,

wir danken Ihnen für Ihre Anfrage und bieten Ihnen auf der Grundlage unserer umseitigen allgemeinen Geschäftsbedingungen an:
Kabel NYM 3 x 1,5, zum Preis von 45,50 EUR/100 m zuzüglich Umsatzsteuer. Mengen bis 10.000 m sind sofort lieferbar. Bei Abnahme von mindestens 1.000 m erhalten Sie 15 % Rabatt.
Der Preis versteht sich frei Haus einschließlich Verpackung.
Zahlung: 30 Tage netto Kasse oder 10 Tage mit 3 % Skonto.
Für Ihre Bestellung sichern wir Ihnen prompte Lieferung zu.

Mit freundlichen Grüßen
MIELENZ GmbH & Co. KG

Brocker
i. V. Brocker

← Art, Preis
← Menge, Lieferzeit
← Rabatt
← Beförderungskosten, Verpackungskosten
← Zahlungstermin, Skonto

Allgemeine Geschäftsbedingungen

...

7. Mängel, die bei ordnungsgemäßer Untersuchung feststellbar sind, müssen uns binnen 8 Tagen nach der Ablieferung schriftlich gemeldet werden. Widrigenfalls übernehmen wir keine Mängelhaftung. Soweit unsere Mängelhaftung gegeben ist, genügen wir dieser nach unserer Wahl durch Preisnachlass oder kostenlose Ersatzlieferung. Für versteckte Mängel gewähren wir ein Jahr Garantie, ebenfalls in Form kostenloser Ersatzlieferung. ← Regelungen für mangelhafte Lieferung
8. Die Ware bleibt bis zur vollständigen Bezahlung unser Eigentum. ← Regelung des Eigentumsübergangs

...

10. Erfüllungsort und Gerichtsstand für beide Partner ist Münster. ← Erfüllungsort, Gerichtsstand

Angebot Weiler:

```
Wir bieten Ihnen an:
Bezeichnung:            Kabel NYM 3 x 1,5
Preis:                  44,20 EUR je 100 m
                        10 % Rabatt für Längen ab 1000 m
Lieferungsbedingungen:  Lieferung frei Haus 2 Wochen nach Bestellungseingang
                        Für die Verpackung berechnen wir 40,00 EUR
Zahlungsbedingungen:    30 Tage netto oder 10 Tage unter Abzug von 2 % Skonto

Dieses Angebot erfolgt auf der Basis unserer umseitigen Allgemeinen Liefe-
rungsbedingungen.
```

VIERTER ABSCHNITT

Die AGB von Mielenz und Weiler stimmen inhaltlich überein; allerdings gibt Weiler für versteckte Mängel zwei Jahre Garantie.

Der **Angebotsvergleich** wird entsprechend dem folgenden Schema vorgenommen. (Nutzwertanalyse siehe S. 339)

Angebotsvergleich				
Artikel: Kabel NYM 3 x 1,5 Menge: 10 000 m				
Lieferant Unterlage	Franz Weiler GmbH Angebot vom 16. Febr. 20..		Mielenz GmbH & Co. KG Angebot vom 16. Febr. 20..	
		EUR		EUR
Mindestabnahme Listenpreis Rabatt	 100 m 44,20 ab 1 000 m 10 %	 4 420,00 442,00	 100 m 45,50 ab 1 000 m 15 %	 4 555,00 682,50
Zieleinkaufspreis Skonto	 10 Tg./2 %	3 978,00 79,56	 10 Tg./3 %	3 867,50 116,03
Bareinkaufspreis Verpackungskosten Transportkosten		3 898,44 40,00		3 751,47 -----
Einstandspreis		3 938,44		3 751,47

Nutzwertanalyse

Gewichtung			Note	Wert		Note	Wert
Einstandspreis	10	3 938,44	9	90	3 751,47	10	100
Qualität	10	gleich			gleich		
Liefermenge	5	keine Beschränkung	10	50	keine Beschränkung	10	50
Lieferzeit	5	2 Wochen	7	35	sofort	10	50
Zahlungsziel	2	30 Tage	8	16	30 Tage	8	16
Garantie	4	2 Jahre	10	40	1 Jahr	6	24
weitere qualitative Kriterien	3	unbekannt			unbekannt		
Summe				231			240

Der Einstandspreis bei Mielenz ist günstiger, außerdem ist die gewichtete Notensumme größer. Die Bestellung ergeht deshalb an Mielenz.

Das weitere Vorgehen entspricht dem Einkaufsprozess, wie er im folgenden Abschnitt beschrieben wird. Der Text der Bestellung könnte z. B. dem Brief auf Seite 341 ähnlich sein.

Arbeitsaufträge

1. **Ein Einkaufssachbearbeiter erhält von der Arbeitsvorbereitung eine Bestellanforderung betreffend Experimentiertrafos, Leistung 24 Watt VA, Spannungen 4, 6, 10, 14, 16, 20 Volt, für Wechselstrom, maximal 6 Amp., Lieferzeit 4 Wochen.**
   Wie wird der Einkaufssachbearbeiter vorgehen, um geeignete Lieferanten zu finden?

2. **Ein Einkaufssachbearbeiter von MGB Maltmann Getriebebau e. K. sucht neue Lieferanten für Präzisionsschrauben. Er schlägt in Lieferantensuchmaschinen nach, z. B. in „Wer liefert was?“ Dieses Verzeichnis enthält mehr als 105 000 Lieferanten und ihre Produkte/Leistungen.**
   Suchen Sie mögliche Lieferanten für Präzisionsschrauben mit dieser oder einer anderen Quelle und referieren Sie über Ihr Vorgehen.

3. **Der Einkaufssachbearbeiter von MGB erhält eine Bedarfsmeldung über 470 Rillenkugelläger 16002 – DIN 625. Er findet in der Lieferantendatenbank die folgenden Angaben:**

Rillenkugellager 16002 – DIN 625									
Lieferant	Unterlagen	Preis EUR	Preis je	Rabatt	Frachtkosten	Verpackung	Zahlungsbedingungen	Lieferzeit	Bemerkungen
Krüger & Sohn, Mainz	Angebot 18. Okt. 20 ..	25,00	Stck.	100 Stck. 10 %	frei Haus	einschl.	30 Tg. netto, 10 Tg. 2 %	sofort	Garantie 2 Jahre
Rollkugel GmbH, Münster	Preisliste 1. Dez. 20 ..	24,00	Stck.	200 Stck. 15 %	unfrei (98,00 EUR)	einschl.	60 Tg. netto, 8 Tg. 1 %	sofort	Garantie 3 Jahre
Fritz Peters OHG, Frankfurt	Angebot 13. Jan. 20 ..	23,70	Stck.	200 Stck. 10 %	unfrei (96,00 EUR)	ausschl. (40,00 EUR)	30 Tg. netto, 10 Tg. 2 %	sofort, ab 400 Stck. 14 Tg.	Garantie 4 Jahre

Web

Nehmen Sie einen Angebotsvergleich vor. Benutzen Sie dafür die Excel-Tabelle Angebotsvergleich. M 339
Gewichtungszahlen: Einstandspreis 10, Zahlungsziel 2, Lieferzeit 5, Garantiedauer 5
Gehen Sie bei der Benotung nach eigenem Ermessen vor.

VIERTER ABSCHNITT

2.5 Operative Einkaufsprozesse

2.5.1 Traditioneller Einkauf

Bei optimaler Gestaltung von Logistik und Supply Chain sind Festlieferant und Kunde miteinander vernetzt. Bestellungen werden ggf. automatisch ausgelöst, durchgeführt und abgerechnet. Der Lieferant garantiert konstante Qualität. Wareneingangsprüfungen sind überflüssig.

Ist dies nicht der Fall, gilt grundsätzlich Folgendes:

Wir gehen davon aus, dass die Lieferanten ermittelt und in der Lieferantendatenbank als mögliche Lieferanten für ein bestimmtes Material (Artikellieferant) oder als Festlieferant gespeichert sind.

Unter diesen Umständen vollzieht sich der operative Einkauf (d. h. die laufende konkrete Einkaufstätigkeit) beim traditionellen Einkauf in der Regel in folgenden Schritten:

- Der anfordernde Mitarbeiter erstellt eine Bestellanforderung[1]:

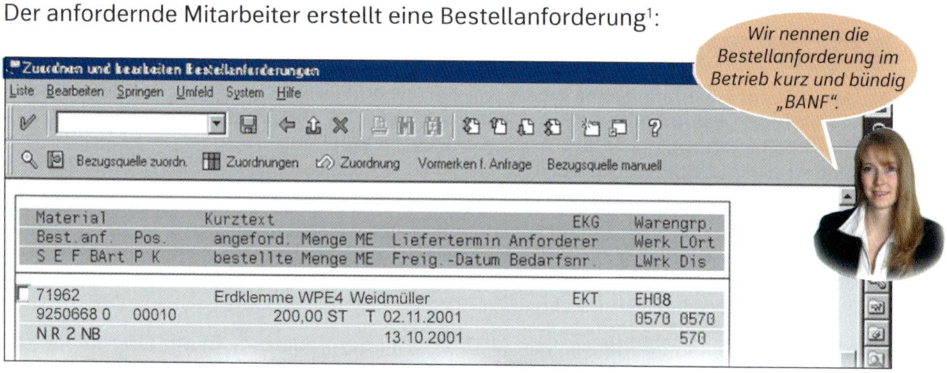

- Die BANF erscheint auf dem Computer des Einkaufssachbearbeiters im Rahmen einer BANF-Liste. Sie enthält alle notwendigen Informationen über den Einkaufsgegenstand, unter Umständen auch den Wunschlieferanten.

- Der Computer prüft die Richtigkeit der Daten, meldet Fehler und erlaubt Korrekturen.

- Der Einkäufer prüft die BANF. Er kann sie noch abändern (z. B. Menge, Termin). Dabei spielen Lieferfristen, Mindestbestellmengen, Rabatte, Sonderkonditionen eine Rolle. Dann beantragt er per Mausklick die Freigabe.

- Nach der Freigabe ruft er Lieferantenvorschläge ab und wählt den gewünschten Lieferanten aus. (Er hat jederzeit direkten Zugriff auf alle relevanten Daten, z. B. Materialstammdaten und Lieferantendaten.)

[1] Die Abbildungen sind dem System REP der Firma SAP entnommen.

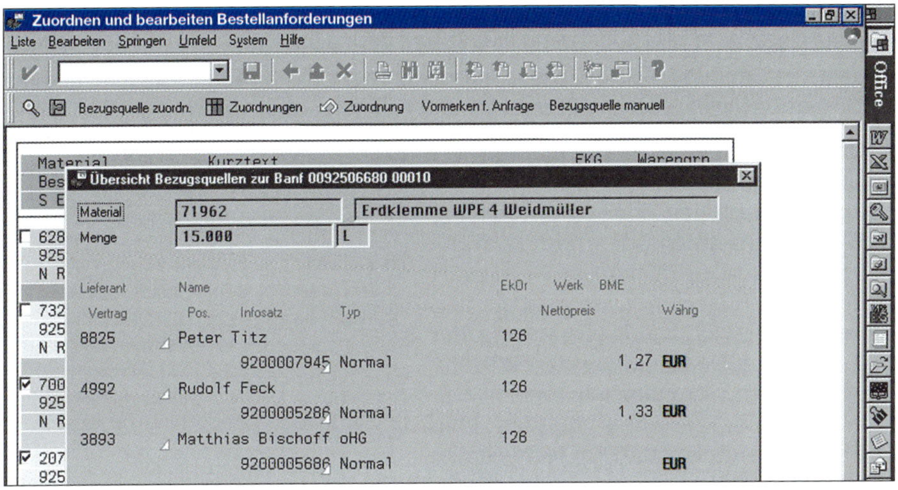

- Die Einkaufssoftware erstellt automatisch eine Liste aller Artikel, die bei dem ausgewählten Lieferanten bestellt werden. Der Einkäufer wählt per Mausklick endgültig die zu bestellenden Artikel aus und speichert die Bestelldaten ab. Das System druckt die versandfertigen Bestellungen aus. Die Bestellung wird dem Empfänger per Brief, Fax oder E-Mail zugesandt.

Der langsame und teure Brief wird immer mehr durch Fax (Fernkopie) und E-Mail (elektronische Post) verdrängt. Beide können per Computer erstellt und übermittelt werden. Aus Sicherheitsgründen empfiehlt es sich ggf. E-Mails verschlüsselt zu versenden.

Beispiel: Bestellung

> 23.10.20..
>
> Bestellung
>
> Sehr geehrte Damen und Herren,
>
> wir bestellen zur sofortigen Lieferung frei Haus einschließlich Verpackung an die auf der Rückseite angegebene Versandanschrift:
>
> 200 Stück Erdklemme WPE4 Weidmüller.
>
> Preis 1,60 EUR je Stück, zahlbar binnen 30 Tagen netto Kasse oder binnen 10 Tagen mit 3 % Skonto.

- Zum Zweck der Terminüberwachung speichert das System die Daten in eine Lieferantenauftragsdatenbank.
- Bei **Bestellungsannahme** durch den Lieferanten gibt der Einkaufssachbearbeiter mit der Bestellnummer die bestätigte Menge und den bestätigten Termin ein. Die Lieferantenauftragsbank wird korrigiert.
- Das System erfasst die ausgehenden Bestellungen in der Materialdatenbank als **„ausstehende Bestellungen"**. Damit können sie für die Lagerbestandsführung und -überwachung weiterverwendet werden[1].

[1] Vgl. S. 390.

- Die **Terminüberwachung** erfolgt automatisch: Die fälligen Lieferungen werden täglich auf dem Bildschirm des Einkäufers angezeigt und ausgedruckt. Geht eine bestellte Sendung nicht pünktlich ein, so kann noch am selben Tag eine Mahnung[1] ausgedruckt werden. Auch dies geschieht teilweise automatisch.

- Oft kündigt eine **Versandanzeige** des Lieferanten die Lieferung an. Größere Betriebe verfügen über eine Abteilung **Warenannahme** oder **Materialannahme**. Dort prüft man in Gegenwart des Überbringers Anschrift, Absender, Anzahl, Gewicht und Verpackung der Packstücke. Der Empfang der Sendung wird auf den Warenbegleitpapieren (z. B. Lieferschein, Frachtbrief) quittiert. Vom Überbringer lässt man sich festgestellte Mängel (z. B. Verpackungsschäden) schriftlich bestätigen. Eine Kopie der Begleitpapiere verbleibt bei der Warenannahme.

Die sofortige äußere Prüfung ist wichtig!

	Sie klärt sofort:
Anschrift:	Ist die Sendung für uns?
Absender:	Haben wir dort bestellt?
Verpackung:	Liegen äußere Schäden vor? Lassen sie evtl. auf Warenschäden schließen?
Anzahl, Gewicht:	Wird geliefert, was die Begleitpapiere behaupten?

- In einem **Materialeingangsschein** werden Material und Lieferant genau bezeichnet. Der Einkauf erhält eine Ausfertigung. Er kann nun feststellen, ob Material/Ware und Bestellung übereinstimmen (Vergleich von Materialeingangsschein und Bestellung).

- Grundsätzlich ist unverzüglich eine **Material-/Warenprüfung** vorzunehmen:
  - Je nach Art des Gutes wird gemessen, gezählt, gewogen;
  - Art, Beschaffenheit, Aufmachung und Qualität werden untersucht und ggf. mit Proben und Mustern sowie mit den Angaben in Angebot, Bestellung, Bestellungsannahme, Versandanzeige, Rechnung und in den Warenbegleitpapieren verglichen.
  - Bei größeren Mengen werden zumindest Stichproben entnommen.
  - **Mängel** werden unverzüglich gerügt[2]. Einwandfreie Güter werden ins Lager eingeordnet.

Unverzüglich bedeutet nicht sofort, sondern: ohne schuldhafte Verzögerung; also so, wie bei ordentlicher Organisation zügig zu verfahren ist. Zuerst eingegangene Güter sind z. B. auch zuerst zu prüfen.

- Den Eingang der Güter bucht man mengenmäßig in der Materialdatenbank (beim Festplatzsystem[3] auch auf Lagerfachkarten).

- Die eingehende Lieferantenrechnung erhält einen Eingangsstempel und gelangt in die **Rechnungsprüfung**[4]. Dort erfolgt eine
  - **sachliche Prüfung** (Vergleich mit der Bestellung),
  - **rechnerische Prüfung** (Einzel- und Gesamtpreis, Rabatt, Fracht- und Verpackungskosten).

  Danach bucht man sie als Verbindlichkeit. Sie wird rechtzeitig zur Zahlung angewiesen und am Fälligkeitstermin bezahlt.

Materialprüfung ist teuer:
Sie verlangt den Einsatz von Personal und Prüfgeräten und kostet Zeit. Ein gutes Qualitätsmanagement erfordert heute oft, dass der Betrieb mit seinen Lieferanten dauerhafte vertragliche Bindungen eingeht und mit ihnen gemeinsam optimale Maßnahmen zur Sicherung der Produkt- und Lieferqualität entwickelt. Eine Qualitätsprüfung beim Material-/Wareneingang kann dann entfallen. (Vergleichen Sie hierzu Arbeitsauftrag 4 auf S. 266.)

[1] Einzelheiten siehe S. 370 f.
[2] Einzelheiten siehe S. 376.
[3] Einzelheiten siehe S. 386.
[4] Einzelheiten siehe S. 367.

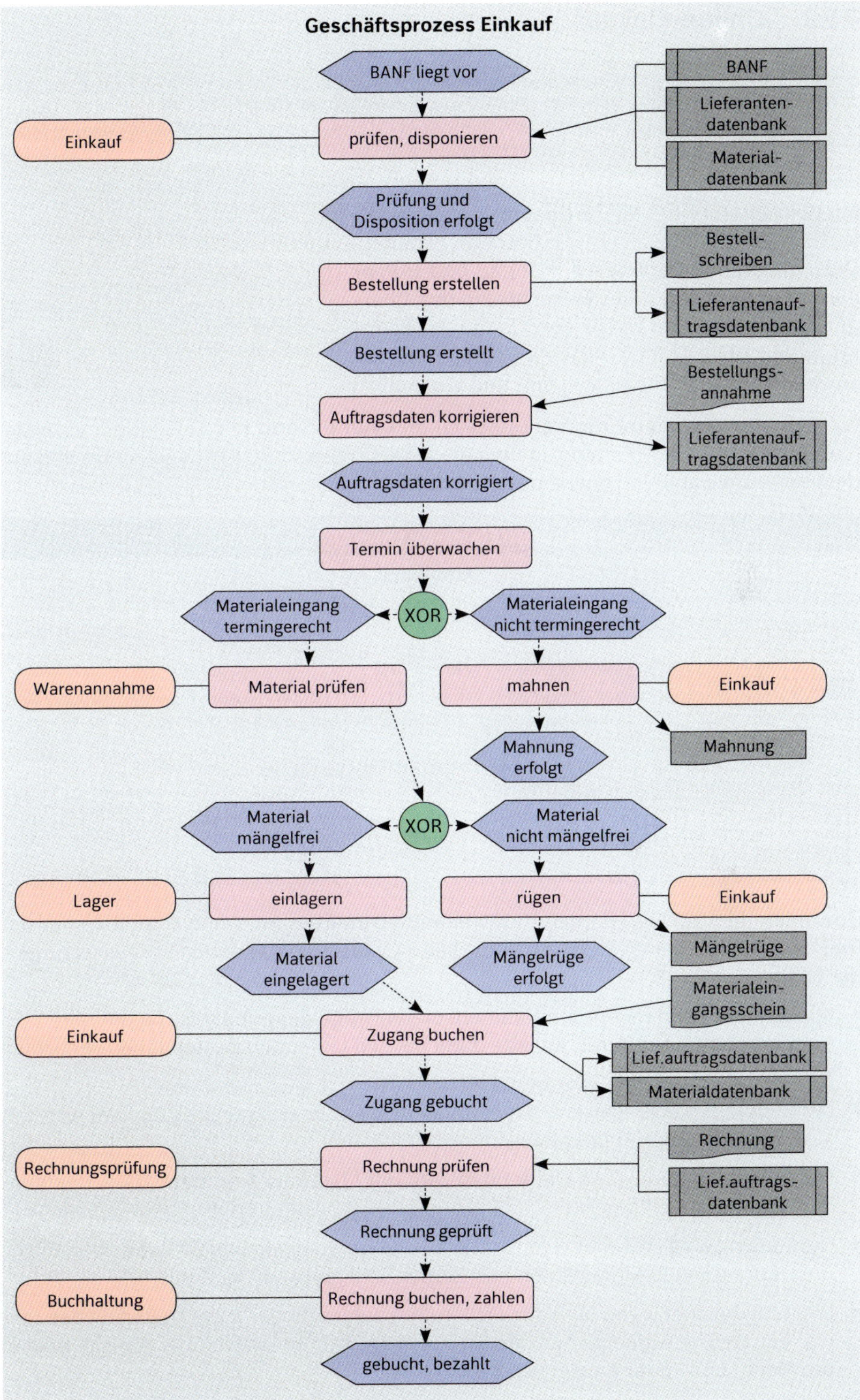
Geschäftsprozess Einkauf
BANF liegt vor
BANF
Lieferanten-datenbank
Material-datenbank
Einkauf
prüfen, disponieren
Prüfung und Disposition erfolgt
Bestellung erstellen
Bestell-schreiben
Lieferantenauf-tragsdatenbank
Bestellung erstellt
Bestellungs-annahme
Auftragsdaten korrigieren
Lieferantenauf-tragsdatenbank
Auftragsdaten korrigiert
Termin überwachen
Materialeingang termingerecht
XOR
Materialeingang nicht termingerecht
Warenannahme
Material prüfen
mahnen
Einkauf
Mahnung
Mahnung erfolgt
Material mängelfrei
XOR
Material nicht mängelfrei
Lager
einlagern
rügen
Einkauf
Mängelrüge
Material eingelagert
Mängelrüge erfolgt
Materialein-gangsschein
Einkauf
Zugang buchen
Lief.auftragsdatenbank
Materialdatenbank
Zugang gebucht
Rechnungsprüfung
Rechnung prüfen
Rechnung
Lief.auftrags-datenbank
Rechnung geprüft
Buchhaltung
Rechnung buchen, zahlen
gebucht, bezahlt

2.5.2 Online-Einkauf

Der Einkauf von MGB Maltmann Getriebebau e. K. hat bis vor Kurzem alle Einkaufsgüter in traditioneller Form beschafft. Jetzt wickelt man einen Teil der Käufe im E-Commerce ab, dem „elektronischen Handel" im Internet: Die meisten C-Güter werden nun online eingekauft. Für A- und B-Güter bleibt es beim alten Verfahren.

Mit dem Internet hat das **E-Business** („elektronisches Geschäft") Einzug in die Betriebe gehalten. Dazu gehören **E-Commerce** (Handel) und **E-Procurement** (Einkauf) unter Einschaltung des Internets. Das Spektrum reicht von Online-Artikelinformation über Online-Artikelangebote bis zur vollständigen Abwicklung von Ein- und Verkauf.

Arten des E-Business sind:
E-Commerce (Ein- und Verkauf),
E-Procurement (Einkauf),
E-Payment (Zahlungsverkehr),
E-Logistics (Logistik),
E-Learning (Personalentwicklung),
E-Recruiting (Personalanwerbung)

Für das Angebot richtet der Verkäufer einen **Online-Shop** ein. Das ist ein virtueller (computersimulierter) Katalog, in dem die Artikel präsentiert und begutachtet und aus dem sie ausgewählt und online bestellt werden.

Grundlegende Elemente eines Online-Shops
Datenbank Die Datenbank verwaltet alle Artikeldaten in Datensätzen. Ein Datensatz enthält z. B. Artikelnamen, Artikelnummer, Preis, Verfügbarkeit, Lieferungs- und Zahlungsbedingungen u. a. m.
Warenkorb Der virtuelle Warenkorb hat die gleiche Aufgabe wie ein echter Warenkorb. Der Kunde kann Waren hineinlegen, wieder herausnehmen und mit dem Korb „zur Kasse gehen".
Zahlungssystem Das Shop-System bietet i. d. R. mehrere Zahlungsmöglichkeiten an: vor allem Zahlung auf Rechnung, Zahlung per Nachnahme (d. h. Barzahlung an den Überbringer der Sendung), Zahlung per Kreditkarte. Günstig – aber nicht von allen Systemen angeboten – ist auch eine direkte Bonitätsprüfung[1].

Der Online-Einkauf wird für den Industriebetrieb interessant, wenn er zu Rationalisierungen und Kosteneinsparungen führt. Dies ist v. a. unter folgenden Voraussetzungen der Fall:

- Mit dem Lieferanten werden Rahmenlieferverträge geschlossen. Sie enthalten die Vertragsinhalte, auf deren Angabe dann bei den laufenden Bestellungen verzichten werden kann.
- Der Lieferant passt seinen Artikelkatalog den Anforderungen des Kunden an. Zielsetzung ist ein „Standardkatalog".
- Die Artikeldatenbank des Lieferanten wird der Materialstammdatenbank des Kunden angepasst.
- Die Zahlung wird vereinfacht (z. B. monatliche Abrechnung und Zahlung; monatliche Auswertung von Reklamationen und Berücksichtigung bei der Zahlung).
- Die Budgetplaner legen für jeden Online-Einkaufssachbearbeiter zu Beginn des Jahres fest, welche Artikel er aus den Online-Katalogen bestellen oder wie viel Geld er pro Monat und im Jahr ausgeben darf.

[1] Bonität bezeichnet den Ruf, die Zahlungsfähigkeit und -willigkeit eines Kunden und begründet folglich seine Kreditwürdigkeit.

Beispiel: Online-Einkauf

Bei der Vidosonal AG sind die C-Güter festgelegt, die online beschafft werden dürfen. Die oben angeführten Voraussetzungen sind erfüllt.
Der Einkaufssachbearbeiter bei Vidosonal öffnet per Mausklick am Computer den Online-Katalog des Büroartikelanbieters *büro-orga GmbH*. Auf dem Bildschirm erscheinen die Daten der angebotenen Artikel. Der gewünschte Artikel wird angeklickt; ggf. werden weitere notwendige Daten eingegeben. Ein Tastendruck – und schon ist die Bestellung online auf dem Weg zum Lieferanten. Kein Vorgesetzter muss den Einkauf abzeichnen, kein Controller die Rechnung überprüfen. Ist der Artikel eingegangen, wird der Katalogpreis dem Lieferanten am Monatsende gutgeschrieben (ggf. als Sammelgutschrift, wenn weitere Artikel eingekauft wurden).

Ergebnis: Die Bearbeitungsschritte beim Einkauf sind wesentlich reduziert.

Bearbeitungsschritte	
AB-Güter: traditioneller Einkauf	**C-Güter: Online-Einkauf**
Bedarfsfeststellung	Bedarfsfeststellung
Vorab-Marktsondierung	
Erstellen der Bestellanforderung	Erstellen der Bestellanforderung
Genehmigungsverfahren	
Budgetkontrolle	
Freigabe der Bestellanforderung	
Angebotseinholung	
Angebotsvergleich	
Bestellschreiben	Bestellung
Warenlieferung	Warenlieferung
Erstellen der Wareneingangsmeldung	Erstellen der Wareneingangsmeldung
Transport zum Bedarfsort	Transport zum Bedarfsort
Rechnungseingangsbuchung	
rechnerische Rechnungsprüfung	
preisliche Rechnungsprüfung	
technische Prüfung	
Zahlungsanweisung	Sammelanweisung

Arbeitsaufträge

1. **Der Einkaufsprozess erfordert ggf. das Einholen von Angeboten.**

   Erstellen Sie ein Vorgangsketten-Diagramm für den Einkaufsprozess mit Einholung von Angeboten bis zur Bestellungserteilung.

2. **Die Qualität der gelieferten Materialien/Waren muss „stimmen".**

   a) Welche negativen Auswirkungen hat eine mangelhafte Materialqualität?

   b) Erstellen Sie einen Bericht über die Material-/Warenprüfung anhand eines Beispiels aus Ihrem Ausbildungsbetrieb.

   c) „Wenn wir mit unseren Lieferanten gemeinsam Qualitätssicherungskonzepte entwickeln, so entstehen uns hohe Kosten. Aber die späteren Kostenvorteile sind viel größer. Letzten Endes haben wir beide – Lieferant und Abnehmer – Vorteile."

   Erläutern Sie diese Aussage.

3. **Betrachten Sie noch einmal Arbeitsauftrag 3 auf Seite 339.**

   a) Beschreiben Sie den weiteren Ablauf des Einkaufs. Nehmen Sie dazu ggf. das auf Seite 343 abgebildete Prozessketten-Diagramm „Geschäftsprozess Einkauf" zu Hilfe.

   b) Schreiben Sie die Bestellung auf einen Briefbogen gemäß folgendem Formular. Benutzen Sie dafür auch Angaben und Ergebnis aus Arbeitsauftrag 3 auf Seite 328.

Bestellung

Unter Zugrundelegung der umstehenden Einkaufsbedingungen bestellen wir bei Ihnen für unser Werk

zur Lieferung an die auf der Rückseite angegebene Versandanschrift:

Diese Bestelldaten sind in allen Schriftstücken, auch auf Frachtbriefen, Paketscheinen, Lieferscheinen usw., anzugeben			Tag
Bestellung Nr.	Auftragsnummer	Kostenstelle	

Lieferanten-Nr.	Sachbearbeiter	Durchwahl	Lieferzeit:

Gegenstand	Zeichnungs- bzw. Waren-Nr.	Mengen-einheit	Menge	EUR

c) Überprüfen Sie die folgende Eingangsrechnung auf ihre sachliche und rechnerische Richtigkeit.

Rollkugel GmbH · Postfach 33 00 33 · 48130 Münster

MGB Maltmann Getriebebau e. K.
Altendorfer Str. 127
45143 Essen

RECHNUNG

ER 3002

Rechnungsprüfung	sachlich Pf.	11.3.
Buchhaltung	S	rechnerisch hv
Anweisung zur Zahlung	22.03. EC.	H

Kunden-Nr.	Rechnungs-Nr.	Rechnungs-Datum
7238	8213/88	12.03.20..
BEI ZAHLUNG BITTE ANGEBEN		

Ihre Bestellung	Bestelldatum	Lieferschein-Nr.	Lieferdatum
3347	02.03.20..	L6712	10.03.20..

Artikel-Nr.	Artikel-Bezeichnung	Menge	Einzelpreis	Rabatt	Gesamtmenge
16002	Rillenkugellager DIN 625	470 Stck.	24,00		11280,00
				15 %	-1692,00
					9588,00

Versandart	Nettopreis EUR	% MwSt	EUR MwSt	Bruttopreis EUR
ab Werk	9588,00	19	1821,72	11409,72

ÜBERWEISEN SIE BIS: 12.04.20..	EUR 11409,72	Netto
BIS: 22.03.20..	EUR 11295,62	Skonto 1 %

Sparkasse Münsterland
BLZ 400 501 50
IBAN DE92 4005 0150 0001 2347 65
BIC WELADED1MS5
Konto 123 476 5

Finanzamt Münster Innenstadt
Steuer-Nr. 337/5709/0231
USt-IdNr.: DE120691293

Die Lieferung erfolgte auf der Grundlage unserer Lieferungs- und Zahlungsbedingungen.

Die Ware bleibt bis zur vollständigen Bezahlung unser Eigentum.
Erfüllungsort und Gerichtsstand für beide Teile ist Münster.

4. E-Commerce für die Materialwirtschaft wird in der letzten Zeit oft mit E-Procurement gleichgesetzt. E-Procurement bezeichnet die Neugestaltung des Beschaffungsprozesses durch den Einsatz internetbasierter Technologien. Es kann durch folgende Grafik beschrieben werden.

VIERTER ABSCHNITT

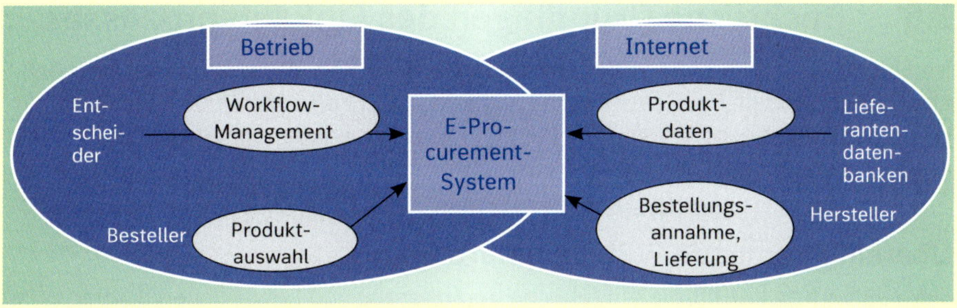

a) Erläutern Sie mithilfe einer Internetrecherche die Elemente Lieferantendatenbank, Produktdaten, Produktauswahl und Workflow-Management eines E-Procurement-Systems.

b) Welche Kosten-, Qualitäts- und Zeitvorteile können mit dem Einsatz des E-Procurement-Systems erreicht werden?

c) Mit dem E-Procurement-System werden hauptsächlich Güter im Bereich MRO (maintenance = Instandhaltungsmaterial, repair = Reparaturmaterial, operations = Bürobedarf, Hard- und Software) angeschafft. Nennen Sie Beispiele zu den drei Güterarten.

5. **Viele große Unternehmen sind dazu übergegangen, Teile ihres Einkaufsbedarfs über Einkaufsauktionen im Internet zu decken. Dafür bieten Firmen ihre Website als Handelsplatz an. Dort gibt der Käufer sein Beschaffungsobjekt bekannt (sog. Ausschreibung), und interessierte Verkäufer können in festgelegter Frist Konkurrenzangebote abgeben. So kann der Käufer den günstigsten Anbieter auswählen.**
Der Sportartikelhersteller Puma AG schrieb über den Handelsplatz econia.com seinen Bedarf an Kartons für Schuhware im Rahmen einer Einkaufsauktion aus. Alte und neue Lieferanten nahmen an der auf 16 Tage befristeten Ausschreibung teil und gaben ihre Angebote ab. In Absprache mit Puma griff man auch auf den Lieferantenstamm von econia zurück. Puma selbst brachte fünf Altlieferanten in die Auktion ein. Für produktspezifische Anfragen stellte Puma den Interessenten Produktmuster zur Verfügung. Von 25 potenziellen Lieferanten nahmen schließlich elf an der Auktion teil. Der Erfolg war groß: Die abgegebenen Angebote reduzierten den Einkaufspreis um 30 Prozent. Das Gebot, das den Zuschlag bekam, lag um rund 78 000,00 EUR unter dem Höchstgebot. Puma sparte über 15 000,00 EUR an Kosten ein.

a) Einkaufsauktionen sind „umgekehrte Versteigerungen". Erläutern Sie dies.

b) Nennen Sie möglichst viele Vorteile, die eine Einkaufsauktion im Internet dem Käufer gegenüber einem traditionellen Einkauf bietet.

c) Sind Internetauktionen nach Ihrer Ansicht für die Beschaffung von A-, B- oder C-Gütern geeignet?

6. **In den letzten Jahren sind „Internetmarktplätze" bzw. „-Portale" wie Pilze aus dem Boden geschossen. Traditionelle Geschäftsmodelle wurden drastisch verändert. Online-Marktpläze bzw. -portale sind Internetplattformen, die eine effizientere Geschäftsabwicklung gestatten. Die Internettechnologie verschafft Zugang zu einem grenzüberschreitenden Netzwerk von Einkäufern und Anbietern. Wer am Online-Handel teilnimmt, gewinnt im Wettbewerb mit traditionell arbeitenden Konkurrenten.**

Informationsportale liefern die Informationen für Entscheidungen und ermöglichen den einfachen Austausch von Wissen und Informationen. Transaktions-Portale ermöglichen die Abwicklung von Bestellungen und sonstigen Transaktionen (z. B. Ausschreibungen).

Ein Vorteil der Portale liegt in der großen Transparenz. Immer häufiger wird das Internet in der Pre-Sale-Phase genutzt, um für die Kaufentscheidung wichtige Informationen zu finden. Informationsportale spielen in diesem Zusammenhang eine bedeutende Rolle.

Auch bei der Abwicklung von Transaktionen hat das Internet Fuß gefasst. Der elektronische Austausch von Informationen hat die Abwicklung von Geschäften beschleunigt.

Ein starkes Portal kann sogar zur Vereinheitlichung von Daten in einer Branche führen. In der Baubranche z. B. vereinheitlichen Firmen die Artikel-Stammdaten unterschiedlicher Lieferanten und stellen sie dem Bauhandel zur Verfügung. Wenn dieser Versuch erfolgreich ist, wird die vereinheitlichte Datenbasis die Effizienz im Austausch von Daten zwischen Unternehmen erheblich steigern.

Welche zusätzlichen Funktionen kann ein Online-Marktplatz gegenüber einem Online-Shop für den Einkauf eines Industriebetriebes erfüllen?

2.6 Rechtliche Grundlagen des Einkaufsprozesses

Web M 348_1

Im Folgenden werden die vertragsrechtlichen Grundlagen des Kaufvertrags nach BGB und HGB behandelt. Für Geschäfte mit ausländischen Vertragspartnern findet grundsätzlich das UN-Kaufrecht Anwendung (siehe Infomaterial *Außenhandelsgeschäfte*).

2.6.1 Abschluss des Kaufvertrags

Übereinstimmende Willenserklärungen

Der Kaufvertrag betrifft die entgeltliche Veräußerung von beweglichen Sachen (Waren), unbeweglichen Sachen oder Rechten. Grundlegende Regelung: §§ 433–479 BGB

Der Kaufvertrag ist ein zweiseitiges Rechtsgeschäft. Deshalb kommt er nur durch zwei übereinstimmende Willenserklärungen – Antrag und Annahme – zustande.

Beispiel: Antrag und Annahme

Der Verkäufer macht ein Angebot (= Antrag). **Der Käufer bestellt (= Annahme).**

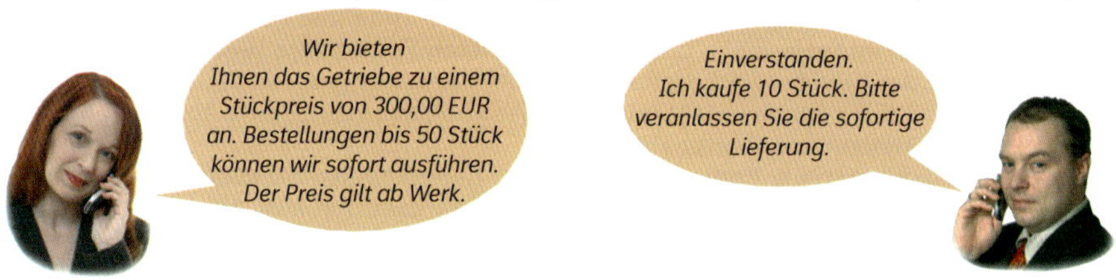

Der Käufer könnte auch ohne vorheriges Angebot bestellen. Dann wäre seine Bestellung der Antrag. Der Verkäufer müsste eine Bestellungsannahme tätigen.

Web M 348_2

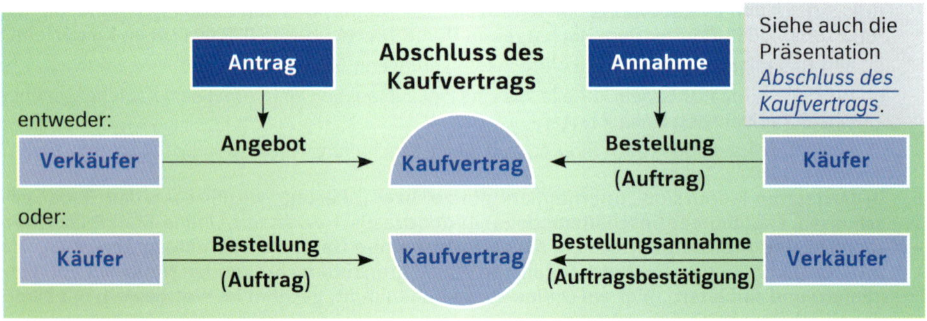

Siehe auch die Präsentation *Abschluss des Kaufvertrags*.

Bei Kaufverträgen über Waren sind diese Willenserklärungen völlig formfrei. Sie können mündlich, fernmündlich, brieflich, durch E-Mail, Fax oder sogar durch schlüssiges Handeln abgegeben werden. Beispiel Supermarkt: Ware aufs Kassenband legen und bezahlen.

Antrag zum Kaufvertrag

Ein Angebot wird oft aufgrund einer **Anfrage** des Kunden abgegeben (siehe S. 336). Eine Anfrage ist kein Antrag zu einem Kaufvertrag, sondern eine völlig **unverbindliche Erkundigung** oder eine Aufforderung zur Abgabe eines Angebots.

Ein Antrag muss stets an eine bestimmte Person gerichtet sein.

Anpreisungen von Waren, die an die Allgemeinheit gerichtet sind, gelten nicht als Anträge (z. B. Werbebriefe, Schaufenster- und Warenauslagen, Zeitungsanzeigen, Prospekte, Kataloge). Sie stellen – wie eine Anfrage – Aufforderungen zur Abgabe eines Antrags dar und verpflichten zu nichts.

Ein Antrag ist eine bindende Willenserklärung.

Wenn der Verkäufer seine Bindung an sein Angebot (oder auch an Teile seines Angebots) ausschließen will, fügt er sog. **Freizeichnungsklauseln** ein:

Beispiel: Freizeichnungsklauseln

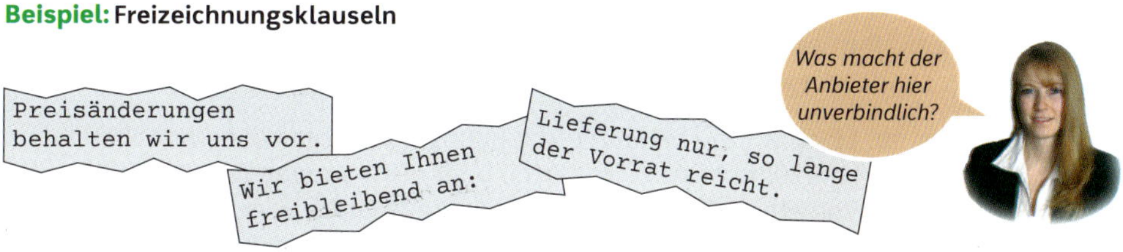

Wer eine **Frist** setzt, ist nur bis zu ihrem Ablauf gebunden.

Antrag und Annahme sind empfangsbedürftige Willenserklärungen.

Ein Angebot z. B. bindet den Verkäufer erst, wenn es beim Käufer eingeht. Es kann deshalb rechtzeitig widerrufen werden. Der Widerruf ist rechtzeitig erfolgt, wenn er spätestens mit dem Angebot selbst eintrifft. Mit dem Widerruf erlischt das Angebot. Entsprechendes gilt für Bestellung und Bestellungsannahme (§ 130 Abs. 1 BGB).

Ein Antrag zum Kaufvertrag ist auch die **Zusendung unbestellter Waren**. Wenn der Empfänger Verbraucher ist, gilt sie jedoch als unlauterer Wettbewerb.

Annahme des Antrags

Die Annahme ist – wie der Antrag – eine bindende Willenserklärung.

Ein Antrag muss stets unverändert angenommen werden.

Eine Annahme unter Erweiterungen, Einschränkungen oder sonstigen Änderungen gilt als Ablehnung, verbunden mit einem neuen Antrag (§ 150 Abs. 2 BGB).

Ausnahme: Käufer und Verkäufer weisen in ihren Erklärungen jeweils auf ihre voneinander abweichenden Allgemeinen Geschäftsbedingungen hin. Der Vertrag bleibt trotzdem wirksam, wenn die Parteien einverständlich mit der Durchführung beginnen. Für die sich widersprechenden Punkte gelten dann die gesetzlichen Vorschriften (§ 306 Abs. 1 und 2 BGB).

Die Annahme eines Antrags muss auch rechtzeitig erfolgen. Dies bedeutet:

Ein Antrag unter Anwesenden und per Telefon muss sofort angenommen werden. Sonst erlischt die Bindung des Antragstellers (§ 147 Abs. 1 BGB).

Ein Antrag an einen Abwesenden kann nur bis zu dem Zeitpunkt angenommen werden, in welchem der Antragende den Eingang der Antwort unter regelmäßigen Umständen erwarten darf (§ 147 Abs. 2 BGB).

„Unter regelmäßigen Umständen" bedeutet:

Es sind zuzugestehen:
- die Übermittlungszeit von Antrag und Annahme,
- eine angemessene Bearbeitungszeit (ggf. unter Berücksichtigung von saisonbedingtem vermehrten Arbeitsanfall, Urlaub, Einholen notwendiger Auskünfte, Beschlussfassung durch das zuständige Organ).

Für die Annahme ist ein mindestens gleich schnelles Kommunikationsmittel zu benutzen.

Beispiel:
Antrag: Fax
Annahme: Telefon, Fax, E-Mail

Geht die Annahme verspätet ein, so gilt sie als neuer Antrag (§ 150 Abs. 1 BGB). Muss der Antragende erkennen, dass die Verspätung nur durch Transportverzögerung entstand (z. B. Fehlleitung durch die Post), so muss er seine Ablehnung unverzüglich nach dem Eingang der verspäteten Annahme mitteilen. Andernfalls gilt die Annahme als nicht verspätet (§ 149 BGB).

Schlüssiges Handeln kann eine förmliche Annahme ersetzen. (Der Kunde bestellt, der Verkäufer sendet die Ware ohne Weiteres zu.)

Schweigen auf einen Antrag bedeutet Ablehnung. Ausnahme: Eine Annahmeerklärung ist nach der Verkehrssitte nicht zu erwarten oder der Antragende hat darauf verzichtet (§ 151 BGB). (In Vorverhandlungen wurde z. B. bereits Einigkeit erzielt.)

Wer **unbestellte Waren** erhält und schweigt (z. B. nicht zahlt), lehnt ebenfalls den Antrag ab. Ausnahme: Der Empfänger ist Kaufmann und steht mit dem Absender in ständiger Geschäftsverbindung (Fairnessgebot gemäß § 157 BGB).

> Sendet ein Unternehmer unbestellte Sachen an einen Verbraucher, hat er keinerlei Ansprüche. Der Verbraucher kann nach Belieben mit der Sache verfahren, sie z. B. wegwerfen oder vernichten (§ 241 a Abs. 1 BGB).

Eine **Bestellungsannahme** ist nur unerlässlich,

- wenn der Käufer ohne vorausgehendes Angebot bestellt,
- wenn das vorausgehende Angebot freibleibend war.

Sie kann jedoch durch schlüssiges Handeln, also durch eine sofortige Lieferung, ersetzt werden (siehe oben).

Trotzdem verwendet der Verkäufer auch sonst gern die Bestellungsannahme, um

- Missverständnissen vorzubeugen, z. B. bei telefonischer Bestellung,
- seinen Dank auszudrücken,
- sie zugleich als Rechnung und/oder Versandanzeige zu verwenden,
- seine Allgemeinen Geschäftsbedingungen anzubringen.

Sachlich zutreffender als „Bestellungsannahme" ist in diesem Fall der Begriff „Auftragsbestätigung". In der Praxis werden beide Begriffe jedoch gleichbedeutend verwendet.

Beispiel: Auftragsbestätigung/Versandanzeige der Mielenz GmbH & Co. KG auf die Bestellung der Elektroinstall GmbH (siehe S. 339)

Vorausgegangen sind ein Angebot (s. S. 337) und eine gleichlautende Bestellung, durch die der Kaufvertrag schon geschlossen wurde.

17.02.20..

Auftragsbestätigung/Versandanzeige

Sehr geehrte Damen und Herren,

wir danken Ihnen für Ihre Bestellung. Wir werden Ihnen die Sendung morgen per Lkw zustellen.

10 000 m Kabel NYM 3 x 1,5 zum Preis von 45,50 EUR/100 m netto, abzüglich 15 % Rabatt.

Lieferung frei Haus einschließlich Verpackung. Zahlung 30 Tage netto Kasse oder 10 Tage mit 3 % Skonto.

Mit freundlichen Grüßen

VIERTER ABSCHNITT

Arbeitsaufträge

1. **Schneider & Co. erhalten von Nadeler & Söhne folgendes briefliches Angebot vom 16. Nov., welches am 18. Nov. eintrifft:**
   „Gabardine-Stoff gemäß beigefügtem Musterkatalog. Preis gemäß Preisliste. Angebot freibleibend."
   Schneider & Co. bestellen am 19. Nov. 20 Ballen gemäß Musterkatalog und Preisliste mit 15 % Rabatt. Der Brief geht am selben Tag zur Post und kommt am 21. Nov. an.
   a) Erläutern Sie die Bindung der Parteien an ihre Willenserklärungen.
   b) Erläutern Sie die Möglichkeit eines Widerrufs durch Schneider & Co.
   c) Begründen Sie, warum durch die beiden Willenserklärungen kein Kaufvertrag zustande kommt.
   d) Erläutern Sie ausführlich, wie Nadeler & Söhne vorgehen müssen, damit doch noch ein Kaufvertrag zustande kommt.

2. **Untersuchen Sie die Schriftstücke auf Seite 336 bis 337.**
   a) Welche rechtliche Bedeutung hat die Anfrage?
   b) Wird durch eine Bestellung ein rechtsgültiger Kaufvertrag geschlossen? (Begründung!)
   c) Bis wann müsste das Angebot spätestens angenommen werden?
   d) Bis wann könnte das Angebot noch widerrufen werden?
   e) Enthält das Angebot Freizeichnungsklauseln?
   f) Begründen Sie, ob für das Zustandekommen eines Kaufvertrags noch eine Bestellungsannahme erforderlich ist.
   g) Auch wenn keine Bestellungsannahme erforderlich sein sollte, kann sie doch von Nutzen sein. Erläutern Sie dies.

2.6.2 Inhalt des Kaufvertrags

Bedeutung Allgemeiner Geschäftsbedingungen

Die Rechte und Pflichten für Käufer und Verkäufer ergeben sich aus dem Inhalt des Kaufvertrags. Deshalb legt man in der Praxis – besonders bei hohen Warenwerten – folgende Punkte oft bis ins Einzelne in Angebot und Bestellung fest:

- Art, Beschaffenheit, Qualität der Ware
- Warenmenge
- Warenpreis
- Preisnachlass
- Erfüllungsort
- Gerichtsstand
- Beförderungskosten
- Verpackungskosten
- Lieferzeit
- Zahlungstermin
- Eigentumsübergang
- Regelungen für Liefer-Annahme- und Zahlungsstörungen sowie mangelhafte Lieferung

Web

Für Sachverhalte, die nicht in Angebot und Bestellung selbst aufgeführt sind, verweisen die Unternehmen in der Regel auf ihre Allgemeinen Geschäftsbedingungen (AGB).

Beispiel: die AGB von MGB. Sie finden sie auch auf der Website *www.maltgetriebe.de* M 351

AGB sind vorformulierte Vertragsbedingungen, die eine Vertragspartei der anderen einseitig auferlegt. In der Regel werden sie allen Geschäften zugrunde gelegt. Sie werden wirksam, indem die andere Vertragspartei sich ihnen unterwirft.

AGB werden nur Vertragsbestandteil, wenn der Verwender bei Vertragsabschluss ausdrücklich auf sie hinweist. Der Vertragspartner muss von ihnen Kenntnis nehmen können (z. B. Abdruck auf dem Angebot) und mit ihrer Anwendung einverstanden sein (§ 305 Abs. 2 BGB).
Für die Rechtswirksamkeit von AGB macht das BGB verbindliche Einschränkungen:

- **Überraschende Klauseln werden nicht Vertragsbestandteil** (§ 305 c Abs. 1 BGB). Überraschende Klauseln sind so ungewöhnlich, dass man nicht damit rechnen muss.

> **Beispiel: Überraschende Klausel**
> Gebr. Müller kaufen eine Werkzeugmaschine. Die Hersteller-AGB verpflichten sie für zehn Jahre zur monatlichen Wartung durch den Hersteller.

- **Individuelle Abreden haben stets Vorrang vor AGB** (§ 305 b BGB).
- **Auslegungszweifel gehen zulasten des Verwenders der AGB** (§ 305 c Abs. 2 BGB).
- **Soweit ABG-Bestimmungen nicht Vertragsbestandteil geworden oder unwirksam sind, bleibt der Vertrag wirksam und richtet sich in den betreffenden Punkten nach dem Gesetz** (§ 306 Abs. 1 und 2 BGB).

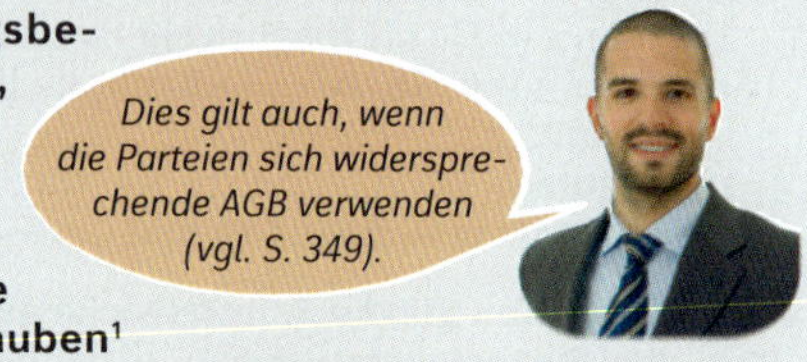

- **AGB-Bestimmungen sind unwirksam, wenn sie den Vertragspartner entgegen Treu und Glauben[1] unangemessen benachteiligen. Dies ist im Zweifel[2] anzunehmen, wenn die Einschränkungen den Vertragszweck gefährden oder wesentliche Grundgedanken der gesetzlichen Regelung nicht damit vereinbar sind** (§ 307 Abs. 1 und 2 BGB).

Für Verbraucherverträge gelten weitere Einschränkungen (§§ 308, 309 BGB) (vgl. S. 647).

Art, Beschaffenheit, Qualität der Ware

Die Art der Ware ergibt sich aus ihrem Namen. Beschaffenheit und Qualität können auf unterschiedliche Weise festgelegt werden: z. B. durch genaue Beschreibung, Abbildungen, Modelle, Muster, Proben, Marken, Güteklassen.

Marke: Elemente, die zur Identifikation eines Produkts oder einer Dienstleistung und zur Abhebung von Konkurrenten dienen: Markennamen, Markenzeichen, Markensymbol oder eine Kombination davon.

Güteklassen: Sammelbegriff für Handelsklassen, Typen und Standards. Sie werden von Handelsorganisationen (Fachverbänden, Börsen) oder vom Staat festgelegt.

- *Handelsklassen:* Güteklassen für Obst, Gemüse und andere landwirtschaftliche Produkte
- *Typen:* Güteklassen für Massenerzeugnisse der Industrie (z. B. Mehl)
- *Standards:* Einwandfrei festlegbare Durchschnittsqualitäten von bestimmten Metallen (Zinn, Kupfer, Blei, Zink) und landwirtschaftlichen Erzeugnissen (Baumwolle, Kaffee, Kakao, Kautschuk, Weizen, Hafer, Gerste, Mais, Zucker, Jute, Wolle, Ölsaaten, Sisal, Futtermitteln). Standards bewirken Fungibilität (gegenseitige Vertretbarkeit). Diese ermöglicht, dass die betreffenden Güter beim Kaufhandel nicht anwesend sein müssen und nach Zahl, Maß oder Gewicht gehandelt werden können. Dies geschieht auf eigens dafür geschaffenen Märkten, den Warenbörsen.

Es ist darauf zu achten, dass die Waren **genau bezeichnet werden**. Wenn nötig, sind Zeichnungen, Modelle, Muster, Qualitätsbezeichnungen, Fabrikate mit Bestellnummern anzugeben.

> **Beispiel: Warenbezeichnung**
> UV-Stablampe (Fabrikat Hanau), Bestell-Nr. 1 770 317

Viele Teile und einfache Erzeugnisse sind genormt. Normen sind technische Beschreibungen als Grundlage für eine allgemein anerkannte Vereinheitlichung. Für die Normung sind zuständig: Deutsches Institut für Normung – DIN (für Deutschland), Comité Européen de

---

1 Ausdruck, der so viel bedeutet wie: Ehrlichkeit, Rechtschaffenheit, Fairness
2 „Im Zweifel" bedeutet: wenn nichts anderes vereinbart oder aus den Umständen zu entnehmen ist.

Normalisation – CEN (für Europa), International Organization for Standardization – ISO (international). Für eine Bestellung genormter Güter genügt die festgelegte Norm-Bezeichnung.

Beispiel: Warenbezeichnung durch Normangabe
Flachrundschraube M 8 x 65 DIN 603

Je nach Festlegung von Warenart und -beschaffenheit unterscheidet man auch verschiedene Arten des Kaufvertrags:

Arten des Kaufvertrags nach der Festlegung von Warenart und -beschaffenheit
Stückkauf (Spezieskauf) Die Vertragspartner bestimmen die Kaufsache konkret (z. B. ein bestimmter Pkw Renault Twingo). Sie kann vertretbar[1] sein (bestimmter Neuwagen) oder nicht vertretbar (bestimmter Gebrauchtwagen). Wichtig: Der Verkäufer wird ohne Haft- und Schadensersatzpflicht von der Lieferpflicht frei, wenn die Lieferung ohne sein Verschulden unmöglich wird (§ 275 BGB).
Gattungskauf (§ 243 BGB, § 360 HGB) Die Vertragspartner bestimmen die Kaufsache nur der Gattung nach. Dafür legen sie Merkmale fest, z. B. Typ, Sorte, Qualität. Der Verkäufer kann jede Sache mit diesen Merkmalen liefern. Meist sind die Sachen vertretbar (z. B. alle Neuwagen Typ Renault Twingo Liberty), bisweilen auch nicht (z. B. alle Gebrauchtwagen Renault Twingo Liberty, Baujahr 2017). Wenn die Sachen nicht als Serienprodukte ohnehin völlig gleichartig sind, sind Sachen mittlerer Art und Güte zu liefern. Wichtig: Hat der Verkäufer die geschuldete Gattungssache bereitgestellt, so wird sie zur Stückschuld und er muss nur noch sie liefern.
Bestimmungskauf (Spezifikationskauf) (§ 375 HGB) Gattungskauf, bei dem der Käufer Einzelheiten der Kaufsache (z. B. Länge, Farbe) erst später bestimmen (spezifizieren) muss. Versäumt er den Termin, kann beim Handelskauf der Verkäufer eine angemessene Nachfrist setzen und nach ihrem Ablauf selbst die Spezifikation vornehmen.
Kauf nach Besicht Der Käufer besichtigt/prüft die Kaufsache vor Vertragsabschluss und kauft sie dann „wie besehen". Der Verkäufer haftet nicht für später festgestellte Mängel.
Kauf zur Probe Der Käufer kauft fest eine Probemenge. Bei Zufriedenheit stellt er ggf. weitere Käufe in Aussicht.
Kauf nach Probe (nach Muster) Die Kaufsache muss einer Probe/einem Muster/einer früheren Lieferung entsprechen.
Kauf auf Probe (zur Ansicht) (§ 454 BGB) Kauf mit Rückgaberecht, in der Praxis meist innerhalb einer vereinbarten Frist nach Lieferung.
Kauf in Bausch und Bogen (en bloc, tel quel; Ramschkauf) Kauf einer Sache zu einem Pauschalpreis ohne besondere Qualitätszusicherung für einzelne Teile.

Warenmenge

Die Menge wird in der Regel in einer gebräuchlichen Maßeinheit (z. B. in Stück, m, m^2, m^3, kg, l) angegeben. Ohne Mengenangabe im Angebot ist der Lieferant verpflichtet, jede handelsübliche Menge zu liefern.

Wird die Menge gewichtsmäßig angegeben, so gilt folgende Gleichung:
Bruttogewicht – Verpackungsgewicht (Tara) = Nettogewicht

[1] Vertretbare Sachen sind im Verkehr nach Zahl, Maß oder Gewicht bestimmt und deshalb nach allgemeiner Auffassung durch gleiche Sachen ersetzbar.

Warenpreis

Der Preis ist in der vereinbarten Art und Menge zu zahlen. So kann z. B. die Zahlung in inländischer, aber auch in ausländischer Währung vereinbart werden (§ 244 BGB).

Die Angabe kann als Gesamtpreis oder als Preis pro Einheit (z. B. pro Stück, Paar, Dutzend, Liter, 100 kg) erfolgen.

Ist der Preis für das Gewicht angegeben, so bezieht er sich ohne besondere Vereinbarung auf das Nettogewicht (= Bruttogewicht – Verpackungsgewicht). Preisstellung: „Preis netto“

Der Vertrag oder der Handelsbrauch des Erfüllungsortes können bestimmen, dass der Kaufpreis sich auf das Bruttogewicht bezieht (§ 380 HGB). Die Preisstellung lautet dann: „Preis brutto“.

Durch **Preisnachlässe (Rabatte)** und **Preiszuschläge** werden an sich einheitliche Angebotspreise gegenüber den Kunden differenziert. Einzelheiten dazu siehe Seite 585.

Ein sog. **Naturalrabatt** liegt vor bei einer **Warendraufgabe** (z. B. 50 Stück bestellt und berechnet, 60 geliefert) oder **-dreingabe** (z. B. 50 Stück bestellt und geliefert, 40 berechnet).

Erfüllungsort (Leistungsort)

Der Erfüllungsort ist der Ort, an dem der Schuldner die geschuldete Leistung auf seine Kosten und Gefahr vertragsgemäß bereitstellen muss. Dadurch wird er von seiner Verpflichtung frei. Die späteren Kosten und Gefahren muss der Vertragspartner tragen. Warenschuldner ist der Verkäufer, Geldschuldner der Käufer. Außerdem bestimmt der Erfüllungsort den Gerichtsstand (siehe S. 356).

An **Kosten** können z. B. auftreten: Verpackungs-, Wiege-, Prüf-, Versicherungs-, Transport-, Umschlagskosten.

Das Tragen der **Gefahr** wird auch als **Gefährdungshaftung** bezeichnet: Der Schuldner muss bis zur Übergabe am Erfüllungsort für einen zufälligen (d. h. unverschuldeten) Untergang und eine zufällige Verschlechterung der Leistung einstehen. Übergibt er die Leistung an einem anderen Ort, so trägt er ebenfalls die Gefährdungshaftung bis zur Übergabe (§ 446 BGB).

Haftung
ist die Pflicht, für Schulden sowie verursachte Schäden und Mängel einzustehen. Verschuldenshaftung setzt ein schuldhaftes Herbeiführen des Schadens voraus, Gefährdungshaftung nicht.

Für ein Verschulden haftet der Schuldner in jedem Fall (sog. **Verschuldenshaftung**). Ein Verschulden liegt vor, wenn er vorsätzlich handelt (d. h. den Schaden willentlich herbeiführt) oder fahrlässig handelt (d. h. die nötige Sorgfalt außer Acht lässt; § 276 BGB). Grobe Fahrlässigkeit bedeutet ein in besonderem Maße unsorgfältiges Verhalten.

Der Verkäufer muss z. B. sorgfältig sein in der Auswahl der Verpackung, des Spediteurs bzw. Frachtführers[1], des Transportweges und des Transportmittels. Er darf auch nicht ohne dringenden Grund von besonderen Anweisungen des Käufers über die Art der Versendung (z. B. Spezialverpackung, gewünschter Spediteur) abweichen (§ 447 Abs. 2 BGB).

[1] **Frachtführer** = die Unternehmen der Eisenbahn, des Güterkraftverkehrs, der Binnenschifffahrt und des Luftverkehrs, die die Güterbeförderung mit eigenen Beförderungsmitteln durchführen
Spediteur = Kaufmann, der den Güterversand durch Frachtführer besorgt, d. h. die Durchführung veranlasst, organisiert und kaufmännisch abwickelt. In der Regel führen Spediteure zusätzlich Transporte selbst aus, insbesondere mit eigenen Lkws. Sie gelten dann rechtlich ebenfalls als Frachtführer.

§ 269 BGB besagt: Der Erfüllungsort kann vertraglich vereinbart werden. Unterbleibt dies, gilt der sog. „natürliche Erfüllungsort". Liegt für einen Vertrag auch kein natürlicher Erfüllungsort vor, wird der Erfüllungsort durch weitere Bestimmungen in § 269 BGB gesetzlich festgelegt.

Arten des Erfüllungsorts

vertraglicher Erfüllungsort	natürlicher Erfüllungsort	gesetzlicher Erfüllungsort
Durch vertragliche Vereinbarung festgelegter Erfüllungsort. (Diese Vereinbarung kann auch stillschweigend erfolgen. So gilt bei den Zuschickungskäufen des täglichen Lebens oft die Wohnung des Käufers stillschweigend als Erfüllungsort für die Warenschuld vereinbart.)	Erfüllungsort, der sich aus den Umständen, insbesondere der Natur des Schuldverhältnisses ergibt. So gilt bei der Lieferung von Baumaterial die Baustelle, bei der Lieferung von Heizöl an den Endverbraucher der Ort des Heizkessels als natürlicher Erfüllungsort.	Für alle anderen Fälle ist in § 269 BGB der Erfüllungsort gesetzlich festgelegt: Es ist der Wohnsitz (bei Gewerbetreibenden der Ort der Niederlassung) des jeweiligen Schuldners. Beim Platzgeschäft (Kauf mit Zusendung der Leistung innerhalb der politischen Gemeinde) ist es seine Adresse.

Ist einem Geschäft der gesetzliche Erfüllungsort zugrunde zu legen, so gilt Folgendes für Warenschuld und Geldschuld:

Warenschuld (§§ 269, 447, 475 BGB)	Geldschuld (§§ 269, 270 BGB; EGH-Urteil)
• Erfüllungsort ist der Ort des Verkäufers (Warenschuldners) (§ 269 BGB). Der Käufer muss die hier vertragsgemäß bereitgestellte Ware auf seine Kosten und Gefahr abholen (sog. **Holschuld**). • Versendet der Verkäufer auf Verlangen des Käufers die Ware nach einem anderen Ort als dem Erfüllungsort (sog. **Versendungskauf**), so trägt der Käufer (Warengläubiger) die Gefahr des Versands ab Übergabe der Sendung an den Spediteur, Frachtführer oder sonstigen Beförderer (§ 447 BGB, sog. **Schickschuld**). Bei einem Transport durch eigenes Personal jedoch haftet der Verkäufer nach herrschender Meinung für die vom Personal verursachten Schäden[1]. **Ausnahme:** Bei Versendung an Verbraucher trägt der Verkäufer stets die Gefahr bis zur Warenübergabe. Dies gilt nur dann nicht, wenn der Käufer selbst einen Beförderer beauftragt, den der Verkäufer ihm nicht vorher benannt hat (§ 475 Abs. 2 BGB).	• Erfüllungsort ist der Ort des Käufers (Geldschuldners)(§ 269 BGB). Hier muss er das Geld am Fälligkeitstag abschicken (sog. **Schickschuld**). Anders als bei der Schickschuld beim Versendungskauf gilt hier jedoch: Der Schuldner muss die Kosten der Übermittlung (z. B. die Überweisungskosten) und die Verlustgefahr tragen (§ 270 BGB). Man spricht deshalb von einer modifizierten Schickschuld. • Laut Urteil des Europäischen Gerichtshofs vom April 2008 erfolgt allerdings eine Zahlung bei Verträgen zwischen Unternehmern nur rechtzeitig, wenn die Zahlung termingerecht beim Gläubiger eingeht. Die Geldschuld wird folglich bei solchen Verträgen zur **Bringschuld** (siehe unten). Insofern hat dann § 269 BGB nur noch für die Bestimmung des Gerichtsstands Bedeutung (siehe S. 298).

Die stärkere Vertragspartei (z. B. ein Alleinanbieter, ein Großabnehmer) kann oft ihre Allgemeinen Geschäftsbedingungen durchsetzen und ihren eigenen Sitz als vertraglichen Erfüllungsort für beide Parteien erzwingen. Die andere Partei muss ihre Leistung dann vertragsgemäß (kostenfrei, pünktlich, fehlerfrei) an diesen Ort bringen. Dafür haftet sie. Ihre Schuld wird zu einer sog. **Bringschuld**.

Beispiel: Erfüllungsort

Verkäufer:	Elektro GmbH, Essen
Käufer:	Haushaltscenter, Nürnberg
Ware:	40 Kühlschränke
Preis:	7 600,00 EUR, zahlbar am 10. Aug. 20..

Über den Erfüllungsort ist keine Vereinbarung getroffen. Der Käufer hat den Versand durch die Spedition Erler, Essen und Nürnberg, vorgeschrieben.

[1] Vgl. Palandt, Bürgerliches Gesetzbuch, 67. Auflage, Beck Verlag, München 2008, § 278 Rn 15 und § 447 Rn 12.

VIERTER ABSCHNITT

Erfüllungsort des Verkäufers ist Essen. Er muss die Ware transportsicher verpacken und ordnungsgemäß dem Spediteur Erler übergeben. Handelt er fahrlässig, sodass die Ware z. B. auf dem Transport wegen mangelhafter Verpackung beschädigt wird, so haftet er dem Käufer. Das Risiko für zufälligen Verlust, Beschädigung oder Untergang auf dem Transport trägt dagegen das Haushaltscenter als Käufer. Es muss auch Ersatzansprüche gegen den Spediteur geltend machen, wenn dieser einen Schaden verursacht.
Erfüllungsort des Käufers ist Nürnberg (§ 269 BGB). Als Unternehmer muss er aber laut Urteil des Europäischen Gerichtshofs so rechtzeitig zahlen, dass die Zahlung am 10.08. beim Gläubiger eingeht. Er muss auch die Überweisungskosten tragen. Geht der Überweisungsbetrag verloren, so muss der Käufer noch einmal zahlen. Wegen Schadensersatz kann er sich gegebenenfalls an sein Kreditinstitut halten.

Gerichtsstand

Der Gerichtsstand ist der Ort des für Rechtsstreitigkeiten zuständigen Gerichts.

Für Streitigkeiten aus einem Vertragsverhältnis gilt: Der Gegner ist an dem Ort zu verklagen, an dem er die streitige Verpflichtung erfüllen muss. Das ist grundsätzlich der natürliche Erfüllungsort, in Ermangelung dessen der gesetzliche Erfüllungsort gemäß § 269 BGB. Nur bei Kaufleuten ist ein vertraglicher Erfüllungsort auch zugleich Gerichtsstand (§ 29 ZPO).

Kaufleute können untereinander auch einen anderen Gerichtsstand vereinbaren, unabhängig vom Erfüllungsort (§ 38 Abs. 1 ZPO). Dabei wird jeder versuchen, den eigenen Ort als Gerichtsstand durchzusetzen.

VIERTER ABSCHNITT

Beförderungskosten

Der Verkäufer muss die Waren auf seine Kosten am Erfüllungsort bereitstellen (§ 448 Abs. 1 BGB). Alle Kosten für die Beförderung an einen anderen Ort trägt der Käufer. Im Kaufvertrag wird die Übernahme der Beförderungskosten aber häufig anders geregelt, und zwar durch individuelle Abmachungen oder AGB-Klauseln.

Grundsätzlich können solche Frankaturklauseln festlegen,

- wer die Frachtkosten für den Haupttransport (per Bahn, Lkw, Schiff, Flugzeug) trägt;
- wer die Anfuhrkosten zur Versandstation und die Abfuhrkosten von der Empfangsstation übernimmt;
- zu wessen Lasten Wiege-, Belade-, Entlade- oder Umschlagskosten gehen sollen.

In der Praxis richten sich die Kaufverträge in aller Regel an den Klauseln in den Geschäftsbedingungen der Spediteure und Transportunternehmen aus.

Innerdeutscher Verkehr:
Bei der Lkw-Beförderung von Kleingut (Stückgut) durch Spediteure und beim Paketversand durch KEP-Dienstleister werden i. d. R. nur zwei Frankaturklauseln verwendet:

- **„frei Haus“** → Der Absender zahlt das gesamte Beförderungsentgelt.
- **„unfrei“** → Der Empfänger zahlt das gesamte Beförderungsentgelt.

Für komplette Lkw-Ladungen werden sinngemäß weitere Klauseln verwendet:

- z. B. „frei Lager“, „frei Verwendungsstelle“, „frei Schiff“ (statt „frei Haus“);
- z. B. „ab Lager“, „ab Werk“, „ab Fabrik“ (statt „unfrei“).

Der innerdeutsche Eisenbahnverkehr befördert keine Stückgüter, sondern nur komplette **Wagenladungen**. Die Zahlungsvermerke der Bahngesellschaften erlauben eine Kostenteilung zwischen Absender und Empfänger.

Beispiel: Zahlungsvermerke der DB Cargo Deutschland Aktiengesellschaft (Schienenfrachtführer der Deutschen Bahn)

Zahlungsvermerk	Bedeutung: Der Absender bezahlt ...
Frei Fracht	die Fracht für die gesamte Beförderungsstrecke
Frei Fracht einschließlich ...	die Fracht und die gesondert ausgewiesenen Kosten
Frei	die Fracht und alle beim Versand berechenbaren Kosten
Frei ... (Bezeichnung der Kosten)	nur die aufgeführten Kosten
Frei aller Kosten	alle Kosten für die gesamte Beförderungsstrecke (Ladeentgelte, Fracht, Zölle, sonstige Kosten), nicht jedoch die vom Empfänger verursachten Kosten
Unfrei	keine Kosten; der Empfänger bezahlt sämtliche Kosten

Bei grenzüberschreitenden Warenkäufen werden vorformulierte, weltweit anerkannte Vertragsklauseln verwendet, die Incoterms®[1]. Näheres hierzu siehe Infomaterial *Außenhandelsgeschäfte*.

Web M 357

Verpackungskosten

Der *Verkäufer trägt* nach BGB die Kosten der Verkaufs- und Umverpackung (siehe S. 618). Sie sind *Kosten der Übergabe*.

Der Käufer trägt die Kosten der Transportverpackung (z. B. Kartons, Kisten) nach einem anderen Ort als dem Erfüllungsort. Sie sind *Kosten der Abnahme* (§ 448 Abs. 1 BGB).

VIERTER ABSCHNITT

Der Verkäufer weist in Angebot/Bestellungsannahme oft durch die Klausel „Preis ausschließlich Verpackung" auf die Gültigkeit dieser gesetzlichen Regelung hin. Will er hingegen davon abweichen und die Kosten der Versandverpackung übernehmen, so lautet die Klausel: „Preis einschließlich Verpackung".

In der Praxis werden die Regelungen über die Verpackungskosten meist mit den Preisstellungen **„Preis netto"** bzw. **„Preis brutto"** verbunden. Man erhält dann folgende Möglichkeiten:

Vereinbarungen über Verpackungskosten			
Preis netto einschließlich Verpackung			
Der Käufer zahlt für:	**Nettogewicht**	z. B.:	100 kg à 2,00 EUR = 200,00 EUR
Preis netto ausschließlich Verpackung			
Der Käufer zahlt für:	**Nettogewicht** + Verpackungskosten	z. B.:	200,00 EUR 30,00 EUR 230,00 EUR

[1] „Incoterms®" ist eine eingetragene Marke der Internationalen Handelskammer (ICC). Incoterms® 2020 ist einschließlich aller seiner Teile urheberrechtlich geschützt. Die ICC ist Inhaberin der Urheberrechte an den Incoterms® 2020. Bei den vorliegenden Ausführungen handelt es sich um inhaltliche Interpretationen zu den von der ICC herausgegebenen Lieferbedingungen durch die Autoren. Diese sind für den Inhalt, Formulierungen und Grafiken in dieser Veröffentlichung verantwortlich. Für die Nutzung der Incoterms® in einem Vertrag empfiehlt sich die Bezugnahme auf den Originaltext des Regelwerks. Dieser kann über ICC Germany unter www.iccgermany.de und www.incoterms2020.de bezogen werden.

Preis brutto einschließlich Verpackung (kurz: bfn = brutto für netto)

Der Käufer zahlt für:		z. B.:
	Nettogewicht + Tara (Verpackungs-gewicht)	100 kg à 2,00 EUR = 200,00 EUR 5 kg à 2,00 EUR = 10,00 EUR 105 kg à 2,00 EUR = 210,00 EUR

Preis brutto ausschließlich Verpackung

Der Käufer zahlt für:		z. B.:
	Nettogewicht + Tara + Verpackungskosten	200,00 EUR 10,00 EUR 30,00 EUR 240,00 EUR

Häufig wird zusätzlich vereinbart, dass der Kunde teures Verpackungsmaterial frachtfrei gegen Gutschrift der Kosten oder eines Teils der Kosten zurücksenden kann.

Lieferzeit

Wenn nichts anderes vereinbart oder aus den Umständen zu entnehmen ist, kann der Gläubiger die Leistung sofort verlangen, der Schuldner sie sofort bewirken. Ist eine Zeit festgelegt, so darf im Zweifel[1] der Schuldner schon vorher leisten (§ 271 BGB).

Diese Vorschrift gilt sowohl für die Lieferung als auch für die Zahlung.
Ist sofort zu liefern, so liegt ein **Sofortkauf** vor, ist später zu liefern, ein **Terminkauf**.

Werden bei einem Terminkauf z. B. die Ausdrücke „Lieferung Anfang Juni", „... Mitte Mai", „... Ende August" verwendet, so sind darunter der 1., 15. und Letzte des Monats zu verstehen (§ 192 BGB).

Neben dem Sofortkauf und dem Terminkauf sind folgende nach der Lieferzeit unterschiedene Kaufarten von besonderer Bedeutung.

Kaufarten (nach der Lieferzeit unterschieden)

Fixkauf

Es ist vereinbart, dass die Lieferung zu einem genau bestimmten Zeitpunkt oder innerhalb einer fest bestimmten Frist erfolgen muss (§ 323 Abs. 2 Nr. 2 BGB).

Der Kaufvertrag steht und fällt mit der Einhaltung des Termins bzw. der Frist. Dazu ist allerdings erforderlich, dass man den diesbezüglichen Willen der Vertragspartner an einer eindeutigen Fixklausel erkennen muss.

Beispiele: Fixklauseln
- „Lieferung am 20. Oktober 20.. fest" („fix", „exakt", „genau", „präzis", „prompt", „spätestens")
- „Lieferung bis 20. Oktober 20.., spätestens bis 18:00 Uhr"

Kauf auf Abruf

Es wird eine Frist vereinbart, innerhalb derer der Käufer Teilmengen zu ihm genehmen Zeitpunkten abrufen kann.

Vorteil für den Kunden: Die Lagerung wird auf den Verkäufer abgewälzt.
Vorteil für den Verkäufer: Größere Aufträge werden gesichert, die Kapazität wird ausgelastet.

Teillieferungskauf

Die Lieferung erfolgt in Teilmengen:
- entweder **auf Abruf** (siehe oben)
- oder als **Fixkauf** („Lieferung fix Mitte jedes Monats")
- oder **gegen Andienung**: Der Verkäufer kann innerhalb einer bestimmten Frist die Lieferzeitpunkte wählen. Dies ist z. B. der Fall, wenn der Lieferant die Ware erst herstellen muss und fertig gestellte Teilmengen an den Kunden ausliefert.
  Vorteil für den Lieferanten: Lagerung beim Kunden
  Vorteil für den Kunden: Zahlung erst nach vollständiger Lieferung

[1] „Im Zweifel" bedeutet: wenn nichts anderes vereinbart oder aus Umständen zu entnehmen ist.

Zahlungstermin

Ohne anderweitige Vereinbarung kann der Lieferant sofortige Zahlung bei Übergabe der Ware verlangen (§ 271 Abs. 1 BGB): Barkauf mit Zahlung „Zug um Zug“. Gebräuchliche Formel: „Zahlung netto“ oder „netto Kasse“.

Häufige Zahlungsvereinbarungen

Vorauszahlung, Anzahlung
Üblich bei Großaufträgen (z. B.: „10 % bei Produktionsaufnahme, 30 % bei Montagebeginn, 40 % bei Übergabe, 20 % drei Monate nach Übergabe“). Der Käufer trägt einseitig das Risiko des Leistungsausfalls.

Zahlung mit festgelegter Frist nach der Lieferung (Zielkauf)
Hier trägt der Lieferant einseitig das Risiko des Leistungsausfalls. Er prüft deshalb die Kreditwürdigkeit des Kunden und sichert den Zahlungseingang, etwa durch Eigentumsvorbehalt. Den Zinsverlust durch die Kreditgewährung kalkuliert er in den Kaufpreis ein und gestattet bei vorzeitiger Zahlung den Abzug von Skonto.
Eine Sonderform des Zielkaufs ist der Ratenkauf. Der Käufer leistet dabei den Kaufpreis in mindestens zwei Raten (Teilzahlungen).

M 359_1
M 359_2

Web

Beim Versendungskauf erfolgt die Zug-um-Zug-Zahlung oft als **Nachnahme**: Dabei ist der Überbringer (Kurier-, Express-, Paketdienst, Frachtführer, Spediteur) beauftragt, dem Käufer die Ware nur gegen Zahlung mit Bargeld oder mit einem gleichwertigen Zahlungsmittel zu übergeben (§ 422 HGB).

Weitere Vertragsinhalte

- **Eigentumsübergang:** Der Verkäufer behält sich in seinen AGB in der Regel das Eigentum an den verkauften Waren bis zur vollständigen Bezahlung vor. Einzelheiten hierzu siehe S. 364.
- **Gewährleistung für Mängel und Regelungen für Liefer-, Annahme- und Zahlungsstörungen:** Auch diese Inhalte sind meist Bestandteile der AGB. Sie können allerdings nur wirksam werden, wenn keine zwingenden gesetzlichen Vorschriften entgegenstehen. Einzelheiten siehe S. 370, 373, 626 und 635.

VIERTER ABSCHNITT

Arbeitsaufträge

1. **Die Maschinenfabrik Klemm GmbH benötigt Scheren-Hubtische.**

Maschinenfabrik Klemm GmbH (MK)

Klemm GmbH · Nordstraße 11 · 50733 Köln

Pelzer GmbH & Co. KG
Berliner Straße 2
47138 Duisburg

Ihr Zeichen:	
Ihre Nachricht vom:	
Unser Zeichen:	pd-se
Unsere Nachricht vom:	
Name:	Anna Geuer
E-Mail:	info@klemm.de
Telefon:	0221 45879-04
Datum:	09.06.20..

Anfrage

Sehr geehrte Damen und Herren,

wir benötigen dringend mehrere Scheren-Hubtische mit einer Traglast von 300 kg. Bitte unterbreiten Sie uns Ihr Angebot. Wir bitten auch um Zusendung Ihres Katalogs.

Pelzer GmbH & Co. KG | **PB Betriebseinrichtung**

Pelzer GmbH & Co. KG · Berliner Straße 2 · 47138 Duisburg

Maschinenfabrik
Klemm GmbH
Nordstraße 11
50733 Köln

Ihr Zeichen: pd-se
Ihre Nachricht vom: 09.06.20..
Unser Zeichen: pr-ge
Unsere Nachricht vom:
Name: Peter Rausch
E-Mail: info@pelzer.de
Telefon: 0203 68660-10
Datum: 12.06.20..

Angebot

Sehr geehrte Damen und Herren,

wir danken Ihnen für Ihre Anfrage und senden Ihnen unseren Katalog. Von dem auf Seite 110 abgebildeten Scheren-Hubtisch können wir Ihnen sofort bis zu 10 Stück liefern. Für größere Stückzahlen müssen wir einen Termin vereinbaren.

Für Bestellungen ab 15 000,00 EUR gewähren wir Ihnen 5 % Rabatt. Ansonsten gelten unsere umseitig abgedruckten Geschäftsbedingungen.

Wir würden uns freuen, bald von Ihnen zu hören.

Auszug aus dem Katalog:

Kleine Plattform, Doppel-Schere		**fahrbar**
Plattform-Länge x Breite		**800 x 600 mm**
Traglast		**300 kg**
Bauhöhe		350 mm
Nutzhub		800 mm
Hubzeit		24 sec.
Gewicht ca.		135 kg
Wechselstrom-motor 220 V	**Bestell-Nr.** **Preis EUR**	112928 H **3 495,00**
Drehstrom-motor 380 V	**Bestell-Nr.** **Preis EUR**	112986 H **3 620,00**

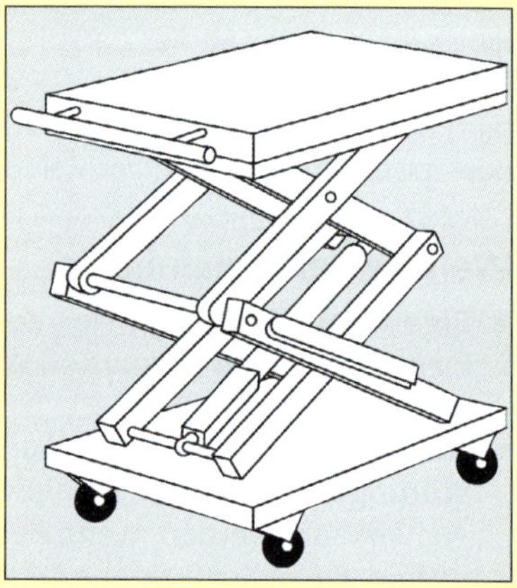

Geschäftsbedingungen (Auszug)

1. Für unsere Verkäufe gelten mangels abweichender schriftlicher Vereinbarung die nachstehenden Bedingungen.

...

3. Angaben über die Lieferzeit führen zum Fixkauf nur bei ausdrücklicher schriftlicher Bestätigung. Für Überschreitung der Lieferzeit haften wir darüber hinaus nicht.

...

5. Für alle Lieferungen, auch für solche innerhalb des Erfüllungsorts oder mit unseren Fahrzeugen oder den Fahrzeugen unserer Werke, richtet sich die Gefahrtragung nach den für Versendungsverkäufe maßgebenden gesetzlichen Bestimmungen.
6. Die Preise verstehen sich unfrei ab Werk oder Lager (sofern nicht anders vermerkt), ausschließlich Montage, zuzüglich der Verpackung, die nicht zurückgenommen wird. In den Preisen ist die Mehrwertsteuer nicht enthalten.
7. Unsere Rechnungen sind 10 Tage nach Rechnungsdatum unter Abzug von 2 % Skonto oder nach 30 Tagen netto zur Zahlung fällig. Ein Skontoabzug ist nur vom Warenwert möglich. Barvorlagen unsererseits für Montage und Fracht sind immer sofort ohne jeden Abzug zur Zahlung fällig. Hiervon abweichende Vereinbarungen sind schriftlich zu treffen.

...

9. Erfüllungsort und Gerichtsstand – soweit gesetzlich zulässig auch für Ansprüche aus Wechseln oder Schecks – ist Duisburg.

15.06.20..

Bestellung

Sehr geehrte Damen und Herren,

wir bestätigen Ihnen unsere telefonische Bestellung von heute Morgen, betreffend 5 Scheren-Hubtische, Best.-Nr. 112928 H, zur sofortigen Lieferung abzüglich 5 % Rabatt.

a) Wie nimmt Klemm mit Pelzer Kontakt auf?

b) Geht Klemm durch diese Kontaktaufnahme eine Verpflichtung gegenüber Pelzer ein (z. B. eine Kaufverpflichtung)?

c) • Wer gibt als erster eine Willenserklärung zum Abschluss eines Kaufvertrags ab, und in welcher Form erfolgt diese Willenserklärung?
- Muss eine solche Willenserklärung unbedingt in dieser Form erfolgen? Nennen Sie ggf. weitere Möglichkeiten.

d) Ist das Unternehmen, das diese Willenserklärung abgibt, daran gebunden?

e) In welchem Augenblick ist im vorliegenden Fall der Kaufvertrag geschlossen?

f) • Ist im vorliegenden Fall eine Bestellungsannahme für den gültigen Vertragsabschluss erforderlich?
- In der Praxis erfolgt oft auch dann eine schriftliche Bestellungsannahme, wenn sie nicht mehr für den Vertragsabschluss erforderlich ist. Begründen Sie dieses Vorgehen.
- Fertigen Sie eine schriftliche Bestellungsannahme für den vorliegenden Fall an. Kündigen Sie darin zugleich den Warenversand mit den nach Ihrer Meinung notwendigen Angaben an (sog. Versandanzeige). Benutzen Sie ein Textverarbeitungsprogramm.

g) • Zählen Sie die Vertragsbedingungen auf, die in den Willenserklärungen von Käufer und Verkäufer enthalten sein sollten.
- Warum werden diese Vertragsbedingungen im Text des vorliegenden Angebots und der nachfolgenden Bestellung nicht sämtlich erwähnt?

h) Wie sind die Art, die Beschaffenheit und die Menge der Ware festgelegt?

i) • Welchen Preis muss Klemm zahlen
  - 30 Tage nach Rechnungsdatum,
  - 10 Tage nach Rechnungsdatum?
- Entsprechen die Vereinbarungen über den Zahlungstermin den gesetzlichen Bestimmungen?

So wird gerechnet:

	Listenpreis	*... EUR*
–	*Rabatt (... % vom Listenpreis)*	*... EUR*
–	*Zielpreis*	*... EUR*
–	*Skonto (... % vom Zielpreis)*	*... EUR*
=	*Barpreis netto*	*... EUR*
+	*Umsatzsteuer*	*... EUR*
=	*Barpreis brutto*	*... EUR*

j) Stellen Sie sich einmal vor, Klemm verfügte erst 30 Tage nach Rechnungsdatum über genügend Geld zur Bezahlung der Rechnung. Für Zahlung binnen 10 Tagen müsste das Bankkonto überzogen werden. Dies würde 15 % Jahreszins kosten. Stellen Sie durch eine geeignete Rechnung fest, ob die Zahlung binnen 10 Tagen trotzdem günstiger wäre.

k) • Wo befindet sich der Erfüllungsort für die Warenschuld und für die Geldschuld?
- Handelt es sich dabei um den gesetzlichen, natürlichen oder vertraglichen Erfüllungsort?
- Liegen insofern Hol-, Schick- oder Bringschulden vor?

l) Gesetzt den Fall, die Hubtische würden auf dem Transport zum Kunden beschädigt. Wer trägt dann den Schaden, und müsste Klemm die Waren trotzdem bezahlen?

m) Wer trägt die Kosten für den Transport der Ware und für die Verpackung?

n) An welchem Ort müssten Klemm und Pelzer wegen ihrer Ansprüche gegen den Vertragspartner jeweils gerichtlich klagen?

2. Gegeben sind folgende Kaufvertragsarten:

(1) Kauf auf Probe	**(3) Kauf zur Probe**	**(5) Fixkauf**	**(7) Stückkauf**
(2) Kauf nach Probe	**(4) Kauf auf Abruf**	**(6) Gattungskauf**	**(8) Spezifikationskauf**

Welche dieser Kaufvertragsarten werden durch die folgenden Aussagen beschrieben?

a) Der Vertragsgegenstand ist durch gemeinsame, von den Vertragspartnern festgelegte Merkmale bestimmt.
b) Mit der Einhaltung des Liefertermins steht und fällt der Kaufvertrag.
c) Der Lieferzeitpunkt kann vom Käufer bestimmt werden.
d) Der Vertragsgegenstand muss genau einem Muster entsprechen.
e) Es wird eine bestimmte Menge gekauft; der Käufer kann später noch Merkmale wie Maße, Formen, Farben selbst bestimmen.
f) Der Käufer kann den Kaufgegenstand zurückgeben, wenn er nicht seinen Erwartungen entspricht.

3. **Ein Unternehmen bestellt 10 Stück einer Ware. Der Lieferant gewährt 10 % Rabatt und 3 % Skonto.**
   a) Wie viel Prozent beträgt die gesamte Preisermäßigung?
   b) Statt des Geldrabatts könnte der Käufer auch eine Drauf- oder Dreingabe von einem Stück nach seiner Wahl erhalten. Welcher der beiden Naturalrabatte ist günstiger für ihn?

4. **Käufer und Verkäufer seien Unternehmer. Gegeben sind die folgenden Sachverhalte:**
   (1) Sitz des Verkäufers: Essen. Sitz des Käufers: Köln.
   Lieferung von Schränken von Essen nach Köln.
   Erfüllungsort für die Lieferung ist Essen.
   Erfüllungsort für die Zahlung ist Essen.
   (2) Sitz des Verkäufers: Essen. Sitz des Käufers: Köln.
   Lieferung von Baumaterial an eine Baustelle in Wuppertal.
   Erfüllungsort für die Lieferung ist Wuppertal.
   Erfüllungsort für die Zahlung ist Köln.
   (3) Sitz des Verkäufers: Bonn. Sitz des Käufers: Neuss.
   Lieferung von Lebensmitteln von Bonn nach Neuss.
   Erfüllungsort für die Lieferung ist Neuss.
   Erfüllungsort für die Zahlung ist Neuss.
   In welchen dieser Fälle handelt es sich um a) den vertraglichen, b) den natürlichen, c) den gesetzlichen Erfüllungsort?

5. **Schneider & Co. erhalten von Gebr. Faden das folgende briefliche Angebot vom 16. April: „Jeans-Stoff zu 6,50 EUR je Meter. Lieferung unfrei.“**
   Schneider & Co. bestellen am 19. April 20 Ballen zu 6,00 EUR je Meter bei Lieferung frei Haus fest bis spätestens zum 30. April im Werk eingehend. Gebr. Faden liefern daraufhin am 24. April ohne besondere Bestellungsannahme.
   a) Um was für einen Kauf handelt es sich hier hinsichtlich der Lieferzeit?
   b) Welcher Preis ist der Lieferung zugrunde zu legen?
   c) Wer muss die Transportkosten tragen?
   d) Wer muss die Kosten für die Versandverpackung tragen?
   e) Wann ist die Zahlung fällig?

6. **Auf eine Anfrage von Einzelhändler Willi Wolle, 20123 Hamburg, vom 4. Aug. schreibt die Klaus Krause KG, 40597 Düsseldorf, am 6. Aug. ein Angebot mit folgendem Inhalt: „Gartenstühle, Rohrgestell mit Tuchbespannung, zusammenklappbar, gemäß beiliegendem Prospekt. Abgabe nur in Packungen von jeweils 5 Stück. Stückpreis 10,00 EUR zuzüglich Mehrwertsteuer bei Abnahme von mindestens 30 Stück. Bei Abnahme von mindestens 50 Stück 5 % Rabatt. Lieferungsbedingungen: Versand frei Haus, Verpackungskosten pro Paket 2,00 EUR. Preis netto ausschließlich Verpackung. Lieferung 14 Tage nach Eingang der Bestellung. Zahlungsbedingungen: Zahlung binnen 30 Tagen nach Rechnungsdatum netto Kasse oder binnen 10 Tagen mit 2 % Skonto.“**
   Wolle nimmt durch Bestellung von 50 Stück am 8. Aug. das Angebot an. Versandtag der Ware und Rechnungsdatum ist der 24. Aug.
   a) Wer trägt das Risiko für Schäden wegen mangelhafter Verpackung?
   b) Wer trägt das Risiko für den Verlust des Zahlungsbetrages nach erfolgter Banküberweisung?
   c) Ab wo trägt der Käufer das Risiko für die zufällige Verschlechterung der Ware?
   d) Wie muss der Käufer vorgehen, um seiner Zahlungspflicht zu genügen?
   e) Welchen Betrag muss der Kunde binnen 10 Tagen nach Rechnungsdatum überweisen?
   f) Welche Transportkosten muss der Käufer übernehmen?
   g) Wo befindet sich der Gerichtsstand für eine Klage
      - des Verkäufers gegen den Käufer?
      - des Käufers gegen den Verkäufer?
   h) Schreiben Sie eine Bestellung über 60 Stück. (Benutzen Sie ein Textverarbeitungsprogramm.)

2.6.3 Erfüllung des Kaufvertrags

Erfüllungsgeschäft

Der Kaufvertrag ist ein Verpflichtungsgeschäft. Er begründet ein gegenseitiges Schuldverhältnis und verpflichtet die Vertragspartner, ihre Leistungen entsprechend ihren Vereinbarungen zu erbringen.

Sind keine besonderen Vereinbarungen getroffen, bestimmt § 242 BGB: Der Schuldner muss die Leistung so bewirken, wie Treu und Glauben mit Rücksicht auf die Verkehrssitte es erfordern. Dies bedeutet so viel wie ein ehrbares, rechtschaffenes, faires Verhalten unter Berücksichtigung der herrschenden, gegebenenfalls örtlich unterschiedlichen Gepflogenheiten.

Die Vertragserfüllung ist nach deutschem Recht ein eigenes Rechtsgeschäft: das *Erfüllungsgeschäft*. Dieses verändert die Rechte an den betroffenen Sachen und bringt das Schuldverhältnis zum Erlöschen (§ 362 Abs. 1 BGB).

Das Erfüllungsgeschäft vollzieht sich bei beweglichen Sachen in zwei Schritten: **Einigung** und **Übergabe**. Dabei ist die Einigung sozusagen ein eigener Vertrag, der die Übereignung zum Inhalt hat.

Bestandteile des Erfüllungsgeschäftes (§ 929 BGB)

Einigung

Käufer und Verkäufer müssen sich darüber einig sein, dass das Eigentum an der Sache und der Besitz auf den Käufer übergehen sollen. Der Käufer darf eine gekaufte Sache auch nach Verstreichen des Liefertermins nicht eigenmächtig gegen den Willen des Verkäufers an sich nehmen! Dies wäre verbotene Eigenmacht. Er kann aber auf Herausgabe klagen.

Übergabe

Die Sache muss tatsächlich übergeben werden. Mit der Übergabe erwirbt der Käufer das Eigentum, d. h. die rechtliche Verfügungsgewalt, und den Besitz, d. h. die tatsächliche Verfügungsgewalt. Beim Versendungskauf erfordert die Übergabe die Zusendung der Ware.

Web

Das Infoblatt *Erfüllungsgeschäft* stellt den Sachverhalt noch einmal auf heitere Art dar. M 363

Beispiel: Erfüllung des Kaufvertrags

- **Verpflichtungsgeschäft:** Ein Kunde kauft in der Baustoffhandlung 50 m² Fliesen.
- **Erfüllungsgeschäft** (hier: Erfüllung durch den Verkäufer):
  - **Einigung:** Der Verkäufer gibt dem Kunden einen Auslieferungsschein für das Lager.
  - **Übergabe:** Der Lagerarbeiter übergibt dem Kunden die Ware nach Vorzeigen des Auslieferungsscheins.

Wenn ein Dritter die Sache im Besitz hat, so kann die Übergabe dadurch ersetzt werden, dass der Eigentümer seinen Herausgabeanspruch an den Käufer abtritt (§ 931 BGB).

Beispiel: Abtretung des Herausgabeanspruchs

Der Großhändler Moser hat einen Posten Reis in einem Lagerhaus eingelagert und für die Einlagerung einen Lagerschein erhalten. Er verkauft den Reis an die Firma Speiser. Das Eigentum kann an Speiser übertragen werden, indem

- Moser den Reis abholt und Speiser zustellt,
- Moser den Lagerschein auf Speiser überträgt und damit seinen Herausgabeanspruch an Speiser abtritt.

Die Übergabe kann auch durch die Vereinbarung ersetzt werden, dass das Eigentum auf den Käufer übergeht, der Besitz aber beim Verkäufer bleiben soll (**Besitzkonstitut**; § 930 BGB).

Grundstücke kann man einem Erwerber nicht wie bewegliche Güter übergeben. Die Eigentumsübertragung erfordert hier die Einigung und die Eintragung des Rechtsübergangs im Grundbuch des Amtsgerichts. Die Einigung trägt die Bezeichnung **Auflassung**. Sie muss wegen der Bedeutung dieses Rechtsgeschäftes durch einen Notar beurkundet werden.

Das *Eigentum* an einer unbeweglichen Sache wird erworben durch Einigung (Auflassung) und Eintragung in das Grundbuch (§ 873 BGB). Der Besitz wird erworben, indem der alte Besitzer dem neuen die Sache zum Gebrauch überlässt (§ 854 BGB).

Eigentumsvorbehalt

Web
M 364

Angebot
... Die Ware bleibt bis zur vollständigen Bezahlung unser Eigentum.

Siehe AGB von MGB!

In der Regel behält sich der Verkäufer im Angebot, in der Bestellungsannahme oder in seinen AGB das Eigentum an der Kaufsache (Ware) bis zur vollständigen Bezahlung des Kaufpreises vor (§ 449 BGB). Dann wird der Käufer bei der Übergabe der unbezahlten Sache nur deren Besitzer. Denn es fehlt die Einigung über den Eigentumsübergang. Erst mit der vollständigen Bezahlung geht das Eigentum automatisch auf den Käufer über.

Lieferung unter Eigentumsvorbehalt

Verkäufer → übergibt die Ware unter Eigentumsvorbehalt → **Käufer**

bleibt Eigentümer — wird Besitzer

Der Eigentumsvorbehalt berechtigt den Verkäufer,
- **dem mit der Zahlung säumigen Käufer eine Nachfrist für die Zahlung zu setzen,**
- **nach deren Ablauf vom Vertrag zurückzutreten, die Rückgabe der Kaufsache zu verlangen (§ 449 BGB) sowie Schadensersatz zu fordern (§ 280 Abs. 1 BGB).**

In den folgenden Fällen nützt der Eigentumsvorbehalt dem Verkäufer nichts:

Der Eigentumsvorbehalt erlischt, wenn die Sache ...	Beispiele:
• ... untergeht oder wertlos wird. →	Totalschaden eines Fahrrads durch Unfall
• ... mit einem Grundstück fest verbunden wird (§ 946 BGB). →	Einbauschrank Von §§ 946–948 BGB ausgenommen sind Handwerkerleistungen.
• ... mit beweglichen Sachen zu einer Einheit verbunden oder vermischt wird (§§ 947, 948 BGB). →	Einbau eines Sportlenkrades in ein Auto
• ... verarbeitet wird (§ 950 BGB). →	Verarbeitung von Blech zu Kühlschränken
• ... von einem gutgläubigen Dritten erworben wird (§ 932 BGB). →	Kauf eines Fernsehers durch einen Kunden, dem die Lieferung an den Verkäufer unter Eigentumsvorbehalt nicht bekannt ist

Für die kaufmännische Praxis ist wichtig: Muss der Verkäufer erkennen, dass sein Käufer die Sache zum Zweck des Weiterverkaufs erwirbt – z. B. als Groß- oder Einzelhändler –, so willigt er trotz Eigentumsvorbehalts in den Weiterverkauf ein. Er kann die Einwilligung zwar vertraglich ausschließen oder widerrufen. Gegebenenfalls verzichtet der Käufer dann aber auf den Kauf. Deshalb sichert sich der Verkäufer gern durch eine der folgenden **Erweiterungen des Eigentumsvorbehalts** (oder durch eine Kombination dieser Formen) ab.

Erweiterter Eigentumsvorbehalt
Weitergeleiteter Eigentumsvorbehalt Der Käufer darf die Sache nur in der Weise weiterveräußern, dass der Verkäufer Vorbehaltseigentümer bleibt. (In der Praxis ungebräuchlich geworden)
Nachgeschalteter Eigentumsvorbehalt Der Käufer darf die Sache nur unter seinem eigenen Eigentumsvorbehalt weiterveräußern. Dies ist im Zwischenhandel üblich.
Verlängerter Eigentumsvorbehalt Der Käufer darf die Sache verarbeiten oder weiterverkaufen. Als Ersatz für den untergegangenen Eigentumsvorbehalt soll der Verkäufer sicherheitshalber das Eigentum an dem hergestellten Gegenstand oder an der Forderung aus dem Weiterverkauf erhalten.
Kontokorrentvorbehalt Der Eigentumsvorbehalt erlischt erst, wenn der Käufer alle oder einen bestimmten Teil der Forderungen aus der Geschäftsverbindung beglichen hat.

Ein **nachträglicher Eigentumsvorbehalt**, der erst im Lieferschein oder in der Rechnung angebracht wird, ist vertragswidrig. Treffen diese Papiere spätestens mit der Kaufsache selbst ein, gilt er trotzdem, denn er drückt die fehlende Einigung über die Eigentumsübertragung aus. Der Käufer kann aber widersprechen und Eigentumsübertragung verlangen, denn es liegt ein Rechtsmangel vor.

Wird eine Sache unter Eigentumsvorbehalt von dritter Seite gepfändet, kann der Verkäufer durch eine sog. Widerspruchsklage ihre Freigabe verlangen. Ist über das Vermögen des Schuldners das Insolvenzverfahren eröffnet, kann er die Herausgabe seines Eigentums verlangen (sog. Aussonderungsrecht; § 47 InsO).

VIERTER ABSCHNITT

Arbeitsaufträge

1. **Auf Seite 337 ist ein Angebot der Mielenz GmbH an die Elektroinstall GmbH abgebildet, auf Seite 350 die Auftragsbestätigung.**

   Erläutern Sie, wie die ordnungsgemäße Erfüllung des Kaufvertrags vonstatten gehen muss.

2. **Herr Berger hat Herrn Müller in einem schriftlichen Kaufvertrag die Lieferung eines Mopeds für den 5. Mai zugesagt, hält aber den Termin nicht ein und verweigert am 6. Mai die Herausgabe, als Herr Müller bitterböse bei ihm erscheint.**

   Beurteilen Sie, ob Herr Müller sich das Moped, das bei Herrn Berger im Hof steht, einfach wegnehmen darf.

3. **Herr Lochmann hat seine Bohrmaschine an Herrn Krummwerker verliehen und vereinbart, dass er sie bei Bedarf jederzeit zurückfordern kann. Herr Basteler kauft die Bohrmaschine von Herrn Lochmann.**

   Welche Möglichkeiten bestehen für Herrn Lochmann, Herrn Basteler Besitz und Eigentum am Kaufgegenstand zu verschaffen?

4. In den Allgemeinen Geschäftsbedingungen einer Aktiengesellschaft steht:
„Der Liefergegenstand bleibt bis zur Bezahlung unserer sämtlichen, auch der künftig entstehenden Forderungen gegen den Besteller unser Eigentum. Der Besteller tritt bereits jetzt seine Forderungen aus einem Weiterverkauf der Vorbehaltsware in Höhe des Lieferpreises zuzüglich 10 % Inkassozuschlag zur Sicherheit an uns ab, wenn er vor der Zahlung des Lieferpreises die Ware veräußert."

a) Welche Sicherung liegt hier vor?
b) Welche Rechte hat der Verkäufer bei ausbleibender Zahlung des Käufers?
c) Nennen Sie Fälle, in denen der Lieferant durch die obigen Klauseln nicht abgesichert ist.

2.7 Kreditorenmanagement

2.7.1 Kreditorenkonten

Die Kreditorenbuchführung betrifft folgende Vorgänge am Ende des störungsfreien Geschäftsprozesses Einkauf: Prüfung der Eingangsrechnung, Buchung als Verbindlichkeit und Bezahlung.

Für die Buchführung ist wichtig: Die Buchung der Eingangsrechnung ausschließlich im Hauptbuch auf **dem Sachkonto 4400 Verbindlichkeiten aus Lieferungen und Leistungen** reicht nicht aus, denn dieses Konto weist nicht die Schulden gegenüber den **einzelnen** Kreditoren (Gläubigern) aus. (Entsprechendes gilt für die Forderungen an die Kunden, die Debitoren [Schuldner]).

Deshalb ist das Hauptbuch um ein Nebenbuch zu ergänzen: das **Kontokorrentbuch**[1]. Dieses enthält **Personenkonten**: für jeden Lieferanten ein Kreditorenkonto (und entsprechend für jeden Kunden ein Debitorenkonto). Diese Konten präzisieren den Inhalt der Sachkonten des Hauptbuchs.

Beispiel: Kreditorenkonten

Hauptbuchhaltung:	**Kreditorenbuchhaltung:**
4400 Verbindlichkeiten aus Lieferungen und Leistungen	70001 Kirch & Co. KG
	70002 Berger GmbH
	… …

Die notwendigen Arbeiten werden mithilfe eines Kreditorenprogramms (bzw. Debitorenprogramms) erledigt. Das Kreditorenprogramm z. B. entnimmt die Daten für jedes Kreditorenkonto dem **Lieferantenstammsatz** in der Lieferantendatenbank.

Relevante Daten des Lieferantenstammsatzes

Kommunikationsdaten	Zahlungsverkehrsdaten	Berechtigungsdaten
Lieferantennummer Lieferantennamen (Firma) Lieferantenanschrift (auch: Land) Umsatzsteuer-Identifikationsnr. Telefon, Fax, E-Mail-Adresse	Bankverbindung (Bankleitzahl, Bank, Kontonummer, BIC, IBAN[2]) Zahlungsbedingungen Zahlungswege (z. B. Überweisung, Scheckzahlung)	Passwort (für Personen, die Zugangsberechtigung zum Konto haben)

[1] ital: conto corrente = laufende Rechnung
[2] Vgl. S. 629.

Das System benutzt die Daten des Lieferantenstammsatzes

- **als Vorschlagswerte für die Buchung:**
  Es schlägt z. B. einen Buchungssatz unter Berücksichtigung der gespeicherten Skontoangaben vor.
- **für die Verarbeitung der Geschäftsfälle:**
  Es verarbeitet z. B. die Daten über die Zahlungswege und über die Bankverbindung für den maschinellen Zahllauf.

2.7.2 Rechnungsprüfung und Buchung

Rechnungsnummer: 860348	Datum: 05.09.20..	
Artikel	Menge	Einzelpreis
Kopierer M37	2 Einheiten	378,15 EUR
Zwischensumme netto	MwSt-Betrag	Rechnungsbetrag
756,30 EUR	143,70 EUR	900,00 EUR

Die Rechnung wird in folgenden Schritten geprüft und gebucht:

- Der Sachbearbeiter bestimmt den Lieferanten durch Eingabe der Kreditorennummer.
- Er gibt die Rechnungsnummer (Referenznummer) und die Rechnungsdaten ein.
- Er gibt die Bestellnummer ein und ruft die Daten der Bestellung auf.

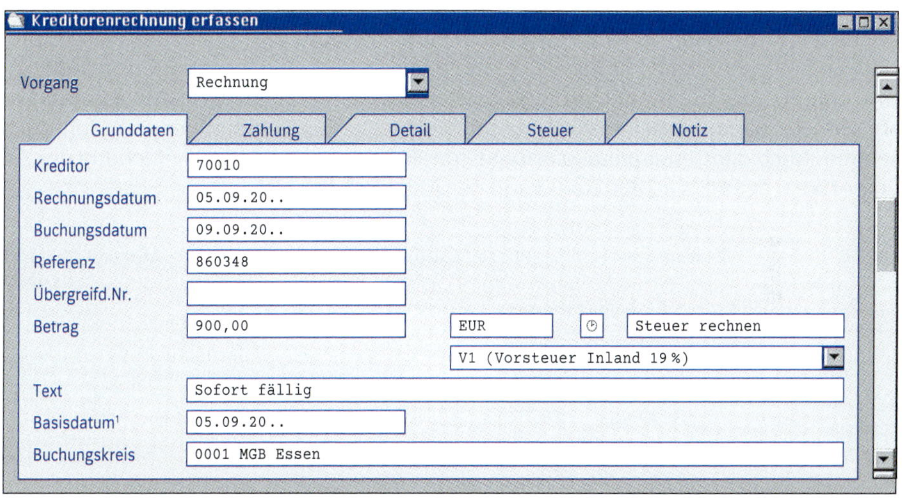
Kreditorenrechnung erfassen

Vorgang: Rechnung

Grunddaten | Zahlung | Detail | Steuer | Notiz

Kreditor	70010
Rechnungsdatum	05.09.20..
Buchungsdatum	09.09.20..
Referenz	860348
Übergreifd.Nr.	
Betrag	900,00 — EUR — Steuer rechnen — V1 (Vorsteuer Inland 19 %)
Text	Sofort fällig
Basisdatum[1]	05.09.20..
Buchungskreis	0001 MGB Essen

- Das System vergleicht die gespeicherten Bestelldaten mit den Rechnungsdaten. Bei Differenzen erscheint auf dem Bildschirm eine Warnmeldung. Die Differenzen sind zu untersuchen und zu genehmigen. Gegebenenfalls kann die Rechnung auch unter Angabe des Grundes für die Zahlung gesperrt werden. Die richtigen Daten werden gespeichert.
- Der Sachbearbeiter ruft eine „Simulation" der Buchung auf. Darin erstellt das System einen Buchungsvorschlag. Ist dieser in Ordnung, erfolgt die endgültige Buchung.

[1] Das Basisdatum ist das Ausgangsdatum für die Berechnung einer Zahlungsfrist.

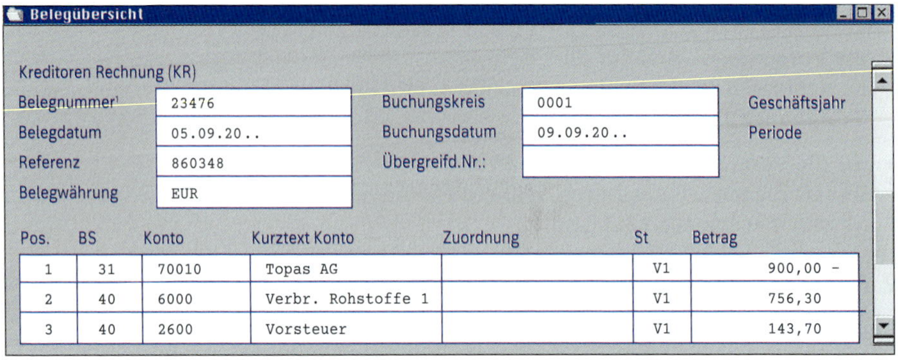

Belegübersicht

Kreditoren Rechnung (KR)

Belegnummer[1]	23476	Buchungskreis	0001	Geschäftsjahr
Belegdatum	05.09.20..	Buchungsdatum	09.09.20..	Periode
Referenz	860348	Übergreifd.Nr.:		
Belegwährung	EUR			

Pos.	BS	Konto	Kurztext Konto	Zuordnung	St	Betrag
1	31	70010	Topas AG		V1	900,00 -
2	40	6000	Verbr. Rohstoffe 1		V1	756,30
3	40	2600	Vorsteuer		V1	143,70

Für **Lieferanten mit maximal einem Einkaufsumsatz im Jahr** werden kein eigenes Kreditorenkonto und kein eigener Stammsatz angelegt. Stattdessen erfasst man sie auf einem **Sammelkonto (CPD-Konto = Conto pro Diverse)**. Die Lieferanten- und Rechnungsdaten werden erst bei der Belegerfassung eingegeben.

2.7.3 Maschineller Zahllauf

Fällige Rechnungen werden nicht einzeln bezahlt, sondern man führt – z. B. einmal pro Woche – kostensparende Sammelüberweisungen aus. Das Programm erstellt anhand der gespeicherten Zahlungsbedingungen automatisch eine Zahlungsvorschlagsliste. Deshalb spricht man von einem „maschinellen Zahllauf". Der Sachbearbeiter prüft die Liste und klärt Probleme. Er kann z. B. Zahlungen zurückstellen oder Skonto ändern. Es wird eine neue Liste erstellt und ggf. wieder geändert. Fallen keine Korrekturen mehr an, gibt der Sachbearbeiter die Liste zur Kontrolle und Genehmigung an den Vorgesetzten. Nach der Genehmigung erfolgen der Echtlauf (Zahllauf), die Buchung der Zahlung (70010 TOPAS an 2800 Bank) und der Ausdruck der Liste.

MGB | **Zahlungsvorschlagsliste (Zahllauf)** | **07.09.20..** | **Uhrzeit 15:17:10**
Seite 1
Buchungskreis: 0001 Regulierungsdatum: 07.09.20..

K Bu.Kr	Konto-Nr. Beleg-Nr.	Anschrift Beleg-Dat.	 Basis-Dat.	Zahl. bed.	 Zahlweg	Bankanschrift Währung	 Brutto	 Netto
K	70010	TOPAS AG Postfach 1265 73748 Ostfildern				Kreissparkasse 61150020 001234555		
0001	860348	07.09.20..	07.09.20..			EUR	900,00	900,00
					Überweisung	EUR	900,00	
K	70016							

Die Daten werden auf Datenträger überspielt und online zur Bank übertragen.

[1] Die Belegnummer ist eine interne Nummer, die vom System automatisch für den Rechnungsbeleg vergeben wird.

Prozessname: Kreditorenbuchführung
Von der Prüfung der Rechnungsdaten bis zur Zahlung

Prozessinputs:		Inputlieferanten	Prozessoutputs:		Outputkunden:
Rechnung	←	Lieferant	Buchungsbeleg	→	Kreditorenbuchhaltung
Bestelldaten	←	Einkauf	Zahlliste	→	Kreditorenbuchhaltung
Lieferpapiere	←	Warenannahme	Sammelüberweisung	→	Kreditinstitut

Rechnung liegt vor → Kreditorendaten ermitteln → Rechnungsdaten eingeben → Werte rechnerisch überprüfen → Rechnungspositionen nachbearbeiten → Sperrgrund prüfen und eventuell setzen → Daten speichern → Buchung simulieren → buchen → Zahllauf vornehmen → Zahlung vornehmen

2.7.4 Zahlungsvorgang

Grundsätzlich kann man Schulden auf dreierlei Art bezahlen.

- **mit Bargeld:** Zahlung mit Banknoten und Münzen
- **halbbar:** entweder Bargeldeinzahlung auf ein Konto des Empfängers oder Bargeldauszahlung vom Konto des Zahlers
- **bargeldlos:** Umbuchung vom Zahlerkonto auf das Empfängerkonto

Zahlungen von Industriebetrieben erfolgen heute fast ausschließlich bargeldlos in Form von Überweisungen. Überweisungen sind Umbuchungen von Geldbeträgen von einem Konto auf ein anderes aufgrund eines Überweisungsauftrags:

- **Einzelüberweisung:** Aufgrund des Auftrags erfolgt eine Überweisung.
- **Sammelüberweisung:** Aufgrund des Auftrags erfolgen mehrere Überweisungen.

Alle anderen Zahlungswege sind für Betriebe zu personal-, zeit- und kostenintensiv und deshalb nur für den privaten Zahlungsverkehr geeignet. Nur bei Zahlungen ins Ausland kommen noch Schecks vor.

Für den Zahlungsverkehr unterhält der Industriebetrieb **Girokonten** bei Kreditinstituten. Wie private Girokonten nehmen sie Geldbeträge auf, über die der Kontoinhaber jederzeit und ohne Einschränkung verfügen kann. Bei entsprechenden Vereinbarungen mit dem Kreditinstitut kann das Konto auch überzogen werden. Die Bank führt die Zahlung dann aus, ohne dass ein Guthaben besteht. Sie gewährt einen Kredit.

Die herkömmliche Form des Überweisungsauftrags ist das gedruckte Überweisungsformular. Die Überweisungen der Industriebetriebe erfolgen heutzutage jedoch beleglos durch Datenfernübertragung:

Der Auftrag wird ohne Datenträger online über das Leitungsnetz der Deutschen Telekom AG vom Betriebscomputer an den Bankcomputer übermittelt.

Arbeitsaufträge

Betrachten Sie noch einmal die Rechnung der Rollkugel GmbH auf Seite 346.

a) Sie haben diese Rechnung bereits auf ihre sachliche und rechnerische Richtigkeit überprüft. Für diese Prüfung und für die anschließende Buchung sind u. a. folgende Daten einzugeben:
- Belegnummer
- Referenznummer
- Rechnungsnummer
- Belegdatum
- Buchungsdatum
- Basisdatum

Lesen Sie – soweit möglich – diese Daten aus der Rechnung ab und ergänzen Sie sie pauschal um die fehlenden Daten.

b) Für die Zahlung erstellt das Programm die Vorschlagsliste. Erstellen Sie den Teilausdruck für die vorliegende Rechnung.

c) Formulieren Sie die vertragliche Zahlungsbedingung, die der Rechnung zugrunde liegt.

d) Ermitteln Sie durch eine geeignete Rechnung, ob es günstiger ist, die Zahlungsfrist voll auszunutzen oder vorzeitig unter Abzug von Skonto zu zahlen.

e) Formulieren Sie den Buchungssatz für die Bezahlung der Rechnung ohne und mit Ausnutzung von Skonto.

f) Erstellen Sie ein ereignisgesteuertes Prozesskettendiagramm für den Geschäftsprozess der Kreditorenbuchführung, welchem der Sachbearbeiter alle benötigten Informationen für die Prüfung, Buchung und Bezahlung der Rechnung entnehmen kann.

g) Erstellen Sie mithilfe eines Präsentationsprogramms eine Präsentation des Systems der Kreditorenbuchführung Ihres Ausbildungsbetriebes.

2.8 Handlungsprozesse bei Erfüllungsstörungen

Wenn ein Vertragspartner seine Leistung nicht vertragsgemäß erbringt, liegt eine Erfüllungsstörung vor. Vom Lieferanten können zwei solche Störungen ausgehen: Nichteinhaltung des Liefertermins und mangelhafte Lieferung.

2.8.1 Nichteinhaltung des Liefertermins

Wird bei Fälligkeit nicht geliefert, kann dem Käufer Schaden entstehen (z. B. Produktionsausfall, teurer Ersatzkauf, Kundenverlust, Schadensersatzforderungen von Kunden). Deshalb sollte der Käufer umgehend die Lieferung anmahnen.

Die Mahnung versetzt den Verkäufer in Lieferungsverzug (§ 286 Abs. 1 BGB). Der Verzug beginnt mit dem Tag ihrer Zustellung.

„Verzug“ ist ein juristischer Begriff. Wer in Verzug ist, hat eine Reihe von Nachteilen zu tragen.

Hinweis: Der Käufer kann seinerseits in Verzug geraten, wenn er die Lieferung nicht vertragsgemäß abnimmt und bezahlt. Das BGB behandelt Lieferungs- und Zahlungsverzug grundsätzlich gleich und benutzt für sie den gemeinsamen Begriff **Schuldnerverzug**. Dies leuchtet ein, denn der Käufer ist Geldschuldner, der Verkäufer Warenschuldner.

Der Verkäufer gerät nicht in Verzug, wenn er die Lieferverzögerung nicht verschuldet hat (§ 286 Abs. 4 BGB). Dies ist z. B. bei höherer Gewalt der Fall (etwa wegen eines Streiks) und erst recht, wenn die Schuld beim Käufer selbst liegt (z. B. Verweigerung einer vereinbarten fälligen Vorauszahlung). Den Entlastungsbeweis muss der Verkäufer führen.

Laut § 286 Abs. 2 BGB ist keine Mahnung erforderlich, wenn

- der Liefertermin nach dem Kalender bestimmt ist („Der Termin mahnt"),
- der Liefertermin sich kalendermäßig ab einem vorauszugehenden Ereignis berechnen lässt,
- der Schuldner die Leistung ernsthaft und endgültig verweigert,
- besondere Gründe den sofortigen Verzugseintritt rechtfertigen.

„Lieferung bis Ende Mai"

„Lieferung 14 Tage nach Bestellungseingang"

z. B. Nichtlieferung trotz Ankündigung alsbaldiger Lieferung

Im Verzug haftet der Lieferant auch für eine zufällige (= unverschuldete) Verschlechterung und einen zufälligen Verlust der Kaufsache (§ 287 BGB). Dies gilt sogar für höhere Gewalt. Außerdem hat der Käufer folgende Rechte:

Bei rechtzeitiger Lieferung wäre der Zufall ja nicht wirksam geworden.

Rechte des Käufers bei Lieferungsverzug

Entweder:

- **Auf Lieferung bestehen und Schadensersatz wegen der Lieferungsverzögerung verlangen** (§ 280 BGB), z. B. wegen Produktionsausfall oder wegen Schadensersatzforderungen eigener Kunden

  Hinweis: Bei einem Fixhandelskauf kann der Käufer auf Lieferung nur weiterbestehen, wenn er dies dem Verkäufer sofort anzeigt (§ 376 Abs. 1 HGB).
- **Zusätzlich bis zur Lieferung die Zahlung verweigern** (§ 273 Abs. 1 BGB)

Oder stattdessen:

- **Eine angemessene Nachfrist setzen. Nach erfolglosem Ablauf:**
- **Vom Kaufvertrag zurücktreten** (§ 323 Abs. 1 BGB). Der Verkäufer muss eine schon erhaltene Zahlung zurückerstatten.
- **Zusätzlich Schadensersatz statt der Lieferung verlangen** (§§ 281 Abs. 1, 325 BGB), z. B. wegen Produktionsausfall, Mehrkosten wegen Deckungskauf (= Ersatzkauf), Schadensersatzforderungen eigener Kunden

Oder:

- **Ersatz von Aufwendungen fordern, die billigerweise im Vertrauen auf die Lieferung getätigt wurden** (§ 284 BGB, z. B. für die Anfertigung eines Rahmens zum gekauften Bild)

Nach Ablauf einer Nachfrist vom Vertrag zurücktreten (allerdings ohne Schadensersatz [§ 280 Abs. 1 BGB]) kann der Käufer auch, wenn der Verkäufer die Lieferungsverzögerung nicht verschuldet hat, also nicht im Lieferungsverzug ist (§ 323 Abs. 1 BGB).

Hinweise zur Nachfristsetzung:

- Eine Nachfrist ist angemessen, wenn der Verkäufer die Sache liefern kann, ohne sie erst zu beschaffen oder anzufertigen.
- Die Fristsetzung ist entbehrlich, wenn
  - der Verkäufer die Lieferung ernsthaft und endgültig verweigert,
  - ein Fixkauf vorliegt,
  - besondere Umstände den sofortigen Rücktritt rechtfertigen (§ 281 Abs. 2 BGB, § 323 Abs. 2 BGB).

Umstände, die den sofortigen Rücktritt rechtfertigen (Beispiele):

- Just-in-time-Vertrag
- Zweckkauf (z. B. Brautkleid, Osterartikel)
- unmögliche Lieferung (z. B. bei Unfall eines als unfallfrei zugesicherten Gebrauchtwagens)

Hinweise zum Schadensersatz:

- Für die Geltendmachung eines Schadens muss die Schadenshöhe anhand getätigter Ausgaben nachgewiesen werden (sog. **konkrete Schadensberechnung**), z. B. als Preisunterschied beim Deckungskauf.
- Der gewerbliche Käufer (nicht: Verbraucher) kann stattdessen auch den für die Branche üblichen entgangenen Gewinn ansetzen (sog. **abstrakte Schadensberechnung**).

VIERTER ABSCHNITT

Gewerbetreibende ändern bei ihren Geschäften untereinander die gesetzlichen Bestimmungen gewöhnlich durch ihre AGB oder ausdrückliche Vereinbarungen ab. Zur Vermeidung von Streitigkeiten über die Höhe eines Schadensersatzes vereinbaren sie z. B. oft eine **Konventionalstrafe (Vertragsstrafe)**. Diese fällt automatisch und ohne Schadensnachweis an. Sie darf jedoch eine vernünftige Höhe nicht übersteigen, d. h. 0,2 % bis 0,3 % der Vertragssumme pro Tag der Verzögerung (BGH Az: VII ZR 293/79).

Beispiel: Auszug aus einem Rahmenvertrag über Just-in-time-Lieferung

„Erfolgen die Lieferungen zeitlich nicht entsprechend der vertraglichen Vereinbarung, ist auch ohne Lieferantenverschulden für jeden Tag der Verspätung eine Vertragsstrafe von 10 000,00 EUR (zehntausend Euro) an den Käufer zu zahlen."

Arbeitsaufträge

1. **Am 18. Juni 20.. schreibt die Gebr. Reinhards OHG an ihren Lieferanten:**

In Ihrer Auftragsbestätigung vom 16. Mai 20.. sagten Sie uns verbindlich zu, unsere Bestellung innerhalb eines Monats ab Datum der Bestellung auszuführen. Die Ware ist bisher nicht bei uns eingetroffen. Anlässlich unserer telefonischen Anfrage vom 15. Juni 20.. teilten Sie uns mit, dass Sie aufgrund unerwartet zahlreicher Auftragseingänge zurzeit generell nicht in der Lage seien, pünktlich zu liefern.

Wir können diese Erklärung nicht akzeptieren und setzen Ihnen mit dieser Mahnung eine Nachfrist bis spätestens zum 23. Juni 20.. Eine Aufstellung über unseren Schaden aus der verspäteten Lieferung lassen wir Ihnen noch zugehen.

Nach Ablauf der Nachfrist sind wir leider gezwungen, die Annahme der Ware abzulehnen. Wir behalten uns für diesen Fall alle weitergehenden Rechte vor.

Beurteilen Sie, ob Gebr. Reinhards rechtlich einwandfrei vorgehen.

2. **Das Chemiewerk Elegius GmbH hat aufgrund eines Angebots der Peter Pfister OHG 32 Schutzanzüge bestellt.**

Ihr Angebot vom	Ihr Zeichen	München
20.08.20..	We/k.	22.08.20..

Bestellung Nr.: 3245

Lfd. Nr.	Menge	Gegenstand	Größe	Einheit	Preis je Einheit	Zu liefern bis
1	je 4	Schutzanzüge Katalog-Nr. 36	44, 46 52, 54	Stück Stück	56,00 EUR 59,00 EUR	14 Tage nach Eingang der Bestellung
2	je 8	„	48, 50	Stück	56,00 EUR	

Zahlungsbedingungen:
10 % Rabatt; Zahlung 30 Tage nach Lieferung netto Kasse oder binnen 10 Tagen mit 2 % Skonto

Lieferungsbedingungen:
Unfrei einschließlich Verpackung

Am 15. September ist die Ware noch nicht eingetroffen.

a) Welche Schritte wird Elegius nun unternehmen?
b) Von welchem Tag an befindet sich der Lieferant in Lieferungsverzug?
c) Muss den Lieferanten in diesem Fall ein Verschulden treffen, damit er in Lieferungsverzug gerät?
d) Schreiben Sie einen Brief von Elegius an den Lieferanten sowie das Antwortschreiben auf diesen Brief. (Benutzen Sie ein Textverarbeitungsprogramm.)

VIERTER ABSCHNITT

e) Nachdem die Pfister OHG in Lieferungsverzug gesetzt wurde, schickt sie die bestellten Waren ab. Diese werden jedoch auf dem Bahntransport teilweise beschädigt.
   - Kann der Lieferant trotzdem den vollen Kaufpreis vom Käufer verlangen?
   - Wer muss Ersatzansprüche bei der Bahn geltend machen: der Verkäufer oder der Käufer?

3. **Stellen Sie sich vor, es handle sich bei dem Geschäft zwischen Elegius und der Pfister OHG um einen Fixkauf, bei dem „Lieferung fix am 13. September“ vereinbart wurde.** In welchen Punkten unterscheiden sich nun die Rechte und Pflichten des Käufers gegenüber dem „normalen“ Kauf?

2.8.2 Mangelhafte Lieferung

Mängelarten

Der Verkäufer muss dem Käufer die Kaufsache (Ware) frei von Mängeln übergeben (**Gewährleistungspflicht**; § 433 Abs. 1 BGB). Andernfalls kann der Käufer die Abnahme verweigern.

Grundsätzlich lassen sich folgende vier Mängelarten unterscheiden:

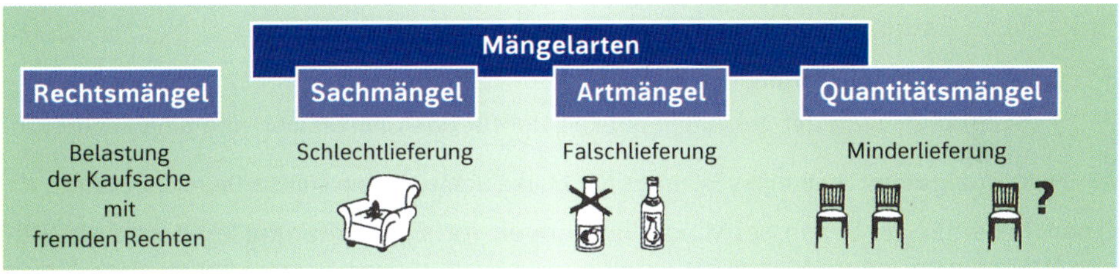

Rechtsmängel

Die Sache ist frei von Rechtsmängeln, wenn Dritte in Bezug auf die Sache keine Rechte gegen den Käufer geltend machen können, die nicht im Kaufvertrag vereinbart sind (§ 435 BGB).

Solche fremden Rechte sind z. B. fremdes Eigentum, fremde Besitzrechte, fremde Pfandrechte, fremde Nutzungsrechte.

Beispiele: Rechtsmängel
- Die verkaufte Sache ist verliehen. Der Besitzer gibt sie nicht heraus.
- Die verkaufte Sache ist an einen Kreditgeber verpfändet. Dieser gibt sie nicht heraus.
- Die verkaufte Sache ist zur Sicherheit an einen Kreditgeber übereignet. Dieser gibt sein Recht nicht auf.

Sachmängel

Verkäufer und Käufer können Vereinbarungen über die Beschaffenheit der Kaufsache treffen. Dann begründet jede Abweichung von diesen Vereinbarungen einen Mangel:

Die Sache ist frei von Sachmängeln, wenn sie bei Gefahrübergang die vereinbarte Beschaffenheit hat (§ 434 Abs. 1 BGB).

Beispiele: Vereinbarungen über die Beschaffenheit
- Die Sache muss genau einer Probe oder einem Muster oder einer früheren Lieferung entsprechen (Kauf nach Probe/Muster).
- Der gekaufte Gebrauchtwagen muss unfallfrei sein.
- Der gekaufte Spritzlack muss schadstofffrei sein.

In der Praxis trifft man im Kaufvertrag oft keine Vereinbarungen über die Beschaffenheit der Kaufsache. Vielmehr werden die meisten Sachen so gekauft, wie der Hersteller oder Händler sie im Geschäft oder Katalog oder Internetshop anbietet. Dann gilt:

Die Sache ist frei von Sachmängeln,

- **wenn sie sich für die vertraglich vorausgesetzte Verwendung eignet, sonst**
- **wenn sie sich für die gewöhnliche Verwendung eignet und so beschaffen ist, wie dies bei gleichartigen Sachen üblich ist und der Käufer es nach Art der Sache erwarten kann (§ 434 Abs. 1 BGB).**

Beispiele: Freiheit von Sachmängeln

- Neue Sachen dürfen keine Fehler haben, verdorben oder beschädigt sein.
- Gebrauchte Sachen müssen die für derartige Sachen übliche Beschaffenheit haben. (Von einem Jahreswagen z. B. kann der Käufer erwarten, dass er so beschaffen ist, wie das bei Jahreswagen üblich ist.)

Als Sachmängel gelten auch eine unsachgemäß durchgeführte Montage durch den Hersteller und eine mangelhafte Montageanleitung.

Artmängel und Quantitätsmängel

Artmängel liegen bei Falschlieferungen vor: Beim Stückkauf wird nicht das bestellte Stück, beim Gattungskauf eine andere Gattung geliefert.

Beispiele: Falschlieferung

- **Stückkauf:** Statt der gekauften antiken Uhr für das Chefzimmer wird eine andere Uhr geliefert.
- **Gattungskauf:** Statt eines Beamers der Marke Sony wird ein Fujitsu-Beamer geliefert.

Quantitätsmängel liegen bei Minderlieferungen vor: Eine Lieferung kann weniger Stücke oder eine geringere Menge als vereinbart enthalten. Eine Sache kann auch zu kleine Abmessungen haben.

Beispiele: Minderlieferungen

- **Weniger Stücke:** Statt 40 bestellter Konferenzstühle werden 35 geliefert.
- **Zu kleine Abmessungen:** Statt eines Stahlstabs von 3,90 m Länge wird ein Stab von 3,81 m geliefert.

Art- und Quantitätsmängel stehen den Sachmängeln gleich (§ 434 Abs. 3 BGB).

Rechte des Käufers

Bei manchen Stückkäufen ist weder eine Beseitigung des Mangels noch eine Ersatzlieferung möglich. Dann kann der Verkäufer nicht vertragsgemäß liefern (sog. Unmöglichkeit der Leistung; § 275 Abs. 1 BGB). Der Käufer hat in diesem Fall das Recht auf Rücktritt vom Vertrag (siehe unten). Zusätzlich kann der Käufer ggf. Schadensersatz oder Aufwendungsersatz verlangen (siehe unten).

Web

M 374 **Ansonsten – das sind die meisten Fälle – hat der Käufer zunächst nur Anspruch auf Nacherfüllung (§ 437 Nr. 1. BGB).**

Schauen Sie sich auch die Präsentation *Käuferrechte bei mangelhafter Lieferung* an.

Nacherfüllung (§ 439 BGB)

wahlweise

Mängelbeseitigung | **Ersatzlieferung** (nur wenn nach Art der Sache möglich)

Der Verkäufer muss die Aufwendungen für die Nacherfüllung tragen, insbesondere Transport-, Wege-, Arbeits- und Materialkosten, ggf. auch Aus- und Einbaukosten in angemessener Höhe.

Der Verkäufer kann eine unmögliche oder unverhältnismäßig teure Nacherfüllungsart ablehnen und den Käufer auf die andere Art verweisen.

Der Käufer kann eine angemessene Nachfrist zur Nacherfüllung setzen. Ist diese erfolglos abgelaufen oder die Nacherfüllung fehlgeschlagen (i. d. R. nach dem zweiten erfolglosen Versuch), hat er das Recht auf Vertragsrücktritt oder Kaufpreisminderung (§§ 437 Nr. 1., 323, 441 BGB).

Die **Nachfrist** kann v. a. entfallen (§ 440 BGB)
- wenn der Verkäufer beide Arten der Nacherfüllung verweigert,
- wenn die dem Käufer zustehende Art der Nacherfüllung fehlgeschlagen oder ihm unzumutbar ist,
- beim Fixkauf und Zweckkauf (Vorliegen besonderer Umstände; § 323 Abs. 2 BGB).

Rücktritt vom Vertrag	Preisminderung
Die gegenseitigen Leistungen sind Zug um Zug (§ 348 BGB) zurückzugewähren (§ 346 Abs. 1 BGB). Ein Rücktritt ist nicht möglich bei einem unerheblichen Mangel (§ 323 Abs. 5 BGB). Beachte: War die Ware schon in Gebrauch, kann der Verkäufer bei Kundenrücktritt einen Nutzungsersatz fordern.	Der Käufer kann den Kaufpreis durch Erklärung gegenüber dem Verkäufer gemäß dem Umfang der Wertminderung herabsetzen (auch bei unerheblichen Mängeln). Soweit erforderlich, ist die Wertminderung zu schätzen (§ 441 Abs. 3 BGB).

Hat der Verkäufer seine Pflichtverletzung (den Mangel) verschuldet, so hat der Käufer zusätzlich ein Recht auf Schadensersatz (§§ 280, 281 BGB).

Das Verschulden wird vermutet. Der Beweis des Gegenteils obliegt dem Verkäufer.

Sie wissen: Verschulden liegt bei Vorsatz, grober und leichter Fahrlässigkeit vor.

Schadensersatz wegen Pflichtverletzung (§ 280 Abs. 1 BGB)	Schadensersatz statt der Leistung (§ 281 BGB)
Der Anspruch erfasst alle Schäden, die durch Nachbesserung, Ersatzlieferung, Vertragsrücktritt und Kaufpreisminderung nicht beseitigt werden können (**Mangelfolgeschäden**, z. B. zusätzliche Kosten, Vermögensnachteile, Körperschäden, Datenverlust, Produktionsausfall, Schadensersatzforderungen eigener Kunden).	Wenn der Käufer vom Vertrag zurücktritt, werden Kaufsache und Kaufpreis zurückerstattet. Der Käufer kann nun zusätzlich verlangen, dass er so gestellt wird, als hätte er die Kaufsache vertragsgemäß erhalten. Er kann z. B. die Mehrkosten für einen Ersatzkauf (Deckungskauf) sowie einen entgangenen Gewinn verlangen.

VIERTER ABSCHNITT

Anstelle des Schadensersatzes statt der Leistung kann der Käufer den **Ersatz von Aufwendungen** fordern, die er billigerweise im Vertrauen auf die Leistung gemacht hat (z. B. Anmieten einer Lagerhalle, Kosten für Werbung; § 284 BGB).

Hat der Verkäufer eine **Garantie** (= feste Zusicherung der Sacheigenschaften) übernommen, bestehen insofern diese **Ansprüche verschuldensunabhängig** (§ 276 Abs. 1 BGB).

Übersicht: Käuferrechte bei mangelhafter Lieferung

vorrangig: **Nacherfüllung** (wahlweise Mängelbeseitigung, Ersatzlieferung) → nachrangig: **Vertragsrücktritt** oder **Kaufpreisminderung**

↓ ggf. zusätzlich: Schadensersatz

Beachte: Die Rechte des Käufers sind ausgeschlossen, wenn er den Mangel bei Vertragsschluss kennt (§ 442 Abs. 1 BGB).

Die gesetzlichen Käuferrechte können vertraglich abgeändert werden. Im Allgemeinen schränkt der gewerbliche Verkäufer sie durch seine **AGB** stark ein.

Ausnahme: Beim Verbrauchsgüterkauf (Kauf beweglicher Sachen durch einen Verbraucher bei einem Unternehmer) sind vor einer Mängelmitteilung getroffene Vereinbarungen zum Nachteil des Verbrauchers unwirksam (§ 475 Abs. 1 BGB).

Bei **arglistig verschwiegenen Mängeln** sind Haftungsausschlüsse nichtig (§ 444 BGB).

Für **zweiseitige Handelsgeschäfte** gilt weiterhin:
- Die mangelhafte Ware darf beim Platzkauf (Kauf mit Zusendung innerhalb desselben Ortes) zurückgeschickt werden. [Ein Verbraucher hingegen muss für ihre einstweilige Aufbewah-

rung sorgen, bis der Verkäufer Verfügungen trifft (§ 379 HGB). Dies soll dem Verkäufer unnötige Kosten ersparen.] Verderbliche Waren darf der Käufer, wenn Gefahr im Verzug ist, unter den gleichen Bedingungen wie beim Annahmeverzug[1] versteigern lassen (§§ 373, 379 HGB).

- Ist nur der Käufer Kaufmann, so lässt sich aus dem Grundsatz von Treu und Glauben (§ 242 BGB) schließen, dass für ihn die gleichen Pflichten gelten.

Unternehmerrückgriff

Der Unternehmer, der eine neu hergestellte mangelhafte Sache von einem Verbraucher zurücknehmen oder eine Preisminderung erfahren musste, kann die Rechte nach § 437 BGB gegen seinen eigenen Lieferanten geltend machen. Dabei muss er keine Nachfrist setzen. Er kann auch Ersatz der Aufwendungen für eine Nacherfüllung verlangen (§ 478 BGB). Entsprechendes gilt für die anderen Lieferanten in der Lieferkette. Voraussetzung: Der Mangel muss schon bei Übergang der Gefahr auf den Unternehmer bestanden haben.

Verjährungsfristen

Entdeckt der Käufer Mängel vor dem Gefahrenübergang, kann er die Lieferung ablehnen. Ansonsten muss er die Mängel dem Verkäufer in der Verjährungsfrist mitteilen und genau beschreiben **(Mängelrüge)**. Allgemeine Angaben („Der Fernseher ist beschädigt") reichen nicht. Oft ruft man an und bestätigt anschließend zur Beweissicherung die Mängelrüge schriftlich. Die Rüge kann auch ohne Vorlage des Kassenzettels und ohne Originalverpackung erfolgen. Gegenteilige Behauptungen des Verkäufers haben keine Rechtsgrundlage. Grundsätzlich muss nach erfolgter Lieferung der Käufer beweisen, dass ein Mangel schon bei Gefahrübergang vorhanden war.

Ausnahme: Umkehrung der Beweislast beim Verbrauchsgüterkauf: Es gilt die (widerlegbare) Vermutung, dass ein binnen sechs Monaten seit Gefahrübergang auftretender Sachmangel schon bei Gefahrübergang bestand (§ 477 BGB).

<table>
<tr><th colspan="4">Verjährungsfristen</th></tr>
<tr><td></td><td>bei offenen Mängeln
(bei Prüfung erkennbar, z. B. Bruch) ↓</td><td>bei versteckten Mängeln
(nicht ohne Weiteres erkennbar, z. B. Materialfehler) ↓</td><td>bei arglistig verschwiegenen Mängeln
(versteckte Mängel, die der Lieferant kannte und absichtlich verheimlichte) ↓</td></tr>
<tr><td>nach § 438 BGB
(bürgerlicher Kauf; einseitiger Handelskauf) →</td><td colspan="2">Die Mängel sind binnen 2 Jahren nach Ablieferung der Sache zu rügen.</td><td rowspan="2">Die Mängel sind binnen 3 Jahren zu rügen. Die Frist beginnt am Ende des Jahres der Mängelentdeckung.</td></tr>
<tr><td>nach § 377 HGB
(zweiseitiger Handelskauf) →</td><td>Die Ware ist unverzüglich zu prüfen; die Mängel sind anschließend unverzüglich zu rügen.</td><td>Die Mängel sind unverzüglich nach Entdeckung des Mangels, jedoch binnen 2 Jahren nach Ablieferung zu rügen.</td></tr>
<tr><td colspan="4">Für die Einhaltung der Fristen genügt die rechtzeitige Absendung der Mängelrüge. Eine Rüge nach Fristablauf kann der Lieferant zurückweisen. Die Fristen können vertraglich vereinbart werden (§ 202 BGB). Da sich mit dem Zeitablauf die Schadensursache zunehmend schwerer ermitteln lässt, findet man in der Praxis häufig Verkürzungen. Eine Verkürzung auf weniger als 2 Jahre (bei gebrauchten Sachen 1 Jahr) ist beim Verbrauchsgüterkauf unwirksam (§ 476 Abs. 2 BGB).</td></tr>
<tr><td colspan="4">Verjährung der Rückgriffsansprüche der Unternehmer gegen ihre Vorlieferanten:
• Ersatz von Aufwendungen für die Nacherfüllung: 2 Jahre ab Ablieferung der Sache durch den Vorlieferanten an den Unternehmer.
• Restliche Ansprüche:
– frühestens 2 Monate nach Erfüllung der Verbraucheransprüche
– spätestens 5 Jahre nach Ablieferung der Sache durch den Vorlieferanten an den Unternehmer.</td></tr>
</table>

[1] Vgl. S. 626.

Garantie und Kulanz

Die gesetzliche Gewährleistung darf nicht mit der **Garantie** verwechselt werden, die ggf. der Hersteller (bisweilen auch der Händler) auf Waren gewährt. Die Garantie beruht auf freiwilliger Basis und beschränkt sich meist auf den kostenlosen Austausch von Teilen. Sofern die Garantieleistungen einen geringeren Umfang haben als die gesetzliche Mangelhaftung, sollte der Kunde sie erst nach dem Ablauf der Verjährungsfrist in Anspruch nehmen.

In der Praxis geht der Verkäufer oft auch ohne gesetzliche oder vertragliche Verpflichtung auf die Forderungen des Kunden ein. Dann liegt **Kulanz** vor. Sie ist v. a. angebracht, wenn die Forderung des Kunden gerechtfertigt erscheint, bisweilen sogar bei ungerechtfertigten Ansprüchen. So wird man einen Kunden mit hohem Umsatz wegen einer kleineren Reklamationsforderung nicht verärgern. Man könnte ihn verlieren!

Arbeitsaufträge

1. **Eine Druckerei hat der Spirituosenfabrik Walter Diekers KG Etiketten mit einem Druckfehler geliefert.**
   a) Um welche Mängel handelt es sich?
   b) Innerhalb welchen Zeitraums muss die Spirituosenfabrik rügen?
   c) Welche Rechte kann die Spirituosenfabrik geltend machen?
   d) Fertigen Sie eine unterschriftsreife Mängelrüge an.
   e) Schreiben Sie die Antwort des Lieferanten.
   (Benutzen Sie ein Textverarbeitungsprogramm.)

2. **Die AGB eines Betriebes der Elektroindustrie enthalten hinsichtlich von Mängeln die folgenden Sätze. Weitere Bestimmungen sind nicht enthalten.**

   Beanstandungen und Gewährleistung

   Reklamationen irgendwelcher Art anerkennen wir nur innerhalb von 7 Tagen nach Erhalt der Ware.

   Für nachweisbar durch unser Verschulden entstandene Mängel infolge von Material- oder Fertigungsfehlern leisten wir Gewähr für die Dauer von 12 Monaten bei normalem Gebrauch innerhalb des Haushaltes bzw. von 6 Monaten bei gewerblichem Einsatz zum Beispiel in Pensionen, Kantinen, Hotels u. Ä.

   Die Garantieleistung erstreckt sich auf eine kostenlose Instandsetzung bzw. nach unserer Wahl auf die Lieferung eines einwandfreien Austausch-Gerätes bei frachtfreier Rückgabe des fehlerhaften Stückes. Darüber hinausgehende Ansprüche können nicht gestellt werden.

   a) Nennen Sie die hier vorgenommenen Gewährleistungsbeschränkungen.
   b) Sind diese Beschränkungen
   • gegenüber anderen Unternehmen, • gegenüber Verbrauchern wirksam?

3. **Marion Mann erhält am 17.02.2013 von der Autohandlung Brumm GmbH einen fabrikneuen Pkw Marke Bulli XL geliefert. Am 19.03.2014 stellt sie fest, dass bei Regen Wasser in den Kofferraum eindringt.**
   a) Welche Mängelart liegt vor?
   b) Kann Frau Mann den Mangel so spät nach Lieferdatum noch rügen und Rechte geltend machen? Nennen Sie den äußersten Termin.
   c) Welche Rechte kann und wird Frau Mann geltend machen?
   d) Der Händler unternimmt die Reparatur des Schadens. Er weist darauf hin, dass er die Materialkosten, nicht aber die Arbeitskosten trägt. Nehmen Sie hierzu Stellung.
   e) Trotz Reparatur dringt weiter Wasser ein. Auch ein zusätzlicher Reparaturversuch bleibt erfolglos. Wie viele Reparaturversuche muss Frau Mann noch zugestehen? Raten Sie ihr, wie sie sinnvollerweise vorgehen sollte.
   f) Der Händler will nicht auf den entstandenen Kosten sitzen bleiben, denn er hat den fehlerhaften Wagen nicht produziert. Was kann er diesbezüglich unternehmen?

4. **Ein Verbraucher bringt ein defektes Gerät zurück in das Geschäft, bei dem er es kürzlich gekauft hat. Der Verkäufer sagt: „Kein Problem. Wir schicken es zum Hersteller ein. Sie haben ja, Gott sei Dank, noch Garantie. Spätestens in drei Wochen haben Sie es zurück."**
   Der Käufer ist baff. Drei Wochen warten! Dabei liegen noch mehrere Geräte im Regal!
   Wie ist die Rechtslage? Muss der Käufer sich auf das Vorgehen des Händlers einlassen?

VIERTER ABSCHNITT

3 Lagerung: Bestandsmanagement und -logistik

Die Hochalp Käsefabriken im Allgäu sind auf die Produktion von Schmelzkäse spezialisiert. Über fünf Entladerampen werden täglich Rohkäsepartien und Verpackungsmaterial angeliefert. Beides wird an vorbestimmten Lagerplätzen eingelagert. Jede Käselieferung z. B. wird vollautomatisch gewogen und gelangt – elektronisch gesteuert – zu der Lagerstraße, in der sie eingelagert werden soll. Das Käselager fasst 3 000 Tonnen Naturkäse. Der Rohkäse muss im Lager bis zu 4 Monate reifen. Die Hauptsorten sind Emmentaler, Chester, Gouda und Tilsiter. 480-kW-Kältemaschinen sorgen für die Einhaltung der richtigen Temperatur. Der Käseprüfer entnimmt regelmäßig Proben für das Laboratorium, das Qualität und biologische Fakten der Rohware kontrolliert.
Der Käseverbrauch ist im Sommer am größten. Deshalb ist das Lager zu dieser Zeit etwas lückenhaft. Vor dieser Hauptverbrauchszeit ist es wichtig, sich mit ausreichenden Vorräten einzudecken. Einen Einfluss auf die Lagermenge hat auch der Preis des Rohkäses, der weitgehend durch die Käsebörse in Neuwaden bestimmt wird.
Der Rohkäse wird in einem Arbeitsgang gemahlen, gemischt, geschmolzen und portioniert. Es gibt deshalb keine Zwischenlagerung von unfertigen Produkten, wie es bei anderen Industriebetrieben (z. B. in der Metallverarbeitung) der Fall ist.
Nach Verarbeitung, Abfüllung, Abpackung und Verpackung werden die versandfertigen Kolli zu Palettenladungen zusammengestellt; ein elektronisch gesteuertes Lagersystem bestimmt den genauen Lagerplatz jeder Palette in einer der neun Etagen eines Hochlagers. Auf dem Rückweg bringt der Stapelkran die Paletten mit, die an der Laderampe benötigt werden.

Rohkäselager

Unter einem *Lager* versteht man einmal eine Menge gelagerter Güter, zum andern den Ort oder Raum, an dem die Lagerung stattfindet.

3.1 Lagerarten, Lageraufgaben

Läger gibt es im Bereich von

Beschaffung

Läger für Roh-, Hilfs- und Betriebsstoffe:
- Eingangslager[1]
- Hauptlager[2]
- selbstständige Nebenläger[3]

Produktion

Läger für Materialbedarf:
- Bereitstellungslager[4]
- Handlager[5]
- Zwischenlager[6]

Läger für Investitionsbedarf:
- Werkzeuglager
- Vorrichtungslager[7]
- Maschinenersatzteillager

Absatz

Läger für:
- Fertigerzeugnisse
- Ersatzteile
- Handelswaren

Verwaltung

Läger für Büromaterialien

[1] vorübergehende Lagerung zur Eingangskontrolle
[2] zentrale oder dezentrale Lagerung der Materialien
[3] für Güter, die nur ein betrieblicher Bereich benötigt
[4] stellt die erforderlichen Materialien für die Fertigung bereit
[5] direkt am Arbeitsplatz, für häufig benötigte Materialien
[6] nimmt halbfertige Erzeugnisse bis zur Weiterverarbeitung auf
[7] für teure Vorrichtungen und Werkzeuge, die aufmerksamer Pflege bedürfen

Aufgaben der Lagerung

Sicherung und Zeitüberbrückung

Außenpolitische Änderungen (z. B. Ausfuhrstopps) oder Witterungseinflüsse (z. B. verspätete Ernten), Lieferantenausfälle und Transportschwierigkeiten können die Materialversorgung gefährden; Störungen in einzelnen Produktionsstufen können den Produktionsfluss zum Stocken bringen; ein plötzlicher Nachfrageanstieg kann die Lieferbereitschaft beeinträchtigen.

- Materialläger (eiserner Bestand!), Zwischenläger, Fertigprodukte- und Warenläger sichern die Funktionsfähigkeit des Betriebes und überbrücken zugleich Lieferfristen und Wartezeiten.
- Bestellte Werkstoffe treffen erst nach Ablauf einer bestimmten Lieferfrist ein. Lagervorräte überbrücken diese Frist. Saisonartikel (z. B. Zuckerrüben, Getreide) fallen zu bestimmten Zeitpunkten in Massen an und können erst allmählich verarbeitet werden. Das Lager dient als Puffer.
- Der Betrieb soll möglichst gleichmäßig produzieren, um die Kapazität auszulasten. Die Kundennachfrage entwickelt sich dagegen oft ungleichmäßig. Das Lager an Fertigerzeugnissen gleicht die Schwankungen aus.

Preisausgleich

Rechnet man mit einem Preisanstieg bei Materialien, so kann man durch Anlegen eines Lagervorrats noch eine Zeitlang kostengünstig produzieren. Im Absatzbereich gestatten Lagerbestände es, bei Preiserhöhungen von Konkurrenten weiter zu unverändertem Preis anzubieten und so Kunden zu binden.

Kosteneinsparung

Vorratshaltung bedeutet Einsparung von Zeit, Weg und Arbeit durch das Zusammenfassen vieler kleiner Bestellungen zu einer Großbestellung. Bestell-, Verpackungs- und Transportkosten können gespart, Mengenrabatte ausgenutzt werden. So lassen sich die Beschaffungskosten senken.

Umformung

Mit der Lagerung ist manchmal ein gewisser Umformungsprozess verbunden (z. B. Trocknung, Kühlung, Härtung), der erst eine anschließende Verarbeitung ermöglicht.
In manchen Branchen führt die Lagerung zu einer Veredelung (z. B. Reifelagerung bei Käse oder Whisky, Aushärtung von Autoreifen).

Lagervorräte können auch unfreiwillig entstehen:

- Der Fertigungsprozess setzt verspätet ein: → **Unfreiwillige Materialläger**
- Eine Maschine arbeitet schneller als die folgende; mehrere Aufträge sind für dieselbe Maschine bestimmt: → **Unfreiwillige Zwischenläger**
- Der Verkauf verzögert sich: → **Unfreiwillige Fertigproduktläger**

Arbeitsauftrag

Läger erfüllen wichtige Aufgaben.

a) Erstellen Sie eine Präsentation über die Läger in Ihrem Ausbildungsbetrieb, die dort gelagerten Güter, die Aufgaben dieser Läger.

b) Wo befinden sich die genannten Läger? Begründen Sie die vorgefundene Ordnung.

3.2 Lagerorganisation

Die Organisation des Lagers, seine Größe und die Art der Lagerung sind von den Stoffen abhängig, die für die Produktion benötigt werden. Auch sind viele gesetzliche Vorschriften zu beachten, z. B. bei Explosivstoffen, Chemikalien[1] oder Lebensmitteln.

Zur Verkürzung der innerbetrieblichen Transportwege (Verringerung der Transportkosten!), so sollte das Lager nahe am Verbrauchsort eingerichtet werden. Dies gilt besonders für große und schwere Teile. Andererseits sind die Verbrauchsorte häufig räumlich getrennt, sodass mehrere Läger erforderlich werden **(dezentrale Lagerung)**. Dadurch steigen wiederum die Kosten, weil jeweils Mindestbestände gehalten werden müssen. Dies spricht für eine **zentrale Lagerung**.

Weitere Probleme der Lagerorganisation betreffen die Lagereinrichtung und Transportsysteme, die Anordnung des Lagergutes im Lager sowie die Erfassung der Lagerbestände (Organisation des Lagerablaufs).

3.2.1 Zentrale Lagerung

Die zentrale Lagerung ist übersichtlicher und verursacht weniger Raum- und Verwaltungskosten als die dezentrale Lagerung. Die Mindestlagerbestände (eiserne Bestände) sind kleiner. Die Inventur (Bestandskontrolle) ist leichter durchzuführen.

Ein zentrales Lager ist oft (nicht immer!) das Hauptlager, das alle für die normale Fertigung erforderlichen Werkstoffe aufnimmt. Dezentralisiert in den einzelnen Werkstätten befinden sich zusätzlich Nebenläger für wichtige und häufig in diesen Abteilungen benötigte Materialien. Letztlich richtet man an den einzelnen Arbeitsplätzen Handläger zur Bereithaltung von ständig benötigten Kleinmaterialien ein. Voraussetzung für die zentrale Lagerung ist eine klare Nummerierung der Lagerplätze. Nur sie ermöglicht die Auffindung des Lagerortes für jeden Lagergegenstand[2].

Beispiel: Zentrales Lager

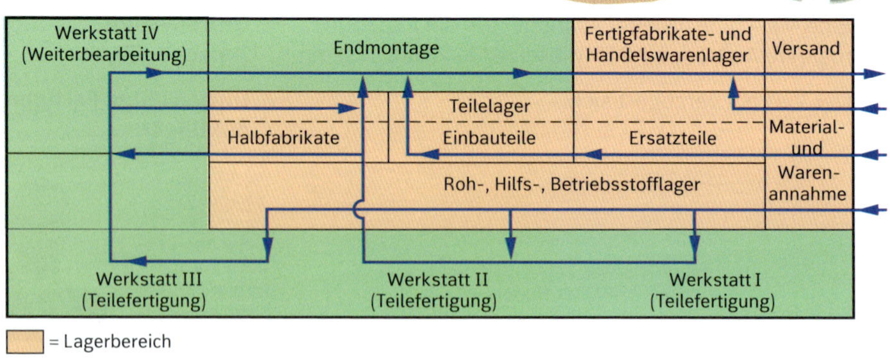

Die Abbildung zeigt eine Möglichkeit für die Anordnung eines zentralen Lagers. Die einzelnen Lagerarten sind in einem optimalen Kompromiss von Arbeitsfluss und organisatorischer Einheit räumlich zusammengefasst:

[1] Vgl. S. 158 f.
[2] Vgl. S. 386.

Die Warenannahme verteilt die eingehenden Stoffe und Teile auf die Unterläger (Handelswarenlager; Roh-, Hilfs- und Betriebsstofflager; Lager für fertig bezogene Einbauteile). Roh-, Hilfs- und Betriebsstoffe gehen in die Teilefertigung. Die fertigen Teile (Halbfabrikate) und die Einbauteile werden ebenfalls in der Nähe ihrer Verbrauchsorte (Weiterverarbeitung, Montage) gelagert. Die Endmontage liefert unmittelbar an das Lager für Fertigfabrikate.

3.2.2 Dezentrale Lagerung

Eine dezentrale Lagerung kann durch die Gliederung des Betriebes in verschiedene, räumlich getrennte Werke unumgänglich sein. Sie erweist sich aber auch bei geschlossenen Betriebskomplexen aus technischen oder organisatorischen Gründen oft als notwendig oder zweckmäßig.

Die dezentrale Lagerung kann stofforientiert oder verbrauchsorientiert erfolgen.

Dezentrale Lagerung

Stofforientierung

Bestimmte Lagergüter werden für den gesamten Betrieb in getrennten Lägern bereitgestellt. Dies ist in vielen Fällen schon wegen der Beschaffenheit der Lagergüter oder wegen Sicherheitsvorschriften notwendig, z. B. für explosives Material, geruchsempfindliche Lebensmittel, wärmeempfindliche Stoffe.

Verbrauchsorientierung

Die verschiedenen Läger sind auf bestimmte Fertigungsstufen ausgerichtet. Alle Teile, die für eine bestimmte Fertigungsstufe benötigt werden, werden in einem eigenen Lager gelagert. Oft handelt es sich auch um Bereitstellungsläger.

Beispiel: Dezentrales Lager

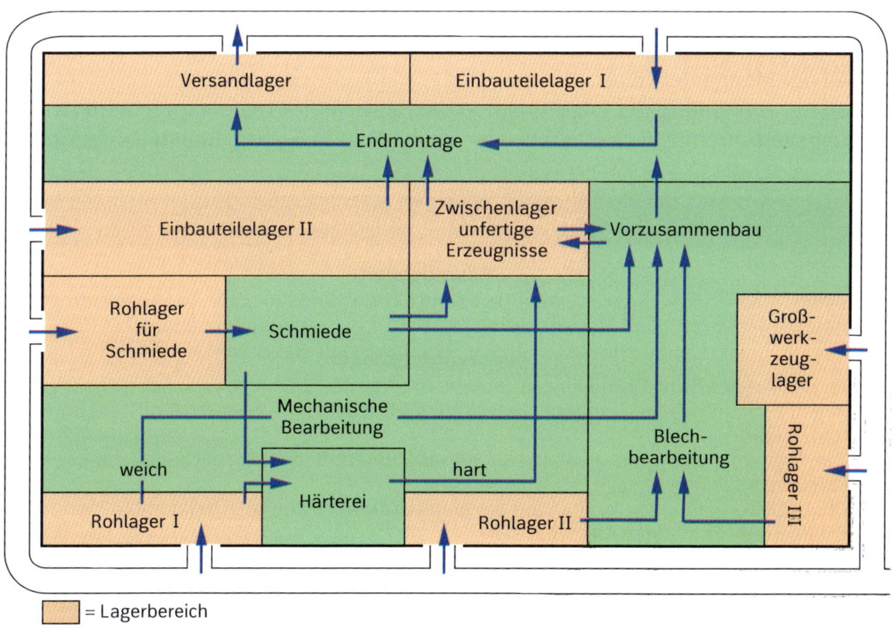

Der Betrieb ist als rechteckiger Flachbau angelegt. Um das Gebäude herum führt eine Straße, sodass bei allen Teillägern eine Anlieferung erfolgen kann. Daher können die verschiedenen Läger dezentral nach fertigungsorientierten Gesichtspunkten angelegt werden. Die Fertigung zeigt eine Gliederung in Warm- und Kaltblechbearbeitung und Montage. Zwischen der Weich- und Hartbearbeitung liegen die Schmiede und die Härterei.

Arbeitsauftrag

Lagerung kann zentral oder dezentral erfolgen.

a) • Die Zeichnung auf Seite 380 zeigt ein zentrales Lager. Allerdings sind die Materialien dort nicht kunterbunt durcheinander gelagert, sondern es lässt sich eine bestimmte Anordnung erkennen. Erläutern und begründen Sie diese Anordnung.
• Welche Arten von Lägern konnten in der Zeichnung nicht berücksichtigt werden?

b) • Die dezentralen Läger in der Zeichnung auf Seite 381 hätten auch ohne große Schwierigkeit in einem zentralen Lagerblock zusammengefasst werden können. Der Fertigungsfluss würde sich dabei nicht einmal ändern. Fertigen Sie eine entsprechende Zeichnung an.
• Welchen Vorteil bietet im vorliegenden Fall die dezentrale Lagerung?

c) Berichten Sie über die Lagerorganisation (zentral – dezentral) in Ihrem Ausbildungsbetrieb. Begründen Sie die gewählte Organisationsform.

3.2.3 Lagereinrichtung

Läger müssen zweckmäßig eingerichtet sein. Zugleich ist eine optimale Abstimmung mit den innerbetrieblichen Transportsystemen (Fördersystemen) notwendig. Nur so lässt sich eine sichere Versorgung von Produktion und Absatz gewährleisten. Die Auswahl der Lagereinrichtungen hängt ab

- vom physikalischen Zustand der Güter, z. B.: fest, flüssig, gasförmig; glühend, erkaltet, gekühlt, gefroren;
- von der äußeren Form der Güter, z. B.: Schüttgut, Stückgut (lose, verpackt); Größe, Gewicht;
- von den sonstigen Eigenschaften der Güter, z. B.: Gefährlichkeit; Empfindlichkeit (gegen Kälte, Hitze, Feuchtigkeit, Gerüche, Staub, Schmutz, Stoß, Schlag, Berührung, ...);
- von der Menge der Güter;
- von der Gestaltung der Lagerung und des Materialflusses entsprechend dem Fertigungsverfahren (z. B. Werkstättenfertigung, Fließfertigung, Baustellenfertigung).

VIERTER ABSCHNITT

Aspekte der Lagereinrichtung

Räumlichkeit

Wichtig ist eine ausreichende Größe (je nach Güterart und -menge). Die Einsparung teurer Bodenfläche erfordert (bei Stapelfähigkeit) eine entsprechende Raumhöhe.

Lagervorrichtungen

- Je nach Art des Gutes kommen z. B. infrage: unterschiedliche Arten von Schränken, Vitrinen, Regalen, Schubladen, Ständern, Tanks, Silos, Stapelkästen, Gitterboxen, Transportbehältern, Paletten.
- Die Lagervorrichtungen müssen auf die aufzunehmenden Verpackungseinheiten (z. B. Paletten) abgestimmt sein.
- Die Lagervorrichtungen können auf die manuelle oder automatische (computergesteuerte) Einlagerung/Entnahme abgestellt sein.
- Die Lagervorrichtungen sind so anzuordnen, dass ein schneller Zugriff auf die Lagergüter gewährleistet ist.
- Zwischen den Lagervorrichtungen müssen ausreichend breite Verkehrswege für die Fördermittel bleiben.

Spezial-, Schutz-, Sicherungseinrichtungen

Je nach Gefährlichkeit, Empfindlichkeit, Wert des Gutes können z. B. erforderlich sein: Kühl-, Trocken-, Klimaanlagen, Heizungen, Ventilatoren, Dichtungen, Umwälzanlagen; Feuerlöschanlagen (Sprinklersysteme), Alarmanlagen, Stahltüren, Gitter, Sicherheitsschlösser.

Möglichkeiten der Einsparung von Lagerraum

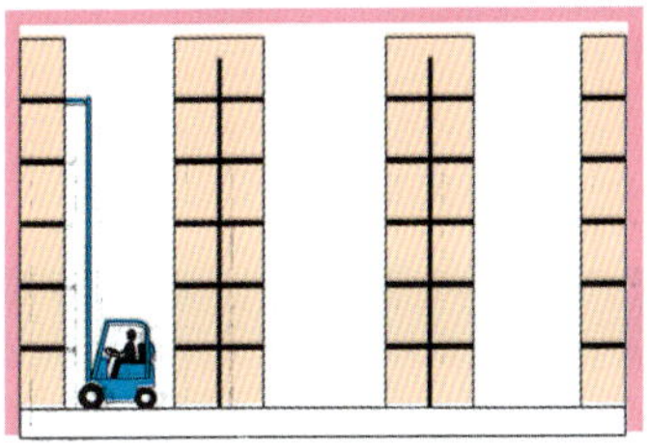

Herkömmliches Eingeschosslager; Bedienung durch Gabelstapler

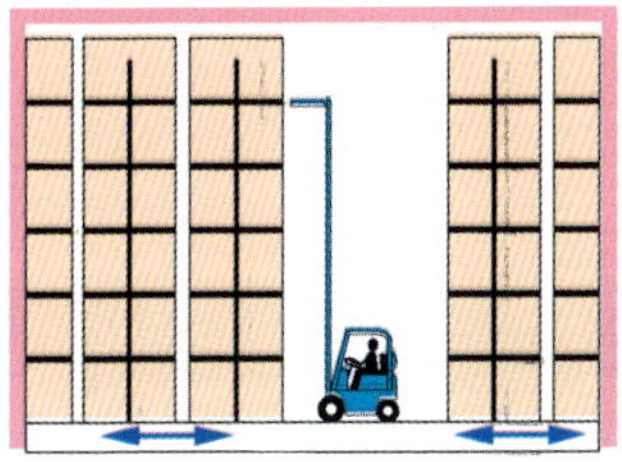

Kompaktlager mit Schieberegalen

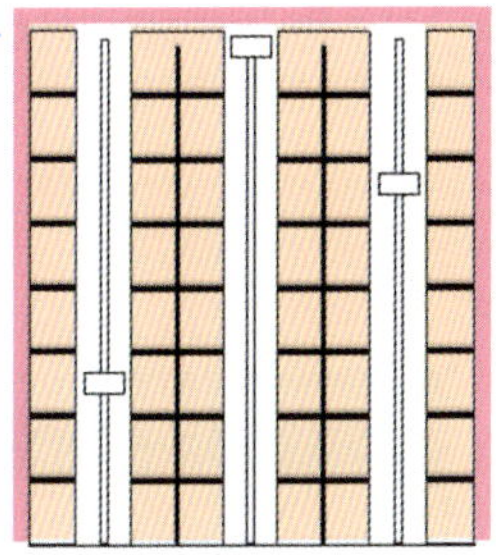

Hochregallager; Bedienung durch Stapelkräne

Eine wesentliche Rationalisierung und Kostenersparnis wird erreicht, wenn die **Verpackungseinheit** der Güter zugleich auch Lager- und Fördereinheit ist. Dies vereinfacht Handhabung, Umschlag, Ein- und Ausladung und Stapeln. Hier spielt insbesondere die Palette als Standardverpackung eine wesentliche Rolle.

Ideallösung:
Verpackungseinheit
= Lagereinheit
= Fördereinheit
= Fertigungseinheit
= Verkaufseinheit
= Ladeeinheit
= Versandeinheit

Flachpaletten sind genormte Ladeflächen aus Holz in den Abmessungen 800 x 1 200 mm. Sie können von allen Seiten mit Gabelstaplern aufgenommen werden.

Neben diesen Flachpaletten gibt es **Gitterbox-Paletten** aus Stahlprofilen und -drahtgeflecht.

3.2.4 Transportsysteme (Fördersysteme)

Die logistische Bewältigung von Lagerung und Fertigung ist stets auch mit der Optimierung der innerbetrieblichen Transporte verbunden. Transporte erfolgen

- von der Entladerampe ins Lager oder direkt zum Fertigungsort,
- vom Lager zum Fertigungsort,
- zwischen Fertigungsorten,
- vom Fertigungsort ins Lager oder direkt zur Laderampe,
- vom Lager zur Laderampe.

Möglichst kurze Transportwege! Vor allem für schwere und häufig benötigte Güter. Das bedeutet Kostenersparnisse.

Zu befördern sind Produktmaterial, Halb- und Fertigerzeugnisse sowie Handelswaren, Betriebsmaterial, Werkzeuge, Abfallstoffe, Vorrichtungen und ggf. sogar ortsveränderliche Betriebsmittel (z. B. Baumaschinen bei Baustellenfertigung[1]). Die Auswahl der Förderzeuge hängt von den gleichen Faktoren ab wie die der Lagereinrichtung.

Für alle Beförderungen, Verladungen, Ein- und Auslagerungen werden Förderzeuge benötigt. Sie bilden insgesamt das innerbetriebliche Transportsystem (Fördersystem).

Arten der Bereitstellung

Fallweise Bereitstellung

Die Güter werden unregelmäßig, je nach Bedarf, bereitgestellt. Geeignete Förderzeuge sind:

- manuelle Mittel: Handwagen, Hubwagen, Handkarre, Schubkarre, Hubkarre, Roller;
- maschinelle Mittel: Schlepper mit Anhänger(n), selbstfahrende Transportwagen (z. B. Elektrokarren), Gabelhubwagen (nicht zum Stapeln bestimmt), Gabelstapler, Laufkatzen, Kräne, Aufzüge.

Fließende Bereitstellung

Die Güter werden kontinuierlich bereitgestellt. Dies ist bei einem stetigen Fertigungsfluss nötig. Geeignete Förderzeuge sind v. a. Hängebahnen, Transportgondeln, Gleitförderer, Stetigförderer, Transportbänder, Rollenbahnen, Röllchenbahnen, Rohrleitungen, Saug- und Druckförderer. Sie ermöglichen ggf. gleichzeitig auch technologische Abläufe wie Trocknen, Erkalten, Aushärten ...

Bei automatischen Produktionsprozessen und bei Fertigungsvorgängen während des Transportes lässt sich oft keine genaue Grenze mehr zwischen Fördermittel und Fertigungsmittel ziehen. Das Fließband z. B. ist zugleich Fördermittel und Fertigungsmittel.

Das innerbetriebliche Transportsystem verursacht Kosten für Förderzeuge, Personal und Energien. Es sollte deshalb reibungslos funktionieren.

Ein funktionierendes Transportsystem bedeutet: termingerechte Ver- und Entsorgung der Produktionsmaschinen bei Fließen des Materials.

In der Praxis treten jedoch Schwierigkeiten auf.

Beispiel: Förderprobleme bei Meisterdisposition

In Betrieb X wird das benötigte Material von den Werkstattmeistern bestellt (Meisterdisposition). Die Meister von sechs verschiedenen Werkstätten fordern gleichzeitig die Zufuhr von Material an. Es steht nur ein geeignetes Fördermittel zur Verfügung. Die Werkstätten müssen nacheinander bedient werden. Für die zuletzt bedienten Werkstätten entstehen längere Wartezeiten. Sie bewirken Maschinenstillstand und eine Verlängerung der Durchlaufzeit[2], also unnötige Kosten.

Andere kostensteigernde Mängel könnten sein:

- Eine vorzeitige Versorgung von Maschinen mit Material. Folge: unfreiwillige Läger
- Die optimale Reihenfolge für die Belieferung der Maschinen wird nicht eingehalten. Folge: unnötige Transportkosten
- Transportmittel werden nicht ausgelastet, weil aus Sicherheitsgründen zu viele Förderzeuge beschafft wurden. Folge: unnötige Betriebsmittelkosten
- Die Förderzeuge fahren auf dem Rückweg leer. Folge: unnötige Transportkosten

Als Lösung bietet sich der Aufbau eines **EDV-gesteuerten Dispositionssystems** an. Dabei werden alle Transportaufträge in einer zentralen Leitstelle gesammelt und den Förderzeugen optimal zugeordnet. Folgen:

- größtmögliche Auslastung der Förderzeuge
- Minimierung der Fahrten

---

[1] Vgl. S. 220. [2] Vgl. S. 231.

- Verkürzung der Transportwege
- zeitgerechte Belieferung (Vermeidung unfreiwilliger Läger und verlängerter Durchlaufzeiten)

Arbeitsaufträge

1. **Für welche Lagereinrichtung ein Betrieb sich entscheidet, hängt von unterschiedlichen Einflussgrößen ab.**
   a) Nennen Sie wichtige Einflussgrößen.
   b) Berichten Sie über die Lagereinrichtungen in Ihrem Ausbildungsbetrieb. Erläutern Sie dabei die speziellen Einflussgrößen.
2. **Die bekannteste und verbreitetste Lagervorrichtung ist das Regal. Lagerregale gibt es in den verschiedensten Formen, z. B. Regale mit Regalböden, mit auskragenden Armen (für Langgut), mit unterschiedlichen Rahmen (für Paletten, Fässer, stehende Lagerung von Rohren, Leisten, ...) oder waagerechten Achsen (z. B. für Kabeltrommeln). Dabei kann es sich um herkömmliche eingeschossige Regale mit Gängen handeln, um Schieberegale oder Hochregale (vgl. Abb. S. 387). Die Regale können sich auch in einem Aufzug nach dem Paternoster-Prinzip befinden (vgl. S. 393).**
   a) Welche Vor- und Nachteile haben herkömmliche eingeschossige Regale?
   b) Welche Gründe führen zur Installation von Schieberegalen, Hochregalen, Paternoster-Lägern?
   c) Das Paternoster-Lager arbeitet nach dem Prinzip „Ware zum Mann". Was ist damit gemeint? Welche Vorteile hat das Prinzip?
3. **Paletten haben eine erhebliche Bedeutung für die Rationalisierung von Lager- und Transportvorgängen.**
   a) Erläutern Sie den Aufbau einer Palette.
   b) Welche Vorteile bietet die Palette bei Transport und Lagerung?
4. **Das innerbetriebliche Fördersystem versorgt und entsorgt die Läger und Produktionsanlagen.**
   a) Welche Förderbewegungen sind erforderlich?
   b) Was bedeutet „EDV-gestützte Disposition" für das betriebliche Fördersystem?

3.2.5 Anordnung des Lagergutes

Materialnummer/Artikelnummer

Jede Materialart besitzt ihre eigene Materialnummer. Dies kann eine fortlaufende Nummer (z. B. 1001, 1002, 1003, ...) oder eine **sprechende Nummer** sein. Sprechende Nummern enthalten genaue, systematische technische und/oder wirtschaftliche Informationen (z. B. häufig eine Verschlüsselung der Materialeigenschaften). Artikel (Fertigerzeugnisse und Handelswaren) haben eine entsprechende Artikelnummer.

Beispiel: Materialnummer

3 1 1 2 4 3 0

Materialgruppe (Stahl)	3
Materialuntergruppe (Flussstahl)	1
Materialart (Profilstangen)	1
Querschnitt (rund)	2
Oberfläche (blank gezogen)	4
Abmessungen (Durchmesser)	3 0

Zusätzlich können Farbmarkierungen hinzutreten, um bei gleichem äußerem Aussehen Verwechslungen zu vermeiden, z. B. bei Treibstoff- und Ölfässern, Gasflaschen usw.

Organisations-Nummerierung

Auch jeder Lagerplatz wird durch eine Nummer gekennzeichnet. In der Regel handelt es sich ebenfalls um eine sprechende Nummer, die die organisatorische Einteilung des Lagers widerspiegelt.
Die Organisations-Nummerierung sorgt dafür,

- dass man Material und Artikel unverwechselbar einlagern kann,
- dass man die Güter eindeutig und ohne Zeitverlust wieder auffinden und ausliefern kann.

Beispiel: Organisations-Nummer

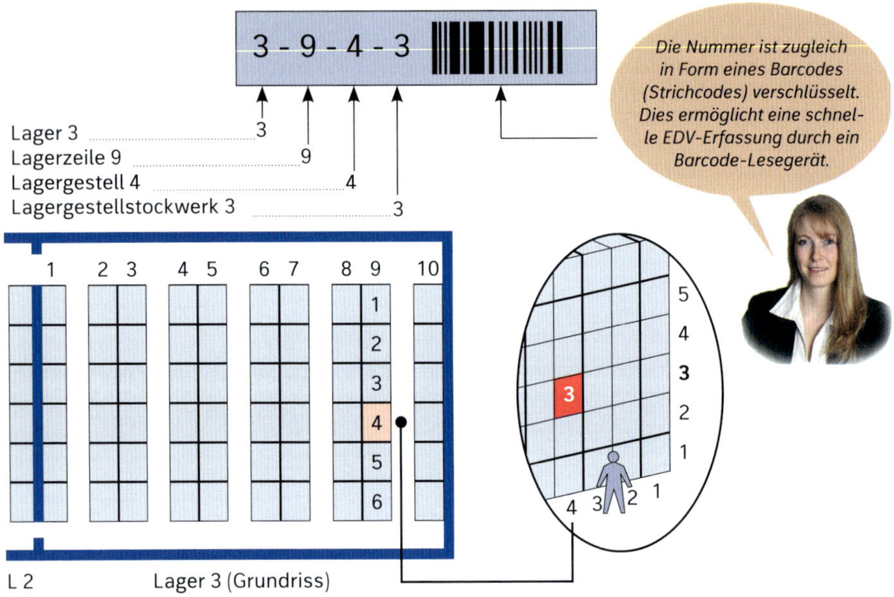

Festplatzsystem

Beim Festplatzsystem wird jeder Material-/Artikelnummer ein fester Stammplatz zugewiesen. Er darf nur mit diesem Material/Artikel belegt werden. Das System eignet sich vor allem für manuell bediente und verwaltete Läger.

Beispiel: Festplatz

Dem oben angeführten Material mit der Materialnummer 3112430 soll eindeutig der Lagerplatz 35431 zugewiesen sein.

Vorteile	Nachteile
• Die Güter können am transportgünstigsten Platz gelagert werden. • Der Lagerist kennt das System. Suchzeiten werden verkürzt. Die Abgabebereitschaft des Lagers wird erhöht.	• Bei geringer Material-/Warenmenge bleibt der Lagerplatz leer. • Bei großen Mengen kann umgekehrt Lagerplatz fehlen.

Beim Festplatzsystem ist es zweckmäßig, direkt am Lagerort sog. **Lagerfachkarten** zu führen. Eingetragen werden: Zugänge, Abgänge, Bestand.

Beispiel: Lagerfachkarte

Material/Teil:	Ölsieb	Mindestbestand:	40
Material-Nr./Teile-Nr.:	463021	Lager-Nr.:	43654
Datum	**Zugang**	**Abgang**	**Bestand**
31.12.12			90
06.01.13		20	70
15.01.13		30	40
17.01.13	200		240
29.01.13		8	232

Freiplatzsystem (oder: chaotische Lagerung)

Beim Freiplatzsystem wird das Material/der Artikel dort eingelagert, wo gerade Platz im Lager ist. Zumindest bei einem großen manuell bedienten und verwalteten Lager wäre dabei tatsächlich ein Chaos vorprogrammiert: Es wäre kaum möglich, gelagerte Güter problemlos wieder aufzufinden.

Das Freiplatzsystem eignet sich folglich nur für **EDV-verwaltete Läger**. Dabei sind die Lagerplätze sowie ihre aktuelle Belegung mit einer Material-/Artikelart im Lagercomputer gespeichert. Die zuständigen Mitarbeiter müssen auf die Daten der Materialstammdatei und der Artikelstammdatei zugreifen können.

EDV-verwaltete Läger sind oft automatisiert. Es bieten sich an:

- **Hochregalläger** mit automatischem Stapelkran. Der Kran nimmt die Ein- und Auslagerungen vor.
- **Paternosterläger**[1]. Die Lagerfächer/Regale sind wie bei einem Paternoster-Aufzug senkrecht beweglich. Das gewünschte Regal/Fach wird zum Bediener transportiert.
- **Karussellläger** (wie Paternosterläger, aber horizontal bewegt).

EDV-verwaltetes Hochregallager mit vollautomatischem Förderfahrzeug

Prozess der Ein- und Auslagerung beim Freiplatzsystem

Einlagerung

- Der Einlagerungsauftrag (mit Material-/Artikelnummer, Menge/Größe) wird eingegeben.
- Der Rechner schlägt am Bildschirm den zurzeit optimalen Lagerplatz vor. Dabei spielen Gutinformationen (z. B. Menge, Größe, Umschlagshäufigkeit) und Lagerinformationen (vorhandene Fläche, freie Plätze) eine Rolle.
- Der Mitarbeiter gibt i. d. R. eine Bestätigung des Lagerplatzes und der eingelagerten Menge ein.
- Der Computer druckt ein Barcode-Etikett.
- Der Mitarbeiter bringt das Barcode-Etikett am Material/Artikel an.
- Das Gut wird auf die Förderanlage (z. B. ein Transportband) gelegt, vom Förderfahrzeug (z. B. Stapelkran) erfasst und automatisch am vorbestimmten Ort eingelagert.

Sind mehrere Positionen einzulagern, so errechnet der Computer auch automatisch die transportwegoptimale Reihenfolge der Einlagerungen.

[1] Vgl. S. 393.

Auslagerung

- Der Auslagerungsauftrag (mit Material-/Artikelnummer und Menge) wird eingegeben und am Bildschirm angezeigt.
- Der Computer stellt den Lagerplatz fest und zeigt ihn an. Bestehen mehrere Lagerplätze, so schlägt der Computer vor, die am längsten eingelagerten Posten zuerst auszulagern (sog. FIFO-Prinzip: first in – first out[1]. Bei mehreren Positionen berechnet er die optimale Reihenfolge der Entnahmen, um Wege und Zeit zu sparen.
- Der Mitarbeiter bestätigt i. d. R. den Vorschlag des Computers.
- Das Förderfahrzeug entnimmt das Gut und liefert es ab.
- Die erforderliche Menge wird entnommen und am Bildschirm zurückgemeldet.
- Das Förderfahrzeug lagert die Restmenge wieder ein.

Nach jeder Lagerbewegung schreibt das System den neuen Bestand in die Materialdatenbank/Artikeldatenbank.

Der große Vorteil des Freiplatzsystems mit EDV-Verwaltung gegenüber dem Festplatzsystem ist eine optimale Ausnutzung der Lagerfläche. In der Praxis ließ sich bisweilen eine um 30 % größere Lagerkapazität feststellen. Auch die Auslagerung nach dem FIFO-Prinzip gilt als ein großer Vorteil.

Arbeitsaufträge

1. Aus einem Zeitungsartikel

> Wer an Lagerorganisation denkt, denkt an Computer. Dabei wird aber oft vergessen, dass Organisation ohne Ordnung wenig wert ist. Ordnung ist der entscheidende Faktor, wenn teure Fehler vermieden werden sollen. Das klingt selbstverständlich und ist es sicher auch – bei Lageranlagen ab einer gewissen Investitionssumme, die grundlegende Planung sozusagen zwingend vorschreiben.
>
> Aber bei all den anderen – und das ist die Mehrzahl der Läger in Deutschland – wird auch heute noch oft nach dem „Prinzip Zufall" gearbeitet.
>
> Das so entstehende, oft nur mühsam beherrschte Chaos kostet außerdem Zeit und Nerven der Mitarbeiter.
>
> Organisations-Spezialisten haben dieses Problem untersucht und kamen zu dem Ergebnis, dass etwa 97 % der Chaos-Kosten durch Organisations-Nummerierung vermieden werden können.

a) Erläutern Sie,
   - was mit dem „Prinzip Zufall" gemeint ist,
   - welche negativen Auswirkungen das „mühsam beherrschte Chaos" hat,
   - was eine Organisations-Nummerierung ist,
   - wie der Nummernschlüssel einer Ordnungsnummer aufgebaut ist.

b) Ein Betrieb hat zwei Materialläger mit Schieberegalen. Lager 1 hat den in der Zeichnung (siehe S. 389) dargestellten Aufbau. Lager 2 hat den gleichen Aufbau, besteht aber aus 14 Lagerzeilen.
   - Wo befindet sich eine Palette mit der Materialnummer 21416829385, der der Lagerplatz 2-02-07-6 zugewiesen ist?
   - Wäre es beim Festplatzsystem sinnvoll, einer anderen Palette mit der gleichen Materialnummer den Lagerplatz 2-08-01-1 zuzuweisen? Begründen Sie Ihre Aussage.
   - Beurteilen Sie den gleichen Sachverhalt für das Freiplatzsystem.

c) Nehmen Sie Stellung dazu, ob sich eine Verlängerung von Lagergassen und eine Aufstockung von Regalen mit dem System der Organisations-Nummerierung verträgt.

---

[1] engl.: Was zuerst hereinkommt, geht auch zuerst wieder hinaus

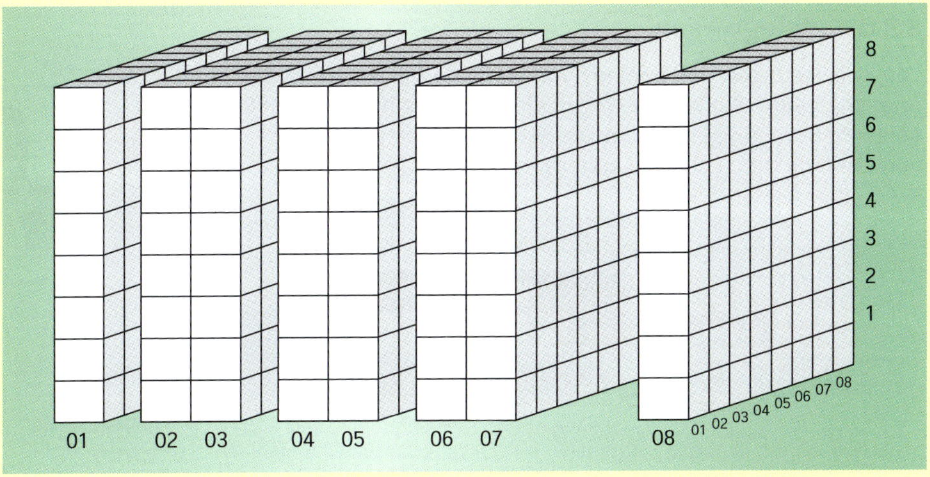

2. Der Industriebetrieb Alt & Gut GmbH hat ein manuell verwaltetes Materiallager, der Betrieb Neu & Besser GmbH ein EDV-verwaltetes vollautomatisches Hochregallager.

a) Handelt es sich bei Alt & Gut nach Ihrer Ansicht um ein Fest- oder ein Freiplatzsystem?

b) Bei der Einlagerung einer Palette mit Verteilerkästen fallen bei Alt & Gut folgende Arbeiten an. Sie sind hier in einer falschen Reihenfolge aufgeführt.
   (a) Zugang in die Lagerfachkarte eintragen
   (b) Materialnummer feststellen
   (c) Material einlagern
   (d) Eingangsbelegskopie ablegen
   (e) Materialeingangsbeleg lesen
   (f) Bestand errechnen und in die Lagerkarte eintragen
   (g) Zugang in die Lagerkarte eintragen
   (h) Lagernummer für das Material feststellen
   (i) Kopie des Eingangsbelegs an die Lagerverwaltung weitergeben
   (j) Einlagerung auf dem Eingangsbeleg bestätigen
   (k) Eingangsbeleg ablegen
   (l) Bestand errechnen und in die Lagerfachkarte eintragen
   (m) Anhand des Lagerplans den Lagerort feststellen

   Bringen Sie die genannten Tätigkeiten in die richtige Reihenfolge.

c) Bei einer entsprechenden Einlagerung fallen bei Neu & Besser die folgenden, ebenfalls ungeordneten Tätigkeiten an.
   (a) Palette zur Einlagerung an den Stapelkran übergeben
   (b) Barcode-Etikett entnehmen
   (c) Materialnummer feststellen
   (d) Materialeingangsbeleg ablegen
   (e) Materialeingangsbeleg lesen
   (f) Materialnummer und Menge über Tastatur eingeben
   (g) Lagerplatzvorschlag und Menge über Tastatur bestätigen
   (h) Barcode-Etikett auf die Palette kleben
   (i) Lagerplatzvorschlag des Computers prüfen

   Bringen Sie auch diese Tätigkeiten in die richtige Reihenfolge.

d) Stellen Sie die Geschäftsprozesse aus Auftrag b) und c) mithilfe ereignisgesteuerter Prozessketten dar.

e) Der Lagerdisponent erhält einen Materialentnahmeschein über 4 Verteilerkästen.
   Nennen Sie für beide Firmen die erforderlichen Auslagerungstätigkeiten in der richtigen Reihenfolge.

3.2.6 Belegwesen

Lagerbewegungen sind geplant (von der Bedarfsplanung vorbestimmt) oder ungeplant. Für jede Bewegung ist ein Beleg notwendig. Für geplante Bewegungen werden die Belege im Zuge der Arbeitsvorbereitung durch die EDV erstellt.

Lagerbewegungen

Lagerentnahmen – geplant	Lagerentnahmen – ungeplant	Lagerzugänge – geplant	Lagerzugänge – ungeplant
• Einzelentnahmen: Erfassung mit Materialentnahmescheinen • Gesamtentnahme aller Teile für einen Auftrag: Erfassung mit Entnahme-Stücklisten	Erfassung mit Materialentnahmescheinen	• Gefertigte Teile: Erfassung mit Materialzugangsscheinen • Gelieferte Einkaufsteile: Erfassung mit Wareneingangsbelegen	Materialrückgabe (nicht verbrauchte Teile): Erfassung mit Materialrückgabeschein

3.2.7 Bestandsüberwachung

Für die Bedarfs- und Einkaufsdisposition ist die Kenntnis der Lagerreserve (wahrscheinlich verfügbarer/disponierbarer Lagerbestand) notwendig (vgl. S. 323). Die EDV ermittelt ihn nach jeder Lagerbewegung.

Dispositionslisten geben über die jeweilige Situation Auskunft.

Beispiel: Dispositionsliste

Dispositionsliste 15. Juli 20..

Bezeichnung: Kanne Mat.-Nr.: 04636 Lager-Nr.: 436543
Lagerbestand: 2 685 Reserviert: 0 Mindestbestand: 3 000

Reservierungen Auftr.-Nr.	Menge	Termin	Lager-reserve	Bestellungen Best.-Nr.	Menge	Termin	
			6 385	4638	3 700	20.07.	
12 411	863	24.08.	5 522				
12 962	1 477	11.09.	4 045				
12 411	610	21.09.	3 435				
12 411	479	16.10.	2 956				<Min.!
			4 956	4 638	2 000	22.10.	
12 692	2 000	05.11.	2 956				<Min.!

Sowohl der Istbestand als auch die Lagerreserve werden mit kritischen Lagerwerten verglichen, z. B. mit dem Mindestbestand, dem Meldebestand und dem Höchstbestand. Bei Unter- bzw. Überschreitung sind gegebenenfalls Korrekturmaßnahmen zu ergreifen.

VIERTER ABSCHNITT

Arbeitsaufträge

1. In einem Maschinenbaubetrieb wurde folgender Beleg verwendet.

Materialentnahmeschein	Lager-Nr. 2	Empfangende Kostenstelle **4611 (Dreherei)**
Baumuster **T 121 008** Stückliste Verbrauchszweck	Auftrags-Nr. **365 461** belastete Kostenstelle ausstellende Kostenstelle **2322 (FVO)**	

Gegenstand	Abmessungen	Menge	Einzelpreis EUR	Einzelpreis ct	Gesamtpreis EUR	Gesamtpreis ct
Automatenstahl 9 S 20 DIN 1651	**10 mm Ø**	**160 kg**				

Buchungsvermerke	Ausstellung		Empfang	
	Tag *20. Juli 20..*	Unterschrift *Krämer*	Tag	Unterschrift

a) Für welche Vorgänge wurde der Beleg verwendet?

b) Die Verwendung des Beleges ist zwingend vorgeschrieben. Begründen Sie diese Vorschrift.

c) Erläutern Sie den Inhalt des Beleges im Einzelnen.

d) Was ist zu tun, wenn für den Auftrag Nr. 365461 tatsächlich nur 144 kg Stahl verbraucht werden?

2. Betrachten Sie noch einmal die Lagerfachkarte auf Seite 387. Der jeweils angezeigte Bestand (Istbestand) darf nicht mit der Lagerreserve verwechselt werden.

a) Erläutern Sie die Begriffe Istbestand und Lagerreserve.

b) Wie errechnet sich die Lagerreserve?

c) Wofür ist die Kenntnis der Lagerreserve vonnöten?

3. Die Dispositionsliste auf Seite 390 gibt über die Lagerreserve Auskunft. Als weitere Vorgänge folgen:
Bestellung von 6 000 Stück am 27. Oktober, voraussichtlicher Eingang am 4. November,
Reservierung von 220 Stück für den 10. November am 3. November,
Eingang von 6 000 Stück am 4. November aus der Bestellung vom 27. Oktober,
Reservierung von 580 Stück für den 12. November am 6. November.

Erstellen Sie je eine Dispositionsliste

a) am 28. Oktober,

b) am 4. November,

c) am 6. November

und nennen Sie die jeweils ausgewiesene Lagerreserve.

3.3 Kosten der Lagerhaltung

3.3.1 Lagerkostenarten

Web

M 392 Lagerung ist teuer und Lagerkosten entstehen in vielerlei Arten:

Lagerkosten
Kosten der Lagerkapazität (des Aufnahmevermögens) Kosten für Lagergebäude, -einrichtungen, -fördermittel (Mieten, Abschreibungen, Zinsen, Versicherung) und Lagerpersonal (Entlohnung, Sozialversicherung)
Kosten der Lagerbereitschaft Kosten für Beleuchtung, Heizung, Kühlung, Instandhaltung, Reinigung
Kosten der Lagervor- und -nachbereitung Kosten für Ein-, Um-, Auslagern (z. B. Treibstoff), Ver- und Entpacken, Kommissionieren
Kosten der Lagervorräte und Lagerverwaltung Kosten der Warenpflege; Bearbeitung (z. B. Mischen, Umpacken, Zuschneiden, Ab- und Umfüllen, Reparieren), Lagerbestandsführung, Inventur; Verzinsung des in den Vorräten gebundenen Kapitals (Lagerzinsen); Versicherungsprämien
Kosten des Lagerrisikos Risiken entstehen durch den **technischen Fortschritt** (Ablösung durch neuartige Materialien), durch **Nachfrageänderungen** (z. B. wegen Mode- oder Geschmackswandel), durch **Preisschwankungen** (z. B. Preisverfall an den Rohstoffmärkten) und durch **Mengenverluste** aufgrund menschlicher Einwirkung (z. B. Diebstahl, Bruch) oder aufgrund natürlicher Ursachen (Verderb, Schwund durch Trocknen oder Verdunsten, Brand, Wassereinbruch). Nur wenige Risiken sind kalkulierbar (z. B. Diebstahl, Brand, Wasserschäden). Für sie entstehen Versicherungskosten oder in der Kostenrechnung werden Wagniszuschläge angesetzt. Die meisten unterliegen dem **allgemeinen Unternehmerrisiko**. Der Unternehmensgewinn sollte so hoch sein, dass er nicht nur das Eigenkapital angemessen verzinst, sondern auch eine „Risikoprämie“ für dieses Wagnis enthält.

Fixe (feste) Kosten entstehen unabhängig von der Menge der Lagergüter. Dies gilt im Wesentlichen für die Kosten der Lagerkapazität und der Lagerbereitschaft.

Variable (veränderliche) Kosten hingegen ändern sich mit der Menge der Lagergüter. Dies gilt für die Kosten der Lagervorräte, der Lagervor-/-nachbereitung, des Lagerrisikos.

Außerdem bewirkt die Lagerung Liquiditätsverluste: Die in Vorräten investierten Gelder sind bis zu ihrer Freisetzung durch Produktverkäufe „totes Kapital“: Sie sind dem Betrieb für andere, eventuell gewinnbringende Einkäufe und auch für die Bezahlung von Verbindlichkeiten entzogen. Dies hemmt die Liquidität, die ständige Zahlungsbereitschaft.

3.3.2 Minimierung der variablen Lagerkosten

Eine Minimierung der variablen Lagerkosten erfordert
- die Minimierung der Lagervorräte,
- den schnellstmöglichen Umschlag (Produktionseinsatz, Produktverkauf) der Vorräte.

Bekanntlich spielt in diesem Zusammenhang beim Industriebetrieb eine Reihe bekannter Probleme und Entscheidungen eine Rolle:
- die Entscheidung für Einzelbeschaffung, Vorratsbeschaffung oder JIT-Beschaffung,
- die Bedeutung eiserner Bestände zwecks Vermeidung von Fehlmengenkosten,
- die Festlegung optimaler Bestellmengen,
- der Zeitpunkt von Materialangeboten (z. B. Messen, Ernten, Saisonwechsel),
- die Preisentwicklung (Einkauf vor erwarteten Preiserhöhungen),
- die Lagerfähigkeit des Materials,
- Mindestabnahmemengen und feste Verpackungseinheiten.

3.3.3 Minimierung der fixen Lagerkosten

Die Minimierung der fixen Lagerkosten setzt v. a. eine sorgfältige **Kapazitätsplanung** voraus. Die Sollgröße des Lagers wird grundsätzlich durch die Entscheidung über die Höhe der Lagervorräte und den Lagerumschlag bestimmt: Flächen und Räume, die nicht ausgenutzt werden, sollten auch nicht vorgehalten werden.

Liegen Lagervorrat und Lagerumschlag fest, wird die **Entscheidung über die Lagerkapazität** wesentlich beeinflusst durch
- Art, Größe, Gewicht der Lagergüter,
- Lagerart (Haupt-, Neben-, Handlager),
- Lagerstandort (zentral, dezentral),
- die geplanten Lagervorrichtungen,
- die Beschaffungsdauer.

Von großer Bedeutung ist es, die benötigte Lagerkapazität mit möglichst geringer Grundfläche zu erzielen. Dies erfordert den Einsatz Raum sparender und den Transport erleichternder Lagervorrichtungen und Fördermittel, evtl. unter Ausnutzung der Möglichkeiten, die die Automation heute bietet. Ideal sind die schon erwähnten computergesteuerten Hochregal-, Paternoster- oder Karusselläger.

Beispiel: Regallager und Paternosterlager

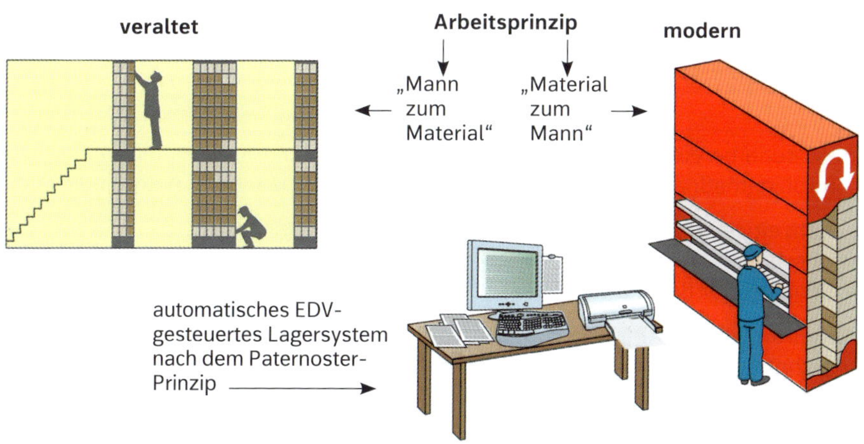

Ein Paternoster ist ein Umlaufaufzug ohne Tür.
Nach dem gleichen Prinzip („Material zum Mann“), nur mit horizontaler Laufrichtung, arbeiten *Karusselläger*.

Arbeitsaufträge

1. **Das Betriebsergebniskonto von MGB Maltmann Getriebebau e. K. weist folgende Positionen auf:**
   Materialkosten, Löhne, Gehälter, Sozialkosten, Instandhaltung, Steuern, Gebühren, Beiträge, Versicherungsprämien, Mieten, Verkehrs-, Büro-, Werbekosten, Abschreibungen, Sondereinzelkosten der Fertigung und des Vertriebs.
   Welche dieser Kosten können auch durch die Lagerung mitverursacht sein?

2. **Die Karikatur auf Seite 392 zeigt ein sehr gut gefülltes Materiallager, aber zugleich eine damit verbundene Konfliktsituation. Offensichtlich hat diese etwas mit den entstehenden Lagerkosten zu tun.**
   a) Erläutern Sie den angedeuteten Konflikt.
   b) Welche Kostenarten entstehen durch Materiallagerung?
   c) Welche der von Ihnen genannten Kosten sind fix, welche variabel?
   d) Stellen Sie sich vor, der betreffende Betrieb könnte zur JIT-Belieferung wechseln. Wie würde dies sich auf die verschiedenen Arten von Lagerkosten auswirken?
   e) Die meisten Industriebetriebe können JIT nicht verwirklichen und müssen Lagervorräte halten. Sie versuchen, sich einer optimalen Bestellmenge anzunähern. Wie wirkt dies sich auf die Höhe der Lagerkosten aus?
   f) Teilweise versucht man auch, die Lagerung outzusourcen. Dies geschieht z. B., indem man sein Eigenlager durch ein Fremdlager bei einem Logistikdienstleister ersetzt, der auch die Anlieferung auf Abruf übernimmt.
      (1) Welche Lagerkosten werden bei Fremdlagerung völlig eingespart?
      (2) Ein Industriebetrieb überlegt, ob er sein Materiallager zugunsten der Fremdlagerung aufgeben soll. Er lagert ständig 2 000 Paletten, die im Durchschnitt 4-mal jährlich umgeschlagen werden. Die fixen Kosten des Lagers betragen jährlich 1 Mio. EUR, die Lagerkosten je Palette 100,00 EUR. Ist die Fremdlagerung vorteilhaft, wenn der Spediteur für die entsprechende Lagerung einschließlich Anlieferung 200,00 EUR berechnet?
      (3) Ab welcher Anzahl Paletten wird das Eigenlager kostengünstiger?

4 Controlling im Materialmanagement

4.1 Ziele und Verfahren des Controllings

„Wenn wir die Einkaufskosten um 10 % senken könnten, würde unser Gewinn glatt um 100 % steigen!"
Man könnte auch sagen: „Das Geld, das der Geschäftsprozess Einkauf verdient, muss der Betrieb nicht erst in anderen Prozessen verdienen."

Erinnern Sie sich noch an diese Aussage in der Karikatur auf S. 299?

Im Materialbereich lassen sich enorme Kosten einsparen. Deshalb haben hier auch Controllingmaßnahmen[1] große Bedeutung. Wichtige Ziele des Controllings sind hier

- frühzeitige Erkennung von Schwachstellen des Bereichs,
- Überbrückung von Schnittstellen mit anderen Abteilungen und Betrieben,
- Senkung der Beschaffungskosten.

Verfahren wie die ABC-XYZ-Analyse, die Wertanalyse, die Preisstrukturanalyse, die Berechnung und Überprüfung von Meldebeständen und optimalen Bestellmengen gehören ebenso zum Bereichscontrolling wie Kennzahlen, die monatlich aus den Controllingergebnissen zusammengetragen werden sollten.

[1] Vgl. S. 97 f.

4.2 Zweck wichtiger Kennzahlen im Materialbereich

Es ist die Aufgabe des Controllings, bei Zielbildung, Planung und Kontrolle koordinierend mitzuwirken. Der Controller wertet z. B. das anfallende Zahlenmaterial aus, verdichtet es zu Kennzahlen und beurteilt die Betriebsprozesse anhand der Kennzahlen.

Wichtige **ökonomische Ziele der Materialwirtschaft** sind bekanntlich:

- **das Sicherheitsziel**:
  die gesicherte Versorgung der Verbrauchsstellen
- **Wirtschaftlichkeitsziele:**
  - die Minimierung der Beschaffungs- und Lagerkosten
  - die Minimierung der Kapitalbindung in Vorräten

Kennzahlen zur Versorgungssicherheit und zur Wirtschaftlichkeit sollen Aussagen darüber zulassen, in welchem Ausmaß diese Ziele erreicht werden.

4.3 Kennzahlen zur Versorgungssicherheit

Die Versorgungssicherheit wird einerseits durch große Lagervorräte, andererseits durch sichere Marktverhältnisse (reichhaltiges Angebot, stabile Beschaffungspreise, zuverlässige Lieferanten) gewährleistet. Insofern unterscheidet man Bestands- und Lieferantenkennzahlen.

4.3.1 Bestandskennzahlen

Schon die bekannten Arten der Lagerbestände sind wichtige Kennzahlen der Versorgungssicherheit: Istbestand, Mindestbestand, Höchstbestand, sicher verfügbarer Bestand, disponierbarer Bestand (Lagerreserve), Meldebestand, durchschnittlicher Bestand. Folgende Zusammenhänge sind schon bekannt:

❶		**Istbestand**
❷	–	**Mindestbestand (eiserner Bestand)**
	–	**erfolgte Reservierungen (für die Fertigung)**
❸	=	**sicher verfügbarer Lagerbestand**
	+	**erwartete Zugänge aus Bestellungen und Fertigungsaufträgen**
❹	=	**Lagerreserve (wahrscheinlich verfügbarer/disponierbarer Lagerbestand)**
		Mindestbestand
	+	**durchschnittliche Tagesentnahme · Wiederbeschaffungszeit**
❺	=	**Meldebestand**
		Mindestbestand
	+	**(ggf. optimale) Bestellmenge**
❻	=	**Höchstbestand**

Die Versorgungssicherheit steigt mit zunehmendem Lagerbestand.

Wenn man in regelmäßigen zeitlichen Abständen den Istbestand prüft, kann man auch errechnen, welche Menge durchschnittlich auf Lager liegt. Die Rechnung wird umso genauer, je kürzer die Prüfintervalle sind.
Oft unterscheidet man
(1) jährliche Prüfintervalle,
(2) monatliche Prüfintervalle,
(3) tägliche Prüfintervalle (z. B. automatische Speicherung der Bestände und der Lagerdauer bei EDV-verwalteten Lägern).

Dementsprechend ergeben sich folgende – mehr bzw. weniger genaue – Berechnungsmöglichkeiten für den **durchschnittlichen Lagerbestand** (Ø LB):

(1) $\varnothing \text{ LB} = \dfrac{\text{Jahresanfangsbestand + Jahresendbestand}}{2}$ ← sehr ungenau

(2) $\varnothing \text{ LB} = \dfrac{\text{Jahresanfangsbestand + 12 Monatsendbestände}}{13}$ ← genauer

(3) $\varnothing \text{ LB} = \dfrac{B_1 \cdot T_1 + B_2 \cdot T_2 + B_3 \cdot T_3 + \ldots + B_n \cdot T_n}{T_1 + T_2 + T_3 + \ldots T_n}$ ← genau

(B = Bestand, T = Lagerdauer, n = letzte Nummer)

Beispiel: Durchschnittlicher Lagerbestand

	Tage	Bestand (Stück)		
01.01. – 14.02.	44	40	40 · 44 =	1 760
15.02. – 02.03.	18	20	20 · 18 =	360
03.03. – 26.04.	54	10	10 · 54 =	540
27.04. – 30.04.	4	5	5 · 4 =	20
01.05. – 01.08.	91	100	100 · 91 =	9 100
02.08. – 19.09.	48	70	70 · 48 =	3 360
20.09. – 20.11.	61	40	40 · 61 =	2 440
21.11. – 31.12.	40	25	25 · 40 =	1 000
			360	18 580

(1) **Ø LB** = (40 + 25) : 2 = **32,5**

(2) **Ø LB** = (40 + 40 + 20 + 10 + 5 + 100 + 100 + 100 + 70 + 40 + 40 + 25 + 25) : 13 = **47,31**

(3) **Ø LB** = 18 580 : 360 = **51,61**

Bei täglich gleichmäßigen Entnahmen und stets gleicher Bestellmenge lässt sich der durchschnittliche Lagerbestand auch wie folgt genau berechnen:

$$\text{durchschnittlicher Lagerbestand} = \frac{\text{Bestellmenge}}{2} + \text{eiserner Bestand}$$

Die Kennzahl **Lagerreichweite** gibt an, wie viele Tage (oder auch Wochen, Monate, Jahre) der durchschnittliche Lagerbestand (oder eine andere Bestandsart) ausreicht:

$$\text{Lagerreichweite} = \frac{\text{durchschnittlicher Lagerbestand (bzw. anderer Bestand)}}{\text{durchschnittliche Entnahme pro Tag (oder Woche, Monat, Jahr)}}$$

Der Reichweite können auch der Bestandswert (= Bestandsmenge · Stückpreis) und der Entnahmewert (= Entnahmemenge · Stückpreis) zugrunde gelegt werden.

Beispiel: Lagerreichweite

Die Zeiteinheit sei ein Tag.
Gegeben sind:
Mindestbestand = 20 Stück;
Wiederbeschaffungszeit = 4 Tage;
Istbestand am 28.07.20.. = 90 Stück
Tagesentnahme (regelmäßig) = 5 Stück
optimale Bestellmenge = 100 Stück

Dann errechnen sich:
Meldebestand = (20 + 5 · 4) Stück = 40 Stück
Höchstbestand = (20 + 100) Stück = 120 Stück
durchschnittlicher Lagerbestand = (100 : 2 + 20) Stück = 70 Stück

Reichweite
- des durchschnittlichen Lagerbestands = 70 Stück : 5 Stück/Tag = 14 Tage
- des Istbestands = 90 Stück : 5 Stück/Tag = 18 Tage
- des Höchstbestands = 120 Stück : 5 Stück/Tag = 24 Tage
- des Meldebestands = 40 Stück : 5 Stück/Tag = 8 Tage

- **Bei Lieferengpässen oder einer schlechten Bestelldisposition ist die Lagerreichweite ggf. zu niedrig. Dann ist auch die Lieferbereitschaft des eigenen Lagers unzureichend. Dies kann zu Fehlmengenkosten führen (z. B. wegen Produktionsausfall).**
- **Ist die Lagerreichweite – und damit auch die Lieferbereitschaft – übermäßig groß, so kommt es zu unnötigen Lagerkosten und zu überhöhter Kapitalbindung.**

Die Lieferbereitschaft wird durch die Kennzahl **Lieferbereitschaftsgrad (Lieferservicegrad)** gemessen:

$$\text{Lieferbereitschaftsgrad} = \frac{\text{rechtzeitig ausgelieferte Mengen}}{\text{insgesamt angefoderte Mengen}} \cdot 100$$

$$\text{Lieferbereitschaftsgrad} = \frac{\text{rechtzeitig erfüllte Aufträge}}{\text{gesamte Aufträge}} \cdot 100$$

Auch der Lieferbereitschaftsgrad kann natürlich mit Wertgrößen (= Menge · Stückpreis) berechnet werden.

4.3.2 Lieferantenkennzahlen

Bei fertigungssynchroner Beschaffung (Just-in-time-Belieferung) werden bekanntlich die Lagerbestände bis auf kleine Mindestbestände abgebaut, um Lagerkosten einzusparen. Dies setzt jedoch eine absolut zuverlässige Belieferung voraus.

Die Qualität der Belieferung durch den Lieferanten wird ebenfalls durch den **Lieferbereitschaftsgrad** gemessen (siehe oben).

Ergänzende Kennzahlen zur Lieferantenqualität sind die **Verzugsquote** und die **Reklamationsquote**:

$$\text{Verzugsquote} = \frac{\text{verspätete Lieferungen}}{\text{gesamte Lieferungen}} \cdot 100$$

$$\text{Reklamationsquote} = \frac{\text{Reklamationen}}{\text{gesamte Lieferungen}} \cdot 100$$

Beispiel: Lieferantenqualität

Bei der Belieferung durch den Lieferanten Carl Foss GmbH mit dem Material FG12 stellt das Controlling in den Quartalen 1 bis 4 die folgende Entwicklung fest.
(L = Lieferbereitschaftsgrad, V = Verzugsquote, R = Reklamationsquote)

Quartal	1		2		3		4	
Lieferungen	12		12		12		12	
erfüllte	12	L = 100 %	12	L = 100 %	11	L = 91,67 %	10	L = 83,33 %
verspätete	0	V = 0 %	0	V = 0 %	1	V = 8,33 %	2	V = 16,67 %
Reklamationen	0	R = 0 %	1	R = 8,33 %	1	R = 8,33 %	1	R = 8,33 %

Die Lieferantenqualität nimmt mit jedem Quartal ab. Damit sinkt auch die Versorgungssicherheit. Es sollten geeignete Verbesserungsmaßnahmen erfolgen.

4.4 Kennzahlen zur Wirtschaftlichkeit

Erinnern Sie sich noch? Wirtschaftlichkeit – Maximal-, Minimalprinzip – Ergiebigkeits-, Sparsamkeitsgrad! Lesen Sie noch einmal auf Seite 88 und 271 nach!

Die Materialwirtschaft stellt der Produktion als **Ergebnis** ihrer Tätigkeit alle Materialien zur Verfügung. Deren Wert ist das Einkaufsvolumen (= Summe aller Einstandspreise). Wirtschaftliches Handeln bezieht sich hier auf das **Sparsamkeitsprinzip:** Das Ergebnis (Einkaufsvolumen) soll mit **kleinstmöglichem Einsatz** (minimalen Kosten) bereitgestellt werden.

Je sicherer die Verhältnisse auf den Beschaffungsmärkten (Art, Mengen, Preise der Materialien) sind und je besser die Lieferantenqualität ist, desto mehr kann das Unternehmen teure Bestände abbauen und sich auf die Optimierung der Wirtschaftlichkeit konzentrieren.

Wirtschaftlich handeln bedeutet in der Materialwirtschaft: Das Einkaufsvolumen (= Summe aller Einstandspreise) soll mit minimalem Kosteneinsatz bereitgestellt werden.

Die Kosten bestehen bekanntlich aus Beschaffungskosten (gemeint: die mittelbaren Beschaffungskosten) und Lagerkosten. Die grundlegende Kennzahl der Wirtschaftlichkeit ist folglich:

$$\text{Wirtschaftlichkeit} = \frac{\text{Beschaffungskosten} + \text{Lagerkosten}}{\text{Einkaufsvolumen}} \cdot 100$$

Die Kennzahl lässt sich auflösen in zwei getrennte Kennzahlen:

$$\text{Wirtschaftlichkeit der Beschaffung} = \frac{\text{Beschaffungskosten}}{\text{Einkaufsvolumen}} \cdot 100$$

$$\text{Wirtschaftlichkeit der Lagerung} = \frac{\text{Lagerkosten}}{\text{Einkaufsvolumen}} \cdot 100 = \text{Lagerkostensatz}$$

Am besten fallen die Kennzahlen bei JIT-Beschaffung aus: Lagerkosten fallen kaum an und die Beschaffungskosten sind aufgrund fester Lieferantenbeziehungen minimiert. Bei Vorratsbeschaffung ist das Modell der optimalen Bestellmenge ein Ansatz.

4.5 Kennzahlen zur Wirtschaftlichkeit der Beschaffung

Um die Beschaffungskosten zu senken, müssen v. a. die Beschaffungsprozesse (einschließlich Logistikprozesse) kostengünstig gestaltet werden. Aus der großen Fülle existierender Kennzahlen können wir hier nur wenige exemplarisch herausgreifen:

$$\text{durchschnittl. Prozesskosten je Bestellung} = \frac{\text{Personalkosten} + \text{Personalnebenkosten} + \text{Sachkosten}}{\text{Anzahl der Bestellungen}}$$

Ersetzt man im Nenner Bestellungen durch *Standardbestellungen, Rahmenvertragsabrufe, Einzelbestellungen, Bestellungen von A-, B-, C-Materialien*, so erhält man die durchschnittlichen Prozesskosten für diese Arten von Bestellungen und kann erkennen, wie kostengünstig eine Art ist.

Ähnliche Kennzahlen ergeben sich für die Logistik:

$$\text{durchschnittl. Lieferkosten je Anlieferung} = \frac{\text{Frachtkosten} + \text{Umschlagskosten} + \text{sonstige Logistikkosten}}{\text{Anzahl der Anlieferungen}}$$

Ersetzt man im Nenner Anlieferungen durch *Anlieferungen von A-, von B-, von C-Materialien oder von Material X*, erhält man die durchschnittlichen Logistikkosten für diese Materialarten und kann erkennen, wie kostengünstig die Logistikleistungen sind.

Von Interesse könnten auch sein:
- das Volumen an Materialien, das ein Einkäufer in einem Zeitabschnitt beschafft,
- die Anzahl der Anfragen in einem Zeitabschnitt,
- der E-Procurement-Nutzungsgrad
  = Anzahl der Online-Einkäufe : Anzahl der abgewickelten Einkäufe,
- die Rabattquote
  = Gesamtrabattwert : Materialeinkaufswert zu Listenpreisen · 100

4.6 Kennzahlen zur Wirtschaftlichkeit der Lagerung

Der Lagerbestand ist nicht nur für die Versorgungssicherheit, sondern auch für die Wirtschaftlichkeit der Lagerung maßgeblich. Für Kennzahlen zur Wirtschaftlichkeit benutzt man den durchschnittlichen Lagerbestand. Wichtige Kennzahlen sind
- die Umschlagshäufigkeit,
- die durchschnittliche Lagerdauer,
- die durchschnittlichen Lagerkosten,
- die durchschnittliche Kapitalbindung,
- der Lagerzinssatz.

Die **Umschlagshäufigkeit** gibt an, wie oft der durchschnittliche Bestand im Jahr umgeschlagen wird (oder: wie oft das Lager im Jahr geräumt wird).

Die **durchschnittliche Lagerdauer** gibt an, wie lange der durchschnittliche Bestand auf Lager liegt.

$$\text{Umschlagshäufigkeit} = \frac{\text{Jahresentnahme}}{\text{durchschnittlicher Lagerbestand}}$$

$$\text{durchschnittliche Lagerdauer} = \frac{360}{\text{Umschlagshäufigkeit}}$$

Je niedriger bei unverändertem Jahresverbrauch der durchschnittliche Lagerbestand ist, desto schneller wird das Lager geräumt und desto kürzer ist die Lagerdauer.

Beispiel: Umschlagshäufigkeit und durchschnittliche Lagerdauer

Tagesentnahme = 5 Stück (Jahresentnahme = 360 · 5 Stück = 1 800 Stück)

	durchschnittlicher Lagerbestand	Umschlagshäufigkeit	durchschnittliche Lagerdauer
①	70 Stück	$\frac{1\,800 \text{ Stück}}{70 \text{ Stück}} = 25{,}7\text{-mal}$	$\frac{360 \text{ Tage}}{25{,}7} = 14 \text{ Tage}$
②	10 Stück	$\frac{1\,800 \text{ Stück}}{10 \text{ Stück}} = 1\,80\text{-mal}$	$\frac{360 \text{ Tage}}{180} = 2 \text{ Tage}$

Je niedriger der durchschnittliche Lagerbestand ist, desto niedriger sind natürlich auch die Lagerkosten und desto weniger Kapital ist in den Lagerbeständen gebunden.

durchschnittliche Lagerkosten = durchschnittlicher Bestand · Lagerkosten pro Stück
durchschnittliche Kapitalbindung = durchschnittlicher Bestand · Einstandspreis pro Stück

Beispiel: Durchschnittliche Lagerkosten, durchschnittliche Kapitalbindung

Die Lagerkosten pro Stück sollen 40,00 EUR betragen, der Einstandspreis 100,00 EUR. Dann gilt bei einem durchschnittlichen Lagerbestand von ① 70 bzw. ② 10 Stück:

	durchschnittliche Lagerkosten	durchschnittliche Kapitalbindung
①	70 · 40,00 EUR = 2 800,00 EUR	70 · 100,00 EUR = 7 000,00 EUR
②	10 · 40,00 EUR = 400,00 EUR	10 · 100,00 EUR = 1 000,00 EUR

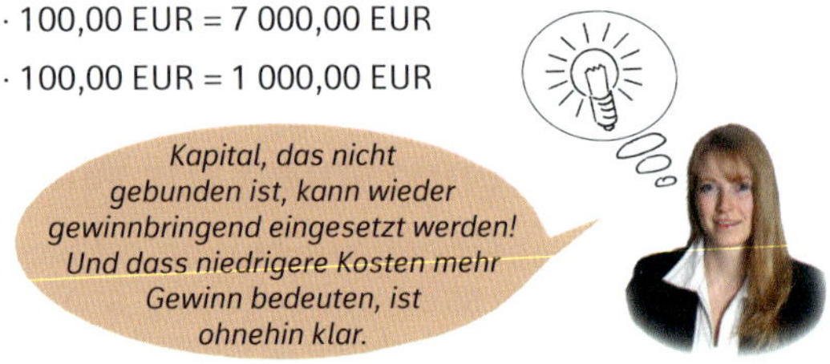

Ein kleinerer durchschnittlicher Bestand bedeutet einen schnelleren Umschlag, eine kürzere Lagerdauer und damit eine raschere Freisetzung des gebundenen Kapitals.

Der **Lagerzinssatz** gibt an, wie viel Prozent Zinsen das im durchschnittlichen Lagerbestand gebundene Kapital während der durchschnittlichen Lagerdauer kostet.

$$\text{Lagerzinssatz} = \frac{\text{durchschnittliche Lagerdauer} \cdot \text{Marktzinssatz}}{360}$$

Wenn der **Lagerzinssatz** und somit auch die Lagerkosten niedrig gehalten werden können, so wirkt sich dies letztlich auch im Angebotspreis der Waren aus.

Beispiel: Lagerzinssatz

Wir führen das letzte Beispiel fort:
Durch das in den Lagerbeständen gebundene „tote Kapital" gehen Zinsen verloren, die man ansonsten z. B. durch Anlage des Geldes bei einer Bank erzielen könnte. Wenn z. B. der Marktzinssatz 8 % beträgt (er bezieht sich auf 1 Jahr = 360 Tage), so ergibt sich für eine Lagerdauer von 14 T agen bzw. zwei Tagen folgende Berechnung des Lagerzinses:

1	Fall 1 (14 T age)	Fall 2 (2 Tage)
Lagerzinssatz	$\frac{14 \cdot 8}{360} \approx 0{,}31$ %	$\frac{2 \cdot 8}{360} \approx 0{,}044$ %

In Fall 1 liegen also die in den Selbstkosten enthaltenen Lagerkosten um 0,266 Prozentpunkte (0,31 % – 0,044 %) höher als in Fall 2. Entsprechend höher muss auch der Angebotspreis liegen.

Wichtiger Hinweis:
Wenn das Unternehmen einen Fabrikkalender führt, ist bei den Kennzahlen das Jahr nicht mit 360 Tagen zu rechnen, sondern mit der Gesamtsumme der Arbeitstage gemäß Fabrikkalender (z. B. 300).

Arbeitsaufträge

1. **Die Kanther GmbH hat im März 20.. zwanzig alte PCs in einem Lichtwellenleiter-Netzwerk durch neue PCs ausgetauscht. Für den Kauf der zwanzig PCs wurden Ausschreibungen an verschiedene IT-Anbieter versandt. Vier Angebote gingen ein. Sie enthielten die unten stehenden Endpreise.**

Der Einkaufssachbearbeiter ist zunächst geneigt, Anbieter 4 zu wählen. Für die Entscheidungsfindung wird die Controllingabteilung gebeten, Kennzahlen bereitzustellen. Dies ist möglich, weil die Kanther GmbH in der Vergangenheit Erfahrungen mit allen vier Anbietern gemacht hat. Folgende Zahlen liegen vor:

Angebot	Endpreis
1	35 000,00 EUR
2	36 000,00 EUR
3	40 000,00 EUR
4	33 000,00 EUR

Lieferer	Lieferungen	Reklamationen	verspätete Lieferungen
1	10	0	0
2	15	3	4
3	12	0	2
4	8	3	4

a) Aufgrund welcher Kennzahl ist der Einkäufer geneigt, Angebot 4 zu wählen?

b) Die Anschaffungskosten werden in der Praxis auch anhand des mittleren Marktpreises beurteilt. Dieser ist das arithmetische Mittel aller eingeholten Angebotspreise. Man errechnet daraus die Kennzahl *Einkaufsergebnis*.

$$\text{Einkaufsergebnis} = \text{Einkaufsmenge} \cdot \left(\frac{\text{Summe aller Angebotspreise}}{\text{Anzahl der Angebote}} - \text{effektiver Kaufpreis}\right)$$

Berechnen Sie die Kennzahl für jedes der vier Angebote und vergleichen Sie die Angebote anhand der Kennzahl. Welche zusätzliche Information liefert die Kennzahl gegenüber dem direkten Preisvergleich?

c) Berechnen Sie weitere Kennzahlen, die für die Einkaufsentscheidung relevant sind.

d) Entscheiden Sie sich für einen Anbieter und begründen Sie Ihre Entscheidung.

2. **Ein Fertigungsbetrieb beschaffte und verbrauchte im vergangenen Jahr 484 Profileisen mit einem Einstandspreis von je 20,00 EUR.**
Es erfolgten acht Bestellungen.
Dabei fielen anteilige Prozesskosten an: Personalkosten 180,00 EUR, Personalnebenkosten 45,00 EUR, Sachkosten 55,00 EUR.
Die jährlichen Lagerkosten betrugen 2,00 EUR je Stück.
Es fanden monatliche Inventuren statt. Dabei wurden folgende Bestände ermittelt:

2. Januar: 58	**31. März: 38**	**30. Juni: 41**	**30. September: 40**	**30. November: 49**
31. Januar: 16	**30. April: 76**	**31. Juli: 31**	**31. Oktober: 70**	**31. Dezember: 22**
28. Februar: 34	**31. Mai: 50**	**31. August: 47**		

Bei den Lagerentnahmen konnten 30 Stück nicht rechtzeitig ausgeliefert werden.

Berechnen Sie
a) den durchschnittlichen Lagerbestand,
b) die Umschlagshäufigkeit,
c) die durchschnittliche Lagerdauer bzw. Lagerreichweite (zwei Berechnungswege!),
d) die durchschnittlichen Lagerkosten,
e) die durchschnittliche Kapitalbindung,
f) die Kosten der durchschnittlichen Kapitalbindung bei einem Marktzins von 6 %,
g) den Lagerzinssatz,
h) die Beschaffungskosten (Bestellkosten) pro Bestellung und insgesamt,
h) die Wirtschaftlichkeit von Beschaffung und Lagerung sowie insgesamt,
i) den Lieferbereitschaftsgrad.
j) Mit welchen Maßnahmen könnte die Umschlagshäufigkeit erhöht werden?
k) Warum wird in der Praxis eine hohe Umschlagshäufigkeit anstrebt?

3. **Betrachten Sie noch einmal die Aufgabenstellungen von Auftrag 3 auf Seite 328.**
a) Geben Sie an, wie groß unter den angegebenen Voraussetzungen der durchschnittliche Lagerbestand, die Umschlagshäufigkeit und die durchschnittliche Lagerdauer sind.
b) Berechnen Sie: durchschnittliche Lagerkosten, durchschnittliche Kapitalbindung und Lagerzinssatz (Marktzinssatz = 5 %, Einstandspreis 15,00 EUR, Lagerkosten/Stück 3,00 EUR).
c) Erläutern Sie, was die berechneten Kennzahlen aussagen.

4. **In einem Betrieb wird behauptet, der durchschnittliche Lagerbestand habe gesenkt werden können, gleichzeitig sei aber auch die Umschlagshäufigkeit gesunken und die Lagerdauer gestiegen.**
Nehmen Sie hierzu Stellung.

FÜNFTER ABSCHNITT

Rahmenlehrplan: LERNFELD 7
Personalwirtschaftliche Aufgaben wahrnehmen

Personalmanagement

1 Aufgaben des Personalmanagements

Unternehmen benötigen die Leistungsfaktoren Arbeitskräfte, Betriebsmittel und Material. Mit dem Faktor *Arbeitskräfte* ist insbesondere das Personalmanagement befasst.

Das Personalmanagement umfasst alle mitarbeiterbezogenen Gestaltungsmaßnahmen zur Verwirklichung der Unternehmensziele. Sein Aufgabenbereich umfasst alle Probleme der Führung und Behandlung, der Bereitstellung, des Einsatzes, der Entwicklung und des Abbaus von Arbeitskräften.

Personalmanagement

Personalführung

Personalplanung setzt Ziele und legt spätere Maßnahmen fest

Einzelaufgaben

- **Personalbedarfsermittlung**
- **Personalbeschaffung:** Personalanwerbung, -auswahl, -einstellung
- **Personaleinsatz:** Stellenbeschreibung, Arbeitszuweisung, Einsatzzeit
- **Personalentwicklung:** Aus-, Fort-, Weiterbildung, Beurteilung
- **Personalbetreuung (Sozialwesen):** Sozialleistungen
- **Arbeitsbewertung und Entlohnung**
- **Personalabbau**

Personalverwaltung erledigt die laufenden Aufgaben

Personalinformationssystem liefert die benötigten Informationen

FÜNFTER ABSCHNITT

- **Personalführung:** betrifft den personenbezogenen Aspekt der Unternehmensführung. Führungsaktivitäten: Anordnung, Information, Koordination, Delegation, Motivation
- **Personalplanung:** Planung des Personalbedarfs, der Personalbeschaffung, des Personaleinsatzes, der Personalentwicklung und des Personalabbaus
- **Personalverwaltung:** alle laufenden Aufgaben und Formalitäten: Bearbeitung von Mitarbeiteranträgen; Personalakten; Personalstatistik; Lohn- und Gehaltszahlungen
- **Personalinformationssystem:** liefert Informationen für Personalplanung, -verwaltung und -controlling
- **Einzelaufgaben:** werden in den folgenden Abschnitten behandelt

2 Ziele des Personalmanagements

Die wichtigsten Ziele des Personalmanagements sind
- **die optimale Deckung des Personalbedarfs,**
- **die Optimierung des Personalaufwands,**
- **die Optimierung der Personalleistung.**

2.1 Optimale Deckung des Personalbedarfs

Die optimale Deckung des Personalbedarfs umfasst zwei Teilziele:
- **die Deckung des quantitativen Bedarfs:**
  Genau die benötigte Zahl Arbeitskräfte muss in der Zeit des Bedarfs bereitstehen. Deshalb betreiben die meisten Betriebe eine eigene Aus- und Fortbildung. Ist keine interne Personalbeschaffung möglich, müssen Arbeitskräfte extern angeworben werden.
- **die Deckung des qualitativen Bedarfs:**
  Die Arbeitskräfte müssen die benötigte Leistungsfähigkeit (Qualifikation, Kompetenz) besitzen. Auch deshalb ist eine innerbetriebliche Aus- und Fortbildung enorm wichtig.

2.2 Optimierung des Personalaufwands

Die Optimierung des Personalaufwands umfasst drei wichtige Unterziele:
- **die optimale Deckung des Personalbedarfs:** siehe oben. Unterdeckung und Unterqualifikation bewirken mangelhafte Leistung; Überdeckung und Überqualifikation führen zu unnötigem Personalaufwand.
- **optimale Arbeitsbedingungen:**
  Dies bedeutet z. B. optimale Ausstattung mit Arbeitsmitteln, optimale Gestaltung der Arbeitsplätze, optimale Organisation der Arbeit, optimales Betriebsklima. Mängel führen zu schlechten Arbeitsleistungen und damit zu unnötigem Personalaufwand.
- **optimale Entlohnung:**
  Die optimale Entlohnung ist:
  - marktgerecht: sie ergibt sich als Marktpreis aus Angebot und Nachfrage nach Arbeit;
  - anforderungsgerecht: höhere Schwierigkeit wird besser entlohnt;
  - leistungsgerecht: höhere Leistung bei gleicher Schwierigkeit wird besser entlohnt.

  Optimale Entlohnung fördert die Wettbewerbsfähigkeit des Unternehmens und motiviert den Arbeitnehmer zur Leistung.

> Arbeitsbedingungen und Entlohnung – hier treffen die Shareholderziele der Eigentümer und die Stakeholderziele der Arbeitnehmer aufeinander. Ein erfolgreiches Personalmanagement sollte sie so weit wie möglich zur Deckung bringen. Dies gilt auch für weitere Ziele wie Arbeitsplatzsicherung, Arbeitsschutz und Altersvorsorge.

FÜNFTER ABSCHNITT

2.3 Optimierung der Personalleistung

Zu optimieren sind: Leistungsfähigkeit, Leistungsdisposition und Leistungsmotivation.

2.3.1 Leistungsfähigkeit (Eignung, Qualifikation, Kompetenz)

Der Mitarbeiter ist geeignet, wenn er den gestellten Anforderungen entspricht.

- **Qualitative Eignung:** Der Mitarbeiter kann eine entsprechende Tätigkeitsart bewältigen.
- **Quantitative Eignung:** Der Mitarbeiter kann die geforderte Arbeitsmenge bewältigen.

Wichtige Bestimmungsgrößen der Leistungsfähigkeit

Begabung

Begabungen sind Leistungsanlagen, die im Wesentlichen vererbt werden. Man unterscheidet z. B. geistige Begabung (Intelligenz), praktisch-technische Begabung und künstlerische Begabung.

Körperliche Eignung

Für bestimmte Arbeiten sind bestimmte Körpergrößen, Körperkräfte, Reichweiten, Ausdauer usw. erforderlich. Männliche Jugendliche erreichen ihre volle Körperkraft erst mit 25 Jahren, weibliche mit 22. Dann nimmt die Körperkraft langsam wieder ab.

Ausbildung

Die meisten Tätigkeiten setzen ein bestimmtes Wissen und Können voraus, das durch Ausbildung vermittelt wird. Mitarbeiterschulung und Fortbildung erhöhen die Eignung.

Erfahrung

Die Ausübung von Tätigkeiten ist stets mit neuen Erkenntnissen verbunden. Sie erhöhen den Grad der Vertrautheit mit dem Aufgabeninhalt.

Übung

Geschwindigkeit und Geschicklichkeit nehmen bei wiederholenden Tätigkeiten mit jeder Wiederholung zu. Sie führen zu Routine. Durch intensives Training kann die Wirkung verstärkt werden.

Leistungsfähigkeit wird heutzutage als Handlungskompetenz aufgefasst. Teilkompetenzen: Fach-, Methoden-, Sozial- und Personalkompetenz (vgl. S. 9).

Mitarbeiter:
Jeder Mitarbeiter trägt die Verantwortung für Erwerb und Entwicklung seiner Kompetenz selbst.

Unternehmen:
Personaleinstellung: Zeugnisse, Auskünfte über den Bewerber, Eignungstests und Vorstellungsgespräche leisten Hilfe bei der Eignungsbeurteilung.

Später: Regelmäßige Beurteilungen; Fortbildungs- und Qualifizierungsmaßnahmen (Anpassung und Steigerung der Kompetenz).

Eignungsbeurteilung geglückt?

2.3.2 Leistungsdisposition (körperliche Leistungsbereitschaft)

Die Leistungsdisposition schwankt mit dem körperlichen Zustand. Von großem Einfluss sind Alter, Tagesrhythmus und Ermüdungszustand.

Alter: Bei körperlicher Arbeit nimmt die Leistungsfähigkeit des Erwachsenen mit zunehmendem Alter ab. Bei geistiger Arbeit steigt sie aufgrund von Erfahrung und Training eher. Der Betrieb sollte insofern geeignete Arbeitsplätze bereithalten.

Tagesrhythmus: Wird 24 Stunden täglich gearbeitet, sind die höchsten Leistungen zwischen 08:00 und 11:00 Uhr und zwischen 18:00 und 21:00 Uhr möglich, die niedrigsten zwischen 01:00 und 04:00 Uhr. Die Arbeitsorganisation sollte die Anforderungen – soweit möglich – entsprechend verteilen.

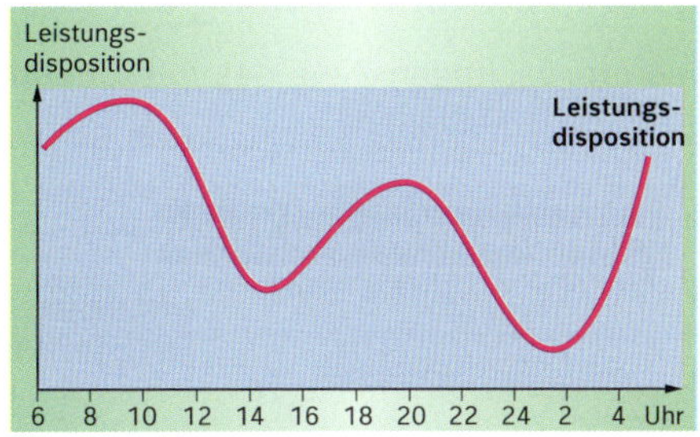

Ermüdung: Arbeitspausen dienen der Erholung. Sie sollten deshalb in Zeiten absteigender Leistung gelegt werden. Die Mittagspause sollte lang sein. Die vom Arbeitszeitgesetz vorgeschriebene Mindestpause von 30 Minuten (oder zwei Pausen von 15 Minuten) bei einem 8-Stunden-Tag ist nach arbeitsmedizinischen Erkenntnissen zu kurz.

2.3.3 Leistungsmotivation (psychologische Leistungsbereitschaft, Leistungswilligkeit)

Sie besteht in **Bedürfnissen**, die der Mensch durch seine Arbeitsleistung zu befriedigen hofft. Der amerikanische Psychologe A. H. Maslow ordnet sie fünf Stufen zu:

Bedürfnisstufen

Selbstverwirklichungsbedürfnisse
z. B. Entfaltung individueller Fähigkeiten, Unabhängigkeit

Achtungsbedürfnisse
z. B. Stärke, Kompetenz, Können, Prestige, Ansehen, Einfluss, Beachtung

Zugehörigkeitsbedürfnisse
z. B. sozialer Kontakt, Anerkennung, Zuneigung, Einordnung

Sicherheitsbedürfnisse
z. B. persönliche und soziale Sicherheit, sicherer Arbeitsplatz, Freiheit von Furcht und Chaos

Physiologische Bedürfnisse
z. B. Sicherung von Nahrung und körperlicher Unversehrtheit

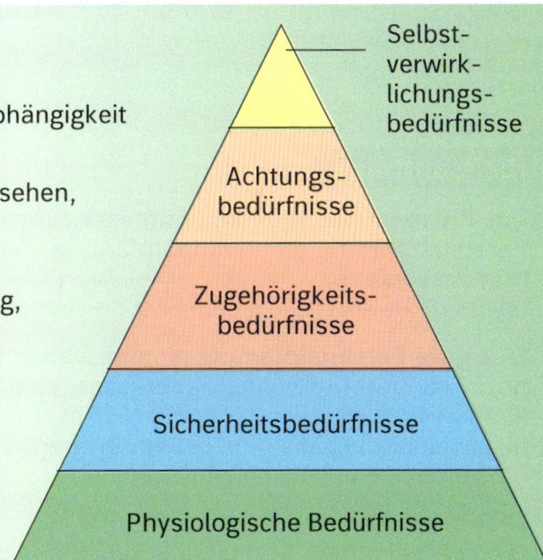

Die Motivation der Mitarbeiter steigt, wenn das Unternehmen diese Bedürfnisse durch geeignete Maßnahmen befriedigen kann. Dazu gehören zunächst eine angemessene Entlohnung, weiterhin eine optimale Personalführung, Schaffung eines optimalen Arbeitsklimas, Personalfortbildung sowie Entfaltungs- und Aufstiegsmöglichkeiten.

Humankapital und Humanvermögen

Das Unternehmen muss ggf. für die Erzielung hoher Leistungsfähigkeit und -bereitschaft beträchtliche finanzielle Mittel (sog. Humankapital) aufwenden. Deshalb stellt diese Leistungsfähigkeit und -bereitschaft ein Leistungspotenzial (Leistungsreserve) von hohem Wert dar. Dieses Potenzial ermöglicht erst eine hohe Wertschöpfung und Wettbewerbsfähigkeit des Unternehmens. Man sieht es deshalb als einen Vermögenswert (Humanvermögen) an, den man – wenn der Gesetzgeber dies zuließe – sogar in die Bilanz aufnehmen könnte.

Es ist leicht einzusehen, dass in einer rohstoffarmen Volkswirtschaft wie Deutschland nur ein hohes Humanvermögen die Wettbewerbsfähigkeit in einer globalisierten Welt sichern kann. Sein Erwerb erfordert schulische, universitäre und betriebliche Aus- und Fortbildung auf höchstem Niveau.

2.3.4 Zusammenhang der Ziele

Die drei wichtigen Ziele des Personalmanagements führen im Wesentlichen zu den gleichen Unterzielen:

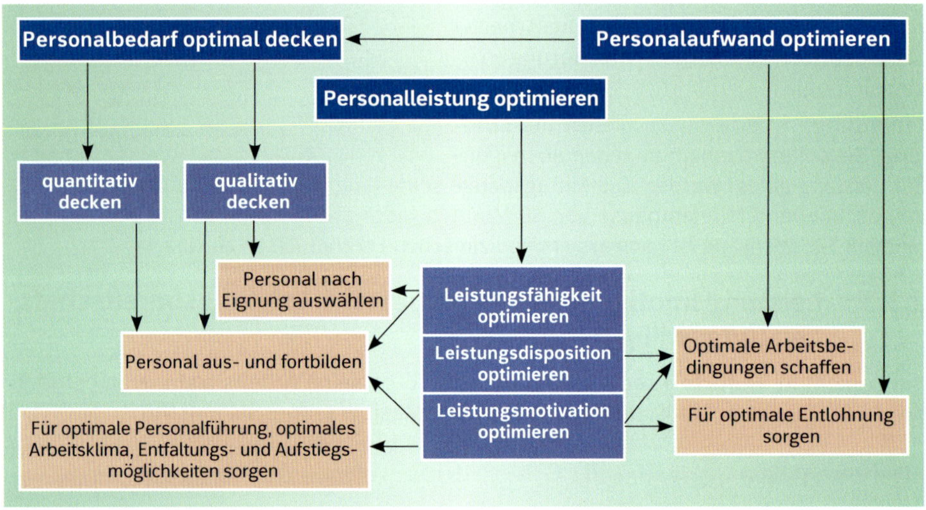

FÜNFTER ABSCHNITT

Arbeitsaufträge

1. **Das Personalmanagement umfasst neben einer Reihe von Einzelaufgaben vor allem die Personalführung, die Personalplanung, die Personalverwaltung und das Personalinformationssystem.**
   Erläutern Sie jeweils in einem Satz die Aufgaben der vier genannten Bereiche.

2. **Eine gute Personalplanung ist eine wesentliche Voraussetzung für die Erreichung eines positiven Unternehmensergebnisses, also eines Gewinns.**
   a) In welchen Prozessschritten vollzieht sich die Personalplanung?
   b) Bilden Sie für jeden Prozessschritt eine Arbeitsgruppe. Jede Arbeitsgruppe soll Argumente erarbeiten, die die obige Behauptung stützen. Ein Gruppensprecher soll die erarbeiteten Ergebnisse vortragen.

3. **Die drei wichtigen Formalziele des Personalmanagements führen im Wesentlichen zu den gleichen Unterzielen.**
   Erläutern Sie diesen Satz anhand der oben dargestellten Übersicht.

4. **„Der Mensch ist am ehesten bereit, Leistungen für den Betrieb zu erbringen, wenn seine eigenen Bedürfnisse durch seine Arbeit befriedigt werden."**
   a) Welche Bedürfnisse sind mit diesem Satz angesprochen?
   b) Welche Möglichkeiten hat der Betrieb, den Bedürfnissen des Einzelnen entgegenzukommen?
   c) Von dem früheren österreichischen Bundeskanzler Bruno Kreisky (Foto) stammt der Satz: „Sie glauben gar nicht, wie viel Lob ich ertragen kann." Inwiefern ist auch damit das Problem der Bedürfnisbefriedigung angesprochen?

5. **Motivations-Faktoren**
Die folgenden Zahlen beruhen auf einer Untersuchung des Instituts der deutschen Wirtschaft.

Motivations-Faktoren

So viel Prozent der befragten Arbeitnehmer wären bereit, ihre beruflichen Anstrengungen zu steigern für ... (Mehrfachnennungen)

– höheres Einkommen	48
– bessere Aufstiegs- und Karrierechancen	25
– größere Selbstständigkeit und Unabhängigkeit	25
– mehr Möglichkeiten, eigene Ideen wirksam umzusetzen	23
– mehr Urlaub	22
– eine interessante Tätigkeit	22
– mehr Einfluss, Entscheidungskompetenzen	22
– freiere Gestaltungsmöglichkeiten bei der Arbeitszeit	21
– Verkürzung der Arbeitszeit	21
– mehr Möglichkeiten, sich durch Tüchtigkeit und Leistung auszuzeichnen	16

16 – So viel Prozent sind nicht bereit, ihre beruflichen Anstrengungen zu steigern.

a) Ist nach Ihrer Ansicht die pessimistische These gerechtfertigt, dass die Unternehmen es bald nur noch mit einem „Heer freizeitlüsterner Mitarbeiter" zu tun haben werden?
b) Ein Sechstel der Mitarbeiter ist nicht zu einer Leistungssteigerung bereit. Nennen Sie mögliche Gründe.
c) Wie spiegeln sich die Stufen der Maslowschen Bedürfnispyramide in der Statistik wider?

3 Einordnung des Personalmanagements

3.1 Organisatorische Eingliederung

Die organisatorische Eingliederung des Personalmanagements ist in der Praxis unterschiedlich gelöst:

- In **kleinen Unternehmen** trifft der Geschäftsführer häufig die Personalentscheidungen selbst. Routineaufgaben erledigt eine Stelle in der Verwaltungsabteilung. Manche davon werden auch häufig outgesourct (ausgegliedert) und an fremde Dienstleister vergeben (z. B. Lohn- und Gehaltsabrechnung).
- In **Unternehmen mit Funktionsorganisation** (mittlere Größe, einheitliches Produktionsprogramm) ist dem Personalmanagement entweder ein eigener Bereich zugeteilt oder das Personalmanagement ist einer Stabsabteilung bei der Geschäftsleitung übertragen.
- In **Unternehmen mit Spartenorganisation** sind die vor Ort wichtigsten Personalaufgaben (z. B. Einstellungen, Beförderungen) eigenen Personalabteilungen innerhalb der Sparten übertragen. Aufgaben, die das Gesamtunternehmen betreffen (z. B. Tarifwesen, Sozialwesen, Behandlung von Führungskräften), sind einer Zentralabteilung bei der Geschäftsleitung zugeordnet.

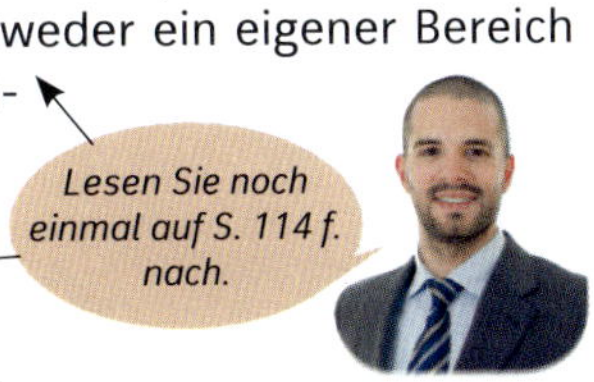

In Unternehmen, die dem Mitbestimmungsgesetz oder dem Montanmitbestimmungsgesetz unterliegen, ist ein **Arbeitsdirektor** als gleichberechtigtes Mitglied des Vorstands bzw. der Geschäftsführung zu bestellen. Seine Aufgaben sind in den Gesetzen nicht definiert. Er ist jedoch üblicherweise mit Personalangelegenheiten befasst. In Montanunternehmen kann der Arbeitsdirektor nicht gegen die Stimmen der Arbeitnehmervertreter im Aufsichtsrat bestellt oder abbestellt werden.

3.2 Personalaufgaben als Querschnittsaufgaben

Viele personalwirtschaftliche Entscheidungen können nur im Zusammenwirken von Personalmanagement und Fachabteilung sinnvoll getroffen werden (z. B. Einstellungen, Beförderungen, Versetzungen, Entlassungen). Deshalb haben die **Aufgaben des Personalmanagements** den Charakter von **Querschnittsaufgaben**. So bezeichnet man Aufgaben, die in alle Funktionen im Wertschöpfungsprozess (Beschaffung, Lagerung, Fertigung, Absatz) hineinwirken. Personalmanagement und Fachabteilung sind bei den entsprechenden Entscheidungen zur Zusammenarbeit und gegenseitigen Abstimmung verpflichtet.

3.3 Personalprozesse als Supportprozesse

Die Prozesse des Personalmanagements gehören nicht zu den Kernprozessen (Geschäftsprozesse, mit denen die Wertschöpfung erbracht wird). Sie sind vielmehr Supportprozesse. Als solche sind sie zwar für den Unternehmenserfolg notwendig, tragen aber nicht direkt zur Steigerung des Kundennutzens bei (vgl. S. 122).

Arbeitsauftrag

Das Personalmanagement ist in Unternehmen mit Funktionsorganisation oft anders eingebaut als in Unternehmen mit Spartenorganisation.
Zeichnen Sie die im Abschnitt 3.1 angesprochenen Organisationsformen in ein Organigramm.

4 Personaldaten und ihre Auswertung

Eine zielgerechte Planung des Personalbestands und ein optimaler Einsatz der Mitarbeiter setzen eine genaue Erfassung und Aufbereitung der Personaldaten voraus. Die Personalverwaltung führt deshalb Personalakten, unterhält ein Personalinformationssystem und erarbeitet Personalstatistiken. Die Daten werden auch für das Personalcontrolling genutzt.

4.1 Personalakte

Der Chef darf eine ganze Menge in die Personalakte schreiben.

Dazu können z. B. auch Vermerke über häufige Arbeitsunlust gehören.

Bei Einstellung, Beschäftigung und Ausscheiden von Mitarbeitern fallen Dokumente an. Sie werden in der Personalakte aufbewahrt. Deren Form und Inhalt ist nicht gesetzlich vorgeschrieben. Auch besteht keine Pflicht, Personalakten zu führen.

Die Personalakte kann grundsätzlich alle Dokumente und Informationen enthalten, die das Arbeitsverhältnis betreffen (auch Nachteiliges). Ausnahmen: objektiv Falsches, Entwürdigendes und gesetzlich nicht Zugelassenes.

Dokumente der Personalakte

Personalbelege

personenbezogene Unterlagen

- Personalien
- Zeugnisse
- ärztliche Stellungnahmen
- ggf. Sozialversicherungsausweis
- Meldebescheinigungen
- Bewerbungsunterlagen einschl. Fragebogen und testpsychologischem Gutachten

Vertragsbelege

Unterlagen über das Arbeitsverhältnis

- Arbeitsvertrag
- Arbeitsvertragsänderungen
- Beurteilungen
- Verwarnungen, Abmahnungen
- Beförderungsunterlagen
- Entlohnungsänderungen
- Kündigungen
- Aufhebungsvertrag

Tätigkeitsbelege

Nachweise über ausgeführte Tätigkeiten

- Versetzungsmeldungen
- Fortbildungsmaßnahmen
- besondere Leistungen
- Verbesserungsvorschläge

Der Inhalt der Personalakte wird auch elektronisch archiviert. Dies ermöglicht den dezentralen Zugriff auf zentral geführte Akten. Das elektronische Archiv ist Teil der Personalakte im rechtlichen Sinn.

- Der Zugriff darf nur über die Personalnummer oder den Namen möglich sein.
- Personenübergreifende Sortier- oder Selektionsmöglichkeiten müssen ausgeschlossen sein.
- Zugriffe auf die Personalakte müssen unter Angabe der zugreifenden Stelle elektronisch protokolliert werden.
- Zugriff dürfen nur der Firmeninhaber, der Geschäftsführer und der direkte Vorgesetzte haben.

Beispiel: Elektronische Personalakte

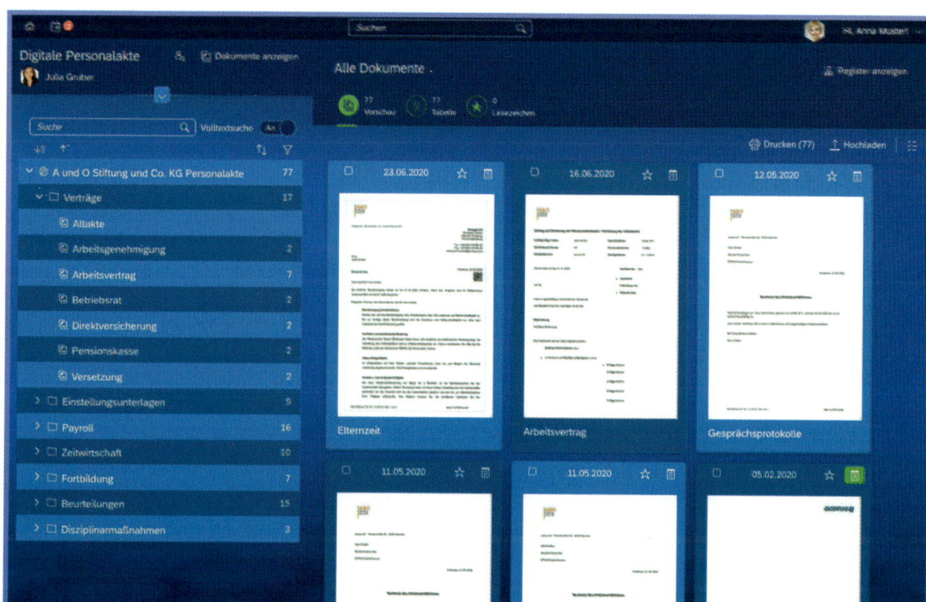

Arbeitnehmerrechte:

- Der Arbeitnehmer hat das Recht auf Einsicht in seine Akte (§ 83 BetrVG). Er kann ein Mitglied des Betriebsrates hinzuziehen.
- Sind Berichte nicht sachgemäß verfasst, kann er Berichtigung verlangen.
- Sind Verwarnungen oder Abmahnungen ungerechtfertigt, kann er die Entfernung verlangen. [Wenn gerechtfertigt, trotzdem nach 2 ½ Jahren (Arbeitsgericht Frankfurt/M.) bis 5 Jahren (andere Gerichte)].
- Er kann auch Erklärungen zum Inhalt der Akte abgeben und verlangen, dass sie ihr beigefügt werden.

4.2 Personalinformationssystem

Bei MGB Maltmann Getriebebau e. K. stehen zurzeit folgende Personalentscheidungen an:

- Kann Mitarbeiter X eine bestimmte Vollmacht erhalten?
- Welche Mitarbeiter sollen auf einen Lehrgang geschickt werden?
- Welche Mitarbeiter sind für selbstständige Aufgaben geeignet?
- Soll Mitarbeiter Y befördert werden?
- Soll Mitarbeiter Z eine Leistungszulage erhalten?
- Muss das Leistungsverhalten von Mitarbeiter W beanstandet werden?
- Welche Mitarbeiter sollen nach Rationalisierungsmaßnahmen entlassen werden?
- Ist ein Bewerber aus einer innerbetrieblichen Stellenausschreibung einem externen Bewerber vorzuziehen?
- Zu welchem Zeitpunkt kann Mitarbeiter X Urlaub erhalten?
- Wie kann die Arbeitsleistung der Mitarbeiter kontrolliert werden?
- Wie viele Mitarbeiter scheiden im nächsten Jahr aus?
- Wie viele Mitarbeiter sind einzustellen?

Führungskräfte benötigen für personenbezogene Entscheidungen umfassende Informationen über alle Mitarbeiter und Gegenstände der Personalwirtschaft. Diese Informationen werden in größeren Unternehmen von computergestützten Personalinformationssystemen bereitgestellt.

Das *computergestützte Personalinformationssystem (PIS)* übernimmt neben den klassischen Daten des Personalwesens (Gehalts- und Lohndaten, Personalstatistik) zusätzlich Daten psychologischer, medizinischer, sozialer und persönlicher Art.

Das PIS besteht aus mehreren Datenbanken, in denen die Mitarbeiterdaten zu Merkmalsgruppen zusammengefasst werden. Eine **Methodenbank** stellt Auswertungsprogramme zur Verfügung und verknüpft die Datenbanken untereinander. Außerdem stellt sie die Verbindung mit den anderen betrieblichen Informationssystemen her.

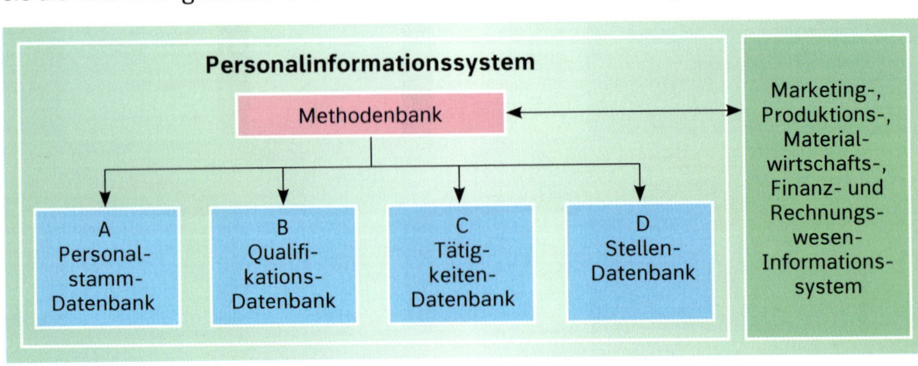

Daten in Personalinformationssystemen
Personalstammdaten
z. B. Personalnummer, Name, Geschlecht, Geburtsdatum, Staatsangehörigkeit, Religionszugehörigkeit, Familienstand, Kinderzahl, Anschrift, Ein-/Austrittsdatum, Kündigungsgrund, Lohn-/Gehaltsgruppe, Gehalt, Bankleitzahl, Kontonummer, Lohnsteuerklasse, Lohnsteuerfreibetrag, Finanzamt, Rentenversicherungsnummer, Krankenkasse
Laufbahndaten
z. B. Schul-/Hochschulbesuch und Abschlüsse, Berufsausbildung, ausgeübte Berufe, Beförderungen, Fortbildung
Fähigkeitsdaten
z. B. Sprachkenntnisse, spezielle kaufmännische oder technische Kenntnisse
Arbeitszeitdaten
z. B. täglicher Arbeitsbeginn, Unterbrechungen, Arbeitsende, Fehlzeiten, Arbeitsdauer für Einzelaufgaben
Leistungsdaten
z. B. automatisch gemessene Leistungen, Ergebnisse von Beurteilungen
medizinische Daten
z. B. Routineuntersuchungen, Impfungen, Krankheiten, Krankheitsdauer

Durch das PIS soll die Arbeit im Personalbereich rationalisiert werden. Darüber hinaus sollen die betrieblichen Arbeitsprozesse insgesamt rationell erfasst und kontrolliert werden. Einzelne **Teilaufgaben** sind:

- allgemeine Personalverwaltung,
- Personalaktenführung,
- Zeit- und Kostenkontrolle,
- Leistungsabrechnung,
- Urlaubsermittlung,
- Auswahl geeigneter Arbeitnehmer für den jeweiligen Arbeitsplatz,
- Erstellung von Anforderungs- und Leistungsprofilen,
- Leistungsbewertung und -beurteilung,
- Lohn- und Gehaltsfindung,
- Ermittlung des Personalbedarfs,
- Personalstatistiken,
- Förderungsprogramme.

Ein allgemein akzeptiertes PIS darf das Persönlichkeitsbild eines Mitarbeiters nicht so umfassend abbilden, dass dies als Eingriff in die Privatsphäre empfunden wird oder dass damit die **Gefahr einer missbräuchlichen Nutzung/Weitergabe** personenbezogener Daten entsteht. Der Datenschutz wird durch die Datenschutz-Grundverordnung der EU (DSGVO) und ergänzend durch das Bundesdatenschutzgesetz (BDSG) geregelt.

Das Bundesdatenschutzgesetz gestattet die Speicherung personenbezogener Daten nur, soweit sie für das Arbeitsverhältnis von Bedeutung sind (§ 26 Abs. 1 BDSG). Den erfassten Personen sind im Wesentlichen vier Rechte zugesichert:

(1) Recht auf Auskunft	– über die gespeicherten Daten – über den Zweck der Speicherung
(2) Recht auf Berichtigung unrichtiger Daten	
(3) Recht auf Löschung	– von unzulässig gespeicherten Daten – von Daten, an deren Speicherung kein Interesse mehr besteht
(4) Recht auf Einschränkung der Verarbeitung (Sperrung von Daten)	– z. B., wenn gesetzliche oder andere Aufbewahrungsfristen eine Löschung nicht zulassen – z. B., wenn eine Löschung die Interessen des Betroffenen beeinträchtigt

4.3 Personalstatistik und Personalcontrolling

MGB Maltmann Getriebebau e. K. gibt der Belegschaft regelmäßig den monatlichen Krankenstand bekannt. Auch die Normallinie und Ideallinie des Krankenstandes sind ersichtlich.

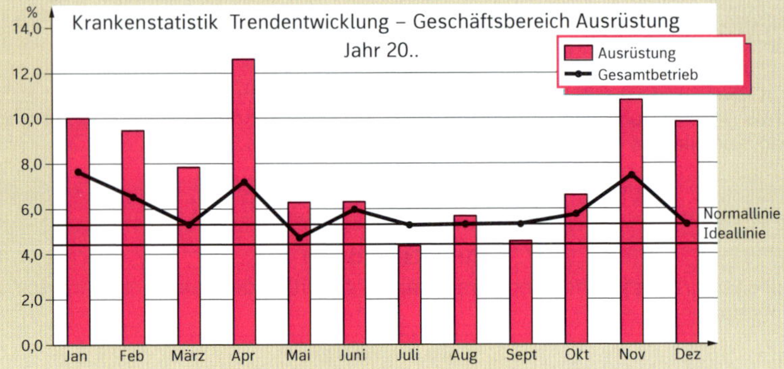

Die *Personalstatistik* erarbeitet zahlenmäßige Aussagen über die Gesamtheit des Personals und über Personalgruppen.

Bereiche der Personalstatistik

Personalstruktur

- Männer, Frauen
- Deutsche, Ausländer
- Angestellte, Arbeiter, Auszubildende, freie Mitarbeiter
- schwangere Frauen
- Wehr-/Zivildienstleistende
- Alter und Betriebszugehörigkeit
- Familienstand
- Ungelernte, Angelernte, Gelernte, Hochqualifizierte
- Stammpersonal, Leihpersonal
- Vollzeit-, Teilzeitbeschäftigte
- Zuordnung zu Abteilungen
- Position wie Sachbearbeiter, Gruppenführer, Abteilungsleiter usw.

Personalereignisse

- **Personalbewegung**
  - Personalstand (Stichtag)
  - Zugänge
  - Abgänge
  - Abgangsgründe
- **Arbeitszeiten**
  - Gleitzeitverhalten
  - Schichten
  - Überstunden
- **Fehlzeiten**
  - Urlaub
  - Unfall
  - Mutterschutz
  - Ausbildung
  - Jubiläen
  - Krankheit
  - Kur
  - Freistellung
  - Fortbildung
  - Wehr-/Zivildienst
  - sonstige Fehlzeiten

Personalaufwand

- Grundlöhne
- Grundgehälter
- Zulagen
- Überstundenentgelte
- Erfolgsbeteiligungen

Sozialaufwand

- **gesetzliche Sozialleistungen**
- **tarifliche Sozialleistungen**
  - Gratifikationen
  - Vermögenswirksame Leistungen
- **freiwillige Sozialleistungen**
  - Betriebsrenten
  - Betriebsarzt
  - Betriebsveranstaltungen

FÜNFTER ABSCHNITT

Die Aufgabe des Personalcontrollings ist es, Planung und Kontrolle im Personalbereich zu koordinieren.

Das Personalcontrolling

- analysiert alle Daten von PIS und Personalstatistik und wertet sie aus,
- ermittelt Kennzahlen,
- stellt Soll-Ist-Vergleiche an,
- überprüft, ob geeignete Mittel zur Erreichung der Personalziele eingesetzt werden,
- überprüft, ob die Mittel wirtschaftlich eingesetzt werden,
- überprüft, ob die Mittel effizient (wirksam) eingesetzt werden.

Beispiele: Kennzahlen zu den vier Bereichen der Personalstatistik

- **zur Personalstruktur:**

$$\text{Gruppenanteil} = \frac{\text{Zahl der Gruppenmitglieder}}{\text{Gesamtbelegschaft}} \cdot 100$$

- **zu Personalereignissen:**

$$\text{Fluktuationsquote} = \frac{\text{Personalabgänge}}{\text{durchschnittlicher Personalbestand}} \cdot 100$$

$$\text{Krankheitszeitquote} = \frac{\text{Krankheitsstunden}}{\text{Sollarbeitsstunden}} \cdot 100$$

$$\text{Überstundenquote} = \frac{\text{Überstunden}}{\text{Istarbeitsstunden}} \cdot 100$$

- **zum Personal- und Sozialaufwand:**

$$\text{Leistungsquote} = \frac{\text{Personalaufwand}}{\text{Gesamtpersonalkosten}} \cdot 100$$

$$\text{Sozialquote} = \frac{\text{Sozialaufwand}}{\text{Gesamtpersonalkosten}} \cdot 100$$

$$\text{Personalkosten je Mitarbeiter} = \frac{\text{Gesamtpersonalkosten}}{\text{Gesamtbelegschaft}}$$

FÜNFTER ABSCHNITT

4.4 Personalbestandsanalysen – eine Aufgabe des Personalcontrollings

Die Personalplanung setzt eine genaue Kenntnis des Personalbestands voraus. Deshalb sind Personalbestandsanalysen sinnvoll.

Bei Personalbestandsanalysen geht man ähnlich wie bei der Marktforschung vor:
- Vornahme von Zeitpunkt- und Zeitraumanalysen
- Methoden: Primär- und Sekundärforschung

Der Gegenstand von Personalbestandsanalysen ist die systematische Untersuchung des Personalbestands unter quantitativen und qualitativen Aspekten.

Personalbestand bedeutet in diesem Zusammenhang nicht nur die Anzahl und Art der vorhandenen Arbeitskräfte, sondern die gesamte Istsituation im Personalbereich: Sie betrifft Stellen, Strukturen und Mitarbeiter.

Personalbestandsanalysen

Stellenanalysen	Strukturanalysen	Mitarbeiteranalysen
Untersuchung der Aufgabenverteilung im Betrieb; vor allem: • vorhandene Funktionsbereiche • zu erfüllende Aufgabenfelder im Rahmen der Funktionen • Verteilung der Aufgaben • erfordernisgerechte Verteilung • personelle Engpässe	**Untersuchung der quantitativen Personalsituation** im Betrieb; z. B.: • Führungsstrukturen • Entgeltstrukturen • Personalbewegungsstrukturen	**Untersuchung der qualitativen Personalsituation** im Betrieb; vor allem: • vorhandene Mitarbeiterpotenziale • Nutzung der Mitarbeiterpotenziale
Instrumente: • Stellenpläne • Stellenbesetzungspläne • Stellenbeschreibungen	**Instrument:** Personalstatistiken	**Instrumente:** • Personalakte (z. B. Beurteilungen) • Laufbahnpläne • Profilabgleiche

Vergleiche: S. 412 S. 408 S. 420 S. 451

Stellenpläne sind Teilorganigramme, die alle Stellen einer Organisationseinheit enthalten. **Stellenbesetzungspläne** enthalten zusätzlich die Namen der Stelleninhaber.

Stellenbeschreibungen sind systematische Gliederungen von Stellen. Sie enthalten:

- das Instanzenbild: Über- und Unterstellung, Stellvertretung, Zusammenarbeit mit anderen Stellen, Befugnisse und Vollmachten
- das Aufgabenbild: Stellenzweck, Fachaufgaben
- das Leistungsbild: Stellenanforderungen (Ausbildung, Berufserfahrung, spezielle Kenntnisse, Verhaltensanforderungen)

Laufbahnpläne geben an, welche Stufen/Stellen ein Mitarbeiter im Laufe seiner beruflichen Entwicklung einnehmen kann/soll und welche qualifizierenden Maßnahmen dafür nötig sind.

Profilabgleiche stellen die Stellenanforderungen **(Anforderungsprofil)** und die gezeigten Fähigkeiten **(Fähigkeitsprofile, Qualifikationsprofile)** von Personen einander gegenüber.

Als Grundlage für die Erstellung von Anforderungsmerkmalen gilt das sog. „Genfer Schema". Wegen der Verschiedenartigkeit von Arbeitsplätzen wurde es um zahlreiche Merkmale ergänzt.

Wichtige Anforderungsmerkmale

Das Genfer Schema wurde für Zwecke der Arbeitsbewertung entwickelt. (Vgl. S. 487.)

Fachliche Anforderungen:	Vorbildung, Ausbildung, Fachkenntnisse, Fertigkeit, Erfahrung
Geistige Anforderungen:	Auffassungsvermögen, analytisches Denkvermögen, Gedächtnis, Urteilsfähigkeit, Kreativität, Ausdrucksvermögen, Lernbereitschaft, technisches Verständnis, rechnerisches Denken
Arbeitsverhalten:	Konzentration, Arbeits- und Einsatzbereitschaft, Sorgfalt, Problembewusstsein, Entscheidungsvermögen, Vielseitigkeit, Zuverlässigkeit, Selbstständigkeit, Ergebnisverantwortung, Verhandlungsgeschick, Verantwortungsbereitschaft
Sozialverhalten:	Anpassungs-, Durchsetzungsvermögen, Kontaktfähigkeit, Kooperations-, Hilfsbereitschaft, Teamorientierung, Toleranz
Führungsverhalten:	Zielsetzungs-, Planungs-, Durchsetzungs-, Kontroll-, Organisations-, Motivations-, Delegationsfähigkeit

Ein **Anforderungsprofil** entsteht, indem man zusätzlich den gewünschten Ausprägungsgrad der Anforderungsarten hinzufügt.

Ein **Fähigkeitsprofil** entsteht, indem man nach dem gleichen Verfahren die Fähigkeiten von Stelleninhabern oder Bewerbern einschätzt.

Die Gegenüberstellung der Profile in einem Schema macht Über- und Unterqualifizierungen erkennbar und zeigt Ansatzpunkte für Maßnahmen (z. B. Fortbildung, Beförderung, Versetzung, Kündigung).

Neben dem dargestellten Kurvendiagramm werden auch andere Darstellungsarten (z. B. Balkendiagramme) verwendet.

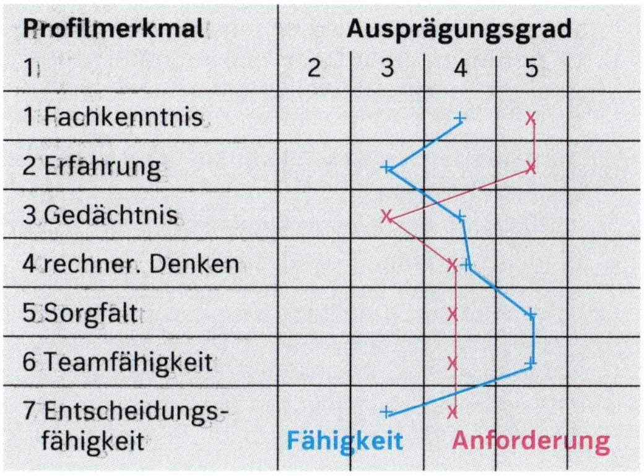

Arbeitsaufträge

1. **Personalinformationssysteme dienen der Entscheidungsvorbereitung und Kontrolle.**
   a) Nennen Sie sechs personenbezogene Entscheidungen im Personalbereich.
   b) Beschreiben Sie den Aufbau eines Personalinformationssystems.
   c) Welche Informationen können in den Datenbanken eines Personalinformationssystems gespeichert werden?
   d) Welche rechtlichen Grundlagen müssen zum Schutz der Mitarbeiter bei der Nutzung eines Personalinformationssystems berücksichtigt werden?
   e) Wodurch unterscheiden sich Personalinformationssysteme und Personalakte?

2. **In der Tönner GmbH ist die Stelle einer Chefsekretärin zu besetzen. Aufgrund einer innerbetrieblichen Stellenausschreibung hat sich Frau Bach beworben.**
   a) Nennen Sie unter Benutzung der nachstehenden Profilanalyse die vom Personalinformationssystem bereitgestellten Daten und werten Sie diese aus.

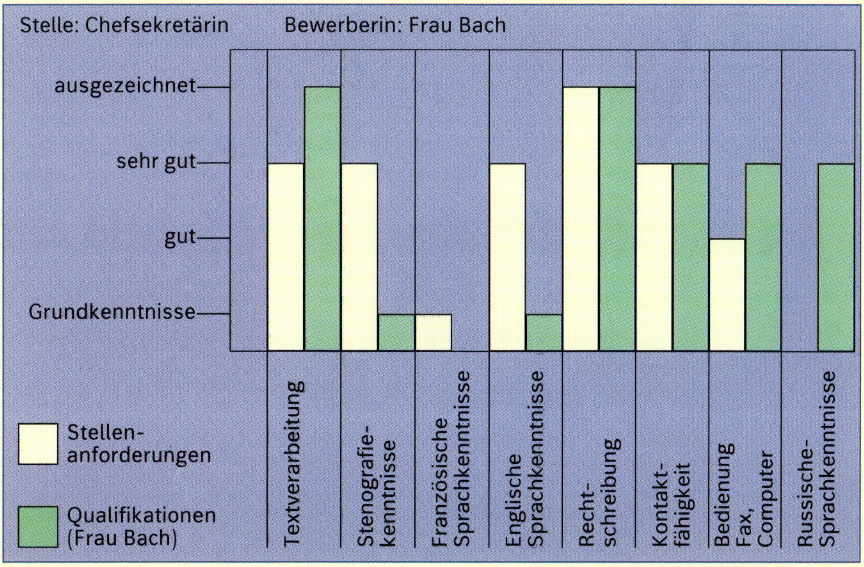

   b) Welche Entscheidungen werden notwendig, wenn keine qualifiziertere Bewerberin zur Verfügung steht?

3. **Im Personalbüro lesen der Personalleiter und sein Assistent erstaunt einen Computerauszug mit Informationen über einen im Flur wartenden Bewerber. Der Assistent wendet sich mit kritischem Blick dem Personalleiter zu und meint:**
„Eigentlich genau der Mann, den wir brauchen; aber mit zwölf Jahren Diphterie, mit 17 Jahren an einer Demonstration teilgenommen, geschieden und noch dreimal falsch geparkt – na ja, ich weiß nicht ..."
Erläutern Sie, welche Probleme die geschilderte Situation anspricht.
4. **Ihr Personalchef beauftragt Sie, eine gegliederte Aufstellung der Lohn- und Gehaltsdaten anzufertigen.**
Fertigen Sie diese Aufstellung in Form einer Mindmap an.
5. **Einrichtung einer Skill-Datenbank**

Der Brief des Betriebsratsvorsitzenden Paul Meyer an den Personalvorstand des IT-Beratungsunternehmens Poens & Muck war nett im Ton, aber hart im Anliegen. Meyer wies darauf hin, dass es im Unternehmen keine Aufzeichnung darüber gebe, in welche Beratungsprojekte die Mitarbeiter eingebunden seien. Meyer schlug eine zentrale Auslastungs-Datenbank vor, die auch für anderweitige Aufgaben zur Verfügung stehen könnte. Der Vorschlag wurde realisiert.

Der neue Informationspool wurde Teil einer „Employee-Profile-Datenbank". Darin sind die „Skills" – Qualifikationen, Erfahrungen und Eignungen – der Mitarbeiter zentral erfasst.

Steigende Mitarbeiterzahlen und Beratungsprojekte sorgen im Personalbereich für Unübersichtlichkeit. Deshalb ist eine zentrale Skill-Datenbank mit Namen und Standort der jeweiligen Fachleute hilfreich. Projektmanager erhalten ein Werkzeug, um ihre Mannschaft je nach Anforderung zusammenzustellen. Zudem ist die Datenbank in Zeiten des strategischen und personellen Umbaus ein wichtiges Hilfsmittel zur Personalplanung und -steuerung.

In Skill-Datenbanken sind Personalstammdaten verzeichnet, außerdem Informationen über Ausbildung, beruflichen Werdegang und Tätigkeit. Spezielle Erfahrungen und Kenntnisse sind zusätzlich bewertet.

Vgl. Brigitta Palass, manager magazin, 12/2000.

Die Geschäftsleitung Ihres Ausbildungsbetriebs hat im manager magazin von der Skill-Datenbank der Firma Poens & Muck erfahren. Sie beabsichtigt, eine eigene Skill-Datenbank in Microsoft Access anzulegen. Sie werden mit den folgenden Aufgaben betraut:
a) Bestimmen Sie die notwendigen Datenfelder für die Tabellen MITARBEITER und PROJEKT und die Beziehungstabelle MITARBEITER-PROJEKT.
b) Legen Sie die drei Tabellen an und speichern Sie die Tabellenentwürfe ab.
c) Erfassen Sie Daten nach Ihrer Wahl in den jeweiligen Tabellen.
d) Nehmen Sie die für eine Skill-Datenbank sinnvollen Tabellenverknüpfungen vor.
e) Entwerfen Sie drei Abfragesysteme:
(1) Ausgabe aller Mitarbeiter und der Projekte, an denen die Mitarbeiter beteiligt sind
(2) Ausgabe aller Projekte und der beteiligten Mitarbeiter
(3) Ausgabe aller Mitarbeiter, die an keinem Projekt beteiligt sind

6. **Die Personalstatistiken von zwei Industriebetrieben enthalten folgende Zahlen:**

	Adam Schwarze KG Kammgarnspinnerei	Sperner GmbH Werftbetriebe
Beschäftigte	345	296
davon: – Männer	62	245
– Frauen	283	51
– Arbeiter(innen)	293	255
– Angestellte	52	45
– Angelernte, Ungelernte	256	46
– Gelernte	84	230
– Akademisch Ausgebildete	5	20
gesamte Personalkosten	7 875 660,00 EUR	876 800,00 EUR

a) Berechnen Sie den Anteil jeder Gruppe an der Gesamtbelegschaft.
b) Vergleichen Sie die jeweiligen Gruppenzahlen mithilfe von Säulendiagrammen eines Tabellenkalkulationsprogramms.
c) Erläutern Sie Gemeinsamkeiten und Unterschiede in den Personalstrukturen der beiden Betriebe.
d) Geben Sie wahrscheinliche Gründe für die unterschiedlich hohen Personalkosten je Mitarbeiter an.

7. **Bei MGB Maltmann Getriebebau e. K. werden in jeder Abteilung und für jeden Mitarbeiter Fehlzeitenkarten geführt. Diese werden wöchentlich der Personalabteilung übergeben, ins Personalinformationssystem übernommen und ausgewertet. Für die Abteilung Einkauf ergab sich für Februar 20..:**

Mitarbeiterzahl:	**22**
Tarifliche Arbeitszeit:	**2 536 Std. (bei 8 Std./Tag und 5 Tagen/Woche)**
Mehrarbeitszeit:	**305 Std.**
Fehlzeiten:	
Fortbildung:	**150 Std.**
Urlaub:	**102 Std.**
Krankheit:	**116 Std.**
Sonderurlaub unbezahlt:	**4 Std.**
Unentschuldigt:	**0 Std.**
Sonstiges:	**0 Std.**

Aus diesem Zahlenmaterial werden vom Personalcontroller Kennzahlen berechnet.
Berechnen Sie:

a) die durchschnittliche tägliche Istarbeitszeit,
b) die Fehlzeitenquote,
c) die Fortbildungsquote,
d) die Krankheitszeitquote,
e) die Urlaubsquote,
f) die Überstundenquote,
g) die Auslastungsquote (Gesamtistzeit in Prozent von der Sollzeit).

Die Kennzahlen werden in zeitlicher Hinsicht ausgewertet. Sie werden auch mit den entsprechenden Kennzahlen der anderen Abteilungen verglichen. Dabei ergibt sich folgendes Zahlenmaterial:

	Berichtsmonat		Vormonat		Jahresdurchschnitt	
	Abteilung	Betriebsdurchschnitt	Abteilung	Betriebsdurchschnitt	Abteilung	Betrieb
Fehlzeitenquote		9,72 %	12,11 %	10,43 %	11,93 %	10,85 %
Fortbildungsquote		5,00 %	5,60 %	5,00 %	5,43 %	5,04 %
Krankheitszeitquote		3,88 %	3,67 %	3,71 %	3,16 %	3,65 %
Urlaubsquote		3,53 %	3,22 %	3,24 %	9,54 %	9,55 %
Überstundenquote		8,77 %	6,33 %	4,26 %	3,95 %	3,15 %
Auslastungsquote		97,36 %	97,28 %	97,01 %	97,48 %	97,50 %

Beurteilen Sie die Kennzahlen der Abteilung im Zeitablauf und im Vergleich mit dem Betriebsdurchschnitt. Wo könnten sich Ansatzpunkte für personelle Maßnahmen ergeben?

5 Personalbeschaffungsmanagement

Das Personalmanagement muss kompetente Arbeitskräfte für die Vielzahl der betrieblichen Aufgaben bereitstellen. Die dabei ablaufenden Geschäftsprozesse sind wichtige **Supportprozesse** für die Kernprozesse des Unternehmens. Gelingt die Bereitstellung nicht zufriedenstellend, so kann der gesamte Wertschöpfungsprozess des Betriebs stocken.

5.1 Personalbedarfsplanung

MGB Maltmann Getriebebau e. K. hat zurzeit genau 258 Beschäftigte. Die Personalabteilung hat ermittelt, dass in den nächsten 5 Jahren jährlich etwa 4 bis 5 Mitarbeiter aus Altersgründen ausscheiden werden. Erfahrungsgemäß kündigen jährlich etwa 2 bis 4 Mitarbeiter. Deshalb werden seit Langem jedes Jahr zwischen 5 und 7 Auszubildende eingestellt, die später zumindest einen Teil der Lücken füllen sollen. Sie werden allerdings kaum genau die frei werdenden Stellen besetzen. Diese werden nämlich zunächst innerbetrieblich ausgeschrieben. Jeder Mitarbeiter kann sich bewerben. Nur wenn sich intern keine geeigneten Bewerber finden, nimmt man eine externe Beschaffung vor. Die Personalabteilung wählt nach Eignung aus und stellt Maßnahmen zur Einarbeitung und Fortbildung bereit.

5.1.1 Personalbedarf

Der Personalbedarf muss geplant werden

- nach der Quantität
- nach der Qualität
- nach der Zeit
- nach dem Ort

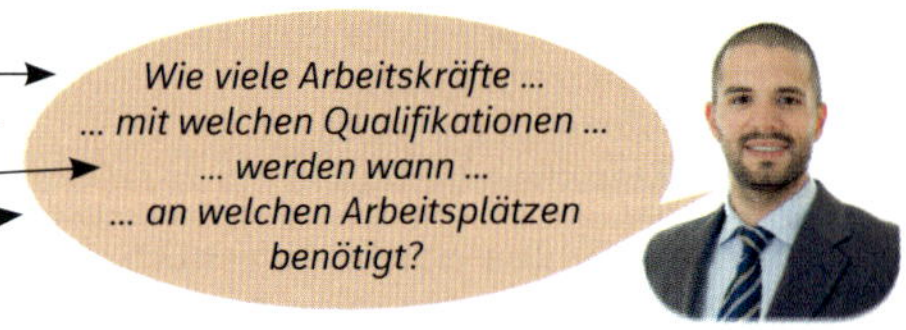

Er wird im Stellenplan des Betriebes festgeschrieben.

Arten des Personalbedarfs

Neubedarf	Ersatzbedarf	Zusatzbedarf
• bei Schaffung zusätzlicher Stellen (Betriebsgründung, Betriebserweiterung, Umorganisation)	• bei Personalabgängen (Wiederbesetzung frei gewordener Stellen)	• bei Spitzenbelastungen • bei befristeten Personalausfällen (z. B. Urlaub, Krankheit, Wehr-/Zivildienst, Fortbildung, Mutterschutzfrist, Elternzeit)

§ 92 BetrVG (Betriebsverfassungsgesetz) schreibt vor: Der Betriebsrat[1] ist über die Personalplanung, insbesondere über den Personalbedarf, rechtzeitig und umfassend zu informieren. Er hat ein Beratungsrecht und kann selbst Vorschläge machen.

5.1.2 Quantitative Bedarfsplanung

Bruttobedarfsermittlung (Kennzahlenmethode)

Die Mitarbeiterzahl orientiert sich am geplanten Arbeitsanfall. Bei leitenden, planenden, kreativen Tätigkeiten muss man sich auf Schätzwerte stützen. Bei ausführenden Tätigkeiten lässt sich der Bruttobedarf wie folgt berechnen:

$$\text{Bruttopersonalbedarf} = \frac{\text{monatliche Bearbeitungsmenge} \cdot \text{Arbeitszeit/Stück}}{\text{durchschnittliche monatliche Arbeitszeit}} \cdot \text{Verteilzeitfaktor}^{2}$$

[1] Der Betriebsrat ist das vom Betriebsverfassungsgesetz vorgesehene Organ der innerbetrieblichen Mitbestimmung zur Interessenvertretung der Arbeitnehmer gegenüber der Geschäftsleitung (vgl. S. 506 ff.).

[2] Verteilzeiten sind unregelmäßige Zeiten, die durch einen prozentualen Zuschlag auf die regelmäßige Zeit (Grundzeit) berücksichtigt werden: Sie umfassen sachliche Verteilzeiten (störungsbedingte Unterbrechungen) und persönliche Verteilzeiten (persönlich bedingte Unterbrechungen, z. B. Händewaschen). Vgl. S. 482.

Beispiel: Bruttobedarfsermittlung

Geplante monatliche Bearbeitungsmenge = 1 800 Stück
Arbeitszeit/Stück = 3 Stunden
Durchschnittliche Arbeitszeit/Monat = 160 Stunden
Verteilzeitzuschlag = 10% ➔ Verteilzeitfaktor = 1,1

$$\text{Bruttopersonalbedarf} = \frac{1\,800 \cdot 3}{160} \cdot 1{,}1 = 37{,}125 \rightarrow 38 \text{ Mitarbeiter}$$

Nach einer bestimmten Zeit plant man eine Kapazitätsausweitung von 20 %. Man nimmt an, dass der Personalbedarf im gleichen Umfang steigt.

Neubedarf (Bruttobedarf) = 37,125 · 0,2 = 7,425 (Mitarbeiter)
geplanter Bestand = 37,125 + 7,425 = 44,55 (Mitarbeiter) ➔ 45 Mitarbeiter

Der Personalbedarf wird hier aufgrund von Kennzahlen (Bearbeitungsmenge, Fertigungskapazität) ermittelt **(Kennzahlenmethode)**. Andere mögliche Kennzahlen sind z. B.:

- Fertigung: Ausbringungsmenge
- Absatz: Umsatz, Absatzmenge, Absatzgebiet
- Materialwirtschaft: Zahl der Material-/Teilearten, Lagerkapazität
- Verwaltung: Zahl der Bearbeitungsvorgänge

Bruttobedarfsermittlung (Stellenmethode)

Bei der **Stellenmethode** geht man vom aktuellen Personalbestand im Stellenplan der Abteilungen aus und untersucht, wie betriebliche Veränderungen den Personalbedarf beeinflussen.

Beispiel:

Abteilung: Einkauf	Abteilungsleiter	Einkäufer	Einkaufsassistent	Hilfskraft (Ablage)
(1) Istbestand an Planstellen (1. Jan.)	1	11	2	1
(2) – entfallende Stellen: Umorganisation		–2	–2	
(3) + neue Stellen:				
Erzeugnisanlauf Biodieselmotor		+3		+1
Erzeugnisanlauf XA-Getriebe		+2		
(4) = Sollbestand an Planstellen = **Bruttopersonalbedarf** (1. Jun.)	1	14	0	2
(4) – (1) = Neubedarf (Planstellen)		+3		+1

Nettobedarfsermittlung

Unter Berücksichtigung etwaiger Personalbewegungen erhält man den Nettopersonalbedarf.

Beispiel: Nettopersonalbedarf (Einkäufer)

(1) aktueller Personalbestand	10
(2) – feststehende Abgänge: Kündigungen	-1
(3) – voraussichtliche Abgänge: Ruhestand	-1
(4) + feststehende Zugänge: Rückkehr Elternzeit	+2
(5) + voraussichtliche Zugänge: Übernahme Auszubildender	+2
(6) = fortgeschriebener Personalbestand	12
(7) Bruttopersonalbedarf	14
(8) – fortgeschriebener Personalbestand	-12
(9) = **Nettopersonalbedarf**	+2

5.1.3 Qualitative Bedarfsplanung

Jede Stelle stellt bestimmte Anforderungen an den möglichen Stelleninhaber. In der Regel erfordert sie auch eine bestimmte Ausbildung.

Arbeit nach dem Ausbildungsniveau

Ungelernte Arbeit
erfordert keine Ausbildung, sondern nur eine Einweisung.

Angelernte Arbeit
setzt durch Sonderausbildung (Anlernvertrag!) erworbene Spezialkenntnisse/-fertigkeiten voraus. Entsprechende tarifliche Eingruppierung.

Gelernte Arbeit
setzt allseitige Ausbildung in staatlich anerkanntem Ausbildungsberuf (Berufsausbildungsvertrag!) voraus.

Hoch qualifizierte Arbeit
setzt oft Hochschulausbildung voraus. Einsatz für entsprechende Fachtätigkeiten und Führungsaufgaben.

Stellenbeschreibungen werden oft auch als Arbeitsplatzbeschreibungen, Jobdescriptions, Pflichtenvorgaben oder Tätigkeitsbeschreibungen bezeichnet.

Stellenbeschreibungen erfassen bekanntlich die Anforderungsarten, Anforderungsprofile den gewünschten Ausprägungsgrad der Anforderungen. Auf diese Weise lassen sich sofort die erforderlichen Qualifikationen ablesen. Die Unterlagen können bei der Stellenausschreibung verwendet werden.

Beispiel: Auszug aus einer Stellenbeschreibung

Positionsbezeichnung:
Sachbearbeiter(in) Einkauf Produktionsmaterial

Hauptaufgabe:
Führt alle Beschaffungsaufgaben für Produktionsmaterial durch, überwacht die Lagerbestände, führt Preisverhandlungen zusammen mit dem Abteilungsleiter, beobachtet die Marktlage

Einzelaufgaben:
1. Beobachtung der Bestände an Roh-, Hilfs- und Betriebsstoffen
2. Prüfung der Bedarfsanforderungen und Ermittlung des Bedarfs
3. Ermittlung von Bezugsquellen
4. Prüfung und Bearbeitung der Angebote
5. Empfang von Vertretern
6. Führung von Verhandlungen mit Lieferanten über Preise und Bezugsbedingungen (gemeinsam mit dem Abteilungsleiter)
7. Aufgabe von Bestellungen
8. Terminkontrolle der Lieferungen
9. Wareneingangskontrolle und -prüfung
10. Prüfung der Lieferantenrechnungen
11. Anweisung der Lieferantenrechnungen
12. Bearbeitung von Reklamationen und Gutschriften
13. Bewertung von Beständen an Roh-, Hilfs- und Betriebsstoffen
14. Kontrolle der Bestandsentwicklung der Produktionsmaterialläger

Weitere Aufgaben:
Mitwirkung an der Beschaffungsplanung

Anforderungsprofil
a) Schulbildung:
Mittlere Reife oder Abitur
b) Berufsausbildung:
Abgeschlossene Ausbildung als Industriekaufmann/-frau
c) Berufserfahrung:
3–5 Jahre kaufmännische Tätigkeit nach Ausbildungsabschluss, davon 2 Jahre Einkaufstätigkeit
d) Spezialkenntnisse:
- ein Jahr Branchenerfahrung
- Grundkenntnisse der EDV
- Lesen technischer Zeichnungen

e) Fertigkeiten/Eigenschaften:
- Verhandlungsgeschick
- Kontaktfähigkeit
- gute Umgangsformen
- analytisches Denkvermögen

5.1.4 Zeitpunkt des Personalbedarfs

Um Hektik bei der Personalbeschaffung zu vermeiden, sollte der Bedarfszeitpunkt früh und genau geplant werden. Dies ermöglicht auch, durch eine gezielte Personalentwicklung Nachwuchs auf bestimmte Stellen hin innerbetrieblich aufzubauen.

Arbeitsaufträge

1. **Ein Unternehmen mit Fließfertigung plant eine Ausbringungsmenge von 10 000 Stück monatlich. Die Taktzeit beträgt 20 Minuten, die durchschnittliche monatliche Arbeitszeit 156 Stunden, der Verteilzeitzuschlag 0,5 %.**
   a) Berechnen Sie den Bruttopersonalbedarf für die Anlagen.
   b) Zu Beginn des Jahres 20.. ergibt sich aus der Personalstatistik eine Fluktuationsquote von 12 %. Zwei Mitarbeiter scheiden demnächst aus. Berechnen Sie den Nettopersonalbedarf.

2. **Stellenbeschreibungen sind geeignete Hilfsmittel für die qualitative Personalplanung. Sie sollten folgende Elemente enthalten: Bereich, Abteilung, Arbeitsort, Sachgebiet, Stellenbezeichnung, Aufgaben, Verantwortung für ..., Vollmachten, Überordnung, Unterordnung, aktive und passive Stellvertretung, Anforderungsprofil.**
   a) Welche dieser Elemente sind für die qualitative Personalplanung von Bedeutung?
   b) Fertigen Sie eine Stellenbeschreibung für einen Handlungsreisenden an.

3. **Sie sind als Personalsachbearbeiter u. a. für die Personalbedarfsplanung zuständig. Der aktuelle Personalbestand des laufenden Jahres sowie der Bruttopersonalbedarf (BPB) und die erwarteten Zu- und Abgänge für das Folgejahr sind in der abgebildeten Tabelle festgehalten.**

Abteilung	lfd. Jahr	Folgejahr			
	akt. P.bestand	BPB	Zugänge	Abgänge	NPB
Einkauf	11	10	1	0	
Verwaltung	33	31	3	0	
Vertrieb	20	18	4	1	
Fertigung	182	168	14	2	
Summe					

Berechnen Sie den voraussichtlichen Istbestand und den Nettopersonalbedarf (NPB).

5.2 Personalentwicklung

Der Bedarf an qualifizierten Mitarbeitern ist der Auslöser für Personalentwicklungsmaßnahmen: Die Personalentwicklung gibt dem Betrieb die Möglichkeit, Anforderungs- und Fähigkeitsprofile zur Deckung zu bringen und somit seinen Personalbedarf aus den eigenen Reihen zu decken.

Unter Personalentwicklung versteht man alle betrieblichen Maßnahmen der Berufsbildung. Sie dient der Vermittlung beruflicher Qualifikationen und umfasst Berufsausbildung, Fortbildung und Umschulung.

Berufsbildung (§ 1 Berufsbildungsgesetz)

Berufsausbildung
↓
vermittelt in einem geordneten Ausbildungsgang
- eine breit angelegte berufliche Bildung,
- die fachlichen Fertigkeiten und Kenntnisse, die für die Ausübung einer qualifizierten beruflichen Tätigkeit notwendig sind.

↓
Deckung des Nachwuchsbedarfs

Fortbildung
↓
soll ermöglichen,
- die beruflichen Kenntnisse und Fertigkeiten
  - zu erhalten: **Erhaltungsfortbildung,**
  - zu erweitern: **Erweiterungsfortbildung,**
  - der technischen Entwicklung anzupassen: **Anpassungsfortbildung,**
- beruflich aufzusteigen: **Aufstiegsfortbildung.**

↓
Deckung von Spezial- und Führungsbedarf

Umschulung
↓
soll zu einer anderen beruflichen Tätigkeit befähigen.
↓
Erhaltung von Mitarbeitern bei strukturellen Änderungen (z. B. neuen Techniken, Fortfall von Berufen) und alters-, unfall-, krankheitsbedingten Änderungen

Unser Prinzip: Interne Personalbedarfsdeckung vor externer Deckung! Denn: Die Entwicklung von unternehmensspezifischem Know-how bringt Wettbewerbsvorteile!

Für die Mitarbeiter ist die Personalentwicklung zugleich ein wichtiges Motivationsmoment: Sie eröffnet ihnen die Chance auf einen qualifizierten Arbeitsplatz und auf beruflichen Aufstieg im eigenen Betrieb.

Der Betriebsrat hat bei der betrieblichen Berufsbildung Mitbestimmungsrechte (§§ 96–98 BetrVG).

Mitbestimmungsrechte des Betriebsrates

Beratungsrecht

Der Arbeitgeber muss mit dem Betriebsrat beraten:

- Fragen der Berufsbildung der Arbeitnehmer,
- über Errichtung und Ausstattung von Einrichtungen zur Berufsbildung,
- über die Einführung betrieblicher Berufsbildungsmaßnahmen,
- über die Teilnahme an außerbetrieblichen Berufsbildungsmaßnahmen.

Vorschlagsrecht

Der Betriebsrat kann Vorschläge machen:

- zu Fragen der Berufsbildung der Arbeitnehmer,
- für die Teilnahme von Arbeitnehmern oder Gruppen von Arbeitnehmern an Maßnahmen der beruflichen Bildung.

Mitbestimmungsrecht

- Der Betriebsrat hat bei der Durchführung von Maßnahmen der betrieblichen Berufsbildung mitzubestimmen.
- Der Betriebsrat kann der Bestellung einer mit der Durchführung der betrieblichen Berufsbildung beauftragten Person widersprechen oder ihre Abberufung verlangen, wenn sie nach dem Berufsbildungsgesetz ungeeignet ist.

5.3 Personalanwerbung

Personalbeschaffung wird heute unter dem Aspekt des Personalmarketings gesehen. Das heißt: Umsetzen des Marketinggedankens im Personalbereich. Das Unternehmen „verkauft" eine Stelle an einen Bewerber, betrachtet ihn als „Kunden", orientiert sich an seinen Bedürfnissen, denkt und handelt bewerberorientiert.

Inhalt der Personalanforderung:

- anfordernde Abteilung
- Bezeichnung der Stelle
- Stellenanforderungen
- Lohn-/Gehaltsgruppe
- Arbeitsort
- Arbeitszeit
- Bedarfszeitpunkt

(Bei **Neubedarf** außerdem: Bedarf begründen, Stellenbeschreibung beifügen, Personalkosten und Dauer der Besetzung angeben!)

5.3.1 Mögliche Personalbeschaffungswege

Bei Personalbedarf wird der Leiter des anfordernden Bereichs tätig. Er richtet auf einem Formular eine Personalanforderung an die Personalabteilung.

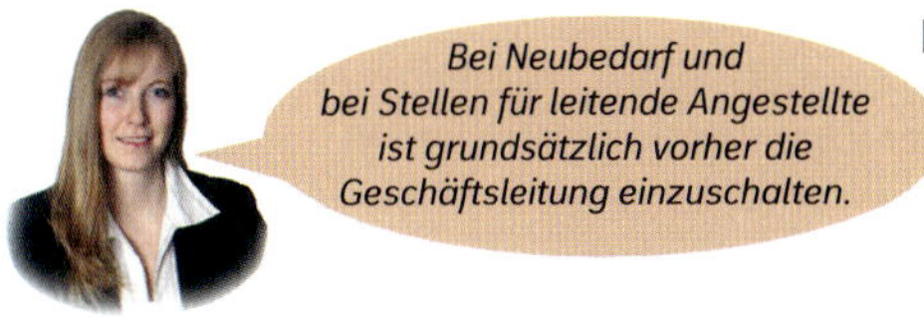

Die Personalabteilung kann nun eine interne oder eine externe Personalbeschaffung vornehmen.

Personalbeschaffungswege

interne Personalbeschaffung

Besetzung der Stelle mit einem Betriebsangehörigen

- aufgrund einer innerbetrieblichen Stellenausschreibung
- aufgrund von Personalentwicklungsmaßnahmen
- durch Versetzung auf die Stelle
- durch Leistung von Mehrarbeit

externe Personalbeschaffung

Besetzung der Stelle mit einem Betriebsfremden

- aufgrund einer Stellenvermittlung durch die Agentur für Arbeit oder private Vermittler
- aufgrund einer Stellenanzeige (Stellenangebot)
- aufgrund einer Stellenanzeige (Stellengesuch)
- aufgrund einer unverlangten Bewerbung
- durch Personalleasing
- aufgrund von E-Recruiting

Vorteile

interne Personalbeschaffung:

- Förderung der Mitarbeitermotivation (nicht bei unfreiwilliger Versetzung)
- Mitarbeiter kennt Betrieb/Sachverhalt
- Betrieb konnte bisherige Leistungen beurteilen
- keine Anwerbungskosten
- oft kürzere Einarbeitungszeit

externe Personalbeschaffung:

- stärkerer Wettbewerb für die eigenen Mitarbeiter
- Bewerber bringt Kenntnisse aus anderen Betrieben mit
- ggf. neues Ideenpotenzial
- Bedarfsdeckung, wenn im Betrieb geeignete Mitarbeiter fehlen
- ggf. schnelle Ersatzbeschaffung

Nachteile

interne Personalbeschaffung:

- ggf. „Betriebsblindheit“
- ggf. Demotivation abgelehnter Bewerber
- ggf. „Fortloben“ durch Vorgesetzte

externe Personalbeschaffung:

- längere Einarbeitungszeit
- Anwerbungskosten
- ggf. Demotivation eigener Mitarbeiter

5.3.2 Interne Personalbeschaffung

Interne Stellenausschreibung

Viele Betriebe schreiben freie Arbeitsplätze innerbetrieblich aus. Der Betriebsrat kann laut Betriebsverfassungsgesetz eine solche Ausschreibung sogar verlangen (§ 93 BetrVG; Ausnahme: Positionen für leitende Angestellte). Das Ausschreibungsverfahren wird oft in Betriebsvereinbarungen zwischen Arbeitgeber und Betriebsrat schriftlich festgelegt. Interne Bewerber haben jedoch keinen Vorrang vor externen Bewerbern.

Beispiel: Interne Stellenausschreibung

MGB – Abt. Personal- und Sozialwesen

In unserem Zentrallager ist zum 1. März 20.. die Stelle

eines Lageristen/einer Lageristin

zu besetzen. Die Stelle umfasst alle Tätigkeiten bei Ein- und Auslagerung, Materialpflege, Bestandsüberwachung und Inventur. Sie erfordert gute Materialkenntnisse sowie Kenntnisse der Lagerbestandsführung und Lagerlogistik. Bewerbungen sind an die Abteilung Personal- und Sozialwesen zu richten.

Der Betriebsrat hat noch weitere Mitbestimmungsrechte:

- Richtlinien über die personelle Auswahl bei Einstellungen, Versetzungen, Umgruppierungen und Kündigungen bedürfen seiner Zustimmung (§ 95 BetrVG).
- In Betrieben mit in der Regel mehr als zwanzig wahlberechtigten Arbeitnehmern muss der Arbeitgeber den Betriebsrat vor jeder Einstellung, Eingruppierung, Umgruppierung und Versetzung unterrichten und seine Zustimmung einholen. Der Betriebsrat kann vor allem seine Zustimmung verweigern, wenn gesetzliche oder tarifliche Bestimmungen verletzt werden, beschäftigte Arbeitnehmer ungerechtfertigt gekündigt werden oder sonstige Nachteile erleiden, der betroffene Arbeitnehmer ungerechtfertigt benachteiligt wird, die nach § 93 erforderliche Ausschreibung unterblieben ist oder die personelle Maßnahme gegen eine Richtlinie nach § 95 BetrVG verstößt (§ 99 BetrVG).

Personalentwicklungsmaßnahmen

Zum Bedarfszeitpunkt kann der Betrieb, der vorausschauend Maßnahmen der Ausbildung, Anpassungs- und Aufstiegsfortbildung sowie Umschulung ergriffen hat, ggf. auf das geschulte Personal zurückgreifen.

Versetzungen

Organisatorische Änderungen, Rationalisierungsmaßnahmen, Ausfälle von Kollegen, mangelnde Eignung, Streit mit Kollegen oder Vorgesetzten (z. B. Mobbing) können Versetzungen nötig machen.

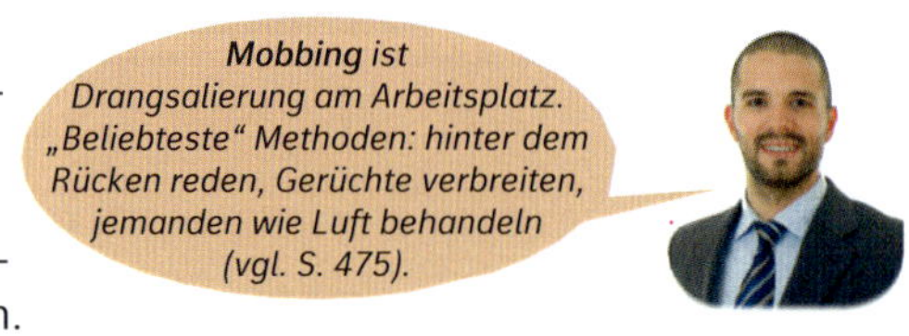

Bei der Versetzung wird ein **anderer Arbeitsbereich zugewiesen** (andere Aufgabe, Verantwortung, Tätigkeitsart, Gruppe). Sie kann ggf. mit einer Verbesserung oder Verschlechterung verbunden sein. Die Zuweisung ist nur möglich, wenn sie nicht im Gegensatz zu den Abmachungen des Arbeitsvertrags steht. Andernfalls ist eine **Änderungskündigung** erforderlich: Der Arbeitgeber kündigt das Arbeitsverhältnis, bietet aber gleichzeitig dessen Fortsetzung zu geänderten Bedingungen an. In diesem Fall greifen die Bestimmungen des Kündigungsschutzgesetzes (vgl. S. 462).

Mehrarbeit

Mehrarbeit (Überstunden, höhere Arbeitsintensität) bietet sich bei kürzerfristigen Spitzenbelastungen an. Man vermeidet damit zusätzliche Bindungen durch Neueinstellungen, ist aber an die Bestimmungen von Arbeitszeitgesetz, Tarifverträgen und Betriebsvereinbarungen gebunden.

5.3.3 Externe Personalbeschaffung

Stellenvermittlung

Der Betrieb kann den Einrichtungen der Bundesagentur für Arbeit (örtliche Agenturen für Arbeit, Landesstellen und Zentralstelle für Arbeitsvermittlung, Fachvermittlungsstellen) offene Stellen melden. Bei der Agentur für Arbeit als arbeitslos Gemeldete werden dann zur Bewerbung aufgefordert. Die Agenturen für Arbeit vermitteln vor allem ausführende Arbeitskräfte, die anderen Stellen Führungskräfte.

Außer der Agentur für Arbeit kann jedermann **gewerbliche Arbeitsvermittlung** betreiben. Er muss lediglich die Aufnahme einer solchen Tätigkeit der Agentur für Arbeit schriftlich mitteilen.

Viele Stellen werden auch nicht gewerblich durch eigene Mitarbeiter der Betriebe an Arbeit suchende Bekannte vermittelt.

Initiativbewerbung, Stellengesuch

Viele Arbeitssuchende verlassen sich nicht ausschließlich auf die Agentur für Arbeit, sondern bewerben sich unaufgefordert (Initiativbewerbung) oft bei mehreren Unternehmen gleichzeitig. Etwa ein Fünftel aller Arbeitsverträge kommt so zustande!

Betriebe finden neue Mitarbeiter über

• *Stellenanzeigen*	*37 %*
• *unverlangte Bewerbungen*	*20 %*
• *Agentur für Arbeit*	*19 %*
• *eigene Mitarbeiter*	*17 %*
• *sonstige Wege*	*7 %*

Stellengesuche als Anzeigen in Zeitungen sind Erfolg versprechend, wenn in dem betreffenden Beruf Mangel an Arbeitskräften herrscht.

Stellenanzeige (Stellenangebot)

Stellenanzeigen sind teuer. Deshalb ist die Auswahl des Anzeigenträgers wichtig:

• regionale Tageszeitungen	➔ für untere Hierarchieebenen
• überregionale Tages- und Wochenzeitungen	➔ für höhere Hierarchieebenen (haben meist größere Mobilität)
• Fachzeitschriften	➔ für Spezialarbeitskräfte

Beispiel: **Stellenanzeige**

KRONENBERG

Wir sind ein erfolgreiches mittelständisches Unternehmen aus dem Großraum Köln/Düsseldorf mit ca. 200 Mitarbeitern.
Wir sind einer der führenden Hersteller von Systemen aus kaltgeformten Spezialprofilen, Press-, Stanz- und Ziehteilen sowie Freileitungsarmaturen.
Unsere hochwertigen Produkte sind aus Aluminium, Stahl und NE-Metallen und auf Wunsch beschichtet bzw. oberflächenveredelt. Wir erweitern unsere Aktivitäten und suchen zum Aufbau, Überwachung und Betreuung eines Netzwerkes Sie als

Systemadministrator(in)

Die Aufgabe
- Hard- und Softwarebetreuung unseres neu zu erstellenden 100 MBit-NT-Netzwerkes sowie einer ISDN-TK-Anlage
- Schulung unserer Mitarbeiter (VPPS und MS-Office)
- Kleinere Programmierungen einer SQL-Datenbank

Die Anforderung
- entsprechende technisch/elektronische Ausbildung
- analytisches Denkvermögen
- Freude am Schulen
- Bereitschaft zur Weiterbildung

Das Angebot
- leistungsgerechte Dotierung
- übliche Sozialleistungen
- berufliche Weiterentwicklung in einem expandierenden Unternehmen
- intensive Einarbeitung in die Software VPPS

Haben wir Ihr Interesse geweckt? Wir freuen uns über Ihre Bewerbung an:

GBerger@Kronenberg-profil.de

Kronenberg GmbH & Co. KG, Hochstraße 2, 42799 Leichlingen

FÜNFTER ABSCHNITT

Personalleasing

Bisweilen wird Personal sehr schnell und nur für eine kurze Zeitspanne benötigt.

Beispiele: **Vorübergehender Personalbedarf**

- Urlaub, Krankheit, Fortbildung oder sonstige Abwesenheit von Mitarbeitern
- kurzfristige Leistungsspitzen, dringende Aufträge

Personalleasing-Firmen beschäftigen Arbeitnehmer, die sie in solchen Fällen anderen Firmen aufgrund eines Arbeitnehmerüberlassungsvertrags als *Leiharbeitnehmer* überlassen. Das Zeitpersonal kommt dem Entleiher meist billiger als Überstunden oder Neueinstellungen.

Das Arbeitnehmerüberlassungsgesetz (AÜG) bestimmt:

- Der Verleiher benötigt eine Erlaubnis der Bundesagentur für Arbeit.
- Der Arbeitsvertrag zwischen Arbeitnehmer und Verleiher ist auf unbestimmte Zeit zu schließen.
- Der Verleiher muss den Arbeitnehmer stets voll bezahlen, unabhängig vom tatsächlichen Arbeitseinsatz.
- Der Arbeitnehmer hat Anspruch auf die vollen Sozialleistungen.

Web

M 425

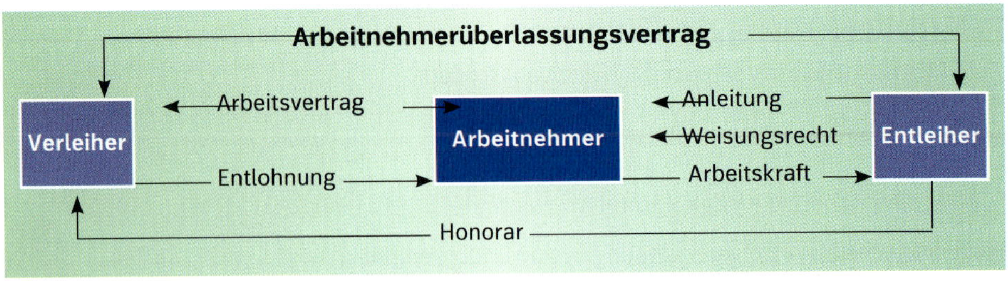

Der Entleiher meldet jeden überlassenen Arbeitnehmer der zuständigen Krankenkasse. Der Verleiher führt alle Lohnnebenkosten ab.

Grundsätzlich können nur Arbeitskräfte eingesetzt werden, die Arbeiten übernehmen können, welche keine Einarbeitung benötigen (oft Arbeiten mit weniger hohen Anforderungen). Es sind aber auch qualifizierte, hochflexible Arbeitskräfte anzutreffen.

Sehr häufig werden Schreibkräfte, aber auch Monteure, Facharbeiter, technische Fachkräfte überlassen.

Vermittlung durch Personalberater

Führungspersonal wird meist über Personalberater im Auftrag des suchenden Unternehmens gefunden. Ihr Einsatz kommt insbesondere infrage, wenn dieses Unternehmen nicht genannt werden will. Eine besondere Form ist das Head-Hunting (Kopfjagen), das Abwerben von anderen Firmen. Geeignete Kandidaten werden dabei meist telefonisch vom Personalberater angesprochen.

5.3.4 Personalauswahl

Die Personalauswahl erfolgt oft nach schriftlicher Bewerbung. Bei weniger qualifizierten Tätigkeiten wird der Bewerber auch unmittelbar zur Vorstellung aufgefordert.

Die Bewerbung soll umfassen:

- Bewerbungsschreiben
- Bewerberfoto (siehe aber S. 429!)
- Lebenslauf
- Schulzeugnisse
- Arbeitszeugnisse
- ggf. Leistungsbilanz

Zusätzlich können verlangt werden:

- Personalfragebogen
- Referenzen (Angabe von Personen, die Auskünfte geben können)
- Arbeitsproben (z. B. Entwürfe, Texte, Bilder, Konstruktionen); üblich bei gewerblichen Tätigkeiten

Bei der **Bewerberauswahl** muss das Anforderungsprofil der Stelle den Qualifikationsprofilen der Bewerber gegenübergestellt werden. Am geeignetsten ist, wer dem Anforderungsprofil am besten entspricht.

Vergleichen Sie hierzu Arbeitsauftrag 2 auf Seite 415.

Instrumente der Bewerberauswahl

Analyse der Bewerbungsunterlagen

- Zwingende Anforderungen des Anforderungsprofils nicht erfüllt → Bewerber ungeeignet; Absage
- Unterlagen nicht formgerecht → schwerwiegend: Absage
- Unterlagen nicht vollständig → Bitte um Vervollständigung
- Unterlagen uneingeschränkt in Ordnung → Einladung zum Vorstellungsgespräch
- **Analyse des Lebenslaufs:**
  - **Zeitfolgen- und Lückenanalyse:**
    Welche Verweilzeiten hat der Bewerber hinsichtlich seiner Tätigkeiten? Hat der Bewerber Unterbrechungszeiten verschwiegen?

Achten Sie unbedingt auf vollständige und formgerechte Bewerbungsunterlagen!

FÜNFTER ABSCHNITT

Beispiel: Bewerbung mit Lebenslauf

> Merke: Gehaltsvorstellungen in der Bewerbung nur bei Aufforderung äußern!

```
Ralf Schneider                       Essen, 2. Juni 20..
Bornstr. 11
45127 Essen
Tel.: 0201123678

Ebert GmbH & Co. KG
Personalabteilung
Postfach 10 01 64
50441 Köln

Bewerbung als Fertigungssteuerer

Sehr geehrte Damen und Herren,
ich habe Ihre Anzeige in der Rheinischen Post gelesen und
bewerbe mich um die ausgeschriebene Stelle. Ich bin seit
acht Jahren ungekündigt in einer entsprechenden Stellung
bei MGB Maltmann Getriebebau e. K., Essen, tätig. Aus
familiären Gründen möchte ich nach Köln umziehen und
suche deshalb dort eine neue Stelle.
Ich bearbeite Kunden- und Betriebsaufträge komplett von
der Erstellung bis zur Abrechnung. Die Arbeit mit modernen
PPS-Systemen ist mir bestens vertraut.
Ich könnte meinen Arbeitsplatz zum 1. September 20.. wechseln.
Über einen Termin für ein Vorstellungsgespräch würde ich
mich sehr freuen.

Mit freundlichen Grüßen
R. Schneider
Anlagen
Lebenslauf mit Lichtbild
2 Zeugniskopien
2 Beurteilungen
```

- ← Bewerbung
- ← Arbeitsverhältnis
- ← gekündigt/ungekündigt
- ← Grund der Bewerbung
- ← Tätigkeit, Fähigkeiten
- ← Verfügbarkeit

Wichtige inhaltliche Elemente!

Lebenslauf in tabellarischer Form →

Lebenslauf

Persönliche Daten

Vor- und Zuname:	Ralf Schneider
Anschrift:	Bornstr. 11, 45127 Essen
Telefon:	0201123678
Geburtstag und -ort:	24. Aug. 1985 in Bochum
Staatsangehörigkeit:	deutsch
Familienstand:	ledig
Schulbildung	
1991 - 1995	Grundschule in Bochum
1995 - 2001	Realschule in Bochum
2001 - Juni 2003	Höhere Handelsschule in Bochum mit Abschluss
Berufsausbildung	
01.08.2003 - 12.07.2006	Ausbildung zum Industriekaufmann bei MGB Maltmann Getriebebau e. K. in Essen
Berufliche Tätigkeit	
13.07.2006 - 31.07.2007	Fertigungssteuerer bei MGB
01.08.2007 - 31.07.2008	Zivildienst
ab 01.08.2008	Fertigungssteuerer bei MGB
Fortbildung	
13.06.2011 - 13.09.2011	Betriebliche Schulung in CAD und BDE

Essen, 2. Juni 20..

R. Schneider

Verweilzeiten möglichst kalendegenau angeben! Sonst entsteht der Eindruck, dass Lücken verschwiegen werden. Und: Die Unterschrift nicht vergessen!

Man kann übrigens den Lebenslauf auch mit der aktuellen Position beginnen und zeitlich rückwärts erzählen.

Als „dritte Seite“ wird der Bewerbung oft eine Leistungsbilanz des Bewerbers beigefügt. Siehe hierzu das Infoblatt Leistungsbilanz.

Web M 427

FÜNFTER ABSCHNITT

Instrumente der Bewerberauswahl (Fortsetzung)

- **Entwicklungsanalyse:**
  Vertikale Entwicklung:
  Welche Leistungsbeförderungen sind erfolgt? (Zum Beispiel Einstellung als Sachbearbeiter, nach zwei Jahren Gruppenleiter, nach drei weiteren Jahren Abteilungsleiter)
  Horizontale Entwicklung:
  Welche Fortbildung im Berufsfeld wurde wahrgenommen? (Zum Beispiel Erwerb zusätzlicher Kenntnisse im Qualitätsmanagement)
- **Firmen- und Branchenanalyse:**
  In welcher Branche war der Bewerber tätig? Ist sie vergleichbar?
  Wie groß ist das abgebende Unternehmen? Ist es hinsichtlich Größe (Mitarbeiterzahl, Umsatz) und Organisation vergleichbar?
  Ziel der Analyse: Einen Mitarbeiter finden, der nach kurzer Einarbeitungszeit seine volle Kraft einbringen kann.

- **Analyse der Zeugnisse:**
  Schulzeugnisse verlieren mit zunehmender Länge des Berufslebens als Leistungsnachweise an Bedeutung. An ihre Stelle treten die Arbeitszeugnisse.

Vorstellungsgespräch

- **freies Gespräch:** Inhalt nicht vorgegeben; Auswertung oft schwierig
- **strukturiertes Gespräch:** Rahmen mit unbedingt zu klärenden Fragen vorgegeben

1. Kontaktaufbau; Klärung des Gesprächsablaufs
2. Vorstellung des Unternehmens (v. a. Programm, Markt, Standorte)
3. Prüfung des persönlichen und beruflichen Werdegangs des Bewerbers
4. Prüfung der situativen Bewährung durch eine kleine arbeitsplatztypische Aufgabe
5. Prüfung der gegenseitigen Erwartungen
6. Vorstellung des Unternehmens (v.a Arbeitsplatz, Abteilung, Sozialleistungen)
7. Abschluss (vorbereitende Vertragsverhandlungen, z. B. Vergütung, Urlaub)

- **standardisiertes Gespräch:** Inhalt und Ablauf genau vorgegeben; starr, aber Auswertung leicht

Auswertung bezieht sich auf
- das Verhalten des Bewerbers: Aufschlüsse z. B. über sein Wesen, Mimik, Gestik, Sprechweise, Reaktionsfähigkeit, Verhandlungsgeschick, Ausdrucksfähigkeit
- die Motive des Bewerbers: Begründung des schulischen, beruflichen, privaten Werdegangs
- das äußere Erscheinungsbild des Bewerbers

Zweck des Vorstellungsgesprächs: Abklärung, ob die Erwartungen von Arbeitgeber und Bewerber übereinstimmen. Der Arbeitgeber sollte sich über den Bewerber und seine Fähigkeiten informieren, der Bewerber über den Betrieb, seine Eigenarten und Leistungen sowie über die zu besetzende Stelle (Stellenbeschreibung!). Der Inhalt des Arbeitsvertrags ist ebenfalls abzuklären.

Tests und andere geeignete Überprüfungen

- **Eignungstests**
  - *Leistungstests* erfassen einzelne geistige Leistungsmerkmale, z. B. Konzentration, Willenseinsatz, Aufmerksamkeit, Reaktionsgeschwindigkeit.
  - *Intelligenztests* untersuchen die allgemeine Intelligenz (Urteils- und Denkvermögen) oder eine spezielle Intelligenz (z. B. Sprachbeherrschung, Rechengewandtheit, Kombinationsfähigkeit, räumliches Vorstellungsvermögen).
  - *Spezielle Begabungstests* untersuchen spezielle Begabungen (z. B. Motorik, Fingerfertigkeit, Begabung für Technik, Zeichnen).
  - *Persönlichkeitstests* untersuchen persönliche Eigenschaften (z. B. Charakter, Sozialverhalten, Interessen, Neigungen, Einstellungen).
- **Gruppendiskussionen** erfassen z. B. Ausdrucksvermögen, Reaktionsfähigkeit, Sachkompetenz, Sozialverhalten anhand eines Diskussionsthemas und in einer Stresssituation.

- **Assessment-Center:** Ein- bis zweitägige Beurteilungsseminare; enthalten eine Vielzahl von Übungen in möglichst praxisgerechten Situationen, ggf. unter Stressbedingungen; Möglichkeit, Fachkompetenz, Problemlösungsfähigkeit, Sozialverhalten, Teamfähigkeit zu testen.

Ärztliche Untersuchung Zweck: Feststellung, ob der Bewerber körperlich gesund ist und die Belastungen des Berufs ertragen kann. Vorgeschrieben für Jugendliche unter 18 Jahren (§ 45 Jugendarbeitsschutzgesetz).

5.3.5 Diskriminierungsverbot

Wenn ein Unternehmen heutzutage ein Stellenangebot macht, sollte es Formulierungen wie „suchen jungen Mann zwischen 25 und 35 Jahren" vermeiden: Interessenten, die auf diese Weise ausgeschlossen werden, könnten wegen Geschlechts- oder Altersdiskriminierung vor Gericht klagen. Selbst von einer Bitte um „Bewerbung mit Lichtbild" sollte abgesehen werden, denn ein Foto könnte Auskunft über die Rasse oder Herkunft geben.

„Sie stellen mich doch nur nicht ein, weil ich schwul bin!"

Das Allgemeine Gleichbehandlungsgesetz (AGG) verbietet Benachteiligungen und Diskriminierungen hinsichtlich Rasse, ethnischer Herkunft, Geschlecht, Religion oder Weltanschauung, Behinderung, Alter oder sexueller Identität (§ 1 AGG).

Für Arbeitgeber bedeutet dies z. B.: Die unterschiedliche Behandlung von Männern und Frauen, von Arbeitnehmern mit und ohne Behinderung, von jungen und älteren Mitarbeitern oder von Menschen mit unterschiedlichen Lebensformen und Ausdrucksweisen ist diskriminierend und deshalb verboten. Wer sich als benachteiligt ansieht, kann sich durch eine Klage vor Gericht zur Wehr setzen.

Das Gesetz ist im Betrieb auszuhängen/auszulegen.

Allgemeines Gleichbehandlungsgesetz (AGG)

Anwendungsbereich

§ 2: Benachteiligungen aus einem in § 1 genannten Grund sind nach Maßgabe dieses Gesetzes unzulässig in Bezug auf:

- die Bedingungen, einschließlich Auswahlkriterien und Einstellungsbedingungen, für den Zugang zu unselbstständiger und selbstständiger Erwerbstätigkeit
- die Beschäftigungs- und Arbeitsbedingungen einschließlich Arbeitsentgelt und Entlassungsbedingungen
- den Zugang zu allen Formen und allen Ebenen der Berufsberatung, der Berufsbildung einschließlich der Berufsausbildung, der beruflichen Weiterbildung und der Umschulung sowie der praktischen Berufserfahrung
- die Mitgliedschaft und Mitwirkung in einer Beschäftigten- oder Arbeitgebervereinigung
- den Sozialschutz, einschließlich der sozialen Sicherheit und der Gesundheitsdienste
- die sozialen Vergünstigungen
- die Bildung
- den Zugang zu und die Versorgung mit Gütern und Dienstleistungen, die der Öffentlichkeit zur Verfügung stehen, einschließlich von Wohnraum

§ 7: Beschäftigte dürfen nicht wegen eines in § 1 angeführten Grundes benachteiligt werden.

§ 8: Eine unterschiedliche Behandlung wegen eines in § 1 genannten Grundes ist nur mit Ausnahmen zulässig.

FÜNFTER ABSCHNITT

5.3.6 E-Recruiting

Das Jobkarussell dreht sich im Zuge von Globalisierung und Konzentration in einem irren Tempo. Die Mitarbeiter wechseln immer öfter, die Personalabteilungen sind überlastet. Oft sind sie viel mehr mit Verwaltung als mit Planung beschäftigt. Hier schlägt die Stunde der Online-Stellenbörsen.

Web

M 430

E-Recruiting ist Personalbeschaffung über das Internet. Viele Betriebe versehen z. B. ihre Internetseiten mit Stellenanzeigen und sogar Bewerbungsbögen oder Bewerbungsfragebögen, auf denen Bewerber ihre Daten direkt eingeben können (siehe z. B. *www.maltgetriebe.de*). Besonders effektiv aber sind **Stellenbörsen**.

Für die Inanspruchnahme einer Stellenbörse benötigt der Betrieb nur einen Internetanschluss und eine Lizenz der Stellenbörse. Bewerber haben es noch einfacher: Sie müssen nur Zugang zum Internet haben. Ihnen entstehen auch keine Kosten – im Gegensatz zu den Betrieben.

Hier die Namen einiger bekannter Stellenbörsen:

- www.jobblitz.de
- www.jobkurier.de
- www.stellenanzeigen.de
- www.jobs.de
- www.jobware.de
- www.monster.de
- www.stepstone.de

Beispiele: Kosten von Stellenbörsen

- Eine Stellenanzeige kann z. B. 750,00 EUR pro Monat kosten.
- Für die Vermittlung von Top-Managern verlangen spezielle Jobbörsen bis zu einem Drittel der Jahresgehaltssumme als Honorar.

Die Stellenbörsen speichern Stellenangebote vieler Firmen in Stellendatenbanken und Bewerberdaten in Bewerberdatenbanken, gleichen sie ab und bringen Angebot und Nachfrage zusammen.

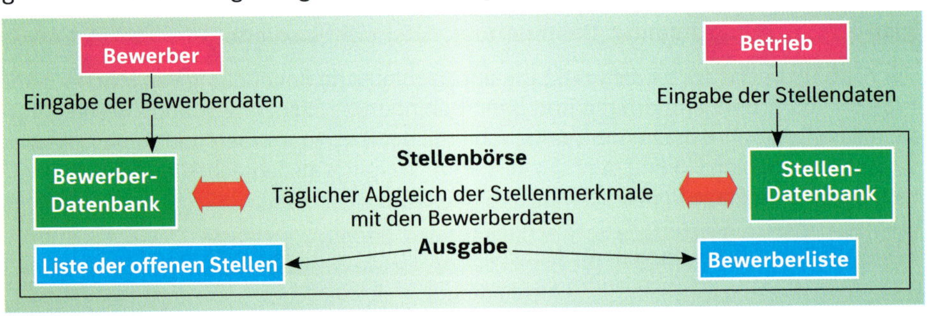

Die von den Bewerbern einzugebenden Daten sind die Daten des **Lebenslaufs**. Einige Stellenbörsen ersetzen oder ergänzen diese Eingabe durch ein **Assessment-Center** in Form eines Online-Spiels. Andere führen mit den Bewerbern **interaktive Testverfahren** durch, um zusätzliche persönlichkeitsrelevante Eigenschaften (Motivation, Flexibilität, ...) zu ermitteln.

Zusätzliche Serviceleistungen der Stellenbörsen für Bewerber und Betriebe
(Sie sollen die Personalauswahl noch effektiver machen.)

- Virtuelle Messen für Bewerber und Unternehmen
- Bewerberdatenverwaltung
- Ausgabe der neuesten Stellenangebote
- Erstellen digitaler Bewerbungsmappen
- Speichern von Fachbeiträgen
- Durchführen von Tests jeglicher Art
- Aktuelle Bücherliste und Gerichtsurteile
- Firmenprofile
- Referenzeinholung
- Live-Chats mit Karriereberatern
- Verfassen von Arbeitszeugnissen
- Ausgabe von Personal-Newslettern
- Informationen über Weiterbildungsseminare
- Erstellen von Lohn-/Gehaltsabrechnungen
- Lexikon der Personalwirtschaft
- Gehalts-Check
- Hilfestellung bei Anzeigenerstellung

5.4 Einstellung/Stellenbesetzung

Die Stellenbesetzung erfolgt durch den Abschluss des Arbeitsvertrags. Dieser kennzeichnet – ggf. in Verbindung mit der Stellenbeschreibung – den genauen Einsatz des Mitarbeiters durch Bezeichnung der Tätigkeit, Angabe von Arbeits- und Pausenzeiten sowie Dauer des Jahresurlaubs. Für den Fall, dass der neue Mitarbeiter seiner Aufgabe wider Erwarten nicht gerecht wird, sollte eine Probearbeitszeit – üblicherweise drei Monate – vereinbart werden.

- Der Mitarbeiter legt die steuerliche Identifikationsnummer und den Sozialversicherungsausweis vor.
- Personalakte und Personalstammsatz werden angelegt.
- Der Mitarbeiter ist vom Betrieb bei der Krankenkasse anzumelden.

5.5 Einarbeitung

Die Einarbeitung sollte gut geplant werden. Nur dann wird der Mitarbeiter rasch die Anforderungen des Arbeitsplatzes erfüllen können.

Wichtige Bestandteile des Einarbeitungsplans

- Bestellung eines Betreuers
- Vorstellung des Mitarbeiters bei allen Kontaktpersonen
- Besichtigung der Betriebsräume
- Informationsgespräche, Aushändigung von Informationsmaterial, Schulungsmaterial
- Einweisung am Arbeitsplatz (Erklären, Vormachen, Selbermachen unter Aufsicht)
- Begleitende Schulungs- und Trainingsmaßnahmen
- Teilnahme an Besprechungen und Konferenzen

Beispiel: Einarbeitungsplan

Einarbeitungsplan für Herrn Ralf Schneider

Datum	Zeit	Ort	Partner	Vorgänge
30.08.		Bau 2, AV	Herr Bebber (Abteilungsleiter)	Information der Arbeitsgruppe über den neuen Mitarbeiter, Bestellung von Herrn Renner als Betreuer
01.09.	08:00 Uhr	Bau 1, Zi. 10	„	Begrüßung, Besichtigung der Betriebsräume, Aushändigung von Organisationsplan, Betriebsordnung, Produktionsprogramm, Schulungsprogramm Fertigungssteuerung
	nachmittags	Bau 2, AV	„	Vorstellung der Arbeitsgruppe
		„	Herr Renner (Fertigungssteuerer)	Einführung in den Arbeitsplatz
02.09.	ganztägig	„	Herr Renner (als Betreuer)	Bearbeitung des Schulungsprogramms
03.09.	„	„	„	gemeinsame Bearbeitung von Arbeitsaufgaben
05.09.	„	„	„	selbstständige Bearbeitung von Arbeitsaufgaben im Team
20.09.	Ende der Einarbeitungszeit			

5.6 Rechtliche Aspekte des Arbeitsverhältnisses

5.6.1 Arbeitsvertrag

Das Arbeitsverhältnis ist ein Dienstverhältnis (siehe § 611 ff. BGB) zwischen Arbeitgeber und Arbeitnehmer. Es wird durch den Arbeitsvertrag geregelt.

Bewerber müssen dem Arbeitgeber alle Fragen zu Ausbildung, früheren Arbeitsverhältnissen, Gesundheit und Fähigkeiten wahrheitsgetreu beantworten. Sittenwidrige Fragen (z. B. nach bestehender Schwangerschaft, Gewerkschaftszugehörigkeit, gefährlichen Sportarten) können sie jedoch ohne negative Rechtsfolgen falsch beantworten! Der Bewerber seinerseits erwartet Aufklärung über seine künftigen Pflichten und Rechte.

Der Vertrag wird oft schriftlich, oft auch formlos geschlossen. Dann legt der Arbeitnehmer dem Arbeitgeber nur seine steuerliche Identifikationsnummer und seinen Sozialversicherungsausweis vor. Bei Minderjährigen muss der gesetzliche Vertreter zustimmen (§ 107 BGB).

> **Identifikationsnummer:** Lebenslang gültige Nummer für Steuerzwecke. Der Arbeitgeber benötigt sie für die Lohnsteuerabführung.
>
> **Sozialversicherungsausweis:** Vom Rentenversicherungsträger ausgegeben. Enthält Namen und Rentenversicherungsnummer. Der Arbeitgeber benötigt sie für die Abführung der Sozialversicherungsabgaben.

Der Vertragsinhalt – z. B. Voll-/Teilzeitarbeit, ggf. Befristung – kann unter Einhaltung gültiger Gesetze, Tarifverträge und Betriebsvereinbarungen frei vereinbart werden. Eine Befristung ist nur aus sachlichem Grund zulässig (z. B. bei nur vorübergehendem Mehrbedarf an Arbeitskräften); sonst nur eine höchstens zweijährige (in neu gegründeten Unternehmen höchstens vierjährige) Befristung bei Neueinstellung. Befristete Arbeitsverhältnisse enden mit dem Fristablauf (TzBfG).

FÜNFTER ABSCHNITT

Web M 432

Der Arbeitgeber muss dem Arbeitnehmer binnen Monatsfrist nach dem vereinbarten Beginn des Arbeitsverhältnisses ein Schriftstück über die wesentlichen Vertragsbedingungen aushändigen (§ 2 Nachweisgesetz). Wer bereits in einem Arbeitsverhältnis steht, kann nachträglich ein solches Schriftstück fordern.

> **Mindestinhalt des Schriftstücks nach § 2 NachwG**
> - Name und Anschrift von Arbeitgeber und Arbeitnehmer
> - Beginn des Arbeitsverhältnisses; ggf. dessen Befristung
> - Arbeitsort
> - Bezeichnung/Beschreibung der Arbeit
> - Dauer des Erholungsurlaubs
> - Kündigungsfristen
> - Höhe, Fälligkeit, detaillierte Zusammensetzung des Entgelts
> - regelmäßige wöchentliche (oder tägliche) Arbeitszeit
> - anzuwendende Tarifverträge/Betriebsvereinbarungen

Eine Reihe gesetzlicher Rechte und Pflichten, die das Arbeitsverhältnis betreffen, wird wegen ihrer Bedeutung oft mit in den Arbeitsvertrag aufgenommen.

Pflichten des Arbeitnehmers (= Rechte des Arbeitgebers) aus dem Arbeitsvertrag

Pflicht zur Arbeitsleistung (§§ 611 Abs. 1, 613, 619a BGB)

Der Arbeitnehmer muss die Arbeiten verrichten, die seinem Arbeitsvertrag entsprechen (ein Einkäufer darf z. B. nicht ständig als Buchhalter eingesetzt werden). Die Arbeit ist im Zweifelsfall persönlich und nach bestem Wissen und Gewissen zu leisten. Die Verletzung der Arbeitspflicht (Nichtleistung, Schlechtleistung) macht den Arbeitnehmer schadensersatzpflichtig, wenn er vorsätzlich oder grob fahrlässig gehandelt hat. Bei „normaler" Fahrlässigkeit ist der Schaden zwischen Arbeitgeber und Arbeitnehmer „quotal" zu verteilen.

Gehorsamspflicht

Der Arbeitnehmer muss bei seiner Tätigkeit die Weisungen des Arbeitgebers befolgen.

Treuepflicht, Verschwiegenheitspflicht, Schmiergeldverbot (Ableitung aus § 241 Abs. 2 BGB)

Der Arbeitnehmer muss die Interessen von Arbeitgeber und Betrieb wahrnehmen. Er darf Geschäfts- und Betriebsgeheimnisse nicht weitergeben (z. B. Konstruktion, Kalkulationsgrundlagen) und keine Schmiergelder zum eigenen Vorteil annehmen. Pflichtverletzungen können zu Schadensersatzforderungen, fristloser Entlassung und strafrechtlicher Verfolgung führen.

Pflicht zur Unterlassung von Wettbewerb (§§ 60, 61 HGB; § 133 f. GewO)

Ohne Einwilligung des Arbeitgebers darf der Arbeitnehmer nicht im Geschäftszweig des Arbeitgebers Geschäfte für eigene oder fremde Rechnung machen. Kaufmännische Angestellte dürfen auch kein eigenes Geschäft in einem beliebigen Geschäftszweig betreiben. Das Wettbewerbsverbot kann durch eine „Konkurrenzklausel“ im Arbeitsvertrag auch für eine gewisse Zeit nach dem Ausscheiden aus der Firma bestehen bleiben (bei kaufmännischen Angestellten z. B. maximal zwei Jahre). Der Arbeitgeber muss dem Arbeitnehmer eine Entschädigung zahlen (für jedes Jahr mindestens die Hälfte der zuletzt bezogenen vertraglichen Leistungen).

Pflichtverletzungen können ebenfalls zu Schadensersatzforderungen und fristloser Entlassung führen. Bei Geschäften auf eigene Rechnung hat der Arbeitgeber auch das „Selbsteintrittsrecht“ (d. h., er kann das Geschäft selbst ausführen), bei Geschäften auf fremde Rechnung das Recht auf Herausgabe der Vergütung.

Pflichten des Arbeitgebers (= Rechte des Arbeitnehmers) aus dem Arbeitsvertrag

Vergütungspflicht (§§ 611, 614, 616 BGB)

Der Arbeitgeber muss pünktlich zahlen (bei Angestellten z. B. am Ende des Monats). Voraussetzung ist, dass die Arbeitsleistung auch tatsächlich erbracht wurde. Ausnahme: bei unverschuldetem Unglück (z. B. Lohnfortzahlung bei Krankheit für 6 Wochen) oder relativ kurzer Verhinderung (z. B. Ladung als Zeuge vor Gericht).

Fürsorgepflicht (§ 618 BGB)

Der Arbeitgeber muss die Unfallverhütungs- und Arbeitsgesetze beachten und muss Sorge dafür tragen, dass Gesundheit und Anstandsgefühl des Arbeitnehmers nicht beeinträchtigt werden. Die Sozialversicherungsbeiträge sind ordnungsgemäß abzuführen.

Erholungsurlaub (§ 3 Abs.1 BUrlG, § 19 Abs. 2 JArbSchG)

Der Arbeitnehmer hat Anspruch auf bezahlten Urlaub: mindestens 24 Werktage (= 4 Wochen bei einer 6-Tage-Woche; entspricht z. B. 20 Werktagen bei einer 5-Tage-Woche) nach mindestens 6 Monaten Betriebszugehörigkeit. Jugendliche: 30/27/25 Werktage, wenn sie zu Beginn des Kalenderjahres noch nicht 16/17/18 Jahre alt sind.

Arbeitszeugnis (§ 630 BGB)

Der ausscheidende Arbeitnehmer hat Anspruch auf ein Zeugnis. Dieses muss Art und Dauer der Beschäftigung enthalten (einfaches Zeugnis), auf Wunsch des Arbeitnehmers auch Angaben über Führung und Leistung (qualifiziertes Zeugnis). Weitere Einzelheiten siehe S. 465.

Gemäß Teilzeit- und Befristungsgesetz (TzBfG) können Arbeitnehmer unter den gesetzlich festgesetzten Voraussetzungen *Teilzeitbeschäftigung* in zeitlich nicht begrenzter oder zeitlich begrenzter Teilzeit verlangen. Web M 433

5.6.2 Arbeitsgesetze

Der Arbeitsvertrag ist ein Dienstvertrag nach § 611 ff. BGB.
Die § 59 ff. HGB enthalten weitere Bestimmungen für kaufmännische Arbeitnehmer,
Die § 105 ff. GewO enthalten weitere Bestimmungen für gewerbliche Arbeitnehmer.
Des Weiteren haben folgende Gesetze für das Arbeitsverhältnis Bedeutung:

- Nachweisgesetz
- Arbeitszeitgesetz
- Bundesurlaubsgesetz
- Kündigungsschutzgesetz
- Betriebsverfassungsgesetz
- Jugendarbeitsschutzgesetz
- Mutterschutzgesetz
- Arbeitsgerichtsgesetz
- Bundeselterngeld- und Elternzeitgesetz
- Teilzeit- und Befristungsgesetz
- Sozialgesetzbuch IX (Schwerbehindertenschutz)
- Tarifvertragsgesetz
- Allgemeines Gleichbehandlungsgesetz
- Arbeitsplatzschutzgesetz

5.6.3 Tarifvertragliche Regelungen

Gewerkschaften schließen Tarifverträge mit Arbeitgeberverbänden (Flächentarifverträge) oder einzelnen Arbeitgebern (Haustarifverträge).

Tarifverträge sind sog. kollektive (für alle angeschlossenen Mitglieder verbindliche) Arbeitsverträge. Sie enthalten Abmachungen über Löhne, Gehälter und andere arbeitsrechtliche Regelungen.

Sie gelten nur für Arbeitnehmer, die der tarifschließenden Gewerkschaft angehören und bei einem tarifschließenden Arbeitgeber bzw. einem Arbeitgeber des tarifschließenden Verbands beschäftigt sind.

Entgelttarifverträge legen die Vergütungen fest, **Rahmentarifverträge** regeln die Entgeltgrundlagen (z. B. Entgeltgruppen, vermögenswirksame Leistungen, Erfolgsbeteiligung), **Manteltarifverträge** die Arbeitsbedingungen (z. B. Arbeitszeiten, Pausen, Urlaubszeiten, Rationalisierungs-, Kündigungsschutz).

5.6.4 Betriebsvereinbarungen

Betriebsvereinbarungen sind Verträge zwischen Arbeitgeber und Betriebsrat.

Sie regeln Fragen der Arbeitsbedingungen (z. B. Urlaubsplan, Arbeitszeitbeginn und -ende, Betriebsordnung), der Mitbestimmung, der Unfallverhütung, des Gesundheitsschutzes, der Errichtung von Sozialeinrichtungen; der Förderung der Vermögensbildung. Tarifvertraglich schon geregelte Fragen können nur Gegenstand von Betriebsvereinbarungen werden, wenn der Tarifvertrag ausdrücklich ergänzende Vereinbarungen zulässt (§ 77 Abs. 3 BetrVG). Betriebsvereinbarungen gelten unmittelbar und zwingend. Sie sind mit einer Frist von drei Monaten kündbar.

Arbeitsaufträge

1. **Bei Personalbedarf werden vielfach Personalanforderungen auf einem Formular vom anfordernden Bereich an die Personalabteilung gerichtet.**
   Erstellen Sie eine Personalanforderung. Legen Sie dabei eine Ihnen bekannte Stelle in Ihrem Ausbildungsbetrieb zugrunde.
2. **Bei der Techno GmbH ist die Stelle eines Betriebselektrikers zu besetzen. Die Personalabteilung setzt eine Anzeige in die Zeitung. Daraufhin erhebt der Betriebsrat Einspruch.**
   a) Worauf gründet sich der Einspruch des Betriebsrats höchstwahrscheinlich?
   b) Welche Rechte hat der Betriebsrat bei Personalplanung und Stellenbesetzung?
3. **Beispiel einer Betriebsvereinbarung über innerbetriebliche Stellenausschreibungen:**

Zwischen ... und ... wird folgende Betriebsvereinbarung abgeschlossen:

1. Allgemeines
Jeder Arbeitsplatz soll innerbetrieblich ausgeschrieben werden. Gleichzeitig oder später kann auch eine externe Ausschreibung erfolgen.
Die Stellenausschreibungen werden an den Anschlagbrettern für 2 Wochen ausgehängt. Beginn und Ende der Ausschreibung müssen ersichtlich sein.

2. Inhalt
Die Ausschreibungen müssen enthalten:
(1) Bezeichnung der Funktion,
(2) Beschreibung des Arbeitsplatzes bzw. der Aufgabenstellung,
(3) Einsatzort,
(4) fachliche und sonstige Anforderungen,
(5) Tarifgruppe bzw. übertarifliche Vertragsgruppe,
(6) die Personaldienststelle, an die die Bewerbungen zu richten sind.

3. Bewerbung
Jeder Mitarbeiter, der seinen bisherigen Arbeitsplatz mindestens ein Jahr innehat, kann sich schriftlich bewerben. Bewerbungen werden vertraulich behandelt. Die Personalabteilung kann mit Zustimmung des Bewerbers Rücksprache mit der aufnehmenden und abgebenden Stelle nehmen.

4. Auswahl
Für die Auswahl unter mehreren Bewerbern gelten die Auswahlrichtlinien.

5. Durchführung
Soll der Bewerber die ausgeschriebene Stelle erhalten, so wird die Versetzung binnen 3 Monaten, in Ausnahmefällen nach Abschluss der noch auszuführenden Arbeiten durchgeführt.
Der Bewerber kann binnen 3 Monaten nach Stellenantritt zu den alten Bedingungen auf seinen bisherigen Arbeitsplatz zurückkehren. Ist dieser besetzt oder aufgelöst, ist er auf einen gleichwertigen Arbeitsplatz zu versetzen. Dies gilt auch, wenn sich der Mitarbeiter als ungeeignet für die neue Stelle erweist.

a) Zwischen welchen Parteien wird die Betriebsvereinbarung abgeschlossen?
b) Nennen Sie die gesetzliche Grundlage für die Vereinbarung.
c) Warum werden Bewerbungen vertraulich behandelt?
d) Dürfen interne Bewerber und externe Bewerber unterschiedlich behandelt werden?
e) Welche Vorteile haben innerbetriebliche Stellenausschreibungen für Betrieb und Mitarbeiter?
f) Kann die Bewerbung eines internen Bewerbers für diesen auch negative Folgen haben?
g) Kann der Betriebsrat die Einstellung eines externen Bewerbers verhindern, wenn dieser einem internen Bewerber vorgezogen wird?

4. Eine Stellenanzeige (Stellenangebot) enthält grundsätzlich die folgenden Punkte. (In der Praxis findet man natürlich vielfach Abweichungen.)
Wir sind (Unternehmen): z. B. Firmenname, -zeichen, Branche, Standort, Unternehmensgröße, Mitarbeiterzahl, Führungsstil.
Wir haben (freie Stelle): z. B. Ausschreibungsgrund, Aufgabenbeschreibung, Verantwortungsumfang, Vertretungsmacht, Entwicklungschancen.
Wir suchen (Anforderungsmerkmale): z. B. Berufsbezeichnung, Vorbildung, Ausbildung, Kenntnisse, Fähigkeiten, Berufserfahrung, persönliche Eigenschaften, Alter.
Wir bieten (Leistungen): z. B. Lohn-/Gehaltshöhe, Wohnungshilfe, Fahrgeld(zuschuss), Sozialleistungen, Gleitzeit.
Wir bitten (Bewerbung): z. B. schriftliche Bewerbung, Anruf, persönliche Vorstellung, Kontaktperson/-abteilung.
Auf Seite 427 finden Sie die Bewerbung des Herrn Schneider. Formulieren Sie eine Stellenanzeige, auf die Herr Schneider geantwortet hat.

5. In der Zeitung finden Sie folgendes Stellenangebot.

Bezirksleiter/-in gesucht
(Alter 25–35 Jahre)
Sind Sie bereit, sich im Direktverkauf und in der Anwerbung und Führung von Mitarbeitern zu bewähren, so werden Sie schnell bei uns Karriere machen. Wir bieten Festanstellung, hohe Erfolgsbeteiligung und Spesenerstattung.
Ihre Bewerbung richten Sie an Hakawerk, Bachstr. 1, 41719 Waldenbach

a) Diese Stellenanzeige könnte unangenehme Folgen für den Stellenanbieter haben. Erläutern Sie den Grund hierfür.
b) Bewerben Sie sich schriftlich um die Stelle.
(Alternative: Bewerben Sie sich um eine Stelle in Ihrem Ausbildungsberuf.)

Hinweis: In die Bewerbungsmappe gehören (individuell gestaltet):
- das Bewerbungsschreiben, kurz gefasst, ggf. mit der Bitte um diskrete Behandlung der Bewerbung;
- Lebenslauf, tabellarisch aufgebaut, mit Lichtbild oben rechts, mit allen Ausbildungs- und Tätigkeitsdaten und mit Beschreibung der jeweiligen Stelle und des Verantwortungs- und Erfahrungsbereichs in Stichworten;
- Zeugniskopien in zeitlicher Reihenfolge.

Referenzangaben und Referenzschreiben nur bei ausdrücklicher Aufforderung beilegen!
c) Beschreiben Sie das Verfahren der Personalauswahl, das üblicherweise auf die Bewerbung folgt.
d) Notieren Sie 5 Fragen, die Sie im Vorstellungsgespräch dem Bewerber stellen würden.
e) Notieren Sie 5 Fragen, die Sie Ihrerseits als Bewerber stellen würden.

6. **Ihr Ausbildungsbetrieb hat vier Ausbildungsplätze für den Ausbildungsberuf Industriekaufmann/-frau ausgeschrieben. 120 Bewerbungen sind eingegangen. Ihr Personalleiter beauftragt Sie, ein Konzept für die Bewerberauswahl zu erstellen. Das Konzept soll auf jeden Fall einen Test enthalten. Auch bei der Umsetzung des Konzepts sollen Sie möglichst viele Aufgaben selbstständig erfüllen.**
   a) Nennen Sie Kriterien zur Auswahl der Bewerber.
   b) Welche Testarten kommen für die Bewerberauswahl infrage?
   c) Erstellen Sie einen geeigneten Auswahltest.
   d) Das Konzept soll auch eine Selbstdarstellung des Betriebes einschließen. Zeigen Sie hierfür Möglichkeiten auf.
   e) Erstellen Sie das verlangte Konzept.
7. **Der Personalleiter Ihres Ausbildungsbetriebs beabsichtigt, für die Personalbeschaffung die Dienste einer Online-Stellenbörse heranzuziehen.**
   a) Suchen Sie im Internet nach Stellenbörsen, die die Aufgaben der Personalbeschaffung erledigen können. Erstellen Sie einen schriftlichen Vergleich der Börsen anhand der angebotenen Dienstleistungen.
   b) Stellen Sie die Vorteile der traditionellen Personalbeschaffung und des E-Recruitings gegenüber.
8. **Werner Schuhmacher hat sich bei der Nutzfahrzeugbau AG als Angestellter im Einkauf beworben. Im Vorstellungsgespräch wurde Einigung über das Arbeitsverhältnis erzielt. Die Stelle soll am 1. Juni angetreten werden. Besondere Vereinbarungen wurden weder mündlich noch schriftlich getroffen. Herr Schuhmacher gibt am 1. Juni in der Personalabteilung seine Arbeitspapiere ab.**
   a) Ist es zulässig, ein Arbeitsverhältnis ohne schriftlichen Vertrag einzugehen?
   b) Nach welchen Rechtsvorschriften richtet sich das Arbeitsverhältnis von Herrn Schuhmacher?
   c) Welche Arbeitspapiere übergibt Herr Schuhmacher?
   d) Ist es Herrn Schuhmacher erlaubt, einer Nebentätigkeit als Versicherungsvertreter nachzugehen?
   e) Darf Herr Schuhmacher während des Urlaubs eines Kollegen vertretungsweise auch mit Ablagetätigkeiten beauftragt werden?
   f) Kann Herr Schuhmacher, wenn er wichtige Privatangelegenheiten zu besorgen hat, sich von seinem Freund Pitt Herberts vertreten lassen, der den gleichen Beruf hat?
   g) Berichten Sie kurz über die Rechte und Pflichten, die Herr Schuhmacher aus dem Arbeitsvertrag hat.
9. **In verschiedenen Arbeitsverträgen seien die folgenden Vereinbarungen zu finden.**
   a) Die Probezeit beträgt 3 Monate. Innerhalb der Probezeit ist jederzeit eine Kündigung ohne Angabe von Gründen möglich.
   b) Als Arbeitslohn erhält der Arbeitnehmer jeden Monat 10 % der von ihm hergestellten Werkzeuge.
   c) Der Arbeitnehmer darf nicht auf eigene Rechnung im Geschäftszweig des Arbeitgebers tätig werden. Bei Zuwiderhandlung kann der Arbeitgeber selbst in das Geschäft eintreten. Dieses Wettbewerbsverbot gilt noch bis zu 3 Jahren nach Ausscheiden des Arbeitnehmers.
   d) Der Jahresurlaub beträgt im Jahr der Einstellung für jeden Monat Betriebszugehörigkeit einen Werktag, anschließend 16 Werktage jährlich. (Hinweis: Der Arbeitnehmer hat eine 5-Tage-Woche.)
   e) Während des Jahresurlaubs erhält der Arbeitnehmer kein Arbeitsentgelt. Der Betrieb zahlt ihm freiwillig für jeden Werktag einen Betrag von 20,00 EUR.

   Sind diese Vereinbarungen zulässig? Begründen Sie Ihre Antwort.

5.7 Vollmachten

MGB Maltmann Getriebebau e. K. versendet folgendes Schreiben:

06.03.20..

Rundschreiben an meine Geschäftsfreunde

Ich habe dem Leiter unseres Materialeinkaufs, Herrn Gerhard Freitag, Einzelprokura erteilt. Außerdem darf ich Ihnen die neue Leiterin meiner Niederlassung in Augsburg, Frau Elly Rossmanith, vorstellen. Ich habe Frau Rossmanith Gesamtvollmacht für die Geschäfte der Niederlassung erteilt.

Mit freundlichen Grüßen

Rüdiger Maltmann

MGB Maltmann Getriebebau e. K.

Es zeichnen:

Herr Freitag:
MGB Maltmann Getriebebau e. K.
ppa. *Gerhard Freitag*

Frau Rossmanith:
MGB Maltmann Getriebebau e. K.
Niederlassung Augsburg
i. V. *Elly Rossmanith*

Angestellte werden häufig mit Vollmachten ausgestattet.

Die Vollmacht ist eine Vertretungsbefugnis. Der Bevollmächtigte darf (im festgelegten Rahmen) für den Vollmachtgeber Rechtsgeschäfte tätigen (§ 164 Abs. 1 BGB).

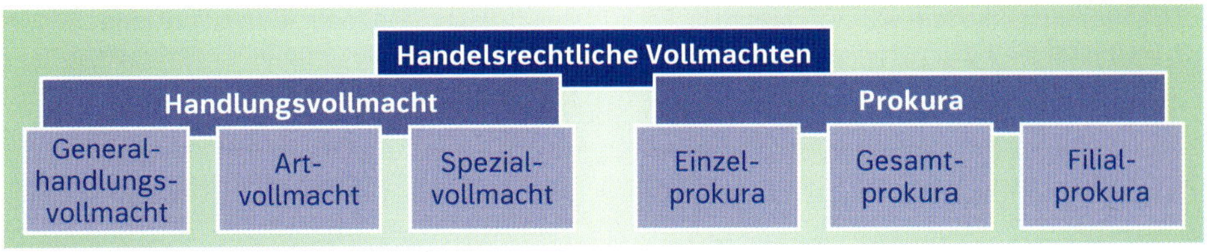

5.7.1 Prokura

Die Prokura (§§ 48–53 HGB) ermächtigt zu allen Arten von gerichtlichen und außergerichtlichen Geschäften und Rechtshandlungen, die der Betrieb eines Handelsgewerbes mit sich bringt.

Dem Prokuristen ist gesetzlich lediglich untersagt,

- Inventare, Bilanzen und Steuererklärungen der Geschäftsinhaber zu unterschreiben,
- Prokura zu erteilen und zu entziehen bzw. die eigene Prokura zu übertragen,
- das Unternehmen zu verkaufen oder aufzulösen,
- das Insolvenzverfahren zu beantragen,
- Gesellschafter aufzunehmen (Ausnahme: stille Teilhaber) oder zu entlassen,
- für den/die Geschäftsinhaber einen Eid zu leisten,
- ohne besonders erteilte Befugnis Grundstücke zu verkaufen oder zu belasten,
- Eintragungen ins Handelsregister zu beantragen,
- die Firma zu löschen oder zu ändern.

Beispiel: Rechte des Prokuristen

Der Geschäftsinhaber kommt aus dem Urlaub zurück und stellt fest, dass der Prokurist inzwischen aus der Möbelgroßhandlung einen Tabakimport gemacht hat, ein Grundstück für 400 000,00 EUR und 20 Tonnen Käse sowie Aktien für 500 000,00 EUR gekauft und einen Filialleiter eingestellt hat.

Beschränkungen zur Verhinderung solcher Handlungen („Der Prokurist darf keine Wertpapiere kaufen ...“) gelten nur im **Innenverhältnis**. Im **Außenverhältnis** gelten sie nicht einmal dann, wenn sie dem Geschäftspartner bekannt sind. Allerdings haftet der Prokurist dem Geschäftsinhaber für den Schaden durch Zuwiderhandeln.

Die Prokura kann nur von Kaufleuten oder deren gesetzlichem Vertreter erteilt werden (§ 48 HGB). Zuständig sind:

- im Einzelunternehmen der **Inhaber**,
- in der OHG und KG die **geschäftsführenden Gesellschafter** gemeinsam (den Widerruf kann schon ein einzelner Gesellschafter aussprechen),
- in der AG und der Genossenschaft der **Vorstand**,
- in der GmbH die **Geschäftsführer**.

Die Prokura muss ausdrücklich (mündlich oder schriftlich) erteilt werden. Sie beginnt mit dem Augenblick der Erteilung. Eine Annahmeerklärung seitens des Bevollmächtigten ist nicht erforderlich. Ebenso kann die Prokura jederzeit widerrufen werden. Außerdem endet sie bei Verkauf oder Auflösung des Unternehmens, bei Beendigung des zugrunde liegenden Rechtsverhältnisses (z. B. bei Ausscheiden des Prokuristen aus dem Unternehmen), Insolvenzverfahren und Liquidation, nicht aber beim Tod des Geschäftsinhabers.

Arten der Prokura

Einzelprokura	Gesamtprokura	Filialprokura
Der Prokurist ist allein vertretungsberechtigt.	Mehrere Prokuristen (meist zwei) sind nur gemeinsam vertretungsberechtigt (Zweck: gegenseitige Kontrolle).	Die Prokura ist auf eine bestimmte Niederlassung beschränkt. (Die Niederlassungen müssen unter verschiedenen Firmen im Handelsregister eingetragen sein.)
Einzelprokura Motoren- und Getriebebau GmbH ppa. Blume	Gesamtprokura Motoren- und Getriebebau GmbH ppa. Petersen ppa. Dietz	Filialprokura Motoren- und Getriebebau GmbH Niederlassung Augsburg ppa. Dietz

Der Prokurist unterschreibt mit einem Zusatz, der die Prokura erkennen lässt: „per procura" oder (abgekürzt) „ppa." oder „pp."

Web M 438

Die Prokura ist ins Handelsregister einzutragen (und als Einzel-, Gesamt-, Filialprokura zu kennzeichnen), ebenso ihr Erlöschen (siehe: *Prokura im Handelsregister*). Beide Eintragungen haben jedoch nur deklaratorische Bedeutung, d. h., sie beurkunden nur den ohnehin gültigen Sachverhalt. Der Prokurist kann also schon vor der Eintragung gültige Geschäfte abschließen. Andererseits kann sich ein Geschäftspartner auf eine eingetragene Prokura berufen, wenn ihm der Widerruf nicht bekannt ist (z. B. aufgrund eines Rundschreibens).

5.7.2 Handlungsvollmacht

Personen können ohne Prokuraerteilung Vollmacht (sog. Handlungsvollmacht [§§ 54–58 HGB]) in einem Handelsgewerbe erhalten. Diese kann unterschiedlichen Umfang haben:

Arten der Handlungsvollmacht (§ 54 HGB)
Generalhandlungsvollmacht (allgemeine Handlungsvollmacht) Allgemeine Vollmacht; berechtigt zu allen Geschäften und Rechtsgeschäften, die der Betrieb eines solchen Handelsgewerbes gewöhnlich mit sich bringt. Geschäftsführer und Filialleiter haben z. B. Generalhandlungsvollmacht.
Artvollmacht (Teilvollmacht) Vollmacht zur Vornahme von Rechtshandlungen einer bestimmten Art, die der Betrieb eines solchen Handelsgewerbes gewöhnlich mit sich bringt. Einkäufer, Verkäufer, Kassierer haben z. B. Artvollmacht.
Spezialvollmacht Vollmacht zur Vornahme einer einzelnen Rechtshandlung. Ein Angestellter erhält z. B. den Auftrag, einen Rechnungsbetrag einzuziehen und zu quittieren.

Wie Prokuristen können auch Bevollmächtigte allein vertretungsberechtigt sein **(Einzelvollmacht)** oder gemeinsam **(Gesamtvollmacht)**, ggf. auch zusammen mit einem Prokuristen. Was dem Prokuristen verboten ist, dürfen auch Generalhandlungs- und Artbevollmächtigte nicht. Sie dürfen ohne besonderen Auftrag auch keine Prozesse führen, Wechselverbindlichkeiten eingehen und Kredite aufnehmen (§ 54 Abs. 2 HGB). Kein Bevollmächtigter darf seine eigene Vollmacht auf andere übertragen (§ 58 HGB). Er kann aber im Rahmen der eigenen Vollmacht Untervollmacht erteilen.

Beispiele: Vollmachtserteilung

- Herr Müller (Generalhandlungsvollmacht) erteilt dem Angestellten Eberle Artvollmacht zum Einkauf.
- Einkäufer Eberle erteilt dem Auszubildenden Schröder Spezialvollmacht zum Kauf von Mahnbescheidformularen.

Andere als die genannten Beschränkungen muss ein Dritter nur dann gegen sich gelten lassen, wenn er sie kennt oder kennen muss (§ 54 Abs. 3 HGB). Ansonsten gelten sie nur im **Innenverhältnis**: Der Bevollmächtigte haftet dem Vollmachtgeber bei Überschreiten der Beschränkung.

Überschreitet der Vertreter seine für das Außenverhältnis gültige Vollmacht, wird er selbst, nicht der Vollmachtgeber, verpflichtet.

Der Bevollmächtigte kann im Namen des Vertretenen auch keine Rechtsgeschäfte mit sich selbst (sog. **Insichgeschäfte**) tätigen (§ 181 BGB), z. B. sich selbst eine Gehaltserhöhung erteilen.

Handlungsbevollmächtigte unterschreiben mit einem Zusatz, der das Vollmachtverhältnis ausdrückt (§ 57 HGB). Üblich sind folgende Formen:

„in Vollmacht" „im Auftrag"

Robert Meurer i. V. Klein	Robert Meurer i. A. Klein	für Robert Meurer Klein	per Robert Meurer Klein

Mit „i. A." unterschreiben meist Spezial- und Artbevollmächtigte. Die Unternehmen treffen jedoch intern unterschiedliche Regelungen. Es kommt z. B. vor,

- dass nur die Geschäftsführer mit i. V. unterschreiben dürfen,
- dass der Unterzeichnende seine Funktion zu seiner Unterschrift setzen muss (z. B. *R. Kaufmann* Einkaufsleiter),
- dass kein Zusatz verwendet wird, weil sich die Vollmacht schon aus der Benutzung der Geschäftsvordrucke ergibt.

Bei Gesamtvollmacht wird auch genau festgelegt, wer links und wer rechts unterschreiben muss.

Generalhandlungsvollmacht kann vom Geschäftsinhaber und Prokuristen erteilt werden. Dies kann formlos, entweder ausdrücklich (mündlich, schriftlich) oder auch durch stillschweigende Duldung erfolgen. Die Vollmacht wird nicht ins Handelsregister eingetragen.

Die Handlungsvollmacht endet wie die Prokura, bei Geschäftsverkauf aber nur bei Widerruf durch den neuen Inhaber. Überdies kann sie erlöschen, wenn ein Geschäft durchgeführt ist (Spezialvollmacht) oder eine vereinbarte Frist abgelaufen ist.

Die Vollmacht kann auch durch Bekanntgabe gegenüber Dritten erteilt werden (siehe Rundschreiben im Kapiteleinstieg). Sie endet dann erst, wenn sie auf die gleiche Weise widerrufen wird (§ 171 Abs. 2 BGB).

Arbeitsaufträge

1. **Der Schuhfabrikant Adler (Kaufmann) bestellt durch mündliche Erklärung seinen Angestellten Preiser zum Prokuristen. Am nächsten Tag, noch vor Eintragung ins Handelsregister, bestellt Preiser ein teures Computersystem für den Betrieb, und zwar ohne Wissen Adlers. Adler ist entrüstet. Der Verkäufer hat als vorsichtiger Geschäftsmann vorher das Handelsregister eingesehen, aber keine Prokura gefunden. Preiser hat allerdings seine Prokura erwähnt.**
   Wer haftet für die Bezahlung des Computersystems?

2. **Der Elektrogerätehersteller Schneider will seinem langjährigen Angestellten Emsel Gesamtprokura erteilen. Außerdem stellt er für eine neue Filiale einen Geschäftsführer ein.**
   a) Warum erteilt Schneider keine Einzel-, sondern Gesamtprokura?
   b) Welche Vollmacht erhält der Geschäftsführer?
   c) Wann werden die Vollmachten wirksam?
   d) Wie zeichnen die beiden Angestellten?
   e) Beschreiben Sie in beiden Fällen die Schritte, die Schneider unternehmen wird.

3. **In einem Betrieb sind die folgenden Handlungen vorzunehmen.**
   a) Kauf eines Grundstücks
   b) Verkauf eines Grundstücks
   c) Einkauf von Waren
   d) Verkauf von Waren
   e) Einstellung eines Arbeiters
   f) Entlassung eines Angestellten
   g) Prokura erteilen
   h) Gesamtvollmacht erteilen
   i) Einzelvollmacht (Untervollmacht) erteilen
   j) Aufnahme eines Bankdarlehens
   k) Belastung eines Grundstücks mit einer Hypothek
   l) Zahlung von Lieferantenschulden mit Scheck
   m) Annahme eines Wechsels von einem Kunden
   n) Akzeptierung eines Wechsels
   o) Unterschreiben der Bilanz
   p) Beantragung eines Mahnbescheides
   q) Aufnahme eines Gesellschafters in die Unternehmung

   Entscheiden Sie, ob (1) ein Prokurist, (2) ein Generalhandlungsbevollmächtigter für das Unternehmen bindend diese Handlungen durchführen darf. (Eine entsprechende Spezialvollmacht ist in keinem Fall erteilt.)

6 Personaleinsatzmanagement

6.1 Aufgabe der Personaleinsatzplanung

Die betrieblichen Aufgaben müssen mit dem vorhandenen Personalbestand erfüllt werden. Jedem Mitarbeiter müssen folglich Aufgaben zugeordnet werden.

Die Zuordnung von Mitarbeitern und betrieblichen Aufgaben ist die Aufgabe der Personaleinsatzplanung.

Der Personaleinsatz soll gewährleisten, dass die betrieblichen Aufgaben in optimaler Qualität erfüllt werden. Dies ist nicht einfach.

- Je nach Betriebsart, Sparte (Produktgruppe) und Abteilung stellt sich die Planungsaufgabe anders.
- Gesetzliche Bestimmungen (z. B. Arbeitszeitgesetz) sind zu berücksichtigen.
- Die Mitarbeiter sollen zufrieden sein und motiviert werden.

6.2 Qualitativer Personaleinsatz

Die Arbeitsaufgaben sind auf Stellen und Geschäftsprozesse zu verteilen.

Stellen müssen mit qualifiziertem Personal besetzt, Geschäftsprozesse von qualifiziertem Personal erledigt werden. Dies bedeutet: Der Mitarbeiter muss die geforderte Tätigkeitsart und die geforderte Arbeitsmenge bewältigen können. Anforderungs- und Qualifikationsprofil müssen gegenübergestellt werden und sich bestmöglich decken. Hier liegt die Hauptaufgabe der qualitativen Einsatzplanung. Die notwendigen Daten können den Stellenbeschreibungen und Prozessdarstellungen (z. B. Prozesskettendiagrammen) einerseits und dem Personalinformationssystem (Leistungs-, Fähigkeits-, Laufbahndaten) andererseits entnommen werden.

Qualitative Aspekte sind nicht nur bei der Stellenbesetzung, sondern auch bei der Arbeitszuweisung im Ablauf des Betriebsgeschehens zu berücksichtigen.

Beispiele:

- Während der Garantiezeit muss bei einem Kunden eine komplizierte Anlage repariert werden. Man wird dafür unter den vorhandenen Technikern denjenigen mit den besten Spezialkenntnissen auswählen.
- Der Leiter des Projekts „Umweltbilanz" sucht Mitarbeiter. Er wird solche berücksichtigen, die außer der benötigten Qualifikation auch eine starke Motivation für Umweltfragen mitbringen.

6.3 Quantitativer Personaleinsatz

Probleme bei MGB Maltmann Getriebebau e. K.:
„Das Arbeitszeitgesetz schreibt uns Höchstarbeitszeiten vor. Tarifverträge, Betriebsvereinbarungen und Einzelarbeitsverträge enthalten einschränkende Bestimmungen über Arbeitszeiten, Pausen, Überstunden, Urlaub. Arbeitskräfte können wegen Krankheit, Kuren, Wehrdienst, Schwangerschaft, Elternzeit, Wahl von Teilzeitarbeit und Fortbildungsmaßnahmen ausfallen. Die andere Seite: Für unsere Produkte haben wir feste Liefertermine. Die Auftragseingänge sind aber unregelmäßig, sodass wir sehr unterschiedlich ausgelastet sind. Sie können sich vorstellen, dass wir schon aus Kostengründen größten Wert auf eine optimale Planung des Personaleinsatzes legen müssen."

Die quantitative Personaleinsatzplanung soll gewährleisten, dass die benötigte Anzahl Mitarbeiter zur richtigen Einsatzzeit am Einsatzort verfügbar ist.

Vor allem müssen gesichert werden.

- die **Betriebsbereitschaft** (der Fertigungsprozess),
- die **Sicherheit des Betriebsablaufs** (z. B. nötige Kontroll- und Wartungsarbeiten).

Deshalb werden (mit einer speziellen Software) **Personaleinsatzpläne** erstellt. Insgesamt leistet diese Software folgende Aufgaben:

- Ausgabe von Schichtplänen,
- Ermitteln von Zeitsummen und Zuschlägen für Mitarbeiter,

- grafische Darstellung der Personalauslastung,
- Freigabe von Personen (Springern) für andere Stellen,
- Planung des Schichtbedarfs,
- Ermittlung des Urlaubsanspruches,
- Planung der Rufbereitschaft,
- Ausgabe von Personaleinsatzauswertungen.

Beispiel: Schichtplan

Tag →	1.	2.	3.	4.	5.	6.	7.	8.	9.
Frühschicht	Baum (Klein)	Baum (Klein)	Baum (Klein)	Baum (Klein)	Baum (Klein)	Alt (Sack)	Alt (Sack)	Alt (Sack)	Alt (Sack)
Spätschicht	Eger (Groß)	Eger (Groß)	Eger (Groß)	Eger (Groß)	Eger (Groß)	Groß (Klein)	Groß (Klein)	Baum (Diehl)	Baum (Diehl)
Nachtschicht	Alt (Jäger)	Alt (Jäger)	Alt (Jäger)	Jäger (Lars)	Jäger (Lars)	Jäger (Lars)	Jäger (Lars)	Eger (Klein)	Eger (Klein)

6.4 Arbeitszeitmodelle

6.4.1 Arbeitszeit

Die Arbeitszeit ist die Zeit vom Beginn bis zum Ende der Arbeit an einem Arbeitstag. Ruhepausen gehören nicht zur Arbeitszeit (§ 2 Abs. 1 ArbZG).

Das Arbeitszeitgesetz (ArbZG) regelt die Arbeitszeit für Arbeitnehmer ab dem 18. Lebensjahr.

Arbeitszeitgesetz

Tägliche Arbeitszeit

§ 3: Höchstens 8 Std. an 6 Tagen in der Woche; Ausnahme: Bis 10 Std., wenn innerhalb von 6 Monaten oder innerhalb von 24 Wochen im Durchschnitt 8 Stunden werktäglich nicht überschritten werden. (Damit ermöglicht das Gesetz eine flexible Arbeitszeitverteilung über die Woche und eine Verlängerung der Maschinenlaufzeiten.)

Ruhepausen, Ruhezeit, Nacht-/Schichtarbeit

§ 4: 30 Min. Pause bei 6–9 Stunden Arbeit, darüber 45 Min. Aufteilung in 15-minütige Pausen möglich.
§ 5 Abs. 1: Ununterbrochene Ruhezeit nach Arbeitsende mindestens 11 Std.
§ 6 Abs. 2: Nacht-/Schichtarbeit höchstens 8 Std. täglich. Ausnahme: 10 Std., wenn innerhalb von 1 Kalendermonat oder 4 Wochen im Durchschnitt 8 Std. werktäglich nicht überschritten werden

Sonn- und Feiertagsruhe (an gesetzlichen Feiertagen)

§ 9: Ruhezeit von 00:00 bis 24:00 Uhr. In Betrieben mit Nachtschicht Vor- oder Zurückverlegung um 6 Std. bei 24 Std. Betriebsruhe möglich.
§ 10: Ausnahmen erlaubt, wenn die Arbeiten nicht an Wochentagen erfolgen können, für Not-, Rettungs-, Feuerwehr-, Kranken-, Pflege-, Betreuungsdienste, Gaststätten, Hotels, Haushalte, Musik-, Theater-, Filmaufführungen, Schaustellungen u. Ä.,, nichtgewerbliche Aktionen, Veranstaltungen von Kirchen, Verbänden, Vereinen, Parteien u. Ä., Sport, Freizeit-, Erholungs-, Vergnügungseinrichtungen, Fremdenverkehr, Museen, Bibliotheken, Rundfunk, Presse, Messen, Märkte, Verkehrsbetriebe, Transport leichtverderblicher Waren, Versorgungsbetriebe, Landwirtschaft, Tierhaltung, Bewachungsdienste, Instalthaltung von Anlagen, Datennetzen, Computern, kontinuierliche Forschungsarbeiten, Verhinderung des Verderbens von Naturprodukten/Rohstoffen, des Misslingens von Arbeitsergebnissen, der Beschädigung/Zerstörung der Produktionseinrichtungen.
§ 11: Vor geschrieben: Ein Ersatzruhetag 15 beschäftigungsfreie Sonntage im Jahr
§ 12: Abweichungen von § 11 möglich durch Tarifverträge und Betriebsvereinbarungen aufgrund von Tarifverträgen
§ 13: Durch Rechtsverordnung auch Ausnahmen möglich, z. B. zur Beschäftigungssicherung

Spezielle Regelungen hinsichtlich der Arbeitszeit mit Bedeutung für die Industrie finden sich im **Jugendarbeitsschutzgesetz** (für Jugendliche unter 18 Jahren), im **Berufsbildungsgesetz** (für Auszubildende) und im **Mutterschutzgesetz** (für Frauen vor und nach Geburten).

Da es sich in allen Fällen um Gesetze zum Schutz des Arbeitnehmers handelt, können Tarifverträge, Betriebsvereinbarungen (abgesehen von § 12 ArbZG) und Einzelarbeitsverträge nur für den Arbeitnehmer günstigere Vereinbarungen vorsehen.

Soweit nicht schon eine Regelung in Tarifverträgen getroffen ist, hat der Betriebsrat ein Mitbestimmungsrecht:

Mitbestimmung des Betriebsrats (§ 87 BetrVG) betrifft

- Beginn und das Ende der täglichen Arbeitszeit einschließlich der Pausen
- die Verteilung der Arbeitszeit auf die einzelnen Wochentage
- eine vorübergehende Verkürzung oder Verlängerung der betriebsüblichen Arbeitszeit

So werden Schichtpläne, Teilzeitarbeit, Überstunden und Kurzarbeit, Gleitzeiten und andere Arbeitszeitmodelle durch Betriebsvereinbarungen zwischen Unternehmer und Betriebsrat geregelt.

6.4.2 Arbeitszeitmanagement

In manchen Betrieben arbeiten noch heute alle Arbeitskräfte zur gleichen Zeit täglich acht Stunden. Mit dem Ende der Arbeitszeit werden die Maschinen abgestellt. Mit diesem Grundmodell *Arbeitszeit = Betriebszeit* kommen immer weniger Betriebe zurecht:

- Die Produktionsanlagen werden immer leistungsfähiger, aber auch immer teurer. Ihr Einsatz rechnet sich nur bei einer möglichst vollständigen zeitlichen Auslastung. Die Arbeitszeiten hingegen sind auf unter 40 Wochenstunden gesunken. Eine bessere Maschinenauslastung ist durch Überstunden möglich, aber bei den hohen deutschen Lohnkosten im scharfen internationalen Wettbewerb zu teuer.
- Andererseits gewinnt mit dem Bedürfnis qualifizierter Mitarbeiter nach Selbstverwirklichung und eigenverantwortlicher Arbeit auch der Wunsch nach flexibler Gestaltung der Arbeitszeit an Gewicht.

Es stellt sich deshalb das Problem, Arbeitszeit und Betriebszeit zu entkoppeln. **Arbeitszeitflexibilisierung** (Veränderungen der üblichen *Lage und Dauer der Arbeitszeiten*) ist gefragt. Es existiert bereits eine große Anzahl Arbeitszeitmodelle. Die schwierige Aufgabe, für die jeweiligen Betriebsverhältnisse passende Modelle zu finden oder selbst zu entwickeln, nennt man **Arbeitszeitmanagement**.

Arbeitszeitmanagement ist die Gestaltung des betrieblichen Arbeitszeitsystems. Ziel ist der Ausgleich von Arbeitszeitbedarf und Arbeitszeitangebot. Die Lösung soll ökonomisch wirksam und sozial befriedigend sein und den Rahmen von Gesetz und Tarifvertrag einhalten.

6.4.3 Schichtarbeit

Bei Schichtarbeit übernehmen verschiedene Arbeitnehmer nacheinander einen Arbeitsplatz, weil die Betriebszeit ihre persönliche Arbeitszeit überschreitet.

Schichtarbeit

Wechselschicht

- nicht kontinuierliches Zwei-Schicht-System: Frühschicht (z. B. von 06:00 bis 14:00 Uhr) und Spätschicht (z. B. von 14:00 bis 22:00 Uhr)
- teilkontinuierliches Drei-Schicht-System: zusätzlich: Nachtschicht (z. B. von 22:00 bis 06:00 Uhr), aber ohne Wochenende
- vollkontinuierliches Drei-Schicht-System: zusätzlich durchgehend am Wochenende

Gemeinsames Merkmal: Jeder Mitarbeiter wechselt die Schichten: z. B. 5 Tage Früh-, 5 Tage Spät-, 3 Tage Nachtschicht.

Neben dem Drei-Schicht-System gibt es auch Vier- und Fünf-Schicht-Systeme.

Dauerschicht

Der einzelne Mitarbeiter ist ausschließlich in der gleichen Schicht beschäftigt (z. B. Spätschicht).

Teilschicht

System, bei dem die Arbeitszeit für mehrere Stunden unterbrochen wird (z. B. über Mittag)

Die Schichtarbeit ist eine der ältesten Formen flexibler Arbeitszeit. Sie ermöglicht

- eine Ausweitung der Betriebszeit für teure Fertigungsanlagen (höherer Kapazitätsausnutzungsgrad),
- technisch nicht abbrechbare Prozesse (Kraftwerk, Hochofen, ...),
- durchgehende Dienste (Polizei, Krankenhaus, ...).

Die Arbeitsmedizin sagt:
- höchstens 4 Nachtschichten in Folge!
- dann mindestens 2 freie Tage!
- in 5 Wochen maximal 7 Arbeitstage in Folge!

Wechselschichten bewirken häufig Probleme

- für den Arbeitnehmer:
  - Gesundheitsgefährdung durch gestörten Biorhythmus (Schlafstörungen, Nervosität, Kreislauf-, Magenkrankheiten), insbesondere bei Nachtschicht
  - Beeinträchtigung der sozialen Beziehungen (Familie, Freundeskreis, Verein, Weiterbildung)
- für den Arbeitgeber:
  erhöhter Ausschuss, wenn die Arbeitnehmer im nächtlichen Tief der Kurve der Leistungsdisposition[1] arbeiten

Bei der Aufstellung der Schichtpläne hat der Betriebsrat volles Mitbestimmungsrecht.

6.4.4 Gleitende Arbeitszeit

Bei Gleitzeit muss der Arbeitnehmer eine für längere Perioden (Woche, Monat, Vierteljahr) festgelegte Stundenzahl leisten. Er kann jedoch in Grenzen jeden Tag Arbeitsbeginn und -ende festlegen. Innerhalb der festgelegten längeren Periode sind die entstehenden Differenzen auszugleichen. Folgende Begriffe sind zu unterscheiden:

[1] Vgl. S. 405.

Zeiten beim Gleitzeitmodell

Gesamtarbeitszeit
Maximale Zeitspanne, in der am Arbeitstag Arbeit geleistet werden darf

Kernzeit (Block-, Stammzeit)
Zeit, in der Anwesenheitspflicht besteht; zugleich tägliche Mindestarbeitszeit

maximale tägliche Arbeitszeit
Arbeitszeitgrenze, die nicht überschritten werden darf (nach dem Arbeitszeitgesetz 10 Stunden)

Gleitzeit
Differenz aus Gesamtarbeitszeit und Kernzeit. Innerhalb dieser Zeit kann der Mitarbeiter unter Berücksichtigung der maximalen täglichen Arbeitszeit über seine Anwesenheit entscheiden.

Pausenzeit
Innerhalb der Kernzeit liegende Arbeitspause von festgelegter Dauer; kann meist innerhalb einer festgelegten Spanne gewählt werden.

Beispiel: **Gleitende Arbeitszeit**

Betrachten Sie auch die Präsentation *Gleitende Arbeitszeit*.

Web M 445

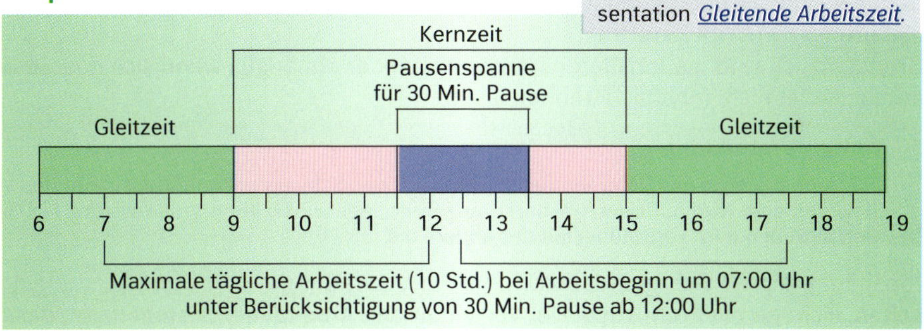

Die tatsächlichen Arbeitszeiten können leicht auf persönlichen Zeitkarten erfasst werden. Der Mitarbeiter stempelt Arbeitsbeginn und -ende jeweils an einem Stempelautomaten ein. Erfahrungen mit dem Gleitzeitmodell zeigen eine hohe Eigenverantwortlichkeit der Mitarbeiter. Seltene Unregelmäßigkeiten werden durch Kontrolle der Zeitkarten meist entdeckt und im Gespräch mit dem Vorgesetzten abgeklärt.

Gleitzeitregelungen
- erhöhen den persönlichen Gestaltungsspielraum beträchtlich,
- entlasten die Spitzenverkehrszeiten,
- verhindern Unpünktlichkeit,
- lassen Raum für dringende Arbeiten,
- erhöhen so die Motivation und
- steigern ggf. die Leistung.

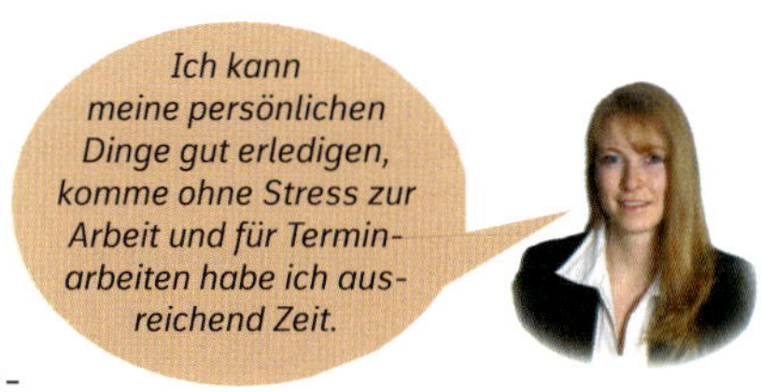

Gleitzeitregelungen sind andererseits nur möglich, wenn die Mitarbeiter zeitlich unabhängig voneinander arbeiten können. Dies gilt meist für Bürotätigkeiten, nicht für die Fertigung.
Bei der Einführung und Änderung von Gleitzeitmodellen hat der Betriebsrat volles Mitbestimmungsrecht.

6.4.5 Teilzeitmodelle

Teilzeitarbeitsverhältnisse haben eine gegenüber der tariflichen oder betriebsüblichen Arbeitszeit verkürzte Arbeitszeit. Meist handelt es sich um sog. **Halbtagsarbeit** mit verein-

barten Arbeitszeiten zwischen 3 und 6 Stunden. Es kann aber z. B. auch an vollen Arbeitstagen die halbe Wochenstundenzahl geleistet werden.
Der Arbeitgeber muss den Arbeitnehmern (auch in leitenden Positionen) Teilzeitarbeit nach Maßgabe des Teilzeit- und Befristungsgesetzes (TzBfG) gewähren. Die arbeitsrechtlichen Vorschriften gelten auch für Teilzeitarbeitsverhältnisse, insbesondere für die Lohnfortzahlung im Krankheitsfall und den gesetzlichen Mindesturlaub. Ohne sachliche Gründe dürfen Teilzeitbeschäftigte nicht anders als Vollzeitmitarbeiter behandelt werden.

Jobsharing (Arbeitsplatzteilung)

Jobsharing liegt vor, wenn zwei oder mehrere Arbeitnehmer sich laut ihrem Arbeitsvertrag die Arbeit an einem Vollzeitarbeitsplatz teilen (§ 13 TzBfG).

Die Aufteilung kann sich auf die Arbeitszeit des Tages, der Woche oder des Monats beziehen und bleibt den Mitarbeitern meist selbst überlassen. Die Pflicht zur Vertretung bei einer vorübergehenden Verhinderung des Partners richtet sich nach den Vereinbarungen im Arbeitsvertrag.
Grundsätzlich sind die Jobsharer stark voneinander abhängig, wenn sich das Gesamtarbeitsgebiet nicht inhaltlich trennen lässt.

Beispiel: Jobsharing

Der Arbeitsplatz eines Unternehmensjuristen mit den Schwerpunkten Arbeitsrecht und Wettbewerbsrecht wird auf zwei Jobsharer aufgeteilt. Jeder übernimmt grundsätzlich ein Gebiet und betreut nur im Vertretungsfall das andere mit.

Jobsharing eignet sich grundsätzlich nur für Verwaltungs- und Dienstleistungstätigkeiten, nicht für die Produktion. Der Vorteil für den Arbeitgeber besteht darin, dass der Vollzeitarbeitsplatz stets besetzt ist.

Teilzeit im Schichtbetrieb

Auch bei Schichtarbeit lassen sich betriebsindividuell Teilzeitmodelle finden, die eine höhere Auslastung der Betriebsmittel ermöglichen. Ein Beispiel soll dies erläutern.

Beispiel: Teilzeit im Schichtbetrieb

Ein Betrieb produziert in Serienfertigung spezielle Thermostate und Regelgeräte. Eine starke Zunahme des Arbeitsanfalls bei der Endmontage ist seit Jahren nur mit erheblichem Aufwand an Mehrarbeit, Aushilfen und einigen Neueinstellungen zu bewältigen. Hier sind 85 gewerbliche Arbeitnehmer beschäftigt, davon circa 60 angelernte weibliche Teilzeitkräfte, die aus privaten Gründen nicht länger bereit sind, Mehrarbeit zu leisten. Eine tarifvertragliche Arbeitszeitverkürzung zwingt zur vorzeitigen Beschaffung einer neuen Anlage. Diese benötigt jedoch längere Laufzeiten, um die Stückkosten zu senken und den Kapitaldienst (Zinszahlung und Kredittilgung) zu verbessern. Es wird folgende Schichtlösung erarbeitet:

Dreierschicht für Teilzeitkräfte
Schichtzeit: 5 Stunden je Tag + 20 Minuten unbezahlte Pause
Betriebszeit: 15 Stunden (06:00 Uhr bis 22:00 Uhr abzüglich 3 x 20 Min. Pause)

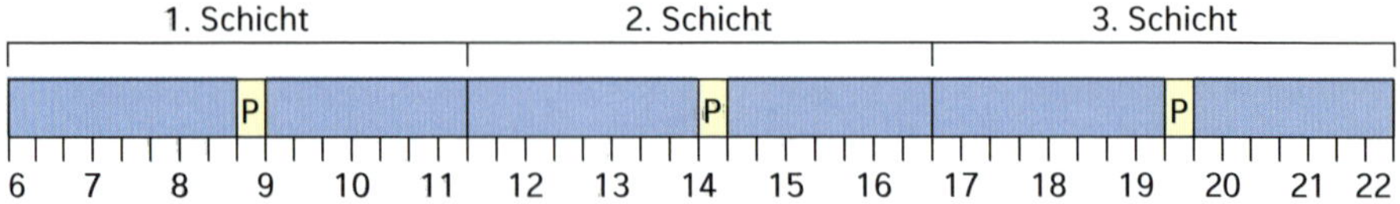

Interessanterweise handelte es sich nicht um Wechsel-, sondern um Dauerschichten. Sie wurden von den Mitarbeiterinnen nach ihren persönlichen Bedürfnissen gewählt. Die dritte Schicht von 16:40 Uhr bis 22:00 Uhr war zunächst unbeliebt. Sie wurde mit 10 vorhandenen Arbeitskräften und 15 Neueinstellungen besetzt. Da diese vor der Einstellung über die Arbeitszeit informiert waren, gab es keine Probleme.

Folgen: Trotz Arbeitszeitverkürzung konnte die Betriebszeit von 40 auf 75 Stunden erhöht, die Kosten für Mehrarbeit und Aushilfe fast auf Null zurückgefahren werden. Bei Bedarf kann die 20-Minuten-Pause auch variabel gehandhabt werden, ohne dass die Bänder stillstehen. So steigt die Betriebszeit um eine weitere Stunde. Das Betriebsklima wurde verbessert. Dies wirkte sich positiv auf die Leistung aus.

Arbeit auf Abruf (KAPOVAZ)

Arbeit auf Abruf oder KAPOVAZ ist in § 12 Teilzeit- und Befristungsgesetz (TzBfG) geregelt.

Die **Dauer der Arbeitszeit** ist laut TzBfG vertraglich festzulegen (z. B. 20 Wochenstunden). Ohne Festlegung gelten gesetzlich 20 Stunden als vereinbart. Der Arbeitsvertrag kann eine Mehrarbeitspflicht vorsehen.

Die **Lage der Arbeitszeit** am Tage (oder in der Woche oder im Monat) wird nach Bedarf angesetzt. Das bedeutet: Der Arbeitnehmer steht abrufbereit zur Verfügung. Wann er benötigt wird, wird ihm kurzfristig mitgeteilt. Das Gesetz sieht dafür eine viertägige Ankündigungsfrist vor. Diese Vorschrift könnte man z. B. elegant handhaben, indem man mittwochs mit den Mitarbeitern den Einsatz für die kommende Woche abspricht.

KAPOVAZ ermöglicht es, den Personaleinsatz gut dem voraussichtlichen Beschäftigungsgrad anzupassen, einerseits Personalleerlauf und andererseits teure Überstunden zu vermeiden. Unzufriedenheit aufgrund der ständigen Abrufbereitschaft, verbunden mit Zwang zur Mehrarbeit, kann man z. B. durch ausführliche Information vor Abschluss des Arbeitsvertrags und durch eine überdurchschnittliche Entlohnung vorbeugen.

Die Gewerkschaften fordern die Abschaffung der Arbeit auf Abruf: Untersuchungen hätten ergeben, dass die TzBfG-Bestimmungen oft nicht eingehalten werden.

6.4.6 Verteilung der Arbeitszeit

Alle Flexibilisierungsmaßnahmen laufen darauf hinaus, das Angebot an Arbeit den Kapazitätsschwankungen anzupassen. KAPOVAZ leistet dies z. B. im Teilzeitbereich. Doch auch im Vollzeitbereich liegen Modelle vor. Sie arbeiten mit „Arbeitszeitkonten", auf denen in Zeiten hoher Beschäftigung „Stundenguthaben" angesammelt werden, die in Zeiten niedriger Beschäftigung verbraucht werden. Dies soll anhand von drei Beispielen gezeigt werden.

Beispiel 1: Jahreskonto

Bei einem Hersteller von Elektrowärmegeräten liegt in den Wintermonaten von Oktober bis März ein Hochbedarf an Kundendienstleistungen vor. Diese Leistungen werden durch hochqualifizierte Service-Monteure erbracht. Über die Normalarbeitszeit von 37,5 Wochenstunden hinaus fallen viele teure Überstunden an. Im Sommer sind fast nur Wartungsarbeiten zu erledigen. Der Leerlauf wird durch Urlaub und Beschäftigung des hochqualifizierten Personals am Fließband überbrückt. Dies ist der Motivation sehr abträglich. Als Lösung ergibt sich in Zusammenarbeit mit dem Betriebsrat das folgende Modell:

Arbeitszeit von Oktober bis März:	43 Stunden/Woche
Arbeitszeit von April bis September:	32 Stunden/Woche

Mehrarbeit über 43 Stunden hinaus wird durch freie Tage im Sommer ausgeglichen.

Dabei werden über das ganze Jahr stetig 37,5 Wochenstunden bezahlt.

Beispiel 2: Langzeitkonto

Ein weltweit operierendes Unternehmen stellt Papiermaschinen und Strömungsmaschinen in reiner Auftragsfertigung her. Man produziert mit kostenintensiven flexiblen Fertigungssystemen. Die Auftragseingänge sind sehr unterschiedlich und bewirken eine entsprechende unterschiedliche

Auslastung. Die Wettbewerbssituation führt dazu, dass immer kürzere Lieferzeiten verlangt werden. Die Phasen von Unter- und Überlastung wechseln immer schneller. Man sucht nach einem System, mit dem die Mehrarbeit bei Überlastung durch Freizeit bei Unterlastung ausgeglichen wird. Man findet folgende Lösung:

Die tarifliche Arbeitszeit beträgt 38 Stunden. Alle Mehrarbeit bei Überlastung fließt in ein Langzeitkonto. In Phasen der Unterbeschäftigung werden weniger als 38 Wochenstunden gearbeitet. Die angesammelten Guthaben werden abgebucht. Sie wirken sozusagen wie eine Kurzarbeitsversicherung.

Beispiel 3: Monatskonto

Ein Hersteller von Gelenkwellen stellt fest: In der Lohn- und Gehaltsabteilung und im Rechnungswesen ist der Arbeitsanfall in der ersten und vierten Woche des Monats niedrig; in der zweiten und dritten Woche fallen regelmäßig Überstunden an. Man will die teuren Überstunden abbauen.

In einer Betriebsvereinbarung wird festgelegt, dass die Arbeitszeit für die betroffenen Mitarbeiter in der zweiten und dritten Woche auf bis zu maximal 10 Stunden pro Tag erhöht, in den schwächeren Phasen gesenkt wird. Nach Gruppenabsprache sind auch freie Tage möglich. Die Überstunden werden so abgebaut, Aushilfskräfte entfallen, Leerzeiten werden überbrückt. Die gewonnene Freizeit wirkt in den Belastungsphasen motivierend.

Arbeitsaufträge

1. **Das Arbeitszeitgesetz will – neben anderen Zielsetzungen – eine flexible Gestaltung der Arbeitszeit ermöglichen.**
   a) Was ist unter flexibler Arbeitszeit zu verstehen?
   b) Warum werden flexible Arbeitszeiten heutzutage als enorm wichtig angesehen?
   c) Wie trägt das Arbeitszeitgesetz flexiblen Arbeitszeiten Rechnung?
2. **Ein Industrieschreiner erzählt, er arbeite sehr oft 12 Stunden am Tag.**
   Verstoßen er und sein Arbeitgeber damit gegen geltendes Recht?
3. **Laut Arbeitszeitgesetz können Industriezweige wie die Textilindustrie und die Automobilzulieferer auch an Sonn- und Feiertagen arbeiten.**
   Wie lässt sich diese Möglichkeit begründen?
4. **Vollkontinuierliches Drei-Schicht-System**

Die Pirelli-Belegschaft in Breuberg im Odenwald hat die Belastung der Sieben-Tage-Woche geschluckt. Für 1 380 der gut 2 000 Beschäftigten laufen seit einiger Zeit die Maschinen nonstop an 340 Tagen im Jahr.

Herbert Sarasas vergangene Woche: Montag und Dienstag Frühschicht von 05:30 bis 13:30 Uhr; am Mittwoch und Donnerstag trat er von 13:30 Uhr bis 21:30 Uhr an; dann drei Nachtschichten hintereinander: Beginn 21:30 Uhr, Ende 5:30 Uhr. Heute und morgen hat der 52-Jährige zwei Tage Pause. Immer nach dem Nachtarbeits-Block stehen zwei oder drei zusammenhängende freie Tage auf dem Plan. Dann kommt das nächste Sieben-Tage-Intervall mit verschobenen Schichten, diesmal im 2-3-2-Takt.

Nur noch ein paar Feiertage sind prinzipiell heilig. Komplett frei ist lediglich ein Wochenende im Monat. Das Strecken der 37,5-Stunden-Arbeitswoche über alle Tage war mehr als ein Zugeständnis der Belegschaft. Wie anders sollte sie auf den ausländischen Konkurrenzdruck reagieren? Ohnehin zog Breuberg mit den neuen Maschinenlaufzeiten (gleich sechs Millionen Reifen pro Jahr) gegenüber den Pirelli-Schwesterfirmen in England, Spanien und der Türkei nur nach.

Zum Dank investiert Pirelli nach rasantem Stellenabbau (ein Drittel in vier Jahren) wieder im Odenwald und verspricht sichere Arbeitsplätze zumindest für die nächsten drei, vier Jahre. Mehr als 200 neue Mitarbeiter wurden seit der Einführung des neuen Schicht-Systems im Werk in Breuberg eingestellt. Und die Arbeiter haben nun wegen der Schichtzulagen jeden Monat brutto 150 bis 200 Euro mehr als zuvor in der Lohntüte, dazu ein „Freischichtkonto" plus drei Tage mehr Sonderurlaub pro Jahr. Die frühere Sechs-Tage-Woche (abwechselnd eine Woche nur Früh-, eine Woche nur Spätschicht) war ‚schlimmer' und ‚härter', das sagen fast alle Pirelli-Beschäftigten.

   a) Schichtarbeit kann aus unterschiedlichen Gründen notwendig sein. Wodurch ist sie bei Pirelli begründet?

FÜNFTER ABSCHNITT

b) Welches Schicht-System hatte Pirelli bisher, welches hat das Unternehmen jetzt?
c) Berücksichtigt das jetzige Schicht-System moderne arbeitsmedizinische Erkenntnisse? Spiegelt sich dies auch in der subjektiven Einschätzung der Belegschaft wider?
d) Im Text ist von einem „Freischichtkonto" die Rede. Was ist damit gemeint und wie könnte es im vorliegenden Fall aufgefüllt werden?
e) Der obige Text ist nur ein Auszug. Im Original ist auch von unangenehmen sozialen Auswirkungen der Schichtarbeit bei Pirelli die Rede. Um welche Auswirkungen handelt es sich wahrscheinlich?

5. Folgende Betriebsvereinbarung wurde geschlossen.

Zwischen der **Maschinenbau GmbH,** vertreten durch den Geschäftsführer, Herrn Walter Riedl, und dem **Betriebsrat,** vertreten durch den Vorsitzenden, Herrn Peter Meixner, wird gemäß § 56 BetrVG folgende **Betriebsvereinbarung** geschlossen.

1. Mit Wirkung vom 1. Januar 20.. wird die gleitende Arbeitszeit eingeführt. Im Rahmen der Vereinbarung können die Arbeitnehmer Arbeitsbeginn und Arbeitsende frei wählen.
2. Die **Gesamtarbeitszeit** umfasst die Zeit von 07:00 bis 19:00 Uhr, die **Stammarbeitszeit** die Zeit von 09:00 bis 15:30 Uhr. Während der Stammarbeitszeit müssen die Arbeitnehmer an ihrem Arbeitsplatz sein. Während der **Gleitzeit** (07:00 bis 09:00 Uhr und 15:30 bis 19:00 Uhr) können sie die Arbeitszeit nach eigenen Bedürfnissen einrichten. **Normalarbeitszeit** ist die Zeit von 08:00 bis 16:30 Uhr. Eine Arbeitsleistung von mehr als 10 Stunden pro Tag ist nicht zulässig.
3. Im Monat ist die tarifvertragliche Arbeitszeit zu leisten. Über- oder Unterschreitungen bis zu 10 Stunden pro Monat sind möglich. Sie werden im folgenden Monat ausgeglichen.
4. Jeder Arbeitnehmer führt die vorgeschriebene Zeiterfassung durch.
5. (1) Überschreitungen der Sollarbeitszeit im vorhergehenden Abrechnungszeitraum sind auf der Zeiterfassungskarte vermerkt. Sie vermindern die Sollarbeitszeit.
   (2) Dienstliche Abwesenheit, Urlaub, Kuraufenthalte, Arbeitsunfähigkeit und Schonzeiten nach MuSchG vermindern die Sollarbeitszeit.
   (3) Dienstverhinderungen in Folge eines unverschuldeten Unglücks vermindern die Sollarbeitszeit und werden in der Zeiterfassungskarte nachträglich vermerkt.
   (4) Sonderurlaub nach Maßgabe des bestehenden Tarifvertrags vermindert die Sollarbeitszeit und wird in der Zeiterfassungskarte nachträglich vermerkt.
   (5) Unbezahlte Abwesenheit muss im Einzelfall vereinbart werden.
6. Arbeitsgruppen, bei denen die gemeinsame Anwesenheit der Arbeitnehmer wegen der Natur der Arbeit notwendig ist, stimmen über die gemeinsame Arbeitszeit ab. Die Mehrheitsentscheidung der Arbeitsgruppe ist für alle Arbeitnehmer dieser Gruppe verbindlich.

a) Was ist eine Betriebsvereinbarung?
b) Könnte die dargestellte Maßnahme auch ohne Betriebsvereinbarung einseitig durch den Arbeitgeber eingeführt werden?
c) Stellen Sie die vorliegende Gleitzeitregelung anschaulich durch eine Zeichnung dar.
d) Die gleitende Arbeitszeit ist geeignet, sowohl die Leistungsdisposition als auch die Leistungsmotivation positiv zu beeinflussen. Erläutern Sie dies anhand des vorliegenden Modells.
e) In welchen Betriebsbereichen trifft die Einführung der Gleitzeit auf Schwierigkeiten?

6. Ein Unternehmen verfügt über drei gleichartige Maschinenarbeitsplätze.

Tarifvertraglich festgelegte Arbeitszeit:	**37 Stunden pro Woche**
Gesamtarbeitszeit in 4 Wochen:	**148 Stunden**
Gesamtarbeitszeit für 3 Arbeitsplatze:	**444 Stunden**

Um die Maschinenkapazitäten besser auszulasten, soll die Arbeitsmenge von 4 Wochen auf 3 Wochen verteilt werden. Die anfallende Mehrarbeit soll durch Freizeit ausgeglichen werden. Eine Arbeitskraft soll zusätzlich eingestellt werden.

Entwickeln Sie ein Arbeitszeitmodell, das diesen Anforderungen entspricht.

7. Teilzeitarbeit an sich kann bereits eine Flexibilisierungsmaßnahme darstellen.

a) Kommentieren Sie diesen Satz.
b) Jobsharing und KAPOVAZ sind Methoden der Teilzeitflexibilisierung. Erläutern Sie Möglichkeiten, Grenzen, Vor- und Nachteile ihrer Anwendung.

7 Personalentwicklungsmanagement

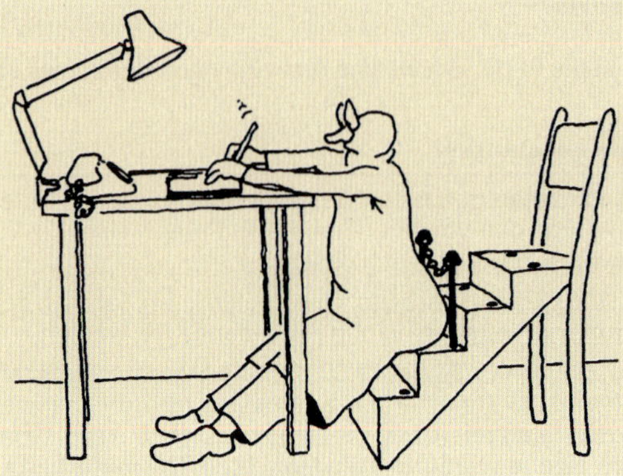

Arbeitsplatz mit Aufstiegschancen.

§ 81 Abs. 4 BetrVG
„... Sobald feststeht, dass sich die Tätigkeit des Arbeitnehmers ändern wird und seine beruflichen Kenntnisse und Fähigkeiten zur Erfüllung seiner Aufgaben nicht ausreichen, hat der Arbeitgeber mit dem Arbeitnehmer zu erörtern, wie dessen berufliche Kenntnisse und Fähigkeiten im Rahmen der betrieblichen Möglichkeiten den künftigen Anforderungen angepasst werden können ...“

§ 82 Abs. 2 BetrVG
„Der Arbeitnehmer kann verlangen, dass ... mit ihm die Beurteilung seiner Leistungen sowie die Möglichkeiten seiner beruflichen Entwicklung im Betrieb erörtert werden ...“

7.1 Instrumente der Personalentwicklung

Produkte, Technologien, Techniken, Verfahren ändern sich in immer schnellerem Rhythmus. Erhaltungs-, Erweiterungs-, Anpassungs- und Aufstiegsfortbildung sind deshalb für jeden Betrieb unerlässlich. Die Mitarbeiter ihrerseits sind an entsprechenden Maßnahmen interessiert, um ihre Aufgaben sachgerecht erfüllen und beruflich aufsteigen zu können. Das Betriebsverfassungsgesetz gibt ihnen sogar ein entsprechendes Informationsrecht (siehe oben)! Die Umsetzung sollte im Einklang mit der Corporate Identity erfolgen.

Wussten Sie, dass man im Lauf eines Arbeitslebens die doppelte bis dreifache Menge der Berufsausbildung lernen muss?

Web M 450

Betrachten Sie auch die Präsentation Personalentwicklungsmanagement.

Beispiel: Personalentwicklungsgrundsätze und Handlungsrichtlinien

Im Unternehmensleitbild von MGB Maltmann Getriebebau e. K. steht der Leitsatz: *Kreativität und Leistungswille unserer Mitarbeiter sind die Basis für unseren Unternehmenserfolg.* Daraus werden folgende Grundsätze und Handlungsrichtlinien abgeleitet:

Grundsätze der Personalentwicklung
- Die Vorgesetzten sind für die Förderung ihrer Mitarbeiter verantwortlich.
- Personalentwicklung setzt Eigeninitiative der Mitarbeiter voraus.
- Führungspositionen werden aus den eigenen Reihen besetzt.
- Dispositive und fachliche Laufbahn sind gleichwertig.
- Die Förderversetzung ist die zentrale Entwicklungsmaßnahme.

↓

Handlungsrichtlinien für die Personalentwicklung (Auszug)
- Jeder Mitarbeiter hat Anspruch auf die Entwicklungsmaßnahmen, die ihn zur Erfüllung der Aufgaben seines Arbeitsplatzes befähigen. Er ist über diese Maßnahmen zu informieren.
- Die Personalabteilung entwickelt in Zusammenarbeit mit den Fachabteilungen typische Führungs- und Fachlaufbahnen für unser Unternehmen.
- Jeder Mitarbeiter wird einmal im Jahr von seinem direkten Fachvorgesetzten beurteilt. Dieser führt mit ihm ein Beurteilungs- und Fördergespräch.
- Beurteilungs- und Fördergespräche sind wesentliche Grundlagen für alle individuellen Entwicklungsmaßnahmen, insbesondere auch für die Maßnahmen der Aufstiegsfortbildung.

Diese Richtlinien nehmen Bezug auf drei wichtige Personalentwicklungsinstrumente:

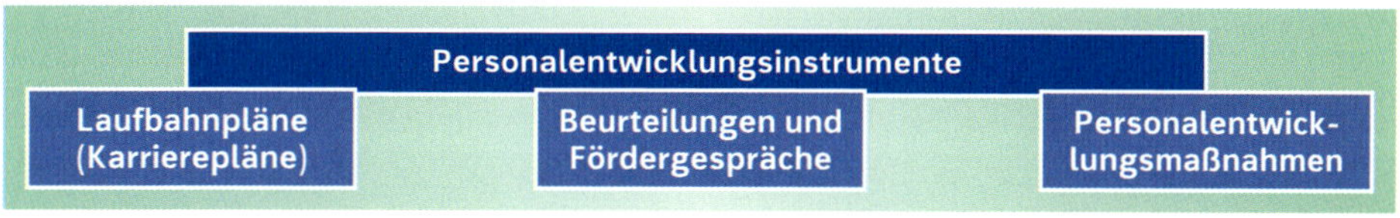

7.2 Laufbahnpläne

Laufbahnpläne zeigen die typischen Wege auf, auf denen bestimmte Positionen im Unternehmen erreicht werden können. Sie nennen auch die grundsätzlich notwendigen Ausgangsvoraussetzungen für die Laufbahn.

Beispiel: Laufbahnplan Konstruktionsbereich

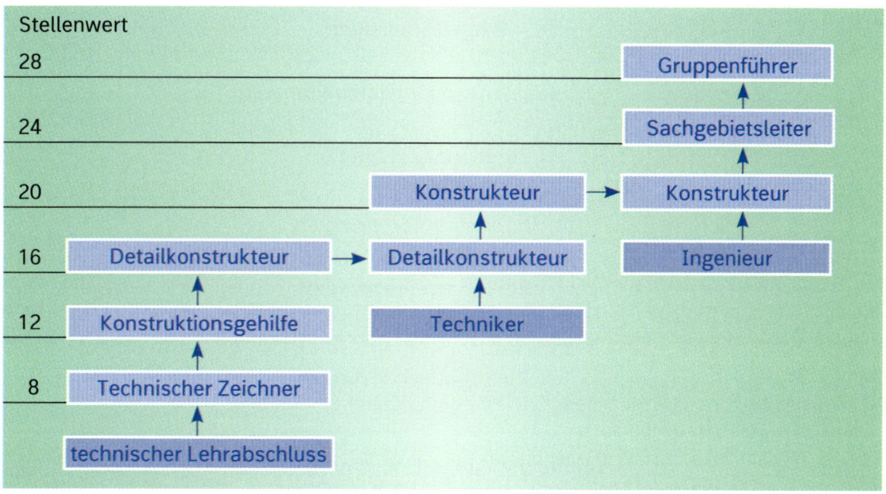

Voraussetzungen für das erfolgreiche Durchlaufen einer Laufbahn sind:

- Erwerb der notwendigen Erfahrungen auf den Laufbahnstufen,
- gute Beurteilungen,
- Teilnahme an den notwendigen Entwicklungsmaßnahmen,
- freie Beförderungsstellen.

Die Laufbahnplanung soll dafür sorgen, dass der künftige Bedarf an Führungskräften und Fachkräften rechtzeitig gesichert wird. Sie zeigt dem Personalmanagement, wo Entwicklungsmaßnahmen angesetzt werden können. Den Mitarbeitern zeigt sie Berufsziele auf und bewirkt so Motivation.

Arbeitsaufträge

1. **Laufbahnpläne zeigen Entwicklungswege im Unternehmen auf.**
   a) Erläutern Sie die möglichen Laufbahnen des oben dargestellten Plans.
   b) Unter welchen Voraussetzungen kann ein technischer Zeichner, dessen Ausbildungsniveau bedeutend unter dem eines Diplom-Ingenieurs liegt, die gleiche Endstufe erreichen wie dieser?
   c) Besorgen Sie sich Laufbahnpläne in Ihrem Betrieb und erläutern Sie sie.

2. **„Die Betriebe sollten Laufbahnpläne auf der Basis sorgfältiger Arbeitsanalysen und Laufbahnüberlegungen ausarbeiten, da ansonsten das Ergebnis nicht nur Motivation, sondern wesentliche Frustration sein kann."**
Nehmen Sie zu dieser Aussage Stellung.

7.3 Beurteilung

7.3.1 Beurteilungsanlässe

Bei Mitarbeiterbeurteilungen schätzen Vorgesetzte die betrieblichen Leistungen und das betriebsrelevante Verhalten ihrer Mitarbeiter ein.

Beurteilungsanlässe

Entgeltermittlung
Entscheidung über Lohn- oder Gehaltserhöhung, Leistungszulagen, andere Zuwendungen

Personalentwicklungsmaßnahmen
Mitarbeiterauswahl, Entwicklungszielfestlegung, Beurteilung von Fortbildungsergebnissen

Stellenbesetzungen
Bewerberauswahl für die Besetzung frei werdender oder neu geschaffener Stellen

Personalbeförderungen
Bewerberauswahl; Beurteilung von Fachkompetenz und Führungskompetenz (Führungsstellen)

Personalversetzungen
aus sachlichen Anlässen (z. B. Bildung von Arbeitsgruppen); wegen Konflikten (zwischen Mitarbeitern, mit Vorgesetzten); als disziplinarische Maßnahme; zur Verbesserung des Betriebsklimas

Personalfreisetzungen
Entscheidung, welche Mitarbeiter bei Personalabbaumaßnahmen entlassen werden sollen

Leistungsmäßige Einordnung
Sinnvoll, um Leistungsvergleiche zu ermöglichen. Beurteilung wird hier als wirksames Führungsinstrument mit Motivationscharakter angesehen.

FÜNFTER ABSCHNITT

Zusätzlicher Grund: Jeder Mitarbeiter hat beim Wechsel seines Arbeitsplatzes und beim Ausscheiden aus dem Betrieb ein Recht auf schriftliche Bewertung seiner Tätigkeit.

Notwendigkeit von Beurteilungen aus unterschiedlicher Sicht

Mitarbeiter(in)

„Ich erwarte eine objektive, faire Beurteilung meiner Stärken und Schwächen. Ich will eine Bestätigung meines Verhaltens oder aber Ansatzpunkte für notwendige Verhaltensänderungen erfahren."

Vorgesetzte(r)

„Ich benötige die Personalbeurteilung ebenso, denn ich muss meine Mitarbeiter sachgerecht einsetzen, sie individuell fördern und motivieren und an Entscheidungen wie den oben genannten mitwirken."

Personalwesen

„Wir benötigen Beurteilungen als Entscheidungsbasis für die oben genannten Maßnahmen. Durch Beurteilungen erhalten wir Daten über die Leistungsstruktur der Mitarbeiter und Grundlagen für die Planung des Personaleinsatzes und der Personalentwicklung."

7.3.2 Vorgehen bei der Beurteilung

Beurteilen darf nur, wer direkt und ständig mit dem zu Beurteilenden zusammengearbeitet hat (Vorgesetzter). Beurteilungen sollen objektiv sein, nur betrieblich Relevantes erfassen und vergleichbar sein. Deshalb kann die Personalabteilung **Beurteilungsrichtlinien** erlassen. Diese können einen Katalog von Beurteilungskriterien vorgeben. Er muss genau auf Tätigkeit, Arbeitsplatz und Ranghöhe abgestimmt sein. So spielt das Kriterium **Führungsverhalten** keine Rolle für ausführende Tätigkeiten. Die Kriterien werden entsprechend dem Anforderungsprofil[1] der Stelle ausgewählt.

Die Aufstellung allgemeiner Beurteilungsgrundsätze bedarf der Zustimmung des Betriebsrats (§ 94 Abs. 2 BetrVG).

In der Praxis erstellt man **Beurteilungsbögen** mit den maßgeblichen Beurteilungskriterien. Sie können sogar Vorgaben für die Formulierung enthalten. Der Vorteil ist: Die Aussagen sind direkt mit anderen Beurteilungen vergleichbar. Ohne Vorgaben sollte der Vorgesetzte durch möglichst viele Einzelbeobachtungen das natürliche Verhalten des Mitarbeiters bei der Aufgabenerfüllung schriftlich festhalten. Dem Gedächtnis sollte er nicht vertrauen. Der Beobachtete sollte keine Kenntnis vom Zeitpunkt der Beobachtung zum Zweck der Beurteilung haben.

Das Ergebnis der Beurteilung wird in der Personalakte festgehalten.

7.3.3 Beurteilungsfehler

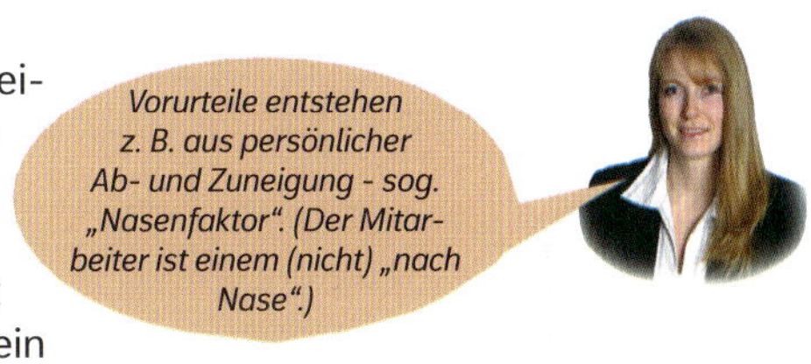

Vorurteile des Vorgesetzten können die Beurteilung färben. Bewusst falsche Beurteilungen liegen vor, wenn untüchtige Mitarbeiter weggelobt werden, während die Fähigen zu schlecht abschneiden. Dies führt zu Unzufriedenheit und Leistungsabfall. Der Vorgesetzte ist über sein Fehlverhalten aufzuklären. Der schwache Vorgesetzte will es allen recht machen. Seine Beurteilungen liegen immer in der Mitte, sind milde, unklar, nichtssagend und folglich wertlos. Er ist ebenfalls auf den Sinn von Beurteilungen aufmerksam zu machen.

Messbare Beurteilungskriterien, Beurteilungsbögen und Kontrollbeurteilungen sind deshalb sinnvoll. Probleme ergeben sich aber aus Auswahl, Gewichtung und Interpretation der Beurteilungskriterien.

Sind alle Kriterien gerechtfertigt?	Sind z. B. Vor- und Ausbildung überhaupt beurteilungsrelevant?
Welche Gewichtung haben die Kriterien?	Hat z. B. das Auftreten gleich große Bedeutung wie die Arbeitsqualität?
Wird der Sinn der Kriterien richtig verstanden?	Versteht z. B. jeder Beurteilende unter Kreativität das Gleiche?

Im folgenden Beurteilungsbogen haben z. B. alle aufgeführten Kriterien die gleiche Gewichtung.

[1] Vgl. S. 415.

Beispiel: Muster eines Beurteilungsbogens (Ausschnitt)

	Punkteskala				
	Übertrifft die Anforderungen in besonderem Umfang	Übertrifft die Anforderungen	Genügt den Anforderungen in vollem Umfang	Genügt den Anforderungen fast immer	Genügt den Anforderungen nicht immer
A) Persönlichkeitswerte und fachliche Leistungen	5	4	3	2	1
Fachkenntnisse		4			
Auffassungsgabe, Denkvermögen		4			
Aktivität, Einsatzbereitschaft			3		
Kontaktfähigkeit, Verhandlungsgeschick			3		
Sprache, Stil			3		
äußere Erscheinung			3		
Zuverlässigkeit, Sorgfalt		4			
B) Führungsverhalten als Mitarbeiter und Vorgesetzter					
Selbstständigkeit in laufenden Entscheidungen	5				
Einhaltung des eigenen Delegationsbereichs	5				
Information und Beratung des Vorgesetzten		4			
Gewährleistung selbstständiger Entscheidungen der Mitarbeiter		4			
Einsatz der Mitarbeiter		4			
Information der Mitarbeiter		4			
Dienstaufsicht, Erfolgskontrolle			3		
Schulung und Förderung der Mitarbeiter	5				
C) Erreichte Punktzahl 58	15	28	15		
Erreichbare Punktzahl 75					

7.3.4 Beurteilungs- und Fördergespräch

Der zu Beurteilende muss vor einer abschließenden schriftlichen Formulierung der Beurteilung die Möglichkeit zur kritischen Stellungnahme haben. Deshalb sollte zu jeder Beurteilung grundsätzlich ein Beurteilungsgespräch gehören, in dem eine Aussprache über das Beurteilungsverfahren und das Ergebnis der Beurteilung stattfindet. Der Mitarbeiter hat nach § 82 Abs. 2 BetrVG ein gesetzliches Anrecht auf eine solche Erörterung. Er kann ein Mitglied des Betriebsrats zu dem Gespräch hinzuziehen. Ist der Beurteilte nicht mit der Beurteilung einverstanden, kann er die Aufnahme einer Gegendarstellung verlangen.

Das Beurteilungsgespräch sollte zugleich ein Fördergespräch sein: Der Beurteilende sollte auf die Schwächen, aber auch auf die Stärken des Beurteilten eingehen, Ansatzpunkte für künftiges Handeln, insbesondere für Verbesserungen aufzeigen, ermutigen und motivieren. Insgesamt sollten folgende Regeln beachtet werden.

- Gespräch am besten unter vier Augen führen
- Gespräch nicht auf Statussymbolen und Amtsautorität aufbauen
- Gespräch der Persönlichkeitsstruktur des Beurteilten anpassen
- Konkrete Hinweise zur Verbesserung von Fehlern geben und Vertrauen bekunden
- Gemeinsam nach Möglichkeiten zur Förderung des Mitarbeiters suchen und neue Arbeitsziele festlegen
- Merkmale der Leistung, nicht der Person besprechen
- Positiven Kontakt aufbauen
- Keine übertriebene und schematische Kritik
- Stellungnahme des Beurteilten erfragen

Beurteilungen können auch ohne Wissen des Beurteilten erfolgen und in der Personalakte festgehalten werden. Aufgrund seines Rechts auf Einsichtnahme in die Personalakte nach § 83 BetrVG kann der Beurteilte das Ergebnis in Erfahrung bringen.

Arbeitsaufträge

1. Das folgende Formular dient speziell der Beurteilung von Auszubildenden.

Beurteilung

Die Auszubildende/der Auszubildende ____________________

war in der Zeit vom ____________ 20 ____________ bis ____________ 20 ____________ in

Abteilung ____________________ zur Ausbildung

1. Führung Befolgung der Anordnungen, Zusammenarbeit	in allen Punkten der Führung vorbildlich		ordnet sich gut ein, sehr verträglich		verträglich und willig		im Allgemeinen verträglich und willig		vorlaut, befolgt Anordnungen nur unwillig, wenig verträglich		großschnäuzig, unwillig, unverträglich, unhöflich	
2. Fleiß Arbeitsbereitschaft	sehr fleißig, hat an allen Arbeiten sehr großes Interesse		Interesse und Fleiß überdurchschnittlich		fleißig und interessiert		mit Ausnahmen fleißig und interessiert		Fleiß und Interesse lassen sehr zu wünschen übrig		faul, vollkommen ohne Interesse	
3. Lernfähigkeit Auffassungsgabe, Merk- und Denkfähigkeit, Regsamkeit	begreift sehr schnell, hervorragende Auffassungsgabe		begreift schnell, überdurchschnittliche Auffassungsgabe		Auffassungsgabe befriedigend, guter Durchschnitt		etwas langsam in der Auffassung, doch noch ausreichend		begreift erst nach mehrmaligem Erklären		auch bei wiederholter Erklärung nicht fähig das Erklärte richtig zu erfassen	
4. Ordnung	immer sehr ordentlich		aus eigenem Antrieb ordnungsliebend		ordentlich, auch ohne häufige Ermahnung		ordentlich, muss jedoch dazu angehalten werden		unordentlich, kein Ordnungswille		sehr unordentlich und liederlich	
5. Arbeitsgeräte Sauberkeit, Sorgfalt, Maßhaltigkeit	macht Arbeiten immer fehlerfrei, maßhaltig und winkelgerecht		macht sehr selten Fehler, arbeitet sauber und maßhaltig		macht gelegentlich Fehler, sonst saubere Ausführung		macht noch zu viele Fehler, gibt sich aber Mühe		macht sehr viele Fehler, Sauberkeit unzureichend		großer Schmierer, hält nie Maße und Winkel ein	
6. Arbeitstempo	sehr schnell		schnell		seine Zeit liegt schon über dem Durchschnitt		ausreichend, braucht jedoch manchmal noch zu viel Zeit		langsam		sehr langsam	
7. Berichtsheft Ausführung Darstellung Sauberkeit	Führung des Berichtsheftes gibt nie zu Beanstandungen Anlass		richtige und saubere Führung des Berichtshefts		saubere Ausführung, nur selten Beanstandungen		im Allg. zufriedenstellend, jedoch nicht ohne Beanstandungen		Ausführung und Sauberkeit lassen zu wünschen übrig		Ausführung unvollständig, unsauber und sehr nachlässig	
Note		1		2		3		4		5		6

Wertung der Leistungen: 1 = sehr gut, 2 = gut, 3 = befriedigend, 4 = ausreichend, 5 = mangelhaft, 6 = ungenügend

Bemerkungen

____

____

____

Datum Unterschrift

FÜNFTER ABSCHNITT

a) Wann sollten Auszubildende nach Ihrer Ansicht beurteilt werden?
b) Wer sollte die Beurteilung vornehmen, wer nicht?
c) Erläutern Sie den Aufbau des Formulars.
d) Nennen Sie Vorteile eines solchen Formulars.
e) Wie ist zweckmäßigerweise vorzugehen, wenn keine Beurteilungsformulare benutzt werden?
f) Hat der Auszubildende das Recht, seine Beurteilung zu erfahren? Was kann er tun, wenn er anderer Ansicht als der Beurteilende ist?
g) Bei welchen Gelegenheiten werden Mitarbeiterbeurteilungen unerlässlich?

2. **Der Beurteilungsbogen auf Seite 454 zeigt für alle Beurteilungskriterien die gleiche Gewichtung.**
   a) Halten Sie die einheitliche Gewichtung für sinnvoll?
   b) Welche Probleme ergeben sich bei unterschiedlicher Gewichtung?
   c) Wie ändert sich das Beurteilungsergebnis, wenn folgende Gewichtungsfaktoren eingeführt werden?
   Fachkenntnisse 5, Auffassungsgabe, Denkvermögen 4, Aktivität, Einsatzbereitschaft 3, Kontaktfähigkeit, Verhandlungsgeschick 3, Sprache, Stil 1, äußere Erscheinung 1, Zuverlässigkeit, Sorgfalt 4, Selbstständigkeit in laufenden Entscheidungen 5, Einhaltung des eigenen Delegationsbereichs 3, Information und Beratung des Vorgesetzten 2, Gewährleistung selbstständiger Entscheidungen der Mitarbeiter 4, Einsatz der Mitarbeiter 4, Information der Mitarbeiter 4, Dienstaufsicht, Erfolgskontrolle 3, Schulung und Förderung der Mitarbeiter 4

7.4 Personalentwicklungsmaßnahmen

7.4.1 Überblick

Entwicklungsmaßnahmen können am Arbeitsplatz (on the job), in der Nähe des Arbeitsplatzes (near the job) oder außerhalb des Arbeitsplatzes (off the job) erfolgen. Die Artenvielfalt ist groß. Die folgende Tabelle zeigt deshalb die für die heutige Praxis wichtigsten Maßnahmen.

FÜNFTER ABSCHNITT

Entwicklungsmaßnahmen

am Arbeitsplatz (Training-on-the-Job)	in der Nähe des Arbeitsplatzes (Training-near-the-Job)	außerhalb des Arbeitsplatzes (Training-off-the-Job)
• planmäßige Unterweisung • Arbeitsplatzwechsel • Arbeitsanreicherung • Anleitung und Beratung durch den Vorgesetzten (Coaching) • Übertragung begrenzter Verantwortung an Assistenten oder Stellvertreter • Sonderaufgaben • Qualitätszirkel • Lernstatt	• Fachzeitschriften, Fachliteratur • programmierte Unterweisung • computergestützte Unterweisung (E-Learning) • praktischer Anschauungsunterricht	• Lehrvortrag • Lehrgespräch/Lehrkonferenz/Seminarunterricht • Fallstudie • Sachverständigenbefragung • Planspiel • Rollenspiel • Podiumsdiskussion
unternehmensinterne Fortbildung	**unternehmensinterne Fortbildung**	**unternehmensinterne oder -externe Fortbildung**

Die Off-the-Job-Maßnahmen können unternehmensintern oder unternehmensextern erfolgen. Im letzteren Fall bieten z. B. Schulen, Akademien, Hochschulen, Berufsseminare und Kammern (IHK, Handwerkskammer) ihre Dienste an. Die Kosten werden i. d. R. vom Unternehmen getragen.

1. Der Lehrstoff/die Lernziele werden nicht unternehmensextern angeboten.
2. Die Qualität der externen Angebote ist schlecht.
3. Die Kosten sind bei eigener Schulung niedriger. Zu gleichen Kosten können wir mehr Mitarbeiter ausbilden.
4. An- und Rückreisezeit für die externe Maßnahme sind zu lang.
5. Wir müssen unternehmensbezogene Lernziele vermitteln.

7.4.2 Entwicklungsmaßnahmen am Arbeitsplatz

Die Schulung am Arbeitsplatz bietet die besten Lernbedingungen und Erfolgsaussichten: Der Mitarbeiter übt exakt die Probleme, die er später selbstständig bewältigen muss. Der Vorgesetzte trägt hier die Verantwortung für die optimale Förderung seiner Mitarbeiter.

Planmäßige Unterweisung

Jede Weitergabe vorhandener Fertigkeiten, Kenntnisse oder Erfahrungen durch den Vorgesetzten oder auf seine Veranlassung hin ist ein Unterweisungsvorgang.

Beispiel: Unterweisung, „4-Stufen-Methode"

1. Stufe: Vorbereitung
- ... des Unterweisers
- ... des Unterweisungsvorgangs
- ... des Mitarbeiters

2. Stufe: Erklären und Vormachen
- ... in geraffter Form
- ... ausführlich mit Begründung
- ... noch einmal, Kernpunkte wiederholen

3. Stufe: Nachmachen lassen
- ... ohne Kommentar; grobe Fehler verbessern
- ... mit detaillierter Erklärung/Begründung
- ... und Kernpunkte wiederholen lassen

4. Stufe: Abschluss
- Mitarbeiter selbstständig üben lassen
- Erfahrene Mitarbeiter für Rückfragen benennen
- Übungsfortschritte beobachten; Erfolg anerkennen

Assistententätigkeit
Einsatz von Assistenten dient Entlastung der Vorgesetzten. Bearbeitung unterschiedlicher Probleme in wechselnden Stellen (Jobrotation) zur Erlangung von Führungswissen. Übernahme von Teilaufgaben des Vorgesetzten, Beratung, Entscheidungsvorbereitung. **Ziel:** Vorbereitung auf eine Führungsposition.

Arbeitsplatzwechsel (Jobrotation)
Bekannt als Methode der Arbeitsgestaltung. Ermöglicht als Entwicklungsmaßnahme, Arbeitsplätze kennenzulernen, Wissen und Erfahrung zu sammeln. Wird meist für den Führungsnachwuchs angewendet. Bei ausführenden Arbeiten meist bei Einarbeitungs- und Anlernprogrammen.

Coaching
Anleitung und Beratung durch Vorgesetzten: Vorgesetzter plant, steuert, überwacht planmäßig die Tätigkeit des Mitarbeiters, fördert, unterstützt, berät, hilft, regt an (Vorbildfunktion). Hineinwachsen in Aufgabe und Verantwortung wird erleichtert.

Arbeitsanreicherung (Jobenrichment)
Form der vertikalen Personalentwicklung: Mitarbeiter übernimmt zusätzlich höherwertige Aufgaben und Verantwortung (z. B. Stellvertretung).

Stellvertretertätigkeit
Stellvertreter handelt im Namen des Vertretenen, aber in eigener Verantwortung. Muss folglich eingearbeitet und bereit sein, Verantwortung zu übernehmen. Vorgesetzter muss ihm Verantwortung überlassen.

Sonderaufgaben
Das sind z. B. Projekte (etwa: „Errichtung einer Verkaufsfiliale“, „Vorbereitung einer Werbekampagne“). Für größere Projekte: Projektgruppen. Mit-arbeiter müssen ihr Fachgebiet vertreten, aber fachübergreifend denken. Müssen kooperieren können. Sind an Entscheidungsfindung beteiligt. Tätigkeiten erfordern Kreativität und bieten beste Profilierungschancen für aufstrebenden Führungsnachwuchs.

Qualitätszirkel
Kleine Arbeitsgruppen. Mitglieder (3–10) gehören der gleichen Hierarchiestufe an und haben eine gemeinsame Erfahrungsgrundlage. Freiwillige Treffen (etwa vierzehntäglich), um gemeinsam Probleme des Arbeitsbereichs zu lösen. Dazu gehören auch persönliche Weiterbildung, gegenseitige Förderung, Kontrolle, Verbesserungen im Bereich. Qualitätszirkel sind hierarchielos, Leiter hat nur Moderatorenfunktion. **Ziele:** Problemlösungspotenzial von Mitarbeitern aktivieren, Qualitätsinteresse wecken, Qualitätsbewusstsein und -verantwortung im Sinne von Total-Quality-Management ausbauen.

Lernstatt
ist dem Qualitätszirkel ähnlich, aber Behandlung von Problemen aller Art. Im Vordergrund stehen gemeinsames Lernen und Erarbeiten von Lösungsvorschlägen. **Ziel:** Grundwissen erweitern, Erfahrungen auszutauschen, Kommunikation verbessern, zur Persönlichkeitsentfaltung beizutragen.

7.4.3 Entwicklungsmaßnahmen in der Nähe des Arbeitsplatzes

Moderne Lehrmethoden erlauben die Einsparung von Personal: Der Mitarbeiter erhält **Lernprogramme in Form von Büchern, Videos oder Computerprogrammen** (siehe Kasten E-Learning). Ihm steht wöchentlich ein bestimmtes Zeitpensum während seiner Arbeitszeit zur Verfügung, welches er entsprechend den Erfordernissen seines Arbeitsplatzes aufteilen kann. Zusätzlich kann **praktischer Anschauungsunterricht** am Arbeitsplatz erteilt werden. Er greift die vermittelten Lerninhalte auf, ergänzt und vertieft sie. Weiterhin können dem Mitarbeiter für sein Selbststudium Fachzeitschriften und Fachliteratur zur Verfügung gestellt werden.

E-Learning

Ein Blick auf die Personalausgaben zeigte deutlich: Die Reise- und Hotelkosten der Röster GmbH waren im letzten Jahr um 40 % gestiegen. Gleichzeitig fehlten wichtige Angestellte zu oft. Man suchte eine Lösung und fand E-Learning: Lehrgänge mithilfe elektronischer Medien.

E-Learning offline	E-Learning online
Lehrgänge auf **CD-ROM** oder **DVD.** Nur eingeschränkter Einsatz interaktiver und multimedialer Elemente.	Lehrgänge über das **Internet** mit **Web-Based-Training** (WBT), d. h. Zugang auf den Server des Tutors, auf dem der Lehrstoff zahlreicher Kurse gespeichert ist.

- Beim Online-Learning können Tutor und Lernender über das Internet kommunizieren.

- Zur Verbesserung der WBT-Ergebnisse werden die Programme um Extras erweitert: Mediaplayer, Notizblock, Lexikon, interaktive Landkarten, Mindmaps, ...
- Vor Kursbeginn erfolgen online Tests auf Vorkenntnisse (Wissensanalyse). Dem Lernenden werden zahlreiche Lernmethoden zur Auswahl angeboten (Lernstildiagnose).
- Der Lernstoff ist in kleinste Lerneinheiten gegliedert. Der Benutzer arbeitet sie selbstständig durch und kann sein Lerntempo selbst bestimmen. Er kann aufrufen: zusätzliche Beispiele, Tests, Unterstützung durch einen Fachmann (Chat) oder durch Kollegen-Chat, Zugriffe auf eine Bibliothek oder Datenbank. Das Programm wertet das Lernverhalten aus, schlägt Möglichkeiten zur Fortsetzung des Lernwegs vor und speichert während der Durcharbeit des Stoffes alle Daten des Lernenden.

7.4.4 Entwicklungsmaßnahmen außerhalb des Arbeitsplatzes

Lehrvortrag, Lehrgespräch
Klassische Seminarmethoden. Lehrgespräch: Wechsel von Frontalunterricht und Diskussion. Diskussion: Untersuchung und Beurteilung des Lehrstoffs.

Fallstudie
Teilnehmer erhalten konkreten Fall zur Bearbeitung und Lösung in festgelegter Zeit. Ziele: Umsetzung theoretischen Wissens in die Praxis; Lernen, im Team zu arbeiten, Entscheidungen zu fällen, sich zu entfalten.

Rollenspiel
Simulation betriebsrelevanter Vorgänge in einer Spielsituation. Mitarbeiter übernehmen Rollen (z. B. Verkäufer, Vorgesetzter) und handeln situationsgerecht. Übung sicheren Handelns und zielgerechten Umgangs mit anderen.

Podiumsdiskussion
Teilgruppe diskutiert unter der Leitung eines Moderators ein Thema vor der Gesamtgruppe. Teilgruppe diskutiert anschließend mit der Gesamtgruppe. So Betrachtung und Darstellung von Sachverhalten aus unterschiedlichen Blickwinkeln. Teilnehmer müssen in ständiger Konfrontation mit Gesprächspartnern (Stresssituation!) ihre Ausführungen und ihr Verhalten verteidigen oder korrigieren.

Planspiele
simulieren das Unternehmen im Modell. Spiel über mehrere Perioden. Teilnehmerentscheidungen beeinflussen den Spielfortgang. Teilnehmer erkennen unmittelbar die Auswirkungen ihres Handelns. Ziele: Schulung ihres Denkens und Verhalten am Modell. Erkennen des Wesentlichen.

Sachverständigenbefragung
Qualifizierte Fachleute führen mit Kurzreferat in die Problematik ein, zeigen Lösungsalternativen auf. Teilnehmer befragen sie. Die Fachleute stellen zum Schluss die optimale Lösung dar.

7.5 Planung der Personalentwicklung

Zu planen sind die Entwicklungsmaßnahmen und die Teilnahme an Maßnahmen.

7.5.1 Planung der Entwicklungsmaßnahmen

Zunächst sind festzustellen: **Ziele jeder Maßnahme**

Abhängig von den Zielen werden festgelegt: **Inhalte der Maßnahme**

Nun sind zu bestimmen:

Methoden	Durchführungsart	Instruktoren	Ort	Dauer
• Training am Arbeitsplatz • Seminar • Planspiel • ...	• eigene Mitarbeiter • externe Einrichtungen (IHK, VHS, ...)	• hauptberufliche Ausbilder • andere Mitarbeiter • externe Spezialisten	• Betrieb • Schulungszentrum • Hotel • ...	

7.5.2 Planung der Teilnahme an Maßnahmen

Die Mitarbeiterentwicklung wird durch Entwicklungspläne (Bildungspläne) gesteuert.

Entwicklungsplan

persönlicher Entwicklungsplan	Standard-Entwicklungsplan
wird speziell für die Entwicklungsziele einer bestimmten Person aufgestellt	wird aufgestellt, wenn bestimmte Entwicklungsziele für mehrere oder viele Mitarbeiter infrage kommen
z. B. Fortbildung von Frau X. zur Abteilungsleiterin Einkauf	z. B. Fortbildung zum Kraftwerksmeister

Jeder Entwicklungsplan enthält:

- Entwickungsziele →
- Entwicklungsmaßnahmen
- Termine

Kenntnisziele: Vorgabe der anzustrebenden Kenntnisse
Berufsziele: Angabe einer anzustrebenden Berufstätigkeit ohne Anspruch auf bestimmte Stelle (z. B. EDV-Koordinator)
Stellenziele: Angabe einer konkret zu besetzenden Stelle (z. B. Leiter der Arbeitsvorbereitung)

Beispiel: Persönlicher Entwicklungsplan

Entwicklungsplan für Frau Stentenbach – **Berufsziel:** EDV-Koordinatorin

Kenntnisziele	Maßnahme	Termin
Systemanalyse	Mitarbeiter der Abteilung Organisation	01.04.–30.06.
	Seminar: Methoden der Systemplanung	13.04.–25.04.
	VHS-Kurs: Grundlagen der EDV	28.04.–15.07.
	Wochenendseminar: Datenbanken	02.05.–20.12.
Programmierung	Mitarbeiter der Programmierabteilung	01.07.–30.09.
	Seminarbesuch: PL/1-Programmierung	01.07.–30.08.
	Testmethoden	04.09.–09.09.
	Praktikum „Dialogarbeit“ in Firma Beck und Heilmann GmbH	21.09.–25.09.

FÜNFTER ABSCHNITT

Arbeitsaufträge

1. **Auch Ihr Ausbildungsbetrieb kann auf Personalentwicklungsmaßnahmen nicht verzichten.**
   a) Nennen Sie mindestens drei Gründe für die Notwendigkeit von Personalentwicklungsmaßnahmen.
   b) Informieren Sie sich in Ihrer Personalabteilung, welche Entwicklungsmaßnahmen
      - für die Erweiterungs- und Anpassungsfortbildung,
      - für die Aufstiegsfortbildung

      Anwendung finden, und berichten Sie darüber.
2. **Für eine Fortbildungsmaßnahme besteht die Wahl zwischen unternehmensexterner und unternehmensinterner Fortbildung. Bei Fremdfortbildung entstehen für jeden Teilnehmer folgende Kosten: Kursgebühr 1 500,00 EUR, Fahrtkosten 100,00 EUR, Spesen 80,00 EUR pro Tag, Übernachtungskosten pro Nacht 100,00 EUR. Es sind 5 Mitarbeiter für 5 Arbeitstage freizustellen. Bei Eigenfortbildung fallen an: Dozentenhonorar für 4 Unterrichtstage à 1 200,00 EUR, Fahrtkosten Dozent 300,00 EUR, Tagesspesen und Übernachtungskosten Dozent wie oben.**
   a) Entscheiden Sie sich für Fremd- oder Eigenfortbildung?
   b) Welche Vorteile bringt die Organisation als Eigenfortbildung, wenn man von den Kosten einmal absieht?
3. **Im oben behandelten Kapitel wird eine Reihe von Personalentwicklungsmaßnahmen angesprochen.**
   a) Welche dieser Maßnahmen sind besonders für den Erwerb von Fachwissen geeignet?
   b) Welche Maßnahmen finden in erster Linie bei der gezielten Entwicklung des Führungspersonals Anwendung?
   c) Welche Maßnahmen zielen besonders auf die Entwicklung von Teamfähigkeit?
4. **Die planmäßige Unterweisung ist eine wichtige Entwicklungsmaßnahme.**
   Simulieren Sie eine Unterweisung nach der Vier-Stufen-Methode. Die Lernaufgabe sei z. B. das Laden und erneute Speichern eines Dokumentes mit einem Textverarbeitungsprogramm.

5. Die Inhalte der Berufsausbildung sind grundlegend und verbindlich in den staatlichen Ausbildungsrahmenplänen geregelt. Auf deren Basis erstellen die einzelnen Betriebe Ausbildungspläne. Der Gesamtausbildungsplan für *alle* Auszubildenden eines Ausbildungsberufs gibt die zu durchlaufenden Abteilungen und ggf. spezielle Veranstaltungen sowie die Verweildauer wieder. Hinzu kommen Einzelausbildungspläne für *jeden* Auszubildenden mit der speziell für ihn geltenden Reihenfolge und Verweildauer.

a) Begründen Sie, ob diese Pläne als Entwicklungspläne bezeichnet werden können.

b) Erläutern Sie den Gesamtausbildungsplan Ihres Betriebes sowie Ihren Einzelausbildungsplan.

8 Personalabbaumanagement

8.1 Notwendigkeit von Personalfreisetzungen

Die Freisetzung von Mitarbeitern kann in deren Person oder Verhalten begründet sein oder auf dringenden betrieblichen Erfordernissen beruhen. Dazu gehören vor allem

- Produktionseinschränkungen,
- dauernder Auftragsmangel,
- Stilllegung einzelner Abteilungen,
- Rationalisierungsmaßnahmen.

Solche Ereignisse benötigen eine längere Zeitspanne und haben große Bedeutung für den Betrieb. Sie bedingen deshalb eine eingehende Planung. Diese betrifft auch die damit verbundenen Personalfreisetzungen. Die Geschäftsleitung wird zunächst untersuchen, ob Belegschaftsreduzierungen vermieden werden können. Möglichkeiten sind:

- **Versetzung** zu anderen Konzernfirmen,
- **Kurzarbeit** (Die Agentur für Arbeit zahlt Kurzarbeitergeld als (Teil-)Ausgleich für den Lohnausfall),
- **Abbau von Überstunden**,
- Umwandlung von Vollzeitstellen in **Teilzeitstellen**

Für notwendige Belegschaftsreduzierungen ohne Entlassungen bieten sich an:

- **Nichtersetzen von Mitarbeitern** (Erreichen des Rentenalters; eigene Kündigung)
- **vorzeitige Pensionierung**
- **Beendigung befristeter Arbeitsverhältnisse** (vgl. S. 432)
- **Aufhebungsverträge** (ggf. mit Ausgleichszahlungen)
  Auf unbestimmte Zeit eingegangene Arbeitsverhältnisse können auch durch Vertrag zu einem beliebigen Zeitpunkt gelöst werden.

> **Vorsicht!** Liegt kein wichtiger Grund vor, so wird bei anschließender Arbeitslosigkeit das Arbeitslosengeld für mindestens ein Viertel der Gesamtanspruchsdauer gesperrt. (Ein wichtiger Grund könnte z. B. sein, dass bei drastischem Personalabbau die verbleibenden Arbeitsplätze gesichert werden sollen.) Gezahlte Abfindungen lassen die Arbeitslosengeldzahlung eine Zeit lang ruhen, weil zunächst die Abfindung für den Lebensunterhalt eingesetzt werden soll.

Reichen diese Maßnahmen nicht, werden fristgerechte Kündigungen nötig.

8.2 Kündigung

Die Kündigung ist die Erklärung eines Vertragspartners, dass er den Arbeitsvertrag lösen will. Sie wird mit Zugang wirksam. Sie muss schriftlich erfolgen und eigenhändig unterschrieben sein (§ 623 BGB). Man unterscheidet die ordentliche und die außerordentliche Kündigung.

FÜNFTER ABSCHNITT

Die **ordentliche Kündigung** bedarf stets einer Kündigungsfrist gemäß § 622 BGB.

Kündigungsfristen			
Frist während der Probezeit (bis 6 Monate)	2 Wochen		
Grundfrist	4 Wochen zum 15. des Monats oder zum Monatsende		
verlängerte Fristen (gelten nur bei Kündigung durch den Arbeitgeber)	Betriebs-zugehörigkeit	Frist	
	2 Jahre	1 Monat	jeweils zum Monatsende
	5 Jahre	2 Monate	
	8 Jahre	3 Monate	
	10 Jahre	4 Monate	
	12 Jahre	5 Monate	
	15 Jahre	6 Monate	
	20 Jahre	7 Monate	

Durch den Tarifvertrag können längere oder kürzere Fristen vereinbart werden. Diese gelten für nicht tarifgebundende Arbeitgeber und Arbeitnehmer nur, wenn ihre Anwendung einzelvertraglich vereinbart ist.

Einzelvertraglich ist eine Verkürzung der Grundkündigungsfrist nur zulässig
- bei einer Aushilfe bis zu 3 Monaten,
- in Betrieben mit nicht mehr als 20 Arbeitnehmern (ohne Auszubildende), wenn die Kündigungsfrist 4 Wochen nicht unterschreitet.

Für die Kündigung durch den Arbeitnehmer darf keine längere Frist vereinbart werden als für die Kündigung durch den Arbeitgeber.
Der Arbeitnehmer hat das Recht, sich während der Arbeitszeit um einen neuen Arbeitsplatz zu bemühen (§ 629 BGB). Wenn im Arbeitsvertrag nichts anderes vereinbart ist, wird die Vergütung für die Fehlzeit weitergezahlt.

Die **außerordentliche Kündigung** (§ 626 BGB) ist stets eine fristlose Kündigung **aus wichtigem Grund**. Das bedeutet, dass dem Kündigenden die Fortsetzung des Arbeitsverhältnisses nicht zugemutet werden kann (z. B. bei Straftaten im Betrieb, Tätlichkeiten, Arbeitsverweigerung, grober Beleidigung, Verletzung der Arbeitsschutzbestimmungen, Nichtzahlung der Vergütung). Wer eine außerordentliche Kündigung verursacht, schuldet dem Vertragspartner Schadensersatz. Die Kündigung muss binnen zwei Wochen ausgesprochen werden, nachdem der Kündigungsgrund bekannt wurde.

8.3 Kündigungsschutz

8.3.1 Sozial ungerechtfertigte Kündigungen

Eine fristgerechte Kündigung durch den Arbeitnehmer ist wirksam. Umgekehrt ist er selbst durch das Kündigungsschutzgesetz gegen eine sozial ungerechtfertigte Kündigung durch den Arbeitgeber geschützt.

Voraussetzungen: Er ist mindestens 6 Monate ununterbrochen beschäftigt (§ 1 Abs. 1 KSchG) und der Betrieb hat - ohne Auszubildende – mehr als 5 Beschäftigte (§ 23 Abs. 1 KSchG).

Dabei sind Teilzeitbeschäftigte mit 0,5 (0,75) zu berücksichtigen, wenn ihre regelmäßige Wochenarbeitszeit höchstens 20 (30) Stunden beträgt.

In Betrieben mit maximal 10 Beschäftigten gilt der Kündigungsschutz nicht für Arbeitnehmer, deren Arbeitsverhältnis nach dem 31.12.2003 begonnen hat. Diese Arbeitnehmer sind auch bei der Berechnung der Beschäftigtenzahl nicht zu berücksichtigen.

Eine Kündigung ist nur in folgenden Fällen sozial gerechtfertigt (§ 1 Abs. 2 KSchG)

- **Sie ist in der Person des Arbeitnehmers begründet (personenbedingte Kündigung).**

  Beispiele: fehlende Eignung, ansteckende Krankheiten, fehlende Arbeitserlaubnis

- **Sie ist im Verhalten des Arbeitnehmers begründet (verhaltensbedingte Kündigung).**
  Beachte:
  1. Die Rechtsprechung verlangt eine erfolglose vorherige **Abmahnung** (mit genauer Nennung des Fehlverhaltens und Androhung der Kündigung für den Wiederholungsfall).
  2. Die Agentur für Arbeit sperrt das Arbeitslosengeld für 1/4 der Gesamtanspruchsdauer.

  Beispiele: Pflichtverletzung, mangelnde Arbeitsleistung, dauernde Unpünktlichkeit

- **Sie beruht auf dringenden betrieblichen Erfordernissen (betriebsbedingte Kündigung).**
  Selbst wenn solche Erfordernisse vorliegen, muss der Arbeitgeber bei der Auswahl der zu Kündigenden ausreichend soziale Gesichtspunkte berücksichtigen. Dies kann nur entfallen, wenn die Weiterbeschäftigung eines Arbeitnehmers wegen seiner Kenntnisse, Fähigkeiten und Leistungen oder zur Sicherung einer ausgewogenen Personalstruktur im berechtigten betrieblichen Interesse liegt.

  Beispiele: Produktionseinschränkung, Stilllegung einzelner Abteilungen, dauernder Arbeitsmangel.
  Soziale Gesichtspunkte sind:
  - die Dauer der Betriebszugehörigkeit,
  - das Lebensalter,
  - die Unterhaltspflichten des Arbeitnehmers,
  - Schwerbehinderung.

Der Arbeitgeber muss das Vorliegen eines Kündigungsgrundes nachweisen. Ausnahme: Bei Kündigung aus betrieblichen Erfordernissen muss der Arbeitnehmer die Nichtberücksichtigung sozialer Gesichtspunkte nachweisen. Hält er die Kündigung für sozial ungerechtfertigt, kann er binnen einer Woche nach der Kündigung Einspruch beim Betriebsrat einlegen. Hält der Betriebsrat den Einspruch für begründet, kann er versuchen, eine Verständigung mit dem Arbeitgeber herbeizuführen.

8.3.2 Anhörungs- und Widerspruchsrecht des Betriebsrats

§ 102 BetrVG schreibt vor:

Der Betriebsrat ist vor jeder Kündigung unter Angabe der Kündigungsgründe zu hören. Andernfalls ist die Kündigung unwirksam. Der Betriebsrat kann dem Arbeitgeber nach Anhörung des Arbeitnehmers seine Bedenken schriftlich mitteilen:

- bei einer außerordentlichen Kündigung unverzüglich, spätestens binnen 3 Tagen;
- bei einer ordentlichen Kündigung innerhalb einer Woche.

Der ordentlichen Kündigung kann er aus den nebenstehenden Gründen binnen Wochenfrist widersprechen.

Widerspruchsgründe (§ 102 BetrVG)

1. Der Arbeitgeber hat bei der Auswahl des Arbeitnehmers soziale Gesichtspunkte nicht oder nicht ausreichend berücksichtigt.
2. Die Kündigung verstößt gegen eine Richtlinie nach § 95 BetrVG.
3. Der Arbeitnehmer kann an einem anderen Arbeitsplatz weiter beschäftigt werden.
4. Die Weiterbeschäftigung ist nach zumutbaren Umschulungs-/Fortbildungsmaßnahmen möglich.
5. Die Weiterbeschäftigung unter geänderten Vertragsbedingungen ist möglich; der Arbeitnehmer hat sein Einverständnis hiermit erklärt.

Kündigt der Arbeitgeber trotz Widerspruch des Betriebsrats nach § 102 BetrVG, muss er dem Arbeitnehmer mit der Kündigung eine Kopie der Stellungnahme des Betriebsrats zuleiten.

Der Arbeitnehmer kann beim Arbeitsgericht gegen die Kündigung klagen. Bei einer ordentlichen Kündigung, der der Betriebsrat ordnungsgemäß widersprochen hat, kann er Weiterbeschäftigung zu unveränderten Arbeitsbedingungen bis zum rechtskräftigen Abschluss des Rechtsstreits verlangen.

Bei betriebsbedingten Kündigungen hat der Arbeitnehmer, der nicht fristgerecht Klage einreicht, Anspruch auf eine Abfindung in Höhe von einem halben Monatsgehalt pro Jahr Betriebszugehörigkeit (mehr als 6 Monate = 1 Jahr) (§ 1a KSchG). Die Regelung soll helfen, langwierige und schwierige gerichtliche Auseinandersetzungen zu vermeiden.

Es kommt vor, dass der Arbeitgeber kündigt, dem Arbeitnehmer aber die Fortsetzung des Arbeitsverhältnisses zu geänderten Bedingungen anbietet (sog. **Änderungskündigung**). Der Arbeitnehmer kann ein solches Angebot unter dem Vorbehalt annehmen, dass die Änderung nicht sozial ungerechtfertigt ist. Er muss den Vorbehalt spätestens binnen 3 Wochen nach Zugang der Kündigung erklären (§ 2 KSchG).

8.3.3 Kündigungsschutzklage

Die Klage muss binnen 3 Wochen nach Zustellung der Kündigung beim Arbeitsgericht eingehen. Eine Stellungnahme des Betriebsrats soll beigefügt sein (§ 4 KSchG).

Die Kündigung ist wirksam,	**Die Kündigung ist unwirksam,**
• wenn der Arbeitnehmer die Klagefrist versäumt, • wenn das Gericht die Kündigung bestätigt.	• wenn das Gericht feststellt, dass die Kündigung sozial ungerechtfertigt ist. Dann muss der Arbeitnehmer weiterbeschäftigt werden (§ 4 KSchG).

Ist bei unwirksamer Kündigung dem Arbeitnehmer eine Weiterbeschäftigung nicht zuzumuten, löst das Gericht auf seinen Antrag das Arbeitsverhältnis auf und verurteilt den Arbeitgeber zu einer Abfindung (höchstens 12 Monatsverdienste; ältere Arbeitnehmer – 55 Jahre; 20 Beschäftigungsjahre – höchstens 18 Monatsverdienste). Das Gleiche geschieht auf Antrag des Arbeitgebers bei Gründen, die eine zweckdienliche weitere Zusammenarbeit nicht erwarten lassen (§§ 9, 10 KSchG).

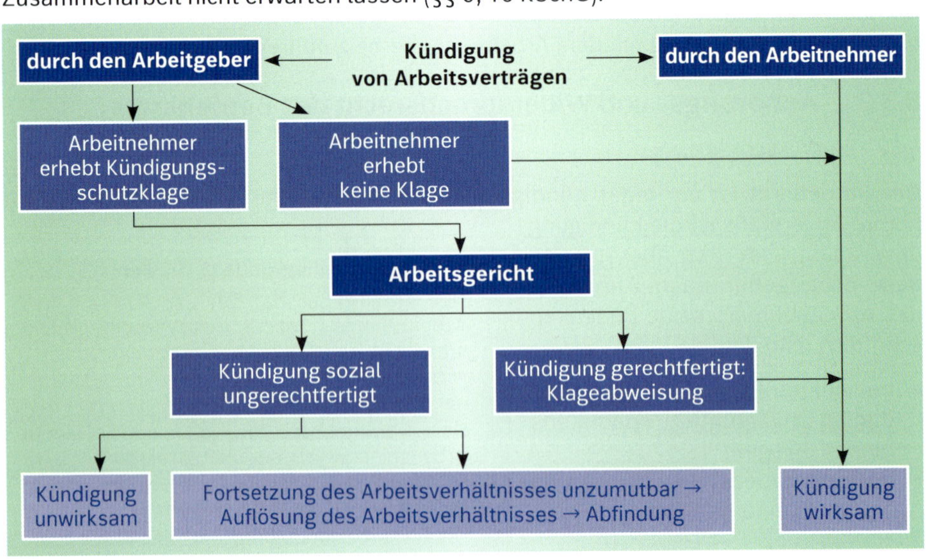

8.3.4 Arbeitszeugnis

Aus einem Arbeitszeugnis:
„... Herr Zappmann hat alle übertragenen Arbeiten ordnungsgemäß erledigt. Er war stets pünktlich und deshalb ein gutes Vorbild. Durch seine Geselligkeit trug er dazu bei, das Betriebsklima zu verbessern. Wir haben uns in gegenseitigem Einvernehmen getrennt."

Ein gutes Zeugnis? Was meinen Sie?

Der ausscheidende Arbeitnehmer hat Anspruch auf ein Arbeitszeugnis.

§ 630 BGB:
Bei der Beendigung eines dauernden Dienstverhältnisses kann der Verpflichtete von dem anderen Teile ein schriftliches Zeugnis über das Dienstverhältnis und dessen Dauer fordern. Das Zeugnis ist auf Verlangen auf die Leistungen und die Führung im Dienste zu erstrecken.

Einfaches Arbeitszeugnis
Enthält Angaben zur Person sowie über Art und Dauer der Beschäftigung

Qualifiziertes Arbeitszeugnis
Enthält außerdem eine Beurteilung der Leistung und Führung

Das Zeugnis muss wahrheitsgemäß abgefasst sein. Bei falschen Angaben haftet der alte Arbeitgeber einem neuen wegen vorsätzlicher sittenwidriger Schädigung (§ 826 BGB). Es muss aber wohlwollend sein: Gute Leistungen sind zu erwähnen, schlechte nur, wenn sie wesentlich und schwerwiegend sind. Für schuldhaft unrichtige Aussagen haftet der Arbeitgeber dem Arbeitnehmer wegen Verletzung des Arbeitsvertrags. Der Arbeitnehmer kann beim Arbeitsgericht auf Berichtigung klagen. Die Personalchefs sind in einer Zwickmühle: Eine ungünstige Formulierung kann leicht zu Schadensersatzansprüchen führen. Sie verwenden deshalb einen „Zeugniscode" mit abgestuftem Lob. Höchstes Lob = beste Beurteilung, schwaches Lob = schwache Beurteilung. Wer sich damit nicht auskennt, merkt oft nicht, dass er ungünstig beurteilt wird. Eine "Geheimsprache" mit Formulierungen, die dem Wortlaut nicht entsprechende Aussagen machen sollen - siehe z. B. unten die Formulierungen 15 und 17 - ist jedoch verboten (§ 109 Abs. 2 GewO).

Das schreiben sie ...	... und das meinen sie.
1. ... die übertragenen Arbeiten stets zu unserer vollsten Zufriedenheit erledigt.	Sehr gute Leistungen
2. ... stets zu unserer vollen Zufriedenheit erledigt.	Gute Leistungen
3. ... zu unserer Zufriedenheit erledigt.	Ausreichende Leistungen
4. ... im Großen und Ganzen zu unserer Zufriedenheit erledigt.	Mangelhafte Leistungen
5. ... hat sich bemüht, die ... Aufgaben zu unserer Zufriedenheit zu erledigen.	Unzureichende Leistungen
6. ... hat alle Arbeiten ordnungsgemäß erledigt.	Bürokrat ohne Initiative
7. ... ist mit seinen Vorgesetzten gut zurechtgekommen.	Mitläufer, der sich gut anpasst
8. ... war sehr tüchtig und wusste sich gut zu verkaufen.	Unangenehmer Mitarbeiter
9. ... war wegen seiner Pünktlichkeit stets ein gutes Vorbild.	In jeder Hinsicht eine Niete
10. Wir haben uns in gegenseitigem Einvernehmen getrennt.	Wir haben ihm gekündigt.
11. ... bemühte sich, seinen Aufgaben gerecht zu werden.	Versager
12. ... hat sich im Rahmen seiner Fähigkeiten eingesetzt.	Tat, was er konnte. War nicht viel.
13. ... Erledigte alle Arbeiten mit großem Fleiß und Interesse.	Eifrig, aber nicht tüchtig
14. ... zeigte für seine Arbeit Verständnis.	Faul, nichts geleistet
15. Wir lernten ihn als umgänglichen Kollegen kennen.	Viele sahen ihn lieber von hinten.
16. ... ist ein zuverlässiger (gewissenhafter) Mitarbeiter.	Zur Stelle, wenn gebraucht, aber nicht immer brauchbar
17. Durch seine Geselligkeit trug er zur Verbesserung des Betriebsklimas bei.	Übertriebener Alkoholgenuss

8.3.5 Einzelheiten zum Arbeitsgerichtsverfahren

Das Arbeitsgericht ist die zuständige Stelle für alle Streitigkeiten aus

- dem Arbeitsvertrag,
- den Bestimmungen des Betriebsverfassungsgesetzes,
- Tarifverträgen,
- den Bestimmungen der Mitbestimmungsgesetze,
- Betriebsvereinbarungen.

Senat des Bundesarbeitsgerichts

Die Klage muss schriftlich oder mündlich beim Arbeitsgericht am Sitz des Beklagten erhoben werden; wenn eine Leistung eingeklagt wird, ist es das Gericht am Erfüllungsort. Vor Beginn des Prozesses findet eine **Güteverhandlung** vor dem vorsitzenden Richter statt (§ 54 ArbGG). Hier sollen die Parteien zu einer Einigung (Klagerücknahme, Klageanerkennung, Vergleich) ohne Urteil gebracht werden, um Gerichtskosten und unnötige Arbeit zu sparen.

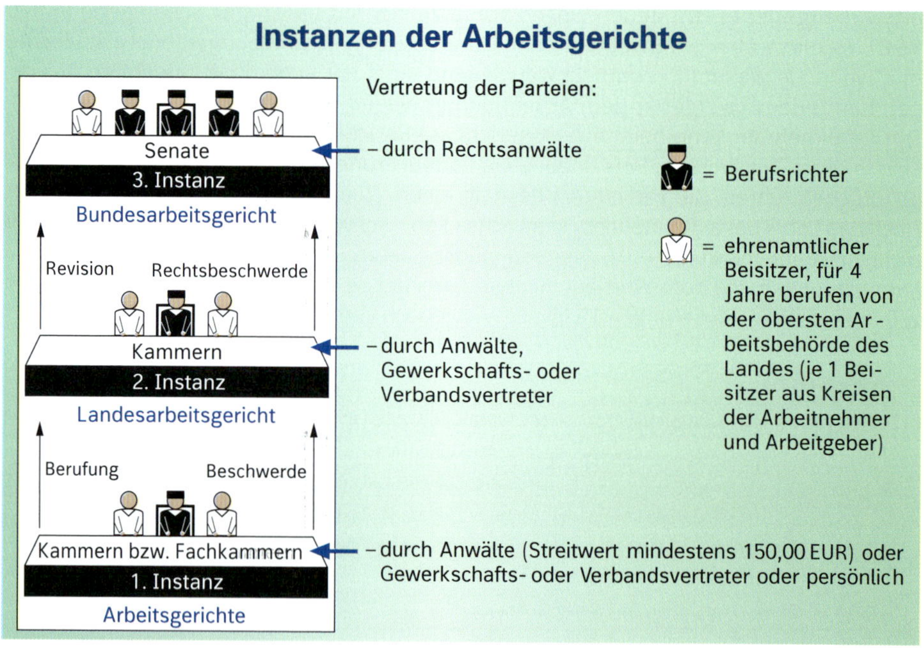

In bürgerlichen Rechtsstreitigkeiten entscheidet das Arbeitsgericht nach mündlicher Verhandlung durch **Urteil** (oder die Parteien schließen einen Vergleich), in Angelegenheiten aus dem Betriebsverfassungsgesetz und Mitbestimmungsgesetz durch **Beschluss**.

Urteilsverfahren	Beschlussverfahren
Klage	Parteienantrag
↓	↓
Güteverhandlung	Aufklärung des Sachverhalts durch das Gericht
↓	↓
streitige Verhandlung mit Beweisaufnahme (durch Urkunden, Zeugen, Sachverständige, Augenschein)	
↓	
Urteil oder Vergleich	Beschluss
Die Parteien müssen alle Tatsachen vorbringen und alle Beweismittel beibringen. Das Gericht stellt selbst diesbezüglich keine Nachforschungen an.	Das Gericht stellt von sich aus Ermittlungen an und klärt den Sachverhalt auf.

Gegen Urteile des Arbeitsgerichts ist die Berufung möglich, wenn der Streit das Bestehen oder Nichtbestehen eines Arbeitsverhältnisses betrifft; ansonsten, wenn sie im Urteil zugelassen worden ist oder der Streitwert 600,00 EUR übersteigt. Gegen Beschlüsse kann gleichfalls beim **Landesarbeitsgericht** Beschwerde eingelegt werden.

Höchste Instanz ist das **Bundesarbeitsgericht** in Erfurt. Die Senate entscheiden über die Revision gegen Urteile sowie über die Rechtsbeschwerde gegen Beschlüsse des Landesarbeitsgerichts. In bestimmten Fällen ist Sprungrevision bzw. Sprungsrechtsbeschwerde vom Arbeitsgericht direkt zum Bundesarbeitsgericht möglich. Voraussetzung: Die Revision ist von der Vorinstanz zugelassen worden. Die Zulassung soll erfolgen, wenn die Rechtssache grundsätzliche Bedeutung hat.

Bei der **Berufung** wird der gesamte Streitfall erneut geprüft. Bei der **Revision** wird lediglich geprüft, ob die untere Instanz die Rechtsvorschriften richtig angewandt hat. Die Gerichtsbühren fallen in der ersten Instanz in gleicher Höhe wie im Zivilprozess an. Bei einem Kündigungsverfahren ist der Streitwert nach oben auf 3 Monatsverdienste begrenzt. Jede Partei (auch der Gewinner) trägt ihre Anwaltskosten selbst. In der 2. und 3. Instanz allerdings hat der Verlierer sämtliche Kosten zu tragen.

FÜNFTER ABSCHNITT

8.4 Vorgehen bei umfangreichen Personalfreisetzungen

Am 17. Januar 20.. schreibt die Miesner GmbH an die Agentur für Arbeit, Dortmund:

Gemäß § 17 Kündigungsschutzgesetz teilen wir Ihnen mit, dass wir zum 31. März 20.. 60 Vollzeitkräfte von augenblicklich 410 Vollzeitbeschäftigten entlassen müssen. Ein Umsatzrückgang von 20 % und Veränderungen im Einzelhandel haben eine Neustrukturierung unserer Organisation erzwungen. Wegen der zunehmenden Konzentration im Handel können wir unsere Umsatzverluste auch nicht durch Preisänderungen ausgleichen. Wir können deshalb die Entlassungen nicht vermeiden. Als Anlage finden Sie eine Stellungnahme unseres Betriebsrates.

Bei Betriebsveränderungen und umfangreichen Entlassungen (oft „Massenentlassungen" genannt) hat der Betriebsrat weitgehende Rechte:

- § 111 BetrVG: Der Unternehmer muss den Betriebsrat über geplante Betriebsveränderungen mit wesentlichen Nachteilen für die Belegschaft unterrichten und sich mit ihm beraten.
- § 112 Abs. 1 BetrVG: Kommt ein Interessenausgleich mit dem Betriebsrat zustande, so ist er schriftlich niederzulegen. Das Gleiche gilt für einen Sozialplan.
- § 17 Kündigungsschutzgesetz: Bei umfangreichen Entlassungen muss der Unternehmer den Betriebsrat u. a. schriftlich über die Entlassungsgründe, -zahlen, -gruppen, -zeitraum, Auswahlkriterien und Kriterien für eventuelle Abfindungen unterrichten und sich mit dem Betriebsrat beraten. Die Kündigungen sind außerdem bei der Agentur für Arbeit anzumelden. Sie werden vor Ablauf eines Monats nach Zugang der Anzeige nur wirksam, wenn die Agentur für Arbeit zustimmt (§ 18). Umfangreiche Entlassungen liegen unter folgenden Bedingungen vor:

Solche Betriebsveränderungen sind: Einschränkung, Stilllegung, Verlegung von Betrieb/Betriebsteilen; Betriebszusammenschlüsse/-spaltungen; grundlegende Änderungen von Organisation, Betriebszweck, Betriebsanlagen; grundlegend neue Arbeitsmethoden/Fertigungsverfahren.

Gesamtzahl der Arbeitnehmer	Zahl der Entlassungen binnen 30 Tagen
mehr als 20 und weniger als 60	mehr als 5
60 bis 499	10 % oder mehr als 25
mindestens 500	mindestens 30

Unter Berücksichtigung der gesetzlichen Vorschriften ergibt sich für die Geschäftsleitung folgendes Vorgehen:

- Die **Geschäftsleitung plant** die notwendigen Umstrukturierungen und errechnet, wie viele Mitarbeiter freigesetzt werden.
- Es werden **Personallisten** erstellt, die bei Kündigungen als Grundlage für die soziale Auswahl nach dem Kündigungsschutzgesetz dienen. Wichtige soziale Gesichtspunkte sind vor allem Alter, Betriebszugehörigkeit, Familienstand, Unterhaltspflicht und Anzahl der Kinder, Einkommen des Ehegatten, Chancen auf dem Arbeitsmarkt, gesundheitliche Schäden durch einen Betriebsunfall.
- Der **Betriebsrat** wird über Ursachen und Folgen der Umstrukturierung informiert.
- Der **Wirtschaftsausschuss** wird informiert, berät mit der Geschäftsleitung und informiert seinerseits den Betriebsrat.
- Der Betriebsrat ruft eine **Betriebsversammlung** ein. Die Geschäftsleitung berichtet dort über die geplanten Maßnahmen. Der Betriebsrat nimmt dazu Stellung.
- Der **Betriebsrat verhandelt** mit der Geschäftsleitung und macht Vorschläge zur Abwendung von Entlassungen. Er verhandelt auch über einen Interessenausgleich und einen Sozialplan.
- Der Personalleiter verhandelt mit anderen Konzernunternehmen über die **Übernahme von Arbeitnehmern**, macht diesen Vorschläge und bereitet die Übernahme vor. Mit Personen, die entlassen werden sollen, führt er Gespräche über **Aufhebungsverträge** und sagt ihnen die Teilnahme am Sozialplan zu.
- Nach dem Ende der Verhandlungen mit dem Betriebsrat werden **Interessenausgleich** und **Sozialplan** veröffentlicht.
- Die Kündigungen werden fristgemäß ausgesprochen. Die Entlassungen werden der zuständigen Agentur für Arbeit angezeigt.

Der **Interessenausgleich** ist eine Einigung zwischen Arbeitgeber und Betriebsrat über

- die vorgesehenen wirtschaftlichen Maßnahmen,
- die Art und Weise ihrer Durchführung,
- die Zeitplanung.

Der **Sozialplan** ist eine Betriebsvereinbarung, in der den ausscheidenden Arbeitnehmern Abfindungen zugesagt werden. Diese sollen die wirtschaftlichen Nachteile der Entlassung ausgleichen oder mildern.

Arbeitsaufträge

1. **Personalabbau kann aus zahlreichen Gründen notwendig werden.**
   a) Nennen Sie möglichst viele derartige Gründe.
   b) Nennen Sie Möglichkeiten des Personalabbaus, durch die Entlassungen verhindert werden sollen.
   c) Welche Rechte hat der Betriebsrat bei Personalabbaumaßnahmen?
   d) Warum ist die Geschäftsleitung an Aufhebungsverträgen interessiert?

2. **Frau Klein, 46 Jahre, seit 2 Jahren (10 Jahren) im Betrieb beschäftigt, erhält am 2. September die Kündigung zum 30. September.**
   Ist die Kündigungsfrist eingehalten?

3. **Herr Achternbosch arbeitet viel mit dem Junggesellen Kuhn zusammen, der ihm immer von den großen Ferienreisen erzählt, die er sich erlauben kann. Herr Achternbosch dagegen kann höchstens von seiner Familie erzählen. Eines Tages erhält er wegen dauernden Auftragsmangels die Kündigung.**
   a) Ist die Kündigung gerechtfertigt?
   b) Wie kann Herr Achternbosch die Kündigung abwehren?
   Erläutern Sie die befassten Institutionen, das notwendige Vorgehen und die einzuhaltenden Fristen.

4. **Widerspruch des Betriebsrats an die Personalabteilung.**

Körner GmbH, Betriebsrat

Herrn Dr. Bruchner 16.05.20..
im Hause

Ordentliche Kündigung des AN Erich Koller

Sehr geehrter Herr Dr. Bruchner,

der Betriebsrat hat in seiner Sitzung am 15. Mai, 15:30 Uhr, die Kündigung des AN Erich Koller erörtert. Er hat beschlossen, der Kündigung zu widersprechen.
Wir sind der Ansicht, dass bei der Auswahl des zu kündigenden AN soziale Gesichtspunkte nicht ausreichend berücksichtigt wurden. Herr Koller ist Vater von vier minderjährigen Kindern, seine Ehefrau ist nicht berufstätig.

Außerdem hat Herr Koller sich bereit erklärt, an Fortbildungs- und Umschulungsmaßnahmen teilzunehmen. Er könnte dann an einer CNC-Maschine weiterbeschäftigt werden. Er wäre auch bereit, in unserem Ratinger Werk zu arbeiten.

   a) Prüfen Sie, ob die Ausführungen des Betriebsrats den gesetzlichen Bestimmungen entsprechen und einen Widerspruch rechtfertigen.
   b) Könnte der Betriebsrat auch einer außerordentlichen Kündigung widersprechen?
   c) Der Arbeitgeber hält an der Kündigung des Herrn Koller fest. Welche Rechte hat dieser und wie kann er weiter vorgehen?

5. **Frau Manfels ist von ihrem Arbeitgeber, der Schlömer OHG in Düsseldorf, gekündigt worden. Sie ist der Ansicht, dass bei der Kündigung soziale Gesichtspunkte nicht berücksichtigt wurden und hat den Betriebsrat angerufen. Obwohl dieser der Kündigung widersprochen hat, hat der Arbeitgeber die Kündigung aufrecht erhalten. Daraufhin hat Frau Manfels Klage auf Weiterbeschäftigung eingereicht. Sie ist der Ansicht, dass sie in ihrem Alter (53 Jahre) kaum eine neue Stelle finden wird. Frau Manfels verdient monatlich 1 900,00 EUR brutto.**
   a) Welches Gericht ist sachlich und örtlich für die Klage zuständig?
   b) Welche Maßnahme ergreift das Gericht zuerst?
   c) Nachdem die Parteien nicht zu einem Kompromiss bewegt werden konnten, kommt es zur Gerichtsverhandlung. Der Streitwert wird vom Gericht auf 3 Monatsgehälter festgesetzt.
      - Wer kann die Interessen Frau Manfels, wer die Interessen der Schlömer OHG wahrnehmen?
      - Mit wie viel Personen ist das Gericht besetzt, und welche Eigenschaft haben diese Personen?
      - Wer trägt im vorliegenden Fall die Beweislast?
      - Die Schlömer OHG wird zur Weiterbeschäftigung verurteilt. Wofür entstehen ihr Kosten?
   d) Was kann die Schlömer OHG gegen das für sie negative Urteil unternehmen?

6. **Bei umfangreichen Personalfreisetzungen spielen Interessenausgleich und Sozialplan eine wichtige Rolle. Hier sehen Sie ein Beispiel:**

Interessenausgleich (Auszug)

Zwischen Geschäftsleitung und Betriebsrat der MIESNER GmbH wird gemäß § 112 Betriebsverfassungsgesetz (BetrVG) folgender Interessenausgleich vereinbart: Die Unterrichtung und die Beratung über die durchzuführende Betriebsänderung gemäß § 111 BetrVG sind zwischen Geschäftsleitung und Betriebsrat erfolgt.

1. Durch Straffung und Veränderung der Organisation werden bis zum 31. März 20.. im Außendienst, in der Technik und im kommerziellen Bereich insgesamt 651 Arbeitsplätze eingespart.
2. Die durch die organisatorische Maßnahme notwendige Verringerung der Mitarbeiterzahl erfolgt durch
   - Versetzung zu anderen Konzernfirmen,
   - Vorpensionierung,
   - Nichtersetzen von Mitarbeitern, die selbst kündigen oder in gegenseitigem Einvernehmen ausscheiden.

   Soweit diese Maßnahmen nicht ausreichen, werden zum 31. März 20.. fristgemäße Kündigungen durch die Firma ausgesprochen. (...)
5. Der Betriebsrat stimmt unter den gegebenen Umständen der Betriebsänderung und den dadurch verursachten personellen Maßnahmen zu. Diese Zustimmung erfolgt unter der Voraussetzung, dass die Verhandlungen über den Sozialplan zu einem positiven Ergebnis führen.

Sozialplan (Auszug)

5. **Abfindungen**

   5.1. Eine Abfindung wird gezahlt, wenn das Arbeitsverhältnis wegen der Betriebsänderung
   - durch MIESNER oder durch den Mitarbeiter fristgemäß gekündigt oder
   - im gegenseitigen Einvernehmen aufgehoben wird
   - und dem Mitarbeiter kein anderer zumutbarerArbeitsplatz bei einer Firma des Konzerns vermittelt werden konnte oder er einen angebotenen Arbeitsplatz abgelehnt hat, weil er nicht die Voraussetzungen der Zumutbarkeit erfüllt. (...)

   5.5 Die Abfindung beträgt für die ersten drei vollen Jahre der Betriebszugehörigkeit je 1 Bruttomonatsgehalt, für die über drei Jahre hinausgehende Betriebszugehörigkeit Bruttomonatsgehälter nach der Formel

   $$\frac{\text{Lebensjahre} \cdot (\text{Dienstjahre} - 3)}{50}$$

   Die Abfindung beträgt höchstens 12 Monatsgehälter, ab 50 Lebens- und 15 Dienstjahren 15 Monatsgehälter, ab 55 Lebens- und 20 Dienstjahren 18 Monatsgehälter. (...)
6. **Sonderzuwendungen**
   Mitarbeiter, die beim Ausscheiden eine Betriebszugehörigkeit von mehr als 20 Jahren und Anspruch auf eine Abfindung haben, erhalten außerdem eine Sonderzuwendung von 1 000,00 EUR.
7. **Berechnungsgrundlagen und Auszahlungsmodalitäten**
   Für die Höhe der Abfindung und der Sonderzuwendung sind das Lebensalter, die anerkannte Dauer der Betriebszugehörigkeit und das Bruttomonatsgehalt am letzten Tag des Arbeitsverhältnisses maßgebend.

a) Nennen Sie die gesetzlichen Grundlagen für die beiden Abmachungen.
b) Welche Aufgaben haben der vorliegende Interessenausgleich und der Sozialplan?
c) Erläutern Sie, ob und wieweit tatsächlich soziale Gesichtspunkte Berücksichtigung finden.
d) Welchen Abfindungsbetrag erhält der Angestellte Schmunke, 41 Jahre, 11 Dienstjahre, Bruttomonatsgehalt 3 680,00 EUR?

7. **Personalfreistellungen werden oft durch Fehler der Geschäftsleitung notwendig (z. B. wegen falscher Einschätzung der Marktlage, Vornahme von Fehlinvestitionen und Ähnlichem).**
   Kann die Geschäftsleitung vom Betriebsrat oder von den Gerichten für solches „Verschulden" zur Rechenschaft gezogen werden?

8. **Sie haben zwei Mitarbeiter/-innen A und B, die in Ihrem Aufgabenbereich tätig sind und die Firma verlassen werden.**
   A ist außerordentlich tüchtig. Er/sie hat gekündigt, weil er/sie sich verbessern kann.
   B zeigt schlechte Leistungen. Kollegen müssen oft aushelfen und seine/ihre Arbeit mit übernehmen. Wegen häufiger Unpünktlichkeit wurde ihm/ihr gekündigt.
   Fassen Sie zwei angemessene Arbeitszeugnisse für die Mitarbeiter/-innen ab.

9 Personalführung

9.1 Zielorientierte Menschenführung

Führungsaufgaben enthalten zwei Aspekte:

Führung

sachbezogener Aspekt der Führung	personenbezogener Aspekt der Führung
Der Führende muss optimale Entscheidungen hinsichtlich der betrieblichen Sachprobleme treffen. Aufgaben: • **Initiativaufgabe** • **Entscheidungsaufgabe** Notwendig: Wissen, Ideenreichtum, Entschlusskraft	Der Führende muss für die zielgerechte Umsetzung der Sachentscheidungen durch die Mitarbeiter sorgen. Aufgaben: • **Durchsetzungsaufgabe** • **Kontrollaufgabe** Notwendig: Beherrschung der Kunst der Menschenführung

***Menschenführung* ist absichtsvolle, zielgerichtete Einflussnahme auf das Verhalten von Menschen. Personalführung ist Menschenführung im Unternehmen.**

Ziel der Personalführung: Optimierung der Personalleistung. Diese hängt von der Leistungsfähigkeit, -disposition und -motivation ab (vgl. S. 350 f.). Um sie zu fördern, werden *Führungsinstrumente* eingesetzt. Web M 471_1
Gute Personalführung führt auch zu Mitarbeiterzufriedenheit und zu einem guten *Betriebsklima*. M 471_2

9.2 Führungsstile

MGB Maltmann Getriebebau e. K. hat in einer allgemeinen Führungsanweisung die Führungsgrundsätze für das Unternehmen festgelegt. Dort ist unter anderem zu lesen: „Delegieren bedeutet Übertragen, d. h., jeder Mitarbeiter oder jede Gruppe erhält einen Aufgabenbereich mit bestimmten Befugnissen, innerhalb dessen er/die Gruppe selbstständig handeln und entscheiden muss. Der Mitarbeiter/die Gruppe wird also nicht durch Einzelaufträge geführt ... Jeder Mitarbeiter/jede Gruppe ist für die ihm/ihr übertragenen Aufgaben und Befugnisse verantwortlich ... Ziel ist es, die übergeordneten Instanzen zu entlasten und Vorgesetzten wie Mitarbeitern auf allen Stufen die Möglichkeit zur Entfaltung ihrer Fähigkeiten innerhalb eines bestimmten Aufgabenbereiches zu geben."

FÜNFTER ABSCHNITT

9.2.1 Arten von Führungsstilen

Unter einem *Führungsstil* versteht man die Art der Führungsmittel, die eingesetzt werden, um die Mitarbeiter zu einem bestimmten Handeln und Verhalten zu veranlassen.

Zwei entgegengesetzte Stile sind der autoritäre und der kooperative Führungsstil.

autoritärer Führungsstil	kooperativer Führungsstil
Der Führende entscheidet alles allein. Die Geführten sind Befehlsempfänger. Mitsprache, Anregungen, Widerspruch der Geführten werden nicht zugelassen. Die Geführten sind direkt und vollständig vom Geführten abhängig.	Der Führende handelt gemeinsam mit den Geführten. Die Geführten haben in ihrem Bereich Entscheidungsspielraum. Mitsprache, Anregungen, Widerspruch der Geführten sind erwünscht. Die Geführten handeln weitgehend unabhängig.

In der Praxis findet man Mischformen. Sie tendieren zu dem einen oder anderen Stil. So unterscheidet der amerikanische Führungsforscher R. Tannenbaum sieben Führungsstile nach dem Anteil von Vorgesetzten und Mitarbeitern an der Willensbildung.

Führungsstile (nach Tannenbaum)

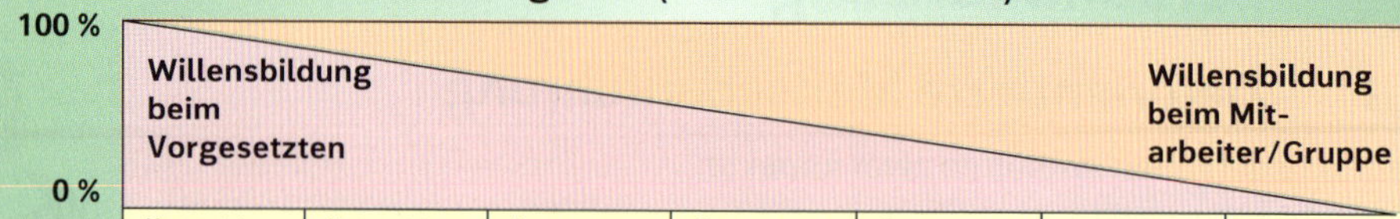

Vorgesetzter entscheidet, setzt durch; notfalls Zwang	Vorgesetzter entscheidet, setzt mit Manipulation durch	Vorgesetzter entscheidet, setzt mit Überzeugung durch	Vorgesetzter informiert, Meinungsäußerung der Betroffenen	Gruppe entwickelt Vorschläge, Vorgesetzter wählt aus	Gruppe entscheidet in vereinbartem Rahmen autonom	Gruppe entscheidet autonom, Vorgesetzter als Integrator, Koordinator
„autoritär“	„patriachalisch“	„informierend“	„beratend“	„kooperativ“	„partizipativ“	„demokratisch“

Autoritärer Führungsstil ⟷ Demokratischer Führungsstil

9.2.2 Beurteilung der Führungsstile

Die mehr **autoritären Führungsstile** sprechen primär die unteren Bedürfnisschichten des Mitarbeiters an. (Denken Sie an die Maslowsche Bedürfnispyramide.) Die Motivation erfolgt nur über Lohnanreize, Gewährung von Sicherheit, Sozialleistungen.

Die mehr **kooperativen Führungsstile** sprechen die höheren Bedürfnisschichten an. Ausübung von Befehlsgewalt ist verpönt. Stattdessen soll der Vorgesetzte seine Mitarbeiter überzeugen und zielgerichtet motivieren. Deshalb werden notwendige Entscheidungen von den Mitarbeitern gefällt.

Der autoritäre Stil kann erfolgreich sein, führt aber bei schlechtem Führer zu Misserfolgen. Aus folgenden Gründen geht die **Entwicklung eindeutig in Richtung der kooperativen Führungsstile**:

- **Automation:** Ausführende Arbeiten werden immer mehr durch automatische Maschinen erledigt. Schöpferische Leistung, Suchen und Finden von Problemlösungen gewinnen an Bedeutung. Dann lähmt ein autoritärer Stil Initiative und Selbstverantwortung.
- **Zunehmende Komplizierung der Vorgänge:** Sie macht die Unternehmensleitung durch eine Person/wenige Personen illusorisch. Delegation von Entscheidungen ist notwendig.
- **Motivation:** Die niedrigen Bedürfnisebenen sind weitgehend abgedeckt. Eine möglichst vollständige Kräftemobilisierung der Mitarbeiter verlangt die Ansprache der höheren Ebenen.
- **Gruppen/Teams:** Die für TQM und Lean Production notwendigen Teams können ihre dynamischen Kräfte nur optimal entfalten, wenn sie selbstständig und verantwortlich handeln, wenn ihnen auch Planungs- und Kontrollaufgaben übertragen werden. Vorgesetzte sind nicht mehr Befehlserteiler, sondern Moderatoren.

Vorgesetzte
- initiieren Prozesse,
- fördern die Ideenfindung,
- fördern Kommunikation und Gruppenarbeit,
- koordinieren und binden jedes Gruppenmitglied ein,
- stellen die Kontrolltätigkeit der Gruppe sicher.

9.2.3 Einführung eines kooperativen Führungsstils

Bei der Einführung eines kooperativen Führungsstils sind zunächst die **Führungsgrundsätze** in einer **allgemeinen Führungsanweisung** festzulegen. Jeder hat sich danach zu richten.

Der Auszug aus einer allgemeinen Führungsanweisung auf Seite 471 zeigt, dass die Delegation von Verantwortung für einen kooperativen Führungsstil sehr wichtig ist. Deshalb erhält der Mitarbeiter/die Gruppe einen **Aufgabenbereich** und die notwendigen Entscheidungsbefugnisse übertragen (**Management by Delegation – Führung durch Delegieren**).

Weiter ist wichtig, dass der Mitarbeiter **klare Zielvorgaben** erhält, die er im Rahmen seines Verantwortungsbereichs selbstständig zu erreichen sucht. Der Vorgesetzte entscheidet nur in Ausnahmefällen, die den Ermessensspielraum des Mitarbeiters überschreiten (**Management by Exception – Führung durch Ausnahmeentscheidung**). Teilweise geht man so weit, die Ziele mit dem Mitarbeiter zu vereinbaren (**Management by Objectives – Führung durch Zielvereinbarung**). Die Leistung des Mitarbeiters/einer Arbeitsgruppe wird an den gesetzten Zielen (Ausbringungsmengen, Qualitäten, Kostensummen, Umsätzen usw.) gemessen und entscheidet letzten Endes über Lohn/Gehalt, Fortbildung und Beförderung.

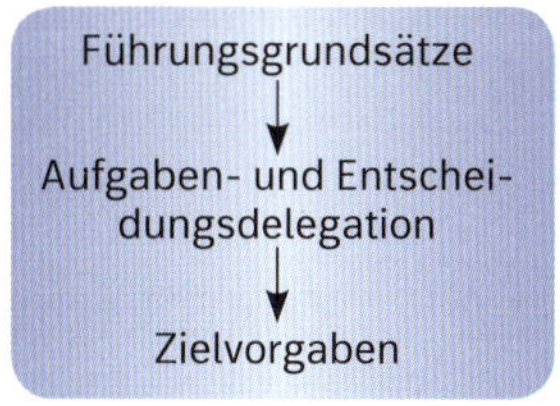

Arbeitsaufträge

1. **Führungsstil**

> **Der Vorgesetzte „von gestern" war ein Radfahrer: Nach oben buckeln und nach unten treten. Der Vorgesetzte von morgen, und zum Glück gibt es davon heute schon viele, ist seiner ganzen Struktur nach „andersherum". Er ist nach unten offen; er setzt seine größere berufliche Erfahrung dazu ein, die Ideen seiner jüngeren und meist weniger erfahrenen Mitarbeiter, die sich oft noch nicht optimal artikulieren können, zu erkennen. Er sieht einen wesentlichen Teil seiner Führungsaufgabe darin, beim Formulieren zu helfen und dann nach oben „zu treten", das heißt, nicht nur die Verantwortung, sondern auch dafür Sorge zu tragen, dass die Ideen nach oben durchgesetzt werden. Er agiert also wie ein „perverser Radfahrer"** (lat. perversus = verdreht, verkehrt).

a) Beschreiben Sie den Führungsstil, von dem hier die Rede ist.
b) Nennen Sie drei Voraussetzungen des beschriebenen Führungsstils.
c) Beschreiben Sie, auf welchem Wege der Vorgesetzte Motivation schaffen kann.
d) Kooperative Führungsstile sind durchaus keine „weichen" Führungsstile. Es wird behauptet, dass auch sie inhumane Merkmale haben. Versuchen Sie dies zu begründen.
e) Welche Bedürfnisstufen werden stärker von autoritären, welche stärker von kooperativen Führungsstilen angesprochen?

2. **Die Amerikaner Robert R. Blake und Jane Mouton haben zur Darstellung von Führungsstilen ein Verhaltensgitter (Managerial Grid) entwickelt. Sie gehen von folgenden Fragen aus:**

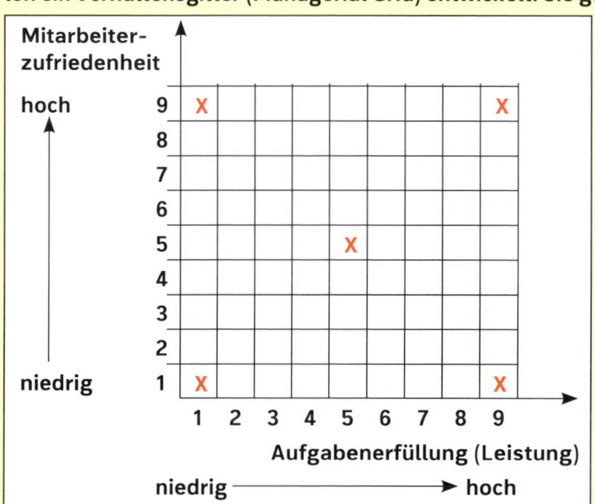

(1) Gelingt es dem Vorgesetzten, seine Mitarbeiter zur Aufgabenerfüllung zu bewegen?
(2) Gelingt es dem Vorgesetzten, die Bedürfnisse und Erwartungen seiner Mitarbeiter bei der Arbeit zu befriedigen?

Die Felder in diesem Gitter zeigen an, in welchem Ausmaß der Vorgesetzte diese Probleme löst.

a) Die fünf markierten Felder könnte man bezeichnen als
   - Middle-of-the-Road-Management – Organisationsführung,
   - Team-Management – Team-Führung,

- Task-Management – Befehl-Gehorsams-Führung,
- Impoverished Management – Überlebens-Führung,
- Country-Club-Management – Club-Führung.

Ordnen Sie diese Bezeichnungen sinnvoll zu und erläutern Sie den jeweiligen Führungsstil.

b) Befragungen von Führungskräften ergaben, dass Letztere den Führungsstil mit den Koordinaten 9.9 für den zweckmäßigsten und erfolgreichsten halten. Es kann aber schwierig sein, ihn bei einem gegebenen Mitarbeiterstamm einzuführen. Versuchen Sie hierfür Gründe anzugeben, und benennen Sie Möglichkeiten zur Überwindung dieser Schwierigkeiten.

9.3 Konfliktmanagement

9.3.1 Konflikte

Wo Menschen in Gruppen zusammenarbeiten, entstehen unausweichlich Konflikte (Spannungen, Streitigkeiten, Auseinandersetzungen). Sie entstehen v. a. aufgrund von unterschiedlichen Interessen, Ansichten, Emotionen und Verhaltensweisen. Auch gemeinsame Ziele verhindern nicht das Entstehen von Konflikten. Umso wichtiger ist die **Konfliktregelung**. Denn ohne sie könnten bestehende Konflikte das Erreichen der Unternehmensziele gefährden.

Eine allseitig befriedigende Konfliktlösung kann allerdings nur erfolgen, wenn der Konflikt offen zutage tritt (**manifester** oder **offener Konflikt**). Schwelt er unter der Oberfläche (**latenter Konflikt**), so suchen die Betroffenen oft individuelle, dem Unternehmen abträgliche Auswege, z. B. durch Kündigung, „Krankfeiern", Sabotageakte oder mangelnde Mitarbeit.

Die Folge ist oft auch ein unbefriedigendes Betriebsklima.

9.3.2 Konfliktarten

Konflikte können nach den Konfliktursachen eingeteilt werden. Wir beschränken uns hier auf einige wichtige und häufige Ursachen.

Konflikte

Individuelle Konflikte
= innere Konfliktsituationen von Einzelpersonen

Häufige Ursachen:
- **Überforderung** (z. B. mengenmäßige, fachliche, kräftemäßige)
- **Unterforderung** (z. B. bei monotoner Arbeit)
- **unzureichende Information** (z. B. über Ziele, Aufgabenstellung, Verfahren, Befugnisse, Weisungsbindung)
- **moralische, weltanschauliche, religiöse Gründe** (z. B. Anweisung, Tierversuche durchzuführen oder Buchungen zu fälschen)

Soziale Konflikte
= zwischenmenschliche Konflikte

Beziehungskonflikte

Ursache:
- **Verletzung des Bedürfnisses nach Akzeptanz und Anerkennung**

Sachliche Konflikte

Häufige Ursachen:
- **Interessengegensätze** (Verteilungskonflikte)
- **Verstöße gegen Vereinbarungen, Vorschriften, betriebliche Ordnung** (Verstoßkonflikte)
- **organisatorische Gründe** (Organisationskonflikte)
- **unterschiedliche Auffassungen, Bewertungen, Beurteilungen** (Auffassungskonflikte)

Individuelle Konflikte

- **Über- und Unterforderung** können durch eine Fehlbesetzung des Arbeitsplatzes bedingt sein. Eventuell besteht die Lösung in einer Versetzung des Mitarbeiters. Ist dies nicht möglich, bleibt nur die Kündigung.

  Ursachen können jedoch auch Organisations- und Planungsmängel sein. Deshalb sind eine optimale Organisation und Planung der Arbeitsprozesse sehr wichtig.

Beispiele: Organisations- und Planungsmängel

- Bei Akkordarbeit ist die Vorgabezeit zu knapp berechnet.
  Lösung: Neuberechnung
- Bei Fließbandarbeit vollzieht der Arbeiter immer die gleiche unselbstständige Verrichtung.
  Mögliche Lösung: Bearbeitung eines größeren Arbeitsprozesses durch eine Gruppe mit Wechsel der Arbeitsplätze unter den Gruppenmitgliedern

- **Unzureichende Informationen** verwirren den Mitarbeiter und veranlassen ihn zu falschen Handlungen und Entscheidungen.

Beispiele: Informationsmängel

- „Montieren Sie die Schrankwand in der Mümmelstr. 23!" anstatt: „ ... Mümmelstr. 23, 4. Etage, linke Wohnung". **Lösung:** Exakte Arbeitsanweisung
- Ein Verkäufer weiß nicht, ob er Rabatte oder Zahlungsfristen gewähren darf und ob die Entscheidung darüber sein direkter Vorgesetzter oder der Absatzleiter trifft. **Lösung:** Stellenbeschreibung mit Angaben über Tätigkeiten, Befugnisse, Über- und Unterordnung

- **Moralische, weltanschauliche, religiöse Gründe** führen zu Gewissenskonflikten. Meist lassen sie sich nicht lösen. Dann bleibt in der Regel nur die Kündigung seitens des Mitarbeiters.

Beziehungskonflikte

Beziehungskonflikte entstehen, wenn Akzeptanz und Anerkennung verweigert werden. Dies kann schon der Fall sein, wenn Vorgesetzte zum Tadeln und nicht zum Lob tendieren. Gerade deshalb sind periodische Mitarbeiterbeurteilungen sehr wichtig.

Der schlimmste Fall des Beziehungskonflikts entsteht durch Mobbing.

Mobbing ist fortgesetzte Drangsalierung durch Vorgesetzte (Bossing) und/oder Kollegen (Staffing), selten auch durch Untergebene.

Die „beliebtesten" Mobbing-Methoden: hinter dem Rücken reden, Gerüchte verbreiten, jemanden wie Luft behandeln. Die Liste setzt sich fort mit: psychischem Druck, Belästigungen, Schikane, Ausgrenzung, Herabsetzung, Lächerlichmachen, Beleidigung, Bedrohung, sexueller Belästigung, Zuteilung minderwertiger Arbeit, Herabsetzung der Arbeitsergebnisse, Diebstahl von Arbeitsmaterial. Das Opfer ist meist schwach und kann sich kaum wehren.

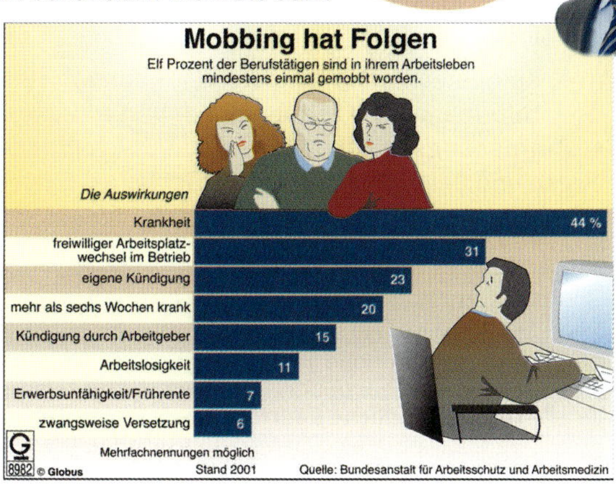

Folgen für das Opfer: Motivationsverlust, körperliche Krankheiten, Depression, Suchtverhalten, sogar Selbstmord.

Folgen für das Unternehmen: Produktivitätsverlust, Kosten für ungenutzte Leistung, schlechtes Betriebsklima, ggf. Schadensersatzleistungen.

Rechtliche Beurteilung: Würde, Persönlichkeitsentfaltung, körperliche Unversehrtheit sind vom Grundgesetz geschützt (Art. 1 und 2 GG). Deshalb stärken die Gerichte mit ihren Urteilen zunehmend die Rechte gemobbter Arbeitnehmer. Sie verlangen, dass der Arbeitgeber den Betrieb so organisiert, dass Mobbing ausgeschlossen ist, und einschreitet, wenn Mobbing trotzdem zustande kommt. Er darf Mobber fristlos entlassen. Handelt er nicht, kann er zu Schadensersatz verurteilt werden.

Was kann der Gemobbte tun?	Was kann der Betrieb gegen Mobbing tun?
• Mobbing-Tagebuch führen (Beweissicherung!) • Den Mobber auf sein Verhalten hinweisen • Sich beim Vorgesetzten beschweren • Den Betriebsrat informieren • Hilfe beim Konfliktberater suchen • Anti-Mobbing-Kurse besuchen • Als letztes Mittel: vor Gericht klagen; Schadensersatz einklagen; ggf. kündigen	• Arbeitsorganisation ändern • Informations- und Kommunikationsmanagement verbessern • Vorgesetzte schulen und zu kooperativer Führung anhalten • Schulungen zum Umgang mit Konflikten veranstalten • Beratungsstellen einrichten (Konfliktberater)

Sachliche Konflikte

- **Verteilungskonflikte** entstehen durch natürliche Interessengegensätze. Sie können z. B. die Höhe der Entlohnung, die Beförderung, die Arbeitsbedingungen oder die Konkurrenz zwischen den Mitarbeitern betreffen.
- **Verstoßkonflikte** entstehen bei Verstößen gegen die betriebliche Ordnung oder gegen Vereinbarungen und Vorschriften.

Beispiele: Verstoßkonflikte

- **Ordnung:** Arbeitsanweisungen werden nicht befolgt; Dienstwege werden nicht eingehalten
- **Vereinbarungen, Vorschriften:** Verstoß gegen Betriebsvereinbarungen, Tarifverträge, Arbeitsverträge, Ausbildungsverträge, Berufsbildungsgesetz, Bundesurlaubsgesetz, Kündigungsschutz, Arbeitssicherheitsgesetz

- **Organisationskonflikte** sind oder entstehen z. B. durch:
  - Kompetenzstreitigkeiten zwischen Kollegen,
  - Rollenkonflikte zwischen Mitarbeitern, die mehrere Vorgesetzte haben und nicht wissen, wessen „Rolle" sie spielen sollen,
  - Kompetenzanmaßung starker, kontaktfreudiger Personen,
  - Informationsverzerrung durch Verbreitung von Gerüchten und Klatsch.
- **Auffassungskonflikte** entstehen durch unterschiedliche Auffassungen, Bewertungen und Beurteilungen von betrieblichen Sachverhalten.

Beispiele: Auffassungskonflikte

- **Unterschiedliche Zielauffassungen (sog. Zielkonflikt):** Um den Gewinn zu steigern, möchte der Produktionsleiter große Serien des gleichen Artikels herstellen, der Absatzleiter hingegen ein breites Absatzprogramm beibehalten.
- **Unterschiedliche Bewertungen:** Die Mitglieder der Geschäftsleitung sind sich nicht einig, ob eine Produktionsausweitung zu einer Gewinnsteigerung oder -minderung führt.
- **Unterschiedliche Beurteilungen:** Wegen der Verweigerung eines Rabatts droht ein Kunde abzuspringen. Der Verkaufssachbearbeiter beurteilt den entstehenden Schaden als groß, sein Vorgesetzter als klein.

9.3.3 Konfliktregelung

Um Schaden vom Unternehmen abzuwenden, ist ein effektives **Konfliktmanagement** notwendig. Darunter versteht man Handhabungsformen zur Vermeidung von Konflikten, zur Verhinderung ihrer Eskalation (Verschärfung) und Ausbreitung sowie zu ihrer Lösung.

Konfliktvermeidung

Sie sollte immer im Vordergrund stehen. Ihr dienen vor allem die **Schaffung eindeutiger Organisationsstrukturen** (z. B. Stellenbeschreibungen, Arbeitsanweisungen) und **Verhaltensvorschriften**. Allerdings können neue Konflikte bei Verstößen dagegen entstehen. Deshalb sind auch **Strafvorschriften** vorzusehen (z. B. Vermerk in der Personalakte, Abmahnung, Versetzung, Kündigung).

Konfliktlösung

Bei Verstoßkonflikten ist nur eine zwangsweise Lösung möglich: Der Verursacher muss nachgeben und ggf. Strafmaßnahmen tragen. Entsprechendes gilt bei Mobbing.

Bei anderen Konflikten können die Konfliktparteien grundsätzlich vier verschiedene **Konfliktlösungsstrategien** verfolgen. Diese basieren auf dem Durchsetzungsvermögen der Parteien und ihrem Willen zur Mitarbeit:

Konfliktlösungsstrategien	Wenig Willen zur Mitarbeit	Viel Willen zur Mitarbeit
Hohes Durchsetzungsvermögen	Durchsetzung	Zusammenarbeit
Niedriges Durchsetzungsvermögen	Vermeidung	Nachgeben

Strategie	Inhalt der Strategie	Ergebnis	
Durchsetzung	Willen, die eigene Position durchzusetzen	Gewinner (der Durchsetzende)	Verlierer
Vermeidung	Keine Konfliktaustragung; keine Änderung	Verlierer	Verlierer
Nachgeben	Konfliktlösung mit Verlust der Position	Verlierer (der Nachgebende)	Gewinner
Zusammenarbeit	beidseitige Einbringung der Position	Gewinner	Gewinner

Zu einer „Win-Win-Situation“ kann es nur bei der Strategie der Zusammenarbeit kommen. Dabei reden oder verhandeln die Konfliktparteien miteinander. Oft schalten sie einen **Mediator** (Vermittler) ein. Sie können sich, um Zeit und Kräfte zu sparen, auch vertreten lassen (z. B. durch Rechtsanwälte). Bisweilen ist eine gerichtliche Klärung notwendig.

Mediation

Möglichkeiten der Konfliktregelung

Verhandlung zwischen den Betroffenen selbst

Beispiel: Arbeitgeber und Arbeitnehmer verhandeln z. B. über eine Gehaltserhöhung.

Mediation (Vermittlungsverfahren)

Ein unparteiischer Dritter unterstützt auf freiwilliger Basis die Konfliktparteien bei ihren Lösungsversuchen. Der Mediator hat kein Recht zur sachlichen Intervention. Er unterstützt nur und strebt einen Konsens unter Berücksichtigung aller Interessen an.

Beispiel: Die Tarifvertragsparteien vereinbaren zur Streikabwendung ein Schlichtungsverfahren.

Verhandlungen von Vertretern

Beispiel: Arbeitgeberverbände und Gewerkschaften verhandeln im Auftrag von Arbeitgebern und Arbeitnehmern über Lohnerhöhungen.

Einschaltung vorgesetzter Stellen

Beispiel: Der Personalchef trifft eine Entscheidung bei einer Streitigkeit zwischen Ausbilder und Auszubildendem.

Einschaltung von Mitbestimmungsorganen

Beispiel: Ein Arbeitnehmer ruft den Betriebsrat wegen einer seiner Meinung nach sozial ungerechtfertigten Kündigung an.

Anrufung der Gerichte

Beispiel: Der entlassene Arbeitnehmer klagt beim Arbeitsgericht gegen seine Entlassung.

Arbeitsaufträge

1. **Betriebliche Konflikte können unterschiedliche Ursachen haben.**

   a) Geben Sie Beispiele an für

   (1) persönlich bedingte Konflikte,
   (2) Konflikte aus natürlichen Interessengegensätzen,
   (3) Konflikte aus Verstößen gegen die betriebliche Ordnung,
   (4) Konflikte aus Verstößen gegen gesetzliche Bestimmungen und gegen Vereinbarungen,
   (5) Zielkonflikte,
   (6) Konflikte aus Kompetenzüberschreitungen,
   (7) Rollenkonflikte.

   b) Nennen Sie Möglichkeiten, die genannten Konflikte zu lösen oder zu regeln.

2. **Viele Mitarbeiter werden an ihrem Arbeitsplatz gemobbt.**

   a) Erläutern Sie die nebenstehende Grafik.

   b) Welche Folgen hat Mobbing für den einzelnen Mitarbeiter und für den Betrieb? Erstellen Sie eine Übersicht!

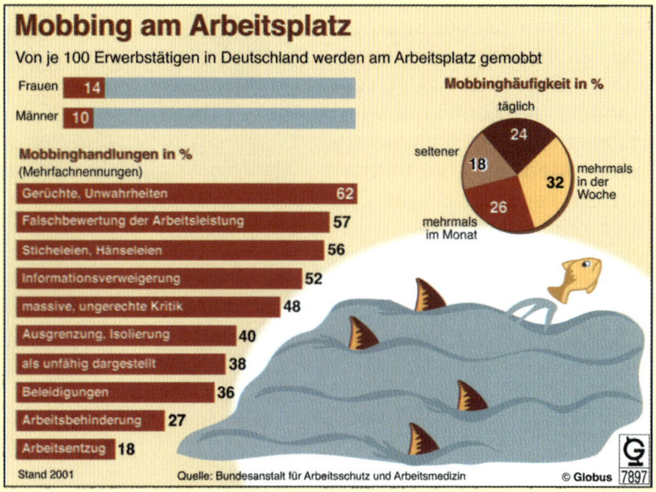

10 Arbeitsstudien und Arbeitsentgelte

10.1 Arbeitsstudien

10.1.1 Ziel von Arbeitsstudien

Arbeitsstudien sind erfahrungsmäßig praktisch oder arbeitswissenschaftlich begründete Methoden zur Untersuchung von Arbeitsvorgängen zum Zweck einer optimalen Arbeitsgestaltung.

Sie sind Voraussetzung für eine optimale Fertigungsplanung und Fertigungsorganisation und damit auch für eine sinnvolle Rationalisierung.

Arbeitsstudien wurden von F. W. Taylor (1856–1915) in den USA begründet. Hauptträger in Deutschland war und ist der REFA-Verband, außerdem der „Ausschuss für wirtschaftliche Fertigung" (AWF).

Arten von Arbeitsstudien

Arbeitsablaufstudien

Sie untersuchen die Folge von Arbeitsvorgängen, d. h. das sinnvolle Ineinandergreifen von einzelnen Plätzen, Arbeitsstufen und -gruppen.

Mithilfe dieser Studien ist eine Beurteilung des Arbeitsvollzugs möglich; es lassen sich menschliche oder technische Störungen aufdecken.

Arbeitszeitstudien

Sie messen die für den einzelnen Arbeitsvorgang benötigte Zeit mit Stoppuhren, Registriergeräten und Filmen. Die ausgewerteten Ergebnisse bilden die Basis für die Einteilung der Arbeit in zeitlicher Hinsicht.

Arbeitswertstudien

Sie erfassen die Schwierigkeit von Arbeiten und bezwecken eine Einstufung der Tätigkeiten nach dem Schwierigkeitsgrad.

10.1.2 Arbeitsablaufstudien

Der Arbeitsablauf ist nach REFA eine Folge zusammenhängender **Arbeitsvorgänge** in **Raum** und **Zeit**. Demgemäß sind zu untersuchen:

- die Unterteilung des Arbeitsablaufs in einzelne Arbeitsvorgänge,
- die zeitliche Reihenfolge der Arbeitsvorgänge,
- die räumliche Anordnung der Arbeitsplätze,
- die Beförderungsmittel für die Werkstoffe.

Die Arbeitsabläufe werden auf verschiedene Art, je nach dem Zweck, festgehalten.

Grundlage bei Arbeitsablaufstudien ist stets die Unterteilung des Arbeitsablaufs in Arbeitsvorgänge. Sie wird in einem **Arbeitsgliederungsplan** dargestellt.

Beispiel: **Arbeitsgliederungsplan „Herstellung eines Drehstrommotors" (Ausschnitt)**

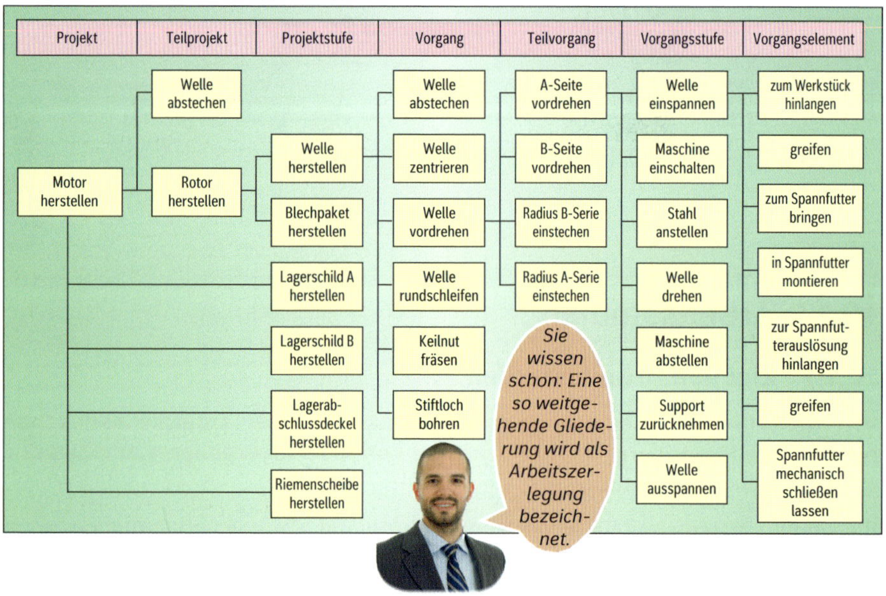

Grundrissdarstellungen zeigen die Länge der Verkehrswege auf und geben Hinweise darauf, wo sich die Verkehrswege verkürzen lassen.

Beispiel: **Fertigungsfluss**

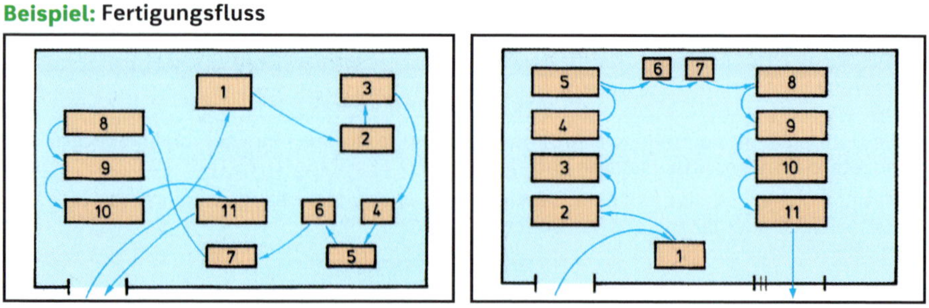

Ausgangszustand (1–11 = Betriebsmittel) Zustand nach Optimierung

Als Grundlage für die Untersuchung von Teilvorgängen, Vorgangsstufen und Vorgangselementen sind **Arbeitsprozessdarstellungen** wie die folgende gut geeignet. Sie können verschiedene Tatbestände zugleich verdeutlichen:

- die berührten Stellen bzw. Abteilungen,
- die verschiedenen Ablaufstufen,
- die auf den jeweiligen Ablaufstufen vorgenommenen Verrichtungen, →
- die Häufigkeit der Verrichtungen,
- die Länge der Wege,
- die Zeitdauer.

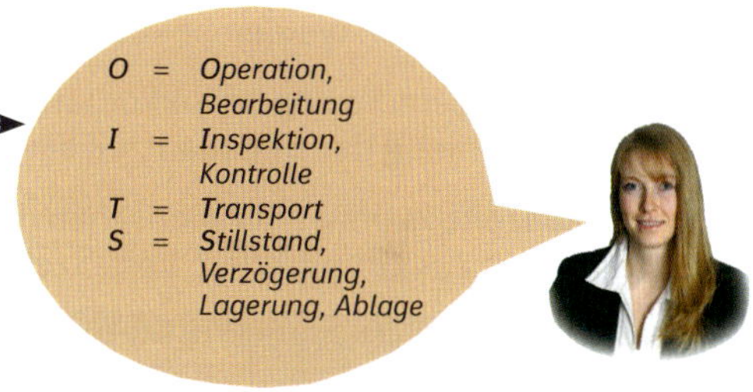

Beispiel: **Arbeitsprozessdarstellung**

Arbeitsablauf (Kundenauftragsbearbeitung)

	Ablaufstufen	Verrichtung				Poststelle	Debitoren-buchhaltung	Verkaufsleiter	Verkauf	Produktlager	Packerei	Versand/Fuhrpark
1	Posteingang – Öffnen des Kundenauftrags	X (O)	I	T	S	1						
2	Bonitätsprüfung	O	X	T	S		2					
3	Sortiert und disponiert	X (O)	I	T	S			3				
4	Entscheidet über Lieferfähigkeit	O	X	T	S				4			
5	Adresse, Konditionen, Preise eingeben	O	X	T	S				5			
6	Mengen eingeben	X (O)	I	T	S				6			
7	Fakturieren	X (O)	I	T	S				7			
8	Rechnungssatz trennen	X (O)	I	T	S				8			
9	Fakturierte Aufträge weiterleiten	O	I	X	S				9			
10	Auftrag kommissionieren	X (O)	I	T	S					10		
11	Auftrag und Begleitpapiere	O	I	X	S					11		
12	Auftrag versandfertig machen	X (O)	I	T	S						12	
13	Versandzettel	O	I	X	S							13
14	Originalrechnung aussortieren	X (O)	I	T	S					14		
15	Originalrechnung und Duplikat	O	I	X	S	15						
16	Originalrechnung und Duplikat an Kunden versenden	O	I	X	S	16						

FÜNFTER ABSCHNITT

10.2 Arbeitszeitstudien

Aufgabe der *Arbeitszeitstudien* ist die Ermittlung der Vorgabezeit. Hierunter ist der Zeitverbrauch für die ordnungsgemäße Erledigung einer Aufgabe bei normaler Leistung der Arbeitskraft zu verstehen (Sollzeit).

Die Vorgabezeiten werden benötigt für

- die Lohnberechnung bei Akkordarbeit,
- die Ermittlung der Durchlaufzeit eines Produkts,
- die Terminplanung,
- den Personalbedarf.

Vorgabezeiten können für Menschen und Maschinen ermittelt werden. Sie setzen sich nach REFA aus Grundzeiten, Verteilzeiten und Erholungszeiten zusammen.

Zusammensetzung der Vorgabezeiten
Grundzeiten Regelmäßig auftretende Zeiten (Tätigkeits- und Wartezeiten), die sich durch Zeitaufnahme oder Berechnung ermitteln lassen.
Verteilzeiten Unregelmäßig auftretende Zeiten, die durch einen prozentualen Zuschlag auf die Grundzeit berücksichtigt werden müssen. Sie umfassen sachliche Verteilzeiten (störungsbedingte Unterbrechungen) und persönliche Verteilzeiten (persönlich bedingte Unterbrechungen).
Erholungszeiten Sie kommen nur bei Menschen vor und dienen dem Abbau von Ermüdung und der Wiederherstellung der Arbeitskraft.

Schema für die Berechnung der Vorgabezeit des Menschen für einen Auftrag:

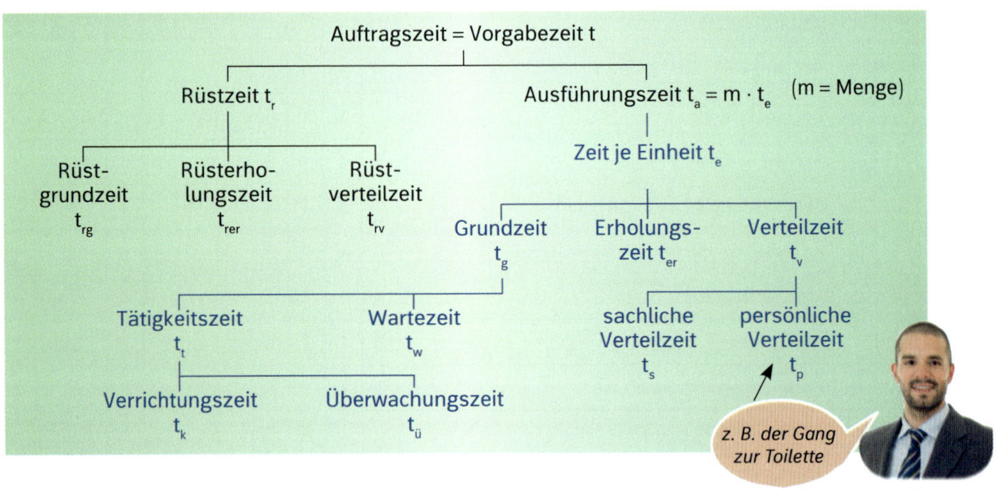

Ein entsprechendes Schema (ohne Erholungszeiten) wird auch für die Belegungszeit von Betriebsmitteln benutzt.

Beispiel: Vorgabezeit

Errechnung der Vorgabezeiten für „Verschlussdeckel, plandrehen, hinterstechen und Bohrung drehen“. Fertigungsmenge: 100 Stück

Nr.	Vorgangsstufen	Sollzeit in Minuten	Zeitart
1.	Auftrag und Zeichnung lesen	1,0	t_{rg}
2.	Werkzeug bereitlegen	1,0	
3.	Werkzeug einspannen	0,5	
4.	Maschine einstellen	1,0	
5.	Werkstück einspannen	0,5	t_g
6.	Werkzeug anstellen, Maschine einschalten	0,2	
7.	Bohrung ausdrehen, 1. Span	1,1	
8.	Zurückfahren und Werkzeug anstellen	0,1	
9.	Bohrung ausdrehen, 2. Span	1,1	
10.	Zurückfahren und Werkzeug anstellen	0,2	
11.	Plandrehen	2,3	
12.	Werkzeugwechsel	0,2	
13.	Werkzeug anstellen	0,1	
14.	Hinterstechen	1,6	
15.	Freistechen innen	0,4	
16.	Werkzeugwechsel	0,2	
17.	Werkzeug anstellen	0,1	
18.	Anfasen 3 x	0,5	
19.	Messen	0,05	
20.	Werkzeug abspannen	0,2	
21.	Werkstück ablegen (Nr. 5 bis 21 wird 99-mal wiederholt)	0,1	
22.	Werkzeug ausspannen und weglegen	0,8	t_{rg}

Verteilzeiten für Rüstzeit t_{rv} = 10 %

Verteilzeitzuschlag für Ausführungszeit t_v = 10 %

Rüstzeit: $t_r = t_{rg} + t_{rer} + t_{rv}$ $\quad t_r = 4{,}3 \text{ Min.} + 0 \text{ Min.} + 4{,}3 \text{ Min.} \cdot \frac{10}{100} = 4{,}73 \text{ Min.}$

Zeit je Einheit: $t_e = t_g + t_{er} + t_v$ $\quad t_e = 8{,}95 \text{ Min.} + 0 \text{ Min.} + 8{,}95 \text{ Min.} \cdot \frac{10}{100} = 9{,}85 \text{ Min.}$

Vorgabezeit: $t = t_r + m \cdot t_e$ $\quad t = 4{,}73 \text{ Min.} + 100 \cdot 9{,}85 \text{ Min.} = 990 \text{ Min.}$ (gerundet)

FÜNFTER ABSCHNITT

Die **Sollzeiten für die Vorgangsstufen** können auf verschiedene Weise ermittelt werden.

Ermittlung der Sollzeiten für die Vorgangsstufen

Messen

Stoppuhr, Stopprechner, Stoppband, Filmkamera, Impulsgeber, Zeitschreiber, Zählwerke u. a. m.

Multimomentaufnahmen

In zufällig ausgewählten Zeitpunkten werden auf Betriebsrundgängen die Tätigkeiten innerhalb einer Gruppe registriert. Von der Häufigkeit des Vorkommens einer bestimmten Tätigkeit schließt man auf ihren prozentualen Anteil an der Gesamtheit des Arbeitsablaufs.

Vergleichen

Vergleich mit ähnlichen, zeitmäßig bekannten Vorgängen

Schätzen

Der gesamte Vorgang oder Teilvorgänge können geschätzt werden.

Planzeiten

Aus Tabellen werden als Richtwerte ermittelte Planzeiten abgelesen, die für bestimmte Arbeitsabschnitte gelten, auf eine Tätigkeit angewendet und aufsummiert.

Berechnen

Zeiten, die vom Vorgang her unbeeinflussbar sind (mechanisch oder automatisch ablaufende Abschnitte), können formelmäßig errechnet werden.

Systeme vorbestimmter Zeiten

Man führt einen Vorgang auf kleine Vorgangselemente zurück, die wiederum bestimmten Grundbewegungstypen zugeordnet werden. So sind die sechs wesentlichen Bewegungselemente nach REFA:

Hinlangen	Bewegen der Hand zu einem Gegenstand
Bringen	Bewegen eines Gegenstandes mit der Hand
Greifen	Schließen der Finger zum Fassen eines Gegenstandes
Vorrichten	Drehen eines Gegenstandes in eine einbaugerechte Lage
Fügen	In- oder Aneinanderfügen von Gegenständen
Loslassen	Öffnen der Finger, die den Gegenstand halten

Es gibt mehrere Systeme vorbestimmter Zeiten, vor allem **MTM (Method-Time-Measurement)** und **WF (Work-Factor)**, die sich vor allem durch eine unterschiedliche Zahl von Bewegungselementen und die Art der Zeitzuordnung unterscheiden. Allgemein lässt sich sagen, dass die Gesamtzeit für einen Vorgang synthetisch durch Aufsummieren der minimalen Zeiteinheiten erfolgt.

Arbeitsaufträge

1. **Eine rationale Arbeitsgestaltung setzt Arbeitsstudien voraus.**
   a) Was versteht man unter Arbeitsstudien?
   b) Welche Tatbestände werden anhand von Arbeitsstudien untersucht?
   c) Beschreiben Sie die auf den Seiten 480 und 481 wiedergegebenen grafischen Darstellungen von Arbeitsprozessen. Versuchen Sie anzugeben, bei welchen Gelegenheiten derartige Arbeitsablaufstudien nötig werden könnten.
   d) Zeichnen Sie aus dem Gedächtnis das Schema zur Berechnung der Vorgabezeit des Menschen für einen Auftrag auf. Erläutern Sie dann Ihre Eintragungen in den einzelnen Kästchen.
   e) Nennen Sie Anlässe, bei denen Vorgabezeiten berechnet werden müssen.

2. **Folgender Auftrag liegt vor: „Welle A-Seite vordrehen"; Menge 15 Stück.**

Nr.	Vorgangsstufen	Sollzeit in Minuten	Zeitart
1.	Auftrag und Zeichnung lesen	1,0	
2.	Stahl bereitlegen	1,0	
3.	Stahl einspannen	0,5	
4.	Maschine einstellen	1,0	
5.	Welle einspannen	0,5	
6.	Stahl anstellen, Maschine einschalten	0,2	
7.	Welle drehen	10,0	
8.	Maschine ausstellen	0,1	
9.	Support zurücknehmen	0,2	
10.	Welle ausspannen	0,4	
11.	Welle ablegen (Nr. 5–11 wird 14-mal wiederholt)	0,1	
12.	Stahl ausspannen und weglegen	0,8	

Verteilzeitzuschlag für Rüstzeit 15 %; Verteilzeitzuschlag für Ausführungszeit 10 %

a) Berechnen Sie die Rüstzeit, die Zeit je Einheit und die Vorgabezeit.
b) Der Dreher erhält Sollzeiten vorgegeben. Nennen Sie Methoden, diese Sollzeiten zu ermitteln.

3. Ein modernes Verfahren für die Ermittlung von Sollzeiten ist das Modulverfahren:

Seine kleinste Einheit, 1 MODUL, entspricht $^1/_7$ sec (für schnelle Planung – exakt: 0,14285 sec). Alle Tätigkeitselemente sind ein Mehrfaches vom MODUL, z. B. bei Hinlang- und Bringbewegungen mit den Armgliedern:

Fingerbewegung	= 1 MOD
Handbewegung aus Handgelenk	= 2 MOD
Unterarmbewegung aus Ellbogengelenk	= 3 MOD
Oberarmbewegung aus Schultergelenk	= 4 MOD
gestreckte Armbewegung	= 5 MOD

Diese Definition aus der anatomischen Kinematik ist unterschiedlich zu den bisherigen Verfahren. Die physiologische Deutung ist empirisch und zeigt im Ergebnis Übereinstimmung mit anderen Verfahren.

Die weiteren Merkmale von MODUL betreffen die geringe Zahl von Ausführungselementen (21), wenig Anwendungsregeln sowie Symbole, die mit dem Zeitwert identisch sind; Übersetzungsroutinen mit der Tabelle entfallen also. Die Addition einstelliger Ziffern (MODULN) ergibt direkt den Zeitwert:

Beispiel:
Kugelschreiber aufnehmen aus Ständer (Hinlangen 45 cm):

Mit Oberarm hinlangen	MOD 4
Kugelschreiber ergreifen	MOD 1
Kugelschreiber herausziehen aus Ständerloch	MOD 2
Kugelschreiber zum Schreibpapier (20 cm): Unterarmbewegung mit Nachrichten des Kugelschreibers	MOD 3
Kugelschreiber zum Schreiben ansetzen: Anfügen	MOD 2

a) Zu welchen der folgenden Verfahren gehört das Modulverfahren nach Ihrer Ansicht?
1. Messen, 2. Multimomentaufnahmen, 3. Vergleichen, 4. Schätzen, 5. Planzeiten, 6. Berechnen, 7. VVZ (Verfahren vorbestimmter Zeiten).

b) Berechnen Sie die Sollzeit für das angegebene Beispiel.

10.3 Personalkosten: Arten, Beeinflussbarkeit

„Wenn Sie mir keine Gehaltserhöhung geben, Chef, dann erzähle ich überall herum, ich hätte eine gekriegt."

Personalkosten sind alle Kosten für die Bereitstellung und den Einsatz der menschlichen Arbeitskraft.

Personalkosten

Direkte Personalkosten
= Entgelt für geleistete Arbeit

- Bruttolöhne und -gehälter
- Zuschläge (z. B. für Mehr-, Schicht-, Sonn- und Feiertagsarbeit, Erschwernis)

Indirekte Personalkosten (Personalnebenkosten)
= Kosten, die nicht unmittelbar Entgelt für Arbeitsleistung sind

- **gesetzlich festgelegte:** Arbeitgeberbeiträge zur Sozialversicherung, Beiträge zur Berufsgenossenschaft, Aufwand nach Schwerbehinderten- und Mutterschutzgesetz, bezahlte Abwesenheit bei Urlaub, Krankheit, Feiertagen, Aufwand nach Betriebsverfassungsgesetz
- **freiwillige:** Aus- und Fortbildung, Altersversorgung, Werksverpflegung, Gratifikationen, Urlaubsgeld, Fahrtkostenerstattung, Treueprämien, Jubiläumsgeschenke, Sportangebote, vermögenswirksame Arbeitgeberleistungen u. a. m.

Freiwillige Arbeitgeberleistungen sind ein Ansatzpunkt für die Verbesserung von Arbeitsleistung und Betriebsklima. Sie verbessern das „soziale Ansehen" des Betriebs und werden vielfach am Jahresende in sog. Sozialberichten veröffentlicht.

Die Gewerkschaften sind bestrebt, derartige Sozialleistungen in Tarifverträgen festzuschreiben. Dann werden aus freiwilligen Sozialleistungen **tarifliche Sozialleistungen.** Da sie vertraglich begründet sind, können sie nicht mehr einseitig rückgängig gemacht werden. Zwei besonders bekannte Beispiele sind die tarifvertragliche Weihnachtsgratifikation und die tarifvertraglich festgelegte Arbeitgeberbeteiligung an der Vermögensbildung nach dem 5. Vermögensbildungsgesetz.

Nach ihrer Beeinflussbarkeit durch das Personalmanagement werden unterschieden:

- **Bestandskosten** (Kosten für die Personalbereitstellung; sie sind mit der Mitarbeitereinstellung als Datum gegeben und kaum beeinflussbar.)
- **Aktionskosten** (Kosten für Personalbeschaffung, -entwicklung, -abbau)
- **Reaktionskosten** (Fluktuations- und Fehlzeitenkosten)

Aktions- und Reaktionskosten lassen sich durch eine Optimierung der Prozesse gestalten und verringern. Deshalb bedarf es hier guter Planung und guten Controllings. Ein wichtiges Instrument dafür ist das Personalbudget.

Das Personalbudget ist ein Plan, der die Obergrenze der Personalkosten einer organisatorischen Einheit für einen Zeitraum (i. d. R. ein Jahr) festlegt.

Das Personalbudget erleichtert die Überwachung der Personalkosten. Geplante und tatsächliche Personalkosten werden verglichen, die Abweichungen werden analysiert.

Arbeitsaufträge

1. **Durchgeführte Untersuchungen zeigen, dass die Personalnebenkosten pro Mitarbeiter bei großen Unternehmen weitaus höher als bei kleineren sind.**
   a) Vergleichen Sie die Sozialleistungen Ihrer Ausbildungsbetriebe. Finden Sie ggf. das genannte Untersuchungsergebnis bestätigt?
   b) Wo liegen nach Ihrer Ansicht die Gründe für derartige Unterschiede? Führen Sie zu diesem Thema eine Diskussion durch.
2. **In einer Großdruckerei ist die Stelle eines Offsetdruckers zu besetzen. Dafür bieten sich als Alternativen eine Festeinstellung oder die Besetzung durch Personalleasing an.**
   a) Fertigen Sie eine Aufstellung über die Kostenarten an, die bei diesen Personalbeschaffungsmaßnahmen anfallen.
   b) Erläutern Sie anhand dieses Falles Möglichkeiten, die Höhe von Aktionskosten zu beeinflussen.

FÜNFTER ABSCHNITT

10.4 Arbeitswertstudien

10.4.1 Anforderungen an Arbeitsplätzen

Die Höhe der Entlohnung hat großen Einfluss auf die Leistungsmotivation. Vielfach wird sie sogar als die entscheidende Einflussgröße angesehen.

Grundsätzlich muss gelten:

- *Die schwierigere Arbeit ist höher zu entlohnen!*
- *Bei gleicher Schwierigkeit ist die höhere Leistung höher zu entlohnen!*

Jeder Arbeitsplatz stellt ganz bestimmte Anforderungen an die dort Beschäftigten. Diese Anforderungen kennzeichnen den **Schwierigkeitsgrad** der Arbeit.

***Arbeitswertstudien* sollen den Schwierigkeitsgrad der Arbeit ermitteln. Sie dienen damit der Arbeitsplatzbewertung und sind eine Grundlage für die Bestimmung der Lohnhöhe.**

Voraussetzungen für Arbeitswertstudien sind eine genaue Untersuchung und Beschreibung jedes Arbeitsplatzes.

Arbeitsplatzbeschreibung

- organisatorische Daten
- Ziel des Arbeitsplatzes
- Tätigkeiten
- Entscheidungsbefugnisse
- Arbeitsablauf

Arbeitsplatzbeschreibung → liefert Erkenntnisse zur Arbeitsplatzbewertung

Arbeitsplatzbewertung

Ermittlung des Schwierigkeitsgrades durch Arbeitswertstudien

Die Anforderungen an die Mitarbeiter an den einzelnen Arbeitsplätzen müssen miteinander verglichen werden, denn die Leistung der Mitarbeiter hängt auch davon ab, ob sie sich selbst im Rahmen des Betriebssystems als gerecht entlohnt beurteilen. Ihre Einstufung soll die unterschiedlichen Arbeitsschwierigkeiten berücksichtigen und den Arbeitenden das Gefühl geben, dass ihr Lohn in angemessenem Verhältnis zum Lohn ihrer Arbeitskollegen steht, die schwierigere oder leichtere Arbeiten ausführen.

10.4.2 Anforderungsarten, -niveau, -struktur

Die einzelnen Anforderungsarten, die mit einer Tätigkeit verbunden sind, wurden 1950 grundlegend im sogenannten **Genfer Schema**[1] festgelegt. Dieses Schema unterscheidet verschiedene Anforderungsarten nach folgenden Hauptmerkmalen:

Genfer Schema		
Hauptmerkmale	**Anforderungsarten**	
	Fachkönnen	**Belastung**
Geistige Anforderungen	① Fachwissen, Berufserfahrung, Fertigkeit im fachlichen Denken (Denkfähigkeit)	③ Beanspruchung der Aufmerksamkeit, der Betätigung der Sinne, Nerven, des Gehirns (aktive Denkfähigkeit)
Körperliche Anforderungen	② Geschicklichkeit, Handfertigkeit, körperliche Fertigkeit (Fähigkeiten der Muskeln)	④ Aktive Betätigung der Muskeln
Umgebungseinflüsse		⑤ Beanspruchung durch passives Ertragen von Temperatur, Nässe, Säure, Staub, Schmutz, Gas, Dämpfen, Lärm, Erschütterung, Blendung, Lichtmangel, Erkältungsgefahr, Arbeit im Freien, Unfallgefahr usw.
Moralische Anforderungen	⑥ Verantwortung für Erzeugnisse, Arbeitsablauf, Betriebsmittel, Sicherheit und Gesundheit anderer	

Das Ausmaß der Beanspruchung durch eine bestimmte Anforderungsart bestimmt das Anforderungsniveau.

Beispiele: **Anforderungsniveau**

- Ein Arbeiter an einer Schleifmaschine ist einer verhältnismäßig hohen Beanspruchung durch Ertragen von Staub ausgesetzt.
- Ein Ingenieur trägt eine besonders hohe Verantwortung für die Sicherheit der Mitarbeiter.

Erfasst man alle Anforderungsarten an einem Arbeitsplatz sowie ihr jeweiliges Anforderungsniveau, so erhält man ein Bild von der *Struktur* (der Zusammensetzung und Gewichtung) der Anforderungen.

Der REFA-Verband hat einen **Anforderungskatalog** entwickelt, der die einzelnen Anforderungsarten sowie die möglichen Anforderungsniveaus festhält, aufeinander abstimmt und mit einer Bewertungszahl versieht.

[1] Vorschlag gegenüber 16 Teilnehmerstaaten an der vom Comité International de l'Organisation Scientifique (CIOS) in Genf 1950 veranstalteten Tagung

Anforderungskatalog nach REFA
Anforderungsarten und deren Abstimmung zueinander

Bewertungszahl	I Erforderliche Fachkenntnisse	II Geschicklichkeit	III Anstrengung		IV Verantwortung			V Umgebungseinflüsse				
	Berufsausbildung Berufserfahrung	Handfertigkeit	a Körperliche Beanspruchung	b Geistige Beanspruchung	a für Werkstück und für Betriebsmittel	b für die Arbeitsgüte	c für Gesundheit anderer	a Temperaturbeeinflussung	b Öl, Fett Schmutz, Staub ...	c Gase ...	d Unfallgefährdung	e Lärm, Blendung, Erkältungsgefahr ...
0	kurze Anweisung	keine		gering	gering	gering	gering	gering		gering	gering	gering
1	Anweisung bis 6 Wochen	gering	gering	zeitweise mittel	mittel	mittel	mittel	mittel	gering	mittel	mittel	mittel
2	Anlernen bis 6 Monate	mittel	zeitweise mittel	dauernd mittel	hoch	hoch	hoch	hoch	mittel	hoch	hoch	hoch
3	Anlernen mindestens 6 Monate und zusätzliche Berufserfahrung	hoch	dauernd mittel	dauernd hoch	sehr hoch	sehr hoch	sehr hoch		hoch			sehr hoch
4	abgeschlossene Anlernausbildung und zusätzliche Berufserfahrung	höchste	dauernd hoch	dauernd sehr hoch		ganz außergewöhnlich			sehr hoch			
5	abgeschlossene Facharbeiterausbildung		dauernd sehr hoch	dauernd ganz außergewöhnlich								
6	abgeschlossene Facharbeiterausbildung mit besonderer Berufserfahrung		dauernd außergewöhnlich									
7	abgeschlossene Facharbeiterausbildung und höchstes fachliches Können											

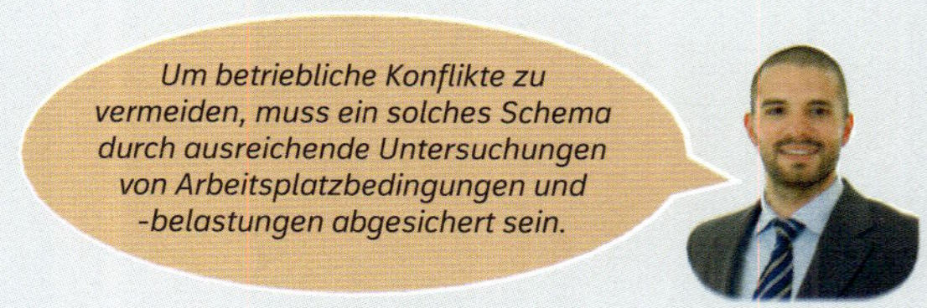

Dieses Schema enthält gewisse **Wertvorstellungen**:

- Bei den einzelnen Anforderungsarten wird eine unterschiedliche Zahl von Anforderungsniveaus gebildet.
- Hohe Anforderungen bei den verschiedenen Anforderungsarten werden unterschiedlich bewertet.

Beispiel: Bewertung

Eine sehr hohe Beanspruchung durch Lärm erhält die Bewertungszahl 3, eine dauernd sehr hohe körperliche Beanspruchung die Bewertungszahl 5.

10.4.3 Methoden der Arbeitsbewertung

Wenn man die **Arbeitsschwierigkeit** ermitteln will, so kann man

- die Anforderungen global beurteilen: **summarische Arbeitsbewertung**,
- die Anforderungen für jede Anforderungsart getrennt beurteilen: **analytische Arbeitsbewertung**.

Arbeitsbewertung

summarisch		analytisch	
Es wird eine Gesamtbeurteilung der Arbeitsschwierigkeiten vorgenommen. Die einzelnen Anforderungsarten werden nur global berücksichtigt.		Die Beurteilung der Arbeitsschwierigkeit erfolgt anhand der einzelnen Anforderungsarten. Jede Art erhält eine Wertzahl.	
Rangfolgeverfahren	**Lohngruppenverfahren**	**Rangreihenverfahren**	**Stufenwertzahlverfahren**

Rangfolgeverfahren

Man vergleicht Stellen paarweise im Hinblick auf ihre Anforderungen miteinander und bringt sie so in eine Rangfolge.

Beispiel: Rangfolgeverfahren

Stelle \ Vergleichsstelle		1	2	3	4	5	Rangfolge
Sekretärin	1		–	+	+	–	2
Bilanzbuchhalter	2	+		+	+	+	4
Stenokontoristin	3	–	–		+	–	1
Bote	4	–	–	–		–	0
Verkäufer	5	+	–	+	+		3

Der Bilanzbuchhalter erhält den höchsten Rang, der Bote den untersten.

Nachteile des Rangfolgeverfahrens:

- Das Verfahren ist nur bei einer geringen Anzahl von Stellen möglich.
- Das Problem des Lohnabstandes zwischen den Stellen ist nicht gelöst.

Lohngruppenverfahren

Für Arbeiter, kaufmännische und technische Angestellte werden jeweils 6 bis 12 Lohngruppen gebildet. Jede Lohngruppe wird in allgemeiner Form nach Schwierigkeitsgraden abgestuft und mit Beispielen versehen.

Beispiel: Lohngruppenverfahren

Lohngruppe 8	Facharbeiter mit meisterlichem Können	**Vorarbeiter Gruppenleiter**
Lohngruppe 6	Qualifizierter Facharbeiter mit langer Erfahrung	**Maschinenrichter**
Lohngruppe 4	Qualifizierter Angelernter	**Berufsfremder mit Erfahrung**
Lohngruppe 1	Hilfsarbeiter, Anlernen einfachster Art, Leichtlohngruppe	**Berufsfremder ohne Erfahrung**

Nachteil des Lohngruppenverfahrens:

Die unterschiedlichen Anforderungen einer Tätigkeit werden lediglich global berücksichtigt.

Rangreihenverfahren

Wie beim Rangfolgeverfahren nimmt man eine Einordnung von der einfachsten bis zur schwierigsten Verrichtung vor, **jedoch für jede Anforderungsart getrennt**. Man vergleicht also alle im Betrieb vorkommenden Tätigkeiten nacheinander auf geistige und körperliche Beanspruchung, Verantwortung und Arbeitsbedingungen. Bei 50 Arbeitsplätzen bekommt z. B. die Tätigkeit mit der höchsten Verantwortung den Wert 50, die mit der niedrigsten den Wert 1 usw. Durch eine Gewichtungsziffer wird die unterschiedliche Bedeutung der einzelnen Beanspruchungsarten berücksichtigt. Problematisch ist vor allem das subjektive Element, das in die Gewichtung einfließt.

Beispiel: Rangreihenverfahren

	Kennziffer	**Gewicht**	**Anforderungsart**	**Rang**	**Gewichteter Rang** (gerundet)	
Können	101	9	Arbeitskenntnisse, Ausbildung, Erfahrung, Denkfähigkeit	13	117	
	102	5	Geschicklichkeit, Handfertigkeit	15	75	192
Verantwortung	201	7	eigene Arbeit, Betriebsmittel, Erzeugnisse	23	161	
	202	3	Arbeit anderer	11	33	
	203	3	Sicherheit anderer	11	33	227
Anstrengung	301	5	Sinne und Nerven, Aufmerksamkeit	16	90	
	302	3	Denkfähigkeit, Nachdenken	20	60	
	303	6	muskelmäßige Belastung	21	126	276
Umgebung	401	3	Schmutz	30	90	
	402	2	Staub	40	80	
	403	1,5	Öl	17	26	
	404	3	Temperatur	24	72	
	405	2	Nässe	7	14	
	406	2	Gase, Dämpfe	8	16	
	407	2,5	Lärm	35	88	
	408	2	Erschütterung	9	18	
	409	1	Blendung, Lichtmangel	9	9	
	410	1,5	Erkältung	10	15	
	411	2	Schutzkleidung	30	60	
	412	3	Unfallgefahr	31	93	581
					Punktsumme:	1 276

Stufenwertzahlverfahren

Die Wertzahlen des Anforderungs-Katalogs werden je nach der Dauer der Belastung mit einem Stundenfaktor multipliziert. Man addiert die erhaltenen Punkte. Die Summe ist das Kriterium für die Einordnung in eine Lohngruppe.

Auch hier liegt der Hauptnachteil in dem subjektiven Moment, das in die Gewichtung eingeht.

Beispiel: Stufenwertzahlverfahren

Bewertung der geistigen Beanspruchung							
Anforderungsstufen	**Stufenwertzahl**	**Stundenfaktor** 1,0	1,1	1,2	1,3	1,4	1,5
gering	0	0	0	0	0	0	0
zeitweise mittel	1	1,0	1,1	1,2	1,3	1,4	1,5
dauernd mittel	2	2,0	2,2	2,4	2,6	2,8	3,0
dauernd hoch	3	3,0	3,3	3,6	3,9	4,2	4,5
dauernd sehr hoch	4	4,0	4,4	4,8	5,2	5,6	6,0
dauernd ganz außergewöhnlich	5	5,0	5,5	6,0	6,5	7,0	7,5

Anwendung auf „Brennschneiden“:

Tätigkeiten	Stufenwertzahl	Stundenfaktor	Punkte
Zeichnung lesen	4	1,0	4,0
Arbeit vorbereiten	2	1,1	2,2
Brennschneiden	3	1,4	4,2
			10,4

Auf die gleiche Weise erhält man die notwendigen Punktzahlen für alle anderen Anforderungsarten.

FÜNFTER ABSCHNITT

Arbeitsaufträge

1. **Arbeitswertstudien beschäftigen sich unter anderem mit dem Vergleich von Arbeitsplätzen.**
   a) Warum müssen Arbeitsplatzvergleiche durchgeführt werden?
   b) Was ist die Voraussetzung dafür, dass Arbeitsplätze überhaupt verglichen werden können?

2. **In dem folgenden Schema werden mehrere betriebliche Stellen in ihrer Wertigkeit miteinander verglichen. + entspricht höherer Wertigkeit; – entspricht niedrigerer Wertigkeit.**

Stelle \ Vergleichsstelle			1	2	3	4	5	Rang
Betriebsschlosser	1			+	–			
Sachbearbeiter Betriebsbüro	2		–					
Produktionsleiter	3		+					
Aushilfskraft	4							
Betriebsingenieur	5							

a) Zeichnen Sie das Schema ab, vervollständigen Sie es und legen Sie durch Vergabe der Zahlen 1 (höchster Rang) bis 5 (niedrigster Rang) die Rangfolge der Stellen fest.
b) Welchen Namen hat dieses Verfahren und zu welchem Zweck erfolgt eine derartige Untersuchung?
c) Sie haben die vergleichenden Eintragungen gefühlsmäßig vorgenommen. Wie ist stattdessen in der betrieblichen Praxis vorzugehen?
d) Vergleichen Sie das Vorgehen bei diesem Verfahren mit denen der anderen Verfahren der Arbeitsbewertung und erläutern Sie die wesentlichen Unterschiede.

3. **Auszug aus einem Manteltarifvertrag der Eisen-, Metall- und Elektroindustrie.**
Lohngruppe 1: Lohngruppe 1 entfällt
Lohngruppe 2: Einfache Arbeiten, die keine Arbeitskenntnisse, jedoch eine Zweckausbildung voraussetzen und nur eine geringe körperliche Belastung erfordern
Lohngruppe 3: Einfache Arbeiten, die unter körperlicher Belastung, die über die vorgenannten Lohngruppen hinausgeht, auszuführen sind, oder einfache Arbeiten, deren Ausführung gegenüber der vorgenannten Lohngruppe zusätzliche Erfahrungen voraussetzt
Lohngruppe 4: Arbeiten, zu deren Ausführung die erforderlichen Kenntnisse durch Anlernen erworben sind, oder Arbeiten der Lohngruppe 2 mit einer körperlichen Belastung, die über die der Lohngruppe 2 hinausgeht
Lohngruppe 5: Spezialarbeiten, die eine Ausbildung in einem Anlernberuf oder ein Anlernen mit zusätzlichen Erfahrungen erfordern
Lohngruppe 6: Arbeiten, deren Ausführung eine Lehre voraussetzen oder Fähigkeiten und Kenntnisse, die denen eines Facharbeiters gleichzusetzen sind
Lohngruppe 7: Schwierige Facharbeiten, deren Ausführung langjährige Berufserfahrung voraussetzt, die in Ausnahmefällen auch durch Anlernen erworben sein kann
Lohngruppe 8: Besonders schwierige Facharbeiten, die hohe Anforderungen an Können und Wissen stellen und selbstständiges Arbeiten voraussetzen
Lohngruppe 9: Hochwertigste Facharbeiten, die überragendes Können, große Selbstständigkeit, Dispositionsvermögen ... erfordern

Diesen Gruppen ordnen sich bestimmte Löhne zu:

Lohngruppen	%	Grundlöhne EUR	Lohngruppen	%	Grundlöhne EUR
2	81,0	9,72	6	100,00	12,00
3	84,0	10,08	7	110,00	13,20
4	88,5	10,62	8	120,00	14,40
5	93,5	11,22	9	133,00	15,96

a) Wie lautet der Name dieses Verfahrens der Arbeitsbewertung und wie wird hier der Schwierigkeitsgrad einer Arbeit bestimmt?
b) Überlegen Sie, aus welchen Gründen dieses Verfahren bei Tarifverträgen bevorzugt wird.
c) Eine besondere Stelle nimmt der sog. Ecklohn ein. Dies ist der für einen über 21 Jahre alten Facharbeiter der untersten Tarifgruppe festgesetzte Normallohn. Die anderen Löhne können durch prozentuale Zu- oder Abschläge vom Ecklohn ermittelt werden. Welcher Lohngruppe ist in diesem Beispiel der Ecklohn zugeordnet?
d) Welchem Zuschlag/Abschlag vom Ecklohn entspricht Lohngruppe 4?

10.5 Anforderungsgerechtigkeit und Leistungsgerechtigkeit

Jede Entlohnung sollte gerecht sein. Aber was bedeutet „gerecht“? Wenn man die Arbeitnehmer befragt, so meinen die meisten, sie schnitten im Vergleich mit anderen zu schlecht ab.

- Herr Schwarz, Herr Appel und Herr Kuhn arbeiten in einer Montagekolonne im Gruppenakkord, d. h., sie werden nach der gemeinsamen Leistung bezahlt. Aber Herr Appel erhält bei gleicher Leistung einen Alterszuschlag von 5 %. Herr Schwarz, der Kolonnenführer, meint, mit einem Leistungszuschlag von nur 10 % sei er zu schlecht bedient. Schließlich trage er viel Verantwortung.

- Herrn Appels Freund wird in einem anderen Unternehmen für die gleiche Tätigkeit im Stundenlohn bezahlt. Trotzdem verdient er das Gleiche, weil die Arbeitnehmer dieses Betriebes übertariflich entlohnt werden. Herr Appel findet dies ungerecht.
- Eine Bekannte von Herrn Appel ist Sekretärin. Er weiß, dass er nicht mehr verdient als sie, obwohl er Schichtarbeit leistet (sie hat eine gleichbleibende Arbeitszeit), höheren körperlichen Belastungen ausgesetzt ist und mehr Lärm ertragen muss. Er meint, auch dies sei ungerecht. Allerdings übersieht er gern, dass seine Bekannte eine lange, qualifizierte Ausbildung benötigte und zwei Fremdsprachen beherrscht.

Der Lohn (das Arbeitsentgelt) ist der Preis für den Einsatz des Produktionsfaktors Arbeit.

Bekanntlich gilt:

- **Wer eine schwierigere Arbeit verrichtet, verdient eine höhere Entlohnung (Anforderungsgerechtigkeit).**
- **Bei gleicher Schwierigkeit muss die höhere Leistung besser entlohnt werden (Leistungsgerechtigkeit).**

Der **Schwierigkeitsgrad** von Tätigkeiten wird durch Arbeitswertstudien ermittelt.

Der **Leistungsgrad** lässt sich ermitteln, wenn bekannt ist, welche quantitative Leistung in einer bestimmten Zeit als „normal“ anzusehen ist.

Die quantitative Arbeitsleistung (oder Arbeitsproduktivität) ist das Verhältnis von Ausbringungsmenge und Arbeitszeit.

$$\text{Quantitative Arbeitsleistung (Arbeitsproduktivität)} = \frac{\text{Ausbringungsmenge}}{\text{Arbeitszeit}}$$

Beispiel: Arbeitsproduktivität

$$\frac{20\ \text{Stück}}{2\ \text{Std.}} = 10\ \text{Stück/Std.}$$

Für den Zweck der Entlohnung wird für die zu leistende Arbeit eine Vorgabezeit (Sollzeit) ermittelt. Sie ist der Zeitverbrauch für die ordnungsgemäße Erledigung einer Aufgabe bei Normalleistung. Sie wird durch Arbeitszeitstudien festgelegt.

Entscheidend für die Entlohnung ist der **Leistungsgrad**. Er drückt die tatsächliche Leistung in Prozent der Normalleistung aus:

$$\text{Leistungsgrad} = \frac{\text{Istleistung}}{\text{Normalleistung}} \cdot 100$$

Beispiel: Leistungsgrad

$$\frac{9\ \text{Stück/Std.}}{8\ \text{Stück/Std.}} \cdot 100 = 112{,}5\,\%$$

Der Leistungsgrad kann auch in einen Zeitgrad umgerechnet werden:

$$\frac{\text{Istleistung}}{\text{Normalleistung}} = \frac{\dfrac{\text{Ausbringungsmenge}}{\text{Istarbeitszeit}}}{\dfrac{\text{Ausbringungsmenge}}{\text{Sollarbeitszeit}}} = \frac{\text{Sollarbeitszeit}}{\text{Istarbeitszeit}}$$

$$\text{Zeitgrad} = \frac{\text{Sollzeit}}{\text{Istzeit}} \cdot 100$$

Der **Zeitgrad** drückt die vorgegebene Sollzeit in Prozent der erzielten Istzeit aus:

Beispiel: Zeitgrad

Normalleistung = 8 Stück/Std. Also: Sollzeit = 7 $^1/_2$ Min./Stück = 15/2 Min./Stück

Istleistung = 9 Stück/Std. Also: Istzeit = 6 $^2/_3$ Min./Stück = 20/3 Min./Stück

$$\text{Zeitgrad} = \frac{\frac{15}{2}}{\frac{20}{3}} \cdot 100 = \left(\frac{15}{2} \cdot \frac{3}{20}\right) \cdot 100 = \frac{45}{40} \cdot 100 = 112{,}5\,\%$$

Bei repetitiven Tätigkeiten lässt sich die quantitative Leistung verhältnismäßig gut durch die mengenmäßige Produktivität messen. Je weniger sich das Ergebnis einer Tätigkeit durch Stückzahlen oder Mengen ausdrücken lässt, je ungleichförmiger oder kreativer die übertragenen Aufgaben sind, desto eher muss man entweder auf eine direkte Leistungsmessung völlig verzichten oder aber einen anderen Leistungsmaßstab suchen, z. B. die vermittelten Umsätze (wertbezogener Leistungsmaßstab). Je nach der Art und Weise, wie die quantitative Leistung zur Berechnung des Arbeitsentgelts herangezogen wird, unterscheidet man verschiedene Formen des Entgelts:

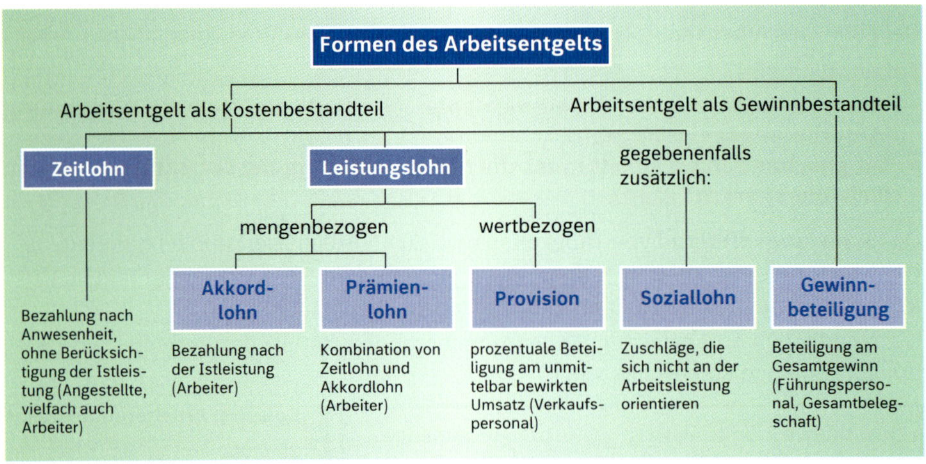

10.6 Zeitlohn

Der *Zeitlohn* entlohnt die Arbeitnehmer nach der Dauer der abgeleisteten Arbeitszeit. Messgröße ist bei Arbeitern der Stundenlohn, bei Angestellten das Monatsgehalt. Die Entlohnung erfolgt unabhängig davon, ob die Normalleistung unter- oder überschritten wird.

Der Begriff **Zeit**lohn bedeutet nicht, dass die Stückleistung unerheblich ist. Man geht vielmehr von einer bestimmten Normalleistung aus, die beim Einzelnen nur anhand der Zeitgröße zu ermitteln ist. Der Arbeitnehmer kann beim Zeitlohn von einem festen Einkommen ausgehen, vorausgesetzt, er leistet die erforderlichen Stunden. Der Arbeitgeber hat auf der anderen Seite feste Gesamtkosten, die aber auf das Stück bezogen veränderlich sind.

Beispiel: Zeitlohn

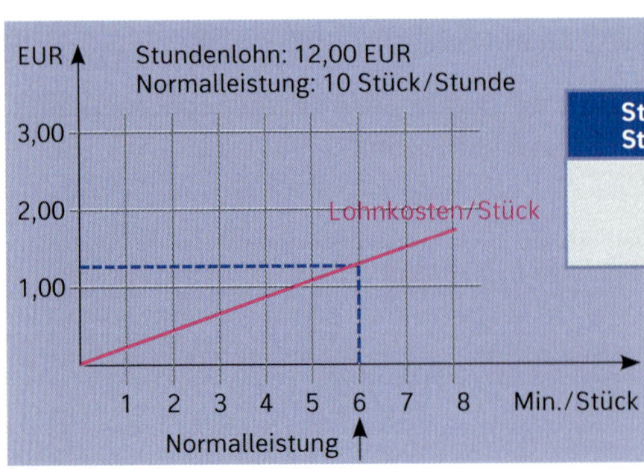

Stück/ Stunde	Arbeitszeit/ Stück	Lohnkosten/ Stück
8	7,5 Min	1,50 EUR
10	6 Min	1,20 EUR
12	5 Min	1,00 EUR

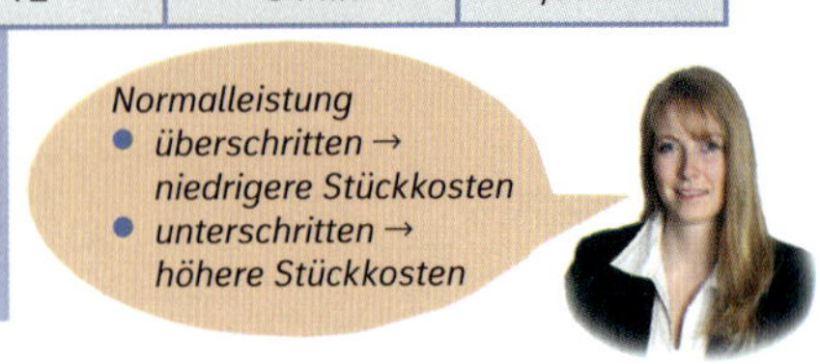

Der Zeitlohn ist überall dort zu verwenden, wo der Anreiz zu überhöhter Leistung unzweckmäßig ist oder die Arbeitnehmer selbst wenig Einfluss auf ihre eigene Leistung nehmen können, wie z. B. bei Fließbandarbeiten.

Vor- und Nachteile des Zeitlohnes		
Vorteile	**Anwendungsbeispiele des Zeitlohnes**	**Nachteile**
• Die freie Arbeitszeit verringert den Ausschuss.	**Präzisionsarbeiten**	• Es besteht kein Anreiz für höhere Stückzahlen.
• Das Tempo bestimmt allein die Maschine.	**Fließband, Maschinenbedienung**	• Sorgfältige Bedienung wird nicht belohnt.
• Leistungsmengen brauchen nicht ermittelt zu werden.	**Bürotätigkeiten**	• Leerlaufzeiten werden nicht immer sinnvoll genutzt.
• Es besteht genügend Zeit für eine gründliche Einarbeitung.	**Einarbeitungen**	• Zeitvorgaben werden nicht unterschritten.

10.7 Akkordlohn

Beim *Akkordlohn* erfolgt die Entlohnung nach der mengenmäßigen Leistung.

Der Akkordlohn setzt messbare, gleichartige Leistungen voraus, bei denen der Arbeiter selbst das Tempo bestimmen kann. Bestandteile des Akkordlohns sind ein garantierter Mindestlohn und ein Akkordzuschlag. Sie ergeben zusammen den Akkordrichtsatz.

Beispiel: Akkordlohn

garantierter Mindestlohn	8,00 EUR	Entspricht dem Zeitlohn; also Normalleistung, Leistungsgrad 100 %
+ Akkordzuschlag 20 %	1,60 EUR	+ Akkordzuschlag von meist 10–25 %
Akkordrichtsatz (Grundlohn)	9,60 EUR	Stundenverdienst des Akkordarbeiters bei Normalleistung

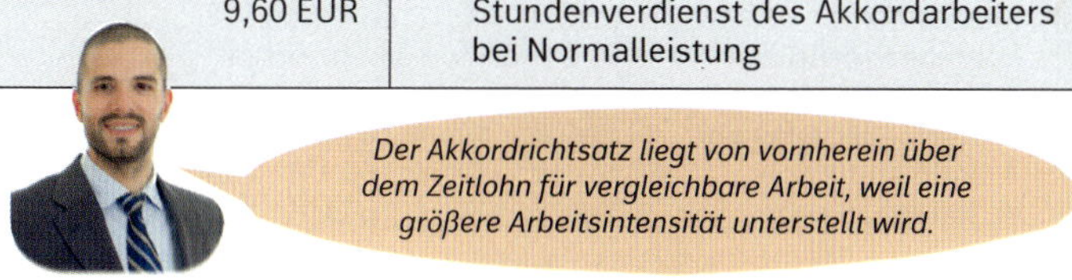

Es sind Geldakkord, Zeitakkord und als Sonderform der Gruppenakkord zu unterscheiden.

10.7.1 Geldakkord

Beim *Geldakkord* wird ein fester Geldsatz pro Stück (Stückgeld) vergütet.

$$\text{Stückgeld} = \frac{\text{Akkordrichtsatz}}{\text{Normalleistung/Std.}}$$

Beispiel: Stückgeld

$$\frac{9{,}60 \text{ EUR}}{6 \text{ Stück}} = 1{,}60 \text{ EUR/Stück}$$

Das Arbeitsentgelt errechnet sich beim Geldakkord wie folgt:

$$\text{Arbeitsentgelt} = \text{Istleistung} \cdot \text{Stückgeld}$$

Beispiel: Arbeitsentgelt bei Geldakkord

Der Arbeiter verdient an einem 8-Stunden-Tag
- bei einer Normalleistung von 48 Stück: 48 · 1,60 EUR = 76,80 EUR;
- bei einer Istleistung von 60 Stück: 60 · 1,60 EUR = 96,00 EUR;
- bei einer Istleistung von 30 Stück: 30 · 1,60 EUR = 48,00 EUR;

(Da aber der Mindestlohn 8,00 EUR/Std. beträgt, verdient er auch bei einer Istleistung von nur 30 Stück 64,00 EUR)[1].

Jede einzelne Tätigkeit hat ihr eigenes Stückgeld. Der Geldakkord hat deshalb den Nachteil, dass alle Stückgelder neu berechnet werden müssen, wenn sich die Tariflöhne (Mindestlöhne) ändern.

10.7.2 Zeitakkord

Beim *Zeitakkord* wird die Vorgabezeit pro Stück vorgegeben und mit dem Preis pro Minute (Minutenfaktor) vergütet.

$$\text{Stückgeld} = \frac{\text{Akkordrichtsatz}}{\text{Normalleistung/Std.}}$$

$$\text{Stückgeld} = \frac{\text{Akkordrichtsatz}}{\text{60 Min.}} \cdot \frac{\text{60 Min.}}{\text{Normalleistung/Std.}}$$

$$\text{Stückgeld} = \text{Minutenfaktor} \cdot \text{Vorgabezeit/Stück}$$

$$\text{Arbeitsentgelt} = \text{Istleistung} \cdot \underbrace{\text{Minutenfaktor} \cdot \text{Vorgabezeit/Stück}}_{\text{Stückgeld}} \quad \text{(Zeitakkord)}$$

$$\text{Arbeitsentgelt} = \text{Istleistung} \cdot \text{Stückgeld} \quad \text{(Geldakkord)}$$

Beispiel: Arbeitsentgelt bei Zeitakkord

Mindestlohn 8,00 EUR/Std.; Akkordzuschlag 20 %; Normalleistung 6 Stück/Std. Dann gilt:
Akkordrichtsatz = 8,00 EUR + 20 % = 8,00 EUR + 1,60 EUR = 9,60 EUR
Stückgeld = 9,60 EUR: 6 Stück/Std. = 1,60 EUR/Stück
Minutenfaktor = 9,60 EUR: 60 Min. = 0,16 EUR/Min.
Vorgabezeit/Stück = 60 Min.: 6 Stück = 10 Min./Stück
Arbeitsentgelt für 8 Stunden bei
- Normalleistung von 48 Stück: 48 · 0,16 EUR · 10 = 48 · 1,60 EUR = 76,80 EUR
- Istleistung von 60 Stück: 60 · 0,16 EUR · 10 = 60 · 1,60 EUR = 96,00 EUR
- Istleistung von 30 Stück: 30 · 0,16 EUR · 10 = 30 · 1,60 EUR = 48,00 EUR

Aber Mindestlohn = 8,00 EUR · 8 Std. = 64,00 EUR[1].

Jede einzelne Tätigkeit hat ihren eigenen Minutenfaktor. Bei Tariflohnänderungen bleiben die Vorgabezeiten unverändert; die Minutenfaktoren müssen neu berechnet werden. Beim Akkordlohn bleiben die Lohnkosten/Stück bei Abweichungen von der Normalleistung gleich. Sie steigen erst an, wenn gilt:

Istleistung · Vorgabezeit/Stück · Minutenfaktor < Mindestlohn

Beispiel: Lohnkosten pro Stück

$x \cdot 10 \cdot 0{,}16 < 8 \qquad x < \frac{8}{1{,}6} \qquad x < 5$

[1] Das Beispiel zeigt die grundsätzlichen Zusammenhänge. Die Gewerkschaften haben inzwischen tarifvertraglich durchgesetzt, dass auch bei einer Minderleistung der Akkordrichtsatz zu zahlen ist. Damit gehen Mehrleistungen voll zugunsten des Arbeitnehmers, Minderleistungen voll zulasten des Betriebes.

Bei einer Leistung von weniger als 5 Stück/Std., d. h., bei einer Bearbeitungszeit von mehr als 12 Min./Stück steigen die Lohnkosten/Stück an.

Min./Stück	Stück/Std.	Stundenverdienst	Lohnkosten/Stück
6	10	16,00 EUR	1,60 EUR
10	6	9,60 EUR	1,60 EUR
12	5	8,00 EUR	1,60 EUR
15	4	8,00 EUR	2,00 EUR

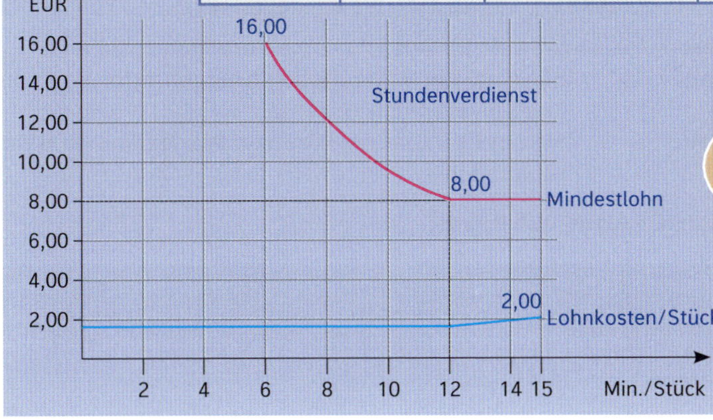

10.7.3 Gruppenakkord

Eine Sonderform des Akkordlohnes ist der **Gruppenakkord**. Hier gelten die Vorgabezeit und der Minutenfaktor für eine Gruppe von Arbeitnehmern, die an einem Werkstück gemeinsam arbeiten. Der Mehrverdienst der Gruppe wird auf die Mitglieder aufgeteilt.

Beispiel: Gruppenakkord

In einer Kolonne arbeiten drei Arbeiter. Der Mindestlohn beträgt 10,00 EUR, der Akkordzuschlag 20 %. B erhält außerdem noch einen Alterszuschlag von 20 %. C erhält als Kolonnenführer einen Leistungszuschlag von 10 %. Es wird im Stückzeitakkord abgerechnet.

Vorgabezeit: 10 Min./Stück
Minutenfaktor: A 10,00 EUR + 20 % .... 12,00 EUR
B 10,00 EUR + 20 % + 20 % .... 14,40 EUR
C 10,00 EUR + 20 % + 10 % .... 13,20 EUR
39,60 EUR : 60 Min. = 0,66 EUR/Min.

Leistung: 8 Stück je Stunde
Akkordlohn: 8 · 10 · 0,66 EUR = 52,80 EUR
Schlüssel: $\frac{\text{Istverdienst} \quad 52{,}80\text{ EUR}}{\text{Sollverdienst} \quad 39{,}60\text{ EUR}} = 1{,}333$

A erhält 12,00 EUR · 1,33 = 16,00 EUR
B erhält 14,40 EUR · 1,33 = 19,20 EUR
C erhält 13,20 EUR · 1,33 = 17,60 EUR

Vor- und Nachteile des Akkordlohns, insbesondere des Gruppenakkords		
Vorteile		**Nachteile**
• Anreiz zur Leistungssteigerung • kein Risiko der Minderleistung für den Betrieb • fixe Lohnkosten je Stück	**Akkordlohn**	• übersteigertes Tempo • erhöhter Verschleiß • Qualitätsminderung • Kontrolle notwendig • hoher Krankenstand
• stärkere Gruppengemeinschaft • gegenseitige Kontrolle der Gruppenmitglieder • vereinfachte Abrechnung	**Gruppen-akkord**	• Überforderung der Gruppe durch den Stärksten

10.8 Prämienlohn

Der Prämienlohn ist eine Kombination aus Zeitlohn und Akkordlohn. Es wird grundsätzlich ein Zeitlohn gezahlt, aber für erhöhte Leistungen tritt eine Prämie hinzu.

Es sind verschiedene Prämien zu unterscheiden:

- **Mengenleistungsprämien:** Sie ersetzen den Akkordlohn, wenn exakte Vorgabezeiten nicht zu ermitteln sind.
- **Qualitätsprämien:** Sie sind für Ausschussminderungen zu zahlen.
- **Ersparnisprämien:** Sie sind für Materialeinsparungen oder sparsamen Energieverbrauch zu zahlen.
- **Nutzungsprämien:** Sie sind zahlbar bei kürzeren Wartezeiten und Reparaturzeiten.

Beispiel: Prämienlohnsystem nach Rowan

Zeitlohn/ Std.	Vorgabezeit (Std.)	Zeitaufwand (Std.)	Ersparte Zeit (in % der Grundzeit)	Prämie (EUR)	Gesamtlohn in der aufgewendeten Zeit (EUR)	Verdienst/ Std. (EUR)
10,00	10	9	10	9,00	99,00	11,00
		8	20	16,00	96,00	12,00
		7	30	21,00	91,00	13,00
		6	40	24,00	84,00	14,00

Die Prämienlohnsysteme sind in der Praxis so aufgebaut, dass die Vergütung für die Mehrleistung dem Arbeiter nicht in voller Höhe zugutekommt, sondern zwischen Betrieb und Arbeiter geteilt wird. Dadurch sinken die Lohnstückkosten für den Betrieb.

Die Vor- und Nachteile des Prämienlohns entsprechen grundsätzlich denen des Akkordlohns.

10.9 Sozialgerechtigkeit: Soziallohn

Auch die sozialen Verhältnisse des Arbeitnehmers sollen angemessen im Arbeitsentgelt Berücksichtigung finden (Sozialgerechtigkeit).

Soziale Bestimmungsfaktoren des Entgelts
Lebensalter Ältere Arbeitnehmer erhalten gegebenenfalls einen höheren Grundlohn als jüngere.
Familienstand Verheiratete und Arbeitnehmer mit Kindern erhalten gegebenenfalls Familienzuschläge.
Betriebszugehörigkeit Langjährige Arbeitnehmer erhalten gegebenenfalls längeren Urlaub, höhere Erfolgsprämien und Gratifikationen sowie Jubiläumsgeschenke oder Lohnzuschläge.

Diese Leistungen durchbrechen den Grundsatz „Gleicher Lohn für gleiche Arbeit“. Sie können zu Spannungen führen, wenn sie regelmäßige Lohnbestandteile sind. Man zieht deshalb einmalige Zahlungen vor (Gratifikationen, Jubiläumsgeschenke und ähnliche Leistungen). Auch ist zu bedenken, dass Lebensalter und Familienstand bereits in einer unterschiedlichen Besteuerung der Bruttoeinkommen und in Kindergeldzahlungen durch den Staat berücksichtigt werden.

10.10 Provision

Die *Provision* ist eine prozentuale Beteiligung am Umsatz, der durch die Tätigkeit des Mitarbeiters bewirkt worden ist. Sie wird an das Verkaufspersonal, z. B. an Reisende, gezahlt und soll einen Leistungsanreiz bieten. Sie ist meist mit einem festen Grundgehalt gekoppelt.

Beispiel: Provision

Ein Reisender erhält ein festes Grundgehalt von 1 000,00 EUR im Monat und eine umsatzabhängige Provision von 4 %. Der Umsatz im Monat April beträgt 70 000,00 EUR.
Verdienst = 1 000,00 EUR + 70 000,00 EUR · 4 % = 3 800,00 EUR.

10.11 Gewinnbeteiligung

© Jupp Wolter (Künstler), Haus der Geschichte, Bonn

Die bisher behandelten Lohnformen beziehen sich auf den Arbeitseinsatz des einzelnen Arbeitnehmers bzw. einer Arbeitsgruppe. Darüber hinaus besteht die Möglichkeit, die Arbeitnehmer am Gewinn, also am Überschuss des Unternehmens, zu beteiligen.

Löhne und Gehälter sind Kosten. Sie beeinflussen die Gewinnerzielung. *Gewinnanteile* sind *Überschussbestandteile*. Sie stellen Gewinnverwendung dar.

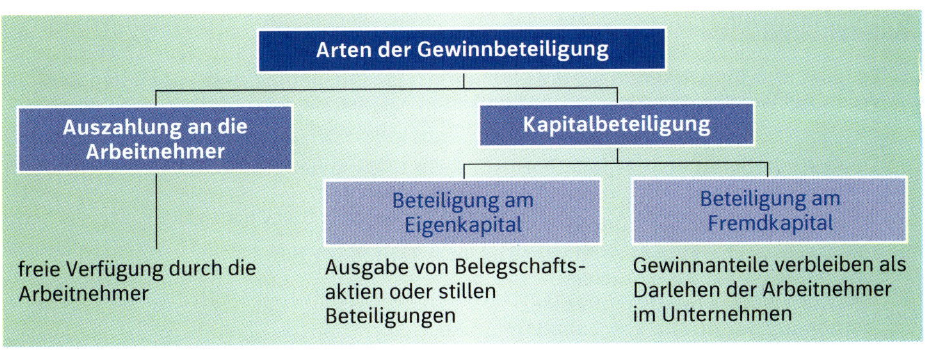

Beteiligungen am Eigenkapital geben dem Arbeitnehmer auch Eigentümerrechte, wie z. B. Stimmrecht in der Hauptversammlung und das Recht auf Dividende.

Beteiligungen am Fremdkapital schließen Eigentümerrechte aus, berechtigen aber zu Zinsforderungen.

Vorteile der Gewinnbeteiligung

für das Unternehmen

- Steigerung des Interesses und der Einsatzbereitschaft
- bei Kapitalbeteiligung:
  Die Gewinnanteile verbleiben als arbeitendes Kapital im Unternehmen.

für die Arbeitnehmer

- Vermögensbildung durch Beteiligung am Produktivvermögen der Wirtschaft
- bei Eigenkapitalbeteiligung:
  Mitbestimmungsrechte

Die Gewinnbeteiligung wird damit begründet, dass der Anteil der Produktionsfaktoren Arbeit und Kapital am Ergebnis erst am Ende des Geschäftsjahres endgültig festgestellt werden kann und dann auf die Faktoren zu verteilen ist.

Bei der Gewinnbeteiligung ergeben sich folgende Probleme:

- Zahlreiche Betriebe erzielen überhaupt keinen Gewinn, z. B. öffentliche Betriebe.
- Die Höhe des Gewinns und damit auch die Höhe des Gewinnanteils der Arbeitnehmer schwankt von Betrieb zu Betrieb erheblich.
- Zu klären ist die Frage, ob die Arbeitnehmer nur am Gewinn oder auch am Verlust beteiligt werden sollen.

10.12 Lohn- und Gehaltsabrechnung

Lohn- und Gehaltszahlungen erfolgen meist monatlich. Mit der Zahlung erhält der Arbeitnehmer eine Lohn- bzw. Gehaltsabrechnung. Diese enthält eine genaue Aufstellung der **Bruttobezüge**, der **Abzüge** und der **Nettozahlung**.

Die Abrechnung ist Aufgabe der Lohn- und Gehaltsbuchführung. Diese führt für jeden Arbeitnehmer ein Lohn- bzw. Gehaltskonto. Sie fasst alle Einzelabrechnungen in einer Lohn- und Gehaltsliste zusammen. Die in dieser Liste enthaltenen Summen werden anschließend im Grundbuch und Hauptbuch gebucht.

Arbeitsaufträge

1. **Es lässt sich feststellen, dass die Lohnanreizsysteme immer mehr durch den Zeitlohn verdrängt werden. Die Gewerkschaften haben als Ziel, die Akkordlöhne abzubauen.**
   Nennen Sie Argumente, die gegen den Akkordlohn sprechen.
2. **Ein Akkordarbeiter erstellt 1 200 Formstücke in 190 Stunden. Er erhält einen Mindestlohn je Stunde von 10,00 EUR zuzüglich 20 % Akkordzuschlag.**
   Wie hoch ist sein Lohn, wenn die Vorgabezeit 10 Minuten je Stück beträgt?
3. **Eine Gewerkschaft hat als erklärtes Ziel ihrer Tarifpolitik die**
   – Beseitigung der Altersklassen,
   – Sicherung der Effektivverdienste,
   – Erhöhung der Anzahl von Gehaltsgruppen.

a) Prüfen Sie, welche Lohnformen durch diese Änderungen betroffen werden und welche Lohnbestandteile zu ändern sind.
b) Entscheiden Sie, ob durch diese Forderungen der Leistungslohn verstärkt wird.

4. Stückgeldakkord und Stückzeitakkord kommen zum gleichen Ergebnis!
Weisen Sie das an folgendem Beispiel nach:
Mindestlohn 8,00 EUR Normalleistung 5 Stück/Stunde
Akkordzuschlag 25 % Istleistung 50 Stück an einem 8-Stunden-Tag
Errechnen Sie den Akkordlohn nach beiden Verfahren.

5. Gegeben sind:
Akkordrichtsatz 15,00 EUR, Normalleistung 20 Stück
Ermitteln Sie die Vorgabezeit.

6. Für einen Gruppenakkord liegen folgende Zahlen vor:

	Akkordrichtsatz	Istverdienst
Brockbalz Straten Heinen	7,80 EUR 10,00 EUR 12,50 EUR	
		50,00 EUR

Errechnen Sie die Istverdienste.

7. Für eine Arbeit mit Prämienlohn liegen folgende Zahlen vor:
Stundenlohn 10,00 EUR **Prämie für 1 Std. Zeitersparnis 10 % vom Stundenlohn**
Vorgabezeit 5 Stunden **2 Std. Zeitersparnis 20 % vom Stundenlohn**
Benötigte Zeit 4 Stunden
Berechnen Sie den Lohn.

8. Aussagen zur Entlohnung:
a) Es ist nur gerecht, wenn jeder den gleichen Lohn erhält.
b) Der Lohn soll entsprechend der Bedürftigkeit der Personen verteilt werden.
c) Der Lohn muss leistungsbezogen sein.
Diskutieren Sie diese Aussagen.

9. Eine Reihe von Unternehmen hat Modelle entwickelt, nach denen die eigenen Arbeitnehmer eine Gewinnbeteiligung erhalten. Die Gewinnanteile werden meist nicht ausgezahlt, sondern dienen der Beteiligung der Arbeitnehmer am Kapital des Unternehmens.

Was ist das? **Beteiligungsmodelle**

Die betriebliche Vermögensbeteiligung in der Bundesrepublik Deutschland, seit 1950 auf freiwilliger Grundlage entwickelt, hat eine Vielfalt von Beteiligungsformen für Mitarbeiter hervorgebracht. Die häufigsten Typen:

- **Belegschaftsaktie.** Der Mitarbeiter erwirbt zu einem Vorzugskurs Aktienkapital an der Gesellschaft und erhält jährlich eine erfolgsabhängige Dividende. Dieses Modell – es gilt nur für Aktiengesellschaften – stellt 21,5 % der praktizierten Beteiligungsmodelle.
- **Stille Beteiligung.** Die Mitarbeiter werden zu stillen Gesellschaftern mit Kapitalbeteiligung. Das eingesetzte Kapital wird dabei entweder am Unternehmensgewinn beteiligt oder nach Vereinbarung verzinst. Grundsätzlich sind Haftung und Verlustbeteiligung auf die Höhe der Kapitaleinlage beschränkt (32,5 % der Modelle).
- **Mitarbeiterdarlehen.** Der Arbeitnehmer stellt dem Unternehmen Geld (in der Regel Gewinnbeteiligungsmittel) zur Verfügung und wird zum Gläubiger des Betriebes. Er erhält dafür eine Zinszusage und bekommt den Gesamtbetrag nach einer vereinbarten Laufzeit zurück (32,5 % der Modelle).

a) Welche Vorteile bringt die Beteiligung am Unternehmenskapital zum einen dem Unternehmen, zum anderen dem Arbeitnehmer?
b) Die Gewerkschaften begrüßen ihrerseits solche Beteiligungsmodelle nicht gerade mit Enthusiasmus. Welche Gründe könnten dafür vorliegen?

11 Arbeitsschutz

11.1 Technischer Arbeitsschutz

Arbeit erfordert die Benutzung von Betriebsmitteln und den Umgang mit Werkstoffen. Damit entstehen zwangsläufig Risiken für Leben und Gesundheit des Arbeitnehmers. Diese sind in den vergangenen Jahrzehnten kontinuierlich vermindert worden. Der technische Arbeitsschutz hilft, auch die Restgefahren zu reduzieren. Er bezieht sich vor allem auf

- Lärm- und Vibrationsschutz,
- Schutz vor Gefahrstoffen (vgl. S. 158),
- Betriebsicherheit,
- Produktsicherheit.

Der technische Arbeitsschutz ist in zahlreichen Rechtsvorschriften geregelt (siehe Infokasten).

- Das **Arbeitsschutzgesetz (ArbSchG;** *www.gesetze-im-internet.de/arbschg/*) als grundlegende Rechtsvorschrift dient dazu, die Sicherheit und den Gesundheitsschutz der Arbeitnehmer zu gewährleisten. Verletzt der Arbeitgeber seine Schutzpflichten, darf der Arbeitnehmer u. U. die Arbeitsleistung verweigern bzw. Schadensersatz fordern (§ 276, 823 Abs. 2 BGB). Der Staat kann mit Strafen eingreifen und ggf. sogar den Betrieb schließen.

Wichtige Rechtsvorschriften zum technischen Arbeitsschutz

- Arbeitsschutzgesetz
- Arbeitssicherheitsgesetz
- Arbeitsstättenverordnung
- Baustellenverordnung
- Bildschirmarbeitsverordnung
- Biostoffverordnung
- Gefahrstoffverordnung
- Produktsicherheitsgesetz
- Chemikaliengesetz
- Atomgesetz

FÜNFTER ABSCHNITT

ArbSchG

§ 3 (Grundpflichten des Arbeitgebers)

(1) Der Arbeitgeber ist verpflichtet, die erforderlichen Maßnahmen des Arbeitschutzes unter Berücksichtigung der Umstände zu treffen, die Sicherheit und Gesundheit der Beschäftigten bei der Arbeit beeinflussen. Er hat die Maßnahmen auf ihre Wirksamkeit zu überprüfen und erforderlichenfalls sich ändernden Gegebenheiten anzupassen. Dabei hat er eine Verbesserung von Sicherheit und Gesundheitsschutz der Beschäftigten anzustreben.

§ 4 (Allgemeine Grundsätze)

Der Arbeitgeber hat bei Maßnahmen des Arbeitschutzes von folgenden Allgemeinen Grundsätzen auszugehen:

1. Die Arbeit ist so zu gestalten, dass eine Gefährdung für Leben und Gesundheit möglichst vermieden und die verbleibende Gefährdung möglichst gering gehalten wird;
2. Gefahren sind an ihrer Quelle zu bekämpfen;
3. bei den Maßnahmen sind der Stand von Technik, Arbeitsmedizin und Hygiene sowie sonstige gesicherte arbeitswissenschaftliche Erkenntnisse zu berücksichtigen;
4. Maßnahmen sind mit dem Ziel zu planen, Technik, Arbeitsorganisation, sonstige Arbeitsbedingungen, soziale Beziehungen und Einfluss der Umwelt auf den Arbeitsplatz sachgerecht zu verknüpfen;
5. individuelle Schutzmaßnahmen sind nachrangig zu anderen Maßnahmen;
6. spezielle Gefahren für besonders schutzbedürftige Beschäftigtengruppen sind zu berücksichtigen;
7. den Beschäftigten sind geeignete Anweisungen zu erteilen;
8. mittelbar oder unmittelbar geschlechtsspezifisch wirkende Regelungen sind nur zulässig, wenn dies aus biologischen Gründen zwingend geboten ist.

Weitere wichtige Rechtsvorschriften sind:

- **Produktsicherheitsgesetz** (ProdSG; *www.gesetze-im-internet.de/prodsg/*)
  Technische Arbeitsmittel (z. B. Maschinen, Geräte, Werkzeuge) dürfen nur in den Verkehr gebracht werden, wenn sie den Bestimmungen der Sicherheitstechnik und den Unfallverhütungsvorschriften entsprechen.

- **Arbeitsstättenverordnung** (ArbStättV; *www.gesetze-im-internet.de/arbst_ttv_2004/BJNR217910004.html*)
  Sie regelt einheitlich die Anforderungen an Arbeitsstätten im Interesse von Arbeits- und Betriebsschutz. Im Einzelnen geregelt sind u. a. Belüftung, Beheizung, Beleuchtung, Schutz gegen Dämpfe und Lärm, Raumabmessungen, Nichtraucherschutz, Anforderungen an Sanitärräume.
- **Arbeitssicherheitsgesetz** (ASiG; *www.gesetze-im-internet.de/asig/*)
  Das Gesetz verpflichtet die Betriebe, Betriebsärzte und Sicherheitsfachkräfte einzustellen, wenn dies nach Art und Umfang des Betriebs zur Gewährleistung der Arbeitssicherheit erforderlich ist.

Für viele Betriebe ist die Anstellung eines eigenen Betriebsarztes nicht möglich. Private Firmen organisieren deshalb einen überbetrieblichen Dienst.

Betriebe mit mehr als 20 Beschäftigten müssen einen **Sicherheitsbeauftragten** stellen. Er hat den Unternehmer bei der Durchführung des Unfallschutzes zu unterstützen und sich laufend von der ordnungsgemäßen Benutzung der vorgeschriebenen Schutzvorrichtungen zu überzeugen (§ 22 SGB VII).

Der Betriebsrat hat die Aufgabe, Maßnahmen des Arbeitsschutzes zu fördern (§ 80 BetrVG). Er muss sich dafür einsetzen, dass die Vorschriften über Arbeitsschutz, Unfallverhütung und Umweltschutz durchgeführt werden. Der Arbeitgeber muss ihn bei allen entsprechenden Besichtigungen, Fragen und Unfalluntersuchungen hinzuziehen (§ 89 BetrVG). Arbeitgeber und Betriebsrat sind also bei allen Fragen des Arbeitsschutzes und der Unfallverhütung zu gemeinsamem Handeln verpflichtet.

Für den Arbeitsschutz zuständige Stellen

Gewerbeaufsichtsbehörden der Länder, z. B. Gewerbeaufsichtsamt
Diese Behörden überwachen die Einhaltung der Schutzbestimmungen. Sie sind für die Beseitigung von Missständen zuständig und nehmen Betriebsbesichtigungen vor, begutachten die Einrichtungen und nehmen bei Unfällen und Anzeigen Stellung.

Technischer Überwachungsverein, z. B. TÜV
Die Technischen Überwachungsvereine überprüfen Kraftfahrzeuge und technische Anlagen regelmäßig auf Betriebssicherheit.

Berufsgenossenschaften
Die Berufsgenossenschaften sind die Träger der Unfallversicherung. Sie betreiben darüber hinaus Unfallverhütung durch Herausgabe von Unfallverhütungsvorschriften und durch Unfallforschung. Die Unfallverhütungsvorschriften sind verbindliche Rechtsnormen und stellen Mindestanforderungen an die Arbeitsicherheit. Sie sind im Betrieb an geeigneter Stelle auszuhängen.

Bundesanstalt für Arbeitsschutz und Arbeitsmedizin (BAuA)
Die BAuA hat u. a. folgende Aufgaben: Unterstützung des Bundesministeriums in allen Fragen des Arbeitsschutzes, Beobachtungen und Analysen der Verhältnisse in den Betrieben, Entwicklung von Problemlösungen, Information der Öffentlichkeit. Sie betreibt entsprechende Forschung.

Arbeitsaufträge

1. **Für das Oberziel „Arbeitssicherheit schaffen" lassen sich folgende Unterziele formulieren:**
   (1) Gefahren sollen rechtzeitig aufgedeckt werden.
   (2) Die erkannte Gefahr ist zu beseitigen.
   (3) Der Mensch selbst ist zu schützen,
   (4) Es sind Regeln zur Beachtung der Sicherheit aufzustellen.

a) Erarbeiten Sie in Gruppenarbeit einen Katalog von Mitteln/Maßnahmen zur Erreichung dieser Ziele.
b) Welches Verhalten ist von Mitarbeitern, Führungspersonal, Betriebsrat und Behörden zu fordern, um maximale Arbeitssicherheit zu gewährleisten?
c) Erstellen Sie eine Präsentation des Arbeitsschutzmanagements Ihres Ausbildungsbetriebs.

2. Mehrere Stellen sind in Bund und Ländern für Fragen des Arbeitsschutzes zuständig.
a) Um welche Stellen handelt es sich?
b) Informieren Sie sich über die Aufgaben dieser Stellen und berichten Sie darüber.

3. Der Mechatroniker Rudolf Schaber ist bei der Arbeit schwer gestürzt. Dabei hat er sich unter anderem die Schlagader am Arm verletzt.
a) Durch welche Maßnahmen können Sie ihm bis zum Eintreffen des Arztes helfen?
b) Es stellt sich heraus, dass Herr Schaber außerdem einen Wirbelsäulenschaden erlitten hat. Er wird seinen Beruf nicht mehr ausüben können. Deshalb soll er zum Industriekaufmann umgeschult werden. Wer trägt die Kosten der Umschulung?
c) Aufgrund des Unfalls will der Betrieb nun einen Sicherheitsbeauftragten bestellen.
- Informieren Sie sich über die gesetzliche Grundlage für eine solche Bestellung.
- Welche Aufgaben hat der Sicherheitsbeauftragte?

4. Im Anhang der Arbeitsstättenverordnung werden Anforderungen an Bildschirmarbeitsplätze gestellt.
Beschreiben Sie wichtige Anforderungen an einen Bildschirmarbeitsplatz. Informieren Sie sich dazu im Internet.

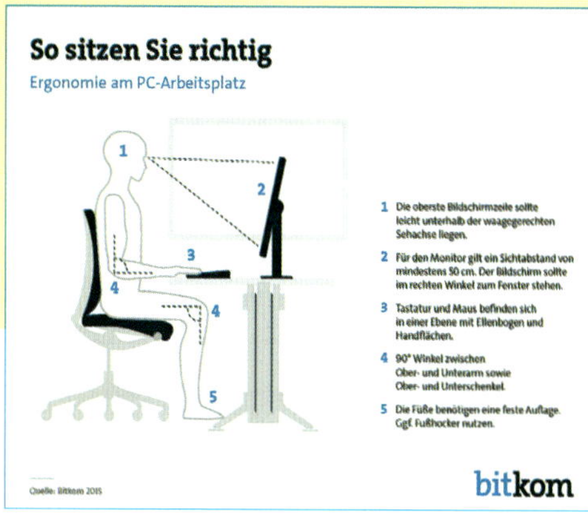

11.2 Sozialer Arbeitsschutz

Die meisten gesetzlichen Regelungen des Arbeitsrechts sind zwingendes Recht, denn der unselbstständige, wirtschaftlich abhängige Arbeitnehmer bedarf besonderen Schutzes[1]. Die wichtigsten Bestimmungen betreffen: Kündigungs-[2], Arbeitszeit-[3], Jugendarbeits-[4], Diskriminierungs-[5], Mutter- sowie Schwerbehindertenschutz.

11.2.1 Mutterschutz und Elternförderung

Jede Mutter hat Anspruch auf Schutz und Fürsorge der Gemeinschaft (Art. 6 Abs. 4 GG). Das Mutterschutzgesetz (MuSchG) formuliert für berufstätige Frauen, Auszubildende und andere zwingende Schutzvorschriften. Schwangerschaft und voraussichtlicher Entbindungstag sind dem Arbeitgeber mitzuteilen, sobald sie bekannt sind (§ 15 MuSchG).

Das Bundeselterngeld- und Elternzeitgesetz (BEEG) will es Eltern erleichtern, für eine begrenzte Zeit auf Berufstätigkeit zu verzichten, um sich der Kindererziehung zu widmen.

Mutterschutzgesetz (MuSchG; www.gesetze-im-internet.de/muschg/)

Zeitliche Beschäftigungsverbote (§§ 3 bis 8)

Auch das Mutterschutzgesetz ist im Betrieb auszuhängen.

- **Mutterschutzfristen:** 1. Arbeitsverbot für die letzten 6 Wochen vor der Entbindung. Ausnahme: Die Frau erklärt sich ausdrücklich zur Arbeitsleistung bereit. 2. Arbeitsverbot für 8 Wochen (bei Früh- und Mehrlingsgeburten 12 Wochen) nach der Entbindung. Bei behindertem Kind kann die Frau Verlängerung auf 12 Wochen beantragen.
- **Mehrarbeit:** Höchstarbeitszeit 8 1/2 Std. täglich oder 90 Std. in der Doppelwoche. Unter 18 Jahre: 8 Std./80 Std. **Ruhezeit** nach der täglichen Arbeit mindestens 11 Std.
- **Nachtarbeitsverbot** zwischen 20 und 6 Uhr. Ausnahmen zwischen 20 und 22 Uhr möglich
- **Sonn- und Feiertage:** Arbeitsverbot. Arbeit erlaubt, wenn die Frau sie anbietet, nicht allein im Dienst ist und wöchentlich ein Ersatzruhetag gewährt wird.
- **Arztbesuche, Stillzeit:** Der Arbeitgeber muss die Frau dafür freistellen.

[1] Vgl. S. 433. [2] Vgl. S. 462 f. [3] Vgl. S. 442. [4] Vgl. S. 15. [5] Vgl. S. 429.

FÜNFTER ABSCHNITT

Gestaltung der Arbeitsbedingungen (§§ 9, 10, 13)

Alle erforderlichen Maßnahmen für den Gesundheitsschutz von schwangerer/stillender Frau und Kind sind zu treffen, Gefährdungen zu vermeiden/auszuschließen, Arbeitsunterbrechungen, Hinlegen, Hinsetzen, Ausruhen zu ermöglichen. Der Arbeitgeber muss beurteilen, ob Schutzmaßnahmen erforderlich sind oder ob Weiterarbeit nicht möglich ist, und entsprechend entscheiden. Soweit verantwortbar, soll die Fortsetzung der Arbeit ermöglicht werden.

Unzulässige Tätigkeiten und Arbeitsbedingungen (§§ 11, 12, 16)

- Beschäftigungsverbot, wenn nach ärztlichem Zeugnis Leben oder Gesundheit von Mutter und Kind bei Fortdauer der Arbeit gefährdet sind.
- Beschäftigungsverbot, wenn Schwangere Gefahr- und Biostoffen gemäß § 11, Strahlungen, Erschütterungen, Vibrationen, Hitze, Kälte, Nässe, Überdruck ausgesetzt sind, Lasten heben müssen (regelmäßig über 5 kg, gelegentlich über 10 kg), Zwangshaltungen einnehmen müssen und wenn erhöhte Unfallgefahr besteht. Dies gilt zum Teil auch für stillende Mütter.
- Beschäftigungsverbot für Akkord- und Fließarbeit, getaktete Arbeit mit gefährdendem Tempo.

Kündigungsverbot (§ 17)

bis 4 Mon. nach Entbindung; für 4 Mon. nach Fehlgeburt nach der 12. Schwangerschaftswoche

Mutterschaftsleistungen (§§ 18 bis 21)

- **Mutterschutzlohn:** Entgeltfortzahlung bei Beschäftigungsverbot außerhalb der Mutterschutzfristen in Höhe des Durchschnitts der letzten drei Monate vor der Schwangerschaft.
- **Mutterschaftsgeld:** Krankenkassenleistung für die Schutzfrist (bis zu 13,00 EUR pro Kalendertag).
- **Arbeitgeberzuschuss:** Aufstockung des Mutterschaftsgelds bis zum durchschnittlichen Nettoarbeitsentgelt der letzten drei Monate. (Arbeitgeber zahlt monatlich eine Umlage an die Krankenkasse der Schwangeren. Dafür wird ihm der Aufstockungsbetrag erstattet; vgl. S. 512)
- **Ärztliche Betreuung** vor und nach Geburt, Hebammenhilfe, häusliche Pflege, Haushaltshilfen.

Erholungsurlaub (§ 24)

Es besteht voller Urlaubsanspruch für Ausfallzeiten wegen Beschäftigungsverboten.

Bundeselterngeld- und Elternzeitgesetz (BEEG; www.gesetze-im-internet.de/beeg/)

Elterngeld

Setzt ein Elternteil nach Geburt eines Kindes zur Kinderbetreuung beruflich aus, erhält er auf schriftlichen Antrag steuer- und SV-frei ein staatliches **Basiselterngeld zusätzlich zum Kindergeld**. (Aber: kein Elterngeld bei zu versteuerndem Jahreseinkommen über 250 000,00 EUR.) Höhe des Basiselterngelds: 67 % des durchschnittlichen Nettoeinkommens in den 12 Monaten vor dem Monat der Niederkunft. Unter 1 000,00 EUR netto: Anstieg für je 2,00 EUR Minderverdienst um 0,1 Prozentpunkte bis auf 100 %. Über 1 200,00 EUR netto: Absenkung für je 2,00 EUR Mehrverdienst um 0,1 Prozentpunkte bis auf 65 %. Höchstbetrag: 1 800,00 EUR. Nichterwerbstätige: 300,00 EUR.

Bezugsdauer: 14 Monate, wenn der andere Elternteil die Kinderbetreuung mindestens 2 Monate übernimmt; ebenso bei Alleinerziehenden. Andernfalls 12 Monate.

ElterngeldPlus: Bei Teilzeitarbeit beider Eltern ist wahlweise Verdopplung auf 24 Mon. möglich (ElterngeldPlus) oder auf 28 Mon. (Partnerschaftsbonus), wenn die Teilzeitarbeit mindestens 4 Mon. lang 25 bis 30 Wochenstd. beträgt. Betrag: Maximal die Hälfte des Basiselterngelds.

Elternzeit

Die berufstätige **Mutter oder der Vater** kann maximal bis zum vollendeten 3. Lebensjahr des Kindes **Elternzeit** nehmen (sich von der Arbeit freistellen lassen). Mit Zustimmung des Arbeitgebers sind davon bis zu 12 Monate auf die Zeit bis zum vollendeten 8. Lebensjahr übertragbar. Stattdessen können **beide Elternteile** in **Teilzeit** arbeiten (mindestens 15, höchstens 30 Wochenstunden), wenn

- das Arbeitsverhältnis mindestens 6 Monate besteht;
- der Betrieb mindestens 15 Arbeitnehmer (ohne Auszubildende) beschäftigt.

Der Arbeitgeber darf Teilzeitanträge nur ausnahmsweise „aus dringenden Gründen“ ablehnen. Für den Arbeitnehmer besteht ab Beantragung der Elternzeit bis zu deren Ende Kündigungsschutz.

11.2.2 Schwerbehindertenschutz

Das 9. Sozialgesetzbuch (SGB IX) enthält Vorschriften, um Menschen mit Schwerbehinderung arbeitsrechtlich zu schützen und ihre Eingliederung in das Erwerbsleben zu fördern.

Diesen Menschen sollen auf Antrag Personen gleichgestellt werden, deren Erwerbsfähigkeit nicht nur vorübergehend mindestens 30 % gemindert ist und die deshalb in der Arbeitssuche behindert sind (§ 2 SGB IX).

Jeder Arbeitgeber muss bei mehr als 20 Arbeitsplätzen wenigstens 5 % davon mit Schwerbehinderten besetzen. Für jeden nicht besetzten Platz muss er monatlich 125,00 EUR (<5 %), 220,00 EUR (<3 %), 320,00 EUR (<2 %) Ausgleichsabgabe zahlen (§ 71 f. SGB IX).

Weitere besondere Ansprüche von Menschen mit Schwerbehinderung:
- Zusatzurlaub: 5 Arbeitstage pro Jahr
- Kündigung nur mit Zustimmung des Integrationsamtes möglich
- unter bestimmten Voraussetzungen unentgeltliche Beförderung im öffentlichen Personennahverkehr (ÖPNV)

Für die Umsetzung sind die Integrationsämter und die Bundesagentur für Arbeit zuständig.

Arbeitsaufträge

1. **Bei der Schmöller Electronics GmbH treten folgende Fälle auf:**
   a) **Eine schwangere Arbeitnehmerin wird auf eigenen Wunsch bis zwei Wochen vor dem berechneten Entbindungstermin beschäftigt.**
   b) **Eine Mitarbeiterin im 6. Schwangerschaftsmonat wird 8 Stunden täglich stehend in der Cafeteria beschäftigt. Die Arbeitszeit soll auf fünf Stunden verkürzt werden.**
   c) **Eine Sekretärin soll zwei Wochen nach der Niederkunft wieder arbeiten.**
   d) **Eine Versandmitarbeiterin im ersten Schwangerschaftsmonat muss regelmäßig Packstücke bis zu 12 kg Gewicht vom Packtisch in einen Container heben.**
   e) **Eine Produktionshelferin will trotz Schwangerschaft weiterhin im Akkord arbeiten.**

   Beurteilen Sie jeweils die rechtliche Zulässigkeit und nennen Sie die Vorschrift des MuSchG.
2. **Frau Schneider hat ihre Stelle seit zwei Monaten inne. Sie teilt ihrem Arbeitgeber mit, dass der Arzt soeben bei ihr eine Schwangerschaft festgestellt habe. Darauf erhält sie wegen „Täuschung des Arbeitgebers bei der Einstellung" die fristlose Kündigung.**

   Nehmen Sie Stellung.

12 Innerbetriebliche Mitbestimmung

„Mitbestimmung" bezeichnet die Beteiligung der Arbeitnehmer an betrieblichen Entscheidungen. Die Forderung nach Mitbestimmung beruht auf der Erkenntnis, dass Arbeit und Kapital gleichermaßen für die Erstellung der betrieblichen Leistungen notwendig sind.

12.1 Betriebsrat

BetrVG (*www.gesetze-im-internet.de/betrvg/*)

Das Betriebsverfassungsgesetz (BetrVG) will durch eine Erweiterung der Arbeitnehmerrechte einen gerechten Interessenausgleich und eine vertrauensvolle Zusammenarbeit zwischen Arbeitgebern und Arbeitnehmern bewirken. Zu diesem Zweck sollen (nicht: müssen) Betriebsräte gewählt werden.

Die Wahlen finden alle vier Jahre zwischen dem 1. März und dem 31. Mai statt.

Voraussetzungen:

- mindestens 5 wahlberechtigte Arbeitnehmer (mindestens 18 Jahre; keine leitenden Angestellten und arbeitgeberähnlichen Personen wie Geschäftsführer, Vorstand; wählen dürfen auch Leiharbeitnehmer, die länger als drei Monate im Betrieb sind.)

- mindestens 3 wählbare Arbeitnehmer (Wahlberechtigte mit mindestens 6 Monaten Betriebszugehörigkeit)

Anzahl der Betriebsratsmitglieder			
Wahlberechtigte	**Mitglieder**	**Wahlberechtigte**	**Mitglieder**
5 - 20	1 (Betriebsobmann)	2 001 - 2 500	19
21 - 50	3	2 501 - 3 000	21
51 - 100	5	3 001 - 3 500	23
101 - 200	7	3 501 - 4 000	25
201 - 400	9	4 001 - 4 500	27
401 - 700	11	4 501 - 5 000	29
701 - 1 000	13	5 001 - 6 000	31
1001 - 1 500	15	6 001 - 7 000	33
1501 - 2 000	17	7 001 - 9 000	35
Bei mehr als 9 000 Arbeitnehmern kommen je angefangene 3 000 Arbeitnehmer 2 Betriebsratsmitglieder hinzu. Ab 9 Mitgliedern bildet der Betriebsrat einen **Betriebsausschuss.** Dieser führt die laufenden Geschäfte des Betriebsrats. Er kann 3 bis 12 Mitglieder haben.			

Das Geschlecht, das im Betrieb in der Minderheit ist, muss ab drei Betriebsratsmitgliedern mindestens entsprechend seinem Anteil an der Belegschaft im Betriebsrat vertreten sein.

Ab 200 Arbeitnehmer ist mindestens ein Betriebsratsmitglied von der Arbeit freizustellen; bei mehr Arbeitnehmern steigen die Freistellungen gemäß § 38 BetrVG.

Der Betriebsrat tagt in nicht-öffentlicher Sitzung während der Arbeitszeit. Er muss einmal im Kalendervierteljahr eine **Betriebsversammlung** einberufen und einen Tätigkeitsbericht erstatten. Der Arbeitgeber ist einzuladen und hat Rederecht.

12.2 Wirtschaftsausschuss

Ab 100 Beschäftigten bestimmt der Betriebsrat einen Wirtschaftsausschuss. Er setzt sich aus mindestens drei und höchstens sieben sachverständigen Personen zusammen, von denen mindestens eine Betriebsratsmitglied sein muss. Der Ausschuss berät gemäß § 106 BetrVG wirtschaftliche Angelegenheiten mit dem Unternehmer (z. B. Finanzlage, Investitionsprogramm, Rationalisierungen, Arbeitsmethoden, Stilllegungen, Zusammenschlüsse usw.) und unterrichtet den Betriebsrat. Der Unternehmer hat zusammen mit dem Wirtschaftsausschuss der Belegschaft mindestens einmal im Vierteljahr einen wirtschaftlichen Lagebericht zu geben.

12.3 Allgemeine Aufgaben des Betriebsrats

Der Betriebsrat hat folgende allgemeine Aufgaben:

- Überwachung der Einhaltung von Betriebsvereinbarungen, Tarifverträgen und Gesetzen;
- Beantragung von Maßnahmen im Interesse von Betrieb und Arbeitnehmern bei der Geschäftsleitung;
- Annahme, Beratung, Vertretung von Anregungen der Arbeitnehmer und der Jugend- und Auszubildendenvertretung;
- Förderung schutzbedürftiger Gruppen (Menschen mit Behinderung, Ausländer, Jugendliche, ältere Arbeitnehmer); Bekämpfung von Rassismus und Fremdenfeindlichkeit;
- Förderung der Gleichstellung von Frauen und Männern;
- Förderung der Sicherung der Beschäftigung;
- Förderung von Arbeits- und Umweltschutzmaßnahmen.

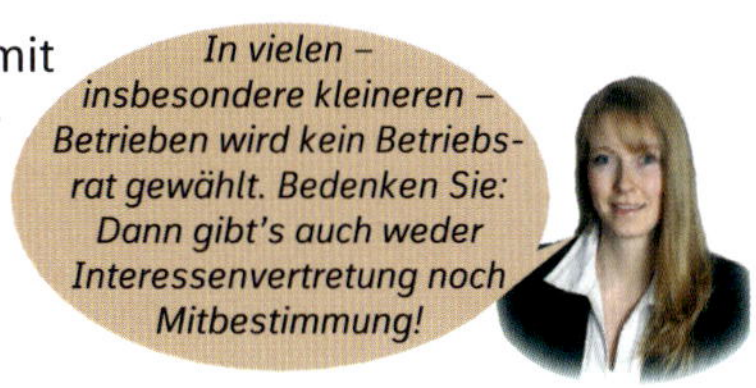

12.4 Betriebsvereinbarungen

***Betriebsvereinbarungen* sind Verträge zwischen Arbeitgeber und Betriebsrat.**

Betriebsvereinbarungen regeln Fragen der Arbeitsbedingungen (z. B. Urlaubsplan, Beginn und Ende der Arbeitszeit, Betriebsordnung), der Mitbestimmung, der Verhütung von Arbeitsunfällen und Gesundheitsschädigungen, der Errichtung von Sozialeinrichtungen und der Förderung der Vermögensbildung. Hat ein Tarifvertrag die Fragen schon geregelt, so können sie allerdings nicht Gegenstand von Betriebsvereinbarungen werden, es sei denn, der Tarifvertrag lässt den Abschluss ergänzender Betriebsvereinbarungen ausdrücklich zu (§ 77 Abs. 3 BetrVG). Betriebsvereinbarungen gelten unmittelbar und zwingend. Sie sind mit einer Frist von 3 Monaten kündbar.

12.5 Betriebsrat als Mitbestimmungsorgan

Als Mitbestimmungsorgan hat der Betriebsrat abgestufte Rechte.

Mitbestimmungs- und Mitwirkungsrechte des Betriebsrats (BetrVG)

Mitentscheidungsrecht	Widerspruchsrecht	Informations- und Beratungsrecht
Soziale Angelegenheiten (§ 87): • Betriebsordnung • Lage der Arbeitszeit und der Pausen • vorübergehende Verkürzung oder Verlängerung der Arbeitszeit • Urlaubsplan • Unfallverhütung • betriebliche Berufsbildung • betriebliche Sozialeinrichtungen • Zeit, Ort, Art der Entgeltzahlung • Einführung von technischen Einrichtungen zur Verhaltens- und Leistungsüberwachung • Entlohnungsgrundsätze und -methoden • Akkord- und Prämiensätze • Vorschlagswesen • Grundsätze über Durchführung von Gruppenarbeit **Richtlinien über die personelle Auswahl bei Einstellungen, Versetzungen, Umgruppierungen, Kündigungen** (§ 95) **Sozialplan bei Betriebsänderung und Insolvenzverfahren** (§ 112) **Maßnahmen der betrieblichen Berufsbildung** (§ 98)	**Personelle Einzelmaßnahmen** (§ 99): • Einstellungen • Ein- und Umgruppierungen • Versetzungen **Kündigungen** (§ 102)	**Planung der Arbeitsplätze** (§ 90): • Neu-, Um-, Erweiterungsbauten • technische Anlagen • Arbeitsverfahren **Personalplanung** (§ 92) **Förderung der Berufsbildung** (§§ 96, 97) **Wirtschaftliche Angelegenheiten** (§ 106): z. B. • wirtschaftliche und finanzielle Lage • Produktions- und Absatzlage • Investitions- und Produktionsprogramm • neue Arbeitsmethoden • Stilllegung von Betriebsteilen, Zusammenschluss von Betrieben, Änderung der Betriebsorganisation oder des Betriebszwecks • Rationalisierungsvorhaben Wenn ein Wirtschaftsausschuss besteht, erfolgt die Beratung in den Fällen des § 106 mit diesem. Der Wirtschaftsausschuss unterrichtet den Betriebsrat (vgl. S. 507). **Betriebsänderungen** (§ 111)
Eine Entscheidung kommt nur mit Zustimmung des Betriebsrats zustande.	**Der Betriebsrat kann aus schwerwiegenden Gründen Entscheidungen der Geschäftsleitung nicht zustimmen (§ 99) bzw. widersprechen (§ 102). Dies macht die Entscheidungen unwirksam.**	**Die Geschäftsleitung muss den Betriebsrat über anstehende Entscheidungen unterrichten[1] und sich mit ihm beraten. Ein Widerspruch ist jedoch wirkungslos.**

[1] Dies muss so rechtzeitig erfolgen, dass die Vorschläge des Betriebsrats berücksichtigt werden können.

Erfolgt in den Fragen von § 87 zwischen Betriebsrat und Arbeitgeber keine Einigung über eine Maßnahme, so ist bei Bedarf eine **Einigungsstelle** zu bilden. Arbeitgeber und Betriebsrat bestellen hierzu eine gleiche Anzahl von Beisitzern und einigen sich auf einen neutralen Vorsitzenden. Betriebsvereinbarungen können eine ständige Einigungsstelle vorsehen (§ 76 BetrVG).

In einer Reihe von Fällen ersetzt der Spruch der Einigungsstelle die fehlende Einigung zwischen Arbeitgeber und Betriebsrat. Hierzu gehören z. B. die sozialen Angelegenheiten nach § 87 BetrVG. In jedem Fall kann aber das Arbeitsgericht angerufen werden.

Die Stellung der Betriebsräte ist zu ihrem eigenen sozialen Schutz und zur wirksamen Interessenvertretung wesentlich stärker als die der übrigen Arbeitnehmer:

- Betriebsratsmitglieder sind bis ein Jahr nach Beendigung ihrer Tätigkeit nur außerordentlich kündbar unter der Bedingung, dass der Betriebsrat oder das Arbeitsgericht zustimmen.
- Während der Interessenvertretung läuft das Arbeitsentgelt weiter.
- Jedes Betriebsratsmitglied hat das Recht auf drei Wochen bezahlten Bildungsurlaub im Jahr.
- Die Kosten des Betriebsrates trägt der Arbeitgeber.

12.6 Sprecherausschüsse der leitenden Angestellten

Leitende Angestellte sind arbeitsrechtlich Arbeitnehmer, jedoch gelten Sondervorschriften für sie. So gilt das Arbeitszeitgesetz nicht für Prokuristen, Gesamtbevollmächtigte und Angestellte, die Vorgesetzte von mindestens 20 Arbeitnehmern sind. Das Kündigungsschutzgesetz gilt nicht für Geschäftsführer, Betriebsleiter und ähnliche leitende Personen, soweit sie selbstständig Arbeitnehmer einstellen und entlassen können. Für alle Genannten gelten auch nicht die Mitbestimmungsregelungen des Betriebsverfassungsgesetzes.

In Betrieben mit mindestens 10 leitenden Angestellten können Sprecherausschüsse gewählt werden, wenn sich die Mehrheit der leitenden Angestellten dafür ausspricht (Sprecherausschuss-Gesetz [SprAuG]).

Nach § 5 BetrVG ist leitender Angestellter,
- wer selbstständig Arbeitnehmer einstellen oder entlassen darf,
- wer Generalhandlungsvollmacht oder Prokura hat,
- wer für den Bestand und die Entwicklung des Unternehmens/Betriebs Entscheidungen „im Wesentlichen frei von Weisungen trifft oder maßgeblich beeinflusst".

Im Zweifel ist auch leitender Angestellter,
- wer schon bei der letzten Betriebsratswahl als solcher galt oder aber
- wer einer Leitungsebene angehört, auf der überwiegend leitende Angestellte vertreten sind, oder
- wer ein für leitende Angestellte übliches Gehalt bezieht (im Zweifel mehr als das Dreifache des Durchschnittsverdienstes der Rentenversicherten).

Die Mitwirkung des Sprecherausschusses erfolgt durch Unterrichtung und Beratung über personelle und wirtschaftliche Angelegenheiten. Der Ausschuss kann die Arbeit der Betriebsräte nicht blockieren und Vereinbarungen zwischen Arbeitgeber und Betriebsrat nicht gerichtlich zu Fall bringen.

Arbeitsaufträge

1. **Die folgende Grafik gibt die innerbetrieblichen Mitbestimmungsorgane wieder.**
   a) Beschreiben Sie mit eigenen Worten die Aufgaben dieser Organe.
   b) Welche dieser Organe können mit folgenden Problemen befasst werden?
      (1) Ein jugendlicher Auszubildender wird nicht nach der Ausbildungsordnung ausgebildet.
      (2) Ein Arbeitnehmer ist seiner Meinung nach in die falsche Lohngruppe eingestuft.
      (3) Die Unternehmensleitung will durch Rationalisierung 60 Arbeitsplätze einsparen.
      (4) Die gleitende Arbeitszeit soll eingeführt werden.

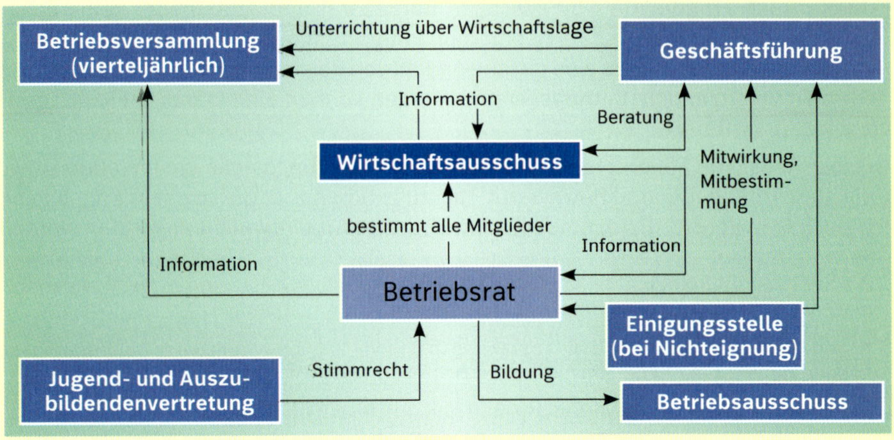

2. **Bei der Technoflex GmbH, einem Industrieunternehmen mit 789 Beschäftigten, läuft die Amtszeit des Betriebsrates im kommenden Jahr ab.**
   a) Wie lange dauerte die Amtszeit des Betriebsrates?
   b) Für welchen Termin können die Betriebsratswahlen angesetzt werden?
   c) Wie viele Betriebsratsmitglieder sind zu wählen?
   d) Sind die folgenden Arbeitnehmer wahlberechtigt?
      (1) der 35-jährige Prokurist Jannings, 12 Jahre beschäftigt
      (2) der 28-jährige ausländische Arbeitnehmer Ahmet Ataer, 10 Monate beschäftigt
      (3) die 17-jährige Auszubildende Anja Pick, 13 Monate beschäftigt
      (4) der 24-jährige Auszubildende Werner Grunwald, 1 Monat beschäftigt
      (5) die 40-jährige Angestellte Anne Netzer, 20 Jahre beschäftigt
      (6) der 30-jährige Hilfsarbeiter Udo Besen, 4 Jahre beschäftigt
   e) Welche der genannten Personen sind wählbar?
   f) Das Betriebsratsmitglied Eberhard Warnke will nicht mehr kandidieren. Da Warnke bisher die Interessen der Belegschaft gegenüber der Geschäftsführung sehr engagiert vertreten hat, befürchtet er für den Fall seines Ausscheidens seine Kündigung. Ist diese Furcht gerechtfertigt?

3. **Der Betriebsrat hat abgestufte Mitbestimmungsrechte.**
   Untersuchen Sie, in welchem Umfang der Betriebsrat in folgenden Fällen zu beteiligen ist.
   a) Die Geschäftsführung will die gleitende Arbeitszeit einführen.
   b) Die Geschäftsführung will einen Werkstattmeister einstellen.
   c) Die Geschäftsführung will die Fertigung auf flexible Fertigungssysteme umstellen.
   d) Die Geschäftsführung will eine außerordentliche Kündigung aussprechen.
   e) Die Geschäftsführung will den Urlaubsplan für das kommende Jahr beschließen.

4. **Geschäftsführung und Betriebsrat können sich nicht über die Einführung der gleitenden Arbeitszeit einigen.**
   a) Auf welche Weise kann trotzdem die notwendige Entscheidung erzielt werden?
   b) Es wird schließlich doch ein Kompromiss gefunden und in einer Betriebsvereinbarung festgehalten. Wie sind die Beschäftigten von dieser Vereinbarung betroffen?

FÜNFTER ABSCHNITT

13 Sozialversicherung (SV)

Arbeitnehmer sind **grundsätzlich** vor den Folgen von Krankheit, Pflegebedürftigkeit, Unfall, Arbeitslosigkeit und Armut im Alter durch eine **Pflichtversicherung** geschützt: die Sozialversicherung. Der Staat verpflichtet sie, sich an der Gemeinschaft der Versicherten auf Gegenseitigkeit (**Solidargemeinschaft**) zu beteiligen. Die Zwangsversicherung ist erforderlich, weil viele Menschen sich freiwillig nicht versichern und im Notfall der Gemeinschaft zur Last fallen würden. In bestimmten Umfang ist die Sozialversicherung weiteren Personenkreisen geöffnet.

13.1 Zweige und Träger der Sozialversicherung

Die gesetzliche Grundlage der Sozialversicherung ist das **Sozialgesetzbuch (SGB)**. Dieses umfasst die Teile: SGB I (Allgemeiner Teil), SGB II (Grundsicherung für Arbeitsuchende), SGB III (Arbeitsförderung), SGB IV (Gemeinsame Vorschriften für die Sozialversicherung), SGB V (Krankenversicherung), SGB VI (Rentenversicherung), SGB VII (Unfallversicherung), SGB VIII (Kinder- und Jugendhilfe), SGB IX (Rehabilitation/Teilhabe behinderter Menschen), SGB X (Verwaltungsverfahren), SGB XI (Pflegeversicherung), SGB XII (Sozialhilfe). Diese Einteilung nennt bereits die fünf Zweige der Sozialversicherung: Kranken-, Pflege-, Unfall-, Renten-, Arbeitslosenversicherung. Die Versicherungsträger sind selbstständige juristische Personen des öffentlichen Rechts.

<table>
<tr><th colspan="5">Zweige der Sozialversicherung</th></tr>
<tr><td>Krankenversicherung gemäß SGB V</td><td>Pflegeversicherung gemäß SGB XI</td><td>Unfallversicherung gemäß SGB VII</td><td>Rentenversicherung gemäß SGB VI</td><td>Arbeitslosenversicherung gemäß SGB III</td></tr>
<tr><th colspan="5">Träger</th></tr>
<tr><td colspan="2">• Allgemeine Ortskrankenkassen (AOK)
• Betriebskrankenkassen
• Innungskrankenkassen
• Landwirtschaftliche Krankenkassen
• Knappschaft
• Ersatzkrankenkassen z. B. DAK-Gesundheit, Barmer GEK, Techniker Krankenkasse, KKH Kaufmännische Krankenkasse</td><td>• Gewerbliche Berufsgenossenschaften
• Landwirtschaftliche Berufsgenossenschaften
• See-Berufsgenossenschaften
• Unfallkassen der öffentlichen Hand</td><td>• Deutsche Rentenversicherung Bund
• Deutsche Rentenversicherung (mit einem Zusatz für ihre jeweilige regionale Zuständigkeit, z. B. Deutsche Rentenversicherung Rheinland)
• Deutsche Rentenversicherung Knappschaft – Bahn – See</td><td>• Bundesagentur für Arbeit (BA)</td></tr>
</table>

Die Versicherungsträger haben das Recht der Selbstverwaltung: In der Kranken-, Pflege-, Renten- und Unfallversicherung wählen Arbeitgeber und Arbeitnehmer für eine Amtszeit von sechs Jahren je die Hälfte der Mitglieder einer Vertreterversammlung. Diese beschließt als „Parlament" des Versicherungsträgers die Satzung, verabschiedet den Haushalt und bestellt den Vorstand. Dem Vorstand obliegen die Geschäftsführung und Vertretung der Versicherung. Bei der Bundesagentur für Arbeit werden die Organe der Selbstverwaltung nicht gewählt, sondern aufgrund von Vorschlagslisten der Gewerkschaften, der Arbeitgeber und der öffentlichen Körperschaften berufen.

13.2 Grundlegende Merkmale

Private Versicherungen (Individualversicherungen) arbeiten nach dem Individualprinzip, die Sozialversicherung arbeitet nach dem **Solidaritätsprinzip**.

Individualprinzip		Solidaritätsprinzip
individuelle Vorsorge	◄— **Grundgedanke** —►	gemeinschaftliche Vorsorge
privatrechtlicher Vertrag	◄— **Rechtsgrundlage** —►	gesetzlicher Zwang
nach dem persönlichen Risiko	◄— **Prämienhöhe/ Beitragshöhe** —►	nach der Leistungsfähigkeit (Einkommenshöhe)
vertraglich vereinbart	◄— **Leistungen** —►	gesetzlich festgelegt

Beispiel: Krankenversicherung

Bei der privaten Krankenversicherung werden Versicherungsleistungen und Kostenerstattung vereinbart (z. B. 40 %, 100 %). Dies, das Alter des Versicherten und ggf. Selbstbeteiligungen bestimmen die Prämienhöhe. Erhöhte Risiken (z. B. bei Versicherungsabschluss bestehende chronische Erkrankungen) werden von der Versicherung ausgeschlossen oder führen zu Prämienzuschlägen. Jedes Familienmitglied wird gesondert versichert.
Bei der gesetzlichen Krankenversicherung sind die Versicherungsleistungen gesetzlich festgelegt. Die Beitragshöhe richtet sich bei den pflichtversicherten Arbeitnehmern nach dem Bruttolohn, unabhängig vom persönlichen Risiko. Nicht erwerbstätige Ehegatten und Kinder sind kostenlos mitversichert.

Die Sozialversicherungsbeiträge vom Bruttolohn sind für 2021 wie folgt festgelegt:

Versicherung	Beitragssatz	Beitraganteil		mtl. Beitragsbemessungsgrenze
		Arbeitnehmer	Arbeitgeber	
Unfallversicherung	nach Gefahrenklassen		voller Beitrag	
Rentenvers.	18,6 %	9,3 %	9,3 %	alte Bundesländer: 7 100,00 EUR
Arbeitslosenvers.	2,4 %	1,2 %	1,2 %	neue Bundesländer: 6 700,00 EUR
Krankenvers.	14,6 % + x	7,3 % + 0,5x	7,3% + 0,5x	4 837,50 EUR
Pflegeversicherung Zuschlag für Kinderlose ab dem 24. Lj.	3,05 % 0,25 %	1,525 % 0,25 %	1,525 %	

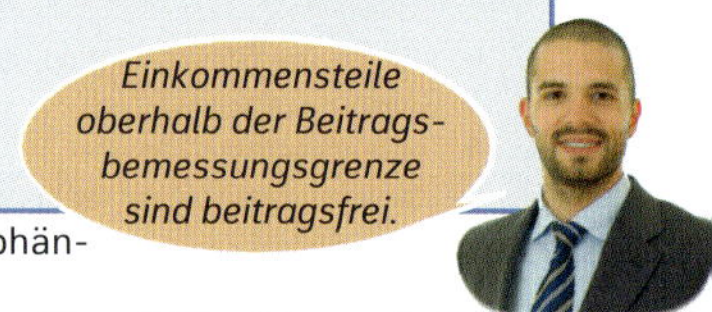

Jede Krankenkasse kann für die Krankenversicherung einen einkommensabhängigen Zusatzbeitrag x erheben (z. B. 1 %).
Die Krankenkassen erheben nur von den Arbeitgebern außerdem die Umlagen U1 und U2 mit kassenindividuellen Beitragssätzen sowie die Umlage U3 im Auftrag der BA. U1: nur Arbeitgeber mit höchstens 30 Arbeitnehmern ohne Auszubildende und Schwerbehinderte.

- U1: Versicherungsbeitrag (0,9 bis 4,42 %); Leistung: Ausgleich der Entgeltfortzahlung im Krankheitsfall.
- U2: Vers.beitrag (0,19 bis 0,7 %); Leistung: Ausgleich der Mutterschaftsgeldaufstockung (vgl. S. 505).
- U3: Insolvenzgeldumlage (0,12 %); für die Zahlung von Insolvenzgeld durch die BA (vgl. S. 518 f.)

Jeder Beschäftigte erhält von seinem Rentenversicherungsträger einen **Sozialversicherungsausweis**. Diesen muss er dem Arbeitgeber vorlegen. Der Arbeitgeber meldet den Beschäftigten bei dessen Krankenkasse an und führt bis zum drittletzten Bankarbeitstag des Monats alle Beiträge und Umlagen (außer Unfallversicherung) an sie ab. Die Krankenkasse ist also auch Einzugsstelle für Renten-, Pflege- und Arbeitslosenversicherung sowie U3.

13.3 Unfallversicherung

Unfallversicherung

Aufgaben

- **Verhütung von Arbeitsunfällen.** Zu diesem Zweck geben die Berufsgenossenschaften und Unfallkassen Unfallverhütungsvorschriften heraus und betreiben Unfallforschung. Die Unfallverhütungsvorschriften sind im Betrieb an geeigneter Stelle auszuhängen.
- **Wiederherstellung der Erwerbsfähigkeit** nach einem versicherten Unfall
- **Ausgleich des Schadens,** der durch Körperverletzung oder durch einen versicherten Unfall mit tödlichem Ausgang verursacht wurde

Versicherte

Pflichtversicherte:

- aufgrund eines Arbeits-, Dienst- oder Ausbildungsverhältnisses Beschäftigte, Arbeitslose
- Heimarbeiter, Hausgewerbetreibende, Unternehmer in Landwirtschaft, Schifffahrt, Fischerei
- Kinder in Kindergärten, Schüler, Studenten
- Pflegepersonen, die Angehörige in häuslicher Umgebung pflegen
- arbeitende Gefangene
- Nothelfer (z. B. Lebensretter, Unfallhelfer, Blutspender und im Gesundheits-, Veterinär- und Wohlfahrtswesen Tätige), Pflegepersonen, die Angehörige in häuslicher Umgebung pflegen

Freiwillig Versicherte:
Unternehmer und ihre im Betrieb tätigen Ehegatten oder Lebenspartner

Finanzierung

durch Beiträge der Arbeitgeber für ihre Arbeitnehmer, weiterhin durch Beiträge des Bundes und der Länder.
Die Höhe der Beiträge richtet sich nach
- der Gefahrenklasse, in die jeder Arbeitnehmer eingestuft wird,
- der Lohnsumme, die der Arbeitgeber zahlt,
- dem Finanzbedarf der Unfallversicherung.

Pflichten der Arbeitnehmer

Beachtung der Unfallverhütungsvorschriften (z. B. Tragen von Schutzhelmen, Schutzbrillen, Sicherheitsschuhen; Sichern von Geräten, Leitern; Beachtung von Warnzeichen u. a. m.)

Pflichten der Arbeitgeber

- Meldung der Zu- und Abgänge von Arbeitnehmern an die Berufsgenossenschaft; jährliche Meldung der Arbeitsentgelte
- Abführung der Beiträge an die Berufsgenossenschaft
- Meldung von Arbeitsunfällen an die Berufsgenossenschaft binnen drei Tagen
- Untemehmen mit mehr als 20 Beschäftigten: Bestellung eines Sicherheitsbeauftragten. Dieser soll den Unternehmer bei der Durchführung des Unfallschutzes unterstützen und sich laufend von der ordnungsgemäßen Benutzung der vorgegebenen Schutzvorrichtungen überzeugen.

Leistungsvoraussetzungen

Vorliegen eines/einer
- **Arbeitsunfalls** (Unfall während der Arbeit)
- **Wegeunfalls** (Unfall auf dem grundsätzlich kürzesten Weg zur Arbeit und von der Arbeit)
- **Berufskrankheit** (Erkrankung bei bestimmten gesundheitsschädlichen Tätigkeiten; z. B. Staublunge bei Bergleuten)

So entschied das Bundessozialgericht: Versichert sind z. B.: der Weg zu Kantine oder Restaurant bis zur Tür (nicht das Essen selbst!), der Weg zur Bank zwecks Gehaltsabhebung, das Tapezieren eines auf Anweisung des Arbeitgebers in der Privatwohnung unterhaltenen Büroraums.

Leistungen

- **Unfallverhütung** durch Erstellung von Unfallverhütungsvorschriften, Unfallforschung und Aufklärung, Beratung der Arbeitgeber
- **Heilbehandlung** nach Arbeitsunfällen und bei Berufskrankheiten
- **Verletztengeld** (bei Arbeitsunfähigkeit oder Maßnahmen der Heilbehandlung)
- **Umschulung** auf einen anderen Beruf nach Arbeitsunfällen und bei Berufskrankheiten (Rehabilitation). Zweck: Vermeidung langjähriger Rentenzahlungen
- **Rentenzahlung:**
  - *Vollrente* bei vollständiger Erwerbsunfähigkeit
  - *Teilrente* bei mindestens 20 % Erwerbsunfähigkeit
  - *Hinterbliebenenrente*

13.4 Rentenversicherung

Rentenversicherung

Aufgaben

Finanzielle Absicherung gegen die Folgen von Erwerbsminderung, Alter und Tod

Versicherte

Pflichtversicherte:
- Angestellte, Arbeiter, Auszubildende
- Personen, die Bundesfreiwilligendienst leisten
- selbstständige Handwerker, Landwirte, Hausgewerbetreibende, Lehrer, Hebammen, Erzieher, Pfleger, Künstler, Publizisten, Seelotsen, Küstenschiffer, Küstenfischer; andere Selbstständige unter bestimmten Voraussetzungen
- Menschen mit Behinderung

Freiwillig Versicherte:
Jeder, der das 16. Lebensjahr vollendet hat, kann sich freiwillig versichern. Wer versicherungsfrei ist (z. B. als Beamter) oder sich von der Versicherungspflicht hat befreien lassen (z. B. als Minijobber), muss bei Beginn der freiwilligen Versicherung allerdings schon mindestens fünf Jahre Pflichtbeiträge gezahlt haben.

Finanzierung

- durch Beiträge von Arbeitgebern und Versicherten (s. S. 512) sowie der Bundesagentur für Arbeit (für Arbeitslosengeldbezieher)
- durch Zuschüsse des Bundes. Der Bund ist zur Zahlung von Zuschüssen (aus Steuermitteln) verpflichtet, wenn die Beitragseinnahmen nicht ausreichen. Außerdem: Zuschusspauschale für nicht beitragsgedeckte Leistungen.

Merke: Bei privaten Rentenversicherungen sparen die Versicherten ihre spätere Rente gemeinsam an. Bei gesetzlichen Rentenversicherungen dagegen gilt der sog. ***Generationenvertrag:*** *Die erwerbstätige Generation bezahlt mit ihren laufenden Beiträgen die laufenden Rentenzahlungen!*

Pflichten der Arbeitnehmer

Sozialversicherungausweis dem Arbeitgeber vorlegen

Pflichten der Arbeitgeber

- Meldung von Zu- und Abgängen an die Krankenkasse; jährliche Meldung der Arbeitsentgelte
- Berechnung der Beiträge, Abführung an die Krankenkasse
- Erstellung der Versicherungsnachweise

Leistungen

- **Zahlung von Altersrente**

  Regelaltersrente: Voraussetzung ist eine Versicherungszeit von mindestens fünf Jahren (allgemeine Wartezeit). Die Rente wurde bis einschließlich 2011 grundsätzlich ab Vollendung des 65. Lebensjahres (Regelaltersgrenze) gezahlt. In den Jahren 2012 bis 2029 wird die Regelaltersgrenze schrittweise von 65 auf 67 Jahre angehoben.

  Flexirente:
  1. Wer die Regelaltersgrenze erreicht hat, kann durch Arbeit unbegrenzt und beitragsfrei hinzuverdienen. Freiwillige Beiträge führen ab dem Folgejahr zu einer Rentenerhöhung.
  2. Wer den Rentenbeginn über die Regelaltersgrenze hinaus verschiebt, erhält anschließend pro verschobenem Monat 0,5 % mehr Rente (Jahr: 6 %). Wer in dieser Zeit arbeitet und freiwillig Beiträge zahlt, erzielt ab dem Folgejahr eine weitere Rentenerhöhung.

  Rente für besonders langjährig Beschäftigte: Rente mit 65 Jahren ohne Abschläge kann nur beziehen, wer mindestens 45 Jahre voll versicherungspflichtig war.

  Rente für langjährig Beschäftigte: Wer mindestens 35 Jahre voll versicherungspflichtig war, kann Rente mit 63 Jahren beziehen. Er muss aber hohe Rentenabschläge in Kauf nehmen.

  Für **schwerbehinderte Menschen** steigt das Rentenalter schrittweise von 63 auf 65 Jahre. Mit Abschlägen können auch sie früher in Rente gehen.

  Flexirente:
  1. Zusatzbeiträge – möglich bis zum Erreichen der Regelaltersgrenze – können bei vorzeitigem Rentenbezug Abschläge ganz oder teilweise ausgleichen.
  2. Wer vor der Regelaltersgrenze Rente bezieht (i. d. R. mit Abschlag), kann ohne weitere Rentenkürzung bis 6 300,00 EUR pro Kalenderjahr hinzuverdienen. Ein höherer Zuverdienstanteil wird zu 40 % auf die Rente angerechnet. Liegt die Summe aus geminderter Rente und Zuverdienst über dem höchsten Einkommen der letzten 15 Jahre, wird auch der darüberliegende Betrag auf die Rechte angerechnet (Hinzuverdienstdeckel).

  Web M 514

  Für langjährig Versicherte (mindestens 33 Jahre) mit unterdurchschnittlichem Einkommen wird ein individueller Zuschlag auf die Altersrente gezahlt (sog. Grundrente).
- **Weitere Renten**

  Die Rentenversicherung zahlt auch Renten wegen teilweiser Erwerbsminderung und Erwerbsunfähigkeit sowie wegen Todes (z. B. Witwen-, Witwer-, Waisenrente).
- **Rehabilitationsmaßnahmen**

  Das sind medizinische, berufsfördernde und ergänzende Leistungen mit dem Ziel, ein Ausscheiden von Kranken und Behinderten aus dem Berufsleben zu verhindern oder sie dauerhaft wieder einzugliedern.

  Voraussetzungen: Erfüllung einer Wartezeit von 15 Jahren oder Bezug einer Rente wegen teilweiser Erwerbsminderung; alternativ dazu eine Reihe von Kriterien gemäß § 11 SGB VI.

FÜNFTER ABSCHNITT

Bestehende Renten werden jährlich zum 1. Juli durch Beschluss der Bundesregierung der allgemeinen Einkommensentwicklung angepasst (sog. **Rentendynamisierung**).

Die zunehmende Überalterung der Gesellschaft führt für die gesetzliche Rentenversicherung zu großen Finanzierungsproblemen. Eine Absenkung des Rentenniveaus erscheint in Zukunft unvermeidbar. Das Rentenreformgesetz von 2001 und das Alterseinkünftegesetz von 2004 fördern deshalb die **private Altersvorsorge**.

Rentenreformgesetz: Die private Altersvorsorge von Pflichtversicherten der gesetzlichen Rentenversicherung wird durch staatliche Zulagen gefördert. Anlageformen: staatlich zertifizierte Anlagen, die zu lebenslangen Rentenzahlungen führen, v. a. private Rentenversicherungen und betriebliche Altersvorsorge durch Pensionskassen, Pensionsfonds, Direktversicherungen (vom Arbeitgeber zugunsten des Arbeitnehmers abgeschlossen). Die erste Rentenzahlung darf nicht vor dem 60. Lebensjahr erfolgen (für Verträge ab 2012 nicht vor dem 62. Lebensjahr). Die geförderte Rente ist als **„Riester-Rente“** (nach dem ehemaligen Bundesarbeitsminister Riester) bekannt geworden.

Erforderliche Einzahlung	Grundzulage	Zulage pro Kind
4 % vom Bruttolohn (jährlich mindestens 60,00 EUR und höchstens 2 100,00 EUR)	175,00 EUR, Verheiratete: 350,00 EUR Berufseinsteiger: einmalig 200,00 EUR	185,00 EUR, (ab 2008 geborene Kinder: 300,00 EUR)

Riester-Anbieter müssen zum Rentenstart mindestens die Einzahlungen und Zulagen garantieren. Sie erwirtschaften aber wegen einer anhaltenden Niedrigzinsphase zurzeit kaum noch Überschüsse. Deshalb bieten sie vielfach nur noch fondsgebundene Versicherungen an. Der Kunde sollte dabei unbedingt auf niedrige Kosten und auf Anlage der Beiträge und Zulagen in ETF (Exchange Traded Funds) achten.

Alterseinkünftegesetz: Beiträge zu gesetzlichen, berufsständischen und privaten Rentenversicherungen mindern in Höchstgrenzen als Vorsorgeaufwendungen die Einkommensteuer. Diese Förderung steht jedermann (z. B. auch Selbstständigen) zu. Die so geförderte Rente heißt **Basisrente**. Sie ist auch als „Rürup-Rente“ (nach dem Ökonomen Rürup) bekannt.

13.5 Krankenversicherung

Versicherte können ihre Krankenkasse frei wählen und sollten sich deshalb über die Leistungen der verschiedenen Kassen genau informieren.

Krankenversicherung

Aufgaben

- Krankheitsvorsorge
- Erhaltung und Wiederherstellung der Gesundheit
- Finanzielle Absicherung im Krankheitsfall

Versicherte

- **Pflichtversicherte:**
  - Arbeiter und Angestellte mit einem Gesamteinkommen bis zur Versicherungspflichtgrenze (2021: 64 350,00 EUR jährlich = 5 362,50 EUR monatlich)
  - Auszubildende
  - als arbeitslos Gemeldete
  - unter bestimmten Bedingungen Rentner, Selbstständige, Studenten
  - Landwirte
- **Freiwillig Versicherte:**
  - Aus der Versicherungspflicht Ausgeschiedene (wenn sie unmittelbar vorher mindestens 12 Monate oder in den letzten 5 Jahren mindestens 2 Jahre versichert waren)

Nicht berufstätige Ehegatten, Lebenspartner nach dem Lebenspartnerschaftsgesetz und Kinder sind ohne zusätzlichen Beitrag mitversichert (**Familienversicherung**), Kinder bis 18 Jahre (ohne Erwerbstätigkeit bis 23 Jahre, in Ausbildung bis 25 Jahre, bei Behinderung ohne Altersgrenze), sofern das monatliche Einkommen nach Abzug der Werbungskosten 1/7 der monatlichen Bezugsgröße nicht übersteigt. Die mtl. Bezugsgröße ist das Durchschnittsentgelt der gesetzlichen RV im vergangenen Jahr. Für 2021 gilt: Bezugsgröße = 3 290,00 EUR; davon 1/7 = 470,00 EUR. Unter Berücksichtigung der Mindestwerbungskosten (Pauschale von 1 000,00 EUR jährlich = 83,33 EUR monatlich): 470,00 EUR + 83,33 EUR = 533,33 EUR.

- Personen, die erstmals eine berufliche Tätigkeit aufnehmen und deren Einkommen über der Versicherungspflichtgrenze liegt
- Personen, die aus der Familienversicherung herausfallen

Finanzierung

- durch Beiträge der versicherten Arbeitnehmer (Arbeitnehmer- und Arbeitgeberanteil; siehe S. 512) und Rentner (1/2 Rentneranteil und 1/2 Anteil der gesetzlichen Rentenversicherung)
- durch Beiträge der Bundesagentur für Arbeit für Empfänger von Arbeitslosengeld
- durch Beiträge der freiwillig Versicherten und durch Steuerzuschüsse

Die Gelder fließen in einen **Gesundheitsfonds**. Die Kassen erhalten ihre Finanzmittel aus dem Fonds.

Pflichten der Arbeitnehmer

- Bei Krankheit unverzügliche Vorlage einer ärztlichen Arbeitsunfähigkeitsbescheinigung beim Arbeitgeber
- Vorlage der elektronischen Gesundheitskarte bei Inanspruchnahme ärztlicher Leistung. Jeder Krankenversicherte erhält eine solche Karte.
- Zahlung der festgelegten Eigenanteile an Krankenhaus-, Kur-, Heilmittel- und Zahnersatzkosten

Pflichten der Arbeitgeber

- Meldung von Zu- und Abgängen an die Krankenkasse; jährliche Meldung der Arbeitsentgelte
- Berechnung der Beiträge, Abführung an die Krankenkasse

Leistungsvoraussetzungen

- Beitragszahlung
- Eintritt des Leistungsfalles (z. B. Krankheit, Schwangerschaft, Geburt, Tod)

Leistungen

§ 21 SGB I und § 11 SGB V legen die Leistungen der Krankenkassen gesetzlich fest (sog. **Regelleistungen**):

- Leistungen zur Förderung der Gesundheit, zur Verhütung und Früherkennung von Krankheiten (Vorsorgeuntersuchungen für Kinder bis 6 Jahre, Krebsvorsorgeuntersuchungen für Frauen ab 20 Jahre, Männer ab 35 Jahre)
- Bei Krankheit Krankenbehandlung, insbesondere
  a) ärztliche und zahnärztliche Behandlung (für Zahnersatz: Festzuschüsse)
  b) Versorgung mit Arznei-, Verband-, Heil- und Hilfsmitteln (mit Eigenanteilen der Versicherten)
  c) häusliche Krankenpflege (Krankenschwester) und Haushaltshilfe
  d) Krankenhausbehandlung (ab 18 Jahre Zuzahlung von 10,00 EUR pro Tag für maximal 28 Tage)
  e) medizinische und ergänzende Leistungen zur Rehabilitation
  f) Betriebshilfe für Landwirte
  g) Krankengeld (ab der 7. Krankheitswoche, längstens für 78 Wochen; 70 % des Bruttolohns, maximal 90 % des Nettolohns)
- Mutterschaftshilfe (notwendige Leistungen und Mutterschaftsgeld in der Schutzfrist)
- Hilfe zur Familienplanung, Leistungen bei Sterilisation/Schwangerschaftsabbruch (nur bei Vorliegen medizinischer Gründe)

Über die Regelleistungen hinaus kann die Kassensatzung **Mehrleistungen** vorsehen (z. B. Zuschüsse zu Heilkuren, zusätzliche Leistungen bei Zahnersatz oder häuslicher Krankenpflege). Der Versicherte kann bei Behandlungen grundsätzlich zwischen **Sachleistung** und **Geldleistungen** wählen (Sachleistung: Der Arzt rechnet direkt mit der Kasse ab; Geldleistung: Der Patient erhält eine Arztrechnung, die von der Kasse in gleicher Höhe wie die Sachleistungen erstattet wird.).

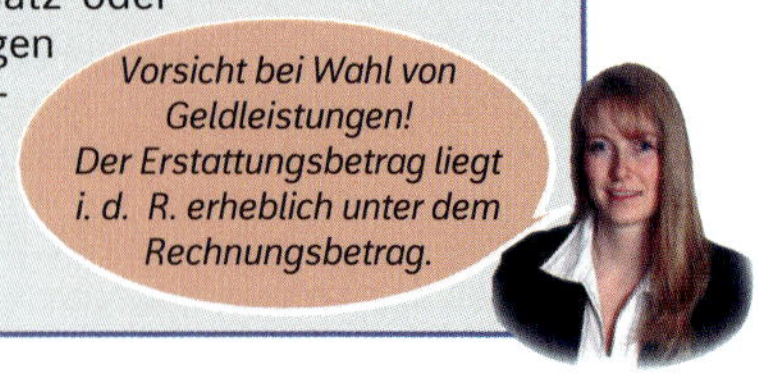

Für alle Bürger besteht eine allgemeine Krankenversicherungspflicht bei einer gesetzlichen oder privaten Krankenversicherung. Ehemals Versicherte müssen von ihrer früheren gesetzlichen und privaten Krankenversicherung wieder aufgenommen werden. Private Kassen müssen einen Basistarif anbieten, der die Leistungen der gesetzlichen Kassen abdeckt. Er darf nicht teurer sein als der durchschnittliche Satz der gesetzlichen Kassen (Arbeitnehmer- und Arbeitgeberanteil).

13.6 Pflegeversicherung

Immer mehr Menschen erreichen ein hohes Alter, werden dann aber oft zu Pflegefällen. Zur Kostendeckung werden herangezogen: das Einkommen und Vermögen des Pflegebedürftigen, das Einkommen der Verwandten in gerader Linie (Eltern, Großeltern, Kinder, Enkel) oberhalb von Freigrenzen und die Sozialhilfe. Die Pflegeversicherung wurde eingerichtet, um soziale Härten zu vermeiden und den Staat von Sozialhilfe zu entlasten.

Pflegeversicherung

Aufgaben

finanzielle Absicherung im Pflegefall

Versicherte

Arbeiter, Angestellte (Pflichtversicherung und freiwillige Versicherung: wie bei der Krankenversicherung)

Finanzierung

durch Beiträge (vgl. S. 512)

Pflichten der Arbeitnehmer

Stellen des Antrags auf Pflegeleistungen

Plichten der Arbeitgeber

wie Krankenversicherung

Leistungsvorausssetzungen

- Beitragszahlung
- Eintritt des Pflegefalls
- Einstufung in einen Pflegegrad

Fünf Pflegegrade sollen den tatsächlichen Grad der Selbstständigkeit eines Menschen erfassen:
1 = geringe, 2 = erhebliche, 3 = schwere, 4 = schwerste Beeinträchtigung der Selbstständigkeit; 5 = schwerste Beeinträchtigung mit besonderen Anforderungen an die pflegerische Versorgung.
In die Bewertung gehen sechs Bereiche mit unterschiedlicher Wertigkeit ein:

1. Mobilität (z. B. Fortbewegen innerhalb des Wohnbereichs, Treppensteigen)	10 %
2. Kognitive/kommunikative Fähigkeiten (z. B. örtliche/zeitliche Orientierung)	15 %
3. Verhaltensweisen, psychische Problemlagen (z. B. nächtliche Unruhe, selbstschädigendes/autoaggressives Verhalten)	
4. Selbstversorgung (z. B. Körperpflege, Ernährung)	40 %
5. Bewältigung von und selbstständiger Umgang mit krankheits- oder therapiebedingten Anforderungen/Belastungen (z. B. Medikation, Arztbesuche, Therapieeinhaltung)	20 %
6. Gestaltung des Alltagslebens und sozialer Kontakte (z. B. Gestaltung des Tagesablaufs)	15 %

Leistungen

Die Pflegeversicherung leistet z. B. Pflegeberatung, Versorgung mit Pflegehilfsmitteln, finanzielle Zuschüsse zur Verbesserung des Wohnumfelds und Pflegekurse sowie folgende Pflegeleistungen (monatliche Beträge in Euro):

Pflegegrad →		**1**	**2**	**3**	**4**	**5**
Ambulante Pflege (Angehörige/Ehrenamtler)	Geldleistung	125	316	545	728	901
Ambulante Pflege (Pflegedienst)	Sachleistung		689	1298	1612	1995
Ambulante Pflege (Entlastungsbetrag)	Geldleistung	125	125	125	125	125
Vollstationäre Pflege (reine Pflegekosten, keine Unterbringungs-/Verpflegungskosten)	Leistungsbeitrag	125	770	1262	1775	2005

Soziale Sicherung der Pflegepersonen: Pflegende Angehörige und Ehrenamtler sind gesetzlich unfallversichert und bei Vorliegen von Mindestvoraussetzungen rentenversichert (§ 44 SGB XI) und arbeitslosenversichert (§ 26 SGB III).
Pflegezeit: In Betrieben ab 5 Beschäftigten können sich Angehörige von Pflegebedürftigen ohne Lohn bis zu sechs Monate freistellen lassen.
Qualitätssicherung: Ambulante und stationäre Pflegeanbieter werden jährlich unangemeldet überprüft. Die Ergebnisse der Heimprüfungen werden öffentlich zugänglich gemacht.

13.7 Arbeitslosenversicherung und Bundesagentur für Arbeit

Die Bundesagentur für Arbeit in Nürnberg (BA) ist Träger der Arbeitslosenversicherung. Nachgeordnete Behörden sind die Regionaldirektionen der BA und die örtlichen Agenturen für Arbeit. SGB III weist der BA insgesamt eine umfassende aktive Arbeitsmarktpolitik zu. Sie soll dazu beitragen, Arbeitslosigkeit von vornherein zu verhindern sowie die Erhaltung und Schaffung von Arbeitsplätzen zu fördern.

Aufgaben der Bundesagentur für Arbeit

Beschäftigungspolitik

- Arbeitsmarktbeobachtung
- Arbeitsmarkt- und Berufsforschung
- Arbeitsvermittlung und Ausbildungsplatzvermittlung
- Berufsberatung
- Förderung der beruflichen Bildung: Zuschüsse und Darlehen für berufliche Ausbildung und Umschulung, Kostenübernahme und Unterhaltsgeld für berufliche Fortbildung

Erhaltung und Schaffung von Arbeitsplätzen

- Kurzarbeiter-, Winterausfallgeld
- Förderung der ganzjährigen Beschäftigung in der Bauwirtschaft: Saison-Kurzarbeitergeld
- Arbeitsbeschaffung, z. B. durch Altersteilzeit
- Gründungszuschuss zur Aufnahme einer selbstständigen Tätigkeit
- Einstiegsgeld zur Aufnahme einer Tätigkeit mit geringem Entgelt
- berufliche Rehabilitation

Leistungen an Arbeitslose

- Arbeitslosengeld
- Zahlung der Beiträge für Kranken-, Pflege-, Renten- und Unfallversicherung von Arbeitslosen
- Insolvenzgeld
- Mobilitätshilfen
- Bewerbungstraining
- Vermittlung schwer vermittelbarerArbeitsloser an Personalservice-Agenturen (PSA)

Arbeitslosenversicherung

Aufgaben

- Finanzielle Absicherung im Falle der Arbeitslosigkeit
- Vermittlung einer neuen Arbeitsstelle
- Förderung der Arbeitsaufnahme

Web M 518

Versicherte

Arbeiter, Angestellte, Auszubildende und weitere *Versicherte*

Finanzierung

- durch Beiträge (hälftig von Arbeitnehmern und Arbeitgebern)
- durch Bundeszuschüsse aus Steuermitteln bei unzureichenden Beitragseinnahmen

Pflichten der Arbeitnehmer

- unverzügliche persönliche Meldung der Arbeitslosigkeit bei der Agentur für Arbeit nach Zugang der Kündigung
- Annahme einer von der Agentur für Arbeit angebotenen zumutbaren Arbeitsstelle

Arbeitslosigkeit	zumutbare Arbeit
bis 3 Monate	mit bis zu 20 % Lohnminderung
bis 6 Monate	mit bis zu 30 % Lohnminderung
über 6 Monate	jede Arbeit mit Nettolohn über dem Arbeitslosengeld

Für Langzeitarbeitslose (Arbeitslosigkeit > 1 Jahr) gilt jede angebotene Arbeit als zumutbar

Pflichten der Arbeitgeber

- Meldung von Zu- und Abgängen an die Krankenversicherung; jährliche Meldung der Arbeitsentgelte
- Berechnung der Beiträge, Abführung an die Krankenkasse
- Anmeldung von Massenentlassungen bei der Agentur für Arbeit[1]
- Beantragung von Kurzarbeit bei der Agentur für Arbeit (Kurzarbeit setzt einen unvermeidbaren Arbeitsausfall von mehr als 10 % der Arbeitszeit innerhalb von 4 Wochen für mindestens ein Drittel der Belegschaft voraus.)

[1] Vgl. S. 468.

FÜNFTER ABSCHNITT

Leistungsvoraussetzungen (für Arbeitslosengeld I)

- mindestens 12 Monate beitragspflichtige Tätigkeit in den letzten 2 Jahren unmittelbar vor der Arbeitslosigkeit
- persönliche Antragstellung bei der Agentur für Arbeit
- Verfügbarkeit für die Arbeitsvermittlung
- Die Arbeitslosigkeit darf nicht selbst herbeigeführt sein, z. B. durch eigene Kündigung oder Aufhebungsvertrag. Bei selbst herbeigeführter Arbeitslosigkeit mindert sich der Arbeitslosengeldanspruch mindestens um ein Viertel der Gesamtanspruchsdauer (vgl. S. 461). Außerdem wird das Arbeitslosengeld für die ersten 12 Wochen der Arbeitslosigkeit gesperrt (Härtefälle: 6 Wochen).
- Arbeitsfähigkeit und Arbeitswilligkeit

Leistungen

- **Berufsberatung**
- **Arbeitsvermittlung** (vgl. S. 424)
- **bei Insolvenzverfahren des Arbeitgebers: Insolvenzgeld** (Löhne und Gehälter, die in den letzten 3 Monaten vor Insolvenzeröffnung nicht mehr gezahlt wurden)
- **bei Kurzarbeit: Kurzarbeitergeld** (zum teilweisen Ausgleich des Lohnausfalles bei Kurzarbeit), höchstens 6 Monate; bei außergewöhnlichen Verhältnissen auf dem gesamten Arbeitsmarkt Verlängerung durch das Bundesarbeitsministerium bis auf 24 Monate möglich.
- **bei Arbeitslosigkeit:**
  - **Arbeitslosengeld I:** 60 % des Leistungsentgelts (= Bruttolohn bis zur Beitragsbemessungsgrenze abzüglich pauschal 21 % SV-Beitrag sowie LSt und SolZ). Arbeitslose mit Kindergeld-Kind: 67 %. Bezugsdauer:

Vorversicherungszeit		vollendetes Lebensalter	Bezugsdauer
12/16/20/24 Monate			6/8/10/12 Monate
30 Mon.	in den	50	15 Monaten
36 Mon.	letzten	55	18 Monaten
48 Mon.	5 Jahren	58	24 Monate

  - **Arbeitslosengeld II:** bei Wegfall des Anspruchs auf Arbeitslosengeld I ohne zeitliche Begrenzung: pauschal 446,00 EUR für den Antragsteller, 401,00 EUR für den Partner, 283,00/309,00/373,00/357,00 EUR für Kinder bis zur Vollendung des 6./14./18./25. Lebensjahres; zuzüglich Kosten für Unterkunft und Heizung
    Arbeitslosengeld II ist eine Leistung der staatlichen Grundsicherung. Voraussetzungen für die Zahlung sind Erwerbsfähigkeit und Bedürftigkeit. Eigenes Einkommen und – nach Abzug von Freibeträgen – auch Einkommen des Ehegatten oder Lebenspartners sowie eigenes Vermögen werden angerechnet, wenn sie festgesetzte Höchstbeträge übersteigen. Das ALG II wird aus Steuermitteln finanziert.
  - Beiträge zu Kranken-, Pflege- , Unfallversicherung (für Wege zur Agentur für Arbeit, Abholen der Geldleistungen, ärztliche Untersuchungen, Vorstellung bei Arbeitgebern u. Ä.)
- Einen **Gründungszuschuss** für maximal 15 Monate erhalten Bezieher von ALG I, die sich selbstständig machen wollen (6 Mon. ALG I + 300,00 EUR; dann 9 Mon. nur 300,00 EUR). Bezieher von ALG II erhalten ein **Einstiegsgeld** (Zuschlag von 50 % zum ALG II sowie weitere 10 % für jedes Mitglied der Bedarfsgemeinschaft). Gründungszuschuss und Einstiegsgeld sind Kannleistungen ohne Rechtsanspruch.

Web
M 519

13.8 Finanzierungsprobleme

Die Sozialversicherung leidet an Finanzierungsproblemen. Die Gründe sind:

- **sinkende Beitragseinnahmen** (Arbeitslosigkeit, Schwarzarbeit, Geburtenrückgang),
- **wachsende Ausgaben.**

Wichtige bisherige Entlastungsmaßnahmen:

- **Krankenversicherung:** Einführung der Pflegeversicherung, zugleich zusätzliche Beiträge, höhere Eigenbeteiligung (z. B. für Krankenhaus, Medikamente).
- **Rentenversicherung:** Beitragserhöhungen (z. B. 1991: 17,7 %, 2020: 18,6 %); Erhöhung der Regelaltersgrenze; Rentenabschläge bei vorzeitigem Rentenbezug; Absenkung des Rentenniveaus für den sog. Eckrentner (45 Versicherungsjahre, Durchschnittseinkommen) von 55 % (1990) auf 43 % (2030) des Durchschnittseinkommens; Aufbau einer privaten Altersversorgung.

13.9 Sozialgerichte

Sozialversicherungsträger haben nicht immer recht, wenn sie eine beantragte Leistung ablehnen. Das beweisen zahlreiche Verfahren vor den Sozialgerichten bis hin zum Bundessozialgericht, vor dem sich Versicherte in fast jedem dritten Fall durchsetzen.

Die Sozialgerichte sind für Streitigkeiten auf den Gebieten der Sozialversicherung, der Bundesagentur für Arbeit und der Kriegsopferversorgung zuständig. Dem gerichtlichen Verfahren geht ein Vorverfahren voraus.

Vorverfahren

Entscheidung eines Sozialversicherungsträgers → Widerspruch gegen die Entscheidung → Entscheidung durch die Widerspruchsstelle des Sozialversicherungsträgers → Bei Zurückweisung des Widerspruchs: Klage

Wie bei den Arbeitsgerichten sind drei Instanzen zu unterscheiden:

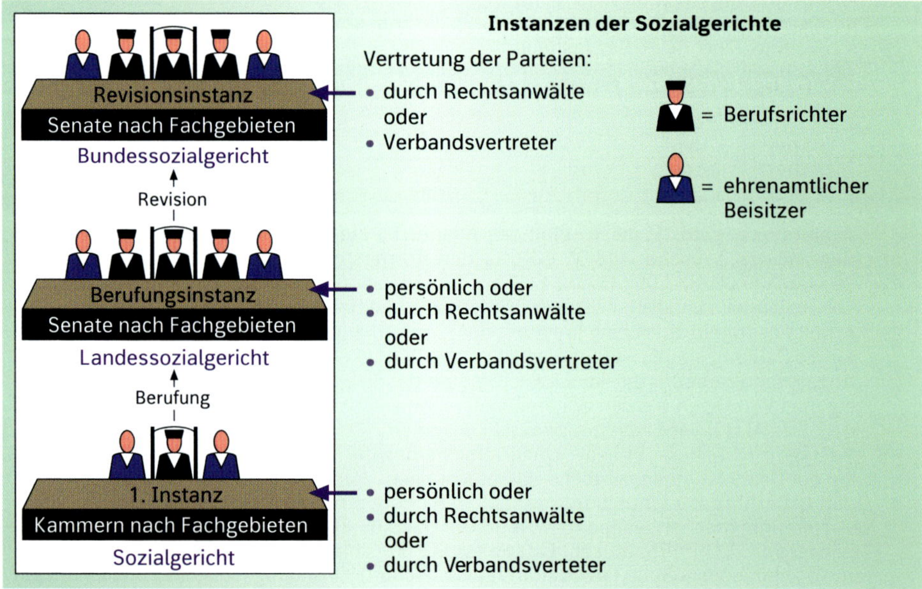

Im Gegensatz zum Urteilsverfahren beim Arbeitsgericht erforscht das Sozialgericht den Sachverhalt von Amts wegen. Es ist nicht an Beweisanträge der Parteien gebunden.

Das **Verfahren** ist für die Versicherten in allen Instanzen **kostenfrei** (auch im Fall der Niederlage): Sie sollen nicht durch Gerichtskosten oder Gebühren für Sachverständigengutachten davon abgehalten werden, die Entscheidung eines Sozialversicherungsträgers anzufechten. Nur wer einen Anwalt in Anspruch nimmt und den Prozess verliert, muss die Anwaltsgebühren selbst tragen.

Arbeitsaufträge

1. **Von der Sozialversicherung sagt man, sie arbeite nach dem Solidaritätsprinzip.**
   Welche der folgenden Aussagen vertragen sich nicht mit dem Solidaritätsprinzip?
   a) Für sog. „schlechte Risiken" kann ein höherer Beitrag/eine höhere Prämie verlangt werden.
   b) Unabhängig vom Alter werden gleiche Beiträge/Prämien gezahlt.

c) Familienangehörige sind kostenlos mitversichert.
d) Der Versicherer kann entscheiden, ob er den Versicherungsvertrag schließen will.
e) Für alle Arbeitnehmer und Studenten besteht Versicherungszwang.
f) Die Versicherungsleistungen richten sich nach den Vereinbarungen im Versicherungsvertrag.

2. **Auf dem Weg von der Arbeit nach Hause verursacht Herr Pech, 38 Jahre, einen folgenschweren Verkehrsunfall. Aufgrund seiner Schnittverletzungen an den Augen wird er wahrscheinlich vier Monate in einer Spezialklinik verbringen müssen. Höchstwahrscheinlich kann er seinen Beruf als Mechaniker nicht mehr ausüben.**
   a) Welche Kosten entstehen ihm durch einen Unfall?
   b) Wird er eine Rente erhalten?
   c) Wer zahlt diese Rente, die Unfallversicherung oder die Angestelltenversicherung?
   d) Wer zahlt die Kosten für die Heilbehandlung?
   e) Wer unterstützt ihn, wenn er eventuell umgeschult werden müsste?

3. **Der Vater einer Familie mit drei Kindern im Alter von 12, 14 und 18 Jahren (zurzeit Auszubildender) erleidet einen Betriebsunfall. Nach einer neunwöchigen Intensivbehandlung im Krankenhaus verstirbt der Familienvater.**
   Beschreiben Sie, welche Sozialversicherungsleistungen der Verunglückte, seine Ehefrau und die Kinder zu erwarten haben.

4. **Mit Krankheiten ist nicht nur die Krankenversicherung befasst.**
   Erläutern Sie, unter welchen Umständen auch andere Zweige der Sozialversicherung Leistungen im Krankheitsfall erbringen.

5. **Die Tochter Karin von Herrn Recknagel, der privat krankenversichert ist, befindet sich im zweiten Ausbildungsjahr. Nachdem der Zahnarzt bei Karin eine größere kieferorthopädische Behandlung empfohlen hat, meint Herr Recknagel, dass er nun keine Beitragsrückerstattung von seiner Versicherung für dieses Jahr zu erwarten hat.**
   Untersuchen Sie, ob die Annahme von Herrn Recknagel zutrifft.

6. **Frau Gabler hat vor zwei Jahren ihr Fachhochschulstudium abgeschlossen und ist seitdem bei der Firma Rauh & Borstig beschäftigt.**
   a) Am 13. Februar wird ihr fristgerecht und wirksam gekündigt. Sie findet zunächst keinen neuen Arbeitsplatz. Welche Leistung kann sie vom Arbeitsamt beziehen?
   b) Wie lange kann sie diese Leistung maximal beziehen?
   c) Welche Voraussetzungen müssen für den Bezug der Leistung erfüllt sein?
   d) Welche Wirkung hätte eine von Frau Gabler selbst herbeigeführte Arbeitslosigkeit (z. B. durch eigene Kündigung)?
   e) Welche Leistung kann Frau Gabler ggf. erhalten, wenn ihr Anspruch auf die oben genannte Leistung entfällt?
   f) An welche Voraussetzung ist die Leistung gebunden?
   g) Wie lange wird diese Leistung maximal gezahlt?

7. **Ein Unternehmer stellt fest, dass der Monat Mai aufgrund von Feiertagen nur noch 15 Arbeitstage enthält. Da die Beschäftigten für die Feiertage vollen Lohnanspruch haben, meldet das Unternehmen trotz genügender Aufträge Kurzarbeit an.**
   Bewerten Sie den Fall aus der Sicht der Agentur für Arbeit.

8. **Die Rentenversicherung arbeitet nach dem sog. „Generationenvertrag".**
   Herr Schramm ist Angestellter und zahlt monatlich 240,00 EUR Beitrag zur Rentenversicherung. Er möchte wissen, wie sich der Generationenvertrag für ihn persönlich auswirkt. Erläutern Sie es ihm.

9. **Herr Ebert ist kaufmännischer Angestellter. Im Jahr 2018 wurde er 60 Jahre alt. Seit 1978 ist er rentenversichert. Er möchte feststellen, ab wann er Altersrente beziehen kann.**
   a) Welche Institution wird die Altersrente zahlen?
   b) (1) Welche Arten der Altersrente könnten für Herrn Ebert infrage kommen?
      (2) Welche Bedingungen muss Herr Ebert für den Bezug der jeweiligen Rente erfüllen?
      (3) Ab wann kann er bei Erfüllung dieser Bedingungen die Rente beziehen?
   c) Er hat gehört, seine künftige Rente sei „dynamisch". Erläutern Sie ihm, was dies bedeutet.

10. **Frau Roland (82) lebte bis vor Kurzem mit im Haushalt ihres Sohnes. Mit Teilen ihrer Rente von 1 130,00 EUR unterstützte sie die Haushaltskasse. Den Rest verbrauchte sie für ihren persönlichen Bedarf. Nachdem sie schwer krank geworden war, konnte sie nicht mehr im Haus versorgt werden. Sie musste in ein Altenpflegeheim. Es entstehen Kosten von 3 700,00 EUR pro Monat.**
    a) Wer trägt die Kosten für die Pflege von Frau Roland?
    b) Sicher sind Ihnen ähnliche Fälle aus Ihrem Verwandten- oder Freundeskreis bekannt. Versuchen Sie auch hier, die finanziellen Belastungen zu ermitteln.

SECHSTER ABSCHNITT

Rahmenlehrplan: LERNFELD 10
Absatzprozesse planen, steuern und kontrollieren

Absatzmanagement

1 Stellung des Marketings im Unternehmen

1.1 Absatz und Marketing

Unter Absatz (Vertrieb) versteht man alle Tätigkeiten, die auf die Veräußerung der betrieblichen Leistungen gegen Entgelt gerichtet sind.

Absatz

Absatzplanung und -vorbereitung	Absatzdurchführung (Verkauf)	Absatzkontrolle	Erhaltung der Absatzbeziehungen
• Absatzmarktforschung • Produktfindung • Festlegung von Absatzbudgets • Festlegung absatzpolitischer Maßnahmen	• Kundengewinnung • Verkaufsanbahnung • Verkaufsabschluss • Verkaufsabwicklung • Rechnungserstellung • Kundenbuchhaltung und Mahnwesen	• Gegenüberstellung der Soll- und Istzahlen • Auswertung als Grundlage neuer Absatzentscheidungen	• Kundendienst • Kundenpflege

Der Absatz umfasst alle planenden, kontrollierenden und erhaltenden Tätigkeiten im Hinblick auf die Veräußerung der betrieblichen Leistungen. Er ist mehr als der bloße Verkauf.

Das Unternehmen lebt vom gewinnbringenden Absatz am Markt. Aufgrund der Wandlung der Märkte von Verkäufer- zu Käufermärkten genügt es jedoch heutzutage nicht mehr, produzierte Leistungen bestmöglich am Markt „an den Mann zu bringen“, zu vermarkten; vielmehr ist es notwendig, das gesamte Betriebsgeschehen von den Bedürfnissen des Marktes her zu planen und zu steuern. Damit wird aus Absatz **Marketing**.

Marketing bedeutet eine marktgesteuerte Unternehmensführung mit dem Ziel, die Märkte zu gestalten und zu beeinflussen.

„Die Märkte gestalten“ bedeutet z. B.:

- Absatz schaffen, vergrößern und erhalten,
- nicht nur vorhandenen Käuferwünschen gerecht werden, sondern auch Vorstellungen, Bedürfnisse und ein erwünschtes Kaufverhalten erzeugen.

Marketing-Maxime:
Versuche nicht zu verkaufen, was schon produziert wurde, sondern produziere, was sich verkaufen lässt!

Bekanntlich lautet die grundlegende **Fragestellung** (vgl. S. 25):
„Wie kann man sich unentbehrlich machen und Kunden an sich binden?“
Und die Antwort: „Man muss das Leben des Kunden ‚mitleben‘, d. h. sich in seine Lage versetzen, seine Probleme erkennen, optimale Lösungen dafür finden und sie dem Kunden möglichst individuell anbieten.“

1.2 Customer-Relationship-Management (CRM)

Immer mehr Unternehmen setzen auf das Internet, um die Konsumgewohnheiten ihrer Kunden auszuforschen. Käufe, Alter und Hobbys – all diese Informationen wandern in Megadatenbanken und werden so miteinander verknüpft, dass ein genaues Kundenprofil entsteht. Wer alles über den Kunden weiß, so die Devise, macht die besseren, weil individuellen Angebote – und gewinnt im Wettbewerb.

Ein modernes Marketing setzt voraus, dass bei allen Marketingstrategien der Kunde im Zentrum der Marketing-Aktivitäten steht. Aber erst in jüngster Zeit erlaubt der Fortschritt in Telekommunikation und Datenverarbeitung die Verwirklichung dieses Gedankens. Im Customer-Relationship-Management erfährt er seine praktische Umsetzung.

Customer-Relationship-Management fasst die kundenbezogenen Prozesse aller Betriebsabteilungen zusammen und stimmt sie aufeinander ab. Alle Kundendaten werden dazu in einer Datenbank gespeichert. Auf der Grundlage dieser Daten kann jeder Kunde automatisch individuell angesprochen und „bearbeitet“ werden.

Wichtige Instrumente für die individuelle Kundenansprache sind z. B.:
Sales-Force-Automation, Callcenter-Systeme, Online-Shops, Direktmarketingaktionen und Software zur Kundenbewertung.

CRM-System

Eingabedaten:

Kundendaten aus dem Callcenter
Daten der Kundenkorrespondenz
Daten der Außendienstmitarbeiter
Daten der Internetnutzung
und andere

↓

Kundendatenbank

↓

Ergebnisse:

Sales Force Automation
Callcenter-Systeme
Online-Shops
Direktmarketingaktionen
Software zur Kundenbewertung

Customer-Relationship-Management bedeutet in etwa: Kundenbindungs- und Beziehungs-Management. Dahinter steht der Gedanke: Weg vom Massenmarketing hin zum Individualmarketing!

- **Sales-Force-Automation**[1]
  Dies sind Programme zur Unterstützung des Verkaufspersonals. Letzteres hat per Computer Zugang zu den Kundendaten der Datenbank und kann folglich die Kunden effektiver beraten.
- **Callcenter-Systeme**
  In einem Callcenter sitzen Sachbearbeiter, die Kundenanrufe entgegennehmen. Auch sie können über Computer direkt auf die Kundendatenbank zugreifen. Das Center besteht aus Front-Office und Back-Office. Im Front-Office werden die Anrufe angenommen und die Kunden beraten. Das Back-Office wickelt anschließend die Aufträge ab. Die gewonnenen Daten werden in der Datenbank gespeichert.

Callcenter

- **Online-Shops**
  Ein Online-Shop entsteht, wenn das Unternehmen seine Leistungen im Internet anbietet. Die gewünschten Leistungen können sofort bestellt werden. Auch hier werden die gewonnenen Einkaufsdaten in der Kundendatenbank gespeichert.
- **Direktmarketingaktionen**
  Die gespeicherten Daten ermöglichen es, den Kunden gezielt anzusprechen und ihn mit Produkt- und Werbeinformationen zu versorgen (Direktmarketing).
- **Software zur Kundenbewertung**
  Hierunter versteht man Statistikprogramme zur Auswertung von Kundendaten.

Arbeitsaufträge

1. **Im Folgenden werden zwei unterschiedliche Marktsituationen beschrieben.**

   Marktsituation 1
   - **Der Bedarf übersteigt die derzeit mögliche Produktion.**
   - **Die Käufer akzeptieren teilweise mindere Qualität und überhöhte Preise.**
   - **Der Wettbewerb zwischen den Anbietern ist gering.**

   Marktsituation 2
   - **Der Bedarf ist geringer als die derzeit mögliche Produktion.**
   - **Die Käufer haben relativ viele Wahlmöglichkeiten.**
   - **Der Wettbewerb zwischen den Anbietern ist groß.**

   a) Welche der beiden Marktsituationen beschreibt einen Verkäufermarkt, welche einen Käufermarkt?
   b) Welche dieser Marktsituationen herrscht heutzutage in den Industrieländern vor?
   c) Wie muss ein Unternehmen gesteuert werden, wenn es unter den vorherrschenden Verhältnissen am Markt überleben will?

2. **Viele Unternehmen haben das Customer-Relationship-Management in ihre Marketingaktivitäten integriert. Auch Ihr Ausbildungsbetrieb stellt entsprechende Überlegungen an. Das Thema ist u. a. Gegenstand des betrieblichen Unterrichts und Sie werden mit einer Präsentation des CRM beauftragt. Als Teilthemen sollen auf jeden Fall berücksichtigt werden:**
   - **der Begriff des CRM,**
   - **die Vorteile des Einsatzes von CRM,**
   - **die wichtigsten Typen des CRM,**
   - **CRM-Instrumente.**

   Als Informationsgrundlage erhalten Sie den folgenden Artikel. Außerdem werden Sie auf die Informationsbeschaffung aus dem Internet verwiesen.

SECHSTER ABSCHNITT

[1] engl.: sales force = persönlicher Verkauf

CRM für den Mundo
Im Markt für Mittelklassewagen herrscht starker Wettbewerb. Neukunden können hier nur schwer gewonnen werden. Darum rückt der Autohersteller Moyota seine Kundenstammdaten und damit das Customer-Relationship-Management für den neuen Moyota Mundo in den Vordergrund seiner Marketingbemühungen.

Moyota formuliert als Ziele:
- Steigerung des Mundo-Absatzes durch Aktivierung von Moyota-Fahrern, die kurz- und mittelfristig einen Autokauf planen,
- Unterstützung der Händler durch ein verkaufsförderndes Programm,
- Aufbau einer umfangreichen, aktuellen Datenbank, um eine langfristige Bindung zwischen Moyota und Kunden zu schaffen.

Zusammen mit einer Agentur entwickelte Moyota ein Konzept:
Zuerst stellte die Agentur die Kaufinteressierten aus den Kundenstammdaten zusammen. Dafür bereitete die Agentur Listen vor, die an alle Moyota-Händler verschickt wurden. Die Händler sollten diese Listen aktualisieren, Neukunden darin aufnehmen und Nichtinteressierte streichen. Das Ergebnis: 1 400 000 potenzielle Kunden.
Dann entwickelte die Agentur ein Mailing – einen Werbebrief –, das über die Einführung des neuen Mundo informierte. Eine Woche nach dem Versand wurden die Empfänger telefonisch kontaktiert. 1 150 000 potenzielle Kunden (91 %) konnten so erreicht werden. Die Kunden, die einen geplanten Kauf zeitlich vorzogen, erhielten automatisch über ihren Händler ein Bonuszertifikat.
Alle Interviewergebnisse wurden in einer CRM-Datenbank erfasst. Die Kunden, die Interesse am Kleinwagen Merlino äußerten, wurden den Händlern gemeldet.

Führen Sie die Präsentation durch.

1.3 Marketing-Organisation

MGB Maltmann Getriebebau e. K. hat eine Funktionsorganisation: Rüdiger Maltmann, der Inhaber, leitet das Unternehmen, legt Unternehmensziele und Unternehmenspolitik fest, koordiniert die Teilbereiche und trift die strategischen Entscheidungen. Ihm sind die Hauptabteilungen **Beschaffung, Produktion, Absatz** und **Verwaltung** unterstellt. Die Hauptabteilung Absatz umfasst die Abteilungen Marktforschung/Werbung, Verkauf Inland, Verkauf Ausland sowie Mahnwesen/Service.

Diese einfache Organisation ist für ein mittelständisches Unternehmen ausreichend. Der Inhaber als Geschäftsführer sorgt hier in enger Abstimmung mit dem Leiter des Absatzmanagements für die Ausrichtung der betrieblichen Funktionen am Markt und trifft die strategischen Absatzentscheidungen.

Die Abteilungsgliederung innerhalb des Absatzbereiches berücksichtigt einerseits planende Prozesse (Abteilung Marktforschung/Werbung), Vertriebs- und Auftragsbearbeitungsprozesse (zwei Verkaufsabteilungen) und Serviceprozesse (Abteilung Mahnwesen/Service). Zugleich sorgt die Trennung zwischen Verkauf Inland und Verkauf Ausland dafür, dass die besonderen Probleme des Auslandsabsatzes ausreichend berücksichtigt werden.

Eine marktgesteuerte Unternehmensführung muss durch eine marketinggerechte Organisation gestützt werden. Marketing darf kein „Anhängsel" der Absatzabteilung sein. Vielmehr muss die Marketingleitung in die Geschäftsleitung integriert sein (Geschäftsführer, Vorstand). Ihr müssen alle Absatzbereiche unterstellt sein. Das Marketing koordiniert alle betrieblichen Funktionen und richtet sie kundenorientiert aus (integriertes Marketing).

Jedes Unternehmen muss die Aufgaben innerhalb der Marketingorganisation nach seinen Erfordernissen gliedern. Maßgeblichen Einfluss haben z. B. die Art der Märkte und Produkte, die Zahl der Produkte, die Kundenstruktur und die Wettbewerbsverhältnisse. Folglich unterscheidet man folgende **Grundformen der Marketingorganisation**.

- funktionsorientierte Marketingorganisation,
- produktorientierte Marketingorganisation,
- kundenorientierte Marketingorganisation,
- gebietsorientierte Marketingorganisation.

In neuerer Zeit treten prozessorientierte Organisationsformen hinzu.

1.3.1 Funktionsorientierte Marketingorganisation

Hier bildet man Abteilungen/Stellen nach grundlegenden Absatzfunktionen. Dies sind v. a.: Marktforschung, Absatzplanung, Werbung, Verkauf, Kundenservice.

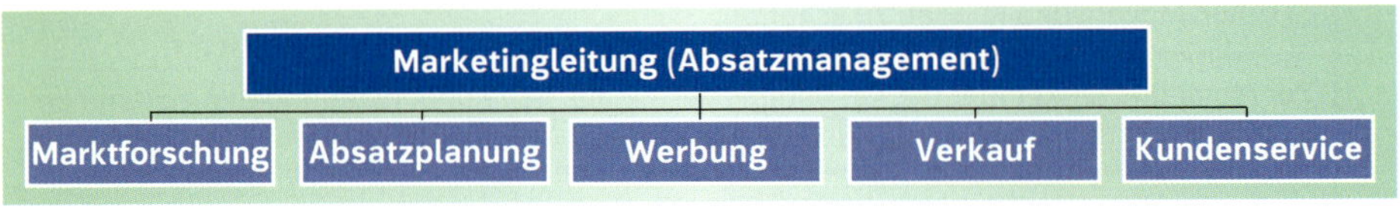

Vorteile:
- klare Verantwortlichkeit der Mitarbeiter für bestimmte Aufgaben,
- Spezialisierung auf diese Aufgaben, folglich hohe Erfahrung,
- einheitliche Erledigung der Aufgaben,
- deshalb einheitlicher Auftritt des Unternehmens am Markt.

Nachteile treten zutage, wenn
- das Unternehmen viele und/oder unterschiedliche Produktgruppen vertreibt,
- es die Interessen unterschiedlicher Kundengruppen berücksichtigen muss,
- es unterschiedliche Verhältnisse auf regionalen Märkten beachten muss.

Die Abteilungen können dann die besonderen Anforderungen ggf. nicht alle zugleich mit der nötigen Qualität erfüllen. Sie sind nicht flexibel genug, sich auf alle unterschiedlichen Marktbedingungen einzustellen und ihre Geschäftsprozesse darauf auszurichten.

1.3.2 Produktorientierte Marketingorganisation

Um die Belange der einzelnen Produkte stärker zu berücksichtigen, kann man der Marketingleitung Stabsstellen mit **Produktmanagern** (vgl. S. 135) zur Seite zu stellen.

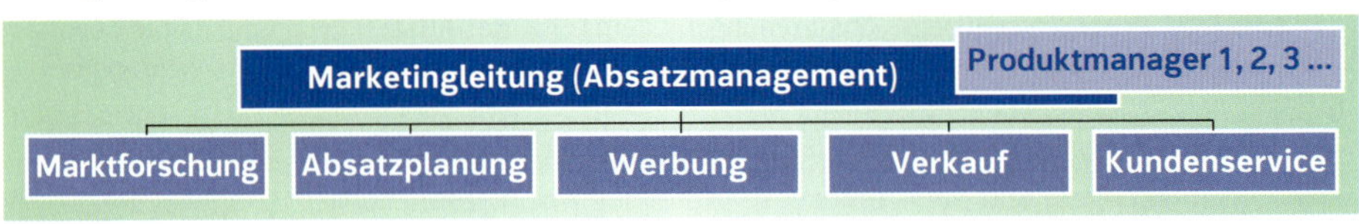

Der Produktmanager koordiniert alle Prozesse für sein(e) Produkt(gruppe). Seine Aufgaben können ggf. von der Produktplanung bis zur Produktentsorgung reichen.

Der Produktmanager hat keine Weisungsbefugnis. Trotzdem erlegt man ihm oft die Verantwortung für sein Produkt auf. Er muss deshalb eine Persönlichkeit mit ausgeprägter Überzeugungsfähigkeit sein.

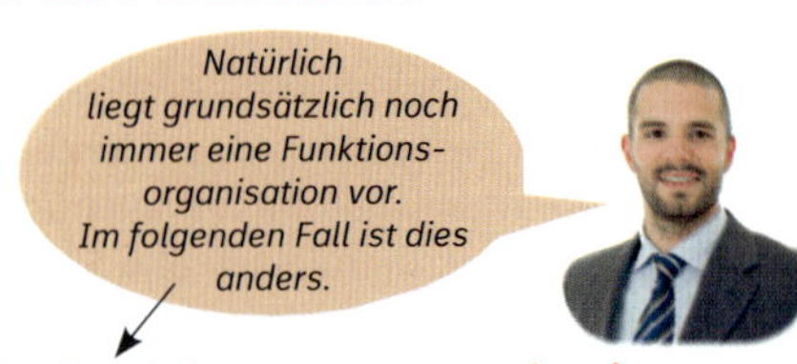

Um passende Marketingkonzepte für unterschiedliche Produktgruppen zu schneidern, bietet sich die produktorientierte Marketingorganisation an. Sie bildet unter der Marketingleitung Abteilungen für die Produktgruppen. Die Absatzfunktionen werden erst auf einer niedrigeren Ebene berücksichtigt.

Funktionen, die für alle Produktgruppen gemeinsam durchgeführt werden können, werden ggf. als Linienabteilung oder als Stabsabteilung ausgegliedert.

Beispiele: Produktorientierte Marketingorganisation

Marktforschung als Linienabteilung

Marktforschung als Stabsabteilung

Diese Organisationsform überträgt das Modell der Spartenorganisation (vgl. S. 115) auf die Marketingorganisation. Sie hat wesentliche **Vorteile**:

- Die Funktionen Absatzplanung, Werbung, Verkauf und Kundenservice können auf die Erfordernisse der jeweiligen Produktgruppe zugeschnitten werden.
- Auf Änderungen der Marktverhältnisse kann produktbezogen flexibler reagiert werden.
- Die Verantwortungs- und Entscheidungsbefugnisse für die Produktgruppen können weitgehend auf die Spartenleiter übertragen werden. Die Sparten werden zu selbstständigen Einheiten; sie planen ihre Geschäfte innerhalb vorgegebener Grenzen selbst. Gegebenenfalls wird für jede Sparte ein eigener Gewinn ermittelt und für die Beurteilung und Steuerung der Sparte herangezogen. Dann spricht man von einem **Profit-Center**.

Nachteile sind:

- eventuelle Parallelarbeiten in den einzelnen Sparten,
- dadurch bedingt höhere Aufwendungen.

1.3.3 Kundenorientierte Marketingorganisation

Oft hat ein Unternehmen Abnehmergruppen (Marktsegmente, Teilmärkte), die z. B. abweichende Kaufgewohnheiten haben, besondere Kenntnisse erfordern (z. B. Rechtskenntnisse) oder sich durch hohe Umsätze auszeichnen (Key Accounts [Schlüsselkunden], Großkunden). Dann empfiehlt sich eine kundenorientierte Marketingorganisation.

Die kundenorientierte Marketingorganisation bildet unter der Marketingleitung Abteilungen für die Kundengruppen. Erst dann folgen die Absatzfunktionen.

Beispiel: Kundenorientierte Marketingorganisation

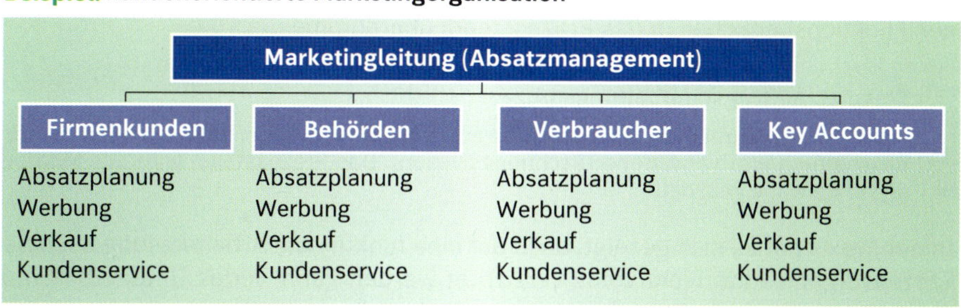

Key Accounts können auch in der Funktions- und der Spartenorganisation organisatorisch berücksichtigt werden. Dazu werden der Marketingleitung Stabsstellen mit Key-

Account-Managern zugeordnet. Diese betreuen die Schlüsselkunden und koordinieren die Marketingaktivitäten kundenbezogen.

Die kundenorientierte Marketingorganisation richtet die Marketingaktivitäten gezielt auf die Kundenwünsche aus. Sie entspricht deshalb der Idee einer marktgesteuerten Unternehmensführung am ehesten.

1.3.4 Gebietsorientierte Marketingorganisation

Bei einem weit verzweigten Absatzgebiet und unterschiedlichen Handelsgewohnheiten, Rechtsordnungen, Sprachen oder Kundenbedürfnissen kann eine gebietsorientierte Marketingorganisation zweckmäßig sein.

Die gebietsorientierte Marketingorganisation bildet unter der Marketingleitung Abteilungen für die verschiedenen Absatzgebiete. Die Absatzfunktionen folgen auf einer niedrigeren Ebene.

Beispiel: Gebietsorientierte Marketingorganisation

1.3.5 Prozessorganisation

Die Prozessorganisation orientiert sich an den Geschäftsprozessen des Unternehmens. In einem marktgesteuerten Unternehmen sollten alle kundenbezogenen Prozesse – also die Wert schöpfenden Kernprozesse – der Marketingleitung unterstellt werden. Die funktionsorientierten Abteilungen treten in den Hintergrund oder fallen – zumindest teilweise – sogar fort; sie werden ergänzt oder ersetzt durch Prozessteams unter der Leitung eines Prozessverantwortlichen. Dieser steuert und überwacht den Prozess funktionsübergreifend.

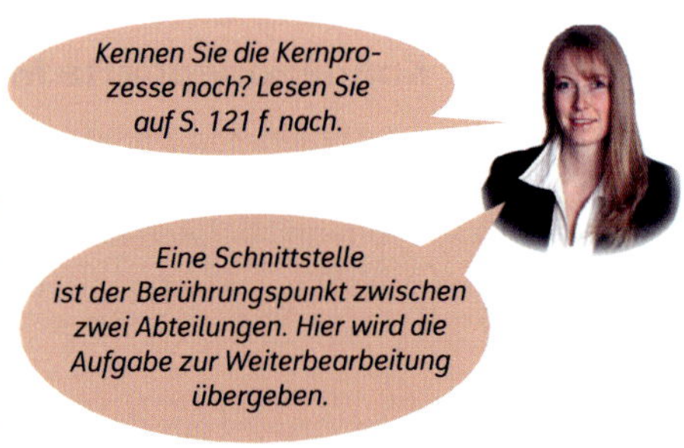

Reibungen und Zeitverluste entstehen vor allem an den Schnittstellen zwischen den Funktionen. Um sie zu minimieren, werden bei funktionsübergreifenden Prozessen Mitarbeiter aus den betroffenen Funktionsbereichen in das Prozessteam übernommen.

Beispiel: Auftragsbearbeitungsprozess

Der Auftragsbearbeitungsprozess erstreckt sich über die Funktionen Absatz, Fertigung, Beschaffung und Verwaltung (Rechnungswesen). Das Prozessteam wird aus Mitarbeitern dieser Bereiche gebildet.

In der Praxis hat es sich gezeigt, dass auf eine funktionale Arbeitsteilung auch bei der Prozessorganisation nicht völlig verzichtet werden kann. Jedes Unternehmen muss deshalb individuell die Organisationsform finden, die am besten für die Erreichung seiner Ziele geeignet ist.

Arbeitsaufträge

1. **Die Thermopor GmbH, Detmold, fertigt Fensterglas unter dem Markennamen Thermopora nach den neuesten klima- und umwelttechnischen Erkenntnissen für den Absatz in Deutschland, Belgien, den Niederlanden und Italien an. Jeden Tag verlassen etwa 100 Lastzüge das Unternehmen. Die Marketingorganisation hat folgende Struktur:**

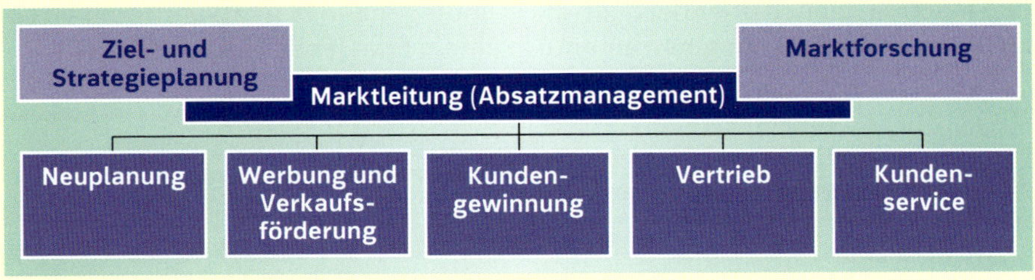

a) Nennen Sie typische Aufgaben der aufgeführten Stellen.

Aufgrund langjähriger Erfahrungen in der Bauwirtschaft will die Thermopor GmbH neue Möglichkeiten der Glasverwendung in Privathäusern erschließen und anbieten. Dazu schlägt der Marketingleiter vor, einen Produktmanager einzustellen.

b) Nennen Sie mögliche Verwendungen von Glas in Privathäusern (z. B. in Bad und Küche).

c) Nennen Sie wichtige Aufgaben des einzustellenden Produktmanagers.

d) Sollte nach Ihrer Ansicht die Stelle des Produktmanagers als Leitungsstelle oder als Stabstelle eingerichtet werden? Begründen Sie Ihre Meinung.

2. **Die Kölner Metallwerke GmbH ist ein Unternehmen, das technische Gewebe (WORLD WIDE WEAVE) fertigt. Bis 2007 wurden lediglich Prozess- und Transportbänder (WEAVE IN MOTION) hergestellt. Durch Zukauf zweier Unternehmen wuchs das Sortiment. Die Sparten CREATIVE WEAVE (Metallgewebeanwendungen für die moderne Architektur) und COMPACT FILTRATION (modernste Verfahrens- und Filtertechnik) kamen hinzu. Im gleichen Zuge wurde die Marketingorganisation angepasst. Dabei berücksichtigte man, dass das Unternehmen in der Sparte CREATIVE WEAVE drei Großkunden gewinnen konnte.**

a) Welche Marketingorganisation hatte das Unternehmen nach Ihrer Ansicht bis 2007? Begründen Sie Ihre Ansicht.

b) Machen Sie einen Vorschlag für die Neuorganisation. Erläutern Sie auch hier Ihre Gründe.

3. **Die Peter Oswald GmbH erzeugt und vertreibt elektronische Steueranlagen für den Werkzeug- und Gerätebau sowie für Großkühlanlagen. Der Absatz ist wie folgt gegliedert:**

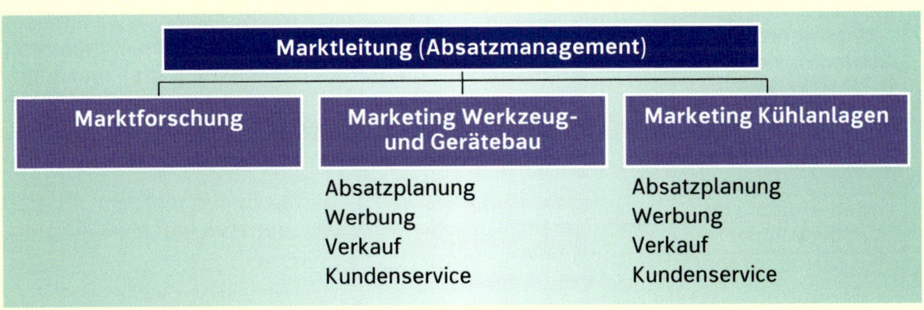

Neuerdings wird der ausländische Markt immer wichtiger. Dabei treten v. a. Probleme mit dem direkten Kontakt zum Kunden auf; ferner ergeben sich Schwierigkeiten mit der Abwicklung der Exporte. Der Absatz soll deshalb neu organisiert werden.
Machen Sie zwei Vorschläge für eine Neuorganisation. Begründen Sie beide Vorschläge.

1.4 Marketing-Konzeption

Um eine marktgesteuerte Unternehmensführung zu verwirklichen, benötigt Marketing eine langfristige und in allen Teilen abgestimmte Konzeption.

Eine Marketing-Konzeption ist ein umfassender Grundsatzentwurf, der sich an den Marketingzielen orientiert und die grundlegenden Marketingstrategien sowie die operativen Marketinginstrumente in einem Plan (Policy Paper) festhält.

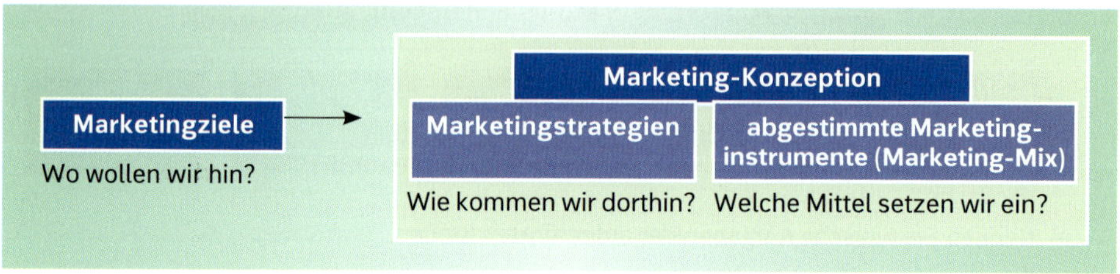

Eine solche Konzeption entsteht in der Regel in mehreren Teilschritten.

Entstehung einer Marketingkonzeption	
Marktforschung	Betrifft z. B. zu bearbeitende Problemfelder und Kundengruppen, Marktausdehnung, Bildung von Teilmärkten (= Marktsegmentierung), Einsatz der marketingpolitischen Instrumente
Absatzprognose	Vorhersage über die Absatzmöglichkeiten
Strategische Marketingziele und Marketingstrategien	**Strategische Marketingziele** sind langfristige Ziele. Sie betreffen z. B. Marktzugang, Marktwachstum, Produktimage. **Strategien** sind grundsätzliche Entwürfe, die das Vorgehen zur Erreichung der Ziele beschreiben. Sie entstehen durch Planung, sind langfristig wirksam und offen. Das bedeutet: Sie lassen innerhalb der gesteckten Grenzen Spielräume für genauere Ausarbeitungen.
Untergeordnete Marketingziele und Marketinginstrumente	Zwischen- und Unterziele (Instrumentalziele) führen zur Ableitung operativer, kurzfristiger Maßnahmen (**Marketinginstrumente**), die der Marktgestaltung und -bearbeitung dienen und bei Marktveränderungen angepasst werden können. Wichtig: **optimaler Marketing-Mix!**
Niederlegung im Policy Paper	Das Policy Paper enthält die Marketingkonzeption als Grundsatzentwurf über Marketingstrategien und Marketinginstrumente.

2 Marktforschung

R. Maltmann, Inhaber von MGB:
„Wir Unternehmer brauchen Informationen über unsere Märkte. Wir erhalten sie durch Marktforschung. Viele meiner Kollegen meinen, dass sie ihre Märkte bereits kennen. Wer die Marktverhältnisse jedoch falsch einschätzt, führt sein Unternehmen in die Krise. Dabei ist Marktforschung auch für kleine Unternehmen schon mit kostengünstigen Mitteln möglich. Wer sich nicht traut, sollte seinen Betriebsberater bei der Kammer ansprechen."

2.1 Begriff und Aufgaben der Marktforschung

Marktforschung ist die systematische Beschaffung von Informationen über die Märkte des Unternehmens. Sie ist eine wichtige Grundlage der Absatzplanung und Absatzpolitik und soll das Marktrisiko des Unternehmens minimieren.

Markterkundung, Marktforschung, Absatzprognose

Marktuntersuchungen können sein:

Markterkundungen	Marktforschung
Unsystematisches Sammeln von Informationen (Kundengespräche, Berichte von Verkaufspersonal, Marktberichte in Fachzeitschriften, Messebesuche)	Systematisches Sammeln von Informationen (mit wissenschaftlichen Methoden vorbereitet und vom Betrieb selbst oder von Marktforschungsinstituten durchgeführt)

Arten der Marktforschung

- Marktanalyse: Untersuchung des Marktes zu einem bestimmten Zeitpunkt, z. B. für die Einführung eines neuen Produkts (Zeitpunkt-Analyse)
- Marktbeobachtung: Eine Kette von Marktanalysen über einen längeren Zeitraum hinweg, meist bei schon eingeführten Produkten (Zeitraum-Analyse)
- Ökoskopische Marktforschung: Gewinnung objektiver Daten, die von den Marktteilnehmern losgelöst sind (z. B. Marktpotenzial, Umsätze, Marktanteile)
- Demoskopische Marktforschung: Gewinnung von Daten über die Marktteilnehmer:
  - objektive Daten (z. B. Alter, Geschlecht, Beruf)
  - subjektive Daten (z. B. Einstellungen, Meinungen, Bedürfnisse, Verhalten)

Die Informationsbeschaffung erfolgt in den Forschungsbereichen der Marktforschung:

Erforschung der Marktsituation	Erforschung der Kunden	Erforschung der Konkurrenz	Erforschung des Umfeldes
... über das Marktpotenzial, das Marktvolumen und den Marktanteil	... über die tatsächlichen und möglichen Nachfrager	... über die Konkurrenz und über die Entwicklung der Branche	... über Entwicklungen im Umfeld des Marktes

Die Forschungsbereiche liefern Informationen

Die Ergebnisse werden verarbeitet zur

Absatzprognose

Vorhersagen über den Absatz und den Umsatz der betrieblichen Leistungen

Aufgaben der Marktforschung

Anregung	Prognose	Bewertung	Kontrolle	Bestätigung
Impulsgebung für Entscheidungsprozesse	Vorhersage zukünftiger Verhältnisse	Bewertung von Entscheidungsalternativen	Überprüfung der Wirksamkeit von Marketingentscheidungen	Erforschung der Ursachen von Erfolgen/Misserfolgen

SECHSTER ABSCHNITT

2.2 Methoden der Marktforschung

Web M 532

2.2.1 Sekundärforschung

Sekundärforschung[1] gewinnt Informationen anhand von vorhandenem Datenmaterial.

Siehe auch die zusammenfassende Präsentation *Methoden der Marktforschung*.

Sekundärforschung

Innerbetriebliche Informationsquellen	Außerbetriebliche Informationsquellen
z. B.:	z. B.:
• Umsatzstatistik	• Statistische Jahrbücher
• Verkaufsberichte	• Statistiken und Berichte von IHK, Verbänden, Banken, Fachzeitschriften
• Schriftwechsel mit Kunden	• Bilanzen und Geschäftsberichte anderer Unternehmen
• Sammlung von Zeitschriftenartikeln	• Prospekte und Kataloge
• Reparaturlisten	• Preislisten von Konkurrenzfirmen
• Lagerbestandsmeldungen	• Veröffentlichungen wissenschaftlicher Institute
• Aufzeichnungen von Reisenden/Vertretern	
• Einkaufspreislisten	

2.2.2 Primärforschung

Primärforschung[2] gewinnt Informationen durch eigens durchgeführte **Erhebungen**. Dies sind Befragungen, Beobachtungen und Tests (Experimente).

Arten von Erhebungen

Vollerhebung	Teilerhebung
Erfassung der Gesamtmasse (z. B. **alle** bekannten Konkurrenten)	Erfassung einer Stichprobe

So geht man bei der Teilerhebung vor:

Gesamtmasse → Zufallsauswahl / Quotenverfahren → Stichprobe

Untersuchung durch

Befragung:	Interview, Fragebogen
Test:	z. B. Warentest, Preistest
Beobachtung:	z. B. Laufwege, Blickwege

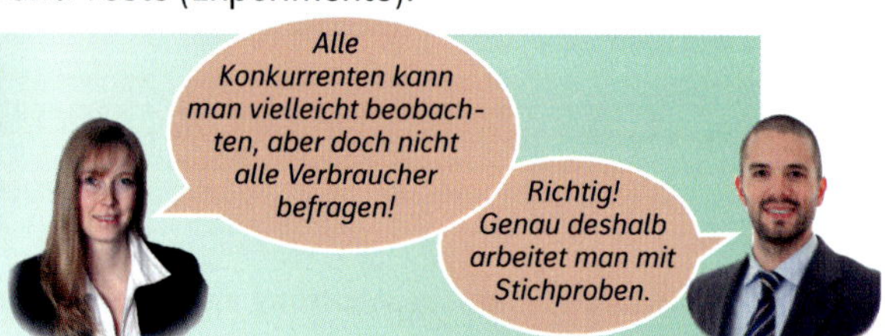

Eine Stichprobe ist eine repräsentative Teilmasse, die aus einer Gesamtmasse ausgewählt wird (z. B. 2 000 Verbraucher von 50 Millionen). Sie muss in ihrer Struktur mit der Gesamtmasse übereinstimmen. Dies erreicht man durch zwei Verfahren:

- **Random-Verfahren (= Zufallsauswahl)**
  Jedes Element der Gesamtmasse hat die gleiche Chance, ausgewählt zu werden. (Man wählt z. B. jeden 100. Namen im Telefonbuch).
- **Quotenverfahren**
  Man analysiert die Struktur der Gesamtmasse und stellt z. B. fest: 50,3 % der Einwohner sind weiblich, 24 % leben in einer Großstadt, 23,2 % sind zwischen 20 und 30 Jahre alt, 55 % verfügen über ein mittleres Einkommen. Die Stichprobe muss nun die gleiche Struktur aufweisen. Der Befrager erhält deshalb genaue Anweisungen, wie viele „weibliche Personen, wohnhaft in einer Großstadt, mit einem Alter zwischen 20 und 30 und mittlerem Einkommen" er befragen muss.

Befragung

Am häufigsten ist die Befragung durch **Fragebögen**. Um eine ausreichende Rücklaufquote zu erhalten, werden sie oft mit Anreizen (Preisausschreiben, Werbegeschenken) verbunden. Fragebögen haben ein festes Frage- und Antwortschema. Kontrollfragen sollen

[1] lat.: secundus = zweiter; Sekundärforschung verwendet Material „aus zweiter Hand"
[2] lat.: primus = erster; Primärforschung verwendet Material „aus erster Hand"

eine wahrheitsgemäße Beantwortung gewährleisten. Der Fragebogen ermöglicht die Erfassung großer Gruppen und eine schnelle Auswertung.

Beispiel: Auszug aus einem Fragebogen

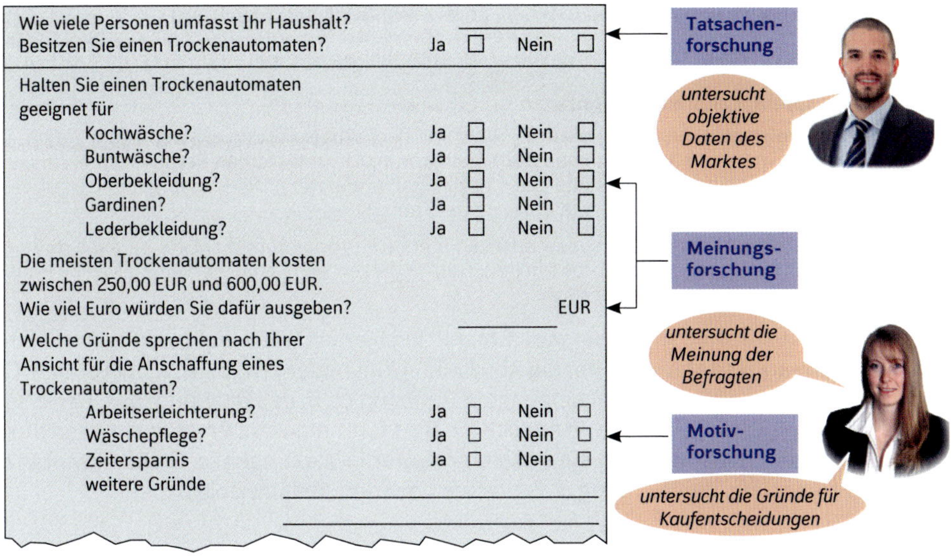

Mündliche Befragungen – **Interviews** – haben nicht die genannten Vorzüge des Fragebogens. Freie Interviews verlangen vom Interviewer große Fähigkeiten und sind zeitaufwendig, können aber genauere Aussagen bringen. Meist vollzieht sich das Interview jedoch anhand eines Fragebogens (Vorteil: Zusatz- und Rückfragen möglich). Heutzutage werden Befragungen auch oft telefonisch durchgeführt.

Die Befragung eines gleichbleibenden Personenkreises zu denselben Themen und in regelmäßigen Abständen über einen längeren Zeitraum heißt **Panel**. Je nach untersuchter Gruppe unterscheidet man Handels- und *Haushaltspanel*.

Web M 533

Beispiel: Haushaltspanel

5 000 repräsentativ ausgewählte Haushalte sollen auf einem Online-Fragebogen fortlaufend alle ihre Einkäufe von Bohnenkaffee notieren. Erfasst werden: Einkaufsdatum, Menge der Packungen, Einzelgewicht, Warenart (z. B. mit oder ohne Koffein), Art der Verpackung, Zustand (gemahlen, ungemahlen), Sorte gemäß Packungsangabe, Marke/Hersteller, Verbrauchsmenge.

Beobachtung

Durch Befragung können keine Sachverhalte erfasst werden, die
- dem Marktteilnehmer selbst nicht bewusst sind,
- die der Marktteilnehmer aufgrund seines Ausdrucksvermögens nicht artikulieren kann.

Hier bietet es sich an, das Verhalten durch Beobachtung zu ermitteln.

Beispiele: Beobachtungen

- Die Laufwege der Kunden in einem Supermarkt werden aufgezeichnet. Sie liefern Erkenntnisse über die optimale Warenpositionierung.
- Durch Testeinkäufe wird beobachtet, ob ein Produkt vom Verkaufspersonal optimal erklärt wird. So können Erkenntnisse zur Verbesserung der Beratungsqualität gewonnen werden.
- An einem Fahrkartenautomaten wird beobachtet, ob die Kunden mit der Menüführung zurechtkommen. Gegebenenfalls kann auch die Software des Automaten Aufschluss geben, indem z. B. Vorgangsabbrüche gezählt werden.
- Durch technische Hilfsmittel werden die Blickwege beim Betrachten einer Internetseite erfasst. Dies liefert Erkenntnisse darüber, welche Informationen als erste vom Betrachter erfasst werden. Auch die durchschnittliche Verweildauer auf einer Seite ist erfassbar.

Tests (Experimente)

Tests sind ein beliebtes Mittel, um die Käufereinstellung zu Produkten (Warentest), zu Produktnamen (Marken-, Recalltest), zur Verpackung (Verpackungstest), zur Preishöhe (Preistest) zu ermitteln oder um festzustellen, ob Werbemaßnamen sich lohnen (z. B. Anzeigentest).

- Laborexperimente sind Tests, die unter künstlichen Bedingungen durchgeführt werden.

> **Beispiele: Laborexperimente**
> - **Anzeigentest:** Es soll geprüft werden, wie die Farbgestaltung einer Anzeige gefällt. Dazu zeigt man Versuchspersonen die Anzeige in unterschiedlichen Farben. Dabei misst man den Hautwiderstand mithilfe eines Psychogalvanometers. Die Messergebnisse geben Aufschluss über die emotionale Wirkung der Farben.
> - **Preistest:** Versuchspersonen erhalten mehrere Produkte und sollen sie nach ihrer Wertschätzung in eine Rangfolge bringen. Daraus lassen sich Schlüsse ziehen, welche Preise für die Produkte akzeptiert werden.

- Feldexperimente sind Tests, die am Markt durchgeführt werden. So wendet man z. B. das Testmarktverfahren an, um die Absatzfähigkeit neuer Produkte zu überprüfen. Dazu wählt man einen regional begrenzten Teilmarkt (z. B. das Saarland) aus, der in seiner Struktur dem Gesamtmarkt ähnlich ist. Dort führt man das Produkt mit allen absatzpolitischen Maßnahmen ein und kontrolliert die Wirkungen (z. B. die Akzeptanz der Verpackung, der Werbung, des Preises oder den Absatzerfolg).

2.3 Forschungsgebiete

2.3.1 Erforschung der Marktsituation

Wichtige Daten der aktuellen Marktsituation sind das Markt- und das Absatzpotenzial, das Markt- und das Absatzvolumen, der absolute und der relative Marktanteil.

Marktpotenzial (MP)	Marktvolumen (MV)	absoluter Marktanteil (aMA)
bezeichnet die Aufnahmefähigkeit des Marktes: • mengenmäßig: mögliche Gesamtabsatzmenge einer Produktart auf einem Markt, • wertmäßig: möglicher Gesamtumsatz einer Produktart auf einem Markt. Das MP kann nur geschätzt werden.	bezeichnet • mengenmäßig: die tatsächliche Gesamtabsatzmenge einer Produktart auf einem Markt, • wertmäßig: den tatsächlichen Gesamtumsatz einer Produktart auf einem Markt.  	bezeichnet den Prozentanteil, den das Absatzvolumen eines Unternehmens am Marktvolumen hat: $aMA = \frac{Absatzvolumen}{Marktvolumen} \cdot 100$
Absatzpotenzial (AP)	**Absatzvolumen (AV)**	**relativer Marktanteil (rMA)**
bezeichnet den Anteil am Marktpotenzial, den ein Unternehmen am Marktpotenzial glaubt erreichen zu können.	bezeichnet die tatsächliche Absatzmenge/den tatsächlichen Umsatz, den das Produkt eines Unternehmens erzielt.	$rMA = \frac{\text{eigener aMA}}{\text{aMA des Hauptkonkurrenten}}$ oder alternativ: $rMA = \frac{\text{eigener aMA}}{\text{aMA der 3 Hauptkonkurrenten}}$

Wichtig sind auch Daten über die Marktentwicklung: Wächst der Markt, stagniert oder schrumpft er?

wachsender Markt	stagnierender Markt	schrumpfender Markt
Das Marktvolumen erreicht noch nicht das Marktpotenzial. Eine Steigerung der Absatzmenge ist wahrscheinlich. 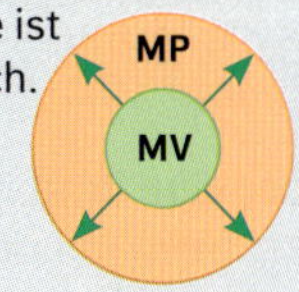	Das Marktvolumen entspricht (nahezu) dem Marktpotenzial (gesättigter Markt). Der Absatz kann nicht mehr steigen. 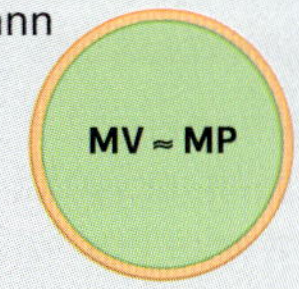	Das Marktpotenzial und das Marktvolumen sinken. Der Absatz nimmt ab. 

2.3.2 Erforschung der Kunden

Um die Bedürfnisse der bestehenden und potenziellen Kunden optimal befriedigen zu können, müssen möglichst viele Informationen über sie gesammelt werden.

Erforschung der Kunden

soziodemografische Daten	Kaufverhalten	Persönlichkeitsmerkmale
Wenn die Kunden Konsumenten sind, sind z. B. von Interesse: • Alter • Geschlecht • Familienstand • Kinder • Einkommen • Ausbildung • Wohnort	• Welche Produkte kauft der Kunde? • Wie oft, wann, wo und wie viel kauft er ein? • Warum kauft er ein Produkt? • Wie gut informiert er sich über ein Produkt (**Involvement**)? • Welche Informationsquellen nutzt er?	• Welche **Einstellung** hat der Kunde zum Produkt/zur Marke? (Meinungsforschung) • Welches **Image** hat das Produkt/die Marke? • Wie können die Einstellungen des Kunden beeinflusst werden? • Welche **Motive** beeinflussen das Kaufverhalten? (Motivforschung)

Erläuterungen:

- **Involvement.** Das Involvement bezeichnet das Ausmaß, in dem sich ein Kunde mit einem Produkt auseinandersetzt, sich darüber informiert. Ein starkes oder schwaches Involvement wirkt sich unmittelbar auf das Kaufverhalten aus.

Involvement und Kaufverhalten

	Produkte mit hohem Involvement	Produkte mit niedrigem Involvement
Merkmale	• hoher Anschaffungspreis • Nutzung über einen langen Zeitraum	• Gebrauchsgegenstände von geringer persönlicher Bedeutung • Dinge des täglichen Bedarfs
Beispiele	• Auto, Immobilie, Tablet-PC, Kaffeevollautomat	• Putzeimer, Spülschwamm • Butter, Marmelade, Duschgel
typisches Kaufverhalten	• aktive Auseinandersetzung: Preisvergleiche, Testberichte usw. • Einbeziehung eigener und fremder Erfahrungen • ausgeprägte Markentreue • gefestigte Einstellung zum Produkt • schlecht durch Marketing zu beeinflussen	• Produktkauf erfolgt meist unreflektiert • nur passive Aufnahme von Informationen • keine bewusste Markentreue • Einstellungen können durch Marketingmaßnahmen beeinflusst werden

- **Einstellung, Image.** Einstellungen beziehen sich auf einzelne Beurteilungskriterien („Den kleinen Kofferraum mag ich nicht."), das Image (Bild) auf das gesamte Produkt oder die Marke („Dieses Auto ist umweltfreundlich."). Beide müssen positiv sein, sonst kauft der Kunde nicht.

  Durch Meinungsforschung werden die Einstellungen der Kunden und das vorherrschende Produktimage erforscht.

  Es ist zum Beispiel herauszufinden,
  - wie ein geplantes Produkt, ein eingeführtes Produkt oder eine Produktveränderung (etwa andere Aufmachung oder Fortfall eines Produktes) beim Kunden ankommen;
  - ob bzw. in welchem Umfang eine Werbemaßnahme die beabsichtigte Veränderung in der Wahrnehmung des Kunden bewirkt hat.

Beispiel: **Positionierungsanalyse**

Für die Planung des Kleinstwagens Mino lässt der Hersteller eine ausgewählte Personengruppe das Konzept des Autos im Vergleich zu Konkurrenzkonzepten einschätzen. Als Gegensatzpaare wurden **emotional** – **rational** und **wertvoll** – **billig** gewählt.

Vom Ergebnis ist der Hersteller überrascht. Wegen der Produkteigenschaften (1-Liter-Auto, Steuervorteile, wenig Parkraum) hatte er mit einem stärker rational begründeten Interesse gerechnet.

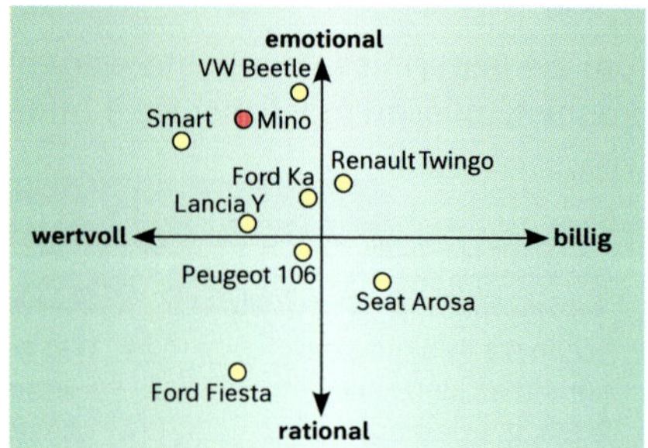

- **Motive.** Die Motive (Beweggründe) für den Produktkauf liegen darin, dass sich der Kunde einen Nutzen von dem Produkt verspricht. Über den **Grundnutzen** (z. B. Auto: Fortbewegung) hinaus ist oft auch der **Zusatznutzen** (z. B. Sportwagen: Gefühl von Sportlichkeit, Exklusivität) wichtig, den ein Gut stiften kann.
  Die Motive dafür liegen oft im Unterbewussten. Kann man sie im Rahmen der Motivforschung herausfinden, spricht man sie meist durch gezielte, oft raffinierte Werbung an.

2.3.3 Erforschung der Konkurrenz

Die Konkurrenzforschung sammelt Informationen über die tatsächlichen und möglichen Konkurrenten und die Branchenentwicklung.

Konkurrenzforschung

Tatsachenforschung

- Konkurrenzprodukte (Substitutions-, Komplementärgüter)
- Vor- und Nachteile in Qualität, Aufmachung, Preis, Handhabung
- Größe des Marktanteiles, Absatzentwicklung
- Konkurrenzanbieter (Angebotspalette, Kapitalstärke, Personalbestand, Absatzorgane)
- Entwicklungstendenzen bei diesen Größen

Verhaltensforschung

aggressive oder zurückhaltende, schnell oder langsam reagierende Konkurrenz

im Hinblick auf

Preissetzung, Werbemaßnahmen, Verkaufsförderung, Produktgestaltung, Einsatz der Absatzorgane

2.3.4 Erforschung des Umfeldes

Die Marktforschung darf sich nicht auf den Markt selbst beschränken, sondern muss auch immer das gesamte Umfeld des Unternehmens (siehe S. 21 ff.) mit einbeziehen. Dann kann man zum Beispiel frühzeitig auf neue Anforderungen an Produkte und Vertriebswege reagieren.

Beispiel: Einfluss des Unternehmensumfeldes auf das Marketing

Umfeldbereiche	Beispiele
politisch-rechtliches Umfeld	Die Einführung von Umweltzonen in deutschen Städten führt dazu, dass Pkw-Hersteller bestimmte Anforderungen hinsichtlich der Schadstoffemissionen berücksichtigen müssen.
soziales Umfeld	Der Trend zum Ein-Personen-Haushalt führt dazu, dass kleinere Einheiten im Lebensmitteleinzelhandel nachgefragt und angeboten werden.
technologisches Umfeld	Steigende Bandbreiten ermöglichen einen schnelleren Datentransfer im Internet. Online-Videotheken haben deshalb die klassische Videothek verdrängt.
ökonomisches Umfeld	Bei der Preisgestaltung für ein Produkt müssen immer die finanziellen Möglichkeiten der potenziellen Kunden berücksichtigt werden. Hierbei spielen z. B. das Lohnniveau oder das Wirtschaftswachstum und diesbezügliche Erwartungen eine Rolle.

2.4 Projektphasen einer Marktanalyse

Eine Marktanalyse entsteht gewöhnlich in sechs Teilphasen:

Phase 1 **Definitionsphase**
- Formulierung und Strukturierung des Marktforschungsproblems
- Klärung des Informationsbedarfs nach Umfang und für einen zu bestimmenden Zeitraum
- Festlegung der Ziele der Marktanalyse
- Festlegung des Erhebungsrahmens

Phase 2 **Designphase**
- Festlegung auf Eigenforschung oder Fremdforschung (Letztere wird von einem Marktforschungsinstitut durchgeführt.)
- Festlegung der Analyse-Methoden: Primärforschung oder Sekundärforschung
- Ausarbeitung des Analyseinstruments (z. B. Fragebogen)

Phase 3 **Erhebungsphase**
- Vortest des Analyseinstruments (Ausmerzen von Fehlern!)
- Erstellung von Praxisanweisungen (Untersuchungsrichtlinien)
- Durchführung der Analyse

Phase 4 **Analysephase**
- Überprüfung der rückläufigen Unterlagen (Vollständig und richtig ausgefüllt? Richtiger Personenkreis? Widersprüchlichkeiten?)
- Eingabe der Daten in den Computer
- Datenaufbereitung (z. B. Addition von Ja-Antworten/Nein-Antworten)
- Datenanalyse mittels statistischer Verfahren
- wenn erforderlich: Erstellung einer Marktprognose

Phase 5 **Kommunikationsphase**
- Kontakte mit dem Auftraggeber der Analyse
- Präsentation der Zwischen- und Endergebnisse
- Diskussion der Ergebnisse mit dem Auftraggeber

Phase 6 **Entscheidungsphase**

Treffen der notwendigen Entscheidungen (z. B. Beseitigung von Produktmängeln, die in den rückläufigen Fragebögen beanstandet wurden)

SECHSTER ABSCHNITT

2.5 Auswertung von Marktforschungsinformationen (Beispiel SWOT-Analyse)

„Welche Stärken und Schwächen haben unsere Leistungen, Produkte, Marken im Vergleich mit denen unserer (Haupt-)Konkurrenten?“ Die Beantwortung dieser Frage ist wichtig, denn Stärken befördern Chancen und Schwächen befördern Risiken.

- Stärken bestehen in Bereichen, in denen das eigene Unternehmen besser ist als die Konkurrenz.
- Schwächen bestehen dort, wo die Konkurrenz einen Vorsprung hat.

Deshalb wertet man die Ergebnisdaten der Konkurrenzforschung aus und erstellt **Stärken-Schwächen-Analysen**. Stärken-Schwächen-Profile stellen die benoteten Merkmale der eigenen und konkurrierenden Leistungen gegenüber und zeigen, wo Verbesserungsbedarf besteht. Da Stärken und Schwächen unternehmens**interne** Ursachen haben, kann das Unternehmen sie beeinflussen.

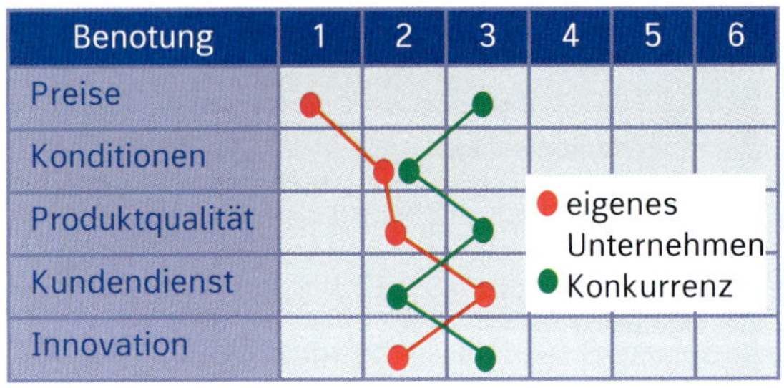

Stärken-Schwächen-Profil

Alle Bereiche der Unternehmung sind zu berücksichtigen:
Absatz: z. B. Preise, Konditionen, Produkt-, Termin-, Servicequalität, Kundendienst, Innovation, Werbung, ...
Produktion: z. B. Maschinenqualität, Kapazität, Kosten, Flexibilität, Durchlaufzeit, ...
Beschaffung: z. B. Material- und Lieferqualität, Einkaufspreis, Kosten, ...
Personal: z. B. Kompetenz, Motivation, Betriebsklima, Krankenstand, ...
Finanzierung: z. B. Ausstattung mit Eigenkapital, kurz-/langfristigem Geldkapital, Barmitteln, ...
Führung, Organisation: z. B. Ideenfindung, Planung, Kontrolle, Informationsverarbeitung, ...

Zusätzlich decken **Markt- und Umfeldanalysen** Opportunities und Threats auf, also **externe** Möglichkeiten und Gefahren. Diese wirken von außen auf das Unternehmen ein und sind nicht beeinflussbar. Auch sie begründen Chancen und Risiken (vgl. S. 22 f.).

Es ist sinnvoll und üblich, beide Analysen zu einer **SWOT-Analyse** zu verbinden. Die Gegenüberstellung externer und interner Größen eröffnet die Möglichkeit, Vorgehensweisen (Strategien) zur Nutzung von Stärken und zum Abbau von Schwächen zu planen.

Marktforschung (oben) / Marktforschung (links)

SWOT-Analyse (S = Strengths, W = Weaknesses, O = Opportunities, T = Threats)		Opportunities (externe Möglichkeiten) 1. 2. ...	Threats (externe Gefahren) 1. 2. ...
Strengths (interne Stärken)	1. 2. ...	**S-O-Strategie:** Stärken fördern und einsetzen, um Möglichkeiten zu nutzen!	**S-T-Strategie:** Stärken fördern und einsetzen, um Gefahren abzuwehren!
Weaknesses (interne Schwächen)	1. 2. ...	**W-O-Strategie:** Schwächen beseitigen, um Möglichkeiten zu nutzen!	**W-T-Strategie:** Schwächen beseitigen, um Gefahren abzuwehren!

2.6 Absatzprognose

Die Ergebnisse der Marktforschung werden – wenn vom Auftraggeber gewünscht – zu Absatzprognosen verarbeitet.

***Absatzprognosen* sind erfahrungsgestützte Vorhersagen über den Absatz und den Umsatz betrieblicher Leistungen (Produkte, Handelswaren, Dienstleistungen).**

Wichtige Prognosen betreffen z. B. die Entwicklung des Marktpotenzials, des Absatzpotenzials, des Marktvolumens, des Absatzvolumens und des Marktanteils.

Kurzfristige Prognosen: Vorhersagezeitraum < 1 Jahr (Wochen- oder Monatswerte).
Langfristige Prognosen: Vorhersagezeitraum > 1 Jahr (oft sogar 10 Jahre oder mehr).

Prognosemethoden

Quantitative Methoden

- erzielen mit mathematischen Verfahren (z. B. gleitender Durchschnitt, Trendberechnung) rechnerische Ergebnisse.

Qualitative Methoden

- erzielen verbale Aussagen (Vorhersagen) durch Nutzung der Erfahrungen und Kenntnisse von „Experten" (z. B. Händler, Kunden, Außendienstmitarbeiter).

Entwicklungsprognosen liegen unbeeinflussbare Größen (z. B. die Zeit) zugrunde, **Wirkungsprognosen** beeinflussbare Größen (z. B. die Marketinginstrumente).

Beispiele: Prognosen und Prognosemethoden

Langfristige Entwicklungsprognosen:

1. Bei ihrem Produkt „Kaffeeautomat" hat die Genuma GmbH die nebenstehenden Absatzzahlen festgestellt.

Jahr	1	2	3	4
Menge	2 500	2 600	2 800	3 000

   Genuma errechnet einen linear ansteigenden **Trend** und prognostiziert für die Jahre 5 und 6 Absatzmengen von 3 200 und 3 400 Stück.

2. Die Konjunkturentwicklung lässt nach einem mäßigen Jahr 1 in Jahr 2 und 3 eine Steigerung des Pkw-Absatzes um jeweils 20 % erwarten. Der Reifenhersteller Good Day nutzt den Pkw-Absatz als **Indikator** für den Reifenabsatz: Er prognostiziert aufgrund dieses Indikators eine Steigerung seines Reifenabsatzes von ebenfalls 20 %.

Wirkungsprognose:

Die Großmolkerei Füller Milch AG hat ihr Werbebudget um 10 % erhöht und ihre Preise für das Produkt Fruchtjoghurt um 10 Cent je Becher gesenkt. Sie prognostiziert eine Absatzsteigerung von 15 %.

Qualitative Prognose

Der indische Automobilhersteller Tuta will sein Billigauto Nona auch in einer Europa-Version anbieten. Dazu erforscht er, auf welche Produkteigenschaften die europäischen Kunden Wert legen und welchen Einführungspreis sie akzeptieren. Er geht nach der sog. *Delphi-Methode* vor: Er legt Studenten des Fachbereichs Automobilwirtschaft einen Katalog mit Fragen vor, die die wahrscheinliche Reaktion unterschiedlicher Käuferschichten auf genannte Autoeigenschaften (Preis, Ausstattung, Kraftstoffverbrauch, Schadstoffausstoß usw.) betreffen. Nach gemeinsamer Auswertung der Antworten folgt ein zweiter Fragenkatalog usw. Mit jeder Runde überdenken die Mitglieder ihre eigenen Antworten. Erfahrungsgemäß kommt es zu einer Annäherung der Meinungen. Das Ergebnis wird u. a. als Grundlage für eine Absatzprognose benutzt.

Arbeitsaufträge

1. **Aus einem Reisebericht des Handlungsreisenden Ralf Petersen:**

   „... Die besuchten Werkstätten halten sich zurzeit generell mit der Anschaffung von Maschinen und Geräten zurück. Sie begründen dies mit dem konjunkturell bedingten Auftragsrückgang ihrer Kunden. Gegenüber dem letzten Vierteljahr ist mein Auftragsvolumen wertmäßig um etwa 25 % von 815 000,00 EUR auf 607 000,00 EUR zurückgegangen. Andererseits konnte ich allgemein reges Interesse an unserer neuen Metallsäge MS-3 feststellen. Eine gezielte Informations- und Werbekampagne könnte sich hier lohnen.

   Der verstärkte Hang zum Hobbywerken führte zu einer leicht ansteigenden Umsatztendenz bei Bohrmaschinen in Fachgeschäften, Warenhäusern und Verbrauchermärkten. Der Kauf von Zusatzgeräten scheint sich langsam von Kreissägen stärker auf Stichsägen zu verlagern. Die Konkurrenz (vor allem Black & Bauer) engagiert sich im Verbrauchermarkt- und Warenhausbereich mit Rabatten, die 10 % über den unsrigen liegen. Die Firma Unipreis ist nur bei einem Wiederverkäuferrabatt von 50 % bereit, unser Sortiment einzuführen ...“

   a) Zu welchem Bereich der Markterkundung gehört das Sammeln von Informationen aus einem solchen Bericht?

   b) Stellen Sie eine Übersicht über die Informationen und Rückschlüsse auf, die sich daraus ergeben.

2. **Das Absatzpotenzial eines Pkw-Typs setzt sich zusammen aus:**
   - **Erstkäufern,**
   - **Zusatzkäufern (Käufer, die diesen Typ als Zweitwagen anschaffen),**
   - **Ersatzkäufern; das sind:**
     - **Modell-Loyale (Käufer, die bereits das Vormodell besitzen und nun das neue Modell kaufen wollen),**
     - **Marken-Loyale (Käufer, die irgendeinen Pkw desselben Fahrzeugherstellers besitzen und nun das neue Modell kaufen),**
     - **Fremdmarkenwechslern (Eroberungen von anderen Marken).**

   Hierzu ein konkreter Fall:

   Die Auto Union will im Jahr 03 einen Nachfolger für ihren Kleinwagen Ancra herausbringen. Folgende Informationen liegen vor:

– Bisherige Ancra-Bestände:		1 500 000 Stück
– Insgesamt geschätzte Neukaufrate bisheriger Ancra-Besitzer:		10 %
davon:	Abwanderungen zu Fremdmarken:	15 %
	Abwanderungen zu anderen Modellen des Konzerns:	35 %
	Modell-Loyale:	50 %
– Zuwanderungen von Fremdmarken:		40 000 Stück
– Zuwanderungen von anderen Modellen des Konzerns:		15 000 Stück
– Erstkäufer:		10 000 Stück
– Zusatzkäufer:		2 500 Stück

   Das Marktvolumen betrug im Jahr 01 5 800 000 Stück, das Absatzvolumen 203 000 Stück. Das Marktpotenzial für das Jahr 03 wird auf 6 000 000 Stück geschätzt. Die Auto Union strebt für den Ancra eine Erhöhung des Marktanteils um 0,5 Prozentpunkte an.

   a) Berechnen Sie den Marktanteil des alten Modells im Jahr 01.

   b) Berechnen Sie das Absatzpotenzial für den neuen Ancra.

   c) Erscheint die angestrebte Erhöhung des Marktanteils aufgrund der vorliegenden Marktinformationen als ein erreichbares Ziel?

   d) Prognosen machen Aussagen über zukünftige Entwicklungen. Zeigen Sie Probleme auf, die damit zwangsläufig verbunden sind.

3. **Die Haushaltselektro GmbH hat Pläne für eine neuartige Küchenmaschine entwickelt. Sie versucht nun, sich einen genauen Überblick über den Markt zu verschaffen.**

   Welche Marktinformationen benötigt das Unternehmen? Erstellen Sie dazu eine Mindmap.

4. Die Chemische Werke Edelchrom GmbH will eine Analyse der potenziellen Kunden ihrer Autopolitur „Langglanz“ durchführen. Nach einem Jahr kostspieliger Werbung erwartete man einen Marktanteil von etwa 10 %. Der tatsächliche Marktanteil liegt jedoch bei nur 3 %. Deshalb werden vier Marktforschungsunternehmen beauftragt, einen Entwurf für eine Fragebogenaktion zu entwickeln. Außerdem sollen eine Käuferbeobachtung und ein Käufertest durchgeführt werden.

a) (1) Bilden Sie je Marktforschungsinstitut ein Marktforschungsteam. Jedes Team erstellt einen Fragebogen mit bis zu 15 Fragen. Er soll erkennen lassen, welche Segmente (Alter, Einkommen, Geschlecht usw.) die Politur ablehnen und welche Gründe für die Ablehnung vorliegen.

(2) Die Teamsprecher präsentieren der Geschäftsleitung (4 Personen) ihren Entwurf und den erstellten Fragebogen.

(3) Die Geschäftsleitung diskutiert mit dem Teamsprecher den Gesamtentwurf.

(Weitere Personen können in die Diskussion eingreifen. Für entsprechende Wortmeldungen wird ein leerer Stuhl bereitgestellt.)

(4) Zum Schluss wird das Marktforschungsteam mit dem besten Entwurf ausgewählt.

b) Entwerfen Sie eine Anweisung für die Beobachtung von Kunden. Beobachtungsort sei ein Stand in einem Verbrauchermarkt, an dem eine Werbeaktion für „Langglanz“ durchgeführt wird. Es soll das Verhalten der Kunden des Verbrauchermarktes festgehalten werden.

c) Denken Sie sich einen Test aus, mit dem die Einstellungen zum Produkt „Langglanz“ erforscht werden können.

d) Mit den oben angeführten Maßnahmen werden Marktforschungsinstitute beauftragt. Alternativ könnte – zumindest bei einem Großunternehmen – auch die eigene Marketingabteilung diese Aufgaben erledigen. Welche Gründe sprechen dafür, welche dagegen? (Diskutieren Sie eventuell auch in zwei Gruppen.)

5. Folgende Zahlen (Absatzmengen in Stück) über den Pkw Mango IV liegen vor:

Mango IV	Jahr 1	Jahr 2	Jahr 3	Jahr 4
Limousine	150 000	190 000	210 000	140 000
Variant	70 000	70 000	40 000	40 000
Cabrio	58 000	79 000	100 000	100 000
Summe	**278 000**	**339 000**	**350 000**	**270 000**

a) Stellen Sie die Absatzentwicklung nach Jahren und nach Typen grafisch dar. Benutzen Sie dazu ein Tabellenkalkulationsprogramm.

b) Bilden Sie mehrere Teams für folgende Arbeiten:

- Vergleichen Sie die Absatzentwicklung des Mango IV insgesamt und der einzelnen Typen.
- Das Cabrio zeigt eine positivere Absatzentwicklung als die anderen Typen. Welche Gründe könnte dies haben?
- Das Kaufverhalten der Cabrio-Käufer soll professionell untersucht werden. Formulieren Sie dazu einen ausführlichen Auftrag an ein Marktforschungsinstitut.

Präsentieren Sie Ihre Ergebnisse mithilfe einer Präsentationssoftware.

6. Eine Gruppe von Verbrauchern (3 000 Teilnehmer) soll täglich auf einem Online-Fragebogen ihre Einkäufe unter Eintragung von Produkt, Marke, Gewicht oder Menge und Preis festhalten. Der Fragebogen wird wöchentlich über eine längere Zeit hinweg an ein Marktforschungsinstitut zur Auswertung übermittelt.

a) Handelt es sich hier um Primär- oder Sekundärforschung?

b) Nennen Sie den genauen Namen dieser Marktforschungsmethode.

c) Nach welchen Verfahren wurden die Personen ausgewählt?

d) Handelt es sich um eine Marktanalyse oder um eine Marktbeobachtung?

e) Versuchen Sie einige Informationen anzugeben, die mithilfe einer solchen Untersuchung gewonnen werden können.

7. Die Kambel AG will ein neues Waschmittel auf den Markt bringen. Deshalb lässt sie von einem Marktforschungsinstitut eine Positionierungsanalyse über die aktuellen Produkte am deutschen Markt erstellen. Zur Einschätzung werden die Gegensatzpaare „weiß – bunt“ und „schonend – kraftvoll“ ausgewählt. Auf S. 542 finden Sie das Ergebnis der Analyse.

a) Aus einer Positionierungsanalyse können zahlreiche Anhaltspunkte für produktpolitische Maßnahmen abgeleitet werden. Nennen Sie Beispiele.

b) Die Kambel AG sucht geeignete Marktnischen für ihr neues Produkt. Finden Sie solche Nischen auf der Basis des Positionierungsanalyse-Ergebnisses und beschreiben Sie ihre Position.

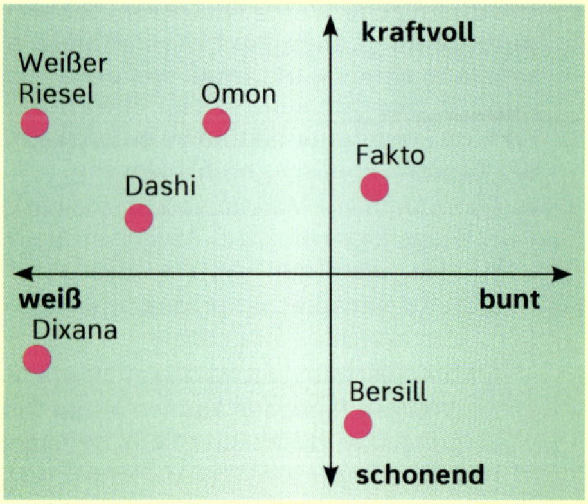

8. MGB veranstaltet einen Management-Workshop[1], auf dem Planungsprobleme für das folgende Geschäftsjahr bearbeitet werden. Unter anderem sollen mögliche Strategien für Schneckenradgetriebe gefunden werden. Die Teilnehmer haben schon folgende Elemente erarbeitet:

- ***Opportunities:* schneller technischer Fortschritt bei Präzisionsgeräten; wachsende Märkte für Medizintechnik; weltweit Krankenhausneubauten; Trend zu längerer Lebenszeit**
- ***Threats:* starke Konkurrenz im Absatzmarkt Ostasien; weltweite Finanzknappheit im Gesundheitswesen; zunehmend verschärfte Sicherheitsvorschriften; steigende Rohstoffpreise; Zunahme von Krisengebieten**
- ***Strengths:* Finanzstärke; kurze Entwicklungszeiten; Zusammenarbeit mit zwei Hochschulen; Präzisionsfertigung; höchste Produktqualität; maßgeschneiderte Lösungen; Patente; ausgebildetes Personal; treuer Kundenstamm in Europa und Nordamerika.**
- ***Weaknesses:* Produktionsengpässe; hohe Stückkosten; teilweise unsichere Lieferer; schwache Absatzorganisation in Ostasien; dort auch geringe Marktkenntnis und Bekanntheit**

Web M 542

Stellen Sie die Elemente in einer SWOT-Analyse gegenüber und entwickeln Sie geeignete Strategien für die Produktgruppe Schneckenradgetriebe. Benutzen Sie dafür das Formular *SWOT-Analyse*.

9. Das Marketing der Metall KG erstellt je Monat eine kurzfristige Absatzprognose für ihre Produkte. Sie berechnet die prognostizierte Absatzmenge eines Monats als gleitenden Durchschnitt der jeweils letzten drei Istmonatsmengen.

a) Istabsatz April = 340 Stück. Prognostizieren Sie den Absatz für Mai.

b) Istabsatz Mai = 350 Stück. Prognostizieren Sie den Absatz für Juni.

Artikelnummer: 111		
Monat	**Istabsatz (Stück)**	**Prognose (Stück)**
Januar	300	
Februar	330	
März	325	
April		318
Mai		
Juni		

SECHSTER ABSCHNITT

3 Marketingziele und Marketingstrategien

3.1 Marketingziele

Maltmann Getriebebau e. K. (MGB) setzt sich für die beiden kommenden Geschäftsjahre das Ziel, den Gewinn um 20 % zu steigern. Das ist einfach gesagt, aber wie soll das Ziel erreicht werden? Hierzu leitet MGB zunächst Ziele für die einzelnen Funktionsbereiche ab. Für den Marketingbereich wird z. B. festgelegt, dass ein Marktanteil von 5 % erreicht und der Umsatz um 20 % gesteigert werden soll. Im nächsten Schritt werden Ziele für die beiden Produktgruppen (Schieberad- und Schneckenradgetriebe) formuliert. So sollen für die Produktgruppe Schieberadgetriebe eine Absatzmenge von 29 000 Stück und ein Umsatz von 14 Mio. EUR erzielt werden. Schritt für Schritt werden weitere, detailliertere Ziele abgeleitet, bis Ziele entstehen, die unmittelbar in Handlungen umgesetzt werden können.

[1] Workshop: Art Arbeitskreis. Der Leiter soll – anders als bei Seminar und Training – nicht Wissen und Kompetenz vermitteln. Er ist vielmehr Moderator, soll alle Teilnehmer integrieren und die Kommunikation steuern.

Die obersten Ziele sind nicht operational (SMART). Sie können nicht unmittelbar in zielgerichtete Handlungen umgesetzt werden. Deshalb sind aus den groben Oberzielen detailliertere Unterziele für die Funktionsbereiche abzuleiten.

*Sie erinnern sich: Ziele müssen nach Inhalt, Ausmaß und Zeit festgelegt werden. Sie müssen spezifisch, messbar, akzeptabel, realistisch und terminiert, kurz: **SMART**, sein. SMARTe Ziele heißen auch **operationale** Ziele.* *Siehe S. 93 f.*

Die Ziele für den Funktionsbereich Absatz heißen Marketingziele.

Im Hinblick auf die Zielinhalte unterscheidet man grundsätzlich zwei Zielgruppen:

Marketingziele

Ökonomische Ziele	**Psychografische Ziele**
(auf einen ökonomischen Erfolg ausgerichtet)	(auf das Verhalten der Käufer ausgerichtet)
Wichtige Ziele (Beispiele): • Erzwingung des Marktzugangs in einem bestimmten Gebiet oder bei bestimmten Käufergruppen • Erreichen eines bestimmten Marktanteils • Halten eines bestimmten Marktanteils • Erreichen eines bestimmten Umsatzes	**Wichtige Ziele (Beispiele):** • Erhöhung des Bekanntheitsgrades – eines Artikels – des gesamten Absatzprogramms – des Unternehmens • Verbesserung der Kundeninformation über Artikel, Absatzprogramm, Unternehmen • Verbesserung des Images von Artikeln, des Absatzprogramms und des Unternehmens • Steigerung der Vorliebe der Kunden – für einen Artikel – für das Absatzprogramm – für das Unternehmen

Die ökonomischen Ziele sind zahlenmäßig zu formulieren. Bei den psychografischen Zielen ist dies nicht möglich.

Beispiel: Ableitung von Marketingzielen für das Jahr 20..

Unternehmensziel: (strategisches Ziel)
Gewinnsteigerung um 20 %
↓

Bereichsziele: (strategische Ziele)
Beschaffungsziele | **Produktionsziele** | **Marketingziele** | **weitere Ziele** (z. B. Finanzierungsziele)

Marketingziele ↓
1. Erzielung eines Marktanteils von 5 % auf dem Gesamtmarkt;
2. Umsatzsteigerung von 20 % auf dem Gesamtmarkt
↓

Zwischenziele: (Gruppenziel)
Gruppe Schieberadgetriebe | **Gruppe Schneckenradgetriebe**

Gruppe Schieberadgetriebe ↓
1. Erreichen einer Absatzmenge von 29 000 Stück
2. Erreichen eines Umsatzes von 14 000 000,00 EUR
↓

Unterziele: (Instrumentalziele)

leistungspolitische Ziele (betreffen die Absatzleistungen)	**kontrahierungspolitische Ziele** (betreffen die Preise und Konditionen)	**kommunikationspolitische Ziele** (betreffen werbende Maßnahmen)	**distributionspolitische Ziele** (betreffen den Vertrieb)
↓	↓	↓	↓
1. Neuentwicklung von zwei Produkten 2. Qualitätsverbesserung (Leichtmetall)	Preisanhebung um 2 %	Erhöhung des Bekanntheitsgrads um 30 %	1. Neue Vertretungen in Asien 2. Logistikkostensenkung um 15 %

SECHSTER ABSCHNITT

Die im Beispiel genannten Unterziele betreffen den Einsatz der sog. **Marketinginstrumente**. Darunter versteht man alle Maßnahmen, die zur Marktgestaltung eingesetzt werden können. Sie lassen sich einteilen in Instrumente der Leistungs-, Kontrahierungs-, Kommunikations- und Distributionspolitik. Die folgende Übersicht zeigt Beispiele für entsprechende Ziele:

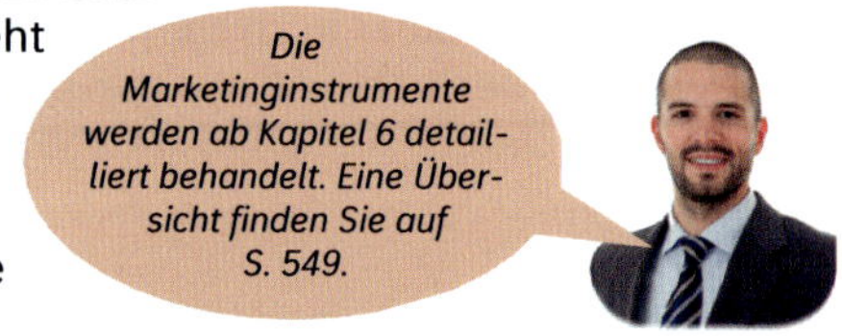

Marketingziele nach den Marketinginstrumenten

leistungspolitische Ziele	kontrahierungspolitische Ziele	kommunikationspolitische Ziele	distributionspolitische Ziele
z. B. Anbieten von • Spitzenprodukten • Massenprodukten • Standardprodukten • Spezialprodukten • Systemprodukten (kompletten Baugruppen)	z. B. • Preisstabilisierung • Preisanhebung • Preiskontrolle • Preissenkung • Zahlungsbeschleunigung	z. B. • Wecken von Aufmerksamkeit • Informieren des Kunden • Aufbau einer positiven Kundeneinstellung • Stärkung der Kaufabsicht	z. B. • Ausweiten der Absatzorganisation • Versandbeschleunigung • Senkung der Logistikkosten

Die Marketingziele müssen untereinander und mit den anderen Unternehmenszielen abgestimmt werden. Es sollte möglichst Zielharmonie bestehen. Dies ist nicht immer möglich. Bei Zielkonflikten muss ggf. festgesetzt werden, welche Ziele Vorrang haben sollen.

Beispiele: Zielkonflikte

(1) Ziele: 1. Bekanntmachung von Produkten (durch Werbung)
2. Modernisierung der Produktionsanlagen
Konflikt: Die Ausgaben für Werbung schränken die Mittel für die Modernisierung ein.

(2) Ziele: 1. Gewinnsteigerung (durch Aufgabe eines verlustbringenden Produkts)
2. Sicherung der Beschäftigung
Konflikt: Durch die Produktaufgabe entsteht Unterbeschäftigung in der Fertigung.

Arbeitsaufträge

1. **Die PROP GmbH produziert Propeller für kleine Flugzeuge. Sie stellt sich folgendes Ziel: „Wir wollen den Unternehmensgewinn steigern."**
   a) Handelt es sich um ein Formalziel oder um ein Sachziel?
   b) Erfüllt diese Zielformulierung die Anforderungen, die an eine Zielformulierung gestellt werden müssen?
   Nennen Sie zunächst die Anforderungen und formulieren Sie dann ggf. das Ziel anforderungsgerecht.
   c) Begründen Sie die Behauptung: Es handelt sich nicht um ein operationales Ziel.
   d) Was ist zu tun, um zu operationalen Zielen zu gelangen?

2. **Betrachten Sie das Beispiel „Ableitung von Marketingzielen für das Jahr 20.." auf Seite 543.**
   a) Welche der aufgeführten Ziele sind ökonomische Ziele, welche psychografische Ziele?
   b) Leiten Sie aus dem Unternehmensziel Bereichsziele für Beschaffung, Produktion und Finanzierung ab, für die Zielharmonie mit den beiden genannten Marketingzielen besteht.
   c) Leiten Sie für das Beispiel weitere Marketingziele (Zwischen- und Unterziele) für die Sparte Motoren ab.

3. Für das Produkt X der Ackermann GmbH gilt im Jahr 20..:

Stückpreis	Absatzmenge	Umsatz (Menge · Preis)	Kosten	Gewinn (Umsatz – Kosten)
100,00 EUR	20 000 Stück	2 000 000,00 EUR	1 300 000,00 EUR	700 000,00 EUR

Die Geschäftsleitung setzt folgende Ziele für das Folgejahr:
Umsatzsteigerung 10 %, Gewinnsteigerung 5 %.

mögliche Mittel	Preiserhöhung um 10,00 EUR	Preissenkung um 10,00 EUR	Produktverbesserung
wahrscheinliche Folgen	Absatzrückgang um 20 %	Absatzsteigerung um 5 %	Kostensteigerung um 20 % Umsatzsteigerung um 10 %

a) Mit welchen Mitteln wird wahrscheinlich tatsächlich eine Umsatzsteigerung erreicht?
b) Führt die Umsatzsteigerung in diesem Fall auch zur gewünschten Gewinnsteigerung?
c) Erläutern Sie Zielkonflikte, die ggf. auftreten.

3.2 Marketingstrategien

Der Unternehmer Rüdiger Maltmann hat für MGB das strategische Ziel gesetzt, zu wachsen und die Umsätze auf dem europäischen Markt auszubauen. Sie denkt dabei an die Anwendung zweier Strategien:
(1) Die bestehenden Märkte sollen intensiver bearbeitet, die Kunden individueller angesprochen werden.
(2) Die Kundenbedürfnisse sollen durch die schnelle Entwicklung innovativer Produkte optimal befriedigt werden.

Marketingstrategien sind grundsätzliche Entwürfe, die das Vorgehen beschreiben, mit dem die strategischen Marketingziele erreicht werden sollen.

Sie entstehen durch Planung, sind langfristig wirksam und offen. „Offen" bedeutet: Sie beschreiben das Vorgehen nur grob und lassen Handlungsspielräume für die Mitarbeiter, zeigen aber zugleich auch die Grenzen auf.

Strategien können betreffen:
- das Gesamtunternehmen oder seine Sparten (Unternehmensstrategien),
- die Funktionsbereiche (z. B. Marketingstrategien),
- Teilfunktionen (z. B. Preisstrategien, Werbestrategien).

Ausgehend von den Strategien werden konkretere Maßnahmen (Marketinginstrumente) abgeleitet.

Eine eindeutige Abgrenzung von Unternehmens- und Marketingstrategien ist bei einer marktgesteuerten Unternehmensführung mit integriertem Marketing oft nicht möglich.

3.2.1 Wahl der Geschäftsfelder

Eine grundlegende Strategie ist die Wahl der Geschäftsfelder. Das sind die Leistungsbereiche, in denen ein Unternehmen aufgrund seiner Kompetenzen tätig sein will. Sie werden vor der Unternehmensgründung abgesteckt und langfristig angepasst. Natürlich wählt man nur Felder aus, auf denen man sich einen ausreichenden Umsatz und vertretbare Kosten verspricht. Intensive Marktforschung hilft, sie zu finden.

Beispiel: Geschäftsfelder des Mannesmann-Konzerns
- **1890:** Gründung. Geschäftsfeld: Stahlröhrenproduktion.
- **Vor dem 2. Weltkrieg:** Einstieg in weitere Geschäftsfelder: Erz- und Kohlebergbau, Stahlerzeugung, Maschinenbau.

- **Nach dem 2. Weltkrieg:** Abgabe des Steinkohlen-Bergbaus an die Ruhrkohle AG und der Stahlproduktion an die Thyssen AG. Neue Geschäftsfelder: Anlagenbau (Rexroth, Demag, Krauss-Maffei) und Automobilzulieferbereich (Kienzle, Fichtel & Sachs, VDO, Boge).
- **1990:** Mannesmann ist ein breit diversifizierter Technologiekonzern. Neues Geschäftsfeld: das erste private Mobilfunknetz D2 (mit atemberaubenden Gewinnspannen).
- **2000:** Übernahme der Aktienmehrheit durch das britische Telekommunikationsunternehmen Vodafone. Verlust der Selbstständigkeit. Eingliederung des Telekommunikationsbereichs in die Vodafone Group. Verkauf des gesamten Rests an andere Unternehmen.

3.2.2 Marktsegmentierungsstrategien

Nehmen wir einmal an, ein Unternehmen habe als Geschäftsfeld „industrielle Großbäckerei" gewählt. Dann wird es feststellen, dass die möglichen Käufer hinsichtlich ihres Nachfrageverhaltens sehr heterogen (uneinheitlich) sind: Der eine verlangt Mehrkornbrot, der andere Vollkornbrot, der dritte Weißbrot, der nächste Knäckebrot usw. Der Gesamtmarkt für Brot besteht also in Wirklichkeit aus vielen Teilmärkten (auch Marktsegmente genannt). Jeden Teilmarkt kennzeichnet eine Käufergruppe, die sich viel homogener (einheitlicher) verhält als die Käufer auf dem Gesamtmarkt. Sie eignet sich deshalb viel besser als Zielgruppe spezieller Marketingmaßnahmen. Für die anbietenden Unternehmen ist es folglich wichtig, den Absatzmarkt auf mögliche Marktsegmente hin zu analysieren und Marktsegmentierung zu betreiben.

Marktsegmentierung ist die Aufteilung des Gesamtmarktes in möglichst einheitliche Teilmärkte sowie die Bearbeitung eines oder mehrerer dieser Teilmärkte.

Dabei kommen zwei Arten von Marktsegmentierungsstrategien zur Anwendung:

- **Markterfassungsstrategie:**
  Aufteilung des Marktes in Segmente mithilfe von Segmentierungskriterien

Segmentierungskriterien

geografische	demografische	psychografische
z. B. • Staaten • Bundesländer • Städte • Wohngebiete	z. B. • Geschlecht • Alter • Familienstand • Kinderzahl • Ausbildung • Einkommen	z. B. • Lebensstil • Risikobereitschaft • soziale Orientierung • Nutzenvorstellungen

Web M 546_1

Vgl. auch die Präsentation *Marktsegmentierung*.

- **Marktbearbeitungsstrategien:**
  - Bearbeitung eines (z. B. des lukrativsten) Segments
  - Bearbeitung mehrerer Segmente

Einzelheiten hierzu siehe S. 556.

3.2.3 Wachstumsstrategien

Wachstumsstrategien verfolgen das Ziel des Marktwachstums, also der Umsatzsteigerung. Je nach dem Vorgehen auf den Märkten und bei den Produkten sind vier grundsätzliche Strategien möglich:

Produktvorgehen / Marktvorgehen	Beibehaltung der bisherigen Produkte	Entwicklung/Aufnahme neuer Produkte
Weiterbearbeitung der bisherigen Märkte	Strategie der Marktdurchdringung	Strategie der Produktentwicklung
Entschließung neuer Märkte	Strategie der Marktentwicklung	Strategie der Diversifikation

Web M 546_2

Vergleiche auch die Präsentation *Wachstumsstrategien*.

- Die **Strategie der Marktdurchdringung** soll durch forcierte Marketing-Aktivitäten eine stärkere Durchdringung der bisherigen Märkte mit den bisherigen Produkten erreichen. Dafür bieten sich z. B. an:
  - verbesserte Produktgestaltung (Marke, Qualität, Design, Verpackung),
  - verstärkte Werbung,
  - Aufbau eines Kundenbindungsmanagements (Customer Relationship Management; CRM).
- Die **Strategie der Marktentwicklung** soll mit den vorhandenen Produkten neue Absatzregionen oder neue Käuferschichten erschließen. Dafür bieten sich der Aufbau neuer Absatzorgane sowie Produktvariationen (Veränderungen) an, die die neuen Käuferschichten ansprechen.
- Die **Strategie der Produktentwicklung** soll auf den bestehenden Märkten durch Produktinnovationen (Neuentwicklungen) zusätzliche Käufer gewinnen.
- Die **Strategie der Diversifikation** soll durch die Aufnahme andersartiger Erzeugnisse neue Märkte erschließen.
  Oft gründet man zu diesem Zweck Tochtergesellschaften, kauft andere Unternehmen auf oder schließt sich mit ihnen zusammen. Man kann das Know-how[1] der anderen Unternehmen nutzen und so eigene Kosten sparen. Diversifikation soll immer von lediglich einem Leistungsbereich unabhängig machen.

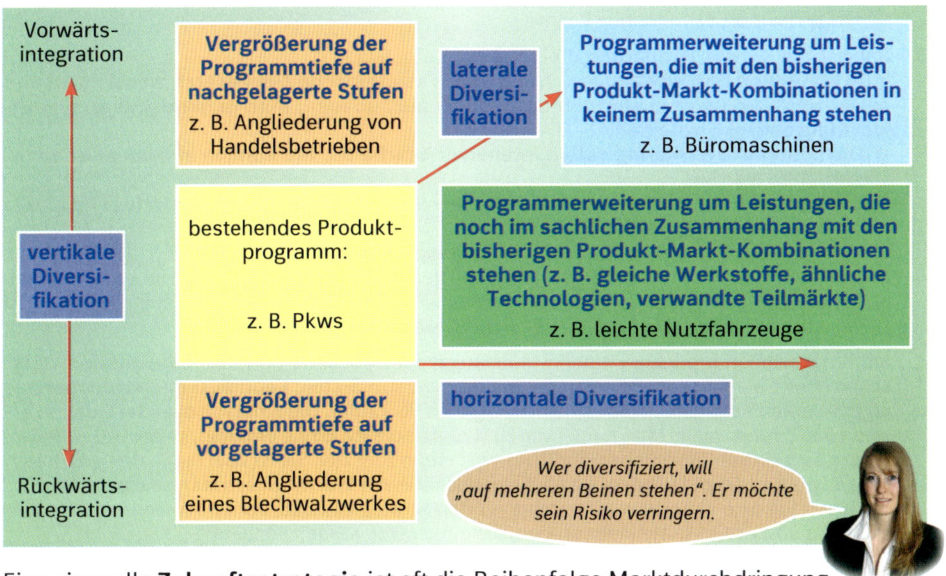

Eine sinnvolle **Zukunftsstrategie** ist oft die Reihenfolge Marktdurchdringung → Marktentwicklung → Produktentwicklung → Diversifikation **(Z-Strategie)**.

3.2.4 Rückzugsstrategien

In schrumpfenden Märkten können Rückzugsstrategien notwendig werden.

- **Konzentrationsstrategie:** Bewusste Verkleinerung des Geschäftsfelds, um langfristig rentabel zu bleiben. Man konzentriert sich auf lukrative Schwerpunkte, auf eine begrenzte Zahl von Produkten und Nachfragern.
- **Abschöpfungsstrategie:** Aufgabe des Geschäftsfelds mit dem Versuch, vorher noch möglichst starke Geldflüsse herauszuholen; z. B. durch Kürzung der Werbeausgaben, schlechtere Produktqualität, Preiserhöhungen, Beschränkung auf das Ersatzteilgeschäft.
- **Zerschlagungsstrategie:** Möglichst schnelle Einstellung aller Tätigkeiten des Geschäftsfelds. Dies ist meist mit hohen Kosten und Widerstand der Betroffenen verbunden. Deshalb kann man stattdessen auch an einen Verkauf des Geschäftsfelds denken.

[1] Geistig-technische Spezialkenntnisse und Erfahrungen, die nicht rechtlich geschützt werden können. Sie unterliegen deshalb oft strenger Geheimhaltung.

3.2.5 Wettbewerbsstrategien

Wettbewerbsstrategien sollen die Stellung des Unternehmens im Wettbewerb verbessern.

- **Strategie der Kostenführerschaft:** Sie strebt an, mit niedrigeren Kosten als die Konkurrenz zu produzieren. Dies setzt in der Regel eine Produktion in großen Stückzahlen voraus.
- **Strategie der Differenzierung:** Sie stellt die Einzigartigkeit des eigenen Produkts heraus. Hierfür wird die Werbung eingesetzt (vgl. Sprechblase S. 594).

Arbeitsaufträge

1. **Die 90 größten deutschen börsennotierten Aktiengesellschaften sind im DAX (Deutscher Aktien-Index) und im MDAX (Mid Cap DAX) gelistet. Zu ihnen gehört die TUI AG. Dieses Unternehmen hieß bis 2002 Preussag AG und firmierte dann um.**
   Informieren Sie sich im Internet über die Geschichte des Unternehmens und berichten Sie über die Geschäftsfelder, die es im Zeitablauf bearbeitet hat.
2. **Marktsegmentierung ist notwendig, um Teilmärkte zu bestimmen, die im Rahmen eines Geschäftsfeldes bearbeitet werden können.**
   Nennen Sie Segmentierungskriterien, nach denen
   a) ein Seifenhersteller,
   b) ein Hersteller von Oberbekleidung
   Marktsegmentierung betreiben könnte.
3. **Betrachten Sie das Einführungsbeispiel auf Seite 545.**
   MGB Maltmann Getriebebau e. K. hat sich das strategische Ziel gesetzt, zu wachsen und seine Umsätze auf dem europäischen Markt auszubauen. Man denkt dabei an die Anwendung zweier Strategien:
   (1) Die bestehenden Märkte sollen intensiver bearbeitet, die Kunden individueller angesprochen werden.
   (2) Die Kundenbedürfnisse sollen durch die schnelle Entwicklung innovativer Produkte optimal befriedigt werden.
   a) Welche Wachstumsstrategien sind hier angesprochen?
   b) Nennen Sie Maßnahmen, die geeignet sind, den beiden Strategien zum Erfolg zu verhelfen.
   c) Welche dritte Strategie könnte MGB noch anwenden, um mit seinem Produktprogramm zu wachsen? Erläutern Sie auch hier geeignete Maßnahmen.
4. **Ein Unternehmen produziert einen Staubsauger für Haushalte und bietet ihn auf dem deutschen Markt wie folgt an: Es unterhält in Verbrauchermärkten, Kaufhäusern und Baumärkten eigene Verkaufsstände mit jeweils einem eigenen Verkäufer. Dank hervorragender Qualität erreicht das Produkt einen Marktanteil von 20 %. Durch diesen Erfolg ermutigt, setzt die Geschäftsleitung sich ein kontinuierliches jährliches Wachstum zum Ziel. Sie ist überzeugt, den größtmöglichen Erfolg zu erzielen, indem sie nacheinander alle vier Wachstumsstrategien anwendet.**
   Schlagen Sie eine sinnvolle Reihenfolge für den Strategieeinsatz vor und nennen Sie für jede Strategie erfolgswirksame Maßnahmen, die eingesetzt werden können.
5. **Zur Diversifikation des eigenen Angebots bietet sich die weltweite Produktsuche an: Es muss nicht immer eine eigene Produktidee sein, mit der man sein Angebot sinnvoll ergänzen und neue Märkte erschließen kann. Die Eigenentwicklung von Innovationen ist teuer. Deshalb sollte der Erwerb fremder Verwertungsrechte eine Alternative sein.**
   Entwerfen Sie eine Konzeption, wie ein Unternehmen einen entsprechenden Suchprozess sinnvoll planen und durchführen kann.

4 Überblick über die Marketinginstrumente

4.1 Arten der Marketinginstrumente

Die Umsetzung der Marketingstrategien erfordert die Entwicklung von Unterzielen (Instrumentalzielen) und – darauf basierend – von Marketinginstrumenten.

Marketinginstrumente sind die Maßnahmen, die konkret für die Absatz- und Marktgestaltung im Rahmen vorgegebener strategischer Grundsatzentscheidungen eingesetzt werden können.

Die Marketinginstrumente werden üblicherweise eingeteilt in Instrumente der Leistungspolitik, Distributionspolitik[1] (Vertriebspolitik), Kontrahierungspolitik[2] und Kommunikationspolitik[3].

Marketinginstrumente

Instrumente der Leistungspolitik	Instrumente der Distributionspolitik	Instrumente der Kontrahierungspolitik	Instrumente der Kommunikationspolitik
betreffen die Absatzleistungen: Produkte, Marken, Serviceleistungen	betreffen die Gestaltung der Absatzkanäle und der Absatzlogistik	betreffen Vertragsinhalte: Preise, Vertragsbedingungen (Konditionen)	betreffen werbende Maßnahmen
• Produktpolitik • Programmpolitik • Markenpolitik • Servicepolitik	• Absatzorgane • Absatzwege • Absatzlogistik	• Preispolitik • Konditionenpolitik	• Corporate Identity • Public Relations • Sponsoring • Absatzwerbung • Verkaufsförderung • Direct Marketing • Event-Marketing
Abstimmung durch **Leistungsmix**	Abstimmung durch **Distributionsmix**	Abstimmung duch **Kontrahierungsmix**	Abstimmung durch **Kommunikationsmix**

Gesamtabstimmung durch **Marketing-Mix**

Festlegungen über Leistungen und Absatzkanäle können nicht ständig neu getroffen werden. Sie wirken sich längerfristig aus. Insofern sind die leistungs- und distributionspolitischen Entscheidungen bestimmend für die Entscheidungen über Preise, Konditionen und werbende Maßnahmen, die kurzfristig immer neu getroffen werden können.

Die Marketinginstrumente haben teils den Charakter von **„Push-Instrumenten[4]“**, teils denjenigen von **„Pull-Instrumenten[4]“**: Durch den Einsatz von Push-Instrumenten (z. B. Werbung) übt das Unternehmen sozusagen Druck aus, um die Kunden zu beeinflussen. Pull-Instrumente (z. B. Website) hingegen lösen eher eine Sogwirkung aus.

Beispiele: Push- und Pull-Instrumente

- Bei einem Werbespot im Fernsehen „pusht“ der Anbieter die Werbebotschaft. Der Zuschauer nimmt sie passiv auf.
- Beim Aufruf einer Internetseite wird der Internetnutzer aktiv: Er bestimmt selbst, welche Seiten er anschauen, welche Links er anklicken und wie lange er verweilen will.

4.2 Marketinginstrumente und Absatzplanung

Marketingziele und Marketinginstrumente sind eine unerlässliche Voraussetzung für die **Absatzplanung**. Letztere bestimmt die Absatzmengen und Umsätze aller Produkte für die Planungsperiode und hält sie in einem Absatzplan fest. Dazu muss man jedoch zunächst die Maßnahmen festlegen, mit denen man sie erzielen will.

[1] Distribution = Verteilung
[2] Kontrahierung = Vertragsschließung
[3] Kommunikation = Verständigung untereinander, Informationsaustausch
[4] engl.: to push = stoßen, to pull = ziehen

Beispiel: Marketingziel = Umsatz von 30 Mio. EUR bei Produktgruppe A

Die Absatzplanung muss die Maßnahmen festlegen, mit denen der Umsatz erreicht wird:

(1) Qualität, Aufmachung und Preis bestimmen maßgeblich die Nachfrage, also die möglichen Absatzmengen und die mögliche Umsatzhöhe.
- Die Produktpolitik legt die zielgerechte Qualität und Aufmachung der Produkte fest.
- Die Preispolitik legt die zielgerechten Preise fest.

(2) Die Käufer können das Produkt nur nachfragen, wenn sie es kennen und wissen, wo es zu beziehen ist.
- Die Kommunikationspolitik macht das Produkt durch Werbung bekannt.
- Die Distributionspolitik legt fest, wer das Produkt wo anbieten soll.

Auf Käufermärkten ist der Absatzplan der Ausgangspunkt für alle anderen Teilpläne des Unternehmens (vgl. Übersicht S. 95).

4.3 Marketing-Mix

Die Marketinginstrumente müssen optimal aufeinander abgestimmt werden (Marketing-Mix). Nur so lässt sich eine größtmögliche zielorientierte Wirkung erreichen.

Dabei sind u. a. zwei wichtige Sachverhalte zu berücksichtigen:

- Festlegungen über Leistungen und Absatzkanäle wirken sich längerfristig aus. Sie können nicht ständig neu getroffen werden. Preise, Konditionen und werbende Maßnahmen hingegen können kurzfristig der aktuellen Absatzsituation angepasst werden.

  Deshalb sind die leistungs- und distributionspolitischen Entscheidungen vorrangig vor den kontrahierungs- und kommunikationspolitischen Entscheidungen zu treffen.

- Bei der Auswahl und Abstimmung der Instrumente ist darauf zu achten, dass hinsichtlich der beabsichtigten Wirkung die einzelnen Maßnahmen
  - sich gegenseitig stören können (z. B. No-Name-Produkt – hoher Preis),
  - austauschbar sein können (z. B. eigener Service – Service durch Handelsbetriebe),
  - sich gegenseitig stützen können (z. B. Markenprodukt – hoher Preis),
  - einander voraussetzen können (Eine hohe Werbeintensität setzt z. B. eine funktionierende Absatzlogistik voraus),
  - beziehungsfrei sein können (z. B. hohe Qualität – funktionierende Marketinglogistik).

Bereiche des Marketing-Mix (Submixe)

Leistungsmix
Zielorientierte Abstimmung der Instrumente der Leistungspolitik untereinander.
Ziel: Die Zielgruppe soll zur bestmöglichen Beurteilung der angebotenen Leistungen gelangen.

Distributionsmix
Optimale Abstimmung der Instrumente der Distributionspolitik untereinander.
Ziel: Das Angebot soll bestmöglich für die Zielgruppe verfügbar gemacht werden.

Kontrahierungsmix
Optimale Abstimmung der Instrumente der Kontrahierungspolitik untereinander.
Ziel: Die Zielgruppe soll durch Preise und Konditionen zum Kauf veranlasst werden.

Kommunikationsmix
Optimale Abstimmung der Instrumente der Kommunikationspolitik untereinander.
Ziel: Es sollen Kontakte zur Zielgruppe hergestellt werden, die die Einstellung zum Unternehmen und zu seinen Leistungen positiv beeinflussen und letztlich zu Käufen führen.

5 Leistungspolitik

5.1 Produktpolitik

5.1.1 Erkenntnisse anhand von Produktlebenszyklus- und Portfolioanalyse

In einer bedeutenden Automobilzeitschrift war unter der Schlagzeile **„Die Vereinigten Autowerke produzieren am Markt vorbei"** Folgendes zu lesen:
„Seit über zehn Jahren produzieren die Vereinigten Autowerke den Pkw vom Typ Traveller in fast unveränderter Form. Der Traveller war schon immer der Stützpfeiler im Absatzprogramm der Autowerke. Sein Erfolg beruhte auf Zuverlässigkeit, Sparsamkeit und Preiswürdigkeit. Dennoch ist man bei den Vereinigten Autowerken unzufrieden, da die Gewinnsituation sich drastisch verschlechtert. Es werden immer weniger Käufer für diesen Typ gefunden. Andere Automobilhersteller haben in der Zwischenzeit erheblich verbesserte Pkws auf den Markt gebracht."

Der **Produktlebenszyklus** verdeutlicht bekanntlich die Lebensphasen eines Produkts: Forschungs- und Entwicklungs-, Markteinführungs-, Wachstums-, Reife-, Marktsättigungs- und Degenerationsphase. Durch eine Produktlebenszyklusanalyse im Rahmen der Marktforschung kann das Unternehmen feststellen, in welcher Lebensphase sich ein bestimmtes Produkt befindet, und entscheiden, ob Produktverbesserungen, Produktaufgabe oder Produktinnovationen nötig sind.

Lesen Sie noch einmal nach auf S. 165.

Siehe auch die Präsentation Produktpolitik im Produktlebenszyklus.

M 551

Web

Allerdings ergibt die Produktlebenszyklusanalyse kein Gesamtbild der Wettbewerbssituation **aller** Produkte zu einem bestimmten Zeitpunkt. Hier hilft die **Portfolioanalyse** weiter.

Was ist ein Produkt?

Produkte im engeren Sinn bezeichen produzierte Sachgüter. Im weiteren Sinn umfasst der Begriff alle vom Unternehmen produzierten absatzbestimmten Leistungen, also auch Produktsysteme, Energien, Serviceleistungen und sonstige Dienstleistungen.

Als Produkt-Portfolio bezeichnet man den Bestand an Produkten, den ein Unternehmen zu einem gegebenen Zeitpunkt besitzt. Im Rahmen einer Portfolioanalyse teilt man in einem vierteiligen Schema, **Portfolio-Matrix** genannt, die Produkte einprägsam in „Fragezeichen/Hoffnungen", „Stars", „Melkkühe" und „Arme Hunde" ein. Die Zuordnung erfolgt anhand der beiden folgenden Merkmale:

Ein Portfolio ist ursprünglich der Wertpapierbestand einer Person/eines Unternehmens. Es sollte so zusammengesetzt sein, dass ein optimaler Gesamtertrag erzielt wird.

- jährliches **Marktwachstum** (Umsatzzuwachs des Produkts in Prozent)
- **relativer Marktanteil** des Produkts
  (relativer Marktanteil = eigener Marktanteil : Marktanteil des Hauptkonkurrenten; oder: relativer Marktanteil = eigener Marktanteil : Marktanteile der drei größten Konkurrenten)

Portfolio-Matrix	niedriger relativer Marktanteil in %	hoher relativer Marktanteil in %
hohes Markt-wachstum in %	„Fragezeichen/ Hoffnungen“ Produkte mit (noch) niedrigem Marktanteil, aber hohen Wachstumsraten **Maßnahmen:** beobachten und ggf. fördern	„Stars“ Produkte mit bereits hohen Marktanteilen und zugleich hohen Wachstumsraten **Maßnahme:** fördern
niedriges Markt-wachstum in %	„Arme Hunde“ Produkte mit niedrigem Marktanteil und niedrigen Wachstumsraten **Maßnahme:** aus dem Markt nehmen	„Melkkühe“ Produkte mit hohem Marktanteil, aber bereits niedrigen Wachstumsraten **Maßnahmen:** Position halten; melken

Beispiel: Produkt-Portfolio der Auto Union AG

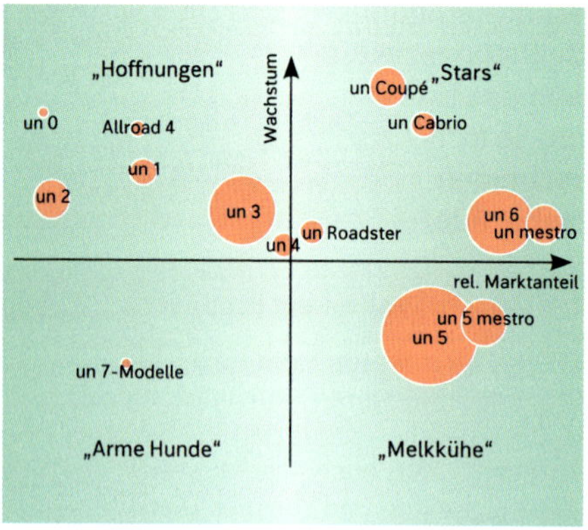

Jedes Unternehmen sollte garantieren, dass es zu jedem Zeitpunkt über eine ausreichende Zahl an „Hoffnungen“, „Stars“ und „Melkkühen“ verfügt. Nur dann kann es die „armen Hunde“ verkraften, zu denen aufgrund des Produktlebenszyklus zwangsläufig alle Produkte einmal werden. Vor allem ist stets für genügend Produktnachwuchs, also für „Hoffnungen“, zu sorgen.

Produktlebenszyklus- und Portfolioanalyse liefern Entscheidungsgrundlagen für die Produktpolitik des Unternehmens.

Gegenstand der Produktpolitik sind die unternehmerischen Entscheidungen über Produktinnovationen (Neuentwicklungen), Produktgestaltung, Produktvariationen (z. B. Verbesserungen) und schließlich Produktelimination (Produktaufgabe).

Arbeitsaufträge

1. **Das Produkt A befindet sich in der Lebensphase der Marktsättigung. Der Hersteller arbeitet an der Neuentwicklung eines Nachfolgemodells, das in zwei Jahren auf den Markt kommen soll. Der Absatz von A ist stark gefährdet, da erste bessere Konkurrenzprodukte in Kürze herauskommen werden.**
   Welche Maßnahmen könnten ergriffen werden, um den Absatz von A bis zum Erscheinen des Nachfolgers bestmöglich zu stabilisieren?

2. **Produktlebenszyklus, Portfolioanalysen und Positionierungsanalysen sind Analyseinstrumente zur Einschätzung von Produkten.**
   Bilden Sie zwei Arbeitsteams.
   a) Team 1 erarbeitet Gemeinsamkeiten der Analyseinstrumente.
   b) Team 2 erarbeitet Unterschiede zwischen den Analyseinstrumenten.
   c) Wählen Sie Teamsprecher, die die Ergebnisse präsentieren.

3. Eine Marktanalyse für die vier wichtigsten Produkte der Gebr. Kufferath AG ergab folgende Daten (Beträge in Euro):

Produkte	Marktanteil Kufferath	Marktanteil der 3 größten Konkurrenten	Umsatz Jahr 1	Umsatz Jahr 2
Drahtgewebe	5,5 %	80 %	300 000	330 000
Kunststoffgewebe	18,5 %	45 %	110 000	115 000
Mischgewebe	20,0 %	50 %	30 000	36 000
Architekturgewebe	2,8 %	90 %	120 000	168 000

a) Berechnen Sie den relativen Marktanteil (in Prozent) und das Marktwachstum im Jahr 2 für alle Produkte.
b) Tragen Sie die berechneten Daten in eine Portfolio-Matrix ein. Der relative Marktanteil wird auf der x-Achse abgetragen. Die Grenze zwischen Quadrant 1 (Arme Hunde) und Quadrant 2 (Melkkühe) auf der x-Achse liegt bei 20 %. Das Marktwachstum wird auf der y-Achse abgetragen. Die Grenze zwischen Quadrant 1 (Arme Hunde) und Quadrant 3 (Fragenzeichen) auf der y-Achse liegt bei 10 %.
c) Ist das Portfolio des Unternehmens optimal? Nehmen Sie dazu Stellung.

5.1.2 Produktinnovation

Produktinnovationen verschaffen Wettbewerbsvorteile. Nach dem Umfang unterscheidet man:

Logisch, dass deshalb strengste Geheimhaltung bei der Produktentwicklung nötig ist.

- Komplett-Innovationen,
- Teile-Innovationen,
- Namens-Innovationen,
- Verpackungs-Innovationen.

Produktinnovationen können sein:
- **eigenständige Neuentwicklungen,**
- **Übernahmen** von anderen Unternehmen (z. B. aufgrund von Lizenzen[1]),
- **Nachahmungen** fremder Originale (sog. Me-too-Produkte),
- **Weiterentwicklungen** fremder Originale.

An der Entstehung neuer Produkte sind bekanntlich drei Kernprozesse beteiligt: der Innovationsprozess (Inhalt: Ideenfindung), der Produktplanungsprozess (Inhalt: Festmachen von Produktanforderungen) und der Produktentwicklungsprozess. Lesen Sie die Einzelheiten hierzu noch einmal auf Seite 167 ff. nach.

Beispiele: Produktinnovationen

Für dieses Sandwich wurde eine neue Brotsorte (Ciabatta) entwickelt.

Stimmungsleuchte: weltweit erste Anwendung von OLED-Lichtmodulen bei Stehleuchten

Die Markteinführung ist i. d. R. sehr teuer. Um die Kosten eines Flops (Scheiterns) zu vermeiden, werden viele Produkte zunächst auf einem Testmarkt eingeführt (vgl. S. 534). Nur wenn der Test erfolgreich verläuft, erfolgt die Einführung auf dem Gesamtmarkt.

[1] Lizenz = Befugnis zur Ausübung eines Verwertungsrechts, die vom Inhaber dieses Rechts (z. B. dem Inhaber eines Patents) einem Dritten erteilt wurde

5.1.3 Produktgestaltung

Durch die Produktgestaltung sollen sich die Produkte von denen der Konkurrenz deutlich und positiv abheben. Deshalb ist auf Qualität, Aufmachung, Markierung und Verpackung zu achten.

Produktgestaltung

Produktqualität

- Ziel: Erfüllung der Ansprüche, Bedürfnisse und Erwartungen der Kunden im Sinn von TQM
- Betroffen: z. B. Fragen der Gebrauchstüchtigkeit, Langlebigkeit, Installations-, Bedienungs-, Wartungs- und Reparaturfreundlichkeit, Transportierbarkeit sowie Umweltfreundlichkeit (Rohstoff schonende Verwendung und Entsorgung)

Produktaufmachung

Festlegung der äußeren Erscheinung (Design, Farbe, Größe)

Produktmarkierung

- Eindeutige Kennzeichnung des Produkts (durch einen Produktnamen, ein Markenzeichen, ein Markensymbol, ein charakteristisches Schriftbild)
- Ziel: Signalwirkung am Markt

Produktverpackung

- Schutz des Produkts gegen äußere Einflüsse bei Lagerung, Transport, Verwendung
- Werbewirksame Gestaltung der Verpackung
- Umweltfreundlichkeit (Beschränkung auf das notwendige Mindestmaß, sonstige Anforderungen wie beim Produktmaterial)

5.1.4 Produktvariation

Produktvariationen sind Änderungen von Produkteigenschaften. Sie werden in der Phase der Marktsättigung zur Abwehr von Konkurrenzprodukten nötig. Außerdem dienen sie der Ansprache neuer Zielgruppen. Ebenso wie Innovationen bedingen sie eine intensive Marktforschung und technische Forschung.

In manchen Branchen ist es kaum möglich, Güter mit neuem **Grundnutzen** auf den Markt zu bringen. So bleibt der Güternutzen in der Bekleidungsindustrie im Wesentlichen konstant. Hier kommt deshalb der Produktvariation um so größere Bedeutung zu. Sie hat die Aufgabe, den **Zusatznutzen** zu erfassen.

Nutzen: Leistungen werden nachgefragt, weil sie Nutzen bringen (vgl. S. 110).
Grundnutzen: beruht auf den objektiven technischen Gebrauchseigenschaften (z. B. Auto: Beförderung)
Zusatznutzen: beruht auf subjektiven, oft irrationalen Vorstellungen (z. B. Sportwagen: Gefühl von Männlichkeit, Sportlichkeit, Exklusivität)

Eine Produktvariation kann erfolgen hinsichtlich

des verwendeten Materials,

z. B.:
- Plastik statt Metall
- Leder statt Stoff
- Luxusausgaben statt Taschenbücher

der Qualität,

z. B.:
- Klebstoffe für verschiedene Verwendungen
- Markenbezeichnung mit Zusätzen wie „extra gut“

des Aussehens,

z. B.:
- abgerundet statt eckig
- verschieden gestaltete Gehäuse

der Kombination von Leistungen.

z. B.:
- kostenlose Aufstellung von Geräten
- Schulung von Bedienungspersonal

5.1.5 Produktelimination

Siehe auch die Excel-Tabelle Produktelimination. M 555 Web

Das Erscheinen überlegener und neuartiger Konkurrenzerzeugnisse lässt die Umsätze und Gewinne meist rasch sinken. Wirft das Produkt nicht mehr ausreichend Gewinn ab, so stellt sich die Aufgabe, es im richtigen Augenblick aus dem Markt zu nehmen: **Produktelimination**.

Für eine Elimination kommen vor allem Produkte mit negativem Deckungsbeitrag infrage. Aber auch ein schlechtes Produktimage, gesetzliche Produktvorschriften oder Störungen im Produktionsprozess können zur Aufgabe führen.

Beispiel: Prüfung einer Produktelimination anhand einer Stufendeckungsbeitragsrechnung

Ein Betrieb fertigt drei Produkte. Folgende Situation liegt vor (Monatsbeträge in Euro):

	Produktgruppe A		Produktgruppe B	
	Produkt 1	Produkt 2	Produkt 3	Gesamt
Nettoumsatzerlöse – variable Kosten	400 000,00 320 000,00	135 000,00 126 000,00	960 000,00 720 000,00	
= Deckungsbeitrag 1 – Erzeugnisfixkosten	80 000,00 2 000,00	9 000,00 10 000,00	240 000,00 5 000,00	320 000,00
= Deckungsbeitrag 2 – Erzeugnisgruppenfixkosten	78 000,00 3 000,00	– 1 000,00	235 000,00 5 000,00	312 000,00
= Deckungsbeitrag 3 – Unternehmensfixkosten	74 000,00		230 000,00	304 000,00 203 000,00
= Deckungsbeitrag 4 = Monatsgewinn				101 000,00

Produkt 2 erbringt einen negativen Deckungsbeitrag. Es senkt damit auch den Deckungsbeitrag seiner Produktgruppe und den Monatsgewinn.

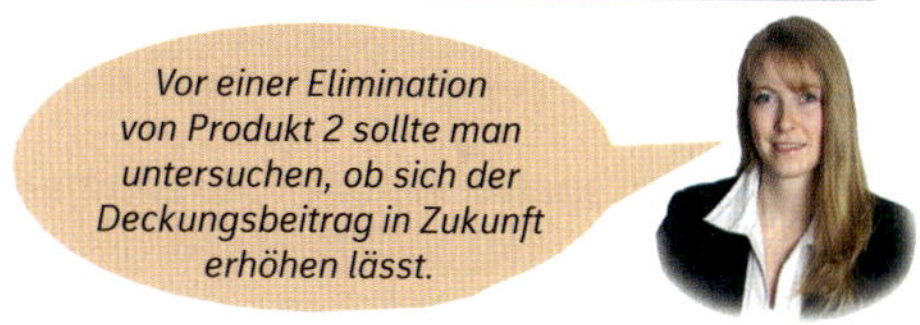

Viele Erzeugnisse sind unmittelbar mit dem Firmennamen verbunden (z. B. UHU). Eliminiert man sie, so können treue Kunden verloren gehen.

Man muss auch die Auswirkungen auf andere Produkte mitbeachten: Es ist durchaus möglich, dass ein an sich verlustbringendes Erzeugnis den Absatz anderer Leistungen fördert. Dies ist bei Komplementärgütern (sich ergänzenden Gütern) der Fall.

Beispiel: Komplementärgüter

Wer Computer führt, hat auch gute Chancen, Drucker, Scanner, Tastaturen, Bildschirme und andere Geräte sowie Zubehör abzusetzen.

5.2 Programmpolitik

Das DAX-Unternehmen Continental ist jedermann als einer der weltweit größten Reifenhersteller bekannt. Das Absatzprogramm umfasst viele Arten: Continental produziert Reifen für Erdbewegungsmaschinen, Lkws, Busse, Pkws, Motorräder und Fahrräder.

Weniger bekannt ist, dass Continental in Wirklichkeit unendlich viel mehr produziert. Denn *Tires* (Reifen) ist nur eine von fünf Sparten, die drei - teilweise selbstständigen - Geschäftsbereichen zugeordnet sind: 1. Automotive Technologies (Autonomous Mobility and Safety; Vehicle Networking and Information), 2. Robber Technologies (Tires; ContiTech (technische Elastomere)), 3. Powertrain Technologies (Antriebsstrang). Diese Sparten fertigen unter mehreren Marken die verschiedensten Produkte und Systeme für das Auto. Dazu gehören z. B. Lüftermodule und Elektroantriebe, Antriebskomponenten und Riementriebsysteme, Fluidtechnologie (Schläuche, Schlauchbögen, Schlauchleitungen, Schlauchsysteme und Verbindungskomponenten), Dichtungs- und Führungsprofile (Fenster-, Tür-, Motorhaubendichtungen), ISAD (Integrierter Starter Alternator Dämpfer), elektronische Bremssysteme, Kfz-Innenausstattung (Sitzbezüge und -polster, Türseiten- und Armaturenverkleidung), Bremsbetätigung (Vakuum-Bremskraftverstärker, Bremsassistent), Elektronisches Stabilitätsprogramm, Schwingungstechnik, Scheibenbremsen sowie Luftfeder- und Regulierungssysteme.

Damit stellt sich Continental als Automobilzulieferer mit einem breiten Programm an Hightechprodukten dar. Das Ziel des Unternehmens ist, die Megatrends der Automobilbranche – Sicherheit, Umwelt, Informationen, erschwingliche Fahrzeuge – entscheidend mitzugestalten.

Das **Absatzprogramm** ist die gesamte Palette der Leistungen, die ein Industrieunternehmen anbietet. Es besteht aus selbst erstellten Absatzprodukten sowie ggf. Handelswaren (fremdbezogene Produkte, die weiterverkauft werden; z. B. Zubehör) und Dienstleistungen. Bei Handelsbetrieben spricht man vom **Absatzsortiment**.

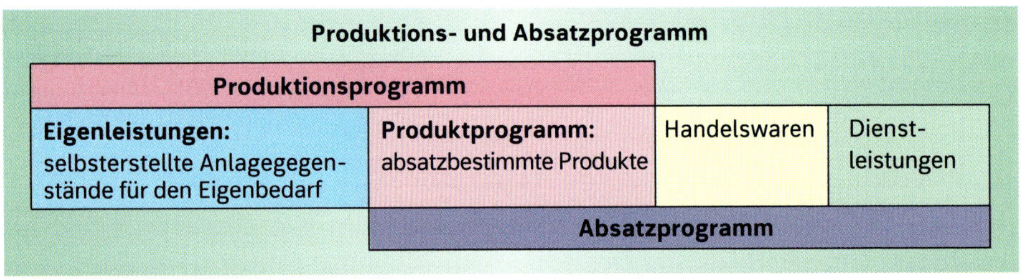

Die Programmpolitik umfasst alle Entscheidungen über die Gestaltung des Absatzprogramms mit dem Ziel eines marktgerechten Programmaufbaus.

Bekanntlich spaltet sich der Gesamtmarkt in der wirtschaftlichen Realität in Marktsegmente (Teilmärkte) auf. Die Marktforschung muss Marktlücken aufspüren, Absatzmöglichkeiten ausfindig machen und gewinnbringende Marktsegmente eröffnen. In Kenntnis möglicher Marktsegmente betreibt das Unternehmen seine Programmbildung.

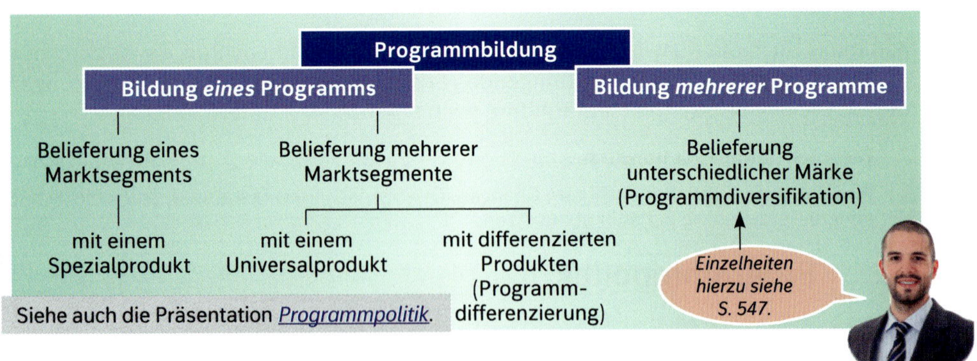

Web

M 556 Siehe auch die Präsentation Programmpolitik.

Hinter den Arten der Programmbildung stehen unterschiedliche Strategien:

- Bei der **Belieferung *eines* Marktsegments mit einem Spezialprodukt** beschränkt der Anbieter sich von vornherein auf die Bedürfnisse einer kleineren homogenen Käufergruppe. Bei dieser Gruppe will er einen möglichst hohen Marktanteil erzielen.

- Bei der **Belieferung mehrerer Marktsegmente mit einem Universalprodukt** weiß der Anbieter, dass er nicht den Bedürfnissen aller Käufer entsprechen kann. Er rechnet aber damit, dass er insgesamt mehr Käufer erreicht als mit einem Spezialprodukt auf nur einem Segment.
- **Programmdifferenzierung:** Die beiden genannten Strategien eignen sich für relativ kleine Unternehmen. Je finanzkräftiger der Anbieter ist und je mehr Fertigungskapazität er besitzt, desto mehr kann und wird er sein Programm differenzieren: Er beliefert dann mehrere Marktsegmente mit speziellen Produkten. Sein Ziel ist ein möglichst großer Marktanteil auf dem Gesamtmarkt.

Ein differenziertes Programm besitzt eine bestimmte **Programmbreite** und **Programmtiefe**.

Die Programmbreite ist durch die Zahl der Produktarten bestimmt.
Die Programmtiefe ist durch die Zahl der Varianten der Produktarten bestimmt.

Beispiel: Absatzprogramm der Kunert AG (Beinbekleidung)

Sparte Feinbereich	**Sparte Grobstrickbereich**
Produktarten:	**Produktarten:**
Feinstrümpfe	Socken
Feinstrumpfhosen	Söckchen
	Kniestrümpfe
	Leggins

Varianten: verschiedene Qualitäten, Größen, Farben, Muster
Handelswaren: Bodys, Beinschmuck
Dienstleistungen: Laufmaschendienst

Es ist einsichtig, dass ein breites und tiefes Absatzprogramm die meisten Kunden erreicht. Meist scheitert es jedoch an zu hohen Kosten und begrenzten Fertigungskapazitäten. Deshalb wird oft ein breites Programm mit einem flachen oder ein enges Programm mit einem tiefen kombiniert.

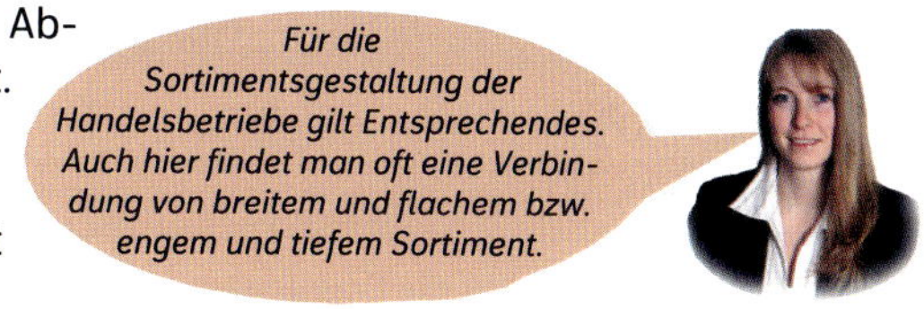

Arbeitsaufträge

1. **Die Portfolio-Matrix unterscheidet bei den Produkten zwischen „Fragezeichen", „Stars", „Melkkühen" und „armen Hunden".**
   a) Begründen Sie, bei welchen dieser Produkte wahrscheinlich eine Notwendigkeit für Produktvariationen besteht.
   b) In welchen Phasen des Produktlebenszyklusses befinden sich diese Produkte?
   c) Geben Sie am Beispiel eines PKW an, worin eine Produktvariation bestehen könnte.

2. **Produktvariationen sind besonders wichtig, wenn in einer Branche keine Güter mit neuem Grundnutzen entwickelt werden können. Die Produktvariation soll dann den Zusatznutzen erfassen.**
   a) Erläutern Sie den Unterschied zwischen Grundnutzen und Zusatznutzen.
   b) Nennen Sie Beispiele für derartige Branchen und ihre Produkte.

3. **Die Produktgestaltung soll die Produkte von Konkurrenzprodukten abheben und sie optimal an den Kundenbedarf anpassen.**
   Worauf ist nach Ihrer Meinung bei der Gestaltung folgender Produkte besonders zu achten? Schokolade, Waschmittel, Bohrmaschine, Waschmaschine, Oberbekleidung.

4. **Den einzelnen Lebensphasen eines Produkts können typische produkt- und programmpolitische Maßnahmen zugeordnet werden.**
   a) Bilden Sie Arbeitsteams für die einzelnen Lebensphasen.
   b) Ordnen Sie der Ihrem Team zugeordneten Lebensphase geeignete produkt- und programmpolitische Maßnahmen zu.
   c) Jedes Team präsentiert den gefundenen Maßnahmenkatalog.
   d) Diskutieren Sie die gefundenen Maßnahmen und nehmen Sie evtl. Korrekturen vor. Tragen Sie dann die Maßnahmen in eine Tabelle ein.

5. **Programmdifferenzierung und Programmdiversifikation sind zwei Prinzipien der Absatzprogrammbildung.**
   a) Erläutern Sie die beiden Begriffe.
   b) Nennen und erläutern Sie sinnvolle Einsatzmöglichkeiten für beide Prinzipien.

6. **Der Fahrzeughersteller Moyota will für die drei Pkw-Typen Mundo, Merlino und Mardo eine neue Modellreihe einführen. Für ihre Entscheidungen werden dem Vorstand die folgenden Zahlen vorgelegt.**

	Mundo	Merlino	Mardo
geplanter Verkaufspreis	30 000 EUR		21 500 EUR
variable Kosten je Stück	20 000 EUR	5 000 EUR	
fixe Kosten je Periode	20 000 000 EUR	6 000 000 EUR	25 000 000 EUR
Kapazitätsgrenze	3 500 Stück	4 200 Stück	5 800 Stück
maximale Absatzmenge je Periode	3 000 Stück	5 000 Stück	5 800 Stück

   a) Welcher Gewinn ist auf der Basis dieser Zahlen für den Mundo maximal zu erzielen?
   b) Für den Merlino wird ein Gewinn in gleicher Höhe angestrebt. Welcher Verkaufspreis muss dafür erzielt werden?
   c) Das Gleiche gilt für den Mardo. Wie hoch dürfen dann die variablen Stückkosten sein?

7. **Der Moyota-Vorstand (siehe Arbeitsauftrag 6) will das Absatzprogramm bereinigen. Dazu soll speziell beim Merlino die Zahl der Varianten reduziert werden.**

Typ	Einzelkosten (EUR)	Preis (EUR)	Absatz (Stück)	variable Gemeinkosten (EUR)	Erzeugnisfixkosten (EUR)
Merlino Fließheck	10 000	22 000	120 000	5 000	660 000 000
Merlino Stufenheck	11 000	22 000	140 000	4 500	790 000 000
Merlino Combi	13 000	23 000	80 000	6 000	400 000 000

   Die Fixkosten für die Erzeugnisgruppe betragen 50 000 000,00 EUR. Alle anderen Produktgruppen des Betriebs erbringen zusammen einen Deckungsbeitrag von 640 000 000,00 EUR. Die Unternehmensfixkosten betragen 40 000 000,00 EUR.
   a) Führen Sie eine Programmanalyse im Hinblick auf eine mögliche Produktelimination durch. Verwenden Sie dazu den Deckungsbeitrag als alleiniges Entscheidungskriterium.
   b) Diskutieren Sie weitere Entscheidungskriterien für eine mögliche Produktelimination.

8. **Moyota (siehe Arbeitsauftrag 7) will das Sondermodell „Merlino Chérie" herausbringen. Es soll ein „Frauenauto" werden. Spezielle Zielgruppe: Frauen im Alter von 30 bis 50 Jahren**
   a) Welche Eigenschaften sollte das Sondermodell haben?
      (1) Sammeln Sie Vorschläge in einer Brainstorming-Sitzung.
      (2) Diskutieren Sie die Realisierbarkeit.
      (3) Treffen Sie eine Auswahl.
   b) Welche Ziele verfolgt Moyota mit der Sondermodellpolitik?

5.3 Markenpolitik und Servicepolitik

Die Markenpolitik und die Servicepolitik sind eng mit der Gestaltung des Absatzprogramms verbunden. Dabei haben ihre Gegenstände (Marken und Serviceleistungen) eines gemeinsam: Sie sind Sekundärleistungen, die im Zusammenhang mit den Primärleistungen (Produkte und Handelswaren) dem Kunden einen zusätzlichen Nutzen versprechen.

5.3.1 Markenpolitik

Diese Frage haben wir wohl alle schon einmal gestellt. Und was wollten wir wirklich? Einfach nur ein Papiertaschentuch ...
Die Frage kennzeichnet doch wohl das Tollste, was mit einer Marke passieren kann: Der Markenname ist zum Gattungsbegriff geworden. Ein solcher Glücksfall für eine Marke – und damit für das produzierende Unternehmen – ist allerdings nur sehr selten anzutreffen. Können Sie selbst weitere Beispiele nennen?

Markenartikel sind Konsumgüter, die vom Hersteller oder vom Handel mit einer individuellen Kennzeichnung, Marke genannt, auf den Markt gebracht werden.

Anhand einer Marke kann der Verbraucher ein Produkt von Konkurrenzprodukten unterscheiden. Erfahrungen, die er mit einem Markenprodukt macht, bringt er mit der Marke in Verbindung.

Bei erneuten Käufen von Produkten dieser Marke weiß der Kunde z. B., mit welcher Qualität und welchem Service er rechnen kann. Insofern vermittelt die Marke bei Kaufentscheidungen ein Gefühl von Sicherheit. Auf diese Weise gelingt durch die Etablierung einer Produktmarke eine langfristige Kundenbindung. Der Kunde ist zudem bereit, einen höheren Preis zu zahlen, weil er sich der Eigenschaften eines Markenprodukts sicher sein kann.

Marke = alle Zeichen (z. B. Namen, Abbildungen, Zahlen), die geeignet sind, Waren/Dienstleistungen eines Unternehmens von denen anderer Unternehmen zu unterscheiden.

Das Recht auf die Benutzung einer Marke kann durch Eintragung ins Markenregister beim Patentamt geschützt werden.

Funktionen einer Marke	
Abgrenzung von Konkurrenzprodukten	Sicherheit bei Kaufentscheidungen
Erleichterung der Wiedererkennbarkeit	Langfristige Kundenbindung (Markentreue)
→ Durchsetzung höherer Preise	

Die Markenpolitik beschäftigt sich mit dem Aufbau und der Pflege von Produkten als Markenartikel.

Aufbau einer Marke	Markenpflege
Erforderlich sind: • geeignetes Objekt, • Fähigkeit, konstante hohe Qualität zu bieten, • Kapital für Qualitätssicherung, Werbung, Vertriebsorganisation, • intensive Werbung zur Bekanntmachung. **Gründliche Planung:** • der Ziele (z. B. Bekanntheitsgrad, Zielmärkte), • des Markenzeichens, • der Markenstrategie (Einzelmarke? Markenfamilie? Dachmarke für alle Produkte?), • des Preises (ausreichend, Qualität suggerierend, konkurrenzfähig), • der Werbung (wichtig: Verdeutlichung des Kundennutzens).	• Aufbau eines hervorragenden Kundenservices • Vermeidung markenschädigender Maßnahmen (z. B. massenhafte Gratisaktionen, aggressive Niedrigpreise) • konstante Bewerbung • „integrative Kommunikation“, d. h.: Bei Maßnahmen der Kommunikationspolitik (v. a. Werbung) soll(en) – die Botschaft in allen Medien gleich lauten (gleiche Kernaussage), – die Gestaltung medienadäquat sein, aber eine „gestalterische Klammer“ aufweisen, – die Einzelmaßnahmen zeitlich angemessen koordiniert sein.

SECHSTER ABSCHNITT

Arbeitsauftrag

Die Lecker GmbH stellt konservierte Nahrungsmittel her. Sie plant, auch 15 Sorten Babynahrung in Gläschen anzubieten, und will dafür eine neue Marke schaffen.

a) Aus welchen Gründen entscheidet sich die Lecker GmbH nach Ihrer Ansicht für ein Markenangebot und gegen den Vertrieb als No-Name-Artikel?

b) Arbeiten Sie in mehreren Arbeitsgruppen wesentliche Elemente der Markenplanung heraus (Ziele, Markenzeichen, Strategie, Preise, Werbung).

c) Die Lecker GmbH will ihren Kundendienst optimal auf die neuen Produkte ausrichten. Schlagen Sie hierfür geeignete Maßnahmen vor.

5.3.2 Servicepolitik

Der Kundenservice (Kundendienst) umfasst Dienstleistungen (Nebenleistungen, Sekundärleistungen), die freiwillig und zum Teil auch kostenlos erbracht werden. Er soll Stammkunden gewinnen und den guten Ruf des Unternehmens stützen. Die Servicepolitik legt die Art der Serviceleistungen fest.

Ein guter Kundenservice bedeutet für den Kunden Beratung und Unterstützung vor dem Kauf und nach dem Kauf. Der Kunde rückt in den Mittelpunkt der Marketing-Aktivitäten des Unternehmens. Er entwickelt aufgrund der zusätzlichen Leistungen eine engere Bindung zum Lieferanten und wird ggf. zum Stammkunden. Der Kunde wird ihn wahrscheinlich selbst dann nicht sofort verlassen, wenn er bei der Konkurrenz günstigere Preise antrifft.

Ein guter Kundenservice erhöht die Qualität der Primärleistungen.

Die Durchführung der Serviceleistungen kann im Rahmen von Outsourcing auch auf andere Unternehmen übertragen werden. So wird insbesondere der technische Kundendienst häufig von den Handelsbetrieben durchgeführt, die die Produkte verkaufen. Gegebenenfalls werden auch andere Dienstleistungsunternehmen mit dem kompletten Service betraut.

Wie extrem weit Service gehen kann, zeigen sog. **Betreibermodelle**, die manche Hersteller ihren Kunden anbieten. Hierbei übernimmt ein Anlagenhersteller nicht nur die Wartung der Anlagen bei seinem Kunden, sondern sogar die Fertigung von Produkten auf der Anlage. Der Kunde zahlt lediglich für die gefertigten Produkte.

Serviceleistungen

Serviceleistungen im Produkt- und Warenbereich

kaufmännische Serviceleistungen

- Produktinformationen
- Produktberatung
- Wirtschaftlichkeitsberechnung
- Finanzierungspläne
- Personalschulung
- Einkaufserleichterungen (z. B. Kundenkarte, Parkraum)

↓

Einsatz v. a. vor der Kaufentscheidung. Beratung und Systemvorschläge zeigen dem Kunden Vorteile und Verwendungsmöglichkeiten von Erzeugnissen. Hotlines und Callcenter bieten Informationsservice. Online-Shops im Internet bieten Service. Beispiel: Der Kunde kann mit einem „Konfigurator" gewünschte Produktmerkmale zusammenstellen (z. B. beim Auto: Farbe, Sitzbezüge, Sonderausstattung). Gegebenenfalls werden Wirtschaftlichkeitsberechnungen, Finanzierungspläne, Personalschulung angeboten.

technische Serviceleistungen

- Gebrauchsanleitungen
- Installation
- Inspektion
- Wartungsdienst
- Reparaturdienst
- Ersatzteildienst
- Umtausch

↓

Hat auch Bedeutung für die Produktpräsentation, spielt aber größere Rolle **nach** dem Kauf, z. B. bei Montage, Änderungen, Reparaturen. (Oft liegt der eigentliche Gewinn nicht im Kaufgeschäft, sondern erst im späteren Ersatzteil- und Verbrauchsmaterialgeschäft.)

Serviceleistungen im Betreuungsbereich (Kundenpflege)

- Kundenbesuche
- Fortbildungskurse, Seminare
- Managementinformation
- Unternehmensberatung
- Finanzierungshilfen
- Übernahme betrieblicher Funktionen (z. B. Rechnungswesen, Werbung)

↓

Nach dem Verkauf muss der Kontakt mit dem Kunden gepflegt werden, z. B. durch gelegentliche Besuche beim Kunden oder durch Kurse und Seminare des Herstellers (traditionell oder online über das Internet). Ziel der Kundenpflege ist die Kundenbindung.

Siehe auch S. 644 f.

Arbeitsauftrag

1. **Sie haben die Absicht, a) eine Spülmaschine, b) einen Pkw zu kaufen.**
   Welche Serviceleistungen erwarten Sie vom Verkäufer der Waren?

2. **Die Gerber GmbH ist ein mittelständisches Unternehmen, das Dachgepäckträger und anderes Autozubehör herstellt. Die Verwaltung und die Produktionsstätten sollen mit einer neuen Computeranlage ausgestattet werden.**
   Welche Serviceleistungen könnte die Gerber GmbH von den Computeranbietern erwarten?

3. **In dem Buch „Ausbruch aus der Servicewüste“ von Stefan F. Gross wird die persönliche Dienstleistungskultur als das Instrument für den unternehmerischen Erfolg beschrieben: Persönliche Dienstleistungskultur ist der Wille und die Befähigung,**
   - **die Persönlichkeit, die Werte und Ziele eines beruflichen Partners zu erfassen und zu verstehen,**
   - **sich in seine Lage zu versetzen und die Verhältnisse von seinem Standpunkt aus zu betrachten und zu beurteilen,**
   - **Verständnis und Wohlwollen für seine berechtigten Anliegen und Wünsche aufzubringen,**
   - **selbst die Initiative zu ergreifen und aus eigenem Antrieb heraus für ihn tätig zu werden,**
   - **den bestmöglichen Beitrag zum Erreichen seiner Ziele zu liefern,**
   - **die Verantwortung für die Erfüllung der dafür erforderlichen Aufgaben zu übernehmen**
   - **und ihm damit insgesamt ein Höchstmaß an individuellem Nutzen zu bieten.**

   Erstellen Sie eine Präsentation der Serviceleistungen Ihres Ausbildungsbetriebs und beurteilen Sie diese Leistungen vor dem Hintergrund der oben angeführten „Philosophie“.

4. **Kunden erhalten bei einem Kauf eines neuen Pkws in der Regel eine dreijährige Garantie. Ein bekannter Automobilhersteller bietet zusätzlich ohne Mehrkosten bis zum nächsten vorgeschriebenen Service folgende Leistungen: Abschleppen und Bergen nach einem Unfall, Weiter- oder Rückreise nach Fahrzeugausfall oder Fahrzeugabholung nach Fahrerausfall, Krankenrücktransport, Versand von Arzneimitteln ins Ausland.**
   Welchen Zweck verfolgt der Hersteller nach ihrer Ansicht mit seinem erweiterten Garantieversprechen?

6 Distributionspolitik

Die besten Leistungen, die raffinierteste Werbung und die günstigsten Preise nützen nichts, wenn die Leistungen ihre Kunden und Verwender nicht erreichen.

Die Distributionspolitik (Vertriebspolitik) betrifft die betrieblichen Entscheidungen über die optimale Verteilungsorganisation für die Betriebsleistungen.

SECHSTER ABSCHNITT

Distributionspolitik

akquisitorische Distribution		physische Distribution (Absatzlogistik)	
Entscheidungen über	• Absatzorgane • Absatzwege	Entscheidungen über	• Transportmittel • Lagersysteme

6.1 Akquisitorische Distribution

6.1.1 Überblick: Absatzorgane

Der Absatz (Vertrieb) erfolgt durch Absatzorgane. Diese können zentral oder dezentral tätig werden. Je nach ihrer Bindung an den Betrieb unterscheidet man: werkseigenes, werksgebundenes oder ausgegliedertes Absatzsystem (Vertriebs-, Distributionssystem).

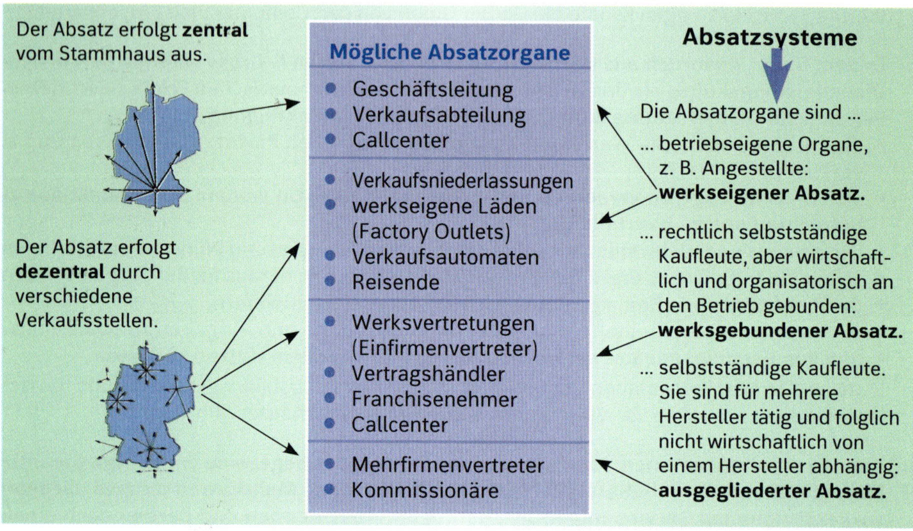

6.1.2 Werkseigener Absatz

Zentraler und dezentraler Absatz

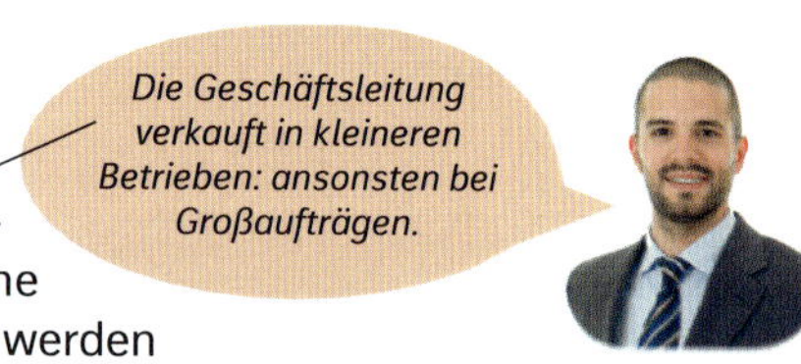

Der werkseigene Absatz erfolgt durch die Geschäftsleitung oder durch Angestellte. Im letzteren Fall kann eine zentrale Verkaufsabteilung tätig werden oder die Kunden werden dezentral (von verschiedenen Orten aus) durch Verkaufsniederlassungen, eigene Läden (Factory Outlets) oder Reisende bedient. Auch Verkaufsautomaten sind möglich.

Der **zentrale Absatz** benötigt relativ wenig Personal. Die Personalkosten sind vergleichsweise niedrig, Sach- und Raumkosten für Verkaufsstellen entfallen. Jedoch fehlt die Kundennähe. Dies erschwert eine intensive Marktbearbeitung. Deshalb ist ein zentraler Absatz im Allgemeinen nur bei einem verhältnismäßig begrenzten Absatzgebiet angebracht. Auch eine umfangreiche Produktpalette, die eine besondere Behandlung der einzelnen Kundengruppen erforderlich macht, verhindert einen ausschließlich zentralen Absatz.

Beim **dezentralen Absatz** ist der Betrieb „näher am Kunden". Folglich ist der Kontakt enger. Besonders gilt dies, wenn Reisende die Kunden besuchen. Allerdings sind die Personal- und Sachkosten viel höher. Will man dies vermeiden, muss man den dezentralen **Absatz mit ausgegliederten Absatzorganen** betreiben (siehe obige Grafik).

Zunehmende Bedeutung gewinnt der Absatz durch **Callcenter** (siehe Bild S. 524). Sie sind häufig ausgegliederte Organisationseinheiten mit Arbeitsplätzen im Betrieb oder bei den Mitarbeitern zu Hause, oft aber auch selbstständige Unternehmen, die als Spezialisten Aufträge durchführen. Im letzteren Fall zählen sie zum werksgebundenen Absatz.

Callcenter sind Kommunikationszentren, die Kundenkontakte über das Telefon abwickeln.

Sie befinden sich oft in Großraumbüros mit abgetrennten Arbeitsplätzen (Sprachboxen). Jeder Mitarbeiter („Agent“) hat per Computer direkten Zugriff auf alle relevanten Kunden- und Artikeldaten. Ankommende Anrufe werden gleichmäßig auf die Agenten verteilt; ggf. wird eine Warteschlange eingerichtet.

Passiver Kontakt („Inbound“): Der Kunde/Interessent ruft das Callcenter an.
Aktiver Kontakt („Outbound“): Das Callcenter ruft (potenzielle) Kunden im Rahmen von Telefonmarketing-Aktionen gezielt an.
„Interactive-Voice-Response“: Automatische Beantwortung von Kundenanfragen durch den Computer

Aufgaben der Agenten:

- aktive Kundengewinnung und -betreuung
- Begleitung von Produkteinführungen
- Einladungen von Kunden zu Messen
- Durchführen von Nachfassaktionen
- Durchführen von Markt-(Meinungs-)forschung
- Auftragsannahme
- Terminvereinbarungen
- Herausarbeiten von Zielgruppen
- Schaffen eines positiven Images
- professionelle Übermittlung von Informationen über ein Produkt
- Beschwerdenmanagement

Handlungsreisender

Die in Duisburg ansässige Haushaltselektro GmbH setzt für den Verkauf ihrer Produkte im Umkreis von 200 km neben ihrer zentralen Verkaufsabteilung und ihren fünf Verkaufsfilialen Reisende ein. Die Reisenden haben die Aufgabe, den persönlichen Kontakt mit den Kunden zu pflegen, alte Kunden zu besuchen, neue zu werben, ihre Kreditwürdigkeit zu überwachen, die Konkurrenz zu beobachten, Geschäfte zu vermitteln und Kaufverträge abzuschließen.

Der *Reisende* ist ständig aufgrund seines Dienstvertrags damit beauftragt, für seinen Dienstherrn Geschäfte zu vermitteln oder abzuschließen (§ 55 HGB).

Merke: Reisende sind Angestellte. Sie sind nicht selbstständig!

Der Reisende hat **Abschlussvollmacht** (auch ohne Bestätigung durch den Auftraggeber). Sie kann ihm jedoch durch ausdrückliche Erklärung genommen werden, z. B. durch einen Vermerk auf den Bestellformularen: „Die durch den Reisenden vermittelten Geschäfte bedürfen der Bestätigung durch die Geschäftsleitung“.

Siehe auch die Präsentation *Handlungsreisender*. Web M 563

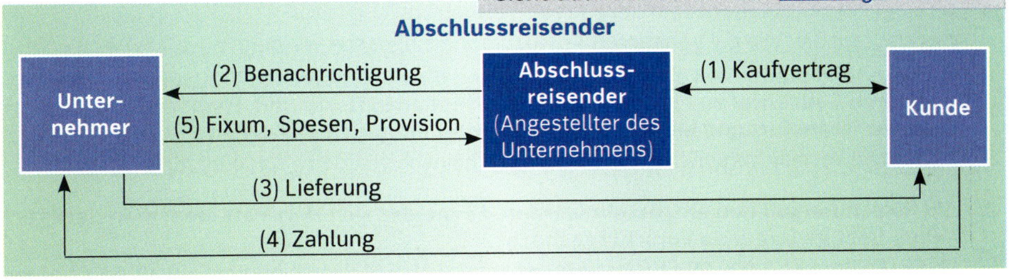

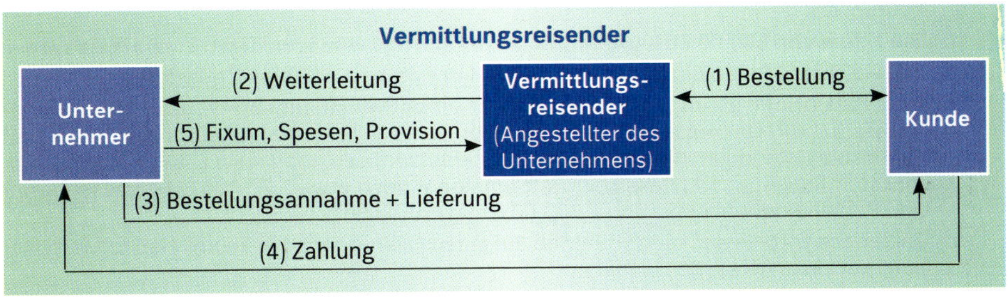

Die folgenden Beispiele zeigen weitere Einzelheiten.

Beispiele: Reisender

Der Reisende unternimmt nach einem Kundenbesuch vier Wochen nichts.	Vertragswidrig! Er muss sich um Abschlüsse bemühen (**Bemühungspflicht**). Der Reiseplan wird ihm meist vorgeschrieben.
Er meldet die Vertragsabschlüsse nicht.	Vertragswidrig! Es besteht **Meldepflicht**.
Er zeigt einem Kollegen von einer anderen Firma eine Verkaufskalkulation.	Vertragswidrig! Es besteht **Treue- und Verschwiegenheitspflicht**.
Er arbeitet nebenbei für ein Konkurrenzunternehmen.	Vertragswidrig! Wie für jeden Angestellten besteht **Wettbewerbsverbot**.
Ein Kunde verlangt von ihm einen Preisnachlass wegen eines Warenmangels und außerdem eine längere Zahlungsfrist.	Der Reisende darf Mängelrügen und Erklärungen über die Zurverfügungstellung von Waren entgegennehmen. Er darf aber keine Verträge ändern, insbesondere keine Zahlungsfristen gewähren.
Der Reisende verlangt am Monatsende vom Arbeitgeber eine Provision und den Ersatz seiner Auslagen.	Als Angestellter erhält der Reisende ein Gehalt (Fixum) und Spesen (Aufwendungsersatz). Oft wird das Gehalt niedrig angesetzt und als Leistungsanreiz eine umsatzabhängige Provision gezahlt.
Ein Kunde will dem Reisenden eine fällige Rechnung bezahlen.	Für die Annahme von Zahlungen benötigt der Reisende eine besondere Inkassovollmacht.

Arbeitsauftrag

1. **Die Pahlsen AG, Dortmund, ist ein großer Hersteller von Keksen, Pralinen und Süßigkeiten. Sie vertreibt ihre Produkte europaweit. Dabei setzt sie folgende Absatzorgane ein:**
   - **in Deutschland: Verkaufsabteilung am Firmensitz sowie Reisende;**
   - **im europäischen Ausland: in jedem Land eine Verkaufsniederlassung sowie Reisende.**

   a) Liegt ein zentraler oder ein dezentraler Vertrieb vor?

   b) Erläutern Sie, wie die genannten Absatzorgane eingesetzt werden.

   Der Vorstand plant, die Verkaufsabteilung und die ausländischen Verkaufsniederlassungen durch Callcenter zu ersetzen. Außerdem sollen in Dortmund, Hamburg, Berlin, Köln, Dresden, Frankfurt und München Outlet-Center eingerichtet werden.

   c) Welche Vorteile verspricht man sich wahrscheinlich von den geplanten Absatzorganen?

2. **Ein Reisender soll neu eingestellt werden. Es meldet sich Herr Patt, dem man bezüglich seiner Bezüge folgende Vorschläge macht:**

   (1) Ein Fixum von 1 000,00 EUR pro Monat zuzüglich 5 % Provision vom jeweiligen Zielverkaufspreis.

   (2) Ein Fixum von 500,00 EUR pro Monat zuzüglich 8 % vom jeweiligen Zielverkaufspreis.

   a) Von welchem Monatsumsatz an steht sich Herr Patt bei Vorschlag 2 günstiger?

   b) Herr Patt bringt es im Laufe der Zeit auf einen Monatsumsatz von durchschnittlich 50 000,00 EUR. Da überlegt sein Arbeitgeber, ob es nicht kostengünstiger wäre, ihn durch einen selbstständigen Handelsvertreter zu ersetzen, dem man nur 11 % Provision zahlen müsste. (Beachten Sie, dass Herr Patt im Monat noch etwa 1 200,00 EUR Spesen erhält und Personalnebenkosten von 2 300,00 EUR verursacht.)

   c) Zählen Sie Vorteile auf, die der Betrieb auf jeden Fall hat, wenn er keinen Handelsvertreter, sondern einen Reisenden einsetzt.

6.1.3 Werksgebundener Absatz

Siehe auch die Übersicht Werksgebundener Absatz.

M 565

Web

Um die hohen Kosten eines werkseigenen Vertriebssystems zu vermeiden, bedient man sich häufig selbstständiger Unternehmen, die als Werksvertretungen (Einfirmenvertreter), Vertragshändler oder Franchisenehmer tätig werden. Sie sind wirtschaftlich und organisatorisch eng gebunden. Der Hersteller kann ihnen nämlich, je nachdem, was für ein Vertrag mit ihnen abgeschlossen wurde, auch weitgehende Vorschriften machen, etwa im Hinblick auf die Gewährung von Rabatten, Zahlungs- und Lieferungsbedingungen und auf die Preissetzung sowie, in der Zusammensetzung des Sortiments und der Größe des Lagers, in der Unterhaltung eines Kunden- und Reparaturdienstes usw. Die Verkaufsorgane tragen als selbstständige Unternehmen ihre Geschäftskosten selbst, verursachen aber andererseits hohe umsatzabhängige Kosten in Form von Provisionen.

Vertragshändler

Der Vertragshändler ist ein selbstständiger Unternehmer, der in eigenem Namen und für eigene Rechnung ein- und verkauft. Er ist durch einen langfristigen Vertrag an den Hersteller gebunden und erhält von diesem in der Regel das Alleinvertriebsrecht für seinen Bezirk. Weitere Rechte können sein: Recht auf Überlassung von Mustern und Ausstellungsstücken, Übernahme von Werbemaßnahmen durch den Hersteller, weitgehender Kundendienst und Reparaturdienst durch den Hersteller.

Dafür unterliegt der Vertragshändler vertraglichen **Bindungen:**

- Sortimentsbindung,
- Vertriebsbindung,
- Mengenbindungen (Mindestverkaufsmengen),
- Lagerbindungen (Mindestlagermengen).

Die **Sortimentsbindung** schreibt dem Vertragshändler den Aufbau seines Sortiments vor.

Beispiele: Sortimentsbindung

- Komplementärgüter anderer Hersteller sollen in das Sortiment aufgenommen werden. (Komplementärgüter sind solche, die sich gegenseitig ergänzen. Die Nachfrage nach einem Gut steigert folglich die Nachfrage nach dem anderen.)
  Komplementärgüter sind z. B. Gartenstühle und Sonnenschirm.
- Substitutionsgüter anderer Hersteller dürfen nicht aufgenommen werden. (Substitutionsgüter sind solche, die sich gegenseitig ersetzen können und folglich sich gegenseitig im Absatz behindern). Substitutionsgüter sind z. B. Handrasenmäher, Motorrasenmäher; Butter, Margarine.

Häufig dürfen nur die Waren des einen Herstellers geführt werden.

Die **Vertriebsbindung** schreibt dem Vertragshändler vor, welche Kunden er beliefern darf.

Beispiele: Vertriebsbindung

- Vertrieb nur an Weiterverkäufer, nicht an Endverbraucher
- Vertrieb nur an Fachgeschäfte oder Warenhäuser mit Fachabteilungen
- Vertrieb nicht an Verbrauchermärkte, Discountgeschäfte, andere Billigpreisgeschäfte, Versandgeschäfte

Durch Sortiments- und Vertriebsbindung betreibt der Hersteller Imagepflege seines Produkts. Das Produkt erscheint dem Kunden als Qualitäts- und Markenartikel. Dementsprechend kann der Hersteller auch bestimmte Preisvorstellungen durchsetzen.

Werksvertretung

Der Hersteller darf einem selbstständigen Händler nicht seinen Weiterverkaufspreis vorschreiben (Verbot der sog. „vertikalen Preisbindung“ durch das Gesetz gegen Wettbewerbsbeschränkungen). Deswegen lassen viele Hersteller lieber selbstständige Handelsvertreter vertraglich für sich tätig werden. Wie der Name schon sagt, vertreten sie den Hersteller nur: Sie haben die Vollmacht, seine Waren für ihn zu verkaufen.
Dafür erhalten sie eine Provision. Der Werksvertreter ist an die Weisungen des Herstellers gebunden. Von einer Werksvertretung spricht man, wenn im Vertretungsvertrag bestimmt ist, dass der Handelsvertreter keine anderen Unternehmen vertreten darf (sog. „Einfirmenvertreter“).

Franchising[1]

Das Franchising beruht auf einem Vertrag zwischen einem Franchisegeber und einem Franchisenehmer.

Der **Franchisegeber**

- besitzt eine Firma, einen Handelsnamen, ein Wortzeichen oder ein Symbol (eventuell eine Marke) für einen Produktions-, Handels- oder Dienstleistungsbetrieb sowie Erfahrungswissen (Know-how);
- verfügt über eine Produktgruppe oder eine bestimmte Art von Dienstleistungen sowie eine originelle Geschäftskonzeption. Diese Konzeption beruht auf eigentümlichen und erprobten geschäftlichen Techniken, die laufend weiterentwickelt und auf ihre Wirksamkeit hin geprüft werden;
- erteilt dem Franchisenehmer die Lizenz, die genannten Produkte bzw. Dienstleistungen rechtlich selbstständig herzustellen und/oder zu vertreiben, die Symbole usw. zu benutzen sowie die Geschäftskonzeption und das Know-how zu übernehmen;
- unterstützt den Franchisenehmer durch ein Paket von Serviceleistungen. Dieses Paket kann z. B. umfassen: Übernahme von Investitionsplanung, Standortauswahl, Personalwerbung, -schulung und -fortbildung, Einkaufsvermittlung, Qualitätsüberwachung beim Einkauf, Produktentwicklung, Public Relations, Marktforschung, Werbung und Verkaufsförderung (z. B. Lieferung von Verkaufshilfen und Werbemitteln), Buchhaltung und kurzfristiger Erfolgsrechnung;
- kann dem Franchisenehmer gegebenenfalls Gebietsschutz erteilen.

Der **Franchisenehmer** verpflichtet sich,

- die genannten Leistungen des Franchisegebers zu übernehmen, Geheimnisse zu wahren und vertraglich vereinbarte Anweisungen (z. B. bezüglich Geschäftseinrichtung und Fortbildung) zu befolgen;

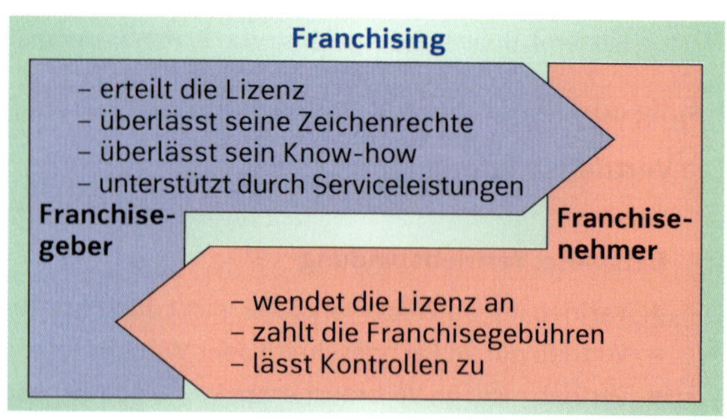

[1] „Franchise“ (frz., engl.) bedeutet ursprünglich ein hoheitliches Privileg, das Kaufleuten und Handwerkern gegen Zahlung von Gebühren das Recht einräumte, gewisse Tätigkeiten auszuüben (z. B. Messen zu veranstalten).

- zur Zahlung
  - einer laufenden Gebühr, die meist vom Umsatz berechnet wird,
  - von Werbegebühren,
  - einer einmaligen Eintrittsgebühr,
- Kontrollen des Franchisegebers zuzulassen.

© McDonald's

Bekannte Unternehmen nutzen Franchising.

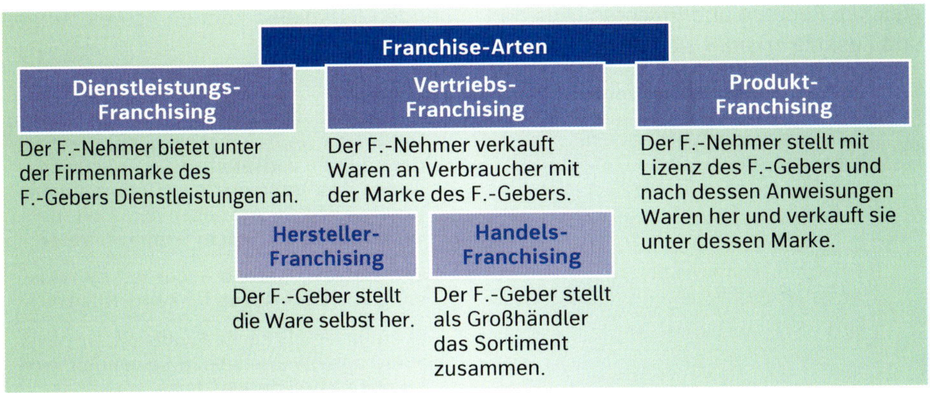

6.1.4 Ausgegliederter Absatz

Ausgegliederter Vertrieb liegt vor, wenn der Hersteller den Absatz seiner Produkte auf rechtlich und wirtschaftlich selbstständige Unternehmen überträgt.

Handelsvertreter

Die Haushaltselektro GmbH hat sich bisher auf Norddeutschland konzentriert. Sie will nun in Süddeutschland Fuß fassen. Die Einrichtung von Verkaufsbüros ist zunächst zu teuer; auch Reisende erzeugen fixe Kosten und sind außerdem nicht ortskundig. Man sucht ein Verkaufsbüro, das seine Kosten selbst trägt, ortsansässig und ortskundig ist und nur für zustande gekommene Verträge bezahlt wird. In einem solchen Fall kann man einen Handelsvertreter engagieren.

Der Handelsvertreter ist als selbstständiger Gewerbetreibender ständig damit betraut, für einen anderen Unternehmer Geschäfte zu vermitteln oder in dessen Namen abzuschließen (§ 84 HGB).

Man sagt: Der HV arbeitet in fremdem Namen und für fremde Rechnung.

SECHSTER ABSCHNITT

Der Handelsvertreter wird aufgrund eines Agenturvertrags (Vertretervertrags) tätig. Er kann als selbstständiger Unternehmer seine Tätigkeit frei gestalten und seine Arbeitszeit selbst bestimmen. Je nach Abschluss- oder Vermittlungsvollmacht unterscheidet man Abschluss- und Vermittlungsvertreter.

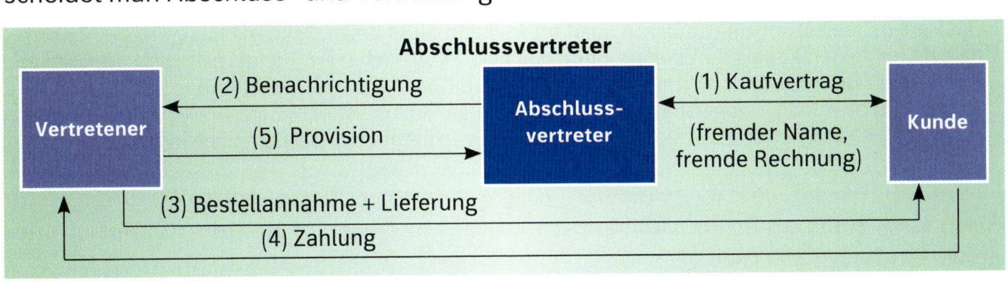

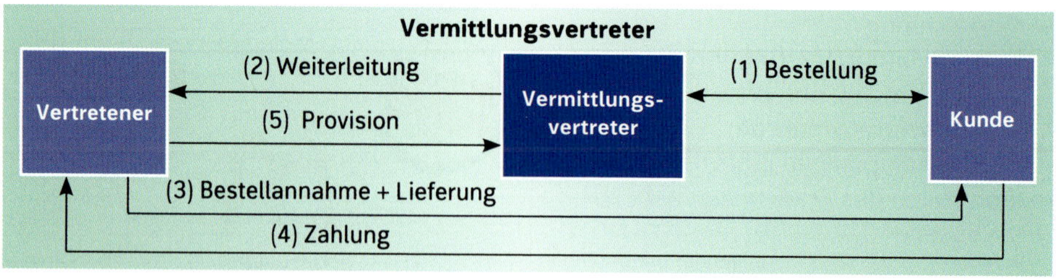

Der Handelsvertreter hat grundsätzlich die gleiche Tätigkeit wie der Reisende, mit den gleichen Rechten und Pflichten. Aus den folgenden Beispielen können Abweichungen und Zusätze erkannt werden.

Beispiele: Handelsvertreter

Der Vertreter möchte auch für andere Firmen tätig sein.	Das Wettbewerbsverbot gilt nur für den Fall, dass durch Vertretung von Konkurrenzfirmen das Interesse des Unternehmens leiden würde. Es gibt neben dem Einfirmenvertreter also auch **Mehrfirmenvertreter**.
Ein Kunde wünscht ein Muster von der zu bestellenden Ware.	Der Vertreter hat ein Recht auf **Überlassung von Unterlagen** für seine Tätigkeit.
Was erhält der Vertreter für seine Tätigkeit?	Er erhält lediglich eine **Provision**. Diese ist allerdings höher als beim Reisenden, weil sie alle Kosten decken muss.
Der Vertreter hat ein Geschäft abgeschlossen. Einen Monat später tätigt der Kunde eine Nachbestellung direkt bei der Firma.	Der Vertreter erhält auch hier die Provision. Er hat den Kunden geworben. Er hat auch ein **Recht auf Benachrichtigung** im Hinblick auf Annahme, Abänderung, Ablehnung aller vermittelten Geschäfte. Der **Bezirksvertreter** erhält sogar Provision für alle Geschäfte, die ohne sein Mitwirken in seinem Bezirk zustande gekommen sind.
Die Lieferfirma kennt viele der geworbenen Kunden nicht. Sie weiß nicht, ob sie kreditwürdig sind. Wenn sie aber kein Zahlungsziel einräumt, müsste sie auf manches Geschäft verzichten.	Der Vertreter erklärt sich bereit, die Haftung für den Zahlungseingang zu übernehmen. Als Entschädigung erhält er eine besondere **Haftungsprovision (Delkredereprovision)**.
Das Vertragsverhältnis zwischen dem Vertreter und seiner vertretenen Firma wird in beiderseitigem Einverständnis gelöst oder vom Unternehmer gekündigt. Die Firma hat jedoch durch die vom Vertreter geworbenen Kunden noch erhebliche Vorteile.	Der Vertreter erhält **nach dem Ausscheiden noch Provision** für alle Geschäfte, an deren Zustandekommen er nachhaltig mitgewirkt hat. Außerdem erhält er eine Abfindung **(Ausgleichsanspruch)** bis zur Höhe einer Jahresprovision aus dem Durchschnitt der letzten fünf Jahre.

Kommissionär

Die Haushaltselektro GmbH möchte auch im Ausland Fuß fassen. Niederlassungen und Reisende sind mit festen Kosten verbunden, ohne dass ein Erfolg sicher ist; Handelsvertreter arbeiten im Namen der Firma, die aber im Ausland unbekannt ist. Geschäfte mit Unbekannten, zumal mit Ausländern, schließt man – wegen der meist etwas anderen Rechtsbestimmungen im Ausland – nicht so leicht ab. Die Firma entschließt sich deshalb, einen Geschäftsfreund als Kommissionär einzusetzen.

Kommissionär ist, wer es gewerbsmäßig übernimmt, Waren oder Wertpapiere für Rechnung eines anderen (des Kommittenten) in eigenem Namen zu kaufen oder zu verkaufen (§ 383 HGB).

Es gibt also **Einkaufs- und Verkaufskommissionäre**. Sie können ständig oder von Fall zu Fall aufgrund ihres Kommissionsvertrags tätig werden.

Siehe auch die Präsentation *Kommissionär*.

Web M 569

Kommissionslager

Beispiel: Verkaufskommission

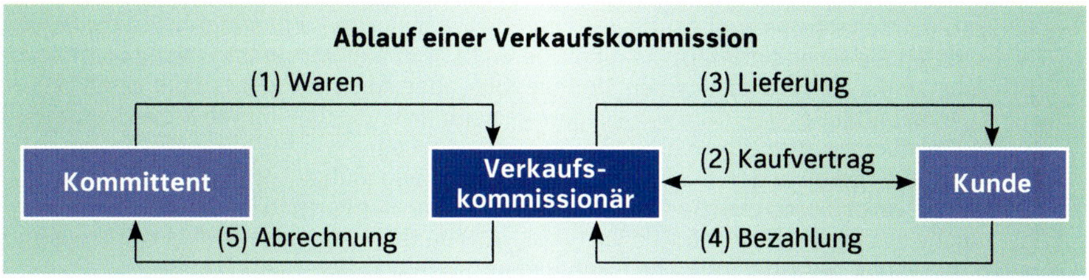

(1) Der Auftraggeber stellt dem Kommissionär Waren zur Verfügung. (Bis zur Eigentumsübertragung an einen Käufer bleibt er Eigentümer.)
(2) Der Kommissionär schließt **im eigenen Namen** mit Kunden Geschäfte ab. Er hat Abschlussvollmacht. Er muss aber Weisungen des Auftraggebers befolgen, insbesondere in Bezug auf die Preise (Gehorsamspflicht). Preisvorteile bei Verkauf über dem vorgeschriebenen Preis stehen dem Auftraggeber zu.
(3) Der Kommissionär beliefert den Kunden und erfüllt damit den Kaufvertrag.
(4) Der Kunde zahlt an den Kommissionär und erfüllt damit den Kaufvertrag.
(5) Der Kommissionär muss dem Kommittenten unverzüglich die Ausführung der Kommission anzeigen. Sonst haftet er selbst für die Erfüllung der Geschäfte (Anzeigepflicht). Er muss dem Auftraggeber die **Kommissionsabrechnung** mit Belegen vorlegen und die eingegangenen Rechnungsbeträge überweisen. In der Praxis erfolgt dies bei ständiger Kommission oft halbjährlich. Provision und Kosten zieht der Kommissionär ab.

Häufig richtet der Auftraggeber dem Kommissionär ein sogenanntes **Kommissionslager** ein. Er übernimmt die Kosten für die Lagerung und alle anderen Aufwendungen (Maklergebühren, Zölle, Fracht, Vergütung für die Benutzung der eigenen Lagerräume und Beförderungsmittel).

Der Kommissionär muss mit der Sorgfalt eines ordentlichen Kaufmanns handeln und die Interessen des Auftraggebers wahren. Er haftet auch für Verlust und Beschädigung des Kommissionsgutes in seinem Besitz.

Wenn der Kommissionär die Haftung für den Zahlungseingang übernimmt, erhält auch er eine **Delkredereprovision**.

Wenn die Waren einen Börsen- oder Marktpreis haben, kann der Verkaufskommissionär sie auch für sich selbst kaufen; der Einkaufskommissionär kann sie aus eigenen Beständen liefern **(Selbsteintrittsrecht)**.

Zur Sicherung seiner Forderungen hat der Kommissionär ein gesetzliches **Pfandrecht** am Kommissionsgut, solange er es noch im Besitz hat oder durch Lagerschein, Ladeschein oder Konnossement darüber verfügen kann.

SECHSTER ABSCHNITT

Die **Vorteile** des Verkaufs durch Kommissionäre sind

- **für den Kommittenten:** Der Kommissionär kennt das Absatzgebiet, die Kaufgewohnheiten der Kunden und ihre wirtschaftlichen Verhältnisse. Er stellt dem Auftraggeber eine fertige Verkaufsorganisation zur Verfügung. Dafür verursacht er vergleichsweise niedrige Kosten.
- **für den Kommissionär:** Er kann sein Sortiment ohne Absatzrisiko vergrößern, da er nicht verkaufen *muss*. Die Kosten trägt der Kommittent. Da oft eine halbjährliche Abrechnung mit dem Auftraggeber stattfindet, verwaltet er in der Zwischenzeit große Summen, die ihm manchmal zinslos oder zinsgünstig zur Verfügung stehen.

Arbeitsaufträge

1. **Der Vertrieb von Waren kann erfolgen**
   - **durch werkseigene, werksgebundene oder ausgegliederte Vertriebssysteme;**
   - **zentral oder dezentral.**

   Bilden Sie Arbeitsteams zur Lösung der Aufgaben a) bis g) und präsentieren Sie die Ergebnisse.
   a) Erstellen Sie eine Mindmap, die eine Übersicht über alle Vertriebssysteme zeigt.
   b) Welchen dieser Vertriebsformen sind die folgenden Absatzorgane zuzuordnen?

(1) Verkaufsfiliale	(2) Kommissionär	(3) Werksvertretung
(4) Mehrfirmenvertreter	(5) Verkaufsabteilung	(6) Franchisenehmer
(7) Handlungsreisender	(8) Verkaufsniederlassung	(9) Vertragshändler

   c) Welche Vorteile und welche Nachteile hat ein zentraler Vertrieb?
   d) Welche Nachteile des zentralen Vertriebs werden durch ein dezentrales werkseigenes Vertriebssystem beseitigt? Welche Nachteile entstehen andererseits?
   e) Welche Vorteile bringt ein werksgebundenes Vertriebssystem?
   f) Wann ist ein ausgegliederter Vertrieb unumgänglich?
   g) Erläutern Sie wesentliche Unterschiede zwischen den beim werksgebundenen Vertriebssystem möglichen Absatzorganen (Werksvertretung, Vertragshändler, Franchisenehmer).

2. **Elektrogeräte werden in aller Regel von den Herstellern über den Groß- und Einzelhandel abgesetzt. Ein bekannter deutscher Staubsaugerhersteller allerdings vertreibt seine Geräte durch eigene Angestellte direkt an der Haustür.**
   a) Nennen Sie Argumente für die beiden entgegengesetzten Vertriebsformen.
   b) Welche Absatzorgane lassen sich beim Absatz an den Handel vorteilhaft einsetzen?
   c) Warum ist ein werksgebundenes Absatzsystem für die oben genannten Hersteller nicht empfehlenswert?

3. **Das Franchisesystem wird gern als eine optimale Möglichkeit für unternehmungsfreudige Personen angesehen, die sich selbstständig machen wollen und über das notwendige Mindeststartkapital verfügen.**
   a) Welche Möglichkeiten bietet Franchising, sich selbstständig zu machen?
   b) Welche Nachteile bringt ein Gewerbe auf Franchisebasis zwangsläufig mit sich?
   c) Durch welche Vorteile werden diese Nachteile für einen Nachwuchsunternehmer mehr als aufgewogen?

4. **Ein mittelständischer Hersteller von Wasserpumpen, ansässig in Bielefeld, vertreibt seine Produkte innerhalb Deutschlands durch seine Verkaufsabteilung. Im Radius von 300 km werden Reisende zur Förderung des Absatzes eingesetzt. Abnehmer sind der örtliche Großhandel, der die Geräte an Installateure weiterverkauft, und teilweise auch die Installateure selbst. Aufgrund von Marktuntersuchungen sieht das Unternehmen Chancen, den Absatz in Süddeutschland und in einigen EU-Ländern erheblich auszuweiten. Es denkt dabei teils an den Einsatz von Handelsvertretern, teils an Kommissionäre.**
   a) Warum lässt man die neuen Absatzgebiete nicht auch durch Reisende bearbeiten?
   b) Für Süddeutschland denkt man an Handelsvertreter, für das Ausland an Kommissionäre. Begründen Sie diese Entscheidung.
   c) Oft werden Großhändler als Handelsvertreter oder als Kommissionäre für Fertigungsbetriebe tätig. Welche Vorteile bieten diese Beziehungen den Vertragspartnern?
   d) Durch den Einsatz von Handelsvertretern und Kommissionären verliert der Fertigungsbetrieb an Einfluss auf den Kunden. Erläutern Sie dies genauer und geben Sie verbleibende Einflussmöglichkeiten an.
   e) Wer trägt den Schaden, wenn der Kunde beim Verkauf durch Handelsvertreter oder Kommissionäre seiner Zahlungspflicht nicht nachkommt? Kann der Unternehmer das Risiko abwälzen?

5. Ein Betrieb hat die Wahl zwischen dem Einsatz eines Reisenden und eines Handelsvertreters. Die Kosten verhalten sich wie folgt:

Reisender:	**800,00 EUR Gehalt, 6 % Provision vom Umsatz**
Handelsvertreter:	**8 % Provision vom Umsatz**

Von welchem Umsatz an wird der Einsatz des Reisenden günstiger als der des Handelsvertreters?

6.1.5 Absatzwege (Vertriebswege)

Die Herstellerprodukte können auf dem Wege des direkten Absatzes (Direktvertriebs) oder des indirekten Absatzes (indirekten Vertriebs) zum gewerblichen Verwender bzw. zum privaten Verbraucher gelangen.

Kobold Staubsauger von Vorwerk
Direktvertrieb an den Haushalt

Direkter Absatz:
Der Hersteller verkauft seine Produkte über werkseigene oder werksgebundene Absatzorgane unmittelbar an den Endabnehmer (Verwender oder Verbraucher).

Beispiele: Direktvertrieb

- Der Staubsaugerhersteller Vorwerk verkauft seine Produkte über Kundenberater im Direktvertrieb. Der Kontakt zum Kunden wird nach einem vorausgehenden Beratungsgespräch hergestellt. Die Kundenberater sind selbstständige Handelsvertreter.
- Der Plastikdosenhersteller Tupperware verkauft seine Produkte auf sog. „Tupperpartys", Verkaufsveranstaltungen zu Hause, zu denen Bekannte eingeladen werden.
- Viele Hersteller unterhalten Verkaufsstellen (Factory Outlets) für ihre Marken. Verkauft werden v. a. Produktionsüberhänge, Ausschussware, Auslaufmodelle, Retouren, Sondermodelle.

Direkter Absatzweg	Hauptvorteile:	Hauptnachteile:
Hersteller ↓ Verwender/Verbraucher	• direkter Einfluss auf Absatzorgane und Kunden • Einsparung von Händler-Kosten (z. B. Rabatte) • schnelle Kundenbelieferung • schnelle Reaktion auf Kundenwünsche	• teure Absatzorganisation • hohe Kosten für Lagerung und Transport • mangelhafte Anpassung an Nachfrageänderungen (kein Handel, der aufgrund von Großbestellungen Puffer bildet)

Der Verkauf an den Endabnehmer erfolgt durch die Geschäftsleitung selbst, die Verkaufsabteilung, Verkaufsniederlassungen, eigene Läden (Factory Outlet), eigene Automaten, eigene Marktstände, Reisende, Einfirmenvertreter oder Vertragshändler.

Haustürverkauf, Verkaufsparties und Kaffeefahrten sind auch bekannte Formen des Direktabsatzes.

Indirekter Absatz:
Die Produkte des Herstellers gelangen über ausgegliederte Absatzorgane und Handelsbetriebe zum Verwender oder Verbraucher.

Indirekte Absatzwege

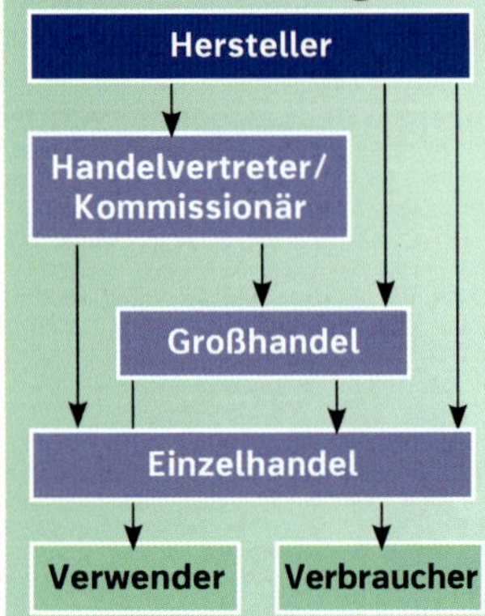

Hauptvorteile:

- kostengünstige Absatzorganisation
- niedrige Kosten für Lagerung und Transport
- gute Anpassung an Nachfrageänderungen (Handel bildet aufgrund von Großbestellungen Puffer)

Hauptnachteile:

- kein direkter Einfluss auf Kunden
- hohe Händlerkosten (z. B. Rabatte)
- kein direkter Einfluss auf Kundenbelieferung
- beschränkte Möglichkeit der Reaktion auf Kundenwünsche

In der Praxis findet man weitere Varianten des indirekten Absatzes. So kaufen Handwerker und Handel häufig über Einkaufsgemeinschaften (z. B. Einkaufsgenossenschaften) ein, die durch Großeinkäufe bessere Preise erzielen können.

Der Hersteller wählt den optimalen Absatzweg aus. Dabei berücksichtigt er die Kosten und die Absatzchancen, die Eigenschaften des Produkts und die Besonderheiten des Absatzmarktes.

- Hochwertige Investitionsgüter (z. B. maschinelle Anlagen, Werkstattausrüstungen) werden meist direkt abgesetzt. Oft werden sie überhaupt erst im Kundenauftrag gefertigt. Der direkte Kontakt zum Kunden ist dann unerlässlich.
- Je mehr eine Ware den Charakter eines Konsumgutes hat, je weniger beratungsbedürftig sie ist, je geringer ihr Wert ist, desto eher bietet sich der indirekte Absatz an.

Eine eindeutige Regel lässt sich jedoch nicht aufstellen. So werden Autos über werkseigene und werksgebundene Vertriebssysteme abgesetzt, teure Pelze über den Fachhandel. Betriebsgröße, Finanzkraft, Marktziele und die Größe des Absatzgebietes spielen eine bedeutende Rolle.

Typische Funktionen des Handels

- **Raumüberbrückung** (Bereitstellung in Verbraucher-/Verwendernähe)
- **Zeitüberbrückung** (ausreichende Lagerhaltung)
- **Sortimentsbildung:**
  - **Mengenaufgabe** (Bereitstellung abnehmergerechter Mengen)
  - **Qualitätsaufgabe** (Bereitstellung der gewünschten Art, Qualität, Größe, Form, Farbe usw.)
- **Werbeaufgabe** (Werbung für ein Produkt)
- **Kreditaufgabe** (Gewährung von Zahlungszielen an den Käufer)

Hersteller mit starker Marktstellung können auch beim indirekten Absatz Einfluss nehmen, v. a. wenn der Artikel so bekannt ist, dass ohne ihn das Händlersortiment unvollständig wäre. Rabatte, Boni, Verträge mit den Händlern über die Größe der Verkaufsfläche, die Lagerhaltung, die Zusammensetzung des Sortiments (Sortimentsbindung) sowie Vertriebsbindung sind möglich.

Hinzu kommt **Rackjobbing** (Regalmiete): Der Hersteller mietet Regale/Verkaufsflächen im Geschäft an, füllt sie laufend mit seinen Waren auf, zeichnet sie mit Preisen aus, nimmt unverkaufte Ware zurück. Der Einzel- oder Großhändler verkauft die Ware für Rechnung und auf Risiko des Herstellers und erhält eine Provision vom Umsatz.

Ein ähnliches System ist der **Hersteller-Verkaufsstand** („Shop-in-the-Shop"; sozusagen ein kleiner Laden im großen): Der Hersteller erhält im Geschäft eine eigene Verkaufsfläche, wo er seine Ware auf eigene Rechnung durch eigenes Personal verkauft.

Entscheidend für die Stärke der Beeinflussung ist jedoch die Marktform. So können Großabnehmer den Produzenten oft ihre Bedingungen diktieren, weil sie sie gegeneinander ausspielen können. Solche Marktmacht haben z. B.

- Großversandhäuser (z. B. Otto),
- Warenhäuser (z. B. GALERIA-Kaufhof),
- Verbrauchermärkte (z. B. Real),
- Einkaufsgenossenschaften (z. B. VEDES für Spielsachen, Edeka für Lebensmittel),
- Großhändler, die mit einer Vielzahl von Einzelhändlern zu einer sog. „Kette" zusammengeschlossen sind.

Arbeitsaufträge

1. **Die meisten Konsumgüter werden nicht vom Hersteller selbst an den Endverbraucher abgesetzt, sondern auf einem indirekten Absatzweg vertrieben.**
   a) Nennen Sie typische indirekte Absatzwege.
   b) Beschreiben Sie verschiedene Absatzwege, auf denen Konserven vom Hersteller an den Endverbraucher gelangen.
   c) Welche Aufgaben übernehmen dabei die zwischengeschalteten Betriebe?
   d) Welche Vor- und Nachteile ergeben sich folglich für den Hersteller?
   e) Warum findet man in der Investitionsgüterindustrie häufiger den direkten Vertrieb?
   f) Nennen Sie bekannte Firmen, von denen Sie wissen, dass sie Konsumgüter direkt vertreiben.

2. **In Kaufhäusern und Warenhäusern finden Sie bei manchen Gebrauchsgütern (z. B. Nähmaschinen) nur eine Marke.**
   Geben Sie hierfür mögliche Gründe an.

3. **Großunternehmen des Einzelhandels fordern von Industriebetrieben, die als Lieferanten Berücksichtigung finden wollen, oft ungewöhnliche Preisnachlässe und kostenlose Nebenleistungen, z. B. Preisauszeichnung der gelieferten Ware, Einräumen und Nachfüllen der Regale, Eintrittsgelder und Schaufenstermieten (obwohl vom Bundesgerichtshof verboten), Werbekostenzuschüsse, Gewinnausgleich, kostenpflichtige Warenrückgabe und Dutzende von Rabatten. In extremen Fällen werden für die gleiche Ware bis zu 17 verschiedene Rabatte gewährt.**
   a) Aus welchen Gründen wählen die betroffenen Industrieunternehmen trotz der Nachteile den genannten Absatzweg?
   b) Welche Möglichkeiten müssen zwangsläufig in Anspruch genommen werden, um die Preis- und Kostennachteile auszugleichen?

4. **Sie sind Hersteller folgender Produkte und müssen sich für einen Absatzweg entscheiden.**

Hersteller	Produkt
(1) Fabrik für Hand- und Heimwerkermaschinen	elektrische Pressluftbohrmaschine
(2) Maschinenbauer	Klärschlammaufbereitungsanlage
(3) Gummiartikelhersteller	Pkw-Keilriemen

   Welchen Absatzweg wählen Sie?

5. **Das Medien- und Verlagshaus PolyRoM GmbH plant ein neues 20-bändiges Lexikon auf DVD. Das Unternehmen vertreibt seine Produkte bisher im Direktvertrieb über angeschlossene Club-Buchhandlungen. Diese Vertriebsart soll auch für die neuen Produkte beibehalten, aber durch moderne Formen des Direktvertriebs ergänzt werden.**
   a) Machen Sie Vorschläge für Erfolg versprechende Vertriebsformen.
   b) Bilden Sie für jeden Vorschlag eine Arbeitsgruppe und erstellen Sie ein Vertriebskonzept.
   c) Die Marketingleitung untersucht, ob im vorliegenden Fall der indirekte Vertrieb eine aussichtsreiche Alternative bzw. Ergänzung darstellt.
   Debattieren Sie über die Vor- und Nachteile von direktem und indirektem Vertrieb.

6. **Ein großer Kamerahersteller möchte seine Digitalkameras über den Groß- und Facheinzelhandel vertreiben.**
   Welche Marketingaktivitäten kann der Handel dem Kamerahersteller beim indirekten Vertrieb abnehmen?

6.2 Physische Distribution (Absatzlogistik)

Ein großes deutsches Chemieunternehmen (unter anderem Hersteller von Waschmitteln) hat Produktionsstandorte in Düsseldorf und Genthin (Sachsen-Anhalt). Die nationale Verteilung der Produkte erfolgte noch vor wenigen Jahren ausschließlich durch Lkw. Heute geht man nach folgendem Logistikkonzept vor:

Knapp 12 % der jährlichen Absatzmenge – etwa 40 000 t – werden Großkunden durch Lkw-Spediteure direkt ab Werk zugestellt (Exline-Belieferung). Die Hauptmenge von 330 000 t aber wird im Wagenladungsverkehr der Deutschen Bahn AG zu neun dezentralen Regionallägern mit Bahnanschluss befördert. Diese befinden sich in unmittelbarer Nähe von Ballungszentren. Sie dienen einerseits als Puffer zwischen Produktion und Nachfrage, andererseits werden von hier aus die Abnehmer per Lkw im Nahverkehr versorgt.

Das Konzept – speziell auf die Verhältnisse dieses Unternehmens zugeschnitten – zeigt folgende Merkmale und Vorteile:

- Die große Absatztonnage pro Jahr ermöglicht den Einsatz der Bahn-Waggons und macht ihn preiswert.
- Das Volumen-Gewichts-Verhältnis der transportierten Waren lässt eine wirtschaftliche Auslastung der Waggon-Kapazitäten zu.
- Die Absatzmengen auf den regionalen Märkten sind hinreichend vorherbestimmbar.
- Die Einlagerung bei Speditionsbetrieben erspart die fixen Kosten für eigene Läger.
- Die Spediteure können die Ware den Abnehmern zeitflexibel zustellen. Sie transportieren die Ware zusammen mit den Waren anderer Hersteller kostengünstig als Sammelladung.
- Der Sammelladungsverkehr reduziert die Zahl der Gesamttransporte.
- Das Konzept ersetzt etwa 6 600 000 Lkw-Straßenkilometer (dispositionsbedingte Leerfahrten nicht mitgerechnet) durch Bahnkilometer. Es entlastet die bundesdeutschen Straßen und reduziert die Schadstoffemissionen um 7 600 t pro Jahr.

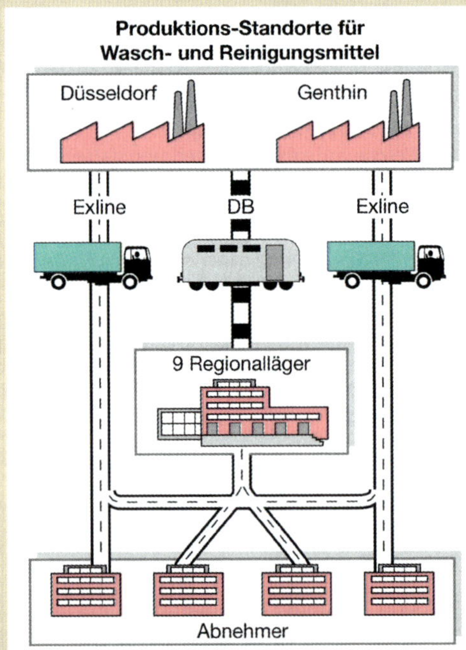

Die produzierten Leistungen müssen vom Ort der Fertigung in die Reichweite der Kunden gelangen. Dies erfordert transport- und lagerbezogene Entscheidungen.

Die grundsätzlichen Transport- und Lagerentscheidungen im Absatzbereich sind Gegenstand der physischen Distribution (Absatz-, Distributions-, Marketinglogistik).

Was aus der Sicht des Abnehmers Beschaffungslogistik darstellt, ist aus der Sicht des Lieferanten Absatzlogistik.

6.2.1 Lagersysteme

Zentrale oder dezentrale Lagerung

Industriebetriebe mit Auftragseinzelfertigung produzieren auf Bestellung und liefern anschließend unmittelbar an den Kunden aus. Anders bei Lagerfertigung.

Eine solche liegt bei dem oben dargestellten Waschmittelhersteller vor, aber auch bei vielen anderen Betrieben der Konsumgüterindustrie. Die Produkte werden in größeren Mengen gefertigt. Sie werden zunächst auf Lager genommen und dann bei Bedarf an den Handel verteilt. Dabei kommen entweder ein Zentrallager oder regionale Auslieferungsläger infrage.

Zentrallager

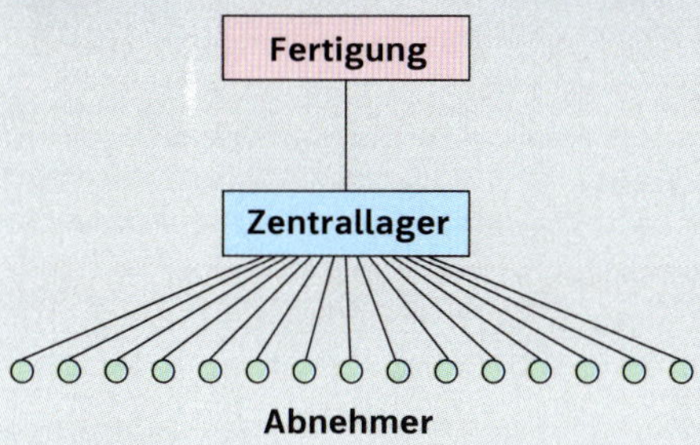

Merkmale:
- niedrigere fixe Lagerkosten
- lange Transportwege zum Kunden
- meist höhere Transportkosten
- niedrigere Auftragsflexibilität:
  - für kleinere Mengen Transportkosten evtl. zu hoch
  - längere Lieferzeiten
  - für Just-in-time-Belieferung weniger gut geeignet

Regionalläger

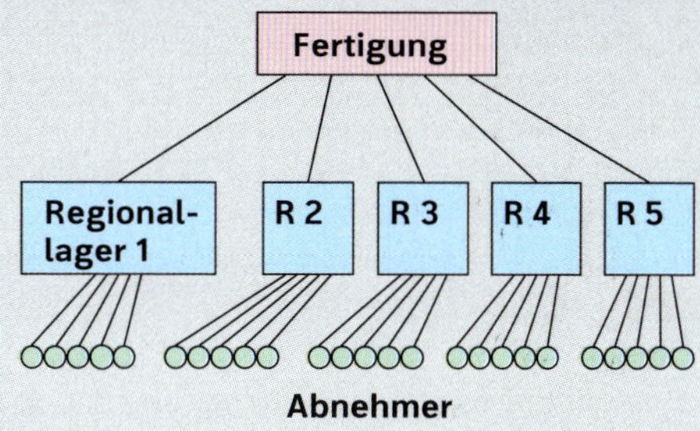

Merkmale:
- höhere fixe Lagerkosten
- kurze Transportwege zum Kunden
- meist niedrigere Transportkosten
- höhere Auftragsflexibilität:
  - Transportkosten auch für kleinere Bestellungen tragbar
  - kürzere Lieferzeiten
  - für Just-in-time-Belieferung besser geeignet

Eigen- oder Fremdlager

Ist ein Eigenlager oder ein Fremdlager vorteilhafter? Diese Frage stellt sich in der Praxis vor allem für dezentrale Auslieferungsläger.

Bei Fremdlagerung entfällt das Weisungsrecht gegenüber dem Lagerpersonal und dessen unmittelbare Kontrolle. Deshalb sollte ein detailliert ausgearbeiteter Vertrag mit dem Lagerhalter die Probleme der Qualitätssicherung und Haftung eingehend regeln.

Ein weiterer entscheidender Gesichtspunkt sind die Kosten:

- Ein eigenes Lager verursacht bekanntlich fixe und variable Kosten (vgl. S. 392 f.).
- Fremdlagerung (bei Spediteuren oder Lagerhäusern) verursacht dem Einlagerer keine fixen Kosten. Er zahlt ein mengenabhängiges Lagergeld (z. B. 1,50 EUR pro 100 kg und pro Monat). Diese variablen Kosten sind in der Regel höher als beim Eigenlager.

Beispiel: Lagerkostenvergleich

	Eigenlagerkosten pro Jahr:	Fremdlagerkosten pro Jahr:
Fixe Lagerkosten	30 000,00 EUR	0,00 EUR
Variable Lagerkosten	12,00 EUR pro 100 kg	20,00 EUR pro 100 kg

Berechnung der kritischen Menge: $0{,}12\,x + 30\,000 = 0{,}2\,x$

$x = 375\,000$

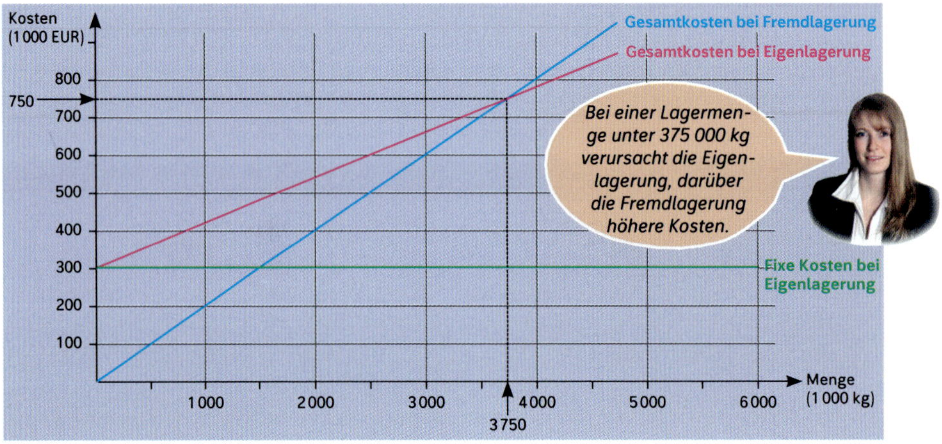

Web

M 576 Siehe auch die Excel-Datei *Kritische Lagermenge*.

Arbeitsaufträge

1. **Der im Eingangsbeispiel auf Seite 574 beschriebene Hersteller von Wasch- und Reinigungsmitteln belieferte früher alle Abnehmer von seinem Zentrallager in Düsseldorf aus. Seit fünf Jahren ist die Verteilung neu organisiert.**
   a) Die meisten Kunden werden von Regionallägern aus bedient. Erläutern und begründen Sie die geografische Verteilung dieser Läger.
   b) Nennen Sie Gründe für den Übergang von der zentralen zur dezentralen Lagerung.
   c) Es handelt sich durchweg um Fremdläger, nicht um Eigenläger. Begründen Sie auch diese Entscheidung.
   d) Die Läger befinden sich durchweg bei Speditionsunternehmen. Inwiefern eignen sich solche Betriebe im vorliegenden Fall bestens als Lagerhalter?
   e) Der Produktionsbetrieb hat – im Gegensatz zur Eigenlagerung – keinen direkten Einfluss auf das Lagerpersonal. Nennen Sie Möglichkeiten für ihn, seine Qualitätsanforderungen zu sichern.
   f) Die zentrale Belieferung wurde nicht vollständig aufgegeben. Für welche Fälle ist ihr der Vorzug zu geben?

2. **Ein Produzent steht vor der Entscheidung zwischen Eigen- und Fremdlagerung. Bei Eigenlagerung entstehen pro Jahr fixe Kosten von 240 000,00 EUR und variable Kosten von 1,00 EUR pro Stück. Bei Fremdlagerung berechnet der Logistik-Dienstleister Lagergeld von 16,00 EUR pro 100 Stück und pro Monat. Die Lagermenge beträgt durchschnittlich 280 000 Stück.**
   a) Benennen Sie Lagerkosten, die fixe Kosten darstellen, und solche, die variable Kosten darstellen.
   b) Berechnen Sie die kritische Lagermenge.
   c) Berechnen Sie die Höhe der Lagerkosten bei Eigen- und Fremdlagerung und fällen Sie die notwendige Entscheidung.
   d) Der Produzent entscheidet sich trotzdem für die alternative Lösung. Nennen Sie mögliche Gründe.

6.2.2 Transportentscheidungen

Wahl des Transportmittels

Bei Auftragsfertigung macht oft der Kunde dem Lieferanten genaue Vorschriften über das Transportmittel und den Transporteur. In vielen anderen Fällen trifft der Lieferant diese logistische Entscheidung. Er wird das Transportmittel auswählen, das

- den Eigenschaften des Gutes (flüssiger, gasförmiger, fester Zustand, Schüttgut, Stückgut, Größe, Gewicht, Menge, Gefährlichkeit, Empfindlichkeit, Wert) am besten entspricht,
- im Hinblick auf Schnelligkeit, Sicherheit, Preis, Regelmäßigkeit, Pünktlichkeit und Umweltfreundlichkeit den Anforderungen in der vorliegenden Beförderungssituation am besten entspricht.

Beispiele: Vorteile von Transportmitteln

- **Überseetransporte** sind mit dem **Seeschiff** oder dem **Flugzeug** möglich. Das Flugzeug eignet sich aber nicht für Massengüter, kennt Obergrenzen für Maße und Gewichte und darf bestimmte Gefahrstoffe nicht transportieren. Energieverbrauch und Abgasausstoß sind hoch. Die Frachten liegen deutlich über denen des Seeschiffs. Aber das Flugzeug ist schnell und als Transportmittel sehr sicher. Es erspart die teure seemäßige Verpackung und ist günstig hinsichtlich der Transportversicherung. Deshalb eignet sich das Flugzeug vor allem für eilbedürftige, hochwertige, empfindliche und schnell verderbliche Güter. Weiterhin gilt aber: Der Schiffstransport macht oft Anschlusstransporte ins Binnenland erforderlich. Dann kann die Summe der Frachten bisweilen höher sein als bei der Wahl des Flugzeugs.

  Das Schiff ist ideal für Massengut sowie schwere umfangreiche Stückgüter, insbesondere auch für den Transport von Containern.
- **Binnentransporte** sind mit **Binnenschiff**, **Bahn** und **Lkw** möglich. Das Schiff ist umweltfreundlich, eignet sich aber nur für Massengut. Hier ist es konkurrenzlos billig, denn es befördert große Mengen mit geringem Energieaufwand und muss Schifffahrtsabgaben nur für die Benutzung künstlicher Wasserstraßen zahlen. Es kann aber nur Orte an schiffbaren Wasserwegen anlaufen, ist langsam und von Vereisung, Hoch- und Niedrigwasser abhängig. Bei den meisten Kaufmannsgütern besteht deshalb die Wahl zwischen Bahn und Lkw. Der Bahntransport ist umweltfreundlicher (weniger Energieverbrauch, weniger Umweltverschmutzung, keine Verstopfung der Straßen) und weniger witterungsabhängig (Wintertransporte!). Aber der Lkw ist beweglicher: Er erreicht den kleinsten Ort ohne Umladen im Haus-Haus-Verkehr und ist deshalb in der Summe schneller (selbst wenn durch häufige Staus auf den Fernstraßen dieser Vorteil oft infrage gestellt wird). Der Haus-Haus-Verkehr erspart oft Transport-, Verpackungs- und Umschlagskosten und ermöglicht eine individuellere Behandlung und Sonderwünsche. Nur zum Teil kann die Bahn diese Nachteile durch Anschlussgleise für Betriebe, durch große Containerumschlagsbahnhöfe, durch die Möglichkeit des Huckepackverkehrs (Verladen von Lkw und Lkw-Aufbauten auf Züge) und durch garantierte Bereitstellungszeiten ausgleichen.

Die Entscheidung über die Transportmittelart ist oft grundsätzlich und längerfristig bindend; z. B. dann, wenn Regionalläger eingerichtet und ständig beliefert werden. Sie verlangt die genaue Kenntnis der Gütereigenschaften und der Beförderungssituation.

Eigenverkehr oder Fremdverkehr

Grundsätzlich kann der Industriebetrieb eigene Transportmittel einsetzen (Eigenverkehr) oder er beauftragt Transportunternehmen mit der Beförderung (Fremdverkehr). Es handelt sich dabei um

- **Frachtführer**
  - die Eisenbahnen (Deutsche Bahn AG und lokale Bahnen)
  - Güterkraftverkehrsunternehmen. Sie betreiben
    a) nationalen Güterverkehr (Voraussetzung ist eine behördliche Erlaubnis);
    b) grenzüberschreitenden Verkehr mit Staaten der EU (die nationale Erlaubnis berechtigt auch zum Bezug einer für das EU-Gebiet erforderlichen „Gemeinschaftslizenz“);

c) grenzüberschreitenden Verkehr mit Staaten außerhalb der EU, sog. Drittländern (Voraussetzung: Transportgenehmigungen unterschiedlicher Art).
- Unternehmen der Binnenschifffahrt
  a) Einzelschiffer (Partikuliere)
  b) Reedereien (Großunternehmen mit zum Teil vielen Schiffen)
- Fluggesellschaften

- **Verfrachter** (Transporteure in der Seeschifffahrt)
  - Reedereien (Schiffseigentümer)
  - Ausrüster (sie verwenden gecharterte Schiffe für Fremdtransporte)

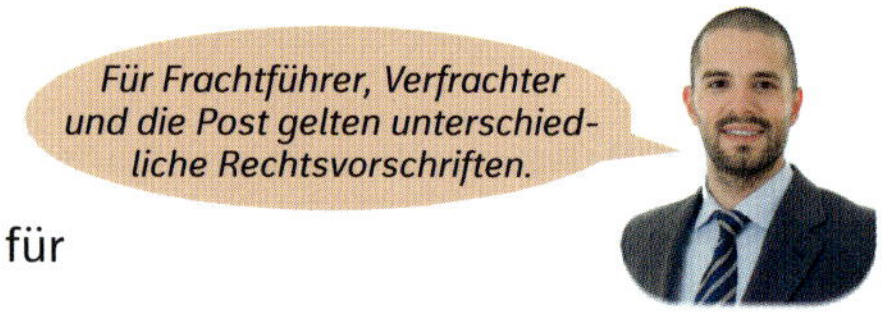

- **die Post** (Deutsche Post AG) sowie Kurier-, Express- und Paketdienste

Großunternehmen (z. B. Hüttenwerke, Mineralölkonzerne, Automobilkonzerne) besitzen oft eigene Schiffe für den Transport ihrer Rohstoffe und Produkte. Auf der Schiene findet man auch private Waggons (v. a. Spezialwagen, die von der Bahn nicht angeboten werden). In den meisten Fällen aber stellt sich die Frage nach dem eigenen Fuhrpark beim Straßengüterverkehr.

Die Straßen-Güterbeförderung für eigene Zwecke heißt **Werkverkehr**. Sie ist in folgenden Fällen gestattet:

- Das Unternehmen als Kunde holt Transportgut mit eigenem Fahrzeug ab.
- Das Unternehmen als Lieferant stellt Transportgut mit eigenem Fahrzeug zu.
- Das Unternehmen befördert Transportgut mit eigenem Fahrzeug zwischen seinen Niederlassungen.
- Der Fahrer muss zum Unternehmen gehören.
- Die Beförderung darf nur eine Hilfstätigkeit im Rahmen der Gesamttätigkeit des Unternehmens sein.

Der Werkverkehr bedarf keiner Erlaubnis.

Der Einsatz eigener Fahrzeuge als Alternative zum Fremdverkehr ist nur sinnvoll, wenn er – gleiche Leistung und Zuverlässigkeit vorausgesetzt – kostengünstiger ist.

Beispiel: Entscheidung Eigenverkehr oder Fremdverkehr

Der Druckerhersteller Compu GmbH muss im Laufe eines Monats verschiedene Kunden beliefern. Die Summe der Entfernungen beträgt etwa 4 000 km. Der Betrieb kann entweder einen Kleinlastwagen anschaffen oder einen Spediteur mit der Transportbesorgung beauftragen. Der Spediteur würde 3,10 EUR je km berechnen, also insgesamt 12 400,00 EUR.
Bei Eigenverkehr fallen jährlich folgende fixe Kosten an:

- lineare Abschreibung über 5 Jahre bei einer Anschaffungsausgabe von 60 000,00 EUR,
- 10 % Zinsen p. a. auf das durchschnittlich gebundene Kapital (halber Anschaffungswert),
- Steuer und Versicherung 3 500,00 EUR,
- anteilige Lohnkosten für den Fahrer 45 600,00 EUR bei durchschnittlich 8 Stunden Einsatz täglich.

Die variablen Kosten (Treibstoff-, Öl-, Reifen-, Wartungs- und Reparaturkosten) sind mit 0,55 EUR pro km kalkuliert.

a) Welche Alternative ist günstiger?
Monatliche Kosten des Eigenverkehrs:

1 000,00 EUR	Abschreibungen (60 000,00 EUR : 5 Jahre : 12 Monate)
250,00 EUR	Zinsen (30 000,00 EUR · 10 % : 12 Monate)
291,66 EUR	Steuer und Versicherung (3 500,00 EUR : 12 Monate)
3 800,00 EUR	Lohnkosten (45 600,00 EUR : 12 Monate)
2 200,00 EUR	variable Kosten (0,55 EUR · 4 000 km)
7 541,66 EUR	

Der Eigenverkehr ist kostengünstiger.

b) Bis zu welcher Kilometerleistung ist der Fremdverkehr kostengünstiger?

$3{,}1\,x = 0{,}55\,x + 5\,341{,}66$

$x = 2\,094{,}77$

Bis 2 094,77 km ist der Fremdverkehr, ab 2 094,77 km ist der Eigenverkehr günstiger.

Siehe auch die Excel-Datei *Kritische Transportkilometer*. M 579

Arbeitsaufträge

Web

1. **Die Wahl des Transportmittels ergibt sich aus den Eigenschaften der Sendung und den situationsbedingten Anforderungen an den Transport.**
   a) Erläutern Sie die Eigenschaften der folgenden Sendungen und geben Sie geeignete Transportmittel an.
      - 15 000 t kanadischer Weizen von Montreal nach Köln
      - 1 Dieselmotor, Bruttogewicht 5 520 kg, Maße 2,40 x 1,80 x 1,18 m, von Kehl/Rhein nach Sydney
      - 800 g Schmuck, Wert 23 000,00 EUR, von München nach Phoenix, Arizona
      - 400 kg hochexplosives Flüssiggasgemisch von Nürnberg nach Algier
      - 1 000 t Eisenerz von Kallak (Nordschweden) nach Duisburg
      - 40 kg Feinmessinstrumente (sehr empfindlich gegen Erschütterungen) von Hamburg nach Rom

   b) Ein Kühlaggregat (2 000 kg) soll von München nach Bombay befördert werden. Grundsätzlich eignen sich alle Verkehrsmittel für einen solchen Transport.
      - Warum wird in diesem Fall jedoch der durchgehende Bahn- oder Lkw-Transport höchstwahrscheinlich keine Berücksichtigung finden?
      - Nennen Sie wichtige Gesichtspunkte, die bei der Wahl zwischen Bahn/Lkw/Schiff einerseits und Flugzeug andererseits zu berücksichtigen sind.

2. **Werkverkehr ist jede Beförderung von Gütern für eigene Zwecke mit eigenen Kraftfahrzeugen.**
   a) Welche Vorteile bietet der Werkverkehr gegenüber der Beförderung durch Transportunternehmen?
   b) Geben Sie Beispiele für Unternehmen an, die Güter im Eigenverkehr befördern:
      (1) mit dem Lkw (2) mit Binnenschiffen (3) mit Seeschiffen (4) mit Flugzeugen
   c) Die meisten Beförderungen erfolgen nicht im Werkverkehr, sondern werden von Transportunternehmen gegen Entgelt durchgeführt. Die Gründe sind vor allem in niedrigen Kosten zu suchen. Erläutern Sie diesen Sachverhalt.

3. **Ein Fertigungsbetrieb verschickt in 52 Wochen im Jahr an 5 Tagen in der Woche etwa je 4 t Güter. Die Summe der Entfernungen beträgt täglich im Schnitt 200 km. Der Versand im Selbsteintritt durch einen Spediteur kostet pro Tonne und Kilometer durchschnittlich 0,30 EUR. Man denkt daran, künftig die Sendungen im Werkverkehr zuzustellen. Das betreffende Fahrzeug würde jährlich an fixen Kosten verursachen: Abschreibungen 12 500,00 EUR, Versicherung 1 000,00 EUR, Steuern 250,00 EUR, Fahrerkosten 41 000,00 EUR. Variable Kosten entstehen wie folgt: Kraftstoff 14 l/100 km zu 1,40 EUR/l; Ölwechsel alle 15 000 km, 6 l à 3,00 EUR/l, zusätzlich 0,5 l Öl je 1 000 km; 4 Reifen à 250,00 EUR alle 25 000 km; Inspektionen und Reparaturen auf je 10 000 km etwa 250,00 EUR. Im Werkverkehr sind wegen Leerfahrten pro Tag etwa 300 km zurückzulegen.**
   a) Ist die Einrichtung eines Werkverkehrs unter Kostengesichtspunkten sinnvoll?
   b) Ist Werkverkehr sinnvoll, wenn die Transportleistung um 25 % gesteigert werden kann? Erläutern Sie ggf. die Gründe.
   c) Könnte es Gründe geben, die für den Werkverkehr sprechen, auch wenn er geringfügig teurer sein sollte?

7 Kontrahierungspolitik – Preise und Konditionen

7.1 Aufgabe der Preis- und Konditionenpolitik

Für jedes Unternehmen ist es wichtig, dass „die Preise stimmen“.

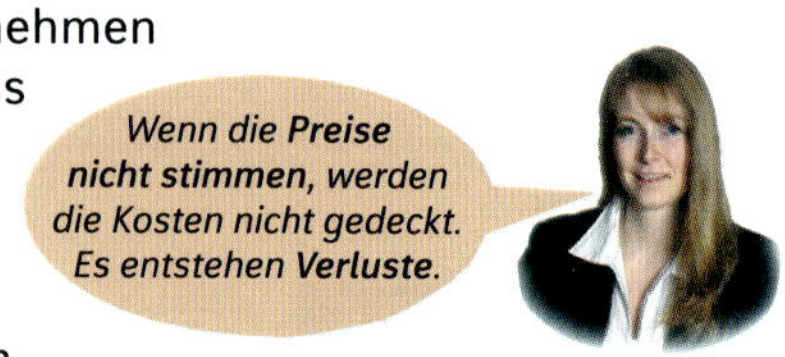

Der Preis sollte so kalkuliert sein, dass über den Erlös nicht nur die Kosten abgedeckt werden, sonden darüber hinaus noch ein Gewinn erzielt wird.

- Das Unternehmen muss deshalb über seine Kosten genau informiert sein. Die Kosten bestimmen den Preis, der mindestens gefordert werden muss (Preisuntergrenze).
- Das Unternehmen muss weiterhin über die Marktverhältnisse informiert sein, denn diese bestimmen, welcher Preis überhaupt am Markt gefordert werden kann.
- In Kenntnis seiner Kosten und der Marktverhältnisse setzt das Unternehmen seine Preise und Verkaufskonditionen fest.

Langfristig wird ein maximaler Gewinn angestrebt. Denn nur hohe Gewinne ermöglichen die notwendigen Investitionen und belohnen den Einsatz von Arbeit und Kapital.

Kurzfristig kann es aber notwendig sein, für neue Produkte zunächst einen ausreichenden Markt zu schaffen oder aggressive Konkurrenten abzuwehren.

Die Preis- und Konditionenpolitik muss darüber entscheiden, welche Preise und Konditionen (Verkaufsbedingungen) sinnvoll sind, um die übergeordneten Marketingziele zu erreichen.

7.2 Wirkung von Preisänderungen auf Nachfrage und Umsatz

7.2.1 Preisempfindlichkeit der Nachfrage

Niedrige Preise ziehen Käufer an, hohe Preise schrecken sie ab. Deshalb kann man grundsätzlich davon ausgehen, dass die Nachfrage bei Preiserhöhungen zurückgeht und dass sie bei Preissenkungen steigt. Dieser Zusammenhang lässt sich durch eine Nachfragekurve veranschaulichen.

Beispiel: Normales Nachfrageverhalten

Erdbeerpreis pro kg	Der Haushalt kauft
10,00 EUR	0 kg
6,00 EUR	2 kg
3,00 EUR	4 kg

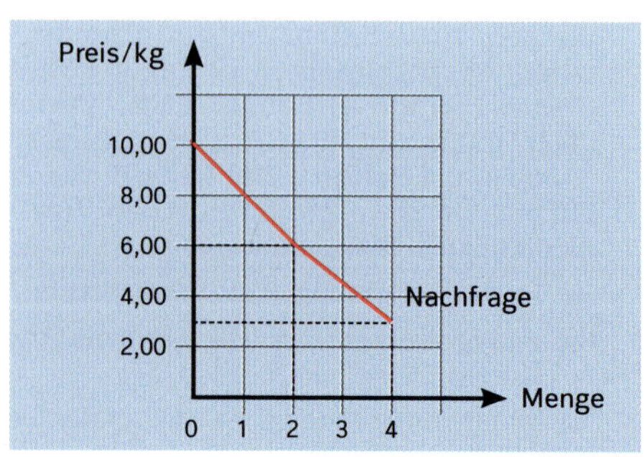

Wenn die Nachfrage stark (schwach) auf Preisänderungen reagiert, spricht man von hoher (niedriger) **Preisempfindlichkeit**. Kultur- und Luxusgüter sind preisempfindlich. Bei existenznotwendigen Gütern ist zu beobachten, dass die Nachfrage kaum auf Preisänderungen reagiert (unempfindliche Nachfrage).

An der Preisempfindlichkeit der Nachfrage kann man erkennen, wie empfindlich die Nachfrager auf eine Preisänderung reagieren.

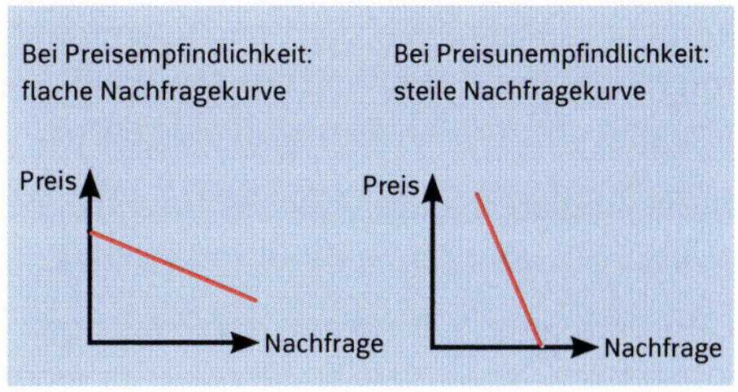

7.2.2 Preiselastizität der Nachfrage

Auch bei hoher Preisempfindlichkeit der Nachfrage beschert eine Preiserhöhung (-senkung) dem anbietenden Unternehmen nicht zwangsläufig eine(n) Umsatzrückgang (-steigerung). Maßgeblich dafür ist vielmehr die Preiselastizität der Nachfrage. Diese hat für jeden Punkt der Nachfragekurve einen anderen Wert.

Bei elastischer Nachfrage ist die prozentuale Mengenänderung größer als die prozentuale Preisänderung, bei unelastischer Nachfrage ist sie kleiner.

Man misst die Nachfrageelastizität (E) durch den nebenstehenden Bruch (sog. Elastizitätskoeffizient).
E > 1 kennzeichnet eine relativ elastische Nachfrage.
E < 1 kennzeichnet eine relativ unelastische Nachfrage.

$$E = \frac{-\text{ Mengenänderung in }\%}{\text{Preisänderung in }\%}$$

Der Umsatz reagiert je nach der Größe der Nachfrageelastizität unterschiedlich.

Beispiel: Nachfrageelastizität

Von zwei Produkten (P) werden bei einem Preis von jeweils 100,00 EUR wöchentlich jeweils 200 Stück verkauft. Der Umsatz beträgt also 20 000,00 EUR je Produkt. Eine Preiserhöhung (PE) von 20,00 EUR (20%) führe zu folgenden Mengenänderungen (MÄ) und Umsätzen:

P	PE	neuer Preis	MÄ		E	neue Absatzmenge	neuer Umsatz
1	20 %	120,00 EUR	– 20 Stück	– 10 %	0,5	180	21 600,00 EUR
2	20 %	120,00 EUR	– 60 Stück	– 30 %	1,5	140	16 800,00 EUR

Bei Produkt 1 (unelastische Nachfrage) führt die Preiserhöhung zu einer Umsatzsteigerung, bei Produkt 2 (elastische Nachfrage) zu einem Umsatzrückgang.

- **Bei elastischer Nachfrage bewirken Preiserhöhungen grundsätzlich einen Umsatzrückgang, Preissenkungen eine Umsatzsteigerung.**
- **Bei unelastischer Nachfrage bewirken Preiserhöhungen grundsätzlich eine Umsatzsteigerung, Preissenkungen einen Umsatzrückgang.**

Beachte:
Die Elastizitätswerte sind in jedem Punkt der Nachfragekurve unterschiedlich (von E = ∞ bis E = 0; siehe Beispiele in der Grafik). Nur eine Parallele zur Mengenachse ist in allen Punkten vollkommen elastisch (E = ∞), nur eine Parallele zur Preisachse in allen Punkten vollkommen unelastisch (E = 0).

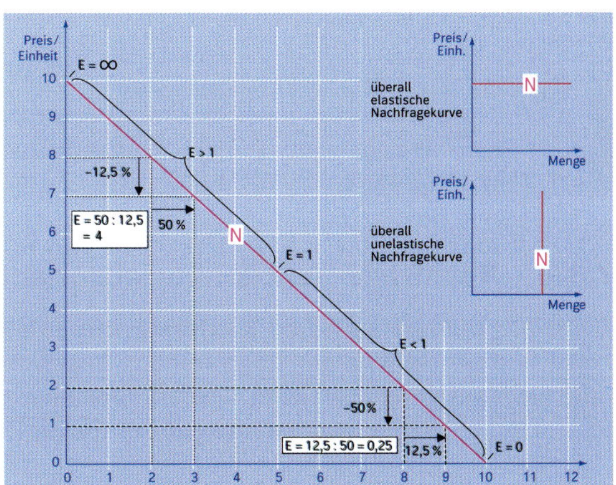

Nachfragekurve mit unterschiedlichen Elastizitäten

M 582 Veranschaulichen Sie sich den Zusammenhang zwischen Preis, Preiselastizität der Nachfrage und Umsatz anhand des Materials Nachfrageelastizität. Dort können Sie z. B. Preise, Mengen und ihre Änderungen eingeben und die Auswirkungen auf den Umsatz ablesen.

Web Jeder Anbieter sollte über die Nachfrageelastizität seiner Produkte hinreichend informiert sein, um Preismaßnahmen richtig treffen zu können.

Die Grafik zeigt z. B.: Wenn der Preis hoch ist, führt eine Preissenkung zu einer Umsatzsteigerung; ist er niedrig, führt sie zu einem Umsatzrückgang.

7.3 Arten der Preissetzung

7.3.1 Kostenorientierte Preissetzung

Grundsätzlich will der Anbieter von seinen Kunden den Preis erhalten, den er aufgrund seiner Kosten kalkuliert hat. Dies gelingt ihm aber nur auf einem Verkäufermarkt. Auch ein **Alleinanbieter** kann gegebenenfalls seine Preise durchsetzen. Allerdings sind Alleinanbieter heutzutage selten.

Beispiel: Kalkulation eines Getriebes bei MGB Maltmann Getriebebau e. K.

Fertigungsmaterial	1 500,00	
+ Materialgemeinkosten (20 %)	300,00	
= Materialkosten	1 800,00	1 800,00
Fertigungslöhne	1 200,00	
+ Fertigungsgemeinkosten (83 ⅓ %)	1 000,00	
= Fertigungskosten	2 200,00	2 200,00
Herstellkosten		4 000,00
+ Verwaltungs- und Vertriebsgemeinkosten (20 %)		800,00
= **Selbstkosten**		4 800,00
+ Gewinnzuschlag (25 %)		1 200,00
= **Barverkaufspreis**		6 000,00
+ Kundenskonto (4 % vom Zielverkaufspreis)		250,00
= **Zielverkaufspreis**		6 250,00
+ Kundenrabatt (15 % vom Listenverkaufspreis)		1 102,94
= **Listenverkaufspreis/Angebotspreis**		7 352,94

Auf einem Verkäufermarkt könnten die kalkulierten Bar-, Ziel- und Listenverkaufspreise durchgesetzt werden.

7.3.2 Nachfrage- und konkurrenzorientierte Preissetzung

Die heutigen Märkte sind oft **Käufermärkte**: Das Güterangebot ist groß, die Bedürfnisse sind weitgehend gesättigt. Je nach Angebot und Nachfrage lassen sich höhere oder niedrigere Preise erzielen. Dementsprechend setzt der Unternehmer seinen Preis fest. Man spricht hier von **nachfrageorientierter Preissetzung.**

Hinzu kommt oft noch eine starke Konkurrenz zwischen den Anbietern. Der Betrieb wird bei Preissenkungen der Konkurrenten mitziehen, nicht aber bei Preiserhöhungen. Manchmal richtet er sich auch nach den Preisen eines Konkurrenten mit besonders großem Marktanteil, des sog. **Marktführers**.

Bei dieser **konkurrenzorientierten Preissetzung** kann das Unternehmen selbst den Preis nicht beeinflussen. Konkurrenzorientierte Preissetzung liegt vor allem vor,

- wenn die Zahl der Anbieter klein ist (sog. **Oligopol**),
- wenn die Güter verhältnismäßig gleichartig (homogen) sind und
- wenn die Nachfrager einen guten Marktüberblick haben.

Die Preiskalkulation ist bei nachfrage- und konkurrenzorientierter Preissetzung nicht überflüssig. Durch eine Teilkostenkalkulation prüft man, ob man zum Marktpreis mit Gewinn oder zumindest kostendeckend anbieten kann und welcher Preis die **Untergrenze** darstellt. Dabei gilt grundsätzlich:

Die Höhe der variablen Stückkosten ist die *kurzfristige (absolute) Preisuntergrenze*.

Begründung: Auch in wirtschaftlich schlechten Zeiten müssen mindestens die variablen Kosten über den Preis erstattet werden. Der größte Teil der variablen Kosten ist nämlich mit laufenden Ausgaben verbunden (z. B. Lohn- und Materialkosten). In der Praxis liegt die Grenze allerdings oft höher, weil auch Teile der Fixkosten ausgabewirksam sind. Bei ihrer Einbeziehung gelangt man zur **liquiditätsorientierten Preisuntergrenze**.

Web
M 583

Beispiel: Kurzfristige Preisuntergrenze

Rechnen Sie selbst in der Excel-Tabelle Preisuntergrenzen.

Für die Getriebekalkulation soll gelten:
Von den Materialgemeinkosten sind 50 % (150,00 EUR) fix und 50 % (150,00 EUR) variabel.
Von den Fertigungsgemeinkosten sind 50 % (500,00 EUR) fix und 50 % (500,00 EUR) variabel.
Die Verwaltungs- und Vertriebsgemeinkosten sind zu 100 % fix.

Fertigungsmaterial	1 500,00 EUR
+ variable Materialgemeinkosten	150,00 EUR
+ Fertigunglöhne	1 200,00 EUR
+ variable Fertigungsgemeinkosten	500,00 EUR
= variable Kosten	3 350,00 EUR

kurzfristige Preisuntergrenze

Die Differenz „Barverkaufspreis minus variable Stückkosten" zeigt, in welcher Höhe Fixkosten abgedeckt werden. Sie heißt bekanntlich Deckungsbeitrag je Stück.

Fortsetzung des Beispiels: Kurzfristige Preisuntergrenze

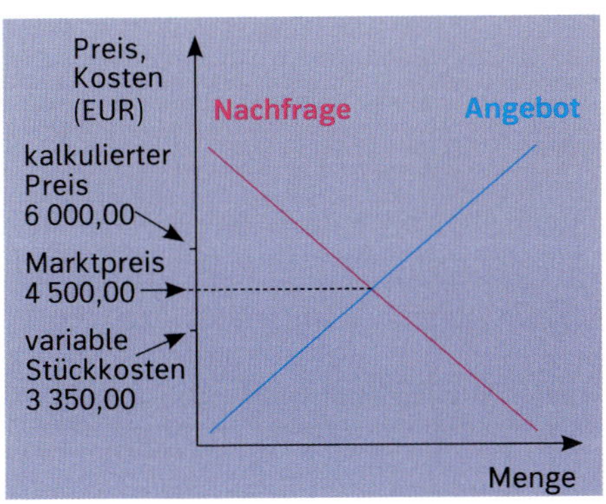

Marktpreis (Stückerlös)	4 500,00 EUR
– variable Stückkosten	3 350,00 EUR
Deckungsbeitrag je Stück	1 150,00 EUR

Der Marktpreis deckt nicht den kalkulierten Preis (6 000,00 EUR) und die Selbstkosten (4 800,00 EUR). Er deckt aber die variablen Stückkosten (3 350,00 EUR) und einen Teil der fixen Stückkosten in Höhe von 1 150,00 EUR.

SECHSTER ABSCHNITT

Bei jedem Verkauf zu einem Preis über den variablen Stückkosten entsteht ein positiver Deckungsbeitrag. Der Betrieb verbessert seine Lage. Bei negativem Deckungsbeitrag verschlechtert er sie.

Grundsätzlich sollten Artikel mit negativem Deckungsbeitrag eliminiert (= aufgegeben) werden. Es kann allerdings Gründe geben, davon abzuweichen (vgl. S. 555):

- Wenn eine **Mischkalkulation** (niedriger Preis bei einem Artikel, hoher Preis bei einem anderen) möglich ist, lässt sich ein Preisnachteil ggf. ausgleichen. Wichtig ist dann, dass die Erlse im Durchschnitt die gesamten Kosten decken.
- Manche Erzeugnisse sind unmittelbar mit dem Firmennamen verbunden (z. B. UHU). Eliminiert man sie, können treue Kunden verloren gehen.
- Es ist möglich, dass ein verlustbringender Artikel den Absatz anderer Artikel fördert. Dies ist z. B. bei Komplementärgütern der Fall.

Die gesamten Stückkosten (= Selbstkosten) sind die *langfristige Preisuntergrenze*.

Begründung: Jeder Artikel sollte auf lange Sicht alle ihm zuzurechnenden Kosten decken. Dann entsteht kein Gewinn, aber der Umsatz reicht aus, um den Betrieb weiterzuführen.

Mit Deckungsbeitrag und Preisuntergrenze reagiert das Unternehmen lediglich passiv auf Käufermärkte und Konkurrenzsituationen. Eine Methode, stattdessen aktiv den Gewinn zu planen, ist die **Zielkostenrechnung**.

Zielpreis	1 000,00 EUR
– Zielgewinn	– 150,00 EUR
= erlaubte Kosten	= 800,00 EUR
↓	
Zielkosten	< 800,00 EUR
↓	
Ziellücke	110,00 EUR
↑	
aktuelle Standardkosten (Plankosten)	910,00 EUR

- Vom erzielbaren Verkaufspreis zieht man den erstrebten Gewinn (Zielgewinn) ab und erhält die erlaubten Kosten.
- Höchstens diese Kosten darf das angebotene Produkt verursachen (Zielkosten).
- Man ermittelt möglichst genau die Eigenschaften, die das Produkt haben muss, um für die Kunden attraktiv zu sein (z. B. Marktforschung, Wertanalyse).
- Man ermittelt die Standardkosten (Plankosten), die das Produkt aktuell verursacht. Sind sie höher als die Zielkosten, entsteht eine Ziellücke.
- Man versucht, die eventuelle Ziellücke durch geeignete Kostensenkungsmaßnahmen (Rationalisierung) zu schließen (z. B. andere Materialien, andere Lieferanten, andere Fertigungsverfahren). Dabei darf der vom Kunden gewünschte Nutzen nicht beeinträchtigt werden. Bei Erfolg kann das Produkt produziert und angeboten werden.

Die Zielkostenplanung sollte schon bei der Produktentwicklung einsetzen. Ist ein Produkt erst einmal am Markt, lassen sich die Kosten nur ungleich schwerer reduzieren.

7.4 Preisstellungssysteme

- Der Textilhersteller Top-Dress GmbH gewährt seinen Kunden bei Einkaufspreisen ab 10 000,00 EUR 5 %, ab 15 000,00 EUR 10 %, ab 30 000,00 EUR 15 % und ab 40 000,00 EUR 20 % Rabatt. Kunden mit einem jährlichen Gesamtumsatz von mindestens 100 000,00 EUR erhalten außerdem einen Bonus von 3 %.
- Die Textil-Mode AG gewährt keine Rabatte, aber ihre Preise liegen durchschnittlich zwischen 10 % und 20 % niedriger als die Preise der Top-Dress GmbH.

Um viele Kunden zu gewinnen, sollte das Unternehmen seine Preise möglichst individuell auf den Käufer abstellen. Hierzu dienen grundsätzlich zwei Preisstellungssysteme:

Preisstellungssysteme

Bruttosystem	Nettosystem
Von den angegebenen Preisen werden noch Rabatte gewährt.	**Von den angegebenen Preisen werden keine Rabatte mehr gewährt.**
Beispiel: „Wir bieten an zu 450,00 EUR abzüglich 40 % Wiederverkäuferrabatt."	**Beispiel:** „Wir bieten an zu 270,00 EUR."

7.4.1 Bruttosystem

Durch Rabatte wird ein formell einheitlicher Angebotspreis gegenüber verschiedenen Abnehmern aufgrund festgelegter Bedingungen differenziert.

- **Mengenrabatt:** Soll zum Kauf größerer Mengen anregen. Oft bestehen Rabattstaffeln.

Beispiel: Rabattstaffel

- Bei Abnahme von mindestens 100 Stück 10 % Rabatt;
- bei Abnahme von mindestens 300 Stück 15 % Rabatt;
- bei Abnahme von mindestens 500 Stück 20 % Rabatt.

- **Treuerabatt:** Für langjährige Kunden. Er soll sie an das Unternehmen binden und das Eindringen von Konkurrenten verhindern.
- **Umsatzbonus:** Gutschrift, die gewährt wird, wenn der Kunde bis zum Jahresende einen festgelegten Gesamtumsatz erzielt hat. Je nach Vereinbarung für alle getätigten Umsätze oder nur für Umsätze oberhalb der Umsatzgrenze.
- **Skonto (Barzahlungsrabatt):** Wird bei Zielverkäufen gewährt, wenn der Kunde die Rechnung vorzeitig (meist binnen 8 bis 10 Tagen) bezahlt.
- **Funktionsrabatt:** Preisnachlass, den der Verkäufer gewährt, wenn der Kunde ihm bestimmte Arbeiten abnimmt (z. B. Werbung, Abfüllen, Zuschneiden, Sortieren).
- **Wiederverkäuferrabatt:** Rabatt für Waren, die mit empfohlenem Endverkaufspreis ausgezeichnet sind. Er soll die Kosten des Einzelhändlers abdecken und ihm außerdem einen angemessenen Gewinn sichern.
- **Sonderrabatte:** Personalrabatt (für das eigene Personal); Weiterverarbeitungsrabatt (für Handwerker); Jubiläumsrabatt (anlässlich von Geschäftsjubiläen); Messerabatt (für Messeaufträge); Behördenrabatt

Den **Absatz von unrentablen Kleinmengen** sucht der Betrieb zu unterbinden durch:

- **Mindestabnahmemengen:** z. B: „Mindestabnahmemenge 10 Stück"
- **Mindermengenzuschläge:** Umkehrung des Rabatts; z. B.: „Bei Abnahme von weniger als 10 Stück berechnen wir einen Zuschlag von 15 % auf den Listenpreis."

Beachte:
Hat der Betrieb eine Prozesskostenrechnung, werden kleine Mengen auch ohne Mindermengenzuschlag richtig kalkuliert.

- **Frankogrenzen:** Übernahme festgelegter Fracht- oder Verpackungskosten von einem bestimmten Wert oder einer bestimmten Menge an; z. B.: „Bei einem Warenbezug ab 1 000,00 EUR erfolgt die Lieferung frei Haus."

7.4.2 Nettosystem

Auch beim Nettosystem wird die Abnahme größerer Mengen berücksichtigt. Dies geschieht durch **Preisstaffelungen**.

Beispiel: **Preisstaffelung**

Bei Abnahme von	beträgt der Preis pro Stück
5-10 Stück 11-15 Stück 16-20 Stück über 20 Stück	100,00 EUR 95,00 EUR 90,00 EUR 86,00 EUR

Web

7.5 Preisstrategien

M 586

7.5.1 Preisdifferenzierung

Siehe hierzu auch die Präsentation *Preisstrategien*.

Preisdifferenzierung bedeutet:

Angebot des *gleichen Produkts* zu unterschiedlichen Preisen, um unterschiedliche Nachfragebedingungen auszunutzen und den Gewinn zu vergrößern.

Arten der Preisdifferenzierung	
Räumliche Preisdifferenzierung	Unterschiedliche Preise an verschiedenen Orten, z. B. unterschiedliche Preise in Filiale A und B; höhere Preise an Autobahntankstellen
Sachliche Preisdifferenzierung	Anbieten desselben Produkts in unterschiedlicher Aufmachung zu unterschiedlichen Preisen, z. B. Anbieten von Waschmitteln als Markenartikel und als No-Name-Ware
Zeitliche Preisdifferenzierung	Unterschiedliche Preissetzung zu verschiedenen Zeitpunkten, z. B. Saisonrabatt, Jubiläumsrabatt, Sonderaktionen (etwa Sonderangebote)
Persönliche Preisdifferenzierung	Preisbildung nach Personengruppen, z. B. Behördenrabatt, Seniorenrabatt, Treuerabatt, Wiederverkäuferrabatt
Preisdifferenzierung nach dem Umsatz	Unterschiedliche Preise bei unterschiedlichen Einkaufsumsätzen, z. B. Mengenrabatt, Umsatzbonus, Mindermengenzuschlag, Preisstaffel

7.5.2 Dynamische Preisgestaltung

Maßnahmen der dynamischen Preisgestaltung sollen die Preise flexibel den Marktverhältnissen anpassen.

Produkteinführung: Hier bieten sich zwei Strategien an:

- **Skimming-Strategie: Hohe Einführungspreise (Abschöpfungspreise)**
  Man setzt hohe Einführungspreise, um zunächst die kaufkräftigste Käuferschicht anzusprechen. Anschließend senkt man den Preis. Mit dieser Preissenkung geht manchmal eine Verschlechterung der Ausstattung einher.

  Beispiel:

  Einführung eines Romans in gebundener Leinenausgabe, später als Taschenbuch

- **Penetrationsstrategie: Marktdurchdringungspreise (Penetrationspreise)**
  Man setzt einen niedrigen Einführungspreis, um möglichst große Käuferschichten zu gewinnen. Wenn das Erzeugnis nach einer gewissen Zeit gut eingeführt ist, hebt man den Preis vorsichtig an.

Produktelimination: Wenn ein Produkt allmählich aus dem Markt genommen werden soll, hält man meist die Preise stabil und verzichtet auf alle kostenträchtigen Maßnahmen (wie Werbung). Zum Schluss versucht man, das Lager durch starke Preissenkungen in Verbindung mit einer Sonderwerbeaktion zu räumen.

7.5.3 Preispositionierung

Preispositionierung liegt vor, wenn der Betrieb gezielt ein bestimmtes Preisniveau für ein Produkt durchzusetzen versucht. Dies kann z. B. ein aggressiver Niedrigpreis sein oder auch ein gehobener Preis. Letzterer gilt besonders für Markenartikel, mit denen der Käufer eine gleichbleibende Qualität und ein Markenimage verbinden soll.

7.6 Konditionenpolitik

Günstige Verkaufskonditionen stellen für den Kunden u. a. einen zusätzlichen Preisvorteil dar. Sie können folglich die Kaufentscheidung beeinflussen.

Verkaufskonditionen	
Preisnachlässe Rabatte, Skonti, Boni	**Rückgaberecht** Kauf auf Probe
Zahlungsfristen • Der Lieferant gewährt ein Zahlungsziel • Der Lieferant vermittelt dem Kunden einen Kredit • Der Lieferant gewährt Abschlagszahlungen	**Garantieleistungen** Abgabe einer Garantie über die Gewährleistungsfrist hinaus (u. a. bei technischen Geräten)
Übernahme der Verpackungskosten Lieferung „Preis netto einschließlich Verpackung"	**Übernahme der Transportkosten** • „Lieferung frei Haus" • „Lieferung frei Empfangsstation"
Die Übernahme der Verpackungs- und Transportkosten wird oft von Frankogrenzen abhängig gemacht.	

Überblick Preis- und Konditionenpolitik:

Preis- und Konditionenpolitik			
Preissetzung	**Preisstellung**	**Preisstrategien**	**Konditionen**
• kostenorientiert • konkurrenzorientiert • nachfrageorientiert **Besondere Probleme:** • Preisuntergrenze • Mischkalkulation • Sonderangebote	**Bruttosystem:** verschiedene Rabatte, ggf. Preiszuschläge **Nettosystem:** ggf. Preisstaffelung	• Preisdifferenzierung • dynamische Preisgestaltung • Preispositionierung	• Preisnachlässe • Zahlungsfristen • Verpackungskosten • Rückgaberecht • Garantieleistungen • Transportkosten

Arbeitsaufträge

1. **Die Preis- und Konditionenpolitik ist ein wichtiges absatzpolitisches Instrument. Wenn die Preise nicht stimmen, kann ein Unternehmen rasch in die Verlustzone geraten.**
   Erläutern Sie in wenigen Worten die verschiedenen Elemente der Preis- und Konditionenpolitik.

2. **Ein Betrieb bietet eine Ware bisher zu 80,00 EUR an. Er setzt monatlich etwa 150 Stück um. Nach einer Preissenkung um 20 % steigt der Absatz auf 230 Stück.**
   a) Handelt es sich um eine elastische oder unelastische Nachfrage?
   b) Begründen Sie, ob sich die Preissenkung für den Betrieb lohnt.
   c) Wie beurteilen Sie die Aussichten dafür, dass sich die beschriebenen Ergebnisse einstellen, wenn ein Oligopol vorliegt und die Konkurrenten verhältnismäßig homogene Güter anbieten?

Web

M 588_1

3. **Durch Rabatte wird ein formell einheitlicher Angebotspreis gegenüber verschiedenen Abnehmern differenziert. Dabei werden verschiedene Rabattarten unterschieden.**
   Ordnen Sie auf dem Arbeitsblatt *Rabattarten* den beschriebenen Fällen bzw. Definitionen die richtigen Rabattarten zu.

4. **Die Vereinigte Maschinen- und Werkzeugfabrik AG (VMW) kalkuliert den Angebotspreis für eine Kleindrehbank.**
   a) Unter welchen Bedingungen könnte der Angebotspreis kostenorientiert festgelegt werden, unter welchen Bedingungen müsste er nachfrageorientiert festgelegt werden?
   b) Vom Listenverkaufspreis gewährt die VMW 20 % Rabatt und 2 % Skonto. Welches Preisstellungssystem wendet sie an?
   c) Welche Möglichkeiten der Preisdifferenzierung könnte der Anbieter nutzen?

5. **Für die Fertigung eines Bohrautomaten entstehen folgende Kosten: Fertigungsmaterial: 5 000,00 EUR, Fertigungslöhne: 2 000,00 EUR.**
   Die Materialgemeinkosten betragen 40 %, die Fertigungsgemeinkosten 120 %. Der Verwaltungs- und Vertriebsgemeinkostenzuschlagssatz beträgt 20 %. Von den Material- und Fertigungsgemeinkosten sind 40 % fix und 60 % variabel.
   Bestimmen Sie a) die langfristige und b) die kurzfristige Preisuntergrenze.
   Benutzen Sie ein Tabellenkalkulationsprogramm.

6. **Unternehmen differenzieren ihre Preise häufig. Ordnen Sie nachfolgende Beispiele den vier behandelten Arten für Preisdifferenzierung zu:**
   a) Rentner bekommen Rabatt,
   b) Nachsaisonpreise sind günstiger,
   c) die gleichen Medikamente sind in England preiswerter als in Deutschland,
   d) Markenartikelhersteller verkaufen ihre Marke auch als „No-Name-Produkt" beim Billigpreisanbieter.

SECHSTER ABSCHNITT

7. **Die Konditionenpolitik steht in sehr engem Zusammenhang mit der Preispolitik.**
   Erläutern Sie dies.

8. **Ein Unternehmen bietet bisher ein Produkt zu 180,00 EUR je Stück an. Die variablen Kosten betragen 80,00 EUR je Stück. Die Nachfrageelastizität beträgt 0,75. Bisher konnten 160 Einheiten abgesetzt werden. Man will den Absatz nun auf 200 Stück erhöhen.**
   a) Wie hoch muss der neue Preis gesetzt werden, um das Mengenziel zu erreichen?
   b) Berechnen Sie den alten und den neuen Deckungsbeitrag (DB pro Stück und Gesamt-DB).
   c) Beurteilen Sie, ob sich die preispolitische Maßnahme rechnet.

9. **Die Haushaltselektro GmbH will eine neuartige Küchenmaschine auf den Markt bringen.**
   a) Erläutern Sie mögliche Grundzüge der Preisgestaltung in den einzelnen Phasen des Produktlebenszyklus.
   b) Die Mega-Handelskette ist ein möglicher Großabnehmer des Produkts. Machen Sie Vorschläge für ein Konditionensystem gegenüber diesem Kunden.

Web

M 588_2

10. **Preisstrategien**
    Die Präsentation *Preisstrategien* enthält sieben Fallbeschreibungen. Entscheiden Sie jeweils, welche Preisstrategie angesprochen ist.

8 Kommunikationspolitik

8.1 Meinungswerbung (Public Relations, Öffentlichkeitsarbeit)

Auf einer Bank im Stadtpark ist eine Plakette angebracht: „Geschenk der Firma August Schwabe KG."

Herrn Schwabes Sohn geht zur Berufsschule. Beim letzten Schulfest gab es kostenlos Erbsensuppe mit Würstchen. Im Programmheft stand: „Gestiftet von der Firma August Schwabe KG".

Auf dem Bus der örtlichen Kirchengemeinde befindet sich eine Werbeaufschrift der Firma August Schwabe KG. Sie kostet 500,00 EUR jährlich.

Ob all das sich rentiert, ist nicht nachprüfbar. Auf jeden Fall jedoch tut August Schwabe auf diese Weise sein soziales Engagement öffentlich kund.

Die angeführten Maßnahmen stellen Werbung für das Unternehmen dar. Sie sollen es in der Öffentlichkeit bekannt machen. Jeder soll mit dem Namen „August Schwabe KG" eine positive Vorstellung verbinden. Das Ziel ist die Imagepflege. Insofern besteht eine enge Verbindung zur Corporate Identity (vgl. S. 85).

Alle Maßnahmen, die dem Ziel der Imagepflege dienen, fasst man unter dem Begriff Public Relations (Öffentlichkeitsarbeit, Meinungswerbung, Vertrauenswerbung) zusammen. Public Relations ist noch nicht direkt auf den Absatz ausgerichtet, sondern dient der Corporate Identity.

Andere Public-Relations-Maßnahmen, die besonders von Großunternehmen angewandt werden, sind z. B.:

- Werksbesichtigungen durch Schulklassen oder Clubs;
- Tage der offenen Tür;
- Kontakte zu Film, Presse, Funk, Fernsehen;
- Berichte in Tageszeitungen und Zeitschriften;
- Herausgabe von Broschüren, Werks- und Kundenzeitschriften;
- Förderung des Gemeinwohls, z. B. durch Spenden.

8.2 Sponsoring

Mit Public Relations eng verwandt ist das Sponsoring.

Beim Sponsoring wird das Unternehmen als Förderer (Sponsor) von Personen, Vereinen und sonstigen Institutionen oder Organisationen tätig.

Sponsoring vollzieht sich vor allem im Bereich von Kultur, Sport, Sozialwesen, Umweltschutz und Fernsehen (TV-Programmsponsoring). Im Gegensatz zum Spendenwesen beruht es immer auf dem Prinzip von Leistung und Gegenleistung. Der Gesponserte übernimmt vor allem Werbeleistungen (z. B. Trikotwerbung). Das psychologische Ziel von Sponsoring ist:

SECHSTER ABSCHNITT

Der Empfänger der Werbebotschaft soll das positive Bild, das er vom Gesponserten hat, auf den Sponsor übertragen.

Wichtige Sponsoringziele:
- Verbesserung der Unternehmens- und Markenbekanntschaft,
- Verbesserung des Unternehmensimages (und letztlich des Unternehmenswertes),
- Schaffung attraktiver Möglichkeiten der Kontaktpflege mit Kunden und anderen Ansprechpartnern,
- Dokumentation gesellschaftlicher Verantwortung,
- Verbesserung der Mitarbeiteridentifikation und -motivation.

8.3 Absatzwerbung

Ein großer Teil der Sendezeit von Radio und Fernsehen ist durch Werbung belegt. Dazu gehört auch **Direct-Response**. Dabei werden Produkte oder Dienstleistungen beworben, die der Hörer/Zuschauer sofort telefonisch bestellen kann. Tut er das, hat die Werbung sofort ihr höchstes Ziel erreicht: Sie hat eine Kaufhandlung ausgelöst.

Interessant ist übrigens: Der Sender wird nach Maßgabe der Bestellungen bezahlt. Er erhält z. B. 25 % vom Kaufpreis.

8.3.1 Ziele und Aufgaben der Absatzwerbung

Anders als Public Relations zielt die Absatzwerbung direkt auf Produkte und Leistungen.

Absatzwerbung soll neue Kunden gewinnen. Diese sollen durch ausgewählte Anbieterinformationen direkt zugunsten der umworbenen Güter beeinflusst werden.

Der Umworbene nimmt die Werbebotschaft auf. Soll sie eine Kaufhandlung auslösen, muss der Umworbene die Botschaft in **vier Wirkungsstufen** verarbeiten. Diese Stufen lassen sich zugleich als **psychologische Ziele der Werbung** ansehen.

Wirkungsstufen der Werbung (= psychologische Werbeziele)	
1. Stufe Bekanntmachung des Produktes ↓	Die Bekanntmachung ist die Vorstellung, die Nennung des Produkts. Sie ist notwendig, weil ein Produkt nur dann gekauft werden kann, wenn der Käufer von seiner Existenz weiß.
2. Stufe Information über das Produkt ↓	Der potenzielle Käufer muss Produktinformationen erhalten, die über die reine Bekanntheit hinausgehen. Sie beziehen sich in erster Linie auf den Nutzen, den das Produkt bringt.
3. Stufe Schaffung eines positiven Produktimages ↓	Die Werbung soll bewirken, dass die gesamte Vorstellung von dem Produkt überwiegend positiv ausgeprägt ist. Dies setzt eine positive Bewertung der Produktinformationen voraus.
4. Stufe Schaffung einer Kaufdisposition bzw. Auslösung der Kaufhandlung	Das positive Produktimage soll dazu führen, dass das Produkt dem Umworbenen als wünschenswert erscheint. Die Folge soll eine Kaufdisposition (-neigung) sein (d. h., das Produkt soll bei Bedarf gekauft werden) oder das direkte Auslösen der Kaufhandlung (z. B. Bestellung aus einem Prospekt; Aufsuchen des Verkäufers).

Eine ähnliche Stufung findet sich in folgenden Zielen:

1. Aufmerksamkeit erregen (Attention) **A**
2. Interesse an der Ware wecken (Interest) **I**
3. Besitzwünsche wecken (Desire) **D**
4. Kaufhandlungen auslösen (Action) **A**

Diese Ziele sind unter dem Namen „AIDA-Formel“ bekannt geworden.

Die Werbung wendet sich teils an den Verstand des Menschen, teils versucht sie durch feine psychologische Methoden im Unterbewusstsein versteckte Wünsche, Sehnsüchte, Ängste zu aktivieren. Letzteres ist vor allem bei der Werbung für Konsumgüter im Fernsehen und in Zeitschriften der Fall.

Indem die Werbung Präferenzen für das Unternehmen schafft, bewirkt sie

- die Verkürzung der Einführungsphase bei neuen Produkten,
- die Verlängerung der Lebensdauer eines Produkts.

Aufgaben der Werbung im Lebenszyklus des Produkts

Einführungswerbung
Sie soll neue Produkte bekannt machen und Verlangen danach wecken. Sehr häufig entstehen die Bedürfnisse erst durch die Werbung. Ein Mode- oder Geschmackswandel soll ausgelöst werden, neue Kunden sollen gewonnen, neue Märkte erschlossen werden.

Expansionswerbung
Bei schon eingeführten Produkten will man den Marktanteil erhöhen und eventuell von den Konkurrenten Kunden abziehen. Der Bekanntheitsgrad des Produkts soll erhöht werden.

Stabilisierungswerbung
Die Werbung soll aggressive Konkurrenten abwehren, die ihrerseits den Marktanteil vergrößern und die eigene Stellung am Markt stabilisieren wollen.

Erinnerungswerbung
Sie soll Leistungen des Unternehmens bei bestehenden und früheren Kunden in Erinnerung bringen. Frühere Kunden sollen zurückgewonnen werden.

8.3.2 Werbemittel, Werbeelemente und Werbemedien

Die Werbung setzt zur Erreichung ihrer Ziele Werbemittel und Werbeelemente ein.

Werbeelemente

Schrift	Ton	Bild	Ware	Vergünstigungen
Werbemittel • Werbebrief • Newsletter (Rundschreiben) • Werbeanzeige • Flyer (Flugblatt) • Prospekt • Preisliste • Kundenzeitschriften • Firmen- und Produktnamen (auf Fahrzeugen, Gebäuden, Verpackungen) • Internetseiten • E-Mail • Mailing-Listen (Adressenlisten)	**Werbemittel** • Hörfunkspot • CD-Aufnahme • DVD-Aufnahme • Warenvorführung • Verkaufsgespräch	**Werbemittel** • Werbefilm • Werbevideo • Fernsehspot • Plakat • Lichtbild • Display-Material (z. B. Bodenaufsteller, Zahlteller) • Werbebanner • Werbebuttons (Anstecker)	**Werbemittel** • Schaufensterauslagen • Verkaufsraumauslagen • Messegegenstände • Ausstellungsgegenstände	**Werbemittel** • Werbegeschenke • Preisnachlässe • vorteilhafte Lieferungs- und Zahlungsbedingungen • Garantien • Serviceleistungen

Für den Einsatz der Werbemittel bedient man sich verschiedener **Medien (Werbeträger, Streumedien)**: Briefpost; Tages-, Wochen- und Sonntagszeitungen; Zeitungsbeilagen; Publikums- und Fachzeitschriften; Adressbücher; Hörfunk, Fernsehen, Kino; Internet; CD, DVD; Plakatwände, Litfaßsäulen, Gebäude, Fahrzeuge, Schaufenster, Geschäfts-, Messe-, Ausstellungsräume; Verpackungen u. a. m.

Eine raffinierte Nutzung der Werbeträger erfolgt u. a. durch die **Produktplatzierung (Product-Placement)**. Dabei werden Produkte geschickt in die Handlung von Spielfilmen, Theaterstücken, Videos oder sogar Romanen eingebracht.

Beispiele: Produktplatzierung

- Aus einem Roman: „Er ging in den Keller und kam kurz darauf mit einer Flasche Dom Pérignon wieder ..."
- Im Film *Ananasfieber* zeigt die Kamera deutlich die Rolex am Arm des Hauptdarstellers Tim Henks.

Vorteile von Produktplatzierung für den Werbetreibenden:

- Der Umworbene wird beeinflusst, ohne die Werbung bewusst wahrzunehmen.
- Er kann sich auch nicht aus der Werbung ausklinken („wegzappen").
- Werbeverbote (z. B. für Zigaretten, Alkohol) können umgangen werden.

8.3.3 Werbegrundsätze

Die Werbung soll wirksam, wirtschaftlich, wahr und klar sein.

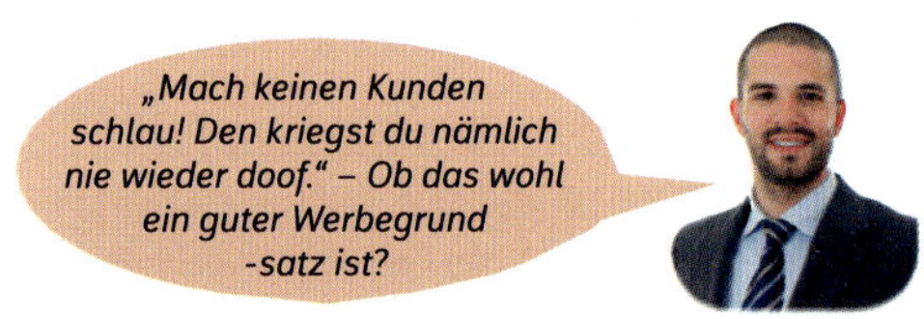

Werbegrundsätze
Wirksamkeit Wirksamkeit ist der oberste Werbegrundsatz. Er verlangt eine Beschaffenheit der Werbung, die zur Verwirklichung der Werbeziele führt. Aus diesem Grund muss die Werbung genau geplant werden.
Wirtschaftlichkeit Werbeerfolg und eingesetzte Geldmittel sollen in einem möglichst günstigen Verhältnis zueinander stehen. Auch aus diesem Grund ist eine genaue Planung der Werbung unerlässlich.
Wahrheit Die Erfahrung zeigt, dass falsche Werbeaussagen auf Dauer eine negative Wirkung erzielen, weil das Vertrauen der Umworbenen getäuscht wird. Deshalb sollen auch irreführende oder übertriebene Aussagen vermieden werden (z. B. „Das beste Waschmittel, das es je gab!"). Die Werbung muss dabei nicht nur die Gesetze der jeweiligen Länder beachten (z. B. Hinweis auf Gesundheitsgefährdung bei Zigaretten), sondern soll auch mit den moralischen und ästhetischen Empfindungen im Einklang stehen.
Klarheit Zum einen müssen die Ziele der Werbung klar formuliert werden, damit keine ungeeigneten Werbemaßnahmen ergriffen werden. Zum anderen muss die Werbeaussage so klar formuliert bzw. dargestellt sein, dass keine Fehlinterpretationen möglich sind. Sie könnten zu verheerenden Umsatzeinbrüchen führen.

8.3.4 Elemente der Werbeplanung

Werbung ist enorm teuer. Eine gute Werbeplanung ist deshalb unerlässlich.

Elemente der Werbeplanung

Gegenstand	Erläuterung, Beispiel
Werbeziele (Festlegung des Werbezwecks)	Die Werbeziele müssen konkretisiert werden, z. B.: „Steigerung des Bekanntheitsgrads von Produkt A um 50 %"; „Erzielung eines positiven Images bei Männern bis 35 Jahren"; „Neutralisieren einer Werbemaßnahme von Konkurrent X".
Werbetreibender (Festlegung des Werbenden)	**Einzelwerbung:** Werbung eines einzelnen Unternehmens → BLITZOBLANKO macht blitzblank **Gemeinschaftswerbung:** gemeinsame Werbung mehrerer Unternehmen ohne Namensnennung → TRINKT MILCH! **Sammelwerbung:** ebenso, aber mit Namensnennung
Werbebudget (Festlegung der Jahressumme für Werbeausgaben)	Manche Unternehmen setzen gleichbleibende oder leicht wachsende Beträge für Werbung ein. Andere werben gewinnabhängig: **Prozyklische Werbung** (abhängig von den vorhandenen Mitteln): höhere (geringere) Werbeausgaben bei höherem (niedrigerem) Gewinn **Antizyklische Werbung:** höhere Werbeausgaben bei sinkendem Gewinn, um den Absatz anzuregen. Voraussetzung: gutes Finanzpolster
Zielgruppe (Werbesubjekt) (Festlegung der Umworbenen)	Grundsätzlich die möglichen Käufer, ggf. aber auch andere Personen, die den Absatz beeinflussen (z. B. bei Süßigkeiten: Kinder als „Bedarfsäußerer"; bei Medikamenten: Ärzte, da Patientenwerbung gesetzlich verboten ist). **Direktwerbung (fein gestreute Werbung):** spricht nur die möglichen Käufer an; wirksam, aber – auf den einzelnen Adressaten bezogen – teuer; Breitenwirkung fehlt; sinnvoll bei bekanntem, begrenzten Abnehmerkreis (z. B. Anlagen, Maschinen) **Massenwerbung (grob gestreute Werbung):** Werbung in den Massenmedien Zeitungen, Zeitschriften, Rundfunk, Fernsehen; ermöglicht Breitenwirkung. Bietet sich bei Gütern des täglichen Bedarfs an, für die jedermann infrage kommt. Auch immer nötig, wenn die möglichen Käufer nicht genau erfassbar sind.
Werbeobjekte (Festlegung der Produkte)	Grundsatz: Zu bevorzugen sind die Produkte, bei denen die Werbung die Werbeziele am besten erfüllen kann. Häufig wird aber über die Firmenwerbung für die anderen Produkte indirekt mitgeworben. 
Werbemittel und Werbemedien (Festlegung der Übermittlungsart)	Grundsatz: Es sind die wirksamsten Mittel zu wählen (sprechen die Zielgruppe möglichst exakt an und drücken den Werbeinhalt am überzeugendsten aus). Die Eignung der infrage kommenden Medien ist zu prüfen (Inter-Media-Selektion). Wichtige Auswahlkriterien: Reichweite (Anzahl der Kontakte der Zielgruppe mit dem Medium), Kosten, Image des Mediums, Eignung zur Vermittlung der Werbebotschaft. Um die Kosten der Medien untereinander in etwa vergleichbar zu machen, berechnet man den Tausenderpreis. Dies ist der Preis für eine ganzseitige Anzeige oder einen 30-Sekunden-Spot, um tausend Leser (Zuschauer, Hörer) zu erreichen.
Streugebiet (Festlegung des Werbegebietes)	Einführungswerbung: oft Werbung auf Testmarkt zur Erfolgstestung; konkurrenzorientierte Expansions- oder Stabilisierungswerbung: Werbung im Gebiet des Wettbewerbs Ansonsten hängt das Streugebiet oft von einer schon bestehenden Vertriebsorganisation, den Werbekosten, dem Sitz der Zielgruppe ab.

SECHSTER ABSCHNITT

Streuzeit (Festlegung der Werbetermine)	Grundsatz: Erfolg soll zur gewünschten Zeit eintreten. Deshalb ist die Zeitspanne zwischen Werbemitteleinsatz und Erfolgseintritt zu beachten. Verfrühte Werbung wird vergessen, auf verspätete kann man nicht mehr reagieren. Bei saison- und konjunkturabhängigen Betrieben strebt man oft zur Stabilisierung von Kosten und Beschäftigung einen Ausgleich im Zeitverlauf an. Wichtig auch: Wahl der Wochen- oder Monatstage. Samstagwerbung z. B. ist teurer, aber oft wirksamer.

8.3.5 Werbekampagne

Größere Unternehmen schalten für ihre Werbemaßnahmen meist eine Werbeagentur ein. Diese verfügt über Spezialisten: Werbeleiter, Kontaktleute, Marktforscher, Psychologen, Grafiker, Designer, Textgestalter, Layouter, Dekorateure, Fotografen.

Oft lohnt es sich, hohe Kosten für diese Fachleute in Kauf zu nehmen, um einen größeren Werbeerfolg zu erzielen.

Die Werbeplanung vollzieht sich dann wie folgt:

Ablauf einer Werbekampagne

Festlegung des Werbebudgets
Von der Höhe der verfügbaren Mittel hängen die Werbestrategien und die Einschaltung in den Medien ab.

Briefing an die Agentur
Man leitet der Agentur alle notwendigen Informationen in Form eines **schriftlichen Berichts** (Briefing) zu. Die Informationen betreffen:
- die **Werbeziele** (z. B. Steigerung des Bekanntheitsgrades um 50 %),
- eine besondere **Verkaufsidee** (z. B. hervorragende Waschkraft eines Waschmittels),
- **Werbetreibende, Zielgruppe, Käufer, Konkurrenten, Produktpolitik** (Gestaltung, Vorzüge, Verpackung, Sortiment),
- **Preise, Rabatte, Verkaufseinsätze, Public-Relations-Maßnahmen.**

Entwicklung der Werbestrategie
Die Agentur entwickelt die Strategie. Diese legt eine **Kernbotschaft** fest (z. B. „einzigartiger Nutzen" des Gutes) und formuliert eine Beweisführung. Außerdem wird das Produkt mit einem Image versehen.

Gestaltung der Werbemittel, Erstellung des Mediaplans
z. B. Herstellung von Werbefilmen oder Anzeigen; Prüfung der Eignung der infrage kommenden Medien (Inter-Media-Selektion); Festlegung des Hauptwerbemediums, ggf. ergänzender Medien und des Streugebiets; Festlegung der Einschalttermine (Streuzeit)

Einschaltung in den Medien
Dies ist die Durchführung der Werbemaßnahmen.

1.) Das Produkt hat einen „einzigartigen" Nutzen: **hervorragende Waschkraft**.
2.) **Beweis:** Wir zeigen eine Hausfrau, die das Produkt auch nicht gegen die doppelte Menge eines anderen Produkts tauscht.
3.) Wir geben dem Produkt ein **Image:** Frische und Strahlen.

8.3.6 Kontrolle des Werbeerfolgs

Im Rahmen des Marketingcontrollings ist es wichtig, den Erfolg von Werbemaßnahmen zu kontrollieren und zu messen.

Einzelheiten hierzu finden Sie in Kapitel **12 Marketingcontrolling**.

SECHSTER ABSCHNITT

8.4 Verkaufsförderung (Salespromotion)

Die Haushaltselektro GmbH hat eine neuartige Küchenmaschine entwickelt. Demnächst erfolgt die Produkteinführung am Markt, begleitet von einer Werbekampagne im Fernsehen und in fünf Publikumszeitschriften. Zusätzlich sollen Verkaufspersonal, Absatzmittler und Handel durch Verkaufsförderungsmaßnahmen auf das neue Produkt eingestimmt werden:

- Verkaufspersonal und Kundendienst werden in einem speziellen Training mit Gebrauchs-, Bedienungs- und Reparaturanleitungen vertraut gemacht.
- Das Gerät wird auf der Haushaltswarenmesse vorgestellt. Es erfolgen Demonstrationen, und die Messebesucher (der Handel) erhalten umfangreiches Prospektmaterial.
- Alle Außendienstmitarbeiter erhalten Vorführgeräte.
- Werbewirksames Display-Material für die Warendemonstration in Fachgeschäften und Warenhäusern wird in Auftrag gegeben: Bodenaufsteller, Hinweisschilder, Vorführfilme (Video, DVD).
- In einem Preisausschreiben können Verbraucher 100 Geräte gewinnen.

Unter *Verkaufsförderung* versteht man zeitlich begrenzte Maßnahmen, die einerseits die Werbung, andererseits die Arbeit der Absatzorgane und des Handels koordinieren, ergänzen und unterstützen.

Die Verkaufsförderung kann sich wenden an

- die eigenen Absatzorgane: **Verkaufspromotion**
- den Handel: **Händlerpromotion (Merchandising)**
- die Verbraucher: **Verbraucherpromotion**

Zum Beispiel: technische Unterlagen, Kataloge, Display-Material, Verkäufertraining, Preisausschreiben, Gratisproben, Verlosungen.

Mittel der Verkaufsförderung

Sachliche Mittel (bereiten die Arbeit des Verkäufers vor, unterstützen, ergänzen sie)

Schriftliche Mittel: Verkaufs- und Werbebriefe; Prospekte, Kataloge, Listen; Produktbeschreibungen, Handbücher; Verfahrensbeschreibungen, Versuchs- und Laborberichte, wissenschaftliche Gutachten; Wirtschaftlichkeitsberechnungen und Vergleiche; Gebrauchs-, Bedienungs- und Montageanleitungen; technische Unterlagen (Diagramme, Zeichnungen, grafische Darstellungen); Sonderdrucke aus Veröffentlichungen und vervielfältigte Vortragsmanuskripte); Referenzlisten; Musterbriefe; kundenbezogene Angebots- und Korrespondenzgestaltung

Demonstrative Mittel: Messen und Ausstellungen; Produktvorführungen im Werk, beim Verwender oder Interessenten; Proben, Muster; Display-Material (Modelle, Attrappen, Bodenaufsteller, Hinweisschilder, Fotos, Filme); Gratisproben

Sonstige Mittel: Hauszeitschriften und Informationsdienste; Jubiläums- und sonstige Broschüren; redaktionelle Artikel; Betriebsbesichtigungen; Pressekonferenzen

Personelle Mittel (sind im Rahmen des Verkäufertrainings einsetzbar)

Schriftliche Mittel: Vertreterrundschreiben, Außendienstinformationen; verkaufsbezogene Druckschriften (Prospekte, Kataloge, Listen, Hauszeitschriften, Sonderdrucke, Referenzlisten usw.); technische Unterlagen (Zeichnungen, Leistungsdiagramme, Schaltpläne, Tabellen, Versuchsberichte usw.), Lehrbriefe, schriftliche Schulungskurse; Wettbewerbsvergleiche; Verkaufsargumentesammlungen; Einführungs- und Anmeldeschreiben für den Außendienst

Optische und akustische Mittel: Modelle, Muster; Zeichnungen, Fotos, Filme, Tonbildschauen; Fernsehaufzeichnungen

Verbale Mittel: Vorträge; persönliche Besprechnungen, Konferenzen, Tagungen; Arbeitsgemeinschaften; Diskussionen, Gruppenarbeit, Aussprachen; Rollenspiel; Falldiskussionen; Brainstorming

Persönliche Mitarbeit und unmittelbares Erleben: Übungen an Maschinen und Geräten; Werksbesichtigungen, Assistenz im Außendienst

Sonstige Mittel: Schulungskurse für Absatzmittler und Kunden; Beratung und persönliche Verkaufsunterstützung der Absatzmittler; Verkaufswettbewerbe und -prämien

8.5 Direct Marketing

Die Stadtwerke GmbH will eine telefonische Kundenbefragung durchführen. In jeder Straße ihres Versorgungsgebietes sollen 10 % der Anwohner nach dem Random-Verfahren ausgewählt und befragt werden, wie sie mit der eingeführten Strommarke evivo zufrieden sind. Befragten, die noch nicht Kunde sind, soll ein Beratungsgespräch angeboten werden.

Direct Marketing (Direktmarketing) entstammt dem Gedankengut des Direktvertriebs. Es zählt heute zu den wichtigsten Bereichen des Marketings.

Das Direct Marketing spricht den Kunden gezielt und individuell an. Damit will es die Grundlage für einen direkten Dialog schaffen.

Ziele von Direct Marketing:
- zielgruppengerechte Informationsübermittlung,
- Minimierung von Streuverlusten beim Dialog.

8.6 Event-Marketing

Ein **Event** ist eine informierende oder unterhaltende Veranstaltung. Unternehmen führen Events durch, um sich dem Kunden in erlebnisorientierter Form zu präsentieren, ihm näherzukommen und mehr über seine Ansichten, Wünsche und Erwartungen zu erfahren.

Beispiele:
- Kundenweihnachtsfeier bei BMW mit Thomas Gottschalk
- Produktpräsentation der Firma Miele für Einkäufer in einem nachgebauten Hofbräuhaus

Event-Marketing hat die Aufgabe, das Unternehmen, seine Produkte und Dienstleistungen im Rahmen von Events zu präsentieren. Eine Abstimmung mit dem Gesamtmarketing-Konzept ist unbedingt erforderlich.

Mit einem Event lassen sich wichtige Ziele erreichen:
- Erhöhung des Bekanntheitsgrads von Unternehmen und Leistungen,
- Schaffung eines positiven Images,
- Verbesserung des Dialogs mit Zielgruppen,
- Gewinnung neuer Kunden.

Event: Produktionspräsentation

Eventarten	Zielgruppen	Veranstaltungen
Interne Events	Führungskräfte, Mitarbeiter	Außendienstmitarbeitertreffen, Händlerpräsentationen, Aktionärsversammlungen, Festakte
Externe Events	Schlüsselkunden	Pressekonferenzen, Messen, Kongresse, Sponsoring-Events: Sport-, Musik-, kulturelle Veranstaltungen
Sonstige Events	Konsumenten	Bühnenauftritte, Talkshows mit Prominenten, Kleinkunst regionaler Künstler, Gewinnspiele, Kinderbelustigung, Mitmachaktionen, Produktpräsentationen

8.7 Gesetz gegen den unlauteren Wettbewerb (UWG)

Werbung kann unlautere Mittel einsetzen. Das UWG schützt Mitbewerber, Verbraucher und sonstige Marktteilnehmer vor unlauteren geschäftlichen Handlungen sowie das Interesse der Allgemeinheit an einem unverfälschten Wettbewerb (§ 1 UWG).

Unlauterer Wettbewerb laut UWG

Verbot unlauterer geschäftlicher Handlungen (§§ 3, 3a UWG)

Unlauteres Handeln ist unzulässig. Gegenüber Verbrauchern handelt unlauter, wer im Rahmen anständiger Marktgepflogenheiten die üblichen Anforderungen an die Sorgfalt nicht erfüllt und so das wirtschaftliche Verhalten des Verbrauchers wesentlich beeinflussen kann. Im Anhang zum UWG befindet sich hierzu eine „*schwarze Liste*".

Auch wer gegen Gesetze handelt, die das Marktverhalten regeln, und so die Interessen von Verbrauchern, Mitbewerbern und anderen spürbar beeinträchtigen kann, handelt unlauter.

Web

M 597

Mitbewerberschutz (§ 4 UWG)

Unlauter handelt, wer

- die Kennzeichen, Waren, Dienstleistungen, Tätigkeiten, persönlichen/geschäftlichen Verhältnisse eines Mitbewerbers herabsetzt oder Betriebs- oder Kreditschädigendes behauptet, das nicht erweislich wahr ist;
- Nachahmungen anbietet, wenn er die Abnehmer über die betriebliche Herkunft täuscht oder die Wertschätzung des Nachgeahmten unangemessen ausnutzt/beeinträchtigt oder die für die Nachahmung erforderlichen Kenntnisse unredlich erlangt hat;
- Mitbewerber gezielt behindert.

Aggressive geschäftliche Handlungen (§ 4a UWG)

Aggressiv und damit unlauter handelt, wer die Entscheidungsfreiheit von Verbrauchern oder anderen durch Belästigung, Nötigung (auch körperliche Gewalt) oder unzulässige Beeinflussung (Ausübung von Druck aufgrund einer Machtposition) erheblich beeinträchtigt.

Zeitpunkt, Ort, Art, Dauer der Handlung, drohende/beleidigende Formulierungen oder Verhaltensweisen, bewusste Ausnutzung von Unglück oder Umständen (z. B. Alter, Hilflosigkeit, geistig-seelischer Zustand, Leichtgläubigkeit), belastende Hindernisse nichtvertraglicher Art und das Androhen gesetzeswidriger Maßnahmen sind wesentlich für die Feststellung aggressiven Handelns.

Irreführende geschäftliche Handlungen (§ 5 UWG)

Handeln ist irreführend und unlauter bei unwahren Angaben oder täuschenden Angaben über

- die wesentlichen Merkmale der Ware/Dienstleistung,
- den Anlass des Verkaufs, den Preis, die Preisberechnung, die Lieferbedingungen,
- die Person, Eigenschaften, Rechte des Unternehmers,
- Aussagen/Symbole im Zusammenhang mit Sponsoring oder bezüglich einer Zulassung des Un-ternehmens oder der Waren/Dienstleistungen,
- die Notwendigkeit einer Leistung, eines Ersatzteils, eines Austauschs, einer Reparatur,
- die Einhaltung eines verbindlichen Verhaltenskodexes,
- Rechte des Verbrauchers, insbesondere Garantieversprechen und Gewährleistungsrechte.

Werbung, die Verwechslungen mit fremden Waren/Diensten, Marken begünstigt, ist irreführend;. ebenso Werbung mit einer Preissenkung, wenn der Preis nur unangemessen kurze Zeit gefordert wurde.

Irreführung durch Unterlassen (§ 5a UWG)

Wer dem Verbraucher bei Kaufaufforderungen (nicht bei bloßer „Aufmerksamkeitswerbung") die für die Kaufentscheidung wesentlichen Informationen vorenthält, handelt irreführend und unlauter. Dazu gehören alle wesentlichen Merkmale der Ware/Dienstleistung, Identität und Anschrift des Unternehmers, Gesamtpreis, alle zusätzlichen Fracht-, Liefer-, Zustellkosten, Zahlungs-, Liefer- und Leistungsbedingungen, ein Rücktritts- oder Widerrufsrecht. Unlauter ist es auch, den Verbraucher zu einem Geschäft zu verleiten, indem man dessen kommerziellen Zweck verschweigt.

Vergleichende Werbung (§ 6 UWG)

Vergleichende Werbung macht unmittelbar oder mittelbar einen Mitbewerber oder seine angebotenen Waren/Dienstleistungen erkennbar. Sie ist unlauter, wenn der Vergleich

- sich nicht auf Güter für den gleichen Bedarf oder Zweck bezieht,
- nicht objektiv auf wesentliche, relevante, nachprüfbare und typische Eigenschaften oder den Preis bezogen ist,
- im Geschäftsverkehr zu Verwechslungen zwischen Werbendem und Mitbewerber oder deren Waren oder Kennzeichen führt,
- die Wertschätzung eines Kennzeichens des Mitbewerbers unlauter ausnutzt oder beeinträchtigt,
- die Waren, Dienstleistungen, Tätigkeiten oder persönlichen oder geschäftlichen Verhältnisse des Mitbewerbers herabsetzt/verunglimpft,
- eine Ware/Dienstleistung als Imitation/Nachahmung einer unter einem geschützten Kennzeichen vertriebenen Ware/Dienstleistung darstellt.

Unzumutbare Belästigungen (§ 7 UWG)

Unzumutbare Belästigungen sind unzulässig. Sie sind anzunehmen

Web

M 598

- bei erkennbar unerwünschter Werbung;
- bei Werbung per Telefonanruf, automatischen Anrufmaschinen, Fax, E-Mail ohne Einwilligung des Adressaten (Ausnahmen bei E-Mail);
- bei Werbung mit Nachrichten, 1. bei denen die Identität des Absenders verschleiert/verheimlicht wird, 2. die gegen § 6 Abs. 1 TMG verstoßen oder den Empfänger zum Aufruf einer dagegen verstoßenden Website auffordern, 3. bei denen es keine gültige Adresse gibt, die der Empfänger zum Basistarif zur Einstellung der Nachrichten auffordern kann.

Wer gegen das UWG handelt, kann auf Beseitigung, bei Wiederholungsgefahr auf Unterlassung in Anspruch genommen werden (§ 8 UWG). Bei Vorsatz muss er Mitbewerbern den Schaden ersetzen (§ 9 UWG). Erzielt er einen Gewinn zulasten vieler Abnehmer, kann er auf Herausgabe an den Bundeshaushalt in Anspruch genommen werden (§ 10 UWG). Auch Freiheits-/Geldstrafen sind möglich (§§ 16, 20 UWG).

Die Rechte nach §§ 8 und 10 UWG haben leider nicht die ggf. betroffenen Verbraucher, sondern nur: Mitbewerber; Unternehmerverbände, deren Mitglieder betroffen sind; Verbraucherschutzeinrichtungen (z. B. Verbraucherzentralen); IHKs und Handwerkskammern.

SECHSTER ABSCHNITT

Arbeitsaufträge

1. **Public Relations sind heute in enger Verbindung mit der Corporate Identity zu sehen. Hinter diesem Begriff verbirgt sich eine Philosophie, derzufolge der Erfolg des Unternehmens wesentlich davon abhängt, ob es ihm gelingt sich eine „Identität" zu geben, sich als ein geschlossenes, unverwechselbares Ganzes zu präsentieren. Jeder Mitarbeiter soll sich mit den Zielen des Unternehmens identifizieren, ein positives Gefühl der Verbundenheit zu ihm entwickeln und sich entsprechend für es einsetzen. Darüber hinaus soll das Unternehmen als Einheit von der Außenwelt erkannt und – mehr noch – anerkannt werden. Die werbewirksame Anbringung des Logos (Firmenzeichens) auf Geschäftspapieren, Gebäuden, Fahrzeugen, Kleidung, Anzeigen, Kundenzeitschriften u. a. m. ist als grundlegende Public-Relations-Maßnahme zu sehen. Desgleichen dient eine einheitliche Berufskleidung für die Mitarbeiter von immer mehr Firmen dazu, das Image nach außen hin zu prägen und das Selbstverständnis der Mitarbeiter nach innen zu stärken ...**
   a) Erläutern Sie den Begriff „Public Relations".
   b) Wodurch unterscheiden sich Public Relations von der Absatzwerbung?
   c) Inwiefern können die oben genannten Maßnahmen als grundlegende Public Relations-Maßnahmen bezeichnet werden?

2. **Der Verkaufsdirektor der Firma Rheinische Haushaltselektro GmbH äußert sich in einer Mitarbeiterbesprechung über die Absatzlage:**
„Demnächst werden wir unsere neue Küchenmaschine „Super-Blitz" auf den Markt bringen, eine Neuentwicklung, die mixen, pressen, zerkleinern, schneiden, hacken, stampfen, sägen kann.
Der Marktanteil unseres Trockenautomaten „Trocken-Blitz" liegt bei dem für uns niedrigen Wert von 6 %. Die Konkurrenz unterbietet unseren Preis bis zu 15 % mit Waren von geringer Qualität.
Seit längerer Zeit ist der Absatz unseres seit zehn Jahren hergestellten Tauchsieders „BlitzKoch" stark rückläufig."
   a) Man beschließt geeignete Werbemaßnahmen für die drei Produkte. Welche Aufgaben verfolgt die Werbung im jeweiligen Fall?
   b) Welche Werbemittel könnte man sinnvollerweise einsetzen?

3. **Die GERRING FERTIGBAU GmbH ist ein industrieller Hersteller von Fertighäusern in Massivbauweise (zweischalige hinterlüftete Betonwand mit Styroporisolierung).**
Die in Dortmund ansässige Firma konnte wegen der hohen Transportkosten für die Betonelemente bisher nur einen Umkreis mit einem Radius von 150 km beliefern, ist jedoch im Begriff, ein Zweigwerk in Aschaffenburg zu eröffnen. Im letzen Jahr konnten 964 Häuser (durchschnittlicher Preis: 120 000,00 EUR), davon 453 mit Keller (durchschnittlicher Preis: 25 000,00 EUR) ausgeliefert werden. Weitere Präzisierungen nehmen Sie bitte selbst vor.
Lösen Sie die folgenden Arbeitsaufträge in Gruppenarbeit:
   a) Arbeiten Sie einen Werbeplan für dieses Unternehmen für das Jahr 20.. aus.
   b) Das Unternehmen unterhält an mehreren Orten Musterhäuser. Wie kann mittels dieser Häuser wirksam Werbung betrieben werden?
   c) An Bauwillige sendet die Fertighausfirma Werbebriefe mit dem notwendigen Informationsmaterial. Fassen Sie einen solchen Werbebrief ab. Beachten Sie: Die Werbegrundsätze müssen berücksichtigt werden. Hervorzuheben sind vor allem die technischen Eigenschaften und die Wohneigenschaften des Bauprogramms sowie die Zuverlässigkeit des Lieferanten. Der Briefstil soll anziehend sein, vielleicht auch den einen oder anderen Werbegag enthalten, aber nicht übertreiben.

4. **Die Werbung wendet sich oft an das Unterbewusstsein und versucht dort z. B. Wünsche, Bedürfnisse oder Ängste zu aktivieren. Es werden Bereiche wie Ansehen, Prestige, Sex, Männlichkeit, Weiblichkeit, Mut, Jugend, Schönheit, Modern-Sein, Versagen u. a. m. angesprochen.**
Beispiele für entsprechende Werbeaussagen:
   (1) „Weite, Einsamkeit, harte Männer auf wilden Pferden. Dazu gehört die Pamir-Extra, herb im Geschmack, stark im Aroma. Eine Zigarette für Männer. Selbstverständlich ohne Filter (Nikotinarm im Rauch)."
   (2) „Warum schreit das Baby? Es hat doch alles, was es braucht! Frische Windeln und ein duftiges Bettchen! Halt, habe ich etwa Flora-Sanft im letzten Spülgang vergessen? Sollte ich wirklich eine so schlechte Mutter sein?"
   (3) „Jugend, Frische, Schönheit! Auch Ihr Mund wird begehrenswerter mit dem Frische-Schock von Super-Weiß, der Zahncreme mit dem atemberaubenden Sexappeal. Nehmen Sie nicht zu viel davon. Ihr eigener Mann könnte Sie wieder küssen wollen."
   (4) „Endlich ist er da, der Wagen mit den schwarzen Rallye-Streifen auf den Flanken, 150 PS stark, mit Rennfelgen, Gürtelreifen, Überrollbügel serienmäßig. Von diesem Wagen werden die meisten Autofahrer nur das Heck sehen."
   a) Welche Bereiche werden durch diese Werbetexte angesprochen?
   b) Formulieren Sie eine Kritik an dieser Art von Werbung.

5. **An der Werbung wird oft Kritik geübt. Dabei werden z. B. folgende Argumente vorgetragen:**
   a) **Der Kunde verlangt Waren, die er braucht. – Werbung kann zum Kauf von Waren führen, die man nicht braucht.**
   b) **Der Kunde verlangt sachliche Informationen. – Die Werbung kann Unwahrheiten verbreiten.**
   c) **Der Kunde verlangt preisgünstige Waren. – Werbung verteuert die Waren.**

   Erläutern Sie diese Argumente näher. Formulieren Sie andererseits Gegenargumente.

6. **Auch Maßnahmen der Verkaufsförderung haben werbenden Charakter. Ihre Zielrichtung ist jedoch eine andere als bei den Maßnahmen der Absatzwerbung.**
   a) Erläutern Sie, wodurch sich Verkaufsförderung und Werbung unterscheiden.
   b) Nennen Sie Maßnahmen der Verkaufsförderung, die über den Bereich der Werbung hinausgehen.

7. **Seit Jahren stagniert der Markt für Schokolade. Als Innovation will nun die Firma Alfred Knappe GmbH eine Schokoladentafel in Dreiecksform auf den Markt bringen.**
   a) Erstellen Sie in Teamarbeit ein Briefing für die Werbeagentur Splendid, die mit der Durchführung der Werbekampagne beauftragt werden soll.
   b) Entwickeln Sie – ebenfalls in Teamarbeit – zwei alternative Werbestrategien.

8. **„Gespannt verfolgen 4 000 Daimler-Vertriebsmitarbeiter in der Frankfurter Festhalle die Geburtsstunde der neuen C-Klasse. Eine faszinierende Inszenierung stimmt das Publikum emotional auf das neue Automobil ein. Wie aus einem Kokon lösen sich die Karossen langsam aus einer weißen Gaze ...“.**

   Events gewinnen immer mehr an Bedeutung.
   a) Welche Ziele könnten mit dem beschriebenen Event angestrebt werden?
   b) Nennen Sie spontan weitere mögliche Anlässe für ein Event.
   c) Entwickeln Sie ein Event für „Fünzig Jahre Binox-Suppen“.

9. **Kommunikationspolitische Instrumente im Internet werden für Unternehmen immer wichtiger. Beispiele: Bannerwerbung, Gewinnspiele, Produktchats, Produkt-Konfigurator**
   a) Nennen Sie Gründe für die zunehmende Bedeutung dieser Instrumente.
   b) Vergleichen Sie Werbung im Fernsehen, Rundfunk und Internet. Diskutieren Sie über die Stärken und Schwächen dieser Medien.

10. **Verschiedene Anbieter nehmen folgende Handlungen vor:**
    a) **Ein Lebensmittelhändler stellt im Schaufenster besten Wein zu sehr niedrigem Preis aus. Er erklärt aber einem Kunden, es handele sich um einen Irrtum in der Preisangabe. Nach einer Woche steht die Flasche immer noch mit dem alten Preis im Schaufenster.**
    b) **„Im größten Teppichlager am Niederrhein führen wir Teppiche aller Preisklassen und Qualitäten!“ – Das Teppichlager ist in Wirklichkeit mittelmäßig groß.**
    c) **Ein Kaufmann behauptet einem Kunden gegenüber, sein Konkurrent X habe überhaupt keine kaufmännische Ausbildung und sei zur Führung eines Geschäftes nicht geeignet.**
    d) **Ein Kaufmann wirbt mit dem Schild „Räumungsverkauf – Alle Artikel sind stark reduziert!“ Ein Kunde bemerkt, dass nach einer gewissen Zeit die geschmolzenen Bestände wieder aufgefüllt werden.**
    e) **Eine Waschmittelfirma wirbt für ihr Produkt: „Nichts wäscht reiner!“**
    f) **Ein Weinhändler bringt an seinen Flaschen Medaillen für frei erfundene Qualitätsprüfungen an.**
    g) **Ein Lebensmitteleinzelhändler hat an seinen Waren keine Preisauszeichnungen.**
    h) **Ein Tintenhersteller benutzt das fremde Markenzeichen „Pelikan“.**
    i) **Ein Einzelhändler gewährt einen Barzahlungsrabatt von 3 % an alle seine Kunden.**
    j) **Zu Fischdosen erhält der Kunde von diesem Einzelhändler gratis einen Dosenöffner.**
    k) **Ein Hersteller von Zahnpasta liefert an Geschäfte, die sich verpflichtet haben, die Ware nur zu den vom Hersteller vorgeschriebenen Preisen zu verkaufen.**

    Beurteilen Sie, ob diese Handlungen zulässig sind. Geben Sie an, gegen welche gesetzlichen Bestimmungen sie gegebenenfalls verstoßen.

9 Marketing-Konzeption von Metallweb e. K.

9.1 Strategische Ziele

Rüdiger Maltmann, der Inhaber von MGB, merkt bei der Vorstellung seiner Aktivitäten (siehe S. 20) an, dass er ein zweites Unternehmen gekauft hat. Es handelt sich um Metallweb e. K., ein mittelständisches Unternehmen mit Sitz in Dortmund, das Metallgewebe für architektonische Zwecke herstellt. Diese sog. Architekturgewebe werden von der Metallweb zu zahlreichen Endprodukten verarbeitet: zu Raumteilern, Deckenabhängungen, Außenfassaden, Sonnenschutz, Balkon-, Säulen- und Treppenhausverkleidungen sowie Rolltoren. Ein neuer Geschäftsbereich „Objektdesign“ soll hinzukommen. Sein Gegenstand: Herstellung und Vertrieb von Designobjekten im Möbelbereich. Marktanalysen und die Teilnahme an Möbelmessen in Salzburg, Hannover, Frankfurt, Paris und Köln führten zu der Erkenntnis, dass der Bereich Objektdesign gute Absatzchancen eröffnet. Maltmann plant deshalb einen schnellen Einbau dieses Bereichs in die Betriebsorganisation. Er will formschöne Designobjekte von hoher Qualität kreieren. Größte Bedeutung misst er der Entwicklung einer Erfolg versprechenden **Marketing-Konzeption** für den neuen Geschäftsbereich bei.

„Das Jahr der Übernahme von Metallweb geht als Jahr 01 in unsere Planungen ein. Die Ergebnisse der ersten drei Quartale liegen uns bereits vor. Die Marktsituation ist momentan stabil, sodass wir leicht das Gesamtjahresergebnis vorausberechnen können. Auf der Basis dieses Ergebnisses und auf der Basis der uns vorliegenden Erkenntnisse unserer Marktforschung geben wir der Geschäftsführung für die strategische Planung einen Zeitraum von fünf Jahren vor. Diese Planung bezieht sich also auf die Jahre 02 bis 06.“

Wie eine Marketing-Konzeption entsteht, haben wir schon auf Seite 530 dargestellt. Um den Rahmen nicht zu sprengen, beschränken wir unsere Ausführungen zur Marketing-Konzeption von Metallweb auf den Geschäftsbereich Objektdesign.

Bei der Zielplanung sind zunächst die Unternehmensziele festzulegen. Davon ausgehend leitet die Geschäftsführung von Metallweb für den Planungszeitraum (Jahre 02 bis 06) strategische Ziele für die Funktionsbereiche und dann für die Geschäftsbereiche ab.

Beispiel: Strategische Ziele von Metallweb

Strategisches Unternehmensziel:
Steigerung des Unternehmensgewinns um 25 % bis zum Jahr 06 (im Durchschnitt 5 Prozentpunkte pro Jahr). Basis ist der Gewinn des Jahres 01.

Strategische Ziele für die Funktionsbereiche des Unternehmens:

Beschaffung:
Maximaler Anstieg der Beschaffungskosten um 2,5 % bis zum Jahr 06 (im Durchschnitt 0,5 Prozentpunkte pro Jahr)

Produktion:
- Senkung der Personalkosten um 35 % bis zum Jahr 06 (im Durchschnitt 7 Prozentpunkte pro Jahr)
- Entsprechende Steigerung der Produktivität durch Automatisierung

Finanzierung:
Erhöhung des Eigenkapitalanteils am Gesamtkapital um 10 % bis zum Jahr 06

Marketing:
- **Ökonomische Ziele:**
  - Steigerung von Umsatz und Deckungsbeitrag um 20 % bis zum Jahr 06 (im Durchschnitt 4 Prozentpunkte pro Jahr) in den Zielländern Deutschland, Benelux, Schweiz und Österreich
  - Jahr 02: Erzwingung des Marktzugangs in Polen und Tschechien für die Altprodukte
  - Jahr 03 bis 06: Erreichen eines Marktanteils von 5 % bis zum Jahr 06

- **Psychografische Ziele:**
  - Steigerung des Bekanntheitsgrades des Unternehmens in den alten Zielländern um 50 % bis zum Jahr 03.
  - Bekanntheitsgrad: 40 % der Bewohner der neuen Zielländer im Alter von 25 bis 65 Jahren sollen den Namen und den Gegenstand des Unternehmens ab Jahr 03 kennen.

Strategische Ziele für die einzelnen Geschäftsbereiche:

Geschäftsbereich Objektdesign:

- **Ökonomische Ziele:**
  - Erreichen eines Marktanteils von 5 % in den Zielländern Deutschland, Benelux, Schweiz und Österreich bis zum Jahr 06
    Jahr 02: Erzwingung des Marktzugangs
    Jahr 03 bis 06: Jährliche Steigerung des Marktanteils um einen Prozentpunkt
  - Erzielen eines Umsatzes von 3 000 000,00 EUR und eines Deckungsbeitrags von 900 000,00 EUR bei einer Absatzmenge von 3 000 Designermöbeln im Jahr 06
  - In den Jahren 02 bis 05 stetiger Aufbau des Umsatzes und Absatzes
- **Psychografische Ziele:**
  - Steigerung des Bekanntheitsgrades: 40 % der Bewohner der Zielländer im Alter von 25 bis 65 Jahren sollen die Produkte ab Jahr 03 kennen
  - Erzielung eines Images von Exklusivität und hoher Qualität

Andere Geschäftsbereiche:
Entsprechende Ziele werden hier nicht behandelt.

9.2 Marketingstrategien

„Die Produkte von Metallweb werden bisher in Deutschland, Benelux, Schweiz und Österreich vertrieben. Jetzt wollen wir neue Märkte in Osteuropa erschließen: Tschechien und Polen. Wir werden dort die gleichen Marktsegmente bearbeiten wie in den bestehenden Absatzgebieten.

Die Produkte des neuen Bereichs Objektdesign hingegen wollen wir zunächst nur auf unseren alten Märkten anbieten, bis wir ausreichende Erfahrungen gesammelt haben."

Marktsegmentierungsstrategie

Die Geschäftsführung von Metallweb wählt Erfolg versprechende Marktsegmente aus, die für den Vertrieb der geplanten Designobjekte bearbeitet werden sollen.

Beispiel: Marktsegmentierung; Auszug aus dem Policy Paper

Aus dem Gesamtmarkt werden folgende Zielgruppen ausgewählt:
- Unternehmen allgemein (Möglicher Bedarf: Designmöbel in Eingangshallen, Empfangs-, Repräsentationsräumen),
- Unternehmen des Wellnessbereichs (Möglicher Bedarf: spezielle Liegen),
- Privatpersonen mit einem Monatsnettoeinkommen über 10 000,00 EUR.

Wachstumsstrategien

Wie oben geschildert, strebt Metallweb ein beständiges Wachstum am Markt an, das sich in der Steigerung des Umsatzes ausdrückt. Man will dieses Ziel erreichen, indem man zwei Wachstumsstrategien verfolgt:

Beispiel: **Wachstumsstrategien; Auszug aus dem Policy Paper**

- **Strategie der Marktentwicklung**
  Diese Strategie wollen wir den bestehenden Geschäftsbereichen zugrunde legen: Wir wollen den Umsatz durch die Erschließung neuer Absatzmärkte (Polen, Tschechien) steigern.
- **Strategie der horizontalen Diversifikation**
  Diese Strategie wollen wir dem neuen Geschäftsbereich Objektdesign zugrunde legen. Dabei sind zwei parallele Entwicklungslinien zu verfolgen:
  - **die Linie der Produktentwicklung**
    Es sind Produktinnovationen (Designmöbel aus Architekturgewebe) zu entwickeln. Diese sollen die gleichen Halberzeugnisse – Metallgewebe – wie das bisherige Produktprogramm verwenden. Die Metallgewebe sollen jedoch zu neuen Enderzeugnissen (Möbeln) verarbeitet werden.
  - **die Linie der Marktentwicklung**
    Der Geschäftsbereich soll Marketinginstrumente zur Bearbeitung der neuen Zielgruppen entwickeln, die geeignet sind, die geplanten Umsatz- und Deckungsbeitragsziele zu erreichen.

Eine **horizontale** Diversifikation liegt hier vor, weil die neuen Produkte noch in sachlichem Zusammenhang mit den bisherigen Produkt-Markt-Kombinationen stehen (gleiche Halberzeugnisse).

Übrigens betreibt auch die Muttergesellschaft MGB Diversifikation: Mit dem Kauf von Metallweb erweitert sie ihr Absatzprogramm um Leistungen, die mit ihren bisherigen Produkt-Markt-Kombinationen in keinem Zusammenhang stehen: der typische Fall einer **lateralen** Diversifikation.

Wettbewerbsstrategie

Metallweb entscheidet sich für die Strategie der Differenzierung.

Beispiel: **Wettbewerbsstrategie; Auszug aus dem Policy Paper**

Die Möbel aus Architekturgewebe sollen aufgrund hoher Qualität und edler Materialien Luxus und Exklusivität vermitteln. Deshalb verfolgen wir eine Differenzierungsstrategie: Alle Marketinginstrumente sind so zu planen, dass die Einzigartigkeit der Produkte deutlich herausgestellt wird.

9.3 Marketinginstrumente im Marketing-Mix

Leistungspolitische Ziele und Leistungsmix

Metallweb setzt die folgenden Ziele und plant auf deren Basis den Leistungsmix.

- **Produktinnovation:** Innovative Designmöbel aus Architekturgewebe entwickeln!
- **Produktgestaltung:** Beste Qualität, umweltfreundliche Materialien, attraktive Produktnamen!
- **Produktvariation:** Momentan keine. Frühestens nach erfolgreicher Markteinführung neue Entscheidung über Produktvariationen treffen!
- **Produktprogramm:** Vier Produkte entwickeln: Liege, Lounge Chair, Square Desk, Square Box!
- **Markenpolitik:** Alle Produkte mit einheitlichem Markenzeichen ausstatten!
- **Servicepolitik:** Mindestvorgaben: Produktaufbau beim Kunden durch den Lieferanten; langfristiger Ersatzteildienst; kostenloser Reparaturdienst!

Beispiel: Leistungsmix; Auszug aus dem Policy Paper

- Die Produkte Fly Away, Silver Queen, Silver Beauty und Silver Box sind zu entwickeln.
- Das Gewebe und alle Teile der Produkte sind aus Edelstahl zu fertigen.
- Die Produkte sollen unter der gemeinsamen Marke *Silver Web* vertrieben werden. Das Markenzeichen soll auf jedem Produkt angebracht werden.
- Die Produkte sollen kostenfrei angeliefert und aufgebaut werden.
- Den Kunden ist ein kostenloser Ersatzteil- und Reparaturdienst für 20 Jahre ab Kauftag zuzusichern.

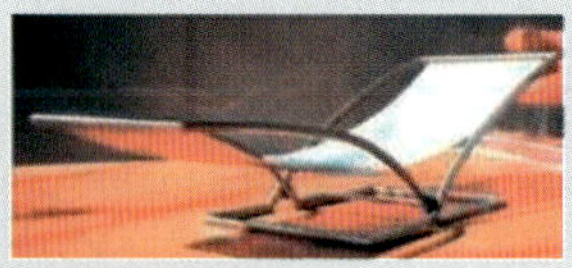
Liege „Fly Away“

Square Desk „Silver Queen“

Metall-gewebe

Lounge Chair „Silver Beauty“

Square Box „Silver Box“

Distributionspolitische Ziele und Distributionsmix

Metallweb setzt folgende Ziele und plant auf deren Basis den Distributionsmix.

- **Absatzorgane:** Für den Verkauf an Verbraucher sind neue Absatzorgane zu entwickeln. Für den Verkauf an Unternehmen und staatliche Einrichtungen ist das bestehende Handelsvertreternetz einzusetzen.
- **Absatzwege:** Indirekter Absatz, evtl. mit Hersteller-Verkaufsstand
- **Absatzlogistik:** Absatzläger vermeiden! Lieferung durch Hausspediteur

Beispiel: Distributionsmix; Auszug aus dem Policy Paper

- Die zentrale Verkaufsabteilung nimmt Kundenbestellungen entgegen.
- In 250 Verkaufsstellen der regional größten Möbelhändler des Absatzgebietes werden je 15 m^2 Fläche für Hersteller-Verkaufsstände angemietet. Werbewirksame Kennzeichnung als „Silver Web Shops“. Der Verkauf erfolgt durch den Händler als Kommissionär.
- Weiterhin erfolgt der Vertrieb durch ausgewählte hochpreisige Fachgeschäfte in exklusiven Geschäftslagen von Metropolen des Absatzgebietes (z. B. Düsseldorf: Königsallee; Frankfurt: Zeil).
- Der Vertrieb an Unternehmen und staatliche Einrichtungen erfolgt durch drei selbstständige Handelsvertreter von Metallweb: für Deutschland, für Benelux, für Österreich/ Schweiz.

Kontrahierungspolitische Ziele und Kontrahierungsmix

Metallweb setzt die folgenden Ziele und plant auf deren Basis den Kontrahierungssmix.

- **Preise:**
  - Luxusgüter, deshalb hohe Preise setzen
  - Rabatte gezielt einsetzen
  - Zur Zahlungsbeschleunigung Skonto gewähren
- **Konditionen:**
  - Zahlungsziel maximal 30 Tage
  - Für Verpackungs- und Transportkosten Frankogrenzen setzen
  - Lange Garantiefristen einräumen

Beispiel: Kontrahierungsmix; Auszug aus dem Policy Paper

- Die Produkte sollen mit Endverkaufspreisen ausgezeichnet werden. Für den Handel stellen sie empfohlene Richtpreise dar.
- Die Preise sollen für Direktverkäufe an Endabnehmer 50 % Gewinnzuschlag enthalten. Händler erhalten einen Wiederverkäuferrabatt von 35 %, staatliche Einrichtungen einen Behördenrabatt von 20 %.
- Das Zahlungsziel soll maximal 30 Tage betragen. Bei Zahlung binnen 10 Tagen sollen 3 % Skonto gewährt werden.
- Werkslieferungen an Endabnehmer sollen frei Haus einschließlich Verpackung erfolgen. Für Lieferungen an Händler und staatliche Einrichtungen soll dies für Bestellungen ab 10 000,00 EUR gelten.
- Die Garantiefrist für Produktmängel soll 20 Jahre bei bestimmungsgemäßem Gebrauch betragen.

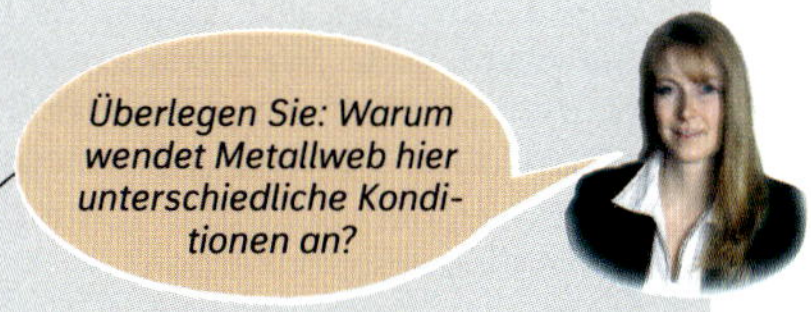

Kommunikationspolitische Ziele und Kommunikationsmix

Metallweb setzt die folgenden Ziele und plant auf deren Basis den Kommunikationsmix.

- **Werbung:**
  - Die Marke „Silver Web" soll im gesamten Absatzgebiet bekannt gemacht werden. 40 % der Bewohner im Alter von 25 bis 65 Jahren sollen sie kennen.
  - Die Einzigartigkeit der Markenartikel soll vermittelt werden.
  - Psychologische Werbeziele werden gemäß AIDA-Formel festgelegt!
- **Verkaufsförderung:** Vertreter, Kommissionäre und Händler sind mit dem notwendigen Informations- und Werbematerial auszustatten.

Beispiel: Kommunikationsmix; Auszug aus dem Policy Paper

- Zur Markeneinführung soll ein Werbespot (7 Sekunden) im Abendprogramm des Fernsehens geschaltet werden. Werbedauer vier Wochen.
- Hochglanz-Werbeprospekte zur Auslage in allen Verkaufsstellen und zur Verteilung durch Vertreter und Kommissionäre sind zu erstellen.
- In Jahr 02 soll einmal monatlich eine Anzeige (1/3 Seite) abwechselnd in den Zeitschriften „Schöner Wohnen", „Zuhause", „Living At Home", „Elle" und „Wohnideen" geschaltet werden. Die Anzeigen zeigen Einzelobjekte in gepflegter Wohnumgebung.

- Der Fachzeitschrift *Möbel & Design* soll eine Reportage zur Veröffentlichung angeboten werden. Sie soll den Produktionsprozess der Objekte vorstellen und die Ergebnisse des Qualitäts- und Umweltmanagements hervorheben.

Arbeitsaufträge

1. **Die Fahrradfabrik Super Bike GmbH hat dem Tüftler Dipl.-Ing. Wolfgang Christ die Gebrauchsmusterrechte für den Wetterschutz eines Fahrrades abgekauft, das von Super Bike produziert wird. Sie plant, das „Wetterschutzfahrrad" unter dem Namen „Fluise" zu produzieren, und will für den Absatz eine Marketing-Konzeption entwickeln.**
   a) In welchen Schritten sollte die Marketing-Konzeption erstellt werden?
   b) Entwickeln Sie Gedanken zum strategischen Teil der Konzeption.
   c) Machen Sie sich vor allem Gedanken darüber, welche Marketinginstrumente Sie einsetzen und zu einem sinnvollen Marketing-Mix verbinden würden.

2. **Auf Seite 378 dieses Buches werden Ihnen die Hochalp Käsefabriken als Produzent von Schmelzkäse vorgestellt. Das Unternehmen stellt neben Schmelzkäse aber auch alle anderen gängigen Käseprodukte her.**
   Versuchen Sie darzustellen, welche Wechselwirkungen zwischen dem Einsatz der folgenden Marketinginstrumente bei diesem Hersteller bestehen können.
   a) Sortimentspolitik und Absatzwerbung
   b) Preispolitik und Absatzwerbung
   c) Produktpolitik und Distributionspolitik
   d) Distributionspolitik und Absatzwerbung

3. **Die Koordination der produktbezogenen absatzpolitischen Instrumente eines Herstellers kann auch zu Abstimmungsproblemen mit den Handelsbetrieben führen.**
   Zeigen Sie dies anhand der Instrumente Sortimentspolitik, Absatzwerbung, Verkaufsförderung, Markenpolitik und Preispolitik auf.

10 Kundennahe Geschäftsprozesse[1]

Auszüge aus Unternehmensleitbildern:

- **OSRAM AG:** „Wir machen besseres Licht für mehr Lebensqualität. Wir sind kundenorientiert. Bei allem, was wir tun, fragen wir uns, ob es unseren Kunden nützt und sie zufrieden stellt."
- **HEITEC AG:** „Wir sind so gut, wie unsere Kunden mit uns zufrieden sind."
- **SIEMENS AG:** „Der Kunde bestimmt unser Handeln. Herausragender Kundennutzen ist unser Ziel. Unser Erfolg hängt von der Zufriedenheit der Kunden ab. Mit unseren Lösungen erreichen sie ihre Ziele schneller, besser und einfacher."

[1] Vgl. S. 122.

10.1 Kundenmanagement

In der Welt der Käufermärkte dreht sich alles um den Kunden. Seine Wünsche gilt es zu erkennen und optimal zu befriedigen. Im harten Konkurrenzkampf ist es von größter Bedeutung, Kunden zu gewinnen und dauerhaft zu binden. Grundsätzlich vollzieht sich dies über folgenden Prozess:

Kunden identifizieren → Kunden akquirieren → Auftrag abwickeln → Kunden nachbetreuen → Kunden binden

Aufgabe des Kundenmanagements ist es, optimale Wege und Methoden zur Kundengewinnung und Kundenbindung zu finden.

Kundenmanagement ist ...

... vorteilhaft für das Unternehmen	... notwendig wegen der Tendenzen im Wettbewerb	... notwendig wegen der Tendenzen im Kundenverhalten
• Stammkunden kaufen mehr. • Zufriedene Kunden empfehlen weiter. • Stammkunden sind toleranter. • Langfristige Kunden verursachen weniger Kosten. • Das Potenzial eines Kunden wird besser ausgenutzt. • Stammkunden sind weniger preissensibel. • Die Arbeit mit bekannten Kunden macht mehr Freude. • Zufriedene Kunden kommen wieder.	• Die Konzentrationsprozesse verstärken sich. • Neue Vertriebswege entstehen (Internet). • Marktnischen werden erforscht und genutzt. • Die Globalisierung verändert die Angebots- und Nachfragestruktur. • Innovationen werden schneller eingeführt und verschwinden schneller wieder. • Branchengrenzen verschwinden (Beispiel: Tankstellen).	• Die Kunden wechseln schneller. • Die Kunden erwarten ein besseres Preis-/Leistungsverhältnis. • Die Kunden erwarten mehr Beratung/Service. • Die Kunden erwarten zunehmend Modulangebote. • Die Kunden bilden zunehmend Netzwerke.

10.2 Kundentypen

Die Kunden, die der Anbieter auf dem Markt antrifft, unterscheiden sich in vielerlei Hinsicht (z. B. in ihren Bedürfnissen, ihrer Kaufkraft, ihrem Verhalten). Sich auf den Kunden individuell einzustellen, setzt die Kenntnis der unterschiedlichen Kundentypen voraus. Diese Kenntnis hilft v. a. bei der Frage, wer wirklich ein **wertiger (umsatzstarker) Kunde** ist und welche Leistungen erbracht werden müssen, um ihn zufriedenzustellen.

Unterscheidungs-merkmal	Kundentyp	Erläuterungen
Rechtsstatus und Güterverwendung	• Verbraucher • Unternehmen • Behörden	Haushalte; Güterverwendung für Konsumzwecke. Gewerbliche Kunden, Güterverwendung für Produktionszwecke. Staatliche Kunden, Güterverwendung für Kollektivbedürfnisse.
Dauer der Kunden-beziehung	• Stammkunden • Neukunden	Langjährige Geschäftsbeziehung. Wichtig: Kundenpflege. Neue Geschäftsbeziehung. Wichtig: Kunden speziell ansprechen! (Soll Stammkunde werden!)
Kenntnis über nachgefragte Leistungen	• Laien • Experten	Ohne Produkt-/Marktkenntnisse. Benötigen Beratung. Gute Produkt-/Marktkenntnisse. Oft hohe Ansprüche an Preis, Konditionen, Qualität, Service.
Ertrag (Umsatz)	• A-Kunden	Hoher Umsatz. Deshalb sehr wichtig für Geschäftserfolg. Individuelle Ansprache nötig.
	• B-Kunden • C-Kunden	Relativ niedriger Umsatz. Sehr niedriger Umsatz. Keine individuelle Ansprache!
Kundentreue	• X-Kunden • Y-Kunden • Z-Kunden	Sehr treu, wechseln den Lieferanten nicht. Regelmäßiger Kauf; hohe Vorhersagegenauigkeit. Weniger treu; Schwankungen trendmäßig erfassbar; mittlere Vorhersagegenauigkeit. Wechselfreudig; niedrige Vorhersagegenauigkeit.
Kundenpotenziale	• Kunden mit Referenzpotenzial • Kunden mit Cross-Selling-Potenzial • Kunden mit Informations-potenzial • Kunden mit Synergiepotenzial	Können weitere Interessenten beeinflussen und zusätzlich Kunden zuführen. Können weitere Leistungen des gleichen Anbieters nutzen. Können Hinweise auf Produktverbesserungen geben und nützliche Beschwerden anbringen oder weiterleiten. Eröffnen Möglichkeiten der Zusammenarbeit (z. B. in Forschung, Entwicklung, Fertigung, Logistik).
Kaufverhalten bei neuen Produkten	• Innovatoren • Neuerer • Übernehmer • Nachzügler	Fordern kompromisslos Neuerungen; setzen Trends. Sind für alle Neuerungen offen. Risikolose Kunden; kaufen, was alle haben/kaufen. Hinken technischen Entwicklungen weit hinterher.

Web

M 608

10.3 Kundengewinnung

Siehe hierzu auch die Präsentation Kundengewinnung.

10.3.1 Begriff und Instrumente der Kundengewinnung

Die Kundengewinnung(-akquisition, -akquise) umfasst alle Maßnahmen, Prozesse und Instrumente, die den Kunden zum Erstkauf beim Anbieter veranlassen.

Instrumente der Kundengewinnung		
	Traditionelle Instrumente	
• Werbung	• Telefongespräch	• Verkaufsgespräch
• Direct Mail/Direct Marketing	• Verkaufsförderung	• Tagung
• Messe/Ausstellung	• Präsentation	• Preis, Rabatte
• Konditionen	• Persönliche Beziehungen	• Zusatzleistungen (z. B. Garantien, Service)
• Pressemitteilungen	• Supplements (Ergänzungen)	
• Geschenke	• Kontaktsheets	
	Internetinstrumente	
• Newsletter	• Kataloge zum Downloaden	• Web-Kataloge
• E-Mail	• Aufnahme in Presseverteiler	• Bannerwerbung
• Website	• Suchmaschinen	• Gewinnspiele
• Web-Postkarten	• Kostenlose Links	

Die Instrumente werden in der Praxis höchst unterschiedlich eingesetzt. Bestimmend sind:

- **Güterart** (z. B. Produktionsgüter, Konsumgüter; problemlose Güter, technische Güter). Hersteller von Industriegütern sehen v. a. das persönliche Gespräch als wichtiges Akquiseinstrument, Konsumgüterhersteller hingegen mehr die klassische Werbung;
- **Kundenart** (z. B. Verbraucher, Händler, Industriebetrieb; Groß-, Kleinabnehmer). Ein aktives Vorgehen lohnt sich v. a. bei wirtschaftlich interessanten Nachfragern, die zu Schlüsselkunden oder A-Kunden werden können.

10.3.2 Kundengewinnungsprozess

Im Allgemeinen vollzieht sich die Kundengewinnung in vier Phasen:

Informationsphase → Kontaktphase → Beurteilungsphase → Auftragsphase

Informationsphase

Der Betrieb sammelt durch Marktforschungsaktivitäten Informationen über potenzielle Kunden. Geeignetes Hilfsmittel ist u. a. das Customer-Relationship-Management (CRM). Es hilft, wertige Kunden zu ermitteln, ihre Kundenpotenziale aufzuspüren und die Kunden in Zielgruppen zu segmentieren.

Kontaktphase

Der Betrieb stellt den ersten Kontakt zum Kunden her. Er ermittelt seine Wünsche und Probleme, tätigt ggf. Kundenbesuche und präsentiert sein Leistungsprogramm, erarbeitet Problemlösungen und präsentiert sie. Bemusterungen, Vorführungen, Beratungen werden durchgeführt[1].

Wichtig:

Die potenziellen Kunden können bisherige Nichtverwender oder Kunden der Konkurrenz sein.

Nichtverwender haben noch keine Produkterfahrung. Wichtig ist deshalb, dass der Verkäufer den Produktnutzen darstellt, Vertrauen aufbaut und positive Erwartungen weckt.

Konkurrenzkunden müssen vom Vorteil des Lieferantenwechsels überzeugt werden. Von der Konkurrenz aufgebaute Wechselbarrieren (Vertrauen, Zufriedenheit, „innere Verpflichtung", ...) müssen beseitigt werden (ggf. Einstiegsangebot machen!).

[1] Vgl. auch: Kaufmännische Serviceleistungen, S. 560.

Beurteilungsphase (Evaluationsphase)

Der mögliche Kunde vergleicht und bewertet ihm vorliegende Alternativen. In dieser Phase muss es dem Anbieter gelingen, beim Interessenten ein positives Image und eine positive Einstellung aufzubauen.

Auftragsphase

Es kommt zum Verkaufsgespräch, zum Angebot der Problemlösung, ggf. zum Produkttest durch den Kunden, zu Verhandlungen über Preise und Konditionen und zur Festlegung von Serviceleistungen. Die Phase endet erfolgreich mit der Erteilung des Kundenauftrags.

Prozessname: Kundengewinnungsprozess
Vom Kundenwunsch zum Kundenauftrag

Prozessinputs:		Inputlieferanten:	Prozessoutputs:		Outputkunden:
• Marktforschungsergebnisse	←	Marketingabteilung	• Kundenauftrag	→	Verkauf
• Kundendaten	←	CRM-Datenbank			
• Kundenwünsche	←	Außendienstreisende			

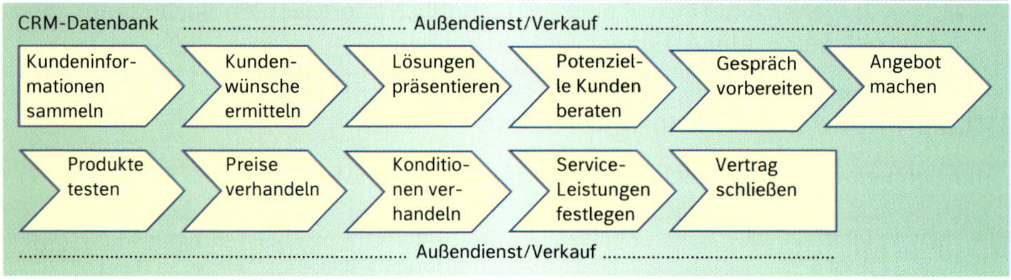

Arbeitsauftrag

1. **Der Pkw-Hersteller Moyota will Kunden für das neue Mundo Cabrio gewinnen. Die Firma hat einen relevanten Datenbestand über Pkw-Besitzer gekauft. Sie beauftragt ein Callcenter, mögliche Interessenten anzurufen und eine Probefahrt mit dem neuen Modell beim nächsten Händler zu vereinbaren.**
   a) Entwickeln Sie einen Leitfaden für den inhaltlichen Aufbau des Telefongesprächs.
   b) Simulieren Sie mehrere Telefongespräche im Unterricht. Legen Sie dabei unterschiedliche Kundentypen zugrunde (Merkmale: Alter, Beruf, Einkommen, Verhalten bei neuen Produkten, bisher gefahrener Pkw [ggf. Konkurrenzfahrzeug], Dauer des Wagenbesitzes).
   c) Entwickeln Sie eine Argumentenliste für ein Verkaufsgespräch beim Pkw-Händler und simulieren Sie das Gespräch.

2. **Für die Kundengewinnung werden traditionelle Instrumente und Internetinstrumente eingesetzt.**
   a) Informieren Sie sich, welche Instrumente in Ihrem Ausbildungsbetrieb eingesetzt werden. Erstellen Sie eine Rangliste der eingesetzten Instrumente.
   b) Entwickeln Sie im Unterricht aus den Einzellisten eine zusammenfassende Rangliste und erstellen Sie die Häufigkeitsverteilung in Form eines Balkendiagramms (Tabellenkalkulationsprogramm, Präsentationssoftware).

10.4 Kundenauftragsbearbeitungsprozess

Bei MGB Maltmann Getriebebau e. K. geht am 15.11.20.. eine Bestellung der Werkmaschinen GmbH, Benzstr. 4, 33613 Bielefeld, ein.

Bestellung		Bitte bei allen Schreiben angeben			
Unser Zeichen: L4011/K8362		Lieferanten-Nr.		Dokument-Nr.	Datum
Ihr Zeichen:		K00017		4011	14.11.20..
Lfd. Nr.	**Bezeichnung**	**Einheit**	**Menge**	**Einzelpreis**	**Gesamtpreis**
1	Schieberadgetriebe SG2	Stück	10	600,00	6 000,00 EUR
				19 % MwSt	1 140,00 EUR

Die Auftragsbearbeitung berührt die Abteilungen Verkauf Inland (Auftragsbearbeitung), Einkauf, Arbeitsvorbereitung, Logistik, Buchhaltung. Folgende Daten aus der Kundendatenbank können je nach Fall benutzt werden:

- **Auftragsdaten**
  Auftragsnummer, Kundennummer, Artikelnummer, Bestellmenge, Bestelldatum, Liefertermin, spezielle Vereinbarungen über Preise, Preisnachlässe, Konditionen
- **Artikeldaten**
  Artikelnummer, Artikelbezeichnung, Mengeneinheit, Preis, artikelabhängige Preiszuschläge und -abschläge (z. B. Mindermengen-, Veredelungs-, Legierungszuschläge), Lagerort, Mindest-, Melde-, Höchstbestand, Lagerbestand (fortgeschrieben), Umsatz (mengen- und wertmäßig fortgeschrieben)
- **Kundendaten**
  Kundennummer, Name/Firma, Anschrift, Kreditlimit, Vereinbarungen über Versandart, Verpackungsart, Preisabzüge, Lieferungs- und Zahlungsbedingungen, Debitorensaldo (fortgeschrieben), Umsatz (fortgeschrieben), Vertreternummer
- **Auftragsbestandsdaten**
  Auftragsnummer, Kundennummer, Position, Artikelnummer, Termin, Menge
- **Außendienstdaten**
  Vertreternummer, Name, Provisionssatz, Umsatz (fortgeschrieben), Provision (fortgeschrieben)

Web

M 611

Siehe hierzu auch die Präsentation Kundenauftragsbearbeitung.

Kundenauftragsbearbeitungsprozess

Auftragsbearbeitung

Auftragsprüfung

Plausibilitätsprüfung: Gibt es das gewünschte Produkt? Wenn ja: Hat es die gewünschten Eigenschaften? Ist die Bestellung vollständig und fehlerfrei?
Kreditprüfung: Auftragssumme errechnen, zum Debitorensaldo addieren und feststellen, ob das Kreditlimit überschritten wird. (Wenn ja: Soll trotzdem geliefert werden?) Umsatzhöhe errechnen (wichtig für Bonus).

Kodierung

Der Verkaufssachbearbeiter notiert die Auftragsnummer, die Artikelnummer, die Kundennummer, die Angebotsnummer zur Bestellung und den vereinbarten Einzelpreis EDV-gerecht auf einem Auftragsblatt. Die Auftragsblätter werden in einer Kundenauftragsmappe gesammelt.
Bestellt der Kunde erstmalig, wird ein Kundenstammsatz eingerichtet. Gegebenenfalls Auskünfte einholen, insbesondere, wenn Zahlungsziel gewünscht. Bei negativer Auskunft Auftrag ggf. zurückstellen.

Auftragseingabe

Der Auftrag wird mit Kundennummer, Angebotsnummer, Artikelnummer, Menge und Warenempfänger in das System eingegeben.

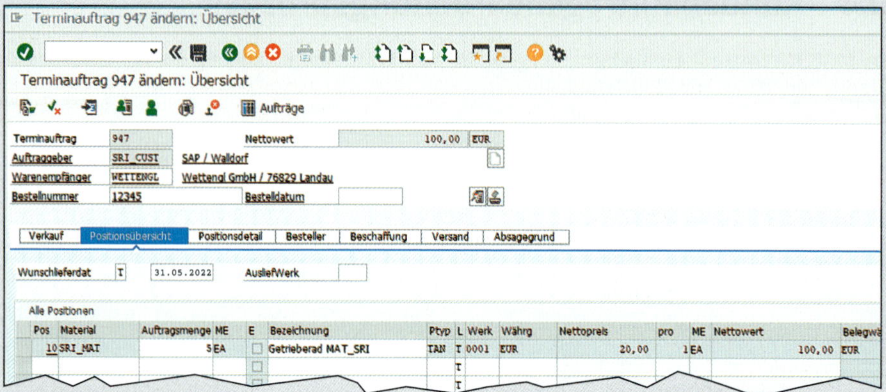

Verfügbarkeitsprüfung

Das System prüft, ob der Artikel als Fertigfabrikat verfügbar ist.

	Lagerbestand
–	**Reservierung für andere Aufträge**
+	**erwartete Zugänge bis zum Liefertermin**
=	**verfügbarer Bestand**
	Bestellte Menge reservieren, neuen verfügbaren Bestand errechnen!

Ist kein Fertigfabrikat vorhanden bzw. in Produktion, prüft das System, ob ausreichend Halbfabrikate für die Endfertigung vorhanden sind. Ist dies der Fall, wird unter Berücksichtigung der hinterlegten Durchlaufzeiten und der freien Kapazität der Maschinen ein Liefertermin für das Fertigfabrikat ermittelt.

Andernfalls prüft das System, ob genügend Rohstoffe zur Fertigung der Halbfabrikate vorhanden sind, ermittelt wiederum den Liefertermin und führt zwecks Terminüberwachung die Auftragsbestandsdaten fort.

Sind keine Rohstoffe vorhanden, so ermittelt das System aufgrund der hinterlegten Wiederbeschaffungszeiten die Lieferzeit für die Rohstoffe. Der Sachbearbeiter prüft diesen Prozess kontinuierlich und greift unter Berücksichtigung bestehender Fertigungsaufträge und in Abstimmung mit der Arbeitsvorbereitung eventuell steuernd ein.

Bestellungsannahme

Ergebnis des Prozesses „Verfügbarkeitsprüfung" ist ein Liefertermin und somit eine verbindliche Bestellungsannahme für den Kunden. Diese wird per Post, E-Mail oder Fax verschickt.

Einkauf

Bestellung

Aufgrund des Bedarfs an Rohstoffen werden Bestellanforderungen an die Abteilung Einkauf gerichtet. Der Einkauf bestellt die gewünschten Rohstoffe beim „besten" Lieferanten (Kriterien: Preis, Termin, optimale Bestellmenge usw.)

Arbeitsvorbereitung

Maschinenbelegung

Der Sachbearbeiter gibt anhand des Bedarfs Fertigungsaufträge (Einzelaufträge oder – bei Auftragsumwandlung – Sammelaufträge) ins System ein. Aus dem Bedarf lässt sich der Arbeitsvorrat für jede Maschine bestimmen. Dieser ist im Fertigungsleitstand des Betriebsdatenerfassungssystems jederzeit zu ersehen. Die Fertigungsaufträge werden Maschinen zugeordnet. Entsprechend der Verfügbarkeit der Rohstoffe und Halbfabrikate und dem bestätigten Liefertermin wird in den Fertigungsaufträgen ein Zeitfenster angegeben, in dem die jeweiligen Maschinen die Teile, Baugruppen und das Produkt herstellen und montieren sollen.

Auftragsbearbeitung

Terminverfolgung

In festgelegten Zeitabständen von jeweils drei Tagen, beginnend 15 Tage vor dem Liefertermin, nimmt der Sachbearbeiter die jeweilige Kundenauftragsmappe vor und kontrolliert mithilfe des Systems, ob der Auftrag noch „im Termin" ist. Sollte er sich „außerhalb des Zeitfensters" befinden, veranlasst der Sachbearbeiter, dass der Auftrag wieder auf Termin gebracht wird und die Artikel gefertigt werden.

Logistik

Kommissionierung

Die gefertigten Artikel werden verpackt. Der neue Bestand wird automatisch gebucht. Die Bestandsbuchung löst automatisch die Erstellung eines „Liefersatzes" und der Kommissionierlisten aus. Diese Listen werden von den Mitarbeitern des Lagers *Fertigfabrikate* (im Bereich von *Logistik*) abgearbeitet. Die Kommissionierung wird auf dem Auftragsblatt bestätigt.

Erstellen der Versandpapiere, Versand, Warenausgangsbuchung
Nach der Kommissionierung werden die Versandpapiere erstellt (z. B. Speditionsauftrag, Frachtbrief, Beförderungspapier, Ausfuhrerklärung). Die Artikel werden versandt. Der Warenausgang wird im Lager als Bestandsminderung gebucht. Die Auftragsbestandsdaten werden automatisch fortgeschrieben.

Auftragsbearbeitung und Buchhaltung

Rechnungserstellung und Buchung
Nach der Warenausgangsbuchung wird entsprechend den Daten der Bestellungsannahme automatisch die Rechnung gedruckt, als Forderung gebucht und versandt. Es müssen keine Kopien von Bestellungsannahme und Rechnung abgelegt werden, weil sie jederzeit angezeigt und ausgedruckt werden können. Anhand der Rechnungsdaten werden die Vertreterumsätze und -provisionen berechnet und gebucht.

Geschäftsprozess Kundenauftragsbearbeitung

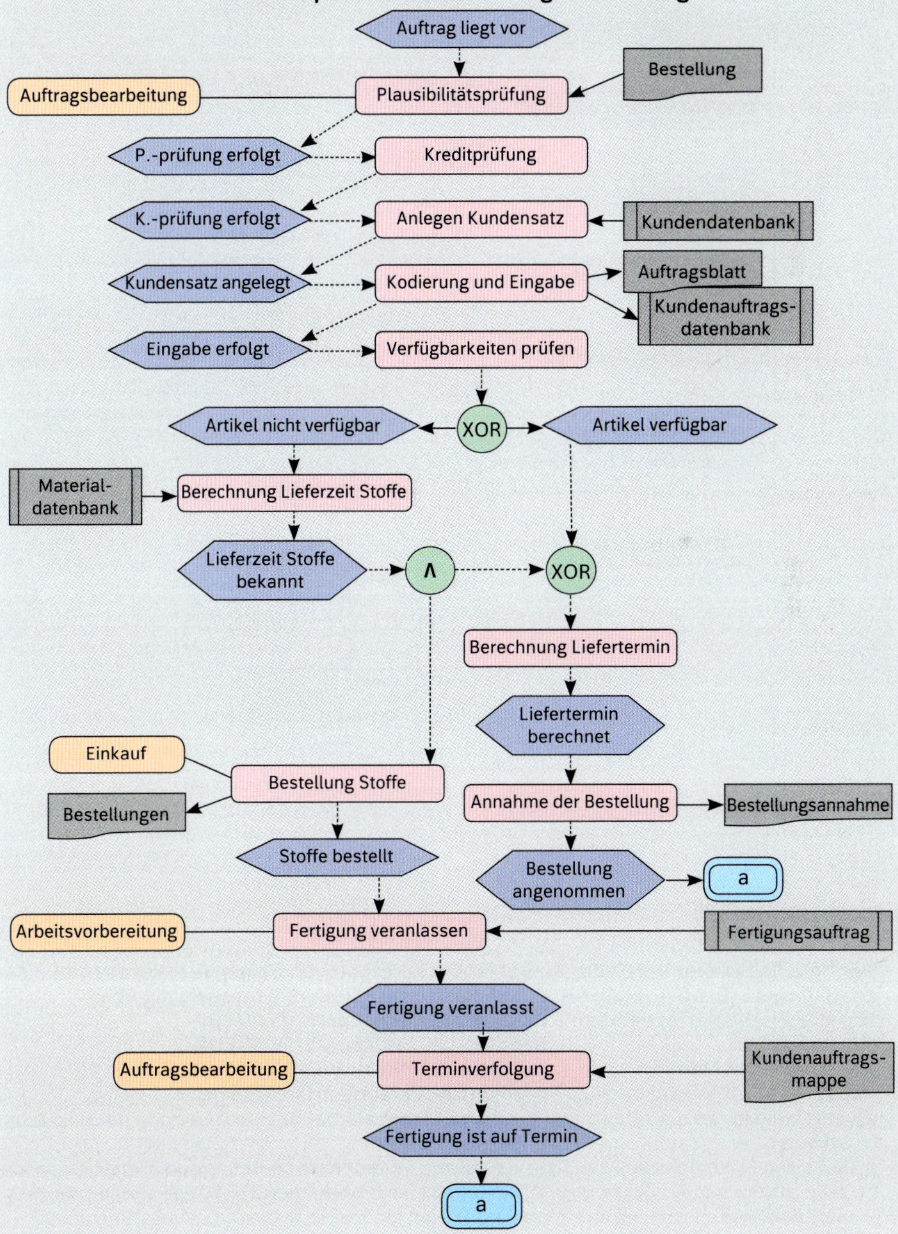

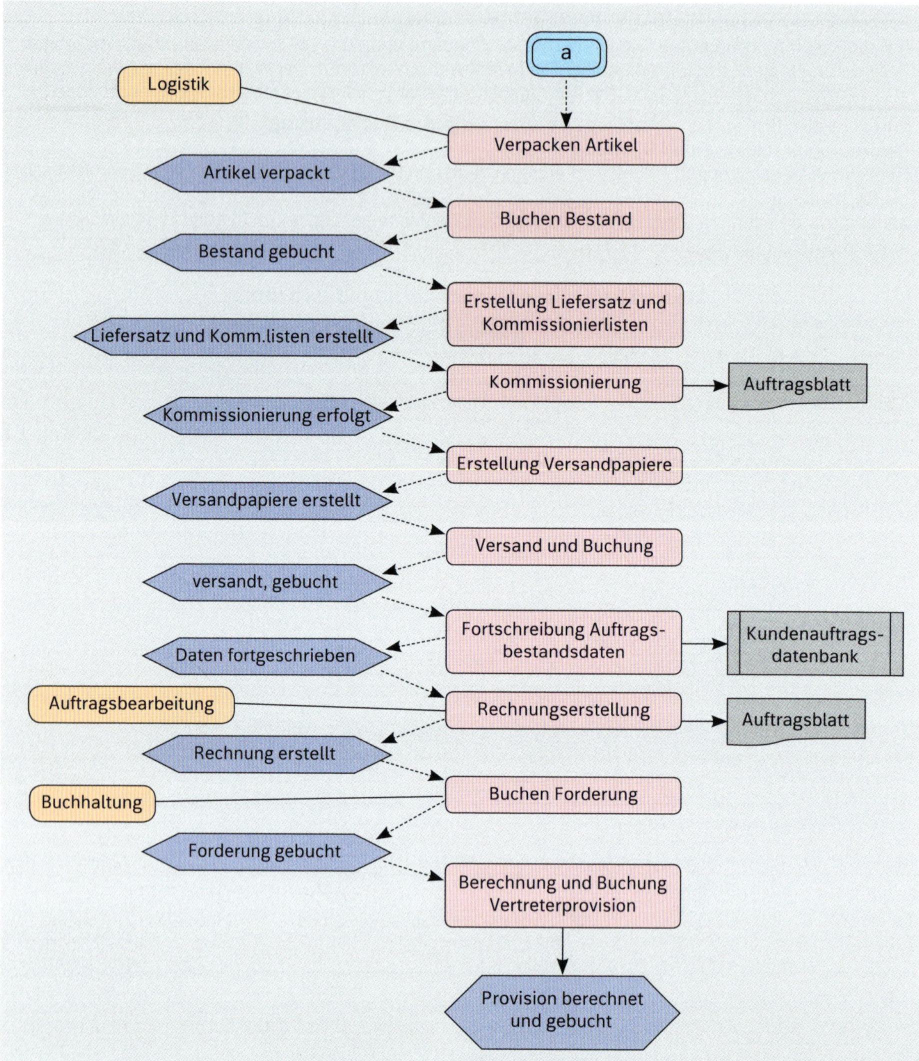

Arbeitsaufträge

1. **Der Haushaltswarenhersteller Franz Häuser KG erhält von einem Bezirksvertreter einen Bestellschein (Bestelldatum 08.03.20..) des Einzelhändlers Eduard Reisig über**
   100 elektrische Kaffeemühlen, Best.-Nr. 187, Stückpreis 25,00 EUR
   100 Handmixer, Best.-Nr. 96, Stückpreis 20,00 EUR
   100 Küchenmaschinen, Best.-Nr. 37, Stückpreis 60,00 EUR
   Rabatt 10 %, Lieferung nach 20 Tagen unfrei, Zahlungsfrist 30 Tage.
   a) Beschreiben Sie die Tätigkeiten, die bei der Franz Häuser KG nach Eingang der Bestellung ablaufen.
   b) Kündigen Sie mindestens vier Tage vor dem Liefertermin die Lieferung durch eine Versandanzeige an, die zugleich Rechnung ist. Die Versandkosten betragen 320,00 EUR. Prüfen Sie, ob sie dem Kunden in Rechnung zu stellen sind. (Benutzen Sie ein Textverarbeitungsprogramm.)

2. **Nach einem Bestellungseingang können folgende Konstellationen vorliegen:**

	(1)	(2)	(3)	(4)
Erzeugnis ist verfügbar	**ja**	**ja**	**nein**	**nein**
Kunde ist kreditwürdig	**ja**	**nein**	**ja**	**nein**

Machen Sie der Einkaufsabteilung für jede Konstellation einen Vorschlag für die weitere Behandlung der Bestellung.

3. **Eine Rechnung an einen Kunden enthält folgende Angaben:**
   - **Empfänger: Eduard Reisig**
   - **Kundennummer: 67 180**
   - **Auftragsnummer: 06 712**
   - **Bestellnummer: 6 789**
   - **Lieferung: frei Haus einschl. Verpackung**
   - **Artikelnummer: 034 567**
   - **Artikel-Bezeichnung: Kettensäge**
   - **Mengeneinheit: Stück**
   - **Bestellmenge: 100**
   - **Liefermenge: 100**
   - **Einzelpreis: 190,00 EUR**
   - **Rabatt: 40 %**
   - **Skonto: 2 %**

   Welchen Datensätzen entnimmt man diese Angaben?

4. **Auf den vorausgehenden Seiten ist der Geschäftsprozess der Auftragsabwicklung am Beispiel von MGB Maltmann Getriebebau e. K. dargestellt. In der Praxis läuft dieser Prozess in jedem Betrieb etwas anders ab.**
   a) Zeichnen Sie den Geschäftsprozess der Auftragsabwicklung Ihres Ausbildungsbetriebes als ereignisgesteuertes Prozesskettendiagramm.
   b) Präsentieren Sie diesen Geschäftsprozess anhand eines Geschäftsfalles mit den verwendeten Belegen. (Benutzen Sie ggf. eine Präsentationssoftware.)

10.5 Online-Verkauf

E-Commerce erweitert beträchtlich die Möglichkeiten, schnell und flexibel auf Kundenprobleme zu reagieren. Er enthält Instrumente für Anbahnung, Abschluss und Abwicklung von Geschäften.

Man findet Business-to-Consumer-Systeme[1] für den Verkauf an Verbraucher und Business-to-Business-Systeme[2] für den Verkauf an Firmen und Behörden.

E-Commerce-Instrumente für Business-to-Consumer-Systeme und Business-to-Business-Systeme

Homepage

Durch Eingabe der Internetadresse des Produktanbieters gelangt der Interessent auf die Homepage. Hier findet er Daten über den Anbieter und seine Leistungen, ggf. auch aktuelle Informationen (z. B. Sonderaktionen, Produkterneuerungen, Spiele) und eine E-Mail-Adresse zur Kontaktaufnahme.

Online-Shop

Bekanntlich umfasst der Shop den virtuellen Katalog, die Datenbank, den Warenkorb und das Zahlungssystem. Je größer der Shop, desto mehr zusätzliche arbeitserleichternde Verkaufsfunktionen werden i. d. R. bereitgestellt: Anlage eines Standardwarenkorbs (auf den Kunden individuell zugeschnitten), Volltextsuche, Paketverfolgung (zeigt den Abwicklungsstand eines Auftrags), Kundenerkennung, Speicherung des Kundenprofils, Ermittlung der günstigsten Versandart, Unterstützung mehrerer Zahlungsarten, Cross-Selling, Kalkulation des Endpreises, Kundenverwaltung, Artikelverwaltung, Verkaufsauswertungen.

Interaktive Anwendungen

Einsatz typischer Kundenbindungsinstrumente, z. B. persönliche Begrüßung der Stammkunden, kundenspezifische Angebote. Sinn dieser Instrumente: Möglichst viele individuelle Daten automatisch erzeugen und an die Kunden versenden, z. B. durch E-Mail.

[1] engl.: business to consumer = vom Geschäft zum Verbraucher
[2] engl.: business to business = vom Geschäft zum Geschäft

Produktkonfigurator

Mit einem Produktkonfigurator lassen sich die Komponenten eines komplexen Produkts (z. B. Maschine, Fahrzeug) zusammenstellen. Der Konfigurator führt den Anwender im Computerdialog durch alle zulässigen Produktalternativen und -kombinationen und veranlasst einen Auswahlprozess. Bestellt der Käufer die ausgewählte Konfiguration, werden Angebot und Bestellung an die Vertriebssoftware weitergegeben. Zugleich werden für das Produkt automatisch Stücklisten, Fertigungs-, Arbeits- und Terminpläne in Verbindung mit dem PPS-System erstellt.

E-Commerce-Instrumente ausschließlich für Business-to-Business-Systeme

Virtuelle Marktplätze

Ein Shop präsentiert die Leistungen eines Anbieters, Marktplätze die Leistungen einer Vielzahl von Anbietern (z. B. einer Branche). So kann der Käufer schneller die Leistungen vergleichen. Sämtliche Verkaufsphasen (Informations-, Vereinbarungs-, Abwicklungsphase) können über den Marktplatz koordiniert werden. Auch unterschiedliche Marktorganisationsformen kommen zur Anwendung, z. B.

- Börsen (Zusammenführen von Anbietern und Nachfragern durch den Marktplatzbetreiber),
- Auktionen (zeitlich begrenzte Ausschreibungsverfahren),
- Online-Shops.

Virtuelle Messen

Themenbezogene Präsentation gleicher oder ähnlicher Leistungen mehrerer Anbieter

Virtuelle Unternehmen

Auftritt mehrerer Unternehmen, die gemeinsam Komplementärgüter verkaufen

Arbeitsaufträge

1. **Bei dem Automatenhersteller Automa AG wird jedem Außendienstmitarbeiter für seine Kundengespräche ein Produktkonfigurator eingerichtet. Er soll dazu dienen, das Kundengespräch besser zu strukturieren.**
   a) Für welche Produkte bietet sich ein Konfigurator an?
   b) Erläutern Sie die Arbeit mit einem Konfigurator.
   c) Welche Vorteile bietet ein Konfigurator für Verkäufer und Käufer?
   d) Erstellen Sie für den Geschäftsprozess „Auftragsabwicklung mithilfe eines Konfigurators" ein ereignisgesteuertes Prozessketten-Diagramm.
2. **Verfügt Ihr Betrieb über Produktkonfiguratoren?**
   Wenn ja, präsentieren Sie die Arbeit mit dem Konfigurator im Unterricht.

10.6 Versandlogistik

Im Versandlager von MGB lagern zurzeit 400 Schieberäder-Getriebe, die aufgrund mehrerer Kundenaufträge gefertigt wurden. Nun sind die Produkte termingemäß auszuliefern. Die Auftragsabwicklung hat die Liefertermine überwacht und gibt die Aufträge zum jeweiligen Liefertermin frei ...

10.6.1 Versand als logistisches Problem

Am Liefertermin erfolgt der Versand. Teilabläufe sind: **Kommissionierung, Verpackung, Nutzung von Lademitteln, Ausstellung der Versandpapiere, Transport.** Diese auf den ersten Blick einfachen Tätigkeiten sind bei einem größeren Betrieb ein kompliziertes logistisches Problem: Termine sind einzuhalten, Fehler auszuschließen, Kosten zu minimieren, Sicherheit ist zu gewährleisten, Rechtsvorschriften sind einzuhalten.

10.6.2 Kommissionierung

Kommissionieren ist das Zusammenstellen bestimmter Teilmengen (Artikel) aus einer bereitgestellten Gesamtmenge (Sortiment) aufgrund von Bedarfsinformationen (Auftrag).

Wichtige Entscheidungen betreffen z. B.:
- den Einsatz von Menschen, Maschinen und EDV bei der Kommissionierung,
- die Festlegung kostenoptimaler Ladeeinheiten,
- die Auswahl zweckmäßiger, sicherer, kostengünstiger Verpackungen,
- die Auswahl des optimalen Transportmittels,
- die Auswahl des optimalen Transporteurs,
- das Problem des Outsourcings auf Logistikdienstleister.

Kommissioniersysteme

Mann-zur-Ware-Systeme (statische Bereitstellung)

Der Kommissionierer
- begibt sich zum Lagerort,
- prüft dessen Richtigkeit,
- entnimmt die angeforderte Menge.

↓

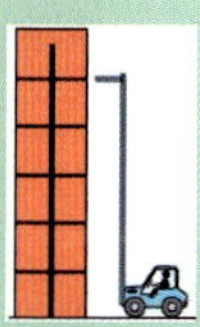

Läger ohne automatische/computergesteuerte Förderzeuge

Vorteile:
- verhältnismäßig geringer Investitionsaufwand
- Spitzenbelastungen können mit erhöhtem Personaleinsatz bewältigt werden

Nachteile:
- lange Wartezeiten des Kommissionierers
- daher hohe Personalkosten

Ware-zum-Mann-Systeme (dynamische Bereitstellung)

Der Artikel wird als Lagereinheit (z. B. Palette) entnommen und zum Kommissionierer gebracht.
- Dieser entnimmt die angeforderte Teilmenge.
- Die angebrochene Lagereinheit wird zurück zum Lager befördert.

↓

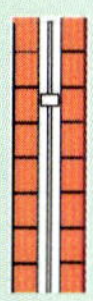

vor allem (aber nicht ausschließlich) Läger mit automatischen/computergesteuerten Förderzeugen (z. B. Hochregalläger mit automatischem Stapelkran, computergesteuerte Paternoster- und Karusselläger)

Vorteile:
- höhere Kommissionierleistung durch wegfallende Wege
- bei automatischen Förderzeugen Optimierung der Wege durch die EDV
- optimale Gestaltung der Entnahmeplätze

Nachteile:
- hohe Investitionsausgaben für Fördermittel und Steuerungsanlagen
- geringe Flexibilität bei Spitzenbelastungen
- Stillstand bei EDV- und Maschinenausfall

Vollautomatische Bereitstellung

Der Artikel wird am Lagerort vollautomatisch in der angeforderten Menge entnommen.

↓

Läger mit Kommissionierautomaten oder -robotern

Beispiel:
automatische Schachtkommissionierung

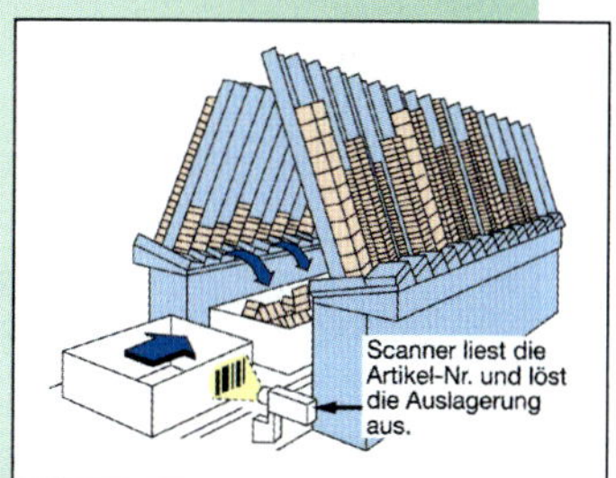

Vorteile:
- höchste Kommissionierleistung
- sehr geringe Fehlerquote

Nachteile:
- sehr hohe Investitionsausgaben
- einheitliche Verpackung und Größe des Kommissioniergutes erforderlich
- Stillstand bei EDV- und Maschinenausfall

10.6.3 Verpackung

Güter können mehrfach verpackt sein:

Verpackungsarten

Verkaufsverpackung
Unmittelbare Umhüllung eines Produkts. Dient der Haltbarkeit, dem Schutz und ggf. dem Zusammenhalt der Ware (z. B. bei Flüssigkeiten!) bis hin zum Verwender.

Umverpackung
Zweite Verpackung um die Verkaufsverpackung. Ohne unmittelbare Schutzfunktion für die Ware. Enthält oder umschließt ggf. Informationen (Werbung, Beipackzettel ...)

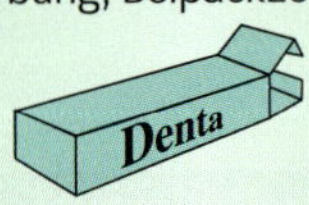

Transportverpackung
Umhüllung mit vielfältigen Schutzfunktionen hinsichtlich Laden, Transport, Umschlag, Entladen und ggf. Einlagerung der Ware.

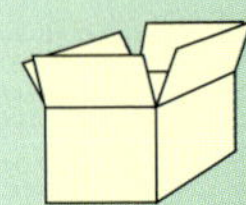

Bei festen Stückgütern ist eine **Verkaufsverpackung** oft nicht erforderlich. Andere Güter (flüssige, gasförmige, körnige, mehlige, ...) erhalten erst durch die Verpackung die Eigenschaft von Stückgütern. Die Verkaufsverpackung wird Teil des Produkts, der Verpackungsvorgang Teil des Fertigungsprozesses.

Das Produkt ist z. B. nicht mehr „Sonnenblumenöl", sondern „eine Liter-Dose Sonnenblumenöl".

Durch die **Transportverpackung** entstehen Packstücke.

Bestandteile der Transportverpackung

Packmittel	Schutzmaterial		Packhilfsmittel	
	gegen Feuchtigkeit	gegen Stoß u. Druck	Füllstoffe	Verschlussmittel
z. B. Karton, Kiste, Sack, Netz, Box, Palette, Behälter	z. B. Ölpapier, Teerpapier, Schrumpffolie	z. B. Wellpappe, Schaumfolie, Seidenpapier	z. B. Schaumstoffe, Holzwolle, Papierwolle, Kunststoffflocken	z. B. Kordel, Draht, Nylonschnur, Klebeband, Kunststoffband, Stahlband, Schrumpffolie, Vernagelung, Plomben

Die Verpackung muss eine Reihe logistischer Anforderungen erfüllen:

Logistische Anforderungen an die Verpackung

Die Verpackung soll schützen

- Schutz der Ware
  - vor Beschädigung durch Fall, Stoß, Druck, Schub, Rütteln, Schwingungen, Klimaeinwirkungen (Hitze, Kälte, Feuchtigkeit), Tiere (Schädlinge), Verunreinigungen
  - vor Mengenverlusten (z. B. Auslaufen, Verdunsten)
  - vor Raub, Diebstahl
- Schutz des Menschen (z. B. vor scharfen Kanten, Gift, Strahlung)
- Schutz des Transportmittels, anderer Packmittel und der Umwelt (z. B. durch auslaufende Flüssigkeit, Entzündung, Explosion, Geruch des Packguts)

Die Verpackung soll Lagerung, Laden und Transport rationalisieren

Die Verpackung soll bewirken, dass das Packgut

- Flächen und Raum sparend gelagert und transportiert werden kann, z. B. durch Stapelbarkeit. (Auch die leere Verpackung sollte stapelbar, ggf. ineinander schachtelbar oder faltbar sein.)
- mit mechanischen oder automatischen Umschlags- und Fördermitteln bewegt und gehandhabt werden kann. Liegt diese Eigenschaft bei einem Gut vor, so nennt man es eine Ladeeinheit.

Optimal ist: Verpackungseinheit = Lagereinheit = Fördereinheit = Fertigungseinheit = Verkaufseinheit = Ladeeinheit =Versandeinheit!

Die Verpackung soll kostengünstig sein

Gefordert sind wenig Personaleinsatz, kurze Verpackungszeiten, preiswertes Material, geringes Gewicht (Einsparung von Lade-, Transport-, Umschlagskosten), Wiederverwendbarkeit.

Die Verpackung soll umweltfreundlich sein

Das Verpackungsgesetz (VerpackG) legt fest:

- Verpackungen sind aus umweltverträglichen und die stoffliche Verwertung nicht belastenden Materialien herzustellen.
- Um Abfälle zu vermeiden, sollen Verpackungen auf das unmittelbar notwendige Maß beschränkt werden, wiederbefüllbar sein (falls möglich und zumutbar) und ansonsten stofflich verwertet werden.

Hersteller und Vertreiber von Waren müssen Transportverpackungen nach Gebrauch zurücknehmen und einer erneuten Verwendung oder einer stofflichen Verwertung außerhalb der öffentlichen Abfallentsorgung zuführen.

Diesen Anforderungen lässt sich heute am besten durch den Einsatz von **Lademitteln** entsprechen. Sie fassen kleine Einheiten wie Kartons, Kisten, Schachteln zu größeren Ladeinheiten zusammen. Hier kann nur eine kleine Auswahl aus der enormen Vielfalt der Lademittel genannt werden.

Lademittel

Paletten

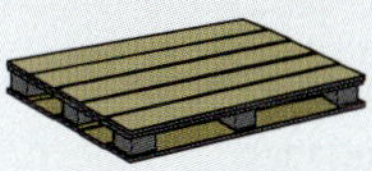

Genormte Ladeflächen aus Holz (1 200 x 800 mm), die von allen Seiten mit Gabelstaplern aufgenommen werden können. Außerdem: Gitterboxpaletten aus Stahlrohr mit Seitenwänden aus Stahldraht. Paletten werden meist Zug um Zug getauscht (beladene Palette gegen leere). Damit entfällt die Rückbeförderung.

Pressholzpaletten

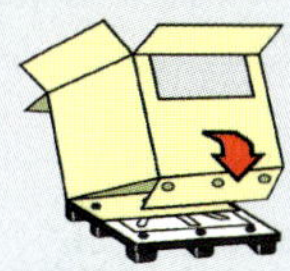

Beim Stapeln raumsparender als Flachpaletten. Auf den Paletten können große Kartons aus Wellpappe befestigt werden. Es entstehen sog. „Paltainer" oder „Welltainer".

Pliboxen

Zusammenlegbare Sperrholzkisten, die gefaltet geliefert werden und schnell auf der Palettenbasis montiert werden können. Stabil und für viele Gefahrgüter geeignet.

Collico-Kisten

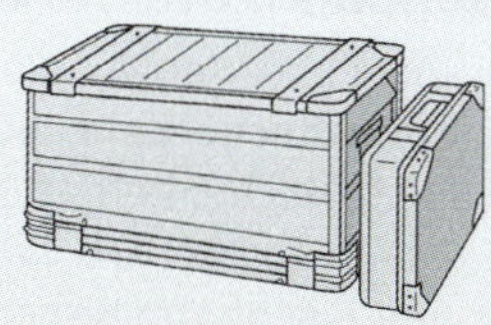

Zusammenlegbare Aluminiumbehälter. Beim Versand wird das Eigengewicht nicht berechnet. Der Rückversand zusammengelegter Kisten erfolgt im Bahnverkehr frachtfrei.

Großcontainer

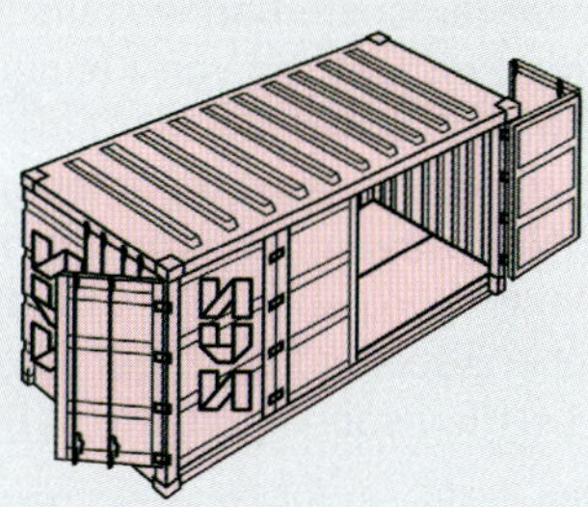

Großcontainer sind 20, 30 und 40 engl. Fuß lange Großbehälter aus Metall in verschiedenen Ausführungen (z. B. Seitenwände mit Türen; Kühlcontainer). Man unterscheidet international genormte Container (ISO-Container; für den Seeversand können nur sie benutzt werden) und Binnencontainer (auf Palettenmaße abgestimmt; Einsatz im europäischen Verkehr, v. a. Binnenschifffahrt).

Container gestatten eine leichte Verpackung, schnelle Be- und Entladung, Haus-Haus-Verkehr der Ware in demselben Behälter, Verringerung der Umschlagsgefahren.

Arbeitsaufträge

1. **Die Produkte von MGB – viele verschiedene Arten von Motoren und Getrieben – sind sämtlich Einbauteile für die unterschiedlichsten Geräte und Fahrzeuge (für Nähmaschinen, Rasenmäher, feinmechanische Geräte, Aufzüge, Kräne, Gabelstapler, um nur wenige Beispiele zu nennen). Jedes Teil wird am Ende der Produktionskette automatisch in einen Karton verpackt. Leerräume werden mit Styroporformteilen ausgefüllt und stabilisiert. Die Kartons werden auf Pressholzpaletten gestapelt und mit Stahlbändern befestigt.**
   Etwa 75 % der Produkte werden Just-in-time geliefert. Diese Teile gehen täglich aus der Fertigung direkt an die Laderampe zur Lkw-Verladung.
   Die restlichen Produkte werden bis zum Abruf in einem Palettenhochregallager eingelagert, welches durch automatische Stapelkräne bedient wird.
   a) Mit welchen Vor- und Nachteilen ist das EDV-verwaltete Hochregallager verbunden?
   b) Beschreiben Sie den Auslagerungs- und Kommissioniervorgang in seinen Einzelheiten.
   c) Erfolgt die Kommissionierung nach dem Prinzip „Mann zur Ware" oder „Ware zum Mann"?
   d) Die Abnehmer der Produkte haben ihre Standorte sämtlich in Europa. Sie werden auf dem Landweg bedient. Gegen welche Gefahren müssen die Waren durch die Verpackung geschützt werden? Ist die gewählte Verpackung hierfür geeignet?
   e) Beurteilen Sie die gewählte Verpackung unter den Gesichtspunkten der Rationalisierung und der Kostengünstigkeit.
   f) Beurteilen Sie die gewählte Verpackung unter dem Aspekt der Umweltfreundlichkeit. Ziehen Sie dazu auch die Bestimmungen des Verpackungsgesetzes heran.
   g) Würde die gewählte Verpackung auch optimal für einen Überseetransport sein? Begründen Sie ausführlich, wie die Verpackung beschaffen sein müsste.

2. **Für den internationalen Güterversand setzt sich immer mehr der Einsatz von Containern durch.**
   a) Welche Vorteile bietet der Versand in Containern?
   b) Ist es möglich, auch kleinere Stückgutsendungen in Containern nach Übersee zu verschicken?
   c) In Containern werden einzelne Ladungseinheiten gern auf Paletten geladen.
   Welche Vorteile bietet die Palette?

10.6.4 Güterbeförderung

Gewerbliche Transportunternehmen befördern auf der Basis von Frachtverträgen Güter gegen Entgelt.

Huckepackverkehr

Eisenbahngüterverkehr

Der wichtigste deutsche Anbieter im Eisenbahnverkehr ist die **Deutsche Bahn AG**. Den Güterverkehr betreibt sie durch ihre Tochtergesellschaft **DB Mobility Logistics AG**. Deren Tochter **DB Cargo AG** wiederum ist Betreiber des Eisenbahngüterverkehrs. Außerdem gibt es kleinere regionale Bahngesellschaften. Die DB Cargo hat die Beförderung von Kleingut völlig aufgegeben. Sie hat sich völlig auf Sendungen konzentriert, die einen ganzen Zug oder einen ganzen Güterwagen beanspruchen. Die Beförderungen erfolgen auf der Grundlage eigener Geschäftsbedingungen, der sog. „Allgemeinen Leistungsbedingungen (ALB)".

Kleingut sind Sendungen, für die der Absender keinen gesonderten Güterwagen verlangt. Er kann je nach Art des Gutes einen Spediteur, einen Kurierdienst, Expressdienst oder Paketdienst mit dem Versand beauftragen.

SECHSTER ABSCHNITT

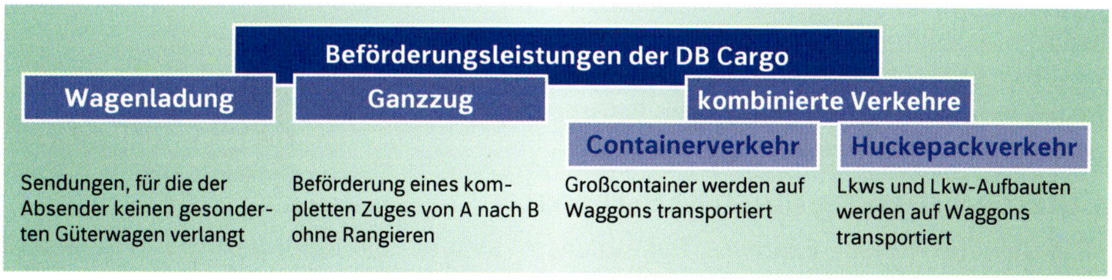

Wagenladung

Die Transportverträge sind entweder Leistungsverträge (schriftlich geschlossen, Laufzeit 12 Monate) oder Einzelverträge. Bei Einzelverträgen ist der Transportauftrag durch Buchung im elektronischen Buchungssystem von DB Cargo an den Kundenservice (zentrales KundenServiceZentrum in Duisburg) zu richten. Soweit nichts anderes vereinbart ist, muss der Kunde einen Bahnfrachtbrief nach vorgeschriebenem Muster ausstellen, der den Frachtvertrag dokumentiert.

Wagen sind ebenfalls beim Kundenservice zu bestellen. Sie werden zur Beladung auf einem Freiladegleis des Güterbahnhofs oder einem betriebseigenen Anschlussgleis bereitgestellt. Wagen können aber auch vom Kunden selbst gestellt werden.

Die meisten Güterzüge fahren „im Nachtsprung“ (nachts). Dies ermöglicht es, attraktive Abhol- und Zustelltermine für die Wagen anzubieten (z. B. Abholen des Wagens beim Versender am Nachmittag und Zustellung beim Empfänger am folgenden Vormittag).

Ganzzüge

Ganzzüge werden für den Transport großer Gütermengen eingesetzt, die vor allem für die Belieferung großer Werke benötigt werden. Die Bahn bietet zwei Varianten an:

Ganzzüge

- **Plantrain:** Preisgünstiges Angebot für die Beförderung großer Mengen (Kohle, Erze). Mengen, Verkehrstage und -zeiten werden für die gesamte Vertragsdauer vorher verbindlich festgelegt; Bestellung mindestens zwei Monate vor Beginn des ersten Transports.
- **Flextrain:** Nur 24 Stunden Bestellvorlauf; ohne Festlegung fester Übergabezeiten und Mindestmengen im Voraus; deshalb Eignung für Konsumgüter.

Kombinierte Verkehre

- **Containerverkehr:** Es werden überwiegend bahneigene Container eingesetzt. Der Kunde schließt mit der Bahn den Frachtvertrag und übergibt einen Formularsatz mit Übergabeschein und Container-Frachtbrief. DB Cargo sorgt für die Zustellung von und zu den Containerumschlagbahnhöfen. Der Preis umfasst Containermiete und Fracht. Der Verkehr zwischen den deutschen Seehäfen (auch Rotterdam und Koper, Slowenien) und dem Hinterland in Deutschland, Österreich und der Schweiz wird von der TFG Transfracht durchgeführt, einer Gesellschaft der Deutschen Bahn Gruppe.
- **Huckepackverkehr:** Lkw-Unternehmer können ihre Lkws, Anhänger, Sattelauflieger oder Wechselaufbauten auf bestimmten Strecken auf Niederflurwagen der Bahn befördern lassen. Die Abwicklung des Verkehrs erfolgt durch die Kombiverkehr GmbH & Co. KG. Kommanditisten sind die DB Mobility Logistics AG und zurzeit 230 Speditionsunternehmen. Mit Kombiverkehr schließt der Unternehmer den Beförderungsvertrag für den Schienentransport. Im Vertragsverhältnis zwischen dem Lkw-Unternehmer und den Absendern der beförderten Güter gelten für den Gesamttransport auf Straße und Schiene die Geschäftsbedingungen des Lkw-Unternehmers.

Im **internationalen Bahngüterverkehr** können ebenfalls Wagenladungen befördert werden. Beförderungspapier ist der internationale Eisenbahnfrachtbrief.

Güterbeförderung mit dem Lastkraftwagen

Im gewerblichen Straßengüterverkehr mit dem Lkw kann der Beförderungsvertrag grundsätzlich über die Beförderung von **Kleingut** (Stückgut) oder kompletten **Ladungen** abgeschlossen werden. Allerdings ist die Unterscheidung Theorie: Stückgut wird fast immer einem Spediteur übergeben. Dieser stellt die gesammelten Stückgüter zahlreicher Versender und stellt sie zu Lkw-Ladungen (sog. **Sammelladungen**) zusammen. Meist werden sie auf festen Relationen (Linien) befördert. Beförderungspapier ist in der Regel ein Frachtbrief.

Güterbeförderung durch KEP-Dienste

KEP-Dienste (**K**urier-, **E**xpress-, **P**aketdienste) sind auf die Beförderung von Kleinsendungen und Paketen spezialisiert (z. B. United Parcel Service (UPS), TNT, Deutscher Paketdienst (DPD), German Parcel-Paket-Logistik, (GP), DHL Express GmbH).

- **Kurierdienste** befördern vorzugsweise Kleinsendungen (z. B. Dokumente) durch Boten (Kurier) von Haus zu Haus. Die Preise sind deshalb sehr hoch.
- **Expressdienste** befördern zeitempfindliche Sendungen (garantierte Auslieferungstermine, feste Zustelltermine). In der Regel werden die Sendungen an Knotenpunkten gesammelt und dann verteilt.
- **Paketdienste** arbeiten wie Expressdienste, garantieren aber keine Zustelltermine. Aufgrund flächendeckender Logistiknetze können sie dennoch kurze Lieferzeiten anbieten. Zugleich sind sie am preisgünstigsten.

Die **Deutsche Post AG** z. B. bedient den deutschen KEP-Markt durch ihre Tochterunternehmen **DHL Paket** und **DHL Express**.

Versandarten (DHL)	Höchstgewicht
Warensendung Verbilligter Versand von Proben, Mustern und kleinen Gegenständen mit der Briefpost. Einlieferung ohne Einlieferungsnachweis! Die Sendung darf nicht verschlossen werden. Besondere Versendungsformen sind nicht zugelassen.	500 g
Päckchen Warenversand mit Gebührenvorteilen gegenüber Brief und Paket. Beförderung mit der Paketpost. Einlieferung ohne Einlieferungsnachweis! Zwei Zustellversuche. Rücksendung bei Unzustellbarkeit.	2 000 g
Postpaket Einlieferung freigemacht oder unfrei am Postschalter mit ausgefülltem Paketschein (zugleich Einlieferungsnachweis). Zwei Zustellungsversuche (Empfänger kann per Postkarte den zweiten Termin bestimmen). Rücksendung bei Unzustellbarkeit. Haftung der Post bis zum Höchstbetrag von 500,00 EUR.	31,5 kg
Express-Paket Zustellung am Tag nach der Einlieferung (gegen Aufpreis). Gegen weitere (hohe) Aufpreise sind auch Frühzustellung an Werktagen sowie Sonn- und Feiertagszustellung möglich.	20 kg

Besondere (gebührenpflichtige) Versendungsformen für Pakete	
Eigenhändig	Die Sendung wird nur dem Empfänger persönlich oder einem besonders Bevollmächtigten ausgehändigt.
Transportversicherung	Für Pakete mit Transportversicherung haftet die Post für den tatsächlichen Wert bis zur Höhe der Wertangabe (höchstens 25 000,00 EUR).
Rückschein	Der Rückschein ist eine Empfangsbestätigung des Empfängers, ohne die die Sendung nicht ausgeliefert wird. Die Post schickt den Rückschein an den Absender zurück.
Nachnahme	Nachnahmesendungen werden nur gegen Zahlung des auf dem Nachnahmepaketschein angegebenen Nachnahmebetrages an den Empfänger ausgeliefert. Der Betrag wird an den Absender überwiesen. Nachnahmehöchstbetrag: Postpaket 3 500,00 EUR, Express-Paket 5 000,00 EUR.

Weitere Verkehrsträger

Seeschiffe werden entweder gechartert oder verkehren nach festem Fahrplan (Linienschiffe). Sie befördern alle Arten Güter. Meist werden Spediteure eingeschaltet, die alle Probleme des An- und Abtransports, Umschlags und Aus- und Einfuhrverfahrens lösen. Beförderungspapier ist in der Linienschifffahrt das Konnossement. Dieses ist ein Wertpapier. Es verkörpert das Eigentum am Gut und wird dem Ablader (Anlieferer) übergeben. Der Kapitän darf das Gut nur gegen Rückgabe des Konnossements ausliefern.

Binnenschiffe befördern Massengut. Dafür wird das ganze Schiff oder ein Teil gechartert. Im Stückgutgeschäft (bis 300 t) werden v. a. Container befördert. Beförderungspapier ist i. d. R. der Ladeschein. Er hat die gleiche Bedeutung wie das Konnossement.

Flugzeuge werden ebenfalls gechartert oder fliegen im Linienverkehr. Beförderungspapier ist der Luftfrachtbrief. Auch hier werden meist Spediteure eingeschaltet.

Unterstützung durch ERP

Die Versandart kann vom Kunden vorgeschrieben sein. Dann ist sie in der Kundenauftragsdatenbank gespeichert. Der Sachbearbeiter erfasst sie über das ERP-System. Dann greift er auf den Programmteil „Versandpapiere" zu. Er ermöglicht die Ausstellung und den formularmäßigen Ausdruck von Frachtbriefen, Paketscheinen, Konnossementen und Lieferscheinen (bei Beförderung mit eigenen Fahrzeugen).

Hat der Kunde keine Versandart vorgegeben, so kann der Sachbearbeiter sich vom ERP-System eine solche vorschlagen lassen. Dazu muss er die wesentlichen Daten der Sendung eingeben, wie Gewicht, Stückzahl, Außenmaße, Entfernung zum Empfänger, Eilbedürftigkeit.

10.6.5 Aufgaben des Spediteurs

Traditionelle Aufgaben

Der Versand gestaltet sich schwierig, wenn mehrere Frachtführer eingeschaltet, die Güter umgeladen und vielleicht auch zwischengelagert werden müssen. Dann fehlt häufig der Überblick über die Fülle der Formalitäten, die günstigsten Transportwege und Umschlagsmöglichkeiten. Hier hilft als Fachmann der Spediteur.

Spediteure besorgen für ihre Auftraggeber die Güterversendung (§ 453 HGB). Sie organisieren die Beförderung, bestimmen insbesondere Beförderungsmittel und -weg, wählen die Transportunternehmer aus, schließen Fracht-, Lager- und Speditionsverträge und sichern Schadensersatzansprüche des Versenders (§ 454 HGB).

Nach diesen Bestimmungen befördert der Spediteur nicht selbst, sondern besorgt die Beförderung durch Transportunternehmer. Mit dem Auftraggeber schließt er einen Speditionsvertrag, mit den Transportunternehmern in eigenem Namen Frachtverträge. Ihnen gegenüber gilt er als Absender. Den Güterumschlag lässt er durch Zwischenspediteure besorgen.

SECHSTER ABSCHNITT

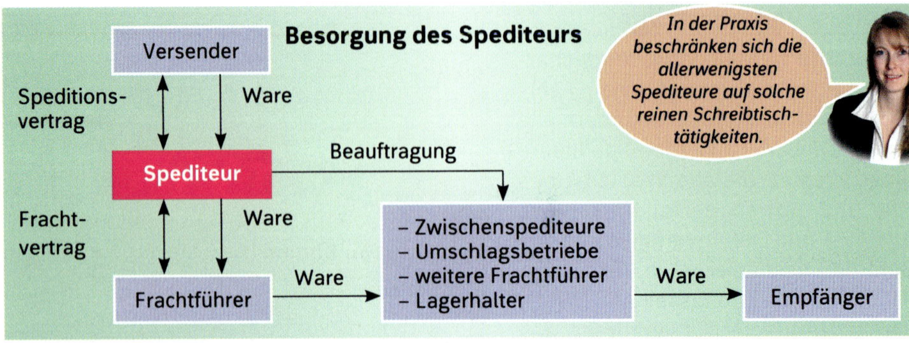

Das HGB räumt dem Spediteur erweiterte Rechte ein:

Erweiterte Rechte des Spediteurs
Selbsteintritt (§ 458 HGB)
Der Spediteur darf die Güterbeförderung selbst ausführen.
Spedition zu festen Kosten (§ 459 HGB)
Der Spediteur kann mit dem Versender einen festen Preis für die gesamte Beförderung bis hin zum Empfänger vereinbaren. Dies geschieht besonders bei mehrstufigen Transporten (Transporte, bei denen die Sendung mehrmals von einem Verkehrsmittel auf ein anderes „umgeschlagen" wird).
Sammelladung (§ 460 HGB)
Der Spediteur kann die Versendung eines Gutes zusammen mit den Gütern anderer Versender bewirken. Der Spediteur sammelt Stückgüter verschiedener Versender, deren Empfänger ihren Sitz in derselben Region haben, und gibt sie als Ladung auf oder befördert sie als Ladung im Selbsteintritt. Die Beförderung als Ladung ist bedeutend frachtgünstiger. Einen Teil seines Frachtvorteils gibt der Spediteur an den Versender weiter. Ein Empfangsspediteur verteilt die Sendungen an die Endempfänger.

Von diesen Rechten macht der Spediteur in der Praxis zum Vorteil seines Auftraggebers ausgiebig Gebrauch.

Logistische Aufgaben – Outsourcing

Der Spediteur übernimmt nicht nur die Besorgung von Einzelversendungen. Er wird vielmehr in das Logistiksystem seiner Auftraggeber eingebunden: Er geht langfristige vertragliche Bindungen mit dem Industriebetrieb ein und wird fest für ihn tätig. Für den Bereich der Materialwirtschaft wurden hierzu schon Ausführungen gemacht.

Im Versandbereich kann er ein **Auslieferungslager** unterhalten[1]. Entweder füllt er dieses Lager selbst auf, indem er die Produkte direkt aus der Fertigung abholt oder der Fertigungsbetrieb sorgt für die Auffüllung. Jetzt kann der Spediteur

- Lagerarbeiten übernehmen (z. B. Materialpflege und Qualitätsprüfungen),
- die Kommissionierung selbst vornehmen,
- Ladeeinheiten festlegen,
- die Ware verpacken,
- geeignete Lade- und Transportmittel bestimmen,
- die Versandpapiere ausstellen,

Auslieferungslager

[1] Vgl. S. 575.

- alle Transport- und Umschlagsvorgänge besorgen oder die Ware im Selbsteintritt transportieren,
- alle erforderlichen Nebenleistungen erbringen,
- die Waren „just in time" ausliefern.

Der Industriebetrieb gliedert damit Tätigkeiten aus, die er früher selbst ausgeführt hat, und überträgt sie auf einen Dienstleister. Maßgeblich für dieses Outsourcing sind:

- **Kostengesichtspunkte.** Einsparung von Personalkosten (bei Kommissionierung, Verpackung, Transport, ...), Investitionskosten (für Kommissioniersysteme, Förderzeuge, Lagerraum, Transportmittel, ...), Wartungskosten (für eigene Fahrzeuge),
- **Qualitätsgesichtspunkte.** Spezialisierte Logistikdienstleister mit großer Erfahrung können die Versandaufgaben oft schneller und fehlerfreier ausführen als der Industriebetrieb. Zufriedenere Kunden sind die erwünschte Folge.

Voraussetzung für das Funktionieren einer solchen Organisation ist ein störungsfreier Fluss der notwendigen Informationen zwischen Industriebetrieb und Spediteur (Fertigstellungs- und Abholtermine, Mengen, Kundendaten, Auftragsgrößen, ...). Dies bedingt eine weitgehende Vernetzung der beidseitigen Computersysteme.

Arbeitsaufträge

1. **Die Bahn hat in den letzten Jahrzehnten immer mehr Marktanteile an den schnelleren Lkw verloren. Durch bestimmte Leistungsangebote will sie Marktanteile zurückgewinnen.**
   Um welche Leistungsangebote der Bahn handelt es sich? Nennen Sie Einzelheiten.
2. **Die kombinierten Verkehre der Bahn sind insbesondere unter Umweltgesichtspunkten begrüßenswert.**
   a) Welche kombinierten Verkehre sind zu unterscheiden?
   b) Erläutern Sie die Vorteile dieser kombinierten Verkehre für den Versender und für den Lkw-Frachtführer.
3. **Die Grünspan KG übergibt dem Güterkraftverkehrsunternehmer Hurtig in Essen eine Ladung Kupferrohre unfrei zur Beförderung an die August Tücke OHG in Erlangen.**
   a) Was ist unter „Güterkraftverkehr" zu verstehen?
   b) Darf jeder Lkw-Besitzer gewerblichen Güterkraftverkehr betreiben?
   c) Welches Dokument kann Grünspan an Hurtig übergeben?
4. **Sie wollen als Absender folgende Sendungen möglichst schnell befördern lassen:**
   a) 10 kg Ersatzteile von Düsseldorf nach Stuttgart,
   b) 90 kg Ersatzteile von Düsseldorf nach Saloniki (Griechenland),
   c) 3 Kolli mit je 60 kg Damenkleidern von München nach Hamburg,
   d) 15 kg Medikamente von Erlangen nach Frankfurt/Oder,
   e) 20 t Lacke von Augsburg nach Potsdam.
   Für welche Transportmöglichkeiten entscheiden Sie sich?
5. **Eine Stückgutsendung mit Autoersatzteilen soll von Frankfurt/M. nach Kairo transportiert werden.**
   Beschreiben Sie alle Transportmöglichkeiten mit ihren Vor- und Nachteilen und entscheiden Sie sich für die nach Ihrer Meinung günstigste Alternative.
6. **Die Post kennt verschiedene besondere Versendungsformen.**
   Nennen Sie diese Versendungsformen und geben Sie an, unter welchen Bedingungen sie angezeigt sind.
7. **Sie wollen ein Paket mit Fräsern im Gewicht von 19 kg**
   (1) mit eigenem Lkw,
   (2) durch die Post,
   (3) durch die Bahn,
   (4) durch Ihren Spediteur,
   nach Hamburg versenden.
   Welche Versandpapiere müssen bzw. können Sie jeweils ausstellen?
8. **Angenommen, Sie sind als Akquisiteur (Reisender, Kundenwerber) bei einer bekannten Spedition beschäftigt. Der Geschäftsführer eines Betriebes äußert Ihnen gegenüber, er könne auf die Dienste eines Spediteurs gut verzichten.**
   Versuchen Sie, ihn vom Gegenteil zu überzeugen.

10.7 Nichtannahme der Kaufsache

Der Käufer ist Gläubiger der Warenschuld. Wenn er die tatsächlich angebotene, fällige und mängelfreie Lieferung nicht annimmt, gerät er in Annahmeverzug (§ 293 ff. BGB). Verschulden ist keine Voraussetzung.

Da der Käufer Warengläubiger ist, spricht das BGB von Gläubigerverzug. Gegensatz: Schuldnerverzug des Käufers (Zahlungsverzug).

Ein wörtliches Angebot genügt,

- wenn der Käufer erklärt hat, er werde die Leistung nicht annehmen (§ 295 BGB);
- bei Holschulden (§ 295 BGB). Ist der Abholtermin kalendermäßig bestimmt, ist ein Angebot überflüssig (§ 296 BGB).

Der Käufer gerät auch in Annahmeverzug,

- wenn er bei Zug-um-Zug-Geschäften zwar annahmebereit ist, aber die Zahlung ablehnt (§ 298 BGB);
- wenn der Verkäufer nach § 271 BGB schon vor dem vertraglichen Leistungstermin liefern darf und er die Leistung nicht annimmt. Jedoch muss er nicht ständig annahmebereit sein. Ist er vorübergehend verhindert, gerät er nur in Verzug, wenn der Verkäufer die Leistung eine angemessene Zeit vorher angekündigt hat (§ 299 BGB).

Während des Verzugs geht die Gefahr auf den Käufer über. Der Verkäufer haftet nur noch, wenn er seine Sorgfaltspflicht vorsätzlich oder grob fahrlässig verletzt (§ 300 BGB). Wird die Sache durch Zufall (ohne Verschulden des Verkäufers) oder sogar aufgrund leichter Fahrlässigkeit des Verkäufers beschädigt oder geht sie deshalb unter oder verloren, muss der Käufer z. B. trotzdem den Kaufpreis zahlen. Hätte er die Lieferung angenommen, wäre es ja nicht zu Beschädigung/Untergang der Sache gekommen.

Rechte des Verkäufers bei Annahmeverzug

Der Verkäufer kann

- auf Abnahme bestehen (§ 433 BGB).
- Ersatz aller Mehraufwendungen für das erfolglose Angebot (z. B. Transportkosten) und die Aufbewahrung (z. B. Lagergeld) und Erhaltung der Ware (z. B. Warenpflege) verlangen (§ 304 BGB).
- Als Kaufmann kann er die Ware an jedem geeigneten Ort sicher auf Kosten und Gefahr des Käufers hinterlegen (einlagern) (§ 373 HGB).

Der Verkäufer kann auch

- sich durch **Selbsthilfeverkauf** von der Lieferpflicht befreien (§ 383 BGB). Dazu lässt er die Ware am Erfüllungsort (als Kaufmann: an einem beliebigen Ort) auf Kosten des Käufers amtlich versteigern (§ 383 BGB), verrechnet den Erlös mit der fälligen Forderung (§ 387 BGB) und hinterlegt ggf. einen Rest beim Amtsgericht (§ 383 BGB). Die Versteigerung ist dem Käufer anzudrohen und öffentlich bekannt zu machen. Der Termin ist dem Käufer unverzüglich mitzuteilen (§§ 383, 384 BGB). Ist bei verderblichen Gütern Gefahr im Verzug, kann die Androhung unterbleiben (**Notverkauf**, § 384 BGB).
- bei Waren mit Börsen- oder Marktpreis[1] den Selbsthilfeverkauf „freihändig" durch einen öffentlich ermächtigten Handelsmakler durchführen lassen (§ 385 BGB).

[1] Börsen sind organisierte Märkte für vertretbare Güter, die nach Maß, Zahl oder Gewicht gehandelt werden und deshalb beim Verkauf nicht anwesend sein müssen. Man unterscheidet Wertpapier- (Effekten-), Devisen- und Warenbörsen. Ein Börsen- oder Marktpreis ist gegeben, wenn für Sachen der geschuldeten Art am Verkaufsort aus einer größeren Anzahl von Verkäufen ein Durchschnittspreis ermittelt werden kann. Der erzielte Erlös muss mindestens dem Durchschnittspreis entsprechen.

Der Käufer ist nicht nur Warengläubiger, sondern schuldet dem Verkäufer auch die Abnahme und Bezahlung der Ware. Unter den Voraussetzungen von § 286 BGB (z. B. Verschulden, Mahnung) gerät er zugleich in **Schuldnerverzug**. Lesen Sie hierzu auf Seite 635 f. nach.

Arbeitsaufträge

1. **Am 26. März schreibt die Gebr. Reinhards OHG an ihren Kunden (Fritz Müller Nachf. KG, Haushaltswarengroßhandel, Postfach 26 02 16, 50973 Köln):**

   Annahmeverzug

   Wie uns die Spedition Schenkel & Co. mitteilte, haben Sie unsere gestern angelieferten Waren - 50 Kartons emaillierte Töpfe, auf Paletten verpackt und in Folien verschweißt - nicht angenommen. Auf unsere telefonische Anfrage teilte uns Ihre Sekretärin, Frau Klein, lediglich ohne Angabe von weiteren Gründen mit, es handele sich um eine ausdrückliche Anweisung Ihres Einkaufsleiters, Herrn Bungert.

   Wir haben kein Verständnis für dieses unbegründete Vorgehen. Leider können wir die Ware nicht zurücknehmen, da unser Lagerraum voll beansprucht ist.

   Wir haben deshalb die Spedition Schenkel & Co. beauftragt, die Waren vorerst in ihren Räumen in Köln, Oberstr. 126, einzulagern und gegen Übernahme der entsprechenden Kosten für Sie zu Verfügung zu halten.

   Wir bitten Sie nunmehr um umgehende Vertragserfüllung und um Abholung der Paletten. Andernfalls würden wir einen Selbsthilfeverkauf vornehmen und Ihnen rechtzeitig Ort und Zeit hierfür angeben.

   a) Erläutern Sie den inhaltlichen Aufbau des Briefes.
   b) Sind die Voraussetzungen für einen Annahmeverzug gegeben?
   c) Verhält sich der Lieferant korrekt gegenüber dem Käufer?
   d) Erläutern Sie, wie der angeführte Selbsthilfeverkauf abgewickelt würde.
   e) Verfassen Sie ein Antwortschreiben des Käufers.
   f) Könnte der Verkäufer vom Käufer auch dann den vollen Kaufpreis verlangen, wenn die Ware während der Einlagerung beim Spediteur beschädigt würde?
   g) Welche anderen als die im Brief beschriebenen Maßnahmen könnte der Verkäufer auch ergreifen? Vergleichen Sie das Für und Wider der unterschiedlichen Vorgehensweisen.

2. **Die Firma Weber & Co. KG liefert aufgrund eines Kaufvertrages (Abmachung über den Lieferzeitpunkt: „Lieferung am 16. Juni per Lkw frei Haus“) mit eigenem Lastzug 500 Sack Erbsen von Dortmund an die Konservenfabrik Gustav Reimer OHG in Berlin. Auf der Autobahn steht der Lastzug wegen eines Unfalls acht Stunden in einem Stau. Er kommt deshalb nicht schon am 16. Juni gegen Abend, sondern erst am Morgen des folgenden Tages beim Kunden an. Dort wird dem Fahrer ohne Angabe von Gründen die Annahme verweigert. Nach einem Anruf bei seiner Firma lagert er die Waren in einem Lagerhaus ein und nimmt Rückfracht mit. Im anschließenden Schriftwechsel stellt sich heraus, dass der Kunde die Lieferung mit der Begründung ablehnt, es handele sich um einen Fixkauf und der Lieferant habe sich im Lieferungsverzug befunden. (Was er nicht mitteilt, ist, dass er inzwischen eine preisgünstigere Einkaufsmöglichkeit herausgefunden hat.) Die Gustav Reimer OHG verweigert auch die Zahlung, die laut Abmachung „netto Kasse ohne Abzug“ erfolgen müsste. Weber & Co. behaupten dagegen, der Kunde befinde sich im Annahme- und Zahlungsverzug.**
   a) Beurteilen Sie den Fall unter Darlegung der notwendigen Begründungen.
   b) Fertigen Sie den angedeuteten Schriftwechsel an. (Benutzen Sie ein Textverarbeitungsprogramm.)

SECHSTER ABSCHNITT

10.8 Zahlungsvorgänge

Web M 628

Gewerbliche Kunden zahlen i. d. R. durch Überweisung, sehr selten durch Verrechnungsscheck. Die früher häufige Zahlung durch Wechsel ist im SEPA-Raum (siehe unten) selten geworden. Bei außereuropäischen Auslandsgeschäften kommt die Wechselzahlung jedoch durchaus vor.

Hinweise:
Sie erhalten hier einen Kurzüberblick über die Zahlungswege mit Bedeutung für Industrieunternehmen.

Zahlungen bei Außenhandelsgeschäften werden im Infomaterial *Außenhandelsgeschäfte* behandelt.

Beim **Direktverkauf von Industrieunternehmen an Verbraucher** kommen zahlreiche Zahlungsarten vor. Sie hängen von der Art des Verkaufsgeschäftes ab:

Verkaufsgeschäft	Bargeldzahlung	halbbare Zahlung		bargeldlose Zahlung					
		Nachnahme	Zahlschein	Überweisung	Lastschrift	Kreditkarte	Debitkarte	Bezahldienste	Smartphone
Versandgeschäft		x	x	x	x				
Lieferungen von Versorgungsunternehmen (z. B. Strom)			x	x	x				
Online-Verkauf		x		x	x	x	x	x	
Laden-/Outletverkauf	x					x	x		x
Haustürgeschäft	x	x	x	x					

10.8.1 Bargeldzahlung

Wer mit Bargeld (Banknoten, Münzen) zahlt, kann eine schriftliche Quittung (z. B. Quittungsvordruck, Kassenbon, quittierte Rechnung) verlangen (§ 368 BGB). Sie beweist die Zahlung, ist Buchungsbeleg und Nachweis für das Finanzamt. Der Kassenbon genügt den Anforderungen des Finanzamts nur, wenn die Steuernummer des Verkäufers, der Kaufgegenstand und die Mehrwertsteuer aufgeführt sind.

10.8.2 Halbbare Zahlung

Zahlschein

Mit Zahlscheinformularen können am Bankschalter Bareinzahlungen auf ein Empfängerkonto bei einem beliebigen Kreditinstitut getätigt werden. Die Banken berechnen dem Einzahler verhältnismäßig hohe Preise für diese Zahlungsart.

Nachnahme

Der Zahlschein ist auch beteiligt, wenn eine Ware per Nachnahme versandt wird. Der Überbringer (z. B. Post) darf die Sendung dem Empfänger nur **gegen Barzahlung des Nachnahmebetrags** (Kaufpreis, Beförderungs- und Zahlungskosten) ausliefern. Der Überbringer zahlt den vereinnahmten Betrag per beigefügtem Zahlschein auf das Konto des Versenders ein.

10.8.3 Bargeldlose Zahlung

Überweisung

Durch einen Überweisungsauftrag an seine Bank veranlasst der Zahler die Umbuchung eines Geldbetrags von seinem Konto auf das Empfängerkonto.

Zur Identifizierung von Empfängerbank und Empfängerkonto sind bei der Überweisung die **IBAN** (International Bank Account Number = internationale Kontonummer) und bei Zahlungen ins Ausland zusätzlich der **BIC** (Bank Identifier Code = internationale Bankleitzahl) anzugeben. M 629

Web

Überweisungen in und zwischen den Ländern des Euro-Zahlungsverkehrsgebiets **SEPA** (Single Euro Payments Area) erfolgen nach einheitlichen Standards. SEPA umfasst die EU-Länder, Island, Liechtenstein, Norwegen und die Schweiz.

Der Kontoinhaber kann Überweisungen über Online-Dienste oder das Internet vom Computer aus tätigen. Für den Kontozugang muss er sich durch Eingabe einer persönlichen Identifikationsnummer (PIN) ausweisen. Für jede Überweisung ist zusätzlich eine besondere Transaktionsnummer (TAN) als „elektronische Unterschrift" einzugeben. Die Banken setzen vorzugsweise folgende zurzeit als sicher angesehene TAN-Verfahren ein:

- **mTAN (mobile TAN):** Zusendung der einzugebenden TAN per SMS auf das Handy
- **ChipTAN:** Der Bankkunde steckt seine Bankkarte in ein Eingabegerät (TAN-Generator). Die Bank erzeugt einen „Flickercode" auf der Überweisungsmaske. Hält man das Gerät an diese Stelle, wird automatisch die einzugebende TAN erzeugt.

Dauerüberweisung (Dauerauftrag): Mit ihr wird die Bank angewiesen, Zahlungen in gleichbleibender Hohe in regelmäßigen Zeitabständen auszuführen (z. B. am 15. jedes Monats). Vorteile: Arbeitserleichterung, kein Vergessen der Zahlung.

Lastschrifteinzug

Beim Lastschrifteinzug lässt der Zahlungsempfänger durch seine Bank den Schuldbetrag vom Konto des Schuldners abbuchen („umgekehrte Überweisung").

Der Schuldner erteilt dem Zahlungsempfänger ein schriftliches oder elektronisches (widerrufliches) Einzugsmandat. Darin weist er auch seine Bank zur Einlösung der Lastschrift(en) an.

Das Lastschriftmandat kann sich auf eine **einzelne Zahlung** oder auf **wiederkehrende Zahlungen** (auch mit variierenden Beträgen, z. B. Telefonrechnungen) beziehen. Feste Fälligkeitsdaten sind vorzugeben und dem Schuldner im Voraus mitzuteilen, damit er für ausreichende Deckung auf seinem Konto sorgen kann.

Der Kontoinhaber kann bei **Basislastschriften** mit gültigem Mandat binnen 8 Wochen ohne Begründung die Erstattung des belasteten Betrags verlangen (ohne Mandat: 13 Monate).
Bei **Firmenlastschriften** kann er die Bank nur bis zum Fälligkeitstag anweisen, die Lastschriften nicht einzulösen.

Man unterscheidet **Basislastschriften** und **Firmenlastschriften**. Letztere werden ausschließlich für den Einzug von Forderungen an Unternehmen eingesetzt.

Auch das Lastschriftverfahren ist im gesamten SEPA-Raum vereinheitlicht. Lastschriften können also z. B. von Deutschland aus in alle SEPA-Länder erfolgen.

SECHSTER ABSCHNITT

Kreditkarte

Kreditkarten werden kreditwürdigen Personen von Kreditkartenorganisationen gegen eine Jahresgebühr angeboten. Der Inhaber kann damit weltweit bargeldlos Zahlungen bei Vertragsunternehmen der Organisation tätigen. MasterCard, VISA, American Express und Diners Club sind die bekanntesten Kreditkarten.

- Der Karteninhaber legt dem Vertragsunternehmen die Kreditkarte vor und unterschreibt einen Leistungsbeleg.
- Der Vertragsunternehmer reicht der Kreditkartenorganisation den Beleg ein und erhält eine Gutschrift auf seinem Konto. Eine Provision wird ihm einbehalten.
- Die Kreditkartenorganisation schickt dem Karteninhaber monatlich eine detaillierte Sammelrechnung über die fälligen Zahlungen und bucht den Gesamtbetrag im Wege des Lastschrifteinzugsverfahrens von seinem Konto ab.

Die Kreditkarte wird auch beim Online-Kauf verwendet (**E-Payment**):

- Der Käufer gibt sie beim Online-Shop als Zahlungsmittel an.
- Er gibt die Kartennummer und eine dreistellige Sicherungsnummer (auf der Rückseite der Karte) in das Bestellformular ein.
- Die Daten werden verschlüsselt an das System übertragen. Dieses prüft das Bankkonto des Kunden. Ist er zahlungsfähig, erhält der Verkäufer eine Zahlungsgarantie.
- Der Zahlungsbetrag wird, wie bei Kreditkarten üblich, vom Kundenkonto eingezogen.

Kreditkarte

Debitkarte

SEPA sieht auch einheitliche Kartenzahlungen vor. Dazu geben die europäischen Kreditinstitute Debitkarten an ihre Kunden heraus. Auf einem Chip speichern sie u. a. IBAN und BIC. Damit entsteht eine Multifunktionskarte. Sie gestattet nach Eingabe der PIN,

- am **Selbstbedienungs-Terminal** der Hausbank Kontoauszüge auszudrucken, Überweisungen zu tätigen und Daueraufträge einzurichten, zu ändern oder zu löschen,
- am **Bargeldautomaten** bei jeder beliebigen Bank im SEPA-Raum Bargeld zulasten des Girokontos abzuheben,
- in Geschäften an elektronischen Datenkassen zu bezahlen (**POS-Zahlung**; POS = Point of sale, Verkaufsort),
- die Karte zulasten des Girokontos an einem Ladeterminal der Bank mit einer Geldsumme aufzuladen (maximal 200,00 EUR). So entsteht eine **Geldkarte**. An Geldkarten-Terminals (z. B. Geschäften, Park- oder Fahrkartenautomaten) kann der Karteninhaber damit zahlen. Das Terminal bucht den Betrag von der Karte ab und schreibt ihn dem Empfängerkonto gut. Neuere Karten haben einen Funkchip. Er ermöglicht kontaktloses Bezahlen (sog. **Girogo**). Dazu muss man die Karte nur vor das Lesegerät halten.

Debitkarte

Mobiles Bezahlen

Die Zahlung per Smartphone wird von mehreren Banken angeboten. Ein einheitlicher Standard existiert aber noch nicht. Die Anbieter setzen teils auf Banking-Apps, auf Zahlung per SMS und auf Chips, die man auf das Smartphone klebt.

Bezahldienste

Viele Online-Verkäufer liefern grundsätzlich erst nach Zahlungseingang. Für den Käufer entstehen längere Wartezeiten. Bezahldienste können die Lieferung beschleunigen. Bekannt sind v. a. PayPal, ClickandBuy, Skrill und giropay.

Bei Paypal z. B. eröffnet der Kunde unter seiner E-Mail-Adresse ein Konto. Beim Online-Einkauf wählt er die Zahlungsart Paypal. Er wird auf eine abgesicherte Zahlungsseite von Paypal geleitet, loggt sich mit einem Passwort ein und kann wählen zwischen der Zahlung aus einem eventuellen Guthaben, der Zahlung per Lastschrift vom Bankkonto, der Zahlung per Lastschrift vom Kreditkartenkonto und der Zahlung per giropay (Weiterleitung auf das Bankkonto mit Erstellung einer Online-Überweisung). In jedem Fall wird die Zahlung dem Paypal-Konto des Empfängers sofort gutgeschrieben, sodass er die Ware versenden kann.

Arbeitsaufträge

1. **Bei der Bargeldzahlung werden – anders als bei der halbbaren oder der bargeldlosen Zahlung – oft Quittungen ausgestellt.**
   Wie lässt sich dieses unterschiedliche Vorgehen erklären?

2. **Die folgenden Zahlungen sollen getätigt werden. Der Zahler besitzt ein Girokonto bei der örtlichen Sparkasse und ein Postbankgirokonto.**
   (1) Monatliche Zahlung der Wohnungsmiete (stets 400,00 EUR)
   (2) Zahlung der monatlichen Telefonrechnung (unterschiedliche Beträge)
   (3) Zahlung von 1 000,00 EUR auf ein Konto bei einem anderen Geldinstitut
   (4) Zahlung von 50,00 EUR auf ein Konto bei demselben Geldinstitut
   (5) Begleichung einer Liefererrechnung (Wareneinkäufe für 4 000,00 EUR)
   (6) Bezahlung eines Mantels im Bekleidungsgeschäft (300,00 EUR)
   (7) Bezahlung einer Tube Zahnpasta im Drogeriemarkt (1,30 EUR)
   (8) Einzahlung von 4 000,00 EUR Tageseinnahmen von unterwegs auf das Bankkonto durch einen Reisenden mit Inkassovollmacht
   (9) Bezahlung einer Liefererrechnung (900,00 EUR) an einen Reisenden mit Inkassovollmacht
   (10) Abhebung vom eigenen Konto (500,00 EUR)
   (11) Rückvergütung von Versicherungsprämien an 120 Kunden, deren Kontoverbindungen nicht bekannt sind
   (12) Bezahlung eines Notebooks, das im Online-Shop eines Computerhändlers bestellt wird.
   a) Nennen Sie jeweils alternative mögliche Zahlungsarten und erläutern Sie das Vorgehen.
   b) Falls Formulare nötig sind, beschaffen Sie sie bei einer Bank und füllen Sie sie aus.

3. **„Plastikgeld" – z. B. die Kreditkarte – wird immer beliebter.**
   a) Kann jeder Inhaber eines Kontos eine Kreditkarte erwerben?
   b) Für welche Zahlungen eignet sich die Kreditkarte?
   c) Wie wird eine Zahlung per Kreditkarte abgewickelt?
   d) Erkundigen Sie sich bei einer Bank, welche Leistungen eine Kreditkarte insgesamt umfassen kann.
   e) Der Baustoffgroßhandel Küppers GmbH akzeptiert Kreditkarten. Trotzdem würde es keinem seiner gewerblichen Kunden einfallen, mit der Karte zu bezahlen. Erklären Sie den Grund.

4. **Frau Schwarz lebt auf dem Land. Heute ist sie 25 km weit in die Großstadt gefahren. Dort will sie ihren Wagen volltanken und im Verbrauchermarkt einkaufen. Vor dem Tanken bemerkt sie, dass sie nur noch 3,75 EUR Bargeld in der Tasche hat. Gott sei Dank hat sie aber ihre Bankkarte nicht vergessen.**

   Erläutern Sie die unterschiedlichen Möglichkeiten, die Frau Schwarz hat, um ihre Kaufabsichten in die Tat umzusetzen.

5. **Hier sehen Sie den Ausschnitt einer Rechnung von MGB Maltmann Getriebebau e. K. an die Elektrosa GmbH.**

   Rechnung

Art.-Nr.	Bezeichnung	Menge	Einzelpreis	Gesamtpreis
1200	Schieberadgetriebe	10	300,00	3 000,00
			19 % USt	570,00

   a) Welche Zahlungsart wird die Elektrosa GmbH wählen?
   b) Erläutern Sie, wie die Elektrosa GmbH bei der Zahlung vorgeht.
   c) Welche Bedeutung haben bei der Zahlung IBAN und BIC?

10.9 Debitorenmanagement

10.9.1 Debitorenkonten

Das Debitorenmanagement betrifft die letzten Vorgänge des Geschäftsprozesses Verkauf: Überwachung, Prüfung und Buchung des Zahlungseingangs sowie das Mahnwesen. Damit trägt es wesentlich dazu bei, die Liquidität des Unternehmens zu sichern.

In Ergänzung zum **Sachkonto 2400 Forderungen aus Lieferungen und Leistungen** im Hauptbuch wird im Kontokorrentbuch für jeden Kunden (Debitor, Schuldner) ein **Debitorenkonto** geführt.

Beispiel: Debitorenkonten

Hauptbuchhaltung:
2400 Forderungen aus Lieferungen und Leistungen

Debitorenbuchhaltung:
10001 Monster GmbH
10002 Plisch & Plumm KG
... ...

Das Debitorenprogramm entnimmt die Daten für das Debitorenkonto dem **Kundenstammsatz** in der Kundendatenbank.

Relevante Daten des Kundenstammsatzes

Kommunikationsdaten	Zahlungsverkehrsdaten	Mahndaten	Berechtigungsdaten
Kundennummer, Kundennamen (Firma), Anschrift, (auch: Land), Telefon, Fax, E-Mail-Adresse	Bankverbindung (Bankleitzahl, Bank, Kontonummer, BIC, IBAN), Zahlungsbedingungen	Datum der letzten Mahnung, Mahnstufe	Passwort (für Personen, die Zugangsberechtigung zum Konto haben)

Kundenstammsätze können vom Vertrieb, von der Finanzbuchhaltung oder für Vertrieb und Buchhaltung von einer zentralen Stelle angelegt werden.

Das System benutzt die Debitorendaten des Kundenstammsatzes

- **als Vorschlagswerte für die Buchung:**
  Es schlägt z. B. einen Buchungssatz unter Berücksichtigung der gespeicherten Skontoangaben vor.
- **für die Verarbeitung der Geschäftsfälle:**
  Es verarbeitet z. B. Mahndaten für den maschinellen Mahnlauf (Mahnlistenerstellung).

10.9.2 Prüfen und Buchen des Zahlungseingangs

Am 04.03.20.. wurde bei MGB Maltmann Getriebebau e. K. auf dem Debitorenkonto der Herbert Meier GmbH & Co. KG eine Forderung über 2 628,17 EUR gebucht:
10122 Meier an 5000 Umsatzerlöse und 4800 Umsatzsteuer.
Am 02.05.20.. zeigt die Hausbank von MGB den Eingang der Überweisung an:

Deutsche Bank	**ÜBERWEISUNGSEINGANG**	**Beleg-Datum:** 02.05.20..
Empfänger:	MGB Maltmann Getriebebau e. K., 45128 Essen **IBAN:** DE60 3607 0050 0085 1452 88 **BIC:** DEUTDEDEXXX	
Auftraggeber:	Herbert Meier GmbH & Co. KG **IBAN:** DE85 3425 0000 0000 1244 04 **BIC:** SOLSE33XXX	
Verwendungszweck:	**Re.Nr**. 7223002079 **vom** 04.03.20.. **Kd.-Nr.**: 10122 **Betrag EUR**: 2628,17 **Sk. EUR** 0,00	

- Der Sachbearbeiter ruft durch Eingabe der Kundennummer den Debitor auf und lässt sich eine Liste der offenen Rechnungsposten (OP-Liste) zeigen.

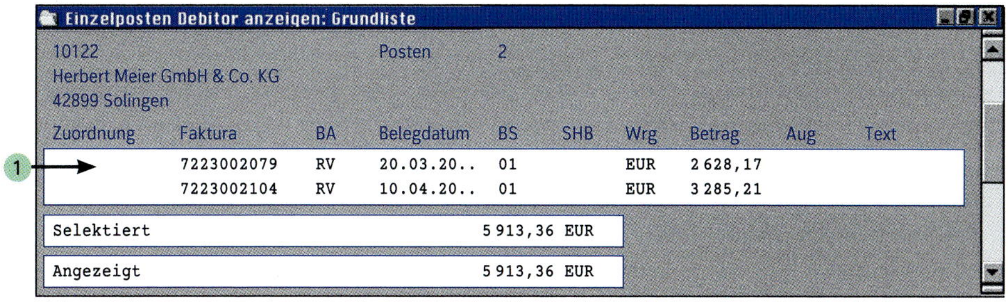

- Der Sachbearbeiter vergleicht die Daten des Überweisungseingangs mit den gespeicherten Kundendaten. Wenn nötig, nimmt er Korrekturen vor.
- Zwecks Prüfung der Zahlungsbedingungen klickt er die Zeile des entsprechenden Rechnungspostens (1) an. Nun werden alle Vertriebsdaten des Käufers angezeigt.
- Stimmen die Daten überein, kann die Buchung erfolgen. Dazu werden eingegeben: Datum des Überweisungseingangsbelegs, Buchungsdatum, eigenes Zahlungsmittelkonto (2800 Bank), Debitorenkonto (hier: 10122), Zahlungsbetrag. Dem Sachbearbeiter werden noch einmal alle nicht gebuchten Zahlungseingänge des Kunden gezeigt. Er klickt den zu buchenden Überweisungseingang an. Das System zeigt eine Buchungssimulation (Buchungsvorschlag) an. Ist sie in Ordnung, erfolgt die Buchung.

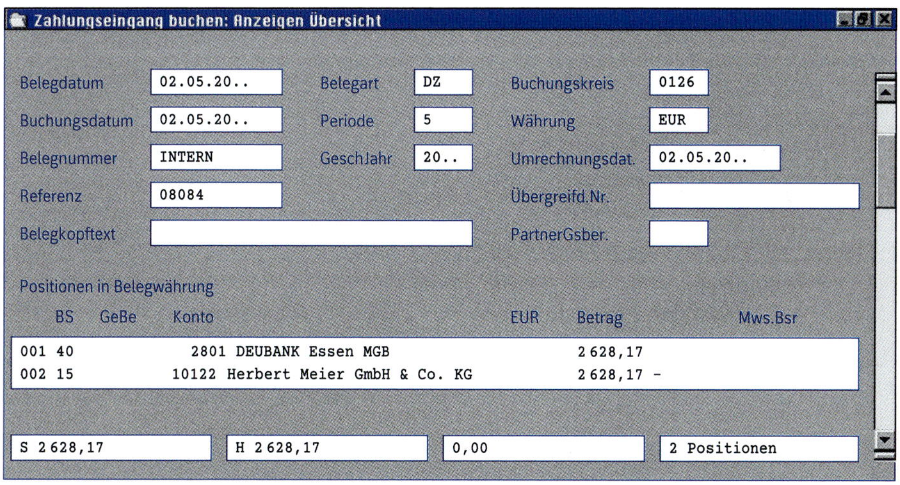

Prozessname: Prüfen und Buchen des Zahlungseingangs
Von der Prüfung des Überweisungseingangs bis zum Buchen der Debitorenrechnung

Prozessinputs:		Inputlieferanten:	Prozessoutputs:		Outputkunden:
Überweisungseingang	←	Kreditinstitut	Buchung	→	Debitorenbuchhaltung

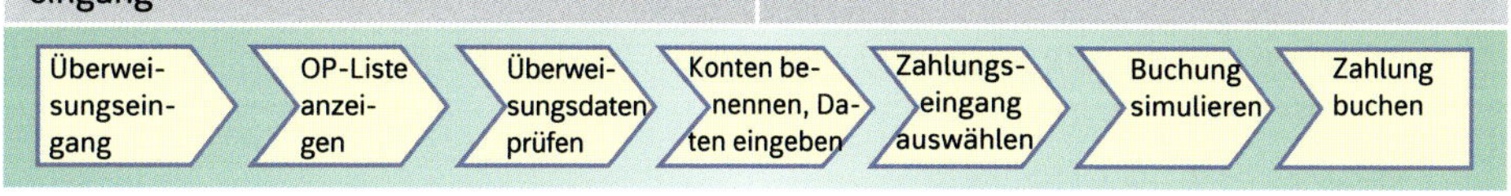

10.9.3 Mahnlauf

Das System erstellt Mahnlisten der fälligen und nicht bezahlten Rechnungen. Zusätzlich können weitere Analysen (z. B. Kontoanalysen, Alarmreports, Fälligkeitsraster zur Beurteilung nicht eingehaltener Zahlungstermine) erstellt und ausgegeben werden.

- Der Sachbearbeiter legt fest, für welche Debitoren und welchen Zeitraum die Mahnliste erstellt werden soll. Dazu gibt er die betreffenden Debitorennummern (von ... bis) und das Stichdatum ein.
- Das System erstellt automatisch einen ersten Mahnlistenvorschlag.
- Der Sachbearbeiter überprüft die vorgeschlagenen Mahnstufen. Ist er mit einer Mahnstufe nicht einverstanden, kann er sie durch eine andere ersetzen.
- Nach Durchsicht aller Debitoren wird die endgültige Mahnliste erstellt.

MGB		**Mahnliste zum 03.07. ..**		Zeit: 14:17:22	Datum: 03.07. ...		Seite 1
Konto	Beleg-Nummer	Referenz-nummer	Buchungs-datum	Fälligkeits-datum	Verzugs-tage	Betrag in EUR	Mahn-stufe
D10090	EMTEC ELECTRONICS GmbH, 67001 Ludwigshafen						
	26079	6122038592	30.04. ..	30.05. ..	34	2390,00	2
	14022	7233038000	02.05. ..	22.06. ..	11	1000,00	1
						3390,00	
D10099							

- Das System druckt die Mahnung aus.
  In der ersten Mahnung wird der Schuldner höflich an die fällige Zahlung erinnert. (Zwar will der Verkäufer sein Geld haben, nicht aber den Kunden verlieren!)

  Spätestens in der dritten Mahnung droht man den Einzug der Forderung an. Gewerbliche Auskunfteien („Creditreform“, „Schimmelpfeng“, „Bürgel“ usw.) unterhalten z. B. Inkassoinstitute.

Mahn-Stufen	Vorgehen	
0	Keine Mahnung	
1	Erste Mahnung	(evtl. „Erinnerung“)
2	Zweite Mahnung	(Zahlungsfrist angeben!)
3	Dritte Mahnung	(als Einschreiben!)
4	Einzug der Forderung	(Inkassoinstitut beauftragen!)

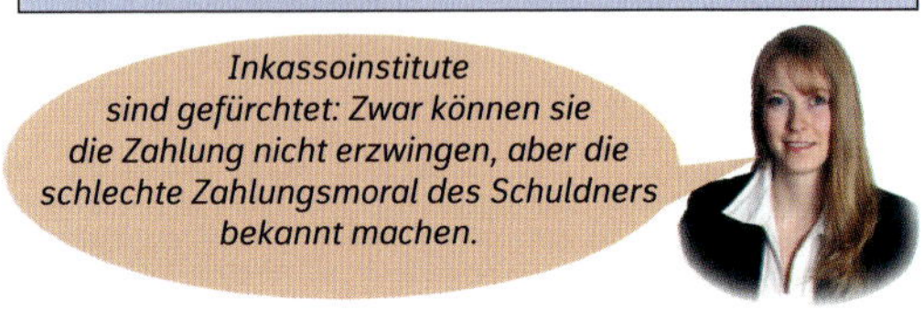

Beispiele: Mahnungen

10.06.20..

Erinnerung

Sehr geehrte Damen und Herren,

über Ihren Auftrag haben wir uns sehr gefreut. Sicherlich waren Sie mit unserer Leistung zufrieden.

Dürfen wir Sie daran erinnern, nunmehr die fällige

Rechnung Nr. 6122038502 vom 30.04. über 2 390,00 EUR

zu begleichen?

Mit freundlicher Empfehlung

03.07.20..

Zweite Mahnung

Sehr geehrte Damen und Herren,

mit unserem Schreiben vom 10.06.20.. haben wir Sie an unsere offenstehende Rechnung Nr. 6122038502 erinnert. Bisher ist Ihre Zahlung jedoch nicht bei uns eingegangen.

Bitte bedenken Sie, dass auch wir unseren Verpflichtungen pünktlich nachkommen müssen.

Wir bitten Sie, den Betrag von 2 390,00 EUR bis zum 20.07.20.. zu überweisen.

Mit freundlichen Grüßen

25.07.20..

Dritte und letzte Mahnung

Trotz Erinnerungsschreibens und zweiter Mahnung haben Sie unsere

Rechnung Nr. 6122038502 vom 30.04.20..

nicht beglichen.

Wir können nicht länger warten und bitten um Ihre Zahlung bis spätestens zum 05.08.20..

Rechnungsbetrag	2 390,00 EUR
Mahnpauschale	40,00 EUR
11,5 % Verzugszinsen vom 31.05. bis 05.08.20..	50,45 EUR
	2 470,45 EUR

Nach Ablauf dieses Termins werden wir einen Mahnbescheid beantragen oder Klage erheben.

Hinweis: Berechnung der Zinstage kalendergenau bei 365 Zinstagen im Jahr. Dieses Vorgehen setzt sich in der Praxis bei Verzugszinsen immer mehr durch.

Durch die Forderungsüberwachung und geeignete Maßnahmen zum Eintreiben der Forderungen trägt das Debitorenmanagement wesentlich dazu bei, dass der Betrieb zahlungsfähig bleibt, keine unnötigen Kredite aufnehmen muss und nicht durch Forderungsverjährung oder Kundeninsolvenz Verluste erleidet.

Prozessname: Mahnlauf
Vom Start des Mahnlaufs bis zum Mahnschreiben

Prozessinputs:	Inputlieferanten:	Prozessoutputs:	Outputkunden:
Forderungsdaten	Debitorenbuchhaltung	Mahnliste →	Debitorenbuchhaltung
		Mahnschreiben →	Kunden

Mahnlauf starten → Debitoren auswählen, Stichdatum eingeben → Vorläufige Mahnliste erstellen → Mahnliste bearbeiten → Endgültiger Lauf → Mahnungen drucken

10.9.4 Zahlungsverzug

Wenn die Zahlung fällig ist, der Käufer nicht zahlt und der Verkäufer die Zahlung angemahnt hat, gerät der Käufer mit dem Erhalt der Mahnung in Zahlungsverzug (§ 286 BGB). Als Mahnung gelten auch auch die Zustellung eines Mahnbescheids sowie die Klageerhebung vor Gericht.

Der Zahlungsverzug ist der Schuldnerverzug des Käufers (Geldschuldners).

Der Verzug tritt auch ohne Mahnung ein, wenn
- der Zahlungstag nach dem Kalender bestimmt ist oder sich von einem vorausgehenden Ereignis an nach dem Kalender bestimmen lässt (z. B. „14 Tage nach Lieferung"),
- der Käufer die Zahlung ernsthaft und endgültig verweigert,
- der Käufer eine Rechnung oder gleichwertige Zahlungsaufstellung erhalten hat und dann nicht binnen 30 Tagen nach Fälligkeit zahlt.

Für Verbraucher gilt dies nur, wenn sie in der Rechnung auf diese Folge hingewiesen wurden.

Ist der Zeitpunkt des Rechnungszugangs unsicher, tritt der Verzug bei Nicht-Verbrauchern 30 Tage nach Fälligkeit und Empfang der Gegenleistung (Kaufsache) ein.

Der Käufer gerät allerdings nicht in Verzug,
- solange die Zahlung infolge eines Umstandes unterbleibt, den er nicht verschuldet hat (§ 286 Abs. 4 BGB; Beweispflicht liegt beim Käufer),
- wenn er berechtigte Einreden hat (z. B. Verjährung, Stundung) oder ein Zurückbehaltungsrecht geltend macht (z. B. wegen Warenmängeln).

Rechte des Verkäufers bei Zahlungsverzug

Entweder:
- **Auf Zahlung bestehen und Schadensersatz wegen der Zahlungsverzögerung verlangen** (§ 280 Abs. 2 BGB), z. B. Mahnkosten, eigene Kreditzinsen
- **Zusätzlich bis zur Zahlung die Lieferung der Kaufsache verweigern** (§ 273 Abs. 1 BGB) (wenn Vorauszahlung vereinbart war)

Oder stattdessen:
Eine angemessene Nachfrist setzen; nach erfolglosem Ablauf:
- **vom Kaufvertrag zurücktreten** (§ 323 Abs. 1 BGB) Die gelieferte Ware ist zurückzugeben.
- **zusätzlich Schadensersatz statt der Zahlung verlangen** (§§ 281 Abs. 1, 325 BGB): z. B. Mahnkosten, eigene Kreditzinsen, entgangener Gewinn

Nach Ablauf einer Nachfrist vom Vertrag zurücktreten (ohne Schadensersatz) kann der Verkäufer auch, wenn der Käufer die Verzögerung nicht verschuldet hat (§ 323 Abs. 1 BGB).
Das Setzen einer Nachfrist ist entbehrlich (§ 281 Abs. 2 BGB, § 323 Abs. 2 BGB), wenn
- der Käufer die Zahlung ernsthaft und endgültig verweigert,
- besondere Umstände den sofortigen Rücktritt rechtfertigen.

Basiszinssatz? Was ist denn das?

Eine Geldschuld ist während des Verzugs zu verzinsen (sog. **Verzugszinsen**, § 288 BGB). Die Höhe des Zinssatzes beträgt
- 5 Prozentpunkte über dem **Basiszinssatz**, wenn ein Verbraucher am Geschäft beteiligt ist,
- ansonsten 9 Prozentpunkte über dem BZS

Der **Basiszinssatz** ist im BGB festgelegt. Er beträgt laut § 247 BGB 3,62 % und verändert sich jährlich zum 01.01. und 01.07. um die Prozentpunkte, um die seine Bezugsgröße seit der letzten Veränderung des Basiszinssatzes gestiegen/gefallen ist. (Bezugsgröße ist der Mindestbietungssatz der EZB vor dem ersten Kalendertag des betreffenden Halbjahrs.) Aktueller BZS (seit 01.01.2021): –0,88 %.

Kaufleute können bei zweiseitigen Handelsgeschäften schon vom Fälligkeitstag an bis zum Eintritt des Verzugs 5 % Zinsen fordern (§§ 352, 353 HGB).

Der Gläubiger einer Entgeltforderung hat bei Verzug des Schuldners, der kein Verbraucher ist, außerdem einen Anspruch auf Zahlung einer Pauschale in Höhe von 40,00 EUR (§ 288 Abs. 5 BGB).

10.9.5 Gerichtliches Mahnverfahren

Zahlt der Schuldner trotz Mahnungen nicht, kann der Gläubiger ihn durch das Gericht mahnen lassen. Das gerichtliche Mahnverfahren erfolgt mit einem **Mahnbescheid**.

Der Gläubiger richtet ihn an das im jeweiligen Bundesland für das Mahnverfahren zuständige zentrale Amtsgericht (in Nordrhein-Westfalen die Amtsgerichte Hagen und Euskirchen). Das Gericht stellt dem Schuldner den Mahnbescheid zu. Es prüft aber nicht den Sachverhalt! Der weitere Ablauf des Verfahrens ist in der folgenden Grafik dargestellt.

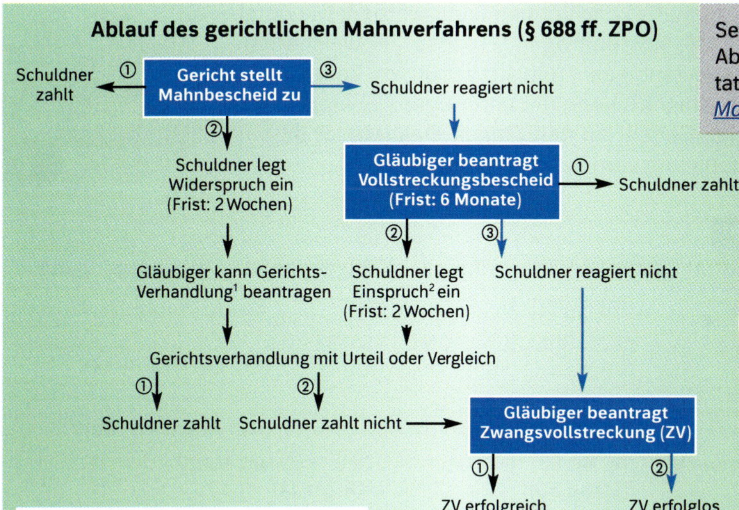

¹ Bis zu einem Streitwert von 5 000,00 EUR ist das Amtsgericht, darüber hinaus das Landgericht zuständig (§ 23 GVG).

² Der Vollstreckungsbescheid ist vorläufig vollstreckbar. Der Schuldner kann gegen Sicherheitsleistung mit dem Einspruch die Aussetzung bis zur Entscheidung über den Einspruch beantragen.

Sehen Sie sich den Ablauf in der Präsentation Gerichtliches Mahnverfahren an.

Web M 637

SECHSTER ABSCHNITT

Der Gerichtsvollzieher nimmt bei der **Zwangsvollstreckung** (§§ 704 ff., 803 ff. ZPO) Geld, Schmuck und Kostbarkeiten als Faustpfand in Besitz. Andere Gegenstände beschlagnahmt er durch Aufkleben von Pfandsiegelmarken. (Persönliche und dem Haushalt und der Erwerbstätigkeit dienende Gegenstände sind nicht pfändbar, z. B. Kleidung, Betten, Küchengeräte, Handwerkszeug.) Die gepfändeten Gegenstände werden versteigert.

Auch Forderungen (z. B. Lohn-, Gehalts-, Mietforderungen) werden gepfändet. Sie dürfen dann nicht an den Schuldner ausgezahlt werden, sondern sind dem Gläubiger zu überweisen. Auch hier sind bestimmte Beträge unpfändbar.

Bei Grundstücken erfolgt die Zwangsvollstreckung durch Zwangsversteigerung, Zwangsverwaltung oder Eintragung einer Sicherungshypothek ins Grundbuch.

M 638

10.9.6 Klageverfahren

Siehe auch die Präsentation Zivilprozess.

Web

Der Gläubiger kann den säumigen Schuldner auch im Zivilprozess auf Zahlung verklagen. Bei Klagen bis 5 000,00 EUR Streitwert ist das Amtsgericht, darüber hinaus das Landgericht zuständig (§ 23 GVG). Bis 750,00 EUR Streitwert muss vorher eine außergerichtliche Schlichtung durch einen gerichtlich vereidigten Schlichter versucht werden (§ 15a EGZPO).

Zur vorbereitenden Klärung der Verhältnisse setzt der Richter einen frühen ersten Termin an oder veranlasst ein schriftliches **Vorverfahren**. In einer **Güteverhandlung** lotet er die Möglichkeit einer gütlichen Einigung aus. Ist dieser Versuch erfolglos, kommt es zur **Hauptverhandlung**. Diese soll den Sachverhalt klären durch

- Vortragen der Standpunkte,
- Beweismittel (Zeugenaussagen, Gutachten, Urkunden, Augenschein).

Die Parteien können einen **Vergleich** schließen oder der Richter spricht ein streitiges **Urteil**. Erscheint der Beklagte nicht zum Termin, verurteilt das Gericht ihn gemäß Antrag des Klägers (Versäumnisurteil). Erscheint der Kläger nicht, weist das Gericht (ebenfalls mit Versäumnisurteil) auf Antrag des Beklagten die Klage ab.

Prozesse sind risikobehaftet und können teuer werden. Die unterlegene Partei muss alle Kosten tragen (Prozess-, Beweisaufnahme-, Urteils-, Sachverständigen-, Anwaltsgebühren, Zeugen- und Sachverständigenauslagen). Kann der unterlegene Beklagte nicht zahlen, hält sich das Gericht an den Kläger. Deshalb ist oft eine außergerichtliche Einigung vernünftiger.

Arbeitsaufträge

1. **Die AKZO CHEMICALS GmbH erhält von ihrer Bank folgenden Überweisungseingang:**

Deutsche Bank	**ÜBERWEISUNGSEINGANG**	**Beleg-Datum:** 26.02.20..
Empfänger:	AKZO CHEMICALS GMBH 45013 Essen **IBAN:** DE41 3607 0050 0816 6688 00, **BIC:** DEUTDEDEXXX	
Auftraggeber:	Hans Bauchgraf OHG **IBAN:** DE04 5848 0010 0000 2440 45, **BIC:** SOLADES1SUW	
Verwendungszweck:	**Re. Nr.** 62716659 vom 14.02.20.. **Kd.-Nr.:** 10037 **Betrag EUR:** 4 200,00 **Sk. EUR** 126,00	

a) Welche Tätigkeiten löst der Überweisungseingang im Debitorenmanagement aus?
b) Berechnen Sie den Skontoprozentsatz. Formulieren Sie eine Zahlungsbedingung, die dem Skontoabzug zugrunde liegen könnte.
c) Bewirkt die Zahlung unter Abzug von Skonto eine Dateneingabe, die von der Zahlung ohne Skontoabzug abweicht?
d) Formulieren Sie den Buchungssatz für die Buchung der Zahlung.

2. **Ihr Ausbildungsbetrieb verfügt über ein EDV-gestütztes Debitorenmanagement.**
a) Erstellen Sie ein ereignisgesteuertes Prozesskettendiagramm für das Prüfen und Buchen von Überweisungseingängen.
b) Erstellen Sie mithilfe eines Präsentationsprogramms eine Benutzeranleitung für diesen Subprozess des Debitorenmanagements. Die Anleitung soll die zur Veranschaulichung der Prozessschritte notwendigen Screenshots enthalten.

3. **Betrachten Sie den Geschäftsfall in Arbeitsauftrag 1 auf Seite 359 ff. Die Pelzer GmbH & Co. KG hat die bestellten Hubtische an die Maschinenfabrik Klemm GmbH geliefert. Rechnungsdatum ist der 18. Juni. Am 25. Juli ist die Zahlung noch nicht bei Pelzer eingegangen.**
a) Wann hätte die Zahlung eingehen müssen?
b) Ist Klemm am 25. Juli bereits in Zahlungsverzug?
c) Fertigen Sie eine unterschriftsreife 1. Mahnung („Erinnerung“) an.
d) Klemm zahlt trotz zwei Mahnungen nicht. Schreiben Sie eine unterschriftsreife „letzte Mahnung“.
Benutzen Sie für die Briefe ein Textverarbeitungsprogramm.

e) Bei welchem Gericht muss Pelzer Klemm auf Zahlung verklagen?
f) Wie wird Pelzer vor Gericht die Forderung beweisen?
g) Schildern Sie den Ablauf des Klageverfahrens Pelzer GmbH & Co. KG gegen Klemm GmbH.

4. Betrachten Sie den folgenden Antrag auf Erlass eines Mahnbescheids.

a) Auf wessen Antrag ergeht der Mahnbescheid und gegen wen ist er gerichtet?
b) Welche Forderungen werden geltend gemacht?
c) Welches Gericht ist für den Mahnbescheid zuständig?
d) Auf welche Arten kann der Schuldner auf den Mahnbescheid reagieren? Erläutern Sie, wie das Verfahren dann jeweils fortgesetzt werden kann.

Raum für Vermerke des Gerichts

Antrag auf Erlass eines Mahnbescheids

– Nicht verwendbar für Rechtsanwälte und registrierte Inkassodienstleister –

Zeilen-Nummer

Datum des Antrags: ..-10-29 C

Bitte beachten Sie die Ausfüllhinweise!

Antragsteller

Bei mehreren Antragstellern: Es wird versichert, dass der in Spalte 1 Bezeichnete bevollmächtigt ist, die weiteren zu vertreten.

Spalte 1: 1 = Herr, 2 = Frau
Vorname
Nachname
Straße, Hausnummer – bitte kein Postfach! –
Postleitzahl | Ort | Ausl. Kz.

Spalte 2 Weiterer Antragsteller: 1 = Herr, 2 = Frau
Vorname
Nachname
Straße, Hausnummer – bitte kein Postfach! –
Postleitzahl | Ort | Ausl. Kz.

Spalte 3 **Nur Firma, juristische Person u. dgl. als Antragsteller**
3 = nur Einzelfirma 4 = nur GmbH u. Co KG **sonst Rechtsform:**
Rechtsform, z. B. GmbH, AG, OHG, KG: AG
Vollständige Bezeichnung: Dausenauer Glas AG
Fortsetzung von Zeile 9: Glashütte
Straße, Hausnummer – bitte kein Postfach! –: Röderweg 3
Postleitzahl: 56132 Ort: Dausenau Ausl. Kz.

Gesetzlicher Vertreter
3 Nr. der Spalte, in der der Vertretene bezeichnet ist
Stellung (z. B. Geschäftsführer, Vater, Mutter, Vormund): Vorstand
Vor- und Nachname: Albert Hein
Straße, Hausnummer – bitte kein Postfach! –: Römerstr. 16
Postleitzahl: 56132 Ort: Dausenau Ausl. Kz.

Gesetzlicher Vertreter (auch weiterer)
Nr. der Spalte, in der der Vertretene bezeichnet ist
Stellung
Vor- und Nachname
Straße, Hausnummer – bitte kein Postfach! –
Postleitzahl | Ort | Ausl. Kz.

Antragsgegner

Falls der Antragsgegner unter das Zusatzabkommen zum NATO-Truppenstatut fällt, bitte Ausfüllhinweise beachten.

Antragsgegner sind Gesamtschuldner

Spalte 1: 1 = Herr, 2 = Frau
Vorname
Nachname
Straße, Hausnummer – bitte kein Postfach! –
Postleitzahl | Ort | Ausl. Kz.

Spalte 2 Weiterer Antragsgegner: 1 = Herr, 2 = Frau
Vorname
Nachname
Straße, Hausnummer – bitte kein Postfach! –
Postleitzahl | Ort | Ausl. Kz.

Spalte 3 **Nur Firma, juristische Person u. dgl. als Antragsgegner**
3 = nur Einzelfirma 4 = nur GmbH u. Co KG **sonst Rechtsform:**
Rechtsform, z. B. GmbH, AG, OHG, KG: KG
Vollständige Bezeichnung: Walter Diekers KG
Fortsetzung von Zeile 24: Spirituosenfabrik
Straße, Hausnummer – bitte kein Postfach! –: Nordstr. 11
Postleitzahl: 40477 Ort: Düsseldorf Ausl. Kz.

Gesetzlicher Vertreter
3 Nr. der Spalte, in der der Vertretene bezeichnet ist
Stellung (z. B. Geschäftsführer, Vater, Mutter, Vormund): Komplementär
Vor- und Nachname: Walter Diekers
Straße, Hausnummer – bitte kein Postfach! –: Oderstr. 1
Postleitzahl: 40231 Ort: Düsseldorf Ausl. Kz.

Gesetzlicher Vertreter (auch weiterer)
Nr. der Spalte, in der der Vertretene bezeichnet ist
Stellung
Vor- und Nachname
Straße, Hausnummer – bitte kein Postfach! –
Postleitzahl | Ort | Ausl. Kz.

ZP 44 - Antrag auf Erlass eines Mahnbescheids für maschinelle Bearbeitung – Hagen – gen. 06.2010 Justizvollzugsanstalt Bochum

Fassung 01. 06. 2010

Bitte die nächste Vordruckseite beachten!

e) Welches Gericht wäre bei einem Widerspruch auf den Mahnbescheid (bzw. bei einem Einspruch auf den Vollstreckungsbescheid) zuständig?
f) Welche Möglichkeit verbleibt dem Gläubiger noch im Fall einer erfolglosen Pfändung des Schuldners?

Bezeichnung des Anspruchs

I. Hauptforderung – siehe Katalog in den Hinweisen –

Katalog-Nr.	Rechnung/Aufstellung/Vertrag oder ähnliche Bezeichnung	Nr. der Rechng./des Kontos u. dgl.	Datum bzw. Zeitraum (TT.MM.JJ) vom	bis	Betrag EUR
43	Rechnung	5756	13.08.20..		2.390,00

Postleitzahl | Ort als Zusatz bei Katalog-Nr. 17, 19, 20, 90 | Ausl. Kz. | Vertragsart als Zusatz bei Katalog-Nr. 28 -Vertrag

Sonstiger Anspruch – nur ausfüllen, wenn im Katalog nicht vorhanden – mit Vertrags-/Lieferdatum/Zeitraum vom ... bis ...

Fortsetzung von Zeile 36 | vom | bis | Betrag EUR

Nur bei Abtretung oder Forderungsübergang:
Früherer Gläubiger – Vor- und Nachname, Firma (Kurzbezeichnung) | Datum | Seit diesem Datum ist die Forderung an den Antragsteller abgetreten/auf ihn übergegangen. | Postleitzahl | Ort | Ausl. Kz.

IIa. Laufende Zinsen

Zeilen-Nr. der Hauptforderung	Zinssatz %	oder %-Punkte über Basiszinssatz	1 = jährl. 2 = mtl. 3 = tägl.	Betrag EUR nur angeben, wenn abweichend vom Hauptforderungsbetrag.	Ab Zustellung des Mahnbescheids, wenn kein Datum angegeben. ab oder vom	bis
32	8				13.09.20..	

IIb. Ausgerechnete Zinsen

Gemäß dem Antragsgegner mitgeteilter Berechnung für die Zeit vom | bis | Betrag EUR

III. Auslagen des Antragstellers für dieses Verfahren

Vordruck/Porto Betrag EUR	Sonstige Auslagen Betrag EUR	Bezeichnung
2,00		

IV. Andere Nebenforderungen

Mahnkosten Betrag EUR	Auskünfte Betrag EUR	Bankrücklastkosten Betrag EUR	Inkassokosten Betrag EUR	Anwaltsvergütung für vorgerichtl. Tätigkeit Betrag EUR	Sonstige Nebenforderung Betrag EUR	Bezeichnung
60,00						

Ein streitiges Verfahren wäre durchzuführen vor dem
1 = Amtsgericht, 2 = Landgericht, 3 = Landgericht – KfH, 6 = Amtsgericht – Familiengericht, 8 = Sozialgericht
1 in Postleitzahl 40477 Ort Düsseldorf
X Im Falle eines Widerspruchs beantrage ich die Durchführung des streitigen Verfahrens.

Prozessbevollmächtigter des Antragstellers
Ordnungsgemäße Bevollmächtigung versichere ich.
4 (3 = Rechtsbeistand, 4 = Herr, Frau, 9 = Verbraucherzentrale, -verband) Betrag EUR
Bei Rechtsbeistand: Anstelle der Auslagenpauschale (Nr. 7002 VV RVG) werden die nebenstehenden Auslagen verlangt, deren Richtigkeit versichert wird.
Der Antragsteller ist nicht zum Vorsteuerabzug berechtigt.

Vor- und Nachname/Bezeichnung: Peter Reichel / Rechtsanwalt
Straße, Hausnummer – bitte kein Postfach! –: Bachstr. 2 | Postleitzahl 56132 | Ort Dausenau | Ausl. Kz.
IBAN oder: Bankleitzahl | Konto-Nr.: DE51 3601 0050 0822 8354 600 | BIC (Bank Identifier Code): PBNKDEFF

Von Kreditgebern (auch Zessionar) zusätzlich zu machende Angaben bei Anspruch aus Verbraucherdarlehensvertrag (§§ 491 ff BGB):

Zeilen-Nr. der Hauptforderung	Vertragsdatum	Effektiver Jahreszins	Zeilen-Nr. der Hauptforderung	Vertragsdatum	Effektiver Jahreszins	Zeilen-Nr. der Hauptforderung	Vertragsdatum	Effektiver Jahreszins

Geschäftszeichen des Antragstellers/Prozessbevollmächtigten

An das
Amtsgericht Mayen
- Mahnabteilung -

56723 Mayen
Postleitzahl, Ort

Ich erkläre, dass der Anspruch von einer Gegenleistung abhängt, die bereits erbracht wurde oder nicht von einer Gegenleistung abhängt.
Ich beantrage, einen Mahnbescheid zu erlassen und in diesen die Kosten des Verfahrens aufzunehmen.

Unterschrift des Antragstellers/Vertreters/Prozessbevollmächtigten
Peter Reichel

Fassung 01.06.2010

5. Betrachten Sie noch einmal die Bestellung der Elegius GmbH auf Seite 372. Elegius hat bis zum 15. Oktober noch nicht bezahlt. Er zahlt auch trotz mehrerer Mahnungen nicht.
Besorgen Sie sich das Formular eines Mahnbescheids und füllen Sie diesen aus.

SECHSTER ABSCHNITT

10.9.7 Verjährung von Forderungen

Wer Forderungen hat, muss sich darum kümmern. Die Gerichte gewähren ihre Hilfe nur eine bestimmte Zeit. Danach verjährt die Forderung. Das bedeutet:

Die Forderung besteht weiter. Der Schuldner hat jedoch ein Leistungsverweigerungsrecht (§ 214 Abs. 1 BGB). Der Gläubiger kann den Schuldner nach Ablauf der Verjährungsfrist nicht mehr gerichtlich zur Leistung zwingen.

Trotz Verjährung erbrachte Leistungen kann der Schuldner aber nicht zurückfordern (§ 214 Abs. 2 BGB).

Ein Pfand kann der Gläubiger nach der Verjährung noch durch Versteigerung verwerten (§ 216 Abs. 1 BGB).

Vorteile der Verjährung:
- Quittungen müssen nur begrenzte Zeit aufbewahrt werden.
- Der Gläubiger wird zur Ordnung und zur Überwachung der Forderungen gezwungen.
- Die Rechtssicherheit wird erhöht.

Wichtige Verjährungsfristen für vertragliche Ansprüche nach BGB		
Die **regelmäßige Verjährungsfrist** gilt für alle Ansprüche, für die keine anderen Fristen festgelegt sind (u. a. für die Ansprüche auf Lieferung, Zahlung, Abnahme aus dem Kaufvertrag und anderen Verträgen).	3 Jahre	(§ 195) ab Schluss des Jahres, in dem 1. der Anspruch fällig ist und 2. der Gläubiger von den anspruchsbegründenden Umständen und der Person des Schuldners **Kenntnis** hat oder ohne grobe Fahrlässigkeit erlangen muss (§ 199 Abs, 1);
Besondere Verjährungsfristen gelten für • Schadensersatzansprüche	10 Jahre 30 Jahre	ab Entstehung des Anspruchs bzw. ab schadensauslösendem Ereignis. Maßgeblich ist die früher endende Frist (§ 199 Abs. 3).
• Herausgabeansprüche • rechtskräftig festgestellte Ansprüche (z. B. aufgrund von Vollstreckungsbescheid, Urteil, gerichtlichem Vergleich) • Ansprüche aus vollstreckbaren Titeln, Vergleichen, Insolvenzverfahren	30 Jahre	(§ 197 Abs. 1) ab Fälligkeit des Anspruchs (§ 200); ab Rechtskraft der Entscheidung, Errichtung des Titels, Feststellung im Verfahren (§ 201)
• Ansprüche aus Mängeln an Bauwerken und Sachen, die für ein Bauwerk verwendet werden und dessen Mangelhaftigkeit verursachen	5 Jahre	ab Grundstücksübergabe bzw. Ablieferung der Sache (§ 438 Abs. 1 Nr. 2) oder Abnahme des Werkes (§ 634a Abs. 1 Nr. 2)
• Ansprüche aus anderen Mängeln (Mängel an Kaufsachen und Werken aus Werkverträgen) (Ausnahme: Für arglistig verschwiegene Mängel gilt die regelmäßige Verjahrungsfrist)	2 Jahre	ab Ablieferung der Sache (§ 438 Abs. 1 Nr. 3) oder Abnahme des Werkes (§ 634a Abs. 1 Nr. 1)

Daneben gibt es weitere spezielle Verjährungsfristen (z. B. Steuerschulden 5 Jahre, § 228 AO).

Vertragspartner können die Verjährungsfristen auch vertraglich vereinbaren, aber nicht über 30 Jahre hinaus verlängern (§ 202 Abs. 2 BGB). Nicht verkürzt werden können die Gewährleistungsfristen beim Verbrauchsgüterkauf (§ 476 Abs. 2 BGB; vgl. S. 376).

Die Verjährung wird durch Neubeginn und Hemmung hinausgeschoben.

Neubeginn und Hemmung der Verjährung

Neubeginn der Verjährung (§ 212 BGB)

Die Verjährung beginnt erneut, wenn

1. der Schuldner den Anspruch durch Abschlagszahlung, Zinszahlung, Sicherheitsleistung oder in anderer Weise anerkennt oder
2. eine gerichtliche oder behördliche Vollstreckungshandlung vorgenommen oder beantragt wird.

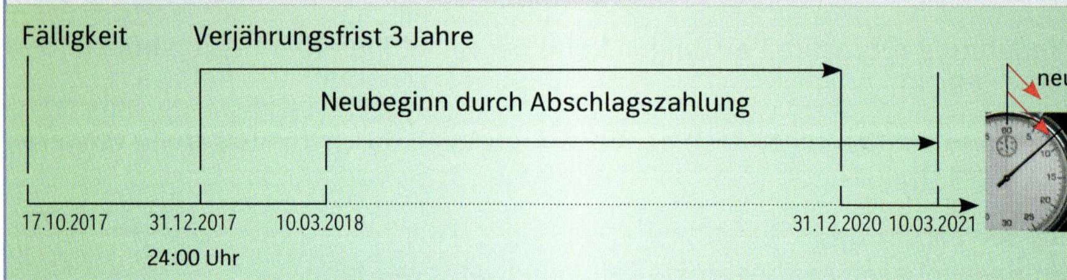

Hemmung der Verjährung

1. Solange, wie Schuldner und Gläubiger über den Anspruch verhandeln, bis eine Partei die Verhandlungen verweigert. Die Verjährung tritt frühestens drei Monate nach dem Ende der Hemmung ein (§ 203 BGB)
2. Während der Zeit der Rechtsverfolgung, z. B. durch Klageerhebung, Zustellung des Mahnbescheids, Anspruchsanmeldung im Insolvenzverfahren (§ 204 BGB). Die Hemmung endet sechs Monate nach der rechtskräftigen Entscheidung oder – bei Stillstand des Verfahrens – der letzten Verfahrenshandlung (§ 204 Abs. 2 BGB)
3. Solange der Schuldner aufgrund einer Vereinbarung mit dem Gläubiger vorübergehend die Leistung verweigern darf (§ 205 BGB)
4. Solange der Gläubiger innerhalb der letzten sechs Monate der Verjährungsfrist durch höhere Gewalt an der Rechtsverfolgung gehindert ist (§ 206 BGB)

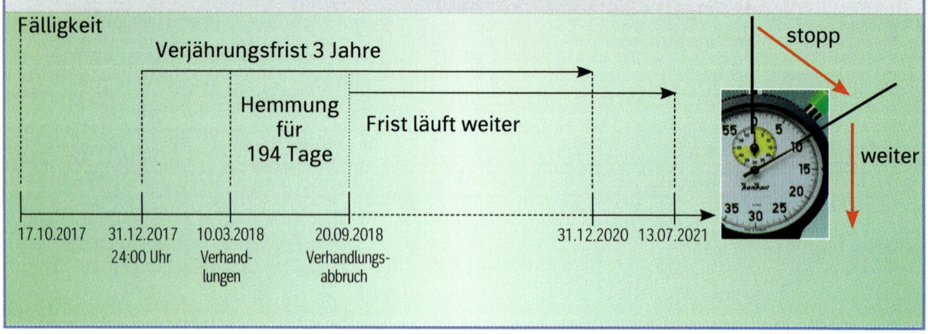

SECHSTER ABSCHNITT

Arbeitsaufträge

1. **Wann verjähren/verjährten folgende Forderungen?**
   a) – Forderung auf Lieferung aus dem Kauf eines Neuwagens; vereinbarter Liefertermin 15.01.2021
   – Forderung auf Zahlung des Kaufpreises; vereinbarter Zahlungstermin = Liefertermin
   – Schadensersatzforderung wegen Lieferungsverzug; tatsächliche Lieferung am 30.03.2021
   – Alternativ: Forderung auf den Ersatz von Mehraufwendungen wegen Annahmeverzug (Dauer 30 Tage)
   – Alternativ: Schadensersatzforderung wegen Zahlungsverzug; tatsächlicher Zahlungstermin 07.09.2021
   – Forderung auf Beseitigung von Mängeln am gelieferten Wagen; Lieferung 30.03.2021
   – Forderung auf Schadensersatz wegen dieser Mängel.
   – Forderung auf Zahlung des Kaufpreises und Schadensersatz gemäß Gerichtsurteil, rechtskräftig am 18.02.2022
   – Forderung auf Schadensersatz wegen Aufbruch und Diebstahl des Wagens am 18.06.2021
   b) Forderung auf Neulieferung und Schadensersatz für verzogene Fenster; Vertragsabschluss 06.02.2021, Lieferung 15.03.2021
   c) Forderung auf Schadensersatz wegen eines vom Verkäufer verschwiegenen Unfallschadens eines Gebrauchtwagens; Vertragsabschluss 06.02.2021, Lieferung 10.02.2021.
2. **Die Peter Marx KG kaufte am 25.11.2021 von Otto Zweck e. K. einen Bürocomputer. Die Zahlung sollte binnen 30 Tagen nach Lieferung (Liefertermin 29.11.) erfolgen. Sie wurde nicht geleistet.**
   a) Wann verjährt der Anspruch auf Zahlung?
   b) Nach der zweiten Mahnung bittet Marx am 04.03.2022 um Stundung für zwei Monate. Zweck gewährt die Stundung am 10.03.2022. Wann verjährt der Anspruch des Gläubigers auf Zahlung?
   c) Die unerledigte Rechnung bleibt bei Zweck wegen Organisationsmängeln im Mahnwesen lange vergessen. Am 17.02.2025 wird sie entdeckt. Marx verweigert die Zahlung. Zweck erhebt Klage. Am 27.07.2025 wird Marx rechtskräftig zur Zahlung verurteilt. Wann verjährt nun der Anspruch auf Zahlung?

10.10 Kundenbindung und Serviceprozesse

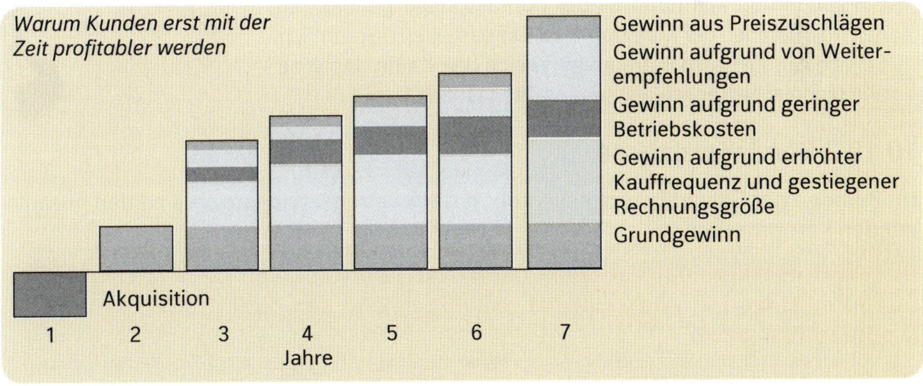

10.10.1 Kundenbindungsmaßnahmen

Hat der Betrieb neue Kunden gewonnen, so hat er anschließend die wichtige Aufgabe, sie an sich zu binden: Aus Neukunden sollen Stammkunden werden.

Die Kundenbindung umfasst alle Maßnahmen,
- **die verhindern, dass Kunden abwandern;**
- **die kontinuierliche oder vermehrte Wiederholungs- und Folgekäufe bewirken.**

Der Kunde soll dem Betrieb Umsätze bringen. Andererseits verursachen die Kundenbindungsmaßnahmen Kosten. Erfolgreich sind die Maßnahmen insbesondere, wenn der Quotient

Kundenbindungskosten : Kundenumsatz im Zeitablauf immer günstiger (d. h. kleiner!) wird.

Die Kunden sind **heterogen**, ihre Ansprüche differieren nach Art und Ausmaß und ändern sich im Zeitablauf. Wie die Produkte unterliegen auch die Kundenbeziehungen einem **Lebenszyklus**: Sie entstehen, wachsen, stagnieren, sterben. In jeder Phase sind die angemessenen Maßnahmen zu treffen mit dem Ziel, **Kundenzufriedenheit** zu erzielen und **Kundenvertrauen** aufzubauen und zu erhalten. Kundenbindungsmaßnahmen sind natürlich besonders wichtig für **„wertige", umsatzstarke Kunden** (Schlüsselkunden, A-Kunden).

Wichtige Kundenbindungsmaßnahmen sind:

- **Innovative Leistungssysteme**
  Leistungssysteme sind ganzheitliche Problemlösungen für den Kunden. Sie sind in Märkten mit zunehmender Auswechselbarkeit von Produkten, wachsenden Ansprüchen mächtiger Kunden und intensivem Preiswettbewerb von größter Bedeutung.
- **Integration in die Wertschöpfungskette**
  Betriebe, die ihre Kunden in Forschung und Entwicklung integrieren, lösen eine vielfältige Kooperation aus. Auch die Vernetzung von Kunde und Lieferant durch das Internet errichtet Wechselbarrieren.

Es gilt:
- *Der Kunde ist richtig zu binden!*
- *Der richtige Kunde ist zu binden!*

- **Bonusprogramme**
  Bonusprogramme sollen den Kunden für seine Treue belohnen.
  Für den Industriebetrieb bieten sich z. B. an: Treuerabatte; kostenlose Zusatzleistungen.
- **Kontaktpflege**
  Regelmäßige Kontakte sollen Vertrauen aufbauen und erhalten. Die Kommunikation muss unbedingt die individuellen Belange berücksichtigen und ein Kundenfeedback ermöglichen. Unter den zahlreichen Instrumenten sind v. a. zu nennen:
  Call-Center, Hotlines, Kundenbesuche, persönliche Mailings, Kundenbefragungen, E-Mails, personalisierte Webangebote, Anrufe, Kundenclubs, Download-Angebote, Kundenzeitschriften, Events, Chats, Newsletters, Workshops, Kurse, Seminare; Managementinformation, Unternehmensberatung.
- **Serviceleistungen**
  Die genannten Maßnahmen der Kontaktpflege gehören zu den Maßnahmen der Kundenpflege: Diese stellen bekanntlich Serviceleistungen im Betreuungsbereich dar. Kaufmännische und technische Serviceleistungen treten hinzu.

Lesen Sie hierzu noch einmal auf S. 560 nach!

10.10.2 Serviceprozesse

Im Rahmen der Geschäftsprozesse gehört der Kundenserviceprozess zu den grundlegenden Kernprozessen.

Der Serviceprozess betreut die Kunden nach dem Kauf, soll sie bei Schwierigkeiten unterstützen, Produktmängel beseitigen und den dauerhaften Einsatz des Produkts absichern.

Der Serviceprozess unterteilt sich in drei grundlegende Teilprozesse
- Behebung aktueller Kundenprobleme (z. B. Produktmängel, Ersatzteilversorgung),
- Durchführung laufender Servicearbeiten (v. a. Wartungsarbeiten),
- Bereitstellung ergänzender Serviceleistungen (z. B. Schulungen des Servicepersonals, Servicedokumentation).

Serviceprozesse werden ausgelöst durch Anforderungen wie Beanstandungen, Fehlermeldungen, Servicecalls, Änderungswünsche: Sie haben die Aufgabe, Lösungen für die zugrunde liegenden Probleme zu realisieren. In einer Clearingstelle werden die Anforderungen gesammelt, nach Priorität (Vorrangigkeit) geordnet, gebündelt. Dann wird die Bearbeitung veranlasst. Wir wollen dies am Beispiel des **Beschwerdemanagements** verdeutlichen:

Beschwerden wollen auf ein Verhalten des Anbieters aufmerksam machen, das als unangemessen angesehen wird. Sie sind auf eine entsprechende Verhaltensänderung und ggf. eine Entschädigung gerichtet. Ziele des Beschwerdemanagements sind folglich:

- Wiederherstellen der Kundenzufriedenheit,
- Minimierung der Negativwirkungen der Kundenunzufriedenheit auf das Unternehmen,
- Nutzung der Beschwerdehinweise für Verbesserungen.

Eine Beschwerde ist jede Äußerung von Unzufriedenheit mit dem Anbieter. Sie kann an den Betrieb gerichtet sein, aber auch bei Dritten (z. B. Medien, Verbraucherzentralen) angebracht werden.

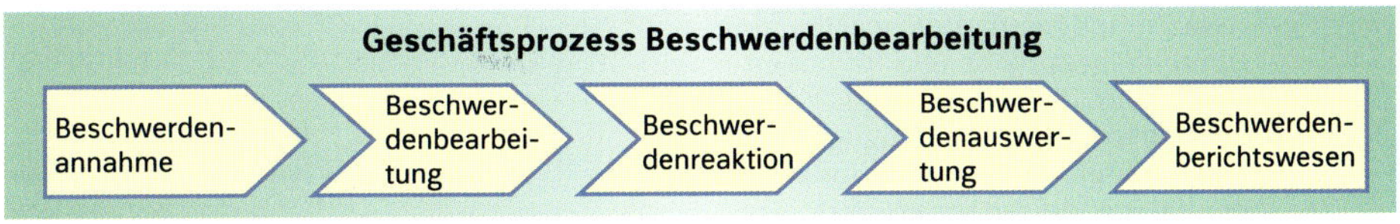

Arbeitsaufträge

1. **Nachfolgend ist ein typischer Kundenbeziehungs-Lebenszyklus abgebildet.**

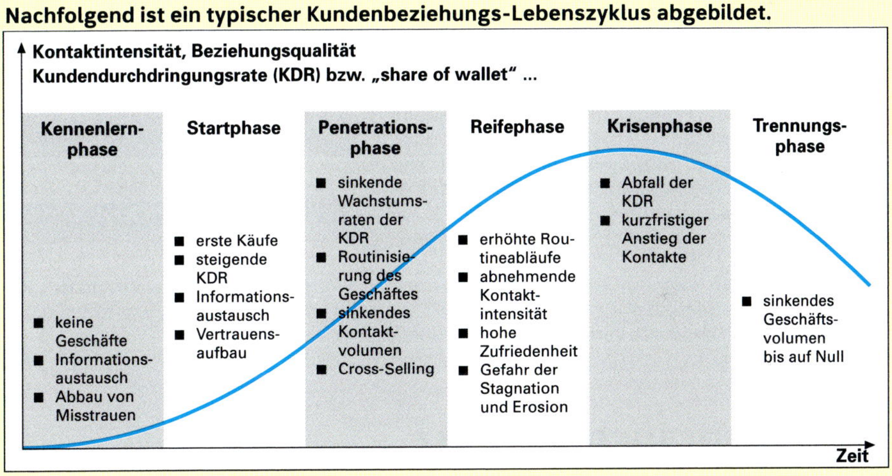

   a) Erläutern Sie die Phasen des Lebenszyklus.
   b) Geben Sie an, in welchen Phasen Kundenbindungsmaßnahmen angebracht sind und nennen Sie geeignete Maßnahmen.

2. **Die Werbeagentur Publiciti e. K. soll für ihren Auftraggeber im Rahmen des Direct-Marketings ein Mailing und einen Flyer über die neue Kundenkarte „Plus-Card" entwerfen und an 200 000 Haushalte versenden. Folgende Informationen über die Kundenkarte liegen vor:**
   - ***Punkte sammeln beim Einkaufen***
     Überall, wo man den Kundenkarten-Aufkleber sieht, bekommt der Karteninhaber mit der „Plus-Card" beim Einkaufen Rabatte in der Höhe, die der jeweilige Kundenkarten-Partner festgelegt hat. Diese Ersparnisse sammelt der Karteninhaber in Form von „Plus-Punkten" auf seiner Karte wie in einer Geldbörse.
   - ***Bezahlen mit Plus-Punkten***
     Die Karte ist wie bares Geld. Denn man kann jeden Plus-Punkt bei allen Kundenkarten-Partnern wieder ausgeben. Zudem erhält der Karteninhaber bei jedem Einkauf mit der „Plus-Card" eine Übersicht über seinen aktuellen Punktestand.
   - ***Vergünstigungen genießen in der Freizeit***
     Mit der „Plus-Card" profitiert der Karteninhaber nicht nur von „tollen Einkaufsvorteilen". Denn zusätzlich erhält er mit seiner „Plus-Card" auch in allen Freizeiteinrichtungen mit dem Kundenkarten-Aufkleber einen Preisnachlass.

   Entwerfen Sie das Mailing und den Flyer.

3. **Bei der Scharnamm GmbH wurden bisher Kundenreklamationen mehr oder weniger zufällig bearbeitet. Nun soll ein Beschwerdemanagement aufgebaut werden, das systematisch alle Kundenreklamationen erledigt.**
   Sie erhalten die Aufgabe, den Geschäftsprozess „Prüfung einer Kundenreklamation wegen mangelhafter Lieferung“ mithilfe einer ereignisgesteuerten Prozesskette zu erstellen.

4. **Nach Abschluss der Servicearbeiten an einem Produkt und Prüfung der Funktionstüchtigkeit erfolgt die Übergabe an den Auftraggeber in Form eines Übergabegesprächs. Dieses Gespräch kann in den dargestellten Schritten ablaufen.**

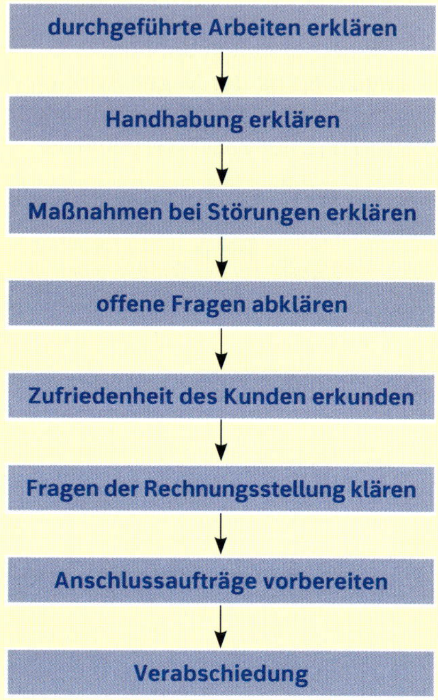

   a) – Bilden Sie vier Arbeitsgruppen in der Klasse.
      – Jede Gruppe bearbeitet zwei Vorgänge des Übergabegesprächs und formuliert mögliche Inhalte dieser Vorgänge.
      – Bestimmen Sie eine geeignete Präsentationstechnik und einen Gruppensprecher, der die Ergebnisse präsentiert.
      – Nach circa 15 Minuten Vorbereitungszeit sollten die Gruppensprecher ihre Ergebnisse der Klasse vorstellen.

   b) Bewerten Sie die Präsentationsergebnisse und machen Sie im Plenum, falls notwendig, Ergänzungen.

   c) In der nächsten Phase der Gruppenarbeit nennen Sie einige Produkte, auf die sich die erarbeiteten Inhalte unmittelbar anwenden lassen. Entscheiden Sie sich für ein Produkt. Innerhalb der Gruppe einigen Sie sich, wer die Rolle des Kunden und die des Servicetechnikers übernehmen soll. Bereiten Sie gemeinsam ein Rollenspiel „Übergabegespräch“ mithilfe von Rollenkarten vor.

   d) Jede Gruppe führt ein Rollenspiel vor. Die anderen Personen notieren während des Rollenspiels ihre Beobachtungen. Nach jedem Rollenspiel wird vorgetragen, was positiv war und was möglicherweise verbessert werden könnte.

11 Verbraucherschutz

Der Endverbraucher hat eine relativ schwache Stellung gegenüber gewerblichen Anbietern. Deshalb sollen ihn zahlreiche Schutzbestimmungen beim Abschluss von sog. Verbraucherverträgen stärken.

Verbraucherverträge sind Verträge von Unternehmern mit Verbrauchern.

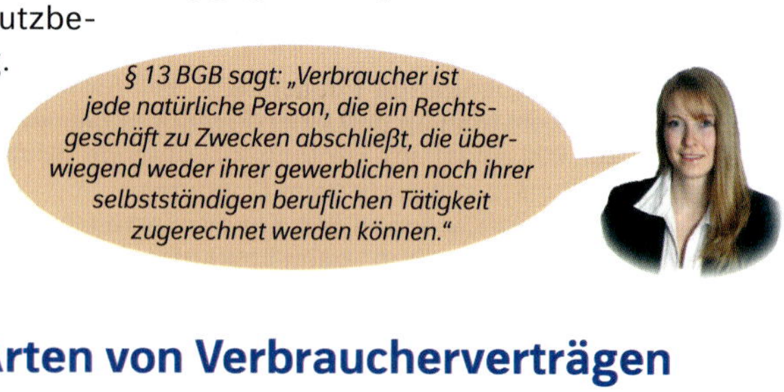

11.1 Grundsätze für alle Arten von Verbraucherverträgen

- **Informationspflicht** (Art. 246 BGBEG): Der Unternehmer muss den Verbraucher vor dessen Vertragserklärung klar und verständlich informieren. Dies betrifft v. a. die Eigenschaften der Kaufsache, die Identität des Unternehmers, den Gesamtpreis, die Zahlungs- und Lieferungsbedingungen und die gesetzliche Mängelhaftung. Ausnahme: Geschäfte des täglichen Lebens, die bei Vertragsschluss sofort erfüllt werden (Beispiel: Einkauf im Supermarkt).

- **Schutz vor versteckten Zusatzkosten** (§ 312a BGB): Soll der Verbraucher zusätzlich zum Gesamtpreis weitere Zahlungen leisten, so muss dies ausdrücklich vereinbart werden. Beispiele: Bearbeitungsgebühr, Stornoversicherung, Zusatzgebühr für Kreditkartenzahlung, Kosten für eine telefonische Auskunft zum geschlossenen Vertrag.

11.2 Schutz gegen Allgemeine Geschäftsbedingungen (AGB)

Theoretisch ermöglicht es die Vertragsfreiheit jedermann, zwangfrei die Rechtsgeschäfte zu schließen, die ihm den größten Nutzen bringen. In der Praxis setzt sich jedoch meist die wirtschaftlich stärkere Partei durch. Dazu dienen ihr u. a. die AGB. AGB sind Vertragsbedingungen, die vorformuliert sind und die ein Vertragspartner dem anderen einseitig auferlegt. Sie werden wirksam, indem der andere sich ihnen unterwirft. Theoretisch kann er sie ablehnen oder auf Änderung dringen, praktisch aber hat er damit kaum Erfolg. Ein Ausweichen auf andere Geschäftspartner ist auch nicht möglich, weil ganze Branchen oft gleich oder ähnlich lautende AGB verwenden. Zum Schutz wirtschaftlich schwächerer Vertragspartner schränkt das BGB die freie Vertragsgestaltung durch AGB ein.

AGB können nur Vertragsbestandteil werden, wenn ihr Verwender bei Vertragsabschluss ausdrücklich auf sie hinweist. Der Vertragspartner muss von ihnen Kenntnis nehmen können (z. B. Abdruck auf dem Angebot; ausreichend große und deutliche Schrift) und mit ihrer Anwendung einverstanden sein (§ 305 Abs. 2 BGB).

Wir haben bereits Einschränkungen genannt, die das BGB zum Schutz wirtschaftlich schwächerer Vertragspartner hinsichtlich der Anwendung von AGB vornimmt (vgl. S. 352). **Für Verbraucherverträge** enthält es **weitere Einschränkungen**:

§ 308 BGB enthält Verbote, die unbestimmte Begriffe wie „unangemessen“ oder „nicht hinreichend“ enthalten. Ihre Unwirksamkeit erfordert im Einzelfall eine richterliche Wertung. Dazu gehören z. B. folgende wichtige Verbote:

Klauselverbote mit Wertungsmöglichkeit (§ 308 BGB)

Der Verwender der AGB darf ...

1. ... sich keine unangemessen lange Zeit zur Vertragsannahme bzw. zur Lieferung vorbehalten.
2. ... sich für die Leistung keine unangemessen lange oder unbestimmte Nachfrist vorbehalten.
3. ... sich kein Rücktrittsrecht ohne sachlich gerechtfertigten und im Vertrag angegebenen Grund vorbehalten.
4. ... die zugesagte Leistung nicht ändern, wenn dies für den Vertragspartner nicht zumutbar ist.

...

6. ... nicht bestimmen, dass eine besonders bedeutsame Erklärung als dem Vertragspartner zugegangen gilt.
7. ... nicht bestimmen, dass er bei Vertragsrücktritt oder Kündigung durch eine Partei eine(n) unangemessen hohe Nutzungsvergütung oder Aufwendungsersatz verlangen kann.

...

§ 309 BGB enthält Verbote „ohne Wertungsmöglichkeit“. AGB-Klauseln, die dagegen verstoßen, sind auf jeden Fall unwirksam. Dazu gehören z. B. folgende Verbote.

Klauselverbote ohne Wertungsmöglichkeit (§ 309 BGB)

Der Verwender der AGB darf ...

1. ... sich keine Preiserhöhungen vorbehalten, wenn die Lieferung/Leistung binnen vier Monaten nach Vertragsschluss erfolgen soll.
2. ... das Leistungsverweigerungs- und Zurückbehaltungsrecht des Vertragspartners nicht einschränken, insbesondere nicht von der Anerkennung von Mängeln abhängig machen.
3. ...die Aufrechnung mit unbestrittenen/rechtskräftig festgestellten Forderungen nicht verbieten.
4. ... seine Mahnpflicht und Pflicht zur Nachfristsetzung nicht ausschließen.
5. ... keine pauschalisierten Schadensersatzansprüche festlegen, die den Wert der Leistung übersteigen.
6. ... keine Vertragsstrafe vereinbaren.
7. ... keine Haftung für Schäden aus grob fahrlässiger oder vorsätzlicher Pflichtverletzung ausschließen; für Lebens- und Gesundheitsschäden auch keine Haftung für leichte Fahrlässigkeit.

8a. ... das Rücktrittsrecht des Vertragspartners bei schuldhaften Pflichtverletzungen, die keine Warenmängel sind, nicht einschränken.

8b. ... die gesetzlichen Mangelhaftungsansprüche des Vertragspartners nicht völlig ausschließen. Letzerem steht zumindest ein Recht auf Nacherfüllung zu. Alle damit zusammenhängenden Kosten muss der Verwender der AGB tragen. Er muss in den AGB den Vertragspartner darauf hinweisen, dass ihm bei Nichtgelingen der Nacherfüllung wahlweise das Recht auf Preisminderung oder Vertragsrücktritt zusteht. Entgegenstehende Klauseln sind ungültig.

9. ... für Dauerschuldverhältnisse keine Laufzeit über zwei Jahre, keine stillschweigende Vertragsverlängerung über ein Jahr und keine längere Kündigungsfrist als drei Monate bestimmen.
10. ... nicht bestimmen, dass bei Kauf-, Dienst- oder Werkverträgen ein Dritter für den Verwender in den Vertrag eintritt. Ausnahme: Der Dritte wird namentlich bezeichnet oder der Vertragspartner darf vom Vertrag zurücktreten.

...

12. ... nicht bestimmen, dass der Vertragspartner die Beweislast für Umstände trägt, die im Verantwortungsbereich des Verwenders liegen.

...

11.3 Preisangaben

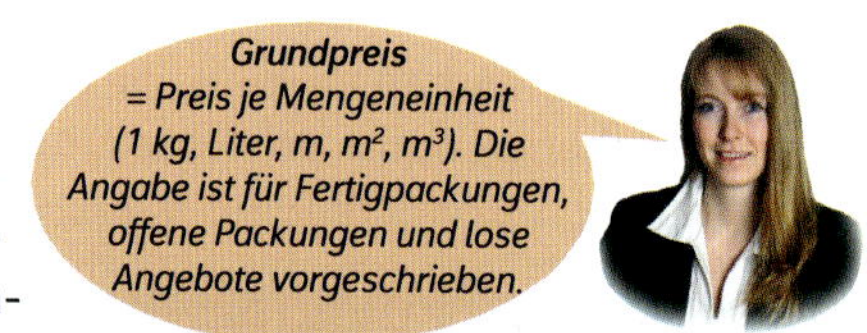

Laut **Preisangabenverordnung** (PAngV) sind Preise gegenüber Verbrauchern einschließlich Umsatzsteuer anzugeben, für Waren auch die Verkaufseinheit (z. B. Stück, Liter, kg) und ggf. der Grundpreis, für Leistungen Verrechnungssätze (z. B. Stundensätze). Außerdem gilt:

- **Waren in Schaufenstern und Schaukästen** sind auszuzeichnen.
- Für **Kredite** ist der effektive Jahreszins anzugeben.
- **Tankstellenpreise** müssen für Kraftfahrer frühzeitig erkennbar sein.
- **Gaststätten** müssen Speise- und Getränkekarten am Eingang aushängen und auf den Tischen auslegen.

11.4 Teilzahlungsgeschäfte und Ratenlieferungsverträge

Bei **Teilzahlungsgeschäften** (§ 506 Abs. 3 BGB) wird der Preis in mindestens zwei Raten entrichtet. Der Vertrag ist schriftlich zu schließen. Vor dem Vertragsschluss muss der Verbraucher u. a. folgende Informationen erhalten, die Vertragsbestandteil werden:

- Bar- und Teilzahlungspreis (Gesamtbetrag einschließlich aller Kosten),
- Betrag, Anzahl und Fälligkeit der einzelnen Teilzahlungen,
- den effektiven Jahreszinssatz, Sollzinssatz, Verzugszinssatz,
- alle sonstigen Kosten (z. B. für eine abzuschließende Ausfallversicherung).

Beim **Ratenlieferungsvertrag** liefert der Verkäufer

- die Verkaufssache in Teillieferungen gegen Teilzahlungen oder
- regelmäßig gleichartige Sachen (z. B. beim Zeitungsabo) oder
- wiederkehrend Sachen auf Abruf durch den Käufer.

Der Vertrag ist schriftlich zu schließen.

11.5 Außerhalb von Geschäftsräumen geschlossene Verträge und Fernabsatzverträge

Bei diesen Verträgen muss der Unternehmer den Verbraucher vor Vertragsabschluss klar und verständlich über Vertragszweck und -einzelheiten (z. B. Identität, Anschrift, Waren, Preis, Konditionen) in Textform informieren (§ 312d BGB). Dies kann z. B. durch Katalog, Prospekt, Website erfolgen.

Außerhalb von Geschäftsräumen geschlossene Verträge (§ 312b BGB) sind Verträge,

- die bei gleichzeitiger Anwesenheit von Verbraucher und Unternehmer an einem Ort geschlossen werden, der kein Geschäftsraum des Unternehmers ist.
- die zwar in den Geschäftsräumen des Unternehmers geschlossen werden, bei denen der Verbraucher aber außerhalb der Geschäftsräume angesprochen wurde (z. B. am Arbeitsplatz, in der Privatwohnung).
- die auf einem vom Unternehmer organisierten Ausflug geschlossen wurden („Kaffeefahrten").

Fernabsatzverträge (§ 312c BGB) sind Verträge, für deren Abschluss ausschließlich Fernkommunikationsmittel verwendet werden. Dies sind u. a.:

- Katalog,
- Brief, Telefon, Fax, E-Mail,
- über den Mobilfunk versendete Nachrichten,
- Rundfunk und Telemedien (z. B. Internet).

Bei **E-Commerce-Geschäften** bedient sich ein Unternehmer zum Zweck des Vertragsabschlusses ausschließlich der Telemedien.

- Bei **außerhalb von Geschäftsräumen geschlossenen Verträgen** ist der Unternehmer verpflichtet, dem Verbraucher die Vertragsdokumente auf Papier oder – mit Zustimmung des Verbrauchers – auch auf einem anderen dauerhaften Datenträger zur Verfügung zu stellen.
- Bei **Fernabsatzverträgen** müssen die Vertragsdokumente dem Verbraucher spätestens bei der Lieferung der Ware zugegangen sein (bei Dienstleistungen vor Ausführungsbeginn).
- Für **Verträge im elektronischen Geschäftsverkehr (E-Commerce)** gelten zusätzliche Bestimmungen:
  Der Unternehmer muss über die allgemeinen Informationspflichten hinaus
  - angemessene, wirksame und zugängliche technische Mittel zur Verfügung stellen, mit denen der Kunde Eingabefehler vor Abgabe der Bestellung erkennen und berichtigen kann,
  - den Zugang einer Bestellung unverzüglich auf elektronischem Weg bestätigen,
  - dem Verbraucher die Möglichkeit verschaffen, die AGB bei Vertragsabschluss abzurufen und zu speichern,
  - Lieferbeschränkungen und die Art der akzeptierten Zahlungsmittel angeben,
  - die Bestell-Schaltfläche mit den Wörtern „zahlungspflichtig bestellen" versehen.

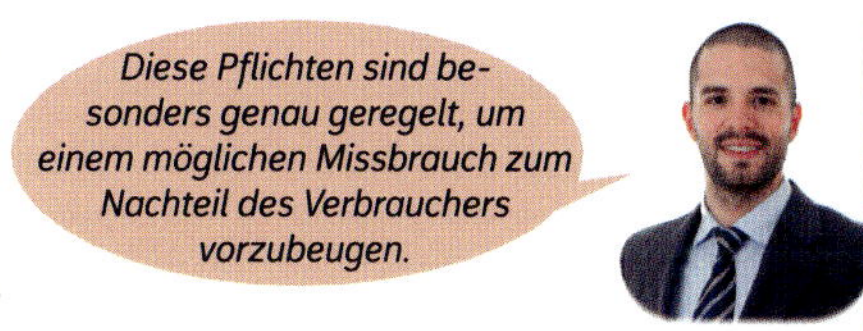

11.6 Widerrufsrecht

Der Verbraucher hat beim Abschluss von Ratenlieferungsverträgen (§ 356c BGB), Teilzahlungsgeschäften (§ 495 Abs. 1 BGB), Fernabsatzverträgen und außerhalb von Geschäftsräumen geschlossenen Verträgen (§ 312g BGB) ein Widerrufsrecht.

Der Widerruf muss fristgerecht durch eine eindeutige Erklärung (z. B. Brief, Fax, E-Mail) erfolgen. Er muss nicht begründet werden. Dann sind die Vertragspartner nicht mehr an ihre Willenserklärungen gebunden (§ 355 BGB). Gegenseitig erbrachte Leistungen sind binnen 14 Tagen nach Eingang des Widerrufs zurückzuerstatten. Der Lieferant kann jedoch die Rückzahlung bis zum Eingang der Ware oder bis zum Nachweis der Rücksendung verweigern (§ 357 BGB).

Der Unternehmer trägt die Gefahr der Rücksendung der Ware, der Verbraucher die Kosten der Rücksendung, wenn der Unternehmer den Verbraucher über diese Pflicht unterrichtet hat (§ 357 BGB).

Kein Widerrufsrecht besteht z. B. bei Verträgen zur Lieferung
- von Waren, die nach Kundenwünschen angefertigt werden oder auf die persönlichen Bedürfnisse zugeschnitten sind oder schnell verderben können oder deren Verfallsdatum schnell überschritten würde,
- von Ton- oder Videoaufnahmen oder Computersoftware in einer versiegelten Verpackung, wenn die Versiegelung entfernt wurde,
- von Zeitungen, Zeitschriften oder Illustrierten mit Ausnahme von Abonnement-Verträgen,
- von Leistungen, für die der Verbraucher den Unternehmer ausdrücklich aufgefordert hat, ihn aufzusuchen (z. B. für Reparaturen).

Web M 650 Der Unternehmer hat den Verbraucher über sein Widerrufsrecht, die Bedingungen, die Fristen und das Verfahren zu informieren und ein Muster-Widerrufsformular beizufügen (Art. 246a § 1 Abs. 2 BGBEG; siehe Infomaterial *Widerrufsbelehrung, -formular*). Die **Widerrufsfrist beginnt mit dem Vertragsabschluss** und beträgt 14 Tage (§ 355 Abs. 2 BGB). Zur Fristwahrung genügt die rechtzeitige Absendung.

Beim Kauf von Waren im Rahmen von außerhalb von Geschäftsräumen geschlossenen Verträgen und Fernabsatzverträgen beginnt die Widerrufsfrist, **sobald der Verbraucher die Ware erhalten hat** (§ 356 BGB). Wird die Ware in mehreren Teilsendungen geliefert, beginnt die Frist, sobald der Verbraucher die letzte Ware erhalten hat. Handelt es sich um die Lieferung von Waren über einen festgelegten Zeitraum, so beginnt die Widerrufsfrist, sobald der Verbraucher die erste Ware erhalten hat.

Die Widerrufsfrist beginnt jedoch nicht, bevor der Unternehmer den Verbraucher über sein Recht unterrichtet hat. Andererseits erlischt das Widerspruchsrecht spätestens 12 Monate und 14 Tage nach Vertragsabschluss.

11.7 Produkthaftung

Das Produkthaftungsgesetz (ProdHaftG) regelt die Haftung für Folgeschäden an Personen und privat verwendeten Sachen aufgrund der Fehlerhaftigkeit von Produkten. Ein Produkt gilt nach dem Gesetz als fehlerhaft, wenn es nicht die Sicherheit bietet, die unter Berücksichtigung aller Umstände berechtigterweise erwartet werden kann.

SECHSTER ABSCHNITT

Beispiel: Schaden durch fehlerhaftes Produkt
Herr Mader hat eine Haushaltsleiter aus Leichtmetall gekauft. Bei der Benutzung bricht die Leiter zusammen. Herr Mader bricht sich das Bein und hat aufgrund des Unfalls Kosten und Verdienstausfälle in Höhe von 4 000,00 EUR. Der Farbeimer, der auf der Plattform der Leiter stand, ergießt seinen Inhalt über Schrank und Teppichboden. Der Sachschaden beträgt 9 000,00 EUR. Wer haftet für diese Schäden?

Der Hersteller eines Produktes haftet für die Folgeschäden aus einem Produktfehler, unabhängig davon, ob ein Verschulden vorliegt (Gefährdungshaftung). Sachschäden bis zur Höhe von 500,00 EUR muss der Geschädigte selbst tragen.

Für den Fehler, den Schaden und den ursächlichen Zusammenhang zwischen Fehler und Schaden trägt der Geschädigte die Beweislast.

Eine vertragliche Einschränkung oder ein Ausschluss der Haftung ist nicht möglich. Anstelle des Herstellers haftet auch:
- ein Handelshaus, das unter eigenem Markennamen Produkte vertreibt,
- ein Importeur, der Waren in den Europäischen Wirtschaftsraum (EU, Island, Liechtenstein, Norwegen) einführt.

Ein Schaden ist spätestens binnen 3 Jahren nach seinem Eintritt geltend zu machen (Verjährungsfrist). Der Anspruch auf Schadensersatz erlischt spätestens zehn Jahre, nachdem der Hersteller (Händler, Importeur) das Produkt auf den Markt gebracht hat.

Der Hersteller (Händler, Importeur) tut gut daran, sich durch eine Produkthaftpflicht-Versicherung vor Schadensersatzansprüchen zu schützen.

Arbeitsaufträge

1. **Auf den Seiten 360 und 377 finden Sie Auszüge aus zwei AGB.**
   a) Stellen Sie fest, welche Rechte der jeweilige Verkäufer sich über die gesetzlichen Rechte hinaus einräumt und welche Rechte des Käufers eingeschränkt werden.
   b) Welche Bestimmungen sind nach dem BGB gegenüber Verbrauchern nicht wirksam?

2. **Das BGB setzt der Vertragsgestaltung durch AGB Grenzen.**
   Beurteilen Sie unter diesem Aspekt die Rechte des Kunden in der nebenstehenden Karikatur.

3. **Herr Decker hat beim Autohaus Kunert & Co. KG einen Diesel-Pkw zum Preis von 21 450,00 EUR gekauft. Der Wagen hat 8 Monate Lieferzeit. Bei der Lieferung verlangt der Verkäufer einen Preis von 22 250,00 EUR und verweist auf seine AGB.**
   Beurteilen Sie, ob die Preiserhöhung rechtlich zulässig ist.

4. **Familie Berger kauft eine Stereoanlage. Der Verkäufer im Geschäft verspricht die Lieferung rechtzeitig vor Weihnachten. Andernfalls bestehe keine Pflicht zur Abnahme. Tatsächlich wird nicht vor Weihnachten geliefert. Als Familie Berger jedoch den Kauf rückgängig machen will, weist das Radiogeschäft auf seine AGB hin. Darin steht, dass mündliche Absprachen mit den Verkäufern nicht verbindlich sind.**
   Nehmen Sie zu dem Fall Stellung.

5. **Ein Staubsaugervertreter klingelt bei Oma Wassenberg und führt ihr einen neuartigen Staubsauber vor, der allerdings 400,00 EUR kostet. Die Oma ist begeistert und bestellt. Am nächsten Tag merkt sie, dass die sich doch bei diesem Preis etwas übernommen hat.**
   Welches Recht kann die alte Dame in Anspruch nehmen?

6. **Herr Döser hat einen Fernseher gekauft, zahlbar in 12 Monatsraten à 80,00 EUR. Der Kaufvertrag wurde schriftlich geschlossen. Nach 10 Tagen merkt Herr Döser, dass er sich finanziell übernommen hat. Er liest den Vertragstext durch um festzustellen, ob er vom Vertrag zurücktreten kann, findet aber keine diesbezüglichen Angaben.**
   Kann Herr Döser dennoch zurücktreten?

7. **Wer Produkte herstellt oder vertreibt, unterliegt Haftungspflichten.**
   Erläutern Sie die wesentlichen Unterschiede zwischen der Gewährleistungspflicht für mangelhafte Waren und der Produkthaftung. Lesen Sie hierzu den Abschnitt „Mangelhafte Lieferung" auf Seite 367 ff.

8. **Der Hemdenhersteller Möller GmbH, Köln, will seinen Vertrieb neu organisieren und u. a. Hemden über das Internet an Verbraucher verkaufen. Beim Aufbau der Website ergeben sich hinsichtlich der Preisauszeichnung folgende Fragen:**
   a) Welche Preisangaben soll die Homepage enthalten?
   b) Muss ein Grundpreis genannt werden?

9. **Herr Becker hat über E-Commerce eine Bestellung über ein Notebook, einen Drucker, eine Webcam, eine externe Festplatte und einen USB-Stick erteilt. Der Verkäufer hat alle gesetzlich vorgeschriebenen Pflichten rechtzeitig vor Vertragsabschluss erfüllt. Das Notebook wurde schon nach einer Woche geliefert, die Restlieferung steht drei Wochen nach dem Bestelldatum noch aus. Daraufhin widerruft Herr Becker ohne Begründung seine Willenserklärung und tritt vom Vertrag zurück.**
   a) Steht Herrn Becker grundsätzlich ein Widerrufsrecht zu?
   b) Wie viele Wochen beträgt die Widerrufsfrist?

c) Wann beginnt die Widerrufsfrist bei einem Vertrag, wie ihn Herr Becker geschlossen hat, grundsätzlich zu laufen?
d) Der Verkäufer verklagt Herrn Becker auf Erfüllung des Vertrags. Er behauptet, die Widerrufsfrist sei abgelaufen. Wie wird er seine Ansicht wohl begründen? Wie wird andererseits der Käufer argumentierenn? Hat der Verkäufer oder der Käufer recht?

10. Frau Schneider hat sich bei Busunternehmer Reiseschmu zu einer Kaffeefahrt zum Kemnader See angemeldet. Die angekündigten Besichtigungen werden in größter Hast erledigt. Dann steuert der Bus eine Gaststätte an. Dort will ein gewiefter Firmenvertreter auf einer Verkaufsveranstaltung den Kaffeefahrern einen neuartigen Staubsauger, eine „technische Sensation", verkaufen. Frau Schneider fühlt sich regelrecht bedrängt, unterschreibt aber mit Magenschmerzen eine Bestellung. Am nächsten Tag sagt sie zu ihrer Freundin, sie habe einen Fehler gemacht.
a) Die Freundin kennt sich im Recht aus. Wozu wird sie Frau Schneider raten?
b) Frau Schneider befolgt den Rat sofort und glaubt, sie sei nun „aus dem Vertrag raus". Aber nach einer Woche erhält sie eine Lieferung mit dem Staubsauger. Sie lehnt die Annahme ab. Daraufhin droht der Verkäufer, sie auf Abnahme, Zahlung und Schadensersatz zu verklagen. Frau Schneider ist verzweifelt. Nehmen Sie zu ihrem Fall Stellung und beurteilen Sie, ob Frau Schneiders Sorgen gerechtfertigt sind.

12 Marketingcontrolling

Vom Absatz lebt das Unternehmen. Es leuchtet deshalb ein, dass gerade in diesem Bereich Controllingmaßnahmen von größter Bedeutung sind.

Marketingcontrolling unterstützt das Marketingmanagement
- **bei der Entwicklung von Marketingstrategien und -konzeptionen,**
- **bei der Festlegung von langfristigen und kurzfristigen Solldaten.**

Es erstellt Soll-Ist-Vergleiche und Abweichungsanalysen, ermittelt Kennzahlen und erstellt Berichte.

Marketingcontrolling umfasst zwei Ebenen:

Ebene 1: Strategisches Marketingcontrolling		
Definition langfristiger Ziele	langfristiger Soll-Ist-Vergleich	Erstellung strategischer Konzeptionen

Ebene 2: Operatives Marketingcontrolling		
Definition kurzfristiger Ziele	kurzfristiger Soll-Ist-Vergleich	Ausarbeitung operativer Maßnahmen

12.1 Strategisches Marketingcontrolling

Strategisches Marketingcontrolling bezieht sich auf langfristige Marketing-Konzeptionen und Innovationsrahmenpläne. Hier gibt es keine messbaren und überprüfbaren Zahlen, sondern nur Eigenschaften, Chancen, Risiken, Stärken, Schwächen, Potenziale (Leistungsfähigkeiten) und grobe Strukturen. Es kann nur gefragt werden, ob diese Tatbestände logisch und plausibel sind und ob die Richtung stimmt. Insofern kann man das strategische Marketingcontrolling als ein „Frühwarnsystem" ansehen.

Wichtige Instrumente des strategischen Marketingcontrollings

Gap-Analyse; Stärken-Schwächen-Analyse; Investitionsrechnung; Markenbewertungsanalyse; Branchenanalyse; Lebenszyklusanalyse; Szenarioanalyse; Portfolioanalyse; Umfeldanalyse; Positionierungsanalyse; Marktsegmentierungsstudie; Werbekontrolle. Die meisten dieser Instrumente wurden schon eingehend behandelt.

Ein Analyseinstrument soll hier noch kurz angesprochen werden: die **Gap-Analyse** (Lückenanalyse).

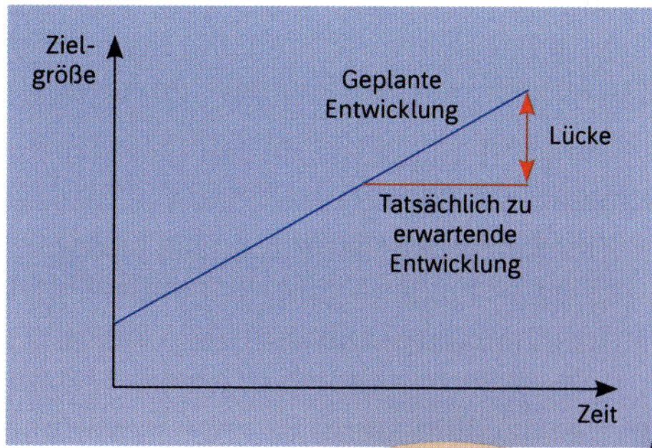

Die Lückenanalyse vergleicht strategische Planungsgrößen (z. B. Umsatz, Gewinn) mit der tatsächlich zu erwartenden Entwicklung (Berechnung des Trends aus vorhandenen Größen) und zeigt die Ziellücke auf. Die Ziellücke gibt dem Anbieter Hinweise für den Umgang mit den bisher verwendeten Strategien. Handlungsmöglichkeiten sind:

- Änderung der bisherigen Strategie,
- Einsatz einer neuen Strategie.

Einzelheiten zu den grundlegenden Strategien siehe S. 545 ff.

Die Lückenanalyse kann auch für das operative Controlling genutzt werden.

12.2 Operatives Marketingcontrolling

12.2.1 Gegenstände und Instrumente

Das **operative Marketingcontrolling** bezieht sich auf das kurzfristige und laufende Geschehen. Dazu gehören z. B.

- die Budgetierung von Umsätzen, Gewinnen, Werbe- und Distributionskosten,
- laufende Innovationsprojekte und Markteinführungen,
- Auftragseingänge und Verkaufsergebnisse (von Produkten, in Absatzgebieten).

Wichtige Instrumente des operativen Marketingcontrollings

Budgetierung, Deckungsbeitragsrechnung, Umsatz- und Abweichungsanalyse, ABC-Analyse (Produkte, Kunden), Kundenzufriedenheitsmessung, Marketingkennzahlen.

Das Controlling wirkt bei der Setzung kurzfristiger Ziele mit, entwickelt Sollwerte, Kennzahlen zur Beurteilung der Zielerreichung und Korrekturmaßnahmen bei Abweichungen. Alle Sollgrößen sind hier zahlenmäßig im ERP-System festgehalten. Deshalb kann das Controlling Soll-Ist-Vergleiche, Abweichungsanalysen und Berichte erstellen sowie Marketingkennzahlen ermitteln.

12.2.2 Marketingkennzahlen

Wie bei Beschaffung und Produktion verdichtet das Controlling auch im Absatzbereich das anfallende Zahlenmaterial zu Kennzahlen, um Soll-Ist-, Betriebs-, Branchen- und Zeitvergleiche zu erleichtern.

Kennzahlen sind immer im Vergleich aussagekräftig!

Kennzahlen zu Markt-, Umsatz- und Erfolgszielen

Das Marketing zielt in erster Linie hohe Marktanteile und Umsatzzahlen an, um dem Unternehmen einen hohen Gewinn zu sichern. Entsprechende Kennzahlen gehören deshalb zu den wichtigsten Marketingkennzahlen. Einige davon sind schon bekannt (siehe S. 534):

- **Marktpotenzial** und **Absatzpotenzial** einer Produktart,
- **Marktvolumen** und **Absatzvolumen** einer Produktart,
- **absoluter** und relativer **Marktanteil** einer Produktart.

Das Absatzvolumen ist der **Umsatz einer Produktart**, der **Gesamtumsatz** die Summe der Produktumsätze. Wichtige Kennzahlen sind Umsatzanteile, die Umsatzentwicklung und der Grad der Zielerreichung bzw. -abweichung.

Interessante **Marktkennzahlen** sind neben dem Marktvolumen auch dessen Wachstum, neben dem absoluten und relativen Marktanteil auch deren Entwicklung sowie die Struktur der Kunden und der Konkurrenz.

Wichtige **Erfolgskennzahlen** sind der Betriebsgewinn, der Deckungsbeitrag und die Umsatzrentabilität:

- Der **Betriebsgewinn** zeigt die Ertragskraft des Unternehmens. Er steht für Investitionen, Schuldentilgungen und Gewinnausschüttungen zur Verfügung.
- Die **Umsatzrentabilität** zeigt diese Ertragskraft in Prozent vom Umsatz. Sie zeigt, wie viel Euro Gewinn auf jeweils 100,00 EUR Umsatz entfallen.
- Der **Deckungsbeitrag** zeigt, in welcher Höhe der Umsatz die fixen Kosten deckt.

Web

M 654

Umsatzkennzahlen

Umsatz = Absatzmenge · Preis je Einheit

- Gesamtumsatz
- Produktgruppenumsatz
- Produktumsatz

- Sollumsatz
- Istumsatz

- Jahresumsatz
- Vierteljahresumsatz
- Monatsumsatz

Ein ausführliches Beispiel für Umsatzkennzahlen und ihre Auswertung wurde schon im Infomaterial M 98 (Controlling) behandelt. Lesen Sie nach!

Umsatzanteile

- Umsatzanteil eines Produkts = $\frac{\text{Produktumsatz}}{\text{Gesamtumsatz}} \cdot 100$

Weitere Umsatzanteile werden entsprechend gebildet:

- Umsatzanteil einer Produktgruppe
- Umsatzanteil einer Kundengruppe
- Umsatzanteil eines Verkaufsgebietes
- Umsatzanteil eines Reisenden, Vertreters
- Umsatzanteil des E-Commerce usw.

Abweichungskennzahlen

- Umsatzzielerreichungsgrad (UZEG) = $\frac{\text{Istumsatz}}{\text{Sollumsatz}} \cdot 100$
- Umsatzzielabweichung = UZEG – 100 %

Entwicklungskennzahlen

Umsatzentwicklung = $\frac{\text{Umsatz der Periode}}{\text{Umsatz der Basisperiode}} \cdot 100$

Auftragseingänge und Angebotserfolg helfen bei der Abschätzung künftiger Umsätze:

- Auftragseingänge in EUR
- Angebotserfolg = $\frac{\text{erteilte Aufträge}}{\text{Angebote}} \cdot 100$

Marktkennzahlen

- Marketvolumen (Wert) = Umsatz der Branche (MV)
- Marktwachstum = $\frac{\text{zusätzliches MV}}{\text{MV der Vorperiode}} \cdot 100$

Kundenstruktur = $\frac{\text{Zahl Inlands-/Auslandskunden}}{\text{Gesamtzahl Kunden}} \cdot 100$

Konkurrenzstruktur = $\frac{\text{MV der Hauptkonkurrenten}}{\text{gesamtes MV}} \cdot 100$

- absoluter Marktanteil (aMA) = $\frac{\text{Absatzvolumen}}{\text{Marktvolumen}} \cdot 100$
- Marketeilsentwicklung = $\frac{\text{aMA der Periode}}{\text{aMA der Basisperiode}} \cdot 100$
- relativer Markanteil (rMA) = $\frac{\text{eigener aMA}}{\text{aMA des Hauptkonkurrenten (oder der 3 Hauptkonkurrenten)}} \cdot 100$

rMa > 1 bedeutet: Man ist selbst Marktführer.
rMa < 1 zeigt den Abstand vom Marktführer an.

Erfolgskennzahlen

Betriebsgewinn = Leistungen – Kosten

Deckungsbeitrag = Umsatzerlöse – variable Kosten

Umsatzrentabilität = $\frac{\text{Betriebsgewinn}}{\text{Umsatzerlöse}} \cdot 100$

SECHSTER ABSCHNITT

Im Rahmen der marketingpolitischen Instrumente ist die Kenntnis der Umsatz- und Marktanteilsentwicklung wichtig für die **Produkt- und Programmpolitik**. Sie hilft z. B. bei der Beurteilung, ob Produkte verbessert, aus dem Markt genommen oder ersetzt werden sollen. Soweit sie sich auf Absatzgebiete, Kundengruppen oder Absatzorgane beziehen, haben sie auch Bedeutung für die Distributionspolitik.

Kennzahlen zur Distributionspolitik

Für die Distributionspolitik sind insbesondere Kennzahlen zu den Kosten und Leistungen des Vertriebs interessant. Sie zeigen, wie leistungsfähig der Vertrieb ist.

Als Beispiele seien die nebenstehenden Kennzahlen angeführt.

$$\text{Vertriebskostenanteil} = \frac{\text{Vertriebskosten}}{\text{Gesamtkosten}} \cdot 100$$

$$\text{variable Vertriebskostenquote} = \frac{\text{var. Vertriebskosten}}{\text{Vertriebskosten}} \cdot 100$$

$$\text{Außendienstkostenquote} = \frac{\text{Kosten des Außendienstes}}{\text{Vertriebskosten}} \cdot 100$$

$$\text{Außendienstumsatzquote} = \frac{\text{Umsatz Außendienst}}{\text{Gesamtumsatz}} \cdot 100$$

$$\text{Ergiebigkeitsgrad Außendienst} = \frac{\text{Umsatz Außendienst}}{\text{Kosten Außendienst}} \cdot 100$$

Beispiel: Kennzahlen zur Distributionspolitik

Die Kosten- und Leistungsrechnung bei MGB ermittelt für das abgelaufene Jahr folgende Zahlen:

Umsatz (Zahlen in Mio. EUR)		
Umsatz des Vertriebsinnendienstes		9,00
Umsatz von Reisenden	7,00	
Umsatz von Handelsvertretern/Kommissionären	14,00	
Umsatz des Außendienstes	21,00	21,00
Gesamtumsatz		**30,00**

Kosten (Zahlen in Mio. EUR)			
Provisionen (Handelsvertreter/Kommissionäre)	0,70		
Kosten Reisende (Gehälter, Spesen, andere)	0,25		
Kosten des Außendienstes	**0,95**	0,95	
weitere Vertriebskosten		1,65	
gesamte Vertriebskosten		**2,60**	2,60
davon variable Kosten		0,80	
weitere Kosten			22,40
Gesamtkosten			**25,00**

Vertriebskostenanteil = (2,60 / 25,00) · 100 = 10,4 %

variable Vertriebskostenquote = (0,80 / 2,60) · 100 = 30,77 %

Außendienstkostenquote = (0,95 / 2,60) · 100 = 36,54 %

Außendienstumsatzquote = (21,00 / 30,00) · 100 = 70 %

Ergiebigkeitsgrad Außendienst = 21,00 / 0,95 = 22,1

Kennzahlen zur Preispolitik

Um angemessene preispolitische Entscheidungen für einzelne Produkte treffen zu können, muss das Marketingcontrolling insbesondere folgende Kennzahlen ermitteln:

kurzfristige Preisuntergrenze = variable Stückkosten

langfristige Preisuntergrenze = gesamte Stückkosten

Deckungsbeitrag je Stück = Stückerlös – variable Stückkosten

$$\text{Nachfrageelastizität} = \frac{-\text{ Mengenänderung in \%}}{\text{Preisänderung in \%}}$$

Diese Kennzahlen wurden schon in Kapitel 7 eingehend behandelt.

Kennzahlen zur Kommunikationspolitik

Im Rahmen der Kommunikationspolitik ist insbesonders wichtig um den Erfolg von Werbemaßnahmen zu kontrollieren und zu messen. Dabei wird zwischen ökonomischem und außerökonomischem Werbeerfolg unterschieden.

■ Ökonomischer Werbeerfolg

Ökonomische Werbeziele können ein Umsatzzuwachs oder ein höherer Marktanteil sein. Die Zielerreichung lässt sich mit folgenden **Kennzahlen** messen:

$$\text{Wirtschaftlichkeit der Werbung} = \frac{\text{Umsatzzuwachs}}{\text{Werbeaufwand}}$$

Der Wert der Kennzahl sollte größer als 1 sein.

$$\text{Marktante} = \frac{\text{Umsatz}}{\text{Gesamtumsatz des Marktes}} \cdot 100$$

Marktanteil vor und nach der Werbemaßnahme vergleichen!

Die Messung des ökonomischen Werbeerfolgs ist wichtig, aber in der Praxis überaus problematisch, denn eine Steigerung des Umsatzes oder eine Erhöhung des Marktanteils hängt vom Einsatz **aller** Marketinginstrumente und außerdem von der Konjunktur, der Wirtschaftspolitik, der Mode und weiteren Einflüssen ab. Auch kann eine Werbemaßnahme erfolgreich sein, obwohl Umsatz oder Marktanteil sogar zurückgehen. Dann hat die Werbung vielleicht eine noch schlechtere Entwicklung verhindert.

Einigermaßen zuverlässig lässt sich die ökonomische Werbeerfolgskontrolle nur auf einem **Testmarkt** durchführen, der in seiner Struktur mit dem Vergleichsmarkt möglichst übereinstimmen soll. Man wirbt auf dem Testmarkt und stellt fest, wie sich Marktanteil und/oder Umsatz im Vergleich zu den Nicht-Werbegebieten entwickeln.

■ Außerökonomischer Werbeerfolg

Wegen der Mängel der ökonomischen Erfolgskontrolle hat man Kennzahlen entwickelt, die sich an den psychologischen Werbezielen orientieren. Sie zielen darauf ab, das Verhalten der Umworbenen auszuwerten und festzustellen, wie die Werbung auf sie einwirkt. Dementsprechend kann man die Wirksamkeit der Werbemaßnahmen überprüfen und die Werbemaßnahmen gegebenenfalls variieren.

Beispiele: „AIDA-Kennzahlen"

$$\text{Attention} = \frac{\text{Aufmerksame Adressaten}}{\text{Gesamtzahl der Adressaten}} \qquad \text{Desire} = \frac{\text{Überzeugte}}{\text{Gesamtzahl der Adressaten}}$$

$$\text{Interest} = \frac{\text{Interessenten}}{\text{Gesamtzahl der Adressaten}} \qquad \text{Action} = \frac{\text{Zusätzliche Käufer}}{\text{Gesamtzahl der Adressaten}}$$

Um solche Kennzahlen zu erhalten, nimmt man Beobachtungen (z. B. mit Blickbewegungs-Registriergeräten), Befragungen, Tests (z. B. Erinnerungstests, Tests über die Nachhaltigkeit von Werbemaßnahmen) vor. Fehler lassen sich dabei nicht vermeiden: Wer sich erinnert, muss deshalb nicht positiv berührt sein. Wer sich nicht erinnert, kann trotzdem positiv beeinflusst worden sein.

Arbeitsaufträge

1. **Der Reifenhersteller Contanital AG will bei einer Reorganisationsmaßnahme eine Abteilung *Marketingcontrolling* einrichten. Diese soll die Marketingleitung mit Informationen versorgen, an Planungen mitwirken und die Ergebnisse kontrollieren.**

   a) Suchen Sie im Internet typische Ziele des Marketingcontrollings und berichten Sie darüber.

   b) Welche Hauptaufgaben hat nach Ihrer Ansicht eine Abteilung Marketingcontrolling?

   c) Das Marketingcontrolling kann nur funktionieren, wenn es optimal mit Informationen versorgt wird.
   (1) Welche Phasen umfasst der entsprechende Informationsprozess?
   (2) Welche Informationen werden benöigt und wo können sie gefunden werden?

   d) Das Marketingcontrolling sollte u. a. einmal jährlich ein Marketing-Audit vorbereiten.
   (1) Was versteht man unter einem Marketing-Audit?
   (2) Welche Aufgaben erfüllt ein Marketing-Audit heutzutage?
   (3) Welche Arten von Marketing-Audits sind in der Praxis anzufinden?

2. **Bei einem Getränkehersteller liegen die folgenden Verhältnisse vor.**

Sorte	variable Kosten pro Flasche	Preis	Füllmenge (Liter)	Maximale Absatzmenge (Flaschen)
A	10,00 EUR	12,00 EUR	0,5	30 000
B	8,00 EUR	9,50 EUR	0,3	20 000
C	9,00 EUR	10,40 EUR	0,7	20 000

   Gesamte Fixkosten: 14 000,00 EUR
   Die betriebliche Kapazität ist auf 12 000 Liter pro Planungsperiode beschränkt.

   a) Kann die Nachfrage voll befriedigt werden?

   b) Welche Mengen sollten von den einzelnen Sorten gefertigt werden? Entscheiden Sie dies anhand des Deckungsbeitrags je Liter.

   c) Berechnen Sie den maximalen Gewinn. Verwenden Sie zur Lösung die Arbeitsvorlage Getränkeproduktion.

Web
M 657

SECHSTER ABSCHNITT

3. **Die Haushaltswaren GmbH stellt monatlich Umsatzstatistiken wie die folgende auf:**

Umsatzstatistik Monat: Mai		Verkaufsgebiet Nr.: 5	
Artikelgruppe	**IST (EUR)**	**SOLL (EUR)**	**Abweichung (%)**
1	234 500,00	220 000,00	
2	160 600,00	200 000,00	
3	311 235,00	310 000,00	

   a) Berechnen Sie die fehlenden Zahlen.

   b) Beurteilen Sie den Verkaufserfolg jeder Produktgruppe.

   c) Welche weiteren Untersuchungen sind anzustellen und wozu dienen diese Untersuchungen?

4. Die Haushaltswaren GmbH hat folgende Kennzahlen errechnet:

	Kennzahlen	Laufendes Jahr	Vorjahr	Abweichung in %
Marktdaten	Anzahl Kunden Anzahl Interessenten Marktanteil in %	945 40 2,3	920 35 2,2	
Umsatz- und Ertragsdaten	Angebotserfolg in % Auftragseingang in EUR Umsatz in EUR	34,4 6 509 000,00 6 447 000,00	34,9 6 567 000,00 6 501 300,00	
Interne Kenndaten	Vertriebskosten in % Werbekosten in % Umsatz pro Vertriebs-mitarbeiter in EUR	9,0 2,3 716 333,33	8,7 2,1 722 366,67	

Berechnen Sie die fehlenden Zahlen und ziehen Sie Rückschlüsse auf

a) die Situation des Betriebes am Markt,

b) die Leistungen des Marketings,

c) die Kostenstruktur.

5. Im Rahmen des Marketingcontrollings soll überprüft werden, ob die Werbemaßnahmen der GERRING Fertigbau GmbH erfolgreich waren.

a) Vor und nach der Durchführung des Werbefeldzugs wurden folgende Zahlen ermittelt:

	vor der Werbung EUR	nach der Werbung EUR
Werbekosten		2 540 000,00
Umsatz	127 000 000,00	167 000 000,00
Gesamtumsatz des Marktes	1 905 000 000,00	2 438 000 000,00
Produktionskosten	80 000 000,00	106 000 000,00
Vertriebskosten	20 000 000,00	24 000 000,00

- Errechnen Sie geeignete Kennzahlen zur Ermittlung des ökonomischen Werbeerfolgs.
- Beurteilen Sie die Zuverlässigkeit der ermittelten Kennzahlen.

b) In der Zeitschrift Bausparrevue wurde ein Preisausschreiben veranstaltet. Das Preisausschreiben brachte folgende Zahlen und Resultate: Auflage der Zeitschrift: 10 000 Exemplare; Teilnehmer am Preisausschreiben: 6 000; Anfragen aufgrund des Preisausschreibens: 500; Haushalte mit positiven Stellungnahmen nach Vertreterbesuch: 100; Käufer von Häusern: 32. Errechnen Sie geeignete Kennzahlen zur Ermittlung des außerökonomischen Werbeerfolgs.

Web

M 658

6. Methoden zur Überprüfung des Werbeerfolgs

Wenden Sie auf dem Arbeitsblatt Werbeerfolg die folgenden Methoden zur Überprüfung des Werbeerfolgs an:

(1) BuBaW-Methode (Bestellung unter Bezugnahme auf Werbung)
(2) Netapps-Methode (net-ad-produced purchases)
(3) AIDA-Methode (Attention, Interest, Desire, Action)

SIEBTER ABSCHNITT

Rahmenlehrplan: LERNFELD 11
Investitions- und Finanzierungsprozesse planen

Investitions- und Finanzmanagement

1 Finanzierung und Investition

1.1 Geschäftsprozesse im Finanzmanagement

Das Finanzmanagement ist mit der Finanzierung (Beschaffung von Finanzmitteln, von Kapital), das Investitionsmanagement mit der Anlage der Mittel in Vermögensgegenstände befasst. Investitionen fallen z. B. bei der Unternehmensgründung, bei Geschäftserweiterungen, Rationalisierungs- und Modernisierungsmaßnahmen sowie Ersatzbeschaffungen an. Es kann sich um die unterschiedlichsten Güter handeln (Anlagen, Vorrichtungen, Werkzeuge, Vorräte an Roh-, Hilfs- und Betriebsstoffen). Die Maßnahmen können einen großen oder kleinen Umfang haben. Dementsprechend gibt es zahlreiche unterschiedliche Investitions- und Finanzierungsprozesse. Als Beispiel sei hier der Prozess für einen Anlagegegenstand (Maschine) dargestellt.

Prozessname: Investitions- und Finanzierungsprozess
Vom Projektanlass bis zur Überwachung des Finanzierungserfolgs

Prozessinput:	**Lieferanten des Inputs:**	**Prozessoutput:**	**Kunden des Outputs:**
• Projektanlass ←	Fachabteilung	• Investitionsrechnungen →	Finanzabteilung
		• Finanzierungspläne →	Finanzabteilung

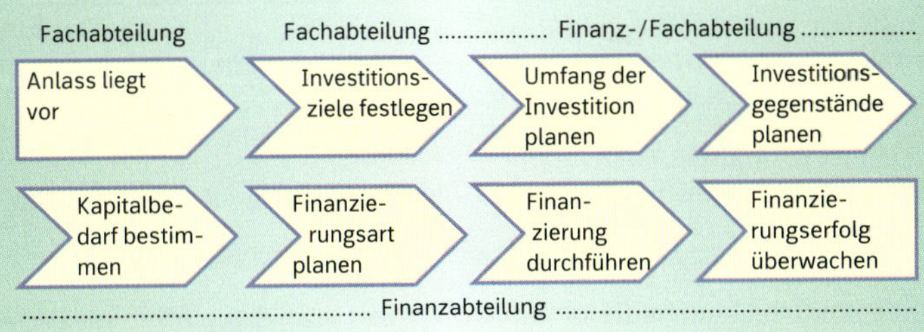

1.2 Kreislauf Finanzierung und Investition

Herr Schramm ist gelernter Bauschlosser und hat die Meisterprüfung abgelegt. Er träumt vom eigenen Betrieb und hat schon eine gewisse Summe angespart. Da kommt ihm der Zufall mit einem Lottogewinn zuhilfe. Nun wagt er den Sprung: Mit seinem Geld und einem Bankkredit finanziert er ein Grundstück, Baumaterial und Arbeitskräfte für einen Werkstattbau, Maschinen und Werkzeug. Es verbleibt noch ein Rest für Material. Damit beginnt ein „ewiger“ Kreislauf von Sachgütern und Geldwerten: Das Material wird verarbeitet, die Produkte verkauft. Ebenso abgenutzte Betriebsmittel. Damit fließt Geld zurück. Einen Teil davon muss Schramm dem Betrieb für Lebensunterhalt und Kredittilgung entziehen, den anderen verwendet er für den Einkauf neuen Materials, Ersatzkäufe und Zukäufe von Betriebsmitteln. So beginnt der Kreislauf von neuem. Reichen die Verkaufserlöse nicht für geplante Investitionen, kann Herr Schramm dem Betrieb auch neues Kapital in Form von Einlagen oder neuen Krediten zuführen.

Das Unternehmensgeschehen zeigt bekanntlich immer wiederkehrende Kreisläufe mit Geld- und Güterströmen.

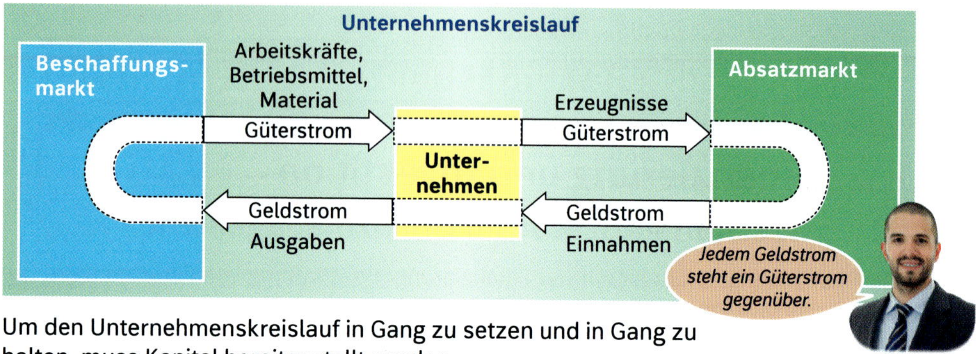

Um den Unternehmenskreislauf in Gang zu setzen und in Gang zu halten, muss Kapital bereitgestellt werden.

Kapital **im betriebswirtschaftlichen Sinn sind Mittel – Geldmittel und Sachmittel –, die für produktive Zwecke bereitgestellt werden. Kapitalbereitstellung (Kapitalbeschaffung) bedeutet *Finanzierung*, Kapitalentzug *Entfinanzierung*.**

Die Anlage von Kapital in Vermögensteilen für produktive Zwecke heißt *Investition*. Investition beinhaltet Kapitalbindung. Der umgekehrte Vorgang, die Kapitalfreisetzung, heißt *Desinvestition*.

Finanzierung und Investition		
Die Kapitalbeschaffung erfolgt zuerst durch Einlagen der Eigentümer (Eigenkapital) und Kredite (Fremdkapital). Die bereitgestellten Mittel können Geld- und Sachmittel (Betriebsmittel oder Werkstoffe) sein.	▶	Kapital zuführende Einnahmen durch Eigen- oder Fremdkapital heißen **Außenfinanzierung.**
Die Beschaffung der Betriebsmittel und Werkstoffe bindet das Kapital in Sachwerten.	▶	Kapitalbindung in Sachwerten bedeutet **Sach- oder Realinvestition.**
Durch die Produktion werden Werkstoffe zu Fertigprodukten. Dies bedeutet eine Umschichtung von Vermögenswerten.	▶	Die Umschichtung von Vermögenswerten bedeutet **Uminvestitionen.**
Auch durch den Verkauf der Erzeugnisse und den gelegentlichen Verkauf abgenutzter Betriebsmittel werden die Vermögenswerte umgeschichtet: Es entstehen Forderungen.	▶	Forderungen (ebenso die finanzielle Beteiligung an anderen Unternehmen) sind **Finanzinvestitionen.**
Der Eingang der Forderungen durch Bezahlung der fälligen Rechnungen setzt das gebundene Kapital wieder frei.	▶	Kapitalfreisetzung bedeutet **Desinvestition.**
Die Kapitalfreisetzung ist eine Kapitalbeschaffung von innen her. Das freigesetzte Kapital kann im Betrieb erneut in Sachwerten gebunden oder für Beteiligungen verwendet werden.	▶	Kapital freisetzende Einnahmen bedeuten **Innenfinanzierung.**
Von besonderer Bedeutung ist die Verwendung der freigesetzten Mittel für den Ersatz abgenutzter Betriebsmittel.	▶	Dem Ersatz abgenutzer Betriebsmittel dienen **Ersatzinvestitionen.**
Kapital kann dem Betrieb auch durch Privatentnahmen, Gewinnausschüttung oder Kreditrückzahlung entzogen werden.	▶	Kapitalentzug bedeutet **Entfinanzierung.**

Im Unternehmen vollzieht sich ein ständiger Kreislauf von Finanzierung (Kapitalbeschaffung), Investition (Kapitalbindung) und Desinvestition (Kapitalfreisetzung). Mit der Kapitalbindung sind die Beschaffung, der Einkauf, die Produktion und die Lagerung verbunden. Sie führen zu **Ausgaben und zu Kapital bindenden Zahlungsströmen**.

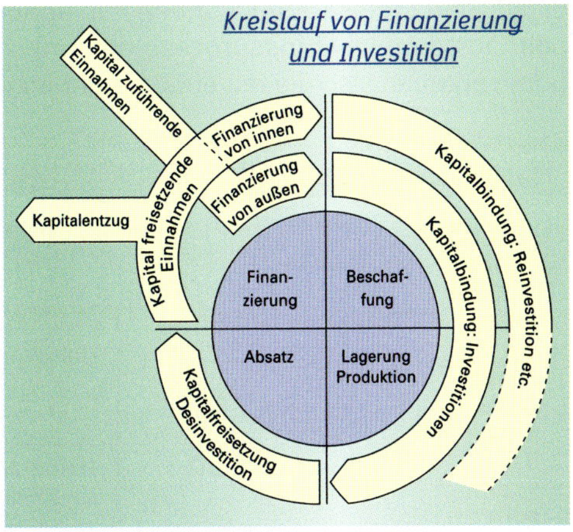

M 661_1

Web

Beispiele: Kapital bindende Zahlungsströme

- Bezahlung von Lieferantenrechnungen für bezogene Werkstoffe
- Bezahlung von Maschineneinkäufen
- Bezahlung von Löhnen

Mit der Kapitalfreisetzung sind der Absatz und der Verkauf verbunden. Sie führen zu **Einnahmen und zu Kapital freisetzenden Zahlungsströmen**.

Beispiele: Kapital freisetzende Zahlungsströme

- Eingehende Kundenzahlungen für verkaufte Erzeugnisse
- Eingehende Zahlungen für den Verkauf gebrauchter Maschinen

Die Kapitalbindung liegt i. d. R. zeitlich vor der Kapitalfreisetzung.

Logisch! Zwischen Ein- und Verkauf liegt die Produktion. Und die braucht ihre Zeit.

Die *Bereitstellung von Kapital* (Finanzierung) überbrückt die Zeitspanne zwischen Kapital bindenden und Kapital freisetzenden Zahlungsströmen.

Web

Siehe auch die Präsentation Überbrückungsfunktion der Finanzierung. M 661_2

Finanzierung und Investition hängen eng zusammen. Kapitalverwendung setzt immer Kapitalbeschaffung voraus.

Aber eine Kapitalbeschaffung verlangt nicht immer eine Investition. So kann ein Unternehmen einen Kredit aufnehmen, um fällige Verbindlichkeiten zu bezahlen. Dann erfolgt keine Investition, sondern eine Umfinanzierung. Umgekehrt kann eine Finanzierung auch ohne Geldmittel erfolgen, wenn ein Teilhaber Sachgüter, z. B. Maschinen, einbringt.

1.3 Bilanz: Spiegel von Investition und Finanzierung

- Das Unternehmen erstellt bei Geschäftseröffnung und am Ende jedes Geschäftsjahres eine Bilanz.
- Die Bilanz hat zwei wertgleiche Seiten: Aktiva und Passiva.

Aktiva	Bilanz Passiva
A. Anlagevermögen B. Umlaufvermögen	A. Eigenkapital B. Fremdkapital

Die Passivseite zeigt die Finanzierung (die Kapitalquellen, die Vermögensherkunft). Die Aktivseite zeigt die Investition (die Kapitalverwendung, die Vermögensformen).

1.3.1 Passivseite (Finanzierungsseite)

Die Passivseite zeigt die Finanzierung **nach der rechtlichen Stellung der Kapitalgeber**:

- **Eigenfinanzierung.** Sie entsteht, indem die Eigentümer das **Eigenkapital** aufbringen.
- **Fremdfinanzierung.** Sie entsteht, indem Gläubiger **Fremdkapital** einbringen.

SIEBTER ABSCHNITT

Eigen- und Fremdkapital können von außen zugeführt werden (**Außenfinanzierung**) oder aus dem Leistungsprozess des Unternehmens stammen (**Innenfinanzierung**). Somit ergeben sich die folgenden grundlegenden Finanzierungsarten:

Finanzierungsarten		**nach der Herkunft der Mittel:** **Außenfinanzierung**	**nach der Herkunft der Mittel:** **Innenfinanzierung**
nach der rechtlichen Stellung der Kapitalgeber	**Eigenfinanzierung**	**Eigen-Außenfinanzierung:** Einlagenfinanzierung	**Eigen-Innenfinanzierung:** • Rückflussfinanzierung • Selbstfinanzierung (Überschussfinanzierung)
	Fremdfinanzierung	**Fremd-Außenfinanzierung:** Kreditfinanzierung	**Fremd-Innenfinanzierung:** Rückstellungsfinanzierung

Beispiel: Finanzierungsarten in der Bilanz

Wir betrachten folgende vereinfachte Bilanz:

Aktiva	Bilanz (in 1000 EUR)	Passiva	
A. Anlagevermögen		A. Eigenkapital	1 900
I. Immaterielle Vermögensgegenstände	100		
II. Sachanlagen	900		
III. Finanzanlagen		Fremdkapital:	
1. Beteiligungen	800		
2. Wertpapiere	100	B. Rückstellungen	250 ← Rückstellungsfinanzierung
B. Umlaufvermögen			
I. Vorräte		C. Verbindlichkeiten	1 400 ← Kreditfinanzierung
1. Stoffe	600		
2. Erzeugnisse	700		
II. Forderungen	300		
III. Kassenbestand, Bankguthaben	50		

Eigenkapital			
EK Anfangsbestand		1600	← Einlagen- und Selbstfinanzierung früherer Jahre
+ Erträge	1 500		
davon verrechnete Abschreibungen 250			← Rückflussfinanzierung
− Aufwendungen	1 200		
= Gewinn		300	
davon einzubehalten: 200			← Selbstfinanzierung (Überschussfinanzierung)
davon auszuschütten: 100			← Entfinanzierung

Die Finanzierungsarten werden in Kap. 3 erläutert.

1.3.2 Aktivseite (Investitionsseite)

Investitionsarten nach Liquidität und stofflicher Beschaffenheit

Die Aktivseite der Bilanz heißt auch Vermögens- oder Investitionsseite, denn sie zeigt die Verwendung der aufgebrachten Finanzierungsmittel, ihre Investition (wörtlich: „Einkleidung") in Vermögenswerte. Die Werte sind bekanntlich nach ihrer Liquidität geordnet.

- **Anlagevermögen:** Vermögenswerte, die dem Geschäftsbetrieb dauernd dienen sollen (§ 247 Abs. 2 HGB) und nicht zum Verkauf bestimmt sind.
- **Umlaufvermögen:** Werte, die im Betriebsprozess ständig umgewandelt werden.

Nach ihrer stofflichen Beschaffenheit lassen sich folgende Investitionsarten erkennen:

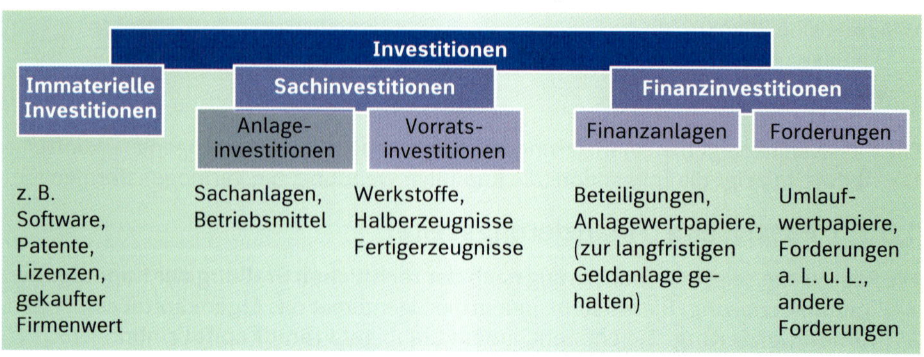

Außerdem enthält die Aktivseite die **flüssigen Mittel** (Bankguthaben, Barmittel). Sie sind noch nicht angelegt oder infolge von Verkäufen wieder freigesetzt worden (**Desinvestition**). Sie sind also keine Investitionen, sondern stehen für Investitionen zur Verfügung.

Beispiel: Investitionsarten in der Bilanz

Wir betrachten wieder die vereinfachte Bilanz von Seite 662:

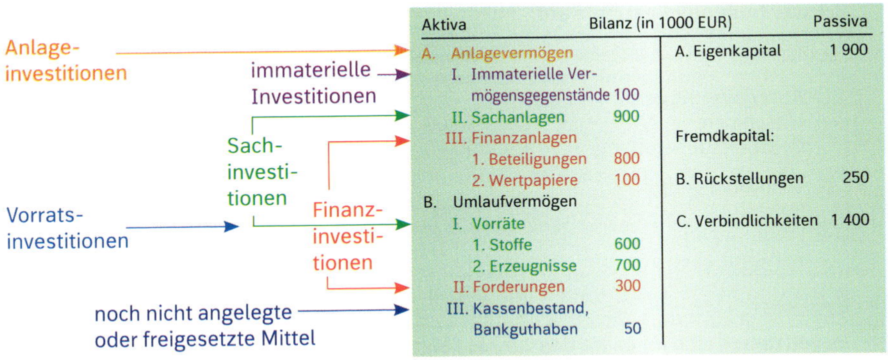

Investitionsarten nach dem Zweck der Investition

Jede Investition verfolgt bestimmte Zwecke. Dies führt zu folgenden Investitionsarten:

Investitionsarten	Investitionszwecke
Gründungs-investitionen	Bereitstellung des notwendigen Anlage- und Umlaufvermögens bei der Unternehmensgründung
Ersatzinvestitionen (Reinvestitionen)	Ersatz verbrauchter Betriebsmittel durch neue Betriebsmittel (Kapitalerneuerung)
Erweiterungs-investitionen	Vergrößerung der Kapazität durch zusätzliche oder größere Betriebsmittel (Kapitalneubildung)
Rationalisierungs-investitionen	Verbesserung der Leistungsfähigkeit durch produktivere oder kostengünstigere Betriebsmittel (Kapitalverbesserung)
Modernisierungs-investitionen	Anpassung der Betriebsmittel an den technischen Fortschritt; meist verbunden mit Ersatz- oder Rationalisierungsinvestitionen
Umstellungs-investitionen	Schaffung der Produktionsgrundlagen bei neuen Unternehmenszielen
Sicherungs-investitionen	Schaffung eines eisernen Bestandes zur Sicherung der laufenden Produktion; Anlage in Sicherheitsbeständen an Finanzmitteln
Sozialinvestitionen	Schaffung von Finanzanlagen zur Absicherung der Mitarbeiter (fördern das Gefühl der Zusammengehörigkeit)
Immaterielle Investitionen	Kapitalanlage für Forschung, Werbung, Ausbildung

Arbeitsaufträge

1. **Investition und Finanzierung bilden im Unternehmen einen Kreislauf.**
Erläutern Sie diesen Kreislauf anhand der Grafik auf Seite 661. Zeigen Sie dabei, dass die Finanzierung die Zeit zwischen Kapital bindenden und Kapital freisetzenden Zahlungsströmen überbrücken muss.

2. **Zu Beginn des Geschäftsjahres 12 weist die Eröffnungsbilanz der Schraubenfabrik Franz Bresser folgende Bestände auf:**

Aktiva	**Bilanz** (in EUR)		Passiva
I. Anlagevermögen		**I. Eigenkapital**	400 000,00
Maschinen	300 000,00	**II. Fremdkapital**	
Geschäftsausstattung	150 000,00	Darlehen	140 000,00
II. Umlaufvermögen		Verbindlichkeiten	150 000,00
Vorräte	90 000,00		
Forderungen	70 000,00		
Bankguthaben	80 000,00		
	690 000,00		690 000,00

Es vollziehen sich im Laufe des Jahres folgende Vorgänge:
(1) **Kauf von Maschinen für 80 000,00 EUR gegen Rechnung,**
(2) **Kauf von Geschäftsausstattung für 30 000,00 EUR gegen Rechnung,**
(3) **Einkauf von Vorräten für 220 000,00 EUR gegen Rechnung,**
(4) **Verbrauch von Vorräten für die Produktion für 215 000,00 EUR,**
(5) **Verkauf von erstellten Produkten für 350 000,00 EUR gegen Rechnung,**
(6) **Eingang von Kundenzahlungen für 330 000,00 EUR,**
(7) **Bezahlung von Verbindlichkeiten 210 000,00 EUR,**
(8) **Darlehenstilgung 10 000,00 EUR,**
(9) **Abschreibung von Maschinen 30 000,00 EUR,**
(10) **Abschreibung von Geschäftsausstattung 15 000,00 EUR,**
(11) **Entnahme von 50 000,00 EUR durch den Inhaber.**

a) Welche Finanzierungs- und Investitionsarten lassen sich anhand der Eröffnungsbilanz unterscheiden?
b) Erläutern Sie die Finanzierungs- und Investitionstätigkeit im Ablauf des Geschäftsjahres anhand der Geschäftsfälle.
Erstellen Sie hierfür das Gewinn- und Verlustkonto, das Privatkonto und das Schlussbilanzkonto. Vergleichen Sie die Anfangs- und Endbestände des Unternehmens und ermitteln Sie:
- den Gesamtumfang und die Änderungen an Anlage-, Vorrats- und Finanzinvestitionen,
- den Umfang der im Geschäftsjahr getätigten Ersatz- und Erweiterungsinvestitionen,
- die Finanzierungsquellen.

c) Bestimmte Investitionsarten lassen sich den Unterlagen nicht unmittelbar entnehmen. Nennen Sie sie und geben Sie an, an welchen Stellen sie ggf. versteckt sind.

Web

M 664 Benutzen Sie das Arbeitsblatt *Investitionstätigkeit*.

3. **Alle Finanzierungsvorgänge lassen sich jeweils zwei der folgenden Finanzierungsarten zurechnen: Eigenfinanzierung, Fremdfinanzierung, Innenfinanzierung, Außenfinanzierung.**
Welche Finanzierungsarten liegen bei folgenden Vorgängen vor?
a) Kapitaleinlage der Gesellschafter
b) Aufnahme eines Hypothekendarlehens
c) Akzeptierung eines Wechsels für ein Importgeschäft
d) Bildung einer Prozessrückstellung
e) Verrechnung von Abschreibungen in den Verkaufspreis
f) Einbehaltung von Gewinnanteilen
g) Überziehung des Bankkontos
h) Bildung stiller Reserven durch überhöhte Abschreibung der Geschäftsausstattung
i) Ausnutzung eines Zahlungszieles von 60 Tagen
j) Barverkauf von Fertigerzeugnissen
k) Einreichung eines Wechsels zum Diskont

2 Investitionsmanagement

2.1 Investitionsplanung

Bei einer Fehlinvestition ist der Kapitalrückfluss so gering, dass es vorteilhafter gewesen wäre, die Investition zu unterlassen.

Investitionen binden Kapital. Dieses kann folglich nicht mehr anderweitig gewinnbringend angelegt werden. Fehlinvestitionen, die nicht zum nötigen Kapitalrückfluss führen, können sich katastrophal auswirken und sogar zur Insolvenz (Zahlungsunfähigkeit) führen. Deshalb sind Investitionen gründlich nach Art und Umfang zu planen.

Der Prozess der Investitionsplanung vollzieht sich grundsätzlich in folgenden Schritten:

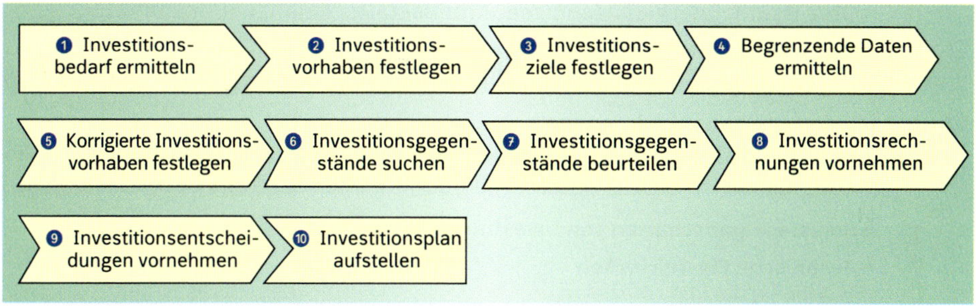

❶ Investitionsbedarf ermitteln

Grundsätzlich sind das Absatz- und das Produktionsprogramm (laut Absatz- und Produktionsplan) bestimmend für die Art und Menge der benötigten Bauten, Anlagen, Förderzeuge, Büroausstattungen, Werkzeuge und Materialien, kurz: für die Anlage- und Vorratsinvestitionen.

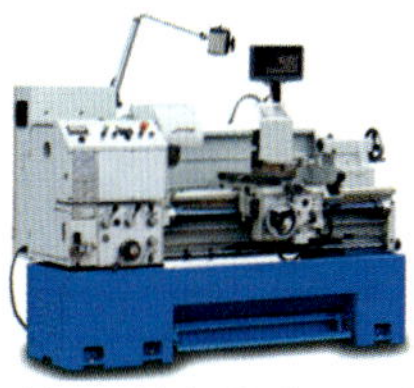

Investitionsobjekt CNC-Maschine

Der Investitionsbedarf ist laufend, systematisch und vollständig zu ermitteln. Anregungen kommen häufig direkt aus den Bereichen. Eventuell besteht auch eine eigene Abteilung *Anlagenplanung*, die systematisch den Bedarf feststellt.

❷ Investitionsvorhaben festlegen

Anhand der von der Geschäftsleitung festgelegten Unternehmensziele und -strategien sind aus dem Investitionsbedarf tatsächliche Investitionsvorhaben abzuleiten. Priorität haben **unerlässliche Investitionen**. An zweiter Stelle folgen **erwünschte Investitionen**.

❸ Investitionsziele festlegen

Für jedes Investitionsvorhaben sind die Investitionsziele exakt zu konkretisieren. Bei **Finanzinvestitionen** ist dies relativ einfach. Das erstrebte Ziel ist eine möglichst hohe Rendite (prozentuale Verzinsung) des eingesetzten Kapitals (z. B. 10 %).
Bei **Sachinvestitionen** (v. a. Anlageinvestitionen) hingegen ist ein ganzes Zielbündel zu berücksichtigen:

- **Investitionszwecke** → Ersatz, Erweiterung, Rationalisierung, Modernisierung, Umstellung, Sicherung
- **ökonomische Ziele** → Rendite-(Rentabilitäts-)steigerung, Kostensenkung, schnellstmöglicher Kapitalrückfluss, Produktivitätssteigerung
- **technische Ziele** → z. B. Arbeitsgüte, Präzision, Geschwindigkeit, Bedienungsfreundlichkeit, Betriebssicherheit
- ggf. **soziale Ziele** → z. B. Sicherung von Arbeitsplätzen, Senkung der Unfallgefahr, Verbesserung der Arbeitsumgebung
- ggf. **ökologische Ziele** → Vermeidung von Umweltbelästigung (z. B. Lauferschütterung, Lärm-Geruchsentwicklung, Wasser-, Luftverschmutzung)

Beispiel: Investitionsziele

1. Ersatz von Anlage XY
2. Anpassung an den technischen Fortschritt
3. Geräuschentwicklung ≤ 30 Dezibel
4. Verarbeitungsgenauigkeit mindestens 1 μμ (1/1000 mm)
5. flexible Einsetzbarkeit
6. Der betreffende Produktionsbereich soll seine Engpasseigenschaft verlieren (Erweiterungsinvestition!).
7. Steigerung des Gewinns um mindestens 15 %

❹ Begrenzende Daten ermitteln

Daten, die die Investition begrenzen, können z. B. sein:
gesetzliche Vorschriften (Sicherheit, Umweltschutz); vorhandene bzw. beschaffbare Größen: Raum, Energieanschlüsse, Arbeitskräfte, Finanzierungsmittel.

❺ Korrigierte Investitionsvorhaben festlegen

Aufgrund der Begrenzungen müssen die Investitionsvorhaben ggf. korrigiert werden.

❻ Investitionsgegenstände suchen

Für die Suche nach zieloptimalen Investitionsgegenständen muss eine Vielzahl von Daten (= technische und wirtschaftliche Eigenschaften) der möglichen Gegenstände beschafft werden.

Beispiele: Eigenschaften von Investitionsgegenständen

- **Technische Eigenschaften**
  - Arbeitsgüte und -präzision
  - Bedienungsfreundlichkeit
  - Möglichkeiten des Einbaus von Vorrichtungen
  - Raumbedarf
  - Umweltverträglichkeit (z. B. Lauferschütterung, Lärm-, Geruchsentwicklung, Wasser-, Luftverschmutzung
  - Betriebssicherheit
  - Energieaufnahme
  - notwendige Fundamentierung
  - und andere mehr
- **Wirtschaftliche Eigenschaften**
  - Lieferfristen der Hersteller
  - erforderliche Arbeitskräfte (Menge und Qualität)
  - notwendige Beschickungsmaterialien
  - mögliche Arbeitsorganisation
  - und andere mehr

❼ Investitionsgegenstände beurteilen

Die Eigenschaften werden mit den gesetzten Investitionszielen und den begrenzenden Daten verglichen:

- **Unerlässliche Eigenschaften** müssen vorhanden sein; andernfalls scheidet der Investitionsgegenstand aus.
- **Zusätzliche Eigenschaften** werden mit Bewertungszahlen versehen. Die Bewertungszahlen werden addiert.

❽ Investitionsrechnungen vornehmen

Außerdem sind quantifizierbare Daten zu ermitteln. Dazu gehören:

- der notwendige Kapitalbedarf (Einzelheiten siehe S. 668 ff.)
- die Nutzungsdauer
- die Ausbringungsmenge
- die entstehenden Aufwendungen und Erträge
- die entstehenden Ausgaben und Einnahmen
- der Restwert des eventuell aufgrund der Investition ausscheidenden Gutes
- der Restwert des Investitionsgegenstands am Ende der Nutzungsdauer
- die angestrebte Mindestrendite (sog. Kalkulationszinssatz)

Diese Daten werden für Investitionsrechnungen verwendet. Diese Rechnungen liefern Informationen darüber, in welchem Umfang die möglichen Investitionen Kosten einsparen, Gewinne und Rentabilität bewirken und sich amortisieren. (Einzelheiten siehe S. 671 ff.)

❾ Investitionsentscheidungen vornehmen

Die Entscheidung fällt sinnvollerweise zugunsten der Gegenstände mit den höchsten Bewertungszahlen und den besten Ergebnissen der Investitionsrechnungen.

⑩ Investitionsplan aufstellen

Der Investitionsplan ist eine Aufstellung der für den Investitionszeitraum im Unternehmen geplanten Investitionen (siehe S. 668).

Für die Investitionsplanung sind zwei weitere Sachverhalte wichtig:

- **Finanzierungssicherheit.** Kapitalmangel kann eine Investition verhindern oder begrenzen. Deshalb ist parallel zur Investitionsplanung für eine gesicherte Finanzierung zu sorgen. Die geplanten Investitionsausgaben gehen in die Finanzplanung ein.
- **Risiko.** Die vorhandenen und erzielbaren Informationen weisen oft Mängel auf:
  - **Unvollständigkeit:** Notwendige Informationen fehlen.
  - **Unbestimmtheit:** Die Aussage von Informationen ist unexakt.
  - **Unsicherheit:** Der Wahrheitsgehalt von Informationen ist begrenzt.

> Die **Finanzplanung** erfasst systematisch alle im Planungszeitraum erwarteten Einnahmen, Ausgaben und flüssigen Mittel. Sie ermittelt die Über- und Unterdeckung und plant einen Ausgleich zwischen Einnahmen und Ausgaben. (Einzelheiten siehe S. 716 ff.)

Beispiele: Informationsmängel
- Unvollständigkeit: Die tatsächliche Absatzmenge der erstellten Produkte ist unbekannt.
- Unbestimmtheit: Die Nutzungsdauer kann zwischen 6 und 10 Jahren liegen.
- Unsicherheit: Bedienungspersonal ist jederzeit verfügbar. Dies ist nur begrenzt sicher.

Die Folgen sind Chancen und Risiken:
- **Chance:** Möglichkeit, die erwartete Zielerfüllung zu übertreffen
- **Risiko:** Möglichkeit, die erwartete Zielerfüllung zu verfehlen, und zwar durch
  (1) Wahl einer suboptimalen Alternative,
  (2) Wahl der optimalen Alternative, aber die Zielerfüllung bleibt unter der Erwartung

Zur Risikominimierung verwendet man z. B. **Entscheidungsbäume** (um Ergebnisse von Alternativen zu erkennen), **Wert- und Nutzwertanalysen** (um Alternativen zu bewerten) sowie die **Szenariotechnik** (um Entwicklungen abzuschätzen). Siehe hierzu im BuchPlusWeb-Ordner„Arbeitsmethoden“: *Visualisierungstechniken* und *Techniken zur Entscheidungsvorbereitung*. Oft verzichtet man auf eine optimale Investition und begnügt sich mit einer „befriedigenden“ Lösung.

Web M 667_1 M 667_2

Arbeitsaufträge

1. **Auf den Seiten 92 und 96 des Lehrbuchs sind die Phasen von Entscheidungsprozessen beschrieben.**
   a) Erkennen Sie in diesen Phasen den oben dargestellten Investitionsplanungsprozess wieder? Stellen Sie einen Vergleich an.
   b) Nennen Sie die Daten (Informationen), die speziell für Investitionsentscheidungen benötigt werden.
2. **Wie alle Entscheidungen, so sind auch Investitionsentscheidungen mit Risiken behaftet.**
   a) Nennen Sie mögliche Risiken.
   b) Geben Sie Möglichkeiten an, diese Risiken zu begrenzen.
3. **Der Automobilzulieferer Autotec GmbH stellt u. a. Gummimanschetten auf einer Anlage mit einer Jahreskapazität von 320 000 Stück her. Der Absatz an Gummimanschetten kann aufgrund eines langfristigen Lieferkontrakts im folgenden Jahr von 300 000 Stück auf 400 000 Stück steigen. Zurzeit liegen folgende Daten vor:**
   Fixe Kosten 100 000,00 EUR, variable Stückkosten 1,50 EUR; Stückerlös 2,20 EUR.
   In Zukunft kann nur noch ein Stückpreis von 2,00 EUR erzielt werden.
   a) Wird eine Investition erforderlich? Wenn ja, welche Art von Investition?
   b) Welche Ziele müssen unbedingt formuliert werden?
   c) Nennen Sie Daten, die die Investition begrenzen könnten.
   d) Unter welchen Aspekten sind geeignete Investitionsgegenstände zu suchen und zu beurteilen?
   Es wird u. a. das Ziel „Steigerung des Gewinns um mindestens 20 %“ gesetzt. Nach erfolgter Beurteilung kommen zwei gleichwertige Anlagen infrage:
   Alternative 1: Fixe Kosten 250 000,00 EUR, variable Stückkosten 1,00 EUR;
   Alternative 2: Fixe Kosten 180 000,00 EUR, variable Stückkosten 1,20 EUR.
   e) Welche Anlagen erreichen die gesetzten Ziele?
   f) Für welche Anlage sollte die Entscheidung fallen?

2.2 Ermittlung des Kapitalbedarfs

Die Lipfert GmbH will ihr Programm auf die Herstellung von Gartenmöbeln ausdehnen. Dazu soll eine Fertigungshalle auf dem Betriebsgrundstück gebaut werden. Bei der Investitionsplanung wird der Bedarf an Produktionsmitteln festgestellt. Man bezieht verschiedene Investitionsrechnungen ein, um zu ermitteln, ob der Investitionsaufwand sich lohnen wird. Aus den anfallenden Zahlen ergibt sich der Kapitalbedarf für das Anlagevermögen. Außerdem wird der Kapitalbedarf für das Umlaufvermögen berücksichtigt, weil Werkstoffe, Zwischen- und Endprodukte bis zum Eingang der Kundenzahlungen vorfinanziert werden müssen.

Web

M 668 Sehen Sie sich zu diesem Kapitel auch die Excel-Datei Ermittlung des Kapitalbedarfs an.

2.2.1 Kapitalbedarf für das Anlagevermögen

Der Kapitalbedarf für das Anlagevermögen wird aus den Anschaffungskosten der langfristig benötigten Wirtschaftsgüter einschließlich aller Nebenkosten errechnet. Er heißt Grundfinanzierung.

Anschaffungskosten

Anschaffungspreis (Rechnungspreis)
– **Preisminderungen** (Rabatte, Skonti)
\+ **Anschaffungsnebenkosten** (z. B. Begutachtung, Provisionen, Transport-, Verpackungs-, Versicherungs-, Montage-, Prüf-, Umbaukosten, Zölle und andere Einfuhrabgaben, bei Immobilien auch Notar- und Gerichtskosten, Grunderwerbsteuer)
\+ **nachträgliche Anschaffungskosten** (z. B. Erschließungskosten, Kosten ergänzender Geräte)
= **Anschaffungskosten**

Zur Grundfinanzierung rechnet man auch den eisernen Bestand (Mindestlagerbestand) an Materialien, denn dieser ist wie das Anlagevermögen langfristig gebunden und soll nicht angegriffen werden.

Beispiel: Investitionsplan mit Kapitalbedarf

Die Lipfert GmbH ermittelt die Einzelbeträge der Grundfinanzierung und trägt sie in den Investitionsplan ein.

Hans Lipfert GmbH							
Investitionsplan Jahr 20..						Kapitalbedarf	
Investitionsgegenstand	Menge	Plantermin	Neubeschaffung	Ersatzbeschaffung	Beschaffungsjahr Altanlage	Kapitalbedarf Neu	Kapitalbedarf Ersatz
Grundstücke und Gebäude							
Fertigungshalle für Gartenmöbel	1 Halle	März	x			650 000,00	
Zufahrtsstraße	25 m; 7 m br.	Juni	x			50 000,00	
Betriebsausstattung							
Holzpresse für Stilmöbel	1 Stück	Nov.		x	1993		60 000,00
CNC-Bandsägemaschine	1 Stück	Juli	x			90 000,00	
CNC-Fräse	2 Stück	Juli	x			80 000,00	
Bohrautomat	1 Stück	Juli	x			65 000,00	
Schleifautomat	1 Stück	Juli	x			60 000,00	
Wachsauftragsmaschine	1 Stück	Juli	x			75 000,00	
Montagewerkbank	2 Stück	Juli	x			40 000,00	
Werkzeugsatz Bandsäge	3 Sätze	Juli	x			8 000,00	

Hans Lipfert GmbH								
Investitionsplan Jahr 20..							Kapitalbedarf	
Investitionsgegenstand	**Menge**	**Plantermin**	**Neubeschaffung**	**Ersatzbeschaffung**	**Beschaffungsjahr Altanlage**	**Kapitalbedarf Neu**	**Kapitalbedarf Ersatz**
Werkzeugsatz Fräsen	6 Sätze	Juli	x			19 000,00	
Werkzeugsatz Bohrautomat	3 Sätze	Juli	x			7 000,00	
Schleifmaterial	s. Anlage 1	Juli	x			6 000,00	
Nebenkosten						30 000,00	
Mindestlagerbestand Material						10 000,00	
Transportmittel							
Gabelstapler	1 Stück	Juli	x			32 000,00	
Transportband	1 Stück	Juli	x			28 000,00	
Summe						**1 250 000,00**	**60 000,00**

Da erst nach der Produktionsaufnahme Kapital freisetzende Einnahmen entstehen, muss der Erstbedarf an Kapital voll durch Außenfinanzierung gedeckt werden.

In späteren Wirtschaftsjahren entsteht ein Folgebedarf für Ersatz-, Erweiterungs-, Rationalisierungs- und Modernisierungsinvestitionen. Er kann zumindest zum Teil mit Mitteln der Innenfinanzierung gedeckt werden.

2.2.2 Kapitalbedarf für das Umlaufvermögen

Um den Kapitalbedarf für das Umlaufvermögen zu ermitteln, müssen möglichst genaue Absatzprognosen vorliegen. Dann können Durchschnittswerte für die täglichen Produktionsmengen und Ausgaben berechnet werden. Die Ausgaben betreffen Material, Fertigungslöhne und die ausgabewirksamen Bestandteile der Gemeinkosten für Fertigung, Lagerung, Verwaltung und Vertrieb. Der Betrieb muss die Mittel dafür so lange bereitstellen, bis sie durch die Einnahmen aus dem Verkauf der Erzeugnisse gedeckt werden. Der zu überbrückende Zeitraum heißt **Kapitalbindungsdauer**. Zahlungsziele für Kunden verlängern, Lieferantenziele verkürzen ihn.

Beispiel: Kapitalbedarf für das Umlaufvermögen

Die Lipfert GmbH rechnet mit folgenden Zeiten:
- durchschnittliche Lagerdauer der Werkstoffe (LW) .... 15 Tage
- durchschnittliche Produktionsdauer (P) .... 3 Tage
- durchschnittliche Lagerdauer der Erzeugnisse (LE) .... 12 Tage
- durchschnittliches Lieferantenziel bei Skonto (LZ) .... 10 Tage
- durchschnittliches Kundenziel bei teilweisem Skonto (KZ) .... 15 Tage

Es ergeben sich folgende Zeiten für die Kapitalbindungsdauer:

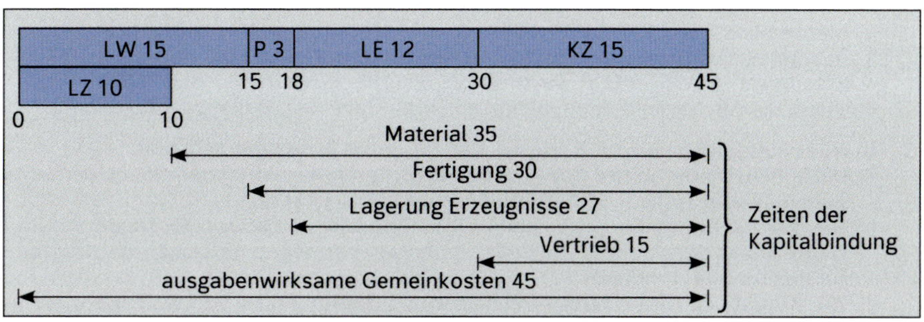

Geht man weiter davon aus, dass täglich 100 Stück produziert werden und dass pro Tag die in der folgenden Tabelle aufgeführten durchschnittlichen Ausgaben entstehen, so ergibt sich

Beachte: Die ausgabenwirksamen Gemeinkosten fallen über den Gesamtzeitraum an.
Die Tagesproduktion betrage 100 Stück.
Es sollen die in der folgenden Tabelle aufgeführten Ausgaben entstehen.

	tägliche Ausgaben pro Stück (EUR)	Tagesbedarf (EUR)	Kapitalbindungsdauer (Tage)	Kapitalbedarf (EUR)
Material	20,00	2 000,00	35	70 000,00
Löhne	25,00	2 500,00	30	75 000,00
ausgabenwirksame Gemeinkosten:				
Material		100,00	45	4 500,00
Fertigung		1 500,00	45	67 500,00
Erzeugnislager		90,00	45	4 050,00
Vertrieb		400,00	45	18 000,00
Verwaltung		300,00	45	13 500,00
Kapitalbedarf für das Umlaufvermögen:				252 550,00

Kapitalbedarf für das Umlaufvermögen = Tagesbedarf · Kapitalbindungsdauer

Diese Berechnung kann allerdings nur als Anhaltspunkt dienen. In der Praxis können sehr leicht Abweichungen von den geplanten Werten und Terminen auftreten. Stehen dann die Mittel für fällige Rechnungen nicht zur Verfügung, kann der Betrieb rasch in unangenehme Zahlungsschwierigkeiten geraten. Eine flexible Finanzplanung soll die ständige Zahlungsfähigkeit sichern. Dazu ist es nötig, Soll- und Istwerte häufig (z. B. monatlich) zu vergleichen und Abweichungen festzustellen.

Arbeitsaufträge

1. **Die Lipfert GmbH benötigt eine CNC-Bandsäge.**
   Angebotspreis 110 000,00 EUR frei Werk; 3% Skonto bei Barzahlung; Montagekosten 5 000,00 EUR; Angebotspreis Absaugvorrichtung einschließlich Montage 25 000,00 EUR; Abnahmekosten der Anlage 1 000,00 EUR.
   Berechnen Sie den Kapitalbedarf für die Investition.

2. **Die Stahl GmbH will Staubsauger ins Produktionsprogramm aufnehmen. Nötige Anlageinvestitionen: 1,5 Mio. EUR. Für das Umlaufvermögen wird mit folgenden Zielen gerechnet:**
   - **durchschnittliche Lagerdauer der Werkstoffe: .... 10 Tage**
   - **durchschnittliche Produktionsdauer: .... 3 Tage**
   - **durchschnittliche Lagerdauer der Fertigerzeugnisse: .... 10 Tage**
   - **Zahlungsziel der Kunden: .... 30 Tage**
   - **Zahlungsziel gegenüber den Lieferanten bei Skonto: .... 10 Tage**

   Die voraussichtliche Produktionsmenge beträgt 100 Stück pro Tag.
   Es wird mit folgenden Kosten gerechnet:
   - **Materialkosten: 60,00 EUR pro Stück** – **Fertigungslöhne: 80,00 EUR pro Stück**
   - **ausgabewirksame Gemeinkosten pro Tag: Material 80,00 EUR, Fertigung 1000,00 EUR, Erzeugnislager 75,00 EUR, Vertrieb 225,00 EUR, Verwaltung 220,00 EUR**

   Ermitteln Sie den Kapitalbedarf. (Benutzen Sie ein Tabellenkalkulationsprogramm.)

3. **In einer Berufsabschlussprüfung werden folgende Aussagen gemacht.**
   a) **Mit zunehmender Breite des Produktionsprogramms nimmt der Kapitalbedarf zu, mit zunehmender Tiefe des Produktionsprogramms sinkt er.**
   b) **Die durchschnittliche Lagerdauer eines Betriebes sinkt von 45 Tagen auf 35 Tage. Damit steigt der Kapitalbedarf für das Anlagevermögen und sinkt der Kapitalbedarf für das Umlaufvermögen.**
   c) **Die Kunden der Block GmbH erhalten ein Zahlungsziel von 30 Tagen, sie zahlen jedoch durchweg binnen 10 Tagen unter Ausnutzung von 3 % Skonto. Der tatsächliche Kapitalbedarf der Block GmbH ist deshalb größer als der geplante Kapitalbedarf.**

   Sind die Behauptungen richtig?

2.3 Investitionsrechnungen

2.3.1 Dynamische und statische Investitionsrechnungen

Investitionsrechungen (Wirtschaftlichkeitsrechnungen) berechnen den wirtschaftlichen Vorteil von Investitionen. Sie sollen folgende Fragen beantworten:

- Ist eine beabsichtigte **Neu-, Ersatz-, Rationalisierungsinvestition** vorteilhaft?
- Welche Alternative ist bei der **Wahl zwischen mehreren Anlagen** vorteilhafter?

Dynamische Investitionsrechnungen beschreiben Investitionen durch Zahlungsreihen.

Beispiel: Rechenansatz der sog. Kapitalwertmethode (Beträge in Euro)

Anschaffungsauszahlung = 100 000,00 EUR; die Einzahlung in Jahr 5 enthält 40 000,00 EUR Resterlös.

Zeitpunkt (Jahresbeginn)	0	1	2	3	4	5
Einzahlungsreihe		25 000,00	40 000,00	60 000,00	70 000,00	95 000,00
Auszahlungsreihe	– 100 000,00	– 10 000,00	– 10 000,00	– 10 000,00	– 10 000,00	– 10 000,00
Überschussreihe	– 100 000,00	15 000,00	30 000,00	50 000,00	60 000,00	85 000,00

Die Anschaffungsauszahlung soll sich rentieren (lohnen). Die Rendite ergibt sich aus den Überschüssen. Ein früher Überschuss (z. B. im 1. Jahr) verzinst sich wieder und ist deshalb wertvoller als ein später Überschuss (z. B. im 5. Jahr). Um die Überschüsse vergleichbar zu machen, zinst man sie mit dem kalkulatorischen Zinssatz[1] auf den Zeitpunkt 0 ab (Ermittlung des Barwerts). Die Investition ist vorteilhaft, wenn die Summe aller Barwerte (der Kapitalwert) die Anschaffungsauszahlung übersteigt.

Statische Investitionsrechnungen arbeiten nicht mit Ein- und Auszahlungsreihen, sondern mit Werten der Kosten- und Leistungsrechnung (Kosten, Erlöse[2]) eines einzelnen repräsentativen Jahres. Für eine grobe Abschätzung der Wirtschaftlichkeit von Investitionen reicht dies in der Regel aus.

Dynamische Rechnungen sind zwar genauer, aber aufwendiger. Doch was nützt rechnerische Genauigkeit, wenn die zukünftigen Einnahmen und Ausgaben kaum exakt zu ermitteln sind und ihre Realisierung höchst unsicher ist?

Man unterscheidet folgende Rechnungen:

- Kostenvergleichsrechnung
- Gewinnvergleichsrechnung
- Rentabilitätsvergleichsrechnung
- Amortisationsvergleichsrechnung

Zu den folgenden Beispielen 1, 3, 4, 8, 9, 10, 11 finden Sie in der Datei Investitionsrechnungen Excel-Tabellen. Die Daten der Tabellenblätter sind miteinander verknüpft.

Web M 671

2.3.2 Kostenvergleichsrechnung

Die Kostenvergleichsrechnung beurteilt Investitionsalternativen nur durch Vergleich ihrer Kosten. Deshalb werden bei allen Alternativen gleiche Produkterlöse vorausgesetzt.

Wichtiger Hinweis
Kalkulatorische Abschreibungen sind nach herrschender Lehrmeinung nicht auf der Basis des Anschaffungs-, sondern des **Wiederbeschaffungswerts** zu bilden. (Nur selten findet man die Ansicht, dies gelte auch für den Ansatz kalkulatorischer Zinsen.) Leider ist der Wiederbeschaffungswert zum Zeitpunkt der Investitionsentscheidung oft nicht hinreichend genau bestimmbar. Deshalb legt man **bei Investitionsrechnungen ersatzweise meist den Anschaffungswert** zugrunde. Wir handhaben dies im Folgenden ebenso.

[1] Der kalkulatorische Zinssatz orientiert sich am marktüblichen Zinssatz für langfristige Kredite.
[2] Man findet – seltener – auch Investitionsrechnungen, die mit Zahlen der Finanzbuchführung (Aufwendungen und Erträgen) operieren. Wir folgen hier dem üblichen Vorgehen mit Kosten und Erlösen.

Beispiel 1: Kostenvergleichsrechnung

(Wahl zwischen zwei Anlagen)

Daten der Anlagen		Anlage 1	Anlage 2
Nutzungsdauer	Jahre	10	10
kalkulator. Abschreibung	%	10	10
Anschaffungswert (A)	EUR	100 000,00	150 000,00
Restwert, geschätzt (R)	EUR	20 000,00	30 000,00
Maximalkapazität	Stück/Jahr	1 100	1 200
Ausbringungsmenge	Stück/Jahr	1 000	1 000
kalkulatorischer Zinssatz	%	8	8

Hinweis: Die kalkulatorischen Zinsen sind vom durchschnittlich gebundenen Kapital zu berechnen.

durchschnittlich gebundenes Kapital
= (Anschaffungswert + Restwert) / 2
= (Anschaffungswert – Restwert) / 2 + Restwert

Ableitung: $\frac{A+R}{2} = \frac{A-R+2R}{2} = \frac{A-R}{2} + \frac{2R}{2} = \frac{A-R}{2} + R$

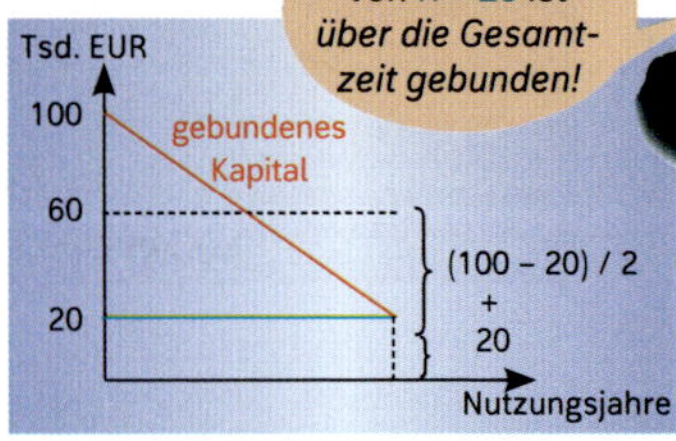

Berechnung der Kosten		Anlage 1	Anlage 2
Kapitaleinsatz = Anschaffungswert – Restwert	EUR	80 000,00	120 000,00
durchschnittlich gebundenes Kapital = (A + R) : 2	EUR	60 000,00	90 000,00
kalkulator. Abschreibung (10 % vom Kapitaleinsatz)	EUR/Jahr	8 000,00	12 000,00
zkalkulatorische Zinsen (8 % vom durchschn. gebundenen Kap.)	EUR/Jahr	4 800,00	7 200,00
Wartungs-, Raum-, Versicherungskosten u. a.	EUR/Jahr	2 000,00	3 000,00
Summe Fixkosten	EUR/Jahr	**14 800,00**	**22 200,00**
Fertigungslöhne	EUR/Jahr	20 000,00	15 000,00
Fertigungsmaterial	EUR/Jahr	30 000,00	25 000,00
Energie, Hilfsstoffe u. a.	EUR/Jahr	10 000,00	5 000,00
Summe variable Kosten	EUR/Jahr	**60 000,00**	**45 000,00**
Gesamtkosten	EUR/Jahr	**74 800,00**	**67 200,00**
variable Stückkosten	EUR/Stück	60,00	45,00
gesamte Stückkosten	EUR/Stück	**74,80**	**67,20**

Der Vergleich kann auf der Basis von Gesamtkosten oder gesamten Stückkosten durchgeführt werden. In beiden Fällen ist Anlage 2 kostengünstiger. Sie ist Anlage 1 vorzuziehen.

Web

Für Investitionsentscheidungen sind in der Praxis nicht nur die Kosten für eine bestimmte Produktionsmenge wichtig. Vielmehr will man auch die **kritische Menge** wissen, bei der sich das Verhältnis der Vorteilhaftigkeit umkehrt.

SIEBTER ABSCHNITT

M 672

Beispiel 2: Kritische Menge (Fortsetzung des obigen Beispiels)

Die Gesamtkosten betragen bei einer beliebigen Ausbringungsmenge x:

Anlage 1: $K_1 = 60x + 14\,800$

Anlage 2: $K_2 = 45x + 22\,200$

Bei der kritischen Menge sind die Gesamtkosten gleich:

$60x + 14\,800 = 45x + 22\,200$

$x = (22\,200 - 14\,800) / (60 - 45)$

$x \approx \mathbf{493}$

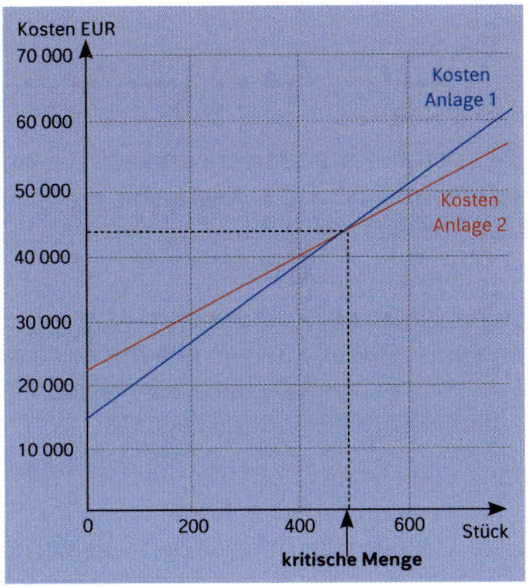

Hinweis:
Für die Anlagen können auch **unterschiedliche Ausbringungsmengen** geplant werden (z. B. für A1 1 000 Stück und für A2 900 Stück). Dann gilt:
Ein Kostenvergleich kann nur auf Stückkostenbasis durchgeführt werden.
Sinnvoller ist es jedoch, statt der Kosten- die Gewinnvergleichsrechnung anzuwenden. Begründung: Mengenänderungen wirken sich auch auf die Höhe des Erlöses aus.

Die Kostenvergleichsrechnung hilft auch bei der Beurteilung, ob der Ersatz einer teilabgeschriebenen Anlage vorteilhaft ist (Ersatz-, Rationalisierungsinvestition).

Voraussetzung: Mit der neuen Anlage werden gleiche Produkte und Ausbringungsmengen erstellt.

Im Ersatzfall muss ein nicht realisierbarer Restwert der bestehenden Anlage von der neuen Anlage mitverdient werden. Er ist deshalb deren Anschaffungswert zuzuschlagen, mitabzuschreiben und mitzuverzinsen. Umgekehrt ist ein Nettoresterlös abzuziehen.

Beispiel 3: Kostenvergleichsrechnung bei einer Rationalisierungsinvestition

Annahme: Ein Betrieb nutzt Anlage 1 aus Beispiel 1 sieben Jahre und hat sie auf den kalkulatorischen Restwert von 44 000,00 EUR abgeschrieben. Weiterhin ermittelt der Betrieb:

Anlage 1 (alt):

	kalkulatorischer Restwert	44 000,00
+	Abbruchkosten	5 000,00
–	ersparte Reparatur	4 000,00
–	Veräußerungserlös	36 000,00
=	nicht realisierbarer Restwert	9 000,00

Anlage 2 (neu):
Daten der Anlage wie in Beispiel 1

Anschaffungswert	150 000,00
+ nicht realisierbarer Restwert von A1	9 000,00
= korrigierter Anschaffungswert	159 000,00

Es soll geprüft werden, ob ein Ersatz durch Anlage 2 zu diesem Zeitpunkt vorteilhaft ist.

Berechnung der Kostenersparnis		Anlage 1	Anlage 2
Kapitaleinsatz (neue Anlage) = 159 000,00 – 30 000,00	EUR	80 000,00	129 000,00
durchschnittl. gebundenes Kapital (neue Anlage) = (159 000,00 + 30 000,00) : 2	EUR	60 000,00	94 500,00
kalkulator. Abschreibung (10 % vom Kapitaleinsatz)	EUR/Jahr	8 000,00	12 900,00
kalkulatorische Zinsen (8 % vom durchschn. gebundenen Kap.)	EUR/Jahr	4 800,00	7 560,00
Wartungs-, Raum-, Versicherungskosten u. a.	EUR/Jahr	2 000,00	3 000,00
Summe Fixkosten	EUR/Jahr	**14 800,00**	**23 460,00**
Summe variable Kosten	EUR/Jahr	**60 000,00**	**45 000,00**
Gesamtkosten	EUR/Jahr	**74 800,00**	**68 460,00**
gesamte Stückkosten	EUR/Stück	**74,80**	**68,46**

Anlage 2 führt zu einer Kostenersparnis von 6 340,00 EUR. Die Investition erscheint vorteilhaft.

Man beachte: Investitionsentscheidungen nur aufgrund von Kostenvergleichen tragen ein hohes Risiko! Sinnvoll ist ein zusätzlicher Gewinnvergleich.

2.3.3 Gewinnvergleichsrechnung

Die Gewinnvergleichsrechnung beurteilt Investitionen anhand ihrer Gewinne. Bei Investitionsalternativen vergleicht sie die Gewinne.

Die Gewinnvergleichsrechnung baut auf der Kostenvergleichsrechnung auf. Sie bezieht nur zusätzlich die Leistungen (= Produkterlöse) mit in die Rechnung ein. Gleiche Gesamterlöse (Umsätze) werden nicht vorausgesetzt.

Die Erlöse können variieren durch

- **unterschiedliche Produktionsmengen** bei gleichem Stückpreis;
- **unterschiedliche Stückerlöse.** So lassen sich größere Mengen ggf. nur zu niedrigerem Stückpreis absetzen. Je nach Situation kann der Umsatz dann steigen oder fallen;
- **unterschiedliche Produktqualitäten**, die Preisabweichungen zulassen.

Sind die durchschnittlichen Kapitaleinsätze der Investitionsalternativen ungleich, lässt sich die Vergleichbarkeit durch eine **Differenzinvestition** herstellen: Es wird der zusätzliche Gewinn berücksichtigt, den das Anlegen des Differenzbetrages erbringt. Ist dafür keine konkrete Sachinvestition möglich, nimmt man an, dass der Betrag zum kalkulatorischen Zinssatz am Kapitalmarkt angelegt werden kann.

Beispiel 4: Gewinnvergleichsrechnung (Wahl zwischen zwei Anlagen)

Wir übernehmen die Anlagendaten, Fixkosten und variablen Stückkosten von Beispiel 1. Ausbringungsmenge auf Anlage 2 = 1 100 Stück; Stückerlös bei Anlage 1 = 90,00 EUR; Stückerlös bei Anlage 2 = 86,00 EUR.
Differenzinvestition: Die Differenz zwischen dem durchschnittlich gebundenen Kapital der beiden Anlagen (30 000,00 EUR) wird am Kapitalmarkt zum kalkulatorischen Zinssatz von 8 % angelegt und erbringt folglich einen Zusatzgewinn von 2 400,00 EUR.

Berechnung der Gewinns		Anlage 1	Anlage 2
Summe Fixkosten	EUR/Jahr	14 800,00	22 200,00
Summe variable Kosten	EUR/Jahr	60 000,00	49 500,00
Gesamtkosten	EUR/Jahr	74 800,00	71 700,00
Gesamterlös (Umsatz)	EUR/Jahr	90 000,00	94 600,00
Gewinn	EUR/Jahr	**15 200,00**	**22 900,00**
Gewinn aus der Differenzinvestition	EUR/Jahr	2 400,00	
Gesamtgewinn	EUR/Jahr	**17 600,00**	**22 900,00**

Anlage 2 erzielt einen Gewinnvorteil von 7 700,00 EUR. Auch nach Vornahme der Differenzinvestition bleibt noch ein Gewinnvorteil von 5 300,00 EUR. Anlage 2 ist folglich vorzuziehen.

Bei der Gewinnvergleichsrechnung kann man ebenfalls eine kritische Menge berechnen, bei der sich das Verhältnis der Vorteilhaftigkeit umkehrt:

Beispiel 5: Kritische Gewinnmenge

Der Gesamtgewinn beträgt bei einer beliebigen Menge x:

Anlage 1: $G_1 = 90x - (60x + 14\,800) + 2\,400$
Anlage 2: $G_2 = 86x - (45x + 22\,200)$

Bei der kritischen Menge sind die Gewinne gleich:

$$90x - (60x + 14\,800) + 2\,400 = 86x - (45x + 22\,200)$$

$$x = \frac{22\,200 - 14\,800 + 2\,400}{(86 - 45) - (90 - 60)}$$

$$\mathbf{x \approx 891}$$

Anlage 2 erzielt bei Mengen über 891 Stück einen höheren Gewinn.

Bei Ersatz-/Rationalisierungsinvestitionen werden gleiche Gesamterlöse unterstellt. Deshalb bringt die Gewinnvergleichsrechnung in diesen Fällen keine neuen Erkenntnisse gegenüber der Kostenvergleichsrechnung. Ein erzielter Gewinnzuwachs entspricht genau der erzielten Kostenersparnis.

Beispiel 6: Gewinnvergleichsrechnung bei einer Rationalisierungsinvestition (Fortsetzung von Beispiel 3)

Die Absatzmenge betrage 1 000 Stück, der Stückerlös 90,00 EUR.

Berechnung des Gewinns		alte Anlage	neue Anlage
Gesamterlös	EUR/Jahr	90 000,00	90 000,00
Gesamtkosten	EUR/Jahr	74 800,00	68 460,00
Gewinn	EUR/Jahr	**15 200,00**	**21 540,00**

Das Ergebnis entspricht dem der Kostenvergleichsrechnung: Gewinnzuwachs = Kostenersparnis = 6 340,00 EUR. Dementsprechend steigt die **Wirtschaftlichkeit (Ergiebigkeitsgrad E)**:
$E_{alt} = 90\,000{,}00 / 74\,800{,}00 \approx 1{,}2$ $E_{neu} = 90\,000{,}00 / 68\,460{,}00 \approx 1{,}3$
Die Vornahme der Rationalisierungsinvestition erscheint vorteilhaft.

2.3.4 Rentabilitätsvergleichsrechnung

Die Rentabilitätsvergleichsrechnung beurteilt Investitionen anhand ihrer Rentabilität; bei Investititonsalternativen vergleicht sie die Rentabilitäten.

Wissen Sie es noch?

$$R = \frac{\text{Gewinn}}{\text{durchschn. Kapitaleinsatz}} \cdot 100$$

Auch die Rentabilitätsvergleichsrechnung ermittelt zunächst den Gewinn. Dann setzt sie den Gewinn in Beziehung zum durchschnittlich gebundenen Kapital. Das Ergebnis ist die Rentabilität (prozentuale Kapitalverzinsung). Die Kennzahl Rentabilität macht die Investition mit jeder anderen Anlagealternative vergleichbar.

- **Bruttorentabilität**
  Die Rentabilitätsvergleichsrechnung addiert oft die abgezogenen kalkulatorischen Zinsen wieder zum Gewinn hinzu. Die mit dieser korrigierten Gewinngröße errechnete Rentabilität heißt Bruttorentabilität. Sie zeigt an, wie viel Prozent der Kapitaleinsatz zur Deckung der kalkulatorischen Zinsen und zur Gewinnerzielung erwirtschaftet. Folglich gestattet sie einen direkten Vergleich mit den kalkulatorischen Zinsen, die der Kapitaleinsatz mindestens erzielen sollte.
- **Nettorentabilität**
  Der Nettorentabilität liegt der unkorrigierte Gewinn zugrunde. Sie gibt an, wie viel Prozent Gewinn die Investition nach Deckung der kalkulatorischen Zinsen erzielt.

$$R_{brutto} = \frac{\text{Gewinn + kalkulatorische Zinsen}}{\text{durchschnittlicher Kapitaleinsatz}} \cdot 100$$

$$R_{netto} = \frac{\text{Gewinn}}{\text{durchschnittlicher Kapitaleinsatz}} \cdot 100$$

Beispiel 7: Brutto- und Nettorentabilität

erzielte Bruttorentabilität	38,44 %
kalkulatorischer Zinssatz (Mindestverzinsung)	8,00 %
erzielte Nettorentabilität (Übergewinn)	30,44 %

Die Investition erzielt eine Bruttorentabilität von 38,44 %. Diese liegt 30,44 Prozentpunkte (Nettorentabilität = 30,44 %) über der Mindestverzinsung (8 %).

Die kalkulatorischen Zinsen orientieren sich bekanntlich am langfristigen Kreditzins als Mindestverzinsung. Eine Investition, die die Mindestverzinsung nicht erreicht, sollte nicht durchgeführt werden.

Bei unterschiedlichem Kapitaleinsatz soll auch die Rentabilitätsvergleichsrechnung eine mögliche **Differenzinvestition** berücksichtigen.

Beispiel 8: Rentabilitätsvergleichsrechnung (Fortsetzung von Beispiel 4)

Rentabilitätsberechnung ohne Differenzinvestition		Anlage 1	Anlage 2
durchschnittlich gebundenes Kapital = (A + R) : 2	EUR	60 000,00	90 000,00
Gewinn	EUR/Jahr	15 200,00	22 900,00
Nettorentabilität	%	**25,33**	**25,44**
kalkulatorische Zinsen	EUR/Jahr	4 800,00	7 200,00
Gewinn vor Zinsen	EUR/Jahr	20 000,00	34 600,00
Bruttorentabilität	%	**33,33**	**33,44**

Die Bruttorentabilität übersteigt die Nettorentabilität um den Betrag des kalkulatorischen Zinssatzes (8 %).

Anlage 2 erwirtschaftet eine geringfügig höhere Rendite. Sie erscheint zunächst vorteilhafter.

Wegen der unterschiedlichen Kapitaleinsätze muss wiederum die Differenzinvestition von 30 000,00 EUR berücksichtigt werden (hier: Anlage am Kapitalmarkt zum kalkulatorischen Zinssatz von 8 %; Zusatzgewinn: 2 400,00 EUR).

Beachte: Diese Differenzinvestition ist eine Finanzinvestition. Anders als eine entsprechende Sachinvestition muss sie bei der Berechnung der Bruttorentabilität nicht kalkulatorische Zinsen von 8 % erwirtschaften. Deshalb beträgt der Unterschied zwischen Brutto- und Nettorentabilität bei Anlage 1 jetzt weniger als 8 %.

Rentabilitätsberechnung mit Differenzinvestition		Anlage 1	Anlage 2
gesamtes durchschnittlich gebundenes Kapital	EUR	90 000,00	90 000,00
Gewinn	EUR/Jahr	15 200,00	22 900,00
Zusatzgewinn aus Differenzinvestition	EUR/Jahr	2 400,00	
Gesamtgewinn	EUR/Jahr	17 600,00	22 900,00
Nettorentabilität	%	**19,56**	**25,44**
kalkulatorische Zinsen (nicht von der Differenzinvestition!)	EUR/Jahr	4 800,00	7 200,00
Gewinn vor Zinsen	EUR/Jahr	22 400,00	30 100,00
Bruttorentabilität	%	**24,89**	**33,44**

Anlage 2 erwirtschaftet auch unter Berücksichtigung der Differenzinvestition eine höhere Rendite. Sie erscheint vorteilhafter als Anlage 1.

Auch bei Ersatz-/Rationalisierungsinvestitionen baut die Rentabilitätsvergleichsrechnung auf der Gewinnvergleichsrechnung auf. Sie unterstellt dabei wiederum gleiche Gesamterlöse.

Eine höherer Gewinn aufgrund der Investition ist deshalb auch hier das Ergebnis einer Kosteneinsparung.

Beispiel 9: Rentabilitätsvergleichsrechnung bei einer Rationalisierungsinvestition (Fortsetzung von Beispiel 6)

Rentabilitätsberechnung		neue Anlage	alte Anlage
durchschnittlich gebundenes Kapital = (A + R) : 2	EUR	60 000,00	94 500,00
Gewinn	EUR/Jahr	15 200,00	21 540,00
Nettorentabilität	%	**25,23**	**22,79**
kalkulatorische Zinsen	EUR/Jahr	4 800,00	7 560,00
Gewinn vor Zinsen	EUR/Jahr	20 000,00	29 100,00
Bruttorentabilität	%	**33,23**	**30,79**

Der Ersatz der alten Anlage erscheint jetzt nicht mehr vorteilhaft. Zwar führt die Investition zu einer Gewinnsteigerung (siehe Beispiel 5), aber sie verlangt einen bedeutend höheren Kapitaleinsatz. Das Ergebnis ist eine niedrigere Rentabilität des eingesetzten Kapitals.

2.3.5 Amortisationsvergleichsrechnung

Die Amortisationsvergleichsrechnung ermittelt den Zeitraum, in dem die Anschaffungsauszahlung wieder zurückfließt (sich amortisiert). Dieser Zeitraum heißt Kapitalrückflusszeit (Wiedergewinnungszeit, Pay-off-Period).

Die Amortisationsvergleichsrechnung arbeitet als einziges statisches Verfahren grundsätzlich nicht mit Werten der Kosten- und Leistungsrechnung. Die Rückflüsse (Cashflow) werden vielmehr als Überschüsse von Einzahlungen (v. a. Produkterlösen) und Auszahlungen (z. B. Zinszahlungen) erfasst. Soweit sie nicht feststehen, werden sie geschätzt.

Bei Ersatz-/Rationalisierungsinvestitionen wird die Anschaffungsauszahlung um den Nettoresterlös der Altanlage gekürzt. Ein nicht realisierbarer Restwert ist zu addieren.

Kumulationsrechnung

Die Kumulationsrechnung erfasst die jährlichen Rückflüsse einzeln. Sie werden kumuliert (aufaddiert), bis die Höhe der Anschaffungsauszahlung erreicht ist.

Der Unternehmer schätzt das mit der Investition verbundene Risiko und legt eine diesem Risiko entsprechende **Sollrückflusszeit** fest.

Eine Investition gilt als günstig, wenn die errechnete Kapitalrückflusszeit kürzer ist als die Sollrückflusszeit.

Beispiel 10: Kumulationsrechnung

Folgende Anlagen sollen für eine Ersatzinvestition mit der Kumulationsrechnung auf ihre Vorteilhaftigkeit geprüft werden.

		Anlage 1	Anlage 2
Nutzungsdauer	Jahre	10	10
Anschaffungsauszahlung (A)	EUR	95 000,00	135 000,00
Resterlös der alten Anlage (R_{alt})	EUR	15 000,00	15 000,00
korrigierte Anschaffungsauszahlung ($A - R_{alt}$)	EUR	**80 000,00**	**120 000,00**
Sollrückflusszeit	Jahre	**4**	**4**

Rückflüsse	Anlage 1	kumuliert	Anlage 2	kumuliert
1. Jahr	24 000,00	24 000,00	26 000,00	26 000,00
2. Jahr	27 000,00	51 000,00	30 000,00	56 000,00
3. Jahr	32 000,00	**83 000,00**	50 000,00	106 000,00
4. Jahr	25 000,00	108 000,00	40 000,00	**146 000,00**
5. Jahr	25 000,00	133 000,00	45 000,00	191 000,00
6. Jahr	25 000,00	158 000,00	23 000,00	214 000,00
...	...	...	...	...

Beide Anlagen erfüllen die Anforderung der Sollrückflusszeit.
Bei Anlage 1 fließt die Anschaffungsauszahlung schon gegen Ende des 3. Jahres, bei Anlage 2 erst im 2. Quartal des 4. Jahres zurück. Insofern ist Anlage 1 als vorteilhafter anzusehen.

Durchschnittsrechnung

Die Durchschnittsrechnung greift wieder **hilfsweise** auf Werte der Kosten- und Leistungsrechnung zurück. Sie ermittelt den Kapitalrückfluss (Cashflow) von Einzelinvestitionen **näherungsweise** als Summe der zuzurechnenden Gewinn- und Abschreibungswerte. Die Kapitalrückflusszeit ergibt sich dann wie folgt:

$$\text{Kapitalrückflusszeit} = \frac{\text{korrigierte Anschaffungsauszahlung}}{\text{durchschnittl. (Jahresgewinn + kalkulatorische Abschreibung)}}$$

Dabei geht man davon aus, dass die im Gewinn enthaltenen Leistungen (v. a. Erlöse) und Kosten meist mit Ein- und Auszahlungen verbunden sind. Eine Ausnahme sind die als Kosten verrechneten Abschreibungen. Sie führen nicht zu Auszahlungen, sondern werden von den Kunden mit den Erlösen rückvergütet. Deshalb sind sie im Nenner zum Jahresgewinn hinzuzuaddieren.

Beispiel 11: Durchschnittsrechnung

Wir legen die Investitionsalternativen von Beispiel 10 zugrunde und ergänzen fehlende Zahlen:

		Anlage 1	Anlage 2
korrigierte Anschaffungsauszahlung ($A - R_{alt}$)	EUR	**80 000,00**	**120 000,00**
durchschnittlicher Gesamtgewinn (hier der ersten 4 Jahre)	EUR/Jahr	19 000,00	24 500,00
kalkulatorische Abschreibung bei 10 Nutzungsjahren	EUR/Jahr	8 000,00	12 000,00
Gewinn + Abschreibung	**EUR/Jahr**	**27 000,00**	**33 500,00**
Kapitalrückflusszeit = korr. Ansch.auszahl. : (Gewinn + Abschreibung)	Jahre	**2,96**	**3,29**

Die errechneten Kapitalrückflusszeiten entsprechen ungefähr denen in Beispiel 10 und führen zur gleichen Investitionsentscheidung.

Die Amortisationsrechnung ist in der Praxis verbreitet, weil sie einem gewissen Sicherheitsbedürfnis Rechnung trägt. Sie gewichtet aber die Investition mit schnellem Rückfluss schwerer als diejenige, die vielleicht erst nach Ablauf der Kapitalrückflusszeit starke Rückflüsse aufweist, und vernachlässigt somit ggf. wichtige Gewinne (vgl. die Rückflussentwicklung in Beispiel 10). Deshalb sollten auf jeden Fall ergänzend Gewinn- und Rentabilitätsgesichtspunkte herangezogen werden.

2.4 Investitionscontrolling

Das Controlling im Investitionsbereich muss Sorge tragen, dass die Investitionsplanung in allen Phasen ordnungsgemäß durchgeführt wird. Es stellt die Planungsinstrumente bereit (z. B. Entscheidungsbaum, Wertanalyse, Nutzwertanalyse, Szenariotechnik, Investitionsrechnungen, Kapitalbedarfsrechnungen) und überwacht ihren Einsatz.

Nach der Durchführung von Investitionen wertet das Controlling die Ergebnisse aus und stellt in Soll-Ist-Vergleichen fest, in welchem Ausmaß die gestellten Ziele (Produktivität, Wirtschaftlichkeit, Kosten, Gewinn, Rentabilität, Kapitalrückflusszeit) erreicht wurden. Dazu können die behandelten Investitionsrechnungen – diesmal mit Istwerten statt Planwerten – verwendet werden. Wie Produktivität, Wirtschaftlichkeit und Rentabilität überprüft werden können, haben wir schon im Zusammenhang mit dem Produktionscontrolling behandelt.

SIEBTER ABSCHNITT

Arbeitsaufträge

1. **Die MGB will im Rahmen einer Produktionserweiterung zwei neue CNC-Maschinen für die Teilefertigung (Zahnräder) beschaffen. Drei Fabrikate kommen für die Auswahl infrage. Die vorgesehene Ausbringungsmenge beträgt 25 000 Stück pro Maschine und Jahr. Es wird mit einer Nutzungsdauer von 12 Jahren gerechnet.**
   Der kalkulatorische Zinssatz beträgt 7 %. Zu diesem Zinssatz kann jederzeit Kapital angelegt werden.
   Die mit Fabrikat 3 erzeugten Produkte können wegen besserer Qualität in der Kalkulation mit einem höheren Verrechnungspreis angesetzt werden.
   Das investierte Kapital soll binnen 6 Jahren zurückfließen.

Zusätzlich gelten folgende Angaben:

		Fabrikat 1	Fabrikat 2	Fabrikat 3
Anschaffungswert (zwei Maschinen)	EUR	400 000,00	420 000,00	430 000,00
kalkulierter Restwert	EUR	0,00	0,00	0,00
Fixkosten (neben Abschreibung und Zinsen)	EUR/Jahr	3 000,00	3 000,00	3 000,00
variable Stückkosten:				
Fertigungslöhne	EUR/Stück	0,50	0,50	0,50
Fertigungsmaterial	EUR/Stück	1,00	1,00	1,00
Energie, Hilfsstoffe, Reparaturmaterial	EUR/Stück	0,12	0,11	0,10
kalkulierter Produktwert	EUR/Stück	3,20	3,20	3,40

Benutzen Sie für folgende Aufgabenstellungen ein Tabellenkalkulationsprogramm.

a) Beurteilen Sie die Vorteilhaftigkeit der Investitionsalternativen mithilfe von Kosten-, Gewinn-, Rentabilitäts- und Amortisationsvergleichsrechnung.

b) Bestimmen Sie die kritischen Kosten- und Gewinnmengen rechnerisch.

c) Beurteilen Sie die Vorteilhaftigkeit der Investitionsalternativen erneut, wenn die Ausbringungsmenge mit Fabrikat 3 einerseits auf 60 000 Stück gesteigert werden kann, andererseits jedoch der kalkulierte Produktwert auf 3,25 EUR sinkt.

2. **Die Geller GmbH hat eine Produktionsanlage für Gummimanschetten zu fast 3/4 abgeschrieben und plant eine Rationalisierungsinvestition. Zwei Anlagen kommen als Ersatz infrage. Folgende Daten liegen vor:**

		Altanlage	Anlage 1	Anlage 2
Anschaffungswert	EUR	1 100 000,00	1 300 000,00	1 500 000,00
voraussichtlicher Restwert	EUR	100 000,00	130 000,00	140 000,00
geplante Nutzungsdauer	Jahre	15	15	15
Fixkosten (neben Abschreibung und Zinsen)	EUR/Jahr	2 500,00	3 000,00	3 000,00
variable Stückkosten:				
Fertigungslöhne	EUR/Stück	4,00	3,00	3,00
Fertigungsmaterial	EUR/Stück	4,00	4,00	4,00
Energie, Hilfsstoffe, Reparaturmaterial	EUR/Stück	3,00	2,30	2,00
Ausbringungsmenge	Stück	100 000	100 000	100 000
Stückerlös pro Gummimanschette	EUR/Stück	13,00	13,00	13,00

Der kalkulatorische Zinssatz beträgt 6 %. Zu diesem Zinssatz kann jederzeit Kapital angelegt werden.
Kalkulatorischer Restwert der Altanlage: 366 666,67 EUR
Abbruchkosten: 10 000,00 EUR
Veräußerungserlös: 400 000,00 EUR
Benutzen Sie für folgende Aufgabenstellungen ein Tabellenkalkulationsprogramm.

a) Beurteilen Sie die Vorteilhaftigkeit der Investitionsalternativen mithilfe von Kosten-, Gewinn- und Rentabilitätsvergleichsrechnung.

b) Bestimmen Sie rechnerisch und zeichnerisch die kritischen Kosten- und Gewinnmengen.

Es wird mit folgenden jährlichen Kapitalrückflüssen (in TEUR) gerechnet:
Neuanlage 1: 290; 330; 370; 340; 330; 320; 320; 320; ...
Neuanlage 2: 300; 340; 400; 350; 340; 330; 330; 320; ...
Die Sollrückflusszeit soll maximal 5 Jahre betragen.

c) Vergleichen Sie die Vorteilhaftigkeit der Investitionsalternativen mithilfe der Amortisationsvergleichsrechnung. Wenden Sie dabei die Kumulationsrechnung sowie die Durchschnittsrechnung an.

d) Die Geschäftsleitung entscheidet sich für die Anschaffung von Anlage 2. Welche Aspekte hat sie damit verstärkt gewichtet?

Das Controlling stellt am Ende des Jahres der Anschaffung fest, dass die Lohnkosten um 4 % und die Materialkosten um 5 % gestiegen sind.

e) Ermitteln Sie die Auswirkungen auf Kosten, Gewinn, Rentabilität und Kapitalrückfluss.

3 Finanzierungsarten

3.1 Entscheidungskriterien; Finanzierungsplan

Die Mittel für Investitionen können von außen zufließen oder von innen erwirtschaftet werden; sie können von den Eigentümern oder von Fremden zur Verfügung gestellt werden. Je nach der Situation kann sich eine bestimmte Finanzierungsart aufzwingen oder eine Wahlmöglichkeit bestehen. Gegebenenfalls schließt die Rechtsform des Unternehmens auch bestimmte Finanzierungsarten von vornherein aus.

Eine grundlegende Entscheidung betrifft die Wahl zwischen Eigen- und Fremdfinanzierung. Hierzu einige Entscheidungsmerkmale, die für Kapitalgeber und Kapitalnehmer gleichermaßen wichtig sind:

Merkmale	Eigenfinanzierung	Fremdfinanzierung
Dauer der Verfügbarkeit	unbegrenzt	beschränkt auf Kreditlaufzeit
Tilgung (= Rückzahlung)	nein	ja; mindert Liquidität (Verfügbarkeit flüssiger Mittel)
Zinszahlung	nein	ja; mindert ebenfalls Liquidität
weitere Aufwendungen	keine (Ausnahme: Kapitalgesellschaften)	zahlreich; z. B. Bankprovisionen; Notar-, Gerichtskosten; Kosten für Stellung von Sicherheiten
Haftung	Eigenkapital haftet für Unternehmensschulden	Fremdkapital haftet nicht für Unternehmensschulden
Stellung von Sicherheiten	nein	ja; schränkt Verfügungsgewalt über betroffene Gegenstände ein
Gewinnbeteiligung	ja	nein
Verlustbeteiligung	ja	nein
steuerliche Behandlung	nicht als Betriebsaufwand absetzbar	als Betriebsaufwand absetzbar
Entscheidungsfreiheit	neue Gesellschafter entscheiden mit	keine Einschränkung durch Fremdkapital

Unter Berücksichtigung dieser Entscheidungsmerkmale ist für konkrete Investitionsvorhaben ein Finanzierungsplan aufzustellen. Er enthält die Finanzierungsmittel.

Beispiel: Finanzierungsplan der Möbelfabrik Lipfert (Fortsetzung von S. 669 f.)

Lipfert GmbH

Finanzierungsplan

Zugrunde liegender Investitionsplan: Jahr 20..

Kapitalbedarf Anlagegüter und Mindestlagerbestand Material	1 310 000,00	
Finanzierungsmittel:		
Entnahme aus Kapitalrücklagen		900 000,00
Grundschulddarlehen der Industriebank		410 000,00
Kapitalbedarf Umlaufvermögen:	212 200,00	
Finanzierungsmittel:		
Lieferantenziele		190 000,00
Kontokorrentkredit der Industriebank		22 200,00
Summe:	1 522 200,00	1 522 200,00

Die vollständige und pünktliche Bereitstellung der Finanzierungsmittel ist sorgfältig zu planen. Ohne diese Mittel sind die Investitionsvorhaben gefährdet.

3.2 Außenfinanzierung mit Eigenkapital (Einlagenfinanzierung)

Bei der Außenfinanzierung mit Eigenkapital führen die Eigentümer des Unternehmens Einlagen zu. Auch spätere Beteiligungen von Gesellschaftern sind Einlagen.

Anlässe für die Zuführung von Einlagen können sein:

- Gründung,
- Geschäftserweiterung,
- Modernisierung,
- Rationalisierung,
- Fusion,
- Änderung der Rechtsform,
- Sanierung (Ausgleich von Verlusten, Erreichen des Mindestkapitals).

3.2.1 Gesetzliche Vorschriften zur Mittelzuführung

Je nach Rechtsform wird das Eigenkapital in der Bilanz unterschiedlich ausgewiesen.

Eigenkapital

Einzelunternehmen und Personengesellschaften	Kapitalgesellschaften
Die Bilanz weist das Eigenkapital in einem einzelnen Posten aus. (Ausnahme: Kommanditeinlagen sind gesondert auszuweisen.)	Die Bilanz weist das Eigenkapital in getrennten Positionen aus: • Gezeichnetes Kapital • Rücklagen • Gewinn-/Verlustvortrag • Jahresüberschuss (oder Bilanzgewinn)

Die Aufgliederung des Eigenkapitals bei Kapitalgesellschaften ist durch die **Haftungsbeschränkung** der Gesellschafter bedingt. Der Gesetzgeber will

- verhindern, dass das gezeichnete Kapital/Geschäftsguthaben vermindert wird,
- eine saubere Trennung erreichen von
  - gezeichnetem Kapital/Geschäftsguthaben,
  - zugewachsenem Kapital (Rücklagen),
  - für Verwendung vorgesehenem Kapital (Jahresüberschuss, Gewinnvortrag) bzw. ausschüttbarem Kapital (Bilanzgewinn).

Mittelzuführung bei wichtigen Rechtsformen

Einzelunternehmen

Der Einzelunternehmer kann sein Betriebsvermögen durch beliebig hohe Geld- oder Sacheinlagen vergrößern. Sein Privatvermögen setzt die Grenzen. Er bestimmt auch über die Kapitalentnahmen.

Offene Handelsgesellschaft

Die Gesellschafter legen im Gesellschaftsvertrag Art und Höhe der Einlagen fest (ohne besondere Vereinbarung: gleich hohe Einlagen). Kein Gesellschafter muss seinen Kapitalanteil erhöhen. Er darf ihn auch nicht eigenmächtig erhöhen. Sein Gewinnanteil erhöht ihn automatisch. Die Privatentnahmen (HGB: jährlich bis 4 % des Kapitalanteils) mindern ihn.
Der Gesellschaftsvertrag kann in allen Punkten andere Regelungen vorsehen. Er kann z. B. auch eine Nachschusspflicht vorsehen. Werden neue Gesellschafter aufgenommen, müssen ihre Kapitalanteile neu festgelegt werden.

Kommanditgesellschaft

Für die Vollhafter gelten die gleichen Bestimmungen wie für die OHG-Gesellschafter. Kommanditisten erbringen eine feste Einlage. Gewinnanteile mehren sie nicht. Eine Änderung von Kommanditeinlagen erfordert eine Änderung des Gesellschaftsvertrags und der Eintragung im Handelsregister.

Gesellschaft mit beschränkter Haftung

Die Satzung legt die Höhe des Stammkapitals (mindestens 25 000,00 EUR) und der einzubringenden Geschäftsanteile (mindestens 1,00 EUR) fest. Nicht entnommene Gewinne werden durch Gesellschafterbeschluss den Rücklagen oder dem Gewinnvortrag zugeführt. Die Satzung kann für den Fall späteren Kapitalbedarfs eine beschränkte oder unbeschränkte Nachschusspflicht vorsehen.
Eine Erhöhung des Stammkapitals mittels Ausgabe von Geschäftsanteilen an die alten Gesellschafter oder an neue bedarf einer Satzungsänderung (Gesellschafterbeschluss mit ¾-Mehrheit der Geschäftsanteile erforderlich). Das jeweilige Stammkapital ist ins Handelsregister einzutragen.

Aktiengesellschaft

Die Satzung legt die Höhe des Grundkapitals (mindestens 50 000,00 EUR) und des Wertes der Aktien (mindestens 1,00 EUR) fest. Die Kapitalzuführung erfolgt durch den Kauf der Aktien durch die Aktionäre. Nicht entnommene Gewinne werden den Rücklagen oder dem Gewinnvortrag zugeführt. Eine Erhöhung des Grundkapitals mittels Ausgabe junger (neuer) Aktien bedarf einer Satzungsänderung (HV-Beschluss mit ¾-Mehrheit der anwesenden Aktienanteile erforderlich). Das jeweilige Grundkapital ist ins Handelsregister einzutragen. Die HV kann auch eine Kapitalherabsetzung (Rückzahlung an die Aktionäre) beschließen.

3.2.2 Beurteilung der Außenfinanzierung mit Eigenkapital

Die Einlagenfinanzierung bietet die typischen Vorteile der Eigenfinanzierung:

- unbegrenzte Verfügbarkeit, keine Rückzahlungsverpflichtung
- keine Belastung mit Tilgung und Zinsen, also keine Beeinträchtigung der Liquidität
- Eigentümer entscheiden über Eigenkapitalverzinsung durch Gewinnausschüttung (Ausnahme AG: Vorstand und Aufsichtsrat können unter festgelegten Umständen bis zu 50 % des Jahresüberschusses in die Rücklagen einstellen)
- Eigenkapital = haftendes Kapital; Erhöhung der Kreditwürdigkeit

Die Finanzierung durch Beteiligung hängt stark von der Rechtsform ab:

Vollhafter (Einzelunternehmer, OHG-Gesellschafter, Komplementäre) haben das Recht, die Geschäfte zu führen und die Firma zu vertreten. Sie werden es sich gründlich überlegen, ob sie durch Aufnahme neuer Gesellschafter zu einer großen Beeinträchtigung ihrer eigenen Rechte bereit sind und ob das unbedingt nötige Vertrauensverhältnis gewährleistet ist.

Teilhafter (Kommanditisten) haben nur beschränkte Mitsprache- und Kontrollrechte. Sie sind in der Regel nur dann „zu bekommen", wenn es dem Unternehmen gut geht und eine höhere Verzinsung der Kapitalanlage als auf dem Kapitalmarkt erzielt wird. Fremdkapital ist folglich in diesem Fall kostengünstiger zu erhalten, verpflichtet aber, wie schon gesagt, auch bei einer Verschlechterung der Geschäftslage zu Zins- und Tilgungszahlungen.

GmbH: Neue Gesellschafter sind oft nur zu erhalten, wenn sie mehr als 50 % der Geschäftsanteile bekommen und so entscheidend Einfluss nehmen können.

Beispiel: Kapitalbeteiligung

Die Maschinenfabrik Hörner GmbH stellt Walzwerke her. Die Produktion muss aufgrund des zunehmenden Wettbewerbs immer mehr vorfinanziert werden. Da es sich oft um Beträge von 100 Millionen EUR und mehr handelt, reicht die Finanzkraft des mittelständischen Unternehmens nicht mehr aus. Ein Großkonzern beteiligt sich mit 51% der Geschäftsanteile.

AG: Sie hat die größten Vorteile. Sie kann durch die Ausgabe junger Aktien leicht große Kapitalmengen erhalten. Kapitalanleger sind verhältnismäßig leicht zu finden, weil die Aktie beweglich ist und jederzeit verkauft werden kann, ein Vorgang, von dem die AG selbst nicht berührt wird.

3.2.3 Private Equity

Vor allem für mittelständische Unternehmen ist es schwer, Kapital zu beschaffen, wenn die Geschäfte schlecht laufen. Private-Equity-Fonds nutzen diese Situation. Sie sind Fondsgesellschaften, die von privaten und institutionellen Anlegern (Banken, Versicherungen, Investmentfonds) finanziert werden. Sie stellen – meist über spezielle Private-Equity-Gesellschaften – privates Beteiligungskapital (private equity) zur Verfügung (Gegensatz: public equity = Aktienkapital). Meist gehen sie wie folgt vor:

Das Unternehmen kaufen – umstrukturieren – sanieren – mit Gewinn verkaufen.

Häufig werden auf diese Weise Unternehmen vor der Insolvenz gerettet. Es kommt aber auch vor, dass die Finanzinvestoren mit geliehenem Kapital gut gehende Unternehmen kaufen und ihnen die kompletten Schuldenlasten für das Kapital aufbürden. Läuft die Investition dann nicht wie erwartet, wird das Unternehmen geschwächt, muss Arbeitskräfte entlassen und wird ggf. zahlungsunfähig.

Eine Sonderform ist **Venture Capital** (Risikokapital). Der Hintergrund ist: Zu gründende oder soeben gegründete Unternehmen erhalten wegen des erhöhten Risikos von Banken oft keinen Kredit. Die Finanzinvestoren beteiligen sich für eine begrenzte Zeit und statten überdies die unerfahrenen Unternehmensgründer mit Management-Knowhow aus. Ob die Beteiligung letztendlich Erfolg bringt, ist zu Beginn nicht abzusehen. Das Risiko kann zum Totalverlust des Kapitals führen. Im Falle des Gelingens entsteht jedoch in aller Regel ein sehr hoher Gewinn.

Arbeitsaufträge

1. **Aussagen über die Außenfinanzierung mit Eigenkapital:**
   a) OHG und KG haben ein festes Grundkapital, das von den Gesellschaftern aufgebracht wird.
   b) Die Rücklagen weisen bei einer Kapitalgesellschaft das zugewachsene Kapital aus.
   c) Eine Kapitalerhöhung erfolgt bei einer GmbH durch Privateinlagen der Gesellschafter, die ihre Stammeinlage mehren.
   d) Die Höhe des gezeichneten Kapitals ist bei einer AG durch die Satzung festgelegt.
   e) Eine Kapitalerhöhung stellt eine Zuführung von Gewinnen zu den Rücklagen dar.
   f) Wenn Aktien unter pari ausgegeben werden, bedeutet dies eine Kapitalherabsetzung.
   g) Ein Agio bei der Ausgabe von Aktien wird in die Kapitalrücklage eingestellt.
   h) Kapitalerhöhungen werden vom Vorstand der AG beschlossen.

   Welche dieser Aussagen sind richtig, welche falsch?

2. **Herr Mager ist Inhaber einer Textilfabrik. Er benötigt für eine Geschäftserweiterung dringend neues Kapital in Höhe von 600 000,00 EUR. Ein Kredit würde ihn zu sehr mit Zins- und Tilgungszahlungen belasten. Er sucht Gesellschafter und denkt**
   a) an die Gründung einer OHG, b) an die Gründung einer GmbH.

   Wie vollzieht sich in beiden Fällen die Kapitalbeschaffung und welche Vor- und Nachteile ergeben sich jeweils für Herrn Mager?

3. **Auszug aus der Tagesordnung der Hauptversammlung einer AG:**

   ...
   3. Vorstand und Aufsichtsrat schlagen vor, das gezeichnete Kapital gegen Bareinzahlung wie folgt zu erhöhen:
   Das Grundkapital von 1 189 086 000,00 EUR wird um 169869500,00 EUR auf 1 358 955 500,00 EUR durch Ausgabe neuer auf den Inhaber lautender Stammaktien gegen Bareinzahlung mit halber Dividendenberechtigung für 20.. zu pari erhöht.
   Die neuen Aktien werden von einem Konsortium unter Führung der Deutschen Bank AG mit der Verpflichtung übernommen, den Aktionären im Verhältnis 7 : 1 neue Aktien zum Ausgabepreis von 10,00 EUR je Aktie im Nennbetrag von 1,00 EUR zum Bezug anzubieten.
   4. Vorstand und Aufsichtsrat schlagen vor, § 3 der Satzung (gezeichnetes Kapital) an die neuen Kapitalverhältnisse wie folgt anzupassen ...

   a) Nennen Sie zwei Gründe für eine Kapitalerhöhung.
   b) Wie viele alte Aktien muss ein Aktionär besitzen, um eine neue Aktie erwerben zu können?
   c) Welche Möglichkeiten hat ein Aktionär, der nur 4 alte Aktien besitzt?
   d) Wie erklärt es sich, dass eine Aktie mit 1,00 EUR Nennwert zu 10,00 EUR angeboten wird?
   e) Welche Bilanzpositionen nehmen das neue Eigenkapital der AG auf?

4. **Die Prüfer KG ist in Zahlungsschwierigkeiten. Sie inseriert in der Zeitung: „Kommanditeinlage gesucht ..."**
   a) Wie beurteilen Sie die Chance, die gewünschte Einlage zu erhalten?
   b) Welche anderen Finanzierungsmöglichkeiten stehen noch offen?

3.3 Außenfinanzierung mit Fremdkapital (Kreditfinanzierung)

Bei MGB ist Zahltag. 624 000,00 EUR an Löhnen und Gehältern sind auszuzahlen.
Einen solch hohen Betrag weist das Bankkonto zurzeit nicht auf. Trotzdem überweist die Bank das Geld im Rahmen eines bestehenden Kontokorrentkredits. Auch für Wareneinkäufe wird das Konto häufig überzogen.
In den nächsten Tagen ist die Anschaffung eines Lkws im Wert von 90 000,00 EUR fällig. Hierfür stellt die Bank ein Darlehen in Höhe von 70 000,00 EUR zur Verfügung.

3.3.1 Kredit

Das Eigenkapital reicht i. d. R. nicht aus, um alle Gegenstände des Anlage- und Umlaufvermögens zu finanzieren. Es werden zusätzlich Kredite benötigt.

Ein Geldkredit (§ 488 BGB) ist ein zeitweise überlassener Geldbetrag. Als Preis für die Überlassung ist i. d. R. ein Zins zu zahlen. Kredite stellen Verbindlichkeiten dar.

Unternehmen benötigen v. a. **Betriebskredite** zur Deckung von vorübergehendem Geldbedarf (Einkäufe, Lohnzahlungen) und **Investitionskredite** zum Kauf von Anlagegegenständen.

Kreditgeber können sein:
- Lieferanten → Einräumung eines Zahlungsziels (Zahlungsfrist),
- Banken → Gewährung von Darlehen und Kontokorrentkrediten,
- Kunden → Anzahlungen und Vorauszahlungen,
- Staat → Gewährung von Förderdarlehen,
- Kapitalanleger → Kauf von Unternehmensanleihen.

Web

M 685

Das Infomaterial *Kreditarten* gibt Ihnen eine Übersicht über Kreditarten nach unterschiedlichen Gesichtspunkten.

3.3.2 Bonitätsprüfung

Unternehmen nehmen im Wesentlichen Kredite von zweierlei Kreditgebern in Anspruch:
- von **Lieferanten** in Form von Zahlungszielen,
- von **Kreditinstituten** in Form von Kontokorrentkrediten und Darlehen.

Beide sind daran interessiert, die Bonität (Kreditwürdigkeit) des Kreditnehmers zu prüfen.

Der Kreditnehmer gilt als kreditwürdig, wenn
- **er den Kredit vereinbarungsgemäß verzinsen und tilgen kann,**
- **eine Kreditauskunft positiv ist,**
- **er die geforderten Sicherheiten stellen kann.**

Der Kreditgeber wird **Auskünfte** über den Kreditnehmer einholen. Dafür bieten sich an: öffentliche Register (Handelsregister, Schuldnerverzeichnis), Auskunfteien, Geschäftsfreunde, Banken des Kreditnehmers. Banken geben allerdings nur sehr begrenzte Auskünfte; Geschäftsfreunde sind wenig geneigt, negative Sachverhalte preiszugeben.

Wirtschaftsauskunfteien liefern gegen Bezahlung verlässlichere Informationen. Sie sind an vielen Kunden interessiert. Deshalb müssen die Auskünfte zutreffen. Die Auskunfteien verwerten täglich Informationen von IHKs, aus öffentlichen Registern, Insolvenzverfahren, Zeitungen, Geschäftsberichten, Bilanzveröffentlichungen und Recherchen (z. B. Befragungen).

Vier bekannte Auskunfteien sind: Creditreform, Schimmelpfeng, Deltavista und Bürgel. Die Banken und die Kredit gebende gewerbliche Wirtschaft unterhalten eine eigene Auskunftseinrichtung: die SCHUFA (**Schu**tzgemeinschaft **f**ür **a**llgemeine Kreditsicherung unter dem Dach der Schufa Holding AG). Diese speichert Privatkredite sowie Unregelmäßigkeiten bei Kreditbedienung und Zahlungsverkehr und gibt auf Anfrage Auskunft.

Die Banken müssen strenge Anforderungen an die Bonität von Unternehmen als Kreditnehmer stellen. Dies führt auch dazu, dass ein Unternehmen mit schlechterer Bonität mit schlechteren Kreditkonditionen, insbesondere höheren Zinsen, bedient wird.

Die Banken beurteilen die Kreditwürdigkeit anhand eines verbindlichen Prüfverfahrens, das **Rating**[1] genannt wird. Ein Unternehmen bekommt nur Kredit, wenn es das Rating durchlaufen hat.

Die Grundlage des Ratings bilden interne Daten des Unternehmens sowie externe Wirtschaftsinformationen (z. B. Branchenanalysen). Die Unternehmen müssen auch ihr Geschäftskonzept (Businessplan) vorlegen und darin ihre Ziele, Strategien und Maßnahmen darstellen.

Wichtige Ratingfaktoren

- **Sog. „harte Faktoren":**
  - Finanzwirtschaft
  - Branchenrisiko
  - Geschäftsprofil und Wettbewerbsposition
  - Jahresabschluss, Kapitalanlagen und -ausstattung, Liquidität
  - Marktanalyse
  - Produkte und Dienstleistungen
- **Sog. „weiche Faktoren":**
  - Managementqualität
  - Unternehmensstrategien
  - Personalpolitik
  - Organisationsstrukturen

Ein gutes Prüfungsergebnis bedeutet:

- Der Kreditnehmer gilt als zuverlässig, geschäftstüchtig, branchenkundig, fleißig (**persönliche Kreditwürdigkeit**).
- Die wirtschaftlichen Verhältnisse des Kreditnehmers sind geordnet, die Vermögenslage gilt als gut, der Betrieb hat eine ordentliche Führung und Verwaltung (**sachliche Kreditwürdigkeit**).

[1] engl.: to rate = bewerten, einschätzen

Beispiel: Kreditauskunft

Ort: 41462 Neuss
Z. u. H. Nr.: 05-6048
Kontroll-Nr.: Ze BU
Ihr Zeichen: La

Datum: 15. Dezember 20..
Nr.: BT 0/228/49/D/2f

Kredinfo GmbH

Stechmann & Co. GmbH
Königsallee 25
80333 München

Betr.:
Kurt Busch
Fabrik chemischer Rohstoffe GmbH
Peterstr. 40
41462 Neuss

Unternehmensform und Alter	Rechtsform	GmbH
	Gründung	02.01.1938 als Einzelfirma, 07.08.1952 als GmbH
	Handelsregister	20.10.1952, Ag Neuss, HRB 510
	Gesellschafter	Kurt Busch sen., Neuss 500 000,00 EUR Dr. Jürgen Busch, Neuss 250 000,00 EUR Dr. Kurt Busch jun., Neuss 200 000,00 EUR
	Stammkapital (gezeichnetes Kapital)	950 000,00 EUR
Haftungsverhältnisse	Geschäftsführer	Kurt Busch sen., geb. 20.02.1950, verheiratet, Akazienallee 14, Neuss, gute Beurteilung
Produktion und Branche	Allgemeines	Produktion von Lackkunstharzen, Kunststoffbändern, -verpackungen und ähnlichen Artikeln Vertrieb erfolgt zum Teil über Firma Mahlendorf Handel & Co., Neuss
Größe der Belegschaft	Mitarbeiter	ca. 30 Angestellte, ca. 130 Arbeiter
Umsätze	Jahresumsatz	20.. ca. 38,0 Mio. EUR, Vorjahr ca. 36,0 Mio. EUR
mögliche Sicherheiten und	Immobilien	Eigentum der Firma Betriebsgrundstück und -gebäude, ca. 6 800 m², zur Hälfte bebaut, Verkehrswert ca. 10,0 Mio. EUR, angeblich geringe Belastung
Betriebsmittel	Aktiva	Betriebseinrichtung: maschinelle Anlagen, Forschungslabor, 2 Tankwagen, 2 Lkw, 10 Pkw, Zeitwert ca. 7,0 Mio. EUR Material- und Warenlager ca. 5,0 Mio. EUR Außenstände ca. 6,5 Mio. EUR GmbH ist mit 140 000,00 EUR Kommanditistin der Firma Mahlendorf Handel & Co., Neuss
Verpflichtungen Ihres Geschäftspartners	Passiva	Lieferantenverbindlichkeiten nach Eigenangaben 3,6 Mio. EUR Bankkredit auf gedeckter Basis in unbekannter Höhe steht zur Verfügung
etwaige zusätzliche Sicherheiten	Anmerkung	nicht haftendes Immobilienvermögen von Kurt Busch sen. Bürokomplex Cantadorstr. 10, 40211 Düsseldorf, Verkehrswert ca. 1,0 Mio. EUR, Belastung unbekannt Überprüfung sämtlicher Angaben zum Immobilieneigentum durch Grundbucheinsicht nicht möglich
Bankverbindung	Banken	Sparkasse Neuss Commerzbank AG, Neuss
Zahlungsweise	Zahlungsweise	vereinbarungsgemäß, teils mit Skonto
Zulässigkeit eines Kredits	Kreditfrage	200 000,00 EUR (zweihunderttausend) zulässig

Im Interesse einer objektiven Auskunftserteilung bitten wir um Nachricht bei abweichenden Erfahrungen.

Diese Auskunft ist nur für den Anfragenden bestimmt. Für den Inhalt der Auskunft wird jede Haftung abgelehnt, das gilt auch für den etwaigen Vorsatz von Erfüllungsgehilfen. Wer die Auskunft zur Kenntnis nimmt, unterwirft sich damit diesen Bedingungen.

Arbeitsaufträge

1. Sie erhalten von Gebr. Sailer die folgende Bitte um Auskunft.

Sehr geehrte Damen und Herren,

die auf dem beiliegenden Blatt genannte Firma hat uns einen Auftrag über 6 000,00 EUR erteilt und bittet um ein Zahlungsziel von 30 Tagen.

Der Besteller hat Sie uns als Referenz angegeben. Da der Kunde uns bisher unbekannt ist, wären wir Ihnen für eine möglichst genaue Auskunft verbunden. Vor allem interessieren uns der Ruf und das Ansehen des Inhabers sowie die Größe, der Umsatz und die Zahlungsweise der Firma. Des Weiteren bitten wir Sie um ein Krediturteil.

Wir sichern Ihnen für Ihre Auskünfte absolute Verschwiegenheit zu und danken Ihnen im Voraus für Ihre Mühe.

Mit freundlichen Grüßen

SIEBTER ABSCHNITT

a) Nennen Sie die wesentlichen Teile dieser Bitte um Auskunft.
b) Warum wird der Name des Kunden im Brief nicht genannt?
c) Schreiben Sie eine Antwort auf die Bitte um Auskunft. Sie soll nach Möglichkeit alle Punkte der Anfrage beantworten. Des Weiteren wird vertrauliche Behandlung der Angaben erbeten. Der Brief enthält den Hinweis auf Unverbindlichkeit der Auskunft.
d) Wir nehmen an, dass der Kunde bei Gebr. Sailer Waren auf Ziel kaufen will. Welches Kreditsicherungsmittel ist hierfür in der kaufmännischen Praxis gang und gäbe? Erläutern Sie die Absicherung, die durch dieses Mittel eintritt.
e) Gesetzt den Fall, die Zahlungsweise des Kunden würde als schleppend beurteilt. Welche Absicherung wäre für diesen Fall ratsam?

2. Als Hersteller von Teppichböden haben Sie die folgende Auskunft über die Firma Heike Hünersen erhalten.

Rechtsform: Einzelfirma
Gründung: 10. Oktober 1986
Eintragung ins Handelsregister: 15. Dezember 1986; Ag Ansbach unter HRA 740
Inhaber: Heike Hünersen, Kauffrau, Heilsbronn

Allgemeines:
Das Unternehmen wurde von Heike Hünersen in Heilsbronn gegründet. Gegenstand ist die Herstellung von Jalousien und Kehlleisten sowie der Großhandel mit Nadelfilz-Teppichböden. In Heilsbronn, Fürther Straße 9, befinden sich modern ausgestattete Betriebsräume. Auslieferungslager werden in Amberg/Opf., Königsallee 4, und Ansbach/Mfr., Steinweg 9, unterhalten. Zurzeit liegt ein guter Auftragsbestand vor. Nach eigenen Angaben wird mit 4 Angestellten und 16 Arbeitern ein Jahresumsatz von etwa 4 Mio. EUR erzielt. Die kaufmännische und technische Leitung liegt in den Händen des Ehemanns der Inhaberin, Kurt Hünersen, der auch Prokura zeichnet.

Persönliches:
Heike Hünersen, geborene Hecht, wurde am 14. November 1961 in Heilsbronn geboren. Sie ist mit Kurt Hünersen, geboren am 14. März 1958 in Erlangen, verheiratet. Die Eheleute leben in Gütertrennung; sie haben ein Kind, das 1983 geboren wurde. In persönlicher Hinsicht liegt gegen Heike Hünersen Nachteiliges nicht vor.
Der Ehemann, der seit 1978 in der gleichen Branche selbstständig war, geriet in finanzielle Schwierigkeiten. Ein über sein Vermögen am 15. Januar 1984 eröffnetes Vergleichsverfahren wurde am 1. Dezember 1984 aufgehoben. Es gelangten 35 % in drei Raten zur Verteilung.

Vermögenslage:
Haus- und Grundeigentum ist in Heilsbronn für Heike Hünersen nicht eingetragen. Die Miete für die Betriebsräume an obiger Anschrift beträgt monatlich etwa 4 700,00 EUR, die für die Wohnung an gleicher Anschrift etwa 700,00 EUR. In der Betriebseinrichtung und den Kraftfahrzeugen sind etwa 140 000,00 EUR investiert. Den Wert des Warenlagers schätzt man auf etwa 180 000,00 EUR. Inwieweit hierauf noch Verpflichtungen ruhen ist nicht bekannt. Die Barmittel sind knapp, jedoch betragen die Außenstände 49 000,00 EUR. Zum Betriebsvermögen gehören Wertpapiere mit einem Kurswert von ca. 17 000,00 EUR.

Krediturteil:
Zahlungen erfolgen z. T. mit Zielüberschreitungen bis zu 90 Tagen. Ende 20.. hörten wir auch von gerichtlichen Maßnahmen. Zu einer ungedeckten Kreditgabe kann nicht geraten werden.

Bankverbindung:
Gewerbe- und Landwirtschaftsbank Ansbach eG, Zweigst. Heilsbronn

a) Welche Einrichtungen sind in der Lage, derartige Auskünfte zu erteilen?
b) Wie wird der Kreditnehmer persönlich beurteilt?
c) Wie wird die sachliche Kreditwürdigkeit beurteilt?
d) Im Krediturteil werden „gerichtliche Maßnahmen" erwähnt. Was könnte damit gemeint sein?
e) Die Liquiditätslage des Kreditnehmers erscheint trotz guter Auftragslage angespannt. Auf welche Gründe könnte dies ggf. zurückzuführen sein?

3. In aktuellen Befragungen berichten viele deutsche Unternehmer, dass sie Schwierigkeiten haben, an Bankkredite zu kommen.
a) Nennen Sie Gründe für solche Schwierigkeiten.
b) Was können Unternehmen tun, um die Aufnahme von Krediten zu erleichtern?
c) Welche Nachteile haben Unternehmen mit einem eher schlechten Rating bei Kreditaufnahmen?

3.3.3 Kreditsicherung – Personal- und Realkredit

Es besteht immer die Gefahr, dass ein Kredit trotz positiver Kreditprüfung des Kreditnehmers nicht ordnungsgemäß bedient (verzinst und getilgt) wird. Deshalb werden Kredite oft besichert.

Kreditsicherheiten sind Sachen und Rechte, die dem Kreditgeber zur Verfügung gestellt werden und die er bei einem Zahlungsausfall verwerten kann.

Nach der Stärke der Kreditsicherung unterscheidet man folgende **Kreditarten**:

- **einfacher Personalkredit (Blankokredit)**
  Hier erfolgt keine Absicherung.
  Der Kredit ist kurzfristig und nicht für Anlageinvestitionen geeignet.
- **verstärkter Personalkredit**
  Beim verstärkten Personalkredit haften neben der Person des Kreditnehmers noch weitere Personen oder eine Bank.
  Sicherungsmittel: Bürgschaft, Kreditleihe, Zession.
- **Realkredit**
  Beim Realkredit werden bestimmte Rechte an Sachen vom Kreditnehmer auf den Kreditgeber übertragen (sog. „dingliche Sicherung“).
  Sicherungsmittel: Sicherungsübereignung, Pfandrechte an beweglichen Sachen oder an Rechten, Grundpfandrechte (Hypothek, Grundschuld) und Eigentumsvorbehalt.

Wichtig ist die Unterscheidung zwischen akzessorischen und fiduziarischen Sicherheiten:

- **Akzessorische („ergänzende“) Sicherheiten** bestehen nur in Verbindung mit der Forderung und erlöschen mit ihr. Dies gilt für die Bürgschaft, das Pfandrecht an beweglichen Sachen und Forderungen sowie die Hypothek.
- **Fiduziarische (treuhänderische) Sicherheiten** erlöschen hingegen nicht mit der Forderung. Daher sollte ihr Zweck in einer Sicherungsvereinbarung festgelegt werden. Dies gilt für die Sicherungsübereignung, die Sicherungsabtretung und die Grundschuld.

3.3.4 Verstärkte Personalkredite

Kreditsicherung durch Wechsel

Der Wechsel dient der Finanzierung von Wareneinkäufen (fast nur noch im Auslandsgeschäft). Die typische Laufzeit beträgt drei Monate. Der Kunde erhält folglich ein Zahlungsziel von drei Monaten. Der Lieferant ist zu dieser Kreditgewährung bereit,

- weil die Strenge des Wechselrechts eine gewisse Sicherheit verleiht.
- weil i. d. R. vereinbart wird, dass die Bank des Käufers selbstschuldnerisch für die Wechseleinlösung bürgt: Sie ergänzt das Akzept des Käufers durch ein Avalakzept (Bürgschaftsakzept) und macht so den Käufer kreditwürdig (Kreditleihe).
- weil der Lieferant den Wechsel seiner Bank verpfänden und sich so vor dem Verfalltag Geld verschaffen kann. Die Kosten belastet er dem Käufer.

Kreditsicherung durch Bürgschaft und Kreditleihe

Durch eine Bürgschaft verpflichtet sich ein Bürge vertraglich gegenüber dem Gläubiger eines Dritten, für die Verbindlichkeiten des Dritten einzustehen (§ 765 BGB).

Die Bürgschaft ist ein einseitig verpflichtender Vertrag. Die Schriftform ist vorgeschrieben (§ 766 BGB). Kaufleute können mündlich bürgen, wenn die Bürgschaft für sie ein Handelsgeschäft darstellt (§ 350 HGB).

Bürgschaftsarten

Ausfallbürgschaft	Selbstschuldnerische Bürgschaft
Der Bürge ist erst zur Leistung verpflichtet, wenn • der Gläubiger den Ausfall des Hauptschuldners durch eine erfolglos betriebene Zwangsvollstreckung nachweist (sog. Einrede der **Vorausklage**) oder • für den Hauptschuldner das Insolvenzverfahren beantragt ist oder • anzunehmen ist, dass die Zwangsvollstreckung erfolglos sein wird.	Der Bürge haftet wie der Hauptschuldner selbst; er hat nicht die Einrede der Vorausklage. Wenn der Hauptschuldner nicht zahlt, kann der Gläubiger sofort die Zahlung vom Bürgen verlangen. Kreditinstitute verlangen stets selbstschuldnerische Bürgschaften. Die Bürgschaft eines Kaufmanns ist, wenn sie ein Handelsgeschäft darstellt, stets eine selbstschuldnerische Bürgschaft (§ 349 HGB).

Der Bürge haftet in gleicher Höhe wie der Hauptschuldner – auch für Zinsen, Provisionen, Spesen, Schadensersatzansprüche und Kosten (z. B. Prozesskosten). Die Bürgschaftsverbindlichkeit steigt also mit der Hauptschuld, ggf. bis zu einem vereinbarten Höchstbetrag. Sie sinkt und erlischt auch mit der Hauptschuld (z. B. durch Erfüllung der Hauptschuld, Erlass, Aufrechnung mit einer Gegenforderung). Es gilt deshalb:

Die Bürgschaft ist ein akzessorisches Recht: Sie ist ein Nebenrecht, das nur in Abhängigkeit von einem Hauptrecht gilt (Akzessorietät).

Der Bürge hat die gleichen Einreden (Gegenrechte) wie der Hauptschuldner (z. B. die Einreden der Verjährung, der Schuldstundung, der Aufrechnung mit Gegenforderungen). Wird der Bürge in Anspruch genommen, so geht die Forderung vom Gläubiger auf ihn über. Er hat dann ein Rückgriffsrecht auf den Hauptschuldner.

Web M 690

Auch Banken übernehmen selbstschuldnerische Bürgschaften für ihre Kunden, z. B. für Verbindlichkeiten aus Wareneinkäufen. Damit übertragen sie ihre eigene Kreditwürdigkeit auf ihren Kunden. Deshalb spricht man von einer **Kreditleihe**. Eine andere Form der Kreditleihe sind **Bankgarantien**. Beispiele: Erfüllungsgarantie (für den Fall, dass der Verkäufer nicht vertragsgemäß liefert), Gewährleistungsgarantie (bei Sachmängeln), Zahlungsgarantie (bei Zahlungsausfall des Kunden). Einzelheiten siehe Infomaterial *Kreditleihe*.

Arbeitsauftrag

Erika Muster hat eine Boutique eröffnet. Für Wareneinkäufe und laufende Ausgaben gewährt ihr die Kreditbank AG einen Kontokorrentkredit; sie kann Kreditbeträge bis 50 000,00 EUR auf ihrem Konto jederzeit in Anspruch nehmen. Als Sicherheit lässt sich die Bank eine Bürgschaft von Frau Musters Vater mit einem Höchstbetrag von 75 000,00 EUR geben (siehe Vertragsvordruck *Bürgschaftsvertrag*). Web *M 691_1*

a) Füllen Sie den Vertragsvordruck aus.
b) Welche Verpflichtung übernimmt der Vater durch seine Bürgschaft?
c) Welche Art der Bürgschaft verlangt die Kreditbank? Erläutern Sie die Gründe.
d) Warum wird der Bürgschaftshöchstbetrag höher als der Kreditbetrag festgelegt?
e) Der Vertrag führt unter Punkt 2. mehrere Verzichtserklärungen auf. Suchen Sie im Internet (*www.gesetze-im-internet.de/bgb/*) die genannten Paragrafen auf und erläutern Sie die Verzichtserklärungen.
f) Wann erlischt die Bürgschaft?
g) Erläutern Sie an diesem Beispiel den Begriff des akzessorischen Rechtes.
h) Was bedeutet die im Vertrag genannte Haftung als Gesamtschuldner?

Kreditsicherung durch Sicherungszession (Sicherungsabtretung)

Eine Forderung kann vom Glaubiger durch Vertrag auf eine andere Person übertragen werden (Abtretung, Zession). Der neue Gläubiger tritt an die Stelle des bisherigen Gläubigers (§ 398 BGB). Er hat die gleichen Rechte und muss alle Einreden des Schuldners gegen sich gelten lassen. Der Abtretende heißt auch Zedent, der neue Gläubiger Zessionar.

Beim Zessionskredit tritt der Kreditnehmer eigene Forderungen zur Sicherung des Kredits an den Kreditgeber ab (Sicherungszession).

Sehen Sie sich hierzu auch die Präsentation *Zession* an. Web *M 691_2*

Durch eine **Sicherungsvereinbarung** im Zessionsvertrag verpflichtet sich der Kreditgeber, über die abgetretenen Forderungen lediglich zur Sicherung seiner Forderung zu verfügen, mit eingehenden Beträgen die Kreditverbindlichkeiten des Kreditnehmers abzudecken und die Forderung nach der Rückzahlung des Kredits rückabzutreten.

Die Zession kann offen oder still erfolgen:

- Bei der **offenen Zession** teilt der Zedent seinem Schuldner die Abtretung der Forderung mit. Der Schuldner kann dann mit befreiender Wirkung nur an den Zessionar zahlen. Dieser sollte sich sicherheitshalber vom Schuldner bestätigen lassen, dass er von der Abtretung Kenntnis hat, dass er die Forderung nicht bestreitet und dass er keine Gegenrechte hat.

- Bei der **stillen Zession** teilt der Zedent seinem Schuldner die Abtretung der Forderung nicht mit. So soll eine Störung der Beziehung zwischen Zedent und Schuldner vermieden werden. Der Schuldner zahlt weiter an den Zedenten, der seinerseits die vertraglichen Zahlungen an den Zessionar leistet. Wenn der Zessionar seine Kreditforderung gefährdet sieht, kann er den Drittschuldner von der Zession in Kenntnis setzen (vertraglich nicht ausschließbares **Offenlegungsrecht**) und von ihm unmittelbare Zahlung verlangen.

Für den Zessionar liegt stets ein gewisses Risiko darin, dass er die Zahlungsfähigkeit des Drittschuldners nicht kennt.

Beispiele: Risiken bei der Sicherungszession

- Im Zessionsvertrag (stille Zession) wurde vereinbart, dass der Zedent die vom Drittschuldner erhaltenen Zahlungen an den Zessionar abführen soll. Der Zedent zahlt jedoch nicht, obwohl er vom Drittschuldner ordnungsgemäß Zahlung erhält.
- Der Zedent tritt eine still abgetretene Forderung ein weiteres Mal, diesmal offen, ab. Der Drittschuldner zahlt an den zweiten Zessionar, da er von der ersten Abtretung nichts weiß. Der Zedent erfüllt seinerseits seine Zahlungsverpflichtungen gegenüber dem Erstzessionar nicht.

In beiden Fällen ist die Abtretung für den Zessionar wertlos: Der gutgläubige Drittschuldner hat in Unkenntnis der stillen Zession an den ersten Gläubiger bzw. an den Zweitzessionar gezahlt. Die Zahlung befreit ihn von seiner Verpflichtung (§§ 407, 408 BGB).

Weitere Beispiele: Risiken bei der Sicherungszession

- Der Zedent tritt nicht existierende oder mit einem gesetzlichen Abtretungsverbot belegte Forderungen ab.
- Der Drittschuldner kann Forderungen des Zedenten mit eigenen Gegenforderungen aufrechnen.

Kann ein Unternehmen für einen längerfristigen Kredit nur kurzfristige Forderungen aus Lieferungen und Leistungen abtreten, so besteht die Möglichkeit einer Globalzession oder einer Mantelzession:

- Bei der **Globalzession** tritt der Kreditnehmer sämtliche Forderungen einer festgelegten Forderungsgruppe ab, z. B. Forderungen gegenüber Kunden aus Nordrhein-Westfalen, Forderungen gegenüber den Käufern des Produktes XY, Forderungen gegenüber Kunden mit den Anfangsbuchstaben G bis N. Der Zessionar wird mit dem Augenblick der Entstehung der Forderung ihr Eigentümer.
- Bei der **Mantelzession** verpflichtet sich der Zedent, bezahlte Forderungen durch neue Forderungen zu ersetzen. Er muss deshalb dem Zessionar in festgelegten Zeiträumen (z. B. monatlich) Debitorenlisten (Schuldnerlisten) übergeben. Mit der Übergabe der Liste wird der Zessionar Eigentümer der darin aufgeführten Forderungen.

Arbeitsaufträge

1. **Die Rosa Rüssel GmbH – geschäftsführende Gesellschafterin Rosa Rüssel – nimmt bei der Kreditbank AG einen Investitionskredit in Höhe von 250 000,00 EUR auf. Zinssatz 5 %, anfängliche Tilgung 5 %. Es wird Annuitätentilgung vereinbart. Die Besicherung des Kredits erfolgt durch eine Grundschuld und zusätzlich durch die stille Sicherungsabtretung einer Mietforderung in Höhe von jährlich 30 000,00 EUR aus der Vermietung einer Fabrikhalle in Musterstadt, Industriestr. 12. Mieterin ist die Damm AG.**
   a) Fertigen Sie den Abtretungsvertrag aus. Benutzen Sie hierfür das Material *Sicherungsabtretungsvertrag*. Wählen Sie dort unter alternativen Formulierungen die jeweils für den vorliegenden Fall passende aus. Web *M 693*
   b) Darf die Kreditbank die abgetretene Forderung einziehen, um ihre eigene Forderung zu bedienen? Begründen Sie Ihre Antwort.
   c) Warum genügt der Kreditbank nach Ihrer Ansicht nicht die alleinige Besicherung ihrer Forderung durch die Forderungsabtretung? Erläutern Sie die Gründe genauer.
   d) Eine Sicherungsabtretung kennzeichnet ein fiduziarisches Recht. Was versteht man darunter und welche Ziffer des Vertrages trägt dieser Tatsache Rechnung?

2. **Der Großhändler Werner Schlampel bezieht als Vertragshändler des Herstellers Züll GmbH ständig Waren mit Zahlungsziel. Zur Sicherung der Lieferantenkredite hat Schlampel an Zülle alle Forderungen aus dem Weiterverkauf der Waren an eine genau festgelegte Anzahl Einzelhändler in Form einer stillen Zession abgetreten.**
   a) Welche spezielle Art der Zession liegt hier vor?
   b) Aus welchen Gründen könnten sich die Partner für eine stille Zession entschieden haben?
   c) Züll trägt bei der stillen Zession ein ungleich größeres Risiko aufgrund eventueller unsauberer Machenschaften des Zedenten als bei der offenen Zession. Nennen sie hierfür vier verschiedene Beispiele.

3.3.5 Realkredite

Kreditsicherung durch Pfandrechte – Lombardkredit

Kredite gegen Verpfändung von beweglichen Sachen oder von Rechten als Sicherheit heißen Lombardkredite (§§ 1204, 1273 BGB). Im Geschäftsleben sind es i. d. R. Bankkredite.

Der Name leitet sich von der Lombardei (Oberitalien) ab. Dort verliehen Kaufleute schon im Mittelalter Geld gegen Sicherheiten.

Der Lombardkredit eignet sich nur für kurzfristige Finanzierungen (z. B. Überbrückung vorübergehender Zahlungsengpässe, Überbrückung der Zeit zwischen Ein- und Verkauf).

Die Pfandgegenstände müssen wertbeständig und leicht verkäuflich sein. Grundsätzlich geeignet sind Effekten (börsenfähige Wertpapiere; z. B. Aktien, Anleihen), Edelmetalle, Wechsel, Waren und Forderungen. Wechsellombard kommt nur noch bei Auslandswechseln vor, denn Wechsel werden im SEPA-Raum nur noch selten ausgestellt (vgl. S. 628). Die Verpfändung von Forderungen aus Lieferungen und Leistungen kommt so gut wie nicht mehr vor: Stattdessen hat sich die Forderungsabtretung (vgl. S. 691) durchgesetzt. Die Verpfändung von Forderungen in Form von Lebensversicherungen oder Sparguthaben findet jedoch Anwendung.

Nach der vertraglichen Einigung über die Pfandbestellung muss das Pfand in den Besitz des Kreditgebers übergehen. Dazu wird es ihm übergeben (sog. „Faustpfand" als dingliche Sicherung). Es gibt aber auch andere Arten der Besitzverschaffung (siehe unten). Der Kreditnehmer bleibt Eigentümer des Pfandes. Zahlt er fristgerecht, erhält er das Pfand zurück. Andernfalls tritt die „Pfandreife" ein: Der Kreditgeber droht die Pfandverwertung an und lässt das Pfand nach einem Monat (Wartefrist) öffentlich versteigern. Effekten verkauft er an der Börse. Auch im Insolvenzverfahren des Kreditnehmers kann der Kreditgeber das Pfand so abgesondert vom restlichen Vermögen verwerten.

Das Pfandrecht ist wie die Bürgschaft ein akzessorisches Recht: Eine Pfandbestellung setzt eine bestehende Forderung voraus. Mit der Forderung erlischt auch das Pfandrecht.

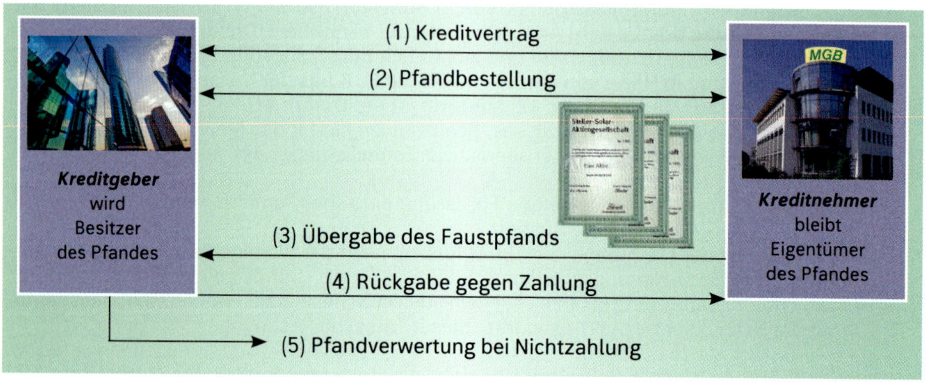

Um das Kreditrisiko zu verringern, beleihen die Banken die Sachen nur beschränkt:

Art des Lombards	Pfand	Beleihungsgrenze
Effektenlombard	Effekten	Anleihen: 80 %, Aktien 60 % des Kurswertes
Warenlombard	Handelswaren	50 % des Marktwertes
Edelmetalllombard	Gold, Silber	50 % des Marktwertes
Wechsellombard	Wechsel	90 % der Wechselsumme
Forderungslombard	Forderungen	je nach Art und Güte der Forderung

Am häufigsten ist der Effektenlombard. Der Kreditnehmer nutzt ihn, wenn er seine Wertpapiere nicht verkaufen will, um Geld zu beschaffen. Die Kreditbesicherung ist leicht: Effekten werden nämlich heutzutage nicht mehr als Urkunden ausgestellt, sondern als Rechte ins Kundendepot der Bank eingebucht. Sie können folglich nicht wie Sachen übergeben werden. Vielmehr werden sie für die Verpfändung einfach im Depot gesperrt. Dann kann der Pfandgeber sie nicht mehr verkaufen.

Edelmetalle (Gold, Silber) werden der Bank übergeben, Warenvorräte nicht. Sie bleiben stattdessen entweder in einem abgetrennten Raum des Kreditnehmers „unter Mitverschluss“ der Bank – Raum mit zwei Schlössern; den Schlüssel eines Schlosses erhält die Bank – oder sie werden in einem Lagerhaus eingelagert. Die Bank erhält einen Lagerschein. Nur gegen Vorlage und Rückgabe dieses Scheins darf die Ware wieder herausgegeben werden. Man beachte, dass sich nur Warenvorräte für eine Verpfändung eignen, über die der Pfandgeber während der Kreditlaufzeit nicht verfügen muss.

Arbeitsaufträge

1. **Auszug aus einem Pfandbestellungsvertrag:**

> Der Pfandgeber verpfändet der Bank folgende Wertpapiere in seinem Depot 200773 9246 einschließlich ggf. anfallender Dividenden:
> 400 Stück Allianz Stammaktien, ISIN DE0008404005,
> 500 Stück Daimler Stammaktien, ISIN DE0007100000,
> 950 Stück RWE Vorzugsaktien, ISIN DE0007037129.

Die Verpfändung dient der Sicherung aller Ansprüche der Bank aus der befristeten Erhöhung des Kreditlimits um 45 000,00 EUR (von 160 000,00 EUR auf 205 000,00 EUR) auf dem Konto 0097843555. Sie endet mit der fristgemäßen Rückführung der Kontoüberziehung auf das Kreditlimit von 160 000,00 EUR. Der Kredit wird mit maximal 50 % des Kurswertes beliehen, Fällt der Kurswert unter diese Grenze, muss der Pfandgeber nach Aufforderung ausreichende Wertpapiere nachreichen. Wenn der Pfandgeber seine Verpflichtungen gegenüber der Bank nicht erfüllt, ist diese berechtigt, das Pfand entsprechend den gesetzlichen Bestimmungen zu verwerten.

a) Welche Lombardart liegt hier vor?
b) Diese Lombardart kommt in der Praxis am häufigsten vor. Andere Arten sind hingegen völlig unüblich geworden. Erläutern Sie die Hintergründe.
c) Angenommen, der Kurswert der Aktien beträgt bei der Verpfändung 95 000,00 EUR. Er fällt anschließend um 18 %. Für wie viel Euro Kurswert muss der Bankkunde Sicherheiten nachreichen?
d) Wie wird die Bank die Aktien im Fall der Pfandreife verwerten?
e) Für die Besicherung langfristiger Kredite sind die Aktien nicht geeignet. Warum nicht?

2. **Ein Pfand muss in den Besitz des Gläubigers übergehen. Zur Besicherung eines Kredits will ein Industriebetrieb Fertigerzeugnisse an seine Bank verpfänden.**
   a) Warum kann es sich in diesem Fall nur um einen kurzfristigen Kredit handeln?
   b) Die Verpfändung von Waren ist eine für den Pfandgeber i. d. R. unvorteilhafte Lombardart und deshalb in der Praxis selten anzutreffen. Erläutern Sie den Grund dafür.
   c) Die Bank ist mit der Verpfändung einverstanden, kann die Erzeugnisse aber nicht lagern. Wie kann ihr der Pfandgeber trotzdem den Besitz daran verschaffen?

Kreditsicherung durch Sicherungsübereignung

Metallweb e. K. benötigt ein Darlehen über 120 000,00 EUR für den Kauf einer Webmaschine. Wertpapiere zur Verpfändung sind nicht vorhanden. Als Sicherheit für einen langfristigen Kredit würden sie sich auch nicht eignen. Materialbestände sind vorhanden, werden aber für die Produktion benötigt. Deshalb bietet der Eigentümer, Rüdiger Maltmann, die Sicherungsübereignung eines Lkws an, der zum Vermögen seines anderen Unternehmens MGB Maltmann Getriebebau e. K. gehört.

Die Verpfändung beweglicher Sachen erfordert deren Übergabe. Dies ist problematisch, wenn der Kreditnehmer die Sachen für seinen Betrieb benötigt (z. B. Maschinen, Material, Erzeugnisse, Kraftfahrzeuge). Auch kann das Kreditinstitut die Sachen nicht lagern.

- **Man vereinbart deshalb, geeignete Sachen dem Kreditgeber zur Besicherung der Kreditforderung zu übereignen (Sicherungsübereignung) und**
- **den Besitz der Sachen beim Kreditnehmer zu belassen (sog. Besitzkonstitut, § 930 BGB).**

Die Eigentumsübertragung soll nur die Kreditforderungen sichern. In einer **Sicherungsvereinbarung** wird deshalb festgelegt, dass der Kreditgeber das Eigentumsrecht nur geltend machen darf, wenn der Kreditnehmer seine Pflichten nicht erfüllt (sog. **Treuhandeigentum**, **fiduziarische Sicherheit**). Nach vertragsgerechter Tilgung soll der Schuldner das Eigentum zurückerhalten. Gerät er aber mit der Zahlung in Verzug, kann der Gläubiger die Herausgabe der Sache verlangen und diese verwerten (auch im Insolvenzverfahren).

Wichtig:
Die Sache muss im Vertrag genau bestimmt sein. Formulierungen wie „Alle Maschinen sind sicherungsübereignet" sind ungeeignet! Man kann auch alle Waren in einem genau bestimmten Raum übereignen (Raumsicherungsübereignung). Entnommene Waren sind dann durch neue zu ersetzen.

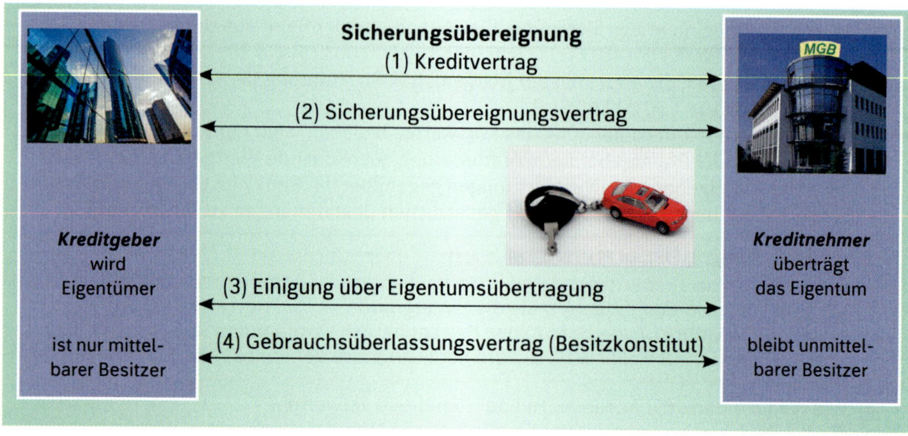

Spezielle Risiken des Kreditgebers:

- Der Kreditnehmer könnte die Sache an einen gutgläubigen Dritten verkaufen.
- Die Sache unterliegt noch einem Eigentumsvorbehalt. ← *Quittungen vorlegen lassen!*
- Die Sache ist schon einmal sicherungsübereignet.
- Die Sache befindet sich in gemieteten Räumen. Sie unterliegt dem Vermieterpfandrecht. ← *Verzichtserklärung des Vermieters verlangen!*
- Die Sache unterliegt starker Abnutzung oder starkem Preisverfall oder ist so speziell, dass sie nicht verwertet werden kann. ← *Die Sache nicht oder zu einem sehr niedrigen Satz beleihen!*

Arbeitsauftrag

Im Eingangsfall auf Seite 695 ist der Fall des Unternehmens Metallweb e. K. beschrieben, das ein Darlehen über 120 000,00 EUR zum Kauf einer Webmaschine besichern muss.

Web M 696

a) Warum eignen sich die Verpfändung von Wertpapieren noch die Verpfändung von Materialbeständen als Sicherheiten für diesen Kredit?
b) Der Eigentümer, Rüdiger Maltmann, bietet einen Lkw aus dem Vermögen von MGB als Sicherheit an. Warum eignet auch dieser sich nicht für eine Verpfändung?
c) Der Lkw soll zur Sicherheit übereignet werden. Lesen Sie hierzu den *Sicherungsübereignungsvertrag* genau durch.
d) Wer wird gemäß diesem Vertrag Eigentümer des Lkws, wer sein Besitzer? Erläutern Sie hierzu den Begriff Besitzkonstitut.
e) Das Besitzkonstitut nützt sowohl dem Unternehmen MGB als auch der Bank. Begründen Sie dies.
f) Handelt es sich bei dem Eigentum der Bank am Lkw um ein unbeschränktes Eigentum?
g) Erläutern Sie nun den grundlegenden Unterschied zwischen einer Pfandbestellung und einer Sicherungsübereignung. Gehen Sie dabei auf die Begriffe Eigentum, Besitz, Besitzkonstitut und Treuhandeigentum ein.
h) Die Bank wird Treuhandeigentümer. Trägt sie auch alle Gefahren und Lasten, die ein Eigentümer normalerweise zu tragen hat?
i) Maltmann war auch bereit, der Bank statt des Lkws die gekaufte Webmaschine und eine weitere Webmaschine zur Besicherung zu überlassen. Warum hat sich die Bank nach Ihrer Ansicht für den Lkw entschieden?
j) Wie sichert sich die Bank im Vertrag zusätzlich gegen Risiken ab?
k) Vergleichen Sie die Verwertung des Sicherungsgegenstandes mit der Verwertung eines Pfandgegenstands.

Kreditsicherung durch Eigentumsvorbehalt

Der Verkäufer erklärt den Eigentumsvorbehalt üblicherweise in seinen AGB. Der Eigentumsvorbehalt ist das übliche Mittel, um sich bei Warenverkäufen vor Forderungsausfällen zu schützen.

Kreditsicherung durch Hypothek und Grundschuld

Grundstücke eignen sich wegen ihres erfahrungsgemäß stabilen Wertverlaufs besonders gut für die Besicherung langfristiger Kredite durch sog. **Grundpfandrechte**.

- **Hypothek und Grundschuld sind Pfandrechte an Grundstücken.**
- **Da man ein Grundstück nicht als Faustpfand übergeben kann, wird die Übergabe durch die Eintragung des Rechts in das Grundbuch ersetzt.**
- **Im Gegensatz zum Faustpfand bleibt der Pfandgeber Besitzer des Grundstücks. Er kann es nutzen und – wenn er den Kredit ablöst – sogar verkaufen.**

Das Amtsgericht führt das Grundbuch als öffentliches Verzeichnis aller Grundstücke. Sein Inhalt: Eigentumsverhältnisse und auf dem Grundstück ruhende Lasten, Beschränkungen und Grundpfandrechte. Die Reihenfolge der Eintragungen bestimmt ihren Rang. Dies bedeutet z. B.: Forderungen aufgrund einer erstrangigen Eintragung müssen voll befriedigt sein, bevor Rechte aus einer zweitrangigen Eintragung zum Zuge kommen.

Das Grundbuch genießt **vollen öffentlichen Glauben**, d. h.: Was eingetragen ist, gilt als unbedingt richtig.

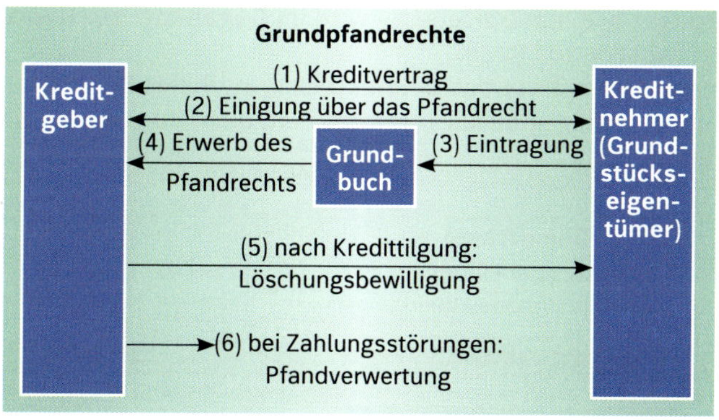

Ein Grundpfandrecht kann auf zweierlei Art bestellt werden:

- allein durch Grundbucheintragung (**Buchhypothek, -grundschuld**) oder
- durch zusätzliche Ausfertigung einer Urkunde (Hypotheken-, Grundschuldbrief) nach der Eintragung (**Briefhypothek, -grundschuld**).

Ohne Brief erwirbt der Gläubiger das Pfandrecht mit der Grundbucheintragung, mit Brief erst mit der Briefübergabe. Die Briefausstellung ist mit zusätzlichen Kosten verbunden, aber sie ermöglicht z. B. die Abtretung oder Verpfändung des Rechts ohne Änderung der Grundbucheintragungen.

Hypothek und Grundschuld sind unterschiedlich konstruiert:

- **Die *Hypothek* ist ein akzessorisches Pfandrecht. Sie wird also stets zur Sicherung einer Forderung – v. a. eines Darlehens – eingetragen (§ 1113 BGB) und setzt ein rechtsgültiges Schuldverhältnis voraus.**

- **Für die Hypothekenschuld haftet einerseits das Grundstück (dingliche Haftung) und andererseits der Schuldner selbst mit seinem gesamten Vermögen (persönliche Haftung).**

Entsteht keine Forderung – z. B. wenn der Kredit nicht ausgezahlt wird – oder ist die Forderung erloschen, steht die Hypothek dem Grundstückseigentümer zu und wird kraft Gesetzes zu einer Eigentümergrundschuld (siehe weiter unten).

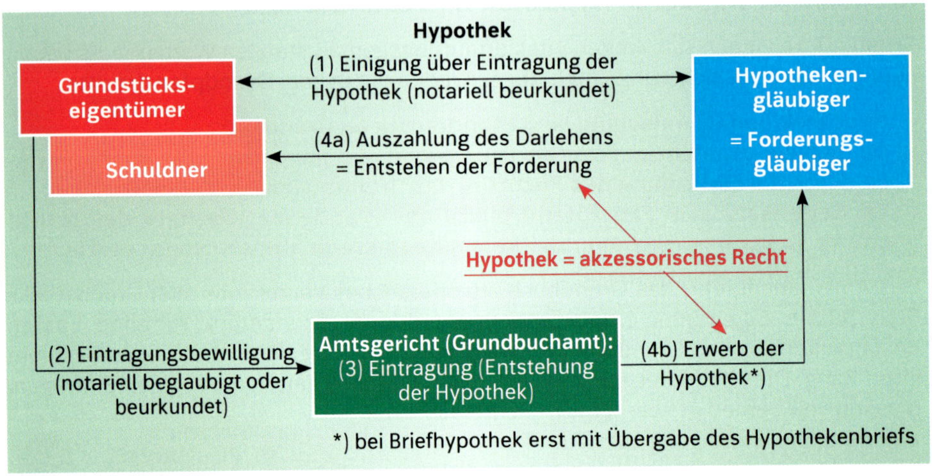

- **Die *Grundschuld* ist ein Grundpfandrecht, aufgrund dessen an den Begünstigten eine bestimmte Geldsumme aus dem Grundstück zu zahlen ist (§ 1191 BGB). Eine bestehende Forderung – z. B. ein Darlehen – wird im Gegensatz zur Hypothek nicht vorausgesetzt (abstraktes Recht).**
- **Insofern haftet für die Grundschuld nur das Grundstück (dingliches Recht).**
- **Die Grundschuld wird, wenn nichts anderes vereinbart ist, nach Kündigung mit einer Frist von 6 Monaten fällig.**

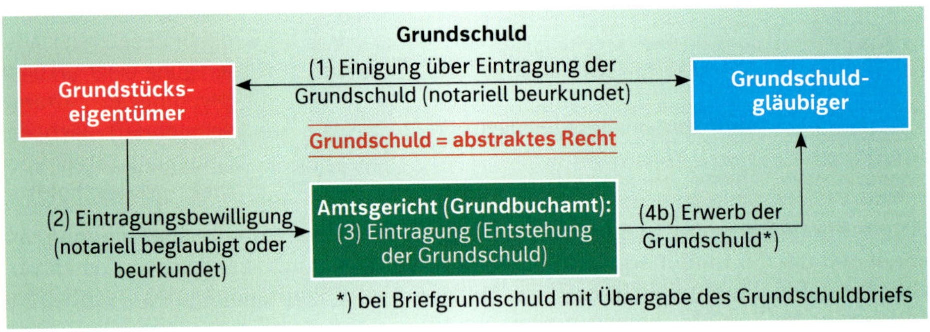

Obwohl die Grundschuld keine Forderung voraussetzt, wird sie in der Praxis fast ausschließlich zur Sicherung von Forderungen bewilligt (Fremdgrundschuld). Dabei sollte der Zweck der Grundschuld in einer Sicherungsvereinbarung festgelegt werden. Als abstraktes Recht ist die Grundschuld aber vom Bestand und Umfang der besicherten Forderung unabhängig. Man kann sie auch nach ihrer Bestellung für die Besicherung anderer Forderungen verwenden, indem man einfach die Sicherungsvereinbarung entsprechend ändert. Deshalb verlangen die Banken heutzutage zur Darlehenssicherung meist nicht die Bestellung einer Hypothek, sondern einer Grundschuld.

Beispiel: Sicherungsvereinbarung

„Die Grundschuld dient zur Sicherung des Baudarlehens Nr. 1232 vom 23.01.20.."

Diese Vereinbarung wird vier Jahre später wie folgt geändert: „Die Grundschuld dient zur Sicherung aller Forderungen der Bank aus der Geschäftsverbindung."

Im Gegensatz zur Hypothek erlischt diese Grundschuld nicht mit der Rückzahlung des Darlehens. Der Schuldner kann ihre Rückübertragung erst nach der Tilgung seiner sämtlichen Verbindlichkeiten gegenüber der Bank verlangen.

Das Fehlen des persönlichen Anspruchs aus der Grundschuld ist übrigens unerheblich. Dieser Anspruch ergibt sich bereits aus dem Kreditvertrag.

Von der Fremdgrundschuld ist die **Eigentümergrundschuld** zu unterscheiden. Dabei lässt der Grundstückseigentümer eine (möglichst erstrangige) Grundschuld auf seinen eigenen Namen eintragen. Bei Kreditbedarf kann er die Grundschuld verpfänden oder abtreten. Nach der Rückzahlung des Kredits steht sie ihm wieder zur entsprechenden Verwendung zur Verfügung.

Die **Verwertung eines Grundpfandrechts** erfolgt aufgrund eines vollstreckbaren Titels (Gerichtsurteil oder Zwangsvollstreckungsklausel im Grundpfandrechtsvertrag) durch **Zwangsvollstreckung**.

Die Zwangsvollstreckung kann im Wege der **Zwangsversteigerung** und der **Zwangsverwaltung** durch einen gerichtlich bestellten Verwalter erfolgen. Bei der Versteigerung wird der Gläubiger aus dem Versteigerungserlös, bei der Verwaltung aus den laufenden Erträgen aus dem Grundstück befriedigt.

Auch im Insolvenzverfahren des Schuldners kann der Gläubiger das Grundpfandrecht entsprechend verwerten.

Arbeitsaufträge

1. **Kredite können dinglich gesichert werden.**
   a) In welchen Fällen liegt eine dingliche Sicherung vor?
      (1) Sicherungsübereignung einer Maschine,
      (2) Übernahme einer Ausfallbürgschaft,
      (3) Übernahme einer selbstschuldnerischen Bürgschaft,
      (4) Sicherung eines Darlehens durch eine Hypothek,
      (5) Sicherung eines Darlehens durch eine Grundschuld,
      (6) Übergabe eines Faustpfands,
      (7) Kreditsicherung durch Abtretung einer Forderung.
   b) Erläutern Sie den Begriff dingliche Sicherung.
   c) In welcher Form erfolgt die dingliche Sicherung bei Grundpfandrechten?

2. **Grundpfandrechte unterscheiden sich stark von Faustpfandrechten.**
   Erläutern Sie die Unterschiede im Einzelnen.

3. **Betrachten Sie die obenstehende Karikatur. Der Bankkunde denkt: „Blöder Phrasendrescher! Leider hat er nur allzu sehr recht."**
   Erläutern Sie den Sachverhalt, der durch die Karikatur ironisch beleuchtet wird.

4. **Wegen der Aufnahme eines Investitionsdarlehens verlangt die Kreditbank die Eintragung einer erstrangigen Grundschuld auf das Betriebsgrundstück der Schmelzer GmbH.**
   a) Wo wird die Grundschuld eingetragen?
   b) Was bedeutet erstrangige Eintragung?
   c) Warum verlangt die Bank eine erstrangige Eintragung? Berücksichten Sie bei Ihrer Antwort folgende Situation:
   Im Insolvenzverfahren beläuft sich die zur Befriedigung der Gläubiger zur Verfügung stehende Insolvenzmasse auf 800 000,00 EUR. Ihr stehen an Grundbucheintragungen gegenüber:
   Rang 1: Grundschuld Kreditbank 400 000,00 EUR,
   Rang 2: Hypothek Förderbank 250 000,00 EUR,
   Rang 3: Grundschuld Kreditbank 200 000,00 EUR
   Rang 4: Grundschuld Peter Müller 40 000,00 EUR
   d) Welche praktischen Vorteile bietet der Brief?
   e) Die Bank verlangt die Eintragung einer Grundschuld anstatt einer Hypothek. Erläutern Sie die wahrscheinlichen Gründe.

3.3.6 Kurzfristige Kreditfinanzierung

Zur kurzfristigen Kreditfinanzierung zählen vor allem
- Kundenanzahlungen,
- Kontokorrentkredit,
- Lieferantenkredit,
- Factoring,
- Forfaitierung.

Kundenanzahlungen

Anzahlungen sind bei Großaufträgen (Schiffbau, Maschinenbau, Wohnungsbau usw.) üblich, da der Hersteller das gesamte Projekt – teilweise wegen langer Produktionsdauer – nicht allein finanzieren kann. Häufig wird ein Drittel des Kaufpreises bei Auftragserteilung, ein Drittel bei Lieferung und ein Drittel mit vereinbartem Ziel fällig. Um das Risiko abzuwenden, dass der Lieferant seinen Verpflichtungen nicht nachkommt, verlangt der Kunde häufig als Sicherheit eine Bankgarantie.

Kontokorrentkredit

Ein *Kontokorrentkredit* entsteht, wenn in einem festgelegten Abrechnungszeitraum auf einem Konto Kreditbeträge in schwankender Höhe bis zu einer Obergrenze (Kreditlimit) in Anspruch genommen, zurückgezahlt und wieder beansprucht werden können.

Beispiel: Kontokorrentkredit

Das Konto des Kaufmanns K. bei der Handelsbank weist im 1. Vierteljahr 20.. die folgenden Buchungen auf: Das Kreditlimit beträgt 5 000,00 EUR.

Buchungs-datum	Vorgang	Wert	Soll	Haben
2. Jan.	Saldovortrag	31. Dez.		2 000,00 EUR
19. Jan.	Überweisung	20. Jan.	5 000,00 EUR	
21. Jan.	Barabhebung	21. Jan.	1 500,00 EUR	
28. Jan.	Lastschrift	2. Feb.		3 000,00 EUR
15. Feb.	Überweisung	15. Feb.	4 500,00 EUR	
21. Feb.	Effektenkauf	21. Feb.	2 000,00 EUR	
3. März	Überweisung	5. März		6 000,00 EUR
19. März	Bareinzahlung	19. März		2 500,00 EUR
			13 000,00 EUR	13 500,00 EUR

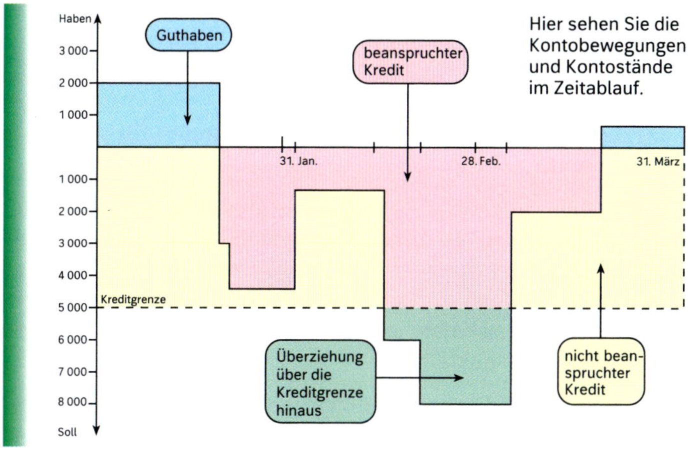

Hier sehen Sie die Kontobewegungen und Kontostände im Zeitablauf.

Berechnen Sie die Zinsen mithilfe der Excel-Tabelle Kontokorrentkredit – Kontostaffel.

M 701

Web

Das Beispiel zeigt: Das Konto wird „in laufender Rechnung" geführt (*ital.* conto corrente = laufende Rechnung). Es kann abwechselnd Soll- und Habenbeträge aufweisen.

Kontokorrentkredite werden i. d. R. von Banken gewährt. Diese richten sich bei der Einräumung des Kreditlimits nach dem Umsatz und bei der Zinshöhe nach der Bonität des Kunden.

Die Banken lassen sich die Flexibilität des Kontokorrentkredits teuer bezahlen.

Die **Kreditzinsen** (Sollzinsen) werden nur für die jeweils beanspruchten Beträge und für die Zeit der Beanspruchung berechnet. Die Zinssätze (2016: etwa 9 % bis 11 % p. a.) sind beträchtlich höher als Darlehenszinssätze. Eine Überschreitung des Kreditlimits muss die Bank nicht tolerieren. Tut sie es trotzdem, berechnet sie zusätzlich hohe Überziehungszinsen (oft bis 6 %). Guthaben werden, wenn überhaupt, nur sehr niedrig verzinst.

Der Kontokorrentkredit ist grundsätzlich für die **Deckung eines kurzfristigen Finanzbedarfs** bestimmt. Der Abrechnungszeitraum ist in der Regel sechs Monate. Dann muss das Konto ausgeglichen werden. Allerdings erfolgt in der Praxis meist immer wieder – ausdrücklich oder stillschweigend – eine Verlängerung. Dadurch erhält der Kredit einen langfristigen Charakter. Da die Bank ihn aber jederzeit kündigen kann, sollte er – entsprechend der goldenen Finanzierungsregel – niemals für die Finanzierung von langfristig gebundenen Anlagegegenständen eingesetzt werden. Natürlich verbietet sich dies auch wegen der hohen Zinsen. Die Banken erwarten auch, dass das Kreditlimit nicht langfristig ausgeschöpft, sondern das Konto kurzfristig immer wieder aufgefüllt wird.

Verwendungsmöglichkeiten des Kontokorrentkredits
Betriebskredit Dient der Deckung eines vorübergehenden Geldbedarfs, z. B. dem Wareneinkauf oder der Entlohnung von Arbeitskräften.
Saisonkredit Dient der Finanzierung von Saisongeschäften wie z. B. dem Einkauf der Herbstkollektion im Frühjahr bis zum Verkauf Ende des Jahres.
Zwischenkredit Dient der Vorfinanzierung eines Anlagenkaufs bis zur Ablösung durch ein längerfristiges Darlehen.

Wesentliche **Vorteile des Kontokorrentkredits** sind:
- stetige Anpassung an den jeweiligen Finanzbedarf,
- stetige Anpassung der Zinsbelastung an den Finanzbedarf,
- bequeme Inanspruchnahme durch Barabhebung, Überweisung, Scheck, Lastschrifteinzugsverfahren und andere Zahlungsarten sowie entsprechend bequeme Tilgung.

SIEBTER ABSCHNITT

Bisweilen räumen auch Lieferanten ihren ständigen Kunden Kontokorrentkredite ein. Diese sind dann eine besondere Form des Lieferantenkredits.

Lieferantenkredit

Der Lieferantenkredit entsteht, indem der Lieferant seinem Kunden für gelieferte Waren ein Zahlungsziel einräumt.

Der Kredit ergibt sich sozusagen „nebenbei" aus dem Kaufvertrag, als Mittel der Absatzförderung. Er wird in der Regel ohne Formalitäten gewährt und nur durch den Eigentumsvorbehalt gesichert. Die Verzinsung ist im Kaufpreis bereits enthalten, weil bei vorzeitiger Zahlung (innerhalb von 8 bis 10 Tagen) meist 1 % bis 3 % Skonto abgezogen werden dürfen. Damit verschafft sich der Lieferant früher Liquidität, spart Zinsen und verkleinert das Risiko des Zahlungsausfalls.

1 % bis 3 % Skonto klingt nach wenig und kann Unkundige veranlassen, das Zahlungsziel auszunutzen. Aber sogar ein Skonto von 1 % entspricht einem hohen effektiven (wirklichen) Zinssatz. Deshalb ist der Lieferantenkredit einer der teuersten Kredite überhaupt. Wenn nicht genügend flüssige Mittel vorhanden sind, sollte der Kunde sein Bankkonto überziehen (Kontokorrentkredit), um Skonto abziehen zu können.

Beispiel: Effektivverzinsung bei Skontoabzug

Rechnung

500 Taschenrechner X3	1 680,67
19 % USt.	319,33
	2 000,00

Zahlung:
30 Tage netto oder
10 Tage mit 3 % Skonto

a) Wie viel Prozent beträgt der effektive Jahreszinssatz für den Skontoabzug?

b) Lohnt sich der Skontoabzug, wenn dafür eine Kreditfinanzierung (Kontoüberziehung) erforderlich ist, für die 9 % Zins anfallen?

c) Wie viel Euro beträgt der Finanzierungsgewinn?

1. Skonto und Zahlbetrag berechnen:
Skonto: 2 000,00 · 0,03 = 60,00
Zahlbetrag: 2 000,00 – 60,00 = 1 940,00

2. Kreditzeitraum feststellen:
30 Tage – 10 Tage = 20 Tage
(Die ersten 10 Tage steht der Lieferantenkredit kostenlos zur Verfügung.)

3. Skonto in effektiven Jahreszinssatz umrechnen:

Überschlagsrechnung:

p %	360 Tage
20 Tage	3 %

$$p = \frac{360 \cdot 3}{20}$$

p = 54 (%)

Genauere Rechnung:

$$p = \frac{z \cdot 100 \cdot 360}{K \cdot t}$$

$$p = \frac{60 \cdot 100 \cdot 360}{1940 \cdot 20}$$

p = 55,67 (%)

Eine wirklich exakte Rechnung müsste zusätzlich noch den Zinsertrag berücksichtigen, den die Anlage der ersparten 60,00 EUR für die restlichen 330 Tage des Jahres erbringen würde.

4. Effektive Ersparnis bei Kreditfinanzierung:
54 % – 9 % = 45 % | 55,67 % – 9 % = 46,67 %
Man spart trotz Kreditfinanzierung 45 %/46,67 % p. a.

5. Notwendiger Finanzierungsbetrag:

	Rechnungsbetrag	2 000,00
–	Skonto	60,00
	Zu finanzieren für 20 Tage:	1 940,00

6. Zinsen nach Formel: $z = \frac{1\,940 \cdot 9 \cdot 20}{100 \cdot 360} = 9{,}70$ (EUR)

7. Finanzierungsgewinn:

	Skonto: brutto 60,00; netto	50,42
–	Bankzinsen	– 9,70
=	Finanzierungsgewinn	40,72

$50{,}42 = \frac{60}{119} \cdot 100$

SIEBTER ABSCHNITT

Web M 702

Sie können die effektive Ersparnis bei Kreditfinanzierung des Skontoabzugs auch mithilfe der Excel-Tabelle Effektivverzinsung bei Skontoabzug berechnen.

Factoring

Das Factoring soll Unternehmen mit hohen Außenständen Liquidität verschaffen.

Der *Factor*, in der Regel eine Factoring-Gesellschaft (Factoring-Bank), kauft laufend die Forderungen eines Unternehmens (Anschlusskunde genannt) auf und bevorschusst sie. Er übernimmt die Eintreibung der Forderungen beim Kunden.

Gekauft werden Forderungen aus Lieferungen und Leistungen an gewerbliche Kunden mit offenen Zahlungszielen bis zu 120 Tagen (Export 180 Tage). Der Factor berechnet seinem Anschlusskunden Zinsen für die Vorschüsse sowie eine Umsatzgebühr.

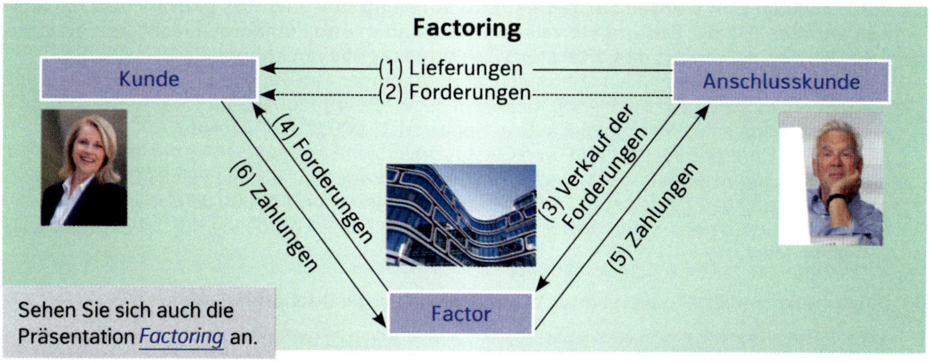

Sehen Sie sich auch die Präsentation *Factoring* an.

Web
M 703

Aufgaben des Factors, je nach Vertragsgestaltung

Dienstleistungsfunktion
Kreditwürdigkeitsprüfung und -überwachung, Inkasso, Mahnverfahren

Finanzierungsfunktion
Sofortige Bevorschussung der Forderung gegen Factorgebühren anstelle eines Zinses

Risikofunktion
Risikoübernahme für Forderungsverluste gegen Prämie (sog. echtes Factoring). Beim unechten Factoring werden die Forderungen nur erfüllungshalber angekauft.

Die Kosten des Factorings sind durch die Risikoprämie etwas höher als die üblichen Kreditkosten. Berücksichtigt man, dass Verwaltungsarbeiten wie Fakturierung oder Mahnverfahren mit übernommen werden, so kann die Kosteneinsparung erheblich größer sein als die zu zahlenden Gebühren. Banken kaufen Forderungen aber nur unter bestimmten Bedingungen an. Es muss ein bestimmter Mindestumsatz vorhanden sein (Factoring wird erst ab einem Jahresumsatz von 0,5 bis 1 Mio. EUR lohnend). Es darf sich nur um Forderungen gegen Wiederverkäufer handeln.

Forfaitierung

Die Forfaitierung hat große Ähnlichkeit mit dem Factoring:

- Ein Kreditinstitut kauft die Forderung eines Exporteurs.
- Das Kreditinstitut übernimmt voll das Risiko des Zahlungseingangs.
- Es werden nur Einzelforderungen gekauft.
- Das Kreditinstitut übernimmt keine Dienstleistungsfunktion.
- Es muss sich um eine erstklassige Forderung handeln.
- Die Forderung muss zusätzlich gesichert sein (etwa durch eine Ausfuhrkreditversicherung).

Arbeitsaufträge

1. **Der Kontokorrentkredit ist grundsätzlich ein kurzfristiger Kredit, nimmt aber in der Praxis meist einen langfristigen Charakter an.**
   a) Erläutern Sie diesen scheinbaren Widerspruch.
   b) Kontokorrentkredit – langfristiger Charakter: Bedeutet dies, dass der Kontokorrentkredit für langfristige Finanzierungen verwendet werden sollte?

2. **Die SAMA GmbH verfügt zu Beginn des laufenden Geschäftsjahres am 1. Januar über 400 000,00 EUR an liquiden Mitteln. Es ist eine Gewinnentnahme von 250 000,00 EUR vorgesehen. Für das gesamte Jahr rechnet man mit ordentlichen Ausgaben von 5 Mio. EUR und mit ordentlichen Einnahmen von 5,3 Mio. EUR. Außerordentliche Einnahmen in Höhe von 80 000,00 EUR werden zur Jahresmitte aufgrund des Verkaufs gebrauchter Maschinen anfallen. Da die Zahlungstermine von Ausgaben und Einnahmen nicht übereinstimmen, wird es garantiert des öfteren zu Zahlungsengpässen kommen.**
   Für welche der folgenden Finanzierungen ist unter diesen Umständen die Inanspruchnahme eines Kontokorrentkredits geeignet, für welche nicht? Begründen Sie Ihre Meinung.
   a) Finanzierung eines Materialeinkaufs in Höhe von 30 000,00 EUR im Mai,
   b) teilweise Finanzierung der Lohn- und Gehaltszahlungen Ende Juli in Höhe von 80 000,00 EUR,
   c) Finanzierung des Kaufs neuer Personal Computer Ende Juni in Höhe von 8 000,00 EUR,
   d) Finanzierung des Kaufs neuer CNC-Maschinen in Höhe von 770 000,00 EUR im Februar,
   e) Vorfinanzierung des Kaufs dieser CNC-Maschinen bis zur Ablösung durch ein Bankdarlehen im März.

3. **Ein Kontokorrentkonto weist im 2. Vierteljahr folgende Buchungen auf:**

Buchungsdatum	Vorgang	Wert	Soll (EUR)	Haben (EUR)
01.04.	Saldovortrag	31.03.	3 500,00	
08.04.	Überweisung	07.04.		2 800,00
19.04.	Überweisung	19.04.	13 000,00	
02.05.	Barauszahlung	02.05.	2 000,00	
14.05.	Lastschrifteingang	13.05.		14 300,00
27.05.	Lastschrifteingang	26.05.		4 000,00
30.05.	Überweisung	30.05.	5 000,00	
12.06.	Wertpapierkauf	10.06.	6 700,00	
13.06.	Überweisung	13.06.	1 900,00	
24.06.	Überweisung	24.06.		12 000,00

   Das Kreditlimit beträgt 10 000,00 EUR.
   Die Bank berechnet 0,25 % Habenzinsen, 11 % Sollzinsen, 5 % Überziehungszinsen.
   Das Konto wird zum 30.06. abgeschlossen.
   Stellen Sie mithilfe eines Tabellenkalkulationsprogramms eine Zinsstaffel auf und berechnen Sie die Zinsen.

4. **Sie beziehen Waren im Wert von 6 000,00 EUR.**
   Zahlungsbedingungen: 30 Tage netto Kasse oder binnen 10 Tagen mit 3 % Skonto. Sie haben den Betrag im Moment nicht zur Verfügung, können jedoch einen Kontokorrentkredit zu 12 % p. a. in Anspruch nehmen.
   Welche Zahlungsweise ziehen Sie vor? Begründen Sie Ihre Entscheidung durch eine Rechnung.

5. **Folgende Rechnungsbeträge und Zahlungsbedingungen liegen vor:**

	Rechnungsbetrag	Zahlungsbedingung
1.	6 780,00 EUR	45 Tage netto/ 14 Tage 2 % Skonto
2.	1 578,00 EUR	30 Tage netto/ 10 Tage 1 % Skonto
3.	4 432,00 EUR	60 Tage netto/ 20 Tage 3 % Skonto
4.	46 450,00 EUR	30 Tage netto/ 7 Tage 2,5 % Skonto
5.	22 860,00 EUR	60 Tage netto/ 10 Tage 2 % Skonto
6.	100 000,00 EUR	90 Tage netto/ 14 Tage 3 % Skonto

   Zinskosten eines Überziehungskredits: 8,5 %

   Berechnen Sie jeweils
   a) den effektiven Zinssatz für den Skontoabzug,
   b) die effektive Ersparnis bei Kreditfinanzierung,
   c) den Finanzierungsgewinn.

   Sie können die Excel-Tabelle *Effektivverzinsung bei Skontoabzug* (siehe S. 702) benutzen. Prüfen Sie jedoch die Ergebnisse bei mindestens zwei Aufgaben durch eigene Rechnung nach.

3.3.7 Langfristige Kreditfinanzierung

Darlehen

Ein *Darlehen* ist ein Kredit, bei dem eine einmalige Auszahlung in festgelegter Höhe erfolgt.

Im Gegensatz zum Kontokorrentkredit kann beim Darlehen über zurückgezahlte Beträge nicht erneut verfügt werden.

Darlehen dienen als längerfristige Kredite meist der Finanzierung des Anlagevermögens. Sie werden je nach Höhe und Laufzeit durch Bürgschaften, Lombardierungen, Sicherungsübereignungen oder Grundpfandrechte abgesichert.

Darlehensarten

Festdarlehen

Rückzahlung in einer Summe mit zwischenzeitlichen gleichbleibenden Zinszahlungen

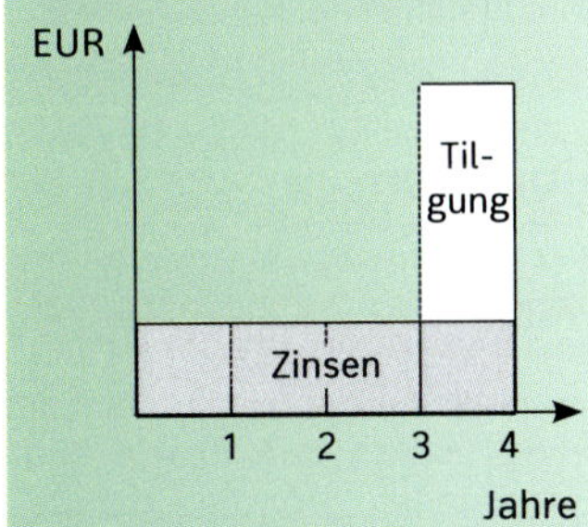

Abzahlungsdarlehen

Tilgung in festen Raten bei gleichmäßig sinkenden Zinszahlungen

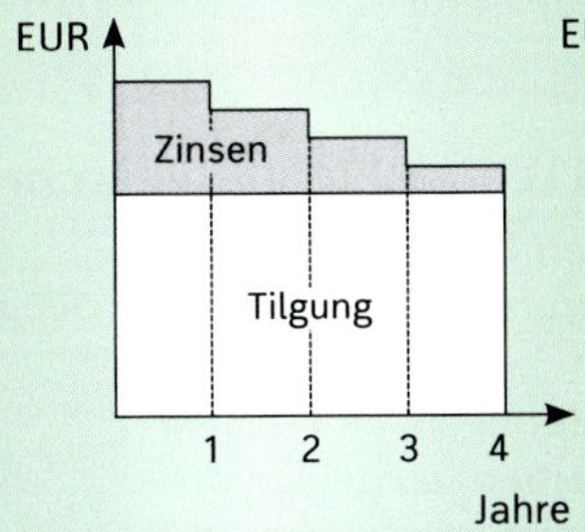

Annuitätendarlehen

Jährliche Zahlung eines festen Betrags (Annuität) bei steigender Tilgung und zunehmend sinkenden Zinsen

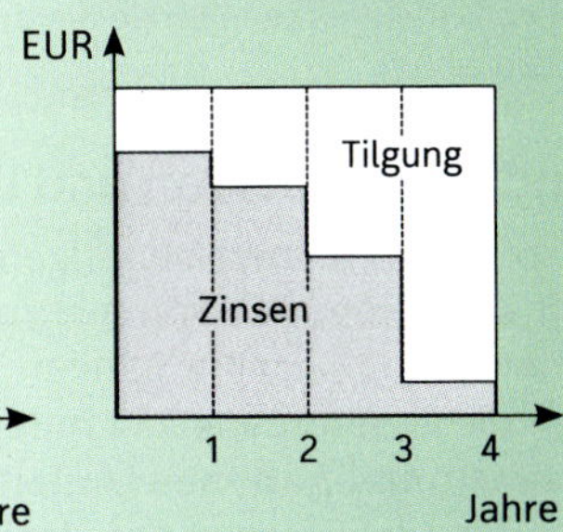

Beachte: Die Grafiken zeigen nur die Tendenz, nicht die wirklichen zahlenmäßigen Verhältnisse!

Die Zinsen für die einzelnen Jahre werden von der Restschuld am Ende des jeweiligen Jahres berechnet. Beim Annuitätendarlehen erzielt man eine gleichbleibende Annuität, indem man die durch die fortlaufende Tilgung ersparten Zinsen auf die jährlichen Tilgungsraten aufschlägt (siehe Beispiel 3).

Beispiele: Darlehensarten

1. Festdarlehen
Darlehenssumme 10 000,00 EUR, 10 % Zins, Laufzeit 4 Jahre.
Am Ende jedes Jahres sind 1 000,00 EUR Zinsen zu zahlen. Am Ende des 4. Jahres wird die Gesamtsumme von 10 000,00 EUR zurückgezahlt.

2. Abzahlungsdarlehen
Darlehenssumme 10 000,00 EUR, 10 % Zins, Laufzeit 4 Jahre, Tilgung in gleichen Jahresraten.

Tilgungsplan

Jahr	Restschuld zu Jahresbeginn EUR	Zinsen EUR	Tilgung EUR	Annuität EUR
1	10 000,00	1 000,00	2 500,00	3 500,00
2	7 500,00	750,00	2 500,00	3 250,00
3	5 000,00	500,00	2 500,00	3 000,00
4	2 500,00	250,00	2 500,00	2 750,00

An jedem Jahresende werden 2 500,00 EUR getilgt. Zinsen werden stets vom Restkredit gezahlt.

3. Annuitätendarlehen

Darlehenssumme 10 000,00 EUR, 10 % Zins. Für das erste Jahr wird eine Tilgung von 20 % der Kreditsumme vereinbart.

Tilgungsplan				
Jahr	Restschuld zu Jahresbeginn EUR	Zinsen EUR	Tilgung EUR	Annuität EUR
1	10 000,00	1 000,00	2 000,00	3 000,00
2	8 000,00	800,00	2 200,00	3 000,00
3	5 800,00	580,00	2 420,00	3 000,00
4	3 380,00	338,00	2 662,00	3 000,00
5	718,00	71,80	718,00	789,80

Am Ende des 1. Jahres werden 2 000,00 EUR getilgt. Zinszahlung: 1 000,00 EUR
Die Zinsen für das 2. Jahr werden vom Restkredit (8 000,00 EUR) berechnet: 800,00 EUR.
Die Zinsersparnis in Höhe von 200,00 EUR gegenüber Jahr 1 wird der Tilgung am Ende des 2. Jahres zugeschlagen. So bleibt der Gesamtbetrag (die Annuität) gleich. Entsprechendes gilt für Jahr 3 und 4. Nur die letzte Annuität ist wegen der geringeren Restschuld kleiner.

Web

M 706_1
M 706_2

Anhand der Excel-Dateien Tilgungsplan Abzahlungsdarlehen und Tilgungsplan Annuitätendarlehen können Sie selbst feststellen, wie sich Änderungen der Darlehenssumme, des Zinssatzes und der Laufzeit auswirken. Prüfen Sie u. a., ob ein niedrigerer Zinssatz beim Annuitätendarlehen nur Vorteile bringt.

Industrieanleihen und Wandelschuldverschreibungen

Großunternehmen benötigen für Investitionen oft Kreditsummen von mehreren hundert Millionen Euro. Einzelne Banken können oder wollen diese Summen nicht aufbringen. Es werden deshalb **Obligationen (Anleihen)** aufgelegt, die man in viele kleine Anteilscheine (Teilschuldverschreibungen) zu 1 000,00 EUR oder einem Vielfachen davon stückelt.

Obligationen sind Urkunden, die bestimmte Rechte verbriefen (hier: Zinszahlung, Rückzahlung). Die Ausübung der Rechte ist an den Besitz des Papiers gebunden. Wer die Urkunde nicht vorweisen kann, kann auch keine Rechte ausüben. Urkunden mit dieser Eigenschaft heißen **Wertpapiere**. Wertpapiere sind z. B. auch: Banknote, Konnossement, Scheck, Wechsel, Aktie. Wertpapiere, die an Börsen gehandelt werden, heißen **Effekten**.

Über diese Stücke werden Urkunden ausgestellt, die über die Banken an Kapitalanleger verkauft werden. Die Urkunden beweisen die Forderung und verbriefen das Recht auf Zinsen und Rückzahlung zum festgelegten Zeitpunkt. Eine Kündigung ist meist nicht möglich. Die Schuldverschreibungen werden jedoch an der Börse gehandelt und können dort jederzeit zum Tageskurs verkauft werden.

Die von Unternehmen ausgegebenen Anleihen heißen *Industrieanleihen*.

Sie werden fast nur von großen Aktiengesellschaften ausgegeben, weil sie sich wegen hoher Ausgabekosten nur bei Anleihebeträgen von mehreren Millionen Euro rentieren. Eine Unterart davon sind die Wandelschuldverschreibungen.

***Wandelschuldverschreibungen* sind Anleihen, die dem Eigentümer die Wahl zwischen der Rückzahlung des Anleihebetrags am Fälligkeitstag oder (unter festgelegten Bedingungen) dem Eintausch in Aktien einräumen.**

Die **Besicherung von Anleihen** erfolgt in der Regel durch die Eintragung eines Grundpfandrechts ins Grundbuch (vgl. S. 697).

Schuldscheindarlehen

***Schuldscheine* sind Urkunden, mit denen der Schuldner eine bestimmte Leistung, z. B. eine Geldleistung, verspricht.**

Schuldscheine sind aber keine Wertpapiere, sondern lediglich Beweisurkunden über die bestehende Forderung. Die Forderung kann vertraglich auf einen anderen Gläubiger übertragen werden (sog. Abtretung oder Zession der Forderung).

Darlehen werden bisweilen in Verbindung mit einem Schuldschein vergeben. Die Kreditgeber sind aber meistens nicht Banken, sondern Versicherungen, die langfristiges Kapital anlegen wollen. Als Kreditnehmer kommen nur erstklassige große Unternehmen infrage.

Schuldscheindarlehen ersparen die hohen Ausgabekosten von Anleihen, ihr Zinssatz liegt aber meist 0,25 % bis 0,5 % höher. Die Absicherung erfolgt ebenfalls durch Grundpfandrechte.

3.3.8 Beurteilung der Kreditfinanzierung

Vor Finanzierungsentscheidungen sind folgende Hauptvor- und -nachteile der Kreditfinanzierung abzuwägen:

Vor- und Nachteile der Kreditfinanzierung	
Vorteile	**Nachteile**
• Keine Beschränkung der Verfügungs- und Leitungsrechte • Keine Beteiligung an der Gewinnausschüttung • Zinsen als Betriebsaufwand steuerlich absetzbar	• Befristete Kapitalverfügbarkeit • Einschränkung der Liquidität durch Tilgungs- und Zinszahlung • Gewinnmindernde Zinskosten • Weitere Kosten (z. B. Bankprovisionen, Notarkosten, Gerichtskosten, Kosten für Gestellung von Sicherheiten) • Eingeschränkte Verfügbarkeit über Sicherungsgegenstände

Wichtig ist eine wohlüberlegte Wahl zwischen Darlehen und Kontokorrentkredit:
- **Kontokorrentkredite** sind teurer und kurzfristig kündbar. Andererseits können sie nach Belieben in Anspruch genommen und zurückgezahlt werden. Sie eignen sich deshalb für die Überbrückung eines Spitzenbedarfs.
- **Darlehen** sind billiger, haben aber eine feste Laufzeit und Zinsbelastung. Sie eignen sich für einen längerfristigen Kreditbedarf.

Die **Rechtsform** hat Einfluss auf die Kreditfinanzierung:
- Bei sonst gleichen Verhältnissen sind Rechtsformen mit vollhaftenden Eigentümern vergleichsweise kreditwürdig. Dies gilt insbesondere für die OHG (unbeschränkte, unmittelbare, solidarische Haftung der Gesellschafter).
- Die GmbH ist wegen der beschränkten Haftung bedeutend weniger kreditwürdig. Die Banken vereinbaren deshalb bei der Kreditvergabe in der Regel zusätzlich die persönliche Haftung der Gesellschafter.
- Die AG ist trotz beschränkter Haftung wegen der strengen gesetzlichen Vorschriften über Rechnungslegung und Gewinnverwendung am kreditwürdigsten.

Arbeitsaufträge

1. **Kontokorrentkredit und Darlehen sind unterschiedlich gestaltet und verfolgen unterschiedliche Zwecke.**
   a) Erläutern Sie die Gestaltung von Darlehen und Kontokorrentkredit.
   b) Welche Zwecke verfolgen das Darlehen und welche der Kontokorrentkredit?

2. **Die Bresser KG will einen Rohstoffeinkauf über 12 000,00 EUR tätigen, um einen Kundenauftrag ausführen zu können. Weiterhin wird mit Löhnen und weiteren Kosten in Höhe von 17 000,00 EUR kalkuliert. Die Produktion wird 10 Tage dauern. Dann ist Monatsende und die Löhne sind zu zahlen. Bressers Kunde wünscht ein Zahlungsziel von 30 Tagen. Bresser verfügt momentan nur über liquide Mittel in Höhe von 7 000,00 EUR.**
   a) Beurteilen Sie, ob Bresser ein Bankdarlehen über 22 000,00 EUR aufnehmen soll, um Einkauf und Produktion vorzufinanzieren.
   b) Wäre stattdessen die Ausgabe einer Anleihe sinnvoll?
   c) Überlegen Sie, welche anderen Finanzierungsmöglichkeiten sinnvoll sein könnten.

3. **Zwei Darlehen von 100 000,00 EUR werden zu folgenden Bedingungen vergeben:**
   a) Abzahlungsdarlehen, Laufzeit 10 Jahre, 10 % Zins,
   b) Annuitätendarlehen, 8 % anfängliche Tilgung, 10 % Zins.
   Stellen Sie beide Tilgungspläne auf. (Benutzen Sie ein Tabellenkalkulationsprogramm.)

4. **Metallweb e. K. benötigt zur Finanzierung von Metallwebstühlen (Erweiterungsinvestition), Anschaffungswert 200 000,00 EUR, ein Darlehen.**
   Die Nutzungsdauer der Maschinen wird auf 12 Jahre geschätzt, ihr Restwert am Ende der Nutzungsdauer auf 20 000,00 EUR.
   Der marktübliche Zinssatz für langfristige Kredite beträgt 5 %. Auch die Kredit gebende Bank verlangt 5 % Zinsen.
   Neben Abschreibungen und Zinsen fallen 3 500,00 EUR jährliche Fixkosten an.
   Jährliche variable Kosten: Fertigungslöhne 55 000,00 EUR, Fertigungsmaterial 65 000,00 EUR, sonstige Kosten 20 000,00 EUR.
   Es wird mit jährlichen Erlösen von 176 000,00 EUR gerechnet.
   a) Berechnen Sie mit Investitionsrechnungen den durchschnittlichen Jahresgewinn, die Brutto- und Nettorentabilität und die Kapitalrückflusszeit. Benutzen Sie ein Tabellenkalkulationsprogramm.
   b) Wird die Bank unter den vorliegenden Voraussetzungen nach Ihrer Ansicht bereit sein, das gewünschte Darlehen zur Verfügung zu stellen?
   c) Auf wie viel Euro sollte der Darlehensbetrag lauten? (Bitte begründen!)
   d) Welche Laufzeit sollte der Kredit höchstens, welche mindestens haben? (Bitte begründen!)
   e) Erstellen Sie mit einem Tabellenkalkulationsprogramm die Tilgungspläne für ein Fest-, ein Abzahlungs- und ein Annuitätendarlehen unter Zugrundelegung der Höchst- und Mindestlaufzeit. Geben Sie aufgrund Ihrer Rechnungen die Vor- und Nachteile der jeweiligen Darlehensart an und entscheiden Sie sich für eine Darlehensart.
   f) Prüfen Sie, ob aufgrund Ihrer Rechnungen Gründe vorliegen, die vorher angenommene Mindestlaufzeit des Darlehens zu korrigieren. Nehmen Sie ggf. die Korrektur vor.
   g) Fertigen Sie eine Präsentation Ihrer Arbeitsergebnisse an und führen Sie sie vor.

5. **Der Unternehmer Florian Geyer will seinen Betrieb beträchtlich erweitern. Da er nur einen geringen Teil des notwendigen Kapitals durch Gewinn und Einlagen selbst aufbringen kann, verbleiben zwei Möglichkeiten: Aufnahme eines Gesellschafters oder Kreditaufnahme.**
   Stellen Sie die grundsätzlichen Vor- und Nachteile dieser beiden Finanzierungsformen einander gegenüber.

3.4 Innenfinanzierung

3.4.1 Innenfinanzierung mit Eigenkapital

Rückflussfinanzierung

Der Tiefbauunternehmer Carl Schneider hat einen Bagger für 180 000,00 EUR angeschafft. Die Nutzungsdauer wird auf 6 Jahre geschätzt, die jährliche Einsatzzeit auf 1 500 Stunden. Der jährliche Abschreibungsbetrag beläuft sich bei linearer Abschreibung auf 30 000,00 EUR (= 180 000,00 EUR : 6).

Schneider kalkuliert seinen Angebotspreis für eine Arbeitsstunde:

Arbeitslohn (einschl. Lohnnebenkosten)	35,00 EUR
Kraftstoff (10 l à 1,30 EUR)	13,00 EUR
Abschreibungen (30 000,00 EUR : 1 500)	20,00 EUR
Weitere Geschäftskosten	40,00 EUR
....	108,00 EUR
Gewinnzuschlag 15 %	16,20 EUR
Angebotspreis	124,20 EUR

In den Betriebsmitteln ist Kapital gebunden. Die einsatzbedingte Wertminderung der Betriebsmittel wird durch die Abschreibungen erfasst. Wie alle anderen Kosten müssen sie in die Absatzpreise einkalkuliert werden. Diese führen dem Unternehmen die Abschreibungswerte wieder zu und bewirken eine Freisetzung des gebundenen Kapitals. Am Ende der Nutzungsdauer sollte so viel Kapital zurückgeflossen sein, dass das Anlagegut wiederbeschafft werden kann.

***Rückflussfinanzierung* ist Finanzierung aus Abschreibungswerten.**

Sind mehrere Anlagegegenstände vorhanden, so können die eingehenden Abschreibungswerte bereits vor dem Ende der Nutzungsdauer der einzelnen Betriebsmittel zur Finanzierung von Erweiterungsinvestitionen benutzt werden (**Kapazitätserweiterungseffekt**). Web

Beispiel: *Kapazitätserweitungseffekt* M 709

Ein Betrieb beschafft sich in vier aufeinanderfolgenden Jahren je eine Maschine im Wert von 1 000,00 EUR mit einer vierjährigen Nutzungsdauer. Die Abschreibung soll je Maschine jährlich 250,00 EUR betragen.

	Jahr (Ende)				
Maschinen	**1**	**2**	**3**	**4**	**5**
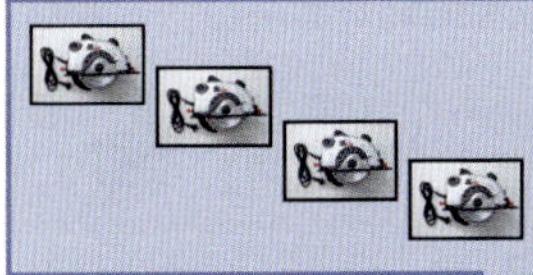	EUR	EUR	EUR	EUR	EUR
1	250,00	250,00	250,00	250,00	250,00
2		250,00	250,00	250,00	250,00
3			250,00	250,00	250,00
4				250,00	250,00
Jährliche Abschreibung	250,00	500,00	750,00	1 000,00	1 000,00
Liquide Mittel	250,00	750,00	1 500,00	2 500,00	2 500,00
– Reinvestitionen	–	–	–	1 000,00	1 000,00
Freigesetzte Mittel	250,00	750,00	1 500,00	1 500,00	1 500,00

Während der ersten vier Jahre beträgt der Kapitalbedarf jährlich 1 000,00 EUR. Am Ende des vierten Jahres muss die erste Maschine ersetzt werden, die zweite am Ende des fünften Jahres usw. Ab dem vierten Jahr entspricht die Abschreibung der Reinvestition von 1 000,00 EUR. Die Abschreibungsbeträge der ersten drei Jahre stehen zur Neuinvestition zur Verfügung. Dieser **freigesetzte** Betrag könnte zur Erweiterung der **Kapazität** verwendet werden.

Selbstfinanzierung (Überschussfinanzierung)

■ Offene Selbstfinanzierung

***Offene Selbstfinanzierung* liegt vor, wenn Teile des Gewinns einbehalten werden.**

Nicht entnommene Gewinne von Einzelunternehmer und Vollhaftern fließen den Kapitalkonten zu. Die Gewinnanteile von Kommanditisten stellen Verbindlichkeiten dar. Sie können ggf. als Fremdkapital in dem Unternehmen verbleiben. Bei den Kapitalgesellschaften und Genossenschaften fließen nicht ausgeschüttete Gewinne den **Gewinnrücklagen** zu. Die Aktiengesellschaft ist sogar zur Bildung **gesetzlicher Rücklagen** verpflichtet. Darin ist einzustellen (§ 150 AktG): der zwanzigste Teil des um einen Verlustvortrag aus dem Vorjahr geminderten Jahresüberschusses, bis die gesetzliche Rücklage und die Kapitalrücklagen zusammen den zehnten oder den in der Satzung bestimmten höheren Teil des Grundkapitals erreichen.

■ Stille Selbstfinanzierung

MGB Maltmann Getriebebau e. K. schreibt ihre Betriebsmittel innerbetrieblich für die Zwecke der Kostenrechnung linear ab. In der Gewinn- und Verlustrechnung, die für das Finanzamt maßgeblich ist, wendet sie jedoch für Gegenstände, die in den Jahren 2020 und 2021 hergestellt wurden, die Abschreibung vom Buchwert (degressive Abschreibung) mit dem höchsten steuerlich zulässigen Abschreibungssatz an. Da der Maschinenpark sehr neu ist, ergeben sich bei der Abschreibung vom Buchwert höhere Abschreibungsbeträge.

Innerbetriebliche Erfolgsermittlung bei linearer Abschreibung (in Tsd. EUR)

S			H
Abschreibungen	10	Erträge	700
Andere Aufwendungen	600		
Gewinn	90		
	700		700

GuV-Rechnung bei Abschreibung vom Buchwert (in Tsd. EUR)

S			H
Abschreibungen	25	Erträge	700
Andere Aufwendungen	600		
Gewinn	75		
	700		700

Bezogen auf den tatsächlichen Wertverlust der Betriebsmittel hat das Unternehmen in diesem Beispiel einen Gewinn von 90 000,00 EUR erwirtschaftet. Aufgrund der Abschreibung vom Buchwert beträgt der steuerlich ausgewiesene Gewinn jedoch nur 75 000,00 EUR. 15 000,00 EUR werden als Aufwand ausgewiesen. Sie sind damit auch der Gewinnausschüttung entzogen und können zur Finanzierung von Investitionsvorhaben verwendet werden.

Das Beispiel zeigt, dass die stille Selbstfinanzierung durch die Unterbewertung von Aktiva ermöglicht wird. Sie führt zur Bildung **stiller Rücklagen**. Die stillen Rücklagen werden zu einem späteren Zeitpunkt aufgelöst, z. B. wenn die Abschreibungsbeträge vom Buchwert niedriger werden als die kalkulatorischen Abschreibungsbeträge oder wenn die betreffenden Vermögensgegenstände verkauft werden.

Aufgrund der Unternehmenssteuerreform 2008 ist die degressive Abschreibung für Neuanschaffungen abgeschafft. Für Anschaffungen in den Jahren der Wirtschaftskrise 2009 und 2010 sowie den Jahren der Pandemiekrise 2020 und 2021 wurde sie wieder zugelassen. Ansonsten ist sie ggf. nur noch bei ausländischen Tochterunternehmen möglich. Gleichwohl können auch in Deutschland noch stille Rücklagen gebildet werden, wenn z. B. steuerlich eine kürzere Nutzungsdauer angesetzt werden kann als in der Kostenrechnung.

Auch dann ergibt sich steuerlich ein höherer Abschreibungssatz. Beispiel: steuerlich 8 Jahre ≙ 12,5 %, kostenrechnerisch 10 Jahre ≙ 10 %

Der **Vorteil der stillen Selbstfinanzierung** gegenüber der offenen Selbstfinanzierung liegt darin, dass die Bildung der offen ausgewiesenen Gewinnrücklagen aus dem versteuerten Gewinn erfolgt, während bei der stillen Form diese Beträge überhaupt nicht als Gewinn ausgewiesen und deshalb zunächst auch nicht versteuert werden. Die Steuern werden vielmehr bis zur Auflösung der stillen Rücklagen sozusagen gestundet. Dies bedeutet größere Finanzierungskraft, höhere Liquidität und Zinsvorteile.

Ebenso wie die Unterbewertung von Aktivposten führt die Überbewertung von Passivposten zu stillen Rücklagen[1].

***Stille Selbstfinanzierung* entsteht durch die Bildung stiller Rücklagen**
- **aufgrund der Unterbewertung von Aktiva,**
- **aufgrund der Überbewertung von Passiva.**

3.4.2 Innenfinanzierung mit Fremdkapital

MGB Maltmann Getriebebau e. K. hat einen Großauftrag über 1 200 000,00 EUR erhalten. Er hat sich dabei jedoch verpflichten müssen, 3 Jahre lang kostenlos anfallende Reparaturen zu übernehmen, die auf Herstellungsmängeln beruhen. Hierfür bildet er im Jahr des Vertragsabschlusses eine Garantierückstellung von 4 % (= 48 000,00 EUR).
Im selben Jahr stellt MGB einen neuen Produktionsleiter ein, dem er eine betriebliche Pensionszusage macht (monatlich 1 000,00 EUR, zu zahlen ab dem 67. Lebensjahr). Hierfür wird jährlich eine Pensionsrückstellung gebildet.

***Innenfinanzierung* mit Fremdkapital erfolgt durch die Bildung von Rückstellungen.**

Rückstellungen sind Verbindlichkeiten, Verluste oder Aufwendungen, die dem Grunde nach bereits feststehen und insofern als Aufwand in dem Geschäftsjahr zu buchen sind, in dem sie verursacht werden, aber deren Höhe und Fälligkeit am Bilanzstichtag noch nicht bekannt sind. Als Verbindlichkeiten stellen sie Fremdkapital dar.

Rückstellungen sind nach § 249 HGB zu bilden für:
- **ungewisse Verbindlichkeiten (z. B. Pensionsverpflichtungen, zu erwartende Inanspruchnahme aus Bürgschaften, Garantieverpflichtungen usw.);**
- **drohende Verluste aus schwebenden Geschäften (z. B. wegen Preisrückgang bei gekauften, aber noch nicht gelieferten Rohstoffen);**
- **im Geschäftsjahr unterlassene Aufwendungen für Instandhaltung, die binnen 3 Monaten nach dem Bilanzstichtag nachgeholt werden, oder für Abraumbeseitigung, die im folgenden Geschäftsjahr nachgeholt werden;**
- **Gewährleistungen aus Kulanz.**

Die jeweilige Rückstellung wird auf einem Aufwandskonto gegengebucht. Damit wird der ausgewiesene Gewinn gemindert. Der betreffende Betrag ist damit auch der Gewinnausschüttung entzogen, verbleibt in dem Unternehmen und kann zur Finanzierung von Investitionen verwendet werden.

[1] Vgl. S. 712.

Von besonderer Bedeutung sind die **Pensionsrückstellungen**, da sie dem Unternehmen sehr langfristig zur Verfügung stehen. Die Zahlung der Pensionen kann eventuell sogar aus erneut gebildeten Rückstellungen geleistet werden. Der Staat verlangt deshalb die Beachtung finanzmathematischer Regeln beim Ansatz von Pensionsrückstellungen.

Andere Rückstellungen sind in der Höhe anzusetzen, die bei vernünftiger kaufmännischer Beurteilung notwendig ist. Hier verbleibt dem Unternehmen ein Bewertungsspielraum. So können Prozessrückstellungen oder Gewährleistungsrückstellungen höher als notwendig angesetzt werden. Der Effekt ist der gleiche wie bei überhöhten Abschreibungen: Verminderung des ausgewiesenen Gewinns und Steuerstundung bis zur Auflösung der Rückstellung. Dies bedeutet auch hier größere Finanzierungskraft, höhere Liquidität und Zinsvorteile.

Die überhöhte Rückstellung (Überbewertung von Passiva) führt wie die Unterbewertung von Aktiva zu einer stillen Rücklage. Der überhöhte Teil der Rückstellung hat damit den Charakter von Eigenkapital. Er wäre eigentlich Gewinn. Somit ist er der Selbstfinanzierung zuzurechnen.

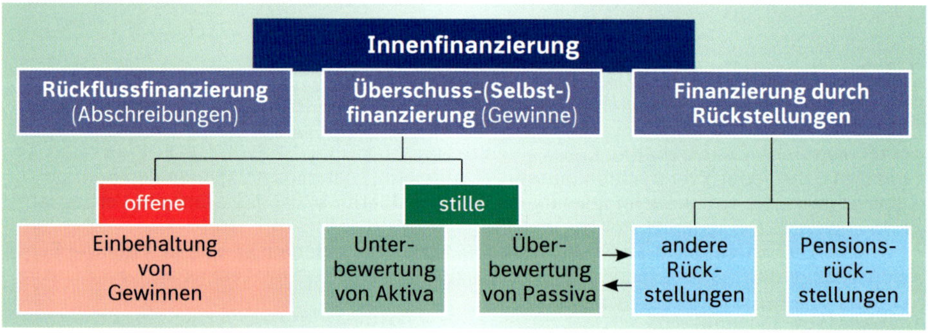

3.4.3 Beurteilung der Innenfinanzierung

Vorteile der Innenfinanzierung

Innenfinanzierung bedeutet für das Unternehmen Mittelzuführung aus eigener Kraft ohne Verpflichtung gegenüber Kapitalgebern. Sie gestattet den Ersatz verbrauchter Vermögensgegenstände und die Bildung zusätzlichen Vermögens von innen her. Damit schützt sie das Unternehmen vor Substanzverlusten und ermöglicht dessen Wachstum. Schulden können ohne Substanzverlust zurückgezahlt und der Anteil des Eigenkapitals am Gesamtvermögen erhöht werden. Dies bedeutet einerseits eine Stärkung der Finanzkraft, andererseits eine Erhöhung der Kreditwürdigkeit. Finanzierungskosten und irgendwelche lästige Formalitäten entstehen nicht.

Der Kapitalmarkt muss nicht in Anspruch genommen, das Privatvermögen der Eigentümer nicht angegriffen werden. Im Gegensatz zur Aufnahme neuer Gesellschafter verschieben sich die Entscheidungsbefugnisse nicht.

Eine ausreichende Innenfinanzierung kann das Unternehmen in seinen Investitionsentscheidungen weitgehend von der staatlichen Kreditpolitik unabhängig machen.

Für Klein- und Mittelbetriebe ist die Innenfinanzierung oft die einzige Möglichkeit, Kapital zu beschaffen. Leider wird der nötige Umfang dadurch eingeschränkt, dass Gewinne von den Eigentümern zur Deckung des privaten Lebensunterhalts entnommen werden müssen.
Die stille Selbstfinanzierung führt über den Weg der Steuerstundung zu höherer Finanzkraft und Liquidität. Sie eröffnet bei Aktiengesellschaften auch Möglichkeiten der Dividendenpolitik: In gewinnreichen Jahren werden stille Rücklagen gebildet, die in gewinnarmen Jahren zum Zwecke der Dividendenzahlung aufgelöst werden können.

Nachteile der Innenfinanzierung

Die Bildung erheblicher stiller Rücklagen führt dazu, dass die Bilanz als Instrument der Rechenschaftslegung erheblich an Aussagekraft verliert. Das Unternehmen stellt sich schlechter dar, als es ist. Andererseits kann die Möglichkeit, stille Rücklagen aufzulösen, zu einer zu guten Selbstdarstellung führen und Fehler der Geschäftsleitung verschleiern.

Arbeitsaufträge

1. **Innenfinanzierung kommt in unterschiedlichen Formen vor.**
   Erläutern Sie die Unterschiede zwischen
   a) Außenfinanzierung und Innenfinanzierung,
   b) Rückflussfinanzierung und Selbstfinanzierung,
   c) stiller und offener Selbstfinanzierung,
   d) Innenfinanzierung durch Abschreibungen und durch Rückstellungen.

2. **Ein Unternehmen will in drei aufeinanderfolgenden Jahren je eine Maschine für 2 000,00 EUR kaufen. Die Maschinen haben jeweils eine vierjährige Nutzungsdauer. Die Abschreibung soll 500,00 EUR jährlich betragen.**
   a) Erläutern Sie anhand dieses Beispiels den Kapazitätserweiterungseffekt der Abschreibungen.
   b) Am Ende welchen Jahres kommt hier der Kapazitätserweiterungseffekt zum Tragen?

3. **Bewertungsspielräume können die Bildung stiller Rücklagen zulassen.**
   Geben Sie an, wie die folgenden Vermögenswerte und Verbindlichkeiten am Bilanzstichtag bewertet werden können und welche Möglichkeiten zur Bildung stiller Rücklagen bestehen.
   a) Rohstoffe
   b) unbebaute Grundstücke
   c) Maschinen
   d) ein Messgerät (Anschaffungswert 400,00 EUR zzgl. MwSt)
   e) Pensionsrückstellungen
   f) Prozessrückstellungen

4. **„Stille Rücklagen verschaffen bei ihrer Bildung erhöhte Liquidität, führen aber später zu stärkeren Einschränkungen der Liquidität."**
   Erläutern Sie diesen Satz.

3.5 Leasing als Finanzierungsalternative

Der Baustoffproduzent Küppers GmbH benötigt einen neuen Kran-Lkw. Zur Bezahlung des Preises von 190 000,00 EUR stehen zurzeit 30 000,00 EUR an Eigenmitteln zur Verfügung, den Rest müsste die Bank finanzieren. Allerdings ist wegen hoher Kreditaufnahmen für Betriebserweiterungen der Kreditspielraum schon ausgeschöpft, ebenso wie die Möglichkeiten der Kreditsicherung. Darüber hinaus würde man das vorhandene Eigenkapital lieber für die Finanzierung von Materialeinkäufen einsetzen, um noch besser Skonti ausnutzen zu können. Der Kundenberater der Hausbank schlug letzte Woche vor, den Lkw nicht zu kaufen, sondern zu leasen ...

Leasen bedeutet: mieten, pachten. Tatsächlich ist ein Leasingvertrag rechtlich eine spezielle Art des Mietvertrags:

Beim Leasing wird ein Gegenstand (z. B. Gebäude, Gerät, Fahrzeug) gegen Entgelt für eine feste Zeit vertraglich zur Nutzung überlassen. Der Überlassende heißt Leasinggeber, der Nutzer Leasingnehmer. Das – meist monatliche – Entgelt heißt Leasingrate.

Web M 714

Sehen Sie sich auch die Präsentation *Leasing* an.

Arten von Leasing-Verträgen	
	nach der Art des Leasing-Gegenstandes
Immobilien-Leasing:	Mieten von Gebäuden
Mobilien-Leasing:	Mieten von beweglichen Gütern (z. B. Maschinen, Fahrzeuge, EDV-Anlagen, Handtuchautomaten)
	nach dem Leasinggeber
direktes Leasing:	Der Hersteller des Objektes ist Leasinggeber.
indirektes Leasing:	Eine Leasing-Gesellschaft (meist Tochter-Gesellschaft einer Bankenorganisation) ist Leasinggeber.
	nach der Kündigungsmöglichkeit
Operate-Leasing:	Vertrag kurzfristig kündbar (Leasinggeber trägt das Risiko der Investition; setzt mehrmals verwertbare Güter voraus, z. B. Kfz, EDV-Anlage).
Finance-Leasing:	Vertrag während der Grundmietzeit nicht kündbar (Leasingnehmer trägt das Risiko der Investition).
	nach der Option bei Vertragsablauf
optionsloser Vertrag:	Rückgabe des Objekts nach Vertragsablauf.
Vertrag mit Kaufoption:	Leasingnehmer kann das Objekt auf der Basis des Restbuchwertes oder Verkehrswertes kaufen.
Vertrag mit Tauschoption:	Leasingnehmer kann das Objekt gegen ein neues eintauschen.
Vertrag mit Verlängerungsoption:	Leasingnehmer kann Verlängerung der Mietzeit auf der Basis des Restwertes oder Verkehrswertes verlangen.

Typische Leasing-Laufzeiten:
- → Ausrüstungsgegenstände 2 bis 6 Jahre
- → komplette Industrieanlagen bis zu 14 Jahre
- → Gebäude bis zu 30 Jahre

Der Leasingnehmer zahlt dem Leasinggeber während der Grundmietzeit eine monatliche Leasingrate. Diese enthält Kosten, die zum Teil auch beim Kauf des Objektes anfallen würden:

Zusammensetzung der Leasingrate

- **Abschreibungen**
- **Kapitalverzinsung** (meist mindestens 2 % mehr als beim Kauf)
- **anteilige Verwaltungskosten**
- **Risikozuschlag für Ausfälle**
- **Wartungs- und Reparaturkosten** (wenn der Leasinggeber laut Vertrag Wartung und Reparatur übernimmt)
- **ggf. Versicherungsprämie** (wenn der Leasingnehmer den Gegenstand nicht selbst versichert)
- **Gewinn** des Leasinggebers

Beispiel: Leasing-Angebot Kran-Lkw

Angebot der Mobilien Leasing GmbH: Kran-Lkw Moyota Kralo; Mietzeit 48 Monate; jährliche Fahrleistung 25 000 km; Fahrzeugpreis netto (ohne MwSt) 90 800,00 EUR; monatliche Leasingrate netto 2,8 % vom Nettopreis; Restwert nach 4 Jahren netto 45 400,00 EUR; nach Vertragsende nach Wunsch des Kunden Rückgabe des Fahrzeugs oder Ankauf zum Restwert.

Der Leasingnehmer trägt regelmäßig die Risiken, die im Zusammenhang mit der Nutzung des Objektes stehen: die Verlustgefahr, die Gefahr des vorzeitigen Verschleißes und die Gefahr der Beschädigung. Er ist also so gestellt wie ein Käufer.

Leasingraten betragen bei 5-Jahresverträgen monatlich etwa 2 %, bei 3-Jahresverträgen etwa 3 % vom Anschaffungswert. Insbesondere wegen der in der Leasingrate enthaltenen höheren Verzinsung und des Gewinnzuschlages sind die Kosten meist höher als beim Kauf. Trotzdem wiegt für Unternehmen oft eine Reihe von Vorteilen schwerer:

Merke:
***Verbrauchern** ist wegen der höheren Kosten vom Leasing abzuraten. **Unternehmen** sollten jeden Einzelfall prüfen.*

- Das **Unternehmen behält flüssige Mittel** in Höhe des Kaufpreises, die beim Kauf langfristig gebunden wären. Beim Leasing wird nur in Höhe der Leasingrate Kapital gebunden. Das freibleibende Kapital kann zur Finanzierung des Umlaufvermögens (Waren, Materialien) eingesetzt werden; dieses wird schneller umgeschlagen und bringt rascher Gewinn.
- Der **Kreditspielraum bleibt erhalten**, weil kein Kredit für das Investitionsobjekt aufgenommen werden muss.
- Der Leasinggeber prüft zwar die Kreditwürdigkeit des Leasingnehmers; da er Eigentümer des Leasingobjektes bleibt, sind aber **keine Sicherheiten zu stellen**.
- Aufgrund der günstigen Mietzeiten wird die **Investitionstätigkeit flexibler**: Die Anlagen befinden sich immer auf einem aktuellen Stand der Technik. Gegebenenfalls ist der Leasingvertrag sogar kurzfristig kündbar (Operate-Leasing).
- Die **Leasingrate** ist – unabhängig von Zinssatzänderungen – über die gesamte Grundmietzeit **unveränderlich**. Der Betrieb hat folglich eine feste Kalkulationsgrundlage.
- Die Vertragsgestaltung kann so erfolgen, dass die **Leasingrate voll als Aufwand** angesetzt werden kann. Damit sinken die gewinnabhängigen Steuern. (Für die Gewerbesteuer gilt dies nur innerhalb bestimmter Grenzen.)

Grundmietzeit in % der gewöhnlichen Nutzungsdauer	Steuerliche Behandlung
kleiner als 40 % oder größer als 90 %	Der Gegenstand wird dem Leasingnehmer zugerechnet. Dieser schreibt ihn wie einen gekauften Gegenstand ab. Die Leasingrate wird in einen Tilgungs- und einen Aufwandsanteil aufgeteilt.
40 % bis 90 %	Der Leasingnehmer kann die Leasingrate voll als Aufwand ansetzen.

- Der **Verwaltungsaufwand ist niedriger** als bei gekauften Anlagen.
- Durch eventuelle Wartungs- und Beratungsverträge kann der Betrieb am **Know-how des Leasinggebers** teilhaben.

Arbeitsauftrag

Die Metalltuche GmbH möchte für einen Außendienstmitarbeiter einen Pkw Moyota Mundo beschaffen. Alternativen: Leasing oder Kauf. Folgende Angebote liegen vor:

Leasingangebot des Moyota-Händlers: Mundo 1.6, 75 kw/102 PS, Drei-Wege-Kat Vertragszeit: 36 Monate Jährliche Fahrleistung: 25 000 km Nettowerte (ohne MwSt): Fahrzeugpreis: 20 900,00 EUR Monatl. Leasingrate: 3 % vom Fahrzeugpreis Restwert nach 36 Monaten: 7 747,41 EUR	Kreditangebot der Sparkasse: Darlehen in Höhe von 90 % des Fahrzeugpreises (ohne MwSt), Laufzeit: 36 Monate; Auszahlung: 100 %, Zinsen: Durchgehend 15 % vom Anfangskredit, Tilgung: Am Ende der beiden ersten Jahre jeweils 5 % der Kreditsumme, Rest am Ende der Laufzeit

a) Wie viel Euro betragen die Leasingausgaben insgesamt und durchschnittlich pro Jahr?
b) Wie viel Euro betragen beim Kreditkauf die Kreditkosten?
c) Wie viel Euro betragen beim Kreditkauf die Gesamtbelastung und die durchschnittliche jährliche Belastung? (Einrechnen: sämtliche Ausgaben und kalkulatorische Zinsen in Höhe von 4,25 % für den Eigenkapitaleinsatz abzüglich Restwert des Pkw).
d) Welche Alternative (Leasing oder Kauf) ist teurer? Um wie viel Prozent ist sie teurer?
e) Welche Gründe könnten die Metalltuche GmbH trotzdem zur Wahl der teureren Alternative bewegen? Diskutieren Sie über das Pro und Kontra. Ziehen Sie dabei ggf. weitere Unterlagen heran (z. B. Unterlagen zu den steuerlichen Auswirkungen).

4 Finanzplanung und Finanzcontrolling

4.1 Finanzplanung und Finanzierungsziele

Die *Finanzplanung* erfasst systematisch alle im Planungszeitraum erwarteten Einnahmen, Ausgaben und flüssigen Mittel. Sie ermittelt die Über- und Unterdeckung und plant einen Ausgleich zwischen Einnahmen und Ausgaben.

Die Finanzplanung ist mit allen Bereichen verbunden. Vom Absatz erhält sie Meldungen über die erwarteten Erlöse, von den anderen Bereichen Meldungen über den Kapitalbedarf. Erwartete Einnahmen und Ausgaben sind gegenüberzustellen, Lücken durch Kredite zu schließen.

Wenn Finanzmittel nur begrenzt beschafft werden können, müssen die vorrangigen Investitionen festgestellt werden. In jedem Fall werden den Abteilungen Budgets zugeteilt, die von den Verantwortlichen einzuhalten sind.

Die Finanzplanung soll auch sicherstellen, dass die Ziele der Finanzierung erreicht werden.

Das **Hauptziel der Finanzierung** ist die **Deckung des Kapitalbedarfs** für alle laufenden und geplanten Investitionen. Dies ist gleichbedeutend mit der **Sicherung der Liquidität**. Ein liquides Unternehmen befindet sich „im finanziellen Gleichgewicht."

Ein Unternehmen ist liquide (im finanziellen Gleichgewicht), wenn es alle Verbindlichkeiten jederzeit fristgerecht begleichen kann.

Finanzierungsziele
- Deckung des Kapitalbedarfs/Sicherung der Liquidität
- Förderung der finanziellen Flexibilität
- Sicherheit gegen Investitionsrisiken
- Förderung der Rentabilität/Minimierung der Finanzierungskosten
- Förderung von Finanzimage und Bonitätsbeurteilung

Die Finanzierung soll außerdem
- **die finanzielle Flexibilität fördern:** Je nach der gegebenen Situation sollen die passenden Finanzierungsmittel eingesetzt werden können. Das Unternehmen soll finanziell unabhängig bleiben und z. B. nicht in die Abhängigkeit von Kreditgebern oder neuen Gesellschaftern geraten;
- **Sicherheit gegen Investitionsrisiken bieten:** Jede Investition ist mit Risiken behaftet. Je höher diese sind, desto höher soll das Eigenkapitalpolster sein. Dann können eventuelle Verluste aufgefangen werden;
- **die Rentabilität/Rendite des Kapitaleinsatzes fördern:** Es sollen gewinnträchtige Investitionen finanziert werden. Zugleich sollen die Finanzierungsmittel mit den geringstmöglichen Kosten beschafft werden;
- **das Finanzimage des Unternehmens fördern:** Je besser die finanzielle Situation des Unternehmen ist, desto besser wirkt dies nach außen und beeinflusst die Beurteilung der Bonität (Kreditwürdigkeit) positiv.

Zwischen Liquiditäts- und Rentabilitätsziel besteht ein ständiger **Zielkonflikt**: Das Streben nach Rentabilität verlangt die produktive Investition der flüssigen Mittel. Hierdurch jedoch werden die Mittel gebunden und können nicht mehr für fällige Zahlungen verwendet werden.

SIEBTER ABSCHNITT

Beispiel: Zielkonflikt Liquidität – Rentabilität

Sehen Sie sich auch die Präsentation *Zielkonflikt Liquidität – Rentabilität* an. M 717

Web

Ein kleines Unternehmen hat am 07.03. ein Guthaben in Höhe von 50 000,00 EUR auf dem Bankkonto. Für einen Kundenauftrag kauft es Rohstoffe für 30 000,00 EUR ein und bezahlt diese am 10.03. Der Auftrag wird ihm einen Gewinn von 24 000,00 EUR bringen. Zahlungseingänge sind in den kommenden Tagen nicht zu erwarten.

Am 11.03. geht eine Nachricht der Bank ein: „... Ihr Darlehen über 40 000,00 EUR wird am 15.03. zur Rückzahlung fällig ..."

Der Fälligkeitstag wurde von der Buchhaltung übersehen. Jetzt ergeben sich am 15.03. Liquiditätsprobleme. Obwohl die Finanzierung des Materialkaufs eine Rentabilität von 80 % abwerfen wird (24 000,00 / 30 000,00 · 100 = 80 %), kann das Darlehen nicht fristgerecht getilgt werden.

4.2 Finanzierungsregeln (Finanzierungsgrundsätze)

Bei MGB Maltmann Getriebebau e. K. wurde festgestellt, dass das Rohstofflager eine Umschlagshäufigkeit von 6 aufweist. Das Kapital ist also im Durchschnitt 2 Monate in den Werkstoffen gebunden. Man ist deshalb dazu übergegangen, mit den Lieferanten Zahlungsfristen von 90 Tagen zu vereinbaren. Auf diese Weise muss kein Eigenkapital für den Einkauf eingesetzt werden. Die Werkstoffe sind mit hoher Wahrscheinlichkeit binnen 3 Monaten verarbeitet, verkauft und bezahlt. Mit dem Erlös können die eigenen Verbindlichkeiten fristgerecht beglichen werden.

Eine solche Finanzierung ist selbstverständlich beim Kauf von Maschinen nicht möglich. Wenn möglich, versucht man, sie mit Erlösüberschüssen zu finanzieren. Fehlbeträge werden mit Bankkrediten abgedeckt, deren Laufzeit der geschätzten Nutzungsdauer der Maschinen entspricht und die in jährlichen Teilbeträgen getilgt werden.

Man muss nicht nur wissen, in welcher Höhe Kapitalbedarf auftritt, um Finanzierungsmittel in gleicher Höhe zu beschaffen. Investition und Finanzierung müssen vielmehr auch zeitlich aufeinander abgestimmt werden.

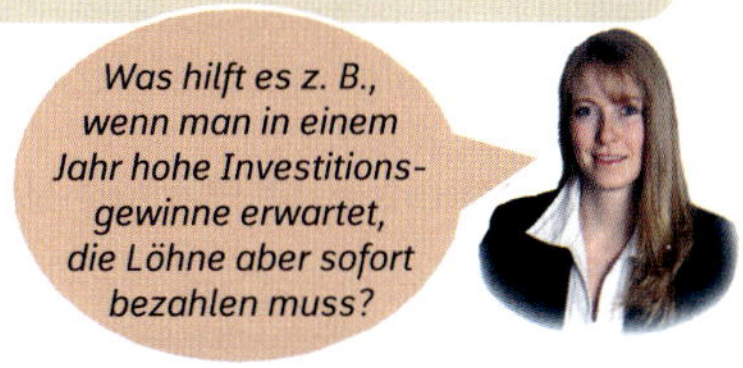

Finanzierungsregeln sind Grundregeln für die zeitliche Abstimmung von Investition und Finanzierung. Sie sollen helfen, die Liquidität zu sichern.

- **Goldene Finanzierungsregel (auch: goldene Bankregel): Die Bindungsdauer von Kapital muss der Dauer der Kapitalüberlassung für den bestimmten Zweck entsprechen.**
- **Goldene Bilanzregel: Anlagevermögen und eiserne Bestände sollen durch Eigenkapital und langfristiges Fremdkapital abgedeckt sein.**

Eigenkapital kann unbedenklich langfristig investiert werden, da es unbegrenzt zur Verfügung steht. Fremdkapital jedoch muss fristgerecht zurückgezahlt und deshalb rechtzeitig freigesetzt werden. Deshalb gilt:

- Nur Vorräte mit kurzfristigem Fremdkapital finanzieren! Die gebundenen Mittel fließen durch den Verkauf rasch zurück.
- Betriebsmittel nicht mit kurzfristigem Fremdkapital finanzieren! Die gebundenen Mittel fließen erst im Lauf der Jahre über die Produkterlöse zurück. Ein kurzfristiger Kredit könnte nicht rechtzeitig zurückgezahlt werden.

Auch eine Finanzierung über den Investitionsendpunkt hinaus ist problematisch. Sie bedeutet Tilgungs- und Zinsbelastung, wenn die entsprechenden Anlagen bereits nicht mehr verwendet werden und dementsprechend keine Erlöse mehr hereinbringen.

Kritik an goldener Finanzierungs- und Bilanzregel	
Goldene Finanzierungsregel	**Goldene Bilanzregel**
Die Einhaltung der goldenen Finanzierungsregel sichert die Liquidität nicht, wenn • die getätigte Investition Verluste bringt, • die getätigte Investition zwar ihre Zinsen und Tilgungsleistungen, nicht aber die laufenden Zahlungen für Löhne, Werkstoffe, Steuern usw. erwirtschaftet.	Die Einhaltung der goldenen Bilanzregel sichert die Liquidität nicht, weil • die Bilanz nicht alle künftigen Ein- und Auszahlungen ausweist (Lohn- und Mietzahlungen, Steuern, Mieteinnahmen usw.), • die Zahlungstermine nicht aus der Bilanz zu ersehen sind, • die Bilanz keine Möglichkeiten der Kapitalbeschaffung zeigt (durch Einlagen, Kreditverlängerung usw.).

Die Einhaltung der Regeln kann also die Liquidität nicht garantieren, aber zu ihrer Aufrechterhaltung beitragen.

4.3 Aufstellung von Finanzplänen

Finanzpläne stellen die Einnahmen und Ausgaben für eine bestimmte Periode gegenüber (z. B. kurzfristiger Plan: 1 Jahr, mittelfristiger Plan: bis zu 4 Jahre, langfristiger Plan: über 4 Jahre). Damit lässt sich erkennen, wie liquide das Unternehmen zu jedem Zeitpunkt der Periode ist. Diese **Periodenliquidität** hat mehr Aussagekraft als die **Momentanliquidität (Stichtagsliquidität)**, die z. B. zum Bilanzstichtag ermittelt wird.

Am häufigsten ist der Jahresfinanzplan. Er wird je nach Bedarf in Quartale oder Monate unterteilt. Vielfach nimmt man auch eine überlappende Planung vor: Der Plan wird für ein Jahr aufgestellt. Ist der erste Monat (bzw. das erste Quartal) abgelaufen, so wird der 13. Monat (bzw. das fünfte Quartal) in die Planung einbezogen.

Der Finanzplan trennt zwischen ordentlichen und außerordentlichen Einnahmen und Ausgaben.

Einnahmen und Ausgaben im Finanzplan	
Ordentliche Einnahmen und Ausgaben	**Außerordentliche Einnahmen und Ausgaben**
Sie ergeben sich aus der Umsatztätigkeit des Unternehmens (Materialeinkauf, Lohnzahlung, Erlöse usw.)	Sie ergeben sich aus Finanzmaßnahmen (z. B. Kreditaufnahmen, Einnahmen aus Maschinenverkäufen, Kreditrückzahlung, Gewinnausschüttung, Anlagenkäufe)

Beispiel: **Finanzplan (in Tsd. EUR)**

	Jahr ..			Januar			Februar		
	Soll	Ist	Abweichung	Soll	Ist	Abweichung	Soll	Ist	Abweichung
A Flüssige Mittel	120			10	10	0	40	52	12
B Zahlungseingänge									
Ordentliche Zahlungseingänge:									
Verkaufserlöse									
– Produkt A	1 080			90	95	+ 5	90	93	+ 3
– Produkt B	860			70	76	+ 6	70	68	– 2
Mieten, Pachten	48			4	4	0	4	4	0
Zinsen	24			2	2	0	2	2	0
Sonstige ordentl. Zahlungseingänge	24			2	3	+ 1	2	2	0
Summe	2 036			168	180	+ 12	168	169	+ 1
Außerordentliche Zahlungseingänge:									
Kreditaufnahme	200			–	–	–	100	100	0
Anlagenverkäufe	80			–	–	–	40	35	– 5
Summe	280			–	–	–	140	135	– 5

	Jahr ..			Januar			Februar		
	Soll	Ist	Abweichung	Soll	Ist	Abweichung	Soll	Ist	Abweichung
C Zahlungsausgänge									
Ordentliche Zahlungsausgänge:									
Materialkäufe	720			60	64	+ 4	60	64	+ 4
Löhne, Gehälter	480			40	40	0	40	40	0
Zinsen	84			7	7	0	7	7	0
Mieten	96			8	8	0	8	8	0
Steuern, Versicherungen	120			10	9	− 1	10	10	0
Werbung	36			3	3	0	3	3	0
Reparaturen	60			5	2	− 3	5	1	− 4
Summe	1 596			133	133	0	133	133	0
Außerordentliche Zahlungsausgänge:									
Anlagenkäufe	240			–	–	–	120	125	+ 5
Kredittilgung	60			5	5	0	5	5	0
Summe	300			5	5	0	125	130	+ 5
Über-/Unterdeckung	+ 420			+ 40	+ 52	+ 12	+ 90	+ 93	+ 3

Web

Sie finden diesen *Finanzplan* auch in BuchPlusWeb als Excel-Datei. Sie können ihn mit selbstgewählten Zahlen fortführen. Beim Ausfüllen der Monate März, April usw. werden die Eintragungen in den ersten drei Spalten fortlaufend zu Jahressummen aufaddiert. *M 719*

Eine Überdeckung im Finanzplan kennzeichnet einen Liquiditätsüberschuss (Anlagemöglichkeiten suchen!), eine Unterdeckung einen Finanzierungsbedarf.

Arbeitsaufträge

1. **Die zeitliche Abstimmung von Investition und Finanzierung ist für die Erhaltung des finanziellen Gleichgewichts des Unternehmens unerlässlich.**
   a) Was ist unter finanziellem Gleichgewicht zu verstehen?
   b) Erläutern Sie die obige Aussage am Beispiel einer zu beschaffenden Produktionsanlage mit Anschaffungskosten von 400 000,00 EUR.
   c) In welchen der folgenden Fälle ist ein Unternehmen nicht im finanziellen Gleichgewicht?
      (1) Die kurzfristigen Verbindlichkeiten übersteigen die Zahlungsmittel und kurzfristigen Forderungen.
      (2) Zahlungsmittel und kurzfristige Forderungen übersteigen die kurzfristigen Verbindlichkeiten.
      (3) Zahlungsmittel und kurzfristige Forderungen entsprechen den kurzfristigen Verbindlichkeiten.
2. **Auf Seite 718 f. ist ein Teil eines Finanzplans abgebildet.**
   a) Erläutern Sie, wie die Finanzplanung in die betriebliche Gesamtplanung eingebettet ist.
   b) Welche Ziele verfolgt der Betrieb mit der Aufstellung eines Finanzplans?
   c) Besteht zwischen den verfolgten Zielen Harmonie oder kommt es zu Zielkonflikten?
   d) Inwiefern unterscheidet sich die Liquidität, die sich aus dem Finanzplan ergibt, von der Liquidität, die als Kennzahl aus der Bilanz entwickelt wird?
   e) In dem dargestellten Finanzplan wird zwischen jeweils zwei Gruppen von Einnahmen und Ausgaben unterschieden. Um welche Gruppen handelt es sich und warum nimmt man eine derartige Unterscheidung vor?
   f) Der Finanzplan dient nicht nur zur Vorherbestimmung von Einnahmen und Ausgaben, sondern auch zu ihrer Kontrolle. Wie erfolgt diese Kontrolle?
   g) Was ist unter Über- bzw. Unterdeckung zu verstehen und wie wird sie im Finanzplan berechnet?
   h) Führen Sie den Finanzplan mit selbst gewählten Zahlen auf einem gesonderten Blatt fort.

4.4 Instrumente des Finanzcontrollings

Das Finanzcontrolling prüft durch Soll-Ist-Vergleich, ob und in welchem Ausmaß die Finanzierungsziele erreicht und die Finanzierungsregeln eingehalten wurden. Die Kontrollergebnisse bewirken ggf. Korrekturen der Investitions- und Finanzplanung. Die notwendigen Daten entnimmt das Controlling vor allem der Finanzbuchhaltung, dem Investitionsplan, dem Finanzplan und der Kosten- und Leistungsrechnung.

4.4.1 Bilanzkennzahlen

Aus dem Jahresabschluss lassen sich Kennzahlen ermitteln. Diese ermöglichen Aussagen über die Liquidität, die Rentabilität und die finanzielle Flexibilität des Betriebes. Aufschlussreich ist vor allem die tendenzielle Entwicklung der Kennzahlen im Zeitablauf.

Web

M 720_1
M 720_2

Bilanzkennzahlen entstehen, wenn man „waagerecht“ und „senkrecht“ Beziehungen zwischen den folgenden vier Gruppen herstellt:

Siehe hierzu die Präsentation und die Excel-Datei *Bilanzkennzahlen*.

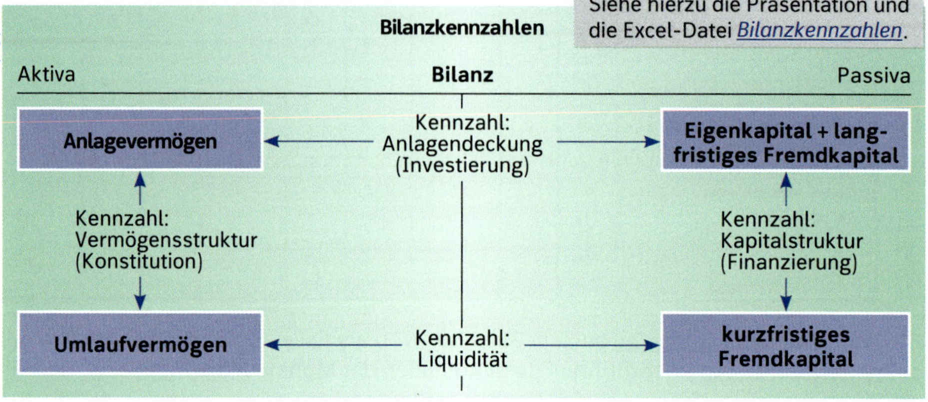

Der Berechnung der Kennzahlen wird hier eine vereinfachte Bilanz zugrunde gelegt.

Beispiel: Vereinfachte Bilanz

	Aktiva	Vorjahr	Berichtsjahr	Passiva	Vorjahr	Berichtsjahr
	Bilanz (in Mio. EUR)					
Liquide Mittel 4. Ordnung:	Anlagevermögen	9	13	Eigenkapital	8	8
	Umlaufvermögen:			Fremdkapital:		
Liquide Mittel 3. Ordnung:	Materialien, Produkte	3	7	langfristige Darlehen	3	4
Liquide Mittel 2. Ordnung:	Forderungen	8	7	Lieferantenverbindlichkeiten	11	16
Liquide Mittel 1. Ordnung:	Zahlungsmittel	2	1			
		22	28		22	28

Anlagendeckung, Vermögensstruktur, Kapitalstruktur

$$\text{Anlagendeckung (Investierung)} = \frac{\text{Eigenkapital + langfristiges Fremdkapital}}{\text{Anlagevermögen}} \cdot 100$$

$$\text{Vermögensstruktur (Konstitution)} = \frac{\text{Anlagevermögen}}{\text{Umlaufvermögen}} \cdot 100$$

$$\text{Kapitalstruktur (Finanzierung)} = \frac{\text{Eigenkapital}}{\text{Fremdkapital}} \cdot 100$$

Die **Anlagendeckung** misst, in welchem Maß der goldenen Bilanzregel entsprochen wird. Ein Wert von 100 % bedeutet volle Deckung des Anlagevermögens durch langfristiges Kapital. Er ist ein Anhaltspunkt für finanzielle Stabilität: Es ist keine Bedrohung der Liquidität dadurch zu befürchten, dass

- in Anlagevermögen gebundenes Kapital kurzfristig zur Rückzahlung fällig wird,
- ggf. zu höheren Zinsen neu beschafft werden muss.

Die **Vermögensstruktur** misst das Verhältnis Anlagevermögen zu Umlaufvermögen. Je größer der Wert ist,
- desto größer ist der Anteil des Anlagevermögens am Gesamtvermögen,
- desto stärker ist der Betrieb mit fixen Kosten belastet,
- desto weniger anpassungsfähig ist der Betrieb in Rezessionsphasen,
- desto schwieriger und langwieriger ist eine ggf. notwendige Freisetzung von Kapital.

Die **Kapitalstruktur** misst das Verhältnis Eigenkapital zu Fremdkapital. Grundsätzlich sollte es mindestens 1 : 1 betragen. Dieser Wert wird aber in Deutschland fast nirgends erreicht.

Je größer die Kennzahl *Kapitalstruktur* ist,
- desto größer ist der Anteil des Eigenkapitals am Gesamtkapital,
- desto mehr sind die Investitionen durch Eigenkapital finanziert,
- desto größer ist die finanzielle Unabhängigkeit von Kreditgebern,
- desto niedriger ist die Belastung mit Zins- und Tilgungszahlungen,
- desto kreditwürdiger ist der Betrieb.

Beispiel: Bilanzkennzahlen

	Vorjahr	Berichtsjahr
Anlagendeckung	$\frac{8+3}{9} \cdot 100 = 122{,}2\ \%$	$\frac{8+4}{13} \cdot 100 = 92{,}3\ \%$
Vermögensstruktur	$\frac{9}{13} \cdot 100 = 69{,}2\ \%$	$\frac{13}{15} \cdot 100 = 86{,}7\ \%$
Kapitalstruktur	$\frac{8}{14} \cdot 100 = 57{,}14\ \%$	$\frac{8}{20} \cdot 100 = 40\ \%$

Die Situation hat sich im Berichtsjahr gegenüber dem Vorjahr verschlechtert: Eigenkapital und langfristiges Fremdkapital decken das Anlagevermögen nicht mehr; das Anlagevermögen ist teilweise mit kurzfristigem Fremdkapital finanziert. Dies widerspricht der goldenen Finanzierungsregel. Die Vermögensstruktur verschiebt sich zugunsten des Anlagevermögens (starke Investitionen im Anlagevermögen), die Kapitalstruktur zugunsten des Fremdkapitals (Finanzierung der Investitionen durch Fremdkapital).

Folgen: Abnehmende Liquidität, höhere Zins- und Tilgungsbelastung, geringerer Spielraum für weitere Kredite, wachsender Einfluss fremder Kapitalgeber.

Liquidität

Liquiditätskennzahlen sollen darüber Aufschluss geben, in welchem Maß die liquiden Mittel erster, zweiter und dritter Ordnung zur Bezahlung der fälligen Verbindlichkeiten ausreichen.

Die **Barliquidität** (Liquidität 1. Grades) gibt den Deckungsgrad der kurzfristigen Verbindlichkeiten durch bare Mittel (Kassenbestand, Bankguthaben) an. Da nur ein Teil der Verbindlichkeiten sofort fällig ist, darf sie unter 100 % liegen. Als Faustregel für die Untergrenze gelten 20 %.

$$\text{Barliquidität} = \frac{\text{Liquide Mittel 1. Ordnung}}{\text{Kurzfristige Verbindlichkeiten}} \cdot 100$$

Die **Einzugsliquidität** (Liquidität 2. Grades) gibt den Deckungsgrad der kurzfristigen Verbindlichkeiten durch Mittel wieder, die binnen 3 Monaten verfügbar werden (Kundenforderungen, Besitzwechsel, Wertpapiere). Zweifelhafte Forderungen sollten nicht berücksichtigt werden. Die Einzugsliquidität sollte 100 % betragen.

$$\text{Einzugsliquidität} = \frac{\text{Liquide Mittel 1. und 2. Ordnung}}{\text{Kurzfristige Verbindlichkeiten}} \cdot 100$$

SIEBTER ABSCHNITT

Die **Umsatzliquidität** (Liquidität 3. Grades) gibt den Deckungsgrad der kurzfristigen Verbindlichkeiten durch Mittel wieder, die durch den künftigen Umsatzprozess flüssig gemacht werden können (Vorräte an Rohstoffen, Halb- und Fertigprodukte). Dabei ist zu beachten, dass Rohstoffe und Halbfabrikate erst noch verarbeitet werden müssen, also schwerer liquidierbar sind. Nach einer Faustregel sollte die Umsatzliquidität etwa 200 % betragen.

$$\text{Umsatzliquidität} = \frac{\text{Liquide Mittel 1., 2. und 3. Ordnung}}{\text{Kurzfristige Verbindlichkeiten}} \cdot 100$$

Beispiel: Liquiditätskennzahlen

	Vorjahr	Berichtsjahr
Barliquidität	$\frac{2}{11} \cdot 100 = 18{,}18\,\%$	$\frac{1}{16} \cdot 100 = 6{,}25\,\%$
Einzugsliquidität	$\frac{2+8}{11} \cdot 100 = 90{,}9\,\%$	$\frac{1+7}{16} \cdot 100 = 50{,}0\,\%$
Umsatzliquidität	$\frac{2+8+3}{11} \cdot 100 = 118{,}18\,\%$	$\frac{1+7+7}{16} \cdot 100 = 93{,}75\,\%$

Der ungünstige Eindruck, der sich schon bei Anlagendeckung, Vermögens- und Kapitalstruktur andeutete, verfestigt sich: Keine der drei Liquiditätskennziffern erzielt ausreichende Werte. Während Bar- und Einzugsliquidität im Vorjahr noch in die Nähe ausreichender Werte kamen, verschlechtern sie sich im Berichtsjahr enorm. Die Umsatzliquidität, die bereits im Vorjahr völlig unzureichend ist, verschlechtert sich im Berichtsjahr weiter und liegt jetzt sogar unter 100 %. Es erscheint sehr fraglich, ob der Betrieb kurzfristig seine Verbindlichkeiten noch pünktlich bezahlen kann.

Die bedeutendste der drei aufgeführten Liquiditätskennzahlen ist die Einzugsliquidität. In absoluten Zahlen ausgedrückt, stellt die Einzugsliquidität das **Netto-Geldvermögen** dar.

Liquide Mittel 1. und 2. Ordnung
– kurzfristige Verbindlichkeiten
= Netto-Geldvermögen

Beispiel: Netto-Geldvermögen

Vorjahr	Berichtsjahr
10	8
– 11	– 16
– 1	– 8

Die unzureichende Deckung der kurzfristigen Verbindlichkeiten verstärkt sich im Berichtsjahr beträchtlich.

Die Aussagekraft der **Liquiditätskennzahlen** ist begrenzt:

- Die Bilanz weist Forderungen und Verbindlichkeiten nicht aus, für die noch keine Rechnungen vorliegen oder für die keine Rechnungen anfallen (zu erwartende Ausgaben für Einkäufe, Lohnzahlungen, Mieten, Gebühren, Stromkosten, Steuern usw.; zu erwartende Einnahmen aus Vermietungen, Verkäufen usw.). Man spricht deshalb von einer **Stichtagsliquidität**.
- Die Bilanz weist keine Fälligkeitstermine für Forderungen und Verbindlichkeiten aus.
- Die Bilanz zeigt keine Möglichkeiten der Kapitalbeschaffung auf, die gegebenenfalls bestehen (z. B. zusätzliche Kredite oder Einlagen).
- Die Bilanz wird in der Regel erst Monate nach dem Bilanzstichtag erstellt. Die Verhältnisse können sich bis dahin bereits stark verändert haben.

Anhand der Liquiditätskennzahlen lässt sich deshalb nicht beurteilen, ob ein Unternehmen zu einem gegebenen Zeitpunkt tatsächlich zahlungsfähig ist.

Die Liquiditätskennzahlen geben jedoch im Zeitvergleich Aufschluss darüber, wie sich die Liquiditätslage des Unternehmens ändert, ob sie angespannter wird oder sich entspannt. Sie gestatten damit auch einen gewissen Einblick in die Liquiditätspolitik.

Werden weiter gehende Einsichten verlangt, so hilft die **Bewegungsbilanz** (Finanzierungsrechnung) weiter. Sie lässt die Ursachen für die Liquiditätsveränderungen erkennen.

4.4.2 Bewegungsbilanz

Die Bilanz zeigt die Bestände an Finanzierungsmitteln und Investitionen zum Bilanzstichtag. Will man die Finanzierungs- und Investitionsvorgänge erfassen, die im Jahresablauf zu diesen Beständen geführt haben, so muss man die Posten zweier Bilanzen vergleichen. In einer Bewegungsbilanz hält man dann Mittelherkunft und -verwendung in vier typischen Veränderungen fest:

Mittelverwendung — Bewegungsbilanz	Mittelherkunft
Mittel können verwendet werden für • **Zunahme von Aktivposten:** – Sach-Anlage-Investitionen (z. B. Maschinenkauf) – Sach-Vorrats-Investitionen (z. B. Materialeinkauf) – Finanz-Investitionen (Beteiligungen, Forderungen) – Desinvestitionen (Barmittel) • **Abnahme von Passivposten:** Entfinanzierung (z. B. Schuldentilgung, Gewinnentnahme, Kapitalentnahme)	**Mittel können zufließen durch** • **Zunahme von Passivposten:** – Eigen-Außen-Finanzierung (Einlagen) – Eigen-Innen-Finanzierung (Gewinne) – Fremd-Außen-Finanzierung (Kredite) – Fremd-Innen-Finanzierung (Rückstellungen) • **Abnahme von Aktivposten:** Kapitalfreisetzung (Rückfluss von Abschreibungen, Abbau von Anlagen, Vorräten, Forderungen)

Um die Veränderungen des Eigenkapitals genauer erfassen zu können, zieht man zusätzlich das Gewinn- und Verlustkonto heran, bei Einzelunternehmen und Personengesellschaften auch das Privatkonto.

Die Bewegungsbilanz kann die Ursachen für Liquiditätsveränderungen aufzeigen, weil sie die Investitions- und Finanzierungstätigkeit während des Geschäftsjahres erfasst. Dies soll hier an dem begonnenen Beispiel verdeutlicht werden.

Beispiel: Bewegungsbilanz

Wir zeichnen noch einmal die Bilanz auf und fügen das Gewinn- und Verlustkonto hinzu. Private Kapitalbewegungen sollen nicht stattgefunden haben.

Aktiva	**Bilanz** (in Mio. EUR)				Passiva
	Vorjahr	Berichtsjahr		Vorjahr	Berichtsjahr
Anlagevermögen	9	13	Eigenkapital	8	8
Umlaufvermögen:			Fremdkapital:		
Materialien, Produkte	3	7	langfristige Darlehen	3	4
Forderungen	8	7	Lieferantenverbindlichkeiten	11	16
Zahlungsmittel	2	1			
	22	28		22	28

Soll	**Gewinn- und Verlustkonto** (in Mio. EUR)		Haben
Materialkosten	17	Verkaufserlöse	30
Lohnkosten	14	Bestandsveränderungen	2
Abschreibungen	1		
Gewinn	0		
	32		32

Mittelverwendung		**Bewegungsbilanz** (in Mio. EUR) Mittelherkunft	
Investitionen im Anlagevermögen:		Fremd-Außen-Finanzierung:	
Ersatzinvestitionen	1	Darlehensaufnahme	1
Erweiterungsinvestitionen	4	neue Verbindlichkeiten	5
Investitionen im Umlaufvermögen:		Kapitalfreisetzung:	
Vorratsinvestitionen	4	Abbau von Forderungen	1
		Rückflussfinanzierung durch Freisetzung von Abschreibungswerten	1
		Abbau von Zahlungsmitteln	1
	9		9

Davon 3 für Anlageinvestitionen (falsche Finanzierung), 2 für Vorratsinvestitionen wegen mangelnden Absatzes (ausbleibende Erlöse)

Der Betrieb hat 5 Mio. EUR in Anlagen investiert, davon 1 Mio. EUR in Ersatzinvestitionen (durch Abschreibungen finanziert) und 4 Mio. EUR in Erweiterungsinvestitionen. Letztere wurden mit 1 Mio. EUR langfristigen Mitteln (Darlehen) und mit 3 Mio. EUR kurzfristigem Fremdkapital (Verbindlichkeiten) finanziert. Dies verstößt gegen die goldene Finanzierungsregel und die goldene Bankregel und bringt den Betrieb in Liquiditätsschwierigkeiten, wenn die kurzfristigen Mittel zur Rückzahlung fällig werden. Eine Umschuldung in ein Darlehen wäre sinnvoll, aber der Betrieb ist in der gegenwärtigen Lage wenig kreditwürdig:

Die Anlageinvestitionen erweisen sich – zumindest kurzfristig – als Fehlinvestitionen: Wegen der vergrößerten Produktionskapazität wurden die Bestände an Vorräten um 4 Mio. EUR vergrößert. Aus dem GuV-Konto geht hervor, dass davon 2 Mio. EUR Bestandserhöhungen an Produkten darstellen. Diese Produkte konnten nicht verkauft werden und brachten deshalb keine Zahlungsmittel in die Kasse. Sie konnten deshalb nur mit 2 Mio. EUR durch Zahlungen finanziert werden (Abbau von Zahlungsmitteln um 1 Mio. EUR und Forderungen von 1 Mio. EUR). Die restlichen 2 Mio. EUR wurden durch Verbindlichkeiten finanziert.

Die Liquiditätsklemme des Betriebes beruht also auf einer Finanzierung des Anlagevermögens mit kurzfristigem Fremdkapital und auf Zahlungsmittelknappheit wegen Absatzschwierigkeiten.

Aufgrund mangelnden Absatzes bleibt auch der notwendige Gewinn aus: Die Bestandserhöhungen sind mit ihren Kosten bewertet. Wären die Vorräte verkauft worden, so wären sie mit den höheren Verkaufspreisen bewertet. Die Differenz wäre Gewinn.

Arbeitsaufträge

1. Für ein Unternehmen ergebe sich folgende Bilanz:

Aktiva		**Bilanz** (in Tsd. EUR) Passiva	
Anlagevermögen	400	Eigenkapital	300
Rohstoffe, Halbfabrikate	80	Langfristiges Fremdkapital	300
Fertigerzeugnisse	140	Kurzfristiges Fremdkapital	400
Forderungen	200		
Flüssige Mittel	180		
	1 000		1 000

Berechnen und beurteilen Sie:

a) die Anlagendeckung,

b) die Vermögensstruktur,

c) die Kapitalstruktur,

d) die 3 Liquiditätsgrade und das Netto-Geldvermögen.

Warum lässt sich die Zahlungsfähigkeit des Unternehmens anhand der Bilanz nicht endgültig beurteilen?

2. Es liegen die folgende Eröffnungsbilanz und die Geschäftsfälle des Jahres vor.

Aktiva	**Bilanz** (in Tsd. EUR)		**Passiva**
I. Anlagevermögen		**I. Eigenkapital**	420
Maschinen	400	**II. Fremdkapital**	
Geschäftsausstattung	100	Rückstellungen	50
II. Umlaufvermögen		Verbindlichkeiten	360
Vorräte	200		
Forderungen	90		
Zahlungsmittel	40		
	830		830

Geschäftsfälle	**Tsd. EUR**
1. Eingang von Kundenzahlungen	**20**
2. Maschinenkäufe auf Ziel	**100**
3. Kauf von Vorräten auf Ziel	**270**
4. Verbrauch an Vorräten	**250**
5. Verkäufe an Kunden auf Ziel (Abschreibungen in Höhe von 50 sind einkalkuliert)	**400**
6. Eingang von Kundenzahlungen	**390**
7. Bezahlung von Verbindlichkeiten	**350**
8. Abschreibung von Maschinen	**50**
9. Einstellung in Rückstellungen	**20**
10. Gewinnentnahme	**10**

a) Stellen Sie das Privatkonto, das GuV-Konto und die Schlussbilanz auf.

b) Stellen Sie die Entwicklung von Anlagendeckung, Vermögensstruktur, Kapitalstruktur und Liquidität fest und beurteilen Sie diese Entwicklung kritisch.

c) Zeigen Sie die Ursachen der Liquiditätsveränderungen anhand einer Bewegungsbilanz auf und erläutern Sie die Ursachen ausführlich.

4.4.3 Kennzahlen zur Beurteilung der Ertragskraft des Kapitals (Rentabilität)

Der Einsatz von Kapital (Eigen- und Fremdkapital) im Unternehmen muss sich lohnen: Sein Ertrag muss Tilgungen und Zinszahlungen sowie einen angemessenen Gewinn sichern. Eine Kennzahl für die Ertragskraft des Kapitals ist die Rentabilität.

Die Rentabilität ist die prozentuale Verzinsung des durchschnittlich eingesetzten Kapitals.

$$\text{Rentabilität} = \frac{\text{Gewinn}}{\text{durchschnittlicher Kapitaleinsatz}} \cdot 100$$

Mit Rentabilitätskennzahlen prüft man die Ertragskraft einzelner Investitionen (vgl. S. 276, 675) sowie des insgesamt im Unternehmen investierten Eigenkapitals (Eigenkapital- oder Unternehmerrentabilität) und Gesamtkapitals (Gesamtkapital- oder Unternehmensrentabilität).

Zur Beurteilung der Ertragskraft des insgesamt investierten Kapitals vergleicht man die jeweilige Rentabilitätskennzahl mit
- dem marktüblichen Zinssatz für langfristige Kapitalanlagen,
- der branchenüblichen Kapitalrentabilität (Unternehmensvergleich),
- der Kapitalrentabilität vergangener Jahre (Zeitvergleich),
- der geplanten Kapitalrentabilität (Soll-Ist-Vergleich).

Eigenkapitalrentabilität:

$$\text{Eigenkapitalrentabilität} = \frac{\text{EBT}}{\text{durchschnittliches Eigenkapital}} \cdot 100$$

Erläuterungen:

Als Gewinngröße benutzt man meist das **EBT (Earnings Before Tax = Jahresüberschuss vor Steuern)**, denn der Jahresüberschuss nach Abzug der Steuern stört die Vergleichbarkeit

- mit anderen Unternehmen (auch Konzernunternehmen): unterschiedliche Besteuerung je nach Standort, Rechtsform, Land; Ergebnisverbesserung durch Anwendung von Steuertricks,
- mit dem marktüblichen Zinssatz für Kapitalanlagen: Dieser ist ein Bruttozinssatz vor Steuern,
- im Zeitablauf: Steuervorschriften und Steuersätze können sich ändern.

1. Bei **Kapitalgesellschaften** weist der Posten *Jahresüberschuss* in der Gewinn- und Verlustrechnung nach HGB den Gewinn nach Abzug von Körperschaft- und Gewerbesteuer und der sonstigen Steuern aus. Deshalb sind alle Steuern wieder hinzuzurechnen.
   Bei **Einzelunternehmen und Personengesellschaften** hingegen weist der Jahresüberschuss den Gewinn nach Abzug der betrieblichen Steuern aus. Deshalb sind diese wieder hinzuzurechnen.

2. Bei **Einzelunternehmen und Personengesellschaften** beziehen die geschäftsführenden Inhaber kein Gehalt. Der Jahresüberschuss muss folglich die Inhaberentlohnung und die Kapitalverzinsung decken. Die Rentabilität soll jedoch nur die Kapitalverzinsung messen. Für ihre Berechnung zieht man deshalb ein fiktives Geschäftsführergehalt, den sog. **kalkulatorischen Unternehmerlohn**, ab.
   Bei **Kapitalgesellschaften** hingegen sind Geschäftsführer bzw. Vorstände Angestellte und beziehen ein Gehalt. Der Jahresüberschuss dient dann nur noch der Kapitalverzinsung.
   Nur durch den Abzug des fiktiven Unternehmerlohns werden die Rentabilitätskennzahlen von Kapitalgesellschaften und Einzelunternehmen/Personengesellschaften vergleichbar.

Web
M 726_1

Kapitalgesellschaften:	Einzelunternehmen/ Personengesellschaften:
Jahresüberschuss + Steuern vom Einkommen und Ertrag + sonstige Steuern	Jahresüberschuss (Jahresgewinn) – kalkulatorischer Unternehmerlohn + betriebliche Steuern
= EBT (Jahresüberschuss vor Steuern)	= EBT (Jahresüberschuss vor Steuern)

Siehe hierzu das Info-Material GuV-Rechnung.

Web

Die Eigenkapitalrentabilität zeigt, wie viel Prozent Gewinn vor Steuern der Einsatz des Eigenkapitals im Unternehmen gebracht hat.

M 726_2

Beispiel: Eigenkapitalrentabilität

Siehe die Exel-Datei EK- und GK-Rentabilität.

Die GuV-Rechnung der Metzer OHG weist zusammengefasst folgende Zahlen aus:

S — Gewinn- und Verlustrechnung (in EUR) — H

S		H	
Aufwendungen ohne Zinsen	989 000,00	Erträge	1 380 000,00
Zinsaufwendungen	60 000,00		
betriebliche Steuern	100 000,00		
Jahresüberschuss	231 000,00		
	1 380 000,00		1 380 000,00

Die beiden Gesellschafter kalkulieren einen Unternehmerlohn von jeweils 80 500,00 EUR.
Durchschnittliches Eigenkapital des Geschäftsjahrs: 1 300 000,00 EUR;
durchschnittliches Gesamtkapital: 1 000 000,00 EUR.
Marktüblicher Zinssatz für langfristige Kapitalanlagen = 6 %; branchenübliche Eigenkapitalrentabilität: 10,5 %; Eigenkapitalrentabilität des vergangenen Jahres: 11,7 %; für das Berichtsjahr geplante Eigenkapitalrentabilität: 12,5 %.

$$\text{Eigenkapitalrentabilität} = \frac{231\,000 + 110\,000 - 161\,000}{1\,300\,000} \cdot 100 = 13{,}08\ \%$$

Auf je 100,00 EUR Eigenkapital entfallen 13,08 EUR Kapitalverzinsung vor Steuern.
Der marktübliche Zinssatz wird um 7,08 Prozentpunkte übertroffen. Diese Differenz kann als eine Risikoprämie (Prämie für das höhere Risiko des Kapitaleinsatzes im Unternehmen gegenüber einer Anlage am Kapitalmarkt) angesehen werden.
Der Rentabilitätsvergleich mit anderen Unternehmen der Branche und mit dem Vorjahr fällt positiv aus und das geplante Rentabilitätsziel wurde leicht übertroffen.

Anstelle des EBT verwendet man auch oft das **EBIT** (Earnings Before Interest and Tax = Jahresüberschuss vor Zinsen und Steuern). Das EBIT lässt zusätzlich das Finanzergebnis unberücksichtigt. Grund: Unterschiedliche Finanzierungsformen und regional/zeitlich unterschiedlich schwankende Zinssätze erschweren die Vergleichbarkeit.

Gesamtkapitalrentabilität:

$$\text{Gesamtkapitalrentabilität} = \frac{\text{EBT + Fremdkapitalzinsen}}{\text{durchschnittliches Gesamtkapital}} \cdot 100$$

Erläuterung:

Das Fremdkapital erwirtschaftet nicht nur einen Teil des Gewinns, sondern auch seine Zinsen. Diese sind deshalb in der Formel zu berücksichtigen.

Beispiel (Fortsetzung): Gesamtkapitalrentabilität

Gesamtkapitalrentabilität der Metzer OHG auf der Basis der obigen GuV-Rechnung:

Siehe noch einmal die Exel-Datei *EK- und GK-Rentabilität* von S. 726.

$$\text{Eigenkapitalrentabilität} = \frac{231\,000 + 110\,000 - 161\,000 + 60\,000}{1\,300\,000 + 1\,000\,000} \cdot 100 = 10\ \%$$

Auch die Gesamtkapitalrentabilität wird anhand von Vergleichen mit dem marktüblichen Zinssatz für langfristige Kapitalanlagen sowie Zeit-, Branchen- und Soll-Ist-Vergleichen beurteilt.

Man nutzt die Gesamtkapitalrentabilität, um zu prüfen, ob sich die Aufnahme zusätzlichen Fremdkapitals lohnt. Dies ist der Fall, wenn die Eigenkapitalrentabilität steigt. Dabei gilt:

Bei der Aufnahme zusätzlichen Fremdkapitals steigt die Eigenkapitalrentabilität, solange der Zinssatz für Fremdkapital kleiner als die Gesamtkapitalrentabilität ist.

Man nennt dies den **„Leverage-Effekt“ (Hebelwirkung)** der zunehmenden Verschuldung.

Voraussetzung ist jedoch: Jeder zusätzliche Euro verursacht den gleichen Aufwand und Ertrag wie bisher. Bei Einzelunternehmen und Personengesellschaften muss außerdem der Unternehmerlohn ein gleichbleibender Prozentsatz des Gesamtkapitals sein.

M 728

Web

Beispiel (Fortsetzung): *Leverage-Effekt*

Bei Metzer verursacht jeder Euro Kapital 0,60 EUR Ertrag und 0,43 EUR Aufwand. Für das Fremdkapital sind außerdem durchschnittlich 6 % Zinsen zu zahlen. Der Unternehmerlohn beträgt 7 % des Gesamtkapitals.
Lohnt sich eine Kreditaufnahme von 100 000,00 EUR zu a) 6 %, b) 10 %, c) 11 % Zinsen?
(Die vorzunehmende Investition verursacht entsprechende Erträge und Aufwendungen und der Unternehmerlohn beträgt weiterhin 7 % des Gesamtkapitals.)

alternative Zinssätze		6 %	10 %	11 %
Eigenkapital	1 300 000,00	1 300 000,00	1 300 000,00	1 300 000,00
Fremdkapital alt	1 000 000,00	1 000 000,00	1 000,000,00	1 000 000,00
Kreditaufnahme		100 00000	100 000,00	100 000,00
Fremdkapital neu		1 100 000,00	1 100 000,00	1 100 000,00
Gesamtkapital	2 300 000,00	2 400 000,00	2 400 000,00	2 400 000,00
Ertrag	1 380 000,00	1 440 000,00	1 440 000,00	1 440 000,00
Aufwendungen ohne Zinsen	–989 000,00	–1 032 000,00	–1 032 000,00	–1 032 000,00
Unternehmerlohn	–161 000,00	–168 000,00	–168 000,00	–168 000,00
EBT + Fk-Zins	230 000,00	240 000,00	240 000,00	240 000,00
Altzins	–60 000,00	–60 000,00	–60 000,00	–60 000,00
Neuzins		–6 000,00	–10 000,00	–11 000,00
EBT	170 000,00	174 000,00	170 000,00	169 000,00
Gesamtkapitalrentabilität	10,00 %	10,00 %	10,00 %	10,00 %
Eigenkapitalrentabilität	13,08 %	13,38 %	13,08 %	13,00 %
Die Eigenkapitalrentabilität …		wächst	bleibt gleich	sinkt

Unter Rentabilitätsgesichtspunkten lohnt sich die Kreditaufnahme nur beim Zinssatz von 6 % (bzw. bei Zinssätzen, die kleiner als die Gesamtrentabilität von 10 % sind), weil die Eigenkapitalrentabilität steigt.

Arbeitsauftrag

Bei der Metallbau KG ergeben sich zum Jahreswechsel folgende Zahlen (zusammengefasst):

A	**Bilanz** (in EUR)				P
	Vorjahr	**Berichtsjahr**		**Vorjahr**	**Berichtsjahr**
Anlagevermögen	2 650 000,00	2 750 000,00	Eigenkapital	2 500 000,00	3 100 000,00
Umlaufvermögen	1 700 000,00	1 790 000,00	Fremdkapital	1 500 000,00	1 500 000,00
Aktive Rechnungsabgrenzung	50 000,00	60 000,00			
	4 400 000,00	4 600 000,00		4 400 000,00	4 600 000,00

S	**Gewinn- und Verlustrechnung** (in EUR)		H
Aufwendungen ohne Zinsen	5 295 000,00	Erträge	6 000 000,00
Zinsaufwendungen	100 000,00		
betriebliche Steuern	300 000,00		
Jahresüberschuss	305 000,00		6 000 000,00

Dem Vollhafter wird ein kalkulatorischer Unternehmerlohn von 200 000,00 EUR zugerechnet.
Eigenkapitalrentabilität laut Branchenstatistik: 12 %; Geplante Eigenkapitalrentabilität: 13 %
Gesamtkapitalrentabilität laut Branchenstatistik: 11 %; Geplante Gesamtkapitalrentabilität: 11 %

a) Berechnen Sie die Eigenkapitalrentabilität und die Gesamtkapitalrentabilität für das Berichtsjahr.

b) Beurteilen Sie die beiden Kennzahlen durch Branchenvergleich und Soll-Ist-Vergleich.

c) Lohnt sich unter Rentabilitätsgesichtspunkten die Aufnahme eines Kredits von 200 000,00 EUR zu 5 % Zins? (Jeder Euro der beabsichtigten Investition verursacht die gleichen Aufwendungen und Erträge wie bisher. Der Unternehmerlohn wächst prozentual wie das Gesamtkapital.)

d) Ab welchem Zinssatz steigt bei Kreditaufnahme die Rentabilität des Eigenkapitals nicht mehr?

e) Nehmen Sie Stellung zu folgender Behauptung: „Wenn die Zinssätze niedrig genug sind, sollte das Unternehmen sein Fremdkapital immer weiter erhöhen."

4.4.4 Kennzahlen für die Innenfinanzierungskraft des Unternehmens

Web

M 729

Umsatzrentabilität (Umsatzverdienstrate)

Sehen Sie sich auch die Datei *Finanzierungskraft-Kennzahlen* an.

Die Umsatzrentabilität ist eine wichtige Kennzahl für die Innenfinanzierungskraft des Unternehmens. Sie ist das prozentuale Verhältnis von EBT und Umsatz.

Die Umsatzrentabilität heißt auch Umsatzverdienstrate. Sie zeigt, wie viel Euro Verdienst (Gewinn) mit jeweils 100,00 EUR Umsatz erzielt werden.

Dem Unternehmen stehen diese Mittel für Investitionen, Schuldentilgungen, Steuerzahlungen und Gewinnausschüttungen zur Verfügung.

$$\text{Umsatzrentabilität} = \frac{\text{EBT}}{\text{Umsatzerlöse}} \cdot 100$$

Beispiel: Umsatzrentabilität

Umsatzerlöse: 800 000,00 EUR
EBT: 96 000,00 EUR

$$\text{Umsatzrentabilität} = \frac{96\,000{,}00}{800\,000{,}00} \cdot 100 = 12\ \%$$

Eine zu niedrige Umsatzrentabilität signalisiert eine zu geringe Gewinnspanne. Dies ist z. B. der Fall, wenn das Ziel der Umsatzmaximierung um jeden Preis verfolgt wird.

Cashflow und Cashflow-Umsatzrentabilität

Der Gewinn kann durch die Abschreibungspolitik und durch die Bildung und Auflösung von Rückstellungen manipuliert werden. Er ist deshalb nur bedingt für die Beurteilung der Innenfinanzierungskraft des Unternehmens geeignet. Die Kennzahl **Cashflow** (Kassenzufluss) erfasst den Zufluss an liquiden Mitteln aus dem Innern des Unternehmens genauer.

SIEBTER ABSCHNITT

Der Cashflow (Liquiditätszufluss) eines Rechnungsjahres ist die Differenz aus den regelmäßigen zahlungswirksamen Erträgen und Aufwendungen.

Zahlungswirksam sind Aufwendungen und Erträge, die zu Zahlungsvorgängen führen.

In der Praxis ermittelt man den Cashflow meist durch eine indirekte Rechnung:

Jahresüberschuss
+ **zahlungsunwirksame Aufwendungen** (Abschreibungen auf Anlagen, Erhöhung der langfristigen Rückstellungen, Bestandsminderungen, andere wesentliche Aufwendungen)
– **zahlungsunwirksame Erträge** (Zuschreibungen auf Anlagen, Verminderung der langfristigen Rückstellungen, Bestandserhöhungen, andere wesentliche Erträge

Oft beschränkt man sich auf die wichtigsten Posten und gelangt zu folgender Formel:

	Jahresüberschuss
+	**Abschreibungen auf Anlagen**
+	**Veränderung der langfristigen Rückstellungen**
=	**Cashflow**

Der Cashflow zeigt den Liquiditätszufluss an, der zur Verfügung steht
- **für die Finanzierung von Investitionen,**
- **für die Tilgung von Schulden,**
- **für die Ausschüttung von Gewinnen.**

Beispiel: Cashflow

Aktiva	**Bilanz** (in Tsd. EUR)		Passiva
Anlagevermögen	5 000	Eigenkapital (wie Vorjahr)	4 200
Vorräte	3 650	Langfristiges Fremdkapital (wie Vorjahr)	2 000
Forderungen, Bankguthaben	350	Kurzfristiges Fremdkapital (wie Vorjahr)	2 800
	9 000		9 000

Gewinn- und Verlustrechnung (in Tsd. EUR):

	Umsatzerlöse	4 000
	Bestandsveränderungen an unfertigen und fertigen Erzeugnissen	200
	Gesamtleistung	4 200
–	Aufwand für Werkstoffe	1 000
–	Löhne und Gehälter	900
–	Soziale Aufwendungen	550
–	Erhöhung/Verminderung von langfristigen Rückstellungen	150
–	Abschreibungen auf Anlagen	600
–	Zinsen	400
–	Steuern	250
=	Jahresüberschuss	500
+	Abschreibungen auf Anlagen	600
+	Erhöhung von langfristigen Rückstellungen	150
=	**Cashflow**	1 250

Der Cashflow kann – wie das EBT – prozentual auf das Eigenkapital, das Gesamtkapital und den Umsatz bezogen werden. Das Ergebnis sind **Cashflow-Rentabilitäten**:

Von jeweils 100,00 EUR ...

$\text{Cashflow-Umsatzrentabilität} = \frac{\text{Cashflow}}{\text{Umsatzerlöse}} \cdot 100$	$\frac{1\,250}{4\,000} \cdot 100 = 31{,}25\ \%$	... Umsatzerlösen fließen 31,25 EUR ...
$\text{Cashflow-Eigenkapitalrentabilität} = \frac{\text{Cashflow}}{\text{Eigenkapital}} \cdot 100$	$\frac{1\,250}{4\,200} \cdot 100 = 29{,}76\ \%$	... Eigenkapital fließen 29,76 EUR ...
$\text{Cashflow-Gesamtkapitalrentabilität} = \frac{\text{Cashflow}}{\text{Gesamtkapital}} \cdot 100$	$\frac{1\,250}{9\,000} \cdot 100 = 13{,}89\ \%$	... Gesamtkapital fließen 13,89 EUR ...

... an flüssigen Mitteln zurück

Entschuldungsgrad

Der Entschuldungsgrad zeigt, in welcher Zeit das Unternehmen bei unveränderter innerer Finanzierungskraft seine Schulden abzahlen kann. Dazu setzt man die Schulden (effektive Verschuldung) und Finanzierungskraft (Cashflow) in Beziehung zueinander.

	Langfristige Schulden	2 000
+	Kurzfristige Schulden	+ 2 800
–	Monetäres Umlaufvermögen (Forderungen, flüssige Mittel)	– 350
=	Effektive Verschuldung	= 4 450

$$\text{Entschuldungsgrad} = \frac{\text{Effektive Verschuldung}}{\text{Cashflow}} \qquad \frac{4\,450}{1\,250} = 3{,}56$$

Bei gleichbleibendem Cashflow werden die Schulden in 3,56 Jahren getilgt.

Arbeitsauftrag

Bilanzen und GuV-Rechnungen des Galvanisierungsbetriebs Franz Werter e. K.:

A	**Bilanz** (in Tsd. EUR)				P
	02	03		02	03
Anlagevermögen	700	720	Eigenkapital	500	600
Rohstoffe, Halbfabrikate	400	450	Langfristiges Fremdkapital	400	300
Forderungen, Bank	100	130	Kurzfristiges Fremdkapital	300	400
	1 200	1 300		1 200	1 300

S	**Gewinn- und Verlustrechnung** (in Tsd. EUR)				H
	02	03		02	03
Betriebliche Steuern	80	70	Umsatzerlöse	1 000	1 050
Pensionsrückstellung	10	10	Andere Erträge	140	150
Abschreibung auf Anlagen	60	60			
Zinsen	50	45			
Andere Aufwendungen	740	800			
Jahresüberschuss	200	215			
	1 140	1 200		1 140	1 200

Eigenkapital Jahr 01: 480; Gesamtkapital Jahr 01: 1 180; Steuern vom Einkommen und Ertrag Jahr 02: 50; Jahr 03: 54; kalkulierter Unternehmerlohn: 100

Berechnen Sie für beide Geschäftsjahre folgende Kennzahlen und stellen Sie einen Zeitvergleich an:

a) Eigenkapitalrentabilität,
b) Gesamtkapitalrentabilität,
c) Umsatzrentabilität,
d) Cashflow-Eigenkapitalrentabilität,
e) Cashflow-Gesamtkapitalrentabilität,
f) Cashflow-Umsatzverdienstrate,
g) Entschuldungsgrad.

Abkürzungsverzeichnis

a. o.	außerordentlich
a. a. O.	am angegebenen Ort
Abb.	Abbildung
Abs.	Absatz
ADSp	Allgemeine Deutsche Spediteurbedingungen
AFNOR	Agence Française de Normalisation (Französisches Institut für Normung)
AG	Aktiengesellschaft
Ag	Amtsgericht
AGB	Allgemeine Geschäftsbedingungen
AGG	Allgemeines Gleichbehandlungsgesetz
AHK	Auslandshandelskammer
AIDA	Attention-Interest-Desire-Action
AktG	Aktiengesetz
ALV	Arbeitslosenversicherung
amer.	amerikanisch
Amp.	Ampère
AO	Abgabenordnung
ArbGG	Arbeitsgerichtsgesetz
ArbSchG	Arbeitsschutzgesetz
ArbStättV	Arbeitsstättenverordnung
Art.	Artikel
ASiG	Arbeitssicherheitsgesetz
Aufl.	Auflage
AÜG	Arbeitnehmerüberlassungsgesetz
ausschl.	ausschließlich
AWB	Air Way Bill (Luftfrachtbrief)
Az	Aktenzeichen
BA	Bundesagentur für Arbeit
BAB	Betriebsabrechnungsbogen
BANF	Bedarfsanforderung
BBiG	Berufsbildungsgesetz
BDA	Bundesvereinigung der Deutschen Arbeitgeberverbände
BDE	Betriebsdatenerfassung
BDSG	Bundesdatenschutzgesetz
BEEG	Bundeselterngeld- und Elternzeitgesetz
Best.-Nr.	Bestellnummer
BetrVG	Betriebsverfassungsgesetz
bfn	brutto für netto
BGB	Bürgerliches Gesetzbuch
BGBEG	Einführungsgesetz zum Bürgerlichen Gesetzbuch
BGH	Bundesgerichtshof
BIC	Bank Identifier Code (Internationale Bankleitzahl)
BLZ	Bankleitzahl
BUrlG	Bundesurlaubsgesetz
BWL	Betriebswirtschaftslehre
bzw.	beziehungsweise
ca.	circa
CAD	Computer Aided Design (computergestützte Konstruktion)
CAE	Computer Aided Engineering (computergestützte Ingenieurtätigkeiten)
CAM	Computer Aided Manufacturing (computergestützte Fertigung)
CAP	Computer Aided Planning (computergestützte Arbeitsplanung)
CAQ	Computer Aided Quality Insurance (computergestützte Qualitätssicherung und -kontrolle)
cbm	Kubikmeter
CD	Compact Disc
CEN	Comité Européen de Normalisation (Europäischer Ausschuss für Normung)
CI	Corporate Identity (Unternehmensidentität)
CIM	Computer Integrated Manufacturing (computerintegrierte Fertigung)
cm	Zentimeter
CNC	Computerized Numerical Control (rechnergesteuerte Maschine)
Co.	Kompanie
CRM	Customer Relationship Management (etwa: Kundenbindungs- und Beziehungsmanagement)
ct	Cent
d. h.	das heißt
DAX	Deutscher Aktienindex
DB AG	Deutsche Bahn AG
DFÜ	Datenfernübertragung
DIN	Deutsches Institut für Normung
DNC	Direct Numerical Control (Anlage mit zentraler Computersteuerung)
DPMA	Deutsches Patent- und Markenamt
Dr.	Doktor
DTA	Datenträgeraustausch
DV	Datenverarbeitung
DVD	Digital Versatile Disk (ein Massenspeicher)
E-	electronic (z. B. E-Commerce)
EDV	elektronische Datenverarbeitung
eG	eingetragene Genossenschaft
EG	Europäische Gemeinschaft
EGZPO	Einführungsgesetz zur Zivilprozessordnung
Einh.	Einheit
einschl.	einschließlich
e. K., e. Kfm.	eingetragener Kaufmann
e. Kffr.	eingetragene Kauffrau
E-Mail	electronic mail (elektronische Post)
EMAS	Eco-Management and Audit Scheme
EN	Europäische Norm
engl.	englisch
EPA	Europäisches Patentamt
EPK	ereignisgesteuertes Prozessketten-Diagramm
ER	Eingangsrechnung
ERP	Enterprise Resource Planning
ESt	Einkommensteuer
EStG	Einkommensteuergesetz
EU	Europäische Union
EUR	Euro
e. V.	eingetragener Verein
evtl.	eventuell
EWG	Europäische Wirtschaftsgemeinschaft
F&E	Forschung und Entwicklung
f.	und die folgende Seite/der folgende Paragraf
FAZ	frühester Anfangszeitpunkt
FEZ	frühester Endzeitpunkt
ff.	und die folgenden Seiten/Paragrafen
FIFO	first in – first out (als erstes rein – als erstes raus)
frz.	französisch
g	Gramm
GbR	Gesellschaft bürgerlichen Rechts
GenG	Genossenschaftsgesetz
GewO	Gewerbeordnung
ggf.	gegebenenfalls
GmbH	Gesellschaft mit beschränkter Haftung
GmbHG	GmbH-Gesetz
griech.	griechisch
GuV	Gewinn- und Verlustkonto
GVG	Gerichtsverfassungsgesetz
GWB	Gesetz gegen Wettbewerbsbeschränkungen
HGB	Handelsgesetzbuch
HRA	Handelsregister Abteilung A
HRB	Handelsregister Abteilung B
Hrsg.	Herausgeber
hrsg.	herausgegeben
http	hyper text transfer protocol (ein Internetübertragungsprotokoll)
HV	Hauptversammlung
HwO	Handwerksordnung
IATA	International Air Transport Association (Internationaler Luftverkehrsverband)
IBAN	International Bank Account Number (Internationale Kontonummer)

i. d. R.	in der Regel
IHK	Industrie- und Handelskammer
inkl.	inklusiv
Inh.	Inhaber
InsO	Insolvenzordnung
ISDN	Integrated Services Digital Network (digitales Netzwerk für integrierte Dienste)
ISO	International Organization for Standardization
IT	Informationstechnik
ital.	italienisch
i. V.	1. im Vorjahr, 2. in Vollmacht
JArbSchG	Jugendarbeitsschutzgesetz
JAV	Jugend- und Auszubildendenvertretung
Jg.	Jahrgang
JIT	Just-in-time
jun.	junior (der Jüngere)
KAPOVAZ	kapazitätsorientierte variable Arbeitszeit
Kd.-Nr.	Kundennummer
KEP-Dienste	Kurier-, Express-, Paketdienste
Kfz	Kraftfahrzeug
kg	Kilogramm
KG	Kommanditgesellschaft
KGaA	Kommanditgesellschaft auf Aktien
km	Kilometer
KSchG	Kündigungsschutzgesetz
KV	Krankenversicherung
kW	Kilowatt
kWh	Kilowattstunde
l	Liter
lat.	lateinisch
Lkw	Lastkraftwagen
LSt	Lohnsteuer
lt.	laut
LZB	Landeszentralbank
m	Meter
m^2	Quadratmeter
m^3	Kubikmeter
MDAX	Mid-Cap-DAX
ME	1. Materialentnahmeschein, 2. Mengeneinheit
Mio.	Million(en)
mm	Millimeter
MPM	Metra Potential Method (Methode der Netzplantechnik)
Mrd.	Millarde(n)
mtl.	monatlich
MTM	Method-Time-Measurement (ein Zeitermittlungssystem)
MuSchG	Mutterschutzgesetz
MwSt	Mehrwertsteuer
Nachf.	Nachfolger
Nr.	Nummer
OHG	Offene Handelsgesellschaft
p. a.	pro anno (für ein Jahr)
PangV	Preisangabenverordnung
PC	Personalcomputer
PIN	persönliche Identifikationsnummer
PIS	Personalinformationssystem
Pkw	Personenkraftwagen
Pos.	Position
PPS	Produktionsplanung und -steuerung
ProdSG	Produktsicherheitsgesetz
QM	Qualitätsmanagement
Re.Nr.	Rechnungsnummer
Rn.	Randnummer
RV	Rentenversicherung
S.	Seite
s.	siehe
SAZ	spätester Anfangszeitpunkt
SCHUFA	Schutzgemeinschaft für allgemeine Kreditsicherung
SCM	Supply Chain Management
SE	Societas Europaea (Europäische Aktiengesellschaft)
sec.	Sekunde(n)
sen.	senior (der Ältere)
SEPA	Single Euro Payments Area (Einheitliches Euro-Zahlungsgebiet)
SEZ	spätester Endzeitpunkt
SGB	Sozialgesetzbuch
Sk	Skonto
sog.	sogenannt
SolZ	Solidaritätszuschlag
SPE	Societas Privata Europaea (Europäische Privatgesellschaft)
SprAuG	Sprecherausschuss-Gesetz
St.	Stück
Std.	Stunde(n)
StGB	Strafgesetzbuch
SV	Sozialversicherug
t	Tonne
TAN	Transaktionsnummer
TEUR	tausend Euro
Tg.	Tag(e)
TPM	Total Productive Maintenance (eigenverantwortliche Instandhaltung)
TQM	Total Quality Management (Umfassendes Qualitätsmanagement)
Tsd.	tausend
TÜV	Technischer Überwachungsverein
TV	Television, Fernsehen
TzBfG	Teilzeit- und Befristungsgesetz
u. a.	und andere; unter anderem
u. Ä.	und Ähnliches
u. a. m.	und andere(s) mehr
UG	Unternehmergesellschaft
USt	Umsatzsteuer
usw.	und so weiter
UWG	Gesetz gegen den unlauteren Wettbewerb
V	Volt
v. a.	vor allem
VDI	Verein Deutscher Ingenieure
vgl.	vergleiche
VVaG	Versicherungsverein auf Gegenseitigkeit
WF	Work-Factor (ein Zeitermittlungssystem)
www	world wide web (weltweites Netz)
z. B.	zum Beispiel
ZPO	Zivilprozessordnung
zzgl.	zuzüglich

Sachwortverzeichnis

Hinweise:
1. **Adjektive sind nachgestellt (z. B. Absatz, zentraler). Ausnahmen sind feststehende Begriffe (z. B. Offene Handelsgesellschaft).**
2. **Bei mehreren Fundstellen ist die eventuelle Hauptfundstelle durch Fettdruck hervorgehoben.**

Bildquellenverzeichnis

ABUS Kransysteme GmbH, Gummersbach: 566.1.
aconso AG, München: 409.1.
Aral AG, Bochum: 181.4, 559.3.
Beiersdorf AG, Hamburg: 181.1, 559.2.
Bitkom - Bundesverband Informationswirtschaft, Telekommunikation und neue Medien e.V., Berlin: 504.1.
Brauner, Angelika, Hohenpeißenberg: 261.1, 261.2, 261.3, 332.1, 393.1, 393.2.
BURGER KING®, München: 567.1.
CabCom GmbH, Frankfurt: 317.3.
Christ, Wolfgang, Northeim: 606.1.
Clarissa Dorette Wagner, Würselen: 604.1, 604.2, 604.3, 604.4, 604.5, 604.6, 605.2.
Deutscher Industrie- und Handelskammertag e. V., Berlin: 302.1.
Di Gaspare, Michele (Bild und Technik Agentur für technische Grafik und Visualisierung), Bergheim: 106.1, 172.2, 172.3, 172.4, 172.6, 172.8, 173.1, 174.1, 177.1, 234.1, 234.2, 234.3.
dormakaba Deutschland GmbH, Ennepetal: 258.1.
DQS GmbH, Deutsche Gesellschaft zur Zertifizierung von Managementsystemen, Frankfurt am Main: 137.2.
European Pallet Association e.V., Düsseldorf: 383.2, 383.3.
fotolia.com, New York: 12.2, 16.1, 17.1, 22.1, 26.2, 32.1, 33.2, 36.1, 52.1, 55.1, 56.1, 59.1, 60.1, 64.1, 68.4, 75.3, 77.1, 83.1, 84.2, 89.1, 92.1, 93.1, 97.1, 99.1, 101.2, 105.1, 107.1, 117.1, 118.1, 123.1, 123.2, 125.1, 134.1, 136.1, 141.1, 143.2, 144.1, 146.1, 150.1, 154.1, 161.1, 168.1, 171.1, 174.4, 176.1, 180.3, 181.6, 184.1, 188.1, 190.2, 194.1, 202.5, 210.2, 214.1, 214.2, 217.1, 228.5, 231.1, 233.1, 234.4, 241.1, 243.1, 244.1, 247.1, 249.1, 249.2, 256.2, 265.2, 269.1, 271.2, 277.1, 281.1, 284.1, 285.1, 288.3, 291.1, 292.1, 296.1, 300.1, 306.1, 307.1, 310.2, 314.1, 314.2, 317.1, 318.5, 320.1, 323.2, 329.2, 331.2, 334.1, 334.2, 340.2, 342.1, 349.1, 353.1, 353.3, 356.2, 358.1, 371.1, 374.2, 380.1, 383.4, 386.1, 390.1, 394.1, 395.1, 402.2, 404.1, 404.3, 410.1, 412.2, 414.1, 423.1, 425.1, 426.2, 427.3, 433.2, 437.1, 443.1, 445.2, 450.2, 452.3, 453.1, 471.1, 474.2, 476.1, 476.2, 481.1, 486.2, 490.1, 494.1, 497.1, 503.1, 506.1, 507.1, 514.1, 516.1, 523.1, 526.1, 528.1, 532.2, 533.2, 543.2, 547.1, 551.1, 553.1, 555.2, 557.1, 560.1, 566.2, 567.4, 572.1, 576.1, 579.1, 580.1, 583.3, 586.1, 593.1, 596.2, 605.1, 608.1, 616.1, 618.5, 624.1, 634.2, 636.1, 644.2, 646.1, 648.1, 653.1, 665.1, 668.2, 671.1, 672.1, 673.1, 675.1, 677.1, 686.1, 692.1, 693.2, 697.1, 701.4, 702.1, 706.1, 710.2, 715.1, 717.2, 718.1, 721.1, 729.2; Arcurs, Yuri 45.1, 45.2, 47.1; BAILLY, Bernard 48.2; Bentin, Angelika 623.1; Birn, Marco 552.1; Brode, Darren / Gestaltung: View Medien und Kommunikation, Grevenbroich 594.1; contrastwerkstatt 48.1, 49.2, 378.1; Dietrich, Marc 642.2, 642.3; Dron 589.1; ep stock 207.1; geniuskp 311.1; Globalflyer 158.4; Gregor, Adam 454.1; Hasel 709.3, 709.4, 709.5, 709.6; HLPhoto 553.3; Holer, Kurt 44.1; Ianny 19 200.1; iofoto 34.1; JJAVA 552.2; Kaarsten 78.1, 158.1, 158.2; Kadmy 205.2; Klautzsch, Jürgen Leo 86.1; Krahl, Hans-Jürgen 552.4; Kroener, Udo 105.2, 694.2, 696.2, 696.3; Laznicka, Joanna 86.2; LE image 216.1; LVDESIGN 158.3; Marzky Ragsac Jr 172.1; Massee, Arno 201.1; mbongo 665.2; Monkey Business 49.1; nurbs & splines 102.1, 102.2, 102.3, 102.4, 102.5, 102.6, 102.7, 102.8, 102.9, 102.10, 102.11, 102.12, 102.13, 102.14; Olivier 357.1; Peter38 713.1; pressmaster 289.1; Prior, Sean 524.1; Rodriguez, Andreas 86.3; sararoom 552.3; Sascha S 553.2; Savic, Tadja 408.1; Subbotina Anna 593.2; T. Michel 159.1, 159.3, 159.4, 159.5, 159.6, 159.7, 159.8, 159.9, 159.10, 159.11, 159.12; Thaut Images 356.4, 621.2; thomaslerchphoto 622.1; tinlinx 43.1; Ullmann, Günther 596.1; virtua73 180.2; Wohlrab, Cornelia 620.1.
Galas, Elisabeth, Schwelm: 104.1, 139.1, 162.2, 170.1, 199.1, 199.2, 199.3, 199.4, 209.1, 283.1, 283.2, 285.2, 287.1, 287.2, 287.3, 287.4, 287.5, 287.6, 288.1, 288.2, 357.3, 357.4, 357.5, 373.2, 373.3, 373.4, 373.5, 383.1, 422.1, 502.1, 520.1, 574.1, 617.2, 617.3, 617.4, 618.1, 618.2, 618.3, 619.1, 619.2, 619.3, 619.4, 619.5, 647.1.
Haus der Geschichte der Bundesrepublik Deutschland, Bonn: 290.1; Wolter, Jupp 499.1.
Henkel AG & Co. KGaA, Düsseldorf: 181.2, 201.2, 202.1, 202.2, 202.3, 202.4.
Industrie- und Handelskammer Nord Westfalen, Münster: 12.4.
iStockphoto.com, Calgary: cinoby 33.3; gorodenkoff 10.2.
Liebermann, Erik, Steingaden: 450.1, 474.1.
LIVING CONCEPT, Münster: 750.2.
Löffler, Reinhold, Dinkelsbühl: 82.2.
McDonald's Deutschland LLC, München: 567.3.
Messe Frankfurt, Frankfurt am Main: Welzel, Petra 24.1.

Ministerium für Schule und Bildung NRW, Düsseldorf: 39.1.

Nolden, Rolf-Günther, Grevenbroich: 21.1, 68.1, 178.2, 210.1, 256.1, 256.3, 259.3, 271.1, 290.2, 299.1, 370.1, 373.1, 376.1, 382.1, 392.1, 402.1, 404.2, 417.1, 456.1, 461.1, 479.1, 486.1, 522.1, 565.2, 589.2, 591.2, 626.1, 637.1, 641.1, 651.1, 681.1, 699.1, 712.1; nein 429.1, 440.1.

OBI Group Holding SE & Co. KGaA, Wermelskirchen: 567.2.

Orangefluid Gbr, Detmold: 2.1, 10.1, 11.1, 12.1, 12.3, 12.6, 13.2, 14.1, 15.1, 16.2, 23.2, 23.3, 23.4, 28.1, 28.4, 30.1, 37.3, 44.2, 47.2, 68.3, 69.2, 69.3, 71.2, 72.1, 74.2, 75.2, 76.2, 81.2, 84.1, 85.1, 92.2, 94.1, 96.3, 98.1, 101.1, 127.1, 147.1, 152.1, 165.1, 167.1, 167.2, 174.2, 175.1, 178.1, 193.2, 194.2, 198.1, 203.1, 227.1, 242.2, 264.1, 278.1, 284.3, 289.2, 299.2, 300.2, 300.3, 308.3, 310.1, 317.2, 318.3, 318.4, 320.2, 321.2, 334.3, 337.1, 339.1, 348.1, 348.4, 351.2, 353.2, 357.2, 359.2, 363.3, 364.2, 365.1, 373.6, 374.3, 388.1, 392.2, 405.2, 419.1, 423.2, 425.2, 427.4, 430.1, 432.1, 433.1, 434.1, 438.1, 445.1, 450.3, 462.4, 471.2, 471.3, 514.2, 514.3, 518.1, 519.1, 524.2, 532.1, 533.3, 542.1, 546.1, 546.3, 551.2, 552.5, 555.1, 556.1, 563.2, 565.1, 568.1, 569.2, 576.2, 579.2, 582.1, 583.2, 586.2, 588.1, 588.2, 597.1, 598.1, 599.1, 607.2, 608.3, 611.1, 617.1, 621.1, 623.2, 623.3, 628.1, 629.1, 634.1, 635.1, 637.2, 638.1, 643.1, 650.1, 654.2, 657.2, 658.2, 661.2, 661.4, 664.1, 667.1, 668.1, 671.2, 672.2, 682.3, 685.1, 690.4, 691.1, 691.5, 693.1, 696.4, 696.5, 697.3, 701.3, 702.2, 703.4, 706.2, 706.3, 709.2, 710.1, 714.1, 717.1, 719.1, 720.1, 726.1, 726.2, 728.1, 729.1, 750.1, 750.3.

Picture-Alliance GmbH, Frankfurt/M.: 279.1, 475.2, 478.1; akg-images 215.1, 282.1, 287.7; Kubisch, Bernd 82.1; Lander, Andreas 569.1; Lessing, Erich 406.1; QVC 590.1; Zucchi, Uwe 466.1.

Prettl Electronics Lübeck GmbH, Lübeck: 218.2.

Procter & Gamble Germany GmbH & Co. Operations oHG, Schwalbach am Taunus: 181.5.

PROFORM DESIGN, Winnenden: 172.5, 172.9.

RNKVERLAG Reimer Nachf. Kuhn Stiftung & Co. KG, Braunschweig: 639.1, 640.1.

SAP Deutschland AG & Co. KG, Walldorf: 100.1, 340.1, 341.1, 612.1.

SCHWARTAUER WERKE GmbH & Co. KGaA , Bad Schwartau: 181.3.

Shutterstock.com, New York: 3d brained 580.2; Andreevich, Sergey 364.1; chaphot 709.1; Darren Brode 596.3; Don Pablo 624.2; El Nariz 690.2, 691.4, 703.1; guzenko, alexandr 88.1, 363.2, 364.3; Jenson 282.2; Leonidas, Dimitris 536.2; Mikbiz 694.1, 696.1; Nadino 421.1; Romero, Asier 479.2; rui vale sousa 11.2, 15.2, 18.1, 23.1, 25.1, 26.1, 31.1, 35.1, 35.3, 48.3, 51.2, 54.1, 56.2, 62.2, 64.2, 68.2, 71.3, 73.2, 76.3, 83.2, 85.2, 87.2, 90.1, 96.2, 100.2, 108.1, 111.1, 113.1, 116.1, 124.1, 131.1, 132.1, 140.1, 145.1, 153.1, 155.1, 156.2, 159.2, 166.2, 168.2, 174.3, 180.1, 183.1, 186.1, 189.1, 192.2, 195.1, 195.3, 200.2, 206.2, 218.1, 223.1, 229.2, 238.1, 242.1, 245.1, 246.1, 248.1, 257.1, 262.1, 263.1, 272.1, 274.1, 280.1, 284.2, 288.4, 292.2, 294.1, 308.2, 312.1, 315.1, 318.1, 324.1, 331.1, 336.5, 341.2, 344.1, 352.1, 352.2, 356.1, 356.3, 359.1, 361.1, 367.1, 374.1, 375.1, 379.1, 382.2, 385.1, 387.1, 397.2, 399.1, 403.1, 407.1, 411.1, 418.1, 420.1, 424.1, 426.1, 427.1, 428.1, 430.2, 432.2, 434.2, 441.1, 441.2, 444.1, 447.1, 452.1, 457.2, 465.1, 467.1, 468.1, 475.1, 480.1, 482.1, 488.1, 493.1, 495.1, 504.2, 508.1, 512.1, 517.1, 523.2, 526.2, 532.3, 533.1, 537.2, 543.1, 544.1, 545.1, 546.2, 551.3, 556.2, 560.2, 562.3, 563.1, 569.3, 574.2, 578.1, 583.1, 585.1, 587.1, 587.2, 591.1, 592.1, 595.1, 598.2, 607.1, 608.2, 615.1, 618.4, 636.2, 638.2, 642.1, 644.1, 649.1, 653.2, 655.1, 660.1, 661.3, 666.1, 672.3, 674.1, 675.2, 678.1, 678.2, 683.1, 686.2, 692.2, 697.2, 701.2, 703.5, 711.1, 723.1, 724.1; Stockr 220.1; stockyimages 452.2; TRMK 329.1; vgstudio 452.4, 462.2; wavebreakmedia 477.1; Zinkevych, Dmytro 485.1; Zivkovic, Miljan 66.2.

sprd.net AG, Leipzig: 205.1.

stock.adobe.com, Dublin: 12.5, 12.7, 13.1, 28.3, 30.3, 33.1, 35.2, 39.2, 39.3, 42.1, 42.2, 143.1, 212.2, 215.2, 299.3, 348.2, 348.3, 349.2, 351.1, 354.1, 354.2, 363.1, 364.4, 398.1, 400.1, 417.2, 427.2, 457.1, 462.3, 498.1, 500.2, 522.2, 524.3, 549.1, 559.1, 571.2, 594.2, 609.1, 637.4, 654.1, 657.1, 682.1, 682.2, 690.1, 691.2; Böttcher, Sven 37.2; bourger 694.3, 694.4, 694.5; dresden 37.1; einfachmedien Titel, Titel; evannovostro 331.3; Glaubitz, Jonas 359.3; Gracchus, Tiberius 690.3, 691.3, 703.3; Gribanov 30.2; Gudrun 703.2; Kolobov, Vladimir 69.4; Mariakray 622.2; REDPIXEL 12.9; Wackerhausen, Jacob 12.8, 20.1, 28.2, 81.1, 88.2, 95.1, 120.1, 137.1, 462.1, 500.1, 530.1, 601.1, 602.1.

Timm, Gabriele, Berlin-Oberschöneweide: 472.1, 716.1, 716.2.

TÜV Rheinland AG, Köln: 91.1.

Umweltbundesamt, Berlin: 144.2, 144.3.

Umweltgutachterausschuss (UGA), Berlin: 147.2.

viastore SYSTEMS, Stuttgart: 387.2.

Vorwerk & Co. Teppichwerke GmbH & Co. KG, Wuppertal: 571.1.

Wetterauer, Oliver, Stuttgart: 561.1.

© Deutscher Sparkassen Verlag, Stuttgart: 630.1, 630.2.

Zusatzmaterialien zu „Industriebetriebslehre, Management betrieblicher Prozesse"

Für Lehrerinnen und Lehrer:

Lösungen Download: 978-3-427-05186-2

BiBox westermann
inkl. E-Book

BiBox Einzellizenz für Lehrer/-innen (Dauerlizenz): 978-3-427-85307-7
BiBox Kollegiumslizenz für Lehrer/-innen (Dauerlizenz): 978-3-427-85545-3
BiBox Kollegiumslizenz für Lehrer/-innen (1 Schuljahr): 978-3-427-87694-6

Für Schülerinnen und Schüler:

BiBox westermann
inkl. E-Book

BiBox Einzellizenz für Schüler/-innen (1 Schuljahr): 978-3-427-05185-5